HEINRICH SPIERO

GESCHICHTE
DES DEUTSCHEN ROMANS

WALTER DE GRUYTER & CO.

vormals G. J. Göschen'sche Verlagsbuchhandlung   J. Guttentag, Verlags
buchhandlung Georg Reimer — Karl J. Trübner — Veit & Comp.

Berlin 1950

Archiv-Nr. 455 750
Gedruckt bei Mittler und Sohn, Berlin SW 68.

Inhalt

Vorbemerkung des Verlages

Heinrich Spiero hat am 8. März 1947 seine Augen für immer geschlossen. Der Tod hat ihm die Feder aus der Hand genommen. So konnte er in den wenigen Jahren, die ihm nach einer langen dunklen Zeit des Schreibverbotes zu neuem Schaffen geblieben waren, in unermüdlicher Arbeitsleistung wohl das Material für eine „Geschichte des deutschen Romans" aus dem Gedächtnis sammeln (seine eigene reichhaltige Bücherei war vernichtet und öffentliche Bibliotheken erst im Aufbau), es war ihm jedoch nicht vergönnt, die letzte Feile anzulegen.

In einem ersten Teil wird die Fülle des Stoffes ausgebreitet, die geistige Gesamtschau und die inneren Beziehungen der Entwicklung des deutschen Romans waren einem zweiten Teil vorbehalten, den der Verfasser uns nicht mehr zu geben vermochte. Aber diese posthume Veröffentlichung läßt den Wunsch Konrad Burdachs Wirklichkeit werden, daß Spieros einzigartige Kenntnisse der Literatur des achtzehnten und besonders des neunzehnten Jahrhunderts erhalten bleiben müssen.

Getreu dem Grundsatz, nur solche Schöpfungen zu werten und deren Autoren zu würdigen, die Heinrich Spiero aus eigener Kenntnis beurteilen konnte, wird die jüngste Literatur nicht behandelt. Im allgemeinen ist der Ausbruch des zweiten Weltkrieges als zeitliche Grenze anzusehen.

Es ist für den Verlag eine selbstverständliche Pflicht der Pietät, daß an diesem Manuskript nur kleine Glättungen vorgenommen wurden.

VORREDE

Eine Geschichte des deutschen Romans und der deutschen Novelle setzt erheblich später ein, als es bei einer Darstellung des Dramas oder gar des Versepos in Deutschland der Fall wäre. Ein Spätkind der Entwicklung, hat der Roman mit einer immer rascher und verästelter ausschreitenden Entfaltung eine so bezeichnende Stellung im geistesgeschichtlichen Leben erworben, daß sich an seiner Durchbildung am deutlichsten, weit stärker als an der Geschichte jeder anderen Stilgattung, der Wandel der Zeitströmungen ablesen läßt. Die Aufgabe einer solchen Darstellung ist es deshalb, aus der mit den Jahrzehnten immer stärker andringenden Fülle der Erscheinungen diejenigen hervorzuheben, die den jeweiligen geistesgeschichtlichen Moment am sichersten bezeichnen. Dabei ist die literarhistorische Umzeichnung zugleich eine solche der Geschmacksbildung des deutschen Publikums. Inwieweit ausländische Einflüsse auf den deutschen Roman und die Novelle gewirkt haben, wird überall deutlich zu machen sein, wo derartige Anrankungen ins Bild treten. Die Darstellung wird sich aber nicht streng auf das mit den Worten Roman und Novelle umgrenzte Gebiet beschränken dürfen. Sie muß vielmehr den Kreis der Betrachtung nach mancher Richtung erweitern. Dichterisch durchklungene selbstbiographische Werke, Reisewerke von poetischem Range, die sicher vorgetragene Anekdote, ja, manches Briefbuch, das, ohne literarisches Abzielen, in literarischen Rang eingerückt ist, muß als Nebenwerk des Prosastils charakterisiert werden. Und die wenigen Meister des Essays, die nicht nur große Schriftsteller, sondern auch verschwiegene Dichter sind, dürfen innerhalb der deutschen Entwicklung nicht fehlen.

Wenn ich an schönen Sommertagen durch den Berliner Tiergarten ins Kolleg zu Herman Grimm und Erich Schmidt ging, begegnete mir öfter am Neuen See die hohe Gestalt eines Mannes mit schlohweißem Haupthaar, der jeden Begegnenden aufmerksam musterte und gewissermaßen fühlbar die Passanten notierte. Das war Theodor Fontane, der damals im Spätglanze seines Ruhmes stand. In der Freien Literarischen Gesellschaft hörte ich Friedrich Spielhagen aus seinem Alterswerke vorlesen. An den gastlichen Tischen Wilhelm Raabes und Paul Heyses bin ich eingekehrt, und beide haben mich in ihren Briefen Freund genannt. Im Hause meines Schulgefährten Georg Reicke ward zu dritt mit Hermann Sudermann Gespräch heimatlicher Erinnerung gepflogen, und vom Kamm der Riesenberge wanderte ich wiederum mit Reicke neben Carl und Gerhart Hauptmann durch das Schreiberhauer Tal. Im Schillerhause zu Weimar habe ich mit Hans Hoffmann, Herman Anders Krüger, Paul Ernst, Wilhelm Hegeler Sorgen der Schillerstiftung erörtert und in festlichem Kreise Thomas Mann gegrüßt, als er von Stockholm nach dem Empfange des Nobelpreises zurückkehrte. So ward mir zuteil, ein großes Stück unserer Literatur- und Geistesgeschichte mitzuleben. Und nicht zuerst von Büchern, sondern von ihren Schöpfern soll dies Buch handeln. Daß es unter einer furchtbar schweren nationalen Schickung beendet ward, färbt wohl den Rückblick und gibt ihm die wehmütige Ausrichtung — die Vertiefung in die große Wirkung vergangener und immer noch lebendiger Geister leitet aber auch die Gedanken zu einer Zukunft, die von der großen Schuld der Zeiten im Sinne jenes ewigen Schillerschen Gedichtes „Minuten, Tage, Jahre" streicht.

Berlin-Friedenau, im Januar 1947

Heinrich Spiero

ANFÄNGE

Am Beginn der deutschen Dichtung wie derjenigen der schicksal-
verwandten Hellenen steht das Epos, in seiner rhythmischen Fügung
einprägsam und eingeprägt, dazu bestimmt und geboren, von Ort zu
Ort, von Munde zu Munde weitergetragen zu werden. Die Buntheit vielfältiger Abenteuer gehört dieser immer wieder und immer neu zu melo-
dischem Flusse gebändigten Dichtung ebenso an wie die Entwicklungsgeschichte einer sich erst am Leben bildenden Seele. Die Irrfahrten und
wunderbaren Begegnungen, die Verzauberung und weite Verschlagung
des Königs von Ithaka sind ein großes, durch Jahrhunderte forttönen-
des Thema, die Heraufkunft seines Sohnes aus der Kindheit bis zur Bewährung als Held das andere. Wir finden diese Stoffe, so oder so gewandelt, auch als wesentliche Vorwürfe des neuen Romans, wenn er
sich nacheinander die Kulturvölker erobert, bei diesen allen und begegnen dabei der ältesten Problemstellung aus der Welt des Epos. Das
Motiv, welches im „Parzival" die Handlung seelenhaft bewegt, ist bereits in der Jugendgeschichte des Telemachos vorgedeutet, wie es in dem
Siegfried der Isländischen Edda lebendig wird; es erfüllt, zeitlich gewandelt, noch die Phantasie der Dichter des achtzehnten, des neunzehnten, ja, des zwanzigsten Jahrhunderts bei Völkern, die das Erbe der
Antike und der Renaissance wie des Humanismus selbst erst spät angetreten haben.

Das klassische Epos sowohl der Griechen, wie der anderen indo-
germanischen Völker bezeugt uns in immer wiederholter Darstellung
den Vortrag des Heldenliedes und des Fahrtenberichts durch den fahrenden Sänger — noch in den Balladen Goethes, Schillers, Uhlands
erleben wir solche Szenen mit.

Die Fülle des Lebens war wohl im epischen Bezirk umschlossen,
aber lange hat es gedauert, bis aus dem rhythmischen Bericht, der sich
dem Ohre einschmeichelte und dessen Wortfügung dem Hörer einging,
eine Prosa-Erzählung wurde, deren Wortablauf nun auch der Zer-
dehnung, der Kürzung, der Überspitzung verfallen mochte. Es leuchtet
ein, wie sehr die Erfindung der Buchdruckerkunst auf diesen Zweig der
Volksbildung und Volksunterhaltung wirken mußte.

Das Wort Roman ist, wie der Begriff der Sache selbst, aus romanischen Bezirken zu uns gekommen. In den romanischen Landen nannte

1 Geschichte des deutschen Romans

man Erzählungen, die nicht in der vornehmen Lateinsprache, sondern
in der sich erst allmählich zur Schriftsprache bildenden Mundart abgefaßt waren, Romane: abenteuerliche Schicksale, insbesondere aus dem
immer wieder umrungenen Lebens- und Sagenkreise um Karl den Großen, bunte Liebesgeschichten, lateinischen, französischen, spanischen
Quellen entnommen, ziehen nun auch deutsche Leser und noch mehr
Leserinnen an. Um das Jahr 1440 bringt eine deutsche Fürstin, Margarethe, Herzogin von Lothringen, nach einer lateinischen Vorlage,
einen Roman „Lother und Maller" in französischer Sprache dar, und
ihre Tochter, die G r ä f i n E l i s a b e t h v o n N a s s a u - S a a r -
b r ü c k e n, betätigt sich als Übersetzerin und überträgt, noch in buch-
druckloser Zeit, dieses Werk, wie ein zweites, französisches, den „Hug
Schaafler", ins Deutsche. Beide kreisen um die Nachkommenschaft des
Großen Karl; der Held des ersten Buches ist ein Sohn des von einem
ganzen Sagenkranze umgebenen Fürsten, der Held des zweiten Hugo
Capet, der als Enkel des großen Karolingers eingeführt wird. Man kann
diese beiden Werke füglich als die ersten deutschen Romane bezeichnen.
Aber mit ihnen stehen die Volksbücher in bevorzugtem Wettbewerbe;
sie werden auf den Märkten feilgehalten, wo sie noch nach Jahrhunder-
ten der junge Goethe erwirbt. Die Sagen und Mären aus dem Artus-
kreise, die Überlieferungen und Wundenmale, die Liebesleiden und die
Liebespein von Griseldis, Genoveva und Melusine, die wundersame
Geschichte der Sieben Weisen Meister werden in vielfachen Wandlungen vorgetragen. Der Stoff von Tristan erfährt immer neue Behandlung. Zu den ritterlichen Helden, unter denen der Gehörnte
Siegfried obenansteht, gesellen sich Schalksknechte und volkstümliche
Fahrtgesellen, wie vor allem der Eulenspiegel und die im Schildbürger-
bereiche heimischen Halbnarren. Aber auch die Welt des Reinecke
Fuchs grenzt hier an. Das fünfzehnte Jahrhundert bringt auch die erste
deutsche Fassung des Boccaccio von H e i n r i c h A r i g o. H e i n -
r i c h S t a i n h o e v e l (1412—1482), ein württembergischer Arzt,
verdeutscht einen Teil des „Decamerone", und N i c o l a u s v o n
W y l e (1410—1479) übersetzt gleichfalls eine Novelle aus diesem Werk.
Damit ward Deutschland ein klassisches Novellenvorbild vermittelt.

Einen Stoffkreis ergreift die Einbildungskraft des Mittelalters just
eben noch vor dem Anbruche einer völlig neuen Zeit: weit über den
„Finkenritter" oder das gepriesene Volksbuch vom Kaiser Octavian, ja
über die Geschichten vom Wunschhütlein des Fortunatus hinaus, bewegen die Phantasie und zugleich die vor der roh aufgeschlagenen
Bühne waltende Lebensgier die Geschichten vom Doktor Faust wie diejenigen von Ahasverus, dem Ewigen Juden. Motive, die sich in Dante
Alighieris großem Gedichte finden, werden mit biblischem Erbgute vermischt. Die Sage von dem erbarmungslosen Schuster, der den Heiland
von seiner Tür vertrieben hat und nun bis an das Ende aller Tage zum
Wandern verdammt ist, belebt eine noch mit einfachen Bühnenmitteln
auf dem Markte und in der Lektüre vom löschpapiernen Druckbuche

genährte Fabulierfreude. Schon umwesen den zum Zauberer gewandelten
Doktor Johannes Faust sein Famulus Wagner und andere Gesellen,
schon wird vom Blutpakt berichtet, und ein Vorgänger und Namensvetter des Mephistopheles vermag den durch den Pakt gebundenen Meister auf Flügelrossen durch die Welt zu entführen.

Aber neben dieser Volksliteratur von aufregendem Reize lebt eine
Fülle von überlieferten Anekdoten, die allmählich eine abgeschlossene
und, wie sie aneinander zum Kranze gereiht wurden, kunstnahe Form
gewannen. So brachte der Mönch J o h a n n e s   P a u l i (1455 bis
1530), ein Schüler des großen Predigers Geiler von Kaisersberg, in
der Sammlung „Schimpf und Ernst" schwankhafte Kurzgeschichten
in Prosa dar. Der Elsässer J a c o b   F r e y (geb. um 1530) ward
mit einer ähnlichen Sammlung, die freilich die Autorenrechte Paulis
nicht wahrte, sehr volkstümlich. Der „Wegkürzer" des M o n t a n u s
(um 1560) und der „Katzipori" von L i n d n e r (um 1560)
geben sich bereits als drastische und zum Teil drollige Abbilder
der im Schwange gehenden Erzählweise des Volkes. Dabei tritt vielfach
eine protestantische Tendenz hervor, so insbesondere in dem lebendigsten dieser Kleinkunstbücher, der „Wendunmut" des hessischen Burg-
grafen zu Spangenberg H a n s   W i l h e l m   K i r c h h o f (um 1562);
Kirchhof versammelt in seinem zu großer Verbreitung gelangten Bande
Schwänke aus seiner heimatlichen Umwelt. Man kann diese der lese-
kundigen Bevölkerung leicht eingehenden und den des Lesens Unkun-
digen immer wieder nach der Vorlage erzählten Kleinwerken nur gerecht werden, wenn man die Rolle bedenkt, welche die Predigt zu jener
Frist noch als nahezu einzige Stätte allgemeinen Neuigkeitsbedürfnisses
in zeitungloser Zeit spielte. All diese Sammlungen ließen sich zum
guten Teil aus Anspielungen und Beispielen belegen, die der Pfarrherr
dem aufmerksam unter seiner Kanzel gesammelten Bürgertume vorsetzte.

Aber neben dieser Volksliteratur lebt, aus romanischen Landen her-
übergekommen und wohl schon ein Kind des vierzehnten Jahrhunderts,
der „A m a d i s". Ursprünglich in vier Bücher gefaßt, wuchs er, durch
verschiedene Übertrager und Fortsetzer vermehrt, bis auf vierund-
zwanzig. Hier kam in einem freilich höchst verwässerten Stile und mit
allen Übertreibungen eines im Laufe der Jahrhunderte zu einem Bilde
von erstarrter Tradition gewordenen Rittertums ein verfälschter Helden-
typus zum Ausdruck. Aber der „Amadis" ging, trotz seiner unsäglichen
Breite, insbesondere dem adligen Publikum ein wie eine süße Kost, obwohl die Erinnerung an König Artus und seine Kämpferschar aus dem
Heroischen ins Süßliche umgebogen worden war. Der „Amadis" hatte
eine ganze Fülle von Nachfolgern und Nachahmern. Frankfurt am Main
war eine Hauptstätte und ein Einfallstor dieser romanischen Kunstübung, wie denn der Buchhändler Feierabend gerade den „Amadis de
Gaule" von Herberay des Essart nahezu zum klassischen Hausbesitz
machte. Der eigentliche „Amadis", den Feierabend gleichfalls zum
Drucke brachte, hatte seinen Schauplatz in der spanischen Ritterwelt.

Auch der bedeutendste deutsche Schriftsteller, den das sechzehnte
Jahrhundert hervorgebracht hat, J o h a n n F i s c h a r t (geb. zwischen
1545 und 1550, gestorben 1591), führt einen französischen Roman
über den Rhein, vor allem aber versucht er sich in seinem großen
Hauptwerke an einem romanischen Stoff; er verdeutscht und verarbeitet
zu neuer Nußanwendung „Gargantua und Pantagruel". Fischart nennt
das Werk in seiner Umgestaltung selbst „eine affenteuerliche naupen-
geheuerliche Geschichtklitterung, von Thaten und Rathen der vor kurßen
langen Weilen Vollen wol beschreiten Helden und Herren Grandgusier,
Gargantua und Pantagruel, Königen von Utopien, auch Großfürsten von
Nubel, Nibel, Nebelland". Es handelt sich in diesem ungefügen Roman-
Epos um eine Gestalt aus der französischen Sage, einen Riesen, an dem
der Franzose die Verkehrtheiten seiner Zeit aufweisen und darstellen
wollte. Fischart aber verschärft die Rabelaissche Satire und belebt sie
mit der ganzen, ihm in seltener Fülle — in diesem noch verhältnismäßig wortarmen Jahrhundert — zur Verfügung stehenden Wortschaß.
Wir kennen Fischart vor allem aus den liebwerten Reimpaaren des
„Glückhaften Schiffes von Zürich", in dessen Hut die Züricher den
dampfenden Hirsebrei in einem Tage rheinab nach der Schwesterstadt
Straßburg schaffen. Seine Lebensweisheit, zu der das Werk von Rabelais
nur die Hilfsstellung abgibt, hat Facetten nach allen Seiten und spiegelt
in Ernst und Satire aus einem um das Vaterland besorgten, derbe Worte
nicht sparenden Herzen das Leben der Zeit.

Fischart arbeitet in Straßburg am Passierstein der französischen
Sprache. In Colmar ist J ö r g W i c k r a m zu Hause (gestorben vor
1562); er hat gleich etwa Frey in seinem „Rollwagenbüchlein", also
zur Kurzweil des in der damals also benannten Postkutsche reisenden
Publikums, eine unterhaltsame Sammlung von Kleingeschichten dargebracht. Dann aber ward er der wirkliche Begründer des deutschen bürgerlichen Romans. Er hatte vordem einen Roman vom Ritter Galmy
geschaffen und auch mit anderen Werken Erfolge gehabt, so mit einem
noch auf dem üblichen Gebiete des Hofadels spielenden Roman „Ga-
briotto und Reinhart". Der Stadtschreiber zu Burgheim im Breisgau
schuf dann 1554 den „Knabenspiegel", in dem er sich auf den ihm
gemäßen bürgerlichen Boden zurückfindet. Hier wird das biblische
Gleichnis vom Verlorenen Sohn an zwei jungen Menschen durchgeführt,
der Verirrte erlebt und verdient sich die Rückkehr ins Vaterhaus. Auch
der Roman „Von guten und bösen Nachbarn" bringt in geschlossenem
Rahmen eine bürgerliche Welt zur Darstellung, aus der heraus freilich
abenteuerliche Streifzüge erfolgen, die das Bild zu untermalen bestimmt
sind. Wickrams wesentlichstes Werk ist doch der Roman vom „Goldfaden". Es handelt sich, wie so oft im Märchen, um die Grafentochter,
die den beherzten Mann von einfacher Herkunft liebt und ihn schließlich, nach seinem Kampfe mit einem anderen Bewerber, ehelicht. Der

Goldfaden aber ist ein Gespinst, das der Liebende von der Liebenden erhalten und in seine Brust eingenäht hat. (Clemens Brentano hat dies Werk neu herausgegeben.)

Wir nähern uns dem siebzehnten Jahrhundert und haben auch zu dieser Zeit einen übermächtigen Einschuß ausländischer Stoffe und Formen festzustellen. E. T. A. Hoffmann hat in einer reizvollen Novelle (die nachmals Otto Ludwig dramatisiert hat) eine der einflußreichsten französischen Schriftstellerinnen dargestellt, das Fräulein von Scudery. Ihre Werke wurden nachgedichtet, aber nicht nur auf dieser Bearbeitung beruht der Ruf des deutschen Schriftstellers P h i l i p p v o n Z e s e n (1619—1689). Er war der Stifter einer Teutschgesinnten Gesellschaft, die auch nach ihrem Sinnbilde die Rosenzunft genannt wurde. Er hat versucht, Liebesgeschichten, wie sie bisher immer wieder aus fremdem Gewande ins Deutsche übertragen wurden, wirklich einzudeutschen. Was Jörg Wickram im Romane von den Nachbarn begonnen hat, deutsches Familienleben darzustellen, wird in der „Adriatischen Rosemund Ritterholds von Blauen“, freilich in anderer Sphäre, versucht. Diese deutsche Geschichte wird von anderen Romanen Zesens aus fremder Stoffwelt eingekränzt. So schuf er, dem Alten Testamente zugewendet, einen „Simson“ und eine „Assenat“, die die Gattin Josephs in Ägypten behandelt; „Assenat“ ist zugleich ein Stück Staatsroman, in dem Zesen, dem Stoffe entsprechend, ägyptische Staatsführung schildert. Bedeutsam war Zesens Wirken für die Reinheit der Muttersprache. Gerade er, der zwei Romane der Magdalena de Scudery übertrug, mühte sich erfolgreich um eine Bereinigung der deutschen Sprache von unnötigem fremden Ballast. So stammt das Wort „Urwesen“ als Verdeutschung von Element aus Zesens Feder.

Ein merkwürdiger Zeitgenosse Zesens ist der Herzog A n t o n U l r i c h v o n B r a u n s c h w e i g (1633—1714), auch er ein Teilnehmer der Fruchtbringenden Gesellschaft. Bevor er stirbt, tritt er zum katholischen Glauben über. Sein Roman „Der Durchlauchtigen Syrerin Aramena Liebesgeschichte“ war ungemein erfolgreich und ward später noch von fremder Hand neu bearbeitet. Er erzählt römische Kaisergeschichten. In Wahrheit deutet aber der fürstliche Verfasser auf viel näherliegende und ihm vertraute Ereignisse, zum Beispiel auf die Geschicke des im hannöverschen Bezirke ermordeten Grafen Königsmarck, dessen Tragödie noch über hundert Jahre lang die dramatische Phantasie beschäftigte. Auch der zweite Roman Ulrichs von Braunschweig „Octavia“ birgt zwar außerdeutsches Geschehen, aber in so leichter Durchpausung, daß man die zeitgenössischen Menschen immerhin mit einiger Schärfe der Beobachtung vor sich sieht.

Der Hofprediger A n d r e a s H e i n r i c h B u c h o l t z, 1607 bei Halberstadt geboren und 1671 als Superintendent in Braunschweig verstorben, wetteifert mit seinen Landesherren in der Bemühung, die ewige Fremdtümelei der Amadis-Bewunderer und Amadis-Nachahmer durch andere Stoffwahl zu ersetzen. Aber in seinem ersten, umfänglichen

Roman „Des Christlichen Teutschen Groß-Fürsten Hercules und der
Böhmischen Königlichen Fräulein Valiska Wundergeschichte" vermag
er doch nicht, troß seiner Amadis-Feindschaft, die fremden Züge zu
eigenständiger deutscher Lebenstreue zu verarbeiten. Er sendet seinen
Hercules, den er „allen Gott- und Tugendliebenden Seelen zur Christ-
und ehrlichen Ergeßlichkeit ans Licht gestellt", in Sklaverei, entführt
durch Räuber, nach Rom. Die weiteren Taten des Helden und seiner
Gefährten geleiten ins Morgenland, ohne daß die Färbung von Gespräch und Persönlichkeit von der üblichen Stilweise der Zeit abwiche.
Und, wie selbstverständlich, nußt der geistliche Verfasser den Verlauf
der bunten Handlung zu eifervollen Verteidigungen des christlichen
Glaubens gegen keßerische Zweifel. Bucholßens zweiter Roman „Der
Christlichen Königlichen Fürstin Herculiscus und Herculadiska, auch
Ihrer Hochfürstlichen Gesellschaft anmutige Wunder-Geschichte" seßt
die Linie des ersten auch in der Benußung des östlichen Schauplaßes
und in der Auseinanderseßung mit Glaubensfragen fort.

Wohl gewann Bucholß troß seiner Weitschweifigkeit einen großen
Leserkreis, aber als die Krone des Romans im leßten Drittel des siebzehnten Jahrhunderts galt weit über seine Werke und diejenigen seines
Herzogs hinaus „Die Asiatische Banise", mit vollem Titel: „Die Asiatische Banise oder das blutig, doch mutige Pegu, dessen hohe Reichs-
Sonne bey geendigtem leßterem Jahr-Hundert an dem Xemindo er-
bärmlichst unter-, an dem Balacin aber erfreulichst wieder aufgehet.
Welchem sich die merkwürdigen und erschrecklichen Veränderungen der
benachbarten Reiche Ava, Arcan, Martavane, Siam und Prom anmutigst
beigesellen." Der Verfasser, der bei Leipzig angesessene Rittergubs-
besißer H e i n r i c h A n s e l m v o n Z i e g l e r u n d K l i p h a u -
s e n (1653—1697), ein Schüler Zesens, hat mit seinem 1689 gedruckten weitläufigen Werke einen großen Erfolg gehabt. Das Werk spielt
in Indien, und das im Untertitel genannte Liebespaar, der Prinz Balacin
und die Banise, müssen nicht nur ärgste Leiden über sich ergehen
lassen, sondern die Erzählung ist Seite für Seite mit den grellsten
Szenen erfüllt, wie denn auch die Sprache von Übertreibungen jeglicher
Art voll ist. Man muß sich bei der Betrachtung dieses Schrifttums
immer vergegenwärtigen, daß diese Verfasser und ihre zeitgenössischen
Leser noch unter den Nachwirkungen des Dreißigjährigen Krieges aufgewachsen waren. Die Volksphantasie war aufs Höchste erregt und
jedem neuen Eindrucke leicht zugänglich, besonders, wenn er fremdartig war.

Die „Banise" wurde nachgeahmt, als Operntext verwendet und hat
so eine verhältnismäßig lange Lebensdauer gehabt. Dennoch wurden
ihr Ruf und ihr Ruhm noch übertroffen durch das Werk des einen
Hauptes der Zweiten Schlesischen Schule, D a n i e l C a s p a r v o n
L o h e n s t e i n (1635—1683). Sein vierbändiger, um 1690 erschienener Roman war das Entzücken der Zeit. Sein Titel hieß: „Groß-

mütiger Feldherr Arminius oder Herrmann als ein tapferer Beschirmer
der deutschen Freyheit nebst seiner Durchlauchtigsten Thusnelda in
einer sinnreichen Staats-, Liebes- und Helden-Geschichte undsoweiter
vorgestellt." Lohenstein hat das Werk nicht selbst zu Ende führen
können. Es ist voller Anspielungen auf geschichtliche und besonders
zeitgenössische Personen und verdankt sicherlich zum Teil diesen Eigenschaften seinen großen Erfolg. Auch die konfessionellen Streitigkeiten
werden unter leichter Verschleierung behandelt, aber immer wieder in
Formen, die, wie die ganze Schwulstpoesie der Zeit, unlebendig sind.
Welches Ansehen der Roman genoß, dafür ist ein noch auf Jahre hinaus
gültiger Beweis das Register dieses Riesenwerkes von mehr als drei-
tausend Seiten.

All diese Werke eines einstigen Ruhmes sind ebenso verschwunden
wie ihre Widerparte, als die etwa die Romane des Zittauer Rektors
C h r i s t i a n W e i s e (1642—1708) gelten können. Im Gegensatz
gegen die modischen Verfasser läßt Weise das Bürgertum in seiner
Gegenständlichkeit auftreten. Er vermeidet jede geschichtliche Einstellung, bleibt aber seinem Lehrerberufe verhaftet, indem er gleich im
Beginn seiner Romane den Zweck der Unterrichtung und Besserung
nüchtern auseinandersetzt. Weise verfügt über einen bestimmten, freilich
immer noch unbehilflichen Humor und eine manchmal recht volkstümliche Ausdrucksweise; sie gibt ihm im Gegensatze zu dem Überprunk
der zeitgenössischen Modedichtung das Gesicht.

Fremdartig und sehr abweichend von dem Stile sowohl der „Banise" wie der in anderer Welt heimischen Romane Weises steht inmitten des Jahrhunderts das einzige Werk, das die Zeiten überdauert
hat, der „Abenteuerliche Simplizius Simplizissimus". Die vollständige
Aufschrift des zuerst im Jahre 1669 in fünf Büchern erschienenen Werkes lautet:

> Abenteuerlicher Simplizius Simplizissimus. Das ist:
>
> Beschreibung deß Lebens eines seltzamen Vaganten genant
> Melchior Sternfels von Fuchshaim, wie, wo und welcher gestalt
> Er nämlich in diese Welt kommen, was er darin gesehen, ge-
> lernet, erfahren und außgestanden, auch warum er solche wieder
> freiwillig quittieret hat. Überaus lustig und männiglich nützlich
> zu lesen. An Tag geben von German Schleifheim von Sulsfort.
> Mompelgart, Gedruckt bei Johann Fillion 1669.

Es hat lange gedauert, bis man wirkliche Kunde über den Verfasser
dieses Werkes erhielt. Er hieß H a n s J a k o b C h r i s t o f f e l
v o n G r i m m e l s h a u s e n, ist wahrscheinlich um 1625 in Geln-
haus geboren, als Kind dem Elternhause durch wildernde Truppen
entrissen und dann wohl zum Soldaten gepreßt worden. Als Troß-
junge ward er verwendet und hierhin und dorthin mitgeschleppt.
Nach dem Friedensschluß ist Grimmelshausen im Auslande gereist und

dann in bischöfliche Dienste getreten.   Im Offenburger Lande ist sein
Stamm noch zu verfolgen.

Der Simplizissimus wird durch einen Kupferstich einbegleitet, dessen
Legende folgendermaßen lautet:

> Ich flog durch die Lüfte, wurd dort nit verlorn.
> Ich wandert durchs Wasser, ich reist über Land,
> In solchem Umschwärmen macht ich mir bekannt,
> Was mich oft betrübet und selten ergetzt.
> Was war das? Ich habs in dies Buch gesetzt,
> Damit sich der Leser, gleich wie ich jetzt tue,
> Entferne der Torheit und lebe in Ruhe.

Im Gegensatze zu den erbaulichen und lehrhaften Klitterungen der Zeitgenossen bringt Grimmelshausen vor allem die derbe Wirklichkeit einer
schlimmen Zeit.   Darüber hinaus enthält sein Werk eine ernsthafte
menschliche Entwicklungsgeschichte. Der volle Graus des blutdünstigen
Krieges von dreißig Jahren glutet und schwelt aus diesem Werke.
Simplizius wächst als Hirt im Spessart, ungelehrt und unbelehrt, jeder
Weltbildung fern, auf. Landsknechte finden die Stille dieses Tales aus,
brennen das Elternhaus nieder, und als einziger Überlebender entflieht
Simplizius dem einstigen heimischen Herde. Der Junge irrt umher, gelangt dann zu einem Einsiedler, und dieser behält ihn zwei Jahre lang
in seiner Hütte, dann stirbt der einsame Mann. Nach seinem Tode versucht Simplizius zunächst, als Einsiedler nach dem Muster des Verstorbenen weiterzuleben.   Da findet wiederum der Krieg den Zugang zu
seiner Einsamkeit, er wird ausgeplündert, und nichts als die Bücher
des Pflegevaters werden ihm zurückgelassen.   Er findet unter ihnen
einen Brief des Einsiedlers, der ihn an den Pfarrer des nächsten Dorfes
weist; aber alles um ihn, auch Dorf und Kirche, ist durch den Krieg
verwüstet, Simplizius wird von Soldaten gepackt und in seinem härenen
Einsiedlerrocke zu dem Gouverneur, einem schwedischen General, gebracht. Hier bildet Grimmelshausen eine geschichtliche Persönlichkeit
ab, dieser General hat in der Tat im Jahre 1634 die Besatzung von
Hanau befehligt. Der merkwürdige Knabe trägt noch Kasteiungsketten.
Bevor der Kommandant ihn, der als angeblicher Kundschafter ergriffen
ist, zur Aburteilung preisgibt, kommt der in jenem Nachlaßbriefe an-
gerufene, nun auch im Lager befindliche Pfarrer dem Simplizius zu
Hilfe und vermag Aufklärung über seine Herkunft zu geben. Es stellt
sich heraus, daß der alte hilfsbereite Einsiedler ein Schwager des Generals war und sich nach dem frühen Verluste seiner von kaiserlichen
Reitern entführten Gattin in die Einsamkeit zurückgezogen hat.   Nun
wird, nach solcher Aufhellung, Simplizius als Page gehalten und muß
allerdings, er, der Zögling des von der Welt abgeschlossenen Siedel-
mannes, den ganzen Graus und die arge Verdorbenheit des wildesten
Kriegslebens erproben.   Dabei gewinnt der Junge mit früher geistiger

Überlegenheit es sich ab, unter allen Roheiten seiner neuen Umgebung
den Tollen nur zu spielen und dabei als scheinbarer Tölpel die Wahrheit nicht zu verhehlen. Sein Schutzherr empfindet die Reinheit und
innere Wahrhaftigkeit des Jungen, er wird gut behandelt — bis ihn
Kroaten rauben, da er sich einmal einsam auf dem Eise vergnügt.

Nun beginnt ein buntes, abenteuerliches Leben. Simplizius gelingt
es, den Kroaten zu entfliehen, er treibt sich lange umher, stiehlt um des
Lebens Notdurft, kommt bis an die Elbe und wird bei einem Obersten
Narr, gelangt aber in die engsten Beziehungen zur Familie seines neuen
Gebieters. Der Lebensbericht spricht auch von einer Nachtfahrt zum
Hexentanzplatz auf dem Brocken. Simplizius wird als guter Schütze be-
kannt, kommt durch Kriegsbeute zu Vermögen, heiratet und reist nach
Paris. Dort wird seine schöne Stimme entdeckt, er muß vor dem
Könige zur Laute singen, wird in ein Nachtschloß geführt und mit
Frauengunst überhäuft. Schließlich flieht er aus der französischen
Hauptstadt, er erkrankt an den Blattern, wird häßlich entstellt und
lebt nunmehr als Quacksalber, der seine Mittelchen vor den Wirtshäu-
sern feilhält. Und wiederum wird er gezwungen, Soldat zu werden,
entweicht aber während einer Hasenjagd auf ein Baseler Schiff. So rettet
er sich in der Schweiz und schickt sich an, mit einem Jugendfreunde nach
Einsiedeln zu wallfahren.

Über dem Gange dieses Romans liegt eine Fülle von merkwürdigen
Verwechselungen und Irrungen, aber diese Darstellungen einer wirren,
von Erregungen geschüttelten Zeit haben in ihrer Plastik eine ungewöhnliche Bedeutung, deren unverwischbarer Eindruck bis an diesen
Tag lebendig geblieben ist.

Wenn man versucht, die Buntheit und die über Deutschland und die
Nachbarschaft gebreitete Vielfalt der Beziehungen und Anspielungen zu
entwirren, so geht dem Betrachter dieses Werkes erst der volle Reiz, aber
auch der volle Graus der Zeiten auf. Daß der Verfasser dieser in
manchem ungeheuerlichen Phantasieprodukte nicht eine einzige Person,
sondern ein Kreis abenteuerlich gesinnter und an Abenteuer gewöhnter
Leute sein sollte, dünkte den Zeitgenossen wie den Nachfahren durchaus
wahrscheinlich, und so hat es sehr lange gedauert, bis der wahre Name
und die Lebensumstände Grimmelshausens bekannt wurden. Und so
wäre dieser, über alle Höhen und Tiefen führende Roman, das einzige,
noch heute wirkungsvolle Werk dieser wirren Tage, lediglich ein Spiegel
buntester Bilderfülle, wenn ihm nicht eine das Ganze immer stärker ver-
einende und verankernde Grundhaltung eigen wäre. Nach allen Enttäuschungen und allen Beglückungen, nach fahrendem Leben, das den
Simplizissimus bis in ferne Erdteile verschlägt — nach all dem, nach
Verwitwung und Krankheit, zieht Simplizissimus sich als Einsiedler in
den Spessart zurück. Er zieht gewissermaßen die ethische Quintessenz
aus der Wirrnis eines Lebens, das zu wunderbaren Aussichten geführt

hat. Das Wesentliche und Überdauernde an diesem Werk, was es von
dem ganzen Wust zeigenössischer, vielgelesener Romane unterscheidet,
ist die Treue der Darstellung gelebten Daseins. Ob das abgeschlossene
Treiben auf einem Spessarter Bauernhof gegeben wird, oder ob Grimmelshausen uns von plündernden und marodierenden Schweden erzählt —
immer steckt in diesen Darstellungen pulsierendes Leben. Er hat sich
jedoch immer noch nicht genugtun können und sein Werk in mehreren
„Continuationen" fortgesetzt, welche bis weit über die Ozeane führen.
Daneben hat Grimmelshausen noch eine Reihe von Schriften verfaßt,
in denen die Lebensbeschreibung der „Erzbetrügerin und Landstörzerin
Courasche" frisch geschildert wird.

Der Simplizissimus fand alsbald Nachahmer; ihm wurden mannig-
faltige Schicksale untergelegt und sein Leben ward in verschiedene Gebiete Europas versetzt. Diese Bearbeitungen sind verschollen, aber eine
Abwandlung des Themas hat sich über die Generationen hinweg er,
halten, nämlich der Schelmenroman von C h r i s t i a n R e u t e r
(geb. 1665, Todesjahr unbekannt) „Schelmuffsky", der im Jahre 1696
hervortrat. Eine Gestalt dieses Romans gewann sogar auch außerhalb
studentischer Kreise eine gewisse Volkstümlichkeit, nämlich die Frau
Schlampampe. Im übrigen beweist der (von Arestano und seinen romantischen Genossen bewunderte) Schellmufsky bereits, wie sehr das
Vorbild eines großen Ausländers auch in Deutschland mächtig geworden
war. Diesr Ausländer war der Engländer Daniel Defoe. Grimmelshausen
war etwa 1625 geboren, Defoe war um etwa vierzig Jahre jünger. Im
Jahr 1719 veröffentlichte er, der sich bisher als politischer und wirtschaft-
licher Schriftsteller betätigt hatte, das Werk „Das Leben und die fremdartigen, wunderbaren Schicksale Robinson Crusoes, eines Matrosen aus
York". Das Werk, das in Anlehnung an die Erlebnisse des schottischen
Matrosen Alexander Selkirk auf der Insel Juan Fernandez das Leben
eines solchen, zur Einsamkeit verdammten Europäers und seine Selbsthilfe
in warmen Tönen und lebenstreuen Farben schilderte, ward alsbald neben
der Bibel das gelesenste aller Bücher. In allen Sprachen entstanden Nach-
ahmungen, und so, wie innerhalb der Simplizianischen Schriften ein Ausflug in weite Ferne erfolgte, so gab es alsbald, da Defoes Buch schon 1721
ins Deutsche übersetzt ward, binnen wenigen Jahren wohl dreißig bis
vierzig verschiedene deutsche Robinsons, die sich nicht nur landschaftlich, etwa in sächsische oder westfälische gliederten. Es gab vielmehr
auch einen moralischen Robinson, es gab sogar eine Robinsonetta —
kurz, die Phantasie der Zeitgenossen, einmal angeregt, konnte sich in
der Gefühlsschwelgerei, welche die völlige Verlassenheit zustande bringt,
und in der Bewunderung für die einsame Tätigkeit nicht genugtun.
Unter den deutschen Fassungen des Robinson ist sehr viel später diejenige von J o a c h i m H e i n r i c h C a m p e (1746—1818) am bekanntesten und einflußreichsten geworden, obwohl ihr lehrhafter An-
strich die Erzählung recht schwerfällig macht. Sehr weit verbreitet und

auf lange hinaus ein Lieblingsbuch der Zeit war die 1740 erschienene
„Insel Felsenburg". Ihr Verfasser nannte sich G i s a n d e r , und erst
Adolf Stern hat um 1850 den wahren Namen des Autors entdeckt, es
war ein gräflich Stolbergscher Beamter, J o h a n n   G o t t f r i e d
S c h n a b e l (geb. um 1690). Obwohl Schnabel sich dagegen verwahrt,
eine übliche Robinsonade zu erzählen, kann er doch nicht von der Spur
weichen. Die geheimnisvolle Reise geht nach einer Insel Felsenburg,
auf welcher der Held mit einer Reihe von Handwerkern ausgesetzt wird.
Dies Eiland wird als ein Art Idealraum geschildert, auf ihm sind Ge-
werbetreibende tätig, über die ein aus Deutschland stammender Alt-
vater eine Art Oberhoheit ausübt. Die Buntheit der in der „Insel Felsenburg" geschilderten Schicksale ist kaum zu übertreffen. Der fast gleichzeitig namenlos erschienene Roman „Der im Irrgarten der Liebe herum-
taumelnde Cavalier" ist eine Art Seitenstück zu dieser Robinsonade.

Durch eine Fülle studentischer Schriften, durch Gründung von Zeitschriften und etliche Romane wurde der Berliner C h r i s t i a n W i l -
h e l m   K i n d l e b n (1748—1785) rasch bekannt. Was er, dem
Leipzig die zweite Heimat wurde, in Prosa schrieb, ist längst mit Recht
vergessen — aber die Fassung, die Kindlebn dem Burschensange „Gau-
deamus igitur" gab, ist lebendig geblieben.

Als einsame Erscheinung ragt der „Simplizissimus" aus einem zu
Unheil und Unrast bestimmten Jahrhundert hervor. Es bedurfte erst
einer völligen Geschmacksverwandlung. Drei Generationen deutscher
Geschlechter vollbrachten nach der furchtbaren Umpflügung des deutschen Lebens durch einen zerstörenden Krieg das riesige Werk einer
neuen Bildung, die auf allen Gebieten eine Neuschöpfung war und den
deutschen Geist nach der beispiellosen Verheerung der europäischen
Mitte ebenbürtig neben die größten Leistungen der Weltliteratur stellte.
J o h a n n   C h r i s t o p h   G o t t s c h e d (1700—1766) steht im Beginn der neuen Literatur, viel angefochten und doch nicht übersehbar,
so einseitig seine Bemühungen auch waren. Dichterisch bedeutete er
wenig, für die Sprachzucht und das Bewußtsein von deutschem Volks-
besitz immerhin viel. Aber er vermag seine Bühnenreform zunächst
nur durch Übertragung eines fremden Werkes zu befeuern. Und genau
so lehnt sich sein Leipziger Berufsgenosse, der 1715 in Hainichen in
Sachsen geborene C h r i s t i a n F ü r c h t e g o t t G e l l e r t (†.1769)
an einen englischen Romandichter an — Samuel Richardson ist der
beliebteste Romandichter der Zeit, sein „Grandison" wird allenthalben
nachgeahmt. Und nach Fabeln, die noch heute lebendig sind und deren
spitze Pointen immer wieder in die gleiche Kerbe schlagen, schafft
Christian Fürchtegott Gellert in seinem Roman „Das Leben der schwedischen Gräfin von G." ein echtes Produkt einer Zeit, die nach briti-
schem Vorbild die Empfindsamkeit einer neuen Aufklärung gestaltet.
Dies Wort: Aufklärung steht über allen literarischen Bemühungen der
Zeit, und man empfindet gerade in Gellerts Dichtung den Zwiespalt

zwischen der stillen Gewalt der Frömmigkeit, welche ihn einmal singen
läßt:

> Dies ist der Tag, den Gott gemacht,
> Sein werd in aller Welt gedacht —

um dann im Geiste der Aufklärung fortzufahren:

> Wenn ich, o Schöpfer, Deine Macht,
> Die Weisheit Deiner Wege,
> Die Liebe, die für alle wacht,
> Anbetend überlege:
> So weiß ich, von Bewundrung voll,
> Nicht, wie ich Dich erheben soll,
> Mein Gott, mein Herr und Vater.

Zu gleicher Zeit vollendet Alexander Gottlieb Baumgarten sein
„Aestetica" benanntes, in manchem Betrachte grundlegendes Werk. Er
verkündet als Ziel der Ästhetik die Vollkommenheit der sinnlichen
Erkenntnis als solcher, „diese aber ist Schönheit". Damit sprach
Baumgarten, weit über Gottsched hinaus, den Gefühlsgehalt eines
neuen Zeitanbruchs aus, dem freilich Gellert in seinem Aufsehen erregenden Roman nur unvollkommene Folge leistete. Es ist ein seltsames Buch. Der Konflikt beruht darauf, daß ein Totgeglaubter
nach langer Zeit zurückkehrt — ein gerade in unseren Zeiten sich
häufig wiederholender Vorgang, der auch nach Gellert immer wieder dichterisch umrungen wurde. Inzwischen ist die sich Witwe glau-
bende eine andere Ehe eingegangen, und, als dem zurückgekehrten
Gatten das Geheimnis offenbar wird, kommt es zu einem merkwürdigen,
aber in der Zeit der Empfindsamkeit den Lesern sicherlich nicht unmöglich dünkenden Zusammenleben. Freilich mußte sich der Leipziger
Lehrer Goethes den Spott seines Freundes G o t t l i e b W i l h e l m
R a b e n e r (1714—1771) gefallen lassen; in seinen satirischen Briefen, die sich bis zu Briefromanen entwickeln, wandelte dieser Rektor
der Meißener Fürstenschule die Verkehrtheiten der Zeit, oft zur Erheite-
rung der mitbetroffenen Lebensgenossen, ab.

Noch völlig im Gefolge anakreontischer Lyrik bewegt sich der Roman
„Charmides und Theone oder die sittliche Grazie" von J o h a n n
G e o r g J a c o b i (1740—1814). Jacobi ragt schon in die Goethezeit hinein und warb Goethe zur Mitarbeit an der von ihm herausgegebenen Zeitschrift „Iris". Er stand im Freundeskreise Gleims. Zu
diesem gehörte auch K l a m e r E b e r h a r d S c h m i d t (1746 bis
1824), der neben dem Catullus nachgedichteten Versen auch bescheidene
Erzählungen darbrachte.

Der gelesenste Kinderschriftsteller der Zeit wird der Lessing nahe-
stehende C h r i s t i a n F e l i x W e i ß e (1726—1804). Sein „Kinder-
freund" erfüllt die Phantasie des jungen Geschlechtes mit den Gestalten
des Herrn Spirit oder des Schulmeisters Chronikel. A u g u s t R a a b e

(1759—1841) erzählt für die Jugend („Attische Morgen") und gibt einen für jugendliche Benutzer bestimmten Briefsteller heraus.

Christian Daniel Schubart (1739—1791), volkstümlicher durch das Schicksal zehnjähriger Gefangenschaft auf dem Hohenasperg als durch seine Dichtungen, ist zu Unrecht vergessen. Auch Hermann Kurz hat seine Persönlichkeit in dem Roman „Schillers Heimatjahre" trotz lebendiger Schilderung den nachfolgenden Geschlechtern ebensowenig einprägen können wie Brachvogel in seinem Roman „Schubart und seine Zeitgenossen". Dabei stehen einzelne Dichtungen des eigengearteten Mannes im Vorraume zu Schillers gleich auftrotzender Poesie wie das einst vielgesungene „Kaplied" oder die uns heute prophetisch dünkende „Fürstengruft". In seiner „Deutschen Chronik" schafft Schubart Novellen aus dem Volksleben und bezwingt in seiner kraftvollen Phantasie Stoffe, die nachmals anderen Dichtern Anregung zur Nachfolge wurden.

Ein etwas jüngerer Zeitgenosse, der 1747 geborene Gottfried August Bürger aus der Halberstädter Enklave, als im Grunde erster Schöpfer einer neuen Balladenkunst früh berühmt (er stirbt 1794), wird volkstümlich durch ein Werk, das seine Lebenskraft bis in unsere Tage sogar filmisch bewährt hat, den „Münchhausen". Ein Hannoveraner namens Heinrich Raspe hatte im britischen Exil die Geschichte von den wunderbaren Reisen und lustigen Abenteuern des Barons Carl Friedrich Hieronymus von Münchhausen geschrieben, und Bürger hat das Buch nicht nur aus dem Englischen übersetzt, sondern auch um eigene Erfindungen vermehrt. Die von dem Meister der „Lenore" immer wieder schlußgerecht pointierten, unterhaltsamen Lebensbegebnisse des Schwadroneurs nähren den Volksglauben und haben ihren Helden zu einer Gestalt gemacht, der wir im Laufe der Entwicklung des deutschen Romans noch an zielweisender Stelle mehrfach begegnen werden.

Zu dem in Göttingen um Bürger gescharten Kreise des Hains gehörte auch Friedrich Leopold Graf zu Stolberg (1750 bis 1819), der die Verbindung dieser sich mannigfach im Ausdruck überschlagenden Dichterrunde zu Goethe herstellte. Sein einziges Prosawerk, der Roman „Die Insel", weist auf die immer noch lebenskräftige „Insel Felsenburg" Schnabels zurück.

Neben dem auf die Zeitgenossen vorbildhaft wirkenden Briten Samuel Richardson steht mit nicht minderm Einfluß auf das deutsche Geistesleben der Aufklärung Lawrence Sterne. Sein auch noch fürderhin für unsere Literatur bedeutsames Meisterwerk „Leben und Meinungen des Herrn Tristram Shandy" ward gleich „Yoriks empfindsamer Reise durch Frankreich und Italien" rasch übersetzt. Der verklärte Realismus, der sich besonders in strichechter Kleinmalerei äußert, erfüllt beide Werke und wird von einem unwiderstehlichen Humor überhaucht. Außer den beiden englischen Landsleuten übte als Dritter Ed-

ward Young mit seinen theoretischen Schriften wie mit seinen welt-
schmerzlichen „Nachtgedanken" weite Wirkung.

Der Berliner Verleger, Zeitschriften-Herausgeber und Lessingfreund
F r i e d r i c h   C h r i s t o p h   N i c o l a i   (1733—1811) übernimmt
freilich nur den Obertitel von Sternes Werk und benamst seinen Roman
„Leben und Meinungen des Herrn Magister Sebaldus Nothanker". Es
ist die Geschichte eines der Aufklärung zugeschworenen Geistlichen, der
wegen seiner unverhohlenen Neigung zur Modetheologie der Zeit
schweren Verfolgungen ausgesetzt ist. Das von abenteuerlichen Einbrü-
chen, denen stilwidrig gottesgelahrte Erörterungen zur Seite gehen,
randvolle Werk weist sehr deutlich auf ein eben zum Ruhme empor-
gestiegenes englisches zurück, den „Vicar of Wakefield" von Oliver
Goldsmith. Immerhin ist Nicolais weitschichtiger Roman als Ausdruck
bürgerlichen Zeitgeschmacks und kennzeichnende Hindeutung auf die
dem Verfasser vertrauten berlinischen Zustände nicht zu übersehen, wie
denn Nicolai als einer der ersten Beschreiber der preußischen Hauptstadt Züge ihres geistigen Bildes sicher angelegt hat. Bei allen oft be-
rechtigten Angriffen auf die „Allgemeine Deutsche Bibliothek", die
Fortführung der mit Lessing und M o s e s   M e n d e l s s o h n   (1729
bis 1786) verfaßten „Briefe, die neueste Literatur betreffend", darf
man die Bedeutung des Autors wie des Verlegers und Redakteurs, nicht
nur für Berlin, keineswegs unterschätzen. Neben dem „Sebaldus Nothanker" bedeuten Nicolais andere Romane, insbesondere die „Geschichte
eines dicken Mannes" und „Leben und Meinungen Sempronius Gundi-
berts" wenig.

In den engeren Bezirk der durch Nicolai vertretenen Aufklärung
gehört Lessings Vetter C h r i s t l o b   M y l i u s   (1722—1754). Mylius
druckte in der von ihm begründeten Zeitschrift „Ermunterungen zum
Vergnügen des Gemüts" Lessings erste Arbeiten ab und war nachmals
als Redakteur der Vossischen Zeitung ein höchst einflußreicher Journalist. Mit ihm stand im Kreise Nicolais H e i n r i c h   G o t t f r i e d
v o n   B r e t s c h n e i d e r   (1739—1810). Dieser hat ein komisches
Heldengedicht „Graf Esau" verfaßt und satirisch in den Kampf um
Goethes „Werther" eingegriffen. Sein wesentlichstes Werk war jedoch
die von Günther von Göckingk herausgegebene „Reise des abenteuerlichen Mannes nach London und Paris nebst Auszügen aus Briefen an
Nicolai". Hier wird den vielen Reiseromanen des vorklassischen Zeitalters gewissermaßen der Schlußpunkt gesetzt. Mit der Breite des Brief-
stiles jener Tage berichtet Bretschneider an den Berliner Freund und
Verleger, der diese Schilderung vielfach literarisch benutzte.

Wie der „Sebaldus Nothanker" ist auch ein viel schmäleres Werk
ein rechtes Probestück der Aufkärung: „Herr Lorenz Stark". Sein
Schöpfer war der Mecklenburger J o h a n n   J a k o b   E n g e l   (1741
bis 1802), ein Mann, der als Direktor des Königlichen Theaters, vor
allem als Erzieher des Prinzen Friedrich Wilhelm, des nachmaligen
Königs, für die Hauptstadt große Bedeutung hatte. Dies Charakter-

gemälde, in dessen Mittelpunkte als Hausvater Lorenz Stark steht, weiß
bei aller Trockenheit der Ausdrucksweise den eigentümlichen Reiz einfacher Begebenheiten aus Engels norddeutschem Heimatbezirke so zu
vergegenwärtigen, daß insbesondere auch die unterschiedlichen Nebenpersonen mit klarem Umriß heraustreten.

Länger als alle Romane der Zeit, noch bis in unsere Tage hinein
wirksam und unüberhörbar sind einige Werke, die nicht den Anspruch
erheben können, Dichtungen zu sein, aber als Nebenformen des Prosastils Dauer behalten haben. Zu ihnen zählt der „Arme Mann in Tocken-
burg" U l r i c h B r ä k e r (1735—1798). Gaishirt auf einem Schweizer Gut, wird er von preußischen Werbern zum Soldaten gepreßt. Nach
der Schlacht bei Lobositz gelingt ihm nach langer Dienstzeit die Flucht.
In einem ergreifenden Stile weiß er seine herzbewegenden Erlebnisse
im abgezwungenen Dienste ebenso treu darzustellen wie seine Enttäuschungen im Liebesleben. Auch seine posthum gedruckten Gedanken
über Shakespeare bezeugen das gereifte Weltverständnis dieses Autodidakten. Als sein völliges Gegenbild sei der abenteuerliche L u d w i g
v o n P o e l l n i t z (1692—1775) genannt, dessen Memoiren über den
preußischen und sächsischen Hof vortreffliche Zeitbilder liefern.

Als Zeugen einer Epoche, die aus dem aufgeklärten Despotismus
herauswuchs, ihn innerlich überwand und zum Teil bereits das revolutionäre Zeitalter mitlebte, stehen vier Schriftsteller von starkem Stil
nebeneinander; keiner von ihnen hat den Bereich eigentlicher dichterischer Betätigung betreten — aber alle haben die Dichtung gemäß dem
eigenen Zeugnisse der Zeitgenossen nachhaltig beeinflußt und die Muttersprache mit einer poetischem Ausdrucke nahen Meisterschaft gebraucht.

Der Älteste, J o h a n n J a k o b M o s e r (1701—1785), ein bedeutender Rechtsforscher, mehrere Jahre Festungsgefangener auf der
württembergischen Feste Hohentwiel wegen ständischer Unbotmäßigkeit,
schafft eine Lebensgeschichte, die den Umtrieb der Zeit und die Stationen des eigenen Daseins getreu widerspiegelt.

J o h a n n G e o r g Z i m m e r m a n n (1728—1795) schreibt
neben Werken über Friedrich den Großen, zu dessen Behandlung er
berufen war, Betrachtungen „Über die Einsamkeit" voller Lebensflucht
und leidenschaftlicher Neigung zum Abscheiden von der Welt. Goethe
hat ein Bild von ihm entworfen, danach war er „groß und stark gebaut,
von Natur heftig und gerade vor sich hin". Er hatte, nach Goethes Beschreibung, „sein Äußeres und sein Betragen völlig in der Gewalt, so
daß er im Umgang als ein gewandter, weltmännischer Arzt erschien
und seinem, innerlich ungebändigten, Charakter nur in Schriften und in
vertrautestem Umgang einen ungeregelten Lauf ließ".

Eine bedeutendere Lebenskraft als die Werke Zimmermanns erwiesen die „Patriotischen Phantasieen" des Osnabrücker J u s t u s M ö s e r
(1720—1794). Sie stehen echter Dichtung nahe, wie denn Goethe sie
poetisch nennt. „Immer ist er über seinen Gegenstand erhaben und
weiß uns eine heitere Ansicht des Ernstesten zu geben; bald hinter

dieser, bald hinter jener Maske halb versteckt, bald in eigener Person sprechend, immer vollständig und erschöpfend, dabei immer froh, mehr oder weniger ironisch, durchaus tüchtig, rechtschaffen, wohlmeinend, ja manchmal derb und heftig, und dieses alles so abgemessen, daß man zugleich den Geist, den Verstand, die Leichtigkeit, Gewandtheit, den Geschmack und Charakter des Schriftstellers bewundern muß."

Der Jüngste dieser Reihe, J o h a n n G e o r g e F o r s t e r (1754 bis 1794), bringt in seinen „Ansichten vom Niederrhein" ein in der Beobachtung und Charakterisierung der Landschaft und des Volkslebens wie in seinem lebendigen Stile klassisches, poesienahes, auf lange einflußreiches, in seiner Art noch heute unüberholtes Werk. Er witterte unter seinen Zeitgenossen wohl am stärksten den schicksalhaften Umbruch der Zeit, die ihn an die Spitze der von der französischen Umwälzung entflammten Mainzer Klubbisten führte. Er ging dann als Vertreter der rheinischen Heimat an die Herdstätte der Revolution und ist in Paris gestorben. In den „Ansichten vom Niederrhein" hat er mit heißem Atem und echter Künstlerkraft ein Bild des Despotismus gezeichnet, dem er dann entwich, ohne die Befreiung von dem Joche noch zu erleben.

„Die Erfahrung lehrt, daß aus Unwissenheit, aus Liebe zum Frieden, aus Trägheit und Gewohnheit, aus Scheu vor den Folgen, aus religiösem Vorurteil unendlich viel geduldet wird. Die Erfahrung lehrt wohl noch mehr. Durch sie werden wir erinnert, daß, solange die Gebrechen des Staates noch nicht zu einer unheilbaren und dem blödesten Auge sichtlichen Krankheit herangewachsen sind, es ungleich leichter ist, den einmal vorhandenen Umschwung der Staatsmaschine zu erhalten, als ihn gänzlich zu hemmen und eine andere Bewegung an seiner Stelle hervorzubringen. Das Geheimnis aller anmaßenden Regenten, auf dessen Untrüglichkeit sie getrost fortsündigen, liegt in dem Erfahrungssatze: daß der Mensch, der einmal ein unveräußerliches Recht aus den Händen gegeben hat, sich unglaublich viel bieten läßt, was er als Freier nimmermehr geduldet hätte. . . . Die weit aussehende Verschmitztheit der gewöhnlichen Despoten läuft also darauf hinaus, der Vernunft des Volkes gerade nur so viel Spielraum zu lassen, als zur Beförderung ihres selbstsüchtigen Genusses nötig scheint, übrigens aber sie mit Nebel zu umhüllen, durch furchtbare Drohungen ihr Schranken zu setzen, durch Zeitvertreib sie zu zerstreuen und durch allerlei Gespenster sie in Schrecken zu jagen."

Diese Sprache war zu jener Zeit in deutscher Prosa selten — es ist die auf dem Ambos am Gluteisen gehämmerte Tonart von „Kabale und Liebe".

Erstes Buch

KLASSISCHER HUMANISMUS

1. Der Ansatz zum klassischen Humanismus

Das siebzehnte Jahrhundert ward in Deutschland wie in ganz Westeuropa vom Geiste einer neuen Zeitrichtung erfüllt, der Aufklärung. Aus dem Kampfe gegen theologische Bevormundung der Wissenschaft entwickelte sich immer schlüssiger ein im Laufe von hundert Jahren das ganze geistige Leben umspannender und durchsäuernder Rationalismus, hinter den die großen Wirkungen des deutschen Pietismus zunächst in den Schatten treten. Die neue Weltanschauung gipfelt darin, daß keine Offenbarung lehren könne, was der Vernunft und dem aus ihr entspringenden Sittengesetze zuwiderläuft. „Gott kann", so formuliert es klassisch Christian Wolff (1679—1754), „keine überflüssigen Wunderwerke tun, weil sie gar zuviel Veränderliches nach sich ziehen. Die Art der Offenbarung muß soviel als möglich die Kräfte der Natur und also auch die Regeln der Sprachkunst und Redekunst beibehalten." Da Gott alles in der Welt zum Nutzen des Menschen eingerichtet hat, ist es die Grundlage aller Religion, die gütige Absicht des Schöpfers überall zu erkennen.

Alle Gebiete des geistigen Lebens wurden von dieser Haltung her neu umrungen. Wie nach Goethes, des Nichtpreußen, Zeugnis erst durch den großen preußischen König nationaler Gehalt in die deutsche Poesie kam, so war der Bewunderer und einstige Freund Voltaires zugleich ein klassischer Vertreter dieser Aufklärung auf einem Throne. Bis in die anekdotische Überlieferung wird dies immer wieder bezeugt. Die Aufklärung beherrschte die Hochschule wie die Gymnasien und zog auch in das niedere Volksbildungswesen ein. Es war, im Gegensatz gegen die frühere weite Einflußsphäre der Kirchen, eine nachdrückliche Verweltlichung der Wissenschaften. Die stolze Entwicklung der deutschen Philosophie und der Geisteswissenschaften überhaupt, anhebend mit der nun schon voraussetzungslosen Forschung des Gottfried Wilhelm Leibniz, beginnt mit diesem Zeitumbruch, mit dem zugleich die deutsche Sprache in den Hochschulbetrieb einzieht. In der katholischen Reichshälfte vollzieht sich der tragische Kampf Josephs des Zweiten um die Ideen der Aufklärung, die selbst dort dem zähen Widerstande Raum abzugewinnen vermögen.

Es bekannten sich sowohl Christoph Gottsched als auch seine Gegner zu dieser Aufklärung. Ganz verschieden geartete Naturen wie Friedrich Christoph Nicolai und sein Freund Moses Mendessohn der, obwohl er sich zum Judentum bekannte, Spinozismus wie Christentum abwehrte, begegnen sich in der Anlegung der neuen Maßstäbe an die gesamte Geisteshaltung der Zeit. Ihr unbestrittener Meister wird G o t t - h o l d E p h r a i m L e s s i n g (1729—1781), dessen uns verlorener Roman wahrscheinlich das bedeutendste Denkmal des Zeitalters auch auf diesem Gebiete geworden wäre, wie Lessing auf dramatischem Felde im „Nathan" ein letztes, schon zur Transzendenz geleitendes Wort der Aufklärungsepoche zu sprechen wußte. Sein Einfluß auf die deutsche wie die europäische Geisteshaltung ist noch heute unabmeßbar.

Aber unterhalb, zum Teil auch innerhalb dieser großen geistigen Bewegung floß der Strom des Pietismus; auch er umwogte mit abbröckelnder Kraft den Dogmenbau der lutherischen Orthodoxie. Die Richtung aber wies nicht aus Offenbarung und Kirche hinaus, sondern in die Kammer christlich-lebendigen Vereinigungsdranges mit Gott und dem Heilande hinein. Wir erkannten in der Dichtung des Goethelehrers Christian Fürchtegott Gellert, wie sich beide Strömungen bei ihm in hymnischen und in prosaischem künstlerischem Ausdrucksvermögen merkwürdig und für die Zeit tiefbezeichnend einten. Und so steht an der einen Pforte unseres klassischen Humanismus, das geistige Leben auf lange hinaus überwaltend, die Gestalt des Messiassängers Friedrich Gottlieb Klopstock. Seine Wirkung auf den jungen und noch den alten Goethe, auf die Studentenschaft der Hohen Karlsschule und die empfänglichen Herzen der heranwachsenden schwäbischen Generation war unvergleichlich stark. Schubart steht ebenso in seinem Gefolge, wie Klopstock die Schweizer Gegner Gottscheds entzückte und Johann Jacob Bodmer zur Nachfolge, freilich einer sehr schwächlichen, begeisterte. Auch Lessing hielt den „Messias", trotz scharfen ästhetischen Einwendungen, für das Meisterstück deutscher Poesie.

Am anderen Eingangstore des klassischen Humanismus steht C h r i - s t o p h M a r t i n W i e l a n d aus Biberach an der Riß, 1733 geboren. Er entstammte dem liederreichsten deutschen Lande, in dessen Bezirke zugleich die geistigen Auseinandersetzungen mit einer letzten Entschlossenheit durchgekämpft wurden.

> Der Wieland und der Hegel
> Der Schiller und der Hauff,
> Das ist bei uns die Regel,
> Das fällt uns gar nicht auf —

dieser in Württemberg volkstümliche Vers drückt sehr bezeichnend die geistige Struktur des Landes aus, dem als Stätte des letzten Ringens um Erkenntnisprobleme wohl nur der ostpreußische Raum gleichzuschalten wäre. Die Gestalt Christoph Martin Wielands ist dem Geschlecht unserer Tage sehr fremd geworden — zu unrecht. Wohl hat

Goethe in jungen Jahren in seiner Farce „Götter, Helden und Wieland" einen ungestümen Angriff auf den rasch zu hohem Ansehen vorgedrungenen Schriftsteller versucht, und die teutonische Jugend des Wartburg-Festes hat mit einigen seiner Werke symbolisch den Flammenstoß genährt. Aber Goethe hat die unwirsche Stunde, die ihm jene Persiflage eingegeben hatte, bereut und sein letztes Wort über den späteren Weimarer Lebensgenossen lautet sehr anders:

Lebensweisheit, in den Schranken
Der uns angewiesenen Sphäre,
War des Mannes heitre Lehre.
Dem wir manches Bild verdanken.

Wieland hieß er! Selbst durchdrungen
Von dem Wort, das er gegeben,
War sein wohlgeführtes Leben
Still, ein Kreis von Mäßigungen.

Geistreich schaut' er und beweglich
Immerfort aufs reine Ziel,
Und bei ihm vernahm man täglich:
Nicht zu wenig, nicht zu viel!

Der junge Pfarrerssohn wird durch den „Don Quixote", der allgemach bei deutschen Lesern Boden gewinnt, tief beeindruckt. Früh reif, übersetzt er zweiundzwanzig Dramen Shakespeares, übt damit großen Einfluß auf die deutsche Dichtung und erzielt eine Wirkung, die sich bis in die Zeit der Romantik fortsetzt. Noch hat er zwischen Richardsonschen Anregungen und solchen von dem Briten Thomson geschwankt und seinen eigenen Stil nicht gefunden. Zu ihm dringt der fast Dreißigjährige erst mit seinem Roman „Geschichte des Agathon" im Jahre 1762 vor. Der junge Agathon gerät als Verbannter in Sklaverei und erlebt Liebesabenteuer, trifft in Syrakus mit altgriechischen Philosophen zusammen, wird in einen revolutionären Anschlag verwickelt und streift durch die ganze hellenische Welt.

Nach Jahren amtlichen Dienstes in der Vaterstadt wird Wieland Professor der Philosophie in Erfurt und kommt dann endlich an den ihm gemäßen Platz. Die verwitwete Herzogin Anna Amalia von Sachsen-Weimar wählt ihn zum Erzieher ihrer Söhne Karl August und Konstantin. Diese Nichte Friedrichs des Großen eröffnet damit die große Zeit des kleinen Herzogtums. Sie hat in dem 1772 erschienenen Roman „Der goldene Spiegel oder die Könige von Schechian" die Eigenart dieses Dichters feinhörig herausgespürt. In diesem Roman trägt der Hofphilosoph die Geschichte des Königreichs vor und gibt, freilich in zu weit geschweiftem Rahmen, Lehren über fürstliche Pflichten und wahre Staatsgesinnung. Aber erst in der 1777 beendeten „Geschichte der Abderiten" kommt die Grazie Wielands voll zu ihrem Ausdruck.

2*

Niemand hat bisdann den deutschen Prosastil so vollendet gehandhabt wie er. Neben ihm wirkt der Romanschriftsteller Gellert hausbacken, die Volksnovelle Schubarts unstet. Seine Diktion geleitet zuerst weltmännische Anmut in das deutsche Schrifttum. Die Abderiten galten den Hellenen etwa das Gleiche wie verwöhnten Stadtbürgern die sprichwörtlichen Bewohner von Schilda, auf die der Volkswitz alle Narreteien häufte (man spürt eine leichte Nachfolge noch in Seldwyla im Bezirke Gottfried Kellers). Demokritos, der klassische Philosoph, wird in eine bunte Welt hineingestellt, hinter deren Gestalten zeitgenössische Mit- und Gegenstreiter hervorscheinen. Der vergnüglichste Teil dieser in blendendem Stil vorgetragenen Geschichte ist der Prozeß um des Esels Schatten.

Nach seinem Eintritt in das weimarische Leben schuf Christoph Martin Wieland seine weit ausholenden „Göttergespräche", die er, im Anschluß an seinen Lieblingsschriftsteller aus der klassischen Vergangenheit, den Lukian, in „Neuen Göttergesprächen" fortsetzte. Auch hierin finden sich Anspielungen und Deutungen des Ereignisses, das, über den Rhein schattend, die Herzen erfüllte und in seinem, den deutschen Zuständen völlig fremdartigen Aspekt aufs Äußerste erregte: die Französische Revolution. In dem Briefroman „Aristipp" vollendete der nunmehr zum Senior des weimarischen Dichterkreises gewordene Logenmeister sein, man muß schon sagen, Andachtsbild griechischer Welt, ein Gemälde, auf das die vorhin angeführten Worte des Mitmaurers Goethe vollends passen. Wieder wird Demokritos zu einem Träger der Handlung. Und Wieland sandte dem 1801 vollendeten „Aristipp" noch zwei Novellen nach, gleichfalls in Epistelform gehalten, „Menander und Glycerion" und „Krates und Hipparchia".

Derselbe Dichter, der im Roman und der Novelle die Sprache zu einer die Zeitgenossen weit überragenden, die Leser immer wieder überraschenden Fülle ohne Leere steigerte, hat in Versen von liebenswürdigster Vielfalt und Schmeidigung den Hippogryphen, das Flügelroß der hellenischen Dichterphantasie, meisterlich bezwungen. Wenn nach einem Jahrhundert ein Meistersprecher wie Emil Milan die Verse von Geron, dem Adligen, ertönen ließ, erschien die Herrschaft, welche Wieland über die Sprache übte, in ihrem Vollglanze. Auf seinem Gute Oßmannstädt, nahe der Residenz, vollendete der Ältermann Weimars 1813 sein Leben. Vor zweiunddreißig Jahren war Lessing, vor zehn Jahren Herder, vor acht Schiller dahingegangen. Wieland, der noch von Napoleon entboten und ausgezeichnet worden ist, hat sie alle überlebt. Wie er sehr früh den Genius Goethes erschaut und wie kein anderer Zeitgenosse gepriesen hat, erwies Wieland seine Empfänglichkeit für dichterische Größe, darin im Umkreise Weimars völlig einsam, in der Erkenntnis von Heinrich Kleist, der im Frieden von Oßmannstädt einmal für kurze Zeit die Unstetheit seiner Tage in wärmender Pflege vergessen und seinen „Guiscard" dem aufnahmefähigsten Hörer darbringen durfte. Gewiß hatten schon die Romanschriftsteller des siebzehnten

Jahrhunderts sich an geschichtlichen und mythischen Stoffen versucht
— erst Wieland hat im „Agathon" einen geschichtlichen Roman geschaffen, der wirklich die Aura des Altertums in sich birgt.

Im Jahre 1771 gibt Wieland den Roman einer Jugendfreundin heraus, die ihn, den um zwei Jahre jüngeren, einst entflammt hat und nun
mit dem Hofrat Laroche verheiratet ist. Das Werk heißt „Die Geschichte des Fräuleins von Sternheim" und ist vorgeblich aus Originalpapieren gezogen. Man spürt wie noch bei Gellert den Einschuß
Richardsons, der auch in den späteren Romanen von S o p h i e L a -
r o c h e , geb. Gutermann (1730—1807), so in der „Geschichte von
Miß Lony" oder „Fanny und Julie, oder die Freundinnen", beherrschend durchdringt.   Goethe verweist auch in seiner Besprechung des
ersten Romanes ausdrücklich auf das Vorbild des Briten, freilich will
er in der ganzen Arbeit nur das Gerüst zu einer Dichtung erkennen.

Goethes Besprechung war den „Frankfurter gelehrten Anzeigen" anvertraut. Der hervorragendste Mitarbeiter dieser Zeitschrift war Goethes
Darmstädter Freund J o h a n n H e i n r i c h M e r c k (1741—1791),
der auch Wielands „Teutschem Merkur" wertvollen kritischen Beistand
leistete. Der früh aus dem Leben geflüchtete Schriftsteller hat in eleganter Prosa einen „Akademischen Briefwechsel" verfaßt, innerhalb dessen
seine erzählerischen Gaben sich zu novellistischen Bildern runden. Der
Pommer C h r i s t i a n L u d w i g H a k e n (1767—1823) gab in
seiner „Grauen Mappe" lebensvolle novellistische Bildchen aus der Zeitgenossenschaft, so in Ausdeutungen von Blättern des Daniel Nikolaus
Chodowiecki, und einer Geschichte „Die verlorene Tochter"; diese war
ohne Zwischentext aus fünfundzwanzig vorgeblichen Anzeigen eines
Intelligenzblattes zusammengesetzt.

In der Nachfolge Wielands mühte sich auch mit Glück A u g u s t
G o t t l i e b M e i ß n e r (1753—1807).   Er wird nach der etwas ungefügen Erzählerkunst Schubarts ein Novellist von feinerer Art zur
selben Zeit, in der Musäus sich als Übersetzer französischer Novellen
betätigt.   Meißners Geschichtsromane „Alcibiades" und „Epaminondas"
gehen gleichfalls auf Wielands Spur, in den Novellen ergreift er zum
Teil kriminelle Stoffe.

Nahezu am Gegenpol von Christoph Martin Wieland steht der Ostpreuße T h e o d o r G o t t l i e b v o n H i p p e l (1741—1796).   Er
gehörte zum Freundeskreise von Immanuel Kant, stieg bis zum Stadtpräsidenten von Königsberg auf und erwarb sich reiche Verdienste um
das Gemeinwesen. Seine kostbare Bildersammlung war das Entzücken
des jungen E. T. A. Hoffmann.   Bedeutender aber als der Einfluß des
großen Philosophen auf den dichtenden hohen Beamten war die Geisteshaltung des anderen Königsberger Denkers Johann Georg Hamann, den
Goethe „seinem Volk einen Ältervater, seiner Zeit den hellsten Kopf"
genannt hat. Hippel hat in seiner sparsamen Hervorbringung, auch er
durchaus von dem Vorbilde Sternes beeindruckt, zumal in den „Lebensläufen nach aufsteigender Linie" mit einem sehr eigenartigen Humor,

man darf sagen: von oben herab, das Leben zu bezwingen versucht. Dabei haben diese Lebensläufe im Grunde eine selbstbiographische Ausrichtung, wenn sie auch statt in Hippels ostpreußische Heimat nach dem benachbarten Kurlande verlegt sind. Und erst bei der Einkehr an den Pregel gewinnt die Darstellung, welche sonst in unendliche Gespräche verläuft, festen Boden und gegenständliche Zielsetzung. Hamann hatte seinen Damaskustag erlebt; der Einfluß seiner Mystik auf Theodor Gottlieb von Hippel ist immer wieder spürbar. Den „Lebensläufen nach aufsteigender Linie" ward die Ehre zuteil, daß manche Betrachter bei der Enträtselung des Verfassers auf seinen Tischgenossen Immanuel Kant rieten.

Der gleiche Humor lebt sich in den „Kreuz- und Querzügen des Ritters A bis Z" aus. Hier ist das wesentliche Thema die Freimaurerei. Hippel führt den Helden dieses Romans durch das Treiben geheimer Gesellschaften und läßt ihn die angeblichen Abgeschmacktheiten der Freimaurerei durchstudieren, wie er zugleich seinen Ritter die unheilvollen Folgen eines mißleiteten Ahnenstolzes spüren läßt. Man fühlt dem Werke die äußerste Gegenstellung gegen den Weimarer ab, welchem der Ordensbruder Johann Wolfgang von Goethe nachmals die Trauerrede hielt.

Hippels drittes Werk fließt nicht aus der dichterischen Quelle, bedeutet aber zeitgeschichtlich viel: in dem Buche „Über die Ehe" und seiner Ergänzung von 1792 „Über die bürgerliche Verbesserung der Weiber" brachte er Gedanken zu Tage, die gemeinhin erst nach einem Menschenalter wieder in das Licht öffentlicher Aussprache traten. Es hat eigenen Reiz, daß Chodowiecki auch dieses Buch mit Kupfern schmückte wie vordem Lessings „Minna von Barnhelm".

Der Schweizer S a l o m o n G e ß n e r (1730—1788) war selbst ein hochbegabter Maler und sein Naturgefühl floß in die „Idyllen", die alsbald in ihrer anmutigen Fügung einen großen Leserkreis, auch außerhalb Deutschlands, gewannen. Diese Idyllen spielen sich zwischen Schäfern und Schäferinnen ab, und die aus einem griechischen Schäferromane überkommenen Namen Daphnis und Chloe wurden langhin bei empfindsamen Seelen volkstümlich.

Nicht unverwandt mit Hippels humoristischem Lebensgefühl erscheint J o h a n n G o t t w e r t h M ü l l e r (1743—1828). Sein Roman „Siegfried von Lindenberg" war, zumal in Norddeutschland, lange sehr beliebt. Daneben übten die acht Bände ihre Wirkung, die Müller als „Komische Romane aus den Papieren des braunen Mannes" zusammenfaßte.

Ein Weimarer Lebensgenosse Wielands, Pagenhofmeister unter Anna Amalia, war J o h a n n C a r l A u g u s t M u s ä u s (1735—1787). Der Name Grandison begegnet uns auch in seinem Wirken, hier aber freilich mit der unverhüllten Absicht, die Geltung des Engländers auf ein bescheideneres Maß zurückzuführen. Und, wie der Meister Wieland und andere Zeitgenossen, bedient sich auch Musäus in dem 1762 erschienenen „Grandison der Zweite oder Geschichte des Herrn von N." der Briefform. Dieser Roman ist vergessen, und der Ruf des Professors Musäus knüpft sich wesentlich an seine Märchendichtung. Eine Gestalt wie der Rübezahl des Sudetengebirges lebt noch heute so fort, wie ihn Musäus überliefert hat. Und auch die Knappen des Karlgenossen Roland und die Libussa, die märchenhafte Gründerin des böhmischen Reiches, sind in ihrer durch Musäus geprägten Formung nicht nur Kindern lebendig geblieben, wie denn noch Wilhelm Raabe diesen Erzähler nachdrücklich gepriesen hat. Neben einer Anzahl geschichtlicher Romane schuf auch B e n e d i k t e N a u b e r t, geb. Hebenstreit (1756 bis 1819), vielgelesene Volksmärchen.

Auf den Spuren Wielands schreitet M o r i t z A u g u s t v o n T h ü m m e l (1738—1817). Seine empfindsame Reise führt in die mittäglichen Provinzen von Frankreich. Der Held dieses Romans geht auf die Fahrt in Begleitung eines Mopses. Aus dem Hotel zu den Vier Nationen reist er von Paris her südwärts und besteht in der milden Luft der Provence bunte Abenteuer, inmitten deren dem Berliner Landsleute begegnen. Trotz seiner Breite wird Thümmels Werk nicht langweilig. Schiller hat in seiner Abhandlung über naive und sentimentalische Dichtung dem Roman leichten Humor zugesprochen, aber gerügt, daß es ihm an ästhetischer Würde fehle, die jedoch von dem größten Teil der Leser sicherlich nicht für dies Lieblingsbuch der Zeit in Anspruch genommen würde. Eine Zwitterstellung nimmt Thümmels komisches Heldenepos in Prosa „Wilhelmine" ein — auch hier läßt sich die Schule Wielands nicht verkennen.

Thümmel lebte in Hofstellung in Coburg. Ein anderer, gleichermaßen von Richardson und Wieland beeinflußter Reiseroman-Erzähler war der Breslauer Pastor primarius J o h a n n T i m o t h e u s H e r - m e s (1734—1814), dem wir das unvergängliche Kirchenlied danken:

Ich hab' von Ferne,
Herr, Deinen Thron erblickt
Und hätte gerne
Mein Herz vorausgeschickt.

Sein einst vielbewunderter, wiederum in Briefform gefaßter Roman hieß „Sophiens Reise von Memel nach Sachsen". Sehr merkwürdig ist es, daß Hermes, der aus der Stargarder Gegend stammt, sich zuweilen, um Lokalfarbe zu gewinnen, seines angestammten pommerschen Platts bedient. Der eigentliche Held des von Abenteuern, zum Teil unwahrscheinlichster Art, strotzenden Romans ist der Schiffseigner Puf van Vlieton. Eine Fülle von manchmal gut beobachteten und mit feinen Zügen umzeichneten Nebenpersonen wäre geeignet, den Gang der Handlung zu sprengen, wenn man strenge Maßstäbe an ein Werk legen wollte, das doch im Sinne jener Schillerschen Abhandlung nur geschrieben ward, um zu gefallen, und nur gelesen wurde, um sich ein

Vergnügen zu machen. Hermes kann immer wieder den Geistlichen
nicht verleugnen, er erteilt verschwenderisch moralische Belehrung.

Der Dritte, der eine Reise als Motiv für sein Erzählertempo nußt,
ist der Hannoveraner A d o l p h v o n K n i g g e (1752—1796), Hof-
junker wie Thümmel, berühmt durch sein Buch „Über den Umgang mit
Menschen". „Die Reise nach Braunschweig" birgt eine Vielzahl von
Abenteuern. Im Gegensaße zu Hippel ist Knigge heimisch in dem Orden
der Illuminaten, und seine „Geschichte Peter Clausens", wie der Roman
seines Lebens in Briefen, sind erneute Zeugen der doppelten Anregung
durch das britische Vorbild und Wieland. Humorist wie Knigge, freilich
von bescheidenerem Formate, war H e i n r i c h R e i c h a r d (1751
bis 1828); neben drolligen Erzählungen wirkte er durch seine Vierteljahrsschrift „Olla potrida".

In entfernter Verwandtschaft zu Hippel steht einer der merkwürdigsten Schriftsteller der Epoche, J o h a n n C a r l W e z e l (1747 bis
1819). Auch ihn trieb, wie manchen schreibenden Genossen, das Er-
zieheramt des Hofmeisters durch weite Länder, bis er sich in Wien
ansiedelte. Seine „Lebensgeschichte Tobias Knauts, des Weisen, sonst
der Stammler genannt", vorgeblich aus Familiennachrichten gesammelt,
erregte durch ihren satirischen Gehalt Aufsehen. Eine Fülle von Gestalten treibt sich durch das Buch, das sogar bis ins Bordell führt.
Seinen zweiten Roman, den 1776 erschienenen „Belphegor" bezeichnet
Wezel selbst als die unwahrscheinlichste Geschichte unter der Sonne.
Auch er ist ein Denkmal weiter Reisen, schweift nun freilich in fernste
Fernen und führt sowohl nach dem Orient wie über den Ozean. Das
dritte Werk Wezels, geschaffen, bevor er dem Wahnsinn verfiel, ebenso
bunt wie die früheren, war der Roman „Herrmann und Ulrike"; merkwürdig ist in diesem Buche die Lokalisierung in Berlin, das hier zum
ersten Male einen großstädtischen Aspekt gewinnt, welcher der Stadt
Friedrichs des Großen damals kaum eignete.

Der Einzige unter diesen Erzählern des achtzehnten Jahrhunderts,
der neben Wieland und Hippel in die Zukunft übergegangen ist, war
W i l h e l m H e i n s e (1749—1803), zugleich derjenige, der unter
ihnen allen das Erbe und die Diktion des Meisters Wieland unmittelbar
fortseßte. Wir hatten immer wieder — auch bei Wezel tritt dieser Einschuß hervor — die nachhaltige Anregung des Briten Sterne hervorzuheben. Nun erweist sich auch das französische Vorbild Voltaires in
seiner über den Rhein vordringenden Mächtigkeit. Wie sich die nun
zu Tage tretende und eine ganze Generation verzaubernde Gedankenwelt Jean Jacques Rousseaus mit derjenigen Voltaires im Einfluß auf
das deutsche Geistesleben einen, läßt sich an dem Werke Heinses stu-
dieren. Der musikalisch Begabte offenbart seine Sehnsucht nach Italien
und zur klassischen Welt zuerst in dem merkwürdigen Werke „Laidion
oder die eleusinischen Geheimnisse", das er der Hetäre Lais zuschreibt.
Hier versucht er, das klassische Griechenland zu vergegenständlichen, wie
er hernach im „Leben des Torquato Tasso" im Bilde des Hofes von

Ferrara das Unheil eines großen Dichters darstellt, dessen Hauptwerk er in Prosa überträgt. Die Frucht der großen, lange ersehnten italienischen Reise wird dann der Roman „Ardinghello und die glückseligen Inseln", der allein Heinses Namen in die Zukunft trägt. Auch in diesem Werke läßt er, wie im „Laidion", scheinbar einen anderen vortragen. Er, der noch zur Dogenzeit den vollen Glanz Venedigs erschaut hat, läßt seine italienische Geschichte durch den jungen Bürger der stolzen Republik Benedikt erzählen, der durch abenteuerliche Vorgänge in den venetianischen Künstlerkreis eingeführt wird. Ein geheimnisvoller Fremder von florentinischer Herkunft, namens Ardinghello, ist nun der Held des Romans, und ihn führt das Geschick von den Gestaden des Gardasees im Cinquecento durch die ganze Welt der Renaissance nach Rom und schließlich nach den sagenumrungenen griechischen Eilanden. Sie sind die im Titel des Buches genannten glückseligen Inseln, und — hier tritt der Einfluß Rousseaus voll hervor — ein hoher Priester der Natur gebietet dort über Anbeter der Gestirne, der Erde und der Luft. Die Gesetzgebung dieses Traumstaats wird nach den Regeln Platos und des Aristoteles eingerichtet, und alle Herrlichkeiten des wälschen Landes, von der Pyramide des Cestius bis zum Kolosseum, bis zur Gruppe des Laokoon, werden ebenso lebendig gepriesen, wie Ardinghello sich bei den großen Künstlern Tizian, Raffael, Correggio, das Gesetz der Schönheit sucht. Immer wieder erscheint unter buntem Glast der Glanz einer Sprache, die noch Friedrich Hebbel wie vordem Friedrich Hölderlin im Tiefsten anzog. Insbesondere ergreift noch heute das mitlebende Verständnis für jede künstlerische Eigenart, eine Einfühlungsfähigkeit von hohem Grade.

Der Roman „Hildegard von Hohenthal", in der deutschen Heimat verfaßt, erweist Heinses musikalische Eignung und Haltung in währenden Zügen, wenn freilich auch die vielfach skurrile Handlung den eigentlichen Reiz, der eben in den feinsinnigen musikalischen Betrachtungen liegt, verschüttet. Und schließlich hat auch Heinse der Mode des Briefromans gehuldigt, als er in dem Roman „Anasthasia und das Schachspiel" Briefe aus Italien an einen Freund zu einem Lehrbuch des königlichen Spiels zusammenfügte. Seine Anasthasia, hellenischer Herkunft, soll die Muse des Schachs sein.

Wilhelm Heinse ist noch in neuester Zeit immer wieder ins Gedächtnis der Nachfolge gerufen worden, die sich am Reiz einzelner Bilder und noch heute wesentlicher Kunsturteile und Naturschilderungen erfreute. Ganz lebendig aber ist aus dieser Zeit des Ansatzes zur klassischen Dichtung nur eine Persönlichkeit geblieben, die nur den bescheidensten Raum ausschritt, aber ihn auch so ganz erfüllte, daß künftige Geschlechter ohne Umsetzung oder Umdenkung ihren Spuren zu folgen vermögen: M a t t h i a s   C l a u d i u s (1740—1815), der Asmus, wie er sich als Schriftsteller nannte. Wie er an der Pforte der neuen deutschen Lyrik steht, so hat der „Wandsbecker Bote, der alle seine Güter mit sich trug" in glockenheller Prosa, schalkhaft und mit einer Einfalt,

die in Wahrheit sehr lebensklug war, sowohl Abbilder aus seinem
einfachen und schlichten Dasein gegeben, wie von der Freundschaft gehandelt oder in Ernst und Kurzweil Briefe seines Vetters an sich ab-
gedruckt. Wenn er seinen Werken den Freund Hain im Kupfer vorsetzte, so sollte das keine Mahnung an ein schmerzliches Ende sein —
vielmehr entsprach dieses bildliche Motto dem unvergänglichen Liede
vom Tode und dem Mädchen, darin der Knochenmann als Freund, der
nicht zu strafen kommt, auftritt.

2. Sturm und Drang

Sturm und Drang, die Bewegung, welche den siebziger und den
ersten achtziger Jahren des achtzehnten Jahrhunderts ihre Signatur gibt,
ist im Wesentlichen eine dramatische Ausgestaltung des dichterischen
Lebens; sie gipfelt in zwei währenden Werken Goethes und Schillers,
mit denen sie ihre kurze Herrschaft abschließt und, indem neue Ziele gewiesen werden, überhöht. Hatte vordem der „Robinson" den deutschen
Schriftsteller zur Nachahmung entflammt, hatten nachmals wiederum die
Engländer, Richardson und Sterne vor allen, weithin auf Schreibende
und auf Lesende ihren Einfluß geübt, so brach nun im heraufrollenden,
vorläufig noch unterirdischen Drange, der schließlich zur Revolution
führte, mit Mächtigkeit das Lebenswerk Rousseaus über den europäischen Westen herein. Immer wieder begegnen wir den Spuren des
Genfer Franzosen in den Gesprächen der Sturm-und-Drang-Dichter wie
in den zeitgenössischen Briefwechseln und dem staatswirtschaftlichen
Schrifttum. Seine „Abhandlung über die Wissenschaften und Künste"
von 1750 verkündete schon als notwendig die Rückkehr zur Natur, sein
leidenschaftlicher Briefroman von der „Neuen Heloise" wurde auch in
Deutschland verschlungen und der „Contrat Social" ward der Gegenstand
leidenschaftlicher Erörterungen, vollends der in Frankreich von Henkers
Hand verbrannte „Emile". Goethe hat in der abkürzenden Art, die er
alternd gelegentlich hervorkehrte, einmal im Gedenken an jugendliche
Wallungen von Rousseau gesagt, er habe von dem geselligen Leben
einen Ekelbegriff verbreitet, eine stille Einleitung zu jenen ungeheuren
Weltveränderungen, in welchen alles Bestehende unterzugehen schien.
Dieses, jener jungen Generation eigenste Gefühl einer völligen Er-
schütterung des Weltgefüges, das noch in den „Räubern", die Zeiten
überdauernd, rumort, beherrschte diese literarische Generation, der
F r i e d r i c h M a x i m i l i a n K l i n g e r (1752—1831) mit dem
Schauspiel „Sturm und Drang" das Losungswort gab. Goethe hat dem
Frankfurter Jugendgenossen im Alter die Verse gewidmet:

E i n e Schwelle hieß ins Leben
Uns verschiedne Wege gehn;
War es doch zu edlem Streben —
Drum auf frohes Wiedersehn!

In Klingers „Geschichte Raphaels de Aquillas" lebt die Sehnsucht nach der unverstellten Natur dergestalt, daß Klinger seinen Helden einen Sohn der Natur nennt. Der Roman, zum Teil in Briefen und Gesprächen geführt, grenzt an die Stoffwelt des „Don Carlos" an, indem er die starrste Inquisition der spanischen Gewaltherrschaft über die Mauren triumphieren läßt. Der Gemarterte vermag mit seinem letzten Seufzer, ganz rousseauisch, nur aufzujammern: „Höre sie, erhabener Verhüllter! Höre sie, Natur!"

In Klingers Roman „Fausts Leben, Taten und Höllenfahrt" ist Faust der Erfinder der Buchdruckerkunst. Wie in dem „Raphael" wird auch hier ein Fürstenspiegel aufgestellt, in dem sich die Knechtschaffenheit euopäischer Völker von den Kindern der Natur beschämen lassen muß. In der Fortsetzung des Faustromans werden dann diese aus dem Leben mit der Natur entsprossenen Ideen als bewegende und harmonisierende Mächte dargestellt. Die „Geschichte eines Deutschen der neuesten Zeit" bildet das Leben eines Mannes ab, der, von idealem Antrieb geführt, in die Französische Revolution eingeht und, im Innersten enttäuscht, in ihr endet. In der „Geschichte Giafars des Barmeciden" wird ein dem „Raphael" verwandter Stoff gleichfalls in dem Sinne einer natürlichen Menschheitsbestimmung und im Gegenstoße gegen ihre zwanghafte Unterdrückung abgehandelt. Dabei geht Klinger weit in die Überlieferung der Ostwelt zurück und gestaltet einen Günstling Harun al Raschids, dessen Urbild er auch in den Geschichten von Tausend und einer Nacht gefunden hatte. (Das gleiche Thema hat nachmals Annette von Droste in einer Ballade behandelt). Mit welch geistiger Überlegenheit sich Klinger über die von ihm geteilten Zeitstrebungen hinwegsetzen konnte, lehrt die vergnügliche kleine Romansatire „Plimplamplasko". Er verband sich zu deren Abfassung mit zwei Freunden, von denen J o h a n n C a s p e r L a v a t e r (1741—1799) nicht nur für den Sturm und Drang, sondern auch für die Entwicklung Goethes von Bedeutung gewesen ist. Der schmale Roman mit dem komischen Titel erzählt in altertümlich gefärbter Sprache Jugend, Kämpfe und Entthronung eines fürstlichen Kraftgenies mit dem Zeitstil spottlustig übertreibender Karikierung.

Will man den äußersten Gegensatz zu Friedrich Maximilian Klinger bezeichnen, so begegnet dem Betrachter der gleichen drangvollen Periode einer ungestümen Schaffenszeit der Livländer J a c o b M i c h a e l R e i n h o l d L e n z (1751—1792). Ihn, der in Königsberg zu den Schülern Immanuel Kants gehörte, führte das Geschick alsdann in die Mitte des Reiches, auf den Schauplatz der neuen dichterischen Entfaltung. Klinger stieg gerade in Rußland zu höchsten Ehren auf — der ruhelose Lenz ging nach Jahren aufrüttelnder und zerrüttender Erlebnisse und Enttäuschungen jammervoll zu Grunde. Der ausgesprochene Dramatiker gestaltete als Prosadichter im „Zerbin", dem er den Untertitel „Die neuere Philosophie" gab, eine wüste Liebesgeschichte, wie er in der

Brieferzählung „Der Waldbruder" unter Benutzung durchsichtiger Anspielungen das Leben in einem übererregten Stile zu bezwingen suchte.

Auch F r i e d r i c h   C h r i s t i a n   L a u k h a r d   (1758—1822),
ein verdorbener Theolog und späterer Soldat, dann zeitweilig im Dienste
der französischen Revolution, gehört an den Rand der Sturm-und-Drang-
Bewegung. Sein wüster Roman „Baldrian Weitmaul" verzeichnet wirre
Erlebnisse aus wirrer Zeit.

3. Z u r   H ö h e   d e s   k l a s s i s c h e n   H u m a n i s m u s
W o l f g a n g   G o e t h e   (1749—1832)

Im Herbste des Jahres 1774 erscheinen bei Weygand zu Leipzig
„Die Leiden des jungen Werthers". Mit diesem Roman, dem der „Goetz
von Berlichingen" vorangegangen war, beginnt ein neues Zeitalter der
deutschen Dichtung. Nachdem die durch dreißig Kriegsjahre mißhandelte Volkheit in drei Generationen wieder erstarkt war, tritt der
deutsche Genius ebenbürtig und zielweisend in die Weltliteratur. Nicht
nur, daß der Chinese mit ängstlicher Hand Werther und Lotte auf Glas
pinselt — die Wirkung dieser Offenbarung einer deutschen Seele regt
allenthalben zur Nachfolge an und beschäftigt weithin, in Neigung und
Abneigung, zumeist jedoch zu hingerissener Bewunderung die Geister.
Was sich an persönlichem Klatsche an Goethes Wetzlarer Erlebnisse
knüpfte, geht uns heute nichts mehr an.

> Jeder Jüngling sehnt sich so zu lieben,
> Jedes Mädchen so geliebt zu sein,
> Ach, der heiligste von unsern Trieben,
> Warum quillt aus ihm die grimme Pein? —

mit solchen Versen hat der Dichter die zweite Auflage einbegleitet. Der
Name Klopstock steht einmal an sinngebender Stelle mitten im Roman.
Und dennoch müßte ein ganz anderer Name hier deutend seinen Platz
finden, nämlich derjenige J o h a n n   G o t t f r i e d   H e r d e r s   (1744
bis 1803). Dieser Ostpreuße hat den jungen, rechtsbeflissenen Straßburger Studiosus zu Deutscher Baukunst, zu Shakespeare und dem
Volksliede geführt, Herder hatte, von Hamann für die Muttersprache des
menschlichen Geschlechts, die Poesie, als Erfassung der tiefsten Aufgaben gewonnen, Goethe auch zu den allein sinngebenden Maßstäben
dichterischer Schau geleitet, abseits von den früheren Leipziger Einwirkungen und Zielsetzungen.

In dem Werther-Buch lebt sich eine Sprachgewalt aus, die jeden Hall
und Nachhall der Seele auszudrücken weiß. Auch hier finden wir die
Begebnisse an einen Bericht in Briefform geknüpft, und dennoch ist der
innere Zusammenhang von Satz zu Satz, von Epistel zu Epistel unlöslich.
Neben dieser Erzählung erscheint Rousseaus „Neue Heloise" überspitzt,
der nun in seine Vollwirkung eingetretene „Vicar of Wakefield" von
Oliver Goldsmith bei aller Liebenswürdigkeit trocken. Die von Goethe

für echte Erzeugnisse keltischer Volksdichtung gehaltenen Strophen Ossians nutzt er zu stimmungsvoller Belebung. Die Verbindung kleinster äußerer Züge mit der Enthüllung zartester Seelenempfindung ist in unvergleichlicher Weise gelungen. Dabei können wir Werther bis in die verborgensten Neigungen und Abneigungen verfolgen. Seine Herzensempfänglichkeit bildet jeden Eindruck nach und gestaltet ihn zu dauerndem Besitze. Unvergeßlich, wie er Lotte beim Brotschneiden für die Geschwister abzumalen weiß, tiefbezeichnend sein Verhalten gegenüber dem niederen Volke; und dazwischen pochen immer wieder die Erschütterungen an, die von seiner zweifelhaften amtlichen und bürgerlichen Stellung her Werthers Gleichgewicht beschweren.

Über dem Ganzen liegt eine lyrische Verzauberung, nach dem Voll-Glanze der Seesenheimer Liebeslyrik die Schöpfung einer bisdann unvergleichlichen prosaischen Ausdrucksfülle. Werther schreibt dem Freunde: „Das bestärkte mich in meinem Vorsatze, mich künftig allein an die Natur zu halten. Sie allein ist unendlich reich, und sie allein bildet den großen Künstler. Man kann zum Vorteile der Regeln viel sagen, ungefähr was man zum Lobe der bürgerlichen Gesellschaft sagen kann. Ein Mensch, der sich nach ihnen bildet, wird nie etwas Abgeschmacktes und Schlechtes hervorbringen, wie einer, der sich durch Gesetze und Wohlstand modeln läßt, nie ein unerträglicher Nachbar, nie ein merkwürdiger Bösewicht werden kann; dagegen wird aber auch alle Regel, man rede was man wolle, das wahre Gefühl von Natur und den wahren Ausdruck derselben zerstören! Sag du, das ist zu hart! sie schränkt nur ein, beschneidet die geilen Reben usw. — Guter Freund, soll ich dir ein Gleichnis geben? Es ist damit wie mit der Liebe. Ein junges Herz hängt ganz an einem Mädchen, bringt alle Stunden seines Tages bei ihr zu, verschwendet all seine Kräfte, all sein Vermögen, um ihr jeden Augenblick auszudrücken, daß er sich ganz ihr hingibt."

Die Steigerung in dieser Dichtung ist so schlüssig, daß der hingerissene Leser erst am Schlusse aufatmend auf den Weg zurückblickt, der aus lyrischem Frieden zu tragischem Ende geleitet hat. Wie setzt Werther mit dem vollen Klange einer der Natur hingegebenen Seele ein!: „Übrigens befind ich mich hier gar wohl, die Einsamkeit ist meinem Herzen köstlicher Balsam in dieser paradiesischen Gegend, und diese Jahreszeit der Jugend wärmt mit aller Fülle mein oft schauerndes Herz. Jeder Baum, jede Hecke ist ein Strauß von Blüten, und man möchte zum Maikäfer werden, um in dem Meer von Wohlgerüchen herumschweben und alle seine Nahrung darin finden zu können."

Als Goethe auf ein Prenzlauer Gymnasialprogramm hin seine Harzreise im Winter im Stile seines Alters auslegte, kam er auf seinen „Werther" zurück und bedeutete den das rechte Verständnis suchenden Schulmann: „Als der Dichter den Werther geschrieben, um sich wenigstens persönlich von der damals herrschenden Empfindsamkeitskrankheit zu befreien, mußte er die große Unbequemlichkeit erleben, daß man ihn gerade diesen Gesinnungen günstig hielt. Er mußte manchen schrift-

lichen Andrang erdulden, worunter ihm besonders ein junger Mann
auffiel, welcher schreibselig-beredt und dabei so ernstlich durchdrungen
von Mißbehagen und selbstischer Qual sich zeigte, daß es unmöglich
war, nur irgendeine Persönlichkeit zu denken, wozu diese Seel-Enthül-
lungen passen möchten."

Und so kam es zu einer merkwürdigen Selbstbefreiung. In der
Farce „Der Triumph der Empfindsamkeit" wird der „Werther" samt
der „Neuen Heloise" und dem „Siegwart" in einen Sack gepackt und
Häckerling dazugetan. Dieser „Siegwart" von J o h a n n M a r t i n
M i l l e r (1750—1814) war, zwei Jahre nach Werther hervorgetreten,
der einstweilen lezte und beliebteste Zeuge der empfindsamen Epoche.
Und es steht mit dieser Farce in seelischem Zusammenhange, wenn
Goethe, der alte Goethe, in der „Trilogie der Leidenschaft" noch einmal
den vielbeweinten Schatten an das Tageslicht hervorruft,

> Zum Bleiben ich, zum Scheiden du erkoren,
> Gingst du voran — und hast nicht viel verloren.

In sehr eigenwilliger Weise hat Georg Simmel den Sinn von Goethes
erster Prosadichtung erschürft. Nach seiner Darstellung liegt das Einzigartige und Entscheidende der Goethischen Weltanschauung in einer
morphologisch-künstlerischen Synthese des Anschaulichen, die der Dichter zu kosmisch-metaphysischer Bedeutung hebt. Anders ausgedrückt
will Simmels Deutung besagen: schon in seiner frühen Entfaltung weiß
dieser Dichter um den Zusammenhang der physischen Natur und um
die Entwicklung des Körpers wie der Seele Bescheid, zum mindesten
waren ihm innerste Zusammenhänge ahnungsvoll aufgegangen. Und so
kommt er wie von selbst von der Natur der Dinge in ihrer gesezten
Wandlung, von der Natur des Menschen in seinem dunkeln Drange, der
dem Hellen zustrebt, zu dem Anstieg ins Kosmische, in die Metaphysik.

Simmel fährt dann fort:

„Nun liegt die Oberfläche der Dinge nicht mehr wie eine ablösbare
Haut oder ein vom Subjekt her über sie hingestreuter Schein ihrem
eigentlichen Wesen, ihrer Wirklichkeitstiefe auf; sondern, wenn sie nur
recht nach der Eigengesezlichkeit der Idee beschaut wird, ist sie die volle
Offenbarung des Seins:

> Nichts ist drinnen,
> Nichts ist draußen,
> Denn was innen,
> Das ist außen".

So erhebt sich schon in dem jugendlichen Dichter des „Werthers"
von Baustein zu Baustein die Pyramide seines Daseins, und in diesem
nach großen Gesezen verfugten Gerüst lebt gleichnishaft bereits die vollendete Erkenntnis, die von der Urpflanze zu dem faustischen Engelchore
aufsteigt. Wir tun einem Werke schimmernder Jugendlichkeit keinen
Zwang an, wenn wir es einem großen Zusammenhange zuordnen.

Ausweislich des Vorworts gehören die schwer datierbaren „Briefe aus der Schweiz‴ zum „Werther"; sie stehen freilich in einem deutlichen Gegensaße gegen die Empfindsamkeit, jene Gefühlsschwelgerei, die sich Goethe nachmals zum Vorwurf machte. Daß diese Briefe sich unter Werthers Papieren vorgefunden haben sollen, wird dem Leser des Hauptwerks kaum einleuchten. Aber der Abschluß der knappen Episteln in seiner sehr eigenartigen, das Leßte mit Zartheit nur andeutenden Bildhaftigkeit wirft einen verklärenden Schein auf diese vorgeblichen oder wirklichen Reiseerinnerungen.

Der „Werther" eröffnete nicht nur dem deutschen Roman die Bahn in die Weltliteratur, zu der nach Wilhelm Raabes Wort vordem nur die bescheidenen Idyllen Salomon Geßners vorgedrungen waren; dies in Jugendfrische prangende Werk war zudem ein Gesellenstück psychologischer Ergründung, das überall bereits die Meisterhand verriet. Und wenn Goethe zu einer Zeit, da Wetzlar und Darmstadt weit zurück lagen, den mahnenden Vers niederschrieb:

Sei ein Mann und folge mir nicht nach —

so mochte er wohl ein warnendes Wort, gedenkend an die Erfahrungen der Harzreise im Winter, aussprechen; die Jugendkraft dieses Erstlings einer befreiten neuen Dichtung zu entwerten, konnte ihm doch nur in der Scherzstimmung eines Farcenspiels beikommen.

Eine weite Bahn in des Dichters Leben und seiner Entwicklung trennt „Werthers Leiden" von „Wilhelm Meisters Lehrjahren". Die behende Hand der Hofdame Luise von Göchhausen (1752—1807), die, leicht verkleidet, in Jacob Michael Reinhold Lenzens „Waldbruder" auftritt, hat uns den Urfaust nach fast hundertjährigem Schlummer bewahrt. Eine andere, Goethen tief zugeneigte Frau, die Zürcherin Barbara Schultheß, geb. Wolf (1745—1818), hinterließ ihren Nachfahren die ihr von Frau Aja auf des Sohnes Geheiß übermittelte Handschrift, die wir heute als „Wilhelm Meisters theatralische Sendung" verehren. Die Übermittlung nach Zürich erfolgte im Jahre 1783, zu einer Zeit, da der Dichter in voller staatsmännischer Beschäftigung, die nie ermattete, befangen war. Und erst im Jahre 1794 erscheinen in neuer Form die ersten drei Bücher des neuen Werkes. Der den Gesamtbau abschließende vierte Band (er enthielt das achte Buch) wurde 1796 veröffentlicht.

Es ist nicht ein anderer, aber ein durch Lebenserfahrungen umgetriebener, in die unterschiedlichsten Lebensverhältnisse verwirkter Goethe, es ist endlich der seiner Sehnsucht nach gen Italien geflüchtete und dort ein zweites Vaterland findende Goethe, der diesen Lebensausweis zu Ende brachte. Denn um einen Lebensausweis handelt es sich, so sehr wir uns auch hüten müssen, die Dichtung nach biographischen Deutungen zu pressen.

Der Einfluß Schillers auf den endlichen Abschluß der großen Konfession kann schwerlich überschäßt werden. Um so bewegter lesen wir, was von Jena her nach Weimar der Schöpfer des „Don Carlos" dem-

jenigen des „Werther" über das oft zum Gegenstande eindringender Erörterung bestimmte, nun vollendete Werk geschrieben hat:

„Für das überschickte Exemplar des Romans empfangen Sie meinen
besten Dank. Ich kann das Gefühl, das mich beim Lesen dieser Schrift,
und zwar in zunehmendem Grade, je weiter ich darin komme, durchdringt und besitzt, nicht besser als durch eine süße und innige Behaglichkeit, durch ein Gefühl geistiger und leiblicher Gesundheit ausdrücken,
und ich wollte dafür bürgen, daß es dasselbe bei allen Lesern im Ganzen
sein muß.

Ich erkläre mir dieses Wohlsein von der durchgängig darin herrschenden ruhigen Klarheit, Glätte und Durchsichtigkeit, die auch nicht
das Geringste zurückläßt, was das Gemüt unbefriedigt und unruhig läßt
und die Bewegung desselben nicht weiter treibt als nötig ist, um ein
fröhliches Leben in dem Menschen anzufachen und zu erhalten".

Und im Juli 1796 entwickelt Schiller Goethen gegenüber, sicherlich
zur Genugtuung des Empfängers, der sich seinem verständnisvollstem
Leser gegenübersah, die Essenz der Dichtung folgendermaßen:

„Jetzt da ich das Ganze des Romans mehr im Auge habe, kann ich
nicht genug sagen, wie glücklich der Charakter des Helden von Ihnen gewählt worden ist, wenn sich so etwas wählen ließe. Kein anderer hätte sich
so gut zu einem T r ä g e r der Begebenheiten geschickt, und wenn ich
auch ganz davon abstrahiere, daß nur an einem solchen Charakter das
Problem aufgeworfen und aufgelöst werden konnte, so hätte schon zur
bloßen D a r s t e l l u n g des Ganzen kein anderer so gut gepaßt. Nicht
nur der G e g e n s t a n d verlangte ihn, auch der L e s e r brauchte ihn.
Sein Hang zum Reflektieren hält den Leser im raschesten Laufe der
Unterhaltung still und nötigt ihn immer vor- und rückwärts zu sehen und
über Alles, was sich ereignet, zu denken. Er sammelt sozusagen den Geist,
den Sinn, den innern Gehalt von allem ein, was um ihn herum vorgeht.
verwandelt jedes dunkle Gefühl in einen Begriff und Gedanken, spricht
jedes Einzelne in einer allgemeineren Formel aus, legt uns von Allem
die Bedeutung näher, und indem er dadurch seinen eigenen Charakter
erfüllt, erfüllt er zugleich aufs Vollkommenste den Zweck des Ganzen."

Wie der Faust, so hat Wilhelm Meister die Lebensbahn des Dichters
auf weite Strecken hin begleitet und ihn auch auf Pfade geleitet, die
scheinbar vom geraden Wege weit abführten. Immer aber und sicherlich
vor diesem Werke müssen wir uns an Worte erinnern, die an sinnweisender Stelle Wilhelm Meister im Waldesschatten zu Philine ausspricht: „Der Mensch ist dem Menschen das Interessanteste und sollte
ihn vielleicht ganz allein interessieren", Worte, die an anderer Stelle (in
den „Wahlverwandtschaften") in etwas abgewandelter Form, doch mit
der gleichen Kadenz, wiederkehren. Denn hier setzt Goethe in der Zeit
einer neu gewonnenen, durch das deutsche und europäische Erlebnis der
Reformation tief gewandelten Sprache und Kulturform die Linie des Entwicklungsromans fort, auf der vorbildhaft der Verfasser des „Parzifal"

geschritten war. Er bekennt sich selbst, daß die Anfänge „Wilhelm Meisters" aus einem dunkeln Vorgefühle der großen Wahrheit entsprungen sind, „daß der Mensch oft etwas versuchen möchte, wozu ihm Anlage von der Natur versagt ist, und ausüben möchte, wozu ihm Fertigkeit nicht werden kann; ein inneres Gefühl warnt ihn, abzustehen, er kann aber nicht mit sich ins Klare kommen und wird auf falschem Wege zu falschen Zwecken getrieben, ohne daß er weiß, wie es zugeht. Hiezu kann alles gerechnet werden, was man falsche Tendenz, Dilettantismus undsoweiter genannt hat. Geht ihm hierüber von Zeit zu Zeit ein halbes Licht auf, so entsteht ein Gefühl, das an Verzweiflung grenzt und doch läßt er sich wieder gelegentlich von der Welle, nur halb wiederstrebend, fortreißen."

Das Wort „Dilettantismus" weist auf eine Absicht hin, die troß der Länge des Weges festgehalten wurde.

Durch den Fund in der Lade des Züricher Bürgerhauses sind wir nun darüber unterrichtet, wie der Dichter ursprünglich weit früher einseßen und die Vorgeschichte seines Helden als Lebensgrundlage aufdecken wollte, während in der zum Drucke bestimmten Formung Wilhelm uns als Erwachsener begegnet. Der wesentliche Unterschied beider Fassungen besteht darin, daß ursprünglich das Theater die Mittelrolle hatte; die Bühne und was zu ihr gehörte, galt in der „Theatralischen Sendung" als die den erwählten Helden bestimmende Lebenssphäre. In dem vollendeten Werke tritt dies Element zurück und wird in einer mehr symbolisierenden Weise verwendet. Die ergreifenden Gestalten des Harfners und der Mignon deuten auf eine Höherentwicklung, die abseits von den einst im Vorgrunde der Handlung spielenden Wanderschauspielerlebnissen den jungen Meister allgemach zur Reife führen und führen sollen. Die Verdichtung innerhalb der endgültigen Form, unterstrichen durch die eingelegten Bekenntnisse der Schönen Seele, in denen der Frankfurter Einfluß pietistischer Elemente emporquillt, deutet immer drängender dem Ziel zu, das Wilhelm Meister endlich in einem ihm vertraut werdenden Menschenkreise erreicht.

Die Gestaltenfülle des Werkes ist so groß, daß eine Musterung über alle Höhen und Tiefen der Zeit führt, wobei freilich einzelne Erscheinungen uns im langen Fortgange dieser Lebensarbeit schärfer ausgeprägt grüßen als andere, die einer stärkeren Beschwörung nicht standhalten — auf Mignon und den Harfner ward schon verwiesen, Philine sei ihnen als lebendigste Sprecherin von währendem Reize angeschlossen.

Auch die Fortseßung der „Lehrjahre", „Wilhelm Meisters Wanderjahre", erfuhr das in Goethes Lebensarbeit unverbruchliche Geschick langer, oft unterbrochener Formung: im Jahre 1807 schrieb er die ersten Zeilen — 1829 erschien das fertige Buch. Der Untertitel lautet: „Die Entsagenden", und mit zwei deutenden Säßen dürften wir Sinn und Gehalt dieses spät zur endlichen Reife vollendeten Werkes umzeichnen: „Gedenke zu leben", und „Dein Leben sei die Tat". Mit Recht hat der

oft übersehene Darsteller von Goethes Entwicklung Karl Rosenkranz darauf hingewiesen, daß Goethes Fernblick immer wieder nach der neuen,
zukunftsreichen Welt Amerikas gerichtet gewesen sei. Wie er die abschließende Tätigkeit des vor der Vollendung stehenden Faust so deutet,
also faßt der langjährige Inhaber von Kants Lehrstuhl mit Recht die
Perspektive der „Wanderjahre" als die Aussicht auf den Erdteil, der es
besser hat als „unser Kontinent, das alte". Wilhelm Hauff hat einmal
launig geschildert, wie ein amerikanischer Besucher von Goethe mit besonderer Zuvorkommenheit empfangen wird. Dies Entgegenkommen
gegenüber einem Fremdling aus einem Lande, daß dem Minister eines
deutschen Kleinstaates unendlich fern lag, war ein typischer Zug in der
Gastlichkeit des Dichters. Goethes immer lebendige Teilnahme für ein
möglichst umfassendes Weltbild, ob es sich in fossilen Versteinerungen
oder in neuen Erzeugnissen der Industrie darbot, machte vor den lebendigen Kräften einer neuen Welt nicht halt, obwohl auch seinem die Zukunft gestaltenden Geiste nicht vorschweben mochte, wie schicksalhaft
dereinst der neue Erdteil bestimmend in das Leben des alten eingreifen
sollte. Wir werden dem unauslöschlichen Einflusse der „Lehrjahre" auf
den Bildungsroman, hinter dem selbst der „Agathon" Wielands als
Muster weit zurückbleibt, noch wieder und wieder zu verfolgen haben —
die „Wanderjahre" haben eine ebenbürtige Nachfolge nicht gehabt.

Die Entsagenden — damit war ein hohes Ziel aufgestellt, zu
dem die Fabel des Romanes hinstrebt. Entsagung, das hieß in einem
höheren Sinne: nicht dem unverstellten Drange eines vielleicht irrenden
innersten Antriebes folgen, sondern zu harmonischer Selbsterziehung und
Menschenerziehung vorschreiten. Am Ende der „Lehrjahre" wird die
Geheime Gesellschaft das Leitmotiv — in den „Wanderjahren" steht die
Pädagogische Provinz im Mittelbau. Deshalb die Deutung der Lehre von
den drei Religionen im Anschluß an das Apostolische Glaubensbekenntnis der drei in Deutschland heimischen Kirchen. Dieselbe Seelenhaltung,
aus der heraus eine Philine zu tätigem Berufe vordringt, läßt den gereiften Wilhelm Meister zum Wundarzte werden, zu einem Manne, der,
von seinem Ausgangspunkt im Bühnenwanderleben weit entfernt, ein
scheinloses Amt ausübt.

Die gleiche Lebensauffassung birgt sich in den immer wieder eingestreuten novellistischen Erzählungen, die sich zu eingegrenzter Kunstübung runden und von denen „Die pilgernde Törin" eine Übersetzung
aus dem Französischen ist. Auch sie deuten reizvoll auf dasselbe Ideal
wie der Gesamtinhalt des Werkes. Immer handelt es sich um Abkehr
von leidenschaftlichem Überschwange zu bewußtem Kampf gegen in Irr-
sal führende Ausschreitungen. In der bedeutendsten dieser Novellen,
dem „Mann von fünfzig Jahren", heißt es gegen das Ende hin: „der
verständige Mann braucht sich nur zu mäßigen, so ist er auch glücklich."

An die Stelle der Geheimen Gesellschaft ist eine Genossenschaft der
Arbeit, das Band, getreten. Mit Recht hat einmal der Führer der deutschen Sozialisten, Friedrich Ebert, die „Wanderjahre" als den ersten so-

zialen Roman empfunden und bezeichnet. In der Lehre von den drei
Ehrfurchten: vor dem, was über uns ist, vor dem, was uns gleich ist,
und vor dem, was unter uns ist, wird die dritte als die christliche besonders hervorgehoben und durch die Ehrfurcht vor sich selbst noch
überhöht, durch die der Mensch „zum Höchsten, was er zu erreichen
fähig ist, gelangt".

Zu den Altersfreunden Goethes gehörte der Leipziger Schriftsteller
F r i e d r i c h R o c h l i t z (1769—1842). Neben einem Bande kleiner
Erzählungen danken wir ihm das klassische Buch „Tage der Gefahr"
über die von ihm miterlebte Schlacht bei Leipzig. Ihm hat der Verfasser
der „Wanderjahre" bekannt, wie sehr er die in diesem Werke darge-
legten Gedanken als ein Fortwirkendes ansähe. Seine Hoffnung war, daß
die selbst für ihn noch ungelösten Probleme, auch die sittlichen, treuer
Forschung sich zu ihrer Lösung offenbaren würden.

Es erscheint uns heute kaum glaubhaft, daß man ein Werk von
F r i e d r i c h W i l h e l m P u s t k u c h e n (1793—1834) vielfach
für ein echtes Werk Goethes hielt. In Wahrheit waren diese namenlos
erschienenen „Wilhelm Meisters Wanderjahre" (der erste Band kam
1821 heraus) ein hämischer Angriff auf den Dichter von einem eng-
herzig-kirchlichen Standpunkte her. Sowohl Ludwig Tieck wie Karl Immermann haben diese Klitterung verdientermaßen bekämpft und ironisiert — das große Erbtum des noch einmal den Vollgehalt des deutschen
Humanismus ausschöpfenden Werkes hat kein Anwurf antasten können.

Carl Gustav Carus, ein in seiner Bedeutung lange verblaßter, nun
erst recht erkannter Geleiter zu Goethe, berichtet einmal, ihm habe ein
Freund gesagt: „man erkennt doch die Gesinnung und die Art eines
Menschen unserer Zeit und unseres Landes nicht leichter, als wenn man
Achtung gibt, wie er von Goethe, von seinen Werken und seinem Leben
zu denken und zu empfinden pflegt". Die Erinnerung an diesen Hauptvertreter, der um die Wende vom achtzehnten zum neunzehnten Jahrhundert erblühenden Naturphilosophie, der auch als Maler fortlebt,
drängt sich ohnehin ins Bild, wenn wir in Goethes Lebenswerk zu dem
einzigen Werke vorschreiten, das er selbst als Roman bezeichnet hat, den
im Jahre 1810 erschienenen „Wahlverwandtschaften". Denn hier nutzt
er, nach seinem eigenen, das Werk bei der Übergabe an den Verleger begleitenden Vorankündigung, Gleichnisse, die ihn bei seinen physikalischen
Arbeiten zum Bewußtsein kamen. Er mochte, nach seinem eigenen Ausdruck, „bemerkt haben, daß man in der Naturlehre sich sehr oft ethischer
Gleichnisse bedient, um etwas von dem Kreise menschlichen Wissens weit
Entferntes näher heranzubringen; und so hat er auch wohl, in einem
sittlichen Falle, eine chemische Gleichnisrede zu ihrem geistigen Ur-
sprunge zurückführen mögen, umsomehr, als doch überall nur e i n e
Natur ist und auch durch das Reich der heitern Vernunft-Freiheit die
Spuren trüber leidenschaftlicher Notwendigkeit sich unaufhaltsam hin-
durchziehen, die nur durch eine höhere Hand, und vielleicht auch nicht
in diesem Leben, völlig auszulöschen sind."

Im Gegensatze zu der Fernes und Fremdes immer wieder heranspülenden und in die strömende Fülle der Geschehnisse einbettenden Technik der „Lehrjahre" und der „Wanderjahre", einer Schaffensart, die sich auch in den späteren Büchern von „Dichtung und Wahrheit" auslebt, ist in den „Wahlverwandtschaften" alles in den engsten Bezirk verklammert. Hier erhebt sich Goethes klassischer Prosastil zu seiner reichsten Entfaltung, dies Werk steht im Gipfel des klassischen Humanismus. Es ist mehr als ein bloßer Kunstgriff, daß Goethe die Anlage des Parkes als leitmotivische Hilfsstellung gebraucht. Diese Verörtlichung ist vielmehr immer wieder nicht nur der Anlaß zu beziehungsvollen Gesprächen; die handelnden Menschen werden so in dem Mühen um Baum und Garten mit der Natur in engste Verbindung gebracht und ohne Zwang, wiederum gleichnishaft, und doch lebendig, symbolhaft ausgestaltet. Wunderbar, wie der Wechsel der Jahreszeiten die Schicksale dieser Gestalten begleitet. Auch über dieser Dichtung könnte, wie über den „Wanderjahren", sinngebend das Wort: Entsagung stehen — das ergreifende Menschtum Ottiliens in seiner Gefühlsstärke zeichnet diese Willensrichtung der Dichtung voll aus. Und wie lebensvoll und als Gegensatz hingestellt erscheint die Gegenspielerin Luciane, Vertreterin einer anderen Lebensauffassung! Das Problem einer mißratenen Ehe, die, bei anderwärts aufflammender Neigung, zu einem Austausche der Lebensgefährten führt, war der Zeit nicht fremd, unter Anderen hatte es Wieland novellistisch behandelt. Goethe setzte demgegenüber, nicht lehrhaft, sondern in dichterischer Schau, die Heiligkeit des Ehestandes in die Lebensmitte — und mußte sich die gröblichste Verkennung dieses, seiner tiefsten Überzeugung entsprossenen Urteils gefallen lassen.

Wie hier alles aufs Feinste verzahnt ist, so treten auch die Auszüge aus Ottiliens Tagebuch in ganz anderer Weise ins Bewußtsein des Lesers, als in den „Lehrjahren" die Bekenntnisse einer Schönen Seele. Nicht nur stimmunggebend, vielmehr die Handlung immer wieder weniger unterbrechend als durchwirkend, geleiten sie zum unausweichlichen Endziele, zu jenem erschütternden Vorgange, da Ottiliens Gebärden „den Umstehenden die zarteste Anhänglichkeit ausdrücken, Liebe, Dankbarkeit, Abbitte und das herzlichste Lebewohl."

Noch einmal tritt als Deuter dieser Dichtung, obwohl er sie in diesem Zusammenhange nicht nennt, Carus zu uns, indem er des Daimons gedenkt und auf die Urworte verweist, in denen Goethes Lebensgeständnis einen Gipfelpunkt erreicht:

Nach dem Gesetz, wonach du angetreten,
So mußt du sein — dir kannst du nicht entfliehen.

In den „Unterhaltungen deutscher Ausgewanderter" band Goethe nun nach dem Muster Boccaccios einen Kranz von Novellen in einen Rahmen. Sie sind zum Teil fremden Mustern nacherzählt, mit leichtem Anschlage grollt das Gewitter der französischen Revolution hinein, ohne daß jedoch die Rahmengeschichte zum Abschlusse gediehen wäre. Zu

immer wieder versuchter Enträtselung hat das den „Unterhaltungen" bei-
gegebene Märchen verführt, das auch Malern Vorlage zu mannigfacher,
phantastischer Ausgestaltung geboten hat. Goethe selbst hat in den
Xenien über solche Mühsal gespottet:

> Mehr als zwanzig Personen sind in dem Märchen geschäftig,
> Nun, was machen denn alle? „Das Märchen, mein Freund".

Eins seiner kleinen Werke bezeichnete Goethe selbst als Novelle. Der
Reiz der schmalen Erzählung lebt im Grunde nur in den überaus zarten
lyrischen Ausklängen.

Noch während Goethe an der Vollendung der „Wahlverwandtschaften" arbeitete, kurz vor seinem sechzigsten Geburtstage, faßte er
den Plan, sein Leben zu beschreiben, und zeichnete in einem biographischen Schema den Stoff zu diesem Unternehmen auf. Im Jahre 1811
erschien der erste Band, die letzten Bücher kamen erst mit der Ausgabe
letzter Hand der Werke an das Licht. In einem Briefe an den zu ver-
traulicher Aussprache des Alternden besonders genützten Altersfreunde
Zelter, den Goethe als den Mann einer sicheren Lebenspraxis schätzte und
liebte, sagt der Dichter über dieses nun weit geförderte Lebenswerk
Folgendes: „Was den freilich einigermaßen paradoxen Titel der Ver-
traulichkeiten aus meinem Leben: Wahrheit und Dichtung betrifft, so
wird derselbige durch die Erfahrung veranlaßt, daß das Publikum immer
an der Wahrhaftigkeit solcher biographischen Versuche einigen Zweifel
hege. Diesem zu begegnen, bekannte ich mich zu einer Art von Fiktion,
gewissermaßen ohne Not, durch einen gewissen Widerspruchsgeist getrieben; denn es war mein ernstestes Bestreben, das eigentliche Grund-
wahre, das, insofern ich es einsah, in meinem Leben obgewaltet hatte,
möglichst darzustellen und auszudrücken. Wenn aber ein solches in
späteren Jahren nicht möglich ist, ohne die Rückerinnerung und also
die Einbildungskraft wirken zu lassen, und man also immer in den Fall
kommt, gewissermaßen das dichterische Vermögen auszuüben, so ist es
klar, daß man mehr die Resultate und wie wir uns das Vergangene jetzt
denken, als die Einzelheiten, wie sich damals ereigneten, aufstellen und
hervorheben werde. — Dieses alles, was dem Erzählenden und der Erzählung angehört, habe ich hier unter dem Worte: D i c h t u n g be-
griffen, um mich des Wahren, dessen ich mir bewußt wahr, zu meinem
Zweck bedienen zu können. Ob ich ihn erreicht habe, überlaß ich dem
günstigen Leser zu entscheiden, da denn die Frage sich hervortut: ob
das Vorgetragene kongruent sei? ob man daraus den Begriff stufen-
weiser Herausbildung einer, durch ihre Arbeiten schon bekannten, Persönlichkeit sich zu bilden vermöge?"

Goethe spricht im Fortgange dieses Bekenntnisschreibens davon, daß
mit jedem Atemzuge ein ätherischer Lethestrom unser ganzes Wesen
durchdringe.

Goethe hat mit solcher Einleitung seine Selbstbiographie in einen
dichterischen Rang erhoben und zugleich auf Darstellungen des eigenen

Lebens, insbesondere von Dichterhand, bis in unsere Tage vorbildhaft gewirkt. Das Wesen der Freien Reichsstadt, dem er durch seine Herkunft besonders verbunden war, lebt in dem festlichen Prunke der Königswahl wie im Gewühle der Judengasse vor uns auf. Die Erlebnisse, welche die Einquartierung des Königsleutnants Grafen Thorane dem Hause aufdringen, werden mit einer Kraft der Vergegenwärtigung verschiedener Charaktere dargestellt, die sich zu novellistischem Reize aneinanderfügt. Die patrizische Welt des Frankfurter Großbürgertums tritt in Typen hervor, von denen doch jeder mit individuellem Umriß gezeichnet ist. Und welche Genrebilder eröffnen sich im Fortgange der Erzählung, etwa im Umkreise des Leipziger Studenten und bei seinem Ausfluge nach Dresden, wo er das Idyll seiner Aufnahme bei einem vorstädtischen Schuster mit behaglichem Stricheln auszuzeichnen unternimmt. Vollends die Wanderungen und Wandlungen im Elsaß erweisen die schlüssige dichterische Anlage dieses Lebensberichtes. Unvergeßlich führt Goethe uns durch Gebirg und Täler, und hinter dem Erlebnis mit Friederike Brion empfinden wir den vollen Herzschlag des Selbstbekenntnisses — sowohl in dem, was der Gereifte erzählt, wie in dem, was er verschweigt und nur der ahnenden Mitempfindung zu erraten übrigläßt.

Durch das ganze Werk geht herzbewegend eine Auseinandersetzung mit ewigen Mächten. In dem Augenblick, da Goethe mit der Losreißung von Lilli Schönemann und der Abreise nach seiner künftigen Lebensstätte Weimar die Erzählung mit dem zwanzigsten Buche abbricht, schaut er, im Begriffe, den „Egmont" zu dramatischem Leben zu führen, zurück und faßt unter einem für sein Wesen wie sein Schaffen höchst bedeutsamen Gesichtspunkte den Gehalt der nun nicht mehr fortgesetzten Berichte aus Dichtung und Wahrheit zusammen: „Man hat im Verlaufe dieses biographischen Vortrags umständlich gesehen, wie das Kind, der Knabe, der Jüngling sich auf verschiedenen Wegen dem Übersinnlichen zu nähern gesucht; erst mit Neigung nach einer natürlichen Religion hingeblickt, dann mit Liebe sich an eine positive festgeschlossen; ferner durch Zusammenziehung in sich selbst seine eigenen Kräfte versucht und sich endlich dem allgemeinen Glauben treulich hingegeben. Als er in den Zwischenräumen dieser Regionen hin und wider wanderte, suchte, sich umsah, begegnete ihm manches, das zu keiner von allen gehören mochte, und er glaubte mehr und mehr einzusehen, daß es besser sei, den Gedanken von dem Ungeheueren, Unfaßlichen abzuwenden." Und Goethe schließt diese rückblickenden Bekenntnisse, indem er zugleich auf ein nun so lange geführtes und erfülltes Leben vordeutet, mit der Rettung hinter ein Bild. Er setzt sich mit dem Dämonischen auseinander, das er immer wieder in seinem Leben aus der Nähe, aus der Ferne beobachten konnte, und vermag in dem angesponnenen Gedankenwerk die Bekenntnisbücher, die nun doch schmerzliche Dichtung und schmerzhafte Wahrheit ebenmäßig zu enthalten schienen, nicht anders zu schließen als mit den Worten, die er den Egmont sprechen läßt: „Kind, Kind! nicht weiter! Wie von unsichtbaren Geistern gepeitscht, gehen die Sonnenpferde der

Zeit mit unsers Schicksals leichtem Wagen durch, und uns bleibt nichts, als mutig gefaßt die Zügel fest zu halten und bald rechts, bald links, vom Steine hier, vom Sturze da, die Räder abzulenken. Wohin es geht, wer weiß es? erinnert er sich doch kaum, woher er kam!"

Neben diesem Lebenswerke stellen die „Campagne in Frankreich" von 1792 wie der Bericht über die Belagerung von Mainz von 1793 in ihrer wesentlich tagebuchartigen Formung lediglich selbstbiographische Ergänzungen ohne dichterische Absichten dar — freilich von einer Hand verfaßt, die auch im nüchtern-sachlichen Berichte den Stil des größten deutschen Schreibers nicht verleugnen konnte.

Ganz anders steht es in diesem Betrachte um Goethes, lange nach dem Aufbruche gen Süden, gefertigte Berichte über seine Italienische Reise. Noch heute fühlt man das beseligte Aufatmen des der neuen Heimat entronnenen Dichters, der wie in ein zweites Vaterland einfährt. Von dem „artigen" Abenteuer der Sistierung in Malcesine am Gardasee bis nach Sizilien folgen wir den immer zu neuer und frischer Beobachtung ausschreitenden Blättern mit der gleichen Begierde. Wenn die Einkehr in der Familie Cagliostros nur wie ein von der Laune eingegebenes Intermezzo erscheint, so erhebt sich der Bericht über die leise Verstrickung in das Wesen der Schönen Mailänderin Maddalena Riggi zu dichterischer Höhenschau. — Wer einmal in Rom geweilt hat, kann nicht ohne Ergriffenheit an dem Hause auf dem Corso vorübergehen, an dem die Tafel verkündet, daß Wolfgang Goethe hier an der Wende von 1786 zu 1787 gewohnt und von diesem Quartier aus an dem römischen Treiben als ein sich zugehörig fühlender Gast teilgenommen hat, wie er denn das römische Carneval bis auf die Confetti-Schlachten und die Wettrennen bis zum abendlichen Erscheinen der Moccoli mit einer auch das Kleinste beobachtenden und festhaltenden Treue geschildert hat, der wir die innerste Neigung wohl abmerken. Im Jahre 1814 sagte der Fünfundsechzigjährige zum Kanzler von Müller: „Euch darf ichs wohl gestehen — seit ich über den Ponte Molle heimwärtsfuhr, habe ich keinen glücklichen Tag mehr gehabt". Diese Worte stehen mit unsichtbaren Lettern über dem großen Berichte von der schicksalhaften Reise des endlich einer langgehegten Sehnsucht folgenden Dichters, der seine „Iphigenie" über die Alpen mitnahm und ihr dort neue Form gewann; wie die Tochter Agamemnons das Land der Griechen mit der Seele gesucht hatte, hatte sich ihr Dichter bis auf die Höhe seines Lebens nach dem Lande gesehnt, von dem seine Mignon so unvergeßlich zu reden weiß. Die „Italienische Reise" ist nicht das einzige, aber in ihrem bleibenden dichterischen Reize ein unauslöschlich glückhaft-wehmütiges Lebenszeugnis dieser Fahrt in die Ferne.

Die Dankbarkeit von ganzen Lesergeschlechtern hat mit vollem Rechte Goethes „Dichtung und Wahrheit" wie der „Italienischen Reise" die „Gespräche mit Goethe in den letzten Jahren seines Lebens" von Johann Peter Eckermann (1792—1854) als dauerbaren Besitz hinzugefügt. Der vor etlichen Jahren entstandene Streit über ihre Glaubwürdigkeit im Einzelnen ist wieder verhallt und hat dem, nicht nur von Nietzsche enthusiastisch gepriesenen Buche keinen Eintrag getan. Es gehört zum Urbesitz des klassischen Humanismus.

4. Klassische Nachfolge

Wir gebrauchen den Ausdruck Klassiker in mehrfachem Sinn. Einmal bezeichnen wir damit Schriftsteller, die auf lange hinaus zum währenden Besitze des Literaturschatzes gehören, oder, wie sich ein alter Schulmann ausdrückte: klassisch ist, was in der Klasse gelesen wird. Sodann verliehen wir auf lange hinaus den Ehrennamen dem Sechsgestirn, das am Eingangstor unseres neuen Schrifttums steht: Klopstock, Wieland, Lessing, Herder, Goethe, Schiller. Endlich aber deutet diese Bezeichnung auf jene große Wiederentdeckung und Wiedererweckung des klassischen Altertums, eine zweite Renaissance nach der gewaltsamen Verstörung, die Deutschland in der Unsal des Dreißigjährigen Krieges überkam. Hier steht neben Lessing vor allen Johann Jacob Winckelmann wegweisend, auch für seinen Biographen Goethe, voran. Aber diese Einkehr ins klassische Altertum war nicht nur eine Besinnung auf einen immer Neues verheißenden Schatzbehälter, aus dem es Kleinodien ans Licht zu fördern galt, sondern mit diesem allmählich emporquillenden Bewußtsein von der „edeln Einfalt und stillen Größe" der Antike einte sich ein Zug neuer Humanität.

Die „Briefe zur Beförderung der Humanität", Herders Anruf zur fortschreitenden Vervollkommnung des Menschengeschlechts, hallen in Goethes Dichtung von den „Geheimnissen" wider. Mit der Sehnsucht nach der großartigen Einheitlichkeit und harmonischen Fülle der Antike — sie lebt immer wieder in Schillers Gedichten auf — vereinte sich der Drang nach einer humanen Vollendung, die über Volksgrenzen hinaus im Sinne einer ästhetischen, dem Ideale zustrebenden Erziehung das von künstlichen Schranken befreite Menschengeschlecht einen und adeln sollte. Den ganzen Reichtum der unvergleichlichen Epoche kennzeichnet es, daß, während sich Weimar zum Mittel- und Herzpunkte deutscher Bildung weihte, zugleich von dem, dem Reiche nicht zugehörigen Osten her die Philosophie Immanuel Kants, neue Erleuchtung bringend, emporstieg und vom gleichen Standorte her Johann Georg Hamann in das Geheimnis alles Werdens lichtbringend eindrang.

Um sich die unvergleichliche Höhenlage der geistigen Forderungen und Erfüllungen des klassischen Humanismus in seiner Gipfelung zu vergegenwärtigen, bedarf es nur eines Blickes in den von Schiller im Dezember 1794 gezeichneten Prospekt der neuen Monatsschrift „Die Horen". „Wohlanständigkeit und Ordnung, Gerechtigkeit und Friede werden der Geist und die Regel dieser Zeitschrift sein; die drei schwesterlichen Horen Eunomia, Dike und Irene werden sie regieren. In diesen Göttergestalten verehrte der Grieche die welterhaltende Ordnung, aus der

alles Gute fließt, und die in dem gleichförmigen Rhythmus des Sonnen-
laufs ihr treffendstes Sinnbild findet." Als Beiträger kündigt Schiller
aus der älteren Generation Gleim, Engel und Pfeffel an, dann werden
Goethe, Herder, Garve, Hufeland, Friedrich Heinrich Jacobi, die beiden
Brüder Humboldt genannt, und ein jüngeres Geschlecht wird durch den
Namen Fichte vertreten, neben dem August Wilhelm Schlegel aufge-
führt wird.

Diese goldenen Tage von Weimar mit ihrem Königsberger Gegenpol überstrahlen eine Landschaft, die dem völligen politischen Verfall
entgegentaumelt, indessen ein geistiges Leben von unmeßbarer Fülle
emporblüht. Zu ihm steuert der oberdeutsche Stamm, dessen mächtigste,
dem Weimarer Klange urverwandte Stimme freilich aus rheinischen Gebreiten stammt, den unsterblichen Beitrag der Musik unerschöpflich bei.
Wir leben noch heute und gerade heute aus dem Quelltrunke dieser Zeit.

Goethe begegnet in Italien dem an der Weser heimischen C a r l
P h i l i p p M o r i t z (1756—1793) und rühmt ihn als guten Gesellen.
Seine „Götterlehre" ist ein bezeichnendes Werk des klassischen Humanismus. Von bleibenderer Bedeutung noch für die Gegenwart ist jedoch
sein selbstbiographischer Roman „Anton Reiser", in dem er den Umtrieb seines Lebens über eine gedrückte Jugend und eine zu den verschiedensten Berufen ausschreitende und immer wieder scheiternde
Lebensmüh schildert. Das reiche Werk des ungewöhnlichen Mannes
wirkt, vom Zeitgeschichtlichen abgesehen, durch dichterische Einsprengsel, die auch in der merkwürdigen, nach ihrer Technik schwer einzu-
ordnenden Novelle „Andreas Hartknopf" zu spüren sind. Dem Einfluß
Winckelmanns vernimmt man aus der Schrift „Über die bildende Nach-
ahmung des Schönen", wie auch noch bei Moritz die psychologischen
Denkspiele Youngs wiederkehren, die uns in der Zeit vor Sturm und
Drang bei deutschen Gemütern begegnet sind. Hier ist auch der erste
Dichter zu nennen, der aus dem Judentume zu deutscher Bildung den
Weg fand — Moses Mendelssohn steht auf einem andern Blatte —:
M o s e s E p h r a i m K u h (1731—1790), ein Gegenstück zu dem
Kantianer Salomon Maimon, dessen Lebensgeschichte Moritz herausgab.

Es konnte nicht ausbleiben, daß die neue Weltauffassung in ihrem
Alldrang sich der Nüchternheit und Verständigkeit der Aufklärung ent-
gegenstemmte, als deren Hauptvertreter immer noch Friedrich Christoph
Nicolai galt. H e l f r i c h P e t e r S t u r z (1736—1778), ein Mann
von weitgebreiteter Bildung, schrieb aus solch kritischer Gesinnung heraus „Briefe eines Reisenden" von geschmeidigem Stil, ganz auf der
Höhe der neugewonnenen Aussichten. Einzelne dieser Reisebriefe gewannen die geschlossene Form der Novelle. Sturz war urverwandt einem
Denker, den man vielleicht mit Recht einen heimlichen Dichter nennen
könnte, obwohl er kein poetisches Werk hinterlassen hat, dem Göttinger
Philosophen G e o r g C h r i s t o p h L i c h t e n b e r g (1742—1799).
Während dieser immer wieder durch die eigentümliche und unüberhörbare Schärfe und Klarheit seines Ausdrucks zu neuem Leben erweckt

ward, ist Sturz zu Unrecht übersehen worden. Freilich war Lichtenberg, zumal in seinem „Fragment von Schwänzen", mit einem Witze gerüstet, der einen Widerhall über die empfängliche Zeit hinaus erweckte.

Wilhelm Friedrich von Meyern (1762—1829) hat in dem vorgeblich aus dem Sanskrit übersetzten Roman „Dya-Na-Sore oder Die Wanderer" ein Werk geschaffen, das vier Söhne eines Vaters zum Heiligtum der Urzeit, dem Lande der Wahrheit und Glückseligkeit, geleitet. Schiller fand in den Beschreibungen des von Schrecknissen umdräuten Pfades zum Ziele wohl Dichtergeist, in dem ganzen Werk jedoch eine üble Durcheinandermengung des Abstrakten mit dem Symbolischen, als welche die reine und schöne Sittenlehre zu verschwemmen geeignet wäre.

Johann Ernst Wagner (1769—1813) fügt in „Willibalds Ansichten des Lebens" Kunst und Künstler zu weitausholenden Gesprächen zusammen. Christian Jacob Wagenseil (1756 bis 1839), mit Bürger und Goethe in freundlicher Beziehung, schuf den geistreichen Roman „Schildheim". Gleichfalls durch eine Entbietung Goethes wurde der Altonaer Oskar Ludwig Bernhard Wolff (1799—1851) nach Jena gezogen. Der früh als Improvisator bekannt gewordene hat neben einer „Allgemeinen Geschichte des Romans" die vortrefflichen Sammlungen „Poetischer Hausschatz des deutschen Volkes" und „Hausschatz deutscher Prosa" herausgegeben, die langhin ihren für das Schrifttum der Zeit repräsentativen Wert behielten.

Friedrich Heinrich Jacobi (1743—1819), der Bruder des lyrischen Gleimfreundes Johann Georg, kam früh in enge Beziehung zu Goethe und hat diese, trotz vorübergehender Entfremdung, treu bewahrt. In ihm spiegelt sich das durch Hamann erweckte religiöse Leben, wie es sich herzbewegend zumal in seinem „Golgatha und Scheblimini" ausdrückt. Von diesem Blickpunkte her wird auch das eigentümliche Verhältnis verständlich, in dem Jacobi zu der Philosophie Spinozas stand, zu der sich nachmals Goethe bekannte: sie war ihm bei aller Anerkennung der mächtigen Persönlichkeit des Philosophen ein Atheismus, der in seinen Folgerungen den Freund Weimars auf das entgegengesetzte Ufer trug. Jacobis Roman „Aus Eduard Allwills Papieren", wertherhaft in Briefen verfaßt, mit weiten philosophischen Auseinandersetzungen verbrämt, kann den Einfluß des jungen Goethe nicht verleugnen, steigt aber niemals zu wirklicher Gestaltung empor. Der zweite Roman, „Woldemar", steht gleichfalls unter dem Zeichen des „Werther" und wird im Untertitel als „eine Seltenheit aus der Naturgeschichte" bezeichnet. Die in diesem Werke vorgetragene Ehegeschichte ist mit einer Absonderlichkeit gestaltet, welche die sich anbahnenden Schicksale zu einer zwanghaften, aber nicht zu einer irgend zwingenden Lösung führt. Dabei gelingt es Jacobi, binnen einem Werke, das der Freund Goethe ob seiner Abgeschmacktheit mißbilligen mußte, in einzelnen Passagen reizvolle Gesprächsbilder vorzuführen. Überzeugende Gestaltungskraft eignet dem Roman nicht.

Caroline von Wolzogen (geb. von Lengefeld, 1763 bis 1847), Schillers Schwägerin, erntete für ihren blassen Roman „Agnes von Lilien" die seltene Anerkennung, daß man dieses zarte Werk für eine Darbringung aus dem Hause am Frauenplane hielt. Caroline ließ dem Roman eine mit Wärme verfaßte Biographie des Gatten ihrer Schwester folgen.

Längere Dauer als die „Agnes" und andere Erzählungen der Frau von Wolzogen haben die Romane einer in Weimar heimisch gewordenen und dem Goethehause nahe vertrauten Danzigerin behalten, die Werke der Johanna Schopenhauer (geb. Trosiener, 1768—1838). Sie atmen in ihrer maßvollen Darstellung die Lebensluft der neuen weimarischen Heimat. Die Neigung Goethes zu dieser in seinen Bezirk eingekehrten Schriftstellerin, die auch lebhafte Wanderbilder und eine Biographie des Goethe vertrauten Kunstschriftstellers Carl Ludwig Fernow darbrachte, beruhte auch auf der vorurteilslosen Stellung, welche Johanna Schopenhauer zu dem vom Klatsche umrungenen Verhältnis Goethes zu seiner Christiane einnahm.

Neben der Preußin ist Therese Huber, die Tochter des großen Göttinger Philologen Christian Heyne, zu nennen (1764 bis 1829). Sie war zuerst mit George Forster, dann mit Ludwig Ferdinand Huber vermählt; aus der Folge ihrer vielfältigen Romankunst ist „Ellen Percy" hervorzuheben.

Vor dem Bündnis mit Goethe hat Friedrich Schiller (1759 bis 1805), nicht ohne in der freien Übersetzung die Anlage des Dramatikers zu erweisen, ein Bruchstück aus Diderots Roman „Jacques le fataliste et son maître" übertragen. Sehr viel wesentlicher, wesentlicher auch als der durch Moses Mendelssohns philosophische Lehrart eingegebene „Spaziergang unter den Linden", ist die gedrängte, als wahre Geschichte bezeichnete Novelle „Der Verbrecher aus verlorener Ehre" vom Jahre 1786. Nach einer Einleitung, in der man sowohl den psychologischen Spürer wie den Arzt zu hören meint, wird diese in entfernter Verwandtschaft zum Vorwurf des Räuberdramas stehende Geschichte mit einer lebendigen Kraft vorgetragen, die ihre Fortwirkung nachmals so erwies, daß ein späterer Landsmann Schillers, Herman Kurz, mit Glück, freilich in breiterer Entfaltung, das Problem des gleichen Lebenslaufes noch einmal gestalten konnte. Steigerung und reiche Belebung durch charakteristische Züge machen Schillers Erzählung höchst einprägsam.

Auch das „Spiel des Schicksals" birgt keine erfundene, sondern eine in Schillers Heimat allbekannte Geschichte, die unter leichter Decke verhüllt wird. Mit sich streng einschränkender Einengung auf die entscheidenden inneren und äußeren Tatsachen trägt der Dichter hier mit epischer Ruhe auf wenigen Seiten den Wechsel von höchstem Glück zu tiefstem Sturz vor — bis zum versöhnenden Ende.

Hatte Schiller in den früheren Erzählungen aus Erlebtem und Erlauschtem geschöpft, so brachte sein einziger Roman, der „Geisterseher" von 1789, eine Anregung zu dichterischem Austrage, die nicht nur den

Dichter des „Don Carlos" berühren mußte, sondern auch sonst die Gemüter weithin aufregte. Wir begegnen den Spuren eines Mannes, der die Phantasie von mehreren Generationen beschäftigt hat, des immer noch nicht völlig enträtselten Cagliostro, in Goethes „Großkophta", wie wir mit ihm in Italien die Familie des Geheimnisträgers besuchten, der zu des Dichters Entsetzen in die pariser Halsbandgeschichte verwickelt war. 1787 hatte E l i s a   v o n   d e r   R e c k e geb. Gräfin von Medem (1756—1833) ihr Werk „Der entlarvte Cagliostro" verfaßt, das ihr nicht nur von Katharina II. die Begabung mit einem Landgute eintrug, sondern auch in Deutschland weithin wirkte; selbst Schillers Roman steht unter diesem Zeichen. Schiller stellt in ihm dar, wie in Venedig ein deutscher Prinz von jugendlicher Auffassungskraft durch Jesuiten zur allein seeligmachenden Kirche geführt werden soll. Die Eingrenzung und die geheimnisvolle, düstere Einspannung in vorgedeutete Wirrnis ist meisterlich gelungen. In Gesprächen, die an lange vordem bezwungene Probleme gemahnen und das Gedenken an den „Spaziergang Unter den Linden" wecken, wird der Bodensatz einer philosophischen Entwicklung emporgeholt, ohne daß doch eine neue Lösung dargeboten wäre. Die Griechin, welche in dem vorläufigen Abschluß der Handlung ihre verhängnisvolle Rolle spielt, wird nicht so lebendig wie ihre Gegenspieler, die mit der Bildkraft des geborenen Dramatikers vor uns hingestellt werden.

Trotz der Bewunderung, die der erste Teil des „Geistersehers" erregte, hat Schiller, bei aller Teilnahme an dem unheilvollen Treiben der geheimen Gesellschaften, unter dem Zudrang anderer, übermächtiger Stoffe, den Roman nicht fortgesetzt. Die Höhe seiner Prosaerzählung erreichte er in seinen historischen Schriften. Hier, in der „Geschichte des Abfalls der vereinigten Niederlande von der spanischen Regierung" und in der „Geschichte des dreißigjährigen Krieges" spricht mit unverminderter Gewalt die geniale Anschauung des an tragische Stoffe hingegebenen Menschenbildners. Erst eine gewandelte Zeit, die Herder zu lebendiger Wirkung wiedererweckt hatte, schritt unter Kurt Breysigs Führung zu weltgeschichtlicher Darstellung aus und hat den Vollgehalt dieser historischen Prosa neuer Belichtung zugeführt. Wie Schiller etwa im zweiten Buche der Niederländischen Geschichte das Bild des Kardinal Granvella vom kleinsten Zuge her bis zu den seine geschichtliche Aufgabe bestimmenden Mitgaben entwickelt, läßt sich an genialischer Ausdeutung nicht übertreffen. Und wie er diesen Staatsmann und seine Mit- und Gegenspieler mit immer den Herzpunkt treffenden immer neu gefügten Worten plastisch herausstellt, bewährt der die Waage haltende Historiker zugleich das Gesetz des dramatischen Schöpfers, der von dem sozialen Drama aus seiner Gegenwart zu dem mächtigen Bau des „Wallenstein" hinfand.

Gleichsam, als sollte dem klassischen Humanismus ein Schlußpunkt gesetzt werden, erschien zugleich mit Schillers trilogischer Schöpfung im vorletzten Jahre des Jahrhunderts, das einen beispiellosen Aufstieg deut-

scher Dichtung erlebt hatte, der „Hyperion oder der Eremit in Griechenland" von F r i e d r i c h H ö l d e r l i n (1770—1843). Bei seiner
Promotion zum Magister im Tübinger Stift, die er zusammen mit dem
Stubengenossen Wilhelm Friedrich Hegel bestand, wählte Hölderlin als
Promotionsthema die „Geschichte der schönen Künste unter den Griechen"
— über dieser Jugend, in der Heimat Wielands und Schillers, war der
Geist Winckelmanns mächtig. Und die Versetzung in die Welt von Weimar und Jena, die Förderung durch Schiller, der den Landsmann seinen
liebsten Schwaben nannte, vollendeten die Umzirkung in den Kreis der
an das klassische Ideal und die Götter Griechenlands hingegebenen Betrachtung. Die Gestalt Friedrich Hölderlins, in schicksalvoller Zeit nach
ihrer Bedeutung zu gesteigerter Wirkung erweckt, an der Erscheinung
Friedrich Nietzsches neu gemessen, bezeichnet wie den Ausklang der
Epoche des klassischen Humanismus, als dessen einsamer Bewahrer nun
Goethe ein junges Geschlecht überwaltete, so den Anbruch einer neuen
und in vielem gewandelten deutschen Weltauffassung. Wenn nichts anderes, so deutet die Verbindung von Christus und Dionysos, wie Hölderlin sie hymnisch vollbringt, darauf hin. Das Romanwerk aber, wenn
man es so nennen will, vom Hyperion erweist noch einmal die volle Aufnahme jener Lebensluft, aus der von der homerischen Welt und den eleusinischen Mysterien her sich der Bogen zu dem großen Erbe unserer
klassischen Dichtung überwölbend spannt. Freilich wird in dem An-
klange dieses Werkes das hintergründige Grollen der Zeiten bereits
spürbar.

Der „Hyperion" ist in seiner Zielsetzung symbolisch, in seinem Stile
von lyrischer Aufgeschlossenheit, die sich an keine inhaltliche Eingrenzung bindet. Der Träger der Handlung, Hyperion, ist für die Befreiung
Griechenlands vom türkischen Joche entflammt. Er, der in Deutschland
Erzogene, geht in den Befreiungskampf und erlebt dort tiefste Enttäuschung. Sie spiegelt sich, wie denn der ganze Roman in Briefen lebt, in
seinen aus innerster Beseelung gespeisten Berichten an die geliebte
Landsmännin Diotima. Ihr muß er melden: „Es ist aus, Diotima!
Unsere Leute haben geplündert, gemordet, ohne Unterschied, auch unsere Brüder sind erschlagen, die Griechen in Misitra, die unschuldigen,
oder sie irren hilflos herum, und ihre tote Jammermiene ruft Himmel
und Erde zur Rache gegen die Barbaren, an deren Spitze ich war."

Aber der gleiche Schreiber findet doch zu einer Haltung zurück, aus
der heraus er kündet: „Nun laß Dich nur das Mitleid nimmer irre-
führen. Glaube mir, es bleibt uns überall noch eine Freude. Der echte
Schmerz begeistert. Wer auf sein Elend tritt, steht höher Und das ist
herrlich, daß wir erst im Leiden der Seele Freiheit fühlen. Freiheit!
Wer das Wort versteht — es ist ein tiefes Wort, Diotima."

Die Lebensenttäuschung Hyperions sammelt sich zu einem trotzigen
Ausblicke ins Künftige, wie wir sie uns als den Kämpfer George Forster
vor dem Ende überwältigend vorstellen mögen. Hymnisch durchklingt
der Liebesgedanke an Diotima das zweite Buch der Dichtung, die Em-

pfindung der Liebenden ist so hoch gespannt, daß die Auflösung der Geliebten, so seltsam dies ist, uns in solchem Zusammenhange nicht wundernimmt. Diotima schwindet ohne Krankheit dahin, und nun verläßt Hyperion die Heimat der Vorfahren und geht wieder nach Deutschland. Auch hier Enttäuschung und, über diese hinweg, ein Flüchten zur Seele: „O Seele! Seele! Schönheit der Welt! du unzerstörbare! du entzückende! mit deiner ewigen Jugend! du bist; was ist denn der Tod und alles Wehe der Menschen? — Ach! viel der leeren Worte haben die Wunderlichen gemacht. Geschiehet doch alles aus Lust, und endet doch alles mit Frieden."

Durch die Briefseiten dieses, aus der Lebensluft einer innersten Schau mit klassischer Fügung geschöpften Werkes schaut uns ergreifend die Gestalt des Dichters an, die alsbald der Umnachtung verfiel und durch Jahrzehnte harmlos hindämmerte. Aber es bedarf nicht des Wissens um dieses Ende, um den vollen Reiz dieses Romans der äußeren und inneren Heimat zu spüren. Vielmehr: aus seiner feinfühlig gestuften Form tropfen, wie von selbst, die unvergänglichen Verse von Hyperions Schicksalslied.

Unterhalb der klassischen Dichtung bewegte sich ein von den mannigfachsten stofflichen Reizen zum Werke gedrängtes Getriebe, das die nun gewonnene neue Form des Romans ausnutzte, auch wohl auswalzte. Bei sich immer steigernder Volksbildung, die im Zeitalter der Aufklärung und neuer pädagogischer Systeme Gegenstand höfischer, staatlicher, kirchlicher, literarischer Bemühungen war, blühte abwärts einer unvergleichlichen Höhenlage nun auch des deutschen Schrifttums eine Romanfabrikation empor, die das Lesebedürfnis von Männern und vielleicht noch mehr von Frauen freilich eher anzulocken, als zu befriedigen geeignet schien. Was sich in den Köpfen der Stürmer und Dränger rousseauhaft malte, die Anmut des Meisters Wieland, das durch Goethe gezeugte Wertherfieber, all das erlebte hier eine verflachte, oft eine versüßte Aufkochung. Und die gegen Despotismus und Volksbedrückung sich aufbäumende allgemeine Stimmung, deren klassischer Beginn unsterblich in „Kabale und Liebe" geistert, brach auch in solchen Produkten einer vielfach überreizten und sich dieser Überreizung bewußten Einbildungskraft durch — allgemeiner Stimmung des Bürgertums unter dem Drucke des aufgeklärten Despotismus entsprechend.

Carl Gottlob Cramer (1758—1817) mit seinem „Erasmus Schleicher" und Heinrich Spieß (1755—1799) gewannen für ihre zahllosen Klitterungen ein groß Poblikum. Von Cramer blieb der Geschichtsroman „Feinde ringsum" lange lebendig.

Wirklichen Ruhm, weit über die Grenzen Deutschlands hinaus, errang Einer aus dieser Romangilde, Christian August Vulpius (1762—1827). Er hat unter vielen anderen, lange versunkenen Werken, den Auf- und Abstieg des merkwürdigen Abenteurers Theodor Neuhof, Königs von Corsica, zum Roman verarbeitet (einer Gestalt, die nachmals in der Lebensgeschichte Pauls de Lagarde eine verhängnisvolle

Rolle spielen sollte). Viel berühmter jedoch, bis zur Übersetzung und Verarbeitung in den Sprachen anderer Nationen, ward Vulpius, der Schwager Goethes, durch seinen „Rinaldo Rinaldini, der Räuberhauptmann", einen im Jahre 1798 erschienenen Roman. Das diesen erfundenen Lieblingshelden einer gleichzeitg von revolutionären Wirren geschüttelten Zeit preisende Lied von des Waldes düstern Gründen gehörte auf lange hin in den volkstümlichen Gesangsvorrat, in dem es noch in der „Letzten Reckenburgerin" von Louise von François erscheint, und ist noch bis hart an unsere Tage in die Kommersbücher eingegangen.

Ignaz Arnold (1774—1812) erwählte sich den im Rheinlande hausenden Räuber Johann Bückler zum Helden seines vielgelesenen Romanes „Der berühmte Räuberhauptmann Schinderhannes". Methusalem Müller (1771—1837) fand für seine Unterhaltungsromane einen großen Leserkreis.

Neben diesen Bürgern im Unterstocke der Literatur nimmt August Heinrich Julius Lafontaine (1758—1831) eine Sonderstellung ein (Fontanes Übernahme im Tunnel über der Spree schreibt sich jedoch von dem gleichnamigen französischen Dichter her). Goethes Spott über die Empfindsamkeit könnte auch der alle Dämme sprengenden, ungeheuerlichen Produktivität Lafontaines gelten; aber dieser steht an Begabung weit über dem Durchschnitte der übrigen vielgelesenen Autoren der Zeit und hat auch in den Kreisen höchster Bildung, zumal an den Höfen, hingebende Leser und Leserinnen gefunden. Romane wie „Der Naturmensch" oder „Fedor und Marie" waren in aller Hände. Unter den hundertundfünfzig Bänden, die Lafontaine fertigbrachte, befand sich auch ein fünfbändiger „Sittenspiegel für das weibliche Geschlecht", vor dem die tränenseligen Leserinnen ihre Empfindsamkeit ausweinen mochten.

Die Bedeutung, welche allmählich bei immer steigender Verstädterung die Leihbibliotheken für das Lesebedürfnis und damit auch für den Schriftsteller gewannen, kann gar nicht überschätzt werden, zumal da die Ladentische neben der deutschen Fracht auch von Übersetzungen aus dem Französischen und Englischen dicht belegt waren. Wilhelm Hauff hat in seinen, unter dem Titel „Die Bücher und die Lesewelt" zusammengefaßten Skizzen so anschaulich wie vergnüglich diese Bedeutung unterstrichen. Auch bei E. T. A. Hoffmann spielt, wie in viel späteren Zeitläuften bei Wilhelm Raabe, die Leihbücherei eine nicht unwesentliche Rolle. Der Lieblingsschriftsteller der preußischen Hofgesellschaft jener Tage, eben Lafontaine, erhielt bezeichnenderweise von Friedrich Wilhelm dem Dritten eine brandenburgische Domherrnstelle, welche die zu anderer Geschmacksrichtung erzogene Königin Luise lieber einem anderen zugeschanzt hätte.

Der Einzige aus dieser vulgären Unterströmung der klassischen Welt, der eine wirkliche und reiche Entwickelung gehabt hat, zugleich der Einzige, der bis in unsere Tage hinein lebendig geblieben ist, war der Magdeburger Heinrich Zschokke (1771—1842). Er begann freilich mit der dem Zeitstile angenäherten, den schreibenden Genossen Gelegenheit zur Nachahmung bietenden Geschichte von Aballino, „dem großen Banditen". Auch die Erzählung „Alamontada, der Galeerensklave" liegt noch im Felde der vulgären Unterhaltsamkeit. Der merkwürdige Mann, der in einem Betrachte bedenklichen Zeitströmungen folgte, protestierte mit männlichem Freimut gegen das rückschrittliche Wöllnersche Religionsedikt von 1788 und mußte deshalb seine Tätigkeit als Professor an der Universität Frankfurt an der Oder aufgeben. Zschokke hat seinen, von keiner vorgeordneten Behörde vorzuschreibenden christlichen Standpunkt dann in den durch fast ein Jahrhundert weitverbreiteten Erbauungsbüchern „Stunden der Andacht" dargelegt. In der neuen Schweizer Heimat erwarb er sich um das Staatsleben der Eidgenossenschaft und im besonderen um das Schulwesen reiche Verdienste. Der von ihm begründete Volkskalender, der „Schweizerbote", hatte hohen Rang, und mit dieser Tätigkeit parallel entwickelte Zschokke, nach der Eingewöhnung in das Leben der Nordschweiz, eine Erzählerkunst von bleibender Wärme und anschaulicher, von Humor durchsprengter Lebenstreue. Der Geschichtsroman „Addrich im Moos", „Der Freihof von Aarau" (der späteren Denkmalsstätte Zschokkes), auch die, trotz ihrer erzieherischen Absicht gar nicht lehrhaft vorgetragene, sehr lebendige Erzählung „Das Goldmacherdorf" tragen die Züge dieser eigenständigen Entwicklung. Daneben schuf der fruchtbare Schriftsteller eine Fülle von sehr komischen und noch heute wirksamen Erzählungen, die er zum Teil aus Anekdoten, wie sie dem Kalendermanne zuwuchsen, schöpfte. Mit L u d w i g W i e l a n d (1777—1819), der sich ohne großes Glück im Lustspiele und der Erzählung versuchte, einem Sohne des Klassikers, mit dem Sohne Salomon Geßners und mit Heinrich von Kleist hat Zschokke den Wettstreit um die Deutung eines französischen Kupferstiches ausgefochten, den schließlich Kleist mit seinem „Zerbrochenen Kruge", heute noch gültig, gewann.

Hohen Rang im eidgenössischen Staatswesen erreichte, wie der erst zugewanderte Zschokke, der Sohn eines alteingesessenen Geschlechtes, U l r i c h H e g n e r (1759—1840) aus Winterthur. Er hat mit lebendiger Treue, ermüdende Breite und lehrhafte Aussicht vermeidend, dörfisches Leben wiedergegeben, so in der Novelle „Suschens Hochzeit". Bedeutsamer war die zeitgerechte Darstellung aus den Tagen der kurzlebigen Helvetischen Republik „Salys Revolutionstage". Am liebenswürdigsten aber geben sich Art und Temperament Ulrich Hegners in seiner Erzählung „Die Molkenkur". Man erwartet bei der Einführung in diesen sehr humoristisch gefärbten Reisebericht zunächst eine Abwicklung im Stile Hippels. Statt dessen umweht uns in der rein ausgezogenen Erzählung völlig die Luft der vollendeten Klassik, und wir genießen in der bündig vorgetragenen Novelle den klaren, an Goethes Novellen gemahnenden Vortrag. Novellen in schweizer Mundart schrieb J o h a n n M a r t i n U s t e r i (1763—1827), bekannt als Verfasser des Liedes „Freut euch des Lebens!"

Auf Erzieherbahnen, wie Zschokke, bewegte sich auch C h r i s t o p h
v o n S c h m i d (1768—1854); seine liebenswürdigen Jugendschriften,
so „Rosa von Tannenburg" oder „Die Ostereier", sind noch heute
lebendig. Sein Denkmal in der Vaterstadt Dinkelsbühl zeigt ihn, den
Domherrn, wie Kinder zu seinen Knieen sein Lied „Ihr Kinderlein
kommet", singen. Auch der vortreffliche Übersetzer F r i e d r i c h J a -
c o b s (1764—1847) hat kernhafte Jugendschriften verfaßt, Schmid
und er reichen bereits einer neuen Entwicklung die Hand, so sehr ihnen
das klassische Erbe zu eigen ist.

5. Hinter dem Vorhange des Klassizismus

Robert Faesi hat in einer reizvollen Novelle geschildert, wie unter
der liebreichen Fürsorge Johann Jacob Bodmers schweizer Jugend an
festlichem Tage eidgenössischer Staatlichkeit mit fördernder Teilnahme
ihre Entlohnungen empfängt. Unter denen, die bei jenem Feste zum
ersten Male solche republikanische Auszeichnung erhalten, befindet sich
der Jüngling J o h a n n H e i n r i c h P e s t a l o z z i (1746—1827).
Der geniale, noch heute in vielem vorbildhafte Pädagoge, dessen Grabschrift ihn als „Erzieher der Menschheit, Menschen, Christen, Bürger,
der Alles für Andere, für sich nichts tat", feiert, hat in seinem Volks-
buche von Lienhard und Gertrud ein ergreifendes Bild aus dem Leben
der Kleinen und Übersehenen gestaltet. Sein heißes Mühen, das Volk
wirklich zu verstehen, hinter die Gedankenwelt der schlichtesten Leute
zu kommen, wird in einem, manchmal unbeholfenen Stile reich belohnt.
Wir hören wirklich, die Ärmsten, im durch den Trunk des Hausvaters
zerrütteten Eheleben in ihrem Jammer und erfahren in volkstümlichem
Vortrage wahrhaftige Geschicke. Immer mit volkserzieherischer Absicht
sendet Pestalozzi diesem, im klassischen Vorraum unübersehbaren Werke
die Erzählung von „Christoph und Else" nach, die den engen Zusammenhang mit „Lienhard und Gertrud" wahrt.

Eine verwandte Natur ist J o h a n n H e i n r i c h J u n g - S t i l -
l i n g (1740—1817). Der bedeutende und erfolgreiche Arzt, ein Straßburger Tischgenosse des jungen Goethe, hat die Romane „Florentin von
Fahlendorn" und „Theobald oder die Schwärmer" dargebracht; er vertritt darin einen dem zeitgenössischen Sturm und Drang sonst fremden
Pietismus. In „Szenen aus dem Geisterreiche" entwirft er ein phantastisches Bild der jenseitigen Vergeltung und ergänzt diese Studienfolge
durch eine „Theorie der Geisterkunde". All diese Schriften sind vergessen, Jung-Stilling lebt weiter allein durch seine von Goethe herausgegebene Selbstbiographie „Heinrich Stillings Jugend", denen der Verfasser selbst noch mehrere Fortsetzungen folgen ließ. Der dichterische
Reiz, besonders der ersten zwei Bände, ist unverlöschlich. Gerade als
Gegenbild zu den Gewaltsamkeiten Mitlebender und Jung-Stilling vertrauter Zeitgenossen ergreift diese, aus dürftiger Herkunft und Um-

gebung aufsteigende, mit bescheidener Zurückhaltung geschilderte Lebensbahn, die vom Dorfe her der Stadt zuführt, noch heute.

Aus anderem klassischem Bezirke brachte J o h a n n G e o r g e
S c h e f f n e r (1736—1820) unter der Aufschrift „Mein Leben" seine
Selbstbiographie dar. Der Tischgenosse Kants und Lebensgenosse Hippels, der sich in Gedichten wie in Staatsschriften versucht hatte, entrollte
hier aus reicher Lebenserfahrung ein Bild der bewegten Schicksale Ostpreußens bis um die Wende der Jahrhunderte.

Den Reichtum einer an tragenden Persönlichkeiten randvollen Zeit
bezeichnet es, daß zu solchen, aus kleinen Verhältnissen zu weiter Wirkung emporsteigenden Männern sich auch der behagliche Weltmann gesellt, als welcher sich der arme Weberssohn J o h a n n P e t e r H e b e l
darstellt (1760—1826). Goethe hat seine „Alemannischen Gedichte"
aufs Höchste anerkannt und sie als ein glückliches Treffen des Volkhaften empfunden. In diesem Umkreis gehört er durch das „Schatzkäst-
lein des rheinischen Hausfreundes", in dem er anekdotische Geschichten
in höchst reizvoller Weise aneinanderfügt. Einzelne von ihnen haben
auf lange hinaus nahezu sprichwörtliche Geltung gewonnen. Hebel steht
in naher Verwandtschaft zu Matthias Claudius, aber der wandsbecker
Pastorssohn und Bankrevisor gestattet sich nicht die biderbe Ausdrucksweise, welche dem badischen Prälaten und Kammermitgliede so wohl
ansteht.

Die G r ä f i n J u l i a n e R e v e n t l o w (1763—1816), eine
Tochter des dänischen Ministers und opferwilligen Schillerverehrers
Schimmelmann, im Kreise Klopstocks aufgewachsen, Claudius und den
Stolbergs befreundet, schuf Erzählungen, ward aber wegen ihrer päda-
gogischen Schriften von Pestalozzi besonders verehrt.

Von den Gärungen der Zeit umgetrieben und wahrlich nicht ver-
zärtelt, aber nicht zu innerem Ausgleich, wie Pestalozzi und Jung-Stilling
gediehen, steht J o h a n n G o t t f r i e d S e u m e (1763—1810) vor
uns. Ihn hat, wie den armen Ulrich Bräker preußische Werber zum verhaßten Dienste preßten, ein unholdes Geschick unter die nach Amerika
verkauften hessischen Söldlinge geführt, zum Kampfe gegen ein sich be-
freiendes Volk, mit dessen Streben Seume innerlichst einig war. Als
späterer Korrektor des Göschenschen Verlages berichtete der Dichter, der
seiner Zeit den Spiegel vorhält, in einer gedrängten, den Ausdruck sorgsam wählenden Sprache, von seinem „Spaziergange nach Syrakus im
Jahre 1802". Italien war auch damals ein häufiger Gegenstand von
Reisebeschreibungen und der Schauplatz zahlreicher Romane. Seume
aber führte in dem Bande „Mein Sommer 1806" auch nach Norden und
Osten, durch Schweden und Finnland, wie er in drei Jahre nach seinem
Tode erschienenen Erinnerungen nochmals einen anschaulichen und sehr
persönlichen Lebensbericht gab.

6. Jean Paul

Johann Paul Friedrich Richter (1763—1825), der seine Schriften unter dem Namen Jean Paul veröffentlichte, war nur um vier Jahre jünger als Schiller; dennoch gehört er schon einer ganz anderen Generation zu. Es ist bezeichnend, daß Jean Paul während seines Aufenthaltes in Weimar zwar zu Herder, aber nicht zu Goethe und Schiller in engere Beziehungen kommen konnte. Seine Form widersprach dem Gesetze, unter das sich Goethe und Schiller auf dem Gipfel ihrer Laufbahn gestellt hatten, so völlig, daß eine Brücke kaum zu finden war. Ein Xenion drückte aufs knappste aus, was den beiden deutschen Stilrichtern diese Kunst so problematisch machte:

> Hieltest du deinen Reichtum nur halb so zu Rate, wie jener
> Seine Armut, du wärst unsrer Bewunderung wert.

Mit liebenswürdigerer Wendung, aber mit unverkennbarer Deutung auf die gleichen technischen Mängel, läßt Franz Grillparzer sich vernehmen:

> Ach, wie so gerne, Jean Paul, pflück ich deine herrlichen Früchte,
> Hab ich glücklich den Zaun blühender Hecken passiert.

Schlägt man einen der ersten und berühmtesten Romane des Dichters, die „Unsichtbare Loge" auf, so begegnet man zunächst der Einteilung des ersten Bandes in sechsundzwanzig Sektoren, die aber noch teilweise als Michaelis- oder Trinitatis-Sektoren gesondert werden. Dazu treten mehrere Extrablätter, Extrablättchen und eingeschaltete Zeitungsartikel; dem Ganzen ist ein Vorredner in Form einer Reisebeschreibung vorgesetzt, und diesem folgt später eine Entschuldigung bei den Lesern der „Sämtlichen Werke" in Beziehung auf die Unsichtbare Loge. Dabei besaßen wenige Dichter so klare Einsichten in das Geheimnis dichterischer Gestaltung. Jean Pauls „Vorschule der Ästhetik" offenbart überall eine, auch im Umkreise Weimars und Jenas ungewöhnliche Aufgeschlossenheit für die im dichterischem Prozesse wirkenden Kräfte. Insbesondere über den Humor weiß Jean Paul die treffendsten ästhetischen Definitionen zu geben — man fühlt hier die innerste Zugehörigkeit. „Nach jeder pathetischen Anspannung gelüstet der Mensch ordentlich nach humoristischer Abspannung; aber da keine Empfindung ihr Widerspiel, sondern nur ihre Abstufung begehren kann: so muß in dem Scherze, den das Pathos aufsucht, noch ein herabführender Ernst vorhanden sein. Und dieser wohnt im Humor." An solchen, oft wie in der Nuß gegebenen Einsichten ist die „Vorschule der Ästhetik" ungemein reich. In seiner eigenen Praxis aber überschüttet Jean Paul den Leser mit einer die von ihm selbst gezogenen Grenzen überflutenden Wortfülle. Sie gleitet allerdings aus einem schier unerschöpflichen Füllhorne hernieder, hat aber jene in Weimar wie in Wien hervorgehobene Wirkung. Der Wildwuchs, obwohl edlen Stammes, versperrt den Eingang zum eigentlichen Park, und die niemals abbrechende, immer neu charakterisierende oder auch auf andere Wege abschweifende Aus- und

Umdeutung handelnder Personen macht den Leser unsicher. Freilich galt das nicht für den Leser und die Leserinnen während der Meisterjahre Jean Pauls. In den Schlüsselkörben unserer Urgroßmütter lag der neueste Jean Paul neben den Gedichten Friedrichs von Matthisson und der „Urania" Christoph August Tiedges. Jean Paul war von der Königin Luise die dann an Lafontaine verliehene Domherrnstelle zugedacht.

Der nun durch Goethe in einen neuen Zenith getretene Bildungs- und Erziehungsroman fand auch in Jean Pauls Werk seine Statt. Ja, schon der Erstling, eben das Buch von der Unsichtbaren Loge, entwickelt in breitem, zu Zeiten jedoch schwer entwirrbaren Aufriß das Leben des Haupthelden, um es auf einer geheimnisvollen Insel zu enden. Gleichfalls ein gedehnter Entwicklungsroman ist der „Hesperus", in dem der Dichter am Ende sich selbst auftreten läßt. Die Helden des um 1800 erschienenen „Titan", Albano und Roquairol, waren lange der deutschen Lesewelt vertraute Erscheinungen, wie später bestimmte Figuren Freytags, Raabes oder Fontanes. Während die Unsichtbare Loge in Sektoren eingeteilt war, zerlegt Jean Paul den „Titan" in Jubelperioden, und den „Quintus Fixlein" teilt er in Zettelkästen auf. Im „Titan" geht das Leben jener Epoche wie in einem Wandelpanorama an dem Leser vorüber — nur, daß dieser Aspekt nicht zusammenhängende Bilder, sondern merkwürdige Verschlingungen birgt, deren dichterischer Reiz zum Teil groß ist. Die Anspielungen gehen so weit, daß Werthers Pistole eine verhängnisvolle Rolle spielt. Jean Paul knüpft hier an eine Wielandsche Überlieferung, allerdings in sehr anderer Formgebung, an. Der „Titan" bringt die merkwürdige Bildungsgeschichte eines Fürstensohnes. Er ist über seine Herkunft nicht unterrichtet und wird mit den verschiedensten Gegenspielern in Berührung und in Kontrast gebracht, die alle an ihm bildendes Werk tun, von liebenden Frauen bis zu wüsten Genossen. Aber diese Zusammenführungen sollen auch, ganz wieder im Sinne des Bildungsromans, Albano, den künftigen Fürsten, abschleifen, umbilden, innerlich weiterführen.

Für die Technik Jean Pauls wie für die Sonderart seines Witzes und seiner spielenden Ironie ist besonders der Eingang seiner „Flegeljahre" bezeichnend. In diesem umfänglichen Werke sind die einzelnen Kapitel überwiegend mit Gesteinsarten überschrieben. Da findet sich Vogtländischer Marmor mit Mäusefallenadern, der Violenstein, Glanzkohle, aber auch das Modell eines Hebammenstuhls. Der Roman setzt mit einer Testamentseröffnung ein. Der alte van der Kabel, der Krösus der haslauer Residenz, ist gestorben, und die sieben entfernten Verwandten des unvermählt Dahingegangenen werden zur Eröffnung der letztwilligen Verfügung vor den Bürgermeister geladen. Der Testator läßt seinem anspielungsreichen Witze über die gespannt lauschenden Herren von verschiedenster Lebenslage auch in dieser Abkündigung freie Bahn. Sein Haus in der Hundsgasse soll derjenige unter den sieben Nebenbuhlern erhalten, der binnen einer halben Stunde (von der Vorlesung dieser Klausel an gerechnet), früher als die übrigen sechs eine oder ein paar

Tränen vergießt. Wenn alles trocken bleibt, fällt das Haus dem Universalerben zu. Der Bürgermeister schließt die Urkunde, legt seine Uhr auf den Tisch und setzt sich nieder, um festzustellen, ob während der dreißig Minuten einer der möglichen Erben ans Weinen kommt. Nun entsteht ein unvergleichlicher, stummer Wettstreit um eine Träne bei diesen sieben „gleichsam zum Weinen vereinigten trocknen Provinzen". Jedem liest der amüsierte Autor seine Empfindungen ab, jeder versucht, durch Gedankenspiele die Tränendrüse in Bewegung zu setzen. Und dem armen Frühprediger Flachs gelingt es schließlich als Einzigem, indessen sein vorgeordneter Kirchenrat noch aus der Fülle seiner Leichenpredigten Erinnerung schöpfend die Benetzung sich nähern fühlt, zum Ziele zu kommen. „Ich glaube, meine verehrtesten Herren — sagte Flachs, betrübt aufstehend und überfließend umhersehend —, ich weine — setzte sich darauf nieder und ließ es vergnügter laufen; er war nun auf dem Trocknen". Der Universalerbe aber, ein dem Verstorbenen gänzlich unverwandter Jüngling, muß, bevor er den reichen Nachlaß antritt, eine Reihe von Klauseln erfüllen. Er muß z. B. einen Tag lang Klavierstimmer sein, er soll als Korrektor zwölf Bogen gut durchsehen, ein paar Wochen lang auf dem Lande Schule halten, er soll endlich Pfarrer werden. Begeht er einen Ehebruch, so verliert er ein Viertel der Erbschaft, ein Sechstel aber nur, wenn er ein Mädchen verführt.

Nach diesem, die Mitspieler zu atemlosem Staunen versteinernden, die Leser zu vergnüglichem Kopfschütteln zwingendem Beginne erzählt Jean Paul einen Doppelroman von Vult und Walt, Zwillingen, deren bunteste Lebenskreise mit einer unvergleichlichen Schürzung von innerstem Gemütsanteil und humoristischer, darüberstehender Behaglichkeit gegeben werden.

Dieses Behagen an den eigenen Erfindungen, das sich dem Leser alsbald mitteilt, erfüllt Jean Pauls Werk im Aufstiege von seinem Erstling, den „Grönländischen Prozessen", immer stärker. Man fühlt es förmlich, wie er sich selbst mit sich selbst vergnügen will, wobei er nicht selten auch den hingebendsten Leser ins Gestrüpp führt. Bis man etwa im „Quintus Fixlein" in den eigentlichen Roman hineingelangt, muß man auf achtundsiebzig Seiten ein Billet an des Verfassers Freunde anstatt der Vorrede, eine Geschichte der Vorrede zur zweiten Auflage, eine Epopöe über eine Mondfinsternis und einen „Mußteil für Mädchen" über sich ergehen lassen. Dann erst wird uns im Ersten Zettelkasten der Held der Erzählung, Egidius Zebedäus Fixlein, vorgestellt. Er ist Quintus, das heißt fünfter Lehrer, am Gymnasium von Flachsenfingen (einem Ortsnamen, der in der Hoch-Zeit von Jean Pauls Beliebtheit humoristische geographische Bedeutung gewann). Fixlein wird nun vom Konrektor zum Pfarrer, und Jean Paul kann sich nicht entbrechen, mitten in der Schilderung der gerührten Empfindungen des neubestallten Geistlichen, unter dem Texte eine wissenschaftliche Anmerkung über die Schreibung des Gottesnamens anzubringen. Fixlein bezieht das Pfarrhaus und führt die Braut hinein, nachdem sie, die eben Vermählten, am

Grabe von des nunmehrigen Ehemannes Vater gemeinsam ein Tränen-
opfer gebracht haben.

„Der Autor ist eine Art Bienenwirt für den Leser-Schwarm, dem zu
Gefallen er die Flora, die er für ihn hält, in verschiedene Zeiten verteilt
und die Aufblüte mancher Blumen hier beschleunigt, dort verschiebt, damit es in allen Kapiteln blühe. Die Göttin der Liebe und der Engel des
Friedens führten das Ehepaar auf Steigen, die über volle Auen liefen,
durch den Frühling und auf Fußpfaden, die in hohen Kornfeldern ver-
borgen waren, durch den Sommer — und der Herbst streuete ihnen, als
sie auf den Winter losgingen, seine marmorierten Blätter unter." So
leitet, ebenso wortreich wie stimmungsvoll, der Verfasser den ersten Geburtstag der jungvermählten Pfarrfrau ein. Frau Thienette kommt mit
einem Knaben nieder. Jetzt wird der Knopf des Kirchturms in Hukelum
mit einem neuen vertauscht. Nun unterbricht Jean Paul den ohnehin
immer wieder in Nebengewässer versickernden Fluß der Erzählung durch
einige „Jus de tablette für Mannspersonen", in denen er über die natürliche Magie der Einbildungskraft Worte zu wählen weiß, die spürbar aus
eigenster Erfahrung stammen. Aber damit nicht genug verführt der Erzähler den Leser noch dazu, des Amts-Vogts Josuah Freudel Klaglibell
gegen seinen verfluchten Dämon anzuhören, eine Abhandlung über
eigennützige Liebe und eigennützige Handlungen aufzunehmen, etwas
über den Zitteraal zu hören und schließlich eine Primanerreise nach dem
Fichtelberge mitzumachen, bei der wir sogar bei der Prüfung der Gast-
wirtsrechnung helfen müssen. Was wir aber als Unterbrechungen an-
sahen, war in Wirklichkeit der Abschluß, und wir fühlen uns mit einiger
Überraschung bereits aus der Welt Quintus Fixleins entlassen.

„Nie vergesse der Dichter über die Zukunft, die ihm eigentlich heller
vorschimmert, die Forderungen der Gegenwart, und also des nur an
diese angeschmiedeten Lesers". Diese Vorschrift aus der „Vorschule
der Ästhetik" hat ihr Verfasser überhäufig nicht befolgt, und wenn er
fordert, daß geschichtliche oder philosophierende oder witzige Abschweifungen nur am Anfang und in der Mitte, aber nicht gegen das Ende hin
eingeschoben werden sollen, so hat er selbst gegen das eigene Gesetz
immer wieder verstoßen. Auch in einem der geschlossensten und ein-
heitlichsten Werke Jean Pauls, in dem Roman „Ehestand, Tod und Hochzeit des Armenadvokaten F. St. Siebenkäs im Reichsmarktflecken Kuh-
schnappel" mit dem Untertitel „Ein treues Dornenstück" fehlen solche
Abschweifungen nicht. Die Erfindung in diesem Roman, mit dem Schein-
tode des Handlungsträgers, wäre ein würdiger Gegenstand für manchen
der Romanfabrikanten, die im Zeitalter Jean Pauls von der Verwechs-
lungstechnik lebten. In diesem Romanwerk bewegt sich Jean Paul aus-
nahmsweise nicht in mehr oder minder beziehungsreich oder beziehungs-
los erdachten und benannten Orten. Hier setzt er vielmehr der Stadt
Bayreuth mit ihren Parkanlagen ein Denkmal; der Reiz der schönen
Markgrafenstadt von geschichtlicher Fülle durchwebt den „Siebenkäs",
und wir empfinden, daß der Dichter nirgends anders die seinem Werke

gemäße letzte Ruhestätte finden konnte, als in der einstigen Hohenzollernschen Residenz, vor deren Toren er so oft in der Rollwenzelei Erholung suchte.

Was Jean Paul noch in seinen schwächsten Erzählungen von fingerfertiger Routine scheidet, hat er selbst in unvergeßlicher Fügung in seinem großen ästhetischen Werke der zukünftigen Literaturgeschichte zu eigen gegeben: „Ein Einziger aus tiefster Brust emporgehobener Menschen-Laut wirkt mehr, als zehn seelengelehrige Schilderungen und Landschaften; ein Zittern der Luft als Sprach-Ton wirkt mehr, als ein allgemeines Umhertoben derselben als Sturm. Freilich nur ein unsichtbarer Gott haucht entfliegend in euch das rechte Wort".

Aus solcher Empfindungsfülle ist im „Siebenkäs" die „Rede des toten Christus vom Weltgebäude herab, daß kein Gott sei" erflossen. Aber nicht minder von dichterischem Atem durchpulst sind die Idyllen, eine Lieblingsform des Dichters. Er nennt sie die epische Darstellung des Vollglücks in der Beschränkung und hat seinem ersten Roman das „Leben des vergnügten Schulmeisterleins Maria Wuz in Auenthal" angehängt, ein liebenswertes, von mitatmendem Naturgefühl und seelischer Spürkraft erfülltes Stück. Als Gegenbild von völlig anderem Aufputz mag man „Doctor Katzenbergers Badreise" werten, eine mit satirischen Spitzen verzierte, vergnügliche Geschichte. Der Stil, sowohl des Wuz wie des Katzenbergers, ist vielfach nachgeahmt worden. Man kann den Einfluß Jean Pauls auf seine deutschen Zeitgenossen überhaupt schwer überschätzen. Ein Zeitalter, in dem es nur an zwei Tagen Post gab, in dem eine Fahrt von Berlin nach Potsdam ein wohl vorzubereitendes Unternehmen war, eine Reise von Königsberg zur Leipziger Messe eine Woche dauerte — ein solches Zeitalter erlaubte dem Dichter das Zeitmaß für Ausbiegungen und Verweilungen, und gewährte dem willigen Leser die Muße, solchen Denkspielen zu folgen, besonders wenn der Vortrag so aus innerster Bewegtheit strömte. Wie innig Jean Paul mit dem deutschen Geistesleben um die Jahrhundertwende verwachsen war, und in welchem Maße er selbst als Vertreter dieser Geistigkeit empfunden ward, dafür bietet die Folgezeit zahlreiche Zeugnisse. Daß Ludwig Tieck die Gestalten in „Des Lebens Überfluß" in lauter Zitaten aus dem „Siebenkäs" reden läßt, nimmt uns nicht Wunder, ebensowenig, daß in Immermanns „Epigonen" Gestalten aus dem „Titan" sozusagen sprichwörtliche Geltung gewinnen. Aber im weiteren Ablaufe unseres Schrifttums bezeugt sich auch fürderhin der nachhaltige Eindruck dieser ebenso seelenvollen wie absonderlichen deutschen Persönlichkeit.

In seinem Roman „Aus einer kleinen Stadt", mit dem Gustav Freytag 1881 die „Ahnen"-Reihe abschloß, tritt als eine offenbare Lieblingsgestalt des Verfassers der Einnehmer und spätere Geheime Rat Köhler auf. Er erlebt es nach dem Rückzuge der Großen Armee aus Rußland, daß zur Winterszeit im Schlitten zwei hohe französische Offiziere die kleine schlesische Stadt durchfahren. In dem Einen erkennt der leidenschaftliche Patriot niemand anders als Napoleon, und mit tiefer Verneigung legt er ihm etwas auf die Schlittendecke. Auf der Gasse wird dann ein Buch gefunden, das die unwirsche Hand des Kaisers der Franzosen hinausgeworfen hat und das der Bürgermeister dem offenbaren Eigentümer wieder einhändigt. Es ist „Doctor Katzenbergers Badreise" von Jean Paul. Es liegt eine tiefe und bewußte Ironie darin, daß dieser Vertreter Freytagschen Nationalstolzes dem gallischen Selbstherrscher gerade eine Schrift desjenigen deutschen Dichters in die widerwilligen Hände geben will, der neben Seume in einem Zeitalter, da in deutschen Staaten an Volksvertretungen nicht zu denken war, sich immer wieder zur Demokratie bekannte.

In seinem 1891 niedergeschriebenen Roman „Gutmanns Reisen" verpflanzt Wilhelm Raabe seine Menschen nach Coburg, wo im Jahre 1860 eine Hauptversammlung des Deutschen Nationalvereins stattfand. Zu ihr reist auch eine Familie aus der Geburtsstadt Jean Pauls, aus Wunsiedel, und der unbeweibte Ältermann und Lieblingssohn Laurian Poltermann lebt ganz und gar in den Werken seines Landsmanns. Wie stark aber in dem von Raabe hier dargestellten Zeitalter Jean Pauls Gestalten noch als vertraute Menschenbilder umgingen, beweist die Nichte dieses Onkels, indem sie, bei der plötzlichen Verlobung in der öffentlichen Parkanlage ertappt, zu dem alten Herrn, der auch die demokratische Gesinnung seines Idols geerbt hat, also spricht: „Und da wandeltest du, wie dein hoher Albano, dein Emanuel, dein Horion, dein liebster Walt und wie alle sonst aus Hof und Bayreuth und Wunsiedel und Flachsenfingen heißen, und triffst jetzt nur aus Zufall auf mich armes Wurm, deine bloß Gott und der Welt anheimgegebene Nichte."

So am Schnürchen hatten sicherlich in den Tagen des Nationalvereins noch viele Leser und Leserinnen den Dichter des „Titan" und die launig benannten Schauplätze seiner Werke. Dann aber kam die große Vergessenheit über Jean Paul, der Kreis der Liebhaber, die ihn immer wieder vornahmen, wurde enger und enger. Und dies alles, obwohl die Einwirkung seiner dichterischen Persönlichkeit auf spätere Poeten immer wieder festzustellen war. Erst rund hundert Jahre nach seinem Tode ist Jean Paul zu erneuter Wirkung gelangt, die sich freilich mit der einstigen nicht vergleichen läßt. Die für seine und unsere Zeit unermeßliche Bedeutung Johann Gottfried Herders ist der Gegenwart viel schärfer ins Bewußtsein getreten, als dem vor 1900 lebenden Geschlechte; und bei der Nähe Jean Pauls zu Herder, die sich vielleicht aus der „Vorschule der Ästhetik" stärker belegen läßt als aus den Romanen, ist auch mit dem Einen der großen Pförtner der neuerschlossenen Tür des klassischen Humanismus der Mann aus Wunsiedel wieder zur Geltung gekommen. Wie er auf ein früheres Geschlecht wirkte, mag der Meister der Kunstlehre Friedrich Theodor Vischer bezeugen; er hat ihm in seiner sparsamen Lyrik folgende Verse gewidmet:

Grabdichter, Jenseitsmensch, Schwindsuchtbesinger!
Herz voll von Liebe, selger Freude Bringer
Im armen Hüttchen an des Lebens Strand;
Du Kind, du Greis, du Kauz, Hanswurst und Engel,
Durchsichtiger Seraph, breiter Erdenbengel,
Im Himmel Bürger und im Bayerland.

7. Rückblick und Ausblick

Aus dem Schutt und der Vernichtung eines dreißig lange Jahre hindurch wütenden Krieges hatte sich das deutsche Volkstum verhältnismäßig rasch zu neuem Ausschreiten gestreckt und mit einer unvergleichlichen Lebendigkeit bei bescheidenstem Lebensstile nachzuholen gewußt, was anderen, glückhafteren Nationen die Gnade früher gewährte. Innerhalb dieser geistigen Leistung und Neuschöpfung war der Roman das jüngste Kind. Während das Epos seit der Frühzeit in allen Literaturen der Völker Mittel- und Westeuropas unbestrittenes Heimatrecht hatte, war der Roman erst aus einer Sphäre niederer Unterhaltsamkeit zu literarischen Ehren emporgestiegen. Er hatte sich in Deutschland auch von der mehr oder minder sklavischen Nachahmung ausländischer Muster zu befreien gehabt.

All dies war nicht nur binnen einer sehr kurzen Entwicklungsfrist gelungen, der Roman hatte sich auch als eine ebenbürtige prosaische Form des poetischen Ausdrucks eingebürgert und fing bereits an, das Epos von seinem Herrschersitze zu verdrängen, wie denn in der Tat nach Wieland und Goethe die epische Nachfolge im neunzehnten Jahrhundert auf lange Strecken aussetzt oder im epigonischen Sande verläuft. Allerdings hat sich im neuen Jahrhundert als Mittelgattung zwischen Epos und Roman mit Glück die Versnovelle eingebürgert.

Der Weg vom „Sterbenden Cato" zum „Wallenstein" war nicht länger als der von den Nachahmern Grandisons bis zu den „Wahlverwandtschaften", in denen der klassische Humanismus gipfelte. Obwohl das Wort „romanhaft" noch immer eine abschätzige Bedeutung von leiser Überheblichkeit besitzt, ist die Bedeutung dieser ästhetischen Kategorie, auch des deutschen Romans, nur immer gestiegen. Wie bei den Hellenen hatte auch im deutschen Schrifttum die Entwicklung auf ihrem Höhepunkte zur Tragödie geführt — wie einst Antigone und Oedipus, so kränzten nun Faust und Margarethe, Wallenstein und Medea das Eingangstor zum obersten Gefilde der Dichtung. Je mehr wir uns aber der Gegenwart nähern, erscheint immer wesentlicher der Roman als diejenige Dichtungsgattung, welche pegelhaft auf den Stand der inneren Bewegung des Volkslebens deutet. Die Geschichte der Bildung und inneren Sammlung der Zeit läßt sich, zum mindesten seit zwei Menschenaltern, nicht mehr an Gestaltungen tragischer Wucht ablesen; aber wir werden die geistige Bewegung der Zeit immer wieder an dem Auf und Ab der Romandichtung klären können. Denn der klassische Humanis-

mus hat den Roman, der vordem seine Herkunft aus der bloßen Aben-
teuererzählung nicht verleugnen, noch abstreifen konnte, vor allem durch
Goethe, zum Weltbilde erweitert, und diese, vom Epos ererbte Bedeutung ist ihm je mehr und mehr zu eigen geworden. War der „Werther"
noch wesentlich Erzählung eines Falles seelischen Verhängnisses, freilich
auch bereits nicht ohne daß, wie in einer Facette, ein Stückchen Welt
und Gesellschaft deutlich wurde, so war in Goethes späteren Werken
die Sicherheit immer unverkennbarer, womit der Dichter auf die möglichst treue Erschließung eines Weltbildes hinsteuerte, mochte es, wie
in den „Lehrjahren", zunächst die leicht gezimmerte und leicht versetz-
bare Welt des Theaters, dann die zum Beharren bestimmte des aristokratischen Grundbesitzes sein.   Vollends in den „Wanderjahren" mit
ihrer Vielfalt ist solche Bemühung eigentliches Ziel, dem das Wesen
dieser lange umsorgten Dichtung zuströmt. Und in den „Wahlverwandtschaften" ist das Weltbild trotz der geringer Gestaltenzahl so plastisch
als nur denkbar, wir empfinden hier etwas vom Gesetze der dichterischen Stellvertretung. Je nachhaltiger der Romandichter seine Menschen
zu profilieren weiß, um so schärfer prägen sie sich dem Leser ein. Nun
ist es ein geheimes Gesetz der Schöpferkraft, daß gerade solche einprägsamen Gestalten uns im Fortgang der Erzählung und insbesondere im
Nachgenuß und in unseren Nachgedanken als besonders typisch erscheinen. Dies ist, was ich das Gesetz der dichterischen Stellvertretung
genannt habe. Um es noch deutlicher zu machen: Philine in den „Lehrjahren", Charlotte in den „Wahlverwandtschaften" sind als Persönlichkeiten von eigener Art und eigenem Reiz fein, wie mit dem Silberstift,
gezeichnet. Trotzdem und trotz ihrer uns aufs höchste fesselnden Geschicke schwebt uns die Eine zugleich als der Typus gutherziger, leicht-
sinniger, beschwingter Weiblichkeit vor, die Andere als kennzeichnende
Gestalt von aristokratischer Prägung, ohne Standeshochmut, und zugleich als Typus einer großen Seele, die sich im rechten Augenblicke
selbst bezwingen kann.

Freilich geht es anders bei den Romandichtern, die zu phantastischen
Stoffen getrieben werden. Dagegen hat der humoristische Roman noch
den Vorzug, daß ihm seine läßlichere Form sogar das Hineinsprechen
des Dichters und damit eine noch schärfere Herausarbeitung des Typischen ermöglicht. Bei Hippel konnten wir solche Beobachtung in seinem
heimischen Umkreise bereits verzeichnen. Daß Jean Paul auf die Dauer
nicht die seiner Bedeutung und Begabung entsprechende Wirkung gehabt hat, beruht sicherlich zum Großteil auf der Absonderlichkeit nicht
so sehr seiner Ausdrucksweise als der Ausdrucksweise seiner Gestalten.
Und es ist nur logisch, daß die beiden Jean-Paul-Leser: Freytag und
Raabe selbst ein wenig absonderliche Menschenbildner sind. Diese Ausführungen sollen nicht dahin mißverstanden werden, als ob das Seltsame, die Ausnahmenatur in der Romandichtung nicht das Recht auf
Entfaltung hätte, welche die Tragödie ihr gewährt. Es sollte nur hervorgehoben werden, daß in der deutschen wie in der europäischen und nun

auch in der amerikanischen Entwicklung der Roman immer mehr welt-
bildliche Geltung gewonnen hat. Wir sind geneigt, psychologisch feinhörige, aber auf ein Problem beschränkte Darstellungen, auch bei etwas
vertiefter Anlage des Milieus, nicht mehr als Romane zu bezeichnen;
wir teilen solche Dichtungen vielmehr dem Umkreise der Novellen zu.

Auch sie, die Novelle, hatte romanischen Ursprung, aber sie leitete
sich nicht von immer wieder erzählerisch abgewandelten Abenteuer-
berichten her. Vielmehr ward für die deutsche, wie für andere Novellistik die Kunst des Italieners Giovanni Boccaccio vorbildlich. Seine,
unter der Aufschrift „Decamerone", also Zehntagewerk, verfaßte Rahmenerzählung hat weithin Schule gemacht. Boccaccio berichtet, daß
während der Pest-Epidemie von 1348 sich sieben junge Damen und drei
junge Männer in der Kirche getroffen hätten. Sie beschließen, sich nach
einem Schlößchen bei Florenz zu begeben, um dort über die furchtbare
Zeit hinweg zu kommen. Zehn Tage hindurch muß da unter der Regierung eines der Teilnehmer jeder eine Aufgabe stellen, über die dann
zehn verschiedene Geschichten erzählt werden. Unverkennbar hatten sowohl Wieland wie Goethe das Vorbild des Italieners vor Augen, und
Goethe hat sogar seinen Werken in den „Unterhaltungen deutscher Ausgewanderter" eine Rahmenerzählung nach solchem Muster eingefügt.

Im Gegensatze zu der ästhetischen Wertung des Romans, welcher,
wie wir sahen, sich immer mehr weitet oder weiten will, hat die Novelle immer zur Eingrenzung des gewählten Stoffes in einen möglichst
knappen Rahmen gestrebt, wobei auch der in der Bezeichnung liegende
Charakter des Neuen wohl in Erwägung zu ziehen ist, wenn auch nicht
immer im genauen Wortsinne. Paul Heyse hat in seinem vieljährigen
Mühen um eine Sammlung der besten deutschen Novellen sich schließlich
zu einer, keineswegs nur oder vornehmlich aus dem eigenen Schaffen geschöpften, Lehre durchgearbeitet. Er nennt sie Falkentheorie und legt
sie, die er auch im Briefwechsel mit Theodor Storm und anderen öfters
begründet und verteidigt hat, folgendermaßen dar:

„Die Probe auf die Trefflichkeit eines novellistischen Motivs besteht
in den meisten Fällen darin, ob es gelingt den Inhalt in wenigen Zeilen
zusammenzufassen. Bei Boccaccio heißt die Überschrift der neunten Novelle des fünften Tages: ‚Federigo degli Alderighi liebt, ohne Gegen-
liebe zu finden', in ritterlicher Werbung verschwendet er all seine Habe
und behält nur noch einen einzigen Falken. Diesen, da die von ihm
geliebte Dame zufällig sein Haus besucht und er sonst nichts hat, ihr
ein Mahl zu bereiten, setzt er ihr bei Tisch vor. Sie erfährt, was er
getan, ändert plötzlich ihren Sinn und belohnt seine Liebe, indem sie ihn
zum Herrn ihrer Hand und ihres Vermögens macht."

In diesen wenigen Zeilen sind alle Elemente einer rührenden und
erfreulichen Novelle. „Nun," so fährt Heyse fort, „wird sich eine so einfache Form nicht für jedes Thema unseres vielbrüchigen, modernen
Kulturlebens finden lassen; aber dennoch soll sich der Erzähler bei dem

innerlichsten oder reichsten Stoff fragen, wo der „Falke" sei, das Spezifische, das diese Geschichte von tausend anderen unterscheidet."

Die Probe auf dies Exempel hat Paul Heyse, zuerst in Gemeinschaft mit Hermann Kurz, dann mit Ludwig Laistner, immer wieder gemacht und dadurch eine deutsche Novellenernte von hohem Range in die Scheuer gebracht. Er hat sich bei dieser Liebesmüh viele Jahre hindurch der engsten brieflichen Mitarbeit eines anderen Meisternovellisten, Theodor Storms, erfreuen dürfen. Neben Boccaccio hat Cervantes, dessen Geltung in der Romantik hoch emporstieg, mit seinen „Novelas ejemplares" vorbildhaft gewirkt.

Drang der deutsche Roman, noch als er erst zu jungen Jahren gekommen war, innerhalb der klassischen Zeit zum Weltbilde empor, so gewann auch bereits in dem kurzen Ablauf dieser glänzenden Schaffenszeit die Novelle jene, ihrer Sonderheit eigene Form. Ein schlüssiges Motiv auf begrenztem Raum so zu gestalten, daß das Problem niemals zu Abschweifungen verlassen und doch, trotz aller Knappheit, die Umwelt mit ihrer besonderen Färbung und Stimmung völlig zu dichterischem Ausdrucke gebracht wird — dies Gesetz, ganz im Sinne der viel später von Heyse vollbrachten theoretischen Unterbauung, stand über dem Schaffen deutscher Novellisten. Die erste reiche Ernte in diesem Betracht heimste die Romantik ein.

Zweites Buch

ROMANTIK

1. Die romantische Gesellschaft

Am 2. Oktober 1808 trafen Goethe und Napoleon in der Lutherstadt Erfurt zusammen. Es war einer der symbolischen Augenblicke der Weltgeschichte. Der deutsche Genius hatte mit unbegreiflicher Schnelligkeit und Tiefenwirkung die Welt erobert; auch der Selbstherrscher der Franzosen erkannte das an, aber zu einem Zeitpunkte, da das Heilige Römische Reich Deutschen Nation zu Rüste ging und er ihm nur noch den Gnadenstoß versetzte. Denn die Weltmission des Reiches war dahin; gegründet und empfunden als eine die Völker und Stämme Mitteleuropas überwölbende Pfeilerhalle christlicher Gesinnung und Gesittung, war das Reich durch das eigensüchtige Vordringen fürstlicher Hausmächte, durch den konfessionellen Zwiespalt, durch partikularen Stammesdünkel längst ausgehöhlt, ehe seine Krone niedergelegt ward. Mit dem Hinfall der Souveränität an eine Vielzahl von Scheinstaaten oder eigensüchtig sich gegen jede Obergewalt sperrenden Dynastien hatte es das große Angebinde geistiger Vormacht darangegeben. Während es aber sank, lebte die Reichsidee in dem um die Jahrhundertwende zu geistiger Führung reifenden Geschlechte mit brennendem Schmerz und befeuernder Kraft noch einmal auf. Schon aus Schillers inbrünstiger Prophezeihung, der Tag des Deutschen werde die Ernte der ganzen Zeit sein, spricht das Gefühl, von dem diese Generation gelebt hat. War das Zeitalter des klassischen Humanismus eine deutsche Wiedererweckung und Wiederbewußtmachung des klassischen, vor allem des griechischen Altertums, so war die romantische Bewegung eine Renaissance der deutschen Vergangenheit, insbesondere des hohen Mittelalters. Seine Lebenslust mit ihren Domen und Kaiserpfalzen, ihren Orden und Ordnungen erschien wieder als ein reines Wesen unter hellem Himmel, der deutsche Geist, der Form und Gehalt der Antike ausgemessen hatte, kehrte in die Welt des Christentums zurück. Persönliche Nähe zu Gott, der deutschen Mystik verwandt zu Christus und inbrünstige Marienverehrung erfüllen einen Großteil des romantischen Geschlechts. Begriffe, wie die der Kreuzbruderschaft oder der Bauhütte, gewannen erneute Bedeutung; über der bald zum Symbol werdenden schwarz-rot-goldenen Fahne, dem Sehn-

suchtspanier der um die Burg der Minnesinger und Luthers gescharten
Jugend, ragte das Kreuz.

Dennoch ist mit diesen Zügen das Wesen der Romantik noch nicht
eindeutig bestimmt. Joseph Nadler geht bei der Darstellung dieses geistigen Umbruchs von folgenden Gesichtspunkten aus: durch die große
Kolonisation des deutschen Ostens ist eine schicksalhafte Wanderung aus
den deutschen Kernlanden über die Oder, die Weichsel und den Pregel
erfolgt und hat im geschichtlichen Ablaufe zu der Bildung von neuen
deutschen Stämmen geführt, die germanisches mit slawischen und bal-
tischem Wesen einten. Die in diesen Neustämmen schlummernde und
sozusagen unterirdisch weiterwirkende Geisteshaltung war den Alt-
stämmen verloren gegangen. Diese Haltung erfloß zunächst in den
Pietismus, der weithin die erstarrte Orthodoxie eines unbeweglichen
Luthertums auflockerte. Wie er eine neue, vertiefte, jedem Lippen-
dienste ferne Gläubigkeit lehrte, so schwoll nun in den Neustämmen die
sehnsüchtige Hinwendung zur eigenen Vergangenheit und der Drang zu
ihrer Wiederbelebung mächtig empor. Und in der Tat haben Männer
aus diesen Neustämmen ungeheure Antriebe gegeben. Hatten Hamann
und Herder schon vordem eine weit ins Reich strömende Wirkung geübt, für die auch die Geschichte des Romans reiche Belege gibt, so trat
nun dieser Einstrom von Osten in ein neues Bett. Während über Hamann
zurück der Weg in die deutsche Mystik von suchenden Seelen gebahnt
wurde, erwies Herder seine Fortwirkung im neuen Geistesfluß durch die
gewaltige volkskundliche, sprachwissenschaftliche, kulturwissenschaftliche
Leistung der Romantik. Auf Herders Lebensarbeit baute die neue Wissenschaft der Germanistik, und die angrenzende deutsche Rechtsgeschichte empfing von ihr ebenso mächtige Anregungen, wie die allgemeine Geschichtsdarstellung. Und während die Romantik, in die volk-
hafte Vergangenheit zurück- oder vielmehr heimschreitend, den Gedanken des Vaterlandes mit neuer Tiefe erfühlte und so den geistigen
Hauptanteil an dem Aufschwunge der Freiheitskriege gewann, erfüllte
sie sich zugleich mit der nie erloschenen, als Aufgabe empfundenen uni-
versellen Sehnsucht deutschen Wesens; des Novalis Fragment „Die Christenheit oder Europa" ist in diesem Betracht ihr großes programmati-
sches Zeugnis, dem die heiße vaterländische Kampferfülltheit der Arndt
und Görres nicht sowohl entgegen als zur Seite steht.

Der Hintergrund, von dem sich die romantische Dichtung abhebt,
ist völlig anders als der des klassischen Zeitalters, das die revolutionäre
Bewegung in Frankreich zwar aufmerksam verfolgt und zum Teil innerlich verarbeitet hatte, aber sie doch als etwas Fernes empfand. Dem
jüngeren Geschlechte war die Geschichte in Gestalt des Korsen und der
durch ihn vollbrachten Umwälzungen auf den Leib gerückt, und die Auseinandersetzung rückwärts und vorwärts mußte versucht werden. Die
beiden Herrscher der größten deutschen Staaten, die für das achtzehnte
Jahrhundert kennzeichnend waren, Friedrich der Zweite und Joseph der
Zweite, waren typische Teilhaber der Aufklärung. Der Hof zu Weimar

ward dann eine Sammelstätte der Klassik, und die Höfe von München und Karlsruhe, Kiel und Braunschweig, Gotha und Altenburg leben gleich der großen Landgräfin von Hessen in derselben geistigen Luft. Die Braut des preußischen Thronfolgers besucht mit ihrer hannöverschen Schwester Goethes Mutter, und der Dichter selbst gefällt sich im Karlsbade allsommerlich in der Gesellschaft der Kaiserin. Schiller empfängt den Reichsadel. Das heranwachsende Fürstengeschlecht aber erfüllte sich mit dem Lebensgehalt der Romantik, der künftige König von Preußen, wie sein bayrischer Schwager sind an ihrer verspäteten, mißverstandenen Fehlromantik gescheitert; der junge Braunschweiger fand gleich dem Preußen Louis Ferdinand im Schicksalskampfe den Heldentod, der Sachse schmeidigte die große italienische Weltdichtung zu deutschem Verse, der österreichische Erzherzog Carl war als erster Besieger Napoleons das Inbild romantischer Dichtung, der Erzherzog Johann als Verteidiger Tirols volkstümlich.

Eine neue Generation von Kirchenfürsten tritt in lebendige Beziehung zu den neuen Strömungen der Zeit. Johann Michael Sailer, seinem Könige wie den Dichtern des Bayernlandes befreundet, wirkt als Bischof durch weit verbreitete apologetische Schriften ebenso stark, wie durch seine, auch von Andersgläubigen besuchten Kanzelreden. Ignaz von Wessenberg reformiert als Generalvikar in Konstanz die Ausbildung der Geistlichen und setzt sich für die Schaffung einer deutschen Nationalkirche ein.

An den Universitäten wird eine neue Philosophie verkündet. In Jena lehrt Johann Gottlieb Fichte (1762—1814), die einzige Wirklichkeit sei das Ich, als welches die Außenwelt aus sich erzeugt und aus dem alles Übrige abzuleiten sei. Das Ich setzt sich selbst vermöge seines bloßen Seins, und: „ich bin" ist der Ausdruck der einzigen möglichen Tathandlung. Im Fortgang solcher Deduktionen kommt Fichte zu dem Satz: beschränke deine Freiheit durch den Begriff der Freiheit aller übrigen Vernunftwesen, mit denen du in Berührung kommen kannst. Und hieraus folgert er die Staatslehre des freien Staatsbürgervertrages mit einer bürgerlichen Gesetzgebung, durch die der gemeinsame Wille aller Gesetz wird, so daß man in jedem Individuum die menschliche Gattung anerkenne und ehre. Mitten unter den Trommelwirbeln der französischen Besatzung hielt der gleiche Fichte zu Berlin seine hinreißenden Reden an die deutsche Nation, ein deutscher Freiheitsheischer und Weltbürger in Einem.

Friedrich Wilhelm Joseph Schelling (1775—1854), früh im Gleichschritt mit Fichte und neben ihm in Jena beamtet, erbaut, weiterschreitend, das Gerüst einer Naturphilosophie, die im Fortgang noch mächtiger als das System Fichtes auf den künstlerischen Nachwuchs einwirkt. Natur und Geist sind nach Schellings Lehre identisch, Natur ist werdende Intelligenz, Weltseele ist das Ich, das sich durch alle Gestaltungen der unorganischen und organischen Natur zu seiner Selbsterfassung emporringt, es ist der Riesengeist, der sich versteinert findet und endlich in einem Zwerge, dem Menschenkinde, vor sich selbst erstaunt. „Die Natur ist nur unbewußt, was der Geist bewußt ist." Diese dichterische Philosophie hat auf die jungen Dichter ebenso gewirkt, wie sie in der Wissenschaft durch den Geologen Henrik Steffens, den Mediziner Carus, in der Psychologie durch Gotthelf Heinrich von Schubert und Carl Friedrich Burdach mächtig wurde. Und Schelling hatte auf seinem Gedankenwege, den Spuren Hamanns nachgehend, zu der Mystik Jacob Böhmes zurückgefunden, dessen philosophisches Gebäude dem naturphilosophischen des neuen Zeitalters verwandt erschien und besonders auf die romantischen Maler nachhaltigen Einfluß übte.

Am Heidelberger Schloßberg, unter Hölderlins „schicksalskundiger Burg", saßen in ihrem Arbeitszimmer im Gasthof zum Faulen Pelz Achim von Arnim und Clemens Brentano und schrieben von Fliegenden Blättern, von Jahrmarktssängen, aus am Tandelmarkte erstandenen Drucken und aus den eigenen Taschenbüchern, die Erlauschtes bargen, Lied nach Lied ab, um sie dann, sinnvoll geordnet, als „Des Knaben Wunderhorn" Goethe darzubringen. Joseph von Eichendorff und Joseph Görres traten oft bei den Freunden ein. Am Main und bei Unkel am Rhein standen die Häuser der Brentanos mit ihrer seltsam begabten Kinderschar, die von Goethes Jugendliebe Maximiliane betreut wurde, der Tochter jener Sophie Laroche, welche die Jugendliebe Wielands war. Christian Brentano hat als publizistischer Vorkämpfer katholischer Gläubigkeit weiter gewirkt, denn als Schriftsteller. Katharina schrieb unter dem Hehlnamen Katharina des Bordes geistliche Lieder und Kinderlieder. Kunigunde ward die Gattin des großen Rechtsforschers und nachmaligen Ministers Karl Friedrich von Savigny, und die beiden genialsten Kinder des Hauses, eben Clemens und die dann mit Arnim vermählte Hausfreundin von Goethes Mutter, Bettina erfüllten alsbald die für diese Töne empfängliche Welt mit dem Hall ihrer Stimmen. Dem Hause nahe stand Caroline von Günderode, deren lyrischer Zwitscherton noch nicht zum Lerchenjubel gediehen war. Von Kassel her war und blieb den Brentanos befreundet das Grimmsche Haus. Zwei der Brüder, J a k o b G r i m m (1785—1863) und W i l h e l m G r i m m (1786—1859), gingen im Gleichschritt mit den Schätzesammlern des Wunderhorns; sie lauschten, wann der Dienst an der Bibliothek sie freiließ, dem hessischen Volke die Märchen ab, die wir als Frucht der romantischen Zeit noch heute hegen, und rüsteten schon zu den großen Werken der Deutschkunde, die ihr gesegnetes Leben der Mit- und Nachwelt zu eigen machte. Der Dritte, Ludwig Grimm, hielt die zeitgenössischen Mitstrebenden in treuen Bildnissen fest.

Auf dem Gibichenstein bei Halle, im musikdurchklungenen Hause, waltete der Goethekomponist J o h a n n F r i e d r i c h R e i c h a r d t (1752—1814) aus Königsberg im Mittelpunkte einer gebreiteten Geselligkeit, in welcher der Geist der neuen Zeit durch den Schwager Ludwig Tieck und die Schwiegersöhne Karl Georg von Raumer und Henrik Steffens heimisch ward. Reichardt selbst wirkte nicht nur durch seine musikhistorischen Schriften, sondern auch durch seine „Briefe, geschrieben auf einer Reise nach Wien 1808—9", auf weite Kreise. Tieck selbst machte sich nach mannigfachen Kunstfahrten zuerst auf einer märkischen Besitzung, nahe der Oder, in Ziebingen heimisch (Theodor Fontane hat in „Vor dem Sturm" ein Schlagbildchen dieses Seelenwinkels gezeichnet) und kam dann am Dresdner Altmarkte zur Ruhe. Dort riß er Zuhörer, die oft aus der Fremde einpassierten, durch seine Shakespeare-Vorlesungen hin und überwachte die Übersetzung des Dramenmeisters, die seine Tochter D o r o t h e a T i e c k (1799—1841) und W o l f G r a f B a u d i s s i n (1789—1878) vollbrachten und deren vierter Beiträger August Wilhelm Schlegel wurde. Baudissin übertrug auch die mittelhochdeutschen Gedichte „Iwein" und „Wigalois" und italienische Schauspiele. Über Wielands Bemühung hinaus, ward nun erst Shakespeare deutschen Lesern und deutschen Bühnen vertraut.

Im gleichen Dresden wirkten neben dem Dichter Grafen Otto Heinrich von der Loeben der Schelling-Schüler und Goethedeuter C a r l G u s t a v C a r u s (1789—1869), eng verbunden, auch durch sein Maltalent, dem genialen Caspar David Friedrich, der zu ganz neuer Beseelung von Landschaft und Meer ausschritt. So hat Carus über den Landschaftsmaler Friedrich ein in dessen Kunst tief einführendes Buch verfaßt und dazu Briefe über Landschaftsmalerei veröffentlicht. In diesem, unserem Zusammenhange müssen wir außer den Goethe geltenden Schriften seines goethenahen Werkes „Psyche" gedenken. Auch die „Symbolik" ist nicht nur für den Lebenskreis von Carus bedeutsam, und seine Lebenserinnerungen und Denkwürdigkeiten, wie die durch Deutschland, Frankreich, England, Schottland führenden Reisewerke, weisen überall über das zeitgenössische Interesse hoch hinaus.

Dichter und Philosophen kehrten im Hause des Arztes Rosenberg ein, wo eine Tochter Johann Georg Hamanns als Hausfrau waltete.

Am Silberschacht zu Freiberg lehrte Abraham Gottlob Werner, der von Goethe gerühmte Neptunist, auch er in seinen wissenschaftlichen Anschauungen Schellings Naturauffassung etwas verwandt. Wie vordem Alexander von Humboldt zu Werners Füßen gesessen hatte, waren nun der junge Hardenberg-Novalis und Theodor Körner seine Schüler, während der Vater C h r i s t i a n G o t t f r i e d K ö r n e r (1756 bis 1831) gewissermaßen als Statthalter der Weimarer Dioskuren in der sächsischen Hauptstadt waltete.

Eine Anzahl neuer Gruppen tritt auf den literarischen Schauplatz. Der deutsche Adel hatte sich bislang im Hofdienst und im Heere, in der Staatsverwaltung und der Landwirtschaft betätigt; Ewald von Kleist und Hippel waren Einzelgänger. Die neue Zeit sah die Regsamkeit einer Fülle junger Talente aus solchen Kreisen zum Werke gedeihen, Eichendorff und Arnim, Chamisso und Fouqué, Novalis-Hardenberg und Kleist, Varnhagen von Ense und Loeben, Schenkendorf und Zedlitz, Graf Alexander von Württemberg und Fürst Pückler, Blomberg und Collin, Baczko und Feuchtersleben, Pocci und Stägemann, den jüngeren Hippel,

Rosa Maria und Henriette Vermehren, geb. von Eckardt, Caroline von Günderode, Helmine von Chezy, schließlich den großen Gegner der Romantik, Graf Platen.

Dazu errang Friedrich Carl von Savigny die Führerschaft in der Rechtswissenschaft, wie Peter von Bohlen in der Ostkunde, Karl Ernst von Baer in der Zoologie, Leopold Freiherr von Buch in der Gesteinskunde, Sartorius von Waltershausen in der Staatswirtschaftslehre. Wilhelm und Alexander von Humboldt aber stellten an der Grenzscheide zweier Jahrhunderte die Verbindung des klassischen Zeitalters mit der neuen Geistesrichtung durch ihre sprach- und naturwissenschaftlichen Forschungen dar und schufen die Grundlagen einer umfassenden wissenschaftlichen Organisation.

Frauen, in der Klassik nur die Geleiterinnen der schöpferischen Gefährten, reihten sich nun selbstschöpferisch ein. Die adeligen wurden bereits genannt, aus dem Bürgertum kamen Bettina Brentano, Katharina des Bordes, Sophie Bernhardi, Dorothea Tieck, Sophie Mereau, Caroline Michaelis. Und als völlig neues Element trat das im ersten Viertel des neuen Jahrhunderts der Emanzipation entgegenschreitende, durch Moses Mendelssohn in seiner Oberschicht deutscher Bildung zugeführte Judentum an den Rand und zum Teil bereits in die Mitte des Zirkels: Rahel und ihr Bruder Ludwig Robert, Daniel Leßmann und Stieglitz, Lewald und Assing, Koreff und Hitzig, Marianne Saaling, Henriette von Pareira und Sara Grotthuß, Henriette Herz, Heinrich Heine.

In der Liederheimat Württemberg saß in seinem Heime zu Weinsberg der Arzt und Dichter Justinus Kerner. Er belauschte die Gesichte der Seherin von Prevorst und hielt das gastfreieste Haus talauf und talab. Unter den zahlreichen Besuchern aus Deutschland und Österreich sang, wem immer die Gabe verliehen war. Keiner aber ward mit größerem Jubel empfangen, als der schweigsame Poet aus Tübingen, dem das spröde Wort, dann aber das ganze Land durchhallend, von den Lippen floß, wann er für das alte Recht seines Stammes eintrat: Ludwig Uhland.

Mitten unter den Schlägen, die der neue Selbstherrscher der Franzosen dem Reiche und den nun hilflos vor seinem Siegerschritte zerfallenden, früher geeinten Staaten versetzte, erklangen, die große Wende vorausverkündend, die wuchtigen Liederprophezeiungen Ernst Moritz Arndts, Friedrich August Stägemanns, der eine Geisterstimme der Vergeltung herabbeschwor, der glutende Haßgesang Heinrichs von Kleist und aus Österreich das Wehrlied Heinrich Josephs von Collin, wie aus der Schweiz das Vaterlandslied von Johann Rudolph Wyß dem Jüngeren.

Im Gartenhause Belriguardo am Königsberger Schloßteich sammeln sich um Frau Henriette Elisabeth Barckley, die spätere Gattin Schenkendorfs, jugendlich aufstrebende, zu verschiedenem Werke ausschreitende Menschen. Schenkendorf selbst gibt mit seinem Freunde Hermann Friedländer, der später als Mediziner Ruf erlangt, einen Gedichtband heraus; William Motherby, ein Sohn von Kants langjährigem vertrautem

Freunde Robert Motherby, und selbst noch der Freundschaft des Philosophen gewürdigt, gehört dazu, wie David Assing, später als Hamburger
Arzt der Freund der feindlichen Brüder Gutzkow und Hebbel. Karl
Köpke, nachmals ein namhafter Philolog, und August Lewald sind
weitere Teilhaber dieser Runde. Zacharias Werner und Ernst Theodor
Amadeus Hoffmann, zusammen in der ostpreußischen Hauptstadt aufgewachsen, erleben die Eindrücke der Landschaft, die auch Friedländer
in dem Gedichte „Die Nordmänner" bezeugt, in empfänglichen Seelen.
Der archimedische Punkt in Hoffmanns Schaffen wird erst später spürbar, Werner aber präludiert seinem dramatischen Werke durch das
„Kreuz an der Ostsee", eine Huldigung für den Glaubensmärtyrer Adalbert, den Bekehrer der Preußen. Dann schuf Werner das Lutherdrama
„Die Weihe der Kraft", das in Berlin zu der von Fontane geschilderten
skandalösen Auffahrt der Offiziere des Regiments Gensdarmes führte,
und endlich fand er sich auf dem Wege über Weimar in den Schoß der
katholischen Kirche gebettet, deren hinreißender Glaubenszeuge er ward.

In der Vaterstadt so vielfältig begabter Jugend schloß sich der
Tugendverein zusammen, ein Bund zur Errichtung von Lehranstalten
und wohltätigen Stiftungen. Aber neben diesen offen bekannten Zielen
verfolgten die hochgemuten Teilhaber das nur Vertrauten enthüllte Fern-
ziel der Abwerfung des fremden Joches. Und die Boyen, Grolman,
Baczko durften sich der Förderung durch den Logenbruder Gneisenau
erfreuen.

Unter der Kanzel der Löbenichtschen Kirche scharte der große
Theolog L u d w i g A u g u s t K ä h l e r (1778—1855) eine jugendliche Hörerschar um sich, die er auch vom Katheder der Universität her
fesselte. Sein Roman „Hermann von Löbeneck", der Überlieferungen
seines Königsberger Sprengels nachzeichnete, wurde von Goethe besonders geschätzt.

An der Donau, in der Hauptstadt des Reiches, die dann diejenige
Österreich-Ungarns wurde, holten sich die jugendlichen, zukunftsträchtigen Geister ihre Stichworte fort und fort aus dem verräucherten Hinter-
zimmer der Wiener Ludlamshöhle. Da saßen neben Franz Grillparzer,
der „aus anderen Zeiten kam und den anderen zu geben hoffte", Ignaz
Castelli und als dritter Dichtersmann der Freiherr Joseph von Zedlitz,
daneben der Musikschriftsteller und Beethovenforscher Joseph Fischhof,
der Portraitist des Wien jener Zeit Moritz Daffinger, der Burgschau-
spieler Heinrich Anschütz und Franz von Schober, der Schubert den unsterblichen Hymnus „An die Musik" entlockte. Aber auch das gehörte
zu den Umschwungzeichen der Zeit, daß nun die preußische Hauptstadt
mehr und mehr in die führende Mitte der bewegenden Kräfte einrückte.
Hier schlug August Wilhelm Schlegel durch seine Vorträge über schöne
Literatur und Kunst vom Jahre 1802 das Panier der Romantik auf.
Hier schloß sich nach der Maikäfer-Gesellschaft, der auch die jugendlichen drei Brüder Leopold, Ludwig und Otto von Gerlach zugehörten,

die Christlich-Deutsche Tischgesellschaft zusammen, die „lederne Philister" und Juden fernhielt. Heinrich von Kleist, Arnim und Brentano,
nun Bürger Berlins, und Friedrich August von Stägemann, waren die
dichterischen Glieder der Runde. Neben ihnen saßen Fichte, der Staatsmann Johann Eichhorn, Brentanos Schwager Savigny, A d a m M ü l -
l e r (1779—1829) und der Verlagsbuchhändler G e o r g R e i m e r
(1776—1842). Schon vorher war der Nordsternbund zusammengetre-
ten, der im Grünen Almanach die Gedichte des Kreises um Adelbert
von Chamisso sammelte. Zu dieser Vereinigung zählten Franz Theremin,
Karl August Varnhagen von Ense, Julius Eduard Hitzig und Wilhelm
Neumann. Auch die Verse von Rosa Maria, der Schwester Varnhagens,
später der Gattin David Assings, fanden im Grünen Almanach ihre statt.
Die Mittlerrolle jedoch im romantischen Kreise der sich dehnenden
Hauptstadt spielten die sogenannten Salons, ein neuer Typus der Geselligkeit, von sehr bescheidenem Zuschnitt und sehr geistiger Haltung. Da
war das Haus des Geheimen Rats von Stägemann, dessen schöne Königsberger Frau hier Herrscherrechte übte. Die Herzogin von Kurland und
ihre Schwester, die Dichterin Elisa von der Recke, empfingen mit den
jungen Dichtern und Schriftstellern noch den greisen Nicolai, einen
Bürger früherer Zeiten, der hier Frau von Staël begegnete. Bei Varnhagen war das eigentlich produktive Element die Gattin Friderike
Robert, die vor der Taufe Rahel Levin hieß.

Hier war der eigentliche Mittelpunkt einer Goetheverehrung, die sich
auch in Alterswerke hineinfand, denen gegenüber sich das allgemeine
Urteil spröde erwies. Der Prinz Louis Ferdinand und Alexander von
der Marwitz waren häufige Gäste in dem Hause in der Mauerstraße, die
Verbindung mit Weimar hielt insbesondere die gleichfalls zu diesem
Kreise gehörige Freifrau Sara von Grotthuß, geb. Meyer, aufrecht.

Die Welt der Salons erschloß sich auch bei E l i s e v o n H o h e n -
h a u s e n , geb. von Ochs (1789—1857), die literarische Charakteristiken und Jugendschriften von einem streng christlichen Standpunkte
her geschrieben hat. Bei der anmutigen Gattin des Kantianers und Arztes
Marcus Herz, Henriette, geb. de Lemos, ging Friedrich Daniel Schleiermacher, das theologische Haupt der neuen Universität, Pfarrer an Drei-
faltigkeit, ein und aus. E. T. A. Hoffmann, der nach manchen Irrfahrten
an der Spree heimisch geworden war, pokulierte Mal für Mal mit dem
großen Menschendarsteller Ludwig Devrient bei Lutter und Wegner,
nahe bei den Königlichen Schauspielen, und der junge Grabbe wie der
junge Heine saßen als Gäste mit am Tisch, wenn sie nicht im Casino
in der Behrenstraße die Nacht verschwärmten.

Kurzlebige Zeitschriften übten erheblichen Einfluß, vielleicht minder
auf die Leserschaft, als auf mehr oder weniger selbstschöpferische Bekenner der neuen Lehre. Die „Zeitung für Einsiedler", von den Wunder-
horn-Genossen redigiert, und Kleists mit Adam Müller in Dresden her-
ausgebrachter „Phöbus" verloren bald genau so den Atem wie Kleists
„Berliner Abendblätter". Die eigentliche sozusagen offizielle Ver-

treterin der romantischen Lehre, das von den Brüdern Friedrich und August Wilhelm Schlegel herausgegebene „Athenäum", an dem anfänglich sogar Goethe mitarbeitete, brachte es nur auf drei Jahrgänge. Auch im Verlagswesen regten sich neue Kräfte, und ihnen gelang die Einbürgerung ihrer Autoren bei der Leserschaft um so mehr, je näher die entscheidenden Kämpfe um die Erlösung vom drückenden Joche der Fremdherrschaft sich ankündigten. Göschen in Leipzig und Grimma, Cotta in Tübingen, Friedrich Vieweg in Braunschweig, Friedrich Christoph Perthes in Bonn waren die Verleger der Klassiker gewesen; nun stellten sich Johann Friedrich Unger, Georg Reimer, Julius Eduard Hitzig, Johann Daniel Sander in Berlin, Wilmans in Bremen, J. C. B. Mohr in Frankfurt am Main der neuen Bewegung zur Verfügung. Als verlegerisches Kuriosum sei ein echt romantisches Unternehmen angemerkt: Varnhagen von Ense und W i l h e l m N e u m a n n (1781 bis 1834) vom Nordsternbunde schrieben mit A u g u s t F e r d i n a n d B e r n h a r d i (1769—1820), dem Gatten von Sophie Tieck und Verfasser der novellistischen „Bambocciaten", zu Dreien den Roman „Karls Versuche und Hindernisse".

So seltsam dies Unterfangen anmutet — es war doch, trotz der Brüchigkeit des Erzählten, von einem gemeinsamen Grundgefühle getragen. Mitten unter den zertrümmernden Schlägen der rheinbündischen Zeit, innerhalb der deutschen Zerrissenheit, wurde hier die „hohe Bestimmung deutscher Bildung" verkündet. „Große Zeiten gingen mit ihren Heldengestalten vor seiner Seele vorüber, und es erloschen vor ihrem Schein die lieblichen Schimmer eines weichen, sanften Lebens, das ihm vom Glück beschieden war und ihn vor allen andern beneidenswert erscheinen ließ. Warum, sagte er bei sich selbst, bin ich denn ausgerüstet mit so mancherlei Gaben, als daß ich sie zum Heil und zur Ehre des Vaterlandes verwende und ihm dankbar sei für die Treue, die es an mir bewiesen? . . . Soll ich im Fechten nie einen anderen Gegner finden als den Feind, der sich mit dem Rapier mir gegenüber stellt? . . . Roß, Schwert und Schuß, wie anders seid ihr, welch ernste Bedeutung erlangt ihr, wenn das Schlachtfeld euch ruft, wenn es einen Freund gibt und einen Feind!"

Die Bewegung strahlte auch über die deutschen Grenzen aus. Während der Zugehörigkeit Warschaus zum preußischen Staate waren Hoffmann, Werner, Hitzig und der jüngere Hippel in der vormals polnischen Hauptstadt als Beamte tätig und lebten in enger Gemeinschaft mit dem großen Theologen Clemens Hofbauer, der nachmals der letzte österreichische Heilige wurde. In Rom, auf dem Monte Cittorio, im Kloster San Isidoro, fand sich die nazarenische Malergilde der Cornelius, Overbeck, Veit, Pforr, Schnorr von Carolsfeld zusammen und schuf für die Casa Bartholdy des Preußischen Generalkonsuls Jacob Salomo Bartholdy die Fresken aus der Heiligen Geschichte und Legende, während der talentvolle Erzähler K a r l B a r t h (1787—1853) die Kunstgenossen im Café Greco sicher porträtierte. Nach der Heimkehr vollbrachte

Schnorr von Carolsfeld das große Holzschnittwerk seiner Bilderbibel, das noch heute in vielen Häusern zu frommer Betrachtung lockt, und Philipp Veit wetteiferte von Frankfurt und Mainz her mit Eduard von Steinle in der Schmückung rheinischer Gotteshäuser. Zugleich sammelten die Brüder Melchior und Sulpiz Boisserée in der rheinischen Pfaffengasse versteckte und unbeachtete Kunstschätze der Vergangenheit und besannen bereits den Weiterbau des Kölner Domrumpfes. Im Baltikum vertrat vor allem der Revaler Alexander Rydenius (1800 bis 1823) die romantische Ausrichtung, in St. Petersburg Elisabeth Kuhlmann (1808—1825), beide früh vollendet.

Es ist eine Zeit verwirrter Lebensläufe. Der Graf Karl Friedrich von Hahn-Neuhaus zieht an der Spitze reisender Theatertrupps umher und vergeudet sein ganzes Vermögen. Clemens Brentano heiratet die um siebzehn Jahre ältere, zuerst einem Jenaer Professor angetraute Schriftstellerin Sophie Mereau, geb. Schubert (1761—1806), Verfasserin des Romans „Amanda und Eduard". Nach ihrem Tode schließt Brentano zum zweiten Male eine kurze, bald getrennte Ehe. Später sitzt er lange Wochen hindurch am Lager einer stigmatisierten Nonne und zeichnet deren Gesichte auf. Caroline Michaelis, Tochter eines bedeutenden Göttinger Theologen, ehelicht zunächst den Bergarzt Böhmer und geht, verwitwet, nach Mainz, wo sie während der französischen Besatzung in Haft gerät. Dann heiratet sie den um vier Jahre jüngeren August Wilhelm Schlegel und nach der Scheidung von diesem den um zwölf Jahre jüngeren Schelling.

Nicht wenige Söhne und Töchter dieser Zeit warfen die Last des Lebens ab. Mit einer Frau, mit der ihn nichts als die Todessehnsucht verband, ging Heinrich von Kleist, aller persönlichen und vaterländischen Aussichten bar, in den Tod. Caroline von Günderode, Daniel Leßmann schritten die gleiche Bahn. Aber die romantische Epoche ist auch eine Zeit großer Bekehrung. Julius Eduard Hitzig, Johann August Wilhelm Neander, der Begründer neuer kirchengeschichtlicher Methoden, Philipp Veit, Genosse von San Isidoro, Friedrich Julius Stahl, der Neuschöpfer einer christlichen Staatslehre, Ludwig Jonas, Gefolgsmann und Herausgeber Schleiermachers, traten nicht an die Schwelle, sondern in den innersten Bezirk christlicher Gläubigkeit. Der Enkel Moses Mendelssohns Felix schmückte den evangelischen Gottesdienst mit noch heute lebendigen Melodien und komponierte ein Oratorium „Paulus", während der Vetter Philipp Veit Christus im Bilde verklärte. Er war von seiner Mutter Dorothea Mendelssohn, die in zweiter Ehe Friedrich Schlegel geheiratet hatte, in die katholische Kirche nachgezogen worden. Den gleichen Pfad sind Friedrich Overbeck, Zacharias Werner, Dorothea Tieck, Adam Müller und neben anderen die Pfarrerstochter Luise Hensel (1788—1876) geschritten, deren innige Lieder noch heute auf den Lippen unserer Kinder liegen; sie starb im Kloster.

Alle Sehnsucht des Geschlechtes sammelte sich endlich in dem Drange nach Befreiung des Vaterlandes und seiner Einung zu neuer, mächtiger

Verbundenheit. Den königlichen „Aufruf an mein Volk" hatte Hoffmanns landsmännischer Freund G o t t l i e b T h e o d o r v o n H i p - p e l , d e r J ü n g e r e (1775—1842), verfaßt, der auch eine Biographie Hoffmanns darbrachte. Lang war die Reihe der hochgemut in den Kampf Ziehenden, der so edle Opfer forderte, wie Theodor Körner, Alexander von Blomberg und die „Heldenlanze" Scharnhorst. — Es war notwendig, dieses breite Bild einer neuen Lebensauffassung zu entrollen. Erst vor diesem weitgespannten Hintergrunde tritt die Dichtung der Romantik, auch in ihrer Formung als Roman oder Novelle, in ihrer vollen Bedeutung hervor.

2. Berlinische und märkische Romantik

Der Nordsternbund verehrte als sein dichterisches Haupt einen französischen Edelmann, der im mündlichen Ausdruck der deutschen Sprache niemals ganz mächtig ward und sie doch in Vers und poetischer Prosa zu geschmeidiger Fassung zu brauchen wußte. A d e l b e r t v o n C h a m i s s o (1781—1838). Sein Lebensweg führt aus dem Frankreich der Revolution und von dem Vätersitze des Schlosses Boncourt in die preußische Armee und schließlich in das Kustodenamt am berliner Botanischen Garten und zu einer wissenschaftlichen Weltumsegelung. Der tragische Anteil dieses Schicksals kommt in der knapp gefügten Erzählung von dem Manne Peter Schlemihl zum Ausdruck, der seinen Schatten verkauft hatte. Die Wehmut dessen, der zwar eine neue Heimstatt fand und sich in mancher Vershuldigung zu ihr bekannte, klingt durch diese zarte Erzählung, und die Siebenmeilenstiefel, welche den Schlemihl überallhin führen können, symbolisieren Chamissos Berufung zum Erforscher der Natur, da er sich vom heimischen Boden lösen mußte. Das Wort Schlemihl, aus dem Jiddischen hervorgegangen, ist auf lange hinaus ein deutscher, sprichwörtlicher Ausdruck geworden. Daneben schuf der Dichter das Märchen „Adelberts Fabel". Es ist ein Traumstück von philosophischer Ausrichtung, und in einem großen Gesichte wird die Anangke, die Notwendigkeit, auf den Thron erhoben.

Dem J u l i u s E d u a r d H i t z i g (1780—1849) war mit einem Sendschreiben der „Peter Schlemihl" gewidmet. Er selbst hat zwar biographische Bilder seiner Freunde gegeben, ist aber als Erzähler nur mit einem nicht eigentlich zur Literaturgeschichte gehörigen Werke hervorgetreten. Er, der im Staatsdienste zum Kriminaldirektor aufstieg, gab mit Willibald Alexis die vielbändige Sammlung „Der neue Pitaval" heraus, die langhin zu dichterischer Stoffwahl ausgenutzt wurde. Hitzig war auch der Gründer der Berliner Mittwochsgesellschaft, der regelmäßig an Goethes Geburtstag Freund Chamisso das Feierlied schenkte.

Der Dritte im Bunde einer oft poetisch betonten Freundschaft war der Baron F r i e d r i c h d e l a M o t t e F o u q u é (1777—1843), auch er, wie Chamisso, französischer Herkunft, ein Glied aus dem reichen hugenottischen Zustrome der Mark. Sein Hauptwerk ist der große, wiederum symbolische Roman „Der Zauberring". Er erzählt darin die Geschichte von den vier Stämmen, die ein deutscher Ritter in vier Weltgegenden erzeugt hat und die alle vier um einen Zauberring mit zwei Schlangenköpfen, über denen ein grüner Stein steht, kämpfen müssen. Die Welt der Kreuzzüge mit Richard Löwenherz und seinem Sänger Blondel und die Idee des deutsch beherrschten Mittelalters sind in den Ablauf der Erzählung verflochten. Der deutsche Ritter erblickt in einer, ihm bis dahin verbotenen Kapelle unter den Gemälden der Ahnen eins, von dem sein Herz ihm sagt, es stelle seine Mutter dar. Dadurch wird der ehrfürchtige Betrachter zur Gotteskindschaft zurückgeführt, wie die Erscheinung der Heilandsgestalt eine Heldin des Romans zur Bekehrerin eines Kirchenfeindes macht. Auch die Christophorus-Legende wird in diesem Sinne ausgedeutet. Fouqué hat versucht, den über alle Dämme flutenden Ritterroman, dessen Ablauf unterhalb der Dichtung wir verzeichneten, zu einer höheren Sphäre zu heben — nur im „Zauberring" ist ihm dies trotz einer ins Unendliche schweifenden Phantastik gelungen. Auch K a r o l i n e F o u q u é, geb. von Briest (1773—1831), des Dichters Gattin, hat die „Briefe über Berlin" geschrieben.

Es hat ergreifenden Reiz, in den Zusammenhalt der drei Freunde vom Nordsternbunde zu blicken, wie er sich in Chamissos Gedichten offenbart. Da schreibt er an Hitzig 1826:

> Wir haben uns als Jünglinge gefunden
> Und halten uns als Männer noch umfaßt.
> Die wir zum ersten Anlauf uns verbunden,
> Halten noch Schritt, obgleich mit mindrer Hast.

Und an Fouqué ergehen im nächsten Jahre die Widmungsworte:

> Für Recht und Wahrheit gleich entbrannt,
> Wir haltens anders, doch zusammen,
> Und schreiten vorwärts, Hand in Hand,
> Verklärt inmitten wilder Flammen

> Nicht ist's die Form, die so uns hält,
> Die Form zerfällt im Läutrungsfeuer:
> W i r haben uns auf höherm Feld;
> Heil dir, mein Frommer, mein Getreuer!

Ein schmales Werk hat den Rittersmann Fouqué überlebt und lebt noch heute, die Novelle „Undine". Undine, eine Wassernixe, heiratet einen Ritter, der von ihrer geheimnisvollen Herkunft nichts weiß. Durch Eifersucht bedroht und ins Unglück gestürzt, muß sie die Entdeckung ihrer wahren Herkunft aus einem Wasserfürstengeschlechte preisgeben und wird von dem geliebten Gatten geschmäht, während sie beide auf dem feuchten Element dahinfahren. Da wird sie wieder ihrer Nixennatur zu eigen und eint sich jammernd den Fluten. Kühleborn, Undines Oheim, ein Wassergeist, greift schicksalhaft in das Geschehen ein, und endlich weint Undine den ungetreuen Ritter tot. Über seinem Grabe aber ergießt sich in unerschöpflichem Strom eine Quelle, und der Volksglaube hält daran fest, daß so immer noch Undine mit liebenden Armen den Ungetreuen umfasse.

Diese Dichtung hat ein Mann, der dem Nordsternbunde fernstand, aber seinen Mitgliedern nahe war und dessen Lebensgeschichte Hiţig verfaßte, zu einer liebenswürdigen Oper umgeschmolzen, Ernst Theodor Amadeus Hoffmann (1776—1822).

Hoffmanns Grab auf dem Dreifaltigkeitsfriedhof zu Berlin trägt die Inschrift:

> Ausgezeichnet
> als Tondichter
> als Dichter
> im Amte
> als Maler.

Er war in der Tat auf all diesen Gebieten heimisch, ein scharfsinniger Jurist, zuleţt Kammergerichtsrat, vordem in Bamberg Orchesterdirigent und Bühnenkomponist, Zeichner von hintergründigem Humor, vor allem aber doch Erzähler von seltsamer Art. In seiner Novelle „Das Majorat" ist die Charakteristik der Gestalten noch blaß, aber die Gewalt des Sturmes über der heimischen Kurischen Nehrung und das Branden der See bringt er voll heraus. Auf seinen eigentlichen Boden gelangt er erst, da er, der Vaterstadt fern, „ins Reich" abgewandert ist. In der Rahmenerzählung „Die Serapionsbrüder" fügt er seine reife Novellistik zusammen; er selbst führt sich als Theodor ein, Hiţig, David Ferdinand Koreff (1783—1851), ein schriftstellernder Arzt, der Hardenberg nahestand, und Wilhelm Salice-Contessa sind die anderen Teilhaber der Rahmengespräche. Hoffmann zuerst weiß die preußische Hauptstadt, auf die er von „Des Vetters Eckfenster" am Gendarmenmarkt hinabblickt, spukhaft zu bevölkern. Er sah den Deuvel in schönem Wams, mit Zobel geschmückt, durch die Straßen gehen. Er ließ mitten unter dem berliner Kaffeepublikum, in den Zelten, den Ritter von Gluck erscheinen und sich über schlechte Musik ärgern, und dies Phantasiestück schließt damit, daß der große Komponist dem Dichter in dessen Wohnung aus seinen Werken am Flügel vorspielt. Das „öde Haus" Unter den Linden wird zur geheimnisvollen Statt einer von den seltsamsten Erscheinungen umwesten Familientragödie.

E. T. A. Hoffmann empfing in der Taufe den Vornamen Wilhelm und wandelte ihn aus Begeisterung für Amadeus Mozart eigenwillig in Amadeus. Seine Technik ist häufig dle vollendete Fügung der Rahmenerzählung. Er beginnt mit der Betrachtung eines Bildes durch mehrere Beschauer, knüpft an Einzelheiten des Gemäldes an, oder er entwickelt die Handlung aus der Betrachtung eines merkwürdigen Menschen, um sie dann in rückblickender Erinnerung aufzudröseln. Für die Handhabung dieses ganz unschematisch durchgeführten Stils ist die Novelle „Doge und Dogaresse" besonders bezeichnend. Die Freunde betrachten in der Akademie der Künste Unter den Linden zu Berlin ein Gemälde des Malers Karl Wilhelm Kolbe, das allgemein auffällt. Vor dem Bilde entsteht ein Streit über die darunter befindliche Inschrift. Ein Fremder gesellt sich hinzu, er vermag den tieferen Gehalt der Tafel zu deuten und erzählt nun, aus mit dem Schauplatz tief verbundener Anschauung heraus, die Mär von Marino Falieri und seiner blutjungen Gattin und der Verschwörung gegen den Dogen, der das Haupt unter das Beil legen muß. Zum Schlusse aber, gewissermaßen als Abgesang, betrachten die Freunde, nachdem der Erzähler sie raschen Schrittes verlassen hat, das Gemälde mit anderen Blicken und bekennen, daß sie nun erst die tiefere Bedeutung von Bild und Inschrift erfaßt haben.

Ganz anders trägt Hoffmann, ohne jede Einleitung, gleich in den Mittelpunkt der Dinge führend, die Geschichte des Fräuleins von Scudery vor. Wie er in jener Novelle den Glanz der Lagunenstadt vom Marcusturm bis zum Rialto sicher zu versinnlichen weiß, so bringt er hier das Paris Ludwigs des Vierzehnten bis zu kleinen Zügen voll heraus. Man hat den Eindruck, daß an dem überraschenden Ablauf dieser zunächst rätselhaften Vorgänge und ihrer Aufklärung auch der Scharfsinn des ausgezeichneten Juristen Hoffmann beteiligt gewesen sei. Die Lösung des Rätsels, daß nämlich der berühmteste Juwelier von Paris aus krankhafter Neigung zu den von ihm verarbeiteten Schmuckstücken die Besteller nächtens umbringt, trifft selbst, wie der Stich eines Stiletts, den Leser. Mit sicherem Stift wird die Umwelt des Hofes bis zu Frau von Maintenon und dem Könige selbst umrissen, und es nimmt nicht wunder, daß Otto Ludwig die Erzählung Hoffmanns in ihrer Geschlossenheit zu einem Schauspiel von Reiz verarbeitet hat, wie man auch in Wilhelm Raabes knapper Erzählung „Ein Geheimnis" die Spuren dieser Vortragskunst wiederfindet.

Die Romantik umrankte mit besonderer Vorliebe die hohe Zeit des Mittelalters und zumal die goldenen Jahre, da innerhalb der Bürgerherrlichkeit der großen Gemeinwesen die Künstler in Stein und Erz, in Haus und Bild während Denkmale bildeten. „Meister Martin der Küfner und seine Gesellen" sind solcher Versenkung entsprossen. Hier ist das Rad der Erzählung ganz anders eingestellt, der Vortrag mit vielen malenden Einzelheiten ausgestattet und die Meistersingerei mit schalkhaftem Humor gegeben. Von ähnlich anschaulicher Lebendigkeit ist ein Hoffmanns Heimat näheres Bild gestaltet, der „Artushof zu Danzig".

Hoffmanns Märchen sind in keiner Art den Erzählungen zu vergleichen, mit denen im achtzehnten Jahrhundert Musäus klein und groß jener Tage erfreute. Seither hatten ja die Gebrüder Grimm einen Märchenschatz gesammelt und in anderen deutschen Bezirken eifrige Nachfolge gefunden. Aber Hoffmanns Vortrag ist ganz anders als derjenige der hessischen Brüder. Seine Märchen, so „Das fremde Kind", „Der goldene Topf", „Nußknacker und Mausekönig", entführen den Leser sofort in phantastische und zum Teil symbolisch zu deutende

Ferne. Aber sie enthalten mit unvergeßlichem Strich gezeichnete Persönlichkeiten wie im Märchen vom Fremden Kinde den Magister Tinte. In der Grimmschen Sammlung steht die Geschichte von Einem, der auszog, das Fürchten zu lernen, und der immer zu sich spricht: ach, wenn mirs nur gruselte! Dieses Gruseln überläuft uns immer wieder, wenn wir in die Märchenwelt Hoffmanns eintreten, auf deren Stil Benedikte Naubert nicht ohne Einfluß war.

Mit den „Lebensansichten des Katers Murr" setzte sich die Hoffmannsche Romantik ein neues, bis dahin von keinem Former in dieser Art erstrebtes Ziel. Es ist im Grunde ein Doppelroman, der neben dem Kater, der seinen Stammbaum auf den weltberühmten Premierminister Hinz von Hinzelfeldt zurückführt, eine von Hoffmann mehrfach umrungene Gestalt, den Kapellmeister Johannes Kreisler, vorführt. In dieser höchst seltsamen Erzählung gehen biographische Lebensfragmente Kreislers mit Aufzeichnungen des Katers eine anspielungsreiche Ehe ein, die auch auf den „Peter Schlemihl" zurückweist. In dem Oberstock dieser Erzählung, in der Gestaltung Kreislers, gibt Hoffmann eine Art phantastischen, bis zu einer Selbstzerfaserung vordringenden Selbstporträts, nachdem er schon vordem in „Johannes Kreislers, des Kapellmeisters, musikalischen Leiden" die Gewalt Beethovenscher Musik gegen die Afterkunst von Stümpern abgesetzt hatte.

Sein rundestes Werk sind die 1816 beendeten „Elixire des Teufels", vorgeblich aus nachgelassenen Papieren des Bruders Medardus, eines Capuziners, herausgezogen. „Gern möchte ich dich, günstiger Leser! unter jene dunklen Platanen führen, wo ich die seltsame Geschichte des Bruders Medardus zum ersten Male las. Du würdest dich mit mir auf dieselbe, in duftige Stauden und buntblühende Blumen halb versteckte, steinerne Bank setzen; du würdest, so wie ich, recht sehnsüchtig nach den blauen Bergen schauen, die sich in wunderlichen Gebilden hinter dem sonnigen Tal auftürmen, das am Ende des Laubganges sich vor uns ausbreitet . . . sind denn die Heiligenbilder lebendig worden, und herabgestiegen von den hohen Simsen?" Hier sind heimische Erinnerungen an den ostpreußischen Wallfahrtsort zur Heiligen Linde in den Ablauf der Erzählung verwoben. Der Vater des Medardus lebt unter dem Fluche einer von seinem Erzeuger verübten Todsünde. Der Sohn wird in einem Kloster erzogen und nach der Priesterweihe mit der Aufsicht über die Reliquienkammer betraut. In ihr wird eine Flasche aufbewahrt, deren Elixir unmittelbar vom „Widersacher", vom Teufel, stammt, und durch den Heiligen Antonius der Kammer einverleibt worden ist. Medardus wird ein Prediger ohne gleichen, die Andächtigen strömen unter seine Kanzel da keimt in ihm der Gedanke auf, er sei „ein besonders Erkorner des Himmels", und in einer Predigt redet er zur gedrängten Menge von der Legende der Elixire. Da erscheint ihm ein unbekannter Maler aus der Heiligen Linde, ein fürchterlicher Fremder, und Medardus gerät in einen Paroxismus, in dem er sich selbst für den Heiligen Antonius ausgibt. Nach seinem Zusammenbruch unterwirft er sich den

strengsten Bußübungen, er verliert die Fähigkeit, zusammenhängend zu
sprechen, und wird dazu verführt, von den Elixiren zu kosten. Nun wird
er wieder der große Prediger, er wird nach Rom geschickt, verwandelt
sich in einen Weltmann und endet nach den abenteuerlichsten italienischen Erlebnissen in einem deutschen Kloster, inbrünstig die Entrückung von dieser Erde erwartend. Sein letztes Wort in den hinterlassenen Aufzeichnungen ist ein Gebet an die Heilige Jungfrau, daß „die
Macht der Hölle, der ich so oft erlegen, nicht mich bezwinge und hinab-
reiße in den Pfuhl ewiger Verderbnis".

Trotz der Häufung unglaubhafter Abenteuer, in denen die Phantasie
des Dichters sich ausschwelgt, sind die „Elixire des Teufels" Hoffmanns
geschlossenstes Werk von größerem Umfang. Die in ihm lebendige
Phantastik dringt auch beherrschend in dem Märchen „Klein Zaches, genannt Zinnober" und in der „Prinzessin Brambilla" an die Oberfläche,
in der wiederum Erinnerungen an Chamissos sinnvolle Märchendichtung
geistern. Vollends eine Zusammenfassung aller absonderlichen und auf
die merkwürdigsten Abwege führenden Phantasiebildungen ist Hoffmanns letztes Werk, der „Meister Floh". Da jagt der Held hinter einem
jungen Mädchen her, das aus einem Flohzirkus den Flohkönig entwendet
hat. Und der Dichter nutzt diese Geschichte, die in unserem Schrifttum
kaum ein Seitenstück hat, zu einer Satire gegen die Zensur, zu deren
Ausübung er selbst in seinem hohen Richteramte verpflichtet war.

Von den „Phantasiestücken in Callots Manier", dem ersten Sammelbande, bis zum letzten Werke des früh Verstorbenen hat sich seine
romantische Phantasie nur immer gesteigert, um sich gelegentlich auch
zu überschlagen. Immer aber dringt unter aller bizarren Verkleidung
und der häufig als Motiv gewählten Doppelgängerei die scharfe Menschenbeobachtung hervor, noch wenn sie zur Karrikierung ausschreitet.
Hoffmanns malerische Begabung lebt in dem reichen Aufwande an niemals überladenen, oft den entscheidenden Blickpunkt treffenden Bildern
und Bilderbeschreibungen, und seine musikalische Anlage, zuerst geschlossen in der „Undine" hervorgetreten, durchklingt sein ganzes Werk.
Kein Wunder, daß er sein Nachleben, über mehr als ein Jahrhundert
hinweg, zum Teil einer immer wieder gespielten, melodiösen Oper verdankt, Jacques Offenbachs „Hoffmanns Erzählungen". Er war langhin
nach Goethe der in Frankreich, aber auch sonst im Auslande am meisten
gelesene deutsche Schriftsteller und hat in dem Kleinrussen Gogol wie
insbesondere in dem Nordamerikaner Edgar Allan Poe Schüler von
eigener Kraft gehabt. Unter den Genossen seiner Tage steht er allein,
obwohl er neben den Anregungen durch Chamisso, auf die verwiesen
wurde, Requisiten der Romantik im Übermaße gebraucht und verbraucht
hat. In Deutschland hat er wenig erkennbare Nachfolge gefunden.

Neben Chamisso hat ein Dichter berlinischer Herkunft in seinen Anfängen, aber nur in diesen, spürbare Verwandtschaft mit Hoffmann, der
aus einem ganzen Künstlerstamme entsprossene L u d w i g   T i e c k
(1773—1853).

Ludwig Tieck, ein Berliner Kind, war der Bruder des Schadow-Schülers Friedrich Tieck, dem Berlin zahlreiche plastische Schöpfungen von Rang dankt. Ihre Schwester war S o p h i e B e r n h a r d i (1775 bis 1836), mit einem hervorragenden Schulmann verheiratet, Verfasserin des „Evremont" und anderer Romane, in denen das Vorbild der um Wilhelm Meister lebenden Gestalten als freilich blasser Abdruck noch wohl erkennbar wird. Sophiens Sohn war der Diplomat und bedeutende Historiker Theodor von Bernhardi. Ludwigs Tochter Dorothea ward schon als Shakespeares Übersetzerin genannt. Ludwig Tieck und die Brüder Schlegel galten als die Häupter der Romantischen Schule in ihrer ersten Entfaltung. Da aber Tieck die beiden Genossen, deren Stärke durchaus in der wissenschaftlichen und kritischen Darstellung lag, als produktive Natur weit überragte, so wurde er bald als das dichterische Haupt der Romantik empfunden und zu Zeiten sogar gegen Goethe ausgespielt. Die Bewegung ging ursprünglich von Weimar aus, ihre erste Hauptstätte war Jena, die Klassiker arbeiteten an dem „Athenäum" anfänglich mit. Erst im Verlaufe der stürmischer einschreitenden, immer mehr zur Opposition drängenden Gewaltsamkeit einzelner Vorstöße kam es zu einer Frontstellung, die Goethe das unwirsche Wort von den forcierten Talenten entlockte. Und allgemach rückte Tieck, aus dessen Jugendjahren Fontane ein hübsches, ironisch-liebenswürdiges lyrisches Bildchen gibt, in eine Patriarchenstellung ein. In seinem ersten Roman, der „Geschichte des William Lovell", sind Züge, die noch auf die im achtzehnten Jahrhundert wirksamen englischen Vorbilder deuten. Ins romantische Fahrwasser gelangte der Dichter erst, da er sich, einem übermächtigen Zuge der Zeit gehorsam, der Welt des Märchens zuwandte. Er erzählt, nicht ohne satirische Seitenblicke, von den Haimonskindern und von der schönen Magelone. Die Abmalung der Schildbürger gibt zu verdientem Spotte auf die Nüchternheit der Aufklärung Anlaß und Gelegenheit. Im „Blonden Eckbert" quellen Strömungen zu Tage, die der Naivität des Volksmärchens bereits fernstehen. Um die Wende des Jahrhunderts bringt Tieck, auch er spürbar durch Goethes großen Entwicklungsroman beeinflußt, „Franz Sternbalds Wanderungen" dar und kehrt damit in die Welt der großen mittelalterlichen Kunst ein, die der Romantik Sehnsucht und Vorbild war. Unter den deutschen Künstlergestalten tritt Albrecht Dürer besonders hervor. Betrachtungen über die Kunst und ihre Gesetze, ihre Verbindung mit dem Leben und dem Lebensstil durchziehen das Werk allenthalben.

Die überwachende Tätigkeit Tiecks bei der Eindeutschung Shakespeares wurde schon hervorgehoben, zudem hat er auch den „Don Quixote" des Cervantes meisterhaft übersetzt. Durch seine ganze, weitgebreitete Tätigkeit zieht sich die Arbeit an Novellen von sehr ungleicher Stoffwahl und Haltung. Ganz im Stile Hoffmanns sind einzelne dieser flüssig vorgetragenen Erzählungen von Gesprächen über Fragen der Kunst erfüllt, so „Musikalische Leiden und Freuden". In einer Kette von Novellen führt Tieck zu dem großen britischen Dichter,

dem ein Teil seiner Lebensarbeit galt. Im „Dichterleben" geht die bunte
Welt des londoner Theaters eindrucksvoll an uns vorüber, der scheidende
Marlowe und der eben zum ersten großen Erfolge aufsteigende Shakespeare werden sinnvoll gegeneinander gestellt. „Die Klausenburg" ist
eine schlüssig durchgeführte Geister- und Gespenster-Geschichte. Von
liebenswürdiger Heiterkeit durchstrahlt sind die beiden Novellen „Der
junge Tischlermeister" und „Des Lebens Überfluß". Ganz am Schlusse
seines Lebens sammelte sich Tieck zu einem großen Romanwerk, nachdem eine andere Arbeit von geschichtlichem Einschlag, „Der Aufruhr in
den Cevennen", eine Darstellung des Protestantenaufstandes unter Ludwig dem Vierzehnten, unvollendet geblieben war. In der „Vittoria Accorombona" gestaltete Tieck nun einen Stoff aus dem zu Rüste gehenden
Cinquecento. Hier gelang es dem Dichter, die Welt jener Tage zu beleben, die ebenmäßig von der höchsten und freilich auch raffiniertesten
Kunstanschauung wie von der bedenkenlosesten, sich selbst zerfleischen-
den Sinnlichkeit erfüllt war. Und hier schränkte sich der alte Dichter ein
und leistete auf die in früheren Werken den Fluß der Erzählung hem-
menden Kunstgespräche fast überall Verzicht.

Im Jahr 1797 erschienen die „Herzensergießungen eines kunstliebenden Klosterbruders". Ihr Verfasser war Tiecks Schulgenosse, der
berliner Bürgermeisterssohn W i l h e l m   H e i n r i c h   W a c k e n -
r o d e r (1773—1798). Auch hier tritt die Gestalt Albrecht Dürers voll
ins Bild. Ohne daß man den früh Vollendeten unter die reifen Schöpfer
dichterischer Formen rechnen könnte, muß man bekennen, daß Wackenroder wie ein Seismograph auf jeden künstlerischen Eindruck reagierte
und durch diese Fähigkeit mit Recht das Entzücken des Freundes erregte.
Tieck rückte diese ihm anvertrauten Blätter alsbald ans Licht der Öffentlichkeit und brachte nach Wackenroders frühem Tode die „Phantasien
über die Kunst für Freunde der Kunst" heraus, eigene Betrachtungen
mit denen des Freundes verwebend. Alles, was Wackenroder schuf, ist
aus einem Idealismus ohne gleichen geboren, ihm ist die Sprache der
großen Künstler der Abglanz der himmlischen Dinge, soweit sich diese
von Menschen ausdrücken lassen.

Der dritte Berliner unter den Fahrtgenossen der Romantik war
A c h i m   v o n   A r n i m (1781—1831). Wir sahen ihn in Heidelberg
bei der Sammlung der Wunderhornlieder, dann kehrte er in die Vaterstadt zurück und ward ein eifriges Mitglied der Christlich-Deutschen
Tischgesellschaft, die im gleichen Jahre, 1811, begründet war, in dem
Arnim Clemens Brentanos Schwester Bettina heimführte. Arnims erster
Roman „Hollins Liebeleben" ist ein Briefroman, dem man die Herkunft
von Werthers Leiden wohl anmerkt. Im Zeitstile waren auch satirische
Ausfälle eingeflochten. Das zweite Buch „Ariels Offenbarungen", blieb
ein Bruchstück; in ihm, wie in anderen Werken, bekennt sich auch Arnim
zu Jacob Böhme. Der „Hollin" ging später in den umfänglichen Roman
„Armut, Reichtum, Schuld und Buße der Gräfin Dolores" ein. Genau
der Aufschrift entsprechend gliedert sich dies Werk in vier Teile. Dolores

gelangt aus der Verwüstung eines herabgekommenen gräflichen Besitzes durch Heirat in die reiche Umwelt ihres Gatten, der ein musterhafter Walter auf großem Landbesitze ist. In der, durch den ungewohnten Luxus begründeten Ziellosigkeit ihres Daseins ergibt sich die schöne, hinträumende Frau einem intriganten, ihr selbst von dem Manne zugeführten Freunde. Der vierte Teil bringt ihre Buße, nachdem der Gatte Dolores wieder aufgenommen hat. Sie widmet ihr Leben fortan Werken christlicher Barmherzigkeit und geht als ein Inbild büßenden Seelenadels dahin.

Von größerer Bedeutung für das Schaffen Arnims, des Gutsherrn von Wiepersdorf, und die Zeit ist sein unvollendeter Roman „Die Kronenwächter". Der erste und allein vollendete Teil trägt den Titel „Bertholds erstes und zweites Leben". Mit einer Eindringlichkeit, die in der Gestaltung deutschen mittelalterlichen Lebens noch niemand erreicht hatte, versenkte sich Arnim hier in die deutsche Vorzeit mit allen ihren seltsamen und dann wieder schlichten Erscheinungen, die diesem Geschlechte, so wie der Traum einer neuen deutschen Krone, als geliebter Gewinn der Vergangenheit vor Augen standen. Derb und mit holzschnittmäßigen Strichen wird der Leser in einer humoristischen Szene mitten in die Handlung geführt, um dann alsbald von dem Geheimnis der Kronenwächter umraunt zu werden, die einem Hohenstaufensprossen die deutsche Krone zuschanzen wollen. Das den Romantikern immer wieder in seiner Fülle und Vollkraft vorschwebende Bürgertum der stolzen Reichsstädte, die Gestalt Fausts und diejenige Frundsbergs, das Lagerleben der Landsknechte — all dies wird lebendig und ohne aufhaltende Einstreuungen vorgeführt, und gerade in einzelnen Episoden liegt der Reiz dieses großen Bruchstücks, das seinen innersten Zusammenhalt der Sehnsucht nach einer Wiedererweckung der deutschen Kaiserherrlichkeit dankt. Wilhelm Scherer sagt von Arnim, er wäre „der einzige Dichter im Anfang des neunzehnten Jahrhunderts und der erste deutsche Dichter überhaupt, welcher darauf ausgeht, umfassende Zeitbilder zu entwerfen, das innerste Leben der Gegenwart, die ihn umgibt, poetisch zu gestalten. Die Frage, welche nach den Freiheitskriegen die besten unseres Volkes in tiefer Bekümmernis beschäftigte, die deutsche Verfassungsfrage, hat Arnim in seinem Roman „Die Kronenwächter" behandelt". Und Emanuel Geibel sagt über Arnim aus:

> So gingest du, der treue Kronenwächter
> Altdeutscher Gottesfurcht und edler Sitte
> Verkannt durch deiner Zeitgenossen Mitte,
> Doch nur ein Lächeln gönnend dem Verächter.

Arnim hat neben diesen Romanen eine reiche Novellenernte eingeheimst. In ihr ist wohl das merkwürdigste Stück „Isabella von Ägypten, Kaiser Karl des Fünften erste Jugendliebe". Hier taucht, in naher Verwandtschaft zu Motiven, denen wir bei Hoffmann begegneten, ein Golem, die Handlung beschwingend, empor, und die Dichtigkeit der Erzählung

ist so stark, daß wir in diese Zigeunerwunderwelt voll hineingezogen
werden. Unter diesen Novellen sind einige, die von dem, was Fontane
die Marotte der Romantik nannte, frei, sich in die Luft einer unbe-
schwerten Phantasiekraft erheben, so „Fürst Ganzgott und Sänger Halb-
gott". Auch Arnim pflegt, wie Tieck und Hoffmann, die Künstlernovelle;
so gestaltet er ein Bild aus der Hoch-Zeit der italienischen Kunst, indem
er Raffael, der von den Romantikern überhaupt besonders verehrt ward,
liebenswürdig darstellt. In anderen, immer mit einem gewissen
Schwunge vorgetragenen Erzählungen, greift er zu Stoffen von kriminellem Interesse, so in den „Verkleidungen des französischen Hofmeisters und seines deutschen Zöglings". Hier berührt er sich mit dem
Hoffmann des „Fräuleins von Scudery" und zieht Linien nach, die er
in der Geschichte Frankreichs unter Ludwig dem Vierzehnten fand. „Die
Majoratsherren" sind mit geheimnisvollen Requisiten erfüllt, sie grenzen
am nächsten an die „Isabella von Ägypten". In der Knappheit
ihres Vortrages, die sich jedes überflüssige Wort erspart, ist die Geschichte vom Tollen Invaliden und dem Fort Ratonneau seine Meisterleistung. Ein verrückter, ausgedienter Soldat erklärt sich zum Herrscher
und beschießt von seinem Fort aus die Stadt Marseille. Er wird vom
Kommandanten bezwungen, dem die unglückliche Frau verraten hat, der
Gatte sei vom Teufel besessen. Eine Kopfwunde mit einem Knochen-
splitter bringt durch ihr Aufplaßen die Lösung. Das Ganze ist in seiner
spannungsvollen Geladenheit dennoch mit einem Herzensanteil erzählt,
der die Unwahrscheinlichkeit der Vorgänge zu menschlich ergreifender
Beteiligung zu zwingen weiß.

Die Novellistik von K a r l A u g u s t V a r n h a g e n v o n E n s e
(1785—1858) hat keinen eigenen Klang, aber seine „Biographischen
Denkmäler" fesseln durch plastische Herausarbeitung der Gestalten, die
aus dichterischer Anschauung quillt, noch heute. Die Bedeutung des
Salons seiner Gattin F r i d e r i k e V a r n h a g e n v o n E n s e (1771
bis 1833) ward bereits hervorgehoben. Nach ihrem Tode erschien, von
dem Witwer herausgegeben, das dreibändige Werk: „R a h e l. Ein
Buch des Andenkens für ihre Freunde" mit dem Motto aus Hölderlins
„Hyperion": „— — still und bewegt". In Briefen und Aufzeichnungen
lebt hier eine Empfindungsfülle auf, die auf jeden leisesten Reiz, insbesondere aus künstlerischem Bereiche eine Antwort hat. Rahels Standpunkt über dem Tagesstreit und dem Tagesurteil zeigt etwa eine Auseinandersetzung über wirkliche Geschichtsschreibung: „Wer ist denn ver-
mögend, Geschichte zu schreiben oder zu lesen? doch nur solche, die sie
als Gegenwart verstehen! Nur diese vermögen das Vergangene zu beleben und es sich gleichsam in Gegenwärtiges zu übersetzen . . . Diejenigen aber, welche mehr Geschichte lesen, als selbst leben, wollen nur
immer eine gelesene aufführen oder aufführen lassen; daher der seichte
Enthusiasmus, die leeren Projekte und dabei das Gewaltsame. Römische
Geschichte aufführen wollen mit Intermezzos aus Ludwigs des Vierzehnten Leben half Napoleon entthronen. Es wird gewiß bald dahin

kommen, — daß man ganz bestimmt und scharf unterscheidet, fast
klassifiziert, ob ein Historiker als mithandelnde Person oder als „Stu-
dierter" geschrieben. Dann werden die leider noch zu geistreichelnden
Faselbücher nicht mehr gelesen werden können und bald nicht mehr geschrieben". In diesen Sätzen liegt eine förmliche Voraussage der großen
politischen Geschichtsschreiber Deutschlands. Und wenn Rahel über
Zacharias Werners „Weihe der Kraft" an ihren Bruder schreibt, so
findet sie sofort die für das Urteil entscheidende Erwägung: „Soviel
Glück hat ein Deutscher noch nie gehabt. Einen Punkt zu finden, woraus sich das erste, einzige und das beste deutsche Nationalstück machen
ließ. Dieser Punkt ist Luther. Er, Deutschland, Deutschlands Existenz,
seine Literatur, sein fragender Sinn, und seine wirkliche Geschichte, die
aus des Landes Charakter hervorgeht und durch Luthers starken Ruf
und Auftreten begann, und da sich erst von allen anderen Völkern
trennte: ist eins! Begreife, welch ein Stück sich davon machen lassen
kann! Niemand konnte diesen Vorwurf verderben. — Werner hat viel
verfehlt; viel geleistet; nichts verdorben. Er zeigt Geist: aber nur einen.
Auch haben ihm die Neueren sein wirkliches Talent behaucht. Ich hoffe,
der reine Spiegel läßt sich noch abwischen".

Gewiß ist Rahel bis zu reiner Dichtung nicht aufgestiegen, aber ihre
Stellung innerhalb der Romantik ist unübersehbar und Goethes Wort,
sie urteile nicht, sondern sie habe den Gegenstand, bewahrheitet sich
immer wieder.

In der Welt der Berliner Salons heimisch war auch D o r o t h e a
M e n d e l s s o h n (1763—1839), die Tochter des Philosophen der
Aufklärung. Sie, die Gattin Friedrich Schlegels, hat sich in einem nicht
zur Vollendung gediehenen Roman „Florentin" versucht, der das Vorbild von „Wilhelm Meisters Lehrjahren" nicht verleugnen kann. Auch
als Übersetzerin und Bearbeiterin ausländischer, romantischer Dichtungen
ist sie hervorgetreten.

H e l m i n e v o n C h é z y , geb. von Klencke (1783—1856), eine
Enkelin der urwüchsigen Berliner Dichterin Anna Luise Karsch, ist durch
ihre Lieder, zumal durch das zum Volksliede gewordene „Ach, wie ists
möglich dann", und das Textbuch zu Carl Maria von Webers „Eury-
anthe" bekannt geworden, hat aber auch im Stile Ludwig Tiecks
Novellen geschrieben.

In den berlinischen Bezirk der Romantik gehört auch der Geschichtsschreiber K a r l F r i e d r i c h B e c k e r (1777—1806). Der Verfasser einer durch das ganze Jahrhundert immer wieder aufgelegten
„Weltgeschichte" hat der Jugend vortrefflich dargestellte „Erzählungen
aus der Alten Welt" beschert.

A d e l h e i d R e i n b o l d (1802—1839), eine von Tieck geförderte Erzählerin, schuf mit ihrer Novelle „Der Irrwischfritze" eine der
ältesten deutschen Dorfgeschichten. L u d w i g v o n A l v e n s l e b e n
(1800—1868) hat seinen bühnenlexikalischen Werken Novellen zuge-
sellt; der Berliner hat lange das Meininger Hoftheater geleitet.

In eine Untersphäre der Romantik gelangen wir mit dem sehr begabten, auch als Dramatiker vielgespielten J u l i u s v o n V o ß (1768 bis 1832). Er, einst preußischer Offizier, stellt immer wieder das Leben innerhalb der Soldateska dar, wobei er zwischen einer Verherrlichung seines einstigen Berufes und hellsichtiger Kritik der Armee vor ihrer Niederlage bei Jena schwankt. Für das Leben der Hauptstadt und die in ihr waltenden Strömungen besaß Voß eine ungewöhnliche Beobachtungsgabe, die sich mannigfach auch in satirischen Ausfällen, etwa auf die katholisierenden Neigungen einzelner Romantiker und komische Ausschreitungen der Turnerei, äußerte. In dem anschaulichen Sittengemälde „Neu-Berlin" gibt er Bilder aus der sich wandelnden berliner Gesellschaft. Unter seinen, das Schlüpfrige und Pikante nicht vermeidenden zahlreichen Romanen seien „Edwin Pleasure oder die zwölf entzückenden Brautnächte" und „Die Begebenheiten eines schönen Offiziers, der wie Alcibiades lebte und wie Cato starb" als besonders charakteristisch hervorgehoben.

Gab sich Voß seiner ungebundenen Natur gemäß, so brachte der Romanfabrikant H e i n r i c h C l a u r e n (Hehlname für C a r l H e u n , 1771—1854) der Leserwelt, welche die Gaben der Klassik vermied und die Romantik als fremdartig ablehnte, eine verwässerte und versüßlichte, oberflächliche Scheinromantik. In seinen Romanen wird die pikante Sauce, mit der Voß seine Gerichte zu würzen weiß, zu einem zuckrigen Brei, der Gefühle und Liebesszenen übergießt. Dabei versetzt Clauren, so in der langhin berühmten „Mimili", seine Gestalten in die Alpen, ist aber ohnmächtig, irgendwie eine wirkliche Anschauung des gewählten Schauplatzes zu geben. Seine Ausdrucksweise bewegt sich fortwährend in Wortverkleinerungen und neckischer Namengebung. Von der immerhin ernsten und ernstzunehmenden Erzählung Lafontaines war diese Kunstübung, wenn man sie so nennen will, weit abgetrennt, und wir wundern uns nicht, bei Wilhelm Hauff, wie bei Carl Herloßsohn, gelungene Karikierungen der Manier Claurens zu finden, der durch sein Gedicht von 1813 „Der König rief, Und Alle, Alle kamen" einen besseren Ruhm erworben hat.

Wir steigen aus den Niederungen wieder zur Höhe.

Die Frage, ob H e i n r i c h v o n K l e i s t (1777—1811) zur Romantischen Schule zu zählen sei oder nicht, bedarf im Grunde keiner Beantwortung. Ein Dichter dieses Ranges sprengt den Rahmen jeder Schule. Dennoch ist der starke Einstrom des romantischen Geistes innerhalb von Kleists Lebenswerk unverkennbar. Er ging durch jeden Kreis als ein Fremdling und ist auch innerhalb der Christlich-Deutschen Tischgesellschaft zu Berlin sicherlich manches Mal als einsam-absonderlicher Gesellschafter erschienen, wie bei Elisabeth von Stägemann oder im grauen Beamtenschmucke zu Königsberg. Aber wie er in der Löbenicht-schen Langgasse, dort am Pregel, mitten unter den Dünsten des Mälzenbräuergewerbes, den Komödienstoff des „Amphitryon" zum ergreifenden Sinnbilde der Gefühlsverwirrung schafft — wer wollte da das romantische Element in Kleists Werk und Wesen verkennen, selbst wenn es sich nicht so zum Greifen deutlich im „Käthchen von Heilbronn" bezeugte? Wir werden solchen romantischen Bestandteilen auch in Kleists Prosadichtungen begegnen.

Von der ersten, dem „Michael Kohlhaas", hat Ludwig Tieck neidlos gesagt, sie wäre ohne Zweifel die merkwürdigste, „und wenn man sieht, mit welcher Festigkeit die Gestalten gezeichnet, wie richtig und wahr ein Ergebnis und ein Gefühl sich aus dem andern notwendig entwickelt, wie sicher der Erzähler Schritt vor Schritt fortgeht, so wird man fast versucht, zu glauben, daß diese Art der Darstellung dem Verfasser noch mehr zusage, und daß er hier sein Talent noch glänzender entfalten könne, als im Drama." Die Verwandtschaft mit Achim von Arnim ist deutlich; aber alle Gestalten, auf der ganzen Stufenleiter vom Kurfürsten und Luther bis zu den Roßknechten hinab, sind mit einer realistischen Gegenständlichkeit, bei knappster Wortfügung, gegeben, die gerade im Raum der Romantik ohnegleichen ist. Die Erinnerung an Schillers „Verbrecher aus verlorener Ehre" taucht auf, aber bei Kleist ist die erschütternde Balance, die Recht und Unrecht auf der Schicksalswaage nicht auszugleichen vermag, mit einer stärkeren Schlagkraft herausgearbeitet. Die Satzfügung gemahnt an manche Gespräche aus den Dramen der Reife, sie trägt überall die Züge dieser außerordentlichen Natur, die sich immer wieder zu geschlossenem Werke bändigte. Einzig das Auftreten der Zigeunerin bringt in den Ablauf der Handlung jenen Zug, der uns erweist, wie auch Kleist innerhalb des romantischen Rahmens steht. Auf der andern Seite bedarf die Belebung der märkischen Umwelt der Hervorhebung. E. T. A. Hoffmann hatte Berlin, indem er es erst für die erzählende Dichtung wirklich entdeckte, romantisiert — Kleist führt uns im Großen und Kleinen in bestimmbare brandenburgische Häuser und Höfe, in Hütte und Schloß. Dies wäre noch kein Gewinn aus der dichterischen Potenz, wenn es sich um bloße örtliche Namengebung handeln würde. Der Tonfall des Vortrags dieser tragischen Novelle macht es, daß wir ihr mit dem Gefühle folgen, nur hier, in dieser Landschaft und in diesen Zeitläuften könnten sich die Dinge — trotz ihrer menschlichen Allgemeingültigkeit — so zugetragen haben.

Auch die „Geschichte der Marquise von O. . . ." wird in einem Stile erzählt, der mit jedem Wort rechtet. Während im „Kohlhaas" aber noch der erste Absatz auf die Bedeutung des Ganzen hinweist, führt Kleist in der „Marquise" gleich mitten in die Dinge. Man würde das Thema dieser Erzählung im Fremdwortstil der damaligen Zeit ‚Intrikat' nennen. Kleist weiß jedoch den in unserer Dichtung wohl kaum so wiederkehrenden Stoff dergestalt (sein Lieblingswort) von außen nach innen zu wenden, daß die peinliche Seltsamkeit dem mitlebenden Leser nicht zum Bewußtsein kommt.

„Das Erdbeben in Chili" setzt mit einer großartigen Schilderung dieses Ausbruchs furchtbarer Naturgewalten ein, um dann, nachdem das Liebespaar scheinbar gerettet ist, mit der Tötung durch fanatisierte

Menschen zu enden. Die „Verlobung in St. Domingo" versetzt die
Handlungsträger gleichfalls nach den amerikanischen Antillen. Hier ist,
wie in der anderen amerikanischen Novelle, die Umwelt meisterlich
erhellt.

Man kann bei Kleists dämonischer Natur in seinem Werke Wichtiges
und Nebensächliches nicht scheiden. Innerhalb des Rahmens dieser kurz-
bemessenen Laufbahn und bei den hohen Ansprüchen, die Heinrich
Kleist an sich selbst stellte, haben auch die scheinbaren Nebendinge in
der Gewichtsverteilung ihre volle Schwerkraft. Die „Anekdote aus dem
letzten preußischen Kriege" umfaßt noch nicht zwei Druckseiten, ist aber
mit einer so straffen, sich dem Gedächtnisse einhämmernden Fügung
geschrieben und so stark, Satz für Satz, dramatisch akzentuiert, daß sie
selbst neben dem „Prinzen von Homburg" als unverlierbarer Bestandteil
aus diesem Dichtergesamtwerk unauslöschlich im Gedächtnis haftet. Und
so geben Kleists Novellen, über die Lebens- und Kunstgenossen hinaus,
Bilder von einer Prägung, die des Lebens Härte immer, manchmal bis
zu den äußersten Folgerungen, ins Bewußtsein ruft. Etwa die Geschichte
von dem „Findling", den ein italienisches, seines einzigen Sohnes be-
raubtes Ehepaar annimmt und die sich dann zu grausigem Ende entwickelt, wird mit allem berichthaften Detail vorgetragen, zieht uns aber
unentrinnbar in ihr Auf und Ab hinein. Die Anlage zum Scherz, wie
sie Kleist in gewissen Auftritten der „Hermannsschlacht" erweist, und
die humoristische Lebensbetrachtung des „Zerbrochenen Kruges" finden
innerhalb seiner Prosa nur in einigen Anekdoten ihre Statt, wie denn
nach Hebel Kleist der Erste gewesen ist, der diese Kleinform adelte.

Kleist, dessen innerer Anteil an dem von ihm beschwingten dramatischen Geschehen überall hervorleuchtet, erscheint in seiner Novellistik
manchmal wie ein unbeteiligter Hörer, der Erlauschtes wiedergibt.
Immer aber gelingt ihm die Führung über alle Höhen und Tiefen der
Empfindung, und, als Ganzes gesehen, wachsen die Novellen Kleists
über diejenigen des klassischen Zeitraums, indem sie nur Nebenwerk
waren, und über die der romantischen Zeitgenossen, denen die pralle
Fülle fehlte, hinaus. Dabei ist Kleists Nähe zu Arnims Kunst nicht zu
verkennen; gerade wo Arnim sich am straffsten zu fassen weiß, tritt
seine märkische Natur an den Tag. Der „Invalide auf Fort Ratonneau"
steht der Kunst des brandenburgischen Genossen aus der Christlich-
Deutschen Tischgesellschaft am nächsten.

In einigen Erzählungen, z. B. im „Findling" und in der Legende
von der Heiligen Cäcilie, führt Kleist wie in der „Marquise" unmittelbar, ohne nach einem Ziele zu deuten, in den Ablauf der Handlung ein. Aber als er zu Königsberg, mitten unter dem Zudrange der
„Penthesilea" und des „Amphitryon", an den Stoff des „Kohlhaas" gerät, geleitet er diese, seine größte Novelle, durch ein Portal von Worten,
denen man Sinn und Ziel der Dichtung alsbald abmerkt.

„An den Ufern der Havel lebte um die Mitte des sechzehnten Jahrhunderts ein Roßhändler Namens Michael Kohlhaas, Sohn eines Schul-

meisters, einer der rechtschaffensten zugleich und entsetzlichsten Menschen seiner Zeit. Dieser außerordentliche Mann würde bis in sein dreißigstes Jahr für das Muster eines guten Staatsbürgers haben gelten können. Er besaß in einem Dorfe, das noch von ihm den Namen führt, einen Meierhof, auf welchem er sich durch sein Gewerbe ruhig ernährte; die Kinder, die ihm sein Weib schenkte, erzog er in der Furcht Gottes zur Arbeitsamkeit und Treue; nicht Einer war unter seinen Nachbarn, der sich nicht seiner Wohltätigkeit oder seiner Gerechtigkeit erfreut hätte; kurz, die Welt würde sein Andenken haben segnen müssen, wenn er in einer Tugend nicht ausgeschweift hätte. Das Rechtsgefühl aber machte ihn zum Räuber und Mörder."

Unwillkürlich drängt sich noch einmal der Vergleich mit Achim von Arnim ins Bild, dem glücklichen Gutsherrn, der Gatte einer reizvollen Frau und Vater liebenswerter Kinder war, die seinem Stamme Dauer versprachen; und ihm gegenüber nun Heinrich von Kleist, der ewig Unbehauste, dem nicht gegeben war, auf einer Stätte zu ruhen. In einer Zeit, die fühlbar den schwersten Entscheidungen zustrebte, durften sein loderndes Vaterlandsgefühl, in der „Hermannsschlacht" emporbrausend, und sein dämonischer Feindeshaß („Germania an ihre Kinder") nicht an den Tag, geschweige denn ins Rampenlicht treten.

Jede Betrachtung kommt vor dem Lebenswerke Heinrichs von Kleist und vor dem Abschlusse dieses Lebens doch zu den ehrfürchtig-wahren, wie ein Denkmal ragenden Versen Friedrich Hebbels:

> Er war ein Dichter und ein Mann, wie Einer,
> Er brauchte selbst dem Höchsten nicht zu weichen.
> An Kraft sind Wenige ihm zu vergleichen,
> An unerhörtem Unglück, glaub ich, Keiner.

3. Mitteldeutsche Romantik

Die Dichter und Schriftsteller, welche im achtzehnten Jahrhundert zur Vollendung des klassischen Humanismus aufstiegen, entbehrten von ihren Elternhäusern her literarischer Überlieferung. Sie alle, von Klopstock bis zu Winckelmann, mußten sich die Bahn zum Werke selbst erschürfen; man fühlt solche Einstellung wohl aus dem Vorworte von Goethes Selbstbiographie, noch stärker vielleicht aus seiner Schrift über Winckelmann heraus. Im Gegensatze hierzu war das romantische Geschlecht schon in der Lage reicher Erben, es konnte auf einen noch nicht im mindesten ausgeschöpften Strom dichterischen Gutes zurückblicken, dessen Fülle noch immer nicht versiegte, solange von Weimar her die Stimme ertönte, welche dem Wilhelm Meister, wie dem Faust die Gewalt einer neuen Sprache lieh. Die Dichter und Schriftsteller, die nun auf das Blachfeld traten, hatten zum großen Teil einen Stammbaum, der sie mit der Literatur des eben vergangenen Zeitraums verknüpfte. Die Brentanos waren durch die Großmutter Laroche, von den Beziehungen zu Goethe ganz abgesehen, in der Literatur beheimatet; Zacharias

Werner entstammt mütterlicherseits dem Geschlechte des ostpreußischen Poeten Johann Valentin Pietsch, des Lehrers von Gottsched. Eben vor dem Schaffensbeginn Heinrichs von Kleist waren zwei Dichter aus seinem Geschlechte zum Werke gediehen, von denen der eine Lessings Freundschaft genoß. Dorothea Mendelssohn war die Tochter des Philosophen, Theodor Gottlieb von Hippel der Neffe des Verfassers der „Lebensläufe in aufsteigender Linie". Und Theodor Körner genoß die Erziehung des bedeutenden Schriftstellers und Schillerfreundes Christian Gottfried Körner. Johann Michael Hamann, Ludwig Wieland mühten sich, freilich mit schwächeren Kräften, die überkommene Tradition fortzuführen. Und, der Entwicklung ein wenig vorgreifend, darf man vielleicht an das reiche Erbe erinnern, das Arthur Schopenhauer, Victor Aimé Huber, Theodor von Bernhardi, Herman Grimm, Max Müller einheimsten.

Auch die literarischen Programmatiker der Romantik, die Hannoveraner August Wilhelm und Friedrich Schlegel waren reicher literarischer Überlieferung verhaftet; sie waren Söhne von Johann Adolph Schlegel (1721—1793), einem nicht unbedeutenden Dichter von Kirchenliedern und theologischem Schriftsteller. Die zeitgeschichtliche Bedeutung A u - g u s t   W i l h e l m   S c h l e g e l s   (1767—1845) ist schwer zu unterschätzen — seine Geltung als Dichter beruht jedoch wesentlich auf seinen Übertragungen Shakespearescher Dramen. Selbst der „Übersetzer Gilde Meister", Otto Gildemeister, hat in seiner Ausgabe von „Julius Cäsar" Schlegels Übersetzung einfach als „unübertrefflich" übernommen. F r i e d r i c h   S c h l e g e l   (1772—1820) teilte sich mit dem Bruder in die Herausgabe des „Athenäums". Wie August Wilhelm in Berlin, so wirkte Friedrich durch aus dem Strome der neuen Entwicklung geschöpfte Vorlesungen in der Hauptstadt an der Donau. Auch er hat den Ideenreichtum, über den er verfügte, aphoristisch und in seiner „Geschichte der alten und neuen Literatur" erwiesen und hat sich bei aller Lebhaftigkeit seines Talentes, das sich zumal während der österreichischen Erhebung in flammenden und wirkungsollen Aufrufen äußerte, zum poetischen Werke selten sammeln können. Sein einziges rundes, dichterisches Werk steht den überlegenen und überlegten Einsichten des Kritikers Schlegel sehr fern, es ist die zu ihrer Zeit das höchste Aufsehen erregende „Lucinde". Friedrich Schlegel kann von der im Übermaß gebrauchten Form des Briefromans im vorletzten Jahrzehnt des achtzehnten Jahrhunderts noch nicht lassen, aber die Korrespondenz zwischen Lucinde und ihrem Geliebten führt nirgends in die Tiefe und, da der Roman unvollendet blieb, nicht zu gültigem Abschlusse. Wortreich am unrechten Platze, enthält Schlegels Werk Betrachtungen über die Frau, über Liebe, über Eifersucht. Die Vergangenheit, sofern sie Liebesgeschichte ist, wird emporgeholt.

Die Aufregung und der alsbald angesponnene Streit über Wert und Unwert dieses von vielen auf persönliche Erlebnisse gedeuteten Werkes bedarf heute keiner erörternden Charakteristik mehr. Denn die Wirkung des in seiner ganzen Anlage verfehlten und im Grunde haltlosen Romans beruhte sicherlich im Wesentlichen auf jenen persönlichen Deutungen, natürlich auch auf dem literarischen Range des Verfassers. In den Meinungskampf über das Werk, dessen Erfolg rasch verpuffte griff sogar F r i e d r i c h   D a n i e l   S c h l e i e r m a c h e r '(1768—1834) ein. Seine „Vertrauten Briefe über Lucinde" richten sich gegen diejenigen, die Leidenschaft oder Enthusiasmus nicht Wort haben wollen.

Bevor wir uns der reinsten Verkörperung, dem Inbilde der ersten Romantischen Schule zuwenden, sei noch eines früh Vollendeten gedacht, der aus dem Umkreise Weimars hervorgegangen war und sich insbesondere an das Vorbild Schillers hingegeben hatte. T h e o d o r K ö r n e r (1791—1813) hat die Legende von dem böhmischen Berggeiste Hans Heiling nacherzählt und in seinem schmalen Nachlaß auch der romantischen Gespensterliebe Ausdruck gegeben, wie denn auch in einzelnen dramatischen Versuchen die romantischen Einschlüsse an den Tag treten, ohne freilich zum runden Werke zu gedeihen — dafür hallen die wenigen Lieder des Kriegers nun länger als ein Jahrhundert über die Romantische Schule und den Kampf hinaus, dem der Dichter zum Opfer fiel.

Mit ihm zog F r i e d r i c h   F ö r s t e r (1791—1868) aus dem thüringischen Münchengosserstädt in den Kampf, den er nachmals in einem einst sehr volkstümlichen Werke darstellte. Seine wesentliche literarische Leistung waren die sehr freimütigen „Briefe eines Lebendigen", die ihn zum preußischen Demagogen stempelten. Seine Familie gehört zu denjenigen, die für die Verbindung der romantischen Dichtung mit der romantischen Malerei und der Klassik zeugen. Er selbst war bis zu seiner Absetzung Kustos der Berliner Kunstkammer, sein Bruder E r n s t   F ö r s t e r (1800—1885) war ein Schüler von Cornelius, dessen Biographie er schrieb, und ein Schwiegersohn Jean Pauls.

Die Familie Hardenberg war gleichfalls in Thüringen, zu Oberwiederstedt in der Grafschaft Mansfeld, ansässig und zählte zu den um die Wende der Jahrhunderte häufigen Geschlechtern, in denen eine künstlerische Begabung mehrfach, freilich in verschiedener Stärke, an den Tag trat. Was von den Tiecks, den Brentanos, den Försters galt, traf auch auf die Hardenbergs zu. G o t t l o b   F r e i h e r r   v o n H a r d e n b e r g (1776—1813) wuchs wie der um vier Jahre ältere Bruder unter herrnhutischen Einflüssen auf. Er legte sein romantisches Bekenntnis in einem halb dichterischen Werke ab, dem er die unter den Romantikern im Schwange gehende Aufschrift „Die Pilgrimmschaft nach Eleusis" gab, Schillers klassisches Erbteil mit der neuen Sehnsucht verbindend. Unter dem Hehlnamen R o s t o r f sammelte Hardenberg eine Auslese der neuen Poesie als „Dichtergarten" ein. Sein Name und sein Werk wurden allerdings durch Namen und Werk seines Bruders in den Schatten gerückt. Dieser, der eigentliche poetische Genius der älteren Romantischen Schule, war F r i e d r i c h   F r e i h e r r   v o n   H a rd e n b e r g. Er nannte sich als Dichter, die Neuartigkeit seines Stiles schon im Namen andeutend, N o v a l i s (1772—1801). Seines kühnen Gedankenbaus, indem er „Die Christenheit oder Europa" in zukunftheischenden Worten zu neuer Beugung unter das Kreuz beschwört, ward schon gedacht. — Gerade von diesem, in jedem Sinne programmatischen Werke her, ward verständlich, daß der jüngere Bruder nach dem Tode des älteren aus der herrnhutischen Umhegung, gleich so vielen Männern und Frauen dieser in alle Tiefen aufgeregten, ja aufgewühlten Zeit, zur katholischen Kirche übertrat.

Unvergeßlich schlägt noch heute das „Lied der Toten", wie es Novalis angestimmt und zu innerster Melodie gefügt hat, an unsere Herzen; dabei rührt uns besonders die sich in diesem Gedichte offenbarende Ahnung eines frühen Todes an: er war dem Dichter beschieden, nachdem die jugendliche Braut vor ihm dahingegangen war.

„Die Lehrlinge zu Sais", an ein berühmtes Gedicht Schillers, der in Jena Novalis unter seinem Katheder gesehen hatte, anknüpfend, sind ein höchst bezeichnender Ausdruck romantischer Sehnsucht. Bei Schiller sinkt der Jüngling, der den Schleier hebt, in ein frühes Grab, weil er schuldhaft das Orakel verletzt hat — Novalis läßt den Lehrer einen Karfunkel bringen, dessen hellrotes, kräftiges Licht sich über die verschiedenen Gestalten ergießt. Während eine Musik aus der Ferne sich hören läßt, während zugleich eine kühlende Flamme aus Kristallschalen in die Lippen der Sprechenden hineinlodert, werden merkwürdige Erinnerungen von weiten Reisen erzählt. Das Geheimnis der Sais-Lehre besteht darin, „das Naturverständnis mehreren Menschen gemein zu machen, diese Anlage in den Menschen vorzüglich zu entwickeln und zu pflegen, zuerst auf die natürlichen Anlässe dieser Entwickelung sorgfältig zu achten und die Grundzüge dieser Kunst der Natur abzulernen suchen."

In den Ablauf dieser knappen, aber deutungsreichen Erzählung ist ein Märchen eingeflochten, das ein munterer Gespiele einem Lehrling erzählt, die Mär von Hyazinth und Rosenblütchen. Hyazinth wird durch einen Mann aus fremden Landen mit langem Bart, tiefen Augen, entsetzlichen Augenbrauen, der ein unermüdlicher Erzähler wunderbarer Sachen ist, verführt, in die Weite zu laufen und überall nach der heiligen Göttin zu fragen, bis er den Pfad einer Geisterfamilie ausspürt. Diese ihm von Blumen und der Quelle gewiesene Straße führt Hyazinth endlich wieder zu Rosenblütchen, unter Klängen einer fernen Musik, genießen sie die Geheimnisse des liebenden Wiedersehens.

Es gibt über diese Einlage, die in ihrer holden Fassung den ganzen Novalis zeigt, einen merkwürdigen Briefwechsel zwischen zwei großen Novellisten, Paul Heyse und Theodor Storm. Heyse dünkte es selbstverständlich, dieses Märchen der Romantik neben der „Undine" und dem „Schlemihl" in den „Deutschen Novellenschatz" aufzunehmen — Storm aber wollte gerade diese Gabe aus dem Schatzbehalter scheuchen, ihm war die symbolisierende Beziehung zu stark, er ward mangels jeder bestimmten farbigen Anschauung in dem kleinen Werke nicht heimisch, und Heyse hat, troß einer persönlichen Liebe zu diesem Märchen (sein erstes Werk war ja selbst eine Märchenkette), schließlich dem Freunde Recht gegeben und Novalis in den Novellenschatz nicht aufgenommen. In der Tat fügt sich erst im „Heinrich von Ofterdingen" der prosaische Ausdruck zu sinnvollerem Bilde zusammen, immer mit lyrischen Einsprengungen von zum Teil verzauberndem Reiz. Freilich blieb in diesem jäh abgebrochenen Leben auch dies Werk Fragment. Novalis gruppiert seinen Roman um den Minnesänger Heinrich von Ofterdingen, den ein weit späterer Dichter zum Verfasser des Nibelungenliedes machte, und läßt die Umwelt des Sängerkrieges auf der Wartburg mit der hohen Zeit des Mittelalters, gleich Arnim, vor dem jener Epoche entfremdeten Geschlechte neu erstehen. Sofort im Anfang, in den ersten Sätzen, wächst die Sehnsucht nach der Blauen Blume, einem immer wiederkehrenden romantischen Symbol, auf. Erinnerungen an die Bergknappenzeit unter Abraham Gottlob Werner tauchen auf, und, indes Heinrich in einer alten Handschrift zu seinem Erstaunen sein eigenes Bildnis entdeckt, findet er in Augsburg Klingsohr, den Sangesmeister aus eben dem Sängerkriege. Wie in den „Lehrlingen zu Sais" ergeht sich das Gespräch alsbald über die Natur. „Die Natur", so belehrt Klingsohr den Adepten, „ist für unser Gemüt, was ein Körper für das Licht ist. Er hält es zurück, er bricht es in eigentümlichen Farben, er zündet auf seiner Oberfläche oder in seinem Innern ein Licht an, das, wenn es seiner Dunkelheit gleichkommt, ihn klar und durchsichtig macht, wenn es sie überwiegt, von ihm ausgeht, um andere Körper zu erleuchten. Aber selbst der dunkelste Körper kann durch Wasser, Feuer und Luft dahingebracht werden, daß er hell und glänzend wird." Daran knüpft sich ein Liebesroman zwischen Heinrich und Klingsohrs Tochter Mathilde, eingebettet in eine von Klingsohr vorgetragene mystische Erzählung.

Diese handelt von dem sagenhaften Könige Arktur, dessen Palast auf ein gegebenes Zeichen von innen so erhellt wird, daß die Figuren sich bewegen und schließlich samt der ganzen Umgebung in reinstem milchblauem Schimmer dastehen. Der alte Held wirft auf Geheiß des Königs sein Schwert in die Welt, „daß sie erfahre, wo der Friede ruht". Er stellt sein Schwert mit der Spitze gegen den Himmel und schleudert es gehorsam aus dem geöffneten Fenster über die Stadt und das Eismeer. Der schöne Knabe Eros liegt in seiner Wiege, während seine Amme Ginnistan ihn schaukelt und seiner Milchschwester Fabel die Brust reicht. Wie Fabel eine allegorische Gestalt ist, so erscheinen im Fortgange der Dichtung andere Masken, die den tiefen Sinn dieses Musterstückes romantischer Weltbezwingung andeuten, ohne freilich bei dem Mangel der Fortsetzung das Angedeutete voll ausdeuten zu können. Der Schreiber, den wir uns als die nackte Verstandestätigkeit oder als Vertreter der Aufklärung denken mögen, hat das Hofgesinde in eine gefährliche Verschwörung verwickelt. Der kleinen Fabel gelingt es, den Weg frei zu machen und zum Königspalaste emporzuklimmen. Nun

herrschen Eros und Freya, von dem alten Königspaare gesegnet, zum
Jubel des Volkes; wie vordem das Schwert in die Welt geworfen ward,
schleudert die neue Königin das Armband des eben geschlossenen Ehe-
bundes in die Luft; es zerfließt, und seine Zaubermacht umwindet jedes
Haupt mit lichten Ringen und zieht ein glänzendes Band „über die Stadt
und das Meer und die Erde, die ein ewiges Fest des Frühlings feiert."

Von dem zweiten Teile des „Heinrichs von Ofterdingen" ist nur ein
Kapitel erhalten. Ludwig Tieck, der getreue Sachwalter von Kleists
Nachlaß, hat im Jahre 1802 aus Gesprächen mit Novalis über die geplante Fortsetzung Bericht gegeben. Sie setzt mit dem Liede der Toten
ein, das nach Tieck eine ganz neue Periode des Werkes eröffnen sollte.
Heinrich wird in ein entlegenes Kloster entsandt, wo Priester mit magi-
scher Beschwörung das heilige Feuer hüten. Dann befindet sich Heinrich, nachdem er in jenem Ober- und Unterwelt im höchsten Symbole
verbindenden Gedichte unter den Toten gelebt und mit ihnen gesprochen
hat, in Italien an der Spitze eines Heeres innerhalb des Zwiespaltes der
das Land versehrenden Mächte. Er trifft im italienischen Bezirk einen
Sohn des Hohenstaufen Friedrichs des Zweiten, mit dem er weiterhin in
Freundschaft lebt. Nun wird er nach Griechenland verschlagen, er
erfährt die alte Welt um den Olymp, ihre Verfassung und ihren Götter-
glauben. Die nächste Station ist das Morgenland. In seinem Umkreise
erschließt die Erfahrung eine Sagenwelt, die von Jerusalem über Persien
bis nach Indien reicht und wiederum auch zum Norden weist. Der letzte
Haltepunkt ist Rom, hier erlebt der die Vergangenheit im Sinnbilde
überschauende und durchseelende Sinn die Zeit der Römischen Geschichte. Nach Deutschland zurückgekehrt, gelangt Heinrich an den Hof
jenes sich in mystischen Gedankenkreisen bewegenden großen Hohenstaufen. An Stelle eines in der Manessischen Liedersammlung enthaltenen Wettgesanges zwischen Heinrich von Ofterdingen und Klingsohr
wollte Novalis nach Tiecks Bericht einen poetischen Streit zwischen dem
guten und dem bösen Prinzip in Wechselgesängen der Religion und des
Unglaubens in das Licht seines Romanes stellen. Schließlich findet Heinrich, da in seinem Gedächtnis ein altes Lied erwacht, den geheimnisvollen kleinen goldenen Schlüssel zu bewahrtem Schatze. Er macht sich
mit kaiserlicher Genehmigung auf den Marsch in die Ferne, den ein
altes, am Hofe bewahrtes Pergament dem Schlüsselbesitzer vorschreibt.
Hier blüht endlich die Blaue Blume, und er kann Mathilden vom Zauber
lösen. Eine Vermählung der Jahreszeiten wird durch Heinrich bewirkt,
indem er das Sonnenreich zerstört. Tag und Nacht, Winter und Sommer,
Frühling und Herbst werden zum gemeinsamen Walten über dem seeligen Lande herbeigeholt.

Was in Arnims Fragment von den Kronenwächtern biderb und von
der Wirklichkeit der mittelalterlichen Welt bis zur Drastik erfüllt erscheint, wird bei Novalis zu einer Belebung geheimnisvoller Naturkräfte
umgedeutet und mit einer immer an die letzten Dinge rührenden Mystik
symbolisiert. Vielleicht kommt das Wesen dieses echtesten Künders der

Romantik am klarsten in einer hinterlassenen Aufzeichnung zu Tage:
„Der Mensch hat immer symbolische Philosophie seines Wesens in
seinen Werken und in seinem Tun und Lassen ausgedrückt. Er ver-
kündigt sich und sein Evangelium der Natur. Er ist der Messias der
Natur". Und weiter heißt es: „Jede künstliche Gestalt, jeder erfundene
Charakter hat mehr oder weniger Leben und Ansprüche und Hoffnungen
des Lebens. Die Galerien sind Schlafkammern der zukünftigen Welt.
Der Historiker, der Philosoph und der Künstler der zukünftigen Welt
ist hier einheimisch, er bildet sich hier und er lebt für diese Welt . . .
Einst kommt die Zeit, wo jeder Eingeweihte der besseren Welt, wie Pyg-
malion, seine um sich geschaffene und versammelte Welt mit der Glorie
einer höheren Morgenröte erwachen und seine lange Treue und Liebe
erwidern sieht".

Reiner hat das romantische Bekenntnis niemand ausgesprochen als
Novalis. Und O t t o H e i n r i c h G r a f v o n d e r L o e b e n (1786
bis 1825), der unter dem Hehlnamen I s i d o r u s O r i e n t a l i s
schrieb, hat seinen großangelegten Roman „Guido" zwar als Fortsetzung
des „Heinrichs von Ofterdingen" gedacht; aber wer mochte und konnte
die geheimnisvoll flutende Kraft dieser zarten Dichterseele in sich wieder-
geboren glauben? —

Ein Außenseiter der Romantik war der Erfurter R u d o l f Z a c h a -
r i a s B e c k e r (1752—1822). Der Herausgeber der „Nationalzeitung
der Deutschen" und bewährte Patriot hat mit seinem „Not- und Hilfs-
büchlein oder lehrreicher Freuden- und Trauergeschichte des Dorfes
Mildheim" weithin und lange auf breite Volkskreise gewirkt.

4. N o r d i s c h e R o m a n t i k

Das romantische Zeitalter hat drei große Publizisten zu den seinen
zählen dürfen: Friedrich von Gentz, Joseph Görres, Ernst Moritz Arndt.
Görres, den Verfasser der „Christlichen Mystik", fanden wir Arnim
und Brentano gesellt. Seinen „Rheinischen Merkur" nannte Napoleon
die Fünfte Großmacht. Friedrich von Gentz bewegte sich anfänglich im
Kreise der Berliner Salons, gehörte zu den Intimen von Rahel Varnhagen und schwenkte später in Wien vom Liberalismus zur Vertretung
Metternichscher Grundsätze in dem elegantesten Stile um.

E r n s t M o r i t z A r n d t (1769—1860) aber hat sich in seiner
langen Wirksamkeit als ein Vorkämpfer der endlichen Befreiung des
Vaterlandes und ein Dränger zu seiner Einheit erwiesen, als der er noch
in seinen späten Tagen in die Paulskirche einzog. Das Wesen seiner
reinen, geschlossenen Persönlichkeit ist noch heute nicht voll ausge-
schöpft. Arndts „Wanderungen und Wandlungen mit dem Reichsfrei-
herrn vom Stein" sind ein klassisches Werk, auch seine „Erinnerungen
aus dem äußeren Leben" wie diejenigen aus dem großen Parlament
wirken noch immer, und Arndts „Geist der Zeit" in seiner lebendig
heischenden Sprache, hatte auch den nachfolgenden Geschlechtern vieles

zu sagen. Der Sohn eines ursprünglich leibeigenen Pächters war auf der
Insel Rügen, die damals schwedischer Besitz war, daheim. Er ist als
reisiger Wanderer durch Europa gezogen — dennoch hat er im Tonfall
seiner manchmal harschen Verse wie seiner Prosa die nordische Herkunft
nicht verleugnet. Die Sagenwelt der meerumtobten Insel lebt in seinem
„Rügenmärchen" auf. Sie sind sowohl der Phantastik Hoffmanns wie
der Symbolik des Novalis fern, schlicht vorgetragene, zum Teil heimischer Überlieferung abgelauschte Sagen, verwandt den Volksmärchen,
welche die Brüder Grimm in die Scheuer brachten. Arndts Landsmann,
der große, Goethe verbundene Maler P h i l i p p   O t t o   R u n g e
(1777—1810) fügte ihrer Sammlung im echtesten Tone seiner Heimat
die Geschichten vom Machandelboom und vom Fischer un siner Fru ein.

Aus noch entlegeneren nordischen Gebreiten wie Arndt und Runge
stammte H e n r i k S t e f f e n s (1773—1845). Er war ein Norweger,
gelangte erst als Student nach Deutschland und ward dann Professor
der Physik, zuerst in Halle, zuletzt in Berlin. Der wieder ganz einge-
deutschte Abkömmling deutscher Vorfahren gehörte als Naturforscher
in den Bezirk der neuen, romantischen Naturphilosophie. Die Romane,
die England zum Schauplatz haben, so „Die Familie Walseth und Leith"
eröffneten die dichterische Laufbahn dieses Schwiegersohnes von Johann
Friedrich Reichardt. In den „Vier Norwegern" wechselte Steffens den
Schauplatz und brachte ein Geschichtsbild aus dem Lande, das einst
seinen Vorfahren Heimat geworden war. In diesen Werken begegnet uns
der mächtige Einstrom aus der Dichtung desjenigen englischen Autors,
von dem Theodor Fontane aussagt, in seinen Schöpfungen habe der
Wunderbau der Romantik seine schönsten und vor allem seine ge-
sundesten Blüten getrieben: Sir Walter Scott.

Steffens hat eine an Aufschlüssen über seine Entwicklung und seine
bedeutende Lebensarbeit reiche, zehnbändige Darstellung des eigenen
Lebens verfaßt; das Werk ist weithin von einer dichterischen Unterströmung erfüllt und übt seinen Reiz noch heute aus. Besonders die Darstellung der Jenaer Frühromantik und die der preußischen Erhebungs-
zeit sind von mehr als nur zeitgeschichtlicher Bedeutung.

T h e r e s e   v o n   J a c o b (verehelichte Robinson, 1797—1870)
stammte zwar aus Halle, lebte aber lange in den nordischen Breiten
Rußlands. Dort sammelte sie serbische Volkslieder ein, die sie unter
dem Hehlnamen T a l v j veröffentlichte und die Goethe als das Werk
„unseres kräftigen Mädchens in Halle rühmte, die uns mit männlichem
Geist in die serbische Welt einführt".

In den nordischen Bezirk gehört auch J o h a n n   C h r i s t o p h
B i e r n a t z k i (1795—1840), vor allem durch eine aus einem furchtbaren Erlebnis des auf einer winzigen Nordseeinsel beamteten Pfarrers
erwachsene Erzählung. Unter seinem „Wanderungen auf dem Gebiete
der Theologie im Modekleide der Novelle" ragt das mit stärkster Untermalung beseelte Erzählerstück „Die Hallig oder die Schiffbrüchigen auf
dem Eiland in der Nordsee" hervor. Die Gewalt des verheerenden

Sturmes ist mit eindringlicher Darstellungskraft gegeben, die tiefgreifenden Geschiedenheiten in der Auffassung des über das entlegene Eiland hereinbrechenden Geschicks erhöhen die Spannung, mit der wir dem Dichter zu folgen geneigt sind.

Nur mit zwei merkwürdigen Werken ragt der Pfarrer auf Usedom W i l h e l m   M e i n h o l d (1797—1851) in die romantische Zeit hinein. Bezeichnenderweise hatte er seine ersten Gedichte nicht, wie so mancher Mitstrebende, an Goethe, sondern an Jean Paul eingesandt. Als er dann „Die Bernsteinhexe" herausgab, ließ er das Werk als ein vorgeblich aus alten Quellen geschöpftes, von ihm nur als Sachwalter betreutes hinausgehen. In der Vorrede gibt er an, unter dem Chorgestühle seiner Kirche einen Folianten gefunden zu haben, der die Geschichte der Maria Schweidler, eben der Bernsteinhexe, enthielt. Der Verfasser sollte ihr Vater, ein Amtsvorgänger des Herausgebers, Abraham Schweidler, gewesen sein. Maria wird der Zauberei verdächtigt und als Hexe festgesetzt, gefoltert und hingerichtet.

Die Erzählung ist so echt in der Sprache des siebzehnten Jahrhunderts durchgeführt, daß Meinholds späteres Eingeständnis, er habe eine eigene Dichtung vorgetragen, lange keinen Glauben fand.

Meinhold, der in religiösen Vorstellungen von Swedenborgscher Eindringlichkeit lebte, hat dann noch einen zweiten Roman „Sidonia von Borg, die Klosterhexe", mit dem Untertitel „Angebliche Vertilgerin des gesamten herzoglich pommerschen Regentenhauses", geschrieben. Hebbel hat in einer umfänglichen Kritik dieses Romans zwar den Hauptcharakter schroff abgewiesen, aber dennoch bei allen Einwendungen die starken Seiten der Erzählung Meinholds dankbar hervorgehoben. Meinhold starb über der Vollendung eines Briefromans aus der Reformationsgeschichte „Der getreue Ritter oder Sigismund Hager zu Altensberg".

Wie recht Joseph Nadler mit der Behauptung hatte, daß in den ostelbischen Neustämmen die Erinnerung an die deutsche Vergangenheit und ihre Hoch-Zeit innerlich fortlebe und sich in der Romantik ausdrücke, dafür ist das Werk von E r n s t   A u g u s t   H a g e n (1797—1880) ein besonders bezeichnender Beweis. Der einer berühmten Gelehrtenfamilie entsprossene ostpreußische Kunstforscher, der sich um die königsberger Universität und das heimische Kunstleben große Verdienste erworben hat, lebt nicht durch sein von Goethe gelobtes Epos vom Strande des Samlandes „Olfrid und Lisena" und durch seine niemals ins Rampenlicht geschrittenen Dramen weiter. Aber er hat nach Forschungen zur Kunstgeschichte der Renaissance in dem Bande „Norika, das sind Nürnbergische Novellen aus alter Zeit" novellistische Bilder aus jenem Nürnberg geschaffen, das auch seinen Landsmann E. T. A. Hoffmann und den Berliner Wackenroder zur Darstellung reizte. Hagen gibt vor, innerhalb der vom Herzog Albrecht, dem Gründer der Königsberger Hochschule, gestifteten Silberbibliothek in einem Folianten mit Dürers Schriften eine Handschrift eines Kaufmanns Jakob Heller aus Frankfurt gefunden zu haben. Und völlig im Stile eines Schreibers aus der ersten Hälfte des

sechzehnten Jahrhunderts erzählt nun Hagen von zwei Besuchen in Nürn-
berg und läßt uns in die Werkstätten Peter Vischers, Albrecht Dürers,
Adam Kraffts ebenso eintreten, wie wir eine Singschule der Meister-
singer erleben, bei der Hans Sachs im Wettstreite Sieger wird. Der
Kaiser Maximilian betrachtet auf dem Rathause Dürers Entwürfe zum
Teuerdank, und Wilibald Pirckheimer wird mit der Dichterkrone belehnt.

All dies ist mit der innigsten Neigung zu der großen Bürgerherrlichkeit der alten, stolzen deutschen Städte, wie sie den reifenden Herder und
jungen Goethe entflammte — auch Novalis läßt seinen Heinrich schicksalhaft in Augsburg landen — liebenswürdig dargestellt und hat vollen
dichterischen Klang. Die bedeutenden und zur Zukunft weisenden Gestalten der über ihre Zeit hinaus wirkenden Künstler stehen in diesen
Erzählungen mit einer Fülle lebensvoller Kleinmalerei vor uns auf, die
doch großer Züge nicht entbehrt. Die zeitliche Tönung war so echt, daß
man, ähnlich wie in Meinholds Falle, langhin an den vorgeblichen Fund
geglaubt hat, obwohl Hagen im Vorworte betonte, daß er die altertümliche Sprache verbannt, aber den altertümlichen Charakter festgehalten
habe.

Heinrich von Treitschke hat Hagen, als dieser 1863 eine Biographie
des Freiheitssängers Max von Schenkendorf darbrachte, einen letzten
Veteranen der Romantik genannt. Wie Hagen war auch A u g u s t
L e w a l d (1791—1871) ein Jugendfreund des Dichters, der den
„Frühlingsgruß" an das wiedererstandene Vaterland richtete. Lewald
hat in seinem umfänglichen Werke heimische Überlieferungen zu novellistischer Form verdichtet, etwa indem er den Philosophen des Kategorischen Imperativs lebenbestimmend in das Schicksal eines hoch-
strebenden, armen Jünglings eingreifen läßt. Andere Erzählungen
führen in das Frankfurter Ghetto und sind im Gegensatze zu dem Vortrage aus der Heimat stark romantisch übersteigert, wie denn auch
Lewalds breiter „Theaterroman" der ironischen Spitzen nicht entbehrt.
Der erfolgreiche Bühnenmann und Herausgeber der „Europa", die man
wohl die deutsche „Revue des Deux Mondes" nannte und ihr gleich-
stellte, hat sich noch vielfach in Erinnerungen von reicher Fülle ergangen, seine Lebensstationen novellistisch ausgerundet, am Ende seines
Lebens mit ultramontaner Zielsetzung. Die in seinem Sammelwerk „Ein
Menschenleben" enthaltenen Jugenderinnerungen sind dichterisch durch-
hauchte Bilder vom Kurischen Haff, oder sie vergegenwärtigen die Stimmung, die nach dem unglücklichen Kriege über seine Vaterstadt Königsberg lag, mit sparsamem, aber gerade dadurch eindringlichem Umriß.

Der Ostpreuße F r i e d r i c h v o n H e y d e n (1789—1851) gehörte nicht zu dem um Schenkendorf gebildeten Kreise, zog aber neben
ihm und Lewald in den Befreiungskrieg. Seine liebenswürdige epische
Dichtung aus dem hohenstaufischen Bezirke „Das Wort der Frau" hat
ihn lange überlebt. Unter seinen Romanen sind „Die Intriganten" in
ihrer klaren Führung hervorzuheben.

Der Merkwürdigste unter allen Romantikern vom pommerschen Strande der Ostsee war F r i e d r i c h   A u g u s t   v o n   K l i n k o w - s t r ö m (1778—1835). Mit Caspar David Friedrich eng befreundet, bildete er sich im Dresdner Carus-Kreise zum Maler aus, nachdem er vorher preußischer Offizier gewesen war. Im Freiheitskrieg organisierte und führte er das Banner der freiwilligen Sachsen. Nach den Kämpfen in Wien angesiedelt, gelangte er in die Umgebung von Clemens Maria Hofbauer, dem Warschauer Lebensgenossen von Hoffmann, Werner und Hitzig, und wurde von diesem mächtigen Künder des Wortes in die katholische Kirche geführt. Seine dichterische Anlage erwies er, wie sein Landsmann Arndt, in einer reizvollen Märchensammlung unter der Aufschrift „Vater Heinz". Auch sein „Sonntagsblatt für die Jugend" war echt kindertümlich. Die Begabung des für die deutsche Romantik in jedem Betrachte höchst kennzeichnenden Mannes erbte auf die beiden Söhne fort, die als Glieder der Gesellschaft Jesu wirksame Volksmissionare und Prediger wurden.

Schließlich gehört in den nordischen Bezirk die in Thüringen geborene, aber in Dänemark aufgewachsene und gestorbene F r i e d e - r i k e   B r u n (1765—1835). Sie war die Tochter B a l t h a s a r M ü n t e r s (1735—1793), eines Schriftstellers, der seine Lübecker Heimat gegen ein Pfarramt in Kopenhagen vertauschte und als Dichter geistlicher Lieder ebenso bekannt ward wie durch seine „Bekehrungsgeschichte des Grafen Struensee". Friederike Brun erbte das Verstalent des Vaters, ihre Gedichte gab Friedrich von Matthisson heraus, dessen Vorbild sie stark beeinflußte. In den Bezirk der Prosadichtung gehört sie durch ihre „Briefe aus Rom" und ihr anschauliches Werk „Römisches Leben". Es muß, bei der Nachzeichnung der die Romantik umschließenden und von ihr ausstrahlenden Linien, immer wieder hervorgehoben werden, wie stark auf der Spur Winckelmanns und Goethes, freilich auch Heinses, die Geistesausrichtung nach Italien war. So wird das Sehnsuchtsland der Mignon als Reiseziel und als Schauplatz, als vorbildhafte Kunststätte und als symbolische Heimat von Gestalten verwendet.

Ein erschütterndes Zeugnis dieser schicksalhaften und für das Dichterlos bestimmenden Liebe zu den hesperischen Gefilden südwärts des Alpenwalles haben wir in Versen eines Nachfahren der Romantik aus dem vornehmsten deutschen Geschlechte. W o l f g a n g   F r e i - h e r r   v o n   G o e t h e (1820—1883) hat einen Band sehr zarter Novellen verfaßt, die unter der sehnsuchtsvollen Aufschrift „Fährmann, hol über!" vereinigt sind. Als er Rom, wo unter der Pyramide des Cestius sein Vater August, filius patri antevortans, begraben liegt, verlassen mußte, gab er dem schmerzlichsten Gefühle des Abschiedes in diesen Versen Ausdruck:

> Es war am Tag Sankt-Isidors, des Bauers,
> Da ließ ich Rom, und kühlen Schauers
> Umzittert lag mein Herz am Sankt-Johannistor,
> Als ich mein einzig Lieb, als ich mein Rom verlor.

5. Schwäbische Romantik

Das württembergische schwäbische Mittelland hat auf begrenztem Raum eine schier unübersehbare Fülle von Talenten dichterischen, philosophischen, wissenschaftlichen Geblüts hervorgebracht; ihre vielfältige Ausstrahlung läßt sich jedoch schwerlich auf einen Nenner bringen. Wir sahen bereits Hölderlin und Hegel gleichzeitig zu ihrem Werke schreiten. Wieland und Schiller treten beide in den weimarischen Umkreis, aber wer wollte ihre innerste Verschiedenheit verkennen? So ließe sich die Reihe der Gegenspieler von den frommen Gottbekennern Albert Knapp und Karl Gerok zu dem frommen Gottesleugner Friedrich Theodor Vischer und dem frommen Mystiker Christian Wagner fortsetzen.

Auch Justinus Kerner (1786—1862), obwohl Mittelpunkt und gastlicher Tafelsasse zu Weinsberg bei funkelndem Wein, steht neben den Sangesgenossen in seiner Neigung zur Geisterwelt und zur Erforschung somnambuler Vorgänge einsam da. Ganz und gar dichterisch durchklungen ist sein „Bilderbuch aus meiner Knabenzeit". Die „Reiseschatten" sind von zeitlichen Anspielungen durchsetzt und mit allerlei phantastischen Erfindungen und merkwürdigen Episoden liebenswürdig gefüllt, ein Buch, das auch innerhalb der Romantik seinen eigenen Rang hat.

Kerners älterer, gleichfalls poetisch begabter Bruder Georg Kerner (1770—1812) ging gleich George Forster nach Paris ins Lager der Revolution. Er war dort zeitweise bei dem Goethe befreundeten Grafen Karl Friedrich Reinhard Sekretär, kehrte aber enttäuscht heim, als der napoleonische Umschwung eintrat.

Neben den Kerners, deren Überlieferung des Justinus Sohn Theobald Kerner (1817—1907), als Novellist der „Tragischen Erlebnisse" wie auch als Walter und Chronist des Hauses zu Weinsberg fortsetzte, nimmt sich ihr Freund Gustav Schwab (1792—1850) sehr anders aus; mit Behaglichkeit, ohne Seitensprünge, vermittelte er der Jugend die Sagen des klassischen Altertums und erzählte ihr in balladisch gefärbtem Vortrage den unvergänglichen Gehalt der Deutschen Volksbücher. Mit Chamisso verband Schwab sich zur Herausgabe des „Deutschen Musenalmanachs". Und wiederum ein Gegenpol zu ihm steht in Wilhelm Waiblinger (1804—1830) vor uns. Waiblinger liegt, früher Sehnsucht nachgezogen, wie Shelley und August Goethe, bei der Pyramide des Cestius zu Rom begraben. Sein schmales Werk „Die Briten in Rom" ist eine höchst komische Satire auf bildungssüchtige Rompilger, denen die ewige Stadt nur die Gelegenheit zu angeschminkter Kunstfreude bedeutet; diese, in ihrer Art einzige, Arbeit des früh vollendeten Dichters steht fremd zwischen seinen dem Reize Italiens, seiner Landschaft und seinem überschäumenden Carneval hingegebenen Versen.

Und wieder ein Gegenbild zu diesem früh Abgeschiedenen, ein Anderer, gleichfalls vorzeitig Dahingegangener: Wilhelm Hauff (1802—1827). So glückhaft wie der Aufstieg dieses Schwaben zu jungem Ruhme gewesen ist, so haben seine Dichtungen ihn nun bereits weit über die Dauer eines Jahrhunderts überlebt und leben weiter, nachdem sie zuerst Gustav Schwab zu schlüssiger Sammlung verbunden hatte. Die von einer leichten Hand bediente Flüssigkeit Hauffscher Märchen ist von der verschnörkelnden Geheimnisfülle E. T. A. Hoffmanns ebensoweit entfernt, wie von der aus heimischen Erinnerungen gespeisten Sagenerzählung Ernst Moriß Arndts oder Klinkowströms. Die Technik der Rahmenerzählung wird hier reizvoll benußt, um jedesmal eine Kette von Märchen miteinander zu verbinden. Dabei vermeidet Hauff jede falsche, bei solchem Bemühen nicht seltene Lehrhaftigkeit. Der humoristische Klang der Geschichte vom Kalifen Storch oder vom Zwerg Nase ist ebenso glücklich herausgebracht, wie das Grausige in dem Märchen vom Gespensterschiff die Hörer und Leser einspinnt. Die leichte Ironie in der Kleinstadtgeschichte „Der Affe als Mensch" ist nicht Selbstzweck, sondern dient, ganz unromantisch, nur zur Untermalung der drastisch dargestellten Geschehnisse. Besonders gelungen ist die Einbettung der vorgetragenen seltsamen Begebnisse in den Zug der Karavane mit ihrem überraschenden Abschluß. Und eine liebenswürdigere Lösung eines verknoteten Geschickes, als sie Hauff in dem Märchen vom Falschen Prinzen darbringt, läßt sich kaum denken.

Ganz anders, satirisch verfärbt, aber gleichfalls mit leichter Hand liebenswürdig vorgetragen (wie denn dieses Wort den ganzen Dichter Wilhelm Hauff kennzeichnet) wirken die „Memoiren des Satan". Man folgt den Erlebnissen im Gasthofe zu den Drei Reichskronen in Mainz mit dem gleichen Behagen, wie den Studienmonaten des Satans auf der Landesuniversität Tübingen oder den Vorgängen an der frankfurter Börse und im jüdischen Umkreise, bei denen die ironischen Ausfälle deutlicher werden. Während der Festtag im Fegefeuer von dem Übrigen etwas grell absticht und die Novelle vom Fluch ein wenig ermüdet, ist der Besuch bei Goethe ein gelungenes Scherzo.

Auf die Bahn parodistischer Erzählungen lenkte Wilhelm Hauff mit seinem „Mann im Monde", mit der dem Stile seines vielgelesenen Zeitgenossen Clauren nachgeahmten, übersüßlichen Ausdrucksart. Anspielungen auf kleinstädtische Pfahlbürgerlichkeit, wie sie schon im „Affen als Mensch" laut wurden, erscheinen hier verdichtet, freilich ohne dem Werke dauerhaften Halt zu geben.

Zu freiem Ausschreiten gelangte Hauff erst wieder in seinen Novellen. Er benußte hier einen bei den Romantikern häufigen Eingang, indem er „Die Bettlerin vom Pont des Arts" mit der Betrachtung eines Gemäldes begann; der „Othello" ward, gleicher Stilbildung folgsam, mit einer Theatervorstellung eingeleitet. Erst im „Jud Süß" gelangte Hauff auf ganz festen Boden, in der Anrankung an eine in Württemberg noch lebendige, allerdings einseitig dargestellte, aber mit großer Eindringlichkeit vorgetragene Überlieferung. Auch „Das Bild des Kaisers" war in der Heimatlandschaft eingebettet und, wenn man die Falkentheorie als vorbildhaftes Muster betrachtet, Hauffs vollendetste Novelle.

Mit recht aber steht eines seiner Denkmäler hoch über dem weitgebreiteten Tale auf der ragenden Höhe der Burg Lichtenstein. Denn
in dem nach diesem einstigen Herrensitze benannten Roman aus
schwäbischer Vorzeit hat Hauff ein Vollbild aus der vaterländischen
Geschichte gezeichnet. Er will dabei den immer noch von der färbenden Sage umrungenen Herzog Ullrich von Württemberg in gerechtes geschichtliches Licht stellen. Auch er ist unleugbar, wie manche
Zeitgenossen, hier auf den Spuren Walter Scotts. Die Einläßlichkeit
des Gesamtbildes ist bei diesem frühreifen Talente erstaunlich. Im
„Lichtenstein" tauchen auch Stimmungen von düsterem Reize auf, wie
sie schon in dem dritten Umkreise der Märchen, im „Wirtshaus im
Spessart", angeklungen sind. Und in Hauffs letztem Werke, den „Phantasieen im Bremer Ratskeller", läßt er in heiterem Übermute seinem
Humor die Zügel schießen und die Jungfer Rose samt dem steinernen
Roland ins Bild treten. Der Übermut, mit dem hier Wilhelm Hauff
echt romantische Spiele treibt, kommt in dieser harmonischen Natur
selbst in den Skizzen zum Ausdruck, in denen er das Verhältnis der
Leser zu den Büchern und insbesondere zur Leihbibliothek mit leichter,
das erwählte Metier ein wenig verspottender Behaglichkeit betrachtet.

Auch L u d w i g A u r b a c h e r (1784—1847) hat Erzählungen
von behaglichem Reize verfaßt. Sein literarischer Ruf beruht jedoch auf
dem „Volksbüchlein". In dieser mit immer wieder neuartig emporquillendem Humor vorgetragenen Sammlung erneuerte Aurbacher vor
allem, einem bedeutsamen und fruchtbaren Zuge der Zeit folgend,
schwanghafte, zwischen dem Bodensee und der Maingrenze lebende
Überlieferungen, zumal die nie vergessenen Abenteuer der Schildbürger.

Der Rechtsforscher R e i n h o l d K ö s t l i n (1813—1856) hat
sich neben juristischen Schriften zum Kriminalrecht auch in romantischen
Erzählungen mit Glück versucht. Und G u s t a v K o l b (1789—1865)
aus Stuttgart lenkte als Redakteur der berühmten Beilage zur „Allgemeinen Zeitung" auch die Beiträge seiner Landsleute in ihre Spalten.
Er war dort der Nachfolger des einstigen Körner-Freundes L u d w i g
F e r d i n a n d H u b e r (1764—1804), der nach dem tragischen Ende
George Forsters Therese Heyne heiratete. Huber war auch ein gewandter
Übersetzer.

K a r l F r i e d r i c h F r e i h e r r v o n U x k u l l (1755—1832)
aus Stuttgart und um die Kunstsammlungen der württembergischen
Hauptstadt reichverdient, hat „Fragmente über Italien in Briefen an
einen Freund" verfaßt, die überall von selbständigem Urteil zeugen.
Seine Tagebücher sind eine Fundgrube schwäbischer Geistesgeschichte
und klassizistischer Kunstauffassung.

Als Letzter gehört in den schwäbischen Kreis W i l h e l m Z i m
m e r m a n n (1807—1878). Er hat weniger durch seine Gedichte, als
durch seine historischen Arbeiten gewirkt. Seine „Geschichte des
großen Bauernkrieges" war von bedeutendem Einfluß auf die Erfassung
dieser schicksalhaften Bewegung und ihre spätere dichterische Dar-

stellung. Es hat eigenen Reiz, die Schilderung eines ungemessenen Elends im sechzehnten Jahrhundert mit dem späteren Werke von Alfred Zimmermann „Blüte und Verfall des Leinengewerbes" zu vergleichen; in dieser 1885 erschienenen Schrift gibt der schlesische Namensvetter des Württembergers Kunde von dem herzanfassenden Zustande der Weber des Eulengebirges — auch sein Bericht war auf die spätere Dichtung von nachhaltiger Wirkung.

Aus der bayrischen Nachbarschaft seien noch zwei sehr verschiedene Spätlinge süddeutscher Romantik dem schwäbischen Kreise gesellt. F r i e d r i c h B e c k (1806—1888) hat in der „Geschichte eines deutschen Steinmetzen" in einer liebenswert romantischen Form die wechselnden Geschicke eines Handwerkers mit Künstlerdrang nachgezeichnet. Er verwaltete damit ein romantisches Erbe, wich aber nicht in phantastische Abschweifungen aus, sondern mühte sich um einen lebensnahen Stil, der dem schlichten Thema angemessen war.

Dem Münchener Gymnasialprofessor Friedrich Beck begegnet im romantischen Kreise der königliche Oberstkämmerer F r a n z , G r a f v o n P o c c i (1807—1876). Er gehört in diese Reihe als Verfasser von Märchen, die er, der Schöpfer oft aufgelegter Puppenspiele, auch selbst bebilderte.

Das Bild wird abgerundet durch zwei liebenswürdige Tübinger Exrepetenten, die beide dem Kernerkreise nahestanden und auch dem Studiengenossen Eduard Mörike freundschaftlich verbunden waren, L u d - w i g A m a n d u s B a u e r (1803—1846) und R u d o l p h K a u s - l e r (1811—1874). Bauer, wie mit Mörike so mit Waiblinger im gleichen Semester Stiftsgenosse, hat in dem Roman „Die Überschwenglichen" ein behagliches Weltbild von ausgesprochen württembergischem Klange und zum Teil sehr drolligem Vortrage gegeben. Kausler hat sich mit reinem Tone novellistisch betätigt. Beide waren auch darin echte Söhne der Landschaft, daß sie in enger Kameradschaft, die jedoch niemals Kameraderie wurde, mit den heimischen Genossen lebten, zumal die Tradition des Kernerhauses sich lange gehalten hat. Bauer war zudem Gustav Schwabs Nachfolger am Stuttgarter Gymnasium, nachdem er den Pfarrdienst verlassen hatte.

An der Scheidewand, die den Schriftsteller von poetischer Ausdrucksfülle von dem eigentlichen Poeten trennt, stehen zwei starke Stilisten von außerordentlichem Einflusse, der weit über ihr Land hinausreichte, G u s t a v P f i z e r (1807—1890) und P a u l P f i z e r (1801 bis 1867). Beide setzen in ihren dichterisch durchklungenen und mit feinstem Verständnis für das Wesen aller Poesie erfüllten Schriften eine Tradition fort, die etwa auf Justus Möser zurückweist. Nicht die Themen sind die gleichen, aber die vaterländische, treu gefühlte Zueignung des Verfassers der „Patriotischen Phantasieen" kehrt als Dominante bei den Brüdern Pfizer mit gleichem Klange besorgter Liebe wieder. Gustav Pfizer hat auch Byron und Bulwer formgerecht übertragen, Paul hat gleich dem Vormanne all dieser schwäbischen Dichter und Schriftsteller,

Ludwig Uhland, der Deutschen Nationalversammlung in der Paulskirche
angehört. Der hochgemute und so oft spröde verschlossene L u d w i g
U h l a n d (1787—1862) selbst hat sich wohl im Drama versucht, der
Schöpfer der neben den Dichtungen Eichendorffs volkstümlichsten
romantischen Lieder und Balladen hat jedoch in Prosa nur, noch heute
unübersehbare, Forschungen zur deutschen und älteren französischen
Sage und, hier den Spuren Arnims und Brentanos getreu, zum Volksliede hinterlassen. Lange schweigsam, sprach er dennoch in der Paulskirche das prophetische Wort, es werde kein Haupt über Deutschland
leuchten, das nicht mit einer vollen Flasche demokratischen Öles gesalbt
sei. Es gibt über diesen Teilhaber der Deutschen Nationalversammlung
eine hübsche Anekdote. Eduard Simson, der Präsident jener erlauchten
Versammlung, lud einst Ludwig Uhland in sein Haus, um seiner Gattin
die lange gesuchte Bekanntschaft zu vermitteln. Als sich die Gäste entfernt hatten, überraschte Frau Clara Simson ihren Mann mit der Bemerkung: „Du wirst dir doch nicht einreden lassen, daß d e r Mann
d i e Gedichte gemacht hat!"

Wenn man sich auf dem schönen Hauptplatze der zweiten Residenz
des württembergischen Landes, Ludwigsburg, umsieht, begegnet man in
den von Schubart wie von Hermann Kurz dargestellten Gemeinwesen
vier Erinnerungstafeln an hier geborene Schriftsteller: Justinus Kerner,
Eduard Mörike, Friedrich Theodor Vischer und David Friedrich Strauß.
Mit dem Letzten, dem Teilhaber der sogenannten Geniepromotion des
Tübinger Stiftes, betritt der schwäbische Kreis eine neue, kämpfereiche
Bahn, deren Meilensteine zugleich Stationen im Ablaufe neuer geistiger
Bewegungen für ganz Deutschland bezeichnen.

6. R h e i n i s c h e R o m a n t i k

Wolfgang Müller von Königswinter hat in seinem Buche über das
Haus Brentano ein reiches Bild der vielfältigen Strömungen gezeichnet,
die sich in diesem Hause zu Unkel am deutschen Strome kreuzten und
von denen auch die Frankfurter Heimat dieses aus Italien stammenden
Geschlechtes widerhallte. Die Herrin des Hauses war jene Maximiliane
La Roche, die Tochter der Schriftstellerin Sophie, deren Goethe als des
Gliedes einer edlen Familie in „Dichtung und Wahrheit" ausführlich,
in hingegebener Anschauung des Rheintales, gedenkt. Die Beziehungen,
welche die Brentanos mit dem Hause an der Katharinenpforte zu Frank-
furt am Main verknüpften, das nunmehr die verwitwete Frau Katharina
Elisabeth Goethe bewohnte, rissen niemals ab, und immer war ein
Schawellchen zu Füßen von Frau Aja bereit, eines der Kinder jenes
Hauses zum Niedersitzen einzuladen, zum Aufhorchen auf das, was
Goethes Mutter zu künden wußte.

C l e m e n s B r e n t a n o (1778—1842) sind wir als dem Mitherausgeber der „Zeitung für Einsiedler" und von „Des Knaben Wunderhorn" im Heidelberger Umkreise bereits begegnet. Er steht recht

eigentlich am Ausgangspunkte der Romantik; seine ganze Anlage, seine
inbrünstige Erfassung deutscher Vorzeit und seine leidenschaftliche
christliche Gläubigkeit, wie sie sich in dem „Frühlingsschrei eines
Knechtes aus der Tiefe" oder in seinen Marienliedern äußert, gesellen
ihn zu den bezeichnendsten Erscheinungen der Zeit — freilich auch
darin, daß er sich selten zu geschlossenem Werke zu sammeln wußte.
Sein im Jahre 1801 erschienener Roman „Godwi oder das steinerne Bild
der Mutter, ein verwilderter Roman von Maria" schildert, unter zum
Teil parodistischen Ausfällen auf Dichter und Schriftsteller der Zeit, in
einem wüsten Durcheinander ein haltlos abenteuerliches Dasein, in
dessen Auf und Ab alle Elemente romantischer Lebensauffassung zu
Tage treten, ohne daß ihnen ein fester Halt geboten wäre. Der im ersten
Teile dargestellte Held des Romans liest im letzten Teil seine eigene
Geschichte!

Überall aber, wo Brentano sich innerhalb (man kann auch sagen:
außerhalb) solcher Dichtung dem reinen poetischen Gefühle hingibt,
überall, wo die nahe Verbindung zum leidenschaftlich umrungenen
Volksliede auftaucht, da spüren wir in diesem absichtsvoll unter das Gesetz der Verwilderung gestellten Werke den Dichter, der an dem seiner
Geburtsstadt Ehrenbreitenstein vorbeirauschenden Strome die Vision
von der Lore Lay hatte, die noch heute die Herzen bezwingt und juwe-
lenhaft, immer wieder anders gefaßt, forttönt.

Auf sichereren Boden gelangte Brentano erst mit der Novelle „Aus
der Chronika eines fahrenden Schülers". Die Poesie des Lahnthales
kommt hier in einer, dem vierzehnten Jahrhundert abgelauschten
Sprache voll heraus, und der Meister Wilhelm von Köln wird als bahn-
brechender Schöpfer verherrlicht.

Die „Geschichte vom braven Kasperl und dem schönen Annerl" berichtet sehr stimmungsvoll düstere Geschicke. Die spukhaften Vorgänge
prägen sich bildhaft ein. Und der ewig Unstete sammelte sich hier zu
treuer Beobachtung des Dorflebens und schlichter Charaktere. „Die
mähreren Wehmüller und ungarischen Nationalgesichter" sind ein über-
mütiger Scherz: ein reisender Maler schlägt sich während einer Pest-
seuche durch die bunte Welt Ungarns und Kroatiens und erlebt einen
Wirrwarr von gespenstischen Abenteuern.

Hinter Brentanos Märchen, die er in einer Rahmenerzählung verflochten hat, taucht wiederum die Lore Lay, nun Lureley benannt, auf.
Fanferlieschen und Schönerfüßchen, der Dilldapp und Herr von Hüpfen-
stich, ein geadelter Floh, und eine ganze Fülle anderer Gestalten treibt
sich innerhalb dieser Welt umher, aus der „Gockel, Hinkel und Gacke-
leia" die längste Dauer behalten haben.

Bettina von Arnim (1785—1859), die Schwester des Clemens, seit 1811 Achim von Arnim ehelich verbunden, ist erst mit
eigenem Werk hervorgetreten, als die Romantik zu Rüste gegangen war
— ihr erstes Buch ist im Jahre 1835 erschienen — dennoch gehört sie
ganz in diesen Bezirk. Den starken Eindruck ihrer ungewöhnlichen,

noch im Alter den vollen Jugendreiz ausströmenden Persönlichkeit hat
noch jeder Kömmling, etwa der junge Emanuel Geibel, aufs stärkste
empfunden. In der Vorhalle des Museums zu Weimar steht das lebens-
große Modell des Denkmals, das Bettina für Goethe entworfen hat und
unterhalb dessen sich ein kindlicher Genius an die Kniee des Gefeierten
schmiegt. Aus diesem Umkreise kann sich Bettina niemals lösen, und
die Gestalt der Psyche, die sie Goethe gesellt hat, symbolisiert ihre
eigene Stellung zu ihm, durch „Goethes Briefwechsel mit einem Kinde"
dichterisch bezeugt. Über die Form des Briefes und der tagebuchartigen
Erzählung gelangt sie, wie viele Romantiker, nicht hinaus, und die
Kleinodien, die sie zu geben hat, sind manchmal nicht bis zu letzter
Vollendung geschmiedet, manches ist nur halb ausgeglüht, von sehr verschiedenem Glanze, aber alles doch wieder im Einzelnen kostbar und
lockend! Ihr ist „die Leidenschaft der einzige Schlüssel zur Welt, durch
sie lernt der Geist Alles kennen und fühlen, wie soll er denn sonst in sie
hineinkommen?" Bald in priesterlicher Verzückung, bald wieder in
kindlich unbefangenem Geplauder geht dies Goethebuch einher. Aber
wer wollte sich dem kindhaften Zauber der Schilderung entziehen, wie
sich endlich Weimar vor der jungen Reisenden öffnet, wie ihr das
Wasser des Brunnens am Frauenplan so betäubend rauscht, die Stand-
bilder an der Treppenwand ihr Stille gebieten und dann „Bettina Brentano, Sophiens Schwester, Maximilianes Tochter, Sophie La Roches
Enkelin" vor Goethe steht und „bald nichts mehr wußte". Von überall
her und zumal von dem Strome der Romantiker, vom Rheine, tönen die
Klänge eines lyrischen Mitlebens mit dem früh Erfaßten zu ihm, zu
Goethe, hinüber, nachdem Bettina längst im Briefwechsel mit seiner
Mutter und an ihre Kniee geschmiegt die Atemluft der Goethesphäre
eingesogen hat.

Bildhaft malt sie die Stille einer rheinischen Nacht: „Ich schreibe
Dir in der kristallnen Mitternacht; schwarze Basaltgegend, ins Mondlicht eingetaucht! die Stadt macht einen rechten Katzenbuckel mit ihren
geduckten Häusern und ganz bepelzt mit himmelsträubenden Felszacken
und Burgtrümmern; und da gegenüber schauerts und flimmerts im Dunkel, wie wenn man der Katze das Fell streicht."

Ein andermal erzählt sie von Winkel her von einer Spinne, die sie
im Zimmer gehabt hat: „Wenn ich auf der Gitarre spielte, kam sie eilig
herab in ein Netz, was sie tiefer ausgespannt hatte. Ich stellte mich vor
sie und fuhr über die Saiten; man sah deutlich, wie es durch ihre Glie-
derchen dröhnte; wenn ich Akkord wechselte, so wechselten ihre Bewegungen, sie waren unwillkürlich; bei jedem verschiedenen Harpegge
wechselte der Rhythmus in ihren Bewegungen; es ist nicht anders, —
dies kleine Wesen war freudedurchdrungen oder geistdurchdrungen, so-
lang mein Spiel währte; wenn's still war, zog sie sich wieder zurück.
Noch ein kleiner Geselle war eine Maus, die aber mehr der Vokalmusik
geneigt war: die erschien meistens, wenn ich die Tonleiter sang; je stärker ich den Ton anschwellen ließ, je näher kam sie; in der Mitte der

Stube blieb sie sitzen; wir nahmen uns sehr in acht, sie nicht zu stören. Wenn ich Lieder und abwechselnde Melodieen sang, so schien sie sich zu fürchten; sie hielt dann nicht aus und lief eilend weg. Also die Tonleiter schien diesem kleinen Geschöpfchen angemessen, die durchgriff sie und, wer kann zweifeln: bereitete ein Höheres in ihr vor; diese Töne, so rein wie möglich getragen, in sich schön, die berührten diese Organe. Dieses Anschwellen und wieder Sinken bis zum Schweigen nahm das Tierchen in ein Element auf." Und solche Betrachtungen leiteten nicht zum ersten und nicht zum letzten Male hinüber zu einem Schwelgen in der Musik, als in dem, was allein zur „Vermittlung des Unaussprechlichen" hinführt.

Nie und nimmer löste sich Bettina aus diesem Kreise, den die Überlieferung des Elternhauses einst um sie gezogen hatte, und innerhalb dessen sie wie eine Gebannte umherging. Ihr widmeten die Brüder Grimm nach fünfundzwanzig Jahren eine Neuauflage ihrer Hausmärchen. In ihrem „Frühlingskranz" für den Bruder, aus Briefen von ihm selbst geflochten, verleiht sie noch dem scheinbar Alltäglichen Farbe und Schmelz. Und in dem Werk „Dies Buch gehört dem Könige", einem der denkwürdigsten Erzeugnisse unserer gesamten Literatur, bringt Bettina nach Gesprächen über Gesprächen, die der Frau Rat abgelauscht sein sollten, einen Anhang. Der König war Friedrich Wilhelm der Vierte, der „Romantiker auf dem Throne der Cäsaren". Ihm wird als Beilage zur „Sokratie" der Lebensweisheit von Goethes Mutter eine ergreifende Schilderung aus dem Vogtlande beigegeben. Dies Vogtland, das erste Arbeiterviertel Berlins, war bisdann nur possenmäßig zu Bühnenbildern ausgezimmert worden. Nun brachte die Dichterin, fast statistisch aufgemacht, eine Schilderung von Not und Mühsal. In getreuen Nachzeichnungen von unter das Joch schlecht belohnter Arbeit gebeugten Mitmenschen ersteht hier ein völlig Neues: eine sozialpolitische Erfassung des Daseins. In ihr griff diese nun jugendlich alternde Romantikerin schon einer neuen Zeit vor.

Ganz romantisch wieder setzte der zweite Band die Anrede an den König fort, der im Schlafe mit Dämonen spricht. Den Zweifelnden erinnert der Dämon an Den, der die Aussätzigen heilte, ruft ihn zu einer Großmut auf, die keine Grenze hat, und sagt ihm, daß Volksliebe die Flamme revolutionärer Gedanken beschwören müsse. In einer gehobenen und oft unklaren Sprache kommen sie alle vor dem schlafenden Könige zu Worte, der Pole und der Lombarde, vor allem der Germane und — kennzeichnend genug — der Proletarier. Die Ahnengeister heischen großes Tun, ein Saitenspiel von Geistertönen erklingt, das dem Schlafenden Sprache und Seele geben will. So rief die letzte Romantikerin der großen Zeit zur Tat, längst nachdem die Freundin an den Leidenschaften des Lebens zerschellt war.

Diese Freundin, dem Hause Brentano eng verbunden, war C a r o l i n e v o n G ü n d e r o d e (1780—1806). Bettina hat ihr, die sich um einer nicht mehr erwiderten Liebe willen den Dolch ins Herz stieß, in dem Buche „Die Günderode" ein Denkmal gesetzt. In den, unter dem Hehlnamen T i a n erschienenen Gedichten und Phantasieen Carolinens spürt man den Flügelschlag einer noch nicht zu freiem Fluge gerüsteten Natur.

Mehr als zwei Menschenalter nach Bettinas Tode trat ein Werk hervor, das sie bei Lebzeiten nur noch zum Teil zum Drucke fördern konnte. Es war ihr einziges Werk reiner Erzählung, nicht aus Briefen gefügt oder zur Gesprächsform hinlangend, wie die Führung im zweiten Teil des Königsbuches. Das Werk ist überschrieben „Das Leben der Hochgräfin Gritta von Rattenzuhausbeiuns", Bettinas Tochter Gisela zeichnet als Mitverfasserin. Das im Nachlaß der Brüder Grimm aufgefundene Buch ist ein heiter und mit echter Erzählerfreude vorgetragenes Märchen von echter humoristischer Überglänzung. Der freie Flug, zu dem sich Bettinas Phantasie immer wieder aufschwang, entführt noch die Alternde in die Regionen, darin das Geschlecht der Brentanos seine seelische Heimat hatte. —

Immer wieder begegnen wir im romantischen Bezirke dem nachhaltigen Einflusse des großen Engländers, der seinem Volke ein unverstelltes Bild seiner Vergangenheit nach dem anderen darbrachte, Walter Scotts. Auch in dem Schaffen von P h i l i p p J o s e p h v o n R e h - f u e s (1779—1843) wird im allmählichen Aufstiege dieses Vorbild mächtig, aber zu eigenständiger Darstellung erhöht. Nach „Italienischen Miszellen" tastete sich Rehfues, der nach langem Aufenthalte in Italien sich als Beamter um die Organisation der preußischen Rheinlandsverwaltung hervorragende Verdienste erwarb, in dem komischen Roman „Die Brautfahrt" an die ihm gemäße Vortragsart nur heran. Auf freies Feld gelangte er erst mit Geschichtsromanen aus der sorgsam und mit feinem historischem Gefühl angeschauten italischen Welt. „Die Belagerung des Kastells von Gozzo" erweist den klaren geschichtlichen Blick des gebürtigen, nun am Rheine heimischen Schwaben. Sein bedeutendstes Werk ist jedoch der Roman „Scipio Cicala". In ihm vergegenwärtigt er die Wirren, welche die spanische Herrschaft über Neapel brachte. Nach dem Vorbilde Scotts deutete er das breite Leben einer kampferfüllten Vergangenheit in der Schöpfung von Gestalten, die, ohne eine historische Rolle zu spielen, in den Fortgang der berichteten Geschicke verflochten sind. Und niemals wird die Breite der Darstellung in ihrer Ausrichtung auf die schicksalentscheidenden Tatsachen zu unkünstlerischer Verfärbung.

Rehfues übte, zuletzt als Kurator der neuen Universität Bonn, bedeutende staatsmännische Wirksamkeit. Weiter südwärts. im Rheinbezirk ging auf den Spuren Jean Pauls ein anderer staatsmännisch einflußreich tätiger Mann, C h r i s t i a n E r n s t G r a f v o n B e n t z e l - S t e r - n a u (1767—1849). Er stieg bis zum Badischen Minister des Innern auf und ward dann Staatsminister des Großherzogs von Frankfurt Karl Theodor von Dalberg. Unter Bentzel-Sternaus Romanen ist insbesondere „Das goldene Kalb" wegen seiner humoristischen Innengestaltung hervorzuheben. Auch darin erweist sich der dichtende Staatsmann als Nachfahr Jean Pauls, daß er sich zu ausgesprochen liberalen Ideen bekennt, wie er denn noch als Sechzigjähriger von der katholischen Kirche zur evangelischen hinüberwechselte.

H e i n r i c h H e i n e (1797—1856) steht am Ende der eigentlichen Romantik, von der er noch einen vollen Liederstrauß in die Scheuer brachte, und zugleich an ihrem Umbruch. Seine Reisebilder sind weder mit den breiten und breit vorgetragenen Darstellungen der klassischen Zeit noch mit den hingegebenen Herzensergießungen Wackenroders zu vergleichen. Der mit lyrischen Einsprengungen versetzte Bericht über die Harzreise ist immer wieder mit Anspielungen und Spitzen auf die Gegenwart, ja mit vorgeblichen Erscheinungen aus der Vergangenheit durchsprengt. In den „Bädern von Lucca“ wird der Genuß an mancher feinen Beobachtung durch die aufgepfropften Angriffe auf den Grafen Platen völlig erstickt. Dagegen ist das Bruchstück der „Memoiren des Herrn von Schnabelewopski“ ein vergnügliches Stück heiterer Laune, voller Abschweifungen, von Dichtungen unterbrochen — man spürt wohl die Verwandtschaft mit romantischen Schöpfern, wie Hoffmann, und immer wieder taucht die Erinnerung an manche Eigenheiten im Vorbilde Jean Pauls auf. Dennoch ist der eigenwillige Stil dieses, einer anderen Zeit zugehörigen Lebensberichters unverkennbar, wie er sich, vielleicht am deutlichsten, im „Buch Le Grand“ in einem Gemenge von Erinnerungen aus der Jugend und Worten über Napoleon äußert. Ganz romantisch ist wiederum das Abspringen von dem Verlaufe der Erzählung ins Persönliche oder das Verfallen in eine Fechterstellung. Es ist für Heines Weltbetrachtung, die immer alsbald das Gegenbild hervorzutreiben geneigt ist und nie zu einer wirklichen epischen Ruhe gelangt, höchst charakteristisch, wie er etwa dem zunächst überwältigenden Eindrucke von London in den „Englischen Fragmenten“ standhält:

„Ich habe das Merkwürdigste gesehen, was die Welt dem staunenden Geiste zeigen kann, ich habe es gesehen und staune noch immer — noch immer starrt in meinem Gedächtnisse dieser steinerne Wall von Häusern und dazwischen der drängende Strom lebendiger Menschengesichter mit all ihren bunten Leidenschaften, mit all ihrer grauenhaften Hast der Liebe, des Hungers und des Hasses — ich spreche von London. Schickt einen Philosophen nach London, beileibe keinen Poeten! Schickt einen Philosophen hin und stellt ihn an eine Ecke von Cheapside, er wird hier mehr lernen, als aus allen Büchern der letzten Leipziger Messe; und wie die Menschenwogen ihn umrauschen, so wird auch ein Meer von neuen Gedanken vor ihm aufsteigen, der ewige Geist, der darüberschwebt, wird ihn anwehen, die verborgensten Geheimnisse der gesellschaftlichen Ordnung werden sich ihm plötzlich offenbaren.“

Er gebraucht dann für London das (später in ein berühmtes fontanesches Gedicht übernommene) Bild der Beresinabrücke — und verfällt alsbald in einen tief ironischen Vergleich mit dem „traumhaft gemachen" deutschen Leben.

Am echtesten in Heinrich Heines Prosa wird das Strömen der Romantik in dem leider auch Bruchstück gebliebenen „Rabbi von Bacherach". Schon der Eingang deutet auf die vertraute heimische Umwelt, und diesmal ohne die sonstige ironische Untermalung hin. „Unterhalb des Rheingaus, wo die Ufer des Stromes ihre lachende Miene verlieren, Berg und Felsen mit ihren abenteuerlichen Burgruinen sich trotziger gebärden, und eine wildere, ernstere Herrlichkeit emporsteigt, dort liegt wie eine schaurige Sage der Vorzeit die finstere, uralte Stadt Bacherach. Nicht immer waren so morsch und verfallen diese Mauern mit ihren zahnlosen Zinnen und blinden Warttürmchen, in deren Luken der Wind pfeift und die Spatzen sitzen; in diesen armselig häßlichen Lehmgassen, die man durch das zerrissene Tor erblickt, herrschte nicht immer jene öde Stille, die nur dann und wann unterbrochen wird von schreienden Kindern, keifenden Weibern und brüllenden Kühen. Diese Mauern waren einst stolz und stark, und in diesen Gassen bewegte sich frisches, freies Leben, Macht und Pracht, Lust und Leid, viel Liebe und viel Haß."

Dies ist der Dichter Heine, dem auf Brentanos und Loebens Spur das währende Lied von der Loreley endlich zum Sange gedieh. Und nun erzählt er von dem Passahfeste bei dem Rabbi Abraham am Ufer des deutschen Stromes; in immer erneuter vielfältiger Bilderpracht führt er, vergangener Schrecknisse gedenkend, die feierliche Rüstung des hohen Festtages vor. Der Rabbi hat beim Mahle unter dem Tische den blutigen Leichnam eines Kindes erblickt und durchschaut, daß zwei fremde Festgäste den Leichnam ins Haus geschmuggelt haben, um durch die auf Abraham und sein Haus abgewälzte Mordbeschuldigung das abergläubische Volk selbst zu Mord und Totschlag zu locken. Er entflieht mit Hilfe eines stummen Knaben auf dem nächtlichen Strome, am Mäuseturm vorüber, und führt die Gattin in das Frankfurter Ghetto. Mit äußerster Einläßlichkeit wird die gottesdienstliche Feier in der Synagoge dargestellt und mit kleinen Zügen ausgestrichelt. Nach dem Austritt aus dem Tempel, in dem die schöne Sara im Gedenken an die wahrscheinlichen Opfer der aufgereizten Menge zu Bacherach einen Ohnmachtsanfall erlitten hat, taucht ein von Heine auch lyrisch und balladenhaft verwandtes Motiv empor, der spanischer Ritter von jüdischer Herkunft, der sich seiner Abstammung wohl bewußt ist und auf Hebräer und Nazarener mit gleichmäßiger Abneigung schaut.

Man muß es bedauern, daß Heinrich Heine diese Erzählung unter dem Zudrange anderer Arbeiten nicht fortgeführt hat, denn die zwei Komponenten seines Wesens, die deutsche und die jüdische, sind hier zu höchst reizvollen Bildern verschmolzen. Auf der einen Seite das Passahmahl mit der Verlesung der Agade, mit dem vollem Klange geziemender Feierlichkeit ausgestattet; daneben die festlich bewegte und dennoch von murmelndem Geschwätze durchraunte Gottesdienstfeier in der Frankfurter

Judengasse. Der am Tore des Judenviertels wachthaltende Narr Jäkel, der mit jüdischem Accent das alte, in die Phantasie mehrerer Völker eingegangene Märchen vom Böcklein erzählt, das vom Kätzlein gefressen wird und im Singsang weiterlebt. Dann aber die Vollmondsstimmung über dem Rheinstrome mit der angedeuteten Sagenfülle, die von den Nibelungen bis zu den Zwergen unterhalb des Kedrich reicht und hinter denen der Frau des Rabbis im Entschlafen noch die Türme und Tore der Heiligen Stadt Jerusalem auftauchen.

7. Schlesische und Lausitzer Romantik

Es gehört zu den bezeichnenden Zügen der eigentlichen romantischen Epoche, daß so viel Begonnenes Bruchstück blieb — immer wieder stehen wir erwartungsvoll vor Fragmenten, die in ihrer Unvollendetheit zur ahnenden Weiterbildung locken, ohne den an das Thema hingegebenen Leser wirklich mit einem vollen Spiegelbilde der verheißungsvoll einbegleiteten Darstellung zu entlassen, wenn nicht gar, wie bei Brentano, die Erfindung ins „Verwildete" abgleitet. Aber den vollen Klang der Romantik, man mag ihn auch den Waldhornklang nennen, vernehmen wir unverlöschlich in dem Liederschatze, den die Tondichter der Zeit und ihre Nachfolger aus ihr in innerster Anschmiegung geschöpft haben, Franz Schubert, Felix Mendelssohn-Bartholdy, Robert Schumann voran. Einer der Meistkomponierten, der Dichter der Müllerlieder, W i l h e l m M ü l l e r (1794—1827), hat, nach belohnten Sammlungen deutscher Lyrik aus früheren Jahrhunderten, innerhalb eines Berliner Dichterkreises, dem die Häuser Stägemann und Mendelssohn Bartholdy nahestanden, nicht nur die zuerst durch Ludwig Berger, dann durch Franz Schubert zu dauerbarem Leben vertonten Müllerlieder beigesteuert; er hat auch, auf den Spuren Waiblingers, dichterische Eindrücke italienischen Lebens in dem anschaulichen Werke „Rom, Römer und Römerinnen" verarbeitet. Der Freiwillige von 1813 war auch ein freiwilliger Geisteskämpfer, der von der deutschen Ferne her in seinen „Griechenliedern" den Kampf der Hellenen um die Befreiung vom türkischen Joche mit eindrucksvollen Versen begleitete. (Als romantisches Erbe ist die Erzählung seines Sohnes M a x M ü l l e r (1823—1900) des berühmten Indologen, „Deutsche Liebe" hervorzuheben.) In ihrem Vollgehalte aber lebt die Romantik, wenn wir von Heinrich Kleist als der jeden Schulbegriff doch wiederum sprengenden Elementarkraft absehen, dichterisch am stärksten in zwei geschlossenen Persönlichkeiten weiter, einem schwäbischen Protestanten und einem schlesischen Katholiken. Sie beide, Ludwig Uhland und Joseph Freiherr von Eichendorff, fanden ohne Zögern, ohne Abirren, mit der traumwandlerischen Sicherheit geborener Herzenskündiger, überall den Pfad zum wirklichen Leben, der den Einen durch ihre Zerrissenheit, den Andern durch ihre verhältnismäßige Enge verstellt war. J o s e p h F r e i h e r r v o n E i c h e n - d o r f f (1788—1857), Mitkämpfer im Freiheitskriege, oft zu Unrecht

übersehener Darsteller der deutschen Literaturgeschichte vom katholischen Standpunkte her, nun gleich Uhland weit über ein Jahrhundert
hindurch niemals ausgesungen, hat, dem württembergischen Sangesgenossen unähnlich, auch unvergängliche Prosadichtungen hinterlassen.
Auch sie, wie seine des eigentlichen dramatischen Rückgrates entbehrenden Dramen, sind echte Gaben eines lyrischen Genius, der sich nicht erst
durch die überall eingestreuten Lieder, die sich oft wie von selbst singen,
zu bezeugen braucht.

„Ahnung und Gegenwart", Eichendorffs umfänglichste Prosadichtung (in ihr ist auch das Lied vom kühlen Grunde und dem Mühlenrade
enthalten) spielt zunächst am Donaustrom in der typischen Beleuchtung
der Romantik, im Mondlicht. Der Roman führt dann in die Residenz
und an den Rheinstrom, schließlich an die deutsch-italienische Grenze
und in die Kämpfe um Tirol. Ein immer wiederkehrendes Requisit
romantischer Darstellung, die Zigeunerin, tritt, weissagend, auch bei
Eichendorff ein. Man fühlt deutlich, wie Grundstoffe aus dem „Wilhelm
Meister", die wir in der Romantik allenthalben emportauchen sahen,
auch hier ihre Statt finden.

Eichendorff hat in diesem, seinem umfangreichsten Werke versucht,
ein Spiegelbild der neuen Strömungen zu geben. Die verschiedensten
Träger des Zeitbewußtseins treten, bis zu deutlichen Anspielungen auf
den romantischen rheinischen Kreis, in dem weitgespannten Rahmen
dieses Romans auf. Gewiß ist es nicht leicht, sich in der Fülle der Begebnisse zurechtzufinden — es ist eine große Rechenschaft über Zeit und
Menschen aus einem Herzen, daß gern innerhalb verwirrender und verwirrter Zeitläufte einen festen Standpunkt gewinnen möchte und ihn
noch nicht fixieren kann.

Auch in dem viel späteren Werke „Dichter und ihre Gesellen" bewegen wir uns in einer Schauspielergesellschaft, die in ein fürstliches
Schloß entboten wird — wieder belebt sich sofort das Gedenken an
Goethe und seinen „Wilhelm Meister". Aus deutschem Umkreise, den
eine kriegerische Schilderung aus dem spanischen Kampfe gegen Napoleon unterbricht, werden wir nach dem, auch von Eichendorff immer
wieder als Stück seelischer Heimat gepriesenen Italien geführt. Der Romantiker läßt geruhig verächtliche Äußerungen gegen die Romantik laut
werden, und bezeugt dann doch im Fortgange der Handlung, daß Dichter und ihre Gesellen unentrinnbar dem musikdurchklungenen Takte und
der das harte Leben zu symbolischer Umschmelzung verhelfenden Steigerung im romantischen Miteinander zugehören.

Wie wir in dem Roman von den Dichtern und ihren Gesellen nach
Italien gelockt werden, leitet uns Eichendorff im „Schloß Dürande" in
das Treiben der französischen Umwälzung hinein. Und sogar ein zeit-
gerechtes Bild aus dem Versailler Dunstkreise um Ludwig den Sechzehnten wird eingeschaltet. Noch weiter zurück geht die Erfindung in
der „Entführung", die ein grelles Erlebnis im Zeitalter Ludwigs des
Fünfzehnten abbildet. Das „Marmorbild" bringt im novellistischen

Rahmen eine sehr besondere Gestaltung des Tannhäusermotivs, das ja auch bei Heine an den Tag dringt. Von ganz anderem Schlage ist der Vortrag in den „Glücksrittern". Hier schreitet Eichendorff in deutsche Vorzeit zurück und läßt hallesche Studenten und Musici nach dem großen Kriege in einer kutscherlosen Kalesche in ein geheimnisvolles Zauberschloß flüchten. Darauf ein Überfall auf den Herrensitz, wirres Durcheinander, Kampf zwischen versprengten Heeresresten und den Schloßjägern — bis zum Wiederfinden eines Liebespaares und zum friedsamen Ende.

Die novellistische Ernte Eichendorffs ist noch umfassender. So vergegenwärtigt er in der Erzählung „Eine Meerfahrt", die Spur kleistischer Erzählungskunst verfolgend, Abenteuer iberischer Hidalgos an einer bislang von Europa her unentdeckten Küste Amerikas.

Wie in „Ahnung und Gegenwart", so klingen auch in der Novelle „Aus dem Leben eines Taugenichts" verzaubernde Melodien auf. Gleich im Beginn vernehmen wir aus dem Munde des geigenden Sängers:

> Wem Gott will rechte Gunst erweisen,
> Den schickt er in die weite Welt.

Dann ertönt:

> Wohin ich geh und schaue
> In Feld und Wald und Thal,
> Vom Berg ins Himmelblaue,
> Viel schöne gnädge Fraue,
> Grüß ich dich tausendmal —

und so geht es fort bis zu dem echtesten Geständnisse der Romantik:

> Schweigt der Menschen laute Lust:
> Rauscht die Erde wie in Träumen
> Wunderbar mit allen Bäumen,
> Was dem Herzen kaum bewußt,
> Alte Zeiten, linde Trauer.
> Und es schweifen leise Schauer
> Wetterleuchtend durch die Brust.

Aber über diesen Gewinn aus der lyrischen Schatzkammer des melodischsten aller Romantiker hinaus, ist diese Novelle ein immer wieder tief in ihr Bereich hinziehendes Stück echter Poesie. So seltsam es klingt: keiner der romantischen Märchendichter hat einem von allen gespenstischen und hexenhaften Begebnissen völlig freien Lebensberichte so den echten Ton des Märchens einzuhauchen verstanden wie Joseph von Eichendorff in dieser, in ihrer Kadenz immer wieder zum Aufhorchen auf die Untertöne zwingenden Geschichte. Schon der Eingang bereitet auf ein Märchen vor: „Das Rad an meines Vaters Mühle brauste und rauschte schon wieder recht lustig, der Schnee tröpfelte emsig vom Dache, die Sperlinge zwitscherten und tummelten sich dazwischen; ich saß auf der Türschwelle und wischte mir den Schlaf aus den Augen; mir

war so recht wohl in dem warmen Sonnenschein. Da trat der Vater aus
dem Haus . . . . der sagte zu mir: du Taugenichts! da sonnst du dich
schon wieder und dehnst und reckst dir die Knochen müde, und läßt
mich alle Arbeit allein tun. Ich kann dich hier nicht länger füttern. Der
Frühling ist vor der Tür, geh auch einmal hinaus in die Welt und er-
wirb dir selbst dein Brot. — Nun, sagte ich, wenn ich ein Taugenichts
bin, so ists gut, so will ich in die Welt gehen und mein Glück machen''.

Und nun geht der Taugenichts wirklich mit seiner Geige und ein
paar Groschen Mitgabe und zieht singend in die freie Welt hinaus. Der
Weg führt in ein Schloß, wo er der Zolleinnehmer wird und alltäglich
der Schloßherrin einen schönen Strauß windet. Da er aber die still Verehrte bei einem Feste an der Hand eines Anderen auf den Altan treten
sieht, beschließt er, den Posten zu verlassen und gen Italien hinunter zu
wandern. Ungemein charakteristisch ist, daß diesem Taugenichts die
Einfälle immer wieder kommen, wenn er hoch oben in einem Baum-
wipfel sein Quartier hat. Mit zwei Malern, hinter vier Pferden, auf dem
Kutschbocke, geht nun die Reise über Berg und Tal durch Tag und
Nacht fort, endlich in ein Schloß, dessen unheimliche Umgebung den
wiederum im Baume hockenden zur einsamen Weiterwanderung verführt.
Er findet sich wirklich nach Rom und dort einen Landsmann, der ihn
auf einem Bilde der Maria mit dem Jesuskinde als einen der Hirten
abbildet.

Der Taugenichts bekommt eine „Butterstolle", entdeckt unter den
Gemälden seines neuen Freundes ein Bildnis der in Deutschland Geliebten und läuft nun, auf der Suche nach ihr, durch die fremde Stadt, bis
er vor einem prächtigen, großen Hause erschöpft einschläft. Am Morgen
führt ihn der Maler von gestern zu einem Garten, in dessen Laube zwei
schöne Frauen singen und spielen. Ein Zettel weist den Taugenichts nach
einem Pförtchen an einem Gartenhause. Wie in einem richtigen Märchen
wird er genarrt, und unter dem Gezeter aus dem Schlaf geschreckter
Hausbewohner beschließt der Enttäuschte den Rückmarsch. Mit Prager
Studenten geht es ins Österreichische und alsdann auf der Donau, unter
Sang und Klang, geradenwegs zu dem Schlosse, an dessen Wegekreuzung
er vordem den Einnehmer gespielt hat. Und nun stellt sich heraus, daß
die still Angebetete nicht die Schloßherrin, sondern die Kammerjungfer
war. Um die für den jungen Taugenichts scheinbar Unerreichbare war
er in die Welt gelaufen — nun löst sich das Rätsel, und er umarmt die
Geliebte. — „Sie lächelte still und sah mich recht vergnügt und freund-
lich an, und von fern schallte immerfort die Musik herüber, und Leucht-
kugeln flogen vom Schloß durch die stille Nacht über die Gärten, und
die Donau rauschte dazwischen herauf — und es war Alles, Alles gut!" —

So, wiederum im echtesten Tone eines Märchenvortrags, beendet
Joseph von Eichendorff dies zauberhaft von Waldhorn- und Gitarren-
klang durchhallte, von Liederlust durchseelte, zu völliger Einheit gerundete novellistische Erlebnis; es steht reiner und im Umriß anmutiger
und anmutender zwischen Ahnung und Gegenwart, als der diese Über-

schrift tragende, den Leser oft mehr verleitende, als leitende, umfängliche Roman.

Die Brüder J a c o b S a l i c e C o n t e s s a (1767—1825) und W i l h e l m S a l i c e C o n t e s s a (1777—1825), unter dem Kamme des Riesengebirges geboren, haben sich unter gemeinsamem Deckblatt zu romantischen Erzählungen vereint, Wilhelm hat auch mit E. T. A. Hoffmann und Fouqué Kindermärchen herausgegeben. Er ist in Hoffmanns „Serapionsbrüdern" der Wilhelm. Er macht der Teilhaberschaft an diesem Kreise nicht Unehre.

In seiner Erzählung „Magister Rößlein", die mitten in die Bewegung eines mittelalterlichen Jahrmarktes führt, wird der Magister als Ketzer verbrannt. Da er in Wirklichkeit nicht der von seiner Frau gequälte Schulmeister, sondern der Teufel ist, fährt er brennend zum Schornstein hinaus. Versetzt uns diese Erzählung auf den Spuren des Freundes Hoffmann nach Bamberg, so werden wir in „Vergib uns unsere Schuld" nach dem von Tilly belagerten Magdeburg geführt; im „Todesengel" spielt die Goldmacherkunst ihre nun schon herkömmliche Rolle. Überall fühlt man die Schulung bei dem serapiontischem Freunde an des Vetters Eckfenster.

Ganz anders ist der Vortrag des Saganers K a r l W e i s f l o g (1770—1828). Seine liebenswürdigen Erzählungen spielen, auch wann sie sich ins Phantastische erheben, in bürgerlich-übersehbarem Umkreise. Eine Auswahl von ihnen konnte unter der Aufschrift „Glückstreffer und Millionäre" vereinigt werden. Eine dieser Novellen, „Das große Loos", bringt die sehr wechselvollen Geschicke von drei Wandergenossen, einem Tischler, einem Schneider und einem Schlosser, zur Darstellung. Sie haben das Glück, gemeinsam als Spieler des gleichen Loses hunderttausend Taler zu gewinnen, und versprechen sich, am Gewinntage nach zwei Jahren in der Hauptstadt zusammenzutreffen. Der Tischler kommt zu ordentlichem Brote, der Schneider kann das fahrende Leben nicht lassen, der Schlosser vermag seine Schnapsleidenschaft nicht zu bezwingen, obwohl sie ihn immer wieder aus der Bahn wirft. Die Weisflogsche, sehr unterhaltsam und mit einläßlichem Detail vorgetragene, mit komischen Lichtern überglänzte Geschichte hat zu einer Schöpfung Anlaß gegeben, die nun auf unseren Bühnen über hundert Jahre fortlebt: Johann Nepomuk Nestroy hat nach dieser Novelle seinen „Bösen Geist Lumpazivagabundus" gestaltet.

An der Oder war auch M a r i e P e t e r s e n (1816—1859) daheim; ihre beiden Märchen „Die Irrlichter" und „Prinzessin Ilse" haben vollromantischen Klang. In den „Irrlichtern" werden die Grashalme, die Fledermaus, der Uhu, der Leuchtkäfer zum Reden gebracht, und über der Geisterwiese erzählen die Irrlichter geheimnisvolle Geschichten von Nordingen, die sich einst im nun verfallenen Gemäuer zugetragen haben. Der Schläfer aber, der dies alles erträumt hat, findet erwacht nichts mehr, was den Traum zur Wirklichkeit machen könnte. Statt der Sargträger sieht er zwei verspätete Schnitter von der Erntearbeit zwischen den Kornfeldern einhergehen: „Ein Posthorn schmettert. — O, schon jetzt, — schon jetzt! — Er nahm Hut und Tasche und den leichten Stecken, — und mit gesenktem Haupte ging er langsam zurück in den Wald . . . im Walde fiel dann und wann ein Tannenzapfen herunter, und ein Eichhörnchen raschelte durch das Laub. Das Thal lag still und friedlich unter grünen Baumwipfeln und goldenen Saaten. Kein Laut drang hier herauf".

Christoph Ernst Freiherr von Houwald (1778 bis 1845) ist vor allem durch das große spätromantische Mißverständnis bekannt geworden, das aus der griechischen Tragödienwelt, die unter ganz anderen geistigen und geistlichen Voraussetzungen schuf, durch einen der in der Romantik so häufigen Umdenkungsprozesse die sogenannte Schicksalstragödie ins Licht rief. Sein Trauerspiel „Das Bild" ist ebenso versunken wie Zacharias Werners „24. Februar" und des meistgespielten Dramatikers aus dieser Sphäre, Adolph Müllners, „Schuld". Aber der im Spreewalde ansässige Houwald hat eine Reihe von Novellen geschaffen, mit denen er etwa die Tiecksche Linie bei schwächerer Füllung fortsetzt. Am eindrucksvollsten ist er in seinen Jugendschriften, die weite Verbreitung, zumal in der Lausitz und Schlesien, fanden. Von Breslau her wirkte mit zarten Jugenderzählungen Agnes Franz (1794—1843), deren liebenswürdiges Bild Gustav Freytag in seinen Lebenserinnerungen festgehalten hat.

Ein Spätling der Romantik im Odergebreite war Franz Freiherr von Gaudy (1800—1840). In Gaudys Kaiserliedern empfindet man das Vorbild des Heinrich Heine, der das „Buch Le Grand" schrieb. Gaudys „Venetianische Novellen" bringen anschaulich malende Bilder aus der nun immer wieder als poetischer Standort gewählten Lagunenstadt, man fühlt die Zueignung in das märchenhafte Gewoge zwischen den alten Palästen und hört die melodischen Wechselrufe der Gondelführer. Von einem in seinen Spitzen harmlosen Humor sind Gaudys deutsche Novellen durchtränkt. Das höchstvergnügliche „Tagebuch eines wandernden Schneidergesellen" könnte man als eine humoristische Gleichung zu Eichendorffs „Taugenichts" in niedrigerer Lebenssphäre bezeichnen. Die sehr berlinische Drolligkeit des Tagebuchschreibers, der, hintenaufsitzend auf einer Kalesche, nach Italien gelangt und dort Süßes und Saures durchzustehen hat, fesselt auch den heutigen Leser. Die schneidermäßige Journalisierung wirkt wie ein vulgäres Seitenstück zu Gaudys sehr poetischem und im Urteil sehr selbständigem, mit warmen Versen durchsprengten Reisebericht „Mein Römerzug".

Die Novelle „Schülerliebe" mit ihrer anfänglichen Einstimmung auf die von Gaudy besuchte Schulpforta führt zwar mitten in den Graus der Kämpfe, die sich von Jena und Auerstädt her gen Osten wälzen, und zu deren Teilhaber der wegen einer Bändelei mit einer Professorentochter von der Schule gejagte Primaner nunmehr gepreßt wird. Aber auch das Häßliche wird bei aller sachlichen Darstellungsart des ehemaligen Offiziers mit durchschimmerndem Humor gegeben, und am Ende kehrt der verlorene Sohn als gemachter Mann zurück.

Der Bericht über das Jubiläum eines alten Scholarchen bringt sehr lebendig die Feier in der Schulklasse und dann das Festmahl der städtischen Würdenträger unter dem Patronat Seiner Exzellenz, des Oberpräsidenten, zu einer abgerundeten, von dem skurrilen Humor des im Gymnasialdienst ergrauten und etwas überständig gewordenen Latinisten durchsetzten Darstellung.

Die einzige, tragisch aushauchende Novelle Gaudys ist der „Katzen-Raphael". In knapper Fügung wird die Geschichte des 1814 verstorbenen berner Malers Gottfried Mind vorgetragen, der, von einer spekulativen Malerswitwe ausgenutzt, nur von Katzen umgeben, den Menschen abgewandt, sein Leben fristet. Es ist eine echte Künstlernovelle, schlußgerecht bis zum doppelt trüben Ende, mit innerster Spannung geladen, vortrefflich hinerzählt.

Gaudys Abschied von der Erde vollzog sich wie unter einem von dem Dichter gespürten Winke aus dem Jenseits. Er schrieb, und dies waren die letzten Worte, die seine Hand verfaßt:

> Da trat, mit fällgem Wechsel in der Hand,
> Ein harter Gläubger plötzlich an sein Bette,
> Der Speditör der Welt, Hans Mors genannt.

Am selben Abend traf den neununddreißigjährigen Dichter der Schlaganfall, dem er wenige Tage später erlag.

Wie Gaudy so hat auch ein anderer Spätling der Romantik auf den jungen Fontane, nach dessen eigenem Geständnis, lebhaft eingewirkt, der heute völlig vergessene Lyriker und Novellist E d u a r d F e r r a n d (Hehlname für E d u a r d S c h u l z , 1813—1842). Auch er ein Frühvollendeter.

Als sollten alle Lebenselemente der Romantik noch einmal emporsteigen und von der innersten Beseelung der Zeit Zeugnis geben, so wirken die „Nachtwachen des Bonaventura". Als dies Werk namenlos erschien, hat man es, immer wieder den Verfasser umrätselnd, wohl keinem Geringeren als E. T. A. Hoffmann zugeteilt. Man riet auch auf Schelling, bis dann, mehr als hundert Jahre nach dem Hervortreten des seltsamen Buches, der Straßburger Literaturhistoriker Franz Schultz den wirklichen Schöpfer entdeckte. Es war F r i e d r i c h G o t t l o b W e t z e l (1779—1819), aus dem halbwendischen Bautzen stammend. Auf der Titelseite des Buches ist unter der Überschrift der Name des Heiligen Bonaventura verzeichnet, der in der Nachfolge des Heiligen Franziskus von Assisi General des Franziskanerordens wurde und als sein zweiter Stifter angesehen ward. Die Mystik seiner noch heute wirksamen Schriften ist noch in der Verzerrung dieser späten Nachfolge unverkennbar. Das Werk beginnt mit dem Tode eines freigeistigen Gottesleugners, der von einem Mönche exkommuniziert wird. Um den Leichnam entspinnt sich ein Kampf. In der Wirrnis wüster Begebnisse,

innerhalb deren etwa eine mit einem Kinde niedergekommene Nonne
lebendig eingemauert wird, kreuzen sich und häufen sich die unmöglichsten Vorgänge. Die zahllosen Anspielungen, die von Kotzebue bis zu
Kant und Goethe reichen, bringen in einem Durcheinander von unent-
wirrbarem Wuste alle Vorzeichen der Romantik, ohne jedoch auch nur
irgendwo die großen Züge einer noch lange, ja bis heute fortwirkenden
Bewegung aufzuzeigen. Aber als Gegenbild zu dem norddeutschen Vollender der Romantik, das am Beginne dieses Abschnittes steht, konnte
kaum ein anderes Paradigma gewählt werden, als das Werk dieses im
Grunde Heimatlosen und dann völlig Verschollenen, dem nicht wie
Eichendorff Wald und Waldhorn in die Lebensmusik rauschten und
riefen, sondern die Unholdinnen einer ins grell Disharmonische gereckten, übersteigerten Phantastik.

8. Österreichische Romantik

Die oberdeutsche Entwicklung war in den österreichischen Donau-
landen andere Wege gegangen als im übrigen Reiche. Stilbestimmend
hatte hier die Bühne eine Vormacht behauptet, deren Rahmen immer
aufs neue volksmäßig und zugleich festlich, mit Humor und zugleich
harmloser Frozzelei auszufüllen der schwereren norddeutschen Anlage
längst nicht mehr gelang. Im Donaubecken war die Überlieferung des
Mimus durch die ganze Zeit der Aufklärung lebendig geblieben; Maria
Theresia, die große Kaiserin, und mit viel heischenderem Eifer ihr Sohn
und Erbe, Joseph der Zweite, hatten sozusagen der im österreichischen
Barock fortlebenden und immer wirksamen Tradition die Aufklärung
über den Kopf gestülpt. Sie trug im katholischen Lande ohnehin eine
andere und schwächere Färbung, wie das Schaffen eines ihrer wiener
Hauptvertreter, des Joseph von Sonnenfels (1733—1817).
Hier blühte noch das Stegreiftheater, das im Nordbezirk längst zu Rüste
gegangen war. Wohl brach der romantische Strom auch hier durch, und
die Lieblingsmotive der nordischen Entfaltung kamen, etwa in den Versen des Freiherrn Joseph von Zedlitz, zu schwingendem Ausdruck, wie
die Freiheitssehnsucht in den Gedichten Heinrichs von Collin und Ignaz
Castellis emporklang. Aber es war bezeichnend, daß die Entwicklung
zum klassischen Humanismus in Wien noch eine späte Wurzel, innerhalb
des romantischen Zeitalters, trieb. Während Ferdinand Raimund und
Johann Nepomuk Nestroy, an das barocke Jesuitendrama anknüpfend,
zur Zauberposse gelangten, der Eine harmlos mit dem Untertone zuge-
neigter Empfindung, der Andere mit verbrämter oder offener Stachel-
kritik, betrat der größte donauländische Dichter, Franz Grillparzer (1791—1872) bewußt die Pfade der großen klassischen Dichtung und wählte da den Platz, ,,wo Schiller und Goethe standen". Dennoch sind zwei schmale Werke des großen Dichters, der in einziger Weise
dem klassischen Bereiche die ihn aus katholischem Bewußtsein vermittelte Überlieferung des spanischen Barocks verband, typisch ro-

mantische Darstellungen. In der Meistererzählung vom Armen Spielmann führt Grillparzer mitten in die Kirchweih der Wiener Brigittenau
und in den Prater; er gibt mit dieser von Straße zu Straße leitenden
Einbegleitung, welche zu zufälligen Begegnungen führt, ein Vorbild, das
sich in der österreichischen Erzählungskunst bis an diesen Tag gehalten
hat. Er trifft im allgemeinen festlichen Treiben einen alten Geiger, der
auf einer vielzersprungenen Violine eine unzusammenhängende Folge
von Tönen ohne Zeitmaß und Melodie hören läßt. Der von der tanz-
lustigen Jugend Gemiedene und Verspottete zieht in seiner Hilflosigkeit
den Dichter an, er sucht den Alten auf, begierig, das Geschick der seltsamen Gestalt zu enträtseln. Und nun entfaltet sich das Leben eines
Menschen, der bei aller Neigung zur Musik nie über ein einziges Lied
hinauskann. Als schwachbegabter Sohn eines der höchsten Beamten der
Monarchie, hatte er dem väterlichen Ehrgeize nicht genügt und war von
Stufe zu Stufe in die Armseligkeit seines gegenwärtigen Lebens ge-
sunken — ein Mensch, der immer vor der Türe steht, hinter der die
anderen zu unbefangenem Dasein ausschreiten. Motive, die Franz Grillparzer in dramatischer Fügung unvergeßlich gestaltet hat, tauchen hier
in einem Nebenwerke dieses Genius herzergreifend empor.

Ein volles Gegenbild und Gegenstück, von freilich bis zu tragischer
Entwickelung anwachsendem Flusse, ist „Das Kloster von Sendomir".
In nächtlichem Düster trägt ein Mönch Fremden, die im Kloster von
Sendomir auf der Reise zu Johann Sobiesky Rast halten, seine Geschichte vor, ein Drama von verratener Liebe und grauenhafter Vergeltung. Unausweichlich ist die Stimmung dieses Berichtes festgehalten,
wie ein Albtraum geht sie in das Gedächtnis der Hörer ein. Was sie
ahnen, nämlich daß der Erzähler eigenes Geschick aus der Tiefe emporgeholt hat, wird ihnen klar, da die Mitternachtsstunde vorüber ist und
der Klosterabt in der Türe steht. „Wo bleibst du, Starschensky? rief er,
die Stunde deiner Buße ist gekommen. Da wimmerte der Mönch, und
zusammengekrümmt, wie ein verwundetes Tier, in weiten Kreisen, dem
Hunde gleich, der die Strafe fürchtet, schob er sich der Türe zu, die der
Abt, zurücktretend, ihm frei ließ. Dort angelangt, schoß er wie ein Pfeil
hinaus, der Abt hinter ihm schloß die Tür".

Man erkennt in diesem Nachtstück die Hand, welche in jungen
Jahren das Drama von der „Ahnfrau" zusammenfügte, um dann ganz
anders gebahnten Pfaden zuzuschreiten.

Die Rolle, welche Ludwig Tieck und seine Helfer im Norden spielten,
indem sie fremde Werke der Weltliteratur eindeutschten, vertrat in Österreich J o s e p h S c h r e y v o g e l (1768—1832), der unter dem Hehlnamen C. A. W e s t bezeichnenderweise die großen Spanier Calderon
und Moreto der deutschen Bühne zuführte. Er war auch, ausweislich
seines „Samuel Brink", ein feiner Novellist. Neben ihm wirkte
M i c h a e l E n k v o n d e r B u r g (1788—1843) anregend auf die
jüngere Dichtergeneration; er philosophierte in einem seltsamen Buche
„Über den Umgang mit sich selbst".

Ignaz Aurelius Feßler (1756—1839) hat in geschichtlichen Romanen sowohl das Altertum, wie die österreichisch-ungarische
Vorzeit zu gestalten gesucht. Einem „Aristides" gesellte er einen
„Matthias Corvinus", Werke von stark lehrhaftem Inhalt. Feßles Schicksal war merkwürdig. Während innerhalb der Romantik Übertritte von
Luthertum zum Katholizismus häufig waren, verließ der bei den Jesuiten erzogene Kapuziner den Orden und, gleich dem Grafen Bentzel-
Sternau, die Kirche. Er ward schließlich evangelischer Generalsuper-
intendent.

Nicht ohne lehrhafte Absicht schrieb auch Caroline Pichler,
geb. von Greiner (1769—1843). In ihrem „Agathokles" brachte sie
ein Bild aus der Zeit des römischen Kaisers Diokletian, dann aber versenkte sie sich in die heimische Vorzeit und schilderte in einem
Roman aus dem Dreißigjährigen Kriege „Die Schweden vor Prag".
Auch die Heldentaten Österreichs in den Türkenkämpfen hat sie, unter
anderem in der „Belagerung Wiens", nachgezeichnet. Von hohem Werte
sind ihre „Zeitbilder" und ihre noch in diesem Jahrhundert wieder herausgegebenen Denkwürdigkeiten; diese beiden Werke enthalten in feinfühliger Sprache reiche Bilder aus dem Wiener Leben der Zeit.

9. Pseudoromantik

Herman Anders Krüger hat für einen Schriftstellerkreis, der sich in
Dresden zusammenschloß, die Bezeichnung „Pseudoromantiker" gebraucht. Er wollte damit die Verwässerung der romantischen Motive
und Anregungen umschreiben, die das Kennzeichen dieser Gruppe bildet.
Wir sind solcher Ausnutzung romantischer Requisiten zu dünnem Auf-
gusse schon bei Clauren begegnet. Dieser Dresdner Liederkreis sammelte
sich um die „Dresdner Abendzeitung".

August Apel (1771—1816) hat Erzählungen geschrieben, ist
aber vor allem durch sein mit Friedrich Laun herausgegebenes „Gespensterbuch" bekannt geworden, das eine Art Seitenstück zu der
Märchensammlung der Brüder Grimm darstellt. Die Anregung zu dieser
Schöpfung hatte Veit Webers „Sagen der Vorzeit" gegeben. Einem der
erzählten Gespensterstücke entnahm der gleichfalls zu dieser Runde gehörige Friedrich Kind (1768—1843) die Anregung zu einem
unsterblich gebliebenen Werke; er dichtete den Text zum Carl Maria
von Webers „Freischütz" nach einer im „Gespensterbuch" erzählten
mitteldeutschen Sage. Friedrich Laun (Friedrich August
Schulze, 1770—1849) hat neben der Gemeinschaftsarbeit mit Apel
zahlreiche Romane geschrieben, unter denen „Der Mann auf Freiers-
füßen" hervorzuheben ist. Julius Dehmel (1803—1828) schuf
unter dem Hehlnamen Dorismund flotte Unterhaltungsromane, so
„Die Gräfin von Weinthal". Der Düsseldorfer Wilhelm Adolf
Lindau (1774—1849) erwarb sich das Verdienst, als einer der ersten
Walter Scott geschmackvoll zu übertragen.

An Fruchtbarkeit und Schaffensumfang übertraf die Dresdner Mitbewerber um die Gunst des ihnen immer wohlgeneigten Publikums der Schlesier K a r l S p i n d l e r (1796—1855). Er besaß eine außerordentlich lebhafte Einbildungskraft, und unter seinen, eine große Bibliothek bildenden Romanen sind einige von fesselnder Erfindung und mit packender Ausgestaltung in Einzelszenen. Vor allem der „Jesuit" und „Der Jude" (dieser mit greller Innenbelichtung und lebhafter Außenführung) verraten eine ungewöhnliche Erzählergabe. Freilich verliert sich diese immer wieder in aufgedonnertes Detail und plattet dann die Gestalten ab. Wie Spindler im „Juden" ein Bild aus der Zeit des Konstanzer Konzils zeichnete, so gab er im „Invaliden" ein Stück französischer Revolution, innerhalb dessen er sogar nicht ohne Geschick eine Silhouette Napoleons fertigte. Spindlers Romane gemahnen an die Unterströmung der klassischen Zeit, sind aber ohne Zweifel erheblich belebter und haben in ihrem raschen Vortrage viele damalige Leser gefesselt.

K a r l v a n d e r V e l d e (1779—1824) war, wie wohl auch Spindler, bereits durch Walter Scott beeinflußt. Er hat geschichtliche Romane aus deutscher Vorzeit geschaffen, so behandelte er in den „Wiedertäufern" die Bewegung und das elende Ende Johanns von Leyden und seiner Genossen. „Der böhmische Mägdekrieg" führte in die Vergangenheit dieses immer wieder zum Kriegsschauplatz gewordenen Landes, hellte aber das Bild der Vergangenheit humoristisch auf. Den Zug von Ferdinand Cortez und seinen Fahrtgenossen brachte van der Velde in der „Eroberung von Mexiko" zur Darstellung. Besonders gern bewegte er sich im skandinavischen Umkreise, so mit einem „Arwed Gyllenstierna".

Neben diesen, manchmal wie Nebenbenutzer eines Schienenstranges wirkenden Teilhabern einer Zeitströmung erscheint J o h a n n P e t e r L y s e r (1804—1870) nur deshalb im Rahmen der Pseudoromantik, weil seine Begabung auf den verschiedensten Gebieten niemals zum runden Ausdrucke gedieh. Der Ertaubte hat sich in humoristischen niederdeutschen Dramen versucht. Er war ein begabter Zeichner und Maler. Den im Unglück Verkommenen haben jedoch nur seine „Künstlernovellen" eine zeitlang überlebt, mit denen er wieder den Anschluß an die große Dichtung gewann.

10. Z w i s c h e n s p i e l

Die romantische Bewegung hatte die Höhen und Tiefen des geistigen Lebens ausgeschritten. Sie nahm das volle Erbe des klassischen Humanismus als reife Frucht ebenso in Anspruch, wie sie die Aussichtskette auf neue Gebiete aus den Bezirken des Glaubens und der Mystik zu einer bisdann noch nicht ergriffenen bunten Ferne hin erweiterte. In dem Ablauf der großen und, wie wir sahen, über die deutschen Grenzen ausstrahlenden Bewegung traten bei der Vielfalt sich kreuzender Einflüsse eigentümliche Spitzen hervor, geeignet, das Bild nicht sowohl abzurunden, als nach anderen Richtungen zu verbreitern. Und während auf der einen Seite der romantische Auftrieb bis zu den äußersten Folgerungen in Lebens- und Glaubensauffassungen vorschritt, kam es auch aus dem Schoße des der Romantik noch zugeborenen Geschlechtes bereits zu einer kritischen Auseinandersetzung, die freilich in manchem Betrachte noch ihre Verhaftung in dem romantischen Rahmen selbst nicht verleugnen konnte.

Das Leben und das Werk der Gräfin Ida Hahn-Hahn (1805—1880) bringen noch einmal die Wirrnis der alten Romantik empor. Sie war die Tochter jenes Theatergrafen Carl Friedrich von Hahn-Neuhaus, vermählte sich mit einem Vetter, ließ sich nach kurzer Ehe scheiden, lebte dann meist auf Reisen, war Gast des Tieckschen Hauses in Dresden und trat 1850 zur katholischen Kirche über. Später gründete sie in Mainz ein Kloster, in dem sie ihr Leben vollendete. Das romantische Erbe mischte sich in ihr mit den Einflüssen der französischen Schriftstellerin George Sand (Aurora Baronin Dudevant, geb. Dupin), die mit der Darstellung von durch die Ehe sklavisch gedrückten Frauen einen romantischen Stoff in zeitgemäßer, zugespitzter Form wieder aufnahm. Lange bevor die Gräfin Hahn 1851 ihr Bekenntnisbuch „Von Babylon nach Jerusalem", das Zeugnis ihrer Konversion, an den Tag gebracht hatte, galt ihre Darstellung im Romane immer wieder der Findung des „Rechten". Diese Aufschrift des einen Werkes könnten auch andere tragen, so die „Faustine" und der „Ulrich". Immer wieder erlangen in den Werken der Gräfin Hahn unbefriedigte Frauen nicht den für sie geschaffenen Mann, verzehren sich in Suchen und Sehnsucht und finden schließlich das Heil in der Kirche — das wiederholt sich bei Ida Hahn-Hahn des Öfteren. Besonders scharf tritt diese katholische Spitze in dem Roman „Zwei Schwestern" bei der Behandlung des immer gleichen Vorwurfes heraus. Dabei ist Ida Hahn-Hahn in Einzelheiten oft sehr glücklich, so wenn sie einmal in dem zuletzt genannten Romane Ludwig Tieck schildert: „er — ein kleiner, mehr von der Gicht, als von den Jahren gebeugter Mann, war schon im Spätherbst des Lebens; aber in seinen schönen, glänzend braunen Augen lag etwas vom ewigen Frühling der Poesie, und ein angenehmes Lächeln, wohlwollend und zugleich klug, schwebte um seinen feinen Mund. Der ganze Kopf und alle Züge waren edel geschnitten, und im Ausdruck vermischte sich auf sehr interessante Weise der scharfe Kritiker und der Dichter des Phantasus, welchem auch die heilige Genoveva angehörte". Dann sagt Ida Hahn-Hahn bezeichnenderweise: „Es hieß eine Zeitlang, Tieck sei katholisch geworden, dem war aber nicht so. Minder glücklich als sein Freund Friedrich Schlegel, erfaßte er nur das befreiende Element, welches von der katholischen Kirche auf die Kunst übergeht; seine Phantasie wurde

durch den unendlichen Reichtum angeregt, den sie in dieser Richtung
entwickelte; er war vertraut mit Spaniens so durch und durch katholischer Poesie; auch mochte in seiner Brust das uralte Lied der Sehnsucht nach Glauben umsoweniger verstummen, als er ein glänzend begabter Geist war — glänzende Gaben, ihre harmonische Einigung,
ihren Frieden, ihre stille Verklärung nur im Lichte des geoffenbarten
Glaubens finden — und folglich ein solcher Geist gleichsam der Kom-
paß ist, der auf die ewige Wahrheit hinweist. Aber an ihrer Schwelle
blieb er stehen. Seine älteste Tochter Dorothea, die Gefährtin seiner
Studien und seiner schriftstellerischen Arbeiten, ein ernstes, dunkel-
äugiges Mädchen, von einer nach außen hin fast herben Abgeschlossenheit, war auf dem Wege des Wissens und Erkennens zum Glauben der
Offenbarung gekommen und katholisch geworden. Er ließ sie gewähren."

Solche Wiedergabe von starken Lebenseindrücken gelingt Ida Hahn-
Hahn nicht selten; dagegen versagt sie häufig in der Seelenergründung
der ihre Romanhandlung tragenden Menschen, so wenn sie in dem Roman „Der Rechte" eine Unterredung eines aristokratischen Vaters mit
der Tochter über die Wahl eines Gatten schildert. Und ihre unerhörte
Fremdwörtersucht entstellt vollends ihr Werk, in dem sich nicht selten
Anklänge einer nervösen Darstellung feinnerviger Menschen finden,
denen wir gemeinhin erst in viel späteren Zeiten begegnen. So heißt es
etwa einmal bei ihr: „seine Mutter hatte schmale, fleischlose, feine,
schneeige Hände, mit schlanken, befehlenden Fingern, mit abwehrenden
Bewegungen und waren immer kühl. Aber Blanchens Hände, rund und
voll, mit tändelnden, lockenden Bewegungen mußten weich und warm
sein, wie die Brust einer Taube. Es war kein Nerv darin".

Das Wort Überspitzung trifft immer wieder auf die Werke dieser
hochbegabten Schriftstellerin zu, die zwar die bewegenden Strömungen
ihres Zeitalters in sich verarbeitete, aber in ihrer Darstellungskunst da,
wo es dichterischen Gesamtbau gegolten hätte, doch schließlich eine vor-
nehme Dilettantin blieb. In einer Zeit, da der deutsche Adel sich auf
ihm bisdann im allgemeinen fremd gebliebenen Gebieten mit der Energie
seines Herkommens heimisch machte, brachte die Gräfin Hahn Bilder
aus einer aristokratischen Gesellschaft, die noch „Fadaisen" anhing, um
die es nicht mehr ging und innerhalb deren der Ernst der dargestellten
Lebenskämpfe nicht zu wahrhaftigem Ausdrucke gelangte.

Auch Graf, seit 1822 Fürst Hermann von Pückler-
Muskau (1785—1871) gehört nicht zu denjenigen seiner Standesgenossen, die sich in künstlerischer oder wissenschaftlicher Arbeit in
Reih und Glied stellten, und man wäre versucht, ihn wegen seiner un-
glaublichen Fremdwörtersucht neben Ida Hahn-Hahn zu stellen. Das
Urteil über den Standesherrn, der die Meisterschöpfungen der Parks von
Muskau und Branitz angelegt hat, dessen Eheerlebnisse der Gesprächs-
stoff in ganz Preußen waren, der in den Freiheitskriegen tapfer mitge-
kämpft hat und sich im Jahre 1870 als Greis wiederum zum freiwilligen

Eintritt meldete, hat von äußerster Bewunderung bis zu tiefer Verachtung der „Pücklerei" geschwankt und schwankt, obwohl es nunmehr
sogar eine Pückler-Gesellschaft gibt, noch heute. Pücklers Werk läßt sich
nicht ohne weiteres in den Kranz der künstlerischen Prosa einordnen.
An wirklichen oder vorgeblichen Reisebriefen hatte es in keinem Jahrzehnte seit der Erneuerung des deutschen Schrifttums im achtzehnten
Jahrhundert gefehlt, und ihre Aufschwellung zur Romanform war deutschen Lesern eine gewohnte Darbietung. Pücklers „Briefe eines Verstorbenen" aber behalten ihre Eigenart und ihren besonderen Rang
durch zwei Eigenschaften, die niemand anders als Goethe in einer Besprechung innerhalb der Jahrbücher für wissenschaftliche Kritik im Sep-
tember 1830 hervorhob. Da nennt der Dichter diese Briefe ein für
Deutschlands Literatur bedeutendes Werk. „Hier wird uns ein vorzüg-
licher Mann bekannt, in seinen besten Jahren, etwa ein Vierziger, in
einem höhern Stand geboren, wo man sich nicht abzumüden braucht,
um auf ein gewisses Niveau zu gelangen, wo man früh Gelegenheit
findet, der Schmied seines eigenen Glücks zu sein und wenn das Werk
mißlingt, wir es uns selbst anzurechnen haben." Zum Zweiten hebt
Goethe hervor, daß diese an eine zärtlich geliebte und fest verbundene
Freundin gerichteten Briefe von einem geprüften Weltmanne von Geist
und lebhafter Auffassung geschrieben sind. Er fügt hinzu, daß der Verfasser sich auch als durchgearbeiteter freisinniger Deutscher, umsichtig
in Literatur und Kunst, erweise. Pückler bringt in diesen Briefen
Bilder aus England und Irland, Gespräche mit bedeutenden, in der britischen Geschichte wesentlichen Persönlichkeiten. Und der goethefeste
große Essayist Carl Hillebrand findet in dem gleichen Frühwerk die
Züge eines „brillanten mauvais sujet"!

Den Briefen eines Verstorbenen, die auch französische Bilder bringen, folgten die „Tutti frutti" mit sehr buntem Inhalt, „Semilassos vor-
letzter Weltgang in Europa", der jedoch auch nach Nordafrika führt,
und eine Reihe weiterer Bildersäle aus Vorderasien und Ägypten.
Als eine allmählich, trotz ihrer höchsten Lebendigkeit, legendäre Gestalt
geht Pückler durch die Memoiren und Briefe Heines und Laubes, von
Fanny Lewald wie unter leichter Verschleierung als Romangestalt durch
manche Bücher der Zeitgenossen, wie der Zukunft. Mit einem sehr hübschen Satze hat Fedor von Zobeltitz in seinem Roman „Kreuzwendedich"
die merkwürdige Erscheinung des mit afrikanischem Vorreiter durch die
Spreewaldlandschaft einherfahrenden Fürsten charakterisiert. Es ist
gerade um die Zeit seiner mit der Gattin (der Tochter des Staatskanz-
lers Hardenberg) verabredeten Ehescheidung, die durch Ermöglichung
einer neuen Ehe Pückler vor dem Vermögenszusammenbruche bewahren
sollte. Da heißt es, der König habe darüber gelacht, die Königin aber
geweint — so sehr beschäftigte diese Persönlichkeit, die am Hofe wie
im Salon der Rahel daheim war, das allgemeine Urteil und freilich auch
die allgemeine Skandalsucht.

August, Graf Platen hat in seinem „Romantischen Ödipus" Immermann als Hyperromantiker zur Zielscheibe seiner Satire gewählt. Nun durchlebt zwar K a r l L e b e r e c h t I m m e r m a n n (1796—1840) noch einmal alle Einwirkungen der Romantik, aber gerade sein, in einem kurzen Leben durch mannigfache Erfahrungen geschärfter Blick hat auch den Weg zu einer dichterischen Darstellung gefunden, in der er die Romantik und was ihr folgte, mit einer ihm eigentümlichen Schlagkraft in dichterischem Bilde kritisiert.

Der hochstrebende Dramatiker fand sich sehr langsam zur Prosa. Ein Frühwerk sind „Die Papierfenster eines Eremiten". Da schreibt ein Einsiedler in einem verfallenen Turme auf die mit Papier zugeklebten Fenster allerlei Bekenntnisse und Gesänge. Noch einmal kommt hier die Wertherstimmung empor, ohne uns zwingend zu bewegen. Von stärkerer Beseelung zeugt die Novelle „Der Karneval und die Somnambule". Aber erst in dem nach langer, durch Immermanns maßgebliches Wirken an der Spitze des düsseldorfer Theaters unterbrochenerArbeit beendetem Romane „Die Epigonen" von 1836 ringt er sich zur großen Erzählungsform durch. Alle Elemente, die uns im „Wilhelm Meister" begegnet sind, erfüllen auch noch dieses Werk. Wie immer wieder unter anderem Namen eine Folie der Mignongestalt ins Leben gerufen ward, so ist auch die Fiametta in den „Epigonen" ohne viel Kopfzerbrechen in diese Stammreihe einzufügen. Auch das Verhältnis des Haupthelden zur Aristokratie deutet noch auf das klassische Vorbild. Aber Immermann begreift den Umschwung der Zeit und gewinnt ihr ein noch unvollkommenes, aber noch heute unübersehbares Bild ihrer zu neuer Entwickelung vorschreitenden Bestrebungen und Irrtümer ab. Obwohl der Held einmal gesteht, daß er einen Widerwillen gegen solche grellen Geschichten, in welchen das Menschliche kaum noch wahrzunehmen sei, habe, ist der Roman doch von so grellen Einsprengseln erfüllt. Aber das Weltbild, das Immermann geben und mit dem er der Zeit einen Spiegel vorhalten möchte, ist in einzelnen Zügen wohl getroffen. Der Übergang zur großen industriellen Wirtschaft erfüllt nicht nur tiefgehende Gespräche des an Auseinandersetzungen reichen Werkes, die Umbildung des deutschen Lebens wird vielmehr an dem Aufstiege einer neuen, über Rohstoffe und Geld verfügenden, die alte Aristokratie ablösenden Schicht dargestellt. Der Anblick der Landschaft wird ganz anders. Hier hat dem zu Magdeburg geborenen Dichter die großartige industrielle und kaufmännische Wirksamkeit von Gottlob Nathusius in Althaldensleben vorgeschwebt, der der magdeburger Börde die verschiedensten Früchte abgewann und das Antlitz der Provinz weithin so umgestaltete, daß noch in einer Szene aus Fontanes „Cécile" die Bewunderung dieser Neuschöpfungen hervortritt.

Die Aufschrift „Epigonen" sollte ja bereits auf den Charakter einer Zeit deuten, die nach dem großen Aufschwunge der Freiheitskriege sich der Verfolgung des Einheitsstrebens und der Demokratie, einem neuen

Pseudoaristokratismus und einer gewissen blasierten Weltschmerzlichkeit hingab. So echt die Darstellung in vielen Zügen ist, gelangt Immermann doch nicht zu einer befreienden Aussicht — erst in seinem letzten Romanwerk dringt er, freilich in sehr seltsamer Form, zu dem selbstgesteckten Ziele vor.

Immermann, der schon das volle Bewußtsein einer Zeitenwende hatte, obwohl ihn das Schicksal bereits im Jahre 1840 zur Ewigkeit versammelte, umkränzte die Mittelgestalt seines neuen Werkes mit allen Requisiten und allen erdenklichen Schrullen der Romantik. Diese Mittelgestalt ist der Enkel des Lügenbarons Münchhausen, der im achtzehnten Jahrhundert Gottfried August Bürger mit der Übersetzung seiner Abenteuer in Deutschland einbürgerte, und der Enkel pflügt mit dem gleichen Kalbe wie der Ahn. Diese Figur des kurzweiligen, überall und nirgends behausten Aufschneiders, der mit seinem Lügen und Prahlen niemals eigensüchtige Zwecke verfolgt, sondern im Grunde nur sich und andere amüsieren will — diese skurrile Gestalt, der wirklich nur ein ungebräuchliches Fremdwort auf den Leib paßt, war wie geschaffen, ihr alle ungewöhnlichen Erscheinungen der Zeit umzuhängen. Aber damit wäre die Absicht Karl Leberecht Immermanns, die er bei der Komposition dieser „Geschichte in Arabesken" verfolgte, nur von der einen Seite her umschrieben. Neben und über den Unmöglichkeiten und satirischen Zielsetzungen wollte Immermann ein Bild unverfälschten deutschen Daseins darbringen, dessen lebensvolle Züge auf eine weit zurückgreifende heimische Überlieferung hindeuten. Die Münchhausen-Geschichte mutet völlig an, als ob der Dichter sich aus der gefüllten Scheuer der Romantik all ihre Extravaganzen noch einmal herbeigeholt hätte. Man denkt sofort an die stilistischen Seitensprünge in E. T. A. Hoffmanns „Lebensansichten des Katers Murr", ja, sogar die Erinnerung an Brentanos „Godwi" wird wach. Da wird der Gang der Handlung durch Briefe an den Setzer unterbrochen, da wird unter der Überschrift: „Ich" das Fragment einer Bildungsgeschichte erzählt, in der den Ziegen vom Helikon eine große Rolle zukommt. Die Münchhausen-Handlung spielt zwischen dem Baron von Schnuck-Puckelig-Erbsenscheucher in der Boccage zum Warzentrost, seiner Tochter Emerentia, dem Schulmeister Agesel, der durch eine Neuordnung {des Unterrichtswesens verrückt geworden ist und an seine Abkunft von den spartanischen Königen glaubt. In diesen Kreis, der auf dem halbzerstörten Schlosse Schnick-Schnack-Schnurr lebt, tritt nun der Enkel Lügen-Münchhausens, und es beginnt eine Fülle von exzentrischen Geschichten, die von einer anderen Erzählung (auch dies ein echt romantisches Verfahren) unterbrochen wird. Die Anspielungen, von denen in dem einen Teile des Romans fast jede Seite strotzt, waren schon bald nach seinem Erscheinen, selbst für zeitgenössische Schriftsteller, kaum mehr in jedem Falle deutlich zu machen. Da wird vor allem das Kerner-Haus mit seiner Geisterseherei vorgenommen. Die reaktionäre Politik des wiedereingesetzten Kurfürsten von Hessen (dem Goethe einen unsterblichen Stachelvers widmete) wird in einer drastischen Szenenfolge verhöhnt. Das Schlagwort von der Europamüdigkeit, im Jungen Deutschland häufig, findet eine humoristische Abfertigung. Der fortwährende Gebrauch der Überschrift „Zustände" in Reisebriefen der neuen Schule wird lächerlich gemacht. Friedrich Rückerts „Makamen des Hariri" werden ergötzlich nachgeahmt. Das frühreife, in ganz Deutschland berühmte Kind Karl Witte, über dessen wunderhafte Begabung sein Vater ein weitläufiges Werk geschrieben hatte, wird mehrfach spitzig erwähnt und satirisch zu paralleler Bemühung ausgewertet. Wenn der alte Baron Mitglied eines Journal-Lesezirkels wird, so werden die gängigen Zeitschriften, je nach ihrem Druckort, ihrem Charakter, ihrem verheißungsvollen Titel durchgehechelt, und der neue Abonnent fühlt sich so bereichert, daß er nie geglaubt hätte, „noch so glücklich werden zu können", indem er die „liberalen, die servilen, die rationalistischen, feudalistischen, supranaturalistischen, konstitutionellen, superstitionellen, dogmatischen, kritischen Organe" sich einverleibt. Die „Christliche Mystik" von Joseph Görres findet in diesem satirischen Behältnis ebenso eine gutmütige Verspottung, die freilich mehr ihre zudringlichen Anhänger trifft, wie Bettina von Arnim oder der Fürst Pückler. Es ist ein wahres Pandämonium, das Immermann hier mit fühlbarem Vergnügen an der Ausstrichelung zutage bringt. Und um so merkwürdiger und in anderem Sinne zielweisender, ist zwischen alle diese schwelgerischen Bekundungen einer literaturpolitischen Satire die ganz anders vorgetragene Geschichte vom Oberhofe eingefügt. Man braucht nur die Einführung des Ersten Buches des Romans mit derjenigen des Zweiten zu vergleichen, um sofort den gewollten gewaltigen Abstand handgreiflich zu erfassen. Das erste Buch beginnt mit dem Kapitel Elf, weil angeblich der wohlwollende Buchbinder die Kapitel elf bis fünfzehn, der Spannung halber, vorgeheftet hat (wobei noch eine Anspielung auf Pückler mitläuft). Dagegen beginnt das zweite Buch, „Der wilde Jäger" mit einer ganz sachlichen und sofort durch ihre epische Dichtigkeit völlig anders hinnehmenden Einbegleitung in einen Raum der Lebenstreue, die von jeder satirischen Nebenabsicht weit entfernt ist. Und nach einem ausführlichen Zitate aus einem Werke über das Münsterland führt Immermann in knappen Sätzen in die Umwelt des Hofschulzen ein, dessen Stammerinnerung nicht nur die alten Weistümer und Gerechtsame der Vorfahren bewahrt, sondern sie auch noch immer zu lebendiger und für die Lebensgenossen vorbildhafter Wirkung zu gebrauchen weiß. Der Ernst des Münchhausenteils war durch die kapriziöse Ausgestaltung immer wieder bis zu einer alsbald schwer verständlichen humoristischen Quadrille überdeckt — die Handlung des „Wilden Jägers", welche die Nachwelt immer unter dem Titel des „Oberhofes" zusammengefaßt hat, bot ein Bild deutschen Lebens, das, ganz unabhängig von dem übrigen Inhalte des überreichen Werkes, für sich allein Geltung und Lebensrecht gewann — und

wäre es nur um der blonden Lisbeth (die freilich eine Tochter Emeren-
tias sein soll), um des Jägers Oswald und des wie in Holz geschnitzten
Hofschulzen willen.

Immermann führt sich selber als den „bekannten Schriftsteller
Immermann", „einem Mann im braunen Oberrock", ein, wie er den
Freiherrn von Münchhausen besucht. „Es war ein breitschultriger unter-
setzter Mann, der seinen Wanderstock bei jedem Schritte mit Energie
auf die Erde stieß. Er besaß eine große Nase, eine markierte Stirn,
deren Protuberanzen jedoch mehr Charakter als Talent anzeigten, und
einen feingespaltenen Mund, um den sich ironische Falten wie junge
spielende Schlangen gelagert hatten, die jedoch nicht zu den giftigen
gehörten. Seine Augen wurden in den Reisepässen gewöhnlich als graue
bezeichnet. Sie lagen auch wirklich wie hellgraue Perlen in ihren Höhlen
unter Brauen eingewühlt, die trockenem, gelbbräunlichem Reisig glichen.
Mehrere Damen seiner Bekanntschaft aber, die ihm wohlwollten, be-
haupteten, diese Augen hätten einen angenehmen blauen Ausdruck, und
seit der Zeit glaubte er selbst an ihre Bläue. Nicht allein in dem Ant-
litze dieses Mannes, der nach seinem Habitus ein Vierziger zu sein
schien, sondern überhaupt in seinem gesamten Wesen war eine eigene
Mischung von Stärke, selbst Schroffheit, mit Weichheit, die hin und
wieder in das Weichliche überging, sichtbar." Diese, sicherlich wohl-
getroffene Selbstdarstellung, der man einen verschwiegenen Humor abmerkt, ist eine rechte Ergänzung der schönen „Memorabilien", in denen
Immermann von seinem Jugendleben spricht.

Den tiefen Ernst des „Münchhausen", aus dem nach Immermanns
frühem Tode schon eine frühe Nachfolge nur den „Oberhof" gelten
lassen wollte, hat Wilhelm Raabe in einem 1880 erschienenen Meister-
werke, den „Alten Nestern", ins Licht gestellt, wie er denn immer wieder auf diesen großen Schriftsteller an einer Zeitenwende hinwies.
Er empfand die unübersehbare Stellung Immermanns im deutschen
Leben. Und in der Tat: wenn man das satirische Arabeskenwerk, das
heute nur der Forscher voll würdigen kann, überlesen mag, so bleibt
die spiegelnde und zugleich warnende dichterische Ausprägung auch
gerade des Münchhausenteiles ein währendes Mal einer starken, in sich
beruhenden, hohen Zielen zuschreitenden Persönlichkeit.

In Düsseldorf, nahe dem Rheinufer, standen vor der Zerstörung und
Verstörung unserer Tage drei Denkmäler, von Dankbarkeit errichtet,
nebeneinander: Peter Cornelius, der große nazarenische Maler, das
Haupt der romantischen Schule von Monte Cittorio, Felix Mendelssohn-
Bartholdy, der romantische Musiker, Eichendorffs Vertoner vor allem,
und Karl Leberecht Immermann, der noch das volle Erbe der Romantik
einsammelte und doch, zu dem Ziele neuer Lebensdarstellung vordeutend,
mit den Marotten der Bewegung, wie der Gegenbewegung, wie in heiterem Spiele, brach und so Linien künftiger Entwicklung vorzeichnete.

In einem seiner Sonette heißt es:

> Ich schau in unsre Nacht und seh' den Stern,
> Nach dem die Zukunft wird ihr Steuer richten,
> Bei dessen schönem Glanze sich die Pflichten
> Besinnen werden auf den rechten Herrn.
>
> Einst geht er auf, noch aber ist er fern.
> Es sollen unseres jetzgen Tags Geschichten
> Zu Fabeln erst sich ganz und gar verdichten.
> Dann wird gepflanzt der neuen Zeiten Kern.
>
> Dann wird der König, den ich meine, kommen,
> Und um den Thron, den ich erblicke, wird,
> Wonach gestrebt das allgemeine Ringen,
>
> Und was die Größten einzeln unternommen,
> Was wir erkannt, worin wir uns geirrt,
> Als leichter Arabeskenkranz sich schlingen!

So stolz-bescheiden spricht Immermann von seinem Werke — die
Arabesken seiner erzählenden Kunst umranken den männlichen Kern
der Persönlichkeit, ohne ihren Reiz und Rang verdecken zu können.

Drittes Buch

JUNGDEUTSCHTUM

1. Der Erbe und das Erbteil der Romantik

Im Jahre 1812 hatte Friedrich Schlegel jene, die romantische Weltauffassung über die Literatur der Völker breitenden Wiener Vorlesungen
gehalten. Im Jahre vordem hatte Heinrich von Kleist, in dem eigenen
Geschick und dem des Vaterlandes jedes Ausblickes bar, die Kugel gegen
das eigene Haupt gerichtet. Die Jahre 1813 bis 1815 aber brachten den
Jüngeren dieser deutschen Renaissance zum guten Teil „die Tat von
ihren Gedanken". Eine Kohorte von Dichtern und Schriftstellern trat
freiwillig unter die Fahnen, Fouqué, Eichendorff, Theodor Körner,
Wilhelm Müller, Otto Heinrich von der Loeben, Steffens, Varnhagen
von Ense, Friedrich Förster, Bernhard Ludwig Giesebrecht, Ferdinand
Maßmann, Eckermann, Fallmerayer, Ernst Schulze, Heyden, Koreff,
Holtei, Pückler, Lewald, Assing, Alexander von Blomberg, Leßmann,
Friedländer, Adolf Follen, Alexis, Immermann, Klinkowström, Collin
— sie alle, Gewordene und Werdende, soweit sie auch Leben und Literatur später auseinanderführen mochten, von der Romantik ausge-
gangen, von ihrem Strome mitgetragen.

In einheitlicher Erhebung hatte das deutsche Volk, anderen europäischen Mächten verbündet, den Sieger in hundert Schlachten niederge-
worfen. Das Ziel des Kampfes sollte aber keineswegs nur die Befreiung
vom fremden Joche sein; vielmehr ging es nicht nur den Wortführern
der öffentlichen Meinung, sondern auch denen, die Gut und Blut dem
Vaterlande dargebracht hatten, in ihrer großen Mehrzahl darum, den
deutschen Ländern wieder eine Verfassung zu geben, die mit der Schaffung eines Reichsoberhauptes die wiederhergestellte deutsche Einheit
darstellen und die vielen Einzelstaaten zu einem festen Gebilde von einheitlicher Prägung verbinden sollte. Darüber hinaus strebte das durch
eine große geistige Leistung von nunmehr drei Generationen erzogene
Bürgertum nach einer freiheitlichen Ausgestaltung des Gesamtbaus, und
innerhalb dieses nach einer ebenmäßigen Rechtsgarantie, die, über die
Steinschen Reformen hinausgehend, zu freiheitlichen Formen innerhalb
der Einzelstaaten führen sollte, wie denn der König von Preußen seinem
opferbereiten Volke eine in der Verfassung verankerte Allgemeine Lan-
desrepräsentation feierlich versprochen hatte. Aber im norddeutschen

Bezirke kam nur der hochgemute Großherzog Karl August von Sachsen-Weimar-Eisenach freiwillig diesem, wahrlich bescheidenen Verlangen nach, wie er auch den Genossen des Wartburgfestes seinen Schutz angedeihen ließ. Wilhelm von Humboldt erstrebte auf dem Wiener Kongreß vergeblich eine andere Lösung des deutschen Problems und schied als entschlossener Förderer der Verfassungsfrage aus dem Staatsdienste, seine „Ideen zu einem Versuch, die Grenzen der Wirksamkeit des Staates zu bestimmen" als großes Vermächtnis der klassischen Zeit der Zukunft darbringend. Während die süddeutschen Staaten neue Wege beschritten, die, freilich unter vielen Hemmungen, der allgemeinen Sehnsucht Raum gaben, beharrten die beiden deutschen Vormächte, und in ihrem Gefolge viele Kleinmächte, unter ihnen vor allem Kurhessen und Mecklenburg, hartnäckig bei dem längst überholten Schema, unfähig, die Zeichen der durch die französische und britische Entwicklung beschwingten Zukunft zu deuten.

Mit diesen hohen Zeiten vaterländischer Erfüllung hatte aber die Romantik den eigenen Höhepunkt erreicht und alsbald überschritten. Wohl war der Sehnsucht nach Abschüttelung der Fremdherrschaft Genüge geschehen, aber der aus der Tiefe christlicher Empfindung mit emporgewachsene Drang nach dem neuen, Volk und Völker überwölbenden Reiche der Deutschen ward durch das alle Spuren der Halbheit an sich tragende Gerüst des Deutschen Bundes nicht erfüllt. Vollends die Heilige Allianz diente sehr unheiligen Zwecken, die von ihr geforderte und geförderte Politik tat das Erdenkliche, den frommen Idealismus deutscher Jugend abzuschrecken, seine Äußerung zu verdächtigen, seine Träger zu brechen und zu knicken, wie denn selbst Arndt und Schleiermacher der Verfolgung durch eine brutale und geistlose Reaktion nicht entgingen. Das unter der Burg der Minnesänger und Luthers begangene Wartburgfest, in die Sehnsucht nach deutscher Einigkeit ausklingend, wurde der Anlaß zu harter Verfolgung und arger Ranküne, die viel hoffnungsvolle Jugend in der Blüte knickte, es dem Alter schwer machte, an hellere Zukunft zu glauben.

Das Erbe der Romantik trat im Grunde ein einziger Mann an, W i l h e l m   F r i e d r i c h   H e g e l (1770—1831). Es schien so, als ob der eigentliche Philosoph der Romantik, Schelling, ihn noch bei Lebzeiten beerben sollte, aber Hegel siegte alsbald und völlig. Es will viel besagen, wenn der fünfundsiebzigjährige Goethe dem Philosophen von Weimar her schreibt: „Da Sie die Hauptrichtung meiner Denkart billigen, so bestätigt mich dies in derselben nur um desto mehr, und ich glaube nach einigen Seiten hin bedeutend gewonnen zu haben, wo nicht fürs Ganze, doch für mich und mein Inneres. Möge alles, was ich noch zu leisten fähig bin, sich immer an dasjenige anschließen, was Sie gegründet haben und auferbauen. Erhalten Sie mir eine so schöne, längst herkömmliche Neigung und bleiben überzeugt, daß ich mich derselben als einer der schönsten Blüten meines immer mehr sich entwickelnden Seelenfrühlings zu erfreuen durchaus Ursache finde."

Hegels Staatsphilosophie gipfelt in dem Saße aus den Vorlesungen über die Geschichte der Philosophie: „Bis hierher ist das Bewußtsein gekommen, und dies sind die Hauptmomente der Form, in der das Prinzip der Freiheit sich verwirklicht hat; denn die Weltgeschichte ist nichts als die Entwicklung des Begriffes der Freiheit." Von diesem Leitsatze ausgehend, fordert Hegel im wahrhaft vernünftig gegliederten Staate Gesetze und Einrichtungen, die nichts sind als eine Realisation der Freiheit nach deren wesentlichen Bestimmungen. „Ist dies der Fall, so findet die einzelne Vernunft in diesen Institutionen nur die Wirklichkeit ihres eigenen Lebens und geht, wenn sie diesen Gesetzen gehorcht, nicht mit dem ihr Fremden, sondern nur ,mit ihrem Eigenen zusammen." Es liegt in der Logik des Hegelschen Systems, daß er Ständeversammlungen mit öffentlicher Verhandlung fordert.

Die königliche Stellung Hegels als des Vollenders der Philosophie des kritischen Idealismus ist nicht nur in ihrer Zeit unübersehbar. Alle gebildeten Nationen gingen hier in die Schule und fanden bei der idealistischen Philosophie ein Fundament für ihre geistige Formung. „Die Deutschen," sagte Karl Marx in einer Jugendschrift, „haben in der Politik gedacht, was die anderen getan haben. Deutschland wird ihr theoretisches Gewissen." Längst nachdem die Lehrstühle der Hochschulen von hegelfremden Dozenten besetzt waren, wirkte der Stoß auf das Geistespendel, durch den dies völlig umschwang, weiter. In einem denkwürdigen Aufsaße hat Karl Joel, Inhaber von Nießsches Baseler Lehrkanzel, im Beginn unseres Jahrhunderts dargelegt, wie immer noch Hegel seine Herrschermacht ausübt, und nach dem deutschen Zusammenbruche von 1945 wurde die ideenlose Staatsdemagogie als ganz besonders gegen das Hegelsche Denkgebäude gerichtet in ihrer verhängnisvollen Sturzwirkung dargestellt.

Für Hegel war die Welt der unendliche dialektische Prozeß des sich selber denkenden, absoluten Geistes, alles Seiende ein Ergebnis der göttlichen Vernunft in ihrer Selbstverwirklichung. Erst das Selbstbewußtsein des denkenden Geistes faßt das begriffliche und das reale Sein in sich zur höheren idealen Einheit zusammen. Im Gegensaß zu dem subjektiven Ausgangspunkte der Fichteschen Lehre, wo das Ich „sich seßt", erstrebt Hegel die Erkenntnis eines objektiven Weltzusammenhanges, in dem die Gegensäße und Knüpfungen, die Lösungen und Auflösungen kraft innerer Notwendigkeit gebildet sind. Das Ergebnis der Philosophie ist der Gedanke, der „bei sich ist und darin zugleich das Universum erfaßt, es in intelligente Welt verwandelt." Der Geist, der auf seinem Wege die Erinnerung der Geister hat und aus dem Kelche dieses Geisterreiches seine Unendlichkeit gewinnt, ist die ausgebreitete Vernunft, die mit der vernünftigen Außenwelt gesättigt, mit der seienden Vernünftigkeit vermittelt ist. Hegel kam auf dieser Grundlage zu dem Saße, daß das Wirkliche vernünftig und das Vernünftige wirklich sei; der Schluß, das im dialektischen Prozeß als vernünftig Erkannte wirklich zu machen, war also nicht gegen das System, und so ist es nur logisch, wenn sowohl die Verfechter der Staatskirche und des preußischen Staatskonservatismus, wie die Bekämpfer der geschichtlichen Kirche und die sozialistische Staatslehre sich von dem einflußreichsten Denker des Jahrhunderts herleiten. Theologen und Kirchenmänner, wie Göschel und Marheineke konnten sich ebensogut Hegels Schüler nennen, wie Ferdinand Lassalle, indem er von der Darstellung Herakleitos, des Dunkeln, zum „System der erworbenen Rechte" weiterschritt. Ludwig Feuerbach erwies die Schulung an Hegels Dialektik ebenso wie der radikale Evangelienkritiker Bruno Bauer. Das „Kapital" von Karl Marx und das „Leben Jesu" von David Friedrich Strauß aus Ludwigsburg stehen gleichermaßen in der Nachfolge von Hegels Systematik, die gleichzeitig etwa in der Persönlichkeit Karl Rosenkranz zu neuer Deutung Goethes vorschritt.

In den Siegeszug dieser auf alle Lebensgebiete wie auf die Nachbarwissenschaften unwiderstehlich einwirkenden Philosophie fiel, kurz vor dem Tode ihres Meisters, die französische Juli-Revolution. Es ist sehr schwer, sich heute vorzustellen, wie ungeheuer stark dies Ereignis auch in Deutschland Epoche machte. Es war so, als ob eine lose hängende Zündschnur nur auf den Funken gewartet hätte, der das freie Ende ins Schwelen setzte. Trotz der, besonders in Preußen und Österreich gängigen Volksbevormundung regte sich allenthalben die unter behördlichem Drucke scheinbar erloschene Sehnsucht nach einer würdigen politischen Form für die lose verbundenen deutschen Einzelstaaten und nach einer den geistigen Leistungen und der kriegerischen Bewährung des Volkes ebenmäßig entsprechenden freien Verfassung. Nach der französischen Umwälzung, die den Kammern große Rechte brachte und im öffentlichen Leben beengende Einschnürungen beseitigte, folgte jenseits des Kanals die Bewegung des Chartismus und wirkte auf die sich, mindestens im Bewußtsein schon bildende Arbeiterbewegung ein, während das Bürgertum immer nachdrücklicher den Ausbau der großen, längst stockenden Steinschen Reform bis zur Verfassung für die immer noch absolutistisch regierten Großstaaten, Brechung der Reaktion allenthalben und die Schaffung eines deutschen Parlaments forderte. Damit gewann die romantische Reichssehnsucht ein anderes Vorzeichen. Es ist heute fast ein publizistischer Gemeinplatz, zu beklagen, daß Deutschland unter allen großen und kleinen Völkern nie, nach dem im Blute erstickten Bauernaufstande von 1525, eine wirkliche erfolgreiche Revolution erlebt hat. Seit 1830 drängte alles zu einer Erneuerung des Staatslebens auf der Grundlage des mächtig angewachsenen und durch Leistungen verdienten bürgerlichen Selbstbewußtseins. Die frohe Erwartung, die viele im preußischen Volke an die Thronbesteigung Friedrich Wilhelms des Vierten im Jahre 1840 knüpften, wich alsbald tiefer Enttäuschung, die wir auch dem der Majestät gewidmeten Buche Bettinas von Arnim wohl abmerken. Dieser König, ganz der romantischen Generation zugehörig,

hätte wohl unter Arnims Kronenwächtern einen Platz gefunden — sich
wie Kleists Hermann zum großen Entschlusse der Freiheit und Einheit
zu fassen, war ihm ebenso versagt, wie die im rechten Augenblick zu-
greifende herrscherhafte Staatsklugheit seines in dem anderen Kleist-
werk dargestellten Vorfahren von Fehrbellin.   So viel Bitterkeit und
Verzerrung sich auch in weitergehender radikaler Kritik offenbaren
mochten — im Großen war ein einiger Drang zu tiefgreifender Erneuerung vorhanden. Er führte über die durch die Zauderpolitik der Kronen
unabwendbare Revolution von 1848 zu der nationalen Erhebung des
gleichen Jahres. Hunderte der besten deutschen Männer zogen in das
große Parlament der Frankfurter Paulskirche, eine Versammlung, deren
geistige Höhe, deren reinen Idealismus keine Tagung auf deutschem
Boden wieder erreicht hat. Das volle Erbe des klassischen Humanismus
wie der großen Romantik ward eingebracht, das in hundertundfünfzig
Jahren erworbene Gut aus deutschem Wesen geflossener weltweiter Bildung fand in den leidenschaftlichen Aussprachen der Paulskirche Ausdruck und suchte nach deutscher und freier Verkörperung.   Unholde
Mächte schlugen diesen Trägern nationalen Vertrauens in Goethes Vaterstadt den Gewinn kurz vor der Einheimsung freilich aus der Hand. Es
gehört zu den tragischen Zügen im deutschen Antlitz, daß der praktische
nächste Mißerfolg das Gedenken an die Paulskirche im deutschen Bewußtsein auf lange hin verdunkelte. Zum ersten Male tagte auf deutschem Boden eine aus dem ganzen Bundesgebiete freigewählte Versammlung mit höchster politischer Zielsetzung.   Der dichterische Ältermann
war der Vorkämpfer der Befreiung vor 1813, Ernst Moritz Arndt. Aber
neben ihm, Jacob Grimm und Ludwig Uhland saßen die Vertreter eines
jüngeren Geschlechtes von Dichtern und Schriftstellern, so Anastasius
Grün, Heinrich Laube, Moritz Hartmann, Wilhelm Jordan, Jacob Philipp Fallmerayer, Paul Pfizer, Friedrich Theodor Vischer, Ignaz Ku-
randa, Joseph Rank.

Hochgemute Männer hatten unter Darbietung ihres besten Lebensgehalts versucht, die durch das Unverständnis der oberen Mächte zum
Auftrotzen gekommene Volksbewegung in die Bahnen des Rechtes und
der friedlichen Vereinbarung zu leiten. Die Eigensucht der Kronen, die
sich auf unangetastete feudale Schichten stützten, schlug den Sendboten
des Volkes das Werk aus der hingestreckten Hand.   Eine Fülle von
neuen Menschen taucht, der Zeit neue Embleme voraustragend, empor,
und mit großem historischem Rechte hat Friedrich Naumann betont, wie
sehr das Jahr 1848 für die spätere deutsche Entwicklung schicksalhaft
geworden ist. Während es die Einen, die Kinkel, Freiligrath, Marx,
Engels, ins Exil trieb, war der Ablauf der Ereignisse auf der anderen
Seite eine große und freilich sehr harte Schule für die Staatsmänner, die
sich in völlig veränderter Zeit zurechtfinden und diese Zeit gar zu meistern suchen sollten.

Die Romantik war, bei all ihren Abschweifungen und Seitensprüngen, im Ziele einig: geistig erstrebte sie die Wiederbelebung großer Vorzeit, in ihren Vormännern mit der Beugung unter das Kreuz. Ihr politisches Ziel war die Befreiung des Vaterlandes vom fremden Drucke. Dann, wann das Joch abgeworfen und das Reich neu errichtet war, stieg der Gedankenbau der Romantik von Fichtes Staatslehre des freien Staatsbürgervertrages bis zu der von Novalis einbekannten christlich-europäischen Einung im gleichen Ideal empor.

Die Folgezeit, deren geistiger Former Hegel war, trug ein doppeltes politisches Antlitz. Auch nach dem Scheitern des Werkes der Deutschen Nationalversammlung und nach den anderen, besonders durch Joseph von Radowitz, der auch ein bedeutender Publizist war, befeuerten Anläufen zu ganzer oder halber Einigung der deutschen Staaten, blieb das Ziel einer Erneuerung deutscher, staatlicher Gemeinschaft und Macht unverrückt — ob mit großdeutscher oder kleindeutscher Lösung, war eine schicksalhafte Frage, die auch im außerpolitischen Schrifttum immer wieder empordrang. Zum Zweiten aber begann sich unterhalb dieser in ihrem Grundwesen bürgerlichen und bürgerlich bestimmten, dem Feudalismus abholden Politik die Arbeiterklasse zu rühren und zu organisieren. Denn die erste Hälfte des neuen Jahrhunderts hatte den Beginn und die immer raschere Fortsetzung eines Strukturwandels des europäischen, insbesondere des deutschen Lebens gebracht. Die Bevölkerung wuchs in einem bis dann nicht bekannten Maße an. Ihre Ernährung auf dem knappen und zum Teil wenig ertragreichen deutschen Boden machte die Einfuhr von Nahrungsmitteln und als Gegenleistung die Ausfuhr von Gewerbserzeugnissen notwendig. So vervielfältigte sich die industrielle Arbeit und ward zugleich durch Vermehrung und immer anwachsende Vergrößerung der Fabriken noch stärker von der Handwerksarbeit gelöst; der Stand der Fabrikarbeiter wuchs im Verhältnis zum früheren Handwerkerstande zahlenmäßig von Jahr zu Jahr und wurde im Gesamtleben der Nation immer wichtiger. Alsdann brachte eben diese industrielle Stärkung und Mehrung einen stets steigenden Zuzug in die Städte zuwege. Die Bevölkerung der preußischen Hauptstadt hatte in der zweiten Hälfte des achtzehnten Jahrhunderts um fünfzigtausend Einwohner zugenommen. Von achtzehnhundert bis achtzehnhundertfünfzig wuchs sie jedoch um dreihundertundachtzigtausend, wobei die Nachbarstädte nicht einmal in Anschlag gebracht sind.

Beide Strömungen, die schon überkommene und die aus der technischen Umformung des deutschen Lebens sich bildende, waren noch nicht bestimmt, sich in das gleiche Strombett zu ergießen. Die deutsche Dichtung, und insbesondere der deutsche Roman gibt von beiden lebendiges Zeugnis.

Dieser Roman hatte innerhalb der romantischen Epoche eine Entfaltung erlebt, die ihn immer stärker in das geistige Leben einbaute. Immer wieder war der Entwicklungsroman zum Ausdrucke zeitlicher

Strömungen und individueller Anlagen geworden. Er hatte, oft noch immer sich der Brief- oder Tagebuchform bedienend, seinen Gesichtskreis, wie etwa in Eichendorffs „Ahnung und Gegenwart", erweitert. Der historische Roman war mit ganz verschiedener Stilabwandlung dargebracht worden, der einst mächtig ins Kraut geschossene Räuberroman hatte sein Publikum verloren, und auf den auseinandergehenden Spuren Goethes und Jean Pauls war der Familienroman mit allen die Herzen eines engeren Umkreises bewegenden Problemen zum nachdenklichen Abbilde deutscher Menschen geworden. Wie aber der historische Roman in einer Entwicklung, die von dem „Heinrich von Ofterdingen" des Novalis bis zu Ludwig Tiecks „Vittoria Accorombona" geht, immer neues dichterisches Feld gewann, so erstieg auch der phantastische Roman in Hoffmanns „Elixieren des Teufels" einen Gipfel. Die Novelle hatte sich erst in der Romantik völlig eingebürgert und durchgesetzt, wobei ihr, nach dem Muster des Romans, die Treue geschichtlicher Färbung ohne Verfärbung wohl anstand. An währenden dramatischen Gebilden hatte die Romantik, außer Kleists bei Lebzeiten unbelohnt gebliebenen Werken, nichts hinterlassen, was auch nur dem unmittelbar folgenden Geschlechte lebendig erschienen wäre. Die Ernte in Roman und Novelle bestätigt die neue Stellung dieser Prosadichtungen im Gefüge des deutschen geistigen Lebens. Die immerhin abschätzig klingende Bezeichnung des Romanverfassers als Halbbruder des Dichters war, nach den „Abderiten" und erst recht seit den „Wahlverwandtschaften", nicht mehrt statthaft. Die Eroberung von neuem Stoff innerhalb des deutschen Lebensraumes, die psychologische Vertiefung innerhalb der dargestellten Wirklichkeit, die schlußgerechte Einsammlung geschichtlicher Gestalten und Probleme — all dies, angebahnt, mit romantischen Ein- und Fernblicken geschaut, zum Teil freilich nur in halbseitig geglätteten Bruchstücken an den Tag gelangt, blieb gleich der einen großen deutsch-universalen Zielsetzung der Romantik das Erbe der nächsten Generation und entfaltete sich unter dem Anhauche anderer, verwandten Zielen zudrängender Entwickelungen in erneuerten und teilweise auch in neuen Formen. Die Zeitung, vom Leitartikel bis zu dem unter den Strich verwiesenen Feuilleton, gewann für das geistige Leben und die geistigen Kämpfe eine Bedeutung, die französischen Lesern längst bewußt geworden war, nun aber, vor allem durch Heinrich Heine, auch dem deutschen Publikum den Blick in Auseinandersetzungen über die andrängenden Probleme des Tages freigab.

Das Stichwort „Junges Deutschland", im Hinblick auf verwandte italienische Strebungen gewählt, hatte der Kieler Privatdozent L u - d o l p h   W i e n b a r g (1803—1872) geschaffen; seinen „Ästhetischen Feldzügen" hatte er ein Widmungsblatt an das Junge Deutschland vorgesetzt. Die jungdeutsche Bewegung in ihrer durch die französische Juli-Revolution besonders befeuerten Lebendigkeit knüpfte in manchem an Heinrich Heines kritische Haltung gegenüber der deutschen Politik an. Immerhin stak Heine noch mit einem großen Teile seines Wesens in der Romantik. Dagegen gab sein einstiger Mitstreiter und späterer Gegner L u d w i g B ö r n e (1786—1837) in seiner Kritik der Stimmung der Zeit, freilich in unpoetischem Gewande, von Anbeginn scharfen, ja oft radikalen Ausdruck. Seine, noch von Gottfried Keller gerühmten, „Briefe aus Paris", kurz nach der neuen französischen Umwälzung geschrieben, bezeichnen voll den Standpunkt des mit den damaligen deutschen Zuständen weithin unzufriedenen und nach einer Veränderung langenden deutschen Bürgertums. Der Dichtung kommt Börne am nächsten in humoristischen, knappen Aufsätzen, wie dem von der Postschnecke oder vom Eßkünstler. Sein Stil erhebt sich zu der ihm gemäßen Höhe am stärksten in seiner Gedenkrede auf Jean Paul, in der er aus tiefverwandter Stimmung dem Manne einer anderen Zeit in hymnischer Hingebung huldigt. Es nimmt uns bei der eigenartigen Stellung Jean Pauls zum Weimarer Bezirke nicht Wunder, daß mit dieser huldigenden Nachfolge, so bei Börne, wie bei seinem späteren intimen Gegner W o l f g a n g M e n z e l (1798—1873), wenn auch aus nicht ganz den gleichen Gründen, eine höchst feindselige Einstellung gegen Goethe einherging, der bald nach der Julirevolution, auch dies noch überlebend, dahingegangen war. Und freilich, wie sollte ein von den politischen Ereignissen völlig hingenommener Geist folgenden Vorgang erfassen, der, obwohl erst viel später ins Licht der Öffentlichkeit getreten, wie ein Scheinwerfer einen Blick in die Werkstatt des größten deutschen Genius eröffnet? Eckermann kommt am 2. August 1830 in das Haus am Frauenplan, erfüllt von den Nachrichten der gelungenen Julirevolution, die an diesem Tage nach Weimar gelangten und alles in Aufregung versetzten. „Ich ging im Laufe des Nachmittags zu Goethe. Nun, rief er mir entgegen, was denken Sie von dieser großen Begebenheit? Der Vulkan ist zum Ausbruch gekommen; alles steht in Flammen, und es ist nicht ferner eine Verhandlung bei geschlossenen Türen. Eine furchtbare Geschichte! erwiderte ich. Aber was ließ sich bei den bekannten Zuständen und bei einem solchen Ministerium anderes erwarten, als daß man mit der Vertreibung der bisherigen königlichen Familie endigen würde. Wir scheinen uns nicht zu verstehen, mein Allerbester, erwiderte Goethe. Ich rede gar nicht von jenen Leuten, es handelt sich bei mir um ganz andere Dinge. Ich rede von dem in der Akademie zum öffentlichen Ausbruch gekommenen, für die Wissenschaft so höchst bedeutenden Streit zwischen Cuvier und Geoffroy de Saint-Hilaire! Diese Äußerung Goethes (es ging um die Frage der Einheit der organischen Bildung im Tierreiche) war mir so unerwartet, daß ich nicht wußte, was ich sagen sollte und daß ich während einiger Minuten einen völligen Stillstand in meinen Gedanken verspürte."

Auf den ersten Blick scheint es kaum einen tieferen Gegensatz zu geben, als er zwischen der Romantik in ihrer reinsten Prägung, wie sie etwa Novalis darstellt, und dem neuen Zeitbewußtsein bestand. In Wahrheit waren die Zielsetzungen zu einer Mitteleuropa überwölbenden deutschen Einheit und innerer Freiheit des deutschen Lebens die gleichen wie die der älteren Generation. Es war lediglich durch die Versäumnisse einer schwachen und angsthaften deutschen Politik und durch die im Nachbarreiche entbundene Neugestaltung eine Kehrtwendung zum Bedürfnis der nächsten Nähe erfolgt. Anstelle der Blauen Blume und phantasievoller Flucht in eine vorgestellte Welt vergangener Schönheit und einst gelebten Heldentums und Liebeszaubers trat nun die absichtsvolle Bindung der Poesie an das antwortheischende Leben, und dies Leben war nicht das des einzelnen Staatsbürgers, sondern das einer sich zu neuem politischem Durchstoß verbunden fühlenden nationalen Gemeinschaft. Je furchtsamer und enger die Regierungen sich vom Geiste der Zeit absperrten, um so demokratischer mußte die Entwickelung werden. Und wenn Friedrich Wilhelm der Dritte immer wieder gezögert hatte, seine Versprechungen einzulösen, so war die mitten im Zudrange neuer Aufbrüche phantastischen Fernzielen nachstrebende und doch nie zu einem Abschlusse gelangende Politik seines Sohnes und Nachfolgers nicht minder verhängnisvoll, zumal ihm nicht die Zuneigung gehörte, die dem ehrwürdigen Vorgänger noch aus den Tagen gemeinsam bestandener Leiden und Gefahren entgegengetragen wurde.

Aus Frankreich drang als neue, auch bereits die Errungenschaften der Julirevolution umspülende Bewegung der auch von Heine lebendig dargestellte Sozialismus des Grafen Henri von Saint-Simon über die Grenzen. Er wies in seinem „Nouveau Christianisme" auf die Wichtigkeit der materiellen Bedürfnisse der unteren Volksklassen hin, und in seinem Gefolge gründete Barthélemy Prosper Enfantin in Ménilmontant eine sozialistische Siedlung. Erfloß dieser Zustrom neuer Gedanken aus dem gallischen Umkreise, so wirkte nicht minder ungeschwächt der in den Dichtungen des Lords George Byron verkündete und in Ernst und Satire dargestellte Weltschmerz. Hier traf die neue Schule, und vor allem auch ihr lyrischer Vormann Heine einmal mit dem unumwundenen Dankesgruße Goethes zusammen, der dem nun lange Entrissenen nachgerufen hatte:

> Laßt ihn der Historia,
> Bändigt euer Sehnen.
> Ewig bleibt ihm Gloria,
> Bleiben uns die Tränen

Und dieser Angehörige der britischen Aristokratie war in einem Freiheitskampfe eines fremden Volkes heldenhaft erlegen, während eine kleinliche, die Jugend gängelnde und das Alter nicht schonende rückschrittliche Politik dem neuen Geschlechte verwehrte, Gedanken über eine freiheitliche Entwickelung im eigenen Lande auch nur in gemäßigten Formen darzulegen. Einst war unter den Beamten, denen die Aufsicht über die Literatur oblag, der Kammergerichtsrat E. T. A. Hoffmann gewesen und hatte seine Zensorpflicht mit Schonung und Humor versehen. Jetzt, da die Zensur erst recht zum Zerrbilde geworden war, hielt sie mit Argusaugen in den meisten deutschen Ländern Wache, längst nachdem

Chamisso ihr ein Spottlied gepfiffen hatte. Als sogar ein Neudruck von
Johann Gottlieb Fichtes Reden an die Deutsche Nation untersagt wurde,
hat ein Dichter, der dem Kreise des jungen Deutschlands ganz fern
stand, die Losung der Zeit in schwer wandelnden Versen gedeutet.
F r i e d r i c h   v o n   S a l l e t (1812—1843), einst preußischer Offizier,
dann der Hegelschen Philosophie hingegeben, schuf ein „Laien-Evan-
gelium", dem man die Schulung an David Friedrich Strauß wohl abmerkt. Sein Roman „Kontraste und Paradoxen" setzt sich in höchst
reizvollem barockem Rahmen und mit einer zum Teil sehr drolligen
Phantastik mit dem Philistertum auseinander. In einem „Fichte" überschriebenen Gedicht paraphrasiert Sallet zunächst eine der großen, vor
dem Sturme gehaltenen, von französischem Trommelklang begleiteten
Reden und läßt sie in den Worten gipfeln:

> Selbstlos, sich nie von der Gesamtheit trennen,
> Mit ihr nur stehn, und freudig mit ihr fallen,
> Sich im Gesetz, als Freie, selbst erkennen —
> D a s sei die Zucht, tief eingewurzelt Allen!
>
> So sprach der Philosoph, von Gott begeistert,
> Und in der Hörer Brust hallts dräuend wider,
> Bis sich das Heldenwort des Volks bemeistert,
> Und über Deutschland hinrollt auf und nieder.

Dann aber die große Enttäuschung:

> Zum Völker-Freiheitssturm ist angeschwollen,
> Kanonen habens donnernd fortgesungen.
> Horch! am Montmartre noch ein letztes Grollen — -
> Dann — Schweigen - - jetzt — vergessen und verklungen!
>
> Warum habt Fremdknechtschaft ihr abgetrieben?
> Daß man daheim euch so bequemer knechte!
> Wo ist das neue, freie Volk geblieben?
> Wo kam der Geist zu seinem Königsrechte?

2. K a r l G u t z k o w u n d d i e Z e i t b e w e g u n g

K a r l G u t z k o w (1811—1878) ist unendlich oft falsch beurteilt
worden und hat freilich selbst durch eine gewisse, im Lichte trüber
Lebenserfahrungen allerdings verständliche Verkniffenheit und ironische
Sprechart zu solchem Fehlurteil beigetragen. Man versteht diesen Mann,
der zeitlebens durstig jede neue geistige Stromung in sich aufzunehmen
und zu verarbeiten suchte, nur, wenn man seine berlinische Herkunft
bedenkt. Er war unter den vielen an der Spree und der Panke geborenen Dichtern der erste, in dem sich das eigentümliche Wesen der
werdenden Großstadt Berlin ausprägte. Arnim war ein Landjunker,
dem es gewiß beim Stralauer Fischzug, aber nicht in der Berliner Stadt-

luft wohl ward; Ludwig Tieck sah bei all seiner literarischen Geschäftigkeit doch das Leben viel zu sehr durch die romantische Brille, und im
Kreise der Serapionsbrüder fabelte der Kammergerichtsrat Hoffmann
sich und ihnen ein phantastisches Gemeinwesen vor, während Chamisso
zwar einige Züge des berlinischen Volkscharakters treffsicher herausbrachte, aber in früh patriachalisch gewordener Friedseligkeit verharrte. Und Heinrich von Kleist war es weder in Berlin noch sonst beschieden, an einer Stätte zu ruhen.

Es ist von hohem Reiz, die Erinnerungen, welche Gutzkow unter der
Aufschrift „Aus der Knabenzeit" im Jahre 1852 veröffentlicht hat, mit
den Jugenderinnerungen Pauls de Lagarde zu vergleichen. Lagarde ist
bei bescheidenem Lebenszuschnitt doch immer der Honoratiorensohn, er
geht in den Häusern des Kriegsministers Boyen, Schleiermachers, Chamissos, bei Ludwig Jonas aus und ein. Gutzkow dagegen, der Sohn
eines prinzlichen Bereiters, sieht die großen Akademiker und Professoren, wenn sie das „Musis et Mulis" gewidmete Gebäude rückwärts
der Linden betreten, nur von der Domestikentreppe der Hinterwohnungen. Wie diese Aus- und Einsicht den Ton dieser Gedenkblätter färbt,
so ist aus den Jugendeindrücken Karl Gutzkows bereits ein gut Teil der
Problematik erwachsen, die ihn lebenslänglich schüttelt und die dem
ganzen Jungen Deutschland eignet. Auch darin war Gutzkow ein frühreifer Großstädter, daß er schon als Student eine Zeitschrift herausgab;
man mag es als symbolisch auffassen, daß er für eine Preisarbeit der
philosophischen Fakultät gerade aus der Hand Wilhelm Friedrich Hegels die goldene Denkmünze entgegennehmen konnte. Sein erstes Buch,
„Briefe eines Narren an eine Närrin", bezeichnenderweise bei Hoffmann & Campe in Hamburg, Heines Verlegern, erschienen, bringt novellistische Plaudereien, die noch in keine bestimmte Richtung weisen. Erst in
„Maha Curu, Geschichte eines Gottes", im Jahre 1833, kommt die satirische
Kritik des der Theologie entlaufenen Philologen zu bewußtem Ausdruck.
Wenn man will, kann man dies Werk mit den „Memoiren des Satan"
von Wilhelm Hauff zusammenstellen — aber was bei Hauff verhältnismäßig übermütige, manchmal studentenhafte Spöttelei ist, wird bei Gutzkow bereits Satire auf die in einem asiatischen Fernbilde gleichnishaft
geschaute Theokratie, nachdem, nach Gutzkows in den „Rückblicken auf
mein Leben" enthaltenen Worten, „die Katastrophe der Juli-Revolution"
den Kontinent erschüttert hatte. Immerhin war dies Werk des jugendlichen Autors nach der Anschauung älterer Genossen noch nicht zeitreif,
und Gutzkow mußte sich von dem Sachsen G u s t a v S c h l e s i e r
(geb. 1810, später verschollen), dem Verfasser des Buches „Oberdeutsche
Staaten und Stämme", sagen lassen, er solle „den Charakter der Gegenwart treffen, sich die Brust aufreißen, modern, spezifisch modern muß
der Schriftsteller von heute sein!"

Schlesier hat den Jüngeren auf die ausländische Schriftstellerin hingewiesen, deren Werk den jungdeutschen oder sich jungdeutsch nennenden Kreisen wie der Spätromantikerin Ida Hahn-Hahn die stärkste An regung brachte und zur Nachfolge lockte, George Sand. Ihre Romane, insbesondere die „Indiana", galten dem Kampf um Frauenrechte, von dem sie nachmals zu Lebensbildern mit sozialistischer Tendenz den Weg fand. Gutzkows nun folgende Novellen offenbaren von diesen neuen Einsichten oder Absichten noch nichts. Der „Sterbekassierer" ist eine plastische Skizze aus dem alltäglichen Berliner Leben, wie es sich damals zwischen dem Kupfergraben und den Linden zutrug. Aus dem gleichen Lebenskreise, mit humoristischem Behagen, werden die „Singekränzchen" dargestellt. Wesentlich bedeutsamer für die Entwicklung des Dichters war in ihrer Rundung die Novelle „Der Sadduzäer von Amsterdam". Hier gibt er in einem gefüllten Rahmen, der die novellistische Eingrenzung niemals sprengt, das Geschick Uriel Acostas und rührt damit an Probleme, die nicht nur diejenigen der Zeit waren. Er schildert, indem er seinen Helden ungeschichtlich verjüngt, dessen Kampf mit der hier durch die Synagoge vertretenen Orthodoxie, sein Unterliegen, sein neues Aufbäumen und sein freiwilliges Ende — Alles eine Vorstudie zu Gutzkows späterer meistgespielter Tragödie. Es mag als merkwürdiges Zusammentreffen erwähnt sein, daß Gutzkow bei einer Aufführung seines ersten erfolgreichen Dramas „Werner oder Herz und Welt" im Parterre des Hamburger Stadttheaters Friedrich Hebbel begegnete. Die weibliche Hauptrolle in Gutzkows Stück spielte Christine Enghaus, die viel später Hebbels Gattin wurde.

Schlesiers Hinweis auf George Sand hatte nun doch bei Gutzkow insofern gezündet, als er in der Vorrede zur neuen Ausgabe von Schleiermachers „Briefen über Lucinde" die Freiheit von sittlichen Vorurteilen verherrlichte und die theologische Strenggläubigkeit, Schleiermachers Verteidigung überspitzend, verhöhnte. Aber erst in dem 1835 erschienenen Roman „Wally, die Zweiflerin" tritt die Kampfstellung Karl Gutzkows voll in Erscheinung; er ist dann, ein getreuer Spiegeler des Zeitbewußtseins, zu einer den Problemen seiner Gegenwart abgekehrten Lebensdarstellung nur noch in einigen seiner zahlreichen Dramen zurückgekehrt — die Romane verfolgen alle die gleiche Linie der inneren Schau und des äußeren Zudranges.

Der äußere Zudrang war bei der „Wally" durch den Selbstmord von Charlotte Stieglitz ausgelöst worden. Sie war die Gattin des Lyrikers Heinrich Stieglitz und wollte den Geliebten, dessen Begabung sie weit überschätzte, durch ihr freiwilliges Scheiden und die dadurch verursachte Erschütterung emporreißen. Daß dies Opfer vergeblich war, konnten weder Gutzkow noch die anderen von diesem jähen Ende Durchschüttelten wissen.

Die Holdin dieses Romans endet wie Charlotte Stieglitz, nachdem sie als Gattin eines Gesandten an dem rauschenden Leben der französischen Hauptstadt teilgenommen hat. Der Gemahl ist aber nicht der Geliebte; soweit ihr die Fähigkeit, zu lieben, verliehen ist, neigt sich Wally einem anderen zu, einer jede Gesellschaft schon durch ihr imponierendes Erscheinen beherrschende Persönlichkeit, die den Heldennamen Cäsar führt. An Wally drängt sich die Leidenschaft eines Verwandten ihres Gatten; der vergeblich Werbende bringt sich schließlich um. Aber als sie, von Cäsar geleitet, in die deutsche Heimat zurückgekehrt ist und nun ihrem Leben, gleich der Dichtersgattin Charlotte, ein Ende setzt, geschieht das nicht um einer irdischen Leidenschaft willen, sondern weil Wally nicht in irgendeiner der ihr offenstehenden geistlichen Wohnstätten heimisch zu werden vermag. Hier ist neben jenem tragischen Anlaß im Stieglitz-schen Hause ein weites Motiv in Karl Gutzkow wirksam, der immer stärker auf jeden leisesten Ruck des Zeitenrades reagierte: Das „Leben Jesu" von David Friedrich Strauß war nicht lange vor Gutzkows Roman erschienen und hatte alsbald einen tiefgreifenden Streit der Gemüter und Gesinnungen hervorgerufen. Strauß sieht das unabweisliche Ergebnis der neuen evangelienkritischen Entwicklung in der „Unterscheidung des historischen Christus von dem idealen, d. h. dem in der menschlichen Vernunft liegenden Urbild des Menschen, wie er sein soll, und in der Übertragung des seligmachenden Glaubens von dem ersteren auf das letztere" — man sieht hier deutlich die Herkunft von Hegels Dialektik. Diese Einstellung zu dem Bilde und der Persönlichkeit des Heilandes kam auch in Gutzkows Roman zum Ausdruck, und, gleich Strauß, stellte er Jesus als einen durchaus im Umkreise des Judentumes verhafteten Mann dar, der nicht der größte, aber freilich der edelste Mensch war, „dessen Namen die Geschichte aufbewahrt hat".

Gutzkow hatte für seinen „Maha Guru" die lebhafteste Anerkennung Wolfgang Menzels geeerntet, der ihn auch während eines Aufenthaltes in Stuttgart als Mitarbeiter an seiner einflußreichen Zeitschrift, dem „Literaturblatt", beschäftigt hatte. Nun verfiel der gleiche Menzel in Fechterstellung und richtete gegen Gutzkow und sein Werk die schwersten Angriffe. Diese führten zu einer gerichtlichen Verurteilung Gutzkows, der vorher bereits in Haft genommen wurde. Der Inhalt der „Wally" ergab ganz klar, daß der Verfasser einigen frivolen oder abstrusen Äuße-rungen, die er seinen Gestalten in den Mund legte, nicht beipflichtete. Die Anklage gegen Gotteslästerung konnte deshalb auch nicht aufrecht-erhalten werden, immerhin ward Gutzkow wegen „verächtlicher Dar-stellung des christlichen Glaubens" zu einem Monat Gefängnis verurteilt.

Menzels Vorstoß hatte aber noch andere Folgen. Im Dezember 1835 beschloß der Deutsche Bundestag zu Frankfurt am Main auf Antrag des Österreichischen Präsidialgesandten, die schon gedruckten Schriften der „literarischen Schule des Jungen Deutschlands" nicht mehr verbreiten zu lassen. Ihr Vertrieb wurde unter Strafe gestellt und ein Druckverbot für alle künftig „noch zu edierenden Werke" erlassen; auch alle öffent-lichen Besprechungen und Beurteilungen der durch das Verbot betrof-fenen Schriften waren untersagt. Außer Gutzkow wurden namentlich Wienbarg, Heine, Theodor Mundt und Heinrich Laube als unter den Bundesbeschluß fallend bezeichnet.

Dies Meisterstück einer fanatisch rückschrittlichen Gesinnung mußte die kritische Haltung der überwiegenden Teile des Bürgertums noch versteifen, zumal die Zensur sogar Neuauflagen von Johann Gottlieb Fichtes Reden an die Deutsche Nation untersagte. Die Preußische Regierung engte im folgenden Jahre das Verbot insoweit ein, daß sie den in dem Beschlusse benannten Schriftstellern gestattete, natürlich unter der hierlandes gesetzmäßig eingeführten Zensur, auch weiterhin unter ihrem Namen drucken und erscheinen zu lassen. Und 1842 wurde der Beschluß, der schließlich ein die verordnende hohe Behörde blamierender blieb und sich als ein Schlag ins Wasser erwies, wieder aufgehoben.

In der Gefangenschaft beendete Gutzkow den Roman „Seraphine". Auch in diesem ist die Mittelgestalt eine normalen Entscheidungen ausweichende Persönlichkeit, die sich einem Wilddiebe ergibt und schließlich in einem Ministerhotel unter eigentümlichen Verhältnissen Erzieherdienste leistet. Der Roman ging spurlos vorüber, indes der Gutzkow sehr abgeneigte Hebbel über die „Wally", die er erst jahrelang nach der durch Menzel angeregten Verfolgung las, urteilte: „Wie war es der Perfidie doch möglich, dies Buch so in Verruf zu bringen und den Autor an den Pranger zu stellen! Es ist wahrlich nicht, wie der schnöde Menzel, den ich erst von jetzt an verachte, vorgab, aus Eitelkeit und sich spreizender Sinnlichkeit hervorgegangen; der Geist der Wahrheit weht darin und es enthält ein geistiges Erlebnis auf jedem Blatt".

In den „Literarischen Elfen" schuf Gutzkow alsdann ein Märchen, das er im Untertitel als von Anspielungen bar bezeichnet. In Wahrheit war diese Mär von dem Berggeiste, der mit seinen Kindern, Verwandten und Hausgenossen in der Familienhalle nahe der Baumannshöhle unter Tropfsteinen sitzt, ein Julklapp für allerhand spöttische Betrachtungen, in denen der Verfasser sich selbst nicht schonte. Die drei Berggeistkinder Spekulantia, Pimpernella und Spekulativus erleben eine literaturhistorische Wanderung von Ort zu Ort. Spekulativus besucht die Berliner Konditoreien und horcht auf die Geräusche der jungen Kritik. Pimpernelle gelangt im Postwagen neben einen ertrunkenen Schustergesellen, der jetzt dem Justinus-Kernerschen Zwischenreiche angehört, nach Schwaben in den Umkreis der schwäbischen Dichterschule. Dort kann sie das Schicksal Gumals (das ist Gustav Pfizers), der von einem Adler entführt wird, durch einen Ruck an ihrem Zauberringe wenden und den Dichter auf einem Täubchen zur Erde zurückführen. Sie erlebt dann einen Angriff Gumals auf Wolfgang Menzel und verwirrt den Angreifer kraft ihres Ringes durch Phantasmagorien, in denen von Menzel nur ein pikanter Geruch übrigbleibt, „verratend, daß hinter den Kulissen dieses erlogenen Himmels Menzel soeben Sauerkraut mit schwäbischen Spätzeln gegessen hatte. Voltaires Pucelle war nachher seine Abendlektüre." Spekulantia endlich fährt nach Paris, und ihr erster Besuch gilt George Sand, die sie hinter der Tapetenwand sagen hört: „Eine verheiratete Frau mag ich nicht sehen, und eine unverheiratete sollte erröten, mich zu besuchen."

Nach einer Unterhaltung mit Heinrich Heine über Ludwig Börne und Gesprächen mit Theodor Mundt, der gerade sein Buch über Charlotte Stieglitz beendet hat, dringt Spekulantia dann doch zu George Sand durch, die mit ihr auf den Turm der Notre-Dame hoch über Paris steigt. Das Elfenkind zaubert die Tonwellen herbei, die Franz Lißt soeben in Mailand bewegt, indem er Beethoven am Flügel offenbart.

Gutzkows nächster Roman „Blasedow und seine Söhne" hat zwei merkwürdige Stammreihen. In Karl Immermanns „Epigonen" tritt ein Edukationsrat auf, der nach einem Gemisch von Basedowschen, Pestalozzischen und Jacquototschen Grundsätzen vier Knaben erzieht. Diese seine Söhne bildet er nach früh erkannten Neigungen, sie werden schon als Kinder nicht bei ihren Namen, sondern nach Ständen, also Förster, Naturforscher, Baumeister, Pastor, gerufen. Ein zweiter Strang geht zu dem Gründer des Dessauer Philanthropins Johann Bernhard Basedow zurück, dessen Goethe in dem Gedichte „Diner zu Coblenz" humoristisch gedenkt. Diesen Pädagogen hatte ein zeitgenössischer Lehrer, Johann Gottlieb Schummel, in einem satirischen Roman „Spitzbart" verspottet. An Stelle des bei Immermann handelnden Edukationsrats tritt hier der Pfarrer Blasedow und erzieht seine vier Söhne zu scheinbar ihren Anlagen entsprechenden Berufen, wobei der eine sogar zum satirischen Schriftsteller bestimmt wird. Unwillkürlich wird man schon im Eingange des Werkes an gewisse Vorläufer in Jean Pauls Romanen erinnert, und in der Tat gemahnen manche Einzelheiten an den Dichter der „Flegeljahre". Nach seinem Temperament und in seiner Opposition gegen einschnürende Ordnungen konnte Gutzkow die von seinem Pfarrer geübte Erziehungsart nur bekämpfen — ihm galt die möglichst freie Entwicklung und Entfaltung der Individualität als das einzige erstrebenswerte und auch in diesem Roman vorbildlich aufzurichtende Ziel. Hebbel fand das Werk in der Idee bedeutend und die Ausführung mindestens in den ersten beiden der drei Bände gut, teilweise sogar sehr gut.

Gutzkows nächster, viel umfangreicherer Roman ist erst nach der tragisch geendeten Erhebung des Jahres 1848 erschienen, sein Titel ist auch für diejenigen, denen das Werk völlig fremd blieb, in den deutschen Wortschatz übergegangen — er lautet: „Die Ritter vom Geiste". Gutzkow hatte in der Zwischenzeit nicht etwa gerastet, er war jedoch von dramatischen Aufgaben hingenommen, die er, zum Teil mit großem Erfolge, bewältigte, wie es denn überhaupt schwer ist, sich von dem vielverzweigten Gesamtschaffen dieses Schriftstellers ein völlig zutreffendes Bild zu machen. „Die Ritter vom Geiste", zwei Jahre nach dem Scheitern des Paulskirchenwerkes hervorgetreten, sind, nach einem Ausdruck, den ihr Autor gebildet hat: ein Roman des Nebeneinander. Er glaubte damit eine neue Art der Romandichtung zu schaffen, die an die Stelle des Romans des „Nacheinander" treten sollte. Gegen den Umfang der Erzählung von neun Bänden, die in einer späteren Ausgabe auf vier verkürzt wurden, hätte Gutzkow bei dem von ihm bewunderten Jean Paul in der „Vorschule der Ästhetik" Einwendungen finden können, — an die sich freilich der Vorgänger nicht gehalten hat. Wenn Jean Paul sagt: „Richardson und der uns wohlbekannte Autor erfüllen auch in Romanen dieses (von Aristoteles verkündete) Gebot und schränken auf einen Lesetag ein," — so ergänzt er dieses Programm ironisch mit dem Zusatze: „nur aber, da sie nördlicher liegen als Aristoteles, auf einem solchen, wie er am Pole gewöhnlicher ist, der aus 90³/₄ Nächten besteht." Jean Paul, der sich gern einmal widerspricht und sich ebenso gern über sich selbst lustig macht, fährt nun in vollem Ernste fort: „Aber wie schwer durch zehn Bände Ein Feuer, Ein Geist, Eine Haltung des Ganzen und Eines Helden reiche und gehe, und wie hier ein gutes Werk mit der umfassenden Glut und Luft eines ganzen Klimas hervorgetrieben sein will . . . das ermessen die Kunstrichter zu wenig, weil es die Künstler selber nicht genug ermessen." Es ist ungeheuer schwer, alle, auch nur die Hauptfäden der Handlung der „Ritter vom Geiste" zu entwirren. Man erkennt ohne weiteres als den Schauplatz die preußische Hauptstadt, die Gutzkows Geburtsort war. Selbst bestimmte Persönlichkeiten der Residenz werden unter verhüllendem Schleier sichtbar; so ist der General Volant von der Hahnenfeder gewißlich auf Joseph von Radowitz zu deuten. Durch das ganze Werk geht als Grundanschauung eine Idee, die seit Jahrhunderten beste Köpfe erfüllt hat und nach den entsetzlichen Erfahrungen unseres Geschlechtes erst recht und nun auch von den maßgebenden Staatsmännern lebendig gemacht wird: der brüderliche Einsatz der Menschheit gegen den ruchlosen Mißbrauch der Macht. Die Ritter vom Geiste sollen echte Nachfahren der einstigen Tempelritter sein. Ihre Aufgabe ist es „den Tempel zu schützen und zu bewachen, den die Menschheit zur Ehre Gottes auf Erden zu erbauen hat." Diese Worte — sie deuten auf Immanuel Kants ewiges Werk vom ewigen Frieden zurück und vorwärts in unsere kriegsversehrte Gegenwart — spricht Dankmar von Wildungen, ein Nachkomme eines Tempelritters, dessen Geist er mit dem Geiste des einstigen Ordens in sich und um sich wehen fühlt. Dem Knaben Gutzkow war, ausweislich seiner Jugenderinnerungen, der Marsch durch die Friedrichstadt auf das Tempelhofer Feld hinter der Garde, mit der der Vater ritt, eine blanke Abwechselung im Treiben des Alltags. Er wird als emsiger Wanderer durch die Berliner Umgebung früh erfahren haben, daß der hinter dem großen Exerzierfelde liegende kleine Ort Tempelhof wirklich ursprünglich eine Niederlassung dieses Ordens gewesen ist. Die Umrisse, die spärlichen Baureste der Vorzeit und die ganze ländliche, doch schon von städtischem Wesen aufgerührte Welt dieses Dorfes werden mit sachlicher Sicherheit gegeben. Freilich verdeckt Gutzkow den Wegweiser und nennt den Ort, an dem die Handlung beginnt, Tempelheide. Der Roman führt auf die höchsten Höhen und in die tiefsten Tiefen. So wird etwa die gutsherrliche Patrimonialgerichtsbarkeit in ihren Seltsamkeiten und in ihrer Abwegigkeit von dem durch die revolutionäre Entwicklung seit einem halben Jahrhundert erneuerten Rechtsbewußtsein an Beispielen dargestellt.

Tempelheide also ist Tempelhof, und wir befinden uns im Grunde
immer auf dem festen Boden der Hauptsadt. Es verschlägt für die Bedeutung und den Sinn der „Ritter vom Geiste" wenig, daß seltsame Begebnisse, zum Teil von verblüffender Artung, die Handlung nicht nur
unterbrechen, sondern auch weiterführen. Eine Anzahl von Gestalten
ist mit besonderer Sorgfalt ausgezeichnet und in den Vordergrund gestellt, darunter die, wie mit einem heißen Stifte Gezeichneten, etwa der
Justizrat Schlurck und der Schreiber Hackert, der Nachtwandler ist und
unbewußt verhängnisvoll in das Geschick eines der Helden eingreift. Das
Wesentliche ist doch, und darin ist sich Gutzkow immer treu geblieben,
die dichterische Spiegelung einer Zeit, die, wie ein bedeutender Zeitgenosse Gutzkows es selbstbiographisch ausdrückte, eine Zeit der Ideale
und Irrtümer war. Sehr deutlich wird Friedrich Wilhelm der Vierte in
den Blickpunkt der Ereignisse gestellt, der Romantiker, dem früh be-
ginnende Erkrankung die Erkenntnis der Wahrheit trübte. Alle am Hofe
von Sans-Regret auf dem Hügel vor Potsdam (wo in Sans-souci der
große Vorgänger lebte und starb) sich kreuzenden Strebungen und Strömungen finden hier, und zwar nicht in aus dem Orient oder dem Märchen geholten Spiegelungen, wie etwa in Wielands geistreich bebilderten
Alleen, sondern in den Zeitgenossen völlig lebensnah erscheinenden Gestaltungen ihren Ausdruck. Dabei ist es nicht zuerst auf bekenntnis-
reiche Deklamation abgesehen, sondern Gutzkow objektiviert sich, insbesondere im Verhältnis zu früheren Werken, mit energischer Bändigung
und gibt, ganz abgesehen von den durchscheinenden Bildnissen, auch in
den frei erfundenen und zeitlicher Neugier nicht deutbaren Menschen
plastische Bilder von lebhafter Färbung. Neben den bereits genannten
sei die Tochter des Anwalts Schlurck, die schöne Melanie hervorgehoben,
in deren Charakteristik der Dichter alle Facetten eines zwischen Gefallsucht und echter Anmut, zwischen Spott und Herzenstrieb schwankend
gestellten Weibtums verbildlicht hat. Die sozialistischen Ideen, wie sie
nach der Juli-Revolution, verschieden abgestuft und verschieden gewendet, von Frankreich her die deutsche Grenze überspülten, werden auch
hier in dem Fürsten Egon lebendig; er kehrt mit einem ganzen sozialistischen Programm aus Paris, wo er als Arbeiter gelebt hat, zurück —
ohne dann später, nach seiner Berufung in das Ministerium, der eigenen
Richtschnur zu folgen. Im Gegensatze zu dem Ordensstifter und Tempel-
bauer Dankmar, der mit Hegel von der Herrschaft des reinen Geistes
das Heil erwartet, verbündet sich Egon mit den äußersten Gegenspielern
eines sozialen Fortschritts. Was Dankmar will, eine Gemeinschaft im
Sinne der höchsten geistigen Freiheit, unter Lostrennung von überlebten
Formen und Forderungen — das war ja dem Sinne nach in den Jahren
vor und nach der Erhebung von 1813 nicht selten von hochgemuten
Männern ausgesprochen und erstrebt worden, so, um nur ein Beispiel
zu nennen, im Königsberger Tugendverein nach dem unglücklichen
Kriege; und auch die Freimaurerei, die ja an der Entwicklung zum klas-

sischen Humanismus nicht geringen Anteil hatte, mochte, wenn nicht ein
Vorbild, so doch ein Seitenbild zu diesem Bunde der Ritter vom Geiste
bedeuten.

Die früh erworbene eindringliche Kenntnis des Berliner Lebens von
der Hofseite her, wie sie aus Gutzkows Erinnerungen aus der Knabenzeit hervorleuchtet, bewährt sich hier, in den „Rittern vom Geiste", in
einem bisdann noch nicht erwiesenen Maße. Es gehört zu der, Höhen
und Tiefen durchschreitenden und verbindenden Handlung, daß auch
gerade die Schicht der perdutta gente dargestellt wird und ohne
Schminke, wenn auch gelegentlich mit Übersteigerung, an den Tag tritt.
Es ist oft darauf hingewiesen worden, daß Gutzkow das auch die
deutsche Leserwelt auf mächtigste beschäftigende Romanwerk Eugène
Sues in gewissem Sinne als Vorbild vor Augen hatte. Sofern Gutzkows
Roman ein Bild der Zeit in ihrem inneren Bewußtsein war, traf diese
Herleitung nicht im Entferntesten zu. Sues „Geheimnisse von Paris"
setzten sich in keiner Weise vor, die geistige Haltung der französischen
Welt abzubilden. Das mit allen Spannungsreizen ausgestattete und als-
bald in anderen Sprachen, insbesondere auch in mehreren deutschen
Werken, nachgeahmte, bändereiche Suesche Werk verhehlte nicht die
Absicht, durch sensationelle Benutzung von Menschen der Untersphäre
die Leser zu einem Genusse zu reizen, dessen sich mancher an kühleren
Tagen schämen mochte. Gutzkow aber lag eine sensationslüsterne Absicht ebenso fern, wie eine Verlockung des Lesers in kunstfertige Netze,
aus denen nur ein kriminalpolitischer Kniff befreien mochte. Und gleich
fern lag dem Verfasser der „Ritter vom Geiste" die pikante Anrührung,
mit der Sue die gewaltige Leserschar gewonnen hatte und die seine Nachahmer mit ihrem Aufgußbrühen vergeblich anzulocken suchten, ganz
gleich, ob es sich jetzt, ausweislich der Titelfassung der nachtrottenden
Verfasser, um die „Geheimnisse von Berlin, Königsberg oder St. Petersburg" handelte. Wenn man durchaus Vergleiche mit ausländischen Werken ziehen will, so liegt es am nächsten, an Honoré de Balzac und seine
„comédie humaine" zu denken. Die größere weltliterarische Bedeutung
Balzacs gegenüber Gutzkow darf hier einmal unerörtert bleiben. Der
Franzose wurde auf lange hinaus ein Vorbild für einerseits die breite
Darstellung einer ganzen Epoche in ihren Höhen und Tiefen, ihren politischen, wirtschaftlichen, künstlerischen Strömungen und Strebungen,
andererseits leitete er eine Romanfügung ein, die solche künstlerische
Absicht im Umkreise eines Familienzusammenhanges zu gestalten unternahm. Emile Zolas Romanreihe der Familie Rougon-Macquart liegt
ebenso auf einer von Balzac herführenden Linie wie noch die „Forsythe-
Saga" von John Galsworthy.

Dennoch steht Gutzkows Werk neben demjenigen Balzacs durchaus
selbständig da. Vor allem aber waren die „Ritter vom Geiste" der
erste gelungene Versuch, das Leben der drangerfüllten deutschen Gegenwart in einem weitgespannten Rahmen nicht mit blasser Rhetorik, son-

dern im Spiegel lebendiger Gestalten zu verbildlichen. Wir werden der
Fortwirkung Gutzkows in diesem Betrachte noch häufig begegnen.

Sechs Jahre später ließ Gutzkow diesem Werke ein zweites folgen,
das ebenso berufen war, die Zeichen der Zeit zu deuten, den „Zauberer
von Rom". Auch hier brauchte er neun Bände, um den zudrängenden
Stoff in seiner Problematik zu bezwingen. Vom Boden der Hauptstadt
trat Gutzkow jetzt in die große katholische Umwelt Westfalens, in die
Provinz, in deren Hauptstadt Hamanns Grab lag und der Hof des streng
katholischen Geschlechtes der Droste-Hülshoff stand; und folgerichtig,
im Sinne des Werkes, geleitete er seinen Helden nach Rom. Diesem
Helden gab er den Namen des Heiligen Bonaventura, der uns vordem
in der Romantik begegnet ist. Die Gestalt Jesu, die Gutzkow in der
„Wally" umrankt, tritt hier wieder voll ins Licht. Es kam dem Dichter
einmal darauf an, ein Bild jener katholischen Welt zu geben, die so
anders aussah, als der durch die Aufklärung erzogene Berliner sie sich
vorstellte. Zugleich zwang das Hinhorchen auf die Unterströmungen im
Volks- und Völkerleben den Dichter zu der im Strudel revolutionärer
Vorgänge und Eindrücke befestigten Überzeugung, daß die von den
Stürmern und Drängern des Tages behauptete Entmachtung der Römischen Kirche der Wahrheit nicht entspräche. Gutzkow stellte im „Zauberer von Rom" die hingegebene Treue frommer Katholiken zu ihrer
Kirche dar, und er geleitete Bonaventura auf den Platz des Apostels
Petrus als einen bewußten Reformator. Sein Held findet im Gefängnis
der römischen Inquisition den lange gesuchten Vater, hört seine letzten
Worte und fühlt in ihnen den Drang zur großen Kirchenreform bestätigt,
die sein Lebenswerk sein soll: „Was die Kirche an heiligen Gebräuchen
besitzt, sehe ich allmählich — entkleidet seiner dunkeln, unnatürlichen
Zauber. Priester! legt die Gewänder der Üppigkeit und des Stolzes ab!
Werdet Menschen! Redet die Sprache, die euer Volk versteht, auf daß
der Ruf: Sursum corda! wahrhaft zum Empor der Herzen wird! Laßt
die Messe bestehen, wenn sie geläutert wird! Ein Zwiegespräch sei sie
mit Gott! — Bilder des Gekreuzigten — trägt sie im Herzen —! Und
so lange noch Heide und Muselmann die strahlenden Ordenszeichen ihres
Glaubens verehren, verehrt denn auch in Liebe das Kreuz! Doch macht
es lebendiger noch in euch —! Lebendig macht alle Ströme des
Heils —! . . . Im Tode rufe dir den Arzt der Seele — wenn ein Zeichen und ein Wort ihm statt — deiner reden soll! Netzt dem müden
Wanderer, wie Magdalena dem Herrn, auch hier die Glieder! Erquickt
ihn, wenn er es begehrt, durch das Brot des Lebens —!"

Bonaventura will mit Hilfe eines neuen Konzils jene grandiose
Wandlung des Kirchenaufbaus vollbringen, die ihm als ideale Forderung
des die Welt umspannenden Glaubens an den Gekreuzigten vorschwebt.
In einer Zeit, da noch die Erinnerung an die Konflikte der preußischen
Regierung mit der Kirche ganz frisch war und da unter dem Eindruck
der italienischen Einigungsbestrebungen die Wirksamkeit des Papsttums

Vielen zur Nichtigkeit herabgedrückt erschien, stellte Gutzkow in großem
Aufriß, dessen Eindruck ein reichlich verschlungenes Fädengewirr nicht
beeinträchtigt, dar, daß währende, in einem Glauben an ein Heiliges
durch Jahrhunderte gebundene Generationen nicht durch Regierungsmaximen noch durch eine Volksbewegung vom Altar zu scheuchen sind.
Wie sehr die Folgezeit dem von Gutzkow entworfenen Bilde und seiner
Zukunftsahnung Recht gegeben hat, bezeugte der große protestantische
Theolog Friedrich Nippold unter ausdrücklichem Hinweis auf den „Zauberer von Rom" noch im Jahre 1905.

Eine gewisse Ergänzung der beiden Romane bilden die „Säkular-
bilder", in denen sich Gutzkow von der Bedeutung einzelner Persönlichkeiten, deutscher und fremder, für die Zeitgeschichte Rechenschaft gibt.
Von besonderer Bedeutung war es, daß Gutzkow lange vor den „Rittern
vom Geiste" in einer sorgfältig abgewogenen Darstellung: „Goethe im
Wendepunkte zweier Jahrhunderte" sich in scharfem Gegensatze gegen
Menzel und Börne zu Goethe bekannte und mit wärmendem Eifer die
abschätzigen Urteile abwehrte, die dort im Schwange waren.

Nach den großen zeitgeschichtlich unterbauten Romanen versenkte
sich Gutzkow in geschichtliche Themen, die ihn, den Dramatiker, von
Anbeginn beschäftigten. Der Roman „Hohenschwangau" vergegenwärtigt Erlebnisse aus dem sechzehnten Jahrhundert. Hier wendet sich
Gutzkow zu einer Stoffwelt, die innerhalb der Romantik immer aufs
neue umworben wurde. Er läßt in dem Geschlechte der Paumgärtner
von Hohenschwangau die Blütezeit des Bürgertums von Augsburg in
seiner weitausgreifenden, Deutschlands Grenzen fernhin überschreitenden
Tätigkeit vor uns erstehen. Gutzkow zweiter Geschichtsroman „Fritz Ell-
rodt" spielt im achtzehnten Jahrhundert, bedeutet aber neben „Hohenschwangau" wenig.

Bei der „Wally" war der eine Anstoß zum Werke durch den Selbstmord von Charlotte Stieglitz erfolgt; bei dem Roman „Die Söhne Pestalozzis" einten sich wieder, wie in früheren Fällen, bei diesem beweglichen Geiste sehr verschiedene Anregungen zu einem Bilde. Die Fragen der Erziehung hatten bereits in der Familie Blasedow Gutzkow beschäftigt, sie beschwingen auch die Handlung dieses Romans. Dazu aber
kam eine, wie man wohl sagen darf, den ganzen europäischen Umkreis
erregende Begebenheit, nämlich das Schicksal Caspar Hausers. Das
Leben wie das jähe Ende dieses geheimnisvollen Findlings bot der Um-
rätselung dankbarsten Stoff. Noch heute ist die Herkunft des seltsamen
und seltsam begabten Findlings, der in Ansbach von einem Unbekannten
niedergestochen wurde, nicht aufgehellt. Anselm von Feuerbachs meisterliche Darstellung harrt immer noch der letzten schlüssigen Antwort. Gutzkow läßt einen Pfarrer an einem Findling, dessen Beseitigung seinem
Stiefvater zu Reichtümern verhelfen soll, pädagogische Methoden aus-
probieren, wie sie gegenüber einem Kinde möglich werden, das von allen
Belastungen eines geschichtlich bestimmten und geschichtlich beengten

Daseins noch völlig fern ist. Es ist eine voraussetzungslose Erziehung vom ersten Punkte an, die der Geistliche vollbringen will, und die seltsame Praxis endet mit der Legitimierung durch den wirklichen Vater. Hervorzuheben ist, wie auch in diesem Roman immer wieder das Vorbild des „Wilhelm Meister" so oder so zur Geltung kommt.

Gutzkows letzter, 1877 erschienener Roman knüpft an literarische Überlieferungen an, die dem Berliner vertraut sind; er heißt „Die neuen Serapionsbrüder". Aber während die wirklichen, um E. T. A. Hoffmann gescharten, so benannten Freunde die Rahmenerzählungen mit einer bunten Guirlande von verschiedenster Schmückung kränzen, ergehen sich diese allwöchentlich vereinten neuen Serapionsbrüder im wesentlichen in Streitgesprächen über die Probleme des Tages. Eine eigentliche, durchgeführte Handlung ist zwar vorhanden, aber ihre Fäden hangen lose, und man fühlt, daß es Gutzkow auf anderes angekommen ist.

Neben der Schöpfung dieser Romane geht Gutzkows Novellendichtung weiter. Alte, in der Jugendzeit empfangene Probleme lassen ihn nicht los. So schildert er in der Novelle „Ein Mädchen aus dem Volke" die Beziehung zwischen einem Referendar und einer Näherin, an der Fetzen einer kriminellen Existenz hängen. Die schuldlos in das Wirrsal Verwickelte verläßt Berlin und begegnet, nach langer Zeit zurückgekehrt, dem einst Geliebten in gesellschaftlich würdiger Stellung. Jedoch vor der Vereinigung geht sie, ein Opfer harter Erlebnisse, dahin. In den „Nihilisten" spielt die Politik eine mitentscheidende Rolle. Von drei Freunden werden zwei in Untersuchung gezogen. Die französische Februar-Revolution bewirkt eine Umwälzung aller Verhältnisse, und am Schluß erfreut sich der vorgebliche Nihilist einer Lebenshaltung, die unbekümmert lediglich den Schaum aus dem Kelche leert und sich um Zeiten und Menschen bei eigenem Wohlergehen nicht schiert. Ein humoristisches Charakterbildchen sind die in jüdischen Bankierkreisen spielenden „Kurstauben".

Wenige Monate nach dem Erscheinen der „Neuen Serapionsbrüder", im Jahre 1878, fand der vielumgetriebene Mann in Frankfurt am Main ein tragisches Ende: der Schlaflose hatte eine zu starke Gabe Chloral genommen, warf versehentlich das Licht um und erstickte im von Kohlendunst gefüllten Zimmer. Karl Gutzkow hatte ein kampferfülltes Leben führen müssen; gerade seine Empfindlichkeit und Empfänglichkeit für jeden Stimmungswechsel innerhalb der Volkheit und für jede neue, von draußen herüberdringende Schwingung verwickelte den Mann einer leidenschaftlich gehäuften, schier unübersehbaren Arbeit in Kämpfe, die nicht nur mit literarischen, politischen, weltanschaulichen Gegnern, sondern auch unter Umständen im engsten Kreise der Bewegung auszufechten waren, der der Dichter sich als Jungdeutscher zugehörig wußte. Überblickt man unter diesem Gesichtspunkte Gutzkows weitschichtige Lebensarbeit und dies im Grunde ruhelose Dasein selbst, so kommt der Betrachter zu der Feststellung: Gutzkow hat in seiner Generation nur einen Gefolgsmann gehabt, der ihm in unverbrüchlicher Treue anhing

und davon redlich Zeugnis ablegte. Dies war der Schildhalter des
Jungen Deutschlands in der ostpreußischen Hauptstadt, A l e x a n d e r
J u n g (1799—1884). Jung war in seiner wissenschaftlichen Ausbildung, wie Gutzkow, von Hegel bestimmt und lebte in enger Geistes-
gemeinschaft mit dem ruhmvollen Königsberger Inhaber von Kants Lehrstuhl Karl Rosenkranz, dem Schüler und Biographen des Meisters. Nachdem Jung in einem Werke mit weiter Aussicht Goethes „Wanderjahre"
im Lichte der nun die deutsche Welt beschäftigenden Probleme betrachtet
hatte, veröffentlichte er Briefe über die „Ritter vom Geiste", ein Buch,
in dem er Gutzkows Absichten und Aussichten unter Erhellung des
Romaninhalts und Entwirrung sich kreuzender Fäden mit nachfühlender
Erkenntnis darlegte. In seinen eigenen Romanen läßt er zuweilen Reflexionen allzu freien Lauf, aber man empfindet sowohl die Nähe zu den
Problemen des Tages, wie die Deutung ins Überzeitliche. „Der Bettler
von James Park" und „Die Harfe von Discatherine" sind solche Auseinandersetzungen mit dem Geiste der Zeit, über dessen Wandlungen und
Wirkungen Alexander Jung immer ins Ewige vorzustoßen sucht. Sein
bedeutendstes Werk ist der umfängliche und hoch hinaufführende Roman
„Rosmarin". Hier zielt Jung gleich dem Gutzkow des „Zauberers von
Rom" auf eine Wandlung innerhalb der Christenheit. Diese soll sich zu
einer wahren Kirche einen, die das Reich Gottes schon auf Erden zu ver-
wirklichen berufen ist, alle übrigen überwindet und sie in Güte verwandelt.

Als die These Charles Darwins verkündet wurde und ein neuer
Wellengang der wissenschaftlichen Entwicklungslehre anhob, schuf Alexander Jung einen satirischen Roman, dem er den Namen des britischen
Naturforschers aufs Titelblatt setzte. Er nahm die Übertreibungen zum
Ausgangspunkte der Handlung, mit der Weisheit seines Freundes Rosenkranz über jene lächelnd, die alsbald jeder neuen Lehre, weil sie neu
ist, zujauchzten. Alexander Jungs Buch „Königsberg und die Königsberger" hat seinen Rang als Darstellung einer neuen Epoche im Leben
der Stadt über den Tag hinaus bewahrt. Ohne übertreibende oder ver-
fälschende Tendenz wird hier das Bild einer bürgerlichen Empore gemalt, die sich in den Kämpfen um die verheißene Verfassung in frei-
heitlicher Gesinnung bewährt. Jungs Darstellung wird ergänzt durch das
die gleichen Zeitläufte schildernde Buch von F e r d i n a n d F a l k s o n
(1820—1900) „Die liberale Bewegung in Königsberg", der Falkson
bezeichnenderweise nach „Gedichten eines Königsberger Poeten" eine
Darstellung Giordano Brunos vorausgesandt hatte. Eine landsmännische
Altersgenossin Falksons war die unter dem Hehlnamen E. R u d o r f f
schreibende F r a n z i s k a J a r k e, geb. Schlesius (1815—1896). Ihr
Roman „Die Tochter des Nabob" wie zumal ihre Novellen „Deutsches
Leben" sind Spiegelungen der erregten ostpreußischen Sphäre jener
Jahre.

Ernst Adolph Willkomm (1810—1886), ein Sachse, setzte
zunächst die romantische Tradition fort, indem er die Sagen und Mär-
chen der Oberlausitz einsammelte. Unter seinen zeitgerechten Romanen
ist die „Familie Ammer" hervorzuheben. In den „Europamüden" zeich-
nete er ein abschreckendes Bild des Skeptizismus, der das europäische
Leben an manchen Bruchstellen zerfresse. Sein Fernblick deutet nach
Amerika hinüber als dem Lande einer neuen, freien Weltauffassung.
Aus seiner engeren Heimat schöpfte Willkomm den Stoff zu dem Roman
„Weiße Sklaven". Zum ersten Male tritt hier das Elend der schlesischen
Bevölkerung in Abhebung von dem wohlhäbigen Leben der Fabrik-
herren und Gutsbesitzer ins Licht, das nachmals in Gerhart Hauptmanns
„Webern" dramatisch auflebte.

Gustav Kühne aus Magdeburg (1806—1888) wußte in seinen
„Klosternovellen" mit feinem Umriß historische Gestalten, etwa Heinrich den Vierten von Frankreich, schlüssig darzustellen. Es konnte nicht
ausbleiben, daß immer wieder auch die Freimaurerei zum Gegenstande
weitausgreifender Zeit- und Geschichtsbilder gewählt wurde. Kühne widmete diesem Lebensbunde, der auf die mittelalterlichen Bauhütten zu-
rückging, ein Romanwerk, das die Bedeutung der Maconnerie für das
geistige Leben, auch der Gegenwart, hervorhob — wie stark maurerische
Gedankengänge umgingen, mochte man auch aus Gutzkows „Rittern vom
Geiste" herauslesen. Die geschichtliche Spur verfolgte Kühne weiterhin
in Romanen wie „Wittenberg und Rom", die ein Lutherbild brachten,
und „Die Rebellen von Irland". Ein Gemälde, weniger der Zeit, als
immer wiederkehrender Wirrungen, gab er in seiner Novelle „Die
Quarantäne im Irrenhause" unter absichtsvoller Verkehrung des normalen Gesichtspunktes. In dem Durcheinander dieser Novelle kam auch die
damals (ausweislich der zeitgenössischen Lyrik) gängige Begeisterung
für das Schicksal der Polen zum Ausdruck.

Der Märker Theodor Mundt (1807—1861), ganz und gar
dem Jungen Deutschland zugehörig, war, wie Gutzkow selbst, durch den
freiwilligen Hingang von Charlotte Stieglitz aufs tiefste beeindruckt; er
weihte ihr und ihrem Andenken seinen Roman „Madonna oder Unterhaltungen mit einer Heiligen". In diesem Werk kam nachdrücklich die
Tendenz einer Befreiung der Frau von unwürdigen Fesseln in einer seltsamen Verbindung mit urchristlichen Gedankengängen zum Ausdruck.
Genau wie Alexander Jung erfüllte auch Theodor Mundt seine Romane
und Novellen mit reflektierendem Pathos, dem satirische Leuchtstreifen
als andersartige Beigabe zugemengt wurden. In geschichtlichen Romanen
deutete Mundt zu revolutionären Entwicklungen hinüber und zurück. So
schuf er in dem Romane „Thomas Münzer" ein Bild des Bauernaufstandes und behandelte Ausschnitte aus der Französischen Revolution in
einem „Mirabeau", dem er einen „Robespierre" und einen „Zar Paul"
folgen ließ. Auch seine mehrbändigen „Spaziergänge und Weltfahrten"
sind für das Jungdeutschtum bezeichnend, wie er auch in seiner „Ge-

schichte der Literatur der Gegenwart" vom Jahre 1842 ein geschicktes
Bild der die Zeit und in ihr ihn selbst erfüllenden Strebungen darbrachte.

Wesentlich später gab R o b e r t   E d u a r d   P r u t z aus Stettin
(1816—1872) nach anderen literarhistorischen Werken gleichfalls ein,
nun bereits abgeklärteres Bild der Literatur der Gegenwart, freilich nur
den deutschen Rahmen auszeichnend. Sein Roman „Das Engelchen" ist
ein nicht nur zeitverwandtes, sondern schon in eine nahe Zukunft (das
Erscheinungsjahr war 1851) vordeutendes Werk. Wie Ernst Willkomm
an die Arbeiterfrage gerührt hatte, so stimmte Robert Prutz um dieselbe
Zeit, da Gutzkow in den „Rittern vom Geiste" Schlaglichter aus dieser
Sphäre darbrachte, sein Werk auf die durch das Maschinenzeitalter her-
aufgeführte Umwälzung im Leben der Ärmsten ab. Das „Engelchen" ist
der erste gültige Roman, in dem das Dasein der deutschen Schicht ge-
staltet wird, die man das Proletariat nennt. Unwillkürlich wird hier der
Gedanke an die britischen Maschinenstürmer geweckt; denn in den von
Prutz geschilderten Arbeitern, die ein neu zugezogener Fabrikant aus
Handwerkern zu Lohnarbeitern herabgedrückt hat, lebt ein abgründiger
Haß gegen die das individuelle Leben und die freie Arbeit ertötende
Maschine. Der Lebenszuschnitt der Dorfbewohner hat sich, je weiter die
entseelende Maschinenarbeit den Menschen von seinem Werke zugunsten
rein mechanischer Tätigkeit trennte, völlig ins Düstere gewandelt, und
die sittlichen Zustände im Orte werden immer schlimmer. Die ganze
Maschinenwelt, mit dichterischer Kraft als freßgieriges Ungeheuer vorgestellt, geht in zehrenden Flammen zugrunde, sie soll dem Aufbau
eines anderen Lebens Platz machen, das die Menschen nicht als Knechte
einer mechanisierten Triebkraft mißbraucht.

Die anderen Romane von Robert Eduard Prutz, so „Oberndorf",
sind gleichfalls Werke der Enttäuschung, typisch für das Geschlecht, das
den großen Anlauf von 1848 erleben, aber Früchte dieses heißen Mühens
nicht genießen durfte.

H e r m a n n   M a r g g r a f f aus Züllichau (1809—1864) schuf
den von märkischem Humor erfüllten Roman „Fritz Beutel". Der Drama-
tiker R o b e r t   G r i e p e n k e r l (1810—1868) hat in seiner einzigen
Novelle „Das Musikfest oder die Beethovener" in sehr eigenartiger
Weise den Grundgedanken vertreten, daß der Schöpfer der Neunten
Symphonie zugleich unter den Komponisten Deutschlands der eigentliche
Humorist im Sinne etwa Jean Pauls wäre. Im Gefüge dieser Novelle
des auch der Musik zugewandten Tragödiendichters geben Spontini,
Meyerbeer, Mendelssohn und andere Tondichter ihre Karte ab.

Eine merkwürdige Erscheinung, die freilich mit dem Jungen Deutschland nur am Rande zusammenhängt, war der Wiener E d u a r d   D u l -
l e r (1809—1853), der auch Friedrich Hebbel nahestand. Er war Prediger der 1845 von Johannes Ronge begründeten Deutsch-Katholischen
Gemeinde und gehörte damit einer Bewegung zu, die aus den mannigfachen Gärungen der Zeit zur Bildung eines festen neukatholischen

Kernes vorschreiten wollte, schließlich aber, nach kurzer Blüte, nicht die
Kraft zu eigenständiger Glaubensschöpfung aufbrachte. Ferdinand Freiligrath hat Dullers idealem Streben ein hymnisches Lied leidenschaftlicher Hoffnung gewidmet. Eduard Dullers „Geschichte des Deutschen
Volkes" war einst weit verbreitet; aus der Nähe zu der Problematik
seines kirchlichen Amtes schöpfte er Stoff und Anlaß zu seinem Geschichtsroman „Loyola". Er behandelte darin die Gründung der Gesellschaft Jesu in ihrer, auch für die Geschichte Österreichs, großen Bedeutung mit kennzeichnenden Strichen.

Noch näher stand dem Dichter der „Nibelungen" ein Mann, der
seinem Wiener Mitbürger Duller in Amt und Gesinnung denkbar fern,
ja schroff entgegenwirkte. W i l h e l m G ä r t n e r (1811—1875) pre-
digte als Festtagsprediger an der Universität Wien gegen den Deutsch-
Katholizismus Ronges, aber nach Emil Kuhs Bericht nicht in kirchen-
geläufigem, frommem Schimpftone, sondern mit einer Innigkeit, in der
ein starker Herzenseifer auf und nieder ging. Gärtner, der Hebbel in
Gmunden sommerlich benachbart war, rief das Urteil des Dichters über
seine Tragödien an, die lange vordem Ludwig Tieck aufgefallen waren.
Hebbel schätzte aber auch die unter der Aufschrift „Kaleidoskop" verbundenen Erzählungen Gärtners wegen ihres klaren Anschauungsgehalts
und ihrer Beobachtungsgabe.

Ein aristokratischer Gesinnungsgenosse, zugleich ein schlesischer
Landsmann Friedrichs von Sallet war der unter dem Namen M a x
W a l d a u schreibende G e o r g S p i l l e r v o n H a u e n s c h i l d
(1822—1855). Waldaus Roman „Aus der Junkerwelt" gibt ein treues
und im ganzen überzeugendes Bild schlesischer Landsassen, jedoch ohne
landschaftliche Tönung, mit einer freimütig liberalen Auffassungen zugeneigten Tendenz.

Max Waldau stand dem märkischen Pfarrerssohne A d o l p h
S t a h r (1805—1876) nahe. Stahr war ein eifriger Mitarbeiter der
von dem Junghegelianer A r n o l d R u g e (1802—1880) gegründeten,
sehr radikalen „Halleschen Jahrbücher". Er versuchte sich ohne Glück
im historischen Roman („Die Republikaner in Neapel" mit Masaniello
im Mittelgrunde) und kam erst als Kunst- und Literarhistoriker auf sein
eigentliches Feld. In einem liebenswürdigen Buche „Weimar und Jena"
gab er einläßliche Bilder aus der Zeit, da zu Weimar noch die Erinnerung an den späten Goethe in vielen Persönlichkeiten lebte, der Nachlaß
aber noch unerschlossen von lebensscheuen Händen gehütet ward.

Das Geschick führte Adolph Stahr nach Oldenburg. Hierhin ward
auch L u d w i g S t a r k l o f (1789—1850) als Leiter des Hoftheaters
verschlagen. Ohne zum engeren jungdeutschen Kreise zu gehören, rührte
er doch mit seinem Roman „Armin Galoor" an Zeitprobleme und mußte
sein Amt aufgeben. Er hat dann zwar dem Paulskirchenparlamente
nicht angehört, aber als Berichterstatter aus nächster Nähe die Entwicklung, sowohl in Frankfurt, wie in Stuttgart, mit verständnisvoller

Hingebung aufzeichnend verfolgt. Unter seinen Novellen hat ihn ein außerordentlich starkes Stück überlebt, die „Sirene". Er nennt sie eine Schlösser- und Höhlengeschichte. Die Umgebung des Nahetals ist reizvoll geschildert, die Düsternis der Vorgänge so eindringlich festgehalten, daß der Leser wie unter einem Banne lebt. Mit großem Rechte hat Paul Heyse durch Aufnahme in seinen Deutschen Novellenschatz dieses mit knappem Umriß gefügte Kleinod des durch Selbstmord geendeten Verfassers vor der Vergessenheit gerettet.

Neben und zum Teil im Gegensatze gegen Hegel und Ludwig Feuerbach wirkte auf enge literarische und politische Kreise Friedrich Rohmer, ein phantastischer, an eigene messianische Eigenschaften glaubender Mensch, der unter anderem ein Werk „Deutschlands Beruf in der Gegenwart und in der Zukunft" schrieb, darin er sich für die größte Persönlichkeit erklärte, die je von der Menschheit hervorgebracht worden sei. Wir haben verwandtes Eigenlob in unseren Tagen bis zum Ekel vernommen. Theodor Fontane hat mit spitzer Feder die Wirkung dieses seltsamen und in doppeltem Sinne nicht immer schwindelfreien Geistes umzeichnet, der etwa auf L u i s e A s t o n (geb. Hoche, zuerst mit Samuel Aston, dann mit Eduard Meier verheiratet, 1814—1871) und ihren Berliner Kreis der Freien von erheblichem Einflusse war. Im Mittelpunkte dieses Zirkels stand Max Stirner (Caspar Schmidt), der Verfasser der radikalen Schrift „Der Einzige und sein Eigentum". Stirner vertritt einen aufs Äußerste vorgetriebenen Individualismus und setzt den Einzelnen als alleinigen Maßstab für alles, was in Weltanschauung, Ethik, Gesetz zum Leben bestimmt ist. Jeder Überlieferung wird in seiner Lehre abgesagt, und so entsteht der geschichtslose Mensch, der die Welt aus sich und für sich allein neu schöpft. Luise Aston, die auch eine revolutionäre Zeitschrift „Der Freischärler" herausgab, hat in ihrem Roman „Aus dem Leben einer Frau" die Willensrichtung sowohl Rohmers wie Stirners kämpferisch zum Ausdruck gebracht.

A d o l p h W i d m a n n (1818—1878), ein in Berlin heimisch gewordener Württemberger, hat in seinem Romane „Der Tannhäuser", Züge Friedrich Rohmers benutzend, ein Bild der widereinander rauschenden Strömungen der Epoche gegeben und als ins Helle ragende Gestalt seinen Helden Marcell mitten hineingestellt. In einer Zeit, da die drei großen Dramatiker des Geburtsjahres 1813, Richard Wagner, Otto Ludwig, Friedrich Hebbel, und neben ihnen Friedrich Albert Dulk, die Gestalt Christi zu beschwören versuchten, findet Marcell sich zu einer jenem doppelt verkündeten Radikalismus wie zugleich der nun gängigen Evangelienkritik abgekehrten Bekenntnis zurück. „Es sind mehr weise und tapfere Männer in Deutschland, als sonst unter den Völkern, sie können aber ihre Stelle nicht finden, denn ihr seid so verkehrt, daß die Weisheit an den Straßen karrt und der Unverstand die Heere führt. Ihr habt wohl Hoffnung und Sehnsucht allenthalben, daß euch ein Mei-

ster erstehen werde, der euch Erlösung bringt in Dingen der Erde, wie
Christus sie für den Himmel brachte. Wenn er aber heute kommt, wer
wird ihm folgen? Werdet ihr nicht auch hier sagen, was kann von
Nazareth Gutes kommen?" Der Dichter selbst deutet weiter mit den
Worten: „Es war leicht, Apollo zu verehren, Jupiter anzubeten, das
wunderbare Gebild in Marmor; aber vor Christus niederzusinken, vor
dem Menschen in Fleisch und Blut, dem Sohn Josephs, dem Verbrecher
am Kreuze, war das Schwerste, was die Vorsehung je von dem Men-
schengeschlechte verlangt hat, und wäre die größte Imoralität, wenn
Christus nicht der Sohn Gottes ist, ohne Irrtum, ohne anklebenden
Mangel der irdischen Natur, ohne Sünde".

Das reiche Werk stellt die Großen der Geschichte, denen zum Teil
eine unberechtigte fanatische Verehrung gewidmet ward, in das von dem
Kreuze ausstrahlende Licht, unter dem dann ihr Schein verblaßt. Das
Buch trägt das Motto:

> Errorem martyrio expiavit
> (Er sühnte den Irrtum durch seine Märtyrertat).

Adolph Widmann hat auch unter dem Titel „Am warmen Ofen" schön
gerundete Novellen erbracht.

Robert Giseke (1827—1890) hat neben dramatischen Werken, unter denen eine Vergegenwärtigung der Kämpfe Berlins mit dem
Kurfürsten Friedrich dem Zweiten hervorzuheben ist, einen Roman geschaffen, der von dem gleichen Augenpunkte her, wie Widmann, in das
aufgeregte und selbstgefällige Treiben bestimmter, aus ihrem verengten
Kreise nicht hinausfindender „Individualisten" hineinblickt. Giseke
stand selbst den Jungdeutschen nahe, unterschied aber feinhörig ihr
immer, auch im Spott und Angriff, ernstlich den deutschen Dingen zugewandtes Streben von der Gebarung der „kleinen Leute aus der großen
Zeit", als die er im Untertitel seines Romans „Moderne Titanen" die
von ihm dargestellten Typen kennzeichnete. Der Kreis der Berliner
Freien gespenstert bewegend in die Handlung hinein. Die sich im Vormärz kreuzenden weltanschaulichen Strebungen der verschiedensten Zielrichtung finden in den Gestalten des Romans ihre Vertretung. Insbesondere wird das Eigenleben der Deutsch-Katholischen Gemeinden vorgeführt — der eigentliche Handlungsträger des Romans findet aber
auch in dieser neuen Form eines Gottesdienstes keine Befriedigung und
begründet selbst eine neue Freie Gemeinde. Unverdaute Hegelsche
Philosophie wird dem Stirnerschen Bekenntnisse vom Einzigen und
seinem Eigentume in drastischen Charakteren gegenübergestellt. Durch
das ganze Werk von Giseke geht als tragende Erkenntnis das Bewußtsein: die nun zwei Jahre zurückliegende Revolution von 1848 war ein
tiefberechtigtes Unterfangen, um von einschnürendem Drucke einer ver-
ständnislosen Staatsgewalt freizukommen (hier trifft Giseke das gleiche
Tastbrett, wie Fontane in seinen Aufsätzen aus der Sturmzeit); aber das
reine Bild einer Volkserhebung wird durch die vordringlichen Typen

einer im tiefsten unfruchtbaren und von Pol zu Pol schwankenden Geisteshaltung ins Gefährlich-Abgründige getrieben.

Verwandte Tendenzen verfolgte Giseke in seinem Roman „Carriere". Und an Kritik und ironisch-dichterischer und undichterischer Darstellung und auch Mißdeutung jungdeutschen Wesens fehlte es so wenig, wie es innerhalb der Romantik an Verspottung und Selbstverspottung gemangelt hatte. Selbst im engsten Kreise der „Schule" gab es etwa harte und ungerecht absprechende Urteile Heines über Gutzkow. Und der greise Tieck verspottete in Spätnovellen, wie der „Vogelscheuche" oder dem „Wassermann", die Vordringlichkeit bestimmter Züge des neuen Wesens — als ob die Romantiker nicht der vor ihrem Auftreten schildhaltenden Generation zu gleichem Kopfschütteln und Ärgernis Anlaß gegeben hätten. Das „Komm, ältle du mit mir" war noch jedem neuen Geschlechte gegen den Strich gegangen.

3. Heinrich Laube und die Einheitsbewegung

Heinrich Laube (1806—1884) war in ländlichen Verhältnissen zu Sprottau aufgewachsen und hatte, wie Gutzkow, sich zunächst der Theologie beflissen. Früh schloß er sich der Burschenschaft an und ward infolge eines Vermerkes in dem Abgangszeugnis der Universität Halle, trotz einer gutmütigen Warnung, in Preußen verhaftet und in die Stadtvogtei gesperrt. Nach harter Behandlung entlassen, ward er schließlich zu sieben Jahren Festungshaft verurteilt, durfte aber die anderthalb Jahre, auf welche die Strafe endlich begrenzt ward, auf dem Schlosse des Fürsten Pückler zu Muskau absitzen und seinen literarischen Arbeiten obliegen; zu diesen gehörte bezeichnenderweise eine Ausgabe der Werke Wilhelm Heinses, dessen Spuren uns bereits innerhalb der Romantik begegnet sind. In dem Werke „Das neue Jahrhundert" versammelt Laube lediglich politische Betrachtungen, wie sie die Juli-Revolution in all diesen jungdeutschen Geistern an den Tag trieb. Erst in der Romanfolge „Das junge Europa", die zum Teil in der Haft entstand, fand er sich zur poetischen Darstellung. Der Roman umfaßt in den von 1833 bis 1837 erschienenen Bänden drei Abteilungen. In der ersten „Die Poeten" gibt er einen Briefwechsel von liberal oder besser demokratisch gesinnten jungen Menschen, die unter Rückgriff auf Rousseaus Preis der Natur Kritik an der Zeit üben, ohne daß jedoch die innerste Aufregung der Jugend und ihr Schmerz über die Vergangenheit des öffentlichen Lebens zu irgend welcher positiven Aussicht führte. Erst in der zweiten Abteilung „Die Krieger" wird die Charakterisierung fester und der nun gepredigte Individualismus an beispielhaften Erscheinungen belebt. Dieser Teil der Handlung spielt in Polen, und Laubes Held muß nun in seiner freiheitlichen Begeisterung Enttäuschung über Enttäuschung erleben, da er sich dem Kampfe um die Befreiung eines Nachbarvolkes gewidmet hat. Von hier aus wird die nationale Einstellung Laubes besonders durch den innersten Gegensatz gegen das zerrissene polnische

Element fruchtbar; sie hat ihn in das große Frankfurter Parlament geführt, dessen Wesen und Wirken er mit der sicheren Anschaulichkeit
des Bühnenpraktikers geschildert hat, als der er sich von Ende 1848,
zunächst an der Spitze des Hofburgtheaters, bewährte. Der dritte Teil,
mit dem er den Roman abschließt, „Die Bürger", läßt den Helden zu
einem bescheidenen Lebenskreise voll eng umzirkter Beschäftigung, die
nie ermattet, zurückfinden.

In seinen „Reisenovellen" gibt Laube Bilder aus allen möglichen
Städten Deutschlands, Österreichs und Italiens; es ist, als ob er als
Hauptgepäck einen Spiegel mitgenommen habe, der vor allem ihm
selber dienlich sein soll und seine Liebesabenteuer aufzunehmen bereit
ist, bis das nächste Abbild das frühere zum Verlöschen bringt.

Nach wirkungsvollen und erfolgreichen dramatischen, dramaturgischen und bühnengeschichtlichen Arbeiten sammelte sich Heinrich
Laube noch einmal zu einem weitschichtigen Romanwerk „Der deutsche
Krieg". Der vorbildliche Spielleiter, der in Wien und Leipzig so oft
Schillers „Wallenstein" zu musterhafter Darstellung gebracht hatte,
entwarf hier ein weit gespanntes Bild der Kämpfe des Dreißigjährigen
Krieges bis zum Jahre 1639. Es kommt Heinrich Laube bei der Schichtung der einander überlagernden Begebnisse dieses den verschiedensten
Schauplätzen zugehörigen Geschehens immer wieder zugute, daß er sich
sowohl in der politischen Praxis, wie in der dramaturgischen Sphäre
heimisch fühlen durfte. Sein Talent zur Regie erlaubte ihm, die sich
immer wieder wandelnden Schauplätze des Kampfes und der von Hof
zu Hof und von Feldlager zu Feldlager führenden Verhandlungen mit
einläßlicher Treue wiederzugeben. Er führt die Fülle der mannigfach
bewegten Gestalten mit Sicherheit ein. Dabei schwingt auch in diesem
Werke, dessen letzter Band kurz vor dem deutschen Kriege von 1866
erschien, das Zeitbewußtsein mit, ohne daß Laube etwa auf Tageswirkungen hinschielte. Es kam Laube auch zugute, daß er Österreich und
den großen Kriegsschauplatz Böhmen so gut kannte — war er doch einst
für die böhmische Stadt Elbogen in das Paulskirchen-Parlament gewählt
worden. Wie ihn schon in früheren Arbeiten das Gegeneinander der
Nationalitäten auf engem Raume beschäftigt hatte, so deutete er auch
im „Deutschen Kriege" auf die wider einander streitenden völkischen
Parteien hin und belegte dies durch charakteristische Einzelzüge. Wie
er vordem in dem Roman „Die Bandomire" ein Bild aus der kurländischen Vergangenheit gegeben hatte, so stellt er jetzt mit gereifter Kraft
und eindrucksvoller Plastik Bilder aus dem großen geschichtlichen
Kampfe zur Schau, dessen Schrecken erst unser Geschlecht in verwandter
Schickung und in wohl noch gesteigertem Maßstabe vergleichend wieder
ermessen konnte. Dabei verleugnet Laube, der alte Burschenschafter,
nicht die Stätte seiner frühen Gesinnungsbildung, er schreibt von einem
freiheitlichen Standpunkte her, dem man die protestantische Überzeugung abmerkt, ohne daß sie stilwidrig hervorträte.

Mit einem, wiederum aus dem so oft umkämpften böhmischen Raume geschöpften Roman „Die Böhminger" schloß Laube sein Romanwerk ab. Kurz, nachdem er die Lebensgeschichte Franz Grillparzers geschrieben hatte, starb er zu Wien am 1. August 1884.

Mit Heinrich Laube zog M o r i t z H a r t m a n n (1821— 1872) in das Frankfurter Parlament ein, wie Laube als Vertreter eines böhmischen Wahlkreises. Der im böhmischen Raume Geborene gab im „Krieg um den Wald" ein Geschichtsbild, in dem er die Erhebung des armen Landvolkes zur Zeit der Kaiserin Maria Theresia gegen die drückende Leibeigenschaft darstellte. Wie Laube und viele aus diesem Kreise hat er auch Reiseschilderungen, zumal aus Frankreich, verfaßt und in zarten Novellen das zeitgenössische Leben gespiegelt. In dem Werke „Bilder und Büsten" brachte Hartmann sicher gesehene Portraits von Zeitgenossen dar. Die „Erzählungen eines Unsteten" geben lebendige und vom Durchschnitt weit entfernte Bilder aus den Ländern, die Hartmann als Verbannter aufsuchen mußte — er war, Parteigenosse Robert Blums, wegen seiner Beteiligung am Stuttgarter Rumpfparlament steckbrieflich verfolgt worden und hatte auswandern müssen. Nach der endlichen Heimkehr gehörte er noch in Stuttgart zum engeren Freundeskreise Freiligraths und Raabes.

Wie er zählte auch A l f r e d M e i ß n e r (1822—1885), ein Enkel des Wielandschülers August Gottlob Meißner, zu einem Kreise von jungen Prager Schriftstellern, der sich „Das junge Böhmen" nannte. Aus der allgemeinen revolutionären Stimmung des Vormärz erfloß für diese deutschen Studenten und Literaten eine Neigung zu der sich allmählich rührenden Gegenstellung der Tschechen gegen das österreichische Regiment, von der diese unberatene Jugend erst bei ruhigerer Betrachtung auf den deutschen Boden zurückfand. Alfred Meißner hat alsdann in einer Reihe von Romanen das von mannigfachen Erregungen geschüttelte Leben der österreichischen Erblande dargestellt. Das erste dieser Werke „Zwischen Fürst und Volk" deutet schon im Titel auf die Probleme hin, die damals, nach der gescheiterten Erhebung, 1854, die Gemüter bewegten. In dem späteren Romane „Sansara oder Der Freiherr von Hostiwin" gab Meißner Bilder aus der österreichischen Aristokratie und ließ seinen Helden nach der immer stärker empfundenen Leere eines bloßen Genußlebens zur Weltflucht vorschreiten, die sich erst durch die Begnadung mit einer unverstellten Herzensneigung dem Leben wieder zukehrt. In einem ganzen Romankreise gab dann Meißner ein Abbild der rückschrittlichen Bedrückung, unter der das Leben der Doppelmonarchie in den Jahren nach 1850 dahinging. „Schwarzgelb" und „Babel" beleuchten die schroffen Gegensätze zwischen dem wieder erstarkten Feudaladel und dem aufstrebenden Bürgertume. Meißner versuchte auch in geschichtlichen Romanen Fernbilder zu geben, die den Problemen seiner Gegenwart bedeutsam vorleuchteten. So brachte der Roman „Zur Ehre Gottes" ein Bild aus der Tätigkeit des Jesuitenordens, während „Die Kinder Roms" in zarter Kleinmalerei das Bemühen Kaiser Josephs des Zweiten um Erneuerung des Volkslebens und die Gegenwirkung der überall in das Rad der Entwicklung greifenden geistlichen Widerparte darstellten. Auch in geschichtlichen Novellen, insbesondere den „Rokoko-Bildern", fröhnte Meißner mit Glück diesen geschichtlichen Neigungen.

An Meißners Wirken hat sich ein häßlicher, einst das literarische Leben aufregender und vergiftender Streit geknüpft. Meißners Freund F r a n z H e d r i c h (1825—1895) behauptete nach Meißners Tode, der Verfasser der unter Meißners Namen gehenden Romane gewesen zu sein. Eine volle Klärung des Falles ist niemals erfolgt, aber jedenfalls haben Hedrichs Erpressungsversuche Meißner zu einem Selbstmordversuche getrieben. Meißners Schwager R o b e r t B y r (K a r l v o n B a y e r, 1835—1902) hat die Wahrheit der Hedrichschen Behauptungen abgestritten. Byr, früher österreichischer Offizier, hat ohne zeitgeschichtliche oder polemische Einstellung Lebensdarstellungen aus Österreich-Ungarn gebracht; unter ihnen ist besonders der Roman „Österreichische Garnisonen" durch seine anschauliche Schilderung des kameradschaftlichen Kleinlebens von Bedeutung. Von Werken aus anderem Umkreise seien die „Nomaden" und „Die Irrwische" hervorgehoben.

4. F a n n y L e w a l d, M a l w i d a v o n M e y s e n b u g und d i e F r a u e n b e w e g u n g

F a n n y L e w a l d (1811—1889) stammte aus einer seit dem sechzehnten Jahrhundert in Ostpreußen ansässigen jüdischen Familie; ihr Geburtsort ist, wie der ihres älteren Vetters August Lewald, Königsberg. Während aber August sich früh der katholischen Kirche zuwendete, wurde Fanny mit ihren Geschwistern dem evangelischen Christentume zugeführt. Ihre ersten, namenlos erschienenen Werke packten alsbald Fragen der von allen Seiten eingeengten weiblichen Existenz an. In dem Roman „Clementine" von 1843 schilderte Fanny Lewald das Unglück einer nur nach Konvention geschlossenen Ehe. In der „Jenny" stellte sie den Widerstreit dar, in den eine der Wahrheit zugeschworene Frauennatur gerät, wenn sie ohne die letzte Überzeugung für den geliebten Mann vom Judentum zum Christentum hinüberwechselt. Allgemein bekannt aber wurde Fanny Lewald erst durch ihre Parodie der Gräfin Ida Hahn-Hahn, die sie unter dem Titel „Diogena, von Iduna Gräfin H. . . ." veröffentlichte und in der sie die unleugbaren Schwächen, die Vornehmtuerei, die Fremdwörtelei und die immer wiederkehrenden Leidenschaften auf den ersten Blick mit Witz und Geist unbarmherzig zerpflückte, in demselben Jahre 1847, da sich Geschicke ankündigten, die für solche „Fadaisen" keinen Raum mehr ließen.

Nach einem Ausluge in die Berliner Welt, bei dem die Schriftstellerin noch eine Spätblüte der hauptstädtischen Salonsphäre erleben durfte, führte eine weitere Bildungsreise sie nach Rom. Hier gelangte sie

in den Kreis von Ottilie von Goethe, der Witwe Augusts. Den Zusammenhang mit Weimar kennzeichnete ferner A d e l e S c h o p e n -
h a u e r (1797—1849), die Tochter der Hofrätin Johanna Schopenhauer, die dem Goethehause so nahestand. Adele schriftstellerte unter
dem Hehlnamen A d r i a n v a n d e r W e n n e, gewann aber größeren Ruf durch ihre geschmackvolle Schattenbildschneiderei. In eine
Sammlung   solcher   künstlich   ausgeschnittener   Landschaften   schrieb
Goethe für sie die folgenden Verse:

> Zarte schattende Gebilde,
> Fliegt zu eurer Künstlerin,
> Daß sie, freundlich, froh und milde
> Immer sich nach ihrem Sinn
> Eine Welt von Schatten bilde;
> Denn das irdische Gefilde
> Schattet oft nach eignem Sinn.

Fanny Lewalds Wirksamkeit, nun mit Adolph Stahr am eigenen
Berliner Herde heimisch, trägt ein doppeltes Antlitz. Man darf sagen,
daß sie einen neuen Typus der Schriftstellerin verkörperte, wie er bis-
dann in Deutschland nicht aufgetreten war. Ihre, zum Teil nach ihrem
Tode veröffentlichten Tagebuchblätter zeigen auf jeder Seite die ernste
Auseinandersetzung mit den geistigen Tendenzen der Zeit. Wo Fanny
Lewald sich, wie in 'den „Zwölf Bildern nach dem Leben", knapp faßt,
gelingen ihr so charakteristische Umzeichnungen wie diejenigen Franz
Lißts oder des Fürsten Hermann Pückler-Muskau.

Aus dem jungdeutschen Lager überkam sie die emanzipatorische
Tendenz, die jedoch, bürglich umgrenzt, allem exzessiven Wesen im
Innersten abhold war und das geruhig aussprach. In ihrem vielbändigen Romane „Von Geschlecht zu Geschlecht" kam die tüchtige Lebensbeobachtung, die in geistreichem Gespräch nicht verwässert, sondern in
das fortschreitende Bild der Handlung eingebaut wird, voll zum Ausdruck.

Aus ihrer Novelle „Treue Liebe" spricht die tief bürgerliche Gesinnung, die sich Fanny Lewald über den Widerstreit, der ihre jungen
Tage erfüllte, als feste Lebensgrundlage hinübergerettet hat, wie er auch
aus dem sehr aufschlußreichen Briefwechsel mit dem ihr befreundeten
Großherzoge Carl Alexander von Sachsen-Weimar an den Tag tritt.

Lange beschäftigte Fanny Lewald die Gestalt von Rahel Varnhagen,
deren Andenken im Salon von Henriette Solmar sehr gepflegt wurde.
Hier erschien, im oberen Stocke der Königlichen Bank in der Jäger-
straße zu Berlin, im schwarzen Oberrock, den Stern eines Ordens an
breitem Bande um den Hals, den Hut und den Rohrstock mit goldenem
Knopfe in der Hand, der Geheime Rat Karl August Varnhagen von Ense,
und hier herrschte noch die geistvolle und ruhige Art des literarischen Verkehrs von ehedem.

Merkwürdig genug erreichte Fanny Lewald erst ganz am Ende ihres
Lebens, in dem geschichtlichen Romane „Die Familie Darner" (1887),

die Meisterschaft. Wieder handelt es sich um ein Buch aus bürgerlichem
Umkreise und von ganz bürgerlicher Auffassung, um Menschen, die sich
ganz von unten her zu Wohlstand und bürgerlichem Ansehen empor-
arbeiten, um andere, die, vom Geiste neuer Zeit getroffen, verhärtete
Gesinnung wandeln, sich ins Rechte und Allgemeine denken. Diese
Kämpfe aber werden in dem Königsberg von 1806 bis 1815 ausge-
fochen, das Fanny Lewald aus eigener Anschauung und den Erinnerungen der Ihren lebhaft vor Augen stand. Mit ganz preußischer
Knappheit und Klarheit ist das Bild der Stadt und des Lebens entworfen. Wir sehen die Bürgerschaft, in deren Mitte die Königin lebt,
Gefahr und Not tragen und überwinden, sehen sie lebhaft aufgerufen
zur Befreiung des Vaterlandes, sehen und hören die Männer und Frauen
der Zeit sich über die Stände und Schranken hinweg brüderlich zum
vaterländischen Tun einen. Auch in der Schilderung der Natur im
Pregellande und an der samländischen Küste, wie in einer Episode auf
dem Canal Grande zu Venedig erreichte Fanny Lewald mit großer Spar-
samkeit feine Wirkungen. Vor allem aber lebt ihr Lorenz Darner als
eine klar gesehene, bei aller Einseitigkeit liebenswerte und bedeutende
Gestalt von eigenem Maße. Sie hat mit diesem geschichtlichen Heimat-
roman das Werk geschaffen, das die längste Dauer verdient und sie
vermutlich besitzen wird.

Zu Fanny Lewalds engerem Kreis gehörte T h e r e s e   v o n
S t r u v e (zuerst vermählte von Bacheracht, dann Freifrau von Lützow,
1804—1882), eine Freundin Gutzkows; sie hat, gleich dem ganzen Jungen Deutschland Reisenovellen und Reisebücher geschrieben. A m e l i e
B ö l t e (1817—1891) schulte sich vielfach an englischen Vorbildern,
zumal an den Werken der Currer Bell (Charlotte Brontë), deren Gou-
vernantenroman „Jane Eyre" (1847) in ganz Europa berühmt wurde.
Auf dieser Linie liegen die Romane von Amelie Bölte, so „Eine gute
Versorgung" und „Liebe und Ehe". Sie hat auch ein Buch über
Germaine von Staël geschrieben und sich in philanthropischen Schriften
um das Volkswohl gemüht. In einem geschichtlichen Romane stellte sie
die uns aus Schillers Jugendleben vertraute, durch Heinrich Laube auch
dramatisch dargestellte württembergische Landesherrin Franziska von
Hohenheim, die Gattin Carl Eugens, dar. Sehr viel weitere Wirkung
übte mit historischen Romanen H e n r i e t t e P a a l z o w (geb. Wach,
1788—1847); ihr in England spielender, das Vorbild Walter Scotts
nicht verleugnender Roman „Godwie Castle" hatte trotz ungefüger Breite
großen Erfolg. J u l i e B u r o w (vermählte Pfannenschmidt, 1806
bis 1868) kam in Gestaltung heimatlich enger Verhältnisse des deutschen Ostens (sie war Ostpreußin) zu ruhiger, etwas nüchterner Darstellung, so in dem Roman „Aus dem Leben eines Glücklichen" und
in „Bildern aus dem Leben". Überdeutlich wird die erzieherische Absicht in den Romanen von F a n n y T a r n o w (1779—1862), die
auch George Sand übersetzt hat (auch ihr Roman „Zwei Jahre in Petersburg" liegt auf dieser Linie), und in denen von A m a l i e S c h o p p e

(geb. Weise, 1791—1858); Amalie Schoppe, die von der Insel Fehmarn stammte, wurde über Hamburg schließlich nach Amerika verschlagen; ihr dankt der junge Hebbel die Lösung aus dem Drucke und
der Einschnürung seiner Schreiberexistenz zu Wesselburen.

Bis zur Verwässerung pseudogeschichtlicher Darstellung brachte es
L u i s e   M ü h l b a c h   (1814—1873), die Gattin Theodor Mundts; in
Romanen von zahlreichen Bänden und unendlich breitem Stil machte
sie sich, unter Ausnutzung eines möglichst großen anekdotischen Materials, an die Auswalzung der Geschichte und verfuhr dabei in ihrer
flachen Manier immer nach demselben Muster, ganz gleich, ob es sich
um den Großen Kurfürsten oder den eben gestorbenen Reichsverweser
Erzherzog Johann handelte. Es gehört zu den psychologischen Rätseln
der Zeit, daß in Tagen, die von allen Elementen leidenschaftlicher Auseinandersetzung randvoll waren, diese Klitterungen einen großen Leserkreis fanden, der sich durch die Vielzahl der Bände nicht abschrecken
ließ.

Sehr anders stand es um die geschichtlichen Romane von E l p i s
M e l e n a (Hehlname für M a r i e E s p é r a n c e v o n S c h w a r z ,
geb. Brandt, 1818—1899), einer Vorkämpferin des Tierschutzes. Sie
hat in zwei Romanen von anschaulicher Darstellung, der man die be-
wundernde Zuneigung wohl abmerkt, den italienischen Volkshelden
Garibaldi gebildet: „Garibaldi in Varignano" und „Garibaldi auf
Caprera".

In dem Kampfe um Erweiterung der Frauenbildung und um eine
bessere Rechtsstellung der Frau stand, bereits ins Politische vorstoßend,
L u i s e O t t o - P e t e r s (Luise Peters, geb. Otto, 1819—1895) voran. Für die demokratische und die deutsch-katholische Bewegung der
Zeit gewonnen, schrieb sie 1842 ihren sozialen Roman „Ludwig, der
Kellner" und brachte damit einen völlig neuen Stoffkreis in das Romangehege. Vordem hatte sie in politischen Gedichten auf das traurige Los
der Klöpplerinnen ihrer erzgebirgischen Heimat hingewiesen. Die Gründerin des zu weiter Wirksamkeit berufenen Allgemeinen Deutschen
Frauenvereins traf sich in ihren zielklaren Bestrebungen mit L u i s e
B ü c h n e r (1821—1877), der Schwester des Dichters Georg und des
Philosophen Ludwig Büchner. Auch die Novellen von Luise Büchner
sind von dem Temperamente dieser leidenschaftlichen Familie durchdrungen und leiten zur politischen Zielsetzung hinüber.

L o u i s e v o n G a l l (1815—1855), die Gattin Levin Schückings,
hat „Frauennovellen" geschaffen und in dem Roman „Gegen den
Strom", wie in dem „Neuen Kreuzritter", die Kraft zu eigenständiger
Lebensauffassung bei sparsamem Gestaltenumriß an den Tag gelegt.
Gemeinsam mit dem Gatten hat sie „Familiengeschichten" veröffentlicht,
die den Umkreis des Landes der Roten Erde nicht verlassen.

I d a v o n D ü r i n g s f e l d (früherer Hehlname T h e k l a , vermählte von Reinsberg, 1815—1876) lebte in der Jugend im Dresdner
Kreise Ludwig Tiecks und Tiedges. Sie hat in ihrem ersten Prosawerk

„In der Heimat, Briefe eines Halbjahres" diese Werdejahre in Tagebuchblättern und Liedern, wie in novellistischen Skizzen anschaulich
dargestellt. Dann sammelte sie sich zu dem Romane „Schloß Goczyn",
der von ebenso sicherer Lebensbeobachtung zeugt, wie „Die Literaten",
welche eigene Erlebnisse im Umkreise der sächsischen Hauptstadt ver-
werten. In ihrem Roman „Eine Pension am Genfer See" ließ Ida von
Düringsfeld zwei Romanhandlungen in seltsamem Nebeneinander unter
einem Dache spielen. In zwei Geschichtsromanen brachte sie es zu geschlossener Charakteristik des veranschaulichten Zeitraumes und der ihn
belebenden Gestalten. In „Margarete von Valois und ihre Zeit" bot
Ida von Düringsfeld ein Bild des geistvollen Hofes von Nérac und
stellte die Verfasserin des „Heptameron" mit sicheren Strichen dar.
„Antonio Foscarini" gab ein treffsicheres Bild aus der Geschichte Venedigs, in dem zumal die weiblichen Handlungsträger lebendig ausgezeichnet waren. In den „Prismen" vereinte sie sechs Novellen, in denen
ihr bewegtes Reiseleben vorklang, und erwies eine humoristische Gelassenheit, die den Leser alsbald umfängt. Dabei gelangte sie zu einer
Ausdeutung des Geheimnisvollen und in die Bezirke des Übersinnlichen,
wie in der streng geschlossenen Novelle „Wer?"

Als ein Gegenbild zu all diesen zur neuen und selbständigen Erfassung des Lebens strebenden Frauen ist W i l h e l m i n e C r a n z
(1815—1901) zu nennen. Ihr namenlos erschienener Roman „Eritis
sicut Deus" trug die Aufschrift des Spruches der Schlange aus dem
Paradiese, den Mephistopheles dem Faustschüler ins Album schreibt.
Wilhelmine Cranz wollte mit geschickter Mache und in grell gewählten
Farben das Verderben der Emanzipation schildern. Die Folgerungen,
welche David Friedrich Strauß und einige Mitstrebende aus der Hegelschen Philosophie auf geistlichem Gebiete gezogen hatten, wurden hier
als verderbliche Lebensäußerungen einer Emanzipation angeprangert,
ohne daß doch wirklich christliche Lebensauffassung und Freiheit eines
Christenmenschen als Gegenkräfte ins Bild getreten wären. Dazu war
das klatschsüchtige Werk von einer sehr durchsichtigen Kampagne gegen
einen jung berühmt gewordenen Gefolgsmann Hegels erfüllt, der in
seiner Ehe Schiffbruch gelitten hatte, und alles dies wurde dem vorgeblichen Gottesleugnertum der Schule in die Schuhe geschoben. Das wider-
wärtige Buch von Wilhelmine Cranz, gegen das sich sogar ein Mann wie
Karl Rosenkranz glaube öffentlich auflehnen zu müssen, ist mit Recht
vergessen. Aber gerade aus dem Wirren dieser überall zu Neuem ausschreitenden Zeit hebt sich das Bild einer Schriftstellerin hervor,
die freilich erst viel später mit eigenen Werken an die Öffentlichkeit getreten ist: M a l w i d a v o n M e y s e n b u g (1816—1903).
Die Tochter eines kurhessischen Ministers, der ursprünglich Rivalier
hieß und erst später den deutschen Adelsnamen erhielt, verlobt sich dem
um sechs Jahre jüngeren Pfarrerssohne T h e o d o r A l t h a u s (1822
bis 1852), der in der Revolution von 1848 christlich-demokratische
Bestrebungen vertritt und wegen eines zur bewaffneten Durchsetzung der

Reichsverfassung auffordernden Aufsatzes ins Gefängnis kommt und früh stirbt. Malwida selbst muß das konservative Elternhaus verlassen und übernimmt eine Lehrstelle an der ersten deutschen Frauenhochschule, die Emilie Wüstenfeld in Hamburg errichtet. Wegen Verdachtes revolutionärer Umtriebe muß Malwida von Meysenbug aus Deutschland fliehen und geht nach London. Dort eröffnet sich ihr im Kreise der exilierten Politiker aus allen Ländern eine neue Welt. Sie verkehrt mit Gottfried Kinkel, Carl Schurz, Lothar Bucher, Johannes Ronge, Franz Kossuth, Giuseppe Mazzini, Garibaldi und Luis Blanc und kommt schließlich als Erzieherin in das Haus des von der russischen Regierung verfolgten Alexander Herzen, dessen Erinnerungen sie ins Deutsche übersetzt hat. Dann führt sie ihr Weg nach Paris, längst ist sie Sozialistin, nun tritt die Kunst durch Richard Wagner überraschend in ihren Lebenskreis, und schließlich darf sie in Italien Friedrich Nietzsche als „Freundin, Mutter, Arzt" betreuen. Noch mit dem, unseren Tagen angehörigen Romain Rolland stand sie in geistigem Austausch. Nach einem beispiellos reichen und langen Leben ist sie in einem Kreise tief anhänglicher, ihr kindlich zugetaner Menschen, gestorben.

Schon rein stofflich mußten ihre „Memoiren einer Idealistin" Aufsehen erregen, aber doch keineswegs nur dadurch. Denn eine außerordentliche Kunst der Schilderung wirkte hier, sowohl der Natur, wie den Menschen gegenüber. Wer einmal in dem jetzt geschlossenen Kloster der Kartäuser, der Grande Chartreuse in den savoyischen Alpen geweilt hat, wird die ganze Feinheit der Aufzeichnung von Jugendeindrücken in dieser Umgebung nachempfinden: „Der Mond erhellte die Einsamkeit der Berge und die ansehnlichen Gebäude des Klosters. Nach und nach versanken die flüchtigen Erscheinungen der Welt, die Phantasmagorien der Einbildungskraft, die ungestümen Wünsche wie in einem fernen Traum, das Dasein schien nur noch in der reinen Idee, in der Abstraktion der Dinge zu bestehen und schwamm wie ein elementares Fluidum auf den silbernen Strahlen des nächtlichen Gestirns. Lange, lange schaute ich hinaus und hatte das Gefühl meiner Individualität verloren, da schallte plötzlich ein Glockenton durch das elementare Leben der Nacht und zitterte in den Mondeswellen wie ein Schöpfungsgebot, welches das Universelle wieder zu individualen Formen rief."

Dann aber die knappe Schilderung der Armenviertel in London: „Aus den düstern Nebeln jener Gassen, in denen die elenden Gestalten wie bleiche Schatten verstorbener Sünder aus dem Boden stiegen, traten wir in andere, von Gasflammen, die frei im Winde flatterten, mit einem unheimlichen, höllischen Lichte erleuchtet, in deren Glanz das rote, blutige, in den Fleischerläden aufgehängte Fleisch widrig, barbarisch sich hervorhob, während Käse, halbfaule oder getrocknete Seefische und Ähnliches die Luft mit entsetzlichen Dünsten füllte. Hier wogte und drängte, mit Geschrei, mit lautem, keifendem Handeln und Feilbieten, eine furchtbare Menge, die, wie den Schlünden unterirdischer Werkstätten von Kobolden entstiegen aussah: entmenschte Menschen, ent-

weder durch das Elend oder durch das Laster bis zur Fratze des Eben-
bildes Gottes entstellt. Vom Schein der Gasflamme grauenhaft beleuchtet, kauften sie das traurige Prachtmahl des Sonntags ein, auf das
wohl schon die ganze Woche hindurch die hungrigen Kinder sich gefreut hatten."

Daraus zieht dann die Sozialistin ihre Schlüsse: „Wie tief fühlte
ich das ganze Verdammungsurteil, das aus diesen rotberänderten, unheimlich glühenden oder halb erloschenen, tief eingesunkenen, in
düsterer Hoffnungslosigkeit starrenden Augen uns entgegenblickte!"

Um die Freiheit der Entschließung auch für die Frau geht es für
Malwida nicht nur im Leben, sondern auch in ihren Lebensbekenntnissen:
„es war die Tyrannei der Familie, die sich in diesem Fall noch auf den
bedauernswerten Grundsatz stützte, daß die Frau nicht für sich selbst denken, sondern auf den Platz, den ihr das Schicksal angewiesen hat, bleiben
soll, einerlei, ob ihre Individualität dabei untergeht oder nicht." Und die
Unvermählte findet, da ein durch Jahre geliebtes Kind ihrer Erziehung
und Wartung wieder entzogen wird, die feinen Worte: „Daß die Mutter
das Kind, das sie geboren hat, liebt und pflegt, das teilt sie mit jedem
Tiere, das ebenso zärtlich für seine Jungen sorgt. Was aber den höheren
Instinkt der Mutterliebe ausmacht: die heiße Sorge um das geistige
Leben, den Charakter, die Fortentwicklung aller Fähigkeiten, die Sehnsucht, in dem jungen Leben die eigene Unsterblichkeit zu erleben, das,
was als Ideal in uns gewohnt hat, zu neuer Blüte hinüberzuretten in
die Jugend der Erscheinung; dies Hüten der jungen Seele, über der
man noch eifersüchtiger wacht, als über der eigenen, um sie vor geistigem und moralischem Unheil zu bewahren, um sie in keuscher, unver-
letzter Schönheit der Sonne der Erkenntnis und des Bewußtseins zu erschließen — all dies erlebte und empfand ich in mir in Beziehung auf
dies schöne, liebenswürdige Kind. Ich fand darin einen neuen Beweis
dafür, daß jenes Empfinden, welches man meistens bei der Frau nur
für die Kinder, die sie unter dem Herzen getragen hat, voraussetzt,
im allgemeinen ein wesentlicher Bestandteil der weiblichen Natur ist."

Neben den erstaunlich reichen Erinnerungswerken von dichterischem
Range, den „Memoiren" und dem diese ergänzenden Werke „Der
Lebensabend einer Idealistin", stehen die Darstellung einer umsorgten
„Reise nach Ostende 1849" und eine Reihe fesselnder und menschen-
kundig geschriebener Erzählungen. Die „Phädra", ein umfänglicher
Roman, wirkt geradezu wie ein letzter Ausklang des Jungdeutschtums.
Die Erzählung gibt das Bildnis eines außerehelichen Sohnes, den die
Gesellschaft nicht anerkennt. So verläßt er Deutschland und begründet
auf einer griechischen Insel einen idealen Lebenskreis. Lyrisch durchklungen ist die hinterlassene römische Novelle „Himmlische und irdische
Liebe". Malwida von Meysenbug ist auch, in ihren „Stimmungsbildern"
wie in ihren „Individualitäten", eine Meisterin des Essays. Auch hier
bleibt ihr Urteil immer selbständig und auch mitten im Getümmel des
politischen Lebens der Männer weiblich. „Es gibt zwei Arten von guten

Menschen, die einen sind gut, weil sie gar keine Gelegenheit haben
anders zu sein; alles geht ihnen nach Wunsch, sie kennen das Leiden
nicht, und ihnen ist diese Welt wirklich die beste der Welt; warum
sollten sie anders sein, als gut, d. h.: nicht böse? Die anderen kennen
dagegen den dunklen Grund der Welt, kennen das Leiden in seiner ver-
nichtenden und seiner ideellen Bedeutung, und wenn sie gleich dem Er-
löser aus dem Nimbus emporsteigen, so sind sie in Wahrheit Erlöste,
Freie, die die Welt überwunden haben." Dieses tapfere Wort zeigt Malwida von Meysenbug ganz. Sie schließt in ihrer Art die ganze Kette
jener älteren, kämpfenden Frauen, in denen man immer noch das Beste
der alten Aufklärung spürt, jener Frauen, die sich noch mehr den Er-
ziehungsidealen Weimars verwandt fühlten. Aber freilich reichen Lebens-
weite und Empfindung der Malwida von Meysenburg schon bis zu
Nietzsche hinüber, und so steht sie zugleich in einer neuen, nervöseren
und in ihren Kampfesformen schärferen Zeit.

5. Nachromantik im jungdeutschen Zeitalter

Eine so vielfältig nach allen Seiten hin ausstrahlende Bewegung,
wie die der Romantik, versickert auch im Drange neu zuströmender,
andersartiger Anschauungen nicht. Man mag es als symbolisch ansehen, daß das Haupt der durch die Romantik im Gefolge Herders zum
Werke schreitenden neuen Wissenschaft der Germanistik, Jacob Grimm,
einer der Ältermänner der Paulskirche war, wie ihn der junge Apo-
thekenprovisor Theodor Fontane im Berliner Schauspielhause als Kandidaten für die Ideale der Einheit in Freiheit zeugen hörte; sie waren
der Romantik wie dem Jungen Deutschland trotz aller tiefgreifenden
Unterschiede gemeinsam. Das Wissen von der deutschen Vergangenheit ward von dem Auftriebe, den ihm das romantische Zeitalter gegeben
hatte, auch weiterhin beschwingt und führte zur Erschürfung immer
neuer Ergebnisse. Ohne Bildung neuer Schulen und Kreise drang wie
in der Wissenschaft, so in der Poesie, romantisches Erbgut empor,
durch jüngere Temperamente vielfach abgewandelt, der einstigen zeitlichen Fracht an Polemik nun entkleidet, oft zu anderen Formen vorstoßend, die doch ihre Abkunft nicht verleugnen konnten.

Recht im Gefolge der Brüder Grimm wirkte L u d w i g B e c h -
s t e i n (1801—1860) aus Weimar, dann in seiner Thüringer Heimat
Bibliothekar in Meiningen. Bezeichnenderweise umrankte seine Phantasie die Überlieferungen des böhmischen Raumes, die Franz Grillparzer
zu dramatischem Werke angeregt hatten, und welche der junge Prager
Kreis um Hartmann und Meißner gleichfalls zum Ausgangspunkte bewegter Dichtung gewählt hatte. Bechstein schuf in der „Weissagung der
Libussa" einen Roman, der die geheimnisvolle Begründung des böhmischen Reiches darstellte. Nach liebenswürdigen Novellen, „Arabesken" und „Fahrten eines Musikanten", sammelte er sich in der Rahmenerzählung „Philidor" zu schlichten Geschichten aus dem Leben eines

Landgeistilchen, denen er den Roman „Der Dunkelgraf" aus dem Bezirke
um den Rennsteig folgen ließ. Sehr viel weiterhin wirkte Bechstein mit
seinem in echtem Märchentone vorgetragenen Sagenwerken. Da brachte
er den „Sagenschatz und die Sagenkreise des thüringer Landes" wie
diejenigen des südlich angrenzenden Frankenlandes dar und schuf das
„Deutsche Märchenbuch", das lange als Ergänzung der Grimmschen
Sammlung, der Bechstein manchen Beitrag entlehnte, in den Händen
der deutschen Kinder war. Bechsteins „Hexengeschichten" erfreuen
durch ihre Spannungskraft und den Humor einzelner Stücke.

Wie ein Veteran wirkte in den scheinbar befriedeten Tagen, die
der großen Bewegung von 1848 folgten, A u g u s t D a n i e l v o n
B i n z e r (1793—1868). Er hatte als leidenschaftlicher Burschen
schafter im Jahre 1819, bei der erzwungenen Auflösung der Burschenschaft, das unvergessene Lied gedichtet: „Wir hatten gebauet Ein statt-
liches Haus". Nun brachte er, gemeinsam mit seiner Gattin E m i l i e
v o n B i n z e r (geb. von Gerschau, 1801—1891) von Linz aus Novellen dar, die den romantischen Klang nicht vermissen ließen.

Mit K a r l H e r l o ß s o h n (1804—1849) gelangen wir wieder
zu einem Manne aus dem jungprager Kreise. Er machte sich als Nebenwerk den Scherz, wie Wilhelm Hauff den Vielschreiber Clauren durch
zwei, unter dessen Namen veröffentlichte Romane („Emmy" und „Viel-
liebchen") zu verhöhnen. Seine ernsten Schöpfungen aber galten —
und hier ging er bewußt im Gefolge Walter Scotts — der böhmischen
Heimat.

In dem Roman „Die Fünfhundert von Blanik" gab der Verfasser
des Liedes „Wenn die Schwalben heimwärtsziehn" ein Bild aus den
Hussitenkriegen, die er auch in dem „Letzten Taboriten" darstellte. In
die Welt um den Dreißigjährigen Krieg führen Herloßsohns Romane
„Wallensteins erste Liebe" und „Die Tochter des Piccolomini".

Noch tief in die Gehege der Romantik ragt L e o p o l d S c h e f e r
(1784—1863) hinein, nur vertritt sein einst weit verbreitetes „Laien-
brevier", trotz seiner durchaus romantischen Formgebung, an Stelle der
christlichen Bekenntniseinung einen Pantheismus, den man auch füglich
Panhumanismus nennen könnte. Die gleiche Weltanschauung lebt in
seinen zahlreichen, einer schärferen Profilierung entbehrenden Novellen.
Sehr viel ernster steht es um die Prosadichtung eines Mannes, der wirklich zwischen den Zeiten stand und das Bewußtsein davon hatte, um den
aus Marieney im sächsischen Vogtlande stammenden J u l i u s M o s e n
(1803—1867). Ihn verschlug das Geschick nach Oldenburg, wo er in
brüderlicher Freundschaft mit Adolph Stahr lebte. Der hochstrebende
Dramatiker, der heute nur noch durch seine energisch zusammenge-
preßten Balladen „Die letzten Zehn vom vierten Regiment" und den
„Trompeter an der Katzbach" weiterlebt, hat in seinem Romane „Der
Kongreß von Verona" ein eindrucksvolles Bild jener Zusammenkunft
der Garanten der Heiligen Allianz im Jahre 1822 gegeben. Insbesondere gelang es Mosen, eine Darstellung des Russischen Kaisers Alexan-

der des Ersten und der diesen umwaltenden mystischen Einflüsse — sie waren nach Mosens geschichtlich treuer Schilderung auch auf die schriftstellerisch tätige J u l i a n e v o n K r ü d e n e r (1764—1824) zurückzuführen, der Goethe ein bitterböses Gedicht gewidmet hat.

Aus der politischen Welt in die Kleinwelt des scheinbar Alltäglichen führen Mosens „Bilder im Moose", sie lenken bei inniger Versenkung in die Natur zu schlichten Lebensläufen, die mit behutsamer novellistischer Kunst vorgetragen werden. Das Gleiche gilt von der Novelle „Georg von Venlop".

Wie ein Gefäß, darin sich die verschiedensten Strömungen der Zeit und der jüngeren Vergangenheit sammeln, wirkt der Balte A l e x a n - d e r F r e i h e r r v o n U n g e r n - S t e r n b e r g (als Schriftsteller: A. v o n S t e r n b e r g, 1806—1868). In seiner Novelle „Die Zerrissenen" behandelte er, das Muster der „Elixire des Teufels" von Hoffmann vor Augen, Auswüchse jungdeutscher Strebungen, jedoch ohne den sittlichen Ernst Adolph Widmanns. In anderen Romanen, so in der „Susanne", versucht er rücksichtslose, scharfe Bilder der vornehmsten Kreise Berlins, wo er eine Weile heimisch war, zu geben. Nach der Revolution bekannte er sich in Zeitromanen zu einer extremen Gegnerschaft gegen die Tendenzen seiner literarischen und politischen Umwelt.. Die im Jahre 1849 hervorgetretenen „Royalisten" zeichnen die Bahn vor, auf der „Die gelbe Gräfin", „Der deutsche Gilßlas" und „Die Brüder" in geistreicher Gesprächsführung, manchmal ins Schlüpfrige irrend, sich bewegen. Auch die „Braunen Märchen" tragen, bei unleugbarer Phantasiefülle, die für Sternbergs Schaffen nunmehr charakteristische Note einer ins Zweifelhafte abgleitenden Wesenheit. Ein gutes Bild der Zeitgeschichte geben seine „Erinnerungsblätter", obwohl Züge der exzentrischen Lebensart und Lebensauffassung Sternbergs das Bild gelegentlich verfärben — noch im zwanzigsten Jahrhundert sind diese Memoiren wieder aufgelegt worden.

Wie Herloßsohn, folgte auch A. v o n T r o m l i t z (K a r l v o n W i t z l e b e n, 1773—1839) den Spuren Walter Scotts. Im Dreißigjährigen Kriege spielen „Die Pappenheimer". Der ehemalige kriegsverdiente Offizier gelangt hier im militärischen Umkreise zu eindrucksvollen Schilderungen. Demselben Stoffkreise ist „Der Page des Herzogs von Friedland" entnommen, der wie eine Vordeutung zu einer freilich weitaus bedeutenderen Schöpfung Conrad Ferdinand Meyers wirkt. Am längsten sind von Tromlitz die „Vierhundert von Pforzheim" lebendig geblieben; in diesem Romane knüpft er an die Lage vom Heldentode vierhundert Pforzheimer Bürger in der Schlacht bei Wimpfen im Jahre 1622 an.

G e o r g D ö r i n g (1789—1833) hat zahlreiche Romane von spätromantischer Dichtung geschaffen; nur einem dieser Romane war ein längeres Leben beschieden, dem „Sonnenberg" — er wurde von Charlotte Birch-Pfeiffer als „Pfefferrösel" dramatisiert.

Heinrich Alexander Seidel (1811—1861), Stammvater eines ganzen Dichtergeschlechtes, vertiefte sich gleich seinen norddeutschen geistlichen Amtsbrüdern Meinhold und Biernaṭki in die deutsche Vergangenheit und brachte in dem Roman „Balthasar Scharfenberg" ein anschauliches Bild aus dem Dreißigjährigen Kriege.

Seidels süddeutscher, katholischer Amtsbruder Alois Flir (1805 bis 1859), welcher der Deutschen Nationalversammlung in der Paulskirche angehörte, hat sehr kräftige historische Novellen aus näherer Vergangenheit geschaffen und als „Bilder aus den Kriegszeiten Tirols" dargebracht. Ihm zur Seite saß in der Paulskirche eine der charaktervollsten und eigentümlichsten Persönlichkeiten des deutschen Katholizismus, Beda (eigentlich Johannes) Weber (1798—1858). Weber war zuerst Schuhmacher und kam dann auf schwierigen Umwegen in den Priesterberuf. Zunächst Gymnasialprofessor in Meran, schloß er seine Laufbahn als Stadtpfarrer von Frankfurt am Main. Seine „Predigten an das Tiroler Volk" und seine „Kartons aus dem deutschen Kirchenleben" haben hohen künstlerischen Rang. Seine Werke zur tiroler Volkskunde ehrten die Landgenossen des Lienzers, indem sie ihm in Meran an der Passer ein Denkmal errichteten.

Aus dem böhmischen Bezirke wiederum schöpfte Siegfried Kapper (1821—1879) Märchenstoffe und merkwürdige „Prager Ghettosagen". Seine lebendige Darstellung der böhmischen Burg Karlstein hat Wilhelm Raabe für seine schönste historische Novelle „Des Reiches Krone" als Ansaṭpunkt und Vorlage gedient.

Emil Freiherr von Puttkammer (1802—1875) gab zwei feine Kriminalnovellen „Reden oder Schweigen" und „Der Tote von St. Annas Kapelle"; er hatte sie zuerst unter dem Hehlnamen Otto Ludwig veröffentlicht.

Wie stark die Urstoffe der frühen Romantik selbst nach einem völligen Generationenwechsel umgingen, dafür ist die Novellistik des Braunschweigers Karl Köchy (1799—1880) ein Beweis. Köchy, der mit Heine und Grabbe verkehrt hatte und dann in Beziehung zu Wilhelm Raabe stand, hat in seinen Novellen „Die Geschwister" und „Die Schauspielerin" noch im Gefolge Tiecks und Hoffmanns seine Gestalten unter geheimnisvolle Beeinflussung durch Schaṭfunde und wirres Spukwesen gestellt und läßt aus dem Erdenleben abgeschiedene Menschen geisterhaft auf die Handlung einwirken. Der vortreffliche Überseṭer Eduard Freiherr von Bülow (1803—1853) hat im Gefolge Tiecks ein Novellenbuch herausgegeben, das in mehreren Bänden fremdes Gut meisterhaft verdeutschte. Bülow hat auch über Ulrich Bräker aufschlußreich geschrieben. Seine künstlerische Anlage vererbte er auf den Sohn Hans, den größten Dirigenten des Zeitalters.

Inmitten der vollen Tonfülle der Romantik bewegte sich, sie freilich zumeist von dem gelobten Lande Italien her betrachtend und bekämpfend, ihr entschlossenster Gegner, August Graf von Platen-Hallermünde (1796—1835). Er hat als einziges dichterisches Prosawerk das Märchen „Der Rosensohn" hinterlassen. Es berichtet von einem Königreiche Talmyris, dessen Herrscher früh stirbt und eine Witwe hinterläßt, die ihrem Schmerze fürderhin auf einem einsamen Schlosse lebt. Gyrmantis nimmt auf seine Bitte ein Zwerglein ins Haus, und dieser Gast überbringt ihr nach vielen Liebesbeweisen eines Tages eine Rosenknospe, welche die Königin gegen allerlei feindlichen Ansturm zu wahren weiß. Eines Morgens findet sie in der allgemach immer mehr entfalteten Rose ein holdseliges Knäblein, das rasch heranwächst. Der Knabe wird ein schöner Jüngling, und als er achtzehn Jahre alt ist, wird er gemäß einer Weisung des Zwerges mit einer im Garten vergrabenen Rüstung angetan und auf Brautsuche ausgeschickt, den abgedorrten Stengel der Rose, aus der er entsprossen ist, im Gewande. In der Stadt der Kereolen wirbt er um die schöne Prinzessin Lilla, die aber nach einem Feenspruch nur einem Manne angehören darf, der zwei Mal geboren war, seine Eltern kennt, die ihm doch unbekannt, und ihr die verlorene Nadel bringt. Der Rosensohn kehrt heim und geht auf Rat der Königin zu einer alten Zauberin, die einst vergeblich den Rosenstock erbeten hatte. Dort findet er die Nadel, ergreift sie, wird aber von der Zauberin in eine finstere Kluft, ohne Tageslicht, gebannt. Mit Hilfe der Nadel, die alle Tore öffnet, befreit er sich, besteht gewandt andere Fährlichkeiten und gelangt schließlich wieder zum Palaste der Kereolen, nachdem er den Zwerg, der ihn einst gebracht, in seinen totgeglaubten Vater verwandelt gesehen hat. An seinem Hochzeitstage erfährt er die geheimnisvollen Zusammenhänge und die arge List der Fee Pfefferlüsch. Sie, diese Zauberfee, hat des Rosensohnes Vater einst in jenen Turm gesperrt, aus dem der Sohn ihn, kraft der Zaubernadel, befreit hat. Und das Märchen endet mit einem beglückten Ehestande, dessen Sproß die Herrschaft über beide Königreiche antritt.

Mit einer gewissen Überraschung läßt man sich durch Platen in diese Märchenwelt führen; er, dem doch wohl nur der Vers der gemäße Ausdruck war, der Verfasser des „Romantischen Ödipus", findet sich hier zu einem, seinem Wesen sonst fremden behaglichen und echt romantischen Märchentone hin.

In für Kindergemüter bestimmten knapp erzählten Schnurren lebt heute noch der Danziger R o b e r t R e i n i c k (1805—1852), und es wundert uns nicht, daß er noch ein Altersfreund Josephs von Eichendorff gewesen ist.

O s k a r v o n R e d w i t z aus dem fränkischen Ansbach (1823 bis 1891) gehört zeitlich schon einer späteren Generation an, schlug aber mit seiner romantischen Versnovelle „Amaranth" einen völligen Bogen zur Romantik und trieb in diesem Werke den Gegensatz zu den aufgeregten literarischen Strömungen der Zeit mit deutbarer Absicht empor. Bei allen konservativen Elementen ward dies Werk von 1849 auch als wohltuender Gegenhalt gegen die herrschende Zeitsprache empfunden.

Erst in den viel späteren Romanen sammelte sich Redwitz zu einer etwas
nüchternen, aber gehaltvolleren Darstellung, so besonders in „Hermann
Stark", „Haus Wartenberg" und „Glück".

Völlig in den Urelementen der Romantik lebte und bewegte sich
einer der merkwürdigsten Schriftsteller des Jahrhunderts, S o l i t a i r e
(d. i. Einsiedler, Hehlname für W o l d e m a r N ü r n b e r g e r,
1816—1869). Von ihm hat Theodor Storm gesagt: „Es dürfte unter
den deutschen Dichtern kaum einen zweiten geben, in welchem das
faustische Element mit so ergreifender Innerlichkeit und in so lebensvollen, farbensatten, wenn auch von düsterer Glut bestrahlten Gebilden
zur Erscheinung gekommen wäre."

Sein Roman „Diana Diaphana" und die Novellen „Das braune
Buch", „Dunkler Wald und gelbe Düne" zeigen ihn nicht mit so voller
Charakteristik, wie die „Bilder der Nacht". Die Phantastik dieses Lau-
sitzers ist manchmal wahrlich überschwänglich, er versteht es jedoch,
den Leser alsbald völlig in seine dunkeln Gebilde, die einer wortreichen
Analyse durchaus widerstreben, einzuspannen und ihn so durch das
Portal einer höchst eigenartigen, in ihrer Art einzigen, strotzenden Phan-
tasiekraft mitzunehmen.

Will man den völligen Gegensatz zu diesem tiefeinsamen Spätkünder
eines romantischen Volltones neben diesen Vergessenen stellen, so bietet
sich dazu das einzige Werk eines der liebenswürdigsten Gefolgsleute
der Romantik, auch dies lange völlig übersehen und erst in unseren
Tagen in volkstümlichen Sammlungen wieder zugänglich gemacht.
„Prinz Rosa-Stramin" heißt das einzige Buch, das E r n s t K o c h
(1808—1858), unter dem Hehlnamen E d u a r d H e l m e r veröffentlicht hat. Der Hesse Koch mußte Deutschland als politischer Flüchtling,
wie so viele, verlassen und nahm schließlich französische Kriegsdienste,
die ihn in schwere Kämpfe in Nordafrika führten. Erst nach der Am-
nestie für die politischen Flüchtlinge kehrte er in langer Fußwanderung
in die Heimat zurück. Der seltsame Titel schreibt sich daher, daß dem
Dichter ein Taschenbuch als Verlobungsgeschenk beschert ward, auf dem
ein orientalischer Prinz in Rosa-Stramin eingestickt war. Und nun entfaltet sich, zunächst in märchenhafter Zwiesprach mit Rosa-Stramin, ein
kleinstädtisches Idyll, in das ein Posthorn tönt, Märchen werden erzählt,
Rosa-Stramin und der glückselige verlobte und verliebte Besitzer des
Taschenbuches eifern im lyrischen Wettstreit unterbrochen durch einen
Besucher, der von dem jungen Poeten ein Kindtaufgedicht für den
Rektor zu Schinkenburg erbittet. Ganz in dem Stile Jean Pauls hat
nämlich Helmer sich im Wochenblatte in ausführlicher Ankündigung
zur Verfassung von Gedichten erbötig gemacht, die er je nach dem
heiteren oder traurigen Anlasse zu höchst wohlfeilen Preisen den Schin-
kenburgern und den anderen Bewohnern der Landschaft um die gepriesene Wilhelmshöhe anbietet.

Die ironischen und satirischen Einsprengsel dieses lachlustigen Werk-
chens sind nicht so ernst gemeint (obwohl der Ton der „Harzreise" ge-

legentlich emporklingt), daß sie den Eindruck vollkommenster, schmun-
zelnder Gelöstheit bannen könnten. Die reine Heiterkeit dieses von jeder
Vergällung freien Gesellenstückes, dem kein Meisterstück mehr folgen
sollte, hat auch im eigentlichen romantischen Raume wenig gleichbürtige
Verwandte.

Wir besitzen von Ernst Koch nur noch eine Weihnachtsgeschichte.
Sie ward durch seinen Freund und Landsmann K a r l A l t m ü l l e r
(1833—1880) mit einer eigenen Weihnachtserzählung und der eines
dritten Freundes als gemeinsame Gabe veröffentlicht.

Zur reichsten Vollendung stieg die Romantik spät noch einmal in
einem Sohne der schwäbischen Musenstadt Ludwigsburg empor, in
E d u a r d M ö r i k e (1804—1875). Aber freilich hat diese frieden-
seelige Dichterkraft auch über die Romantik hinweg das volle Erbe der
klassischen Liedkunst und des klassischen Prosastils Goethes antreten
und sich als Kind einer anderen Zeit in neuem Rhythmus ausgestalten
dürfen. Mörikes einziger, unvollendeter Roman „Maler Nolten", zeigt noch
die Spuren von „Wilhelm Meister", denen wir so oft begegneten. Der
Dichter fragt sich immer selbst, wer den bunten Schwarm von Bildern
und Gedanken zur Pforte seines Herzens geladen habe; wie er seine
Lieder träumt, so traumhaft eratmen auch die Gestalten, denen er die
Wahrhaftigkeit des Daseins anmuten will — hinter ihnen scheint, wie
in einem wallenden Stromschleier, ein zweites Leben durch, das eigentliche Dasein, an das dieser Dichter der letzten Geräusche des Urstroms
im Grunde allein glaubt.

Der „Maler Nolten" birgt noch das immer wiederkehrende Requisit
der Zigeunerin, aber nicht nur durch diese eine Gestalt wird man an
Immermanns „Epigonen" gemahnt. Die große ursprüngliche Anlage
des Werkes sollte ja im Gefolge Wilhelm Meisters zum Bildungsroman
erwachsen. Aber derselbe Mörike, der in den acht Verszeilen des Ge-
sanges der Weyla das Seelenland Orplid (im „Nolten") unvergeßlich
zu beschwören vermag, besitzt nicht den langen Atem, den die Komposition des Romans nun einmal verlangt, und hat sich an diesem jung
begonnenen Werke immer wieder vergeblich und nicht zu eigener Genugtuung gemüht. Man fühlt die Neigung des Dichters zu einzelnen
seiner Figuren und folgt ihm gern, wenn er, gleich einem verliebten
Vater, den und jenen geleitet. Die Sprache hat edelstes klassisches
Maß und beglückt immer wieder — von den lyrischen Mitgaben unvergeßlicher Art ganz abgesehen — durch ihren, jeder Abtönung
mächtigen Vollklang. Und die zum Mythos hinstrebende Seelenkraft
Mörikes wirkt auch hier so, daß trotz der vom Dichter selbst zugegebenen
Umgestaltung des Werkes wir jenes zweite Leben, jenes eigentliche Ur-
sein seiner Geschöpfe mitgenießen oder in Schaudern mitverlieren. J u -
l i u s K l a i b e r , ein Stiftsgenosse, hat versucht, in einer zweiten Ausgabe, nach Mörikes Tode und im Anschluß an eine von dem Dichter
selbst begonnene Überarbeitung die beiden Teile des Romanes zu end-
giltigem Abschlusse zu verbinden, und in dieser Fassung treten Eigenart

und Bedeutung, auch die bezeichnende lyrische Einstimmung, immer wieder bewegend heraus. Sehr merkwürdig, und im Grunde gar nicht in Mörikes Stilart, ist die innerhalb des Romans erfolgende Erörterung ästhetischer Probleme; aber auch hierin offenbart sich die lebenslängliche und schließlich zu des Dichters wehmütiger Erkenntnis unbelohnte Liebe zu diesem Werk. Daß gerade die Erinnerung an die frühe Leitgestalt der Romantik, an Hardenberg-Novalis, auftaucht, ist mehr als ein dankbarer Rückblick, es gibt diesem Werke des abseitigen Lebensgestalters, in dessen Nachbarschaft die schwäbischen Freunde in Weinsberg um den Tisch rückten, die Wendung zu einem Rückwärts, in dem die Sehnsucht einer ganzen Generation umfangen war.

Sehr viel geschlossener tritt Eduard Mörikes eigene Vortragsart in seinen Novellen hervor. „Der Bauer und sein Sohn" ist ein rein erzähltes Märchen, das ohne falsche Lehrhaftigkeit gegen die Tierquälerei eifert. In dem nächsten Märchen, „Die Hand der Jezerte", berichtet der Dichter, wieder in einem schlackenlosen Märchentone, von der auf den ersten Blick geliebten Gärtnerstochter Jezerte, die sich dem Könige zu eigen gab und früh starb. Der König ließ ihr Bildnis in einem Grabgewölbe aufstellen, seine andere Buhle aber verführte einen ihr ergebenen Jüngling dazu, von dem Bildwerk die Hand abzubrechen und sie ihr zu bringen. Der junge Mann, von einem Geräusch erschreckt, wirft die Hand in ein Veilchenbeet, und während der Räuber ins Gefängnis kommt und ein falsches Geständnis ablegt, muß es die andere Geliebte erleben, daß ihre rechte Hand wie dunkles Leder am Arme hängt. Eine Stimme im Herzen sagt der Versehrten, daß sie wieder rein werden würde, wenn sie die Hand in Jezertes Quell eintauche. Gefesselt führt sie ein Boot dorthin — und sie wird auf einem schönen Hügel unter einem Palmenbaume tot aufgefunden, beide Hände weiß wie Schnee.

Die Inhaltsangabe dieses, in knappster Fügung umschlossenen Märchens sollte die reine, nun allerdings von etwa der Hoffmannschen Art weit abstechende, innerlich beseelte Vortragskunst Mörikes umzeichnen. Er erzählt auch völlig anders als sein Landsmann Wilhelm Hauff, den man sich immer im Kreise aufmerksam lauschender Kinder vorzustellen hat; Mörike aber raunt dem Hörer seine Mären ins Ohr, so etwa, wenn er in dem behaglichen Märchen vom Stuttgarter Hutzelmännlein die Historie von der schönen Lau im Blautopfe preisgibt.

Als eine kostbar gefaßte Perle steht in Eduard Mörikes Werk die Novelle „Mozart auf der Reise nach Prag". Sie beginnt ganz schlicht, so zu sagen berichthaft, mit der bis auf das Datum festgelegten Septemberfahrt, und wir erfahren sogar die Kostümierung des jungen Ehepaares. Häusliche Sorgen und künstlerische Nöte werden unterwegs, bei einer Fahrtunterbrechung, die in einen Wald führt, heiter beredet — und der junge Meister schneidet in einem gräflichen Schloßgarten eine Pomeranze vom Baume. Dies kleine Vergehen vermittelt, da er einen liebenswürdigen Entschuldigungsbrief mit seinem vollen Namen unterzeichnet, den Eintritt in das Schloß, und hier nimmt Wolfgang Amadeus am Flügel Platz, und nachdem der verhängnisvolle Pomeranzenbaum in den Saal getragen worden ist und wir seine Herkunft und ihre familiengeschichtliche Bedeutung kennengelernt haben, gibt Mozart neun Nummern seines „Don Juan" bis zu dem überschwenglich schönen Sextett so zum besten, daß er der geistige Herr der Gesellschaft wird. Er löscht endlich die Kerzen der beiden neben ihm stehenden Armleuchter aus, und nun ertönt „durch die Totenstille des Zimmers, wie von entlegenen Sternenkreisen aus silbernen Posaunen, eiskalt Mark und Seele durchschneidend", der Abschluß des zur Unsterblichkeit berufenen, der Bühne noch fremden Werkes.

Der Ausklang der Novelle aber hat voll die Kadenz der einzigen Linienführung dieses Dichters. Im Nachgenusse dieses Geniebesuches werden sich die Schloßbewohner einer leisen Furcht für den liebenswerten Tondichter bewußt: „diese Ahnung wirkte nachher, die ganze Zeit als Mozart spielte, hinter allem unsäglichen Reiz, durch all das geheimnisvolle Grauen der Musik hindurch im Grund ihres Bewußtseins fort, und endlich überraschte, erschütterte sie das, was er selbst in der nämlichen Richtung gelegentlich von sich erzählte. Es ward ihr (der einen Hörerin) so gewiß, so ganz gewiß, daß dieser Mann sich schnell und unaufhaltsam in seiner eigenen Glut verzehre, daß er nur eine flüchtige Erscheinung auf der Erde sein könne, weil sie den Überfluß, den er verströmen würde, in Wahrheit nicht ertrüge." Und wie von selbst geht die Novelle in ein vorgebliches böhmisches Volkslied über, das nun den unnachahmlichen Klang Mörikes hat:

Zwei schwarze Rößlein weiden
Auf der Wiese,
Sie kehren heim zur Stadt
In muntern Sprüngen.
Sie werden schrittweis' gehen
Mit deiner Leiche,
Vielleicht, vielleicht noch eh'
An ihren Hufen
Das Eisen los wird,
Das ich blitzen sehe.

6. Gegenströmungen und Nebenströmungen zum Jungen Deutschland

In der ostpreußischen Hauptstadt lehrte von Immanuel Kants Katheder, als Statthalter Hegels, K a r l R o s e n k r a n z (1805—1879). Sein Einfluß auf mehrere Generationen von Schülern war außerordentlich. In den Bezirk der erzählenden Prosa gehört er durch seine in ihrer schlichten Linienführung ergreifende Selbstbiographie „Von Magdeburg bis Königsberg". Hohen dichterischen Reiz aber besitzen die „Königsberger Skizzen"; da gibt Rosenkranz mit völliger novellistischer Untermalung einen Gang längs dem Bollwerk am Köngsberger Pregel oder er schildert mit gleichem anschaulichen Reize die westpreußischen Judenstädte.

Zu der großen Schülerschar von Rosenkranz gehörte auch F e r d i - n a n d   G r e g o r o v i u s (1821—1891). Gregorovius begann sein Werk mit „Sommeridyllen vom samländischen Ufer". In diesen, wie mit zartem Pastellstift ausgeführten Skizzen wurde zum ersten Mal dieser Küstenstreifen der Ostsee dichterisch dargestellt, die Schluchten, die mit Kaddik bewachsenen Palwen, der Reiz der hoch über dem Meere im Winde rauschenden Waldungen von Warnicken und das primitive Sommerfrischlerdasein der lufthungrigen Königsberger.

Wie Alexander Jung, der Freund von Rosenkranz, ein Werk von weiter Aussicht über „Wilhelm Meisters Wanderjahre und die wichtigsten Fragen des neunzehnten Jahrhunderts" dargebracht hatte, so schuf der Mädchenschullehrer in der Königsberger Junkerstraße unter den Auspizien von Rosenkranz das für die neuen Zeitströmungen bezeichnende Werk „Goethes Wilhelm Meister in seinen sozialistischen Elementen", eine zu fruchtbaren Folgerungen vorstoßende Arbeit.

Ganz auf den Boden seiner Bestimmung kam Ferdinand Gregorovius, als er, ein Dreißiger, die Heimat verließ und seiner Sehnsucht nach Italien folgte. Von dem Unsterblichen, das er dort geschaffen, gehört ein Großteil der „Wanderjahre in Italien" in den Bezirk der Dichtung, sowohl nach dem Innenklange wie nach der Bindung im großen Rahmen. Der Archivforscher, der die Geschichte Roms im Mittelalter darstellt, sieht immer wieder von der Arbeit auf und notiert so verzaubernde Bilder wie das der Efeustadt Ninfa, „wo der Wind in den Blättern spielt, keine Stimme schallt, als der Schrei des Raben im Turm, als das Rauschen des schäumenden Baches Nymphäus, das Wispeln des hohen Schilfes am Weiher und das melodische Singen und Säuseln der Halme ringsumher". Landschaftsdichtung und Geschichtsversenkung gehen in diesen, auf Korsika beginnenden, auf Capri endenden „Wanderjahren" wunderbar in eins zusammen.

Die der italienischen Arbeit abgewonnene Darstellung der Lucrezia Borgia war wohl von dichterischem Reize angestrahlt, zur Romandichtung aber stieß der Historiker, der nach dem römischen auch das athenische Mittelalter erforschte, erst in der „Athenais" vor. Hier stellte er das von dem Wellengange des Oströmischen Reiches mitgetragene Geschick einer dichterisch veranlagten Frau dar, die im fünften Jahrhundert für kurze Zeit vom Kaiser an seine Seite auf den Thron erhoben, dann aber verstoßen ward und nun lange als fromme Wohltäterin innerhalb der Christengemeinde Jerusalems wirkte. Mit der vollen, durchsichtigen Klarheit des die Fäden haltenden Geschichtsschreibers ist dies Höhen und Tiefen durchschreitende Frauenbild gegeben, das dennoch seinen Reiz vornehmlich aus der dichterischen Potenz empfängt, die auch in lyrischen Einsprengseln der „Wanderjahre" an den Tag tritt.

Es ist nicht möglich, von Ferdinand Gregorovius Abschied zu nehmen, ohne seiner letzten Ruhestätte zu gedenken. Seine Asche ist in

einem von seiner Geburtsstadt Neidenburg seinem Vater, dem Wieder-
hersteller der Ordensburg, auf dem Schloßhügel errichteten Denkmal
geborgen. Sie ruht dort mit der seines Bruders vereint. Der Obelisk
aber trägt die Inschrift: „Julius Gregorovius, Geschichtsschreiber und
Ehrenbürger der Stadt Neidenburg; Ferdinand Gregorovius, Geschichtsschreiber und Ehrenbürger der Stadt Rom." Es bedarf für diese Be-
kundung der Weltweite deutschen Geistes keiner Deutung.

Ferdinand Gregorovius beteiligte sich auch an der demokratischen
Bewegung, die in seinen Jugendjahren Ostpreußen erregte. Mit ihm saß
zu Füßen von Karl Rosenkranz der Insterburger W i l h e l m J o r d a n
(1819—1904), auch er von der Politik der Zeit bis zum Äußersten hingenommen. Er bleibt in diesem Umkreise haften und gelangt 1848 in
die Deutsche Nationalversammlung, wird dort ein einflußreicher Redner
und hilft im Marineministerium beim Bau der kurzlebigen Reichsflotte.
Er, dem gemeinhin Alles zum Verse gedieh, hat erst in späten Jahren
den Weg zur Erzählung gefunden. Der Roman „Die Sebalds" bezeugt
in Anlage und Einstimmung noch die mächtigen Eindrücke der ostpreußischen Jugendjahre. Die Provinz ist immer ein fruchtbarer Boden für
religiöse Neubildungen gewesen; wie zu Jordans Zeit die durch Ebel
erzeugte Bewegung tief in das geistige Leben Königsbergs eingegriffen
hatte, so war er auch Zeuge der ganz anderen Planung, die im christlichen Raume Julius Rupp verfolgte. Und die Spur, welche von Rupps
Einung einer Freien Gemeinde aus dem doppelten katholischen und
evangelischen Bewußtsein zu dem Romane Jordans führt, läßt sich wohl
verfolgen. Jordan, der sich einen Darwinisten vor Darwin nannte, läßt
hier alte Geschlechtsfolgen einer Familie sich zu neuer Bindung zusammenfügen und weiß in höchst eigentümlicher Art zwischen dem
Judentum und den christlichen Konfessionen Brücken zu schlagen. Die
seltsame, von dem Ältesten des nunmehr wieder nach langer Trennung
vereinten Geschlechtes, vollzogene Trauung der beiden Brüder Sebald ist
der Höhepunkt, dem die Handlung zustrebt; sie ist zugleich symbolisch
für Jordans der Kirche abgewandtes, dem Evangelium, wie er es in
seinem Epos „Demiurgos" verklärt hat, in sehr eigenartiger Deutung
zugewandtes Lebensbewußtsein.

Zwei Dinge gehen in den „Sebalds" nebeneinander her: die novellistische Handlung in der seit langem getrennten Familie und die Idee
vom Wiederaufbau des Leibes Christi, die der Hauptpastor Ulrich Sebald vertritt. Jordan erzählt eine Romanhandlung und gibt zugleich ein
künstlerisch umrahmtes System einer Weltanschauung. Jede Gestalt
dieser Dichtung verkörpert ein Prinzip, eine Idee, von Hauptfiguren bis
hinab zum Professor Marpinger, dem Vertreter des Jesuitismus, und
dem Oberrabbiner Aaronson, dem Bilde jüdischer Orthodoxie. Aber
sie leben alle, bis in kleine Körpereigentümlichkeiten hinein gezeichnet,
ihr persönliches Leben. Wenn Ulrich Sebald, der protestantische Pfarrer,
zuerst der katholischen Gräfin, dann der jüdischen Bankherrntochter
seinen Glauben entwickelt, so spricht aus ihm nicht nur Wilhelm Jordan,

der Naturforscher, sondern auch Wilhelm Jordan, der Dichter des die
deutschen Einigungsbestrebungen symbolisierenden „Demiurgos", in
dem zugleich sein evangelisch-unkirchliches Bekenntnis umschlossen ist.

Auch in Jordans zweitem Roman „Zwei Wiegen" spielt die Ver-
erbung und die rechte Erziehung aus dem Erbtume die beherrschende
Rolle. Der eine Handlungsträger vertritt wiederum eine religiöse Weltanschauung, die mancher areligiös finden mag, die aber in Jordans
Dichtung überall ihr Heimatrecht hat. Es ist die höchste Bezwingung
der Diesseitigkeit durch alle Erfindungen und Entdeckungen der Neuzeit, und dennoch Alles gespiegelt in den prophetischen Bildern des
Evangeliums. In dieser Richtung bewegt sich auch der Künder des
Gottesglaubens in den „Zwei Wiegen", bei dem und dessen Umgebung
man an die Bezeichnung „Transzendentaler Pferdezüchter" denken mag,
die der große ostpreußische Minister Heinrich Theodor von Schön, ein
Schüler Kants, gewissen Standesgenossen von hohem geistigen Range
gelegentlich beilegte. Auf Fritz von Fahrenheid, der im Pregelraum zu
Beynuhnen eine Weihestätte antiker Andacht anlegte und sie nach den
Forschungen des großen Königsberger Philologen Karl Lehrs ausrichtete,
trifft solche Kennzeichnung voll zu. Auf die höchst eigentümliche Erscheinung Wilhelm Jordans hat Ludwig Klages, der Naturphilosophie
von Carus und Schubert eng verbunden, hingewiesen.

In jenem geistig höchst lebendigen Königsberger Kreise bewegte
sich auch der früh verstorbene A u g u s t W o l f (1816—1861), einer
der wenigen Dichter, die damals auf der Spur Friedrich Hebbels gingen.
Der von Friedrich Albert Dulk herausgegebene Nachlaß Wolfs brachte
neben Dramenbruchstücken und Gedichten vier Novellen von eigenartiger Tönung. Die verhaltene Wehmut, die Hebbel in dem Wesen
Wolfs bei dessen Besuch in Wien erkannte und bewegte, klingt auch in
diesen Erzählungen empor, deren eine von geistvoller Führung, „Der
Stern der Schönheit", Heyse und Kurz in den Deutschen Novellenschatz
aufnahmen.

Ein Bild der demokratischen Bewegung in Königsberg gab der
Schlesier R u d o l f G o t t s c h a l l (1823—1909). In dem Romane
„Romeo und Julie am Pregel" machte er, im Gegensatze zu den „Wandlungen" von Fanny Lewald, die Umwelt völlig deutlich. Der gebürtige
Breslauer hat gleichfalls zu Füßen von Karl Rosenkranz gesessen und
die Schulung des Ästhetikers in zahlreichen Arbeiten, insbesondere in
einer weit verbreiteten „Geschichte der deutschen Nationalliteratur des
neunzehnten Jahrhunderts", erwiesen. In einem großen schlesischen
Roman „Im Banne des Schwarzen Adlers" zeichnete Gottschall ein
wesentliches Bild aus dem achtzehnten Jahrhundert mit treffsicherer geschichtlicher Tönung. Dem Geschichtsroman folgte, Zeitströmungen darstellend, „Das Goldene Kalb". Im schlesischen Umkreise blieb der
Dichter mit dem Roman „Die Tochter Rübezahls".

Die Zeit der großen liberalen und demokratischen ostpreußischen
Bewegung vor und nach 1848 ist wie von Gottschall, so von Fanny

Lewald dichterisch geschildert worden, wie sie ihren Niederschlag auch in den Schriften Alexander Jungs, Ferdinand Falksons und in einzelnen, manchmal nur anspielenden Schriften von Rosenkranz und seinem ausgesprochen politischen Briefwechsel mit Varnhagen und Schön empordringt. Während des Hochgangs der Erregung stand Gottschall, oft zur Ergötzung der leidenschaftlich beteiligten Mitbürger, in politischem und lyrischem Wettbewerbe mit L u d w i g W a l e s r o d e (1810—1889). In der Literatur gab dieser heißblütige Polemiker seine Karte nur mit dem „wahrhaftigen Märchen" ab: „Der Storch von Nordental". Dies Märchen ist sehr getreu auf einem Gehöft im masurischen Bezirke verörtlicht und wird mit einer Liebenswürdigkeit vorgetragen, die noch ein Widmungsmärchen als harmlosen Epilog anschließt. Von dem scharfen politischen Fechter, der die Reaktionszeit nachmals in der „Politischen Totenschau" wahrheitsgetreu geschildert und verdientermaßen angeprangert hat, war in dieser leichten Gabe nichts zu spüren.

In den Chor der politischen Dichtung stimmte auch mit geistreichen und spitzigen Versen F r a n z D i n g e l s t e d t (später Freiherr von Dingelstedt, 1814—1881) ein. Seine „Lieder eines kosmopolitischen Nachtwächters" sind von witzigen und treffsicheren Angriffen auf die Reaktion erfüllt, neben denen judenfeindliche Diatriben einhergehen (das Wort Antisemitismus war damals noch nicht erfunden). Später hat der um die deutsche Schaubühne und zumal das Hofburgtheater reich verdiente Mann sich auch im Roman und der Novelle versucht. Nach einer Novellensammlung „Licht und Schatten in der Liebe", die kein eigentliches Profil hat, birgt der Roman „Unter der Erde" noch viele Elemente des Jungdeutschtums und gibt ein kämpferisches Bild der Gesellschaft, aus deren Fesseln heraus Dingelstedts Held sich, gleich so vielen jungdeutschen Handlungsträgern, nach dem Labetrank scheinlos vollbrachter Arbeit sehnt. Hier ist es, dem Titel gemäß, die unbelohnte Häuerarbeit des Bergmannes unter der Erde, die als Genesungsquell dargestellt wird — bis in einer Katastrophe, deren Anlaß weit zurückliegt, auch das neue Leben ein bitteres Ende findet. Dingelstedts zweiter Roman, lange nach dem ersten beendet, „Die Amazone", entbehrt der jungdeutschen, nun schon von anderen Entwicklungen überholten Tendenz und schildert in weltkundiger Darstellung, deren Mittelpunkt eine fein durchgeführte Frauengestalt bildet, das mannigfache Leben einer süddeutschen Großstadt mit vielen echten Farbtupfen, denen man das große Regietalent des Verfassers wohl abmerkt. In den „Künstlergeschichten" bewegt sich Dingelstedt auf vertrautem novellistischem Boden. Von hohem Reize ist sein „Literarisches Bilderbuch", es enthält unter anderem ein vortreffliches, aus der Nähe geschautes und dann doch mit dem Abstande des Bühnenmannes komponiertes Bild Friedrich Hebbels.

Der bedeutendste politische Sänger der Zeit F e r d i n a n d F r e i l i g r a t h (1810—1876) hat in Prosa nur das Märchen von der Entstehung der Bildwerke auf den nahe seiner Geburtsstadt Detmold gelegenen Externsteinen erzählt, die auch Goethe zur Deutung gereizt haben.

Die leidenschaftliche Teilnahme am politischen Leben, welche dieser Epoche den eigentlichen Stempel gibt, kam, wie in den großen Verhältnissen Preußens und Österreichs, so kaum minder in einzelnen mißregierten Mittelstaaten zum Ausdruck. Wie die hessische Reaktion den jungen Dingelstedt aus dem Lande trieb, so verwickelte sie seinen Landsmann H e i n r i c h K ö n i g (1790—1869) in politische Streitigkeiten, die er dann in historischer Wendung, aber mit unverkennbarer Gesinnungstreue zur Spiegelung brachte. In den „Waldensern" malte er, sicherlich unter dem Eindruck seiner mit der kirchlichen katholischen Orthodoxie geführten Kämpfe, ein Bild aus dem dreizehnten Jahrhundert. Auch in der „Hohen Braut" spielt die Abneigung gegen ein zu eng gefaßtes Kirchentum eine Rolle, diesmal aus größerer zeitlicher Nähe, nämlich unter Verwendung von Eindrücken der Französischen Revolution. Und hier, im Anranken an Erinnerungen, von denen die Heimat Königs noch voll war, gelangen ihm seine besten Darstellungen. Die „Klubbisten von Mainz", just am Vorabende der Revolution von 1848 erschienen, stellen die fessellose Erregung dar, die das Vorbild der französischen Bewegung über den Rhein brachte. Wir sehen in plastischen Bildern sowohl die französische Besetzung der Bischofsstadt, wie die Umtriebe der über den Rhein geflüchteten emigrierten Bürger der neuen Republik. Und inmitten dieses leidenschaftlichen Hin und Her, Auf und Ab steht die mit Neigung und doch mit historisch abwägendem Blicke geschilderte Gestalt des großen und unglücklichen George Forster, dem als Mit- und Gegenspieler seine Frau Therese und ihr zweiter Gatte Ludwig Ferdinand Huber beigegeben sind. Selten hat jemand in diesen Jahren die Scottschen Anregungen so selbständig verarbeitet, wie Heinrich König, der auch eine Biographie Forsters darbrachte.

Der zweite Geschichtsroman aus der hessischen Heimat „König Jeromes Karneval" umzeichnete die kurzlebige Herrschaft von Napoleons Bruder in Kassel, freilich mit ein wenig allzu gedehnten Abschweifungen und geschichtlichen Ausblicken; dennoch ist auch dieser Roman an Lebensbeobachtung und oft schlagartiger, knapper Skizzierung tragender, geschichtlicher Persönlichkeiten reich. Eine wirklich objektive Darstellung konnte man nach den Jahren des Schreckens nicht erwarten, und erst eine ferne Zukunft hat viele Flecken von dem Bilde entfernt, die es zu Unrecht entstellten.

Will man einen äußersten Gegensatz zu König und weiterhin zu allen die Zeit erfüllenden Tendenzen bezeichnen, so bietet sich alsbald die Gestalt von G e o r g e H e s e k i e l (1819—1874) als Muster dar. Wir sahen bereits in Alexander von Ungern-Sternberg einen Schildhalter des Royalismus. Hesekiel, dessen liebenswürdiges Bild sein einstiger Kreuzzeitungskollege Theodor Fontane gezeichnet hat, verschmäht die giftigen Mitgaben, die Sternberg seinen Zeitbildern zuteilte. Es ist nahezu unmöglich, sich in der ungeheuerlichen Fülle von Hesekiels Werk zurechtzufinden, zumal er sich auch noch verschiedener Hehlnamen bediente. Er hat sogar mit seiner Tochter ein deutsches Kochbuch verfaßt. Auch mit kriminellen Stoffen hat er sich beschäftigt, so mit einer Darstellung der berühmten französischen Giftmischerin Marquise von Brinvilliers. Am liebsten siedelte er sich doch sowohl in seiner breitströmenden und auf jede vaterländische Tat reagierenden Lyrik wie in Roman und Novelle in Preußen an, so in der Mehrzahl seiner vierbändigen Sammlung „Schlichte Geschichten". Wohl hat er in den „Zunftgenossen" einen Roman aus Augsburg geschrieben — das Wesentliche sind doch seine preußischen Werke, wobei er die Grafschaft Mark und Ravensberg mit gleicher Neigung umfaßte wie Berlin und Brandenburg. In einer Folge von geschichtlichen Romanen, die er nachmals als „Vaterländische Romane" zu einem Zyklus verband, gab er zunächst in „Vor Jena", vorgeblich nach den Aufzeichnungen eines Offiziers vom Regiment Gensdarmes, einen Roman der schweren Niederlage. „Von Jena nach Königsberg", geleitete das Königspaar in seine zweite Residenz. „Bis nach Hohen-Zieritz" brachte, gleichfalls in drei Bänden, die Begebnisse bis zum Tode der Königin Luise, und „Stille vor dem Sturm" beendete mit einer Schilderung der hauptstädtischen Stimmung vor 1813 das Gesamtwerk.

Die streng royalistische und konservative Anschauung Hesekiels tritt auch in dem Roman „Vier Junker" und in dem brandenburgischen Roman aus dem fünfzehnten Jahrhundert „Unter dem Eisenzahn" hervor. Ein Mittelding zwischen Dichtung und Geschichtsbericht ist das „Berlinische Historienbuch". Da erzählt Hesekiel, vom Hohen Hause, der einstigen Residenz des Kurfürsten in der Klosterstraße, ausgehend, in liebenswürdigem Tone von der Berliner Vergangenheit und sammelt dabei außer verbürgter Geschichte auch Legenden ein, die im Volksmunde umgehen. Heute, da jener Teil Berlins völlig zerstört ist, kommt diesem Buche besondere Bedeutung zu.

Neben Hesekiel saß lange in der Redaktion der Kreuzzeitung sein Gesinnungsgenosse F r i e d r i c h A d a m i (Hehlname: P a u l F r o h - b e r g , 1816—1893). Sein Hauptanliegen war die Arbeit für das Theater, dem er unzählige eigene oder übersetzte und neu verpaßte Stücke, insbesondere Genrebilder aus der vaterländischen Geschichte, widmete. Er hat aber auch eine ganze Reihe von Novellen geschrieben, die er zum Teil nach ausländischem Muster bearbeitete. Adami hat ferner eine Biographie Ernsts von Houwald verfaßt. Wie Hesekiel, der nun schon in die Zeiten Bismarcks hineinragt, die erste, heute noch unübersehbare Lebensgeschichte des Ministerpräsidenten als „Das Buch vom Grafen Bismarck" dargebracht hatte, so wurde Adami durch eine weitverbreitete Biographie der Königin Luise volkstümlich.

Aus demselben Kreise sei noch P h i l i p p v o n N a t h u s i u s (1815—1872) genannt, ein Sohn jenes Gottlob Nathusius, dessen Wirksamkeit durch Immermanns „Epigonen" schimmert. Philipp von Nathusius gab mit H e i n r i c h L e o (1799—1878) das „Volksblatt für Stadt und Land" heraus. Er erwarb sich das besondere Verdienst, die „Jugenderinnerungen eines alten Mannes" zum Drucke zu führen. Dieser allgemach in den Sprachgebrauch übergegangene Alte Mann war W i l h e l m v o n K ü g e l g e n (1802—1867), Sohn eines Malers, dem Goethe, Wieland und Herder gesessen hatten, und selbst Maler und später Kammerherr an einem kleinen Fürstenhof. Dies Gedenkbuch ging in seiner Wirkung über etwa diejenige der selbsterzählten Lebensgeschichte Jung-Stillings weit hinaus und hat an Reiz auch für weit spätere Leser nicht eingebüßt. Die immer zur Harmonie ausschreitende Menschendarstellung, das überall durchbrechende, humoristische Weltgefühl, die sich bescheidende Frommheit, lassen das anspruchslose Bild einer geschlossenen Persönlichkeit vor uns aufwachsen, die sich immer ins Rechte zu denken weiß. Die „Jugenderinnerungen eines alten Mannes" stehen noch heute auf unübersehbarem Fleck innerhalb unseres Schrifttums.

Den äußersten Gegensatz gegen Hesekiel, Adami und Nathusius stellt der ihnen gleichaltrige J o h a n n e s S c h e r r (1817—1886) dar. Der württembergische Demokrat, der dann an einer Schweizer Hochschule ein Asyl fand, wirkt wie ein verspäteter Jungdeutscher. Er hat in zahlreichen Bänden eine „Menschliche Tragikomödie" geschaffen, worin er in grobschlächtiger Ausdrucksweise eine Fülle historischer Anekdoten und Sittenbilder aus der gesamten Weltgeschichte zu Tage brachte, immer von einem demokratischen Standpunkte her, dessen vorgetriebene Ausschließlichkeit selbst vor Goethe nicht Halt machte, sondern Wolfgang Menzel und Ludwig Börne auch hier Nachfolge leistete. Scherr hat auch anschauliche Novellen aus seiner neuen Heimat geschrieben. Wesentlicher als diese ist sein Roman „Michel, Geschichte eines Deutschen unserer Zeit"; er bringt in der niemals zu epischer Ruhe gelangenden, sozusagen hemdärmeligen Vortragsart Scherrs ein mit politischer Schärfe versetztes Bild aus jenen Tagen deutscher Erhebung und Enttäuschung.

Es ist eine merkwürdige literarhistorische Erscheinung, daß eine Gestalt von der Bedeutung Eliza Willes aus dem Erzählergesamtbilde des neunzehnten Jahrhunderts gestrichen ist. E l i z a W i l l e (1809 bis 1893) stammte aus der Hamburger Großreederfamilie Sloman und folgte ihrem Gatten, dem hervorragenden und einflußreichen Journalisten F r a n ç o i s W i l l e (1811—1896), in die Schweiz, wo das Haus des Ehepaares einen geistigen Mittelpunkt bildete. Nach- und miteinander haben Gottfried Keller, Richard Wagner, Mathilde Wesendonck, Heinrich Simon, Gottfried Kinkel, Conrad Ferdinand Meyer, Caroline Bauer, Friedrich Theodor Vischer die Gastlichkeit des Willeschen Hauses genossen. Der Sohn des Paares war der Heerführer der Schweiz im ersten Weltkriege und berühmte Militärschriftsteller Ulrich Wille.

Eliza Wille hat neben den als „Stillleben in bewegter Zeit" eingesammelten Novellen zwei bedeutende Romane geschrieben. Der eine:

„Johannes Olaf", ist von ausgesprochen nordischem Charakter, die Jugendeindrücke der in Itzehoe geborenen, in Hamburg aufgewachsenen Frau färben Haltung und Sprache. Völlig anders in Anlage und Ausdeutung ist ihr zweiter Roman „Felicitas". Dieses 1850 erschienene Werk ist eines der wenigen, die unter der Flut von Romanen, deren tragende Gestalt ein Künstler ist, die Bezeichnung „Künstlerroman" wirklich verdienen. Eliza Wille vermag es, in einer Linienführung, die ebenso geistvoll, wie ausdrucksvoll ist, ein wirkliches Bild einer künstlerischen Persönlichkeit von ihrer ersten Entfaltung bis zur erreichten Höhe zu geben. Bei ihrem Lothar erfüllt den Leser niemals das peinliche Empfinden, daß er sich immer wieder erst darüber klar werden muß, warum der Autor seinen Helden als eine Künstlernatur bezeichnet. Überdies gibt es genug Künstlerromane, die eigentlich Dilettantenromane sind, wozu freilich das Urvorbild in „Wilhelm Meisters Lehrjahren" Wege weisen mochte. Der Sohn des Dorfschmiedes in Schlesien, nicht weit von den Karpathen, wird von dem gräflichen Inhaber der Schloßherrschaft, als besonders begabter Jüngling, zur geistlichen Ausbildung bestimmt. Aber während er im Klosterseminar ist, regt sich die niemals völlig unterdrückte Freude am Bilden in Holz und Ton, und der Anblick einer antiken Statue von zauberisch leichtem Gliederbau bringt ihn zum endgültigen Entschluß, dem Novizentume den Rücken zu kehren. Er geht nach Prag zu einem Meister der Bildhauerkunst in die Schule. In höchst seltsamer und sinnvoller Weise einen sich diese künstlerischen, lebenbestimmenden Eindrücke mit der früh empfangenen Liebe zu der jüngsten Komtesse, nach welcher der Roman genannt ist. Wir haben eine lange Künstlerlaufbahn zu verfolgen, die über Wien nach Rom, über Lohnarbeit und Abhängigkeit zu innerem und äußerem Erfolge führt und von der Lothar, nun ein gereifter und namhafter Bildhauer von abgerundeter Lebensart, in der Heimat noch einmal einkehrt. Er findet Felicitas als Witwe, die gerade ihr einziges Kind verloren hat. Der vordem scheinbar unübersteigliche Rangunterschied zwischen Grafenschloß und Dorfschmiede ist durch Lothars Ruf und Ruhm überbrückt, Felicitas und er werden ein Paar. Er führt die Gattin nach Italien, und selten — man muß schon die höchsten Muster aus der Zeit zum Vergleiche heranziehen — ist die italienische Atmosphäre so einläßlich in knappen Sätzen dargeboten worden wie im Schlußbande der „Felicitas". Den Mittelteil des Romans bildet das Tagebuch der Frau, das sie dem Geliebten, bevor er ein entscheidendes Wort sprechen kann, zu lesen gibt. Dies Tagebuch ist von einer erschütternden inneren Wahrhaftigkeit, fern jeder redensartlichen Abschweifung. Und von ihm setzt sich der letzte Teil des Romanes bedeutsam ab. Wir sind in Rom. „Die Sprache ist arm, ein Stilleben zu schildern; wer m a l t den Duft einer Blume, wer b e s c h r e i b t den Farbenstaub der reifen Frucht; das Seelenvolle, Unaussprechliche in der Natur? Das Glück ist still und weiß sich nicht zu rühmen. Die Zeit ging hin, es war hoch im Sommer, eine Zeit lang ungewöhnlich heiß, die Atmosphäre hing wie eine glühende Bleidecke über der Stadt, kein Tropfen Regen fiel monatelang, Tiere und Menschen lechzten nach erquickender Kühle, die Straßen waren den Tag über verödet; alle Arbeiten ruhten. . . .

Diese Einstimmung bereitet auf die Katastrophe vor. Und wir sind nicht enttäuscht, obwohl die Einzelheiten der zum Ende führenden Verwicklung vielleicht durch ihre Grellheit überraschen, daß Felicitas den Ausweg aus der Herzensnot so wählt, wie sie es tut: denn ihr Tagebuch hat uns in ungeschminkten Selbstbekenntnissen ein Bild dieser ergreifenden Gestalt vermittelt, über dem sich von Jahr zu Jahr mehr Schatten breiteten.

In das konservative Lager neben Nathusius und Leo gehört V i k - t o r   v o n   S t r a u ß   u n d   T o r n e y (1800—1891), der durch die Stimmabgabe für Lippe im Deutschen Bundestage die Mehrheit 1866 gegen Preußen bewirkte. Allerdings lag seine Hauptbedeutung in religiösen Dramen und Übersetzungen aus dem Chinesischen. Strauß hat aber auch gehaltvolle Novellen und einen Roman von schlichter Lebenstreue „Altenberg" geschrieben. Weniger durch seine sparsamen Erzählungen als durch seine fesselnde Selbstbiographie „Erlebnisse" wirkte der Vorgänger Fontanes als Theaterkritiker der Vossischen Zeitung F r i e d r i c h   W i l h e l m   G u b i t z (1786—1870). Auch als Kalendergeschichtenerzähler war er in dem durch Jahrzehnte von ihm herausgegebenen „Volkskalender" mit Geschmack tätig.

Für die Schriftsteller dieser Epoche war allenthalben noch das Jahr 1848 von lebens- und stilformender Bedeutung. Die eigentliche jungdeutsche Schule war in sich aufgelöst — die politischen Bestrebungen, einmal nach einer deutschen Einheit, dann aber nach der Brechung der in einzelnen Staaten, zumal in Preußen und Hessen, schwer waltenden Reaktion, gingen unablässig, auch unter schikanösem Drucke, weiter. Und Ernst Moritz Arndt, der erst im Jahre 1860 sein Leben vollendete, durfte trotz des rückschrittlichen Waltens, das er nun in zwei verschiedenen Zeitläuften erfahren mußte, seine „Blätter der Erinnerung aus der Paulskirche" mit dem Ausdrucke zuversichtlicher Hoffnung beschließen.

7. Nebenformen des Prosastils im romantischen und jungdeutschen Raume

Im klassischen Zeitalter der erneuerten deutschen Dichtung gewannen, wie wir sehen, einzelne Schriftsteller Geltung, die, ohne sich dichterischer Formen zu bedienen, mindestens Gäste am Ufer des kastalischen Quells waren. Die politische Aufregung und die vaterländische Aufwallung, die endlich in die Freiheitskriege führte, vermehrten das

schwunghafte Gut von Kundgebungen der Zeit, und die Jahre der Restauration und erst recht die Zeit seit der Juli-Revolution mit ihren
allenthalben in Deutschland ausgefochtenen Verfassungskämpfen brachten eine Fülle von neuen Menschen ins Licht. Was die immer noch
über dem deutschen Leben thronende Philosophie als oberstes Gut verkündete, ward in leichter, faßlicher Form von Männern dargeboten, die
bei steigender Volksbildung und steigendem politischem Interesse des
Einflusses auf die Leser sicher waren, auch wenn diese nicht ins Land
der Phantasie entführt werden wollten. Dazu kamen die wechselnden
Schicksale, welche die Regierungen der Presse bereiteten; wo in Zeiten
besonders schweren Druckes jedes Wort fürsichtig abgewogen werden
mußte, war es für manche Schreiber eine besondere Genugtuung, durch
die Wahl scheinbar harmloser Silben die Verbote zu umgehen und den
Lesern den doppelten Genuß der Lektüre und des Schmunzelns über
wohlverstandene Anspielungen zu bereiten.

Unter den vom Erzherzog Johann im Jahre 1849 in sein Kabinett
berufenen Männern befand sich als Reichsjustizminister der hannöver-
sche Jurist J o h a n n H e r m a n n D e t m o l d (1807—1856). Er
war vordem durch eine „Anleitung zur Kunstkennerschaft oder die
Kunst in drei Stunden ein Kenner zu werden" mehr bekannt geworden,
als durch seine politische Tätigkeit. Mit der Figur des Abgeordneten
Piepmeyer, dessen „Taten und Meinungen" 1849 eine Flugschrift darlegte, schuf Detmold eine Gestalt, die im politischen Sprachgebrauch
noch lange fortlebte.

Auf denselben heiteren Ton eines lachenden Philosophen waren die
durch so ziemlich ein Jahrhundert immer wieder gelesenen Schriften
von C a r l J u l i u s W e b e r (1767—1832) gestimmt. In zahlreichen
Bänden, die unter dem Obertitel „Demokritos" verbunden wurden,
machte sich dieser Spötter über die Ausschreitungen der Aufklärung
ebenso lustig, wie über hundert Dinge des täglichen Behagens und Un-
behagens, und kitzelte den Philister, ohne daß dieser die Absicht im
Grunde merkte. Nach den vielen Reiseromanen und Reiseberichten aus
der Ferne brachte Carl Julius Weber die „Briefe eines in Deutschland
reisenden Deutschen" dar.

Mit verwandter satirischer Absicht schrieb C a r l H e i n r i c h
R i t t e r v o n L a n g (1764—1835) sein umfangreiches „Hammel-
burger Reisen in elf Fahrten". Die deutsche Kleinstaaterei ward hier
mit allen ihren Ecken und Kanten, Wunderlichkeiten und vergnüglichen
Vorzügen treffsicher abgebildet. Über die zeitgeschichtliche Bedeutung
hinaus haben die nach Langs Tode erschienenen „Memoiren des Ritters
von Lang" die Prägung einer ungewöhnlichen weltmännischen Persönlichkeit.

Lang, der einst das Münchner Reichsarchiv verwaltete, berichtet in
seinen Erinnerungen von den ereignisschweren Jahren des ersten Drittels

des Jahrhunderts, wie er in den „Reisen" das Bild der Zeit und ihrer Kämpfer durchscheinen läßt. In dem, nach der Stille des achtzehnten Jahrhunderts (die den Hotelgästen der „Minna von Barnhelm" doch schon laut dünkte) immer unruhiger und lebhafter werdenden Berlin platzten die Geister zum Austausche neuer Schlagworte aller Art gegeneinander; in der alten Reichshauptstadt Wien war man an diese publizistischen Kämpfe in Ernst und Spaß schon gewöhnt. Den Spaß, wie ihn einst das Mitglied des Nordsternbundes Adalbert von Chamisso gern poetisch geübt hatte, brachte als rechter Nachfahr des Weltreisenden der Schlesier A u g u s t K o p i s c h (1799—1853), Maler und Dichter, wie Robert Reinick, dar. Er steht mit seinen Gedichten und gereimten Schnurren noch in der Romantik, der er die Sage von den Heinzelmännchen in so fließendem Tonfalle abgewann, daß sie noch unserer jetzigen Jugend vertraut ins Ohr fällt. In dem Bezirk dichtungsnaher Prosa ragt Kopisch mit seiner höchst anschaulichen und noch heute lebendigen Erzählung eines in seiner Art wahrlich einzigen Erlebnisses: er hat nämlich während eines sehr langen italienischen Studienaufenthaltes die Blaue Grotte bei Capri entdeckt und dies ohne Ruhmredigkeit nach der Heimkehr den Landsleuten vorgetragen.

Die gleiche liebenswürdige Note tragen die sehr sparsamen Veröffentlichungen von Kopischs schlesischem Landsmanne W i l h e l m v o n M e r c k e l (1803—1861). Das Bild dieses immer hilfsbereiten Ritters ohne Furcht und Tadel hat uns Theodor Fontane überliefert. Aus dem schmalen Werkschatze Merckels hebt sich in seiner gehaltenen Wehmut eine Gabe hervor, die schwerlich ganz richtig in einem ästhetischen Fache unterzubringen wäre. Sie heißt „Der Frack des Herrn von Chergal" und deutet, genau wie so Vieles in der Dichtung Kopischs, auf Adalbert von Chamisso zurück, dessen Schlemihl-Tonart der zartbesaitete Merckel wieder aufnimmt.

Auf ein völlig anderes Feld treten wir bei der Hinwendung von Kopisch und Merckel zu A d o l p h G l a ß b r e n n e r (1810—1876). Dieser Berliner kannte seine Vaterstadt, berlinisch gesprochen, aus dem FF und legte dies in den Tagen hochgehender politischer Erregung auch in satirischen, demokratischen Flugheften an den Tag, die sich die Berliner von Hand zu Hand weiterreichten, während die witzigen Schlagworte Glaßbrenners von Mund zu Munde weitergegeben wurden. Die dreißig Hefte „Berlin, wie es ist und — trinkt" bezeugten, wie vollkommen ihr Verfasser das Leben an Spree und Panke erfaßt und belauscht hatte. Einzelne seiner Gestalten, so der Rentner Buffey, oder der Eckensteher Nante, blieben in der preußischen Hauptstadt lange volkstümlich. Den Nante hat der populäre Komiker Friedrich Beckmann auf die Bühne gebracht, und noch tief im zwanzigsten Jahrhundert ist ihm Hanns Brennert darin gefolgt. Vor der Rampe übte auf Publikum und Darsteller starken kritischen Einfluß der feinfühlige Dichterfreund H e i n r i c h T h e o d o r R ö t s c h e r (1803—1871).

Ein höchst unliebenswürdiges Gegenstück zu Adolph Glaßbrenner ist der Wiener S e b a s t i a n B r u n n e r (1814—1893). Seine Erzählungen in eine Reihe etwa mit denen Sternbergs und Hesekiels zu stellen, wäre ein ästhetischer Fehler, weil Brunners zum Teil höchst rohen Werken nur die antiliberale Satire ein Gesicht verleiht. Wo Brunner sich aber nicht poetischer Form bedient, wird seine grobschlächtige und manchmal sehr eigen gewählte Satire mannigfach treffsicher und auch für den reizvoll, den es als vorgestellten Gegner angeht. So ward „Des Genius Malheur und Glück" mit seiner Verspottung falschen Genietums volkstümlich — was Adolph Widmann in großem Aufriß mit bewußtem Ernste der Zeit abgezwungen hatte, brachte Sebastian Brunner auf niedrigerer Stufe minder haltbar als Zerrbild dar.

In dieser Epoche äußerster Gegensätze steht in dem gleichen Wien neben Sebastian Brunner E r n s t F r e i h e r v o n F e u c h t e r s l e b e n (1806—1849), noch heute auch im Norden volkstümlich durch sein von Mendelssohn vertontes Lied „Es ist bestimmt in Gottes Rat, Daß man vom Liebsten, was man hat, Muß scheiden". Feuchterslebens „Diätetik der Seele" ist in ihrer Art, nach Hebbels gewiß anspruchsvollem Urteil, ein Meisterstück. „Nirgends ist der Weg", sagt Hebbel, „den der Mensch durchs Labyrinth des Lebens nehmen muß, an allen Abgründen, die links und rechts drohen, vorbei, so sicher und zugleich so gefällig vorgezeichnet worden, wie hier. Nicht mit der Hippe, die so mancher berufene oder unberufene Cicerone dem Tode abborgt, um sich Ansehen zu verschaffen, deutet der freundliche Führer auf die Schrecken der Tiefe; eine leichte Handbewegung, ein ausgestreckter Finger genügt ihm, denn er will nicht jenen bedenklichen Schwindel hervorrufen, an den sich so oft der unmittelbare Untergang knüpft, weil er die Sinne verbittert und das Gemüt mit hoffnungsloser Verzweiflung erfüllt." Von Feuchtersleben innerhalb seiner „Reflexionen" stammt das Wort: „Man wird zu Allem geboren; warum nicht auch zum Rein-Menschlichen? gewiß, es gibt geborene M e n s c h e n , wie es geborene Poeten gibt!" Und dies Wort vom geborenen Menschen in dem bezeichneten Sinne wendet Friedrich Hebbel voll auf seinen Verfasser an.

Dem Arzte Feuchtersleben in Ausdruck und Gesinnung verwandt war J o h a n n K a r l P a s s a v a n t (1790—1857); er übte mit der Schrift „Das Gewissen" weite Wirkung.

Ältere Weltstädte, wie London, Paris und Wien, haben früh den Typus des literarischen Chroniqueurs hervorgebracht, der in regelmäßigen Abständen in der Presse das Leben der Stadt darstellend kritisiert und kritisch darstellt, ohne die Absicht poetischer Verklärung, aber mit dem achtsamen Merken auf die Aura der jeweiligen Lebensstunde. Man erzählt sich von einem hohen Beamten auf einer von Frankreich weit abliegenden tropischen Insel, daß er die unmöglichsten Anstrengungen machte, um regelmäßig die Pariser Sonntagsfeuilletons — das im Jungen Deutschland auftauchende, übernommene Fremdwort wird hier zum ersten Mal gebraucht — von Francisque Sarcey in die Hand zu bekommen. Der etwas jüngere Wiener D a n i e l S p i t z e r (1835 bis 1893) gewann mit seinen allwöchentlich unter dem Striche der „Wiener Presse" erscheinenden „Wiener Spaziergängen" weithin bei den in ihre schöne Stadt verliebten Landsleuten Geltung. In diesen Arbeiten bezeugte sich eine verschwiegene dichterische Gabe, sie klang öfter empor und half die Bilder runden.

Genau in der Mitte zwischen Poesie und Prosa bewegt sich B o g u - m i l G o l t z (1801—1870). Er hat wohl kaum je einen Vers veröffentlicht, aber einzelne seiner Schriften sind von poetischer Anschauung und poetischer Auffassung voll. Das gilt vor allem für das „Buch der Kindheit", in dem Goltz, dessen Geburtsstadt Warschau war, seine Königsberger Jugendjahre mit durchklingendem lyrischem Reize unvergeßlich schildert. Hebbel, den ich bei Feuchtersleben anrief, sei auch hier als klassischer Zeuge benannt, er hat dies Buch als von echtester Poesie strotzend empfunden. Goltz hat dann noch eine Reihe von sehr eigenartigen Werken geschaffen, die der weitgereiste Hagestolz sozusagen erwanderte. Dazu gehört etwa „Ein Kleinstädter in Ägypten" mit außerordentlich witzigen Einfällen und Glossen. Von ähnlicher Schlagkraft sind die „Typen der Gesellschaft" und die „Aphorismen zur Naturgeschichte und Charakteristik der Frauen". Allerdings hat der Stil in den späteren Werken von Goltz etwas Hemdärmeliges, und Ferdinand Kürnberger nennt ihn, dessen poetisches Füllsel er ebenso anerkennt wie Hebbel, nicht mit Unrecht einen Geistbauern. „Bogumil Goltz liebt über die Maßen das Bild, wir sollen die Natur auf uns spielen lassen, wie auf einem Klaviere. Schön, aber doch nur halb wahr! Bogumil Goltz vergißt nämlich, daß das Stück v i e r h ä n d i g ist! Wir selbst müssen mitspielen. Wir sind nicht nur Instrumente, sondern auch Künstler." Aber dies Mitspielen gelingt auch der Gegenwart in Goltzens Werk immer wieder einmal.

In die Reihe der größten deutschen Prosaschriftsteller mit dichterischem Innenklange gehört eine erlauchte Erscheinung, die fast den Raum des Jahrhunderts ausgeschritten hat, H e l m u t h v o n M o l t k e (später Graf von Moltke, 1800—1891). Er hat eine Novelle geschrieben, die in Mitteldeutschland spielt, „Die beiden Freunde". Der Reiz der in ruhigem Flusse vorgetragenen Erzählung beruht darauf, daß der junge Moltke hier ein unzweifelhaftes, jugendliches Selbstbildnis gibt. Von weit höherer Bedeutung sind die Briefbücher des Hauptmanns und Majors, der später zum Chef des Großen Generalstabes und Generalfeldmarschall aufstieg. Die „Briefe über Zustände und Begebenheiten in der Türkei 1835 bis 1839" sind von einer nicht zu übertreffenden Anschaulichkeit und geben den vollen Reiz der Landschaft wie die

Eigenart des Volkslebens sicher wieder. Das Gleiche gilt von den viel späteren „Briefen aus Rußland", bei denen Einfühlung und Einführung, allerdings nach viel kürzerem Mitleben, fruchtbare Durchsichten eröffnen. Das Meisterstück aber unter diesen Schriften, die ja neben den strategischen nur am Rande gewachsen sind, ist das „Wanderbuch", in dem Moltke in einem klassischen Stil, wie ihn seit Goethe kaum jemand außer Schopenhauer versucht, geschweige denn erreicht hat, den Leser von Ort zu Ort geleitet. Gegenüber anderen zeitgenössischen Erinnerungs- und Reisewerken gibt die epische Ruhe und die über dem Tagesstreite waltende, unaufdringliche Lebensweisheit eines Mannes, der lange schweigsam beobachten konnte, diesem Werke die auszeichnende Prägung. Die Herausgabe des „Wanderbuches" besorgte an Stelle des Verfassers der liberale Politiker G e o r g v o n B u n s e n (1824 bis 1896).

Ob Helmuth Moltke in seinen türkischen Berichten mit den Ideen von J a k o b P h i l i p p F a l l m e r a y e r (1790—1861) über die Abkunft der Neugriechen einverstanden sein mag, ist aus diesen Episteln nicht herauszulesen, ihr Thema ist ja ein anderes. Aber der einstige Priester, der als Professor liberaler Gesinnung wegen im klerikalen Bayern vor Studenten keine Vorlesungen halten durfte, der Vertreter der Münchner Vororte in der Paulskirche und Teilhaber am Rumpfparlament hat in der gleichen Ostwelt, von woher Moltke reiche strategische und literarische Frucht einheimste, seine „Fragmente" aufgezeichnet. Der vollständige Titel dieses, zuerst 1845 erschienenen Werkes lautete: „Fragmente aus dem Orient" — soviel Fallmerayer noch veröffentlicht hat, der Name des Fragmentisten blieb mit dem frühen Ruhme des Werkes an ihm haften.

Aber diese Bezeichnung drückt keine Minderbewertung aus, denn jedes dieser scheinbaren Bruchstücke ist eine in sich geschlossene, künstlerisch gerundete, menschlich bewegte Wiedergabe erlebter Dinge. Die Natur jener griechischen Halbinseln läßt sich nicht reiner und größer abbilden, als Fallmerayer es getan hat. Und wie er mit dem von Hebbel gepriesenen bewunderungswürdigen und beispiellosen Blicke die Hochpfade der Chalkidike vergegenwärtigt hat, so hat er, der einstige Hütejunge, die heimatliche Eisack durch das Tiroler Tempo so verfolgt, daß wir alsbald in seiner Schilderung heimisch werden. Aber diese Kunst, natur- und steingewordene Geschichte als ein Lebendiges dem Fremdesten vertraut zu machen, beschwingt den Fragmentisten auch bei der Nachziehung der Linien großen Menschendaseins, und wie von selbst stehen dem in der Vergangenheit wie im Eigenen wandelnden gelehrten Schriftsteller oder dichtenden Gelehrten die sicheren, nicht durch gewollte Angleichung verzerrten Vergleiche und Parallelen zu Gebote.

Als Schilderer des Orients von klassischem Stile gewann der österreichische Staatsmann A n t o n G r a f P r o k e s c h - O s t e n (1795 bis 1876) hohe Geltung.

Schon einem anderen Zeitalter ist der Letzte dieser Reihe beizuzählen,
Kurd von Schlözer (1822—1894). Die vortrefflichen geschicht-
lichen Arbeiten des späteren Diplomaten gehören nicht in diesen Bezirk.
Wohl aber sind Schlözers Briefe ein Stück unvergänglichen deutschen
Schrifttums. Ob er nun, gemäß seiner jeweiligen amtlichen Sendung,
St. Petersburg oder Mexiko schildert — immer spricht aus jedem Satz-
bilde eine künstlerisch aufgeschlossene Natur und eine Herrschaft über
die Sprache, die sich von jeder Erscheinung des sicher umgrenzten
Ausdruckes zu bedienen weiß. Nicht nur die Länge des Aufenthalts,
sondern auch das Gefühl innerster Verbundenheit hat die „Römischen
Briefe" zum Meisterstück dieses Meisterschreibers gemacht. Aus der
unendlich flutenden deutsch-römischen Literatur heben sich Schlözers
von der höchsten Unbefangenheit und dem feinsten Formgefühl bediente
Briefe zu einem eigenen Gipfel empor. Daß sie dazu noch, der Laufbahn des Gesandten gemäß, zuerst das Rom des Kirchenstaates und
dann die Hauptstadt des neuen Italiens wiedergeben, erhöht ihren Reiz.

Viertes Buch

REALISMUS

1. Übergänge

Die fünfziger und sechziger Jahre des neunzehnten Jahrhunderts stellen sich, je weiter der Abstand von ihnen wird, um so deutlicher als das Silberne Zeitalter der deutschen Dichtung dar. Der Lebenskreis der Romantik wie der des Jungdeutschtums war von unablässigem Widerstreit angefüllt, und jetzt erst vermochte ruhige Betrachtung aus dem, was der Geisterkampf einst umtobte, die bleibenden Werte ins Licht zu heben. Nach den Erregungen, die seit der Juli-Revolution auch das deutsche Leben geschüttelt, durcheinander gewirrt und doch immer wieder auf letzte nationale Ziele ausgerichtet hatten, war eine gesammelte Stimmung über das Land gekommen. Man fühlte, daß der einst vielumkämpfte Deutsche Zollverein wenigstens auf wirtschaftlichem Gebiete den Gedanken der nationalen Einigung vorwegnahm. Die Gründung des Deutschen Nationalvereins fachte alle Hoffnungen um so höher an, als sie von einem Bürger eines deutschen Mittelstaates ausging. Und in der Tat machte sich Rudolf von Bennigsen damit zum legitimen Erben der sogenannten Gothaer, derjenigen Abgeordneten der Paulskirchenversammlung, die über das Scheitern des Einigungswerkes hinaus als Mitglieder der einstigen Erbkaiserpartei zusammenhielten. Wie der Zollverein, so diente auch der Ausbau des Eisenbahnsystems der inneren Stärkung Deutschlands, wie sie leidenschaftlich der tragisch geendete Friedrich List gefordert hatte. Die Fülle von Erfindungen und Entdeckungen von zum Teil umwälzender Bedeutung kam insbesondere der sich immer weiter mehrenden städtischen Bevölkerung zugute. Der elektrische Telegraph, der Schraubendampfer, die Photographie und nicht zum wenigsten die von einem Amerikaner erfundene, von einem Hamburger Großhändler eingeführte Petroleumlampe gebrachten Änderungen im Lebenszuschnitt, die sich auch auf das Lebensgebiet der Künste auswirkten. Die Zeitung trat bei stets steigender Volksbildung und wachsendem Volksvermögen immer mehr in den Vordergrund des bürgerlichen Lebens, und über den Wirkungsradius der früheren, noch in Immermanns „Münchhausen" so ergötzlich verspotteten Journale hinaus, wuchsen die neuen Familienblätter zu weitreichendem Einflusse. Das erste wirkliche Berliner Familienblatt war der von Friedrich Wilhelm Gubitz 1817 begründete „Gesellschafter". 1835 folgte in Stuttgart die von August Lewald geleitete „Europa". Ihr Mitarbeiter Ferdinand Stolle

rief den besonders in Sachsen weitverbreiteten „Dorfbarbier" ins Leben.
Sehr glücklich in der Wahl seiner Mitarbeiter war Karl Gutzkow mit
seinen „Unterhaltungen am häuslichen Herd", und auch die in Stuttgart
von Hackländer und Höfer seit 1855 herausgegebenen „Hausblätter"
vereinigten gediegene Beiträger. Aber erst die 1853 von dem Leipziger
Verleger E r n s t K e i l (1816—1878) ins Leben gerufene „Gartenlaube" wurde zu einem gemeindeutschen Familienblatt; sie übernahm
auch den „Dorfbarbier", wie die „Hausblätter" in das von E d u a r d
H a l l b e r g e r (1822—1880) in Stuttgart gegründete „Über Land
und Meer" übergingen. Die „Gartenlaube" war liberal gestimmt und
stieg mit der nationalen Welle bis zu einer ungeheuren Verbreitung,
nicht nur im Inland. So veröffentlichte das Preußische Kriegsministe-
rium im Jahre 1871 in ihr die Listen verschollener und vermißter Soldaten. Als mehr konservatives Gegenstück entstand 1864 im Verlage
von A u g u s t V e l h a g e n (1809—1901) und A u g u s t K l a s i n g
(1809—1897) in Bielefeld das „Daheim", dem kein Geringerer als
Ludwig Richter das Umschlagbild zeichnete, der Künstler, der vordem
die Märchen von Musäus und Bechstein, wie die von den Brüdern
Grimm erzählten, meisterlich, zur Freude alter und junger Betrachter,
bebildert hatte. 1861 rief Oswald Seehagen in Berlin das „Deutsche
Magazin" ins Leben, A l b e r t H e n r y P a y n e (1812—1902) in
Leipzig den „Salon". Schon vor dem „Daheim" hatte G e o r g e
W e s t e r m a n n (1810—1879) in Braunschweig seine „Illustrierten
Deutschen Monatshefte" gegründet. Auch die von A n t o n P h i l i p p
R e c l a m (1807—1896) und H a n s H e i n r i c h R e c l a m (1840
bis 1920) ins Leben gerufene Universalbibliothek gehört in diesen Zu-
sammenhang. Im Jahre 1849 begründete der Deutsche P a u l J u l i u s
R e u t e r (später Freiherr von Reuter, 1821—1899) das erste Zei-
tungsnachrichtenbüro und verlegte dessen Sitz alsbald von Aachen nach
London. In Berlin folgte ihm der Verleger der „Nationalzeitung"
B e r n h a r d W o l f f (1811—1879).
   Überall führte die fortschreitende Technik immer mehr vom Klein-
zum Großbetriebe; Fabrikanten, wie sie Karl Leberecht Immermann in
den „Epigonen" geschildert hatte, standen in dem sich rastlos dehnenden
deutschen Industrieleben nun aller Welt als vertraute Erscheinungen vor
Augen, wie etwa August Borsig, der in Berlin die größte derzeitige
Lokomotivfabrik schuf, oder Werner Siemens, der in derselben Stadt
die Dynamomaschine erfand und die zehntausend Kilometer lange indo-
europäische Telegrafenlinie baute. Hermann Heinrich Meier, der schon
in der Paulskirche gesessen hatte, begründete in Bremen den Norddeutschen Lloyd, während im Ostseebereich Ferdinand Schichau die erste
Hochdruckdampfmaschine lieferte. Die neue Genossenschaftsbewegung
fand bei wachsender Volksdichte ein ergiebiges Feld, und die Arbeiterbewegung kam mit Ferdinand Lasalles Allgemeinem Deutschem Arbeiter-
verein und den von ihm in Hegels Nachfolge erdachten Produktivgenos-
senschaften in ein ganz neues Fahrwasser.

Es war ein für die Zeit und ihre deutsche Ausrichtung typischer Vorgang, als Adolph Menzel das Eisenwalzwerk von Borsig in Berlin-Moabit malte. Die gleiche dem Schlicht-Sachlichen zugewandte Lebenstreue bewahrten vor der Staffelei etwa Friedrich Waßmann im Norden, Wilhelm von Kobell im Süden.

An politischen Kämpfen fehlte es freilich nicht, und der Konflikt der preußischen Regierung mit ihrer Kammermehrheit um die Neuorganisation des Heeres wirkte verbitternd und umsomehr enttäuschend, als man sich von dem Nachfolger des kranken Friedrich Wilhelm, von Wilhelm dem Ersten, dem Gemahl der Weimarischen Prinzessin Augusta, ein dauerndes liberales Regiment versprochen hatte. Erst nach Jahrzehnten konnte der geschichtliche Blick abmessen, wie hinter dem Schleier dieser parlamentarischen Kämpfe der neue preußische Ministerpräsident Otto von Bismarck in Wirklichkeit außenpolitische Ziele selbständiger Art verfolgt hatte.

Die Philosophie trat allgemach aus ihrer königlichen Stellung im Gefüge der Wissenschaften zurück. Wohl aber — wir betonten es schon — der fortwirkende Einstrom der Hegelschen Denklehre, troß ihrer leidenschaftlichen Bekämpfung durch P a u l d e L a g a r d e (1827 bis 1891), den Verfasser der auf enge Kreise sehr einflußreichen „Deutschen Schriften" von starkem Stil und ein jüngeres Geschlecht von Philosophen, immer noch breit und tief; er erwies sich in der politischen Staatslehre besonders fruchtbar. Aber die beherrschende Stellung sowohl im Hochschulbetriebe wie im Einfluß auf das Publikum fiel den anderen Schlüsselhaltern der Forschung zu. Entsprechend den mit immer gesteigerten Raschheit andrängenden Fortschritten der Technik, gewannen die Naturwissenschaften eine Mittelstellung, zu der ihnen Alexander von Humboldt einst die Tore weit geöffnet hatte. Als Franz Lißt von der Königsberger Philosophischen Fakultät zum Ehrendoktor erkoren werden sollte, und man bei der vorgeschriebenen Einstimmigkeit solcher Beschlüsse den Einspruch eines klassischen Historikers fürchtete, ward dieser vorher befragt. Seine Antwort war: „Warum nicht? man promoviert ja heute auch Chemiker." Solche Degradation eines Faches, das jenem Classicus nicht als Schwesterfach galt, hätte um 1850 bereits lächelndes Kopfschütteln erregt. Dann aber gewann die Geschichtsforschung und Geschichtsdarstellung einen neuen Rang und einen neuen Raum im geistigen Leben. Nach dem Großmeister Leopold Ranke, der sein Selbst am liebsten auslöschen mochte, wenn er die Dinge genau so sehen könnte, wie sie waren, kam ein ganzes Geschlecht politischer Historiker von selbständigem Stil empor, das nicht nur auf deutschem Gebiete zu dauerhaften Ergebnissen und lebensvollen Darstellungen gedieh. Voran schritten zwei Männer, die mit den Brüdern Grimm im Jahr 1837 ihre Göttinger Lehrstühle verlassen mußten, weil sie sich gegen den Verfassungsbruch des Königs Ernst August von Han-

nover verwahrten: Friedrich Christoph Dahlmann und Georg Gottfried
Gervinus.   Dahlmann hatte an der schleswig-holsteinischen Bewegung
maßgeblichen Anteil, seine Darstellung der Englischen Revolution ward
ein nahezu klassischer Besitz.   G e o r g   G o t t f r i e d   G e r v i n u s
(1805—1871) hat neben seiner großgefaßten „Geschichte des neunzehnten Jahrhunderts" der neueren deutschen Literaturgeschichte mit
seiner „Geschichte der poetischen Nationalliteratur der Deutschen" die
Bahn gebrochen. — Welche Bedeutung das Gervinussche Werk trotz
mannigfacher Anfeindungen besitzt, hat der zu früh vollendete Rudolf
Unger in einer Säkularrede dankbar hervorgehoben. In allen diesen
Geschichtsschreibern, mochten sie sich, wie Theodor Mommsen der römischen, oder, wie Alfred Dove, Ludwig Giesebrecht, Heinrich Sybel,
der deutschen Geschichte widmen, lebte ein neuer, der Romantik wie
der jungdeutschen Tendenz abgeneigter Drang zur Erfassung des realen
Lebens.

Damit haben wir, weit über die Grenzen der Wissenschaft hinaus-
tretend, den Charakter des neuen Anbruchs umzeichnet. Was sich in der
Malerei der Krüger, Kobell, Waßmann, Blechen, Menzel dartat, das vollzog sich in paralleler, zum Teil seltsam geschichteter Entwickelung auch
auf literarischem Felde. Der große Wegbereiter Karl Immermann hatte
einst vorausgesagt: „Wir müssen durch das Romantische, welches der
Ausdruck eines objektiv Gültigen sein sollte, aber nicht ward, weil seine
Muster und Themen ganz anderen Zeitlagen angehörten, hindurch in das
realistisch-pragmatische Element. An diesem kann sich, wenn die Musen
günstig sein werden, eine K u n s t der deutschen Poesie entwickeln."
Dieses Selbstbekenntnis, das zugleich ein überzeitliches Zeitbekenntnis
war, erwies nun seine vordeutende Kraft. Vielleicht läßt sich dies Zeitalter des Realismus, einer Lebenstreue, die sich nach so vielen großen
und kleinen Anläufen zu bescheiden wußte, nicht sinnvoller einbegleiten,
als durch einen lyrischen Wettstreit zwischen zwei, jeweils eine Generation vertretenden Poeten. Der liebenswürdige und wunderliche schwäbische Romantiker und Geisterseher Justinus Kerner, den gerade Immermann zur Zielscheibe gutmütigen Spottes erwählt hatte, war der neuen
Zeit der Maschine, des Dampfers, der Eisenbahn Feind und hatte seine
Empfindung so ausklingen lassen:

> Laßt mich in Gras und Blumen liegen
> Und schaun dem blauen Himmel zu,
> Wie goldne Wolken ihn durchfliegen,
> In ihm ein Falke kreist in Ruh.
>
> Laßt satt mich schaun in dieser Klarheit,
> In diesem stillen, sel'gen Raum:
> Denn bald könnt werden ja zur Wahrheit
> Das Fliegen, der unsel'ge Traum.

Satt laßt mich schaun vom Erdgetümmel
Zum Himmel, eh es ist zu spät,
Wann, wie vom Erdball, so vom Himmel
Die Poesie still trauernd geht.

Verzeiht dies Lied des Dichters Grolle,
Träumt er von solchem Himmelsgraus,
Er, den die Zeit, die dampfestolle,
Schließt von der Erde lieblos aus.

Darauf hatte ein Sänger von 1819 dem von 1786 erwidert. Gottfried
Keller, dem goldenen Überflusse auch dieser Zeit zugewandt, hatte, wie
ein Chorführer der antiken Bühne, seine Gegenstrophe dargebracht:

Dein Lied ist rührend, edler Sänger
Doch zürne dem Genossen nicht,
Wird ihm darauf das Herz nicht bänger,
Das, dir erwidernd, also spricht:

Schon schafft der Geist sich Sturmesschwingen
Und spannt Eliaswagen an.
Willst träumend du im Grase singen,
Wer hindert dich, Poet, daran?

Ich grüße dich im Schäferkleide,
Herfahrend, — doch mein Feuerdrach
Trägt mich vorbei, die dunkle Heide
Und deine Geister schaun uns nach.

Und wenn vielleicht in hundert Jahren
Ein Luftschiff hoch mit Griechenwein
Durchs Morgenrot käm hergefahren —
Wer möchte da nicht Fährmann sein?

Dann bög ich mich, ein sel'ger Zecher,
Wohl über Bord von Kränzen schwer,
Und gösse langsam meinen Becher
Hinab in das verlaßne Meer.

Aber dies Geschlecht, das den Hegelingen nicht mehr Folge leistete,
mußte sich durch die Wogen ganz anderer philosophischer Systeme hin-
durchkämpfen, die freilich von keinem Universitätskatheder her verkündet wurden. Ludwig Feuerbach (1804—1872) hatte in seinem „Wesen
des Christentums" die Religion lediglich als das Verhalten zu sich selbst
und seinem Wesen als zu einem anderen Wesen, das heißt, als eine aus
dem Drang nach jenseitiger Belohnung entspringende Selbsttäuschung
bezeichnet. Von dieser wollte er befreien. Dabei aber betonte er mit

hinreißendem Nachdruck den Preis des Lebens und der Persönlichkeit,
den Tod als höchstes Recht des Lebenden, als „des Lebens vollendenden
Moment". Auf Hermann Hettner wie auf Gottfried Keller haben Feuerbachs Heidelberger Vorträge, außerhalb der Universität gehalten, rich-
tunggebend gewirkt.

Stellte sich Ludwig Feuerbach mit solcher Ablehnung des geoffenbarten Christentums in Gegensatz zu aller Romantik, so war der andere
und allmählich bei weitem einflußreichere, von keiner Lehrkanzel spre-
chende Philosoph im Grunde von der Romantik nicht abzutrennen
A r t h u r   S c h o p e n h a u e r (1788—1860) wuchs noch im Schatten
des Goethehauses auf und hat die Farbenlehre mit dem Dichter wissenschaftlich erörtern dürfen. Schopenhauers Lehre sieht die Welt als einerseits unsere Vorstellung (die Vorstellung eines erkennenden Willens-
trägers), andererseits ist sie ihm, ihrem Kerne nach, selbst Wille, blind-
wirkendes Streben, Trieb. Aus dem Wesen des Willens folgt die pessi-
mistische Charakteristik des Lebens. Mit der Höhe der Erkenntniskraft
wächst das Leiden, darum leidet unter allen Geschöpfen der Mensch am
meisten, und daraus erwächst des Philosophen sittliche Forderung: die
Selbstverneinung des Willens. Der höhere und einzige Weg zur Befreiung von Leben und Leid ist die Verneinung des Willens zum Leben, die
im Heiligen hervortritt.   Hier wird der Zusammenhang dieser Lehre
mit der Romantik ganz deutlich, und es wundert uns nicht, daß der
späte Vollender der Romantik, Richard Wagner, im Gegensatze zu den
anderen beiden Umwerbern des Nibelungenstoffes, Jordan und Hebbel,
sich zu Schopenhauers Lehre bekannte. Als Stilmeister hat Schopenhauer
außerordentlich gewirkt, er war wohl neben Moltke einer der ruhm-
würdigsten Nachfolger des klassischen Ausdrucks.

Die Hinwendung zur Realität eines in immer größeren Maßstäben
einherflutenden Lebens, wie sie Ludwig Feuerbach und neben ihm der
eine zeitlang einflußreiche Eugen Dühring vertraten, wie sie auf niedrigerer Stufe Ludwig Büchner, aus jener Gießener reichbegabten Familie,
in seinem Werke „Kraft und Stoff" darlegte, war trotz Schopenhauer
das Bekenntnis des Silbernen Zeitalters. Immermann hatte darauf vorgedeutet. Es war von tiefer Symbolik, daß Waiblinger bei der Pyramide
des Cestius die letzte Ruhestätte fand, wie der antiromantische Romantiker Platen im noch ferneren Süden, in Syrakus, sein Leben vollendete.
Die Träger und Deuter jungdeutscher Bestrebungen waren nicht einer
phantastischen Sehnsucht nach in die Ferne gezogen, wie etwa noch die
nazarenischen Maler oder Joseph von Eichendorff — sie, die Ludwig
Pfau, Malwida von Meysenbug, Karl Marx, Heinrich Beta, Karl Hillebrand, Franz Lieber, Gottfried Kinkel und sein mutiger Befreier aus
dem Zuchthause Carl Schurz, François und Eliza Wille, hatten die
Heimat flüchtig oder dem Drucke der Reaktion weichend verlassen und
lebten im Exil. Der Anlauf sowohl eines späthumanistischen Liberalismus, wie einer demokratischen Erneuerung war im Jahre 1848 nicht
zum vollen Durchstoße gediehen. Nun hatte die Kunst der Lebenstreue

in einer Zeit der Beruhigung nach dem Sturm auch auf der Hochebene der Literatur die Kraft eines Realismus zu bewähren, der neben Immermann auch andere Vordeuter und Vorläufer gehabt hatte.

Annette Freiin von Droste-Hülshoff (1797 bis 1848), die Meisterin der Ballade und des lyrischen Naturbildes, hat in anmutig belebtem Erzählerton „Bei uns zu Lande auf dem Lande" den Edelmann aus der Lausitz von den Eindrücken in der westfälischen Heimat seiner Vorfahren berichten lassen. Dann hat sie ihre Gaben bis zur knappsten novellistischen Darstellung in dem düsteren Gemälde der „Judenbuche" gesteigert. Gleich Heinrich von Kleist, an dessen karge Linienführung dies Stück gemahnt, führt Annette Droste mitten in die Welt hinein, aus der sie das herzanfassende Begebnis zu berichten unternimmt. Auf schmalem Raume, doch so, daß jeder Einzelne bis auf Eigenheiten des Körperbaus und der Haltung hervortritt, werden uns die Menschen abkonterfeit, der verkommene Hermann Mergel, ein „sogenannter ordentlicher Säufer", der schließlich tot im Holze gefunden wird, die Witwe, ihr Bruder mit „vor dem Kopfe liegenden Fischaugen und überhaupt einem Gesicht wie ein Hecht", der Sohn und sein ihm gleichender Freund. Die Stimmung, die von vornherein über dieser ganzen westfälischen Enge liegt, ist vollendet herausgebracht, bis zu der Katastrophe, der Ermordung des Juden Aaron, der die feierliche Inschriftsetzung in hebräischen Lettern an der Riesenbuche folgt. Und dann bringt nach achtundzwanzig Jahren ein Revenant die Wahrheit an den Tag. Der wirkliche Täter hat, geheimnisvoll gezogen, sich selbst unter der Inschrift an der Judenbuche gerichtet und wird erst nach seinem Hintritt erkannt.

Den Reiz dieser Erzählung, der nicht aus dem Kriminellen sondern aus dem Menschlichen stammt, kann eine Inhaltsangabe nicht wiedergeben, sie sollte nur auf die wirklichkeitsnahe Linienführung deuten, die, man muß es wiederholen, auch in der Düsterfärbung nur mit Kleists Zeit- und Schrittmaße verglichen werden kann, wenn man nicht vielleicht noch Grillparzers „Kloster von Sendomir" herbeiziehen will. Und sofern die Kunst des großen Österreichers derjenigen Friedrich Halms steht, so ist doch in diesem Zusammenhange an dessen Novellen bedeutsam zu erinnern. Friedrich Halm (Elegius Franz Joseph Freiherr von Münch-Bellinghausen, 1806—1871) ist nach langer Ruhmesblüte heute als Dramatiker vergessen; aber neben seinen lyrischen und balladischen Gaben stehen die wenigen Novellen, die der Schüler Michael Enks von der Burg schuf, bereits im Rahmen einer lebenstreuen Stofferfassung. In der „Marzipanliese" meistert Halm einen kriminellen Stoff mit derselben abkürzenden und doch Alles sagenden Entschlossenheit, wie die Freiin von Droste in der „Judenbuche" den Leser bis zur atemlosen Spannung mit sich zieht. Kaum minder eindrucksvoll, aber gleichfalls ins Grausenhafte gesteigert, laufen die Begebnisse in dem „Hause an der Veronabrücke". Hier ist die Einbettung in die italienische Umwelt besonders gelungen, wie denn das

Antlitz der Dichter der österreichisch-ungarischen Doppelmonarchie immer noch nach dem einst von Wien her beherrschten Süden gewendet war — auch Grillparzers spanische Stoffwahl und Formwahl sind dafür bezeichnend. „Das Haus an der Veronabrücke" hat die volle Schlüssigkeit italienischer Novellistik. Halms Roman „Das Auge Gottes" ist leider nicht zum Ende gediehen. Vom Gewaltsamen ab zu feiner psychologischer Darbietung leitet Halms Novelle „Die Freundinnen", ein Stück aus dem England Cromwells.

Es war wie ein Brückenschlag über eine ganze dichterische Epoche hinweg, wenn Annette von Droste und Friedrich Halm, ganz gleich, ob bewußt oder unbewußt, an das Werk Heinrichs von Kleists anknüpften. Diese knappe Wortfügung, diese mit sparsamem Strich umreißende Charakteristik waren bereits die Stimmung des Orchesters auf einen neuen Takt. Der Realismus, wie er sich auf anderen Lebensgebieten durchsetzte, lenkte auch in der erzählenden Prosa in eine neue, lebendige Spur. Auch F r i e d r i c h H e b b e l (1813—1863) steht mit seinen wenigen Erzählungen im Vorraume des Realismus, wie seine Gestalt, als die des größten Dramatikers nach Kleist und neben Grillparzer das Silberne Zeitalter von der Bühne her beherrscht. Gustav Falke hat, als er eine Auswahl von Hebbels Gedichten herausgab, diese „nicht Blumen, sondern Früchte" genannt; „die rauhere Form ist seine Form und wäre anderes eine Lüge". Dies gilt auch von Hebbels Erzählungen. Sie sind von einer außerordentlichen Dichte und von einer fast zwanghaften Abknappung im Ausdruck. Die Novelle „Matteo" gemahnt, nicht nur im italienischen Kolorit, an altitalienische Stoffe, und hier berührt sich merkwürdigerweise Hebbel mit Friedrich Halm. Die anderen Novellen Hebbels, wenn man sie überhaupt so bezeichnen will, sind im Grunde durchgeführte Lebensskizzen von dramatischer Schlagkraft, aber ohne die erzählerische Ruhe, die der berufene Erzähler auf den Leser überträgt. Wenn Hebbel eine „Nacht im Jägerhause" darstellt, so weiß er auf wenigen Seiten den Leser zu packen und am Schlusse mit einer Überraschung zu entlassen. Begleitet er den Schneidermeister Nepomuk Schlägel auf der Freudenjagd, so zeichnet er das Bildnis eines hämischen Menschen, der an der anderen Verdrusse sein Vergnügen hat, völlig mit dem Zugriff des Dramatikers. Sein Meisterstück ist vielleicht die Erzählung von der Kuh, die auf vier Seiten mit unerhörter Verdichtungskraft die Vernichtung einer ganzen Familie und ihres Hauses darstellt; hier ist die von Kleist herführende Linie bis zur äußersten Zuspitzung geschärft — es gibt wohl kein Darüberhinaus.

Die Straße vom Jungdeutschtum zum Realismus hin ist auch L e v i n S c h ü c k i n g (1814—1883) geschritten. Mit Ferdinand Freiligrath gab er unter Annette Drostes Mitwirkung das weitschichtige Heimatwerk „Das malerische und romantische Westfalen" heraus. Auf der heimatlichen westfälischen Erde sind auch seine Romane angesiedelt. Mit dem noch vielfach jungdeutsch anmutenden Werke „Die Ritterbürtigen" gab Schücking ein im Großen getreues, im Kleinen wohl nicht

ohne Anspielungen gefaßtes Bild des Adels in der Heimat des Oberhofes. Das Buch verrät die glückliche Schulung an Walter Scott. Im
gleichen Stoffkreise bewegt sich Schücking in dem „Bauernfürsten" und
im „Sohn des Volkes". Die Neigung zur Darstellung eines kriminellen
Falles, für welche die „Judenbuche" das große Vorbild war, führte
Schücking zu der mit starker Spannung geladenen Erzählung „Eine
dunkle Tat". Im Vortrage meisterlich ist die knappe Novelle „Die drei
Freier". In dem berühmten Gasthofe zu den Drei Mohren zu Augsburg
treffen an einem Tage des späten Mittelalters in fremdartigem Aufzug
und Habit von drei Seiten her drei seltsame, anspruchsvolle Gäste ein
und bewerben sich alsbald um die gleiche Stadtschönheit. Nach spukhaften Abenteuern verschwinden die drei Kumpane wieder ins Geheimnisvolle — es waren der Wilde Jäger, der Fliegende Holländer und der
Ewige Jude. Man denkt unwillkürlich an die „Memoiren des Satan"
von Wilhelm Hauff, aber die Novelle Schückings verläuft in einem so
viel rapideren Schrittmaße, und sie stellt den Leser immer wieder vor
Überraschungen, die in dem die Linie der Geschichte nachziehenden
Sinne lange haften.

Einen merkwürdigen Weg zur realistischer Geschichtsdarstellung im
Roman schlug F r i e d r i c h v o n U e c h t r i t z (1800—1875) ein.
Er hatte als Beamter in Düsseldorf in vertrautem Umgange mit Immermann gelebt und gehörte nachmals in Wien zum engeren Kreise Hebbels.
Wie Annette von Droste war Uechtritz im christlichen Offenbarungsglauben fest verankert, und für ihn besaßen die christlichen Symbole
die Bedeutung einer geistigen Realität. In sehr eigenartiger Weise hat
Uechtritz seine Romane mit religionsgeschichtlichen Betrachtungen be-
schwert. Unter ihnen ist der „Eleazar" besonders hervorzuheben, weil
die sachliche, wie die nur erörternd vortragende Ausrichtung bei diesem
alttestamentarischen Stoffe am klarsten hervortritt. Für Hebbel war —
und dies hielt er dem Freunde entgegen — Christus der höchste ethische
Repräsentant; für Uechtritz war er der Gottmensch, das Fundament der
Welt. Bei innerster Geschiedenheit aber versuchte jeder auf seinem
Felde zu einer Darstellung vorzudringen, die jenseits einer Tages-
tendenz lag.

Für die größte deutsche Dichterin, wie für den Schöpfer von „Hero-
des und Mariamne" bedeuteten die schon zur Zukunft weisenden Erzählungen nur ein Nebenwerk. Aber ihre Schöpfer lösen bereits, über eine
Generation hinweg, ein wirkendes Erbe aus dem gespeicherten Schatze
und reichen es den Künftigen weiter.

2. Der Roman des bürgerlichen Bewußtseins

Die entscheidende, das Antlitz der Nationen West- und Mitteleuropas
in der Neuzeit formende Tatsache war der Aufstieg des Bürgertums zu
bisdann unbekanntem Einflusse geworden. In England und Frankreich
hatte sich diese Neuordnung in sehr verschiedenen Formen durchgesetzt.

Das französische Bild ward durch die mächtige Persönlichkeit Napoleons und seine Taten verwischt, und erst in der Juli-Revolution kam das Rad der Entwicklung wieder in den geschichtlichen Gang. In Deutschland, und zumal in Preußen hatte sich eine gleiche Umsetzung vollzogen, jedoch ohne revolutionäre Einbrüche; die Not einer schweren Niederlage, einer langen Besatzung, einer drückenden Kontribution, einer Handelsabschnürung, endlich einer erzwungenen Landabtretung gewaltigen Umfangs hatte eine zögernde und widerwillige, aber von genialen Reformern bediente und vorwärtsgedrängte Staatsleitung genötigt, wenigstens einen Teil der bürgerlichen Freiheiten zu bewilligen, um deren Vervollständigung im Grunde alle seit den Freiheitskriegen geführten Innenkämpfe sich abspielten. Die Formen der preußischen wie einzelner anderer Verfassungen innerhalb des Deutschen Bundes waren noch feudal, und der Adel besaß neben seiner Hofstellung noch manche Vorrechte. Trotzdem war in den Zeitläuften des Zollvereins, des wachsenden Eisenbahnwesens und der beginnenden Großschiffahrt über See das bürgerliche Lebensinteresse der letzte Maßstab auch der nur zögernd folgenden Regierungsmaximen, hinter denen das dräuende Arbeiterproblem noch kaum oder doch nur sporadisch ins politische Bewußtsein vorrückte. Hatte Karl Immermann bereits, wie wir sahen, entscheidende Punkte der Entwicklung berührt, so gab G u s t a v   F r e y t a g (1816—1894) die volle Tonart einer neuen, dem Realen zugewandten, der Romantik abgekehrten bürgerlichen Zeit.

Selten hat ein deutscher Dichter eine glückhaftere schriftstellerische Laufbahn durchmessen, als sie Freytag beschieden war. Die jung begonnene akademische Lehrtätigkeit stellt er ein, nachdem er gleich mit seinem ersten Lustspiel den Preis des Berliner Hoftheaters gewonnen hat. Nach weiterer erfolgreicher Arbeit für die Bühne übernimmt er im Schicksalsjahre 1848 die Leitung der „Grenzboten" und führt von Leipzig her dies Blatt an die Spitze der liberalen, zur deutschen Einheit strebenden Organe. Kaum daß er mit den „Journalisten" einen für damalige Zeit überwältigenden Theatererfolg gehabt hat, erscheint „Soll und Haben" und bürgert ihn im deutschen Hause ein. Auch seinen späteren Gaben auf dem Romangebiete bleibt das deutsche Volk treu zugeneigt, wie es sich von ihm in die eigene Vergangenheit mitnehmen läßt. Um seinen Hals schlingt sich der seit Ludwig Tieck keinem deutschen Dichter mehr verliehene Orden Pour le mérite, und seit der Gesamtausgabe seiner Werke schmückt ihn der Titel Exzellenz. Der einzige Fleck, der dies Bild entstellen könnte, ist heute unter der Wucht deutschen Schicksals verschwemmt: die übelberatene Schrift „Der Kronprinz und die deutsche Kaiserkrone".

„Soll und Haben" will, wie Gustav Freytag mit einem Worte seines Grenzbotengenossen, des Literarhistorikers J u l i a n   S c h m i d t (1818 bis 1886) sagt, das deutsche Volk da suchen, wo es in seiner Tüchtigkeit zu finden ist, nämlich bei seiner Arbeit. Aus einer treuen Beobachtung gelebten Lebens, die das Kleinste nicht übersah, erfloß hier eine runde Darstellung bürgerlichen Wesens. Sie war in einer großen Handelsstadt am schiffbaren Strome, unweit der polnischen Grenze, verörtlicht. Mit bewußter Kunst führt Freytag seinen Helden Anton Wohlfart, nach langer Fußwanderung, von der Kleinstadt her, über Herrensitze des Landadels allmählich dem Bezirke des großen Handelshauses zu. Wie der lange Anmarsch schließlich unter dem gewölbten Torweg von Schröter und Compagnie endet, so umfängt dies Haus den Elternlosen mit einer Umklammerung, aus der er sich nie mehr wirklich lösen kann.

In der Jugendgeschichte Wilhelm Meisters war die ererbte kaufmännische Laufbahn nur umrißweise abgezeichnet, und Neigung wie Schickung führten den Jüngling alsbald anderen Zielen zu. Bei Prutz war die Darstellung kaufmännischen Großbetriebes auf eine Tendenz abgestellt, und die vordeutende Fassung Immermanns bot nach ihrer ganzen Anlage kein mit Neigung gezeichnetes Bild — dies lag gar nicht in der Absicht des Dichters der „Epigonen". Gustav Freytag aber brachte diesem realen Leben eine volle, aus naher Anschauung geschöpfte Neigung entgegen, und diese innere Zueignung gab dem Werke den besonderen Ton, der ihm die lange Lebensdauer verlieh. Freytag ist auf allen Stufen dieses in seinen Verästelungen vielfältig ausgreifenden kaufmännischen Lebens zu Hause. Die Welt des etwas steifen bürgerlichen Patriziats ist ihm ebenso vertraut, wie die Hausgenossenschaft der Commis, die nach damaligem Brauche am Tische des Chefs mitspeist und unter seinem Dache ihre Wohnräume hat. Mit individualisierender Ausstrichelung wird jeder der in ihrer Art so verschiedenen Funktionäre des Hauses abgebildet, vom Kassierer und Buchhalter, deren langjährige Tätigkeit ihr Wesen färbt, bis zu dem gewalttätigen Schwinger des großen Pinsels und Verfüger über das große Lager, dem eigenwilligen und schwierigen Pix. Das Riesenvolk der Auflader spielt nicht etwa als dekorative Beigabe mit, sondern wird mit den Geschicken des Helden so eng verwoben, wie aus anderer Sphäre die Gestalt des in der Firma nur auf Gastrolle weilenden Herrn von Fink in das Leben und die Entwicklung Wohlfarts einzugreifen bestimmt ist.

Zwei andere Umwelten werden dem Schröterhause gegenübergestellt, nicht, um folienhaft verbraucht zu werden, sondern mit schicksalhafter Verknüpfung. Da ist die Welt eines durch Standeshochmut und schlechte Wirtschaft zugrunde gehenden feudalen Landadels, der in seinen besten Überlieferungen nicht mehr sicher ist. Und mit Anton Wohlfart zieht sein Schulkamerad Veitel Itzig zur Stadt, den sein Geschick zu Kaufleuten von minder skrupulöser Ehrenhaftigkeit und in die Hände eines verkommenen Advokaten und damit zur wucherischen Ausnützung geldbedürftiger Menschen führt. Wie Freytag dies verzahnt hat: die von aristokratischem Hochmut mißhandelte und sich nun zur Rache aufbäumende Judenseele, die abgleitende Würde eines finanziell geschwächten Adels, und ihnen gegenüber die Gestalt eines früh vollendeten jüdischen Idealisten, von der anderen Seite eingreifend die vorurteilslose, weltläufige Tatkraft einer neuen Aristokratie — das ist zu einem

Gesamtbilde deutschen Lebens abgetönt und zweimal sicher und sachlich
vom polnischen Wesen abgesetzt. Zum ersten Male bei der ganz un-
romantischen Wiedergabe des polnischen Aufstandes, der den Chef und
Wohlfart auf gefährlichen Pfaden in das insurgierte Land führt. Dann
muß dieser, den eine Regung der Dankbarkeit und eine Neigung, die
er sich kaum zu gestehen wagt, aus der Firma hinaus in die preußisch-
polnische Provinz führt, selbst den Kampf, den widerwärtigsten Krieg
von allen, den Bürgerkrieg, am eigenen Leibe erleben.

Freytag läßt uns die Fülle deutschen Lebens auf den verschiedensten
Stufen schauen, wobei alle Fäden immer wieder zu Schröter und Compagnie zurückleiten. Aber an einer Stelle, da sich just ein neuer Einschlag in das Gewebe schlingt, bei der Fahrt in das aufständische Nach-
barland, kommt die Herzensmeinung des Dichters aus dem Munde des
großen Kaufherrn zu vollem Ausdruck. Schröter und Wohlfart sprechen über die polnischen Verhältnisse und über die Kundschaft und die
Verbindungen des Hauses jenseits der Grenze. „Was man dort Städte
nennt, ist nur ein Schattenbild von den unsern, und ihre Bürger haben
blutwenig von dem, was bei uns das arbeitsame Bürgertum zum ersten
Stande des Staates macht.

Zum ersten? frug Anton.

Ja, lieber Wohlfart; die Urzeit sah die einzelnen frei und in der
Hauptsache gleich, dann kam die halbe Barbarei der privilegierten
Freien und der leibeigenen Arbeiter, erst seit unsere Städte groß wuch-
sen, sind zivilisierte Staaten in der Welt, erst seit dieser Zeit ist das
Geheimnis offenbar geworden, daß die freie Arbeit allein das Leben der
Völker groß und sicher und dauerhaft macht."

Von diesem Bekenntnis hat nicht nur Gustav Freytag gelebt, es ist
das unter Druck und im Kampfe geschmiedete Bekenntnis des neuen
deutschen Bürgertums. Es hatte sich an dem erhabenen klassischen
Humanismus des vorigen Jahrhunderts zur Freiheit geschult und diese
im neuen Jahrhundert, unter dem Vorzeichen der Romantik, mit der
Befreiung von fremdem Joche zu einem Teile erreicht. Um das, was
noch ausstand, waren die Kämpfe der letzten Jahrzehnte ausgefochten
worden, und der Grenzbotenredakteur Gustav Freytag hatte zu seinem
Teile mitgestritten und sprach diese männlich-schlichten Sätze geruhig
aus — in einem Werke, das einem deutschen Fürsten gewidmet war.

In seiner Zuschrift an H e r z o g E r n s t d e n Z w e i t e n v o n
G o t h a (1818—1893), der selbst schriftstellerisch tätig war und sein
Leben breit dargestellt hat, nennt Freytag „Soll und Haben" ein leichtes Werk und setzt scheinbar das Buch, dessen Lebenswahrheit er gern
anerkannt wissen will, herab. In Wahrheit sollte dieses Wort „leicht"
nur den Maßstab bezeichnen, mit dem Freytag an die Abmessung seiner
Gestalten heranging. Es heißt in dem sehr aufschlußreichen Sendschreiben an den Fürsten: „Nur zu sehr fehlt das Behagen am fremden und
eigenen Leben, die Sicherheit fehlt und der frohe Stolz, mit welchen die
Schriftsteller anderer Sprachen auf die Vergangenheit und Gegenwart

ihres Volkes blicken." Freytag will weder Haß noch Zorn, noch anstelle einer dichterischen Idee die praktische Tendenz vorführen. Sein Leser soll statt freier Laune keine unschöne Mischung von plumper Wirklichkeit und gekünstelter Empfindung finden. Und insofern paßt nun das Kennwort „leicht" auf dies erste Freytagsche Romanwerk, daß die ganze Handlung, auch wo die Dinge und Probleme sich zu hartem und mißtönigem Drange verflechten, von einem Humor durchwaltet ist, den in Freiheit durchzuhalten einer Tendenzdichtung kaum beschieden sein konnte. Dem Miteinander der Handlungsbeflissenen, wie der Auflader oder der ländlichen Gesellschaft auf dem Gute der Rothsattel war solches nicht schwer abzugewinnen — aber selbst den schurkischen Kräften, die am Sturze des leichtsinnigen Landwirts arbeiten, gibt Gustav Freytag noch ein Stück humoristischer Gelassenheit mit, das nicht etwa das Bild verfärbt; es macht nur die Lebenstreue des Realisten deutlicher.

Und Freytag weiß wohl, wem er für mächtige Anregung und unvergängliches Vorbild zu danken hat. In einem der letzten Aufsätze, die er den „Grenzboten" anvertraute, entledigt er sich eines Dankes für Charles Dickens. Da heißt es: „Selbst die edle Kunst Goethes und Schillers gab der deutschen Schriftsprache nicht sofort den Reichtum an Farben und dem schildernden Stil nicht die behagliche Fülle, welche für die künstlerische Behandlung des modernen Lebens unentbehrlich sind." Dann schildert Freytag den Eindruck der Pickwickier, die Hunderttausenden frohe Stunden, gehobene Stimmung gebracht haben. Und er braucht für Dickens einen Satz so innigen Lobes, wie er bei dem zurückhaltenden Temperamente Freytags ihm kaum wieder aus der Feder geflossen ist: „Er hat die ungeheure, furchtbare, unverständliche Welt ins Menschliche umgedeutet nach den Bedürfnissen eines edlen und sehnsuchtsvollen Gemütes." Viel später, in Freytags letztem Romanwerk, fragt ein junger, wieder einmal in die Heimat eingekehrter Gelehrter die heranblühende Schwester und ihre Freundin „nicht ohne Bosheit nach dem Dichter, den sie am meisten begünstigten. Aber diese Frage hatte auf beide jungen Damen eine ähnliche Wirkung, als wenn man bei zwei Champagnerflaschen Draht und Schnur zerschneidet. Boz, klang zugleich aus beider Munde, und die Worte strömten ohne Ende heraus: Lob und Freude, Lachen und Rührung". Es ist das Gegenbild zu der Beschwörung Jean Pauls durch einen anderen Mitspieler der „Ahnen", dort das Alter, hier die Jugend, und dankbar stimmt Freytag in diesen Preis mit ein, der selbst in dem Lustspiel „Die Journalisten" wieder laut wird. Hatte vordem Walter Scott den mächtigsten Einfluß geübt und Anregungen gegeben, die bis in diese Zeit hineinreichen, so ging von Charles Dickens (dessen Schriftstellername uns heute völlig ungewohnt ist) ein Strömen aus, das schwächere Kräfte wohl zur Nachahmung verlocken mochte, auf selbständige deutsche Begabungen aber nur in hohem Sinne anregend wirkte. Das Beispiel von Dickens lehrte scharfe Menschenbeobachtung und liebevolle Behandlung menschlicher Schwächen vom Standpunkte eines Humors, der sich zum Weltgefühl

weitet. In solche Schule hat sich Gustav Freytag begeben, als er in „Soll
und Haben" Hohes und Niederes durch eine humoristische Belichtung
einte. Er wollte nichts verniedlichen, aber nach dem Beispiele des Engländers umdeuten „nach den Bedürfnissen eines edlen und sehnsuchtsvollen Gemütes". Vor fünfzig Jahren gehörte Walter Scott noch zum
allgemeinen Lesestoff, insbesondere der Jugend; heute scheint er weit
zurückgeblieben. Dickens dagegen findet nicht nur, auch jetzt, Leser auf
allen Stufen des deutschen Lebens — immer wieder werden wir festzustellen haben, wie stark der vorbildhafte Einfluß des großen Erzählers
auf die deutsche Prosaepik ist und wie dankbar sich deutsche Dichter
stets aufs Neue zu dieser Lieblingsgestalt bekennen.

Gustav Freytag sandte neun Jahre nach „Soll und Haben", im Jahre
1864, dem ersten Roman einen zweiten nach, den er „Die Verlorene
Handschrift" benannte. Hier kommen eine andere Schauseite und eine
andere Innenwandung bürgerlichen Lebens zur Darstellung, das Wesen
einer Universität, ihrer Lehrer, Schüler und Forschungsteilhaber. Der
Leipziger Freund zweier so ungleicher, aber mit Dichtergabe belehnter
Professoren, wie Theodor Mommsen und Heinrich von Treitschke,
schöpfte hier aus dem vollen Borne der Anschauung und des Mitlebens,
wie ehedem zu Breslau im Sabinenwinkel des Hauses Molinari. Der
verklärende Humor, welcher den Leser in dem Kaufmannsromane über
die Richtsteige führt, löst und lockert auch in diesem Werke allzu ge-
straffte Bindung, insbesondere durch die Verzahnung der feindlich-
freundlichen Nachbarhäuser in die gelehrte Atmosphäre. Gegen das der
reinen Wissenschaft dienende Forschertum wird das Wesen des Landwirts, und hier des der Scholle treu und lebenslänglich verbundenen, abgesetzt. Dem Hochschulwesen steht auf der anderen Seite die Kleinwelt
eines anspruchsvollen Duodezhofes entgegen, an dem der gelehrte Taci-
tusforscher der Universität schmerzliche Studien über Cäsarenwahn be-
treiben muß. Und unterhalb des Ordinarienchores bewegt sich ein arm-
seliger Handschriftenfälscher, den der Goldgewinnst unwiderstehlich
zum Abgrunde treibt. Sehr merkwürdig ist, daß auch noch in der „Verlorenen Handschrift" das Requisit der Zigeunerin in die Handlung gerückt ist — folgsam romantischen und jungdeutschen Vorbildern. Und
wie Freytag den ersten Roman ein „leichtes" Werk nennt, so meint er
am Schlusse des zweiten, er habe dem „flüchtigen Nachen" keine zu
schwere Ladung aufzwingen wollen.

Gustav Freytag hat selbst behaglich zugegeben, er habe seinen Professoren einen kleinen Zopf in den Nacken gehängt. Wie weit diese das
Abbild als echt empfanden, lehrt neben der von Treitschke verfaßten
Adresse zu Freytags Doktorjubiläum eine Bemerkung eines anderen
bedeutenden Historikers. Ludwig Friedländer glaubt seinem Königsberger Amtsgenossen Karl Rosenkranz in seinen Erinnerungen keine
liebenswürdigere Kennzeichnung beilegen zu können als die ungefähre
Gleichsetzung mit dem Professor Raschke aus der „Verlorenen Handschrift".

Wie in „Soll und Haben", so entspringen Verstörung und Wirrsal auch innerhalb der Handlung des zweiten Romans aus einer Abschweifung vom gewiesenen bürgerlichen Pfade. Anton Wohlfart verläßt die große Handlung und gibt eine Gastrolle in einem ihm fremden Berufe, weil ihn einst jugendliche Sehnsüchte aus der Enge des Kaufmannslebens für kurze Zeit in eine glänzende, ihm sonst ferne Atmosphäre gelockt haben. Und dort hat ihn zudem die Dankbarkeit eines Jugendeindrucks an eine Frauenseele gebunden. Felix Werner, der Gelehrte der „Verlorenen Handschrift", wird vom sicheren Wege des Lehrers und Forschers fortgelockt, weil er sich von einer dürftigen Spur, die zu einer Handschrift des größten römischen Geschichtsschreibers leiten soll, aus allen Bindungen herauslösen läßt. In beiden Fällen wirken schurkische Gegenkräfte mit; der Gutsherr wird so bewußt ins Elend getrieben, in das Anton ihm folgt, wie der Gelehrte um das Glück seiner Ehe gebracht werden soll. Geläutert, bis in das Letzte aufgewühlt, kehren Wohlfart und Werner dahin zurück, wohin sie nach dem Gesetz, wonach sie angetreten, gehören. Sie werden mit bewußter Nüchternheit schließlich wieder in das Ihre gestellt, während über das Haus Rothsattel, wie über den von halbem Wahnsinn gezeichneten Fürsten, über Veitel Itzig und seine Umwelt und den mißbrauchten Handschriftenfälscher das Unheil schwerwaltend hereinbricht.

Die Sammlerfreude in Freytags reichem Leipziger Freundeskreise ergriff auch den Germanisten, der bei Hoffmann von Fallersleben Handschriftenkunde und bei Karl Lachmann Literaturgeschichte des Mittelalters getrieben hatte. Seine Spürtätigkeit bei den vielen, an der Pleiße ansässigen Antiquaren und fliegenden Buchhändlern erstreckte sich besonders auf Flugschriften, die vom Leben der Millionen kleiner Leute im Mittelalter und den ihm folgenden Jahrhunderten ein Bild gaben. Aus derartigen Vorlagen zu Lebensbildern aus dem Einst für die „Grenzboten" erfloß im Laufe der Jahre ein Hausbuch, die „Bilder aus der deutschen Vergangenheit" (sie wurden Freytags Verleger S a l o - m o n H i r z e l (1804—1853) gewidmet, der mit gleichem Eifer die denkwürdige Sammlung von Goethes Jugendschriften und Jugendbriefen zusammenbrachte). Diesem Bande von 1859 folgten weitere. Überall steigt Freytag vom Kleinsten auf, vom Leben in Haus und Hof, unter Gelehrten und viel lieber noch unter Ungelehrten; immer gibt er die treuen Bilder der Vergangenheit an Hand vergessener oder halbvergessener Zeugnisse, Flugschriften, Berichte, Briefe. So führt er durch das Mittelalter und die Zeit der Reformation bis in das neunzehnte, in sein Jahrhundert hin. Überall verläuft die Erzählung streng realistisch, ohne altertümelnd zu sein. Der Erzähler lebt in den oft aus dem Volkshintergrunde aufgerufenen Gestalten. An Höhepunkten seiner Darstellung aber tritt Freytag gewissermaßen aus dem Kreise, stellt sich abseits und blickt auf das neugefaßte Bild. So wenn er, aufatmend, Martin Luther zwischen die fahrenden Schüler um 1500 und die süddeutschen Bauern des kurzen Aufstandes gestellt hat. Da gibt er in ganz knappen Worten

ein Bild des Reformators. „So war Luther. Eine dämonische Natur,
schwerflüssig und scharf begrenzt sein Geist, gewaltig und maßvoll sein
Wollen, rein seine Sittlichkeit, voll Liebe sein Herz. Die Herrschaft der
Deutschen im Reich des Geistes aber ruht auf ihm." Und dann stellt
Gustav Freytag, wie zu dramatischem Bilde innerhalb dieser Darstellungen deutschen Alltagslebens die Geschichte in ihrem Gegeneinander dar:

„Nur einmal standen die beiden Männer einander gegenüber, welche
das Leben Deutschlands zwiespältig geschieden haben, die großen
Gegner, welche in den Urenkeln ihres Geistes einander noch heute bekämpfen, der burgundische Habsburger und der deutsche Bauernsohn,
Kaiser und Professor, der eine, welcher deutsch nur mit seinem Pferde
sprach, und der andere Übersetzer der Bibel und Bildner der neudeut-
schen Schriftsprache, der eine Vorfahr der Jesuitengönner, Urheber der
habsburgischen Hauspolitik, der andere Vorgänger Lessings, des großen
Dichter, Geschichtsschreiber und Philosophen. Es war eine verhängnisvolle Stunde deutscher Geschichte, als der junge Kaiser, Herr der halben
Erde, zu Worms das verachtende Wort sprach: Der soll mich nicht zum
Ketzer machen. Denn damals begann der Kampf seines Hauses mit dem
Hausgeist des deutschen Volkes. Ein dreihundertjähriger Kampf, Siege
und Niederlagen auf beiden Seiten, zweifellos sein letzter Ausgang."

Freytags „Bilder aus der deutschen Vergangenheit" begründen eine
neue Entfaltung der Prosaerzählung innerhalb des deutschen Rahmens.
In ihrer bewußt zum Schlichten strebenden Ausdrucksart und ihrer unaufdringlich heischenden erzieherischen Absicht haben sie einen charak-
tervollen Vorgänger in Justus Möser. Nur steht Freytag bereits das
volle Gut unserer klassischen Dichtung und Philosophie zur Verfügung.
Er war gegenüber dem Osnabrücker schon ein reicher Erbe. Und es ist
kein Zufall, sondern das Geheimnis einer Doppelnis schöpferischer Einfälle, wenn um die gleiche Zeit Theodor Fontane seine „Wanderungen
durch die Mark Brandenburg" zusammenschloß. Nach dem vielfach vordringlichen Subjektivismus im Jungdeutschtum war Freytag (wie Fontane) zu einer belohnten Unbefangenheit vorgedrungen, die weithin
Schule machte. Und bewußt endigte Gustav Freytag auch dieses Werk
mit nachdrücklichem Hinweis auf das deutsche Bürgertum, dem er die
Führerschaft auf dem Gebiet idealer und praktischer Interessen als Aufgabe anheimgibt.

Erich Schmidt, Deuter Freytagschen wie Fontanischen Wesens, hat
gemeint, der schlesische Bürgermeisterssohn, im Schatten eines Spitals
der Kreuzherren aufgewachsen, habe jedem Deutschen zweimal die Geschichte seiner Vorfahren geschrieben. Die Anregung zu der zweiten
Werkreihe, mit der er zugleich seine Prosadichtung abschloß, empfing
Freytag, als er im Hauptquartier des Kronprinzen von Preußen in den
Krieg des Jahres 1870 mitzog. Das Gedränge von Mann und Roß und
Wagen auf den Straßen Frankreichs weckte das Gedenken an die germanischen Einbrüche ins römische Gallien, und aus dem stillen Vergleich

aufsteigender Vergangenheit mit erlebter Gegenwart erwuchs die Idee
zu dichterischer Darstellung der in ihrer damals letzten Auswirkung
eben spürbar werdenden deutschen Geschichte. Auf solche Art gewann
Freytag Stoff und Leitmotiv seiner Romanfolge „Die Ahnen"; der erste
Roman erschien 1872, der letzte 1881. Freytag wollte eine Reihe Erzählungen aus der Geschichte eines und desselben Geschlechtes schreiben
und so den Zusammenhang des Menschen, nicht nur mit seinen Zeitgenossen, „auch mit seinen Vorfahren, und die geheimnisvolle Einwirkung derselben auf seine Seele und seinen Leib, auf alle Äußerungen
seiner Lebenskraft und auf sein Schicksal" darstellen.

Der erste Roman, „Ingo", führt in das Jahr 357 zurück, und es ist
sehr reizvoll, wie die Botschaft des Kreuzes nur eben von ferne, als
etwas Erstaunliches, in diese von lodernder Urkraft beherrschte Welt
hineinraunt. Es ist ein Hauch Eddaluft, den wir hier atmen, und gern
sprechen die Menschen in Bildern altgermanischen, epischen Weistums.
In dem zweiten Werke der Reihe, „Ingraban", bildet ein Thüringer aus
jenes Ingo Nachkommenschaft den Mittelpunkt, und hier war nun die
Erbschaft von Stammes- und Familienzügen zum ersten Male darzustellen. Die Sprache dieses zweiten Buches wird zeitgerecht überhaucht
von der Ausdrucksweise des „Heliand", jenes Lebens Jesu, das ein
sächsischer Sänger des neunten Jahrhunderts auf Geheiß Ludwigs des
Frommen schuf. Und es ist ein Höhepunkt der Dichtung, wenn wie ein
fremder, zuerst angstvoll vernommener, erschütternder Klang, die erste
Glocke zum Dienste im schlichten Gotteshause ruft. Mächtig wird die
Gestalt des Apostels der Deutschen Winfried-Bonifazius in den Kreis
geführt und schicksalhaft mit dem Ausgange Ingrabans verbunden. „Das
Nest der Zaunkönige" leitet wiederum in das Herz Deutschlands nahe
Erfurt, und zum ersten Mal tritt die Stadt als lebendige Macht in das
Dasein des Geschlechtes, das sich im Kampfe für die Sache des Deut-
schen Königs Heinrichs des Zweiten schlägt.

Der thüringische Boden, auf dem sich Freytag in Siebleben heimisch
gemacht hatte, ist auch der Schauplatz der „Brüder vom deutschen
Hause". Hier zieht die gen Osten strebende, neue, aus dem Fehlschlage
der Kreuzzüge sich rettende Macht des neuen Ordens Abkömmlinge des
Geschlechtes nach sich, das Bild wird geweitet und umfaßt den großen
Hohenstaufen Friedrich den Zweiten in seinem italienischen Sehnsuchts-
lande, es umfängt die beklemmende Einsamkeit der palästinensischen
Wüstenlandschaft. Auch die Heilige Elisabeth und der Ketzerrichter
Konrad von Marburg stehen im Vordergrunde der Begebnisse. Erscheint
dies Gemälde in seiner Vielfalt etwas verwirrend, so erhebt sich der
„Markus König" zu einer inneren und äußeren Geschlossenheit hohen
Ranges. Hier greift Freytag in der Darstellung anderer Zeitläufte auf
den Gegensatz deutschen und polnischen Wesens zurück. Man merkt
dem Schilderer des Markttreibens in der Stadt Thorn den Verfasser der
Bilder aus der deutschen Vergangenheit und von „Soll und Haben" wohl
ab, und die Schicksale des jungen, dann durch Luther eingesegneten

Paares unter den Landsknechten werden mit bildhafter Kraft ausgezeichnet, während im Hintergrunde Markus König sein gefährliches
Spiel gegen die polnische Herrschaft als freiwilliger Gefolgsmann
Albrechts von Brandenburg, des letzten Hochmeisters, beginnt und enttäuscht zu Ende bringt.

　　In den „Geschwistern" faßt Freytag zwei Romane aus dem siebzehnten und dem achtzehnten Jahrhundert zusammen. In der ersten
Erzählung, „Der Rittmeister von Alt-Rosen", stehen Bruder und Schwe-
ster aus der nun den Vatersnamen König tragenden alten Familie im
Mittelgrunde einer in die letzten Kämpfe des Dreißigjährigen Krieges
verlegten Fabel. Freytag zeigt uns weder Wallenstein noch Gustav
Adolph, aber dennoch erscheinen die aufeinanderprallenden Mächte der
Blutzeit wie hinter dünnem Vorhang wohlerkennbar. Bernhard König
ist ein Teilhaber einer neuen, sich langsam bildenden Gesinnung: die
Truppen, denen er angehört, suchen statt des verhaßten französischen
Generals ein anderes Ziel, sie suchen Deutschland.

　　Freytag ist jedoch weit davon entfernt, etwa im weiteren Ablaufe
seiner Dichtung unter dem Banne solcher Frage von der reinen Linie
abzubiegen — er würde ja damit das selbstgewählte Gesetz realistischer
Lebenstreue verleugnen. Die Geschwister des nächsten Romans, „Der
Freikorporal bei Markgraf-Albrecht", sind zwei Brüder, deren Schicksal
zwischen dem Sachsen Augusts des Starken und dem Preußen Friedrich
Wilhelms des Ersten zur Entscheidung gelangt. Die Geschwister sind
einander ergänzende Sprossen vom gleichen Stamme der Königs, und
der große Zuchtmeister Friedrich Wilhelm greift schicksalhaft ein und
wird immer wieder lebhaft vorgeführt; dabei erscheint nicht als Zufall,
sondern als ein Stück organischen Aufbaus des Ganzen die Zeugenschaft
des einen Königs in Thorn, auf der Stätte der Väter, bei dem Blutbade
von 1724.

　　Der Roman „Aus einer kleinen Stadt" beendet die lange Geschlechter-
reihe und gewinnt aus der Hingebung an Altvertrautes jene bürgerlich-
behagliche Lebensatmosphäre, darin Freytags Humor mit goldener Laune
walten kann. Bezeichnend auch, daß von den Vorbereitern der Erhebung gegen das französische Joch nur der Eine, der dem Schlesier
Freytag besonders vertraute Graf Friedrich von Götzen, dieser nun aber
in voll ausgemalter Gestalt, ins Bild tritt. Das so entfaltete Kultur-
gemälde der Zeit von 1805 bis 1815 entbehrt keines wesentlichen Zuges
zu voller Gegenständlichkeit.

　　Das letzte Wort, das der Bürger Gustav Freytag über die große Erhebung des Befreiungskampfes zu sagen hat, enthält eine Verneigung
vor dem Bürgertume der deutschen Enge, innerhalb deren er selbst aufwuchs. „Die beste Kraft der Nation ist in diesen Jahren der Niederlage
und Erhebung bei euch, den kleinen Leuten, nicht bei den Regierenden,
deren Stolz und Wille als allzuschwach erfunden ist, und nicht bei den
Hoch- und Feingebildeten, deren Leuchte unsicher umherflackert und die
auch nach dem Kriege noch nicht wissen, wo das Vaterland anfängt und

aufhört. Eure einfältige Treue, ihr Unberühmten, die Fäuste der Söhne, die ihr in das Feld sandtet, eure stille, alltägliche Arbeit in der Werkstatt und auf dem Acker, von der ihr dem Staate abgabt, daß euch selbst wenig übrigblieb, das vor allem schuf die Rettung für unsern Staat. Und wenn die späteren Geschlechter einst auf eure Zeit zurückschauen, werden sie, was gesund und groß war, am reichlichsten in den engen Stadthäusern und in den Dorfhütten finden, in denen ihr gelebt habt."

Aber der einst entworfene Umriß der Romanreihe erforderte eine bis an Freytags Reifezeit heranführende Gestaltenfolge. So fügt er der Erzählung „Aus einer kleinen Stadt" noch einen „Schluß der Ahnen" an, mit dem sich der Romankreis zur vollen Neunzahl rundet. Auf dem Boden Berlins, das schon für den Freikorporal von Markgraf-Albrecht und seinen Bruder zur Schicksalsstadt wurde, an der Spree, wo Freytag studierte und Reichstagsabgeordneter war, erlebt der jüngste König die Revolution von 1848, gewinnt er Kraft und Entschluß, sich mit der Feder, wie einst der Vater mit Schwert und Chirurgenmesser, der vaterländischen Sache zu widmen. Und das ist ihm, wie Gustav Freytag, die Sache des „geliebten Preußen", deutscher Einheit und Freiheit.

Gustav Freytag nahe verwandt in dem Bemühen, den Wandel und die unwandelbare Lebenseinheit der deutschen Volksseele durch die Jahrhunderte zu verfolgen, war in seiner Wesenheit W i l h e l m H e i n - r i c h R i e h l (1823—1897). Schon der Titel seines schwerwiegenden Buches „Naturgeschichte des Volkes" erweist die gleiche Ausrichtung, wenn auch Freytags jüngerer Freund Heinrich von Treitschke sich immer wieder mit kritischen Vorbehalten von Riehls Arbeit abwandte.

Hatte Gustav Freytag in der Romanreihe von den Ahnen die deutsche Vorzeit bis an die Lebenstage des Verfassers umfangen und in schlüssiger Folge dargestellt, so fügten sich für Wilhelm Heinrich Riehl die sieben Bände seiner Novellen in einer gleichen Schau über die deutsche Vergangenheit bis in sein Jahrhundert zu einem Bilde zusammen, dem das bürgerliche Bewußtsein und die liebevolle Betrachtung der Vorfahren die auszeichnende Note geben. Der Generalkonservator der bayrischen Altertümer hat aus Lust am Erzählen zu schreiben begonnen. Er leitet aber eine neue Novellenernte mit den Worten ein: „Das Volk ist niemals bloß Gegenwart; es lebt und webt unablässig im Werden und Vergehen der Geschichte, und wer sein Volk als lebendiges Ganze erfassen will, der wird ebenso fest auf die entschwundenen Geschlechter blicken, wie auf das lebende; er wird selbst in der Gegenwart immer zugleich die Vergangenheit und Zukunft sehen . . . . Ich wahrte mir in diesen Novellen den größeren, freieren Horizont, indem ich die Vergangenheit unseres Volkes suchte und seine Gegenwart nicht floh." Mit solcher Vornahme ans Werk gegangen, trifft Riehl immer wieder das Kolorit vortrefflich und fügt oft seine Bilder so knapp gegeneinander, daß er seinen „Geschichten aus alter Zeit" anfänglich die Aufschrift: Holzschnitte geben wollte, um die absichtsvoll enge Eingrenzung jeder Darstellung bereits im Titel zu bezeichnen. Ob Wilhelm Heinrich Riehl

„Ovid bei Hofe" innerhalb einer französierenden hochfürstlichen Umgebung darstellt, oder ob er mit den „Lehrjahren eines Humanisten"
in die Zeit der Reformation und Renaissance einkehrt — jedesmal entspricht sein Vortrag der durch die Wahl der Epoche gebotenen Färbung.
Mit humoristischer Kadenz wandelt er die „Geschichte von Eisele und
Beisele" ab. Gewissermaßen in die Nachfolge E. T. A. Hoffmanns und
seiner Serapionsbrüder begibt sich Riehl mit dem Novellenbande „Aus
der Ecke". Hier werden Bilder aus verschiedenen Jahrhunderten gestaltet, die sich an Erzählungen eines künstlerischen Freundeskreises anranken. Riehl hat in den „Musikalischen Charakterköpfen" sein tiefes
musikalisches Verständnis erwiesen und in diesem, zu runder Charakteristik ausschreitenden Bande die anmutige Hausmusik radioloser Zeiten
vorklingen lassen. In anderem Zusammenhange hat er versucht, das
Wesen der Novelle durch das geist- und formverwandte Wesen der
Sonate zu erläutern. Ohne Schulmeisterei hat Riehl dabei wiederum auf
das der novellistischen Form zugehörige und unabdingbare Gesetz
knapper Fassung hinweisen wollen.

Wilhelm Heinrich Riehl hat mit der Sammlung „Lebensrätsel" die
Fünfzigzahl seiner Novellen vollgemacht. In der Vorrede zu diesem
Bande betont er noch einmal, daß er die Einzelcharaktere und ihre
Schicksale in ihrem Zusammenhange mit dem Volkscharakter und der
historischen Epoche zeichne. Im Anschlusse an solch künstlerisches Bekenntnis folgt alsbald das nach höherem Ziele weisende: „Ein religiöses
Gemüt kennt keinen Zufall; denn der Zufall ist ihm gerade das Not-
wendigste, über unserem freien Willen stehend, — im Willen Gottes,
das kleine Rätsel im großen Welträtsel." Und so empfinden wir es als
würdigen Abschluß dieses erzählerischen Lebenswerkes, wenn Riehls
letzte Novelle „Die Gerechtigkeit Gottes" mit den Worten endet: „Wo
wir gehen und stehen auf dieser Erde, wohin wir fliehen und wohin wir
auch versinken mögen, wir bleiben doch immer — unter dem Himmel."

Über Wilhelm Heinrich Riehls reicher Novellenfrucht ist sein einziger Roman völlig vergessen worden. Er heißt „Ein ganzer Mann" und
ist (ohne bestimmbare Verörtlichung) ein seelenvolles und humorbe-
gabtes Bekenntnis zum Bürgertum eines schmuckvollen Alltags. Die Geschichte einer spät reifenden Liebe wird mit dem Stadtgeschick in einem
Tone gelöster Heiterkeit verflochten, und überall tritt die bürgerliche
Empfindung einer in ihrem Alltage sicheren und am Feiertage zu bescheidener Festlichkeit ausschreitenden, in ihr Gemeinwesen verliebten
Bevölkerung ins Bild.

Zu den übel belohnten Kündern bürgerlicher Freiheit gehörte
F r a n z Z i e g l e r (1803—1876). Der entamtete Oberbürgermeister
von Brandenburg an der Havel und fortschrittliche Abgeordnete hat
neben anschaulichen Novellen aus Italien das meisterliche märkische
Lebensbild „Landwehrmann Krille" geschaffen. Da bildet er einen
Veteranen der Freiheitskriege von derb holzschnittmäßiger Art, der um
die kärgliche Pension für den dürftigen Lebensabend einen zu immer

wieder neuen Anläufen führenden Kampf beginnen muß und endlich, endlich gewinnt.

Neben Franz Ziegler stand der Begründer der preußischen Vorschuß- vereine und des Genossenschaftswesens in den Städten H e r m a n n S c h u l z e - D e l i t z s c h (1808—1883), auch er ein vorbildlicher Vertreter deutschen Bürgertums und Führer des Deutschen National- vereins. Sein antiphiliströser Roman „Die Philister" war ein heiteres Abbild der volkswirtschaftlichen Mühen des Patrioten, der, gleich Rudolf von Bennigsen, in Wilhelm Raabes Spätroman „Gutmanns Reisen" mannhafte Worte deutscher Zukunft spricht.

Dichterisch durchklungen sind die „Bilder aus der Altmark", die L u d o l f   P a r i s i u s (1827—1900) darbrachte. Seine Romane „Pflicht und Schuldigkeit" und „Ein Freiheitsmüder" sind Zeugnisse der gleichen bürgerlichen Gesinnung. Parisius hat auch das Geschick der Tangermünder Bürgerstochter und unglücklichen Brandstifterin Grete Minde dargestellt, die nachmals zu einer Meisterschöpfung des Spät- realismus Anlaß gab. Auch Parisius, der in einer witzigen Broschüre dem reaktionären Kultusminister Heinrich von Mühler seine im Tunnel über der Spree verübten Kneiplieder vorhielt, war gezwungen, sein Richteramt aufzugeben.

Diese, in der Heimat bewährte tiefbürgerliche Gesinnung wurde auch mannigfach von Männern betätigt, die nach den revolutionären Erhe- bungen um 1848 flüchtig ins Exil gingen oder dem Drucke der innerhalb des deutschen Bundesgebietes herrschenden Reaktion in die Fremde aus- wichen. Carl Schurz und Franz Lieber brachten ihrer neuen, nord- amerikanischen Heimat diese deutschen Überlieferungen als Staats- männer und Staatsrechtslehrer zu, während andere ihr literarisches Werk auf fremdem Boden mit gleicher Gesinnung und gleichem Tonfall, und in der Sprache der Heimat fortsetzten. W i l h e l m   R a p p (1827 bis 1907), ein Württemberger, der 1848 über die Schweiz nach Amerika ging, begründete dort die deutsche Zeitschrift „Der Wecker". Er setzte damit sogar eine weiter rückwärts reichende badische Tradition fort, die bis zu Hebel führte. Sein Arbeitsgenosse, sowohl an der Zeitschrift, wie im Wirken für die Sklavenbefreiung war der Sinsheimer F r a n z S i g e l (1824—1902), der an der Spitze einer Division wohl der be- deutendste unter den deutschen Heerführern des amerikanischen Bürger- krieges ward, nachdem sein Unternehmen einer bewaffneten badischen Erhebung gescheitert war. F r i e d r i c h   K a p p (1824—1884) aus Hamm flüchtete nach seiner Teilnahme am Frankfurter September-Auf- stande 1848 nach New York und schrieb drüben als Rechtsanwalt ein Buch über den Soldatenhandel deutscher Fürsten nach Amerika, der in Schillers „Kabale und Liebe" zu unvergeßlichem Eindruck gestaltet worden war. Der Danziger U d o   B r a c h v o g e l (1835—1913) gab in New York die „Deutsch-amerikanischen Monatshefte" heraus, die im Sinne der besten deutschen Familienblätter geleitet wurden. Der West- fale K a r l   H e i n z e n (1809—1880) war von großem Einfluß auf das deutsch-amerikanische Zeitungswesen, nachdem er wegen seiner radikalen politischen Haltung Deutschland hatte verlassen müssen und auch aus der Schweiz verwiesen worden war. Der Thüringer J u l i u s F r ö b e l (1805—1893) war zuerst Professor der Mineralogie in Zürich, dann redigierte er dort den „Schweizerischen Republikaner" und war unter anderem Gottfried Keller beim ersten Drucke von Gedichten behilflich. Später siedelte Fröbel nach Deutschland über und gehörte als Mitglied der äußersten Linken der Deutschen Nationalversammlung in der Paulskirche an. Während der österreichischen Revolution ging er mit Robert Blum nach Wien, wurde dort von einem Kriegsgerichte zum Tode verurteilt, aber im Gegensatz zu dem hingemordeten Blum begnadigt und ging nun nach Amerika, wo er journalistisch tätig war. Nach seiner Rückkehr und der Aussöhnung mit der neuen Gestaltung Deutschlands schrieb Fröbel das aufschlußreiche Werk „Aus Amerika. Erfahrungen, Reisen und Studien", dem er die Selbstbiographie „Ein Lebenslauf" folgen ließ.

3. A d e l a l s A u f g a b e

Innerhalb der Romantik hatte sich der Adel, zumal der preußische, eine neue Stellung im künstlerischen Leben erkämpft. In dem nun anhebenden realistischen Zeitalter tritt das Bürgertum so beherrschend ins Bild, daß selbst die adligen Führer der Opposition, wie Hoverbeck oder die beiden Freiherren von Saucken, als Vertreter der bürgerlichen Welt gelten, indem sie für freiheitliche Ideale eintreten. Eine rückständige Opposition, wie sie etwa Alexander von Ungern-Sternberg darstellte, wurde überhört, aber die adligen Schriftsteller, welche das Beste aus ihrer Überlieferung in die neue Scheuer einbrachten, waren des Gehörs sicher, gerade, wenn sie es mit den Aufgaben ihres Standes in veränderter Zeit ernst nahmen. Allen voran steht hier Marie L o u i s e v o n F r a n ç o i s (1817—1893). Ihre Kunst ist ausgesprochenermaßen Hagestolzenkunst (wenn man den Ausdruck auf eine Frau anwenden darf), spröde, ja wohl einmal herb, nicht leicht zur Schilderung rascher Leidenschaft fortgerissen, maßvoll und außerordentlich klar. Louise von François hatte die Romantik so gut wie den Kampfdienst des raschen Tages vollkommen überwunden und schaute mit einem unbestechlichen und dabei ganz weiblichen Blick ins Leben. Es fiel ihr nicht bei, rasch Partei zu ergreifen, und dennoch sind ihre Bücher ganz persönlich, weil das Volkstum, das Geschlecht und der Adel der Dichterin überall unverkennbar hervortreten. Wie so zahlreiche andere Dichter französischen Stammes, war Louise von François ganz Deutsche und betonte Preußin, und das gibt ihren Büchern einen so festen Halt und innerhalb des Realismus noch ein besonderes Gesicht. In dem Roman „Frau Eerdmuthens Zwillinge" werden zwei Söhne geschildert, die gleichzeitig unter demselben Herzen gelegen haben und in denen französisches und deutsches Blut sich mischen; der eine wird ein

glühender Napoleonschwärmer und in den Tagen der Kleinstaaterei auch
napoleonischer Offizier, der andere hilft, die Landwehr und mit ihr die
Freiheit vorbereiten.

Louise von François liebt es, nicht unmittelbar, sondern durch den
Mund und die Hand eines anderen, eines Teilnehmers, zu erzählen, und
wandelt dabei den Ausdruck sehr fein ab. Der geistliche Sternforscher,
der die „Stufenjahre eines Glücklichen" vorträgt, erzählt anders, als
der schlichte Pfarrer der „Zwillinge" und ganz anders, als das Frei-
fräulein von Reckenburg in dem Meisterroman „Die letzte Reckenburgerin", der von Verleger zu Verleger irrte, bis er endlich 1871 erscheinen
durfte, nach Angabe seiner Dichterin ein aus äußerem Anlaß entstan-
denes Werk, dem wir doch auf jeder Seite die innere Notwendigkeit (es
ist die List der Idee) abmerken. Hier spricht nun auch die Aristokratin,
die keine Vorurteile, aber ein klares Urteil hat, und die niemand erlaubt, Forderungen zu stellen, die er in seinem Kreise nicht zuerst selbst
erfüllte.

Meisterlich versteht es Louise von François, das Thema zu stellen,
gleich im Anfang zu umreißen, und dann mit sicherer Hand breit
zu entrollen. Wie sie am Beginn der „Reckenburgerin" in der Vorgeschichte aus der Gegenwart ganz knapp das Stückwerk zusammen-
stellt, woraus die geschwätzige Fama sich ein bisher verborgenes, nicht
ganz reines Geschick des abgeschlossenen Freifräuleins zurechtmachen
mußte — das ist unübertrefflich. Und ebenso fein läßt sie im
Beginn der Erzählung „Judith, die Kluswirtin" einen in seinen heiligsten
Rechten auf Ausgehen und Alkohol verletzten Knecht die Fäden eines
dunklen Geschickes in wilder Sprudelrede auseinanderspleißen; dies Ge-
schwätz gibt dann den erregten Auftakt zu der eigenartigen Geschichte
aus dem westfälischen Leben, aus der „altsassischen Landschaft zwischen
Weser und Rhein, einer Provinz strenger, steifer Erhaltung". Klärung
und Befreiung durch Erinnerungen, die bei neuem Anlaß hervorbrechen,
liebt Louise von François überhaupt, so in der feinen Novelle „Das Jubiläum". Auch das ganz knappe geschichtliche Lebensbild wußte sie zu
meistern, wie sie denn in der Erzählung „Fräulein Muthchen und ihr
Hausmeier" ein zusammengehaltenes Gegenstück zu den breiten „Stufen-
jahren" schuf, auch aus der Zeit der deutschen Befreiung, oder in der
geschichtlichen Novelle „Der Posten der Frau" ein leicht erzähltes Zwi-
schenstück aus dem Siebenjährigen Kriege.

Die Hauptwerke von Louise François sind Lebens- und Entwicklungs-
bilder von weitem Aufriß und echter Zuständlichkeit. Der Gegensatz
eines schlicht evangelischen Pfarrhauses gegen das mit der Union nicht
versöhnte alte Luthertum erfüllt zum guten Teil die „Stufenjahre eines
Glücklichen". Ebenda erscheinen als weitere, geschickt eingestellte Gegenbilder ein schöngeistiger Kreis der nahen Universitätsstadt und
schließlich die revolutionären Vorgänge von 1848. Alles aber wird
immer Lebensbild von vorurteilsloser Wahrhaftigkeit. Ganz allmählich
wird Eberhardine aus der Enge des knapp soldatischen väterlichen Hauses

in die Weite der Reckenburg und ihres Besitzes geführt. Die mithandelnden Gestalten prägen sich unvergeßlich ein, der junge Prinz, ein bewußtes Seitenstück zu jenem romantischen Louis Ferdinand, die alte Reckenburgerin, noch ein Überbleibsel aus der Lebenswelt Friedrich Wilhelms des Zweiten und der ihm verwandten Kleinhöfe, der junge Bartscherer, der zum berühmten Arzte wird, das reizende Dorl, dessen Geschick so ganz mit dem der Eberhardine verknüpft bleibt. Es ist überall Freude am Gegenständlichen, Freude am reinen Erzählen, wie sie der echte Epiker besitzt; und zugleich wirkt ein in aller Bescheidenheit sicheres Selbsturteil, das auch aus den schönen, echt weiblichen Briefen an Conrad Ferdinand Meyer und Marie von Ebner-Eschenbach spricht.

Im „Katzenjunker" ist zu lesen: „Die Zeit, in welcher die gelbe Kutsche noch sechs Stunden an der Meile fuhr, wo ein Aus- oder Einsteigen der Passagiere ein Stadtereignis bildete, die Zeit, in welcher der Enkel noch Muße und Laune hatte, die Erlebnisse seiner Altvordern so weit irgend die Tradition reichte, nachzuleben wie ein persönliches Geschick . . . ich will diese Zeit beileibe nicht schlechthin die gute nennen, die gute nicht einmal für einen Erzähler; aber für einen Erzähler von meinem bescheidenen Kaliber ist sie die beste". Diese klare Selbsterkenntnis hat Louisen von François reiche Frucht getragen. Denn wenn sie einmal in das Leben der Gegenwart hineingriff, wie in der Erzählung „Hellstädt", mißlang ihr das Gewollte. Wo sie aber mit feinen Händen das Garn der Vergangenheit weiterspann, entstanden immer wieder haltbare Gewebe von keineswegs „bescheidenem Kaliber". So wuchs sie, ihrer Gaben gewiß, immer weiter und steht nicht nur mit ihrem Hauptwerk, mit diesem aber freilich vor allem, selbst in dem großen Erzählergeschlechte, dem sie angehört, auf niemals übersehbarer Stelle.

Gustav Gans zu Putlitz (1821—1890) hat nach dem liebenswürdigen Märchenstrauße „Was sich der Wald erzählt" zwischen seinen zahlreichen Dramen auch eine Reihe von Erzählungen und den Zeitroman „Die Halben" geschaffen. Neben den reizvollen Novellen ist vor allem die durch seinen Humor ausgezeichnete Erzählung „Das Frölenhaus" hervorzuheben; aus ihr spricht bei knapper, durchaus märkischer Linienführung auch in dem leicht gezogenen Rahmen das Bewußtsein vorurteilsloser adeliger Verpflichtung.

Man wäre versucht, Claire von Glümer (1825—1906) in ein anderes Lager zu versetzen, denn sie hat zuerst mit ihrem Vater, einem politischen Flüchtling, in der Schweiz und in Frankreich das Exil geteilt und mußte dann nochmals fliehen, als sie ihren nach dem Dresdner Maiaufstande verurteilten Bruder aus dem Gefängnisse befreien wollte. Aber eben auch in dieser Oppositionsstellung bewährte sie das Gefühl adliger Verpflichtung. Ihre Erinnerungen „Aus einem Flüchtlingsleben" sind, nicht nur als Zeitbild, sehr beachtenswert. In ihren Romanen „Frau Domina" und „Dönninghausen" wirkt echte Erzählerfreude, und Claire von Glümer weiß auch seltsame Verflechtungen mit klarem Blick und

Wirklichkeitssinn zu bilden. Sehr anschaulich sind ihre Novellen „Aus dem Bearn" und „Am Webstuhl der Zeit". Claire von Glümer hat auch George Sand, Alphonse Daudet, Octave Feuillet, Iwan Turgenjew und Leo Tolstoi geschmackvoll übersetzt.

Franziska Gräfin Schwerin (1813—1891) hat neben Gedichten einen Roman „Das Testament des Juden" geschaffen, in dem die Schulung an ihrer Landsmännin Fanny Lewald, auch in der Tendenz, unverkennbar ist. Die erzieherische Absicht gegenüber jüngeren Frauen tritt, wie in diesem Werke, so in anderen der Gräfin hervor.

Gisbert Freiherr von Vincke (1813—1892), ein Bruder des liberalen Parlamentariers, hat außer Übertragungen aus dem Englischen und Schottischen anschauliche Novellen geschrieben. Seine „Alten Geschichten" spielen in der auch von Hesekiel dargestellten Grafschaft Mark, andere vergegenwärtigen Bilder aus der Alpenwelt.

Aus dem reich veranlagten Stamme der Baudissins ist Ulrich Graf von Baudissin (1816—1893) zu nennen; er hat neben Lustspielen auch Romane geschaffen, unter denen die „Ronneberger Mysterien" besondere Hervorhebung verdienen, sie sind, ebenso wie das „Damenstift", humorerfüllt.

4. Erfassung der Geschichte

Immer wieder war der Name Walter Scotts als des eindrucksvollen Vorbildes geschichtlicher Romandarstellung zu nennen. Langsam war nach den vielfach fragmentarischen Bemühungen der Romantik der deutsche Geschichtsroman in ein realistisches Fahrwasser hineingeglitten. Ludwig Storch (1803—1881) kam von einer weitgebreiteten romantischen Stofferfassung in seinen anfänglichen Romanen noch nicht los, unter denen „Ein deutscher Leineweber" am bekanntesten wurde. Ferdinand Stolle (1806—1872), der Herausgeber des „Dorfbarbiers", versuchte sich neben rasch vergessenen „Deutschen Pickwickern" auch im historischen Roman und wählte etwa den Feldzug Napoleons nach Ägypten zum Thema. Aber mit dieser Nachahmung des Scottschen Beispieles war es nicht getan. Der deutsche Geschichtsroman konnte erst zu eigenständiger Entfaltung kommen, nachdem er das, was Fontane nachmals die Marotte der Romantik nannte, abgelegt hatte und dem Scottschen Vorbilde nur das ablas, was ihm als dauernde Frucht abzulernen war. Walter Scott stellt in seinen Meisterwerken immer eine für den großen geschichtlichen Verlauf der gewählten Epoche nebensächliche Gestalt in den Vordergrund und läßt sie an dem historischen Geschehen teilhaben, durch dessen Hintergrund die dem wissenschaftlichen Darsteller wichtigen und vertrauten Gestalten schreiten. Dies war das Eine, was gerade bei Scott zu lernen war. Was der geschichtliche Roman des realistischen Zeitalters in seiner nun erworbenen Eigengesetzlichkeit bedeutete, hat Adolf Stern scharf, ja klassisch umrissen. „Der historische Roman", sagt er, „soll und darf nichts anderes sein als ein Lebensbild, zu welches sich der Dichter durch die Fülle der Empfindung und Anschauung gedrängt fühlt, er muß eine Handlung oder einen Konflikt, er muß Menschen darstellen, an die sich sowohl der Poet mit seiner eigenen Seele als der Leser mit seiner Teilnahme hinzugeben vermag, er muß mit einem Worte so viel rein Dichterisches (Menschliches) aufweisen, daß alles Andere nur das Verhältnis des Brennstoffes zum Feuer hat. Die Flamme verzehrt die Scheite, und um die Flamme und die von ihr ausstrahlende Wärme handelt es sich! Wer vor einem schlecht lodernden, qualmenden Feuer die Seltsamkeit und Mannigfaltigkeit des Materials rühmt, gilt für einen Narren, und wer eine schlechte Dichtung mit etwaigen politischen, ethnographischen und sonstigen Vorzügen rechtfertigt, der hat eben kein Empfinden für die Poesie und ihr eigenstes Leben. Der historische Roman muß ebenso wie jede andere Schöpfung aus dem innersten Drange des Dichters, aus der Mitempfindung für die dargestellte Handlung, für die geschilderten Menschen hervorgehen. Wem es darum zu tun ist, an einem beliebigen Faden unbeseelte Sittenschilderungen oder politische Maximen aufzureihen, der charakterisiere schlicht Land und Leute oder schreibe Leitartikel, zum historischen Roman ist er so wenig berufen, wie zu jeder anderen dichterischen Schöpfung".

Eine volle Erfüllung der von dem Literarhistoriker, der selbst ein Dichter war, umschriebenen Eigengesetzlichkeit für den historischen Roman bot sich in dem Lebenswerke von W i l l i b a l d A l e x i s (1798—1871) dar. Der Dichter, der den bürgerlichen Namen H ä r i n g führte und der französischen Kolonie entstammte, begann mit zwei Romanen, die dem Scottschen Vorbilde so nachgeahmt waren, daß man zum Beispiel „Walladmor", namenlos erschienen, für eine Dichtung des Briten hielt. Der junge Jurist gab später mit Julius Eduard Hitzig die große Sammlung von kriminellen Rechtsfällen „Der neue Pitaval" heraus. Ganz auf die eigene Bahn gelangte er erst mit seinem ersten brandenburgischen Romane „Cabanis". Hier trat dem Berliner und dem Preußen ein unverzierlichtes und unverkritzeltes Bild ihrer Vergangenheit entgegen, nicht zu bloßer Unterhaltung und nicht mit bloßem historischem Requisit, sondern als echtes und künstlerisch gefaßtes Gemälde des Lebens unter Friedrich dem Großen, mit allem Leid und aller Größe jener Zeit, mit wirklichen Menschen, hinter denen der König nicht als Staffage durch den Gang der Geschicke schritt, sondern deren Leben mit dem seinen in historischer Wahrheit in Beziehung gebracht war. Es war ein Buch großen Stiles, das uns unvermerkt durch alle Verschlingungen des Krieges führte und zugleich in genrehafter Abbildung das Bürgertum und das Leben in der Montur sicher wiedergab. Die preußische wie die sächsische Hauptstadt waren mit der Feinheit Gärtnerscher Stiche ausgezeichnet.

In der Folge hat dann Alexis in einer Anzahl von sieben Romanen das preußische Wesen bis in die Zeit der Restauration nach den Freiheitskriegen dargestellt. Am weitesten zurück führt Alexis mit dem

Roman „Der falsche Waldemar". Das psychologische Bild des Helden, der an sich und an den das Berliner Volk glaubt, ist vortrefflich durchgehalten und die Wirrnis jener Jahrzehnte des vierzehnten Jahrhunderts an tragenden Gestalten plastisch bestätigt.

Die Hohenzollern treten mit Friedrich dem Eisernen im „Roland von Berlin" in den Bilderkreis des Alexis. Gegen den Kurfürsten ist der Bürgermeister Johannes Rathenow entscheidend abgesetzt, und als humoristisches Gegenbild eines ehrenwerten brandenburgischen Bürgers spielt der Ratsherr Niklas Perwenitz eine Vermittlerrolle, die freilich in dem Widerstreit zwischen Kurfürst und Stadt keinen Raum mehr findet. Wie der steinere Roland durch die Straßen geschleift und an der Langen Brücke in das Flußbett gestürzt wird, wie das Entsetzen die Bürgerschaft packt und unter abendlichem Himmel sich für jedes empfängliche Herz neue unheilvolle Geschicke ankündigen — das ist mit scharfen Zügen gegeben.

Im Jahrhundert der Reformation spielt der Meisterroman „Die Hosen des Herrn von Bredow", wohl dem ersten, der uns gerade als humoristisches Lebensbild genugtut. Man glaubt dem Dichter sofort den trinkfesten Ritter, der seine Hosen nie ablegt; sein Ehegespons kann sie deshalb nur dann insgeheim waschen, wenn der Ritter Götz eine Woche lang einen Rausch ausschläft. Von einer Verschwörung gegen den Landesherrn wird er zu seinem Glücke durch den Mangel der einzigen Hose abgehalten, den die gescheite Frau von Bredow verursacht. Der Kurfürst aber, Joachim der Erste, und seine Gattin Elisabeth erfüllen die Fortsetzung des Bredow-Romans, den „Wärwolf". Die Aufwühlung der Gemüter durch den Kirchenzwist wird in lebendiger Gestaltung, sowohl im Herrscherhause, wie in der Familie des Hosenerbteils und in tragenden Gestalten der Ritterschaft und des Ablaßhandels vorgeführt.

In der „Dorothee" kehrt Alexis auf den Berliner Schauplatz zurück. Man könnte diesen Roman an eine Linie schließen, die das nun stattlich ragende kurfürstliche Schloß an der Spree mit dem Palais verbindet, das sich der Feldmarschall Derfflinger am Köllnischen Fischmarkt erbaut hat. Das schillernde Wesen der zweiten Gattin des Großen Kurfürsten ist mit sicherer Hand umgedeutet; die Berliner aber können sich in die neue Landesherrin nicht finden, und dies kommt nicht in Betrachtungen, sondern in lautem und leisem, die Handlung aufhaltendem oder fortführendem Gespräche zum Ausdruck. Bei weitem reicher aber gestaltet sich das Kulturbild der Zeit in dem Roman aus dem Beginne des neunzehnten Jahrhunderts „Ruhe ist die erste Bürgerpflicht". Nicht der berüchtigte Berliner Kriminalfall einer hochstehenden Giftmörderin, der bereits vordem eine, freilich unzulängliche literarische Darstellung gefunden hatte, ist das Wesentliche. Vielmehr gibt Alexis in immer neuer Belichtung eine in Fäulnis versinkende Gesellschaft, von der sich Träger der bürgerlich-schlichten Gesinnung und Gesittung rein ab-

heben. Der Titel des Romans weist symbolisch auf die entschlußlose
Schwäche einer Regierung hin, die schließlich Volk und Heer in
den Abgrund von Jena und Tilsit führte; Alexis läßt aber auch,
mit geschichtlicher wie dichterischer Deutung die Kräfte lebendig
werden, welche zur Erneuerung des Staates führten — es ist der
gleiche Ausklang wie bei Freytag, wenn es selbst im „Isigrimm"
nicht noch ausdrücklich bestätigt und so das Bild der preußischen
Geschicke im Werke von Willibald Alexis abgeschlossen worden
wäre. Dieser letzte Roman führt wieder in das märkische Land
und bringt dessen karge Natur mit unvergeßlichem Striche auf die
Palette. Der alte Mitkämpfer der Freiheitskriege, nach dem der Roman
heißt, ist ein Junker von echtem Schrot und Korn, der sich in die neue
Zeit nicht finden kann, rechtlich, aber standesstolz. Seine Tochter dem
bürgerlichen Geistlichen anzuvertrauen, kommt ihm hart an, die andere
gar einem im Felde bewährten Gutsnachbarn anzugeloben, der im
Stammbaum einen jüdischen Blutstropfen hat, erscheint dem alten
General ausgeschlossen. Aber gerade so, als Inbild einer sich zum Ende
neigenden Epoche, lebt er völlig und lebt erst recht in der Abhebung
von den kräftig herausgebrachten märkischen Bauern und der französischen Einquartierung nach dem unglücklichen Kriege.

Neben diesen acht vaterländischen Romanen hat Alexis eine lange
Reihe von anschaulichen Novellen geschrieben. Unter diesen ist das
kleine militärische Meisterbildchen „Iblou" hervorzuheben. Auch Willibald Alexis Bericht über seinen Marsch nach Frankreich im Jahr 1813
ist noch heute lesenswert.

Gewiß hat Fontane recht, wenn er bei einem Vergleiche zwischen
Scott und Alexis sagt: „Der Eine ist leicht und glatt, der Andere schwer
und knorrig; über die Dialoge des Einen geht es hin wie eine Schlitten-
fahrt über gestampften Schnee, über die des Anderen wie eine Staats-
karosse durch den märkischen Sand." Dennoch aber nennt Fontane
Alexis einen der Besten und Treuesten. Das letzte Wort aber hat, als
Willibald Alexis nach langer Krankheit in Arnstadt dahingegangen war,
Gustav Freytag für ihn gefunden. „Willibald Alexis war einer von
den Guten; in trüben, tatenarmen Jahrzehnten Preußens hat er die
Empfindung der Landsleute warm erhalten, indem er ihnen von ihrem
Ackergrund und den vergangenen Menschen darauf, vom Kampf und
der Tüchtigkeit ihrer Vorfahren erzählte. Er war es, der im tiefen
Dichtergemüt die Natur der norddeutschen Ebene und der deutschen
Kolonisten aus jedem der letzten fünf Jahrhunderte poetisch zu ver-
klären wußte."

In der langen Friedenszeit zwischen den Freiheitskriegen und den
Kämpfen, die zur Schaffung des Norddeutschen Bundes und dann des
Deutschen Reiches führten, kehrten die Gedanken der Geschichtsschreiber wie der historisch gerichteten Erzähler immer wieder in die Zeiten
zurück, welche den Sturz des alten Reiches, die preußische Niederlage
und die Vorbereitung zum Abwurf des feindlichen Joches umschlossen.

Wir begegneten solcher sorgsam die Vergangenheit abtastender Bemühung bei Gustav Freytag wie bei Willibald Alexis, bei George Hesekiel wie bei Julius von Voß, und auch in der „Letzten Reckenburgerin"
der Louise von François werden entscheidende Geschicke um die Vorgänge zwischen Valmy und Jena gruppiert. Die berühmten Worte, die
Goethe über das ergebnislose Weichen der deutschen Heere bei Valmy
in seiner „Campagne in Frankreich" sprach, hallten ihrem Sinne nach
auf langhin durch das deutsche Geschick. Auch L u d w i g R e l l s t a b
(1799—1860), ein Vetter von Willibald Alexis und, wie dieser, der
Vossischen Zeitung verbunden, hat in seinem Roman „1812" jene Zeit
eines lastenden Druckes geschildert, aus der sich, nach dem schicksalhaften Untergange des nach Rußland gezogenen napoleonischen Heeres,
Entschluß und Tatkraft zur Befreiung lösten. Rellstabs Roman, in Pill-
nitz am Elbufer beginnend, bringt, langsam die Höhe gewinnend, in
höchst anschaulicher Weise Bilder des Zeitgeschehens dar.

Eine Willibald Alexis verwandte süddeutsche Erzählernatur war der
Münchner F r a n z T r a u t m a n n (1813—1887). Wie Alexis Berlin
und die Mark nicht redensartlich, sondern mit körnigem Aufriß zu beleben und die Vergangenheit in echtem Tone sprechen zu lassen weiß,
so entsendet Trautmann seine Phantasie mit der gleichen Anrankung an
geliebte Stätten in die bayrische und insbesondere die Münchner Vorzeit. In der „Chronika des Herrn Petrus Stöckerlein" wird durch einen
lockeren Zeisig, der von Holdchen zu Holdchen flattert, die Stadt an der
Isar höchst lebendig. Der „Eppelein von Gailingen" versammelt um die
mit Humor ausgezeichnete Gestalt eines Raubritters ein treues Bild aus
dem Bayern des Mittelalters. Ähnlich wie in der „Chronika des Herrn
Petrus Stöckerlein" verbindet Trautmann höchst anschauliche Darstellung mittelalterlichen Lebens mit kurzweiliger Schelmenweis in dem
Roman „Leben, Abenteuer und Tod des Theodosius Taddäus Donner".
Dabei kann sich Trautmann oft mit knappen Andeutungen begnügen
und bringt doch den vollen Hauch der Vergangenheit so heraus, daß
wir mit seinen wunderlichen Helden leibhaft in die alten Gassen um die
Frauenkirche und in die mittelalterliche Landschaft und ihr Wander-
treiben einkehren.

In die gleiche bayrische Vorzeit führt H e r m a n n v o n S c h m i d
(1815—1880), ein gebürtiger Österreicher, der nachmals eine Münchner
volkstümliche Bühne leitete. Unter seinen liebenswürdigen Volkserzählungen sind „Der Kanzler von Tirol" und „Mütze und Krone" hervorzuheben. Der Pfälzer A u g u s t B e c k e r (1828—1891) schuf Novellen und Romane aus der süddeutschen Vergangenheit, darunter „Vor
hundert Jahren" und „Des Rabbi Vermächtnis", rheinländisch eingestimmt, wie auch Trautmann mit den „Glocken von Sankt-Alban" einen
Roman aus Alt-Köln schuf.

E d m u n d H o e f e r (1819—1882) aus Greifswald versenkte sich
gern in die pommersche Geschichte, insbesondere während der Kämpfe,
an deren Ausgang die Freiheitskriege standen. Das „Haus van der

Roos" und „Altermann Ryke" schildern in den Schicksalen zweier
Patrizierfamilien den Niedergang des deutschen Handels und die Ver-
ödung der pommerschen Ostseehäfen unter dem napoleonischen Drucke.
In der „Loreley" wird ein Bild der leichtsinnigen Hofgesellschaft des
achtzehnten Jahrhunderts entworfen, das auch im „Verlassenen Hause"
mit festen Strichen ausgemalt wird. In der „Dohlenkönigin" spielt, wie
bei Meinhold, der Hexenwahn eine verhängnisvolle Rolle. Die „Erzählungen eines alten Tambours" geben schlagkräftige Bilder aus dem
Soldatenleben vor und nach den Befreiungskriegen. Der Roman
„Norien" und die Novelle „An der Grenze" bringen Bilder von zum
Teil phantastischer Art aus der Zeit deutscher staatlicher Zerrissenheit
mit ihren unnatürlichen Grenzscheidungen. Es nimmt nicht Wunder,
daß bei diesem Darsteller vom Ostseestrande, wie bei Schücking, im
„Schwarzen Schiff" der Fliegende Holländer eine Rolle spielt. Im Ganzen bringt Hoefer die Welt von der Mitte des achtzehnten bis zur Mitte
des neunzehnten Jahrhunderts in lebhaften Bildern empor, und immer
wieder schimmert das Gewoge des Ostmeers zwischen den heimischen
Gestalten auf. Sehr viel flächiger blieb die Darstellung von L o u i s
S c h n e i d e r (1805—1878), wenn er, der Berliner, aus der Geschichte seiner engeren Heimat erzählte.

Ins Mittelalter führte R o b e r t H e l l e r (1812—1871) mit
seinem „Reichspostreiter von Ludwigsburg" zurück. In seinem „Florian
Geyer" versuchte er ein um diesen enttäuschten, tragischen Helden zu-
sammengeschlossenes Bild des großen Bauernaufstandes zu geben. Mit
der Erzählung „Das Erdbeben in Caracas" ging er auf den Spuren
Heinrichs von Kleist. Hellers spanische Novellen, um die Alhambra
gruppiert, sind vergessen; dagegen besitzen seine namenlos erschienenen
„Brustbilder aus der Paulskirche", wo er als journalistischer Berichterstatter auf der Tribüne saß, durch ihre anschauliche Schilderung der
wichtigsten Persönlichkeiten des Parlamentes noch heute Wert und Reiz.

Eine Spezialität schuf sich O t t o M ü l l e r aus Schotten in Hessen
(1816—1894). Er suchte und fand seine Stoffe in einer Welt, die
noch der unmittelbar vor ihm lebenden Generation vertraut war. Sein
Roman „Bürger, ein Dichterleben" stellt mit liebender Einfühlung das
Treiben im Göttinger Haine dar und rückt neben dem unglücklichen
Dichter der „Lenore" einen Vergessenen, Johann Friedrich Hahn (1753
bis 1779), mit leblaften Strichen ins Bild. In einem zweiten Roman,
„Charlotte Ackermann", gibt Müller ein anschauliches Gemälde der
Hamburger Bühnenwelt des achtzehnten Jahrhunderts mit sicher und stil-
gerecht ausgezeichneten Charakteren der Mimen der Zeit. Im gleichen
theatralischen Umkreise bewegt sich Müller in dem, zum Teil in Gotha
spielenden Roman „Ekhof und seine Schüler", in deren Kreis auch
Iffland seine geschichtliche Rolle spielt. Es ist derselbe große Darsteller
Ekhof, den Karl Gutzkow in einer sehr glücklichen Szene des Lustspiels
„Zopf und Schwert" auftreten läßt. Auf dem gleichen Gebiete des
literarhistorischen Romans bewegte sich H e r i b e r t R a u (1813 bis

1876), jedoch mehrere Talentoktaven tiefer und ohne die Fähigkeit, die tragenden Gestalten wirklich zu verlebendigen.

Johannes Freiherr von Wagner (1833—1913) war der volkstümlichste lausitzische Mundartschriftsteller. Er hat auch, zuerst unter dem Hehlnamen Johannes Renatus, gehaltvolle geschichtliche Romane in hochdeutscher Formung geschrieben. Unter ihnen ist der „Johann von Schwarzenberg" besonders hervorzuheben. Er spielt in Oberfranken, bringt Ulrich Hutten lebendig ins Bild und stellt Freunde und Gegner der Reformation vor uns hin. Der „Rudolf von Vargula" umzeichnet die Gestalt dieses Kriegshelden mit lebhaften Gruppenbildern aus dem Treiben um die Wartburg im dreizehnten Jahrhundert.

Im achtzehnten Jahrhundert hat sich mit seinen historischen Romanen Karl Frenzel (1827—1914) angesiedelt, ein Berliner, der unter dem Einflusse Gutzkows zum Kritiker ward. In der „Pucelle" fußt er auf Voltaire, in der „Charlotte Corday" behandelt er Wesen und Wüstheit der Französischen Revolution. Das Künstlerbild Watteaus weiß er mit bezeichnenden Zügen ebenso herauszuarbeiten, wie er in dem Roman „Freier Boden" die Erscheinung George Washingtons einprägsam in ihrem Vollreize zu vergegenwärtigen vermag. Neben diesen geschichtlichen Romanen stellen die Erzählungen aus Frenzels Gegenwart nur einen Seitentrakt seines Lebenswerkes dar. Lange Jahre hindurch hat er als Redakteur der Nationalzeitung die Theater Berlins kritisch gemustert und die wesentlichsten Arbeiten dieser Art als „Berliner Dramaturgie" gesammelt. Sehr lebendig sind die unter der Aufschrift „Deutsche Fahrten" vereinten Reisebilder, die durch das selbstbiographische Werk „Erinnerungen und Strömungen" ergänzt werden; hier findet sich sowohl eine liebevolle Darstellung Gutzkows, wesentlich im Sinne des älteren Gutzkow-Genossen Alexander Jung, wie eine verständnisvolle Würdigung des Werkes und der Persönlichkeit von Fanny Lewald. Geradezu klassischen Reiz hat Frenzels schmaler Band „Die Berliner Märztage". Mit kritischer Sicherheit, der man jedoch die innere Beteiligung wohl abmerkt, schildert er die revolutionären Ereignisse jener Tage des Jahres 1848. Wenn man diese Darstellung mit derjenigen des um acht Jahre älteren Theodor Fontane und derjenigen des auf völlig anderem Boden stehenden Prinzen Kraft Hohenlohe-Ingelfingen zusammenhält, so wird man aus diesen Eindrücken drei verschiedener Temperamente leichter ein richtiges Bild der Dinge gewinnen, als aus einer wissenschaftlich belegten Aufzeichnung.

Wie Franz Trautmann immer wieder in geschichtlichen Romanen und Novellen die Vergangenheit seiner Vaterstadt München beschwor, so brachte der Kölner Hermann Cardauns (1847—1925) die stolze Vergangenheit der Vaterstadt und der rheinischen Pfaffengasse in ernsten und heiteren Erzählungen ins Licht der neuen Tage. Der Biograph Clemens Brentanos und Generalsekretär der Görres-Gesellschaft wahrte ohne Eifern die katholische Tradition seines Stammlandes.

Von Hermann Kurz (1813—1873) hat Paul Heyse gesagt, er wäre mit tief verschlossenem Visier durch die Welt gegangen, und selbst die große Liebesmüh, die dieser Lebensfreund sich um das Werk des von Enttäuschung zu Enttäuschung Geschrittenen gegeben hat, vermochte nicht, das Bild dieses bedeutenden Erzählers in das ihm zukommende Licht zu rücken. Der Roman „Schillers Heimatjahre" gibt ein reiches Gemälde aus dem Württemberg zu des großen Dichters Jugendzeit. Dabei vermag Kurz mit höchster geschichtlicher Einfühlung die Umwelt des Dichters der „Räuber" vollkommen deutlich zu machen, obwohl er den im Titel genannten Helden nicht in den Vordergrund stellt. Um so lebendiger wird Christian Daniel Schubart in seinen Lebensnöten. Im „Sonnenwirt" kehrt Kurz zu einem Stoffe zurück, den Schiller im „Verbrecher aus verlorener Ehre" aufgegriffen hat, und wieder ist die Echtheit dieses Lebensbildes aus dem vorigen Jahrhundert unausweichlich. Auch die mit schlichtem Anteil vorgetragenen Novellen „Eine reichsstädtische Glockengießerfamilie" bergen geschichtliche Darstellungen von hohem Reiz, zum Teil aus Kurzens Familiengeschichte. „Das Wirtshaus gegenüber" dringt mit einem Humor, den man studentisch nennen könnte, langsam zum Wesen der Dinge vor und spinnt den Leser allgemach in die Fülle der Stimmung ein. Lange nach dem Tode des Dichters wurde sein verschollener Roman „Lisardo" wieder aufgelegt, er zeigt die Vielseitigkeit dieses unbelohnten Talentes, das sich auch in feinstem Spürsinn für anderen Dichtertakt an der Übersetzung von „Tristan und Isolde" und am „Rasenden Roland" des Ariosto mit Glück versuchte.

Unter den Männern, deren Wirken in dem immer wieder ganz Deutschland beschäftigenden Schleswig-Holsteinschen Widerstreit zu tragischem Ende gelangte, stand Uwe Jens Lornsen als entschlossener Wahrer deutschen Rechtes obenan. Sein Wirken hat Theodor Mügge (1806—1861) in dem Roman „Der Vogt von Sylt" mit geschichtlicher Treue geschildert. Aus Mügges übrigem, sehr umfangreichem Roman- und Novellenwerk hat sich der Roman „Afraja" lebendig erhalten. Er spielt in norwegischen Gebreiten, und im Mittelgrunde steht die Gestalt des Afraja, eines der nordischen Natur verbundenen, dem von der Technik durchwalteten neuzeitlichen Leben abgewandten Weisen. Auch der Roman „Erich Randel" gestaltet nordische Umwelt mit glücklicher Hand.

In die nordische Nachbarschaft führte auch Adalbert Graf Baudissin (1820—1871) mit seinem Roman „Christian VII. und sein Hof", in dem insbesondere die Beziehungen des Dänischen Königs zu der Gräfin Danner eine Rolle spielen. Dies Thema hat nachmals Theodor Fontane aufgegriffen.

Wie Mügge im „Vogt von Sylt" so hat der Mitkämpfer für Schleswig-Holstein Julius von Wickede (1819—1896) in anschaulichen Bildern von jenen Kämpfen Kunde gegeben. Der spätere Rittmeister in der Deutschen Bundesarmee hat seine Erinnerungen in dem

Buche „Ein vielbewegtes Leben" niedergelegt. Unter seinen Romanen ward der von reinem Humor erfüllte „Lange Isaac" am bekanntesten.

Albert Emil Brachvogel (1824—1878), berühmt geworden durch sein von Ludwig Dessoir zu größter Wirkung geführtes historisches Drama „Narziß", wandte sich in der Folge geschichtlicher Romandarstellung zu. In die Spur des „Narziß" bog er wieder mit einem Roman, der Beaumarchais und seine Zeit abbildete. Der „Hamlet" bringt ein Bild aus dem Zeitalter der Königin Elisabeth, in ihm spielt der Graf Robert Essex eine bedeutende Rolle. Seit dem „Dichterleben" von Ludwig Tieck war die Umwelt Shakespeares, der auch durch diesen Roman Brachvogels ging, ein gern benutztes Motiv. Den Grafen Essex hatte auch Heinrich Laube in einem erfolgreichen Trauerspiel dargebracht. Brachvogel versuchte in einem umfänglichen Roman „Das Rätsel von Hildburghausen" zu lösen, hinter dem sich eine niemals richtig aufgeklärte Tragödie in einem deutschen Fürstenhause barg. Sein anschaulichstes Werk ist der Roman „Friedemann Bach", er hat seine Lebenskraft bis an diesen Tag bewahrt. Die Lebenstragödie dieses ältesten Sohnes des großen Komponisten wird in lebendigen Bildern umrissen. Charakteristisch ist die Darstellung des sächsischen Hoflebens während der Tätigkeit Friedemanns in Dresden und die Charakteristik des Grafen Heinrich Brühl. Selbst die abenteuerliche Wanderung mit einer Zigeunerhorde gehört rechtens in die Abenteuerlichkeit dieses zu jammervollem Ende in Berliner Verlassenheit bestimmten Lebens.

Wie Brachvogel schuf auch sein Biograph und Herausgeber, der Oberschlesier Max Ring (1817—1901), Romane aus der englischen Vergangenheit, so „John Milton und seine Zeit". Probleme der Gegenwart behandelte er in Werken wie „Ein verlorenes Geschlecht" oder „Götter und Götzen", kam aber über flächige Darstellung nicht hinaus. Lebensvoller sind seine „Stadtgeschichten" aus Breslau und seinem späteren Wohnort Berlin.

Ludovica Hesekiel (vermählte Johnsen, 1847—1898) setzte mit Romanen aus preußischer Vorzeit das Werk ihres Vaters George Hesekiel fort. In „Von Brandenburg zu Bismarck" versuchte sie sich an einem weitgespannten Bilde preußischer Geschichte. Nachhaltiger wirkte sie mit der enger zusammengefaßten Erzählung „Unterm Sparrenschild", die märkisches Leben um 1500 wiedergibt und besonders dem Geschlechte derer von Witzleben nachgeht. In dem berlinischen Roman „Lottchen Lindholz" gab Ludovica Hesekiel ein Bürgerbild aus dem siebzehnten Jahrhundert, das mit dem Edikte von Potsdam und der Einsiedlung der Hugenotten in der preußischen Hauptstadt endet.

Den größten Erfolg auf dem Gebiete des geschichtlichen Romans errang Joseph Viktor von Scheffel (1826—1886) mit seinem „Ekkehard, einer Geschichte aus dem zehnten Jahrhundert". Hier ist

die Forderung Adolf Sterns nach ihrem vollen Maße erfüllt; die umfangreichen Studien Scheffels, die er in mannigfachen Anmerkungen belegen zu müssen glaubte, sind überflüssiges Beiwerk, denn die Handlung des Romans bedarf solcher Belege in keiner Weise. Die anmutig-
schalkhafte, manchmal bis zum Burschikosen gesteigerte Stimmung, die
aus dem „Trompeter von Säckingen" und aus dem Liederbuche „Gau-
deamus" hervorklang, ziert auch den Ablauf dieses Geschehens. Der
Bericht von der Liebe des dichtenden Mönches zu der schönen Herzogin
Hadwig wird in die liebliche Landschaft eingesponnen, die Scheffel
mal für mal besungen hat. Die Klostergebräuche und das Kloster-
leben werden uns ebenso vertraut wie die Innenwelt auf dem Schlosse
zu Hohentwiel. Und scheinbare Nebengestalten, wie die mit klassischem Reiz begabte Griechin Praxedis, prägen sich ebenso ein wie
die Mittelgestalt der Herzogin selbst. Der entsagende Ausklang stillt
endlich die Herzen der Liebenden — der Dichter des Walthariliedes gehorcht seiner Mönchspflicht, die Herzogin liest, in wehmütigem Gedenken an leidenschaftliche Stunden naher Vergangenheit, das vollendete
Werk, und Tränen fließen auf das Pergament.

In der Novelle „Hugideo" beschwört Scheffel die Welt des fünften
Jahrhunderts, die Vorgänge spielen gleichzeitig mit der Schlacht auf den
Katalaunischen Feldern. Die mittelalterliche Welt tritt in der Erzählung
„Juniperus" noch einmal getreu hervor, hier gibt Scheffel die Ge-
schichte eines Kreuzfahrers, wie denn seine dichterische Phantasie
immer wieder um die Fahrten zum Gelobten Lande geschäftig war.
Von hohem Reiz sind Scheffels Reisebilder, zum Beispiel die über den
Hauensteiner Schwarzwald mit der treuen Darstellung des Menschen-
schlages jener Landschaft, die uns nachmals durch H a n s T h o m a s
Bilder so vertraut geworden ist. Dieser dem deutschen Volke ans Herz
gewachsene Maler (1839—1924) brachte im höchsten Alter gleichnis-
hafte, dichterisch durchklungene Prosagaben dar: „Im Herbst des
Lebens", „Im Winter des Lebens", „Jahrbuch der Seele" — lauter
Werke von beseelter Frömmigkeit; aus ihnen weht der gleiche Atem, der
uns in Thomas Bildern in höhere Welten entführt.

Zu besonderer Blüte entfaltete sich die geschichtliche Romandarstellung im deutschen Osten. A r t u r H o b r e c h t (1824—1912) schuf
in seinem Roman „Fritz Kannacher" ein bewegtes und höchst farbiges
Bild aus dem siebzehnten Jahrhundert. Der bei Danzig Geborene, nachmals zum Oberbürgermeister von Breslau und Berlin und Preußischen
Finanzminister Aufgestiegene, befolgt in diesem über Höhen und Tiefen
führenden Romanwerke genau das Gesetz Walter Scotts; der Große
Kurfürst Friedrich Wilhelm steht als waltende Macht im Hintergrunde
der sich über dem Helden Fritz Kannacher zusammenziehenden Geschicke. Kannachers Neigungen und Taten führen ihn in gefährliche
Nähe zu dem tragisch endenden Obersten von Kalckstein, jenem aus
verletztem Rechtsgefühle dem neuen souveränen Herrscher widerstrebenden Vormann der preußischen Stände.

Mit seinem Bruder M a x H o b r e c h t (1827—1899) gab Artur, der zuletzt die nationalliberale Fraktion im Preußischen Abgeordnetenhause führte, den Band „Altpreußische Geschichten von dem Einen und den Anderen" (namenlos) heraus, treue Darstellungen aus etwas späterer Zeit, sie führen in das Königliche Friedrichs-Collegium zu Königsberg, eine Lebensstätte Kants und Herders, und an und auf das Frische Haff. Auch die geschichtlichen Lebensbilder von J u l i u s P o h l (1830—1909), im Ermeland angesiedelt, weisen über ihren Bezirk hinaus und sind in ihrer Anschaulichkeit bleibende Dokumente dieser katholischen Enklave Ostpreußens.

Im Danziger Bezirke hatte sich die aus Pommern stammende C l a r a Q u a n d t (1841—1919) heimisch gemacht. Ihr Roman aus dem Zeitalter der Reformation „Johannes Knades Selbsterkenntnis" schildert nicht nur das Danziger Leben jener Zeit, er bringt vielmehr auch mit echter dichterischer Gestaltung einen schweren religiösen und persönlichen Herzenskampf zum Austrage. Im Stil einer von Johannes Knade selbst erzählten Chronik wird ohne jede Künstelei, ganz lebendig, die auch an feinen Einzelzügen reiche Geschichte erzählt, mit Freude am Kleinen, aber ohne daß Clara Quandt darin steckenbliebe. Ein anderes dichterisches Bild aus der Vergangenheit der Stadt an der Weichselmündung schuf J o h a n n a N i e m a n n (1844—1902) mit dem Roman „Die beiden Republiken". Probleme ihrer Gegenwart behandelte sie unter anderem in den Romanen „Die Kehrseite der Medaille" und besonders eindringlich in „Gustave Randerslandt". In der angrenzenden pommerschen Landschaft spielen die lebhaft geführten Romane von H a n s W e r d e r (A n n a v o n B o n i n, geb. von Zanthier, 1856 bis 1933), so „Junker Jürgen" und „Der wilde Reutlingen".

E r n s t W i c h e r t (1831—1902) hat eine lange Reihe von Romanen aus seiner Zeit geschaffen, in denen er in demokratischem Sinne Konflikte des Standes und der Bildung abwandelte. In dem Roman „Herr von Müller" werden die sittliche Unzulässigkeit der Majoratsbildung und die mißleitete Adelssucht bürgerlicher Familien dargestellt, im „Jüngsten Bruder" ist wiederum die Adelssucht und der Kampf gegen Standesvorurteile das zielweisende Thema. Immer wieder tritt die Tendenz hervor, daß Jeder sein Glück in seinem Bildungs- und Berufskreise zu suchen habe und niemand ihn mit Gewalt in eine fremde Luft heben könne. Im „Duell" wird die ethische Verwerflichkeit des Zweikampfes zur tragenden Stütze der Handlung.

Von solchen Tendenzen sind die bedeutenden geschichtlichen Erzählungen Ernst Wicherts frei. Neben einer Anzahl geschichtlicher Novellen, die unter der Aufschrift „Von der deutschen Nordostmark" vereinigt sind, zeugen vier umfangreiche Romane aus dem altpreußischen Bezirk für Wicherts Ruf auf diesem Gebiete. Der „Heinrich von Plauen" bringt die Schlacht bei Tannenberg von 1410 und ihre Folgen, das tragische Geschick des Hochmeisters Heinrich von Plauen, der nach der Niederlage dem Orden das Land rettet und dann mit schnödem Undanke

belohnt wird. „Tileman vom Wege" zeigt die, zum guten Teile ver-
schuldete, wirkliche Katastrophe des Deutschen Ordens bis zur Über-
gabe der Marienburg an die Polen unter dem Hochmeister Ludwig von
Erlichshausen im Jahre 1466. „Der Große Kurfürst in Preußen", ein
dreiteiliger Roman in fünf Bänden, schildert die Kämpfe Friedrich
Wilhelms um das Herzogtum und um seine Souveränität, die tragischen
Schicksale seiner unbeugbaren Gegner, des bürgerlichen Schöppen-
meisters Hieronymus Rohde, und des adligen, des Obersten Christian
Ludwig von Kalckstein; hier berührt sich Wichert mit Artur Hobrechts
„Fritz Kranacher", und auch Max Bing hat diese Wende preußischer
Geschichte im Roman gezeichnet. Wicherts letzter Roman endlich, „Die
Thorner Tragödie", schloß den Kreis, indem sie das Blutbad von 1721,
den Sieg der Polen und Jesuiten über das deutsche Bürgertum Thorns
darstellte, ein Thema, das auch im fünften Teil von Freytags „Ahnen"
anklingt.

Wichert hat in seiner Lebensschau „Richter und Dichter" über seine
geschichtlichen Romane gesagt, er hätte vermieden, Tatsachen durch
Angabe des Fundortes zu belegen und Freierfundenes mit einem An-
scheine von Gelehrsamkeit zu begründen. Er sagt weiter (ganz im
Sinne von Adolf Stern): „ich war stets der Meinung, daß der Roman
ein Kunstwerk sein soll und sich als solches durch sich' selbst beglau-
bigen muß." Gerade in diesem Sinne ist die Schilderung Danzigs im
„Heinrich von Plauen" ein kleines Meisterstück. Mit dichterischer und
geschichtlicher Gerechtigkeit läßt Ernst Wichert den Hochmeister nicht
nur durch die Handstreiche der unzufriedenen Gebietiger seines Ordens,
sondern auch durch den Schuldanteil seines Bruders fallen, der Danziger
Ratsherren hinterlistig und gemein ermorden läßt und den Heinrich
von Plauen, allzu politisch, nicht der verdienten Strafe überantwortet.

Am vollsten ist das Bild im „Großen Kurfürsten in Preußen" ausgemalt. Mit großem Geschick ist die frei erfundene Gestalt des Konrad
Born als verbindendes Glied aller drei Teile in die Mitte gerückt und
zu den tragenden Helden, Friedrich Wilhelm, dem Schöppenmeister
Rohde und dem Oberst von Kalckstein in ungezwungene Beziehung gesetzt. Königsberg wächst in geschichtlicher Belebung und naturwüchsiger
Sprache liebevoll ausgemalt, empor — man fühlt, trotz der abweichenden, einem anderen Temperamente entsprießenden Stilisierung, die Verwandtschaft mit Willibald Alexis. Der novellistischen Darstellungskunst
Ernst Wicherts werden wir noch in anderem Zusammenhange zu gedenken haben.

Aus dem altpreußischen Bezirke ist noch O t t o R ü d i g e r aus
Marienwerder (1845—1904) zu nennen, dessen Hauptwerk, „Die letzten
Marienbilder", ein anschauliches Gemälde der Lübecker Vergangenheit
vermittelt.

5. Landschaft und Klima als Themafuge

Zur Einstimmung des Realismus gehörte auch ein durchaus neues Verhältnis zur Landschaft der nächsten Nähe. Innerhalb der Romantik sind wir in ein Berlin geführt worden, durch das an der Hand E. T. A. Hoffmanns der Deuvel über die Rinnsteine schritt und wo in den Zelten der Satan mit dem Ewigen Juden am Kaffeetische saß und von Wilhelm Hauffs Phantasie in die Salonwelt geführt ward. Die Suche nach der Blauen Blume geleitete Heinrich von Ofterdingen in eine Baumschule des Märchens, und merkwürdigerweise wurden Landschaft und Menschenschlag erst deutlicher, wann die nachbildende Phantasie, sowohl bei Eichendorff, wie bei Gaudy, nach dem Sehnsuchtslande jenseits der Alpen auswich. Aber auch hier weist die Linie der Entwicklung über den jungdeutschen Raum hinweg zu Heinrich von Kleist, der seinen Kohlhaas nicht nur geschichtlich, sondern auch landschaftlich völlig an den Ufern der Havel lebig machte.

Das Berlin, wie das Westfalen Karl Gutzkows war dann nur eine farblose Scheibe, hinter der die großen Zielsetzungen der jungdeutschen Thematiker als das eigentliche Fernbild durchschimmern sollten, und etwa Fanny Lewald erreichte erst im letzten Werke den vollen inneren und äußeren Anschluß an den Geburtsbezirk. Und wenn wir noch weiter zurückblättern, so finden wir nur im „Siebenkäs" den Anbau in einer Landschaft, die nicht, sei es ins Phantastische, sei es ins Ironisch-Humoristische aufgehöht oder zweckhaft ins geopolitisch Unmögliche umgestellt worden wäre. Der klassische Humanismus hatte seine Gestalten in einen idealen Raum versetzt, über dem wohl der Wandel der Gestirne Tag und Nacht, Licht und Schatten gebot, aber die Parkanlage in den „Wahlverwandtschaften" und die Heimstatt der Pädagogischen Provinz tragen nicht die Züge einer umgrenzten Landschaft, geschweige denn, daß die zum Handeln und Schauen aufgerufenen Menschen Züge ihrer Herkunft und Umgebung an sich trügen. Im Zeichen eines Realismus, der von den Fernzielen zur Bezwingung der Forderungen des Tages zurückkehrte, gewann auf künstlerischem Felde die nächste Umwelt als Gegenstand der Darstellung eine neue Geltung. Caspar David Friedrich hatte die Landschaft der pommerschen Küste und der Insel Rügen mit verzauberndem Reize in eine ideale Luftschicht gehoben, über der sinnbildhaft das Kreuz auf dem Felsen oder der Regenbogen leuchtete, den der Herr als Zeichen des Bundes nach der Sintflut über die Erde spannte. Jetzt aber malte Hermann Kaufmann aus dem Zudrange der nächsten Nähe das holsteinische Volk bei der Heuernte, und Friedrich Waßmann, der vordem als Schüler Overbecks im nazarenischen Kreise Vorbild und Gleichnis gefunden hatte, suchte nunmehr den Anschluß an das Hamburger Leben, aus dessen Bezirke ihn einst die romantische Sehnsucht auf den Monte Cittorio geführt hatte.

Die Versenkung der romantischen Generation in die Geschichte hatte das Ohr für die Tonstärke des Ausdrucks in Volkslied und Märchen geschärft, sie hatte, dem Beispiele des kunstliebenden Klosterbruders folgend, ehrfürchtig die Denkmale künstlerischer Vergangenheit angeschaut und an ihnen die Gegenwart gemessen. Dem neuen Geschlechte, das nicht als epigonisch gelten wollte, offenbarte sich nun auch innerhalb der geschichtlichen Umgebung das Leben der neue Wellen schlagenden Gegenwart. Darum verbindet sich eine Blütezeit des geschichtlichen Romans mit einer neuen und belohnten Hingebung an Landschaft und Stadtschaft. Wußte die Romantik die seelische Haltung der von ihr umrissenen Persönlichkeiten oft und oft in übersteigender Art und Weise in ein Zwielicht zu heben, so mühte sich der Realismus um eine Lebenstreue, die dem seelischen Klima entsprach, indem er seine Menschen zugleich der Umwelt fest einfügte, ohne dabei die Einstimmung in Gebärde, Sprache, Schrittmaß zu vergessen.

Die Romantik (um ein Letztes hervorzuheben) hatte mit leidenschaftlichem Eifer die Vergangenheit deutscher Menschheit umworben und hatte sich dabei gern einer Entrückung ins Wunderhafte hingegeben; die Kunst der neuen Lebenstreue sah mit hellen Augen in ihre Gegenwart und deutete die Vergangenheit, im Zeichen der neuen historischen Schule, mit unbefangenem Blicke, aber mit aller Ehrfurcht vor dem Gewesenen.

Wie ein völliger Beweis dieser neuen dichterischen Haltung klingt es, wenn einer ihrer ersten Meister seine Stadt verbildlicht:

> Am grauen Strand, am grauen Meer
> Und seitab liegt die Stadt;
> Der Nebel drückt die Dächer schwer,
> Und durch die Stille braust das Meer
> Eintönig um die Stadt.

Dann aber, im nächsten Gedichte, kommt auch der Unterton empor, der unausweichlich zu dieser Lebenstreue gehört:

> Noch einmal schauert leise
> Und schweiget dann der Wind;
> Vernehmlich werden die Stimmen,
> Die über der Tiefe sind.

Dies ist die Weise von T h e o d o r S t o r m (1817—1888).

Eine merkwürdige Doppelnis der Fälle läßt in der gleichen Landschaft zwei Freundesgruppen von ähnlichem Ansatzpunkte zu sehr verschiedenen Zielen vorschreiten. Von der Ostseeküste Schleswig-Holsteins her unternehmen Emanuel Geibel und die Gebrüder Ernst und Georg Curtius die Fahrt ins deutsche Leben, zu der die große Bildungsreise nach Athen und der griechischen Inselwelt den Auftakt bildet. Und aus dieser Atmosphäre des Klassischen Liederbuches haben sich der hochgemute Herold des neuen Reiches wie der Darsteller der griechischen Geschichte niemals lösen können und mögen — sie war das ihrer Entfaltung deutschen Wesens zupassende Kleid, sie blieben zeitlebens echte

Schüler von Friedrich Jacob (1792—1854), der als Verfasser
der in ihrer Art einzigen Erzählung „Horaz und seine Freunde" in den
novellistischen Kreis gehört und auch auf Eduard Simson und Kurd von
Schlözer pädagogischen Einfluß übte.

Die drei Anderen, an der Westküste der Halbinsel daheim, Theodor Woldsen Storm, Theodor Mommsen und Tycho Mommsen, verbinden sich alsbald zu einem „Liederbuch dreier Freunde"; auch sie
sind Heroldsrufer einer Lösung der Heimat vom dänischen Joche und
der große Historiker zugleich Kämpfer für eine freiheitliche Ausgestaltung des deutschen Lebens. Aber Wesensart und Ausdrucksweise der
drei an der Nordseeküste Beheimateten schwingen zu anderem Pole aus:
Tycho Mommsen ward der philologisch getreue Verdeutscher und Er-
klärer Pindars, der ältere Bruder Theodor krönte sein weitgespanntes
Lebenswerk mit einer Entfaltung der Römischen Geschichte von leidenschaftlicher Menschendarstellung und dem neuen realistischen Weltgefühl, und Theodor Storm erfüllte an seinem Teile das Gesetz der neuen
Lebenstreue mit einer Verdichtung der Stimmung und Einstimmung.
Sie verführte ihn bis zu ungerecht absprechendem Urteil gegen den
gleichaltrigen Lübecker Meister, dem die Gunst einer großen Leserschar
bei Lebzeiten zufiel — die Nachwelt hat dann, wiederum ungerecht, den
Genossen der Brüder Curtius unterschätzt, und erst die Gegenwart setzt
Beide in das Rechte.

Es hat zugleich symbolhafte Bedeutung, wenn derselbe Theodor
Mommsen Ehrenbürger von Rom und nach dem Kriege von 1870 Rektor
der größten preußischen Universität wird, wenn Emanuel Geibels Denkmal inmitten der alten Bürgerherrlichkeit Lübecks aufgerichtet wird,
während das Theodor-Storm-Denkmal vor Husum unter vom Nordsee-
sturme gerüttelten Bäumen weit über das eingedeichte Land schaut, das
er nur von feindlichen Mächten gezwungen verließ und in das er, nach
der Lösung von Dänemark, alsbald aufatmend zurückkehrte.

Paul Heyse hat Gottfried Keller einmal den Shakespeare der Novelle genannt, obwohl sich bei dem Gedenken an diesen Dichter sofort
neben der Novellenernte der „Grüne Heinrich" meldet. Storm dagegen
hat neben dem schmalen Bande lyrischen Edelgutes, aus dem freilich
nichts ausfällt, nur (wobei dies Wort keine Minderbewertung bedeuten
soll) Novellen ans Licht gebracht, denn auch der manchmal als Roman
bezeichnete „Schimmelreiter" ist nach Anlage und Innenklang eine Novelle. Der volle Reiz der Stormschen Art ruht schon auf seiner ersten,
1851 erschienenen Novelle „Immensee". Hier bereits offenbart sich die
dichte Stimmung, welche die Menschen völlig einspinnt und nicht nur
jedem Worte, sondern auch dem Schweigen, in das Storms Menschen
oft versinken, die unvergeßliche Kadenz verleiht. Die Erzählung von
dem Alten, dem ein langgehegter Jugendtraum unter mütterlichem Zudrange auf die Geliebte zerran, wird mit den sparsamsten Andeutungen
ausgemalt, aber diese Anrührungen an das Innerste, die gelegentlich
in lyrische Maße übergehen, genügen zum völligen Aufschluß dessen,

worauf es in der melodischen Fassung dieser Prosa ankommt. Als Reinhard nach Jahren die Geliebte mit dem Freunde verbunden wiederfindet, sitzen sie im Gartensaale zu vieren beieinander, und er wird um die Mitteilung einiger Volkslieder gebeten, die er soeben zugesandt erhalten hat.

„Es war schon dunkler geworden; ein roter Abendschein lag wie Schaum auf den Wäldern jenseits des Sees. Reinhard rollte das Blatt auf, Elisabeth legte an der einen Seite ihre Hand darauf und sah mit hinein. Dann las Reinhard:

> Meine Mutter hats gewollt.
> Den andern ich nehmen sollt;
> Was ich zuvor besessen,
> Mein Herz sollt es vergessen;
> Das hat es nicht gewollt.

> Meine Mutter klag ich an,
> Sie hat nicht wohl getan;
> Was sonst in Ehren stünde.
> Nun ist es worden Sünde.
> Was fang ich an!

Während des Lesens hatte Reinhard ein unmerkliches Zittern des Papiers empfunden; als er zu Ende war, schob Elisabeth leise ihren Stuhl zurück und ging schweigend in den Garten hinaus. Ein Blick der Mutter folgte ihr. Erich wollte nachgehen; doch die Mutter sagte: Elisabeth hat draußen zu tun. So unterblieb es. Draußen aber legte sich der Abend mehr und mehr über Garten und See, die Nachtschmetterlinge schossen surrend an den offenen Türen vorbei, durch welche der Duft der Blumen und Gesträuche immer stärker hereindrang; vom Wasser herauf kam das Geschrei der Frösche, unter den Fenstern schlug eine Nachtigall, tiefer im Garten eine andere; der Mond sah über die Bäume."

Mit so einfachen Mitteln weiß Theodor Storm eine Stimmung zu vergegenwärtigen, deren Nachhall den Leser nicht wieder freigibt. Das Ganze aber wird nicht etwa als fortlaufende Erzählung vorgetragen. Storm beginnt vielmehr mit einem ganz sachlichen Bericht. Ein alter Mann, dessen unmodische Kleidung angedeutet wird, kommt am Spätherbstnachmittage nach Hause, verbittet sich beim Eintreten das Licht, setzt sich im immer dunkler werdenden Zimmer, während ein Mondstrahl durch die Fensterscheiben fällt, in den Lehnstuhl, und sein Blick folgt dem Mondstrahlstreifen. Da fällt er auf ein kleines Bild in schlichtem schwarzem Rahmen. „Elisabeth! sagte der Alte leise; und wie er das Wort gesprochen, war die Zeit verwandelt; — er war in seiner Jugend." Damit hat Storm einen Vorhang fortgezogen, und es eröffnet sich der Blick aus einer Gegenwart in eine Vergangenheit, an der teilzunehmen der schlicht erzählte Eingang uns unausweichlich gelockt hat.

Theodor Storm ist noch im unangetasteten Besitze aller Elemente der Romantik. Theodor Fontane berichtet aus dem Hause Franz Kuglers, wie der Schleswig-Holsteiner nach sorgfältigem Verschluß der Tür hell-dunkle Geschichten und Balladen vortrug und durch einen nachdrück-lichen Blick der blauen Augen auch Widerstrebende unweigerlich in seinen Bann zog. Wenn er die Mär von der Regentrude erzählte, oder die Hörer in Bulemanns Haus lud, so entführte die geheimnisvoll rau-nende Sprache sie alsbald in das Weben einer Phantasie, die sich wie von selbst aus einer lebensdichten Prosa zur Beschwingung im balla-dischen Verse hinfand, so in „Immensee". wie immer wieder in tragisch aushauchenden oder zu schweigsamer Resignation führenden Lebens-berichten. Selten wird ein völlig gelöster Humor zu Tage gebracht, wie etwa in der ganz knappen Erzählung vom kleinen Häwelmann, der mit seinem Bettchen aus dem Fenster am Himmelsgewölbe entlang spaziert.

Storm stammte aus patrizischem Hause, er saß an der Nordgrenze deutschen Lebens inmitten alten Urväterhausrats im engsten Bezirke vorväterlicher und vormütterlicher Erinnerungen und lebte all das, was die Altvordern erfahren hatten, in empfänglicher Seele noch einmal mit. Seine, durch die Dänenherrschaft bewirkte, Vertreibung aus dem Wald-winkel und der stürmegesegneten Küstenlandschaft empfand er nicht un-verwandt der Notwendigkeit, die etwa Gottfried Kinkel oder Ferdinand Freiligrath in das Exil über das Meer trieb. Obwohl Storm in Potsdam, in Berlin und in Heiligenstadt, wo er lange amtete, mit offenen Armen aufgenommen ward, kam er über das Gefühl des Fremdseins niemals hinaus. Man muß seine Briefe an Mörike, an Keller, vor allem die an Paul Heyse lesen, um die volle Essenz dieses Lebens zu schlürfen. Der dezidierte Nichtchrist begeht das Weihnachtsfest nach wochenlanger, ge-heimnisumhüllter Vorbereitung mit einer festlichen Hingegebenheit, welche die ganze Sonnwendzeit umgoldet. Und der volle Gehalt an Glück und Leid, nicht nur an dem, was er selbst getragen, sondern auch an dem, was die Erinnerung von Haus und Stadt heraufbeschwört, geht verdichtet in seine Novellenkunst über. Wenn er eine Halligfahrt schildert, auf der die Silbermöwen über den Köpfen der Fahrenden mit funkelnden Augen gackelnd einherstieben, so führt er in das Land einer Erinnerung, die ein alterndes Herz noch einmal tief zu erschüttern ver-mag und in der Luftmusik das Geflüster der Resignation hören läßt. Und es erscheint bezeichnend, daß zu dem Hausrat des Vetters auf der Hallig Jean Pauls „Hesperus" gehört.

In „Viola tricolor" ist die Geschichte einer zweiten Ehe nur ange-deutet, aber die seelische Beziehung zwischen der Stiefmutter, der Halb-waise und dem Kinde der zweiten Ehe wird so zart vorgetragen, daß ein Vollbild der das große Haus belebenden Menschen gewonnen wird. Wie in der „Halligfahrt" der Pesel mit wenigen, aber charakteristischen Strichen belichtet wird, so gibt in „Viola tricolor" die alte englische Hausuhr mit ihrem Glockenspiel, so geben die Bronzen und Terrakotten aus Rom und Griechenland hier die einstimmende Umrahmung für die eigentlichen, die seelischen Begebnisse.

Manchmal beginnt Storm unmittelbar mit einem Bericht aus seiner Vaterstadt Husum, man läßt sich leiten, ohne zunächst irgend ein Ziel zu kennen, und wird dann doch langsam und unausweichlich eingesponnen, etwa in der Novelle „In St. Jürgen". Und nun wird unter dem Rückertschen Motto

Als ich Abschied nahm, als ich Abschied nahm,

eine Doppelgeschichte erzählt, zuerst das Liebesdrama der Mutter Hansen, die wegen des Bankrottes ihres Vaters auf ihr Lebensglück verzichten mußte. Dann aber kehrt der Dichter von einer Reise wieder zur Heimat und fährt mit einem altmodischen Herrn, mit dem er ins erinnernde Plaudern gerät. Der Alte aber zittert vor der nächsten Stunde — und sie führt ihn, den einstigen Spökenkieker, an das Sterbelager der altgewordenen Hansen. Was an erregenden Momenten in diese Erzählung von St. Jürgen eingefügt ist, verschwindet neben dem Stimmungsgehalt dieser Novelle. Immer wieder gelingt es Storm, so wie er bei Kuglers im verschlossenen Zimmer bei abgedämpftem Lichte die Freunde in sein Land entführte, den späten Leser in seinen Bezirk zu geleiten. Und dieser Bezirk ist nicht nur das väterliche Husumer Haus, nicht nur der Gartensaal, sondern eine mit den feinsten Deckfarben ausgemalte Wirklichkeit, hinter der sich zumeist eine tiefe Verzichtstimmung birgt. Selbst in der kurzen Novelle „Unter dem Tannenbaum" mit dem Untertitel „Eine Dämmerstunde" kommt dieses wehmutvolle Gedenken empor, obwohl hier das unvergängliche Gedicht zuerst an den Tag trat, mit dem Knecht Ruprecht sich in die Weihnachtsstube einführt:

Von drauß, vom Walde komm ich her,
Ich muß euch sagen, es weihnachtet sehr.

Aber freilich spricht in dieser Dichtung die Herzenssehnsucht des Kämpfers mit, der sich in der Verbannung fühlte.

Theodor Storm hat in späteren Jahren eine Reihe von Novellen geschaffen, zu denen er die Anregung aus alten Chroniken schöpfte. Die „Renate" vergegenwärtigt die Welt des siebzehnten Jahrhunderts und gemahnt ein wenig an die Stoffwahl und die Lieblingsneigung Wilhelm Meinholds. Renate gilt im Dorfe als Hexe; der Pfarrerssohn, der sie liebt, aber seinem Vater versprochen hat, sie nicht heimzuführen, wird von den Bauern mißhandelt, als er die Verfolgte schützen will. Und wieder werden wir über einen langen Lebensraum hinweg zu einem Ziele geführt, das aller jugendfrohen Erwartung ganz fern liegt: die einst von der abergläubischen Menge Gehetzte sattelt, während die Dörfler im Gotteshause sind, sonntags ihr graues Roß und reitet zu dem einstigen Jugendgefährten, der nun resigniert von der Last des lange getragenen Pfarramtes ausruht. Das Ganze ist treffsicher in eine Moorlandschaft gebettet, über der, wie bei Storm so oft, Vögel wilden Fluges einherschießen.

Im gleichen Jahrhundert spielt die Novelle „Zur Chronik von Grieshuus". Hier geht der Bericht aus dem Adelsgeschlechte durch zwei Jahrhunderte. Man möchte sagen, daß sich hier ein Balladenmotiv an das andere drängt, und nicht von ungefähr sprengt ein Pferd mit dem uns von den Brüdern Grimm her vertrauten Namen Falada durch die Flur von Grieshuus.

Noch weiter rückwärts läßt sich Storm im „Fest auf Haderslevhuus" leiten. Eine in Schleswig noch lebende Überlieferung läßt eine Schauenburgische Gräfin ihren ihr widrigen Mann umbringen. Dann heiratet sie den jungen Ritter Lembeck (nach dem die Novelle zuerst benannt war). Lembeck aber trachtet nach einer wärmeren Liebe, als sie Wulfhilde gewähren kann, und findet sich bei Dagmar, die auf der Burg Haderslevhuus lebt. Das Paar wird belauscht, Dagmar stirbt, ihr Vater lädt Rolf zur Hochzeit der Tochter. Rolf folgt der Ladung und stürzt sich, als er die Wahrheit erfährt, mit der Toten vom hohen Turme her in den Tod. Wieder eine Aneinanderreihung von balladischen Bildern. Gerade in Storms Spätjahren treten diese Stoffe mit zwingender Kraft hervor und an die Stelle der ganz anders eingestimmten Novellen, bei denen das Kennwort Resignation immer zu wiederholen war. Nach dem „Fest auf Haderslevhuus" widmete Detlev von Liliencron seinem Flurnachbar folgende Verse, die freilich ein Abschiedspsalm an den jäh Vollendeten sein mußten:

Schrieb einer je, den siebzig Winter drückten,
Ein solches Hochzeitfest? Wars nicht ein Jüngling,
Der siebzehnjährig heiß die Laute schlug
Vor seiner Liebsten Tür im sanften Mond,
Im Sehnsuchtspuls der Nachtigallenlieder?
Wohl trifft es sich, daß laut und polternd wirft
Ein herrlich Dichterherz mit rohem Gold
Und kann es niemals zwingen zum Gerät;
Ihm fehlt die Künstlerhand, dir wurde sie.

Wie weit der Raum war, den Theodor Storms Kunst umfaßte, lehrt ein Vergleich mit der Novelle „Pole Poppenspäler", eines der volkstümlichsten Stücke des Dichters, mit dem „Schimmelreiter", seinem letzten Werk. Dort ein in genau umgrenzte kleinbürgerliche Umgebung in ein lebhaftes Stadttreiben gestelltes Erlebnis, nicht ohne leise humoristische Züge. Im „Schimmelreiter" aber ist alles in ein geheimnisvolles Licht gestellt, der Deichbruch und die große Zerstörung werden durch eine schwer und langsam anwachsende innere Verstörung vorbereitet, und der Schimmelreiter, welcher im Sturm nächtens die Deichkrone abreitet und sich vor einer Katastrophe mit dem Rosse hinabfallen läßt, wird zu einem Symbol einer Landschaft, die immer wieder verheerendem Wogenprall ihr kümmerliches Gedeihen abtrotzen muß.

Bis in die letzten Tiefen tragischer Verstrickung und zugleich bis zur Darstellung der innigsten Liebesverbundenheit eines vom Schicksal zu zwangloser Entsagung berufenen Paares geleitet Theodor Storm in einer Meistererzählung, die der Sechzigjährige „Aquis submersus" benennt. Die Entstehung dieser Novelle ist für den Dichter, der selbst wie Annette von Droste ein Spökenkieker war, höchst bezeichnend. Er hat in der alten Kirche eines nordfriesischen Dorfes neben den schlecht gemalten Bildern einer einstigen Predigerfamilie das Porträt des einen Knaben als Leiche erblickt, und unter diesem Totenbilde standen die „merkwürdigen, harten Worte: Incuria servi aquis submersus. Hinter dem Pastorate war noch eine Koppel mit einer Wassergrube, wahrscheinlich hatte der Knecht den Knaben dort ertrinken lassen."

Dies Bild ist Storm immer von Neuem nachgegangen, und während er zu einer beruflichen Entbietung als Amtsgerichtsrat ein paar Meilen allein im Wagen über Land fuhr, ist die Geschichte in ihren wesentlichen Teilen vor ihm aufgestiegen. Er hat sie mit allem verzaubernden Reize einer leidenschaftlichen Herzensneigung ausgestaltet und den Künstlerberuf des zum Unglück und zum Verzichte bestimmten Malers vordeutend in die Mitte der Motive geordnet. Der Künstler hat den Auftrag, das Bildnis der Tochter des Adelshauses zu fertigen. Während der Arbeit erzählt der bürgerliche Meister dem Edelfräulein Erinnerungen aus der gemeinsamen Jugend. „Dann lächelte sie glücklich; und dabei blühete aus dem dunklen Grund des Bildes immer süßer das holde Antlitz auf; mir schiens, als sei es kaum mein eigenes Werk. — Mitunter wars, als schaue mich etwas heiß aus ihren Augen an; doch wollte ich es dann fassen, so floh es scheu zurück; und dennoch floß es durch den Pinsel heimlich auf die Leinewand, so daß mir selber kaum bewußt ein sinnberückend Bild entstand, wie nie zuvor und nie nachher ein solches aus meiner Hand gegangen ist." Diese Einstimmung ist der Vortakt zu dem tragischen Ende. Nicht durch die Schuld eines Knechtes geht das Kind im Wasser zugrunde — indessen die durch grausame, standesstolze Willkür Getrennten sich nach langer Frist wiederfinden und in einer letzten Umarmung das einstige Glück der einmaligen Vereinigung in kurzem Rausche genießen, ertrinkt ihr Kind, nachdem eben noch sein Stimmlein sich in einem Volksliede, das den Schlaf einbegleitet, hat hören lassen.

Diese Erzählung erblüht aus einigen stark vergilbten Papierblättern mit sehr alten Schriftzügen, die der Dichter bei der Suche nach einem Quartier für einen Verwandten in einem alten hochgegiebelten Hause Husums vorfindet. Und die leise altertümliche Färbung des aus dem siebzehnten Jahrhundert stammenden vorgeblichen Berichtes ist nur dazu angetan, den schwermütigen Reiz dieser Novelle noch zu erhöhen. „Das ist von Deinem Allerbesten, liebster Storm, und ich drücke Dir warm und herzhaft die Hand dafür. Ich glaube fast, Du hast nichts Besseres gemacht, nichts von so eigen herber Süße und reinster Mannhaftigkeit des Schmerzes", so quittiert der Freund Paul Heyse über „Aquis sub-

mersus". Es ist aus dem gleichen Meistertone geflossen, der in Theodor
Storms Gedichten ahnungsschwer lebendig wird:

> Und webte auch auf jenen Matten
> Noch jene Mondesmärchenpracht,
> Und stünd sie noch in Waldesschatten
> Inmitten jener Sommernacht;
> Und fänd ich selber wie im Traume
> Den Weg zurück durch Moor und Feld,
> Sie schritte doch vom Waldessaume
> Niemals hinunter in die Welt.

*   *
*

Aus Storms engerer Heimat entsandte N i k o l a u s F r i e s (1823
bis 1894) kräftige Volkserzählungen, so „Meister Spatz und die Seinen".
Aber als hätte der schleswig-holsteinische Bezirk mit seiner vollen Ein-
beziehung in den deutschen Raum dem großen Vaterlande eine über-
reiche Fracht bescheren mögen, so gesellte sich den Schöpfungen Hebbels,
Mommsens, Storms aus der Dithmarscher Landschaft der Genius von
K l a u s G r o t h (1819—1899). Sein im „Quickborn" dargebrachtes
Lebenswerk schattiert oft den gleichen Stimmungsgehalt ab, wie die
hochdeutsche Poesie des Husumers, und es ließen sich wohl Parallelen
ziehen etwa zwischen Storms knappem, der Heimatflur abgelauschtem
Gedicht „Über die Heide" und Groths Veranschaulichung des Moores.
In dem behaglich-zutraulichen Tongefüge, dessen der lyrische Schiller-
preisträger aus Heide Meister war, ergehen sich auch die „Vertelln",
in denen er, leider zu selten, treuherzig-volksmäßig, wie auf der Bank
mit Nachbarn plaudernd, aus dem Heimatbezirk erzählt. Und innerhalb
der Sammlung „Min Jungsparadis" sind drei Erzählungen von höchst
anschaulicher Art vereinigt. Auch im Gefüge der Prosa erwies Klaus
Groth die Meisterschaft, mit der er das damals so verächtlich behandelte
Niederdeutsche in den Raum großer Kunst einbrachte.

Die Streitigkeiten über den echten und rechten Gebrauch der plattdeutschen Sprache, die einst zwischen dem Dichter des „Quickborn" und
einem mecklenburgischen Flurnachbar entbrannten und an denen auch
die gelehrten Sprachforscher teilnahmen, sind vergessen oder nur noch
ein Gegenstand fachwissenschaftlicher Erörterung. Heute stehen sie
Beide als humoristische Bezwinger einer der niederdeutschen Volksart
abgelauschten Lebenstreue nebeneinander, Klaus Groth und der aus
Stavenhagen stammende F r i t z R e u t e r (1810—1874). Der alte
Burschenschafter Fritz Reuter hatte es nicht so gut wie sein Kommilitone
Heinrich Laube; dieser durfte seine Strafhaft auf der Besitzung des
Fürsten Pückler abbüßen — Reuter dagegen, zum Tode verurteilt und
vom preußischen Könige zu dreißigjähriger Haft begnadigt, wurde von
einer Festung zur anderen geschleppt und erst nach sieben Jahren, nach
dem Tode Friedrich Wilhelms des Dritten, freigelassen, Opfer eines

Justizmordes, dessen Folgen seine Gesundheit untergruben. Wie innerlich
gesund er sich in dem gehäuften, unverdienten Elende bewahrt hatte,
bewies er in dem zweiten Bande der von ihm selbst als „Olle Kamellen"
bezeichneten Erzählungen, welcher die Festungstid behandelte. Gegen
den Schluß hin macht Reuter eine Bilanz der schweren Jahre auf: „So!
Soeben Johr legen achter mi, soeben swore Johr, un wenn ick ok up
Stunns in'n Ganzen lustig dorvon vertellt heww, sei legen mi dunn swor
as Zentner-Stein up't Hart; in dese Johren was nicks geschehn, mi vör-
warts tau helpen in de Welt, un wat sei mi möglich nützt hewwen, dat
lagg deip unnen in'n Harten begrawen unner Haß un Fluch un Grugel;
ick müggt nich doran rögen; 't was, as süll ick Gräwer uprieten un süll
minen Spaß mit Dodenknaken bedriwen. — Un wat lagg vör mi? —
Ne Haid mit Sand un Dannenbusch. — Weg? — Oh, vele Weg führten
dor dörch, aewer gah man Einer son Weg, hei sall woll meud warden.
— Un wecker was de rechte?" Er aber findet sein „Tüftenland", ein
Land darauf „uns Herrgott jo sine Sünn schinen laten un Dau un Regen
nich wehrt" — und diese Aussaat beschert ihm seine „Läuschen
un Rimels".

Die volle Ernte einer spät zu innerem Bewußtsein gekommenen Begabung waren freilich nicht diese munteren Versbilder, sondern einmal
die herzbewegende, aus heimatlicher Not und Enge geschöpfte Vers-
erzählung „Kein Hüsung" und die nun in rascher Folge hervor-
tretenden Prosaerzählungen, welche die Schilderungen „Ut de Fran-
zosentid" eröffnen. Reuter hielt sich nicht an das sozusagen klassische
Platt, wie es in Schleswig-Holstein Klaus Groth zum Siege führte, er
schuf sich eine eigene Sprache, die zwar völlig niederdeutschen Charakter
trug, aber doch fühlbar hochdeutsch empfunden und zu volksmäßigem
Ausdruck erst gewandelt war. So berichtet er von der Franzosenzeit in
seiner Vaterstadt Stavenhagen, die unter dem Szepter seines bürger-
meisterlichen Vaters stand, indem er, vom Kleinsten ausgehend, doch ein
volles Zeitbild malte. Ihm gelang, was keinem früheren Erzähler ge-
glückt war, was auch Johann Peter Hebel nur in knapp andeutenden
Miszellen verbildlicht hatte: er brachte eine ganze Bürgerschaft zum
Reden, indem er nicht den Einzelnen genrehaft verbrauchte, sondern das
gesamte Leben und Treiben von den ernstesten Entscheidungen bis zum
Schurrmurr der Kneipe mit humoristischem Gefühl der nächsten Nähe
gruppierte. Gustav Freytag stand fühlbar immer irgendwie neben
seinen Gestalten, so sehr sie dem realen Raume zugehörten. — Fritz
Reuter war, auch wenn er nicht Verwandte und Schulkameraden ab-
schilderte, mitten unter seinen Leuten daheim und setzte seine Leser mit
ihnen an den Tisch, auf dessen Platte die heimatlichen Lieblingsgerichte
zum Zulangen lockten.

Fritz Reuter hat das seelische Klima und die urtümliche Wesensart
seiner mecklenburgischen Landsleute mit so vollendetem Striche wiederzugeben gewußt, daß sich einzelne seiner Gestalten bis in den Sprachgebrauch einbürgerten. Es war durchaus fehl am Orte, die nieder-

deutschen Lebensbilder Reuters ins Hochdeutsche zu übertragen — diese ohne die besondere Ausdrucksart ihres Dichters zum Verblassen bestimmten Übersetzungen sind längst verschwunden. Aber gerade so ist dieser Niederdeutsche in das hohe Schrifttum eingegangen und hat Leser in allen Landschaften gefunden. Insbesondere die Menschen der „Stromtid" sind uns wie Lebenskameraden vertraut; Lining und Mining, Pomuchelskopp, Jochen Nüßler, der alte Jude Moses Löwenstein und vor allem Zacharias Bräsig, dem wir in seiner humoristischen Fülle folgen, wie er in den Hof einschreitet und alsbald immer wieder, ohne Aufspielerei, durch die Kraft seines vom Witze bedienten gesunden Menschenverstandes, zum Herrn der Handlung wird. So führt Reuter ihn ein: „As de lütten Dirns up den Hof kemen, kamm int Dur en lütten Mann rinner mit en rödlich Gesicht un ne recht statsche rode Nes, dei hei wat in de Luft höll; up den Kopp hadt hei ne virtimpige Mütz, vör mit ne Troddel, äwer ne eigentliche Kalür hadt sei nich; up den Liw hadt hei en grisen linnen Kittel mit lange Slippen, un sine korten Beinings, dei hellschen utwarts stunnen und so leten, as wiren sei in dat lange Babenliw verkihrt inschrawen worden, steken in ne korte blagstripige Drellhos un in lange Stäweln mit gele Stulpen. Hei was grad nich vüllig, äwer mager was hei ock nich, un Einer kunn seihn, dat hei all anfung, sich en lütten Buk stahn tau laten." Und derselbe Zacharias Bräsig legt sich gefaßt zum letzten Schlafe, und wir sind nicht überrascht, wenn er vom Sterbebette her, indeß ein letztes Lächeln über sein Gesicht fliegt, den bekümmerten Freund Hawermann mit einer seiner Lieblingsredensarten verabschiedet: „In dem Styl war ich Dich doch über. — Dunn wast all."

Die „Ollen Kamellen" werden durch eine der liebenswürdigsten Schöpfungen dieses liebenswerten Dichters beschlossen, durch „De meckelnbörgschen Montechi un Capuletti oder De Reis nah Konstantinopel", ein Gisbert von Vincke gewidmetes Buch. Es bereitet dem Reuterleser besonderes Vergnügen, dem Dichter hier zur Darstellung fremder und ferner Gegenden zu folgen. Er weiß sie alle richtig von den hellenischen und türkischen Erlebnissen und Landschaften abzuheben, die bildungslüsterne Frau des Rostocker Fetthamels, ihren dem Landmannsstande entwichenen Mann, der dem mitgenommenen Lehramtskandidaten die Abenteuer des Trojanischen Krieges nicht glaubt, und als Gegenbilder zwei rührende weibliche Gestalten, eine Alte und eine Junge, die sich das Herz an dem Reize der sehnsüchtig erwarteten Ferne volltrinken. Dazwischen rumort mecklenburgisches Kleinbürgerdeutsch in unverfälschten Tönen, und die Herzensangelegenheiten der beiden im Anfang verfeindeten Familien werden zu einem heiter belohnten Ende geführt. Es gehört zu Reuters Eigenart, daß er sich immer wieder mit seinem Leser unterhält — was in anderem Zusammenhange störsame Stilwidrigkeit wäre, ist hier, im Behagen der niederdeutschen Aussprache, ein natürlicher Bestandteil selbstverständlicher Lebenstreue.

Fritz Reuter hat alle Höhen und Niederungen des mecklenburgischen Volkslebens ausgeschritten, ohne das Bild zu verfärben. Was in „Kein Hüsung" mit der zu dem dunklen Stoffe gehörigen Düsternis abge-schildert war, wurde in den „Ollen Kamellen" nicht verschwiegen. Das Volk ward nicht idealisiert, aber die humoristische Weltfassung des Dichters brachte auch das Zweifelhafte und Schiefe zu einer Darstellung, der wir die volle Wahrheit gelebten Daseins abmerken. Reuter hat sich in der Vorrede zu seinem, vielleicht merkwürdigsten Buche, „Dörch-läuchting", ein wenig über die historischen Romane seiner Zeitgenossen lustig gemacht — dennoch hat er in diesem Werke einen wirklichen Geschichtsroman geschrieben und mit beinahe subtiler geschichtlicher Genauigkeit in das achtzehnte Jahrhundert der Herzogtümer zurück-geführt. Allerdings, diese behagliche Kameradschaftlichkeit, die Reuter gegenüber den geschichtlichen Gestalten an den Tag legt, war den Mit-bewerbern auf solchem Felde fremd, und selbst Scheffel, der im „Ekke-hard" scheinbar stilwidrig hineinspricht, ist weit von der Unge-zwungenheit entfernt, mit der Reuter seinen Herzog Adolph Friedrich und dessen Schwester, die Prinzeß Christel, sozusagen bei der Hand nimmt. Aber gerade so umfängt uns der Reiz dieser Erzählung von dem Spuk im Neustrelitzer Palais und dem Neubau eines Schlosses in der anderen Residenz Neubrandenburg mit einem Behagen, das — es ist der Umschlag der Quantität in die Qualität — mit aus der histori-schen Einstimmung entspringt. Neben dem gewitterfürchtigen Landes-herrn treten, wie in der „Stromtid", typische mecklenburgische Charak-tere in ihrer Zeitbedingtheit doppelt einprägsam hervor, so die Jungfer Dorothea Holze und ihr Gegenspieler, dem sie am Ende zum Altar folgt, der Konrektor Aepinus.

Merkwürdigerweise hat der zweite mecklenburgische Dichter dieser Reihe, J o h n B r i n c k m a n (1814—1870), selbst bei seinen Lands-leuten nicht die Volkstümlichkeit erreicht, die seinem Hauptwerke ge-bührte. Der Roman „Kaspar Ohm un ick" ist ein humoristisches Mei-sterstück mit Gestalten von ergreifender Lebenstreue, unter denen der schwadronierende Titelheld oben an steht.

W i l h e l m S c h r ö d e r (1808—1878) gehört in die Nachfolge Reuters und Brinckmans, er hat das „Wettloopen zwischen dem Hasen un dem Swinegel up de lüttge Heide bi Buxtehude" in eine so klas-sische Form gebracht, daß die Wenigsten sich des Verfassers erinnern. F r i e d r i c h W i l h e l m G r i m m e (1827—1887), schrieb, zum Teil unter dem Hehlnamen S t r u n z e r d ä l e r, Dichtungen in sauer-ländischer Mundart und schlichte Erzählungen, unter denen die „Memoiren eines Dorfjungen" hervorgehoben seien. Dem münsterschen Gymnasialdirektor wurde die Ehre, neben dem Denkmal für Annette von Droste, dicht am gotischen Münsterbau, durch einen Denkstein ver-ewigt zu werden. Auch W i l h e l m B u s c h (1832—1908), neben Reuter der volkstümlichste Dichter der Zeit, gehört mit einigen Vers-bildern in die plattdeutsche Reihe — in die Geschichte der Prosa-

dichtung ist er mit den Märchen „Eduards Traum" und „Der Schmetter-
ling" eingegangen; freilich scheidet ihn auch hier sein bitterer Pessimismus von der sich immer zu neuer Lebensbejahung aufrichtenden Art
Fritz Reuters oder Gustav Freytags.

An der Ostseeküste war L u d w i g P a s s a r g e (1825—1912) zu
Hause; der erste Übersetzer von Ibsens „Peer Gynt" hat das dichterisch
durchklungene Wanderbuch „Aus baltischen Landen" dargebracht, welches das Samland und die Haffufer lebensvoll schildert. Mit ihm sei
der früh verstorbene Königsberger E r n s t W i l h e l m A c k e r -
m a n n (1821—1846) genannt, dessen von Ernst Raupach heraus-
gegebener Nachlaß sieben lyrisch getönte Novellen birgt.

Der Schilderer der Danziger Vergangenheit Ernst Wichert stand
E m i l e E r h a r d (E m i l i e v o n W a r b u r g, geb. Freiin von
der Goltz, 1853—1907) aus Danzig nahe. Sie schuf in der Novelle
„Onkel Hermann" eine feine humoristische Gestalt; in der engeren
Heimat hat sie sich mit dem Roman „Die Haffrose" angesiedelt, Berliner
Novellen in dem Bande „Zwischen Havel und Spree" dargebracht.

Die Küste der Nordsee im Oldenburger Lande stellte in anschaulichen Erzählungen T h. J u s t u s (T h e o d o r e Z e d e l i u s, 1834
bis 1905) dar. Die nachbarlichen ostfriesischen Gebreite in ihren sparsamen Reizen hat zuerst E m m y v o n D i n c k l a g e (1825—1891)
novellistisch belebt. An der Wasserkante der Nordsee, im Gebiete der
Hansestadt Bremen fügte der eigenartige P h i l i p p K n i e s t (1830
bis 1905) sein Werk zusammen. Der bremische Großkaufmann gab da
in einer Vielzahl von Novellen Blicke in das vaterstädtische Handelsleben frei, aus jenen Zeitläuften, da noch, wie bei Gustav Freytag, ein
solches Geschäftshaus sämtliche Mitarbeiter unter seinem Dache wohn-
lich vereinigte. Seereisen und Abenteuer aus Segelschiffen und Dampf-
booten werden in lebhaftem Zeitmaß dargestellt. Kniest läßt seine
Landsleute am Weserstrande ihr heimisches Platt reizvoll gebrauchen
und bildet dabei eine humoristisch durchgeführte Gestalt, wie die Kapi-
tänsfrau Sjoukelina Musheer. Kniest bringt auch Bilder aus dem Han-
dels- und Seeleben der beiden anderen Hansestädte und führt aus der
liebevoll gemalten Vergangenheit immer wieder in das neuen Entwicklungen zuströmende Leben. Ein Hamburger Lebensbild aus noch bun-
destäglicher Zeit zeichnete der Roman „Ernst Meliboker" des Schul-
manns A d o l f S t u h l m a n n (1838—1924).

Klima und Volkstum der verwandten Landschaft des sich südlich der
Nordsee erstreckenden Haidegebiets fanden ihre erzählerische Abbil-
dung in den „Lüneburger Geschichten" von A. v o n d e r E l b e
(A u g u s t e v o n d e r D e c k e n, 1828—1908). Im gleichen
Lebenskreise spielen ihre Romane, so „Die Eiken von Eikenheide".
Daneben gab Frau von der Elbe auch historische Novellen. Eine Er-
scheinung von Urwüchsigkeit, die er mit besonderem Behagen betonte,
war der Westfale H e r m a n n L a n d o i s (1835—1905). Der be-

deutende Tierforscher war ein über Stadt und Provinz hinaus bekanntes Original, er setzte sich zum Beispiel am Zoologischen Garten in Münster, wo er Professor war, bei Lebzeiten selbst ein mit seltsamen Emblemen ausgestattetes Denkmal. Landois mundartliche Dichtungen gipfeln in dem Romane „Frans Essink". Der in allem antiphiliströse Landois knüpft hier an die heimatlichen Geschicke und Ungeschicke den ganzen Umtrieb des westfälischen Lebens innerhalb und außerhalb der Hauptstadt an das Urbild eines Philisters und erzielt gerade so derbe humoristische Wirkung. Auf einem ganz anderen Blatte stehen die Erzählungen des in blühender Jugend verstorbenen, schon einem anderen Zeitraume pflichtigen J u l i u s P e t r i (1868—1894), die sein Lehrer Erich Schmidt unter der Aufschrift „Rote Erde" herausgab. In ihnen dringt, jugendlich getönt, ein erdenschwerer Realismus an den Tag.

Im Jahre 1857 erschien „Zwischen Himmel und Erde" von O t t o L u d w i g (1813—1865). Es gehört zu der Tragik dieses verheißungsvoll begonnenen und dann zu Krankheit und Verdüsterung bestimmten Dichterlebens, daß Otto Ludwig, der nie einen nachhaltigen Bühnenerfolg erlebte und sich in Shakespearestudien zermürbte, im wesentlichen, trotz der Wucht seiner „Makkabäer", in seinen Prosawerken fortlebt; nach seinem Bewußtsein waren sie gegenüber seinen Dramen nur Nebenschößlinge. Mit Recht sagt Erich Schmidt, der mit Adolf Stern des Dichters Werke gesammelt herausgab, von ihm: „Auf seine Schöpferkraft drückte eine beklemmende Reflexion. So kam dieser heldenhafte, reiche Geist nicht mehr zu freiem Flug und entbehrte schmerzlich der Selbstgewißheit des Talents, das mit gleichen Füßen in einen Stoff hineinspringt und ihn meistert."

Unendlichen körperlichen Leiden hat der rasch alternde Mann auch seine Prosaschöpfungen abgewonnen. Die früh entstandene „Wahrhaftige Geschichte von den drei Wünschen" ist noch ein stark romantisches Märchen. In der fein in sich geschlossenen Novelle „Maria" bezwang er einen heiklen Stoff mit vollendeter Künstlerschaft; er gemahnt hier an das Problem, das Kleist in der „Marquise von O. ." mit gleich schlüssiger psychologischer Einläßlichkeit umrang. Die letzte Nähe zum Volksleben erreichte Otto Ludwig als treuer Darsteller der Volkheit auf dem Thüringer Walde. In der Erzählung von der Heiteretei, die sich erst nach schwerem Innenkampfe einer Herzensneigung ergibt, steht die dörfische Wirklichkeit mit allen Säften auf, und die „Großen Weiber" der Dorfgemarkung werden als Gegenakteurinnen voll lebendig. Als Widerspiel zu dieser Novelle schuf Ludwig die Erzählung „Aus dem Regen in die Traufe". Sie nimmt schon wegen ihres humoristischen Akzentes eine Sonderstellung in seinem Werke ein. Wie aus dem unter der mütterlichen Fuchtel stöhnenden Schneider und seiner lieblichen Base ein Paar wird, obwohl der arme Kerl sich zuvor einen anderen, noch energischeren Hausdrachen erwählt hat, wie er diesen los wird und die Rechte freit — das ist in einem lebhaften Zeitmaße mit völliger Einstimmung in die Welt um den Rennsteig gegeben.

Otto Ludwigs Meisterstück ist dennoch „Zwischen Himmel und Erde". Es ist die Geschichte von zwei Brüdern, dem Leichtsinnigen, welcher dem Bruder und Handwerksgenossen arglistig die Braut stiehlt, dann das ererbte Eigentum verwüstet und schließlich den Verhaßten verbrecherisch hinwegräumen will. Ihm steht die reine, im gleichen Ehebett erzeugte Gestalt des Apollonius Nettenmair gegenüber. Er, dem der Tod bestimmt war, läßt, da seine Pflicht ihn an das durch den brüderlichen Leichtsinn ruinierte Familienerbe bindet, den Bruder in die Tiefe stürzen, die ihn selber aufnehmen sollte. Sein innerliches Gefühl vermag ihn aber nicht zu der vom Vater geforderten Ehe mit der geliebten Witwe des Toten zu bewegen — die Schuld der Unschuld lebt in seinem Unterbewußtsein, und als ein Entsagender geht er, schließlich zum Patriarchen des Hauses geworden, neben ihr und ihren Kindern einher.

„Zwischen Himmel und Erde ist des Schieferdeckers Reich. Tief unten das lärmende Gewühl der Wanderer der Erde, hoch oben die Wanderer des Himmels, die stillen Wolken in ihrem großen Ganzen. Monden, Jahre, Jahrzehnte lang hat es keine Bewohner, als der krächzenden Dohlen unruhig flatternd Volk. Aber eines Tages öffnet sich in der Mitte der Turmdachhöhe die enge Ausfahrtür; unsichtbare Hände schieben zwei Rüststangen heraus. Den Zuschauer von unten gemahnts, sie wollen eine Brücke von Strohhalmen in den Himmel bauen. Die Dohlen haben sich auf Turmknopf und Wetterfahne geflüchtet und sehen herab und sträuben ihr Gefieder vor Angst. Die Rüststangen stehen wenige Fuß heraus, und die unsichtbaren Hände lassen vom Schieben ab. Dafür beginnt ein Hämmern im Herzen des Dachstuhls. Die schlafenden Eulen schrecken auf und taumeln aus ihren Luken zackig in das offene Auge des Tages hinein. Die Dohlen hörens mit Entsetzen; das Menschenkind unten auf der festen Erde vernimmt es nicht, die Wolken oben am Himmel ziehen gleichmütig darüber hin. Lange währt das Pochen, dann verstummts. Und den Rüststangen nach und quer auf ihnen liegend, schieben sich zwei, drei kurze Bretter. Hinter ihnen erscheint ein Menschenhaupt und ein paar rüstige Arme. Eine Hand hält den Nagel, die andere trifft ihn mit geschwungenem Hammer, bis die Bretter fest aufgenagelt sind und die fliegende Rüstung fertig. So nennt sie ihr Baumeister, dem sie eine Brücke zum Himmel werden kann. ohne daß er es begehrt . . . Ist sie einmal über die Ausfahrtür und an der Helmstange mit starken Tauen angebunden, dann sieht der kühne Schieferdecker keine Gefahr mehr in ihrem Besteigen, so weh dem schwindelnden Menschenkinde tief unten auf der sicheren Erde wird, wenn er hinaufschaut und meint, die Leiter sei aus leichten Spänen zusammengeleimt, wie ein Weihnachtsspielwerk für Kinder. Aber eh er die Leiter angebunden hat — und um das zu tun, muß er erst einmal hinaufgestiegen sein, — mag er seine arme Seele Gott befehlen. Dann ist er erst recht zwischen Himmel und Erde."

So wird mit der Lebenstreue des Beobachters, dem kein Zug entgeht, und doch mit symbolhafter Vordeutung, die Katastrophe eingeleitet, welche über das Geschick der Brüder und des Hauses entscheidet. Wir sind wieder auf der Turmhöhe. „Apollonius würde einen anderen Halt suchen, wüßte er nicht, der Bruder benutzt den Augenblick, wo er den alten läßt. Und schon stürzt der mit wildem Anlauf heran. Apollonius Hand rutscht von der Balkenkante ab. Er ist verloren, findet er keinen neuen Halt. Er kann vielleicht im Sprunge den Balken mit beiden Händen umfassen, aber dann stürzt den Bruder, den kein Widerstand mehr aufhält, die Gewalt des eigenen Anlaufes durch die Tür. Da sieht er im Geiste den alten, braven, stolzen Vater, sie und die Kinder; ihm kommt das Wort, das er sich gab; er ist der einzige Halt der Seinen; er muß leben. Ein Schwung und er hat den Balken im Arme; in demselben Augenblicke stürzt der Bruder vorbei. Die Gewichte tief unter ihnen rasseln, und es schlägt zwei Uhr. Die Dohlen, die der Kampf aus ihrer Ruhe gestört, schießen wild hernieder bis zur Aussteigetür und schweben in krächzender Wolke fort. Tief unter ihnen hört man den Fall eines schweren Körpers auf dem Straßenpflaster. Ein Aufschrei schallt zugleich von allen Seiten. Ein Zusammeneilen, ein Händeineinanderschlagen geschieht . . . Aber oben hoch die Wolken am Himmel achten es nicht und gehen unberührt darüber hin weiter ihren großen Gang. Sie sehen des selbstgeschaffenen Elends so viel unter sich, daß das einzelne sie nicht bewegen kann."

In die Thüringer Welt führte im Gefolge ihres Oheims J u l i e L u d w i g (1832—1894) mit ihren „Altes und Neues" überschriebenen Erzählungen.

Weiter südlich, im Frankenlande, siedelt sich H e n r i e t t e v o n S c h o r n , geb. von Stein (1807—1869), mit vortrefflichen „Geschichten aus Franken" an. Bei Coburg war H e i n r i c h S c h a u m - b e r g e r (1843—1874) daheim. Das dörfliche Leben in den Weilern und den von einer althergebrachten Hausindustrie durchpulsten Gemeinden Oberfrankens fand in ihm einen Darsteller von selbständiger Auffassung, besonders ergreifend in der Dorfnovelle „Im Hirtenhaus". Schaumbergers „Bergheimer Musikantengeschichten" sind von humoristischer Fülle und geben bezeichnende Charakterbilder aus dem Engeren.

G o t t f r i e d K i n k e l (1815—1882) und seine Gattin J o - h a n n a K i n k e l , geb. Mockel (1810—1858). vereinigten sich zu „Erzählungen" aus der rheinischen Heimat. Als Gabe aus dem Exil brachte Johanna den Roman „Hans Ibeles in London" dar — ihr jähes Ende hat Ferdinand Freiligrath in einem ergreifenden Gedichte beklagt. W o l f g a n g M ü l l e r v o n K ö n i g s w i n t e r (1816 bis 1873) hat seinen Balladen und Liedern, die er als „Dichtungen eines Rheinischen Poeten" sammelte, im „Haus Bretano" ein sicher gezeichnetes Zeitbild aus der romantischen Sphäre gesellt. Die „Erzählungen eines rheinischen Chronisten" behandeln novellistisch Werk und Leben von Künstlern und Dichtern, die im Rheintale Heimat fanden. In den nach einem vielbesungenen Wirtshause am Rheinufer benannten

Künstlergeschichten „Zum stillen Vergnügen" bewegte sich Müller von Königswinter im gleichen Kreise einer Abbildung kunstbeflissener Männer und Frauen. Die Erzählungen „Von drei Mühlen" gaben Bilder aus dem Bauernleben, bei weitem bedeutender sind die in den „Vier Burgen" zusammengefaßten Novellen aus dem Leben des rheinischen und westfälischen Adels, sie bringen auch Schilderungen aus dem durch die Ereignisse des Jahres 1848 bewirkten Umbruch der Zeit — Müller von Königswinter saß als Vertreter Düsseldorfs im Frankfurter Vorparlament. Hervorzuheben ist die besonders in den „Vier Burgen" an den Tag tretende, lebendig zeichnende, humoristische Beseelung der Gestalten.

W. O. von Horn (Wilhelm Oertel, 1798—1867), der sich nach seinem Geburtsort auf dem Hunsrück nannte, hat liebenswürdige Volkserzählungen von christlicher Haltung aus dem rheinischen Leben geschaffen. Blüchers Rheinübergang bei Caub in der Neujahrsnacht von 1813 auf 1814 ist ein lebhaft bewegtes Tag- und Nachtstück. Humorerfüllt sind andere Darstellungen, so Geschichten vom Schmugglerwesen am Rhein.

Gustav Pfarrius (1800—1884) schuf rheinische Erzählungen, darunter die besonders gut eingestimmte „Klause am Sulmenbach".

Bernhard Scholz (1831—1871), in jungen Jahren zur Leitung des „Rheinischen Kuriers" berufen, brachte mit seiner „Jericho-Rose" eine sehr sicher dargestellte umfängliche, fast zum Roman gedehnte Novelle aus dem Rheingau mit einläßlicher Schilderung des Menschenschlages dar.

Anton Hermann (Anton Hermann Albrecht, 1835 bis 1906), ein für den geistlichen Stand bestimmter Katholik, der dann Protestant und evangelischer Pfarrer wurde, erzählte historisch gefärbte Geschichten aus seinem heimatlichen Breisgau. Die eine behandelt den im badischen Lande noch unvergessenen Markgrafen Ludwig Wilhelm, den nach seinen Siegen als kaiserlicher Feldherr gegen die Türken volkstümlich als Türkenlouis bezeichneten Helden. „Der Präzeptoratsvikari" gibt ein Bild aus den Jugendjahren Johann Peter Hebels, dessen Werk und Name am Oberrhein unvergänglich fortlebten. „Die Häfnetjungfer", als Rebländer Dorfgeschichte aus dem achtzehnten Jahrhundert eingeführt, setzt sich den Verfasser der Alsatia illustrata, den Straßburger Historiker Johann Daniel Schöpflin, zum Helden, dessen Goethe im elften Buche von „Dichtung und Wahrheit" ehrenvoll gedenkt.

Clemens Brentano hatte in der „Geschichte vom braven Kasperl und dem schönen Annerl" mit Glück ein rundes Bild aus dem Dorfleben vollbracht. Karl Immermann war ihm mit dem vom „Münchhausen" eingegrenzten „Oberhofe" gefolgt. Aber beide blieben innerhalb des deutschen Sprachgebietes Einzelgänger. Es bedurfte erst einer neuen Hinwendung zum realen Leben, um diese Umwelt neu ins Bewußtsein

deutscher Leser zu heben. In einem „Dorfgeschichten" überschriebenen
Gedichte hat Ferdinand Freiligrath eine Liste der Umzeichner dieses
Lebenskreises aufgestellt. Er nennt nacheinander die Selbstdarstellung
von Heinrich Jung-Stilling, Pestalozzi als den Meister von Lienhard und
Gertrud, Brentano und Immermann und gesellt ihnen als Fünften
B e r t h o l d A u e r b a c h (1812—1882). Der Sohn eines jüdischen
Rabbiners in Nordstetten im württembergischen Schwarzwalde sollte zunächst den väterlichen Beruf ergreifen, fühlte sich jedoch dazu nicht geeignet und ging zum Studium der Philosophie über. Der eifrige Hörer
von David Friedrich Strauß mußte als Burschenschafter eine Haft auf
dem Hohenasperg verbüßen. Sein erstes dichterisches Werk war ein anschaulicher Spinoza-Roman, das zweite, „Dichter und Kaufmann" überschrieben, galt dem unglücklichen Leben des ersten deutsch-jüdischen
Dichters Moses Ephraim Kuh. Geltung jedoch gewann Auerbach erst
mit den Schwarzwälder Dorfgeschichten, die er seit dem Jahre 1843
veröffentlichte. Ihnen ist jene begeisterte Apostrophe gewidmet, in
deren Verlauf Freiligrath also fortfährt:

> Das ist ein Buch! Ich kann es dir nicht sagen,
> Wie mich's gepackt hat recht in tiefer Seele;
> Wie mir das Herz bei diesem Blatt geschlagen,
> Und wie mir jenes zugeschnürt die Kehle;
> Wie ich bei dem die Lippen hab' gebissen,
> Und wieder dann hellauf hab' lachen müssen!
>
> Das alles aber ist dir nur gelungen,
> Weil du dein Werk am Leben ließest reifen;
> Was aus dem Leben frisch hervorgesprungen,
> Wird wie das Leben selber auch ergreifen,
> Und rechts und links mit Wonnen und mit Schmerzen
> Sturmschritts erobern warme Menschenherzen!

Damit hat der westfälische Dichter nur dem allgemeinen Eindrucke
Worte verliehen, den die Dorfgeschichten Berthold Auerbachs in deutschen Landen und darüber hinaus machten.

So verschieden Reuter und Auerbach sind, in einem Betrachte sind
sie nächste Verwandte: sie stehen in einem besonderen, menschlich-
vertraulichen Verhältnisse zu ihren Gestalten. Wenn Auerbach gleich im
ersten seiner Dorfbilder den Tolpatsch einführen will, so geschieht das
also: „Ich sehe dich vor mir, guter Tolpatsch, in deiner leibhaftigen
Gestalt, mit deinen kurzgeschorenen blonden Haaren, die nur im Nacken
eine lange Schichte übrig hatten; du siehst mich an mit deinem breiten
Gesichte, mit deinen großen blauen Glotzaugen und dem allweg offnen
Munde. Damals, als du mir in der Hohlgasse, wo jetzt die neuen Häuser
stehen, einen Lindenzweig abschnittest, um mir eine Pfeife daraus zu
machen — damals dachten wir nicht daran, daß ich einst der Welt etwas
von dir vorpfeifen würde, wenn wir so weit, weit auseinander sein

werden." Wie in dieser, mit großer Knappheit vorgetragenen Geschichte, lebt auch im „Befehlerles" oder im „Tonele mit der gebissenen Wange" das schwäbische Dorfleben in seiner volkhaften Fülle auf. Es wird im „Befehlerles" von dem Wesen einer ortsfremden Schreiberobrigkeit mit lebendigem Strich abgesetzt (wobei die Erinnerung an das Friedrich List so verhaßte württembergische Schreiberregiment auftaucht). Der anekdotische Reiz einzelner Beobachtungen erweitert sich zu einer wirklichen Vergegenwärtigung des dörfischen Lebens in Auerbachs Heimat, aus der die landsmännischen Geschicke bedrängtes Bauerntum immer wieder nach Amerika führen. Die Stimmung von Freiligraths „Auswanderern" kehrt auch in diesem erzählenden Bezirke öfter wieder, auch in der breit angelegten Novelle „Barfüßele" wird daran gerührt. Da ist ein Kapitel mit der Überschrift „Silbertrab". Zwei Menschen aus Bauernblut reiten auf einem Schimmel selig vereint vom Dorfe in die Stadt, und nachdem Barfüßele sich ausgeweint und ein Stück Vergangenheit emporgeholt hat, ergehen Beide sich im Wechselgesange von Volksliedern, indessen der Mondschein durch die Wipfel spielt.

Aber Auerbach verschließt auch seine Seele nicht vor äußeren und inneren Konflikten, die aus der Welt des Dorfes emportauchen. Im „Iwo der Haierle" erzählt er die Erlebnisse eines Dorfjungen, der zum Pfarrer bestimmt ist, aber den innersten Widerstand gegen das ihm zugedachte heilige Amt nicht überwinden kann und dadurch in tiefen Zwiespalt mit den Seinen gerät. Die „Frau Professorin" führt die Geschiedenheit zwischen städtisch verfeinerter Kultur und ländlicher Schlichtheit zu einem tragisch endenden Ausgange; die spätere Fortsetzung „Des Lorles Reinhard" ist nur ein mattes Echo der früheren Dorfnovelle, deren Auerbach sehr unwillkommene Dramatisierung durch Charlotte Birch-Pfeiffer einst über alle Bühnen ging und in Hedwig Niemann-Raabes Verkörperung das Entzücken vieler Theaterbesucher war.

Mit ungewöhnlicher Einfügung in schwere winterliche Stimmung symbolisiert „Joseph im Schnee" zugleich eine innerste Verstörung zweier Herzen.

Das Problem der bäuerlichen Erbfolge wird unter anderem im „Lehnhold" abgehandelt und spitzt sich zur Katastrophe zu — es geht dabei um die gleichen Familiengeschicke, wie sie auf den Sphären von Adel und Großbürgertum Gustav Freytag und Ernst Wichert zur Darstellung brachten.

Über den Umfang seiner meisten Dorfgeschichten hinaus dehnt sich „Die Geschichte des Diethelm von Buchenberg" fast zu einem kleinen Roman, wobei Auerbach jedoch das Gesetz des „Falken" streng befolgt. Lebendig schon die uns mitten in das Getriebe eines kleinstädtischen Marktes leitende Einführung des Diethelm, wie er, in roter Scharlachweste mit silbernen Knöpfen, im schwarzen Sammtrock, eine handhohe Silberschnalle am Hute, hinter zwei Rappen auf einer Halb-

kutsche das wogende Menschengedränge teilt und der allgemeinen Gaff-
lust von Stadtbürgern und zuströmenden Landleuten ein ihm selbst sehr
willkommenes Schauspiel gibt. Daß diese Wohlhäbigkeit, die sich bewußt zur Schau darbietet, nur noch ein trügender Schein ist, wird uns
nicht vorgetragen, sondern aus der schlußgerechten Handlung allgemach
entwickelt. Wiederum drängt sich der Vergleich mit einem anderen
Erzähler des Realismus auf, mit Gustav Freytag, wie er seinen Freiherrn von Rothsattel in verwandte Bedrängnis versetzt und ihn gleichfalls zu unlauterer Abhilfe greifen läßt. Diethelm von Buchenberg, der
durch die Ehe mit einer älteren Frau zum reichsten Bauern seiner Ge-
markung geworden ist und die errungene Stellung an der Spitze der
Gemeinde krampfhaft festhalten will, wird zum Brandstifter am eigenen
Besitz. Auf das in ihm aufkeimende Gelüst zur Ausführung des ver-
brecherischen Anschlages wird vorgedeutet, indem Diethelm in der
Kneipe die Geschichte von einem solchen Brande vernehmen muß. Der
Wirt war als Brandstifter angeklagt, wurde freigesprochen und konnte,
dank der Feuerversicherung, einen schmucken Neubau herrichten. „Diethelm hörte mißtrauisch die ganze Darlegung von der Anklage auf
Brandstiftung und der vollkommenen Freisprechung, und so heiter er in
das Wirtshaus eingetreten war, ebenso mißmutig verließ er es: der
Mann und all seine Habe, alle die Tische, Stühle, Türen erschienen ihm
so verbrecherisch, das ganze Haus so unheimlich, als spräche aus jedem
Schrein und Balken das Verbrechen, das es gegründet haben sollte. Als
flöhe er vor einer verzauberten Behausung, die ihn festbannen wollte,
machte sich Diethelm davon, und die Leute schauten ihm verwundert
nach, als er in gestrecktem Galopp über die Hochebene davonjagte."
Dieser Eindruck aber übermächtigt den Bauersmann, und mit Hilfe eines
Knechtes, der die üble Vermögenslage übersieht, begeht er das gleiche
Verbrechen. Er wird gefänglich eingezogen, aber wegen Mangels an
Beweisen wird das Verfahren eingestellt. Da wird er als Geschworener
ausgelost und soll als Obmann in einer Brandstiftungssache das Urteil
über den Schuldigen verkünden. In diesem Augenblick tritt der Bruder
des Schäfers, den Diethelm mit dem Hause in den Tod geschickt hat,
in der Tracht des Ermordeten in den Saal, und unter der Wucht dieser
Erscheinung gesteht der Geschworenenobmann, der inzwischen zum
Schultheißen gewählt worden war, die Brandstiftung, und die Schwur-
bank wird zur Anklagebank. Im Zuchthause, das den Diethelm lebenslänglich einschließen soll, richtet er sich selbst.

Diese Erzählung wird mit einer hingebenden Lebenstreue, die sich
jeder abwegigen Reflexion versagt, vorgetragen und tut die Echtheit
ihrer Menschenbeobachtung auf jeder Seite dar. Hier, im „Diethelm
von Buchenberg", vermeidet Berthold Auerbach auch das sonst bei ihm
häufige Hineinsprechen des Erzählers, das freilich manchmal zum Stile
der Dorfgeschichten durchaus passend war. Einzelne Beurteiler wollen
in Auerbachs Menschenführung und Weltauffassung die Merkmale seines
Spinozismus finden — wenn Derartiges bei dem Übersetzer Benedictus

Spinozas durchblickt, so ist es doch allenfalls nur dem philosophisch Beschlagenen erkennbar.

Den Dorfgeschichten zunächst stehen die in mehreren Bänden gesammelten Erzählungen und Betrachtungen, die zum Teil aus Auerbachs Kalender „Der Gevattersmann" stammen, zum Teil in den Bänden „Zur guten Stunde" gesammelt sind. Als Nachfolger seines badischen Landsmannes Johann Peter Hebel bringt der Württemberger hier eine Fülle von Anekdoten und bis zur Novellenform gedehnten Erzählungen. Noch heute ergreift der Schalmeienklang der großen Schillerhuldigung von 1859, die „Friedrich der Große von Schwaben" überschrieben ist. Und mit liebenswürdiger Schalkheit wird etwa die Geschichte von Moses Mendelssohns Brautwerbung berichtet. Erzählungen wie „Die Frau des Geschworenen" in ihrer schlichten Führung sollen das Volksverständnis für die neuen konstitutionellen Einrichtungen beleben und helfen, den Bürger zur Selbstverantwortung zu erziehen. Diese Arbeiten waren noch insofern besonders zeitgerecht, als sie ohne politisches Schielen für den Reichsgedanken warben. Verdientermaßen wurden diese Geschichten und Anekdoten durch Meister wie Adolf Menzel, Ludwig Knaus, Paul Meyerheim, Arthur von Ramberg bebildert.

Seinen Dorfgeschichten ließ Auerbach später Romane folgen, die zeitbildliche Bedeutung haben. Die jungdeutsche Tendenz hatte er früh mit unverhohlener Abneigung leidenschaftlich bekämpft. In all diesen Romanen tritt eine pädagogische Ausrichtung zu Tage, die weniger auf das an Wirkung nicht einbüßende Vorbild von „Wilhelm Meisters Lehrjahren", als auf das der „Wanderjahre" zurückzuführen ist. In „Auf der Höhe" ist auch ein Durchschimmern des die „Wahlverwandtschaften" durchatmenden Konfliktes spürbar. In diesem Roman gehen drei Entwicklungen miteinander. Der Wille eines deutschen Königs stößt mit dem der Mehrheit seiner Kammer zusammen, er schickt die Abgeordneten heim und löst das Parlament auf. So wie der Herrscher sich hier nicht dem Staatsgrundsetze beugen will, geht er auch in anderem Betrachte aus den Schranken der Sitte heraus und vereint sich mit der Hofdame seiner königlichen Gemahlin. Erst ihre büßende Umkehr bringt ihn ins Rechte, und nach ihrem Tode, vor dem sie sich der einstigen Herrin versöhnt hat, kehrt der König in sein durch die Verfassung umgrenztes Recht zurück. Mit dieser Doppelhandlung verschwistert sich eine dritte, die Versetzung eines Naturkindes, einer dörflichen Bäuerin, an den Hof, wo sie ein Prinzchen aufziehen soll. Und in dieser Überfrachtung liegen die Schwächen der großangelegten Romanhandlung; sie veranlaßten Fritz Mauthner zu der gutmütigen Parodie „Walpurga, die taufrische Amme", mit der er sein „Nach berühmten Mustern" betiteltes Werkchen eröffnete. In „Auf der Höhe" wie in den anderen Romanen Auerbachs wird der Vortrag durch eigene Gedankenspäne des Verfassers oder seiner Gestalten gestört.

In dem Roman „Neues Leben" flieht ein nach der süddeutschen Revolution von 1849 zum Tode verurteilter Graf nicht, wie er ursprünglich gewollt, nach Amerika, sondern gibt einem anderen dorthin Auswandernden seine Papiere und verharrt mit dem Passe seines Gesinnungsgenossen als Dorfschulmeister Eugen Baumann unter der bäuerlichen Bevölkerung, aus der er sogar die Gattin wählt. Dieser, mit humoristischen Lichtern durchstrahlte Roman hatte ein seltsames Nachspiel. Zehn Jahre nach seinem Erscheinen, 1862, trat ein Fremder in verwildertem Bart und Haar mit den Worten: „Ich bin Eugen Baumann!" in Auerbachs Stube. Dem Erstaunten und Erschreckten erzählte der Kömmling, er habe, durch dies Werk gepackt, auf seinem Gute in Rußland die Bauernkinder unterrichtet, bis die Polizei es ihm verbot. Auch er war ein Graf, sein Name, damals in Europa noch unbekannt, lautete: Leo Tolstoi.

Das „Landhaus am Rhein" hat, wie schon manche der Schwarzwälder Dorfgeschichten, die amerikanische Perspektive. Ein früherer amerikanischer Sklavenhändler hat seine Reichtümer zum Erwerb eines Landhauses am deutschen Strome verwendet und ist im Begriff, aus den Händen des Fürsten als Krönung seines Aufstieges das Adelsdiplom zu empfangen. Da er von einem am Hofe bediensteten Neger als Schacherer mit Menschenware erkannt wird, muß er auf die angestrebte Ehrung verzichten, hält aber dem Fürsten, zu dem mehrere seiner Vorfahren Modell gestanden haben könnten, vor, wie die hochfürstlichen Altvordern dieses Gebieters ihre eigenen Landeskinder als Soldaten in sein Stammland verkauft hätten. Der Sohn dieses Sklavenhändlers aber kreuzt wiederum mit seinem Erzieher den Ozean, um dort auf der Seite von Abraham Lincoln für die Sklavenbefreiung zu kämpfen.

Auerbachs Roman „Waldfried" bringt eine süddeutsche Familiengeschichte von weitem Aufriß. In Einigkeit und Zwist eines ganzen Geschlechts spiegeln sich die Bestrebungen, welche aus der unumschränkten Regierungsgewalt der Fürsten zur konstitutionellen Verfassung und schließlich zur Schaffung der Reichseinheit führen — freilich spürt man hier, wie in dem „Landolin von Reutershöfen", schon eine leise Müdigkeit, die nicht mehr, wie im „Landhaus am Rhein", zur Bildung nachhaltig gezeichneter Charaktere auszuholen vermag.

Man kann Auerbach nicht verlassen, ohne seiner hingegebenen Freundschaft, insbesondere zu Otto Ludwig, zu gedenken, der ihm in Dankbarkeit „Zwischen Himmel und Erde" gewidmet hat. Gemeinsam mit Gabriel Rießer hat er für völlige Gleichberechtigung seiner Glaubensgenossen gekämpft.

In dem Katalog, den Ferdinand Freiligrath als Stammbaum der Dorfgeschichte herzählt, fehlt ein Name, ein Zeichen dafür, wie gering zu jener Zeit außerhalb der Schweiz die Geltung des Schriftstellers war, der einige Jahre vor Auerbach mit Dorferzählungen eingesetzt hatte: J e r e m i a s   G o t t h e l f   (A l b e r t   B i t z i u s, 1797—1854); sein „Bauernspiegel" erschien 1836. Es ist nicht schwer, den Schweizer und den Württemberger einander gegenüberzustellen. Dort der streng am geoffenbarten Evangelium hangende Pfarrer von Lützelflüh im Kanton

Bern, der selbst aus einem Pfarrhause hervorgegangen ist, hier der
einer Talmudschule entlaufene, spinozagläubige Rabbinersohn, der in
einem Rabbinerhause aufgewachsen ist. Dort der selbst bauernhaft emp-
findende Mann, der aus seinem dörfischen Umkreise nur einmal zu
einer Studienreise nach Deutschland abwandert, von der ein aufschlußreiches Tagebuch Kunde gibt, hier ein aus der engeren Heimat alsbald
fortgezogener, mit anderen Schreibern eng vertrauter Schriftsteller. In
einem Briefe an seinen Bruder Karl hat Gotthelf-Bitzius drei Jahre nach
dem Erscheinen seines ersten Werkes, gewissermaßen zur Entschuldigung von Nachlässigkeiten, gesagt: „Ich bin gleich in Bücher hinein-
geplumpst, während die meisten anderen Schriftsteller an kleinern Arbeiten sich versuchen konnten; ich lebte außer allem literarischen Verkehr und keine Hand zog mich auf und nach. Was ich habe, ist daher
nur Natur, und wenn etwas auch künstlerisch gelingt, so ist es Instinkt."
    Der „Bauernspiegel" wird als „Lebensgeschichte des Jeremias Gott-
helf, von ihm selbst geschrieben" eingeführt. Scheint bei Auerbach die
volkserzieherische Absicht immer wieder, zumal bei dem Alternden,
durch, so tritt sie bei dem Berner Pfarrherrn, der das Schicksal seiner
Gemeinde auf dem Herzen trug, im Grunde als sein ganzes Werk tragende Idealbestrebung ans Licht. Es ist die List der Idee, daß aus
solchem volkspädagogischem Bestreben Kunstwerke hohen Ranges hervorgingen. Auch in der Schweiz hatte die französische Juli-Revolution
Wellen geschlagen und zu folgenreichen Umbildungen geführt, die sich
mannigfach im allgemeinen Geistesleben äußerten; an dieser reformie-
renden, ordnenden, erziehenden Tätigkeit nahm auch Jeremias Gotthelf
den innersten Anteil; seine Dichtungen bringen nur auf anderem Felde
zum Ausdruck, was er als Gründer einer Rettungsanstalt, als Ausbildner
von Lehrern und sonst in mannigfacher Bemühung leistete. Mit einer
unerbittlichen Schärfe und einer scheulosen Vergegenwärtigung auch der
krassesten Dinge und Verhältnisse malt Gotthelf im „Bauernspiegel"
ein Zug für Zug lebendiges Bild aus der ländlichen Wirklichkeit der
Eidgenossenschaft seines Lebenskreises. Der Realismus, die Kennmarke
dieses dichterischen Geschlechtes, ist hier zu einem, in dieser Zeit einzigen Naturalismus gesteigert. Das Wort Gottfried Kellers von dem
originalen epischen Genie, das in Gotthelf lebe, wird in seiner Wahrheit schon durch dies erste Werk bezeugt.
    Dem „Bauernspiegel" folgten die „Leiden und Freuden eines Schul-
meisters". Gotthelf gibt hier in einem Werke, das er als Selbstbiographie modelt, ein Gemälde des Schulwesens, immer wieder mit reforma-
torischen Zielsetzungen. Der Schulmeister ist vorgeblich Peter Käser, in
Gytiwyl. Dieser Peter Käser ist ein Ringer um den Glauben. Durch
dieses lebenswierige, an das Letzte rührende Mühen blickt das Antlitz
Christi mit seiner Kinderliebe und seinen Verheißungen. Der Frau des
am Abwege stehenden Schulmeisters gelingt es, ihm den Aberglauben
zu nehmen, ungetaufte Kinder seien des Teufels. Und der Pfarrer bestätigt das Wort der Gattin, derselbe Pfarrer, der dem aus der Enge

zur Höhe strebenden Schulmeister eine Lehre gibt, aus der uns Gotthelfs eigenstes Bekenntnis anspricht: „Das Christentum bleibt ewig das
gleiche, aber wie es in jedem Menschen neu geboren wird, so wird es
auch neu geboren in jeder Zeit. Wie es das gleiche bleibt und doch dem
Kinde ein anderes ist, ein anderes dem Manne, und dem Greise noch
anders sich verklärt, so bleibt es ewig das gleiche in der Zeiten Wechsel,
aber dem in der Zeiten Wechsel wechselnden Menschen tritt es immer
reiner, verklärter, geistiger entgegen; denn nicht nur die Kinder wachsen auf zu Männern und werden Greise, sondern auch die Menschen-
geschlechter steigen herauf aus der Kindheit dem Alter entgegen. Das
will der Mensch nicht fassen, er sieht Millionen zermalmen unter dem
eilenden Wagen der Zeit. Dann erbarmt sich Gott und läßt ein neues
Wehen des Geistes wehen über den Erdboden, dann gehen verschlossene
Augen auf, und was totgetreten schien, das steht neu, herrlich, verjüngt,
lebendig wieder auf."

Immer wieder spüren wir in Gotthelfs Werk, wie die sich dem
Pfarrer aufdrängenden Probleme in seine Dichtungen eingehen. Die
schon im „Bauernspiegel" als verderblich gekennzeichnete Genußsucht
wird in den „Fünf Mädchen" und im „Dursli" mit scharfen Strichen
einläßlich gezeichnet und im „Geltstag" mit größerer Breite, immer an
volksmäßigen Beispielen, dargelegt. Stets aber sieht man diese Menschen leibhaft vor sich, selbst in einer Nebenarbeit, wie „Die Wasser-
not im Emmenthal".

Eine der am besten gelungenen Dichtungen Gotthelfs, bei der
eine pädagogische Absicht nicht zuerst in das Bewußtsein des Lesers
tritt, ist „Elsi, die seltsame Magd". Das Problem einer sich aus dem
Stolze einer selbständigen Seele dem Geliebten versagenden Liebenden
haben unter anderen Otto Ludwig in der „Heiteretei" und Paul Heyse
in der „Rabbiata" meisterlich behandelt — ihnen gesellt sich dieses
Frauenbild einer zu den Tiefen einer weiblichen Psychologie vordringenden Novellistik. Elsis längst verschwiegen geliebter Freund ist verzweifelt in den Kampf gegen die Franzosen gezogen — und sie finden
ihn als Sterbenden auf dem Schlachtgefilde. Da trifft eine Franzosen-
klinge die seltsame Magd — Hand in Hand gehen sie in die Ewigkeit,
„wo nichts mehr zwischen den Seelen steht, die sich hier gefunden".
Oft ist die innerste Verwandtschaft dieser Novelle mit ihres Bewun-
derers Gottfried Keller „Romeo und Julia auf dem Dorfe" hervorgehoben worden.

Auf Lebensreform angelegt ist wiederum „Anne Bäbi Jowäger"; in
dieser Erzählung gibt Gotthelf ein abschreckendes Gemälde der sogenannten Stündeler, der geistigen Kurpfuscher, welche mit dilettantischem
Mühen an der Volksseele herumdoktern. Die „Käserei in der Veh-
freude" bringt ein Bild von dem in Genossenschaften zusammengefaßten
bäuerlichen Leben gegenseitiger Aushilfe.

Der Sonderbundskrieg der vierziger Jahre war für Gotthelf Anlaß
zu schweren Befürchtungen für sein Vaterland. Diese durchklingen

zwei Werke, in denen die durch die neuen politischen Bestrebungen hervorgerufenen Konflikte mit einer Höhen und Tiefen ausmessenden Seelenkunde dargestellt werden. Das erste entfaltet ein weites Bild der Eidgenossenschaft in „Jakobs, des Handwerksgesellen Wanderungen durch die Schweiz", das zweite, „Zeitgeist und Bernergeist" betitelt, setzt die althergebrachte Sitte und den Glauben der Väter gegen den Verfall ab, den der Dichter von manchen neuen Entwicklungen befürchtete. Gerade als Gegenbild gegen die so Vieles aufrührende Unruhe seiner Gegenwart zeichnete Gotthelf in der Erzählung „Käthi, die Großmutter" ein Bild von in Beschränkung genügsamer Armut, die sich zu bescheiden weiß. Als auf einen anderen Ton gestimmte Ergänzung tritt „Geld und Geist" hinzu mit der breiten Ausmalung eines Daseins, das den vollen Rhythmus eines bäuerlichen Geweses umfaßt.

Im Jahre 1841 erschien Gotthelfs Roman „Wie Uli, der Knecht, glücklich wird. Eine Gabe für Dienstboten und Meisterleute". Die Aufschrift scheint auf ein rein pädagogisches Absehen zu deuten und ist auch sicherlich so gemeint gewesen — die psychologische Vertiefung und der sich troß der Enge des gewählten Schauplaßes erwiesene Fernblick erheben dies Werk in einen besonderen Rang — es hat seine Lebenskraft, auch weit außerhalb der Schweiz, immer wieder bewährt und bewährt sie noch heute. Der Verlauf der einfachen Handlung ist im Grunde schon im Titel beschlossen. Ein bäuerlicher Knecht hat sich gehen lassen und ist in Gefahr abzusinken. Ein tüchtiger Meister und Brotherr bringt ihn allgemach auf den Weg der Ordnung und Umsicht. Der immer Aufsteigende weicht allerlei Verlockungen vom geraden Wege aus und führt schließlich ein armes, tüchtiges Mädchen in einen Hof, mit dessen Erpachtung er zur Selbständigkeit gelangt. Die ganze Erzählung spielt sich in einem großen Emmenthaler Bauernhause ab, das noch in althergebrachter Art geführt wird. Und innerhalb der Hierarchie, die solche Anwesen durchwaltet, steigt Uli, der Knecht, zum Herrn des neu erpachteten Landbesißes empor.

Uli wird in diesem Werke Gotthelfs mit einer ganzen Reihe von bäuerlichen Heimattypen in Beziehung gesett, und jeder der Mithandelnden übt seine Wirkung auf ihn. Neben dem beispielhaften Bauernwirte Johannes steht der Glunggenbauer Joggeli, dessen Hof das gerade Gegenbild zu dem des Johannes bildet, eine Folge der schwachen und dabei tyrannischen Wirtschaft des Hausherrn, der seinen Kindern ein schlechtes Vorbild ist und den Wohlstand des Hauses verzettelt. Neben die kleine kokette Elisi stellt Gotthelf die holde Gestalt der Vreneli, die schließlich von Uli heimgeführt wird, wohl Gotthelfs schönstes Frauenbild. Der Höhepunkt der Auseinandersetzung zwischen den Liebenden, die sich erst nach Herzensirrsalen zu gemeinsamer Lebensfahrt entschließen, ist das vierundzwanzigste Kapitel; da fährt Vreneli unter Sternen im dunkelblauen Grunde und weißen Nebelwölkchen hinter Uli, der das Roß mit gespannter Kraft im Laufe halten muß, über Berg und Tal, und die Verwaiste, die ihren Vater nicht kennt, übt Zwiesprach

mit den Himmelslichtern und mit ihrem Herzen. Gotthelf hält sich im
Allgemeinen bei der Darstellung der Umwelt nicht auf, er führt sofort
mitten in die Handlung hinein, und da weiß er jede Gestalt, mag sie
auch nur am Rande der Handlung stehn, mit wenigen Strichen zu einer
Lebensfülle emporzusteigen, die uns alsbald an sie glauben macht.

Vreneli und Uli sind auch in der Fortsetzung des Romanes, „Uli
der Pächter", verheiratet keine Tugendspiegel, sondern rechte Eheleute
und rechte Bauernwirte, wie Jeremias Gotthelf sie über wirre Zeiten
hinaus ersehnte und als Abbilder seiner Volksart zur Darstellung
brachte.

Neun Jahre nach dem Erscheinen von „Uli der Knecht", im Jahre
1850, brachte Gotthelf eine neue Ausgabe des Werkes. Er hatte dies,
wie die späteren und früheren im Berner Dialekt geschrieben und betonte im Vorwort zu dieser zweiten Auflage, daß er an eine weitere
Verbreitung über den Berner Raum nicht gedacht habe. „Indessen fand
das Büchlein den Weg über die engen Grenzen des Kantons, des
Schweizerlandes, fand Anklang jenseits der Berge". Da nun der Dialekt
Verständnis und Verbreitung des Buches hemmte, hat Gotthelf eine Neu-
bearbeitung vollbracht, aber dabei betont, daß er weder die individuelle
Eigentümlichkeit noch die nationale Färbung verwischen wollte. In der
Tat ist beides dem für den Realismus und seine schweizerische Spielart
repräsentativen Werke auch in dieser Fassung voll erhalten geblieben.

In die letzte Herzkammer Jeremias Gotthelfs gewährt uns die Novelle „Ein Silvestertraum" ergreifenden Einblick. Da läßt der Dichter
einen von schwerem Schicksal zur Einsamkeit verdammten Menschen in
der Neujahrsnacht von der Höhe über die Heimat schauen und eine
Traumvision erleben. Er erblickt ein seltsames Gebäude, lichtlos und
töneleer, von angsthaften Schatten umflogen, von Menschen, die im
Leben nicht laut genug schreien konnten und denen der Tod die Stimme
ausgeblasen hat. Dann sieht er ein zweites Haus voll grauenhaft gierigen
Lebens, darin sündhafte Lust mit tierischem Schrei zur höchsten Bran-
dung schwillt, bis ein Blitz aus Gottes Hand alles in einem Aufkreisch
verschwinden läßt. Über beiden Erscheinungen aber eröffnet sich die
Christusvision:

„Die Chöre der Engel wurden nicht gestört; aber Stille ward's einen
Augenblick in den Strömen der Geister, nur einzelne Schatten, die sich
dem Schlunde entrafft, strebten einen Hügel hinan, wie man den Men-
schen, das Wild eilen sieht, wenn hinter ihnen der Tod jagt. Auf dem
Hügel stand in unbeschreiblicher Schöne eine Gestalt. Licht war ihr
Kleid; Lichtströme flossen von ihr aus; ein blaßroter Schimmer, einer
Krone von Rosen gleich, wand sich ums Haupt. Sie hob die verklärten
Augen auf, hob betende Hände auf . . . da wuchs aus den betenden
Händen ein Kreuz empor in der Farbenpracht himmlischen Morgenrots.
Dieses Kreuz wuchs höher und höher, wuchs in Räume hinauf, wohin
mein Auge ihnen nicht folgen konnte . . . da rauschte herrlicher auf
der Welten Lobgesang, glänzender strömten die Geister auf und nieder,

von keinem dunklen Schatten mehr durchzogen, und wie eine Sonne leuchtete der Hügel, auf dem die Gestalt gestanden war. Sie war verschwunden! Aber noch stand das Kreuz wie eine Säule des Himmels, leuchtete durch die unendlichen Räume, und an Kreuz und Hügel drängten sich die seeligsten Geister.

Und mein Herz vergaß die Angst, als der Schrei durch die Welten tönte, und die Liebe und die Herrlichkeit, die ich jetzt erblickte ohne Schatten, füllten es wieder mit ungetrübter Wonne und Freude; und der Lobgesang, der immer lauter aus allen Himmeln drang, wiegte mich immer mächtiger auf den Wellen gläubiger Andacht, versenkte mich in ehrfurchtsvolles Staunen.

Am Hügel, dem Kreuze nahe, sah ich einen strahlenden Engel, aus Glaube, Liebe und Hoffnung war sein Kleid gewoben, und kein Engel schwebte an ihm vorbei ohne Gruß und freudiges Wesen." —

*   *
*

Im Gefolge Jeremias Gotthelfs geht der Amtsbruder A b r a h a m E m a n u e l F r ö h l i c h (1796—1865) einher; seine Novellen und zumal seine Fabeln fließen aus dem gleichen Bekenntnis zum Volkstum und zur Kirchentreue. Weniger herb war die Dichtung des Zürichers A u g u s t C o r r o d i (1826—1885), sein Roman „Blühendes Leben" ist nur ein Nebenwerk neben reizvollen Kinderbüchern, die er, mit geschicktem Stifte bebildert, der Jugend darbrachte. Der Landwirt J o - s e p h J o a c h i m (1835—1904) schuf Dorfgeschichten in schweizerischem Deutsch und hochdeutsche Erzählungen aus dem Solothurner Lande. F r a n z X a v e r W e t z e l (1849—1903) setzte sowohl das novellistische wie das pädagogische Werk seines großen Kanzelgenossen Gotthelf in wirkungsvollen Volksschriften fort. Von höherer Bedeutung sind die zum Teil sehr eigenartigen Erzählungen aus dem Schweizer Volksleben von J a k o b F r e y (1824—1875), deren eine, „Das erfüllte Versprechen", Heyse und Kurz dem Deutschen Novellenschatze einverleibten.

In das angrenzende Alpengebiet Tirols und Bayerns führen die Erzählungen von L u d w i g S t e u b (1812—1888). „Die Rose der Sewi" ist von prallem, dörflichen Leben Tirols erfüllt. In sein eigentliches Fahrwasser gelangte Steub aber erst mit den „Wanderungen im Bayrischen Gebirge", denen er wertvolle Beiträge zur Landeskunde folgen ließ. Von seinem liebenswürdigen Humor zeugt die gleichfalls unter den Schneegipfeln spielende Novelle „Trompote in Es". J o s e p h F r i e d r i c h L e n t n e r (1814—1853), in Meran niedergelassen, schuf den anschaulichen Alpenroman „Ritter und Bauer" und eine lange Reihe von schön geschlossenen Novellen aus Südtirol. Einen zweiten Roman Lentners aus der gleichen, treu beobachteten Umwelt, „Der Plattebner", gab nach dem Tode des Freundes Ludwig Steub mit dessen Biographie heraus. Eine gleichfalls Steub verwandte Natur war H e i n -

r i c h N o ë (1835—1896); man kann bei ihnen beiden, wie bei
Lentner, von völliger Verliebtheit in die Alpenwelt sprechen. Noës
„Deutsches Alpenbuch" und sein „Österreichisches Seebuch" ragen,
ähnlich wie die nordischen Darbringungen Ludwig Passarges, weit über
übliche Reisebeschreibungen hinaus und sind gleich den Wanderbüchern
Steubs von dichterischem Innenklange. Noë hat auch Novellen aus
seiner Herzensheimat dargebracht.

An das Schaffensgebiet dieser drei Schriftsteller grenzt dasjenige
von A u g u s t S i l b e r s t e i n (1827—1900). Der gebürtige Ofener
machte sich in Österreich heimisch, wo er allerdings wegen Beteiligung
an der Bewegung von 1848 fünf Jahre seines Lebens in Gefangenschaft
auf dem Spielberge zubringen mußte. Seine „Dorfschwalben aus Österreich" sind lebendig zeichnende Novellen, denen er „Hochlands-
geschichten" nachsandte. Eine besondere Spielart bäuerlichen Daseins
in der österreichischen Alpenwelt gibt die „Dorfmusik" wieder. Zwischen den Alpenseen ist der Roman „Die Alpenrose von Ischl" beheimatet.

Das umfangreichste Lebenswerk aus dem berggekränzten Bayern-
lande hat M a x i m i l i a n S c h m i d t (1832—1919) dargebracht.
Der aus dem Bayrischen Walde Gebürtige hat in seiner Heimat die
volkstümliche Benennung „Der Waldschmidt" zuerkannt erhalten. In
leicht hingestrichenen Bildern bringt er eine Fülle von Erzählungen, die
sich manchmal zur Romanform dehnen, sowohl aus, dem bayrisch-böh-
mischen Waldgebirge, wie aus dem Isartal und vom Ammersee. Zuweilen ergeht er sich in bayrischer Mundart. In den „Künischen Frei-
bauern" gibt Schmidt ein Geschichtsbild, in „Hancicka, das Choden-
mädchen" eine Darstellung aus einem abgelegenen und wenig bekannten Teile seiner Heimat, von den Wohnsitzen der slavischen Choden,
deren Vorfahren Bretislaw der Erste im elften Jahrhundert an der böhmischen Grenze ansiedelte.

L u i s e Z e l l e r (geb. Pichler, 1823—1889) schuf außer einigen
Geschichtsromanen anschauliche Dorfgeschichten von der Schwäbischen Alb.

Eine höchst eigentümliche Erscheinung im vorderösterreichischen
Bezirke war der Landwirt F r a n z M i c h a e l F e l d e r (1839 bis
1869). Der Sohn eines Kleinbauern hat sich durch Selbstlehre empor-
gebildet und es von seinem Hofe im Bregenzer Walde her bis zum
Mitarbeiter am Grimmschen Wörterbuche gebracht, wie er sich auch
der Freundschaft des großen Germanisten Rudolf Hildebrand erfreute.
Unter unablässigen Kämpfen mit seiner Umgebung, insbesondere auch
einer seinen Volksbildungsbestrebungen feindlichen klerikalen Orthodoxie, vollendete Felder seine Persönlichkeit und schuf eine Reihe von
kernigen, herb-realistischen Dorferzählungen. Durch die Kraft ihrer
Charakteristik zeichnen sich zumal die „Sonderlinge" aus. Auch Felders
Selbstbiographie ist bedeutend.

Soweit das Wirken von A d o l f P i c h l e r (1819—1900) von demjenigen Felders geschieden sein mag — sie begegnen sich in der inneren Schau und äußeren Darstellung von Menschen ihres heimatlichen Umgangs. Wie die großen norddeutschen Schriftsteller sind auch sie von dem seelischen Klima ihrer Landsleute so umsponnen, daß sie ihren äußeren Habitus getreu widerzuspiegeln vermögen. Pichler gehörte zu den namhaftesten geologischen Erforschern des Alpenbaus und hat als Inhaber eines Lehrstuhls an der Universität Innsbruck zahlreiche Schüler auf diesem Arbeitsgebiete herangebildet. Als Lyriker von eignem Ausdruck und Epiker von kräftigem Fluß hat Pichler zugleich dichterisch sein christliches und deutsches Bekenntnis abgelegt. Unter den Tiroler Erzählern steht er mit seinen „Allerlei Geschichten aus Tirol" obenan, er ließ ihnen noch die eindringlich malenden Novellen „Jochrauten" folgen. Von nicht minderer Bedeutung sind seine selbstbiographischen Schriften. „Das Sturmjahr" ist die ausgesprochen österreichische, klare und männliche Darstellung der Bewegung von 1848. „Zu meiner Zeit" gibt eine reiche Einsammlung menschlich-geistiger Ernten eines ungewöhnlichen Lebens.

Unter den Gefolgsleuten Berthold Auerbachs ist vor allem M e l - c h i o r M e y r (1810—1871) zu nennen. Er stammte aus dem sich um Nördlingen dehnenden Ries und hat seine Dorfgeschichten in diese eigenartige, von der oberbayrischen Voralpenwelt sehr abstechende Landschaft geschickt hineinkomponiert. Neben diesen Darbringungen aus dem engeren Bezirk fanden die Romane „Vier Deutsche", der im Gefolge Gutzkows um die Bewegung von 1848 Kreise schlug, und „Ewige Liebe" keinen rechten Widerhall, wohl weil ihre philosophische Gründung zu deutlich hervortrat. Dagegen zogen Meyrs „Gespräche mit einem Grobian" auch diejenigen Leser an, die des Dichters theosophischem Hauptwerke „Die Religion des Geistes" keine Folge zu leisten vermochten.

Der im Böhmerwald heimische J o s e p h R a n k (1816—1896) hat neben mehreren Romanen Dorfgeschichten aus seiner Heimat unter der Aufschrift „Aus dem Böhmerwald" dargebracht, denen er noch größere Dorferzählungen folgen ließ. Der Bauernsohn ist in seiner Umwelt wirklich daheim, vermag aber infolge einer gewissen Formlosigkeit den Leser nicht recht zu fesseln. In den anschaulichen Schilderungen „Aus meinen Wandertagen" berichtet Rank auch über die Zeit, da er als demokratischer Kampfgenosse Ludwig Uhlands in der Paulskirche saß.

Wie der böhmische Raum, so wurden auch andere deutsche Landesteile, die an fremdes Volkstum und Sprachtum angrenzten, novellistisch dargestellt.

M i c h a e l A l b e r t (1836—1893) war einer der Führer der Sachsen Siebenbürgens in dem Kampfe mit der Ungarischen Regierung nach der Einverleibung des Landes in das Gebiet der Stephanskrone. Er hat kräftig zeichnende Erzählungen aus dem siebenbürgisch-sächsischen Volkstume geschaffen, sie spiegeln in Sonderheit das solchen politischen Kämpfern als mitentscheidendes Element vertraute Schulwesen und geben darüber hinaus behagliche Bilder aus dem Dorfleben in seiner noch unberührten deutschen Pflegschaft.

Daniel Ehrenfried Stöber (1779—1835), Dichter in elsässischer Mundart, begründete mit Hebel die Zeitschrift „Alsa". Sein Sohn August Stöber (1808—1884) sammelte in Gemeinschaft mit den Brüdern Grimm und Wilhelm Wackernagel, seinem Baseler Nachbar, Märchen und Sagen aus dem Elsaß ein und gab mit seinem Bruder Adolf Stöber (1810—1892) die dem elsässischen Volkstume gewidmete Zeitschrift „Erwinia" heraus. Zur selben Zeit, da der Historiker Ottokar Lorenz und der weithin wirkende Literaturhistoriker Wilhelm Scherer (1841—1886) die Geschichte des dem neuen Reiche wieder angegliederten Elsaß darstellten, ward in der Nachfolge Berthold Auerbachs auch dieser Grenzraum zum Gegenstande neuer erzählerischer Gebilde. Alexander Weill (1811—1899) erzählte behaglich „Elsässer Dorfgeschichten" und hernach die „Sittengemälde aus dem elsässischen Volksleben". Karl August Schneegans (1835—1898) schrieb bewegte Novellen „Aus dem Elsaß". Der dem Stabe des Statthalters Chlodwig Hohenlohe-Schillingsfürst zugehörige Bayer August Schricker (1838—1912) gab unter der Bezeichnung „Deutsch und welsch" Erzählungen aus dem zweisprachigen Raume, denen er die an den klassischen elsässischen Mundartdichter Georg Daniel Arnold erinnernde Novelle „Pfingstsonntag und Pfingstmontag" folgen ließ. Ein liebenswürdiges Zeugnis heiterer Laune war Schrickers Erzählung „Wie Kant beinahe geheiratet hätte". Der streitbare Domherr Joseph Guerber (1824—1909) hat kräftige „Elsässer Erzählungen" geschaffen, der Herausgeber des „Guten Boten", der Straßburger Pfarrherr Karl Hackenschmidt (1839—1915) bot „Alte und neue Geschichten aus dem Elsaß". Es hat einen eigenen Reiz, diese Grenzlandepik mit der im gleichen Volkstume wurzelnden französischen Erzählerkunst etwa des Paares Erckmann-Chatrian zu vergleichen.

Eine Spezialität im Rahmen des Realismus schuf sich Ernst Wichert mit seinen „Litauischen Geschichten". Als Richter in Prökuls nahe dem Kurischen Haff, ganz in die Mitte dieses merkwürdigen Landstriches verschlagen, lernte der gebürtige Insterburger im Amte und außerhalb der Gerichtsstube einen Menschenschlag kennen, der sich trotz allem Andrange des modernen Lebens, trotz aller Vermischung bisher in seiner Sonderheit erhalten hat. Die erste Geschichte dieser Reihe, „Für tot erklärt", hat noch nicht den vollen Durchblick, sie umgreift das in Gellerts Roman von der schwedischen Gräfin aufgezeigte Problem der Rückkehr eines Vermißten, das gleichzeitig Alfred Tennyson in dem berühmten „Enoch Arden" behandelte. In der Novelle „Ansas und Grita" aber fand Wichert die rechte Darstellungskraft für diese höchst eigentümliche Welt. Fast immer kreisen diese litauischen Geschichten um gewaltsame Ausbrüche, Verbrechen, insbesondere Giftmord spielen eine große Rolle, Rachsucht, Trunksucht, Jähzorn, vor allem aber Haltlosigkeit gegenüber äußeren Eindrücken bestimmen immer und immer wieder die Schicksale dieser innerhalb der deutschen Umwohnerschaft fremdartigen Menschen. Und das alles, die Altsitzer-Tragödien und Wilderer-Dramen, ist eingebettet in die schwere Atmosphäre der flachen, wasser- und wiesenreichen Gegend mit ihren alten Höfen, von deren Giebel ein hölzerner Pferdekopf herniederschaut. Besonders der „Schaktarp" mit der Darstellung einer Hochflut im Moosbruch und die Novelle „Mutter und Tochter" mit ihrer urtümlichen Glücksgier, die auch das Verbrechen legitimieren möchte, sind Musterstücke einer Novellistik, die, als Beifracht, in voller Anschauung eine an das Deutschtum angrenzende Volkheit ins Licht stellt. Als andere Spezialitäten dieses Realismus von Landschaft und Klima seien die lebendigen Seegeschichten des Dramatikers H e i n r i c h K r u s e (1815—1902), des einflußreichen Chefredakteurs der Kölnischen Zeitung, genannt. Verwandte Führung erweisen die immer wieder zu novellistischer Rundung findenden „Genrebilder aus dem Seeleben" von H e l e n e P i c h l e r (1852—1906).

Aus dem Böhmerwalde ist noch eine dichterische Erscheinung hervorgegangen, die zwar im Vorhofe des neuen Realismus steht, aber in einem Maße wie kaum einer der zum Realen strebenden Zeitgenossen die Brücke über die Romantik hinweg zum vollen Erbe des klassischen Humanismus schlägt: A d a l b e r t S t i f t e r (1805—1868). Man ist unwillkürlich geneigt, an ein über Österreichs Dichtung waltendes Verhängnis zu glauben. Grillparzer zieht sich nach bösen Bühnenerfahrungen in die Einsamkeit zurück, aus der ihn auch die glanzvolle Feier seines achtzigsten Geburtstages nicht zu lösen vermag. Ferdinand Raimund und Ferdinand von Saar nehmen sich das Leben. Nikolaus Lenau endet im Wahnsinn. Und auch Stifter hat freiwillig dem Leben entsagt.

Stifter hat mit „Feldblumen" begonnen, die er später mit anderen Erzählungen zu „Studien" vereinte, und denen er „Bunte Steine" folgen ließ. Schlägt man dies letzte Buch auf, so wird man alsbald an die Namengebung über Jean Pauls Romankapiteln gemahnt. Mit einer unvergleichlichen Anschaulichkeit und Eindringlichkeit wird die Natur ins Bewußtsein gehoben und zugleich zum tragenden Erlebnis gemacht. Das Zirpen und Singen über dem Moor, den Lerchenjubel im Äther, das Beieinander von Ginster und Geißblatt, von Herbstzeitlose und Campanula hat vor Stifter keiner so mit dem Ruche, der über der Pflanzenwelt schwebt, mit dem Nachhall, der vom Vogelsang dem Ohre verbleibt, zu vergegenwärtigen gewußt, wie dieser Dichter. Die Hingebung, mit der Werther sich die Natur erschließt, war unmittelbarer, weil das Jugenderlebnis Goethes anders war, als das Stifters, der von Verkennung zu Enttäuschung schreitet. Stifters Verhältnis zur Natur seiner Heimat ist im Grunde ein Flüchten von den Menschen hinweg in das ihm gemäße Reich. Er lebt nicht nur mit Allem, was da kreucht und fleucht, sondern auch mit dem, was in der Sonnenbahn flimmert oder sich unter der holden Schwingung des Regenbogens offenbart. Wenn Stifter eine geschichtliche Novelle schreibt, so trifft er sicher das historische Kolorit, immer aber bleiben, etwa im „Hochwald", die Naturvorgänge das Wesentliche und haben in aller Stummheit ihre eigene Sprachgewalt. Man versteht wohl, daß diese sich immer wieder an das Kleinste und scheinbar Geringfügigste anheftende Betrachtungsweise eine stetig zum Großen schreitende Natur wie Friedrich Hebbel arg verstimmen konnte; aber Hebbel hat in einem Xenion sich selber auf solche Kritik die Antwort gegeben:

Blumen nur hätt ich gemalt und Bäume und Kräuter, nichts weiter?

Lieber Tadler, nur so wird ja die Sonne gemalt!

Und Adalbert Stifter weiß wohl innerhalb seiner Studien Menschen unvergeßlich zu gestalten, etwa den nordafrikanischen Juden Abdias. Der flüchtet nach der Ermordung seiner jungen Frau mit der blind geborenen Tochter nach Europa und widmet sein Leben ganz dem Aufzuge dieses armen Geschöpfes — bis eine Gewitternacht der Blinden die Sehkraft wiederschenkt. Nach Jahren vernichtet die holde Menschenblume ein zweiter Blitzstrahl, der Vater aber wandelt, über solche Schrecknisse hinweg, im höchsten Alter durch ein leer gewordenes Dasein, dem das Geschick es versagt, Rache für die einstige Zerstörung seines Lebensglückes und den Tod seiner Lebensgefährtin zu nehmen.

Im „Condor" entführt Stifter die Menschen seiner Erzählung in einem Luftschiffe über das Mittelmeer oberhalb der nächtlich schweigenden Erde und gewinnt so eine Einstimmung von höchstem Reize.

Eine völlig noch im Stilgefühl der Romantik verankerte Novelle wie die „Narrenburg" ist so von den geheimnisvollen Geräuschen strömenden Flußlaufes, Mandolinenklängen und huschendem Kleinvolk der Lüfte durchklungen, daß die absonderlichen Geschehnisse wie in eine höhere Himmelsschicht entrückt erscheinen und so einer höheren Wahrhaftigkeit zu eigen werden.

Wohl unter dem Einflusse seines Meisters Hebbel hat Emil Kuh gemeint, das Auge, das die Stifterschen Studien beherrscht, hätte nie die Welt des „Wilhelm Meister" widergespiegelt. Daß Stifter zu solcher Einkehr in den höchsten Bezirk einer lebendig fortzeugenden Kunst die rechte Pforte fand, bewies er in seinem Roman „Nachsommer" vom Jahre 1857. Der Kleinmaler weiß hier die österreichische Hauptstadt bis ins Burgtheater und die Gemächer der Hofburg, bis in die geisterfüllte Geselligkeit der Salons und die alte Aussprachstätte des Kaffeehauses zu beleben; freilich ist all solche Menschen- und Weltbetrachtung auf das Erziehungs- und Bildungsziel seines Helden ausgerichtet, den er von Wien her durch eine mit allen Reizen geschilderte, sich wandelnde Landschaft geleitet. Aus dieser Schöpfung weht Andacht zur Natur und Ehrfurcht vor dem Menschenbilde. Es hat sehr lange gedauert, bis dies Werk Stifters, der gemeinhin nur als Verfasser der

„Studien" Geltung hatte, in den verdienten Rang einrückte. Friedrich Nietzsche hat in „Menschliches, Allzumenschliches" den „Nachsommer" unter die wenigen deutschen Meisterschöpfungen der Prosa eingerechnet.

In einem zweiten Roman, „Witiko", versuchte Adalbert Stifter ein Bild aus der böhmischen Geschichte im zwölften Jahrhundert zu geben. Dieselben Rosenberge, die in Grillparzers Trauerspiel von Ottokars Glück und Ende eine verhängnisvolle Rolle spielen, fesselten auch diesen Österreicher. Seine Absicht war es, dies Werk über das Zeitalter noch hinaus zu führen — er ist nicht mehr dazu gekommen. Wie treu er sich in abgelebte Zeiten zu versetzen verstand, lehrt das leider Bruchstück gebliebene Werkchen „Die Mappe meines Urgroßvaters", mit seinen lebendigen Schilderungen aus dem achtzehnten Jahrhundert.

6. Ferne und Fremde als Leitmotive

Immer wieder führte die Dichtung des klassischen Humanismus wie diejenige der Romantik nach Italien. Dies war das Gefilde einer künstlerischen Entfaltung von unvergleichlicher Fülle, hinter der sich die Baureste der Antike aufreckten. Neben den Werken Tizians, Raffaels, Michelangelos boten sich den Kömmlingen aus dem Norden, der Zeus von Otricoli, der Laokoon, die Hera Ludovisi, welche Goethes Empfangszimmer in großem Abgusse schmückte. Und nicht minder lockte zur Reise über die Alpenpässe, deren schwierige Überwindung noch kein Tunnel dem Reisenden ersparte, die hesperisch leichte, nicht von trübem nordischem Himmel überwölbte Luft jener Gebreite. Die Stimmung, welche den weimarischen Minister, der das Bild der Iphigenie im Herzen trug, beseelte, als sein Wagen ans Ufer des Gardasees hinabrollte, hat sich im Ablaufe von hundert Reisen in empfangsbereiten Herzen wiederholt, die sich der Nebelluft enthoben fühlen mochten.

„Dahin! Dahin! Möcht ich mit Dir, o mein Geliebter, ziehn!"

dieser Sehnsuchtsruf nach dem Lande, wo „die Myrthe still und hoch der Lorbeer steht", klang seinem Sinne nach immer wieder auf. Das neue Zeitalter aber hatte nicht nur durch die ihm vorbehaltenen Erfindungen und Entdeckungen, sondern auch durch den veränderten politischen Zustand und den aufgelockerten Lebensrhythmus zu einer schicksalhaften Wandlung geführt. Um die Wende der Jahrhunderte hatten verheerende Kriege das europäische Festland umgriffen, und ihnen waren Umwälzungen gefolgt, die den Lebensstil bei steigender Verstädterung und nachhaltigerer Volksbildung völlig veränderten. Die unvollkommene Durchführung der großen Reformen, die der Freiherr vom Stein und seine Helfer, Heinrich Theodor Schön vor Allen, in Preußen zu vollbringen strebten, erlaubte dem Grundbesitz eine Dehnung über das bäuerliche Eigentum und trieb bei der nun zu bürgerlichem Rechte gewordenen Freizügigkeit manchmal die Bevölkerung ganzer Dorfgemeinden zum Fortzuge. Die europäische und vor allem auch die deutsche Menschheit kam ins Wandern. Die Freiwerdung Nordamerikas von der britischen Herrschaft der alsbald die Loslösung neuer südamerikanischer Freistaaten von Spanien folgte, die Begründung einer großen, frei verfaßten Republik durch George Washington — dies alles brachte bei den Einen eine Wanderlust zu Wege, bei den Andern eine Begier, von den Reisen der Landsleute wenigstens lebendigen Bericht zu erhalten, zumal wenn diese durch politische Verfolgung oder materiellen Druck in die Fremde getrieben worden waren.

Es hat lange gedauert, bis man den wahren Namen des Schriftstellers erfuhr, der sich auf den Titelblättern seiner Werke C h a r l e s S e a l s f i e l d nannte. Er hieß K a r l P o s t l (1793—1864), stammte aus einem armen deutschen Hause Mährens und ward jung in den Orden der Kreuzherren aufgenommen, in dem der Novize alsbald bis zum Ordenssekretär aufstieg. Dreißigjährig verließ der Sohn eines frommen Elternhauses heimlich den Orden und ging, da ihm, dem Geweihten, eine Anstellung in bürgerlichem Berufe versagt ward, nach Amerika. Auch seine Verleger kannten ihn nur unter dem Namen Charles Sealsfield. Immer wieder durchstreifte er den neuen Kontinent, wo er Pflanzer, dann wieder Redakteur war, und ließ sich schließlich in der Schweiz, im Kanton Solothurn nieder, wo er in großer Einsamkeit, immer noch unerkannt, starb.

Sealsfield schreibt aus einer leidenschaftlichen Abneigung gegen die Alltagswirklichkeit des engen europäischen Lebens. Ihn fesseln die großartig zu neuen Bildungen geeigneten und vorbestimmten, noch jeder energischen Formung bedürfenden und folgenden Verhältnisse Amerikas. Im „Kajütenbuch" stellt er Menschen, wie sie bunte Schicksale wild vermischt haben, nebeneinander und individualisiert jeden dieser, dem deutschen Leser völlig Fremdartigen mit meisterlichem Griff. Zum ersten Mal brachte „Der Legitime und die Republikaner", ein Werk, das er zunächst englisch geschrieben hatte, Deutschen ein wirkliches künstlerisches Bild aus diesen Breiten, in welche nun schon so viel deutsches Blut eingesickert war.

Sealsfield vereinigte den Großteil seiner Romane und Novellen als „Lebensbilder aus beiden Hemisphären". Er gab den deutschen Lesern Bilder aus Ländern und Verhältnissen, die ihnen zu jener Zeit als unerschlossene und zum Teil noch unerschließbare Gegenden von zweifelhafter Bewohnbarkeit galten. Da brachte ein Roman, wie „Nathan, der Squatterregulator" Einblicke in völlig Neues. Dies Buch stellte als etwas für den amerikanischen Drang nach dem Westen Typisches die Aufteilung, Abgrenzung, Bebauung und Verteidigung neu gewonnenen Bodens dar. In der Wirklichkeit bis in die kleinsten Züge treu abgelauschten Bildern brachte Sealsfield solch schweres Mühen an den Tag. Diesem Regulator wie seinen zu gleichem Dienste gerüsteten Genossen galt es, den Boden sowohl gegen die immer wieder zu tragischem Rückzuge gezwungenen Indianer zu verteidigen als auch Streit und Neid zwischen den Neusiedlern zu schlichten und diese Menschen, die der Überzeugungskraft eines geladenen Revolvers am sichersten vertrauten, an eine wenn auch noch höchst bescheidene Rechtsordnung zu gewöhnen.

Wie sehr Sealsfield auch außerhalb des von ihm geliebten und bewunderten Amerika mit scharfem Auge zu beobachten verstand, lehrt der Roman „Morton oder die große Tour". Die leichte amerikanische Verfärbung seines Stiles gibt eine Note dazu, für die man gern das Wort: pikant gebrauchen möchte, und welche in diesem Falle die Echtheit der Darstellung ohne alles Schielen noch daseinsvoller macht. In einer Fülle von Groß- und Kleinbildern wächst der neue, mit inniger Neigung umfangene Erdteil in seiner bezwingenden Weite empor, eine immer im Aufbruche befindliche Menschenart, die das Nächste erfaßt, es eines noch entfernteren Zieles halber aufgibt und zu einer unerschlossenen Fremde weiterstrebt. Harte Menschheit, die erst zur Bildung eines neuen Gemeinwesens ausschreitet, die sich in Ermangelung einer Obrigkeit selbst Gesetze gibt, wird mit all ihren Stärken und Schwächen ins Licht gerückt. Dabei müht sich Sealsfield, jeden Einzelnen charakteristisch zu umreißen und doch ein Gesamtbild einer neuen Lebenssphäre darzustellen, die er in Vielem als vorbildhaft gegenüber den engen Verhältnissen Europas empfindet, denen sein Drang zur Selbständigkeit entlaufen war.

Wie sehr dieser Mähre, der sogar auf seinen Namen verzichtet hatte, sich als Bürger der Neuen Welt fühlt, lehrt sein Meisterwerk, „Der Virey und die Aristokraten". Es erweist, daß er sich die Vergangenheit des neuen Kontinents zu eigen gemacht hatte. Der Virey ist der von Spanien entsandte Vizekönig von Mexiko. Der Roman bietet eine Art Vorspiel zu der Befreiung der transatlantischen Besitzungen Spaniens von der Madrider Herrschaft. Die verschiedene Schichtung der mexikanischen Bevölkerung tritt in wirksamer Verlebendigung ins Licht. Da sind als dünne Oberschicht die reinblütigen Amtsträger des Mutterlandes, dann die schon lange drüben ansässigen spanischen Familien, deren in Mexiko geborene Abkömmlinge als Kreolen den reinen Hidalgos nicht mehr als vollbürtig gelten. Darunter bewegt sich die Masse der Mischlinge, umgeben von den indianischen Urbewohnern des Erdteils. Zwischen dem Vizekönig und einem altadligen Führer der Kreolen spielt sich die wesentliche Handlung ab. Die Niederlage des habgierigen und mit unlauteren Mitteln arbeitenden Virey deutet auf künftige Entscheidungen hin. Mit außerordentlicher Kraft ist die Atmosphäre bezwungen, welche über den Geschehnissen dieses Romanes waltet. Klima und Landschaft werden zu bestimmenden Urwesen für die ihnen verhaftete Menschheit. Die Szenen nächtlicher Begegnung und Verschwörung in den Straßen der Hauptstadt sind von einer dramatischen Schlagkraft, die durch das nur geflüsterte Gespräch um so eindringlicher wirkt. Es geht durch viele Vorgänge dieses geschichtlich echt getönten Werkes wie ein heißes Zischen aus einem Vulkan.

Bei weitem bekannter als Sealsfield ward der zweite Weltfahrer und Romandarbringer, der Hamburger F r i e d r i c h   G e r s t ä c k e r

(1816—1872). Von seiner ersten großen Amerikafahrt heimste er
1843 die „Streif- und Jagdzüge durch die Vereinigten Staaten Nordamerikas" ein. In ihnen, die er „frisch aus dem Walde heraus" niederschrieb, schlottert der Stil noch ein wenig, Gerstäcker vermag die Buntheit der von einer deutschen Kleinstadt nach der Mündung des Mississippi und New-Orleans führenden, Handlung noch nicht recht zusammenzufassen. Mit um so lebhafteren und eindringlicheren Einzelheiten, freilich gegenüber der herben Charakteristik Sealsfields flächenhafter, behandelt er die „Regulatoren am Arkansas", die sich selber helfen und
das menschliche Unkraut ausrotten, bis zur Aufknüpfung der Frevler
an einem roh gezimmerten Galgen. „Die Flußpiraten des Mississippi"
sind eine atemraubende Geschichte von schweren Missetaten unter An-
führung eines Mannes, der ein Doppelleben führt und schließlich samt
seiner Verbrecherhorde von den anständigen Elementen dieser jungen,
zu neuer Bewährung schreitenden Bürgerschaft zur Strecke gebracht
wird. Wie sich dies auf dem Riesenstrome, neben dem die deutschen
Flüsse stille Gewässer sind, abspielt, das wird mit allen Spannungsreizen lebensvoll dargestellt.

Gerstäcker war in allen Breiten Amerikas zu Hause und hat auch
südamerikanische Schicksale, zum Beispiel in „Unter dem Äquator"
oder „Unter den Pehuenchen", mit festen Strichen vergegenwärtigt. Nach
der Südsee führt der Roman „Tahiti", nach Peru „Seññor Aguila",
nach Venezuela „die Blauen und die Gelben". In dem Roman „Der
deutschen Auswanderer Fahrten und Schicksale" bringt Gerstäcker ein
für die Zeit nach 1848 typisches Bild der durch hoffnungslose Not,
politischen Druck oder jugendlichen Drang zur Ferne in die Fremde
getriebenen Fahrgäste einer großen Bremer Brigg und läßt uns in einläßlichen Schilderungen die ganz verschiedene Wirkung der neuen Umwelt auf die Einzelnen erkennen. Als die Goldfunde an der Westküste
der Vereinigten Staaten eine neue Wanderlust von Europa her erweckt
hatten, schuf der immer wieder den Ozean kreuzende Gerstäcker in
seinem 1858 erschienenen Romane „Gold" eine aufschlußreiche Epopöe
dieser nach dem gelben Metall gierenden Deutschlandflüchtlinge, die sich
mit schon eingebürgerten Yankees, Mexikanern, Indianern, Chinesen als
Gräber am goldhaltigen Flusse begegnen. Er führte sie von der noch
ganz unfertigen, überfüllten Baracken- und Zeltstadt San Franzisco in
die Gebirgswelt, wo Gewinnst und Enttäuschung zu ungleichen Teilen
ihr Los werden.

Gerstäcker hat in der Fülle seiner Werke auch humoristische Romane und Novellen aus Deutschland geschaffen; unter ihnen ist als
ganz kurzes Meisterstück einer Spuknovelle „Germelshausen" besonders
hervorzuheben.

O t t o   R u p p i u s aus Glaucha bei Halle (1819—1864) gehörte
zu den Auswanderern, die sich 1848 politisch straffällig machten und
aus der Haft entflohen. Sein Doppelroman „Der Pedlar" und „Des
Pedlars Vermächtnis" führt einen jungen Deutschen in ihm fremde

nordamerikanische Verhältnisse und läßt ihn durch trübe Erfahrungen zu männlicher Bezwingung des neuen Lebens reifen. Dabei werden die ergreifenden und lebensechten Bilder einer gleichfalls ausgewanderten Berlinerin, die in der Fremde märkische Tatkraft bewährt, und eines tapfer zugreifenden deutsch-amerikanischen Juden voll ausgezeichnet. In dem Roman „Ein Deutscher" schildert Ruppius wiederum den Aufstieg eines zunächst aussichtslos an den Strand der Bai von Manhattan gespülten Jünglings, bildet das Leben in dem großen Kurorte Saratoga nach und bringt das Auf und Ab eines Newyorker Handlungshauses ins Bild. In Deutschland hatte Ruppius neben Willkomm in der Novelle „Eine Weberfamilie" das schlesische Weberelend dargestellt.

Unter dem Hehlnamen A r m a n d schrieb F r i e d r i c h A u g u s t S t r u b b e r g (1808—1889) den Roman „Ralph Norwood" und die novellistischen Bilder „An der Indianergrenze" und „Aus Armands Frontierleben". Er hatte Amerika zuerst als Kaufmann, dann als Arzt bereist und dort die Städte Braunfels und Friedrichsberg, beide in Texas, gegründet. E r n s t F r e i h e r r v o n B i b r a (1806—1878) hat neben zahlreichen wissenschaftlichen Werken zur Anatomie und Physiologie seine Forschungsreisen nach Amerika auch in Romanen, wie „Abenteuer eines jungen Peruaners", dargestellt.

Am äußersten Gegenpole zu diesen Weltfahrern steht mit seinem 1855 erschienenen Roman „Der Amerikamüde" F e r d i n a n d K ü r n b e r g e r (1823—1879). Kürnberger mußte 1848 als Vertreter einer oppositionellen Politik Österreich verlassen und durfte erst 1864 zurückkehren. Er war einer der größten Essayisten seiner Zeit und hat in seinen „Siegelringen" und seinen „Literarischen Herzenssachen" ein außerordentliches kritisches Talent bewährt, wie er als einer der Ersten Franz Grillparzer erkannte und das Werk von Hermann Kurz in seinen verdienten Rang erhob. Unter Kürnbergers Novellen sind einige von dichterischer Fülle und überraschendem Ausblick. Er vermag es, so im „Bergschrecken", die Abseitigkeit eines menschenleeren Alpenabhangs bis zur äußersten verstörenden Wirkung auf eine einsame Seele wiederzugeben, und gestaltet ohne schablonierende Wiederholung das gleiche Schrecknis innnerhalb weit abgelegener Marschengebiete des deutschen Nordens mit ebenso sicherer Hand. In der in die Rhön führenden Novelle „Eis" weiß er den Leser in die gewählte Umwelt unentrinnbar einzuspannen. Anderwärts aber verirrt er sich in kapriziöse Vorwürfe und gelangt an die Grenze einer Unwahrscheinlichkeit, zu der er die Phantasie des Lesers zu entführen nicht die Kraft hat. So bringt Kürnberger in der Novelle „Aus Liebe sterben" zwar zunächst äußerst plastische Bilder aus dem Straßentreiben Londons und einem Bürgerhause der britischen Hauptstadt, überrascht dann aber durch einen Abschluß, den man, im künstlerischen Sinne, als brutal und herbeigezwungen empfinden muß.

Der „Amerikamüde" wird mit einem hymnischen Preise des neuen Weltteils eingeleitet: „Das Individuum sagt: mein besseres Ich; der

Erdglobus sagt: Amerika. Es ist der Schlußfall und die große Kadenz im Konzerte der menschlichen Vollkommenheit . . . Sei mir gegrüßt, Morgenstirn, Morgenantlitz, frische, schwellende, aufstrahlende Schönheit! Ein jugendlicher Mensch ist die Freude des älteren, aber eine jugendliche Welt, — ist es möglich, diesen Wonnebegriff in ein sterbliches Herz aufzunehmen? Asien die Wurzel, Europa der Stamm, Amerika die Laub- und Blütenkrone — so gipfelt sich das Wachstum der Menschheit." Dies alles klingt wie eine Antistrophe zu Ferdinand Freiligraths Gedicht „Am Baum der Menschheit drängt sich Blüt an Blüte". Durch das Antlitz des begeistert zur Küste der Neuen Welt Schauenden lugt unverkennbar die Physiognomie eines Dichters, der in Kürnbergers Geburtsstadt Wien im Wahnsinn endete: Nicolaus Lenau. Wie dieser enttäuscht aus Amerika zurückkommt, so sagt auch Moorfeld „im Geleite aller Furien" der Battery, die er bezaubert betrat, wie erlöst Lebewohl. Er erlebt den Luxus von reichen Häusern der Empire-Stadt der Union und häßlichen Betrug bei seiner Ansiedlung auf einer Farm. Die Kehrseite amerikanischen Puritanertums wird ihm in erschreckendem Maße ebenso offenbart, wie die unfertigen und für den Fremden undurchsichtigen Regierungs- und Verwaltungsmethoden des neuen Landes. Mit festen Strichen und ohne die sonst oft durchschimmernde Ironisierung der Höhen und Tiefen amerikanischer Gesellschaft ist eine immer wieder Moorfelds Weg kreuzende Gesellschaft gezeichnet, die im Gasthofe zum Grünen Baum versammelte Runde deutscher Auswanderer, die sich schwer in das Ungewohnte fügen und zuerst zum Umlernen als einstige Bürger deutscher kleinstädtischer Enge noch nicht den Entschluß finden. Diese beim Deutschen Kaiser, wie der Wirt zum Grünen Baum allgemein genannt wird, allabendlich unterschlüpfende Stammtischgesellschaft ist das Knochengerüst des Romans, sachlich gesehen, mit kleinen und großen Zügen vermittelt, während in den Erlebnissen des sein Dichtertum bezeugenden Moorfeld eine satirische Betrachtungsweise immer wieder an den Tag dringt. Im Grunde kommt die Enttäuschung des Amerikapilgers, die ihn schließlich zum Amerikamüden macht, gleich im Anfange vor dem eigentlichen Einmarsch ins Leben der Union beherrschend zum Ausdruck — im Anblick der großen Leblosigkeit eines amerikanischen Sonntags, an dem die „Langweile zum Pathos geworden ist". Wie in seinen Novellen aber weiß Kürnberger auch hier die Natur des Landes mit belohnter Treue wiederzugeben, wenn er etwa seinen Helden an eine Wildnisstelle führt, den Schauplatz einer zeugungsreichen Pflanzenverwitterung. Da sitzt Moorfeld auf einem Baumstamme „und betrachtete das Spiel eines Kolibri, der wie berauscht diese Flora durchtaumelte und seine zierliche Erscheinung als eine willkommene Episode der tiefen Einsamkeit spendete . . . Der Kolibri hatte sich dicht in Moorfelds Nähe an eine flammrote Magnolie gefesselt und vertiefte sich mit der ganzen Süßigkeit einer selbstvergessenen Liebe in sein prunkendes Kosen und Naschen. Sein Gefieder strahlte vom reinsten Juwelenglanz smaragd-

grün, und opalblau spiegelten Leib und Flügel an der Sonne, seine
kleine Kehle war ein Rubin von Farbe und Feuer." Man glaubt, die
meisterliche Schilderung großer Naturforscher, wie Buffon oder Brehm,
in dieser plastischen Wiedergabe zu hören.

Ein merkwürdiges Schicksal hat Ferdinand Kürnberger bedeutendstes Werk, der Roman „Das Schloß der Frevel", gehabt — erst nach
seinem Tode ist es endlich zur Veröffentlichung gekommen, dann rasch
vergessen und nach mehr als einem Menschenalter wieder aufgelegt
worden. War in dem Amerikabuche eine tendenziöse Verfärbung nicht
abzuleugnen, so dringt die lebenstreue Fülle der italienischen Wirklichkeit in diesem Werke unausweichlich zu Tage. Kenner des römischen
Lebens, lange unter dem Kapitol daheim, waren erstaunt, zu erfahren,
daß Kürnberger niemals in Italien geweilt hatte. Die sehr bewegte
Handlung dieses Romans führt über alle Höhen und Tiefen des römischen Lebens, in das der Norddeutsche Balm hineingestellt wird. Ihm
fällt jedoch nicht etwa nur die Rolle eines Beobachters zu, der fremdartige Eindrücke auffädelt, er wird vielmehr in eine bis zu letzten Erschütterungen gehende Handlung hineingerissen. Der Corso und das
volkstümliche Lottospiel, der in Norditalien geführte Feldzug von 1859,
ein burleskes, zu merkwürdigen Aufträgen genütztes Künstlertum, der
Prunk kirchlicher und profaner Feste — all dies ist aufs engste mit der
Gestalt Balms schicksalbestimmend verknüpft. Und diese lebendig vorgetragenen, immer wieder überraschenden, zu gestraffter Spannung geschürzten Begebnisse heben sich von einer Zeichnung des sie tragenden
römischen Lebens ab, die im Gesamtbilde des deutschen Schrifttums
wenige von gleichem Range zur Seite hat. Dazu tritt noch eine besondere zeitgeschichtliche Einstellung. Wir bewegen uns mit Balm in
dem Rom des Papstes Pius des Neunten, dessen lange Regierung der
Römischen Kirche neue, entscheidende Züge verliehen hat. Und in Gesprächen zwischen dem protestantischen Deutschen und einem Würdenträger des Kirchenstaates gipfelt nicht nur die Handlung in einem
überraschenden und herzbewegenden, den ganzen Menschen aus der
fremden Umwelt durchschütternden, zu wahrhaft dramatischer Reinigung führenden Höhepunkte; in der Auseinandersetzung zwischen den
Beiden, sich spät erkennenden Gegenspielern tönt auch der Innenklang
des reichen Werkes empor. Die geistreiche und tiefsinnige Aussprache
zwischen dem sicher im Schoße der Kirche geborgenen Italiener und
dem deutschen Einkehrer wird vom Bilde der Offenbarung durchleuchtet.

„Im Ernste, antwortete Balm bescheiden. Wir haben vom Kreuze
die Früchte gepflückt, nämlich die christliche Moral; aber das Holz
dieses kostbaren Baumes — ist nun verfügbar.

Die alte Erfahrung! rief der Marchese; man will nur Sittenlehre,
nicht Glaubenslehre. Aber wären sie trennbar, sie wären schwerlich eins
aus dem andern entstanden.

Das war in älteren Zeiten, sagte Balm. Aber ich glaube, allen Christen wäre es heutzutage genug, wenn Christus so unverwundet wie Elias

gen Himmel gefahren wäre und statt des Kreuzes uns nichts hinterlassen hätte, als seine Heilslehre allein, sein Gebot der Nächstenliebe,
sein Evangelium von der Gleichheit der Menschen als Kinder Gottes.
Vergessen wir nicht, sagte der Marchese, daß das Alles durch das
Blut zusammengehalten wird, daß es ohne das Blut verfiele — in die
Lehren der Essäer, der Stoiker, der Platoniker undsoweiter; daß Blut
und Kreuz unsere Pfeile in ein Bündel binden, welche vereinzelt zer-
brechlich sind wie alles Juden- und Heidenwesen."
Und bald danach gibt derselbe abgeklärte Geist die Nota constitutiva
seines Glaubens also wieder:
„Die Ideale des Christentums — die Identität der Menschheit und
der Gottheit in Christus, die Identität der Jungfräulichkeit und der
Mütterlichkeit in der Madonna — sind alle dorthin verlegt, wo die geheimnisvolle Mutterstätte des Idealismus ist, in den Geist selbst. Gehen
Sie ihm aber auch dort noch zu Leibe, so sagen Sie's doch lieber gleich,
daß Sie Ideale überhaupt nicht wollen und den edelsten Idealismus, das
edelste Kapitel in der menschlichen Naturgeschichte, entschlossen sind,
mißzuverstehen." —
In eine damals dem deutschen Schrifttume noch sehr ferne Welt,
nämlich in die russische Gesellschaft, führten die Romane und Novellen
von C a r l D e t l e f (K l a r a B a u e r, 1836—1876). Die von Turgenjew beeinflußte, aus ihrer pommerschen Heimat in das Zarenreich
Verschlagene, die auch im Hause des Gesandten Otto von Bismarck zu
St. Petersburg verkehrte, hat in dem Roman „Unlösliche Bande" und
den „Russischen Idyllen" Geschichten aus dem russischen Leben dargebracht, das damals zwischen dem Liberalismus Alexanders des Zweiten und dem Nihilismus zu schwanken begann.
Aus dem Seeleben schuf der einstige Seemann H e i n r i c h S m i d t
(1798—1867) eine lange Reihe von Romanen und Novellen, ohne
tieferen Gehalt, aber sehr anschaulich erzählt und besonders jugendlichen Gemütern rasch vertraut. Theodor Fontane wie Paul Heyse er-
innerten sich noch lange mit Behagen an den Ausspruch der Kinder
des Kuglerschen Hauses: „Von Herrn Smidten ist alles schön!" Wesentlicher als diese leicht hingeworfenen, immer spannenden Erzählungen,
die Smidt als „Marinebücher" zur Sammlung vereinte, waren die
„Devrient-Novellen", in denen Smidt die in Berlin höchst volkstümliche
Gestalt des großen Schauspielers und Hoffmannfreundes Ludwig Devrient liebenswürdig und berlinkundig darstellte. Der gleichen Mimen-
gestalt werden wir noch anderwärts begegnen.
B a l d u i n M ö l l h a u s e n (1825—1905) folgte den Spuren
Friedrich Gerstäckers. Er lebte lange in Amerika und war dort dem
Indianerstamme der Omaha gesellt. Während Gerstäcker sich immer
wieder unter den neuen und alten europäischen Besiedlern der Neuen
Welt bewegt, stellen Möllhausens Romane in manchmal brennender
Gegenständlichkeit und farbiger Auszeichnung auch das dem allmäh-
lichen Untergange geweihte Leben der indianischen Urbewohner des

Erdteils dar. Unter seinen Romanen seien „Das Mormonenmädchen" und „Der Spion" hervorgehoben. „Der Fährmann am Kanadian" bringt ein sicher gezeichnetes Bild aus noch unfertigen Verhältnissen einer sich erst sammelnden Volkheit. Die eindrucksvolle Novelle „Der Leuchtturm am Michigan" hat mit anderen Novellen Möllhausens Theodor Fontane herausgegeben und eingeleitet. Die amerikanische Lebensdarstellung James Fenimore Coopers blickt bei Möllhausen wie bei anderen Schilderern der Neuen Welt vorbildhaft durch.

Theodor Griesinger (1809—1884), den die Teilnahme an der demokratischen Bewegung ins Gefängnis und dann nach Amerika führte, hat lebendig zeichnende „Emigrantengeschichten" veröffentlicht.

Dem Seemann Smidt gesellt sich der Schiffsarzt Hugo Rosenthal-Bonin (1840—1897), er brachte eine Fülle von Seegeschichten neben humoristischen Erzählungen dar. Die Zeitschrift „Über Land und Meer" unterstand nach der Heimkehr seiner Leitung. Auch der Königsberger Hans Parlow war ein unermüdlicher Weltfahrer. Parlow weiß die Sturmgewalt des Meeres eindringlich darzustellen, etwa in der „Kaptaube".

Eine besonders charaktervolle Erscheinung unter diesen zur Ferne strebenden und die Fremde deutschen Lesern nahebringenden Schriftstellern ist Max Eyth (1836—1909). Der Sohn des namhaften Übersetzers Eduard Eyth (1809—1884) kann sich dem üblichen Erziehungsgange seiner württembergischen Heimat nicht fügen und schwenkt vom Besuche des Seminars im Schönthal zur Laufbahn des Ingenieurs hinüber. Er geht aus dem damals noch technisch sehr rückständigen Deutschland nach England und wird vom Besitzer einer Dampfpflugfabrik nach Ägypten gesandt. Hier beginnt ein Wanderleben, das Eyth durch die ganze Welt führt. Nach der endlichen Rückkehr in die Heimat begründet er die Deutsche Landwirtschaftsgesellschaft und leitet jahrelang ihre Geschäfte. Neben dieser technischen und organisatorischen, zu reichen Erfolgen führenden Lebensarbeit geht nun das erzählerische Werk von Max Eyth einher, das ihn gleichfalls mitstimmend über Land und Meer geleitet, um ihn endlich in die schwäbische Heimat, nach Ulm, zurückzuführen.

Sein Buch „Hinter Pflug und Schraubstock" beginnt mit der Erzählung seiner Überfahrt nach England als blinder Passagier. Gleich im Auftakte bezwingt die mit allem Humor dargestellte Mischung von neugieriger Lebensaussicht und einfallender Enttäuschung, die jedoch dieser zähen Jugend nur den Willen zu einem Trotzdem stählt. In demselben Bande wird mit einer behaglich einherwandelnden Schnurrenhaftigkeit der drollige Wettlauf zwischen zwei Dampfpflügen erzählt, so echt getönt, daß man an Episoden von Sealsfield erinnert würde, wenn nicht das Temperament dieses Schwaben sehr anders an den Tag träte, als das des Wahlbürgers der Union. Gewiß war Eyth nach der immer noch gängigen Stiftler-Tradition aus der württembergischen Art geschlagen — ausweislich schon von „Pflug und Schraubstock" hätte er wohl an den runden Tisch des Kernerhauses gepaßt.

„Der Tatarenrebell hinter dem Dampfpflug", auf russischem Boden daheim, spinnt den Faden dieser seltsamen Erlebnisse eines auf Neuland geratenen Ingenieurs humoristisch fort. Immer wieder aber runden sich diese Erinnerungsbilder zu voller novellistischer Führung. So gibt die Erzählung „Dunkle Blätter" ein Tag- und Nachtgemälde aus Ägypten mit der glänzend durchkomponierten Gestalt des Prinzen Halim, des Oheims des Vizekönigs. Die Novelle „Berufstragik" erzählt das aus der innersten Not quellende Schicksal eines Ingenieurs; der hat eine kühne Brücke über einen Meeresarm gebaut und dafür Anerkennung und Ruhm geerntet. Seine Gedanken gehen aber nach Vollendung des Baues immer wieder um die Berechnungen, auf deren unbedingter Zuverlässigkeit die Widerstands- und Tragkraft der großen, das Meer überspannenden, die Last schwerer Eisenbahnzüge tragenden Konstruktion beruht. Die Zweifel an der Richtigkeit jener Zahlen, die allgemach dem glücklich Verheirateten den Sinn zu verwirren drohen, waren berechtigt — in einer Sturmnacht geht er mit der Brücke und dem sie befahrenden Zuge zugrunde. Die Novelle ist ein würdiges Seitenstück zu Theodor Fontanes Ballade „Die Brück am Tay", die denselben Stoff und dasselbe Ereignis zum Hintergrunde hat.

Zur vollen Höhe eines humoristischen Romans verdichtete Eyth seine ägyptischen Erlebnisse in dem Roman „Der Kampf um die Cheopspyramide". Mit einem Behagen, das sich keinen drolligen Zug entgehen läßt, schildert er da den Streit zweier spleeniger, aber grundehrlicher Engländer um das altägyptische Bauwerk; der eine will es abtragen, um ein riesiges Stauwehr zu errichten und den Nil wieder zum Segenspender Ägyptens zu machen — der andere will die Pyramide durch Gesetz und Einzäunung für alle Zeit vor Beschädigung schützen, weil er in ihrem Raumbilde ewige Maßbestimmungen der Fläche und der Entfernung gefunden zu haben glaubt. Ein volles Kulturbild aus der Zeit des emporblühenden Ägyptens mit seinem internationalen Fremdentum, birgt dieser Roman eine Reihe ausdrucksvoller Gestalten, von denen jede ganz durchkomponiert ist. Dazu eignet ihm bei aller behaglichen Breite eine wohl abgemessene künstlerische Einheitlichkeit. Wohl fehlen dem Werke die Stimmungen nicht, welche den Menschen der Gegenwart gegenüber den unvergleichlich großen, geheimnisvollen Bauwerken uralter Tage befallen: „Wir Jungen fühlen uns so gern als Riesen. Sind wir, im Laufe der Jahrtausende, doch am Ende nur groß fühlende Zwerge geworden?" Aber am Schlusse lautet die Antwort angesichts der Cheopspyramide doch: „Sicher ist eins: ehe vor Jahrtausenden die Pyramide dort drüben stand, ging ein Pflug auf diesem Felde, und wenn sie einst verschwunden sein wird, nach Jahrtausenden, wird noch ein Pflug hier gehen. Ist das kleine Ding nicht fast so ehrwürdig als der stolzeste Bau der Erde?" Bescheidener und sich bescheidender Arbeitsstolz, der sich in der Geschichte der Menschheit gegründet weiß.

Noch einmal in den letzten Jahren seiner Muße hat Max Eyth sich zu einem großen, runden Werke gesammelt, dem Roman „Der Schneider von Ulm"; es war sein Abschiedsbuch. Hier gehen die altüberkommenen Bilder seines philologischen Vaterhauses, die Lust aller schwäbischen Dichter an der Historie und der moderne Weitblick und Weltblick des auf der ganzen Erde wohlbekannten Erfinders und Ingenieurs eine innige Verbindung ein. Was Eyth in manchen seiner Skizzen andeutete und an dem Schicksale des Erbauers der Ennobrücke in „Berufstragik" darstellte — die Tragik eines Erfinderlebens — das gibt er hier in breiter dichterischer Gestaltung. Der Schneider von Ulm ist Albrecht Berblinger, ein Sohn der Rauhen Alb. Schon der Knabe ist stets von technischen Problemen erfüllt, dem Jüngling wird die Erfindung eines Flugapparates zum Schicksal. Kaum ist der in das Schneidergewerbe Gezwungene in Ulm Meister geworden, so überkommt ihn die alte Sehnsucht mit aller Gewalt. Er geht ans Werk, nun wirklich die Flugmaschine zu bauen. Eine glückliche Verkettung von Umständen macht ihn schließlich zum Helden der Stadt, und er steht in jedem Sinne auf der Höhe seines Daseins, als er seine Flügel unter dem Jubel der Bevölkerung vor Mitgliedern des württembergischen Königshauses von der Adlerbastei über die Donau hin erproben soll. Er stürzt, entflieht, wird Soldat, kämpft tapfer im Feldzuge von 1812, der nun auch hier wieder Schicksal wird, unter den Württembergern auf französischer Seite, dann im Freiheitskriege gegen die Franzosen. Vor Großbeeren schwer verwundet, gelangt er als ein aufgegebener Mann in die Heimat zurück und stirbt eines friedlichen Todes.

Dieser Umriß gibt wenigstens einen Begriff von dem reichen Inhalte des Werkes, aber freilich ist damit wenig genug getan; denn Eyth hat unendlich mehr gegenständliches Leben in die Erzählung dieses Schicksals hineingebracht, als eine Nachziehung der Hauptlinien dartun kann. Alles dient der Idee des Ganzen: Eyth will nicht nur diese „Geschichte eines zweihundert Jahre zu früh Geborenen" vortragen, sondern ohne Lehrhaftigkeit erweisen, warum sein Berblinger damals schicksalsnotwendig scheitern mußte, ein Wegbereiter einer Zukunft, die im Jahre 1906 ganz nahe vor einer Erfüllung stand, die Justinus Kerner so erschreckt hätte. Das Werk geht in Tönen behaglichen, warmen Erzählens dahin, in denen Eyths Humor immer wieder durchkommt, jener bürgerliche Humor des Realisten, etwa von Gustav Freytags Schlag. Aus den Briefen, die Eyth an S e b a s t i a n H e n s e l (1830—1898), Luisens Neffen, den Verfasser der „Familie Mendelssohn", geschrieben hat (sie schließen die Gesamtausgabe seiner Werke ab), erkennt man genau die Züge wieder, die alle seine Dichtungen aufweisen. Eyth ist ein Sohn der Gegenwart, der — ohne allen Kulturstolz — jeden Pessimismus von sich abweist. „Klein ist freilich alles, was wir tun, verächtlich klein; aber es sind Millionen, die mithelfen an den großen Aufgaben der

Menschheit. Das multipliziert sich; und es ist nur unsere persönliche
Eitelkeit, die sich darüber ärgert." Eyth ist eine für seine Zeit in
Deutschland einzigartige Persönlichkeit, einer von den Männern, welche
die Brücke zwischen dem alten idealistischen Reiche Kants und Hegels
und dem neuen industrialistischen Lebensraume schlagen; er weiß, daß
das Zeitalter der Maschine erst recht der Kunst bedarf, wenn sie auch
anders aussehen muß und aussehen wird, als in den ruhigen Zeiten vordem. In diesem Betrachte ist ihm ein anderer technischer Schöpfer anzuschließen, M a x M a r i a v o n W e b e r (1822—1881), der Sohn
des Freischütz-Komponisten. Er, der bedeutende Verdienste um den
Ausbau des Eisenbahnwesens hatte, schuf eine Reihe dichterischer und
halbdichterischer Arbeiten aus der Welt des Flügelrades, die in ihrer
körnigen Art der Ausdrucksweise Max Eyths nächstverwandt sind. Die
Schilderung einer durch Betriebsstörung unterbrochenen Eisenbahnfahrt
oder die Darstellung eines Stollenbruches im Elbsandsteingebirge haben
in ihrer lebhaften, menschen- und sachkundigen Darstellungsart vollen
dichterischen Rang — sie sind von Webers Tochter Maria und ihrem
Gatten Ernst von Wildenbruch zu der Sammlung „Aus der Welt der
Arbeit" vereinigt worden.

7. Die Vollendung der Novelle im Zeitalter des Realismus

In der oberen Friedrichstraße zu Berlin wohnte in efeuumrankten
Mansarden, oberhalb seines Schwiegervaters Julius Eduard Hitzig,
F r a n z K u g l e r (1808—1858), berühmter Kunsthistoriker und Vortragender Rat im Preußischen Kultusministerium, Gatte der schönen,
von Geibel besungenen Frau Clara. Wir sahen diesen Dichter, wie
Theodor Storm, durch die bescheidenen Räume des Kuglerschen Hauses
am „Ewigen Herde" gehen, das Theodor Fontane und Adolph
Menzel eine gern aufgesuchte Heimstatt war. Kugler versah auch im
Tunnel über der Spree, dem Berliner Sonntagsvereine, öfter das Amt
des Angebeteten Hauptes. Diese, im Gefüge des poetischen Realismus
unübersehbare Dichterrunde strebte in selbständiger Fortbildung des
lyrischen und balladischen Lebensausdrucks von Chamisso und dem
früh vollendeten Grafen Moritz Strachwitz einer erneuerten Verskunst zu,
deren Meisterschaft der frühe Fontane erreichte. Während auf dem Gebiete des Romans die Tunnelpoeten an der immer voller einsetzenden
Entwicklung noch keinen Anteil gewannen — Adolph Widmanns „Tannhäuser" bildet eine Sondererscheinung — schritten aus diesem Sonntagsvereine mehrere, sehr verschiedene Genossen zur novellistischen Darstellung aus. Louis Schneiders märkische Geschichten, Wilhelm von
Merckels „Frack des Herrn von Chergal" und Heinrich Smidts See-
mannsgeschichten und seine Devrient-Novellen lernten wir bereits
kennen. Franz Kugler, der Dichter des immer noch gesungenen Liedes
„An der Saale hellem Strande", schuf die stimmungsvolle und streng

geschlossene Novelle „Werner von Tegernsee", die in enger Verwandtschaft zu Ernst August Hagens „Norika" steht — von beiden geht eine unverkennbare Linie zu Achim von Arnim, wie zu E. T. A. Hoffmann zurück. Auch der Berliner L e o G o l d a m m e r (1813—1882) hat in seinem Bande „Littauen" reizvolle Novellen, so „Eine Hochzeitsnacht", mit feiner Darstellung des fremden Milieus, geschrieben. Und vor allem war Theodor Storm ein treuer Beiträger der „Argo", des Jahrbuches des Sonntagsvereins, vom ersten Jahrgang an. Derselbe Band brachte auch den Erstdruck einer Novelle von P a u l H e y s e (1830—1914). Heyse, blutjung dem Tunnel zugeführt, den er nach vierzig Jahren in einem ergötzlichen Gedichte schalkhaft charakterisierte, Sohn eines berühmten Sprachforschers, Schüler Ferdinand Rankes und von Jakob Bernays und Friedrich Dietz, ward durch Emanuel Geibel bei Kugler eingeführt und erzählte seine ersten Märchen den halbwüchsigen Kuglerschen Kindern, um sie 1849 als „Jungbrunnen" zusammenzutragen. Unter ihnen ist nur der „Veilchenprinz" von voller dichterischer Geltung. Erst die nach reizvollen Versnovellen hervorgetretene „L'Arrabiata" offenbarte in ihrer geschlossen zum Zielpunkte vorstoßenden, leidenschaftlichen Fügung die glücklichste Handhabung der Prosaform — sie bildete sogleich ein Musterstück der Falkentheorie, die sich Heyse, der Romanist, im Studium italienischer Dichtung gewonnen und auf der großen Bildungsreise jenseits der Alpen befestigt hatte. Diese Novellenkunst strebte immer wieder zur Beschränkung, zur Einengung gesparten Konfliktes, zum goldenen Schnitt im unüberschreitbaren Raume.

Die Kunst des Tunnels war wesentlich nach Norden ausgerichtet. Die große Sammlung alter englischer Balladen von Percys Hand und Walter Scotts verwandte schottische Blütenlese hatten auf Fontane und seine Tunnelfreunde mächtig gewirkt — bis in die durch das Zwielicht nordischer Natur eingestimmte Ballade von Archibald Douglas hin. Bezeichnenderweise hat diese Ballade, wie Kuglers durchaus nordischen „Gregorius auf dem Steine", Carl Loewe vertont. Demgegenüber ist es von wesentlicher Bedeutung und weist zu einer anderen Entwicklungslinie hin, daß gleich Heyses erstes Meisterstück völlig italienische Färbung hatte. Der Zug nach dem Süden, der Emanuel Geibel nach Griechenland und Paul Heyse, gleichfalls in philologischer Begleitung, nach Italien trieb, war in der Mehrzahl der Dichter lebendig, die sich unter der Schutzherrschaft des Königs Max von Bayern um Geibel und Heyse scharten; Geibel war dem Kuglerschen Hause durch Freundschaft zu Franz und Frau Clara verbunden, Heyse führte die einzige Tochter des älteren Tunnelpoeten als Gattin in sein Haus. Und auch dies scheidet die zum großen Teile aus dem Norden stammenden Münchner von den einstigen Gefährten, daß diesen die herbe Griffelkunst Adolph Menzels am gemäßesten war, während Heyse im Haine der Egeria vor Rom ein Fest beging, dessen vornehmster künstlerischer Teilhaber Arnold Böcklin hieß.

Die „L'Arrabbiata" war ein reizvolles und noch heute in Jugendfrische strahlendes dichterisches Erlebnis, ausklingend in die zwischen
Liebe, Trotz und Schalkhaftigkeit einherfliegenden Worte: „Gute Nacht,
mein Liebster! Geh nun schlafen und heile Deine Hand. Und geh nicht
mit mir, denn ich fürchte mich nicht, vor Keinem, als nur vor Dir."
In den gleichen Duft von Heiterkeit und Schmerz und in die gleichen, jedes Gewölk durchdringenden Sonnenstrahlen blühender Jugend
ist die etwas ältere Novelle „Marion" getaucht, die aus den Studien
des romanischen Philologen stammt. Marion ist die Gattin eines der
Poeten der guten Stadt Arras unter Ludwig dem Heiligen und singt sich
mit des Dichters eigenen Versen dem ungetreuen Gatten wieder ins Herz.
Von dieser ersten Staffel her stieg Heyse zu immer neuer Lebensbezwingung in novellistischer Formung empor und einte oft einen Kranz
von gleich eingestimmten Erzählungen zu gemeinsamer Darbietung.
Manchmal, so in den „Meraner Novellen" und den „Novellen vom
Gardasee", gelang da die schlüssige Einstimmung nicht ganz — um so
voller in den Stücken, die er als Troubadournovellen vereinigt hat. Man
kann den Hauch, der charakteristisch über diesen allen liegt, mit keinem
andern Wort benennen, als mit dem jetzt leider sehr abgebrauchten Bei-
worte süß. Süß, wie die Lüfte in der Provence wehen, voll von dem
Duft der Mandelbäume, der den herberen des Lorbeers überflutet, süß,
wie jedem, der einmal in jenen lachenden Fluren geweilt hat, die weiche,
schimmernde Glücksglut dieses Landes in den Sinnen lebt — so hat
Paul Heyse das alles wieder dichterische Wirklichkeit werden lassen.
Und dabei ist nichts aus der Geschichte jener Zeiten, die Heyse so gut
bekannt war, verschönert oder verniedlicht, die oft nur zu tiefe Unsittlichkeit und Lüsternheit, die jenes glänzende Gebaren verhüllen hilft,
nicht verschwiegen; nur daß, wie etwa auch im „Lahmen Engel", die
echte, gehaltvolle Natur immer wieder zum Bildnis wird, das allein der
liebevollen Darstellung wert ist. Mit jener kräftigen Einsicht und ent-
sagungsvollen Stärke, die Heyse so oft seinen Frauen vor den Männern
zubilligt, überwindet da die alternde Vizegräfin Beatrix von Beziers die
Leidenschaft zu einem jungen Schützling und sendet ihn selbst fort zu
Fremden, wo er, der begabte Sänger, sich sein Glück schmieden soll.
Und da er nach Jahren, nun wirklich ein großer Dichter und ein ganzer
Mann geworden, zurückkehrt, erwacht in der Gealterten die alte Leidenschaft noch einmal, und der Besucher findet die Tote hingegangen über
einem Elixir, mit dem sie, die heilkundige Ärztin, für ihn noch einmal
Jugend und Schönheit gewinnen wollte. „Der Mund der Toten aber
lächelte, wie von einer seeligen Hoffnung oder Erinnerung verklärt."
Nicht durch den äußeren Schauplatz, sondern durch die Innenschau
werden die Novellen zusammengehalten, die Heyse als Buch der Freundschaft und dessen Neue Folge verbunden hat. Zwei von diesen Stücken
prägen sich besonders ein. In den „Grenzen der Menschheit" stellt der
Dichter die Freundschaft zwischen einem Riesen und einem Zwerge
mitten in eine keineswegs märchenhafte, sondern alltägliche Welt; und

gerade so gewinnt dies Miteinander etwas Zwingendes und Rührendes: der Ungefuge und der Winzige gehen leibhaft, mit der Tragik ihrer Erscheinung beladen, durch die gewohnte Welt, und ihr Freundschaftsbund bekommt durch ihre eigene Abnormität etwas Natürliches, dessen jähen Abbruch durch fremde Roheit wir mitfühlend beklagen. Die zweite im Kranze der Freundschaftsnovellen hervorzuhebende Erzählung heißt „Siechentrost" und schmiegt sich in ihrer holden Führung wie ein Volkslied ins Herz. Die geschichtlche Einstimmung ins vierzehnte Jahrhundert ist ebenso echt wie die landschaftliche in den Zauber des Lahntales.

Heyse bringt den vollen Reiz der Historie auch in der „Stickerin von Treviso" empor, die er angeblich einer Chronik aus dem Ende des gleichen vierzehnten Jahrhunderts nacherzählt. Der in einer Fehde zwischen Treviso und Vicenza siegreiche und verwundete Attilio wird bei seinem Einzuge in Treviso von einem herrlich gestickten Banner empfangen, das die kunstfertige blonde Giovanna gearbeitet hat. Die Beiden werden unwiderstehlich zueinander gezogen. Er, der Verlobte einer anderen, wird im Turnier durch einen eifersüchtigen Schwager, der selbst Giovanna umworben hat, niedergestreckt, die alte Wunde öffnet sich, und während alles die blutige Szene umsteht, erscheint Giovanna, „bleich wie ein Gespenst, aber mit einem Anstande, als ob sie soeben mit der Dornenkrone des Schmerzes zur Königin über alle Weiber gekrönt worden wäre". In ihren Armen stirbt Attilio. Dicht hinter dem Sarge, vor allen Verwandten, im Witwenschleier, schreitet Giovanna. „Als sie den Schleier zurückschlug, um die Stirn des Toten zu küssen, zeigte sich mit Staunen allem Volk das Wunder, das geschehen war. Denn das Gold ihres Haares, das weithin zu leuchten pflegte, war in wenigen Nächten ein fahles Silber geworden und ihre Züge welk und verblichen, wie die einer Greisin."

Wenn Heyse den großen italienischen Dichter Giacomo Leopardi zum Helden einer Novelle nimmt, so schmückt er nicht den kargen Stoff durch den Glanz eines großen Namens, sondern bringt ein Erlebnis, wie er es zur Überwindung eines solchen Geistes bedarf. „Nerina" läßt uns den körperlich mißratenen, geistig immer wieder tiefgedrückten Dichter schauen, wie er die einzige Liebe, die sich ihm einmal heiß darbietet, mit höchster Selbstzucht sanft abwehrt, nicht willens, schöne Jugend an sein verkrüppeltes Leben zu schmieden.

Als Rahmenerzählung sind die Novellen „In der Geisterstunde" zusammengefaßt. Aus einer Plauderei über die rätselhaften Erscheinungen, „die auf der helldunklen Grenze zwischen Seelen- und Nervenleben stehen und selbst von der hochmütigen Wissenschaft nicht länger mit Schweigen und Achselzucken abzufertigen sind", entwickelt sich eine Folge von Erzählungen dieser helldunklen Art. Und alle diese Novellen sind mit vollendeter Sicherheit in die Sphäre zwischen Wahrscheinlichem und unsagbar Unirdischem getaucht. Wunderbar eingestimmt ist auch die verwandte Novelle „Mittagszauber".

Einen Gegensatz heiterster Fabulierkunst zu diesen schwerblütigen
Mahnungen aus der Geisterstunde bildet die in ihrer Rundung und
prallen Fülle bildhaft einprägsame Novelle „Der letzte Centaur", sie
wirkt wie ein heiteres Gemälde von Böcklinschen Farben. Es ist, wie
bei Heyse öfter, keine Rahmenerzählung, sondern eine Schachtelerzählung, bei der die eigentliche Novelle in einem Schubfach bewahrt
wird, das in einer anderen Lade unter Verschluß liegt und erst im
rechten Augenblicke geöffnet wird. • Der Dichter kehrt spät aus einer
Gesellschaft heim und passiert eine ihm durch viele liebe Abende vertraute Weinstube, er setzt sich im Hausgang auf ein leeres Faß, wird
vom alten Aufwärter von damals hereingebeten, findet die alte Tafel-
runde in nachdenklicher Stimmung — bis der Maler Bonaventura
Genelli den Mund auftut und das Erlebnis vom letzten Centauren im
echten Plaudertone humorvoller Erinnerung erzählt. Das Fabelwesen
ist in der goldigsten Herbstsonne vor ein Wirtshaus an der Halde
dahergetrabt gekommen, „in einem würdevollen, beschaulichen Vier-
vierteltakt, wie der alte Schimmel, der in Wilhelm Tell mitspielt und
den Landvogt in die Hohle Gasse tragen muß". Hinter ihm drein ein
lautloser Haufe von Alten und Jungen. Während alles flüchtet, bleibt
Genelli sitzen und unterhält sich mit dem Centaur, der tausende von
Jahren in einer Gletscherhöhle verschlafen hat und nun, plötzlich erwacht, die Welt merkwürdig findet. Schließlich verschwindet er, der
dem Champagner kräftig zugesprochen hat, die hübsche Schenkin auf
dem Rücken, im Gebirge, nachdem er das Mädchen, von dessen Flehen
gerührt, zu Boden gesetzt hat. Alles hat dem Künstler andächtig zu-
gehört; da der alte Wirt an die Polizeistunde mahnt, geht einer nach
dem andern den düstern Ausgang entlang, aber man hört keinen Fuß-
tritt, und so sehr der Dichter sich eilt — er kann die Freunde nicht
mehr erreichen. Er sitzt schließlich auf einem Faße nieder, die anderen
sollen draußen auf ihn warten. Da hat die Mär ein Ende, in den Traum
ertönt eine Stimme: „Das Haus wird geschlossen. Ich muß schon bitten,
Herr, daß sie sich eine andere Schlafstätte suchen." Vom Frauenturm
schlägt es eins, und unter ein paar verwehten Klängen aus der Wal-
purgisnacht wischt sich der Dichter den Traum von der Stirn und geht
durch die nächtliche Stadt nach Hause.

Bewundernswert ist hier Alles auseinander gehalten: der Stil, den
das wirkliche Erlebnis des späten Heimgangs und des Eintritts in den
alten, bekannten Wirtshausgang erfordern, die Unterhaltung der gespenstischen Gesellschaft am Stammtisch und die phantastische Erzählung vom Centauren, die den Kern bildet. Es ist kein Wunder, daß der
Böcklinfreund Gottfried Keller für dies Stück aus Heyses Werkstatt
geradezu schwärmte.

Nach diesem Meisterbilde, das den Traum einer dumpfen Mitter-
nacht und ein in Sonnenglast getauchtes Fabelerlebnis verbindet, ist die
Fassung Heysischer Novellen des Öfteren erfolgt. Die Bezeichnung:
Schachtelerzählung trifft noch auf manche Heysische Novelle zu, am

nachdrücklichsten vielleicht auf die Erzählung „Im Grafenschloß", die zugleich eine doppelte Ich-Novelle ist. Aus Universitätserinnerungen von Bonn her spinnt Heyse hier einen Faden, an dem er sich auf einer Wanderung zu einem in tiefen Waldgründen einsam gelegenen Grafenschlosse findet. Auf schlecht gehaltenen und verwachsenen Wegen gelangt er mühsam an das plötzlich erwählte Ziel. „Ich klomm eine alte, breitästige Buche hinan und überblickte nun erst die Gegend. Ein tiefer und sehr regelmäßig ausgerundeter Talkessel lag mir zu Füßen, den in prachtvollen dunkelgrünen Wogen die dichteste Buchenwaldung, wie ein tiefer See ausfüllte. Unten ganz in der Mitte erhoben sich einige Zinnen und Schornsteine des Schlosses, über dessen Dächern die Wildnis zusammenschlug . . . Dazu erscholl nirgends ein Laut des Menschenlebens, die Spechte scheiteten eintönig im Wald, ein sorgloses Reh lief an mir vorüber und sah mich mehr verwundert als erschrocken an, und in allen Ästen wimmelte es von dreisten Eichhörnchen, die mit den Hülsen der Bucheckern nach dem Eindringling zielten." Aufs Sorgsamste ist so die Stimmung vorbereitet, in der wir mit dem Dichter, den es nach Kunde von dem alten Jugendfreunde verlangt, das Schloß betreten. Und hier setzt nun die zweite Ich-Erzählung ein: die alte Beschließerin erzählt, warum der einst so stolze Besitz verlassen liegt. Der junge Graf hat nach der Rückkehr von einer großen Bildungsreise eine aus der Ferne angebetete Jugendgeliebte in dienender Stellung im Hause gefunden und entdeckt, da er ihr sein Geständnis macht, daß sie seinen Vater im Herzen trägt und ihm, der sie gegen eine Beschimpfung mit seinem Blute verteidigt hat, schon längst im Stillen angehört. Nun nimmt der Sohn vom Vater Abschied und bittet ihn, in einer von der Beschließerin belauschten Szene, die Geliebte zur Gattin zu machen. Sie ist, um nicht zwischen Vater und Sohn zu stehen, zerrissenen Herzens entflohen, wird eingeholt und lebt Jahre des Glückes an der Seite des geliebten Mannes, dessen jähen Tod sie nicht lange überdauert.

Das nackte Gerippe, herausgeschält aus dem blühenden Leben dieser Geschichte, zeigt die Schlichtheit, mit der Heyse hier wie anderwärts seine Linie führt. Was an fortreißenden oder aufhaltenden Elementen mitspielt, gehört immer ganz organisch zum Gange der Handlung, und so gelingt es Heyse stets aufs Neue, im eng geschürzten Knoten der Novelle mit knappsten Sätzen Lösung und Losung darzubringen. Das geschieht etwa im „Verlorenen Sohne". Da muß es eine Mutter übers Herz bringen, den als Opfer eines nächtlichen Streites getöteten unbeherrschten Sohn vor der Behörde nicht als den ihren anzuerkennen. Der ihn in der Abwehr niedergestreckt hat und dann in das Haus der Mutter geflohen ist, hat nämlich die Liebe und die Hand der Tochter gewonnen, und die Mutter muß die Bergeslast dieser Liebespflicht auf ihr Herz nehmen.

Heyse nennt zwei seiner Novellenkreise moralische Novellen — er hätte sie auch tragische nennen können, denn alle bergen Ansätze zu

tragischer Verstrickung. Die „Unvergeßbaren Worte", die einen sich
eben flechtenden Liebesbund für immer auseinanderreißen, könnten
leichtere Menschen als diese beiden wohl verwinden — ihnen sind sie
unvergeßbar, unvergeßbar dem Manne, daß er zufällig hören muß, wie
die ihrer Geburt nach über ihm stehende Frau erklärt, aus welch kühl-
vernünftigen Gründen sie den Hauslehrer zu ihrem Ehegatten erwählen
wollte; unvergeßbar ihr, da sie in jenem Augenblicke der Aussprache
gegen die Freundin nicht die Wahrheit gesagt hat, weil, vielleicht ihr
damals unbewußt, das Herz eine ganz andere Rede führte, als der Mund.

Ein Meisterstück bis zum Ende führender tragischer Verzwistung ist
„Himmlische und irdische Liebe". In dem mit liebenswürdigstem Reize
gestalteten und mit allem Zauber der alten Stadt untermalten „Glück
von Rothenburg" wird von einer reifen Frau ein verliebter Mann mit
feinem Humor zu dem einzig für ihn passenden Glücke seiner einfachen
und darum im Künstlerwahne übersehenen Ehefrau zurückgeführt. Ganz
anders endet die Wandlung von einer Frau zur anderen, die den Grund-
ton in jener Novelle abgibt, die ihren Titel nach dem schönen
Tizianischen Bilde in der römischen Villa Borghese führt. Ein junger
Professor hat eine schöne und gelehrte Frau heimgeführt, die als eine
im Grunde nicht auf Liebe gestellte Natur seinen Sinnen wie seinem
Herzen auf die Dauer nicht genügen kann. Da lernt der kinderlos Gebliebene eine warmblütige, ganz anders geartete Natur kennen, die ihm
beim ersten Anblick das Herz erquickt. Er hat sich wohl in der Hand
und wird der andern erst zu eigen, da seine Frau der zufällig als
Näherin in ihrem Hause Arbeitenden in ihrem Tugendstolze rauh die
Tür weist, weil eine Honoratiore ihr Ungünstiges, Unwahres über die
Andere erzählt hat. Die wird nun die Seine, und da die Frau ihn ohne
einen Hauch von Verständnis in kaltem Hochmut aburteilt, geht er aus
dem Leben. Wundersam ist das Tizianische Bild in die Erzählung hin-
einverflochten, die von verhaltener Leidenschaft bebt. Wir sehen die
Charaktere des Mannes und der Frau sich bei einem Streit über die
Bedeutung dieses Gemäldes entfalten und empfinden in dieser Aussprache unüberbrückbarer Gegensätze schon das nahende Verhängnis.

Manches Mal zieht Heyses Kunst noch ihren Wurzelsaft aus Eindrücken der immer weiter zurücksinkenden Jugend. So gibt „Lottka"
zunächst als Erinnerung ein Erlebnis des Berliner Primaners, und aus
dem gemeinsam mit einem älteren Schulfreunde vollführten Besuche
einer Konditorei entwickelt sich über den Weihnachtsmarkt hinweg
tragisches Verhängnis für das Paar, das sich diesseits und jenseits des
Ladentisches zum ersten Mal begegnete. „Lottchen Täppe" wirkt in
seiner schlichten Hinerzählung wie ein schmerzliches Idyll aus dem
Berlin der dreißiger und vierziger Jahre des neunzehnten Jahrhunderts,
da noch Goldlack und Reseden an dem Fenster manches Altjungfern-
stübchens der stillen Stadt blühten. Die junge Charlotte hat kurz vor

der Hochzeit durch ein Gewitter, das sie auf offener Landstraße über-
fiel, eine dauernde Verkrümmung erlitten, sie gibt dem Bräutigam sein
Wort zurück, bleibt, da er sich endlich auf ihr Drängen mit einer
anderen vermählt, die Freundin des Hauses und verläßt ihre Wohnung
an der Stechbahn erst, als ihr ehemaliger Verlobter auf dem letzten
Bette liegt. In dem ungewohnten Gedränge der Straße wird die kleine
Gestalt überfahren und stirbt in der Wohnung ihres Jugendfreundes
zugleich mit diesem.

Die anspruchslose milde Zeichnung dieses Bildchens läßt in der Erinnerung bescheidene Holzschnitte auftauchen, wie sie aus jener bescheidenen Zeit früher in manchen alten Berliner Stuben hingen. Diese
Hineinführung in den Kreis wehmütig-ernster Jugenderinnerung sollte
nur den weiten Umkreis andeuten, den diese Novellenkunst ausschreitet.
Noch in der Rahmenerzählung des höchsten Alters „Plaudereien eines
alten Freundespaars" treten die Probleme immer wieder in neuer Formung ins Licht. Freilich muß noch einmal hervorgehoben werden, wie
sehr Paul Heyse im Gefüge einer Novellenfracht, wie sie kein deutscher
Dichter vor und nach ihm wieder dargeboten hat, die innerste Neigung
zum Süden bewährte. Sie war ihm schon wie ein Erbteil von dem Ohm
T h e o d o r H e y s e (1803—1884), dem Übersetzer des Catull, überkommen, der schließlich Florenz, wo er die letzte Ruhestätte fand, als
eigentliche Heimat grüßte. Heyse gesteht in der Erinnerung an Venedig:
„Mir wenigstens ist es jedesmal, wenn ich wiederkehrte, so zumut gewesen, als gehörte mir diese wundersame Stadt als Ergänzung meiner
nordischen Heimat mit so gutem Recht, wie jeder neben seiner wahren
Wirklichkeit ein zweites Leben im Traum führt. Alles ist unwahrschein-
licher, glänzender und schwermütiger zugleich, das Lachen leiser, die
Erlebnisse schattenhafter, und doch fühlt sich die Brust von allem
irdischen Druck entladen." Diese Atmosphäre der Lagunenstadt wirkt
sich in der Novelle „Andrea Delfin" voll aus. Die „Stickerin von Treviso" ward bereits als Musterbild einer italienischen Novelle gekennzeichnet, und die Welt Roms und der Campagna wird in einer über Jahrzehnte verstreuten Novellenernte immer aufs Neue im Tages- und Nacht-
schein abgebildet, wobei das römische Volk in Arbeit und Muße, in
Andacht und Festtreiben ebenso zur Geltung kommt, wie die vom
Rande des italienischen Lebens als Gastspieler gelegentlich zum Kerne
vorstoßenden Besucher aus der Ferne, zumal aus Deutschland. Neben
Venedig und Rom ist es die gesegnete Küste des Golfes von Neapel, an
die Heyse seine Menschen besonders gern versetzt.

Nach Wieland ward er in immer ansteigender, melodischer Fülle
auch zum ersten Meister der Novelle in Versen. Nach den etwas gezwungenen Strophen der „Braut von Cypern" entschädigte er durch die
leichten, wiegenden Ottaverime der „Hochzeitsreise an den Walchensee".
Bis dahin klang dem deutschen Ohre der feierlich ernste Tonfall von

Goethes „Zueignung" oder seines Epilogs zur Glocke als der im Grunde einzige, dieser Versform zugehörige Orgelton, wenn nicht die Zauberromantik Ernst Schulzes, immer noch feierlich genug, ihr Horn erschallen ließ. Die rechte Biegsamkeit, die tragisch zu schreiten und humoristisch zu gleiten weiß, erlangte die herrliche welsche Strophe erst jetzt durch Heyse. Und auch die Fastenpredigt „Frauemanzipation" gestaltet sich zu einer novellistischen Formung.

Heyse hat das früh erkannte Kunstgesetz der Novelle vom Anbeginn seines Schaffens her immer wieder durchdacht und seit dem Jahre 1870 mit seinem Freunde Hermann Kurz den „Deutschen Novellenschatz" eingesammelt. Nach dem Tode von Hermann Kurz warb Heyse sich als Genossen für die Herausgabe den Württemberger L u d w i g L a i s t - n e r (1845—1896), einen Sagenforscher, der auch die Galiardenlieder mittelalterlicher Studenten neu geformt hat. Laistner hat auch einen Band Novellen „Aus alter Zeit" mit sehr echter Einstimmung verfaßt; insbesondere die Erzählung „Das Schneekind" ist von ergreifendem Reiz. Sie ist in demselben Kloster des Heiligen Gallus verörtlicht, in dem der liederkundige Eckehard Scheffels seine Klause hatte.

Es ist von höchstem Reize, die Entstehung dieser unvergleichlichen Sammlung in dem Briefwechsel Heyses mit Gottfried Keller, Theodor Fontane, Fanny Lewald, vor allem mit Theodor Storm zu begleiten. Dieser ersten Folge sandten die Herausgeber seit dem Jahre 1884 eine zweite, ebenso wohlbedachte Auswahl als „Neuen deutschen Novellenschatz" nach und ergänzten ihn durch einen „Novellenschatz des Auslandes".

Erst im Jahre 1872, also „auf seines Lebensweges Mitten", sammelte sich Paul Heyse zum Roman, und es war bezeichnend, daß der gebürtige Berliner, der schon längst in München eingewöhnt war, hier aus liebender Erinnerung ein Vollbild jenes Berlin darbrachte, in dessen verhältnismäßig engem Umkreise sich seine Jugend abgespielt hatte. Der Roman hieß „Kinder der Welt" und brachte ein so reiches und einläßliches Bild der preußischen Hauptstadt, daß der junge Ostpreuße Georg Reicke, von dem Buche leidenschaftlich angezogen, bei seinem ersten Ausfluge nach Berlin nichts Lieberes zu unternehmen wußte, als alle Pfade nachzuschreiten, welche die Menschen dieser Erzählung ihm vorgeschritten waren. Das reiche Werk ist kein Tendenzroman im engeren Zeitsinn, obwohl er bei seinem Erscheinen gerade durch sein Ziel das größte Aufsehen erregte und der Berliner Zeitung, die den Vorabdruck brachte (der alten Spenerschen) das Lebenslicht ausblies. Denn Heyse bekennt sich hier in der Person seines Helden Edwin zu einer, jedem Offenbarungsglauben abgeneigten Weltkindschaft, die sich im Innenkampfe gegenüber dem Herkommen und der Überlieferung gefestigt hat. Edwin möchte zu denjenigen gehören, „die den Kreis ihrer Pflichten und Rechte, ihrer Mühen und Freuden hier auf Erden geschlossen sehen und nicht vollkommener, nicht wissender, nicht unsterblicher zu werden begehren, als man es mit menschlichem Geist und

Sinnen zu werden vermag." Und diese Ausrichtung brachte dem zahmen Blatte den Tod, während sie Theodor Storm zu lebhaftestem Mitgehn lockte. Freilich konnte auch er sich nicht versagen, die ungleiche Gewichtsverteilung anzumerken, durch welche die Gegenseite zu hoch emporschnellte. Unleugbar weist Edwin in seiner Unbeirrbarkeit gegen alle Anfechtungen auf das Urbild des Prinzen Egon in den „Rittern vom Geiste" von Heyses Landsmann Karl Gutzkow zurück, während die ausdrucksvollen Züge des Kandidaten Lorinser auf finstere Gegenbilder nach der Art des Hackert in dem gleichen Gutzkowschen Romane zurückdeuten. Das Gegenstück eins tiefen Herzenschristen vermißte auch der ungläubige Storm — diese Bekennerseite ist in den Personen des Malers König und der Professorin Valentin nur eben bescheiden in den großen Rahmen hineingestellt worden. Innerhalb dieses Bezirkes erweist sich Heyses Kunst des Kolorits in seltener Reinheit und Schönheit. Man fühlt es, daß ein Meister novellistischer Kunst die Hand ans Werk gelegt hat, es wäre ein unschweres Unternehmen, aus dem umfänglichen Werke einzelne Stationen zu lösen, die sich jeweils zu novellistischem Ineinander einen. Von der dreifenstrigen sogenannten Tonne im Hinterhause der Berliner Dorotheenstraße, die wir zuerst im Mondlicht kennenlernen, bis zu dem ergreifenden Ausklange, der Edwin und sein Weib an das Rauchsche Monument der Königin Luise im Charlottenburger Schloßparke führt, schlingt sich eine Kette von liebevoll hingemalten Bildern und Bildchen aus dem Berlin zu des Dichters Jugendzeit durch das Werk. Und die Weltkindschaft, zu der sich Edwins kranker Bruder Balder in herzanrührenden Strophen bekennt, wird als Lebensverfestigung durchgehalten, sie ist nicht Aussprache einer das Hohe leugnenden Nüchternheit, sondern die Hingebung an ein zur Wahrheit strebendes reines Leben, ergreifend auch für den, dem die von diesen Weltkindern geleugnete Offenbarung und Erlösung innerlich erlebte Wahrheiten sind.

Wie auf Goldgrund gemalt erscheint die Gestalt des totkranken Balder, die höchst reizvolle Toinette (auf sie paßt das Fremdwort charmant) ist eine selbständig geformte Nachfolgerin der Mignon im „Meister", wie der Fiammetta in den „Epigonen", und ihr wird die herbe, in ihrer Verschlossenheit spät sich eröffnende Lea gegenübergestellt, das Kind einer Mischehe, wie Heyse selbst. Zu ihr, der spät errungenen Lebensgefährtin, spricht Edwin das Schlußwort, in dem er sich noch einmal zu einer Welt bekennt, in der das Tragische vom Hauche der Schönheit verklärt wird und mitten im Schauder über den Tod höchste Lebenswonne bis zu erleichternden Tränen den Menschen durchbebt — „eine solche Welt ist nicht trostlos".

Waren die „Kinder der Welt" neben ihrer Ausdeutung als Lebensbekenntnis zugleich eine bewußte Liebeserklärung an die Vaterstadt, so war Heyses zweiter Roman „Im Paradiese" ein Vollbild seiner neuen

Münchner Heimat. Wohl hatte er in behaglichem Selbstspott einmal
erklärt:

> Es waschen mir, der Heimat rechtem Sprößling bis ins Grab
> Weder Bock noch Isarwasser jemals den Berliner ab —

hier war die bündige Widerlegung dieser heiteren Selbstcharakteristik.
Auch in diesem Romanwerk wird der Hochmut bekämpft, mit dem Bekenner des Alten auf diejenigen herabsehen, welche sich überkommener
Lehre nicht fügen wollen. Und das Glück, das dem Helden schließlich
doch zu Teil wird, muß im Widerspruche zu den Satzungen der Welt
und der bürgerlichen Gesellschaft errungen werden. Aber das alles tritt
etwas zurück, wie schon der Titel doppelsinnig jenen Zug zur Lebensgestaltung abseits toter Gesetze mit dem Namen eines heiteren und
ernsten Künstlerkreises verbindet, hinter dem die Gemeinschaft der
Krokodile unschwer zu erkennen ist; diese Runde trat im Süden das
Erbe des Tunnels über der Spree cum beneficio inventarii an. Das
ganze Künstlervolk der Münchnerstadt steht lebhaft vor uns, und hell
brennt hier das heilige Feuer jener Kunst, die immer wieder unterscheidet, wählet und richtet. Es brennt so hell, daß es ganz realistisch
unter einmütigem Beifall der Künstlerschar ein Bild verzehrt, dem die
beiden Schleier Schönheit und Grauen fehlen, das die Braut von Korinth
nicht mit Goethe, sondern im Gefolge Sankt Priaps darstellt. Der
Roman steht uns gegenüber den „Kindern der Welt" auch zeitlich näher,
er spielt über die Tage des Deutsch-französischen Krieges hinüber,
bringt einen warmen nationalen Einschlag und gibt die Münchner Stimmungen jener Monate ganz echt wieder. Die Neigung zu novellistischer
Aufrollung von Geschicken und Episoden tritt auch hier hervor — im
Ganzen ist dies Buch von einer Heiterkeit durchstrahlt, die wir etwa
auch in den meisten von Heyses „Weihnachtsgeschichten" wiederfinden.

In der Geschlossenheit und Einheitlichkeit übertrifft Heyses dritter
Roman, „Der Roman der Stiftsdame", weitaus die beiden ersten.
Mit großer Kunst wird die Erzählung durch eine Wanderung des Dichters an das Ufer eines märkischen Sees in gewitterschwüler Stimmung
eingeleitet. Und das Bild der Stiftsdame wird in vorgeblichen Erinnerungen eines Theologen entrollt, als das einer Frau, die aus einer mißleiteten Liebesleidenschaft dem Gehege ihres Standes entwichen und in
das Leben einer Wandertruppe hinabgezogen worden ist. Langsam
gehen ihr die Augen auf, langsam löst sie sich, zuerst innerlich, dann
äußerlich, von dem ihrer unwürdigen Manne und lebt dann als ein
Segen des kleinen Städtchens ihre Tage in der Nähe des alten Freundes
zu Ende, der ihr Bild entworfen hat. Die Stiftsdame steht zwischen den
schönsten und klarsten Gestalten in Heyses Kunst, ihr Seelenbild ist von
vollendeter Rundung.

War die Tendenz in diesem Werke ausgeschaltet, so trat sie in dem
Roman „Merlin" um so stärker hervor. Dieser erschien zu einer
Zeit, da eine neue literarische Bewegung sich gegen das Alte, und ins-

besondere gegen Heyse, austobte. Und von einem Abwehrkampfe gegen die naturalistische Theorie scheint dieser zu weit ausgesponnene Roman erfüllt zu sein. Der Dichter hat das freilich geleugnet und wollte nur wahrhaben, daß sein Georg Falkner seinen Idealismus in jeder Hinsicht zu bewähren suche; die Abwendung von der naturalistischen Zeitkrankheit sei nur als Nebenschößling hineingekommen, weil Falkner ja ein Dichter sei. Es war wohl, Heyse unbewußt, eine Verstimmung in sein Schaffen geflossen, von der auch Novellen aus den neunziger Jahren in ihrer, des Dichters sonstiger klarer Innensicht nicht entsprechenden Art Zeugnis geben.

Heyses vier Spätromane tragen manchen gemeinsamen Zug, vor allem wieder den der Beschränkung auf unkomplizierte Linien, schon in der äußeren Rahmengebung. „Über allen Gipfeln" bewegt sich kaum aus Schlössern und Park einer kleinen Residenz, „Crone Stäudlin" aus der Umgebung eines Kurhauses in den Vorbergen, die Heyse auch in einem ganzen Novellenkreise zum Schauplatz seiner Fabeln wählte. Die weltliche Klostergeschichte „Gegen den Strom" konzentriert die Handlung in und um die Räume eines ehemaligen Klosters hoch über einer kleinen Stadt, und die „Geburt der Venus" greift zwar wieder in die Kreise zurück, die Heyse einst im „Paradiese" bildete, hält aber auch Personen und Konflikte sehr streng zusammen. Der erste und der dritte dieser Romane sind von Tendenzelementen nicht ganz frei — in dem ersten scheitert ein etwas künstlich erworbenes Übermenschentum, um dann im Hafen einer lange verloren geglaubten Liebe zu landen, im dritten muß die Weltflucht innerlich tief gekränkter und zerstoßener Naturen vor dem Rufe des Lebens weichen, der sie wieder zu Kindern der Welt macht. In allen bewegen uns mehr Stimmungswerte als die Charaktere selbst.

Das Bild von Heyses Prosadichtung wird im Großen dennoch nicht durch diese Romane, sondern durch die Novellen bestimmt. Wenn er in einer der meisterlichen Einleitungen zum Novellenschatz einmal Maß und Ruhe und den dämonischen Reiz des Einfachen als Kennmale der echten Novellenkunst hervorhebt, so treffen diese ästhetischen Kategorien auf Heyses eigene novellistische Schöpfungen voll zu. Der klare, dabei überaus schmiegsame und nie gesuchte Stil dieser Erzählungen entlockte dem gestrengen Gustav Wustmann höchstes Lob, er widmete Heyse als dem besten deutschen Stilisten der damaligen Gegenwart seine „Sprachdummheiten", und der nicht minder gestrenge Xanthippus (Franz Sandvoß) hebt ihn als „den Mann höchster ästhetischer Kultur, einen, was bei heutigen Klassikern täglich seltner wird, sogar ein musterhaftes Deutsch schreibenden Schriftsteller", hoch empor. Ein besonderes Stilproblem Heyses hat Jakob Julius David erschürft, indem er in des Dichters Sprache Harmonie und einen geheimen Rhythmus fand, „wie ihn nur der Prosaiker erschwingt, dem zuvor der Vers sein Geheimnis aufgetan."

8. Die Novelle und der Roman der Münchener und ihrer Artverwandten

Der Münchner Dichterkreis setzte sich zunächst aus norddeutschen Talenten zusammen. Die abweichende, zum Süden strebende Formtendenz der beiden einstigen Tunnelmitglieder Geibel und Heyse ward schon hervorgehoben. Unter den Begabungen, die sich im Laufe der Jahre um Geibel und Heyse scharten und sich statt in der „Argo" in den „Münchener Dichterbüchern" zusammenfanden, waren noch andere Kömmlinge aus dem Norden mit der gleichen Sehnsuchtsrichtung gen Süden. Ihnen gesellten sich eingeborene Bayern, die zum Teil verwandte Pfade gingen, zum Teil jedoch im Stilgefühl ihrer heimatlichen Umwelt verbunden waren.

Hermann Lingg (1820—1905), durch Emanuel Geibel eingeführt, Schöpfer historischer Balladen von eigenartiger Sprachgewalt und visionärem Miterleben weitabgelegener Zeiten und des großen Epos „Die Völkerwanderung", hat selten einmal die Feder zur Prosa angesetzt. In den „Byzantinischen Novellen" brachte er Schilderungen aus Ostrom, die jedoch scharfer Profilierung entbehren, in den „Furchen" Stoffe aus seiner Gegenwart.

Julius Grosse (1828—1902) ist Heyse auf das Gebiet der Versnovelle gefolgt; unter diesen, durch schwungvolle Verstechnik bedeutsamen Schöpfungen sind das „Mädchen von Capri" und die „Gundel vom Königssee" hervorzuheben. Dann hat Julius Grosse Novellen aus seiner Thüringer Heimat, zum Teil mit echter geschichtlicher Färbung, geschaffen, unter denen „Das Bürgerweib von Weimar" besondere Hervorhebung verdient. In „Daponte und Mozart" bringt er ein Bild aus dem Wien Josephs des Zweiten mit lebhafter Darstellung des musikalische Treibens in der Hauptstadt der deutschen Musik. „Der getreue Eckart" enthält ein weitausgreifendes Lebensbild von bekennerischem Ernste. In einen reizvollen Rahmen sind die „Novellen des Architekten" gefügt. Ein merkwürdiger Einzelfall aus dieser Zeit ist die Einbettung einer umfänglichen, mit Spannungsreizen ausgestatteten Novelle Grosses, „Der Spion", in das russische Leben.

Die Anregung zu solcher Verörtlichung mochte Julius Grosse aus Erzählungen des weitgereisten Friedrich Bodenstedt (1819 bis 1892) geschöpft haben. Der früheste vortreffliche Verdeutscher Puschkins und Lermontows gehörte zu den ersten durch König Max nach München berufenen Dichtern. Von seinem langen Aufenthalte in Rußland, Kaukasien und Persien brachte er nicht nur die Verse des Mirza Schaffy mit, sondern auch die farbigen Schilderungen „Tausend und ein Tag im Orient" und in Rußland angesiedelte Novellen, wie „Feona" und „Priuthina".

Für Adolf Friedrich von Schack (später Graf von Schack, 1815—1894) galt nur der Vers als eigenständige Dichtersprache, und seine Phantasie war so in die Fernen des Südens und der

Ostwelt gerichtet, zugleich einer sehnsuchtsvoll umrungenen Vergangenheit pflichtig, wie er es im Eingange seiner Dichtung „Die Plejaden" ausspricht:

Von der Erde schönstem Frühling laß mich
Singen, als vor Hellas Heldenjugend
Asiens Hochmut hinsank und, im Lenzhauch
Ihres Siegs, der Blütenflor des Schönen
Sich entfaltet, der in ew'ger Frische
Bis zu uns durch zwei Jahrtausende duftet.

Schacks Versromane „Durch alle Wetter" und „Ebenbürtig" sind Dichtungen von weltmännischer Haltung und, bei etwas blasser Menschenzeichnung, von weiter Aussicht zu hochgesteckten Menschheitszielen. Der kunstverständige Sammler der berühmten Galerie erwies seine Spürsamkeit für den Zeitgenossen noch fremdartige Kunst, indem er Anselm Feuerbach, Bonaventura Genelli, Arnold Böcklin, Franz Lenbach hilfreich zu neuen Werken anregte und ihre Schöpfungen in seinem Hause vereinte. Die gleiche Aufgeschlossenheit legte er als Übersetzer an den Tag, indem er sowohl spanische und portugiesische wie persische Dichtungen stilgerecht verdeutschte. Die Münchner waren auch sonst feinfühlige Einsammler aus fremden Literaturen und setzten insofern das Werk der Romantik fort. Wie Geibel und Heyse griechische, italienische, spanische Verse übertrugen, so brachte W i l h e l m H e r t z (1835 bis 1902) in seinem meisterhaften „Spielmannsbuch" novellistisch gefaßte altfranzösische Verserzählungen deutschen Lesern zu. Bodenstedts Bemühungen um das russische Schrifttum wurden bereits erwähnt, Bodenstedt vereinte auch die Münchner Genossen, und nicht nur diese, zu einer neuen großen Shakespeare-Übersetzung.

Als Journalist von hohen Graden lebte mit den Münchnern der Hesse O t t o B r a u n (1824—1900). Er stand Jahrzehnte lang der Redaktion der „Allgemeinen Zeitung" vor und gab die Cottaschen Musenalmanache heraus. Ihnen traten die „Österreichischen Musenalmanache" gleicher Ausrichtung zur Seite, die K a r l J o h a n n B r a u n v o n B r a u n t h a l (1802—1866) in Wien zusammenstellte. Dieser Wiener Poet, dem Hebbel die Anregung zu „Gyges und sein Ring" dankte, hat seine Phantasie gleich den Münchnern nach Italien in dem Roman „Die Seherin von Venedig" spaziergeführt und in dem Roman „Realisten und Idealisten" ein Zeitbild entworfen.

Von den aus Norddeutschland stammenden Genossen der um König Max gescharten Symposie und der Krokodile sticht der eingeborene Bayer H a n s H o p f e n (1835 1904), durch Geibel in den Dichterkreis geführt, weit ab, wie schon seine ungemein belebte Ballade von der Sendlinger Bauernschlacht etwa von Grosses zarter lyrischer Aussprache sehr entfernt ist. Hopfens bayrische Dorfgeschichten, unter denen der „Böswirt" die stärkste Darstellungskraft verrät, sind untrügliche Bilder aus einer ihm wohlvertrauten, mitgelebten Umwelt. In den

„Geschichten des Majors" bündelt er Erinnerungen an Amouren und Kasinogesellen zu oft humoristischer Erlebnisfülle. Der Roman „Verdorben zu Paris" brachte in fesselndem Aufbau ein bedeutendes Stück Pariser Lebens mit scharf gezeichneten deutschen und französischen Gestalten. Zeitkritisch war auch der Roman „Arge Sitten", in dem, wie in dem parisischen, der Vortrag mit einer gewissen, Hopfens älteren Werken wohl anstehenden Verve belebt war. Die „Fünfzig Semmeln des Studiosus Taillefer" sind ein etwas in die Länge gezogener Studentenscherz. Unter den späteren Romanen ist „Gotthards Lingens Fahrt nach dem Glück" wegen der eigenartigen Führung der Fabel hervorzuheben. Der Jugendliche hatte in dem „Pinsel Mings" eine geistreiche und formvollendete Versnovelle geschaffen; das Geschenk dieses Zauberpinsels befähigte den damit Begabten nicht nur zu müheloser dichterischer Schöpfung, sondern es verhieß ihm auch die uneingeschränkte Neigung einer entzückten Leserschaft.

Während Hopfen in seinen Landerzählungen den Dialekt nur am Rande gebraucht, schuf der berühmte Gesteinsforscher F r a n z v o n K o b e l l (1803—1882) nach Gedichten in oberbayrischer und pfälzischer Mundart die den vollen Klang der Lebenstreue mit liebenswertem Humor auf Oberbayrisch darbringende „G'schicht vom Brandner Kasper". R o s a l i e B r a u n - A r t a r i a (1840—1918) schrieb mehrere Novellen aus dem Münchner Leben, ist aber besonders durch ihr Buch „Von berühmten Zeitgenossen" lebendig geblieben. Da weiß sie in farbig ausgezeichneten Erinnerungen so verschiedene Persönlichkeiten, wie Franz Liszt, Ignaz von Döllinger und Paul Heyse gleichermaßen lebendig zu machen. Der doch wohl objektivste Biograph des unglücklichen Königs Ludwig des Zweiten, G o t t f r i e d R i t t e r v o n B ö h m (1845—1927), schuf neben anderen biographischen Werken und Schauspielen die sicher gezeichneten „Reichsstadtnovellen".

Nur mit einem, aber einem schwerwiegenden Novellenbande, trat der Böcklin befreundete Kunsthistoriker G u s t a v F l ö r k e (1846 bis 1898) hervor; seine Novellen „Die Insel der Sirenen" bringen farbig malende Bilder mit plastisch gemodelten Gestalten von der Insel Capri, die auch eine Lebensstätte August Kopischs, wie des jungen Scheffel und des jungen Heyse gewesen war. Flörkes Fachgenosse K a r l v o n L e m c k e (1831—1913), Beisasse des Kreises der Krokodile, schuf unter dem Hehlnamen K a r l M a n n o Romane, wie den durch hellen Humor beseelten „Ein süßer Knabe". G e o r g S c h e u r l i n (1802—1872) gab in seiner sparsamen Produktion liebenswürdige „Musikernovellen". M a x H a u s h o f e r (1840—1907) folgte den Spuren, die sein Freund Heyse in den Novellen aus der Geisterstunde gegangen war, mit „Geschichten zwischen Diesseits und Jenseits" und den Novellen „An des Daseins Grenze". Auch der Roman „Planetenfeuer" bringt den Vorstoß in das Übersinnliche. Der „Floßmeister" ist eine ruhig erzählte Novelle aus der bayrischen Umwelt.

Nicht mehr zum eigontlichen Münchner Dichterkreise gehörte der
erst nach langer Wanderschaft am Starnberger See zur Ruhe gekommene
W i l h e l m   J e n s e n (1837—1911). Der gebürtige Schleswig-Holsteiner konnte in seinen Anfängen die Verwandtschaft mit seinem Landsmanne Theodor Storm nicht verleugnen. So ist die Novelle „Über der
Haide" ein stimmungsvolles Lebensbild aus der meerumschlungenen
Heimat. In der Folge stattet Jensen seine Gestalten vielfach mit
brennenderen Farben aus, so in der Novelle „Eddystone". Die Krone
unter seinen Novellen ist die psychologisch ungemein fesselnde und
geschichtlich echt eingestimmte Erzählung „Karin von Schweden";
sie begleitet in lebensvoller Entfaltung den Aufstieg Gustav Wasas zum
schwedischen Throne und bettet das Ganze in die mit belohnter Treue
ausschraffierte nordische Landschaft.

Auf den nun eingeschlagenen Pfaden fand Wilhelm Jensen immer
wieder den Weg zur Historie. In dem Roman „Aus den Tagen der
Hansa" stellt er die Abwandlung einer Familie durch mehrere Geschlechter dar und bringt fesselnde Lebensbilder ohne störende Reflexionen. Dazwischen schiebt er knappe, einprägsame Novellen wie
„Die braune Erika" oder den „Magister Timotheus". „Der Hohen-
staufer Ausgang" führt stimmungsreich in die Epoche der Kreuzzüge
und einer zur Herrschaft über das Abendland ausschreitenden Dynastie
vor ihrem Erlöschen. Von besonderer Schwerkraft ist der um das Jahr
1806 in und um Philippsburg am Rheine spielende Roman „Am Ausgang des Reiches". Innerhalb des wohlabgemessenen Kulturbildes, das
diese Schöpfung bringt, wird die Gestalt des Kurfürsten Karl Theodor
und die ganze, den Versailler Herrlichkeiten nachgeahmte Pracht des
Parkes von Schwetzingen zum Leben erweckt. Von gleicher geschichtlicher Anschaulichkeit sind die „Pfeifer von Dusenbach". Mit zu stark
aufgetragenen Farben gestaltet Jensen in dem Roman „Nirwana" ein Bild
aus der französischen Revolution, wie denn Jensens spätere Werke
manchmal von einer aus dem Stile abirrenden Stimmungsüberfracht erfüllt sind. Er versenkt sich gern in die geheimen Gründe, aus denen
lebensträchtige Entscheidungen und sinnbeschattende Vorstellungen an-
dringen. Siegmund Freud hat Jensens Erzählung „Gradiva" zum Anlaß
einer Untersuchung genommen, in welcher der Schöpfer der Psychoanalyse die Rolle des Wahnes und der Träume als daseinsbestimmender
Momente erörtert.

In seine Jugend und die Erinnerungen der Väter führt Jensen mit
glücklicher Hand in dem Roman „Unter der Tarnkappe"; hier bildete
er die Kämpfe um die Freiheit der Elbherzogtümer vor 1850 mit ihrem
tragischen Ausgange lebendig nach.

Der Münchener Dichterkreis war aus dem Tunnel über der Spree
hervorgegangen, aber die in den Münchner Dichterbüchern vereinten
Poeten unterschieden sich in ihrer Grundhaltung mannigfach von den
im Berliner Sonntagsvereine tagenden Künstlern, obwohl die Vereins-
formen der Münchner Krokodile deutlich auf das drollige berlinische

Vorbild hinwiesen. Die Münchner hatten gegenüber den im Norden verbliebenen Genossen die größere Freude an der geschlossenen Form, an
einer stärkeren Stilisierung der Eindrücke, wie sie denn allesamt den
lebhaften Zug nach dem Süden hatten, während die Magnetnadel Strach-
witzens, Scherenbergs, Fontanes nach Norden ausschlug. Diese künstlerische Auffassung, die sich lieber zu Eichendorff, Grillparzer, zu Anselm
Feuerbach und Böcklin als zu Franz Krüger, Karl Blechen und Adolph
Menzel bekannte, erlebte außerhalb Münchens verwandte Mitfolge.
O t t o R o q u e t t e (1824—1896) hatte jung in Berlin dem Tunnel
und dem Hause Kugler nahegestanden. Sein dichterischer Ruf beruhte
vor allem auf dem leicht komponierten Epos von „Waldmeisters Brautfahrt". Sein Künstlerroman „Heinrich Falk" setzt noch die romantische,
mit dem „Sternbald" begonnene Linie fort. Der Literarhistoriker Roquette, dessen „Geschichte der deutschen Dichtung" von feiner Einfühlung in das Kunstgesetz zeugt, hat neben einer Biographie Johann Christian Günthers einen Novellenkranz „Große und kleine Leute in Alt-
Weimar" gerundet. In seinem „Buchstabierbuch der Leidenschaft"
kommt freilich die wirkliche Leidenschaft nicht recht zum Ausdruck,
hier wie in anderen Novellen bleibt die Gestaltung matt. Wie Heyses
„Jugenderinnerungen" und „Bekenntnisse" sind auch Otto Roquettes
„Siebzig Jahre" ein aufschlußreiches Werk selbstbiographischer Lebenstreue von liebenswürdiger Haltung.

    H a n s K o e s t e r (1818—1900) hat die sehr lebendigen Novellen
„Erlebnisse und Gestalten" herausgebracht. Im Kreise Wilhelm Raabes
lebte der auch politisch tätige, dem Reichstage zugehörige B e r n h a r d
A b e k e n (1826—1901); er schuf den aus braunschweigischen Eindrücken lebenden Roman „Greifensee" und die in ihrer Kürze volle
dichterische Schwerkraft bergende Novelle „Eine Nacht". Sein Hehlname war E r n s t A n d o l t. Der Hamburger C h a r l e s E d u a r d
D u b o c (1822—1910) schrieb unter dem Namen R o b e r t W a l d -
m ü l l e r schwungvolle Novellen, darunter „Mirandola", und Romane,
deren bester der dem Italiener Sabattini nacherzählte, Neapel lebendig
vergegenwärtigende, sehr humoristische „Don Adone" ist. Der aus
Laubes Heimatstadt Sprottau stammende L u d w i g H a b i c h t (1830
bis 1908) schuf den von schlesischen Erinnerungen gespeisten „Stadtschreiber von Liegnitz" und andere Novellen aus der schlesischen Vergangenheit und Gegenwart. Ein umfassendes Novellenwerk brachte
L u d w i g Z i e m s s e n (1823—1898) dar. Sein „Novellenbuch für
das deutsche Haus" und die Sammlung „Zum Tagesschluß" sind von
etwas schwerem Flusse. Die Eindrücke der pommerschen Küstenlandschaft, in der Ziemssen, der später die Berliner Zeitschrift „Der Bazar"
leitete, daheim war, wirken in seinem Erzählerwerke spürbar nach. Der
Schöpfer des „Grundrisses zur Geschichte der deutschen Dichtung", der
Hannoveraner K a r l G o e d e k e (1814—1887), schrieb auch Novellen.
W i l h e l m L a u s e r (1836—1902) gab in dem Bande „Kreuz und
quer" nach lebhaften Reiseschilderungen geschmackvolle Novellen. Der

Biograph Max Eyths T h e o d o r E b n e r (1856—1915) war ebenfalls ein tüchtiger Novellist.

A l f r e d G r a f A d e l m a n n v o n A d e l m a n n s f e l d e n (1848—1887), ein liberaler Vorkämpfer für einen nationalen Katholizismus, hat neben politischen Schriften und Reiseschilderungen von der Riviera den Roman „Im Königsforst" geschaffen, den jedoch seine Novellen aus Italien durch anschauliche Darstellung weit überragen. Innerhalb eines wesentlich lyrischen Lebenswerkes gab der zuletzt in Capri ansässige A d o l f S c h a f h e i t l i n (1852—1917) die Novellen „Das hohe Schweigen".

Das Werk von H e i n r i c h H o m b e r g e r (1838—1890) lag lange Zeit hindurch wie verschüttet. Dabei war Homberger, einst unter Treitschke Redakteur der deutscher Einheit zustrebenden „Preußischen Jahrbücher", einer der deutschen Meister des Essays. Was er über Louise von François geschrieben hat, gehört zum Schönsten und Aufschlußreichsten, was über diese Dichterin und besonders das ihr innewohnende Preußentum gesagt worden ist. In der Novelle ist Homberger, dessen letzte Lebensstätte Florenz war, auf den Spuren Heyses gegangen und hat zu seinen kritischen Arbeiten kurz vor dem Hingange sehr farbige und eindringlich schildernde italienische Novellen zusammengefügt.

K a r l W e i t b r e c h t (1847—1904) wahrt in vielem noch die Überlieferung des Schwäbischen Dichterkreises, der sich vordem um Kerner scharte. Er hat mundartlichen Erzählungen aus der württembergischen Heimat dem humoristisch geführten und die Gestalten treu herausbringenden „Kalenderstreit in Siedringen" nachgesandt. Das sehr kritische Verhältnis des Literarhistorikers Weitbrecht zur Literatur seiner Zeit bringt eine eigentümliche Schöpfung ans Licht, „Phaläna, Leiden eines Buches". Es hat eigenen Reiz, diese wegen ihrer durchgehenden, humoristischen Akzente nicht gut nacherzählbare Geschichte (eine Inhaltsangabe würde den eigentümlichen Reiz nie herausbringen können) mit den Skizzen zu vergleichen, die Weitbrechts Landsmann Wilhelm Hauff den Büchern und der Lesewelt gewidmet hat. Wie Hauff ward auch R i c h a r d W e i t b r e c h t (1851—1911) auf dem Tübinger Stift gebildet. Er, Karls jüngerer Bruder, hat Novellen von heimatliche Zueignung und humorvoller Führung geschaffen, die zum Teil in die Geschichte Württembergs zurückführen; so umgreift die Sammlung „Feindliche Mächte" lebendige Erzählungen aus der schwäbischen Kirchengeschichte. Richard Weitbrechts Hauptwerk ist der charaktervolle Bauernroman „Bohlinger Leute". Richard Weitbrecht hat auch die knappe Darstellung der deutschen Literatur des neunzehnten Jahrhunderts, die der ältere Bruder veröffentlichte, nach dessen Tode ergänzt und neu bearbeitet.

In einer völlig anderen Überlieferung als diese Schwaben lebte Heyses Berliner Schulkamerad vom Friedrich-Wilhelm-Gymnasium H e r - m a n G r i m m (1828—1901) (der dritte Schulgenosse aus künstle-

rischer Umwelt war Sebastian Hensel). Grimm, der Sohn des durch
Friedrich Wilhelm den Vierten freier Forschertätigkeit in Berlin zurück-
gegebenen Wilhelm Grimm, der Schwiegersohn Bettinas von Arnim, ist
zu einer noch heute unüberholten Deutung Goethes ausgeschritten und
hat zu meisterlichen, gewiß oft eigenwillige Seitenpfade wandelnden
Essays dauerbare Werke über Raffael und Michelangelo, zuletzt eine
dichterisch durchklungene Nachschöpfung der Ilias dargebracht. Die Novellen seiner Frühzeit haben klassizistisches Maß und eine gewisse verhaltene Stimmung. Unter ihnen ist „Das Kind" hervorzuheben. In der
Folge hat sich Herman Grimm zu einem Roman gesammelt. Das 1867
erschienene Werk heißt „Unüberwindliche Mächte" und gibt ein getreues Bild jenes Berlin vor der Dehnung zur deutschen Hauptstadt.
Es ist noch ungefähr die Stadt der „Kinder der Welt", aber freilich von
einem sehr anderen Blickpunkte her geschaut, aus der Weite (Heyses
Edwin würde vielleicht sagen: Enge) einer aristokratischen Haltung der
tragenden Menschen heraus. Diese Haltung hat aber ihren eigenen Reiz,
besonders auch, wenn sie die Gestalten einmal zur anderen Seite des
Ozeans nach Concord in das Haus des von Grimm deutschen Lesern zugeführten Ralph Waldo Emerson geleitet. Es wirkt wie ein Symbol, daß
dieser Statthalter der klassisch-romantischen Überlieferung noch die
deutsche Entscheidung von 1866 heraufbeschwört und uns in das
Schlachtgefilde von Königgrätz mitnimmt.

Das durch die Entscheidung von 1866 seiner Stellung an der Spitze
des Deutschen Bundes beraubte Österreich blieb, von dichterischer und
künstlerischer Schau her betrachtet, in ungebrochener Verbindung mit dem
gesamtdeutschen Leben. Man mochte es als Zeichen dafür betrachten,
daß sich an Grillparzers achtzigstem Geburtstage Kaiser Franz Joseph,
die Deutsche Kaiserin und der König von Bayern zur Huldigung für
den großen Dichter vereinten, dem Paul Heyse zu diesem Tage ein
Grillparzers klassischen Rang betonendes Gedicht widmete. Unter denen,
die stilistisch jenem gemäßigten, zu reiner Kontur strebenden Realismus der Münchner von Österreich her Folge leisteten, ist vor anderen
J u l i u s v o n d e r T r a u n (J u l i u s S c h i n d l e r , 1818—1885)
zu nennen. Der gebürtige Wiener, lange dem Reichsrat zugehörig, hat
Novellen geschaffen, die er als „Skizzen aus Oberösterreich" einsammelte
und die eigen profilierte Bilder aus dieser Landschaft bringen. Insbesondere
sei der „Gebirgspfarrer" hervorgehoben. Eine sehr eigenartige Novelle
ist „Der Scharfrichter Rosenfeld und sein Pate". Diese Erzählung ist
so knapp gefügt und auch das Geheimnisvolle und Krasse so vernietet,
daß man sich zu dem versöhnenden Schlusse hinfindet, ohne durch die
scheinbare Häufung von Effekten verstimmt zu sein. Traun hat dann
noch Novellen in dem Bande „Südfrüchte" vereinigt, unter denen die
Erzählung „Doktor Irnerius" Hervorhebung verdient.

H i e r o n y m u s L o r m (H e i n r i c h L a n d e s m a n n , 1821
bis 1902) hat das unendlich schwere Schicksal früher Taubheit und einer
sich im Alter zu völliger Blindheit steigernden Kurzsichtigkeit erleben

müssen, sich aber über solche Schickung in einem höchster Bewunderung werten Optimismus erhoben. Sein Roman „Gabriel Solmar" trägt wesentlich noch die Züge einer jungdeutschen Gestaltung, die sich mit romantischen Einsprengseln verbindet. Der aus Nikolsburg in Mähren stammende Schwager Berthold Auerbachs hat gehaltvolle Novellen geschrieben, die zum Teil der österreichischen Herkunft verpflichtet sind. Eine dritte österreichische Schöpferin aus diesem ästhetischen Bezirke war A n g e l i k a v o n H ö r m a n n, geb. Geiger (1843—1921), sie hat eine Reihe gut beobachteter tirolischer Erzählungen verfaßt. In der gleichen Stoffwelt machte sich ein Ostpreuße heimisch, der sich nach lebhafter Teilnahme an der demokratischen Bewegung in Königsberg für lange Zeit in die Alpenwelt begeben hatte, R o b e r t S c h w e i - c h e l (1821—1907). Schweichel, der zuletzt die „Deutsche Romanzeitung" leitete, hat in Romanen wie „Der Bilderschnitzer vom Achensee" oder „Der Falkner von Sankt Vigil" Werke geschaffen, in denen das Leben auf und unter den Bergen ohne romantischen Auftrag dargestellt wird. Die Gestalten sind sparsam umrissen und mit festem Griff hingestellt. All dies gilt auch für die Erzählung „Der Uhrmacher vom Lac de Joux" und Schweichels zahlreiche andere Novellen. Der zu Grillparzers Kreise gehörige Musikhistoriker F r a n z L o r e n z (1803 bis 1883) hat feine wienerische Novellen geschrieben.

In der künstlerischen Gesamtanschauung dem Münchnertum nahe verwandt war A d o l f S t e r n (1835—1907). Der Biograph Otto Ludwigs und ausgezeichnete Literarhistoriker, der Fortsetzer von August Friedrich Vilmars Werk, hat das hier mehrfach hervorgehobene Stilgesetz des historischen Romans aufgestellt und selbst danach geschaffen. Er bewegt sich sicher auf geschichtlichem Boden, wenn er im „Camoens" die tragischen Schicksale des portugiesischen Nationaldichters darstellt und uns die Meereskönigin Lissabon ebenso anschaulich macht, wie die Pracht des Palastes von Cintra. Viel zu wenig gewürdigt wird der Roman „Die letzten Humanisten". Die Novelle „Vor Leyden" bringt im Gewirre sich kreuzender Kämpfer und Kampfgefährten ein zwingendes Bild von eindringlicher Geschichtsstimmung. Das „Weihnachtsoratorium" Sterns, der auch zur Musik ein nahes Verhältnis hatte, versetzt in seiner bewußt schlichten Führung alsbald in die dem geliebten Tönemeister Johann Sebastian Bach vertraute Umwelt eines äußerlich dürftigen, innerlich reichen Pfarrerlebens. Die Krone unter Sterns historischen Novellen ist die mit feinster Kunst durchkomponierte, in die Schneegefilde der böhmischen Umwallung stimmungsreich eingewirkte Erzählung „Die Flut des Lebens". Hier wird für uns der Vorhang vor dem Geschicke des unglückseligen Winterkönigs und seiner englischen Gattin Elisabeth für eine kurzbemessene Weile gelüftet, und wir erleben mit dem verlassenen Fürstenpaare einen unvergeßlichen, in jedem Sinne tragisch endenden Ausschnitt aus dem dreißigjährigen Krieg.

Dem „Dürer in Venedig" hat Adolf Stern noch andere venezianische Novellen gesellt, in denen immer aufs neue der Farbenzauber dieser

Stadt lebhaft empordringt. Unter den Novellen aus deutschem Bezirk ohne historische Einstellung verdient „Der Pate des Todes" besondere Hervorhebung. Ein Arzt wird an das Krankenbett einer Prinzessin berufen und gelangt bei der Untersuchung zu einem hoffnungsvolleren Ergebnis als sein Meister und Lehrer, der den Fall als verzweifelt ansieht. Der jüngere gewinnt die junge, lebensmüde Prinzessin für die Operation und führt sie nach geglücktem Eingriffe schließlich als Gattin in sein bürgerliches Haus. Dieser Vorwurf ist mit feinster Psychologie, die auch die verschiedenen am Hofe wirksamen Strebungen wohl zu schattieren weiß, schlüssig erzählt. Zu sehr gedehnter Darstellung schreitet Adolf Stern in dem Roman „Ohne Ideale" aus, der in dem Lebensdurchblick Heyses „Merlin" verwandt ist. Stern knüpft jedoch die Handlung an das Gegeneinander zweier Brüder von ganz entgegengesetzter Artung und läßt in einer glänzend geschilderten Bergwerkskatastrophe die Charaktere sich schleierlos enthüllen.

Aus dem Münchner Umkreise, wenn auch nicht aus dem Dichterkreise der Krokodile, sei noch K a r l H e i g e l (1835—1905) genannt, der die seltsame Aufgabe hatte, Dramen lediglich für die Aufführungen in den Schlössern König Ludwigs des Zweiten zu verfassen, bei denen der kranke Fürst der einzige Zuschauer war. Heigel hat dann eine Anzahl von Romanen wie „Der Sänger" geschrieben, die von guter Beobachtung künstlerischen Lebens und einem verhaltenen Humor zeugen. Er war nachmals als Redakteur des „Bayer" ein Bürger Berlins, hat aber in Erzählungen „Aus dem Isarthal" und Novellen vom Gardasee die Münchner Tradition gewahrt.

Mit den Münchnern hat zeitweise der Pommer R i c h a r d V o ß (1851—1918) gelebt, ohne daß man jedoch sein dichterisches Wesen ihrer Auffassung von Kunst und Leben eingliedern könnte. Nur eines verbindet diesen Norddeutschen mit seinen gleichfalls an der Isar heimisch gewordenen Landsleuten: der Zug zum Süden, nach Italien. In all diesen Romanen und Dorfgeschichten aus Italien, von denen „Villa Falconieri" am bekanntesten wurde, vermag es Voß, die Umwelt seiner Gestalten gegenständlich zu machen. Florenz im Blütenschimmer, die Campagna in Sommerglut, die nackten Schroffen des Appenin — das alles wird in der Darbietung von Richard Voß lebendig. Dennoch gelangt der Leser kaum jemals zu ruhevoll hingegebenem Genusse. Denn Voß überbeizt in seiner Nervosität jede seiner Gestalten. Man hört bei ihm nicht den Glockenschlag, der auch den Menschen seiner Erfindung die Stunden ankündigt, sondern es ist, als ob die Unruhe einer Uhr fortwährend, Sekunde für Sekunde, sich dem Ohre aufdringe und den Leser, der auf das Innen der Erzählung horcht, ununterbrochen nicht zu jener Ruhe kommen ließe, die uns am Ende einer mit epischem Gleichmaße vorgetragenen Erzählung umfängt — mag ihr Inhalt noch so fremdartig sein. Dies gilt schon von Voßens frühesten Darbietungen wie den „Scherben, gesammelt vom müden Mann" und gilt erst recht von den späteren Romanen. Am geschlossensten wirken die „Römischen Dorfgeschichten", hier kommt die Nervosität des Dichters weniger zur Geltung, und die kräftig ausgemalte Umgebung erbringt eine vom Menschlich-Zwiespältigen abgezogene reinere Wirkung. Richard Voß, dessen Selbstbiographie „Aus einem phantastischen Leben" bei reicher zeitgeschichtlicher Ausbeute die gleichen nervösen Züge an den Tag legt, hat einmal ein von den sonst von ihm ergriffenen Stoffen weit abliegendes Thema erwählt. Aber auch hier, in dem Roman „Der neue Gott", treten die übersteigernden Züge in dem Wesen dieses Schriftstellers so stark hervor, daß die unserer Ehrfurcht sicheren Gestalten des Neuen Testaments einen ihrem Antlitz fremden Farbenton gewinnen. Ein Vergleich des Werkes mit dem, dem gleichen weltgeschichtlichen Thema geltenden „Ben Hur" des Amerikaners Lewis Wallace fällt unbedingt zugunsten des Ausländers aus.

Ein anderer Pommer, der nie mit den Münchnern gelebt hat, wirkt in seiner Gehaltenheit und der feinen Linienführung seines Kontturs wie ein jugendlicheres Glied dieser süddeutschen Dichterrunde, H a n s H o f f m a n n (1848—1909). Er wird früh, kaum daß der künftige Oberlehrer die Staatsprüfung hinter sich hat, nach dem Süden gezogen und erlebt als Mentor eines deutschen Knaben Italien bis nach Sizilien hinab und Griechenland, wo er dann wiederholt einkehrt. Das Lehramt drückt den Überempfindlichen wund, er versucht sich als Redakteur der „Deutschen Illustrierten Zeitung" und wird schließlich in Weimar als Nachfolger von Gutzkow, Kürnberger, Große zum Generalsekretär der Deutschen Schillerstiftung bestellt.

Hoffmanns Sammlung „Der Hexenprediger" weist im Grunde schon alle ihn auch später kennzeichnenden Züge auf. Da bietet Hoffmann eine Jugendarbeit „Lyshätta" dar, eine Geschichte aus norwegischen Fjorden mit schönen Naturschilderungen, aber doch etwas gewaltsamer Zuspitzung. Die dann folgende „Peerke von Helgoland" ist eine humoristische geschichtliche Erzählung, in der die Entschlossenheit einer bis dahin zurückstehenden und von ihrem Manne ein wenig übersehenen Frau den Fischern der Insel bei feindlichem Überfall das Leben rettet. Weit über sie hinaus aber ragt die Titelnovelle, deren Held ein von Haus aus weicher Stettiner Prediger ist; er wird durch sonderliche Herzens- und Sinnenerfahrungen zum erfolgreichsten Bekämpfer des vorgeblichen Hexenwesens und scheitert schließlich an der Erkenntnis vom Frevel seines Handwerks. Er spürt die Macht des Irrglaubens an dem Geschick einer Frau, deren Reinheit ihm aufgegangen ist, und legt, nachdem er die Befreiung der Schuldlosen hat durchführen helfen, willig als Aufrührer das Haupt unters Schwert.

Sehr eigenartig hat Hoffmann versucht, den Umkreis eines ganzen Jahres „Von Frühling zu Frühling" novellistisch zu beleben. Wohl stehen hier ein paar allzu leicht gefügte Schnurren, aber dazwischen feine Erzählungen mit einspinnender Stimmungsgewalt. Da zeichnet „Sintflut" ein Erlebnis von der überschwemmten Odermündung und dem Haff, und wir empfinden ganz und gar, wie inmitten der strömenden

Wellengewalt gleichzeitig das erste starke Gefühl der Sinnlichkeit in zwei eben reifenden Jünglingen groß wird. Oder Hoffmann schildert in dem sonnenüberlichteten Herbststück „Spätglück", wie sich vor der kleinen Kirche auf der Düne des Ostseedorfes spät noch zwei längst reife Menschen zu einem jugendlich frisch empfundenen und doch schon von Herbstwehmut umflossenen Ehebunde zusammenfinden. In den „Geschichten aus Hinterpommern" steckt die humoristische Perle der kleinen Erzählung vom Tribuliersoldaten, bei der die äußere Unwahrscheinlichkeit des Geschehnisses im Einzelnen durch die helle Freude am zuständlichen Humor vollkommen in Vergessenheit gerät. Gleich sicher umrissen ist die sehr norddeutsche Gestalt von „Tante Fritzchen". Die Vollendung seiner Novelle fand freilich Hoffmann nicht auf geschichtlichen Pfaden, sondern in der Bezwingung des Lebens, das ihn einst niedergedrückt hatte, des Lehrerdaseins. Schon in dem kleinen Roman „Iwan der Schreckliche und sein Hund" hatte er, noch ein wenig spielerisch, die Tragik eines Menschen vorführen wollen, der sich nur durch einen äußeren Kunstgriff die nun einmal unerläßliche Achtung ungebärdiger Zöglinge zu erzwingen weiß. In der Sammlung „Das Gymnasium zu Stolpenburg" erreichte Hoffmann mit der Darstellung des in seiner Enge polare Spannung bergenden Schul- und Lehrerlebens die Meisterschaft. Gerade da, wo der Humor nur eben noch als eine verfeinernde, schattierende Zugabe sein Recht hat, etwa in der „Handschrift A" oder in „Publius", stieg Hoffmann zu unwiderleglicher Menschenschilderung empor. Im „Publius" lebt ein kleinstädtischer Gymnaliallehrer ganz alten Schlages innerlich nur in Griechenland und Rom und erwacht erst für die Gegenwart, da ihm aus einer wie nebenher geschlossenen Ehe ein Sohn erblüht. Furchtbar ist der Schlag, als dieses von ihm zum genialen Philologen bestimmte Kind in die Realschule, die „Idiotenanstalt" verpflanzt werden muß, weil ihm das Latein zu schwer, das Griechische unerträglich ist; und mit tiefer Erschütterung sehen wir den weltfremden Mann aus der halben Blindheit eines Lebens erwachen, da ihm Amtsgenossen und Schüler die Kunde von dem Tode des bei Le Bourget gefallenen Sohnes bringen.

Hoffmanns geschichtliche Romane bezeugen, daß er seiner ursprünglichen Anlage nach der geborene Novellist ist. In seinen beiden Romanen „Der eiserne Rittmeister" und „Wider den Kurfürsten" brachte er geschichtliche Darstellungen, die öfter zu dem Romanstile unangemessener Breite in Nebendingen anschwellen. Das zweite Werk spielt während der Belagerung Stettins, der Vaterstadt Hoffmanns, in der er durch den Dichter L u d w i g   G i e s e b r e c h t (1792—1873) unterrichtet worden war; das bedeutendere Werk ist das erste, eine Dichtung aus der Geschichte der deutschen Befreiung nach 1812, deren Darstellung wir unter anderem bei Freytag und Rellstab begegnet sind. Im Mittelpunkte steht der Rittmeister Jageteufel, ein Schüler Kants, aber freilich ein einseitiger, der schließlich doch der von ihm in gewissem Sinne verkannten Jugend Recht geben muß, wenn er sie auch mit der ehernen Entschlossenheit seines Kategorischen Imperatives tief beeindruckt. Dies Werk ist hier und da nicht kräftig genug, etwas weich — aber es umgreift nicht nur ein reiches Kulturbild, sondern ist eine in vielem mächtige Dichtung von großer Anschauung, voll wesenhaften Volksgefühls, voll feiner Gesprächsführung und mit einer ganzen Reihe von bleibenden Gestalten. Die etwas grelle Novelle „Landsturm" spielt zur gleichen Wendezeit, im Winter 1812/13 und bringt die große und düstere Natur der Kurischen Nehrung, wie einst E. T. A. Hoffmanns „Majorat", farbig heraus. Aufs Ganze angesehen, fügt Hans Hoffmann, der Pommer, dem Münchner Stile, gleich dem Schleswig-Holsteiner Wilhelm Jensen, einen feinen und unverkennbaren nordischen Hauch hinzu, den eine Mitgabe niederdeutschen Humors zu persönlicher Eigenart beschwingt. Die Abfolge der Generalsekretäre der Schillerstiftung von dem Jungdeutschen Gutzkow über Kürnberger und Grosse zu Hoffmann umschreibt zugleich ein gutes Stück der literarischen Entwicklung Deutschlands und deutet auf die Vielfalt der sich im mitteleuropäischen Raume kreuzenden und einenden Tendenzen hin.

In seiner Sehnsucht nach dem Süden gehörte H e r m a n n A l l - m e r s (1821—1902) zu den nächsten Verwandten der Münchner. Seine „Römischen Schlendertage" sind behaglich vorgetragene Schilderungen aus dem Rom um 1869. Der Friese Hermann Allmers stellte neben dies Buch aus dem Lande der Sehnsucht ein „Marschenbuch", in dem er die Landschaft und die Lebensgenossenschaft von seinem Stammsitze an der Unterweser her höchst lebendig versinnlichte.

Sein nächster Flurnachbar war lange der Dramaturg des Schauspiels und der Oper H e i n r i c h B u l t h a u p t (1849—1905) in Bremen. Er hat die dem Stile der Münchner nahe Erzählung „Das Friedenshaus" und schöne Novellen dargebracht. Auch der bremische Maler, Dramatiker und Lyriker A r t h u r F i t g e r (1840—1909) hat einen Band lebhaft zeichnender Geschichten „Fahrendes Volk" ins Land gehen lassen.

9. M ä r c h e n u n d M ä r c h e n n o v e l l e i m G e f ü g e des R e a l i s m u s

Paul Heyse hatte seine dichterische Laufbahn, gleich Hauff und Putlitz mit einem Märchenstrauße begonnen. Unter den Münchener Genossen war ihm A m é l i e L i n z - G o d i n, geb. Speyer (1824 bis 1904) mit farbigen Märchen für die Jugend gefolgt. Daneben hatte sie in der Novelle „Eine Katastrophe" und nachdrücklicher in „Eine schwarze Kugel" novellistische Stoffe in scharfer Umgrenzung einläßlich dargestellt. O t f r i e d M y l i u s (K a r l M ü l l e r, 1819 bis 1899) hat mehreren Romanen als bleibende Gabe das Märchenbuch „Das Glasmännchen" nachgesandt. H a n s H o f f m a n n hat seine Feder am unbesorgtesten gehandhabt, indem er sie zum Märchenwerke ansetzte. In seinen „Bozener Märchen und Mären" flunkert er, künstlerisch gesprochen, ein bißchen, spinnt uns aber doch ein, wenn er etwa in dem Märchen „Wasser" sein Halbtraumbild um das Denkmal Walthers von der Vogelweide auf dem Waltherplaße in der Südtiroler Hauptstadt unter dem Rosengarten gruppiert. Seine „Ostsee-Märchen" bergen dieselbe Natureinstimmung wie Hoffmanns um das Stettiner Haff bewegte Novelle. Ganz am Ende seines Lebens hat er auch auf diesem Gebiete die volle Künstlerkraft bewährt und in ein paar nachgelassenen, von Karl Schüddekopf herausgegebenen Harzmärchen ganz rein gestimmte, durchaus persönliche und dabei völlig märchenhafte Dichtung gegeben.

Der große Chirurg R i c h a r d v o n V o l k m a n n (1830—1889) schuf unter dem Hehlnamen R i c h a r d L e a n d e r die aus dem Feldzuge von 1870/71 mitgebrachten „Träumereien an französischen Kaminen", höchst stimmungsvolle, lyrisch durchwirkte Märchen. In der lyrischen Verklärung gipfelt auch die Märchenkunst von C a r m e n S y l v a (E l i s a b e t h K ö n i g i n v o n R u m ä n i e n, geb. Prinzessin zu Wied, 1843—1916). Ihre Märchen „Aus Carols Königreich" sind von schwermütigem Klang; ihre „Geflüsterten Worte" und ihre „Seelengespräche" entbehren manchmal des dichterischen Zusammenhaltes, ergreifen jedoch durch die Echtheit ihrer Aussprache.

G i s e l a v o n A r n i m, Bettinas Tochter, Herman Grimms Gattin (1827—1889) hat die immer zur seelischen Ferne geleitende Überlieferung der Brentanos in Märchen wie „Das Heimelchen" und „Mondkönigs Tochter" fortgeseßt. Es wirkt wie ein Symbol, daß sie, deren Stammbaum nach Italien zurückweist, die Gattin des Raffael-Biographen, ihre leßte Ruhestätte Agli Allori, auf dem protestantischen Friedhofe zu Florenz, gefunden hat. Ihrer Gemeinschaftsarbeit mit der Mutter ward bereits gedacht.

L. R a f a e l (H e d w i g K i e s e k a m p, geb. Bracht, 1846 bis 1919) hat außer kräftigen westfälischen Geschichten eine Reihe von Märchen gestaltet. Viel weitere Wirkung übte F r i d a S c h a n z (verehelichte Soyaux 1859—1944). Die Lyrikerin von religiöser Innigkeit und Verfasserin schlichter Novellen wie „Die Alte" und „Ekenhof" hat unter dem Gesamttitel „Der flammende Baum" im Heimelton erzählte Märchen gedichtet, die Jugend und Alter gleichermaßen zu eigen gegeben sind. Eine zweite reiche Sammlung heißt „Aus dem alten Zauberbronnen". Märchen von liebenswertem Klange hat der fromme Liederdichter J u l i u s S t u r m (1816—1896) dargebracht.

Der zu Unrecht vergessene G u s t a v K a s t r o p p (1844—1925) hat neben seinem bedeutenden Epos „Kain" „Gnomenmärchen" von eigentümlicher Fügung verfaßt. Der durch die „Lieder eines fahrenden Gesellen" volkstümliche Thüringer R u d o l f B a u m b a c h (1840 bis 1905) hat in Prosa den Alchymistenroman „Truggold" geschrieben, der von echter geschichtlicher Einstimmung Zeugnis ablegt, aber völlig im Märchenstile gehalten ist. Der früh verstorbene Königsberger W a l t h e r G o t t h e i l (1860—1885) schuf die liebenswürdigen „Ber-

liner Märchen", die sich zum Teil an die Bauwerke der Hauptstadt anranken. J u l i u s R. H a a r h a u s (1867—1947) hat die Wesenheit
der großen Bücherstadt Leipzig in dem geheimnisvollen Märchenbande
„Wo die Linden blühn" mit einer Zuneigung, die auch den geschichtlichen Faden zu spinnen weiß, in echtem Märchenklange gestaltet.

Den vollsten dichterischen Ertrag einte mit einer vom Boden wissenschaftlicher Forschung zum Werke aufsteigenden Phantasie K u r d
L a ß w i t z (1848—1910). Der ausgezeichnete Lehrer der Mathematik
und Physik am Gothaer Gymnasium schöpfte ebenmäßig aus den Quellen
reiner Wissenschaft und einer eingeborenen, zu weitem und hohem Fluge
startbereiten Dichtergabe. Immer wieder nimmt dieser Künstler uns
wie unvermerkt in eine Luftschicht mit, worin uns unter anderer Führung der Atem ausgehen würde. Laßwitz macht uns, in „Auf zwei
Planeten", in einem Kosmos heimisch, innerhalb dessen die Bewohner
des Planeten Mars zur Erde gelangen und die Bewohner dieses unseres
Planeten bekriegen. Von einer Einstimmung, die uns alsbald völlig umfängt, ist „Aspira, der Roman einer Wolke" getränkt. Das Gleiche gilt
von den „Seifenblasen" und „Sternentau". Laßwitzens Eigenart besteht
darin, daß er das wissenschaftliche Rüstzeug des Naturforschers vollkommen beherrscht und seine Märchen demgemäß von einem Untergrunde her zur idealen Ferne führt, die ihm erlaubt, jederzeit wieder
auf das feste Element zurückzukehren. Die Menschen, die er mit den
fremdartig beseelten, für unser Ohr sprachlosen Geschöpfen des Him-
melsraumes in Beziehung bringt, leben ein sachlich-wirkliches Dasein
und erfahren eine Erhöhung und einen Durchblick ins Grenzenlose, von
dem sie hernach aufatmend wieder in das umgrenzt Irdische zurückkehren.

Man hat Laßwitz wohl den deutschen Jules Verne genannt. Der Vergleich ist aber fehl am Ort. Verne erzählt, gewiß fesselnd, seine durch
die bewohnte Welt und weit darüber hinaus führenden Mären, unter
denen besonders die „Reise um die Erde in achtzig Tagen" auch in dra-
matisierter Form allenthalben Ruhm gewann. Der Ausgangspunkt der
beiden Schriftsteller ist jedoch ganz verschieden. Verne geleitet immer
zu technischen Möglichkeiten oder Unmöglichkeiten — Kurd Laßwitz
aber geht von dem sicheren Boden einer Forschung aus, innerhalb deren
er die Gesetze alles Werdens nach dem Stande der zu immer neuen Ergebnissen fortschreitenden Wissenschaft völlig beherrscht. Und nun geleitet er die Leser nicht zu technischen Verführungen, sondern er ver-
strickt sie, an das Geheimste rührend, in eine neue Welt, die das Ge-
ahnte für den nachfühlenden Sinn in ein Wirkliches wandelt. Im realistischen Raume schufen bedeutende Naturforscher Werke, die über
den wissenschaftlichen Gehalt hinaus nach ihrer vollendeten Form zu
einer Beseelung vorschritten, die eine verschwiegene Dichtergabe an den
Tag legte. Zu solcher sprachschöpferischen Meisterschaft stiegen A l -
f r e d B r e h m (1829—1884) in seinem „Tierleben", H e r m a n n
M a s i u s (1818—1893) in seinen klassischen „Naturstudien", der einst
der Paulskirche zugehörige E m i l A d o l f R o ß m ä ß l e r (1806 bis

1867) in seinem Werke „Der Mensch im Spiegel der Natur" und F e r -
d i n a n d C o h n (1828—1898) in dem Buch „Die Pflanze" auf. Auch
F r i e d r i c h R a t z e l (1844—1904) gehört mit seinem, heute besonders ergreifenden Werke über Deutschland in diesen halbdichterischen
Ring; er erwies auch in seinen Aufsätzen über Tieck und Brentano das
gleiche Lauschen auf den dichterischen Herzschlag, mit dem er den
Wogengang der Naturkräfte behorchte. Das von tragfähigem Grunde in
die Luft der Phantasie steigende naturwissenschaftliche Märchen von
Kurd Laßwitz begleitet diese anschaulichen, wissenschaftlichen Darstellungen hohen Ranges und ergänzt sie aus dichterischer Haltung zu
neuen Gebilden.

10. Die Vollendung des Realismus

Die Schweiz gehört zu den avulsa membra imperii. In einer wechselvollen, durch die Züge Napoleons aufgerührten Geschichte, deren Nachhall noch bis tief ins neunzehnte Jahrhundert zu Innenkämpfen führte,
hatte sich ihr Eigenleben, trotz der Verschiedenheit von vier in ihrem
Raume gesprochenen Sprachen, nur immer verfestigt. Am gemeindeutschen Geistesleben hatte sie seit je vollen Anteil genommen, obwohl
das evangelische Bekenntnis in der ihm durch Zwingli und Calvin ge-
setzten Formung nicht nur den Gottesdienst, sondern auch den allgemeinen Lebensstil abweichend färbte. Pestalozzi war weit über die
Grenzen des kleinen, von so verschiedenen Volkheiten bewohnten Staates
hinaus zu einer europäischen Wirksamkeit emporgestiegen; Klopstock
hatte im weltoffenen Zürich begeisterte Aufnahme gefunden, und der
junge Goethe sammelte sich auf der Reise mit den Brüdern Stolberg,
eben vor der Entbietung nach Weimar, aufatmend hier, an der be-
schatteten Bucht eines Schweizer Sees zu jenen Versen: „Und frische
Nahrung, neues Blut saug ich aus freier Welt". Diese, einem seelischen Aufschwunge verdankten Strophen klingen überein mit dem
Satze, der den Roman einleitete, mit dem die Nachfolge der klassischen Romandichtung eine neue Höhe erreichte. „Zu den Schönsten
vor allen in der Schweiz gehören diejenigen Städte, welche an einem
See und an einem Flusse zugleich liegen, so, daß sie wie ein weites Tor
am Ende des Sees unmittelbar den Fluß aufnehmen, welcher mitten
durch sie hin in das Land hinauszieht . . . Denkt man sich eine persönliche Schutzgöttin des Landes, so kann die durchmessene Wasserbahn
allegorischer Weise als ihr kristallener Gürtel gelten, dessen Schluß-
haken die beiden alten Städtchen (Rapperswyl und Baden) sind und
dessen Mittelzier Zürich ist, als größere edle Rosette".

Der Mann, welcher diese Zeilen an den Anfang seines Werkes setzte,
steht in Erz nachgebildet in der Vorhalle des Züricher Kantonsrat-
hauses. Er hat die Stiegen zum Ratssaale jahrelang tagtäglich als Erster
Ratsschreiber seiner geliebten Vaterstadt betreten, er hieß G o t t f r i e d
K e l l e r (1819—1890). Der Roman, mit dem er die Nachfolge

Goethes antrat, war „Der grüne Heinrich" benannt. Das Schicksal hat es gefügt, daß wir dies Werk, wie „Wilhelm Meisters Lehrjahre", in zwei Ausgaben besitzen, von denen die erste freilich nach dem Willen ihres Meisters nicht in die Hände unseres Geschlechts hätte gelangen sollen — seine Schwester mußte mit ihr einen Winter lang den Ofen heizen.

Der „Wilhelm Meister" hat Goethes Leben mehr als zwei Jahrzehnte hindurch begleitet, bevor er vollständig in das Licht der Öffentlichkeit trat; die Arbeit am „Grünen Heinrich" hat Keller in den ersten vierziger Jahren begonnen, 1855 war der letzte Band ausgedruckt. Dann aber beginnt er 1876 mit einer Umarbeitung, und zu Weihnachten 1880 war das neu verfaßte Werk endlich fertig. Der Übersendung des Schlußmanuskriptes an den Verleger fügte der Dichter die auf überwundene Nöte zielende Bemerkung an: „womit m e i n Märtyrium wenigstens, diesen Gegenstand betreffend, für einmal abgeschlossen ist".

Aber schon der ersten Fassung war eine Umarbeitung des Großteils des Romanes vor dem Drucke vorangegangen. Keller deutet in einer Einschaltung im dritten Buche der ersten Ausgabe selbst darauf hin, welche dichterischen Absichten er in seiner Schöpfung verfolgen wollte. Hatte er ursprünglich einen Künstlerroman nach den Mustern der Romantik auf dem Amboß gehabt, so galt es ihm nun, ein anderes zu schmieden. „Es ist nicht seine Absicht" so spricht der Verfasser Gottfried Keller, die Handlung unterbrechend, zu seinen Lesern, „so sehr es scheinen möchte, einen sogenannten Künstlerroman zu schreiben und diese oder jene Kunstanschauung durchzuführen, sondern die vorliegenden Kunstbegebenheiten sind als reine gegebene Fakta zu betrachten, und was das Verweilen bei denselben betrifft, so hat es allein den Zweck, das menschliche Verhalten, das moralische Geschick des grünen Heinrich, und somit das Allgemeine in diesen scheinbar zu absonderlichen und berufsmäßigen Dingen zu schildern. Wenn oft die Klage erhoben wird, daß die Helden mancher Romane sich eigentlich mit Nichts beschäftigen und durch einen andauernden Müßiggang den fleißigen Leser ärgern, so dürfte sich der Verfasser sogar noch beglückwünschen, daß der Seinige wenigstens etwas tut, und wenn er auch nur Landschaften fertigt. Das Handwerk hat einen goldenen Boden und ganz gewiß in einem Romane ebensowohl wie anderswo." Mit dieser Anrede an den Leser bekennt sich Keller zu einer völlig anderen als der romantischen Zielsetzung und lenkt in die Bahn ein, die über die Romantik hinweg zu Goethes klassischem Humanismus zurückführt. Sicherlich war bei dieser ersten Umformung des weithin Kellers Leben begleitendem Werkes auch die Lehre Ludwig Feuerbachs höchst wirksam, den Keller mit seinem Freunde, dem Kunst- und Literarhistoriker H e r m a n n H e t t n e r (1821—1882) in Heidelberg mit hingebender Aufmerksamkeit gehört hatte. Feuerbachs philosophischer Realismus, der nur das den Sinnen Erfaßbare für wirklich, das Allgemeine lediglich für eine Abstraktion des sinnlich erfaßbaren Einzelnen erklärte, hatte, wie auf die Lebensauffassung, so auf den dichterischen Stil seines Schweizer Hörers den nachdrücklichsten Einfluß. Und Feuerbachs im „Wesen des Christentums" an den Tag gelegte religiöse Diesseitigkeit, welche die Religion als eine aus dem Drange nach jenseitiger Belohnung entspringende Selbsttäuschung ansah, vollendete den Diesseitsglauben Kellers. Auch Feuerbachs Lehre über das Reifsein zum Tode hat, nach einer uns erhaltenen Aufzeichnung des dreißigjährigen Keller, diesen, gerade im Hinblick auf den Grünen Heinrich, aufs stärkste beeindruckt.

Die beiden Fassungen unterscheiden sich gewissermaßen schon in der Einstellung zum Leser. Die erste beginnt mit einer Darstellung der am See gelagerten Züricher Heimat und läßt Heinrich Lee von dieser Heimat rheinwärts in die Fremde ziehen. Dann wird als Einfügung seine Jugendgeschichte erzählt, die bis in den dritten Band des Ganzen reicht. Nun wendet sich der Stil wieder zur Rückkehr in das ursprüngliche Flußbett des Romans. Der Abschluß aber setzt mit künstlerischem Bedacht zwei höchst einprägsame Vorgänge nebeneinander. Heinrich kehrt nach sieben Jahren aus dem Reiche in die Schweiz zurück. Der Weg geht über Basel, dort schneit er gerade in die vierhundertjährige Jubelfeier der Schlacht bei St. Jakob hinein und nimmt an dem Bolzenschießen als ein sich der Gemeinschaft eingliedernder Bürger teil. Während er aber der Vaterstadt zuschreitet, hört er das Totenglöcklein läuten und schließt sich einem eben zum Kirchhofe wallenden Leichenzuge an. Der Geistliche, welcher dem Herkommen nach im benachbarten Kirchlein das Gebet für die Tote zu sprechen hat, nennt den Namen von Heinrichs Mutter, die vergeblich auf Nachricht von ihm gewartet hatte und nach der Vertreibung aus dem lange bewohnten Heim in Dürftigkeit gestorben war. Heinrich verbirgt sich im Sterbegemach der Mutter und „es rieb ihn auf, sein Leib und Leben brach, und er starb in wenigen Tagen".

Erst die zweite Fassung, nach ihres Verfassers Wunsche die einzig gültige, bringt das schlackenlose Vollbild in den ihm gemäßen Rahmen. An die Stelle des Wandels zwischen einem vorgeblich von fremder Hand herrührenden Berichte und der selbstbiographischen Darstellung tritt nun die durchgehende Ich-Erzählung. Während jedoch in der Urfassung Heinrich alsbald Haus und Heimat verläßt, verweilt er jetzt bei einem Vorberichte, der im „Lobe des Herkommens" dem Vater, der Mutter, der Schweiz ein dankbares Denkmal setzt. Vom ersten Satze an umfängt den Leser die vollendete epische Ruhe, die Dichtigkeit einer Aussprache, welche nicht mit jedem Worte rechten muß, weil ihr der schmiegsame, jeder inneren Weisung folgende Ausdruck alsbald zu Gebote steht. Herzensnöte, die es schon dem Knaben verwehren, laut und vor anderen zu beten, werden in einer eingeschalteten Parallele aus dem achtzehnten Jahrhundert als Geschichte vom Meretlein so mit liebender Versenkung in Kinderleid dargestellt, als ob die nicht minder feine Hand Theodor Storms die Feder geführt hätte. Dabei ist kaum ein tieferer Gegensatz denkbar als derjenige zwischen dem Friesen und dem Schweizer, er tritt auch in dem von Keller nur mit einem unbehaglichen Nebengefühle, das man deutlich spürt, geführten Briefwechsel hervor. Dort der in einem weitgebreiteten Familienkreise sitzende, jede freundschaftliche Beziehung eifrig pflegende, seine und der Freunde Werke abendlich am Teetische vorlesende oder auch vorsingende Schleswiger, dem Besuch von Kindern oder Enkeln eine liebe Arbeitsstörung ist, und hier der in unbehaglichen, ungepflegten Räumen lebende, mit der Schwester in Ernst und Scherz hadernde Junggeselle, der abends am liebsten mit immer den gleichen schweigsamen Genossen schweigsam beim Weine sitzt. Dabei aber ist auch wiederum die Verwandtschaft der beiden Dichter in manchem Betrachte augenfällig und kommt in ihrem Werke zu Tage. Der Schleswig-Holsteiner lebt die Geschicke seiner meerumschlungenen Heimat mit dem gleichen leidenschaftlichen Anteile mit, den der Staatssekretär des Kantons Zürich auch nach der Aufgabe des Amtes für die Geschicke der Eidgenossenschaft als eigensten inneren Besitz bewahrt und bewährt. Das im tiefsten bürgerliche Gefühl Gottfried Kellers schwebt als Dominante über dem „Grünen Heinrich", wie es als fugenhafter Orgelton aus vielen seiner Gedichte hallt.

Die Geschichte der Jugend Heinrichs wird durch die Härte der Schulbehörde in eine andere Bahn gelenkt, Heinrich wird wegen eines Dummenjungenstreichs, bei dem er nicht einmal führend beteiligt war, von der Schule entfernt. Dieses, in gewissem Sinne tragische Erlebnis, das Gedanken über staatliche Ungerechtigkeit weckt, ist für den Lebensberichter schicksalhaft. Er flüchtet sich zunächst zur Mutter Natur, aufs Land, in die Sippschaft, und es erwacht die Neigung zum Berufe des Malers. Und so geht ein neuer Vorhang auf, der den Ausblick auf eine noch im Dämmer liegende Landschaft eröffnet. Aber, um das Bild der Heimat voll zu machen, schlingt Keller durch die Anmut der heimischen Landschaft den großen Bericht von dem Tellenspiel, zu dem sich die Dorfbewohner aus mehreren Ortschaften einen. Und diese Einflechtung gewinnt um so höheren Reiz und um so wesentlichere Bedeutung, da zwei Frauengestalten in sie verwebt sind. Der Tod der einen, der zarten Anna, und der Abschied von der anderen, der derberen und reiferen Judith, setzen dem Leben Heinrichs in der Vaterstadt den Schlußpunkt, und die „große Hauptstadt, welche mit ihren Steinmassen und großen Baumgruppen auf einer weiten Ebene sich dehnte", nimmt den Kunstjünger auf.

Auch in der späten, der klassischen Fassung will der „Grüne Heinrich" kein Künstlerroman, sondern ein Lebensroman sein. Aus der Verpuppung des Malers hat sich der Dichter Gottfried Keller in den Bereich großer Kunst geschwungen, und der Staatsschreiber Gottfried Keller hat zugleich als Sprecher der vom Volke erkorenen Behörde den Wortklang gefunden, der in feierlicher Stunde den Mitbürgern ins Herz drang. Keller wird sich bereits vor dem Scheiden aus der Eidgenossenschaft, vor dem Marsch in die Fremde, „wo Krongewalt herrscht allerwärts", über seine menschliche und dichterische Bestimmung klar. „Nur die

Ruhe in der Bewegung hält die Welt und macht den Mann; die Welt ist innerlich ruhig und still, und so muß es auch der Mann sein, der sie verstehen und als ein wirkender Teil von ihr sie widerspiegeln will. Ruhe zieht das Leben an, Unruhe verscheucht es; Gott hält sich mäuschenstill, darum bewegt sich die Welt um ihn." Und solchem festen Lebensbekenntnis, ausgesprochen in der Stunde, da die Todesnachricht Goethes in Zürich einpassiert war, folgt alsbald das Bekenntnis zu einer Umwandlung des Grünen Heinrich und also seines Schöpfers in der Anschauung vom Poetischen. „Ich hatte mir, ohne zu wissen, wann und wie, angewöhnt, alles, was ich in Leben und Kunst als brauchbar, gut und schön befand, poetisch zu nennen, und selbst die Gegenstände meines erwählten Berufs, Farben wie Formen nannte ich nicht malerisch, sondern immer poetisch, so gut, wie alle menschliche Ereignisse, welche mich anregend berührten. Dies war nun, wie ich glaube, ganz in der Ordnung, denn es ist das gleiche Gesetz, welches die verschiedenen Dinge poetisch oder der Widerspiegelung ihres Daseins wert macht; aber in bezug auf manches, was ich bisher poetisch nannte, lernte ich nun, daß das Unbegreifliche und Unmögliche, das Abenteuerliche und Überschwengliche nicht poetisch ist und daß, wie dort die Ruhe und Stille in der Bewegung, hier nur Schlichtheit und Ehrlichkeit mitten in Glanz und Gestalten herrschen müssen, um etwas Poetisches oder, was gleich bedeutend ist, etwas Lebendiges und Vernünftiges hervorzubringen, mit Einem Wort, daß die sogenannte Zwecklosigkeit der Kunst nicht mit Grundlosigkeit verwechselt werden darf."

Dieses Bekenntnis ergibt im Zusammenhange mit dem Ausspruch über Ruhe in der Bewegung zugleich ein Bild innerer Bürgerwürde und ein Programm des poetischen Realismus, für den Gottfried Keller hier, als Vertreter seiner ganzen Generation.

Freilich geht unter solchen Vorzeichen der Roman vom Grünen Heinrich anders aus, als der Sechsunddreißigjährige ihn zu Ende geführt hatte — der Sechzigjährige läßt den sein Leben gleichnishaft begleitenden Kameraden die Mutter noch lebend vorfinden, und die vor dem Auszuge nach Norden durch Judiths Auswanderung abgebrochene Beziehung setzt wieder ein. Sie führt jedoch nicht zu einer Ehe, sondern zu einer innersten Verbundenheit, die keiner äußeren Bestätigung bedarf und dennoch Heinrichs Trost und Freude ist. Zwischen Abschied und Heimkehr liegen Jahre, in denen nicht zuerst, genau dem Plane Kellers gemäß, künstlerische oder künstlerhafte Probleme entrollt, sondern menschliche Schicksale entfaltet werden. Wir gedenken dabei, da Goethe schon angerufen wurde, eines Wortes, das er auf einem Spaziergange zu Oscar Ludwig Bernhard Wolff äußerte. Sie sahen einen Knaben vor einer Haustür sitzen, und Wolff fragte den Jungen, worauf er wohl warte. Darauf schloß Goethe die Unterhaltung mit den Worten ab: „Worauf sollte er wohl warten, mein Freund, er wartet auf menschliche Schicksale."

Wie die Meistergestalt in Goethes „Lehrjahren" und „Wanderjahren" hat auch der Grüne Heinrich nicht nur die Zeiten überdauert,
sondern vorbildhaft gewirkt.

Nach der Rückkehr in die Heimat, wenige Jahre vor seiner Berufung zum Ersten Staatsschreiber, ließ Gottfried Keller den ersten Band
der „Leute von Seldwyla" erscheinen. „Seldwyla", so leitet er den
Novellenstrauß ein, „bedeutet nach der älteren Sprache einen wonnigen
und sonnigen Ort, und so ist auch in der Tat die kleine Stadt dieses
Namens gelegen irgendwo in der Schweiz. Sie steckt noch in den gleichen, alten Ringmauern und Türmen, wie vor dreihundert Jahren, und
ist also immer das gleiche Nest. . . . Dies ist das Wahrzeichen und
sonderbare Schicksal der Stadt, daß die Gemeinde reich ist und die
Bürgerschaft arm, und zwar so, daß kein Mensch zu Seldwyla etwas hat
und niemand weiß, wovon sie seit Jahrhunderten eigentlich leben. Und
sie leben sehr lustig und guter Dinge, halten die Gemütlichkeit für ihre
besondere Kunst und wenn sie irgendwo hinkommen, wo man anderes
Holz brennt, so kritisieren sie zuerst die dortige Gemütlichkeit und
meinen, ihnen tue es doch niemand zuvor in dieser Hantierung. Der
Kern und der Glanz des Volkes besteht aus den jungen Leuten von etwa
zwanzig bis fünf-, sechsunddreißig Jahren und diese sind es, welche den
Ton angeben, die Stange halten und die Herrlichkeit von Seldwyla darstellen."

Liest man den Fortgang dieser mit Humor, ohne Bosheit, vollführten
Einbegleitung, so ist die Erwartung auf eine Nachfolge von Wielands
„Abderiten" oder gar auf die noch älteren, im Sprichworte fortlebenden
Schildbürger ausgerichtet. Aber, wenn nicht anderes, so würde schon
das Vorwort zum zweiten, 1873 erschienenen Bande in seiner launigen
Form eine gegenteilige Auffassung der einheimischen Leser beweisen,
die Heyse in seinem Keller-Sonett sehr hübsch als „unsterbliche Seldwyler" bezeichnete. Hier führt der Dichter aus, es habe sich ein Wettstreit um die Ehre erhoben, welche Stadt mit Seldwyla gemeint sei, und
sieben Städte hätten sich, wie über die Heimat des Homer, um das Anrecht beworben, die Urstätte dieser Lebensbilder gewesen zu sein. Denn
der gradus ad Parnassum, den Gottfried Keller hier einschlägt, führt
über alle Steige einer verschwiegenen Liebe zu der in ihrer festen Umgrenzung und Umkränzung nach dem jahrelangen Aufenthalte in der
Fremde nun erst recht erkannten und mit allen Säften beschworenen
Heimatbezirke. Der Dichter des in seiner erschütternden Sprachgewalt
von uns, die wir Adolf Hitlers Regiment erdulden mußten, besonders
nachempfundenen Poems von den „Öffentlichen Verleumdern" weiß als
Staatsmann von innerster Berufung auch um die mannigfachen Schä-
den der eigenen Volksgenossenschaft wohl Bescheid; aber aus jedem
Satze dieser humorbegrenzten und dann wieder zu tragischem Ausblicke
spürsamen Lebensbilder spricht das Gefühl einer innersten Zuneigung,
die sich bei dem wortkargen Hagestolzen zu einer Darstellungskunst
von zwingendem Reize steigert. Ein anderer großer Schweizer hat von

der schweizerischen Freude am Substantiellen als Kennmarke der einheimischen Kunstübung gesprochen; wenn sie schon im „Grünen Heinrich" hervortrat, so prägte sie dieser Sammlung vollends das Antlitz und
die bunte Tracht. Dazu aber kam, gleichfalls ein eidgenössisches Erbteil, 'dem wir bei Pestalozzi, bei Hegner, bei Gotthelf und dem erst in
der Schweiz zum rechten Werke gediehenen Zschokke begegneten, die
volkserzieherische Absicht, welche dennoch niemals zu lehrsamer, undichterischer Betonung ausschweift. Wie Frau Regel Amrain ihren
Jüngsten, einen echten und rechten Seldwyler, zu einem seiner städtischen Verantwortung sich bewußt werdenden Bürger erzieht, ohne viel
Worte, mit einem keineswegs humorlosen und jugendverständigen Ernste
— das ist so\ meisterlich hinerzählt, daß es unter allen Verhältnissen
probehaltig bleibt. Wenn man das der ersten Einleitung zum ersten
Bande scheinbar voll entsprechende Stück „Kleider machen Leute" liest,
spürt man hinter der, zuerst merkwürdig märchenhaft anmutenden, ein
wenig an Hauffs Geschichte vom falschen Prinzen erinnernden Erzählung den Herzschlag einer über den lockeren Spaß gewölbten Geschichte
menschlicher Herzen. Und vollends zwei der im Seldwylerkreise vereinten Novellen lassen die ganze Spannweite dieser Dichterphantasie
erkennen, für welche die vorgebliche Ausgangsstätte lediglich der Zellen-
stand war, von dem her eine begnadete Dichterkraft zu freiem Fluge
den Aufstieg nahm. In den „Drei gerechten Kammmachern" wird das
Schicksal von drei dem gleichen Arbeitszweige angehörigen Gesellen erzählt, die (ganz entgegengesetzt den anders ausgerichteten Wanderbrü-
dern von Weisflog und Nestroy) als anspruchslose, sanfte und ehrbare
Wesen um eine Jungfrau von übertriebener Sentimentalität werben. Derjenige, der es bei dem vereinbarten Wettlaufe um die Holde etwa so
macht, wie der Swinegel in dem Schröderschen Märchen, gewinnt, nicht
zu seiner wirklichen Befriedigung, das Spiel, während die beiden andern
den Seldwylern Anlaß zu festlichem Jubel und Trubel bieten.

Ist diese Erzählung, zumal durch das unvergeßliche Bild der Züs
Bünzlin, ein mit allen Schattierungen freien Humors gestaltetes Muster-
stück, so führt Gottfried Keller in der Novelle „Romeo und Julia auf
dem Dorfe", in der Seldwyla nur im Eingange einmal genannt wird,
bis zu tragischer Verstrickung. Erst hier versteht man, weshalb Paul
Heyse, der nach den „Leuten von Seldwyla" nicht ruhte, ehe er dem
demokratischen Freunde den Maximilianorden verschafft hatte, gerade
Gottfried Keller den Shakespeare der Novelle nannte: das tragische
Motiv aus dem ewigen Trauerspiele des Briten war hier zu einer
Schöpfung aus sehr anderem Umkreise und mit anderen Stilkategorien
so herzbewegend und mit solcher innersten Schlüssigkeit verwebt, daß
sich schwerlich eine Zeit denken läßt, zu der dies Lebensbild aus deutschen Breiten nicht als in seiner Art unüberbietbare Höhenleistung gelten möchte.

Gottfried Keller hat den Seldwylern sieben Legenden nachgesandt,
zu denen er durch die Schöpfungen des der Goethezeit angehörigen

Dichters Ludwig Theobul Kosegarten angeregt wurde. Es hat eigenen
Reiz, die farblos erzählten Sagengebilde des Dichters der „Jucunde"
neben die in jeder Zeile gefüllten und von einer schalkhaften Laune
vorgetragenen knappen, um jedes Wort rechtenden Legenden Gottfried
Kellers zu halten. Ob es um den schlimm-heiligen Vitalis geht, der verlorene weibliche Seelen vom Pfade der Sünde hinweglocken will und
dann durch die List einer verliebten Frau aus dem Märtyrer zum Weltmanne wird, oder ob Keller das Tanzlegendchen von der Heiligen Musa
erzählt — immer weht durch diese Legenden der Rhythmus, welcher die
Ballade vom Narren des Grafen von Zimmern durchatmet. Und als
Abgesang dieser heilig-unheiligen Entbietungen aus legendärer Phantasie oder phantastischer Legende könnten die gleichen Verse gelten,
mit denen jenes Gedicht schließt:

> Der Herr, der durch die Wandlung geht,
> Er lächelt auf dem Wege.

Die „Züricher Novellen" sind eine Widmungsgabe an die Vaterstadt,
gekränzt von einer Rahmenerzählung, darin ein noch nicht zum Werke
gediehener, sich als werdendes Original fühlender Jüngling des frühen
neunzehnten Jahrhunderts in den Erzählungen eines älteren Mitbürgers
die Vorzeit der gemeinsamen Vaterstadt an beispielhaften Gedenkblät-
tern begreifen lernt. Wir erfahren in echter geschichtlicher Einstimmung die Fertigung des Manesseschen Lieder-Codex (er gelangte nachmals durch den Verleger Karl J. Trübner in deutschen Besitz). Im Fortgange der immer mit dem Wesen der Stadt enge verbundenen Rahmenerzählung berichtet der freundwillige Pate dem Dichterling vom Untergange der Burg Manegg, auf der ein Nachfahr des Hauses Manesse die
Handschrift aufbewahrt, bis mit dem närrischen Burgbewohner die Burg
selbst in Flammen aufgeht. Die Krone im Kranze der also verbundenen
drei ersten Züricher Novellen ist die Geschichte des Landvogts von Greifensee. Dieser, weit über die Schweizer Grenzen hinaus bekannte eidgenössische Obrist und Staatsmann beruft als noch lebensfrischer, statt-
licher Junggeselle auf einen und denselben Tag in sein schmuckes Haus
alle die Frauen, welche ihm einst die Werbung zur Ehe abgeschlagen
haben. Nachdem wir die zum Teil sehr drollige Geschichte seiner Ab-
weisungen erfahren haben, erfolgt die festliche Mahlzeit, bei der Landolt
dem von den fünf fröhlichen Frauen umkränzten Tische präsidiert. Und
der Landvogt bringt den Humor auf, durch ein Possenspiel als Dessert
die einstigen Korbflechterinnen heiter zu verblüffen.

Die zweite Folge der um Zürich gereihten Novellen ist nicht in eine
einheitliche Umrahmung verlegt. Sie enthält eine geschichtliche Novelle
„Ursula", die in die Niederlage der Zürcher gegenüber der katholischen
Übermacht bei Kappel mündet. Huldreich Zwingli geht mit scharfem
Kontur gezeichnet durch diese tränenschweren Blätter. Daneben aber
steht eine Geschichte, in der Gottfried Keller, der Schöpfer der „Frau
Regel Amrain", sich noch einmal mit einer zwingenden humoristischen

Gelassenheit, hinter welcher doch der volle bürgerliche Ernst steht, zu dem Urwesen der Demokratie bekennt, dem auch so manches unter seinen Gedichten zugeeignet ist. Dieses „Fähnlein der sieben Aufrechten" wirft noch einmal einen Schimmer freudvoller Verklärung über das heimische Zustandsbild.

Sehr anders als in den Züricher Novellen verläuft die Rahmenerzählung in dem Bande „Das Sinngedicht". Hier ist die Rahmenhandlung das Schlagwerk, das die Unruhe in Bewegung setzt, und die an sinnweisender Stelle eingefügten kurzen Novellen sind in ihrer schönen Rundung zu der Haupthandlung gezogene, verkürzte Parallelen. Es ist nicht ganz leicht, in diese Erzählweise hineinzukommen; je weiter man aber mit Herrn Reinhart, mit dessen Fensterlädeneröffnung zugleich ein wenig symbolisch das Werk anhebt, zur Prüfung des Sinngedichträtsels über Land reitet, um so gelöster wird die Stimmung des Lesers, und ein schalkhafter Humor blitzt und funkelt an den Schliffflächen des Kristallspiegels.

Gottfried Kellers letztes Buch, der Roman „Martin Salander" ist zugleich das im eigentlichsten Sinne schweizerischeste unter seinen Werken. Während im „Grünen Heinrich" die pädagogische Absicht, wofern sie überhaupt dem Dichter zu Bewußtsein kam, als ein verarbeitetes Innen umschlossen war, tritt im „Salander" diese volkserzieherische Abzielung so deutlich an den Tag, daß dem dichterischen Gehalte dadurch Eintrag geschieht. Man fühlt, wie besorgte Beobachtungen des Dichters, der sich auch ohne Amt in Verantwortung fühlt, ihn hier zur Gestaltung gedrängt haben; und bei der bewußten Eingrenzung auf eidgenössische Verhältnisse zu bestimmten krisenhaften Zeiten kommt der den Dingen fernere und fremde Leser nicht zu jenem befreiten Aufatmen, das wir sonst diesem Meister epischer Ruhe und Dichtigkeit immer wieder zu danken haben. Freilich enthält auch dies Abschiedswerk Menschenbilder, die nur das Auge eines großen Dichters sehen und die Kunst eines großen Schöpfers formen konnte. Immer gilt noch von dem alten Keller, was er herzbezwingend von sich aussagte:

> Doch noch wandl ich auf dem Abendfeld,
> Nur dem sinkenden Gestirn gesellt;
> Trinkt, o Augen, was die Wimper hält,
> Von dem gold'nen Überfluß der Welt!

Die erste deutsche Großstadt, welcher der Verfasser des „Grünen Heinrich" seinen Maler zuwandern läßt, war München. Hier war es des Republikaners Gottfried Keller erste Aufgabe, um des lieben Brotes wegen lange Tage hindurch Fahnenstangen mit dem bayrischen BlauWeiß zu bepinseln; sie sollten den festlichen Einzug des Kronprinzen Maximilian mit seiner preußischen Braut verherrlichen helfen. Dann aber setzte Gottfried Keller den Wanderstab weiter und ward ein Gast der preußischen Hauptstadt. Dem Tunnel über der Spree hat er ferngestanden, aber mit dem damals im Ruhmesglanze webenden Tunnelliebling Christian Friedrich Scherenberg viel verkehrt. Zwei Stätten öffneten sich dem jungen Schweizer, der sich als Dichter lediglich durch einen schmalen Band legitimiert hatte, zu einem anregenden Verkehr, in dem freilich der Gast zumeist nur die Hörerrolle spielte. Das eine Haus war das Karl August Varnhagens von Ense. Der einstige Genosse des Nordstern-Bundes hatte aus Kellers Gedichten feinhörig die poetische Vollnatur erlauscht. In dem Hause in der Berliner Mauerstraße trat Keller besonders Varnhagens Nichte L u d m i l l a A s s i n g (später verehelichte Grimelli, 1827—1880) nahe, David Assings und der Rosa Maria von Varnhagens Tochter, die Biographin der Sophie La Roche und von Immermanns Freundin Elise von Ahlefeldt, später Herausgeberin von ihres Oheims Nachlaß. Das zweite Haus mit berlinischer und literarischer Überlieferung war das Dunckersche. K a r l D u n c k e r (1781—1869) hatte mit P i e r r e H u m b l o t (1779 bis 1821) den Verlag von Duncker und Humblot gegründet, bei dem Leopold Ranke seine Schriften herausgab. Unter seinen Söhnen war Max ein hervorragender Historiker und Politiker, der auch der Paulskirche und dem Kreise der Gothaer zugehörte. Bei dem anderen Sohne, F r a n z D u n c k e r (1822—1888) und seiner Gattin Lina, erschloß sich für Keller ein großer Verkehrskreis in ihrem schönen Hause in der Potsdamer Straße, zumal da Franz Duncker die „Berliner Volkszeitung" herausgab und als liberaler Parlamentarier weithin wirkte. Der dritte Bruder A l e x a n d e r D u n c k e r (1813—1877) begründete die „Deutsche Monatsschrift", der vierte, Hermann, war Bürgermeister von Berlin. Als ein Abbild der Zeit und ihrer dichterischen Strebungen mag es gelten, daß in einer Berliner Welt vom Zuschnitte des ersten Heysischen Romans Gottfried Keller, Otto Roquette, Herman Grimm und Julius Rodenberg auf der Bude des einen oder anderen nach solchem Empfange bei Varnhagen oder Dunckers die Unterhaltung am Teetische fortführten. Herman Grimm war auch regelmäßiger Gast im Gelben Saale bei Frau H e d w i g v o n O l f e r s (1799—1891), der Tochter Stägemanns, welche die geistvolle Geselligkeit der einstigen Salons an ihrem Teile fortsetzte. Gottfried Keller hat seinen Berliner Jahren, die schon das Mühen um den „Grünen Heinrich" durchwebte, sehr reizvolle Wanderbilder abgewonnen. In ihnen ersteht sowohl die „Polkakirche" wie das Humboldschloß zu Tegel zu humoristischer oder andächtiger Beseelung. Neben dem hellheiteren Pfingstgedichte bringt Keller ein lebhaft malendes Poem über den Weihnachtsmarkt dar und führt sich und den Leser aus dem Lustwalde um das Königsschloß schließlich in die Finsternis einer Nachtszene am Schweizer Bergeshange. Dieser Weihnachtsmarkt war vordem von Franz Kugler besungen worden, indes Adolph Glaßbrenner ihm derb humoristische Züge abgewann. Die Gegensätze von Festglanz und Lebensnot, von fröhlichem Kinderjubel und banger Mütterangst hat noch ein mit Keller zugleich in der preußischen Hauptstadt eingekehrter Dichter im Herzen bewegt und zum Bilde gestaltet; freilich hat er sowohl dem Tunnel wie dem ganzen lite-

rarischen Leben des Berlins jener Tage ferngestanden: Wilhelm
Raabe (1831—1910).

Wilhelm Raabe, ein Enkel des Aufklärungsschriftstellers August
Raabe und ein Nachkomme des Grammatikers Justus Georg Schottelius,
war in dem am Ithgebirge belegenen Städtchen Eschershausen zur Welt
gekommen, dann in Holzminden, Stadtoldendorf und Wolfenbüttel zur
Schule gegangen und hatte schließlich zu Magdeburg den Buchhandel
erlernt. Seine Berufung wies ihn jedoch auf das dichterische Feld, und
der nicht mehr junge Student fand in der Großstadt, was ihm weder
der Buchhandel noch die Hochschule geben konnten: Stoff und Form
für seine erste Erzählung. Sie hieß „Die Chronik der Sperlingsgasse". Das Buch, in der Handschrift von Willibald Alexis sehr günstig
beurteilt, erschien im Jahre 1857 unter dem bald aufgegebenen Hehlnamen Jakob Corvinus. Das Vorjahr hatte von Otto Ludwig
„Zwischen Himmel und Erde", von Keller den ersten Teil der „Leute
von Seldwyla" gebracht, „Soll und Haben" beging den zweiten, Auerbachs „Barfüßele" den ersten Geburtstag. Die „Chronik" trat mithin
zu einem Zeitpunkte hervor, da der poetische Realismus, den wir Keller
mit so unwiderlegbarer Schlüssigkeit begründen hörten, in einen Zenith
seiner Wirkung trat.

Das Innen wie das Außen von Raabes Erstlingswerk sind von
dem so lange schmerzlich umrungenen großen Romanwerk des damaligen
Berliner Mitbewohners Keller sehr verschieden; dennoch ergeben sich ungesucht Parallelen zwischen dem Werke des Schweizer Alemannen und
dem des Braunschweiger Niedersachsen. Beiden eignet eine spürsame
Aufgeschlossenheit für jede menschliche Hantierung, die weder Rang
noch Stand kennt, beide schreiben aus einem bürgerlichen Empfinden heraus, das sich bei Raabe zu einem das Gefüge seines Vortrags niemals
sprengenden Bekenntnisse gegen die preußische Reaktion seiner Studien-
semester weitet. Dieses Bekenntnis kommt aber nicht mit reflektierenden
Betrachtungen zum Ausdruck, sondern in einer charakteristischen Haltung der zukunftsträchtigen Jugend, die in den Erinnerungen des Alters
an verwandte Vorgänge nach den Freiheitskriegen ihre Entsprechung
findet. Der eidgenössische Demokrat und der norddeutsche Liberale
spielen das gleiche Instrument — die Melodie wird am Schlusse des
„Grünen Heinrichs" eine wehmütige Kantilene, am Schlusse der „Chronik" ein choralhafter Orgelklang, dessen Nachhall noch in die Zukunft
forttönen mag. In dem Lebenswerke beider Dichter wirkt sich eine
leidenschaftliche Vaterlandsliebe aus, sie umstrahlt die dargestellten
Menschen selbst dann, wenn diese Darstellung scharfe oder kauzige Kritik
durchblicken läßt. Die Tabulatur der „Chronik" umfaßt ein Bild, das
vom Blickwinkel der Stube in einer abgelegenen Großstadtgasse eine
Fülle von Menschen auf den verschiedensten Stufen des Daseins zu einheitlicher Schau einsammelt. Wie im „Grünen Heinrich" die verschiedenen
Charaktere von Malern gegeneinander abgesetzt werden, so treten hier,
in der „Chronik", zumal Künstlergestalten und Schriftsteller von unter-

schiedlichster Art zueinander, jeder aber mit ihn scharf vom Lebens-
nachbar abhebender Kontur.

Gegenüber dieser lebensbildlichen Einstellung des ersten Werks bedeutet das zweite, „Ein Frühling", einen Rückschritt, als welchen Raabe
selbst die Erzählung alsbald empfand — er hat sie, nicht zu eigener Befriedigung, völlig umgeschaffen und die erste Fassung (wie Keller die
erste seines ersten Romans) aus dem Buchhandel gezogen. Bei dieser
Umformung wurde auch das Kernstück des „Frühlings" gelöscht, die
große Prophezeihung, die wir heute mit doppelter Erschütterung lesen:
„Wachet, wachet, ihr Wächter! Betet, betet, ihr Beter! Es ist da —
es steigt empor! Ihr könnt es nicht weglachen, nicht wegleugnen. Ihr
wißt nicht, wann und wie es kommen wird, aber ihr wißt, daß es
kommen wird! Könige, Adel, Bürger, Bauern, Arbeiter; Stände, Zünfte,
Vereine; Staatsreligionen, Sekten und Untersekten; Gläubige und
Zweifler; Gelehrte und Ungelehrte; Reiche und Arme — was drückt
und ängstigt euch und läßt euch auf jedes ferne Rollen in der Gewitternacht der Zeit erschreckt hinhorchen?

Zwei Sintfluten hat das Geschlecht der Menschen erlebt, vor der
dritten steht es.

Die erste kennen die Urkunden aller Völker: Das rohe Element besiegte die junge Menschheit und ihre Kultur!

Die zweite nennt die Geschichte: Völkerwanderung. Und die dritte?

Sie kommt, sie kommt! wachet, wachet! Betet, betet, daß — der
Geist Gottes über den — Wassern schweben möge! . . ."

Im Fortgange der an dies Zukunftsfernbild geknüpften Handlung
weist Wilhelm Raabe auf das Herandämmern eines neuen Zeitalters der
Menschheit hin und tut es mit entscheidendem sozialem Verständnis im
Vertrauen auf den Kern derer, die eine dritte Sündflut nach oben
tragen wird.

Langsam tastete sich Raabe zu neuen Romanschöpfungen vor. „Die
Kinder von Finkenrode" sind ein mit viel Humor gesegnetes Kleinstadtidyll, das sich von dem in die Großstadt verlegten Eingange um so
drastischer abhebt und durch die männlichen Handlungsträger eine bewußte und eigenartige journalistische Auflockerung erfährt. In einem
Kranze von Novellen präludierte der Dichter einer Erfassung der Geschichte von weiterem Umblicke her. In der „Alten Universität" führt
er einstige Kommilitonen der aufgehobenen Universität Helmstedt zu
einem Erinnerungsfeste in die Hochschulstadt und leitet in wohlbe-
messener Steigerung über Vorfreude und den Widerhall verklungener
Stunden zu einer doppelten Lösung und Tilgung verjährter Schuld und
langwierigen Zwistes. Zweimal ist seine Phantasie, noch im Banne
seiner Magdeburger Zeit, um den Dichter des „Froschmäuseler", den
Schulmonarchen Georg Rollenhagen, geschäftig. In den Spuren E. T. A.
Hoffmanns und seines „Fräuleins von Scuderi" geht Raabe mit der auf die
knappsten Umrisse eingeschränkten Novelle „Ein Geheimnis"; mit kräftiger Spannung wird da der Auf- und Abstieg eines Goldmachers aus

dem Frankreich Ludwigs des Vierzehnten Zug für Zug lebendig gemacht
und alles so verzahnt, daß selbst der König und seine Geliebte nicht
als Lichter aufgesetzt, sondern statt arabeskenhaften Verbrauches wie
unter dem Scheinwerfer deutlich gemacht werden. Im „Junker von De-
now", mit dem Raabe in seinen engsten Heimatbezirk einkehrt, schreitet
er innerhalb dieser geschichtlichen Novellistik zur vertieften schlüssigen
Darbietung sich entwickelnder Charaktere vor, wozu die Pariser Erzählung noch keine Gelegenheit bot. Die drei von 1859 bis 1861 vollendeten historischen Romane waren nun dazu bestimmt, das Erbe der
Vergangenheit in weiterer Fassung und Rahmung in das Licht der
Gegenwart zu heben.

   „Der Heilige Born" ist noch in völlig romantischer Handschrift abgefaßt. Diese Erzählung von der Entstehung des Bades Pyrmont im
sechzehnten Jahrhundert, da zuerst allerlei bresthaftes Volk mit seinen
Leiden an den Heilquell wallfahrte, wird von drei seltsamen Gestalten,
unter denen der Zauberer Simon Magus hervortritt, durchwirkt; zur
epischen Ruhe findet sich Raabe erst bei den Schicksalen des jugendlichen Liebespaares in Holzminden — es ist so, als ob der Dichter aus
einem verschnörkelten, romantisierten Hochbezirk in das ihm gemäßere
Wesen sachlich-bürgerlicher Welt zurückträte. „Unseres Herrgotts Kanz-
lei", gleichfalls im sechzehnten Jahrhundert angesiedelt, bringt ein
breites Kulturbild aus Magdeburg binnen der um die Stadt geführten
Kämpfe mit Moritz von Sachsen. Bei sicher festgehaltener Spannung
werden insbesondere die derben Gestalten der sehr bunten Handlung
kräftig herausgestellt — man fühlt, daß die Empfängnis zu diesem
Werke noch weit vor Raabes Erstling erfolgte; es wirkt, im Gegensatze
zu der schon überall zur Höhe schreitenden „Chronik", völlig als ein
sehr jugendliches Frühwerk.

   An die „Chronik der Sperlingsgasse" und die darin lebende
vaterländische Stimmung gemahnt der dritte dieser Geschichtsromane,
der Briefroman „Nach dem großen Kriege". Der von den Gestalten
aus der Sperlingsgasse stets aufs neue bezeugte, liebenswerte Menschen
zur Auswanderung treibende Druck der Reaktion kehrt in diesen von
einem Mitkämpfer der Freiheitskriege an den Freund und Feldzugs-
genossen gerichteten Briefen als tragende Schicksalsmelodie immer
wieder; und es ist von eigenem Reize, wie diese einheitliche, urtümliche
und zugleich geschichtlich-bewußte nationale Stimmung emporquillt. Es
sind die jüngeren Zeitgenossen jenes von den Spürhunden der Reaktion
verfolgten Ernst Moritz Arndt, und sie sind dennoch gleich ihm von
einer vaterländischen, phrasenlosen Zuversicht hohen Ranges erfüllt.
„Mit dem Schicksal der Nationen legen wir in Demut unser eigenes
Schicksal in die Hand der Gottheit". Der Grabspruch aus der Germania
des Tacitus „Securus adversus homines, securus adversus Deum" —
er wird im „Frühling" an sinnweisender Stelle angeführt — könnte
auch der Ausklang dieser Erzählung sein, in der Wilhelm Raabe nunmehr seinen geschichtlichen Romanstil gefunden hat.

Raabe bewährte hier ein von Willibald Alexis rasch erkanntes und befolgtes Gesetz des geschichtlichen Romanes: er erreicht die volle Höhe der Gestaltung, wo der innerste Herzton der geschilderten historischen Geschicke mit dem innersten Bewußtsein des Dichters und der von ihm mit vollem menschlichem Anteile durchlebten Gegenwart zusammenklingt.

Nun sammelte sich Wilhelm Raabe wieder zu einem großen Roman-bilde aus der Gegenwart, dessen Handschrift ihn nach Stuttgart be-gleitete, wo er glückhafte acht Jahre inneren Wachstums verlebte. Die im Jahre 1863 erschienenen „Leute aus dem Walde, ihre Sterne, Wege und Schicksale" sind von dem gleichen entwicklungsgeschichtlichen Pa-rallelismus durchwaltet, der als Grundform Raabischen Schaffens be-reits in der „Chronik der Sperlingsgasse" hervortrat. Das Gewicht dieses Parallelismus war in der Chronik noch nicht gleichmäßig verteilt, die volle Mitgabe gelebten Daseins ward wesentlich der zu neuen Geschicken ausschreitenden Jugend zu eigen. In diesem großen Roman aber wird zum ersten Male die Last ausbalanziert. Die drei Alten und die drei Jungen, um die es geht, stehen in der künstlerischen Ökonomie des Werkes ebenbürtig nebeneinander, und das ergreisende Geschlecht handelt nicht minder entscheidend als das noch reifende. Der Schauplatz, auf dem die aus dem Winzelwalde an der Weser stammenden, die Male ihrer Heimat mit sich tragenden Menschen versetzt werden, ist wiederum eine nicht näher bezeichnete Großstadt, in der unverkennbar das Berlin der Sperlingsgasse wieder-kehrt. Das ältere Geschlecht hat noch den Herrendruck der Zeit vor den Freiheitskriegen erlebt, die beiden Männer der älteren Generation sind dann in den Kampf gezogen und haben die Zeit der Reaktion, „da Gott sah, daß nicht alles gut war", durchleben müssen. Sie, im Bunde mit einer Alters- und Heimatgenossin, einem zur Weisheit gereiften weib-lichen Lebensvorbilde von Raabischer Sonderart, führen das junge Ge-schlecht zu einer Freiheit der inneren Haltung, die über der Schau in die Gassen den Aufblick zu den Gestirnen nicht vergißt. Symbolhaft findet sich verirrte und verstörte Menschheit in dem Turmgemache zu-sammen, von dem her Heinrich Ulex über das nächtliche Atmen der großen Stadt sein Fernrohr zu dem Wandel der Gestirne ausrichtet, die Goethes Faustprolog zur Harmonie der Sphären verklärt. Solche Ver-klärung vom Boden eines treu beobachteten Lebens her gewinnen die Menschen dieses Werkes erst nach schwerer Lebensprüfung, die ihre Bewährung da findet, wohin Goethes Fernblick immer wieder schweifte, in Amerika. Schon in der „Chronik" läßt Raabe die Geschicke ge-drückter bester Deutscher drüben weitergehn; von den Leuten aus dem Walde finden zwei dort ihr letztes Bett, andere aber ziehen der Liebe nach über den Ozean und arbeiten sich als freie Bürger zu Ansehn, Wohlstand und innerer Tüchtigkeit durch. Der tiefste Sinn des Werkes liegt in dem Schlußvorgang: da schlägt die Jugend den Pranger um, an dem die Alten aus dem Winzelwalde sich kennenlernten. Hierin liegt Raabes Bekenntnis zur politischen und darüber hinaus zur menschlichen

Freiheit, die alle Mächte sozialen Druckes und der rohen Gewalt überwindet, die zwischen Gemeinheit und der Macht des Bösen frei durchgeht.

In den Waldleuten schafft Raabe mit Bewußtsein Originale und
spricht ausdrücklich davon, daß er das Mobiliar eines der Alten genau
aufzeichne, „weil wir die Originalität des Bewohners nicht dadurch hervorheben wollen, daß wir ihn in eine originelle Umgebung versetzen".
Anderwärts begegnen uns in einigen Nebengestalten noch nicht immer
ganz in den Rahmen gefügte Karrikaturen. Von solchem Seitenwerk
einer launigen Abschweifung ward er frei, da er seine Meisterschaft in
der vor 1870 abgeschlossenen Trilogie, eben vor der Rückkehr in das
braunschweigische Stammland, erreichte. Sie umfaßte den „Hungerpastor", „Abu Telfan oder die Heimkehr vom Mondgebirge" und den
„Schüdderump", denen ihrem geistigen Gehalte nach die „Drei Federn"
als Ouverture dienen mochten.

Die „Drei Federn" sind ein Erziehungsroman von sehr merkwürdiger Führung. Ein verbitterter und durch Enttäuschung zum Eigenbrötler bestimmter, erfolgreicher Mann will einen ihm anvertrauten
verwaisten Jüngling durch Härte, Nüchternheit und Bitterkeit zu einem
lebensfähigen Menschen heranbilden. Das abgeklärte, inneren Mächten
zugewandte Wesen eines Blinden vereitelt diese Zielsetzung, und am
Ende der von drei sehr verschiedenen Schreibern erzählten Lebensberichte findet sich der Erzieher, der am Schluß in das lichtleere Gemach
des Blinden eingetreten ist, selbst als Überwinder des großen Weltekels
zu einer harmonischen Auffassung auch des harten Lebens bekehrt.

Aus der nur einmal durch eine entscheidende Episode unterbrochenen Enge dieses mit bewußter Knappheit auf die wesenhaften Züge
eingegrenzten Romanes führt der „Hungerpastor" zu sehr viel weiterer
Aussicht. Hier gipfelt erstmalig das Gesetz des entwicklungsgeschichtlichen
Parallelismus in einer die Schicksale des eigentlichen Helden immer
wieder zu neuem Ab- und Umbruch bestimmenden Kadenz, und als
Nebenbild zu den zwei Jugendgenossen ist das Seitenstück eines großstädtischen Brüderpaares den aus der Kleinstadt in die Großstadt versetzten Jungen zugeordnet. Der Stil dieses Werkes einer Erziehung durch
das Leben ohne den Eingriff einer bewußten Pädagogik lockert sich einmal zu einem lyrischen Bekenntnis von schwebendem Anhauch und dann
wieder zu einer weihnachtlichen Altarstunde von hymnischem Klange
angesichts der wogenden Ostsee. Unbewußt geben die um die Kindheit
des künftigen Hungerpastors waltenden Originale ihm unvergessene
Lebensmitgift. Der jüdische Konvertit, der sich zu einem Werkzeuge
und Spitzel der Reaktion entwickelt, im Bilde des berüchtigten, auch
dichterisch tätigen J o e l J a c o b y (geb. 1807) geschaffen, wird durch
ein aufschlußreiches Wort über Moses Mendelssohn und den Judenleib-
zoll in eine gewisse Parallele zu Veitel Itzig aus Gustav Freytags „Soll
und Haben" gerückt. Um so nachhaltiger und befreiender klingen die
Schlußworte dieses Erziehungsromans ohne Erzieher: „Gib deine Waffen
weiter, Hans Unwirrsch!", sie deuten rückwärts auf das Titelblatt,

welches das Wort der Antigone des Sophokles trägt: „Nicht mitzuhassen, mitzulieben bin ich da".

In seiner Besprechung der „Chronik der Sperlingsgasse" hatte Ludwig Rellstab angesichts dieses Erstwerks sich an Jean Paul erinnert gefühlt. Die weitere Entwicklung Wilhem Raabes lehrt in ihrer festen Umgrenzung der Handlungsträger, in der Bestimmtheit der Umrisse und der Abwehr weitschweifender Zugriffe zu Nebendingen die entschiedene Entfernung von solchem Vorbilde. Dagegen war in der „Chronik" die Erinnerung an das Dichtwerk des Engländers William Makepeace Thackeray nicht abzuweisen, und der „Hungerpastor" bezeugt die Nähe zu Charles Dickens, der wir bereits bei Gustav Freytag als verwandtes Erbe aus gemeingermanischem Bezirke begegneten.

Scheinbar ist „Abu Telfan" gegenüber dem „Hungerpastor" in den viel schmäleren Rahmen einer deutschen Residenz zur Zeit des Frankfurter Bundestages gespannt. In Wirklichkeit eröffnet dieser Roman eine immer noch gesteigerte Aussicht in schicksalhafte Weite. Die Reflektierung auf das afrikanische Mondgebirge, aus dem Leonhard Hagebucher nach Bumsdorf bei Nippenburg heimkehrt, ist lediglich ein Kunstmittel, angewandt, um die Enge des Philisteriums in den eigentlichen Mittelpunkt der Betrachtung zu rücken. Jener Anruf zum Freidurchgehen, zu dem sich Raabe schon früher bekannte, erfüllt seinem Sinne nach die auf dem Höhepunkte der Dichtung gehaltene Rede Hagebuchers vor dem Publiko der Hauptstadt, er bewegt ihn bei der Abweisung aller ihn wider kleinbürgerlicher Genügsamkeit und Betriebsamkeit zuschanzenden verwandtschaftlichen Bemühung. Und der Ruf zur inneren Freiheit gewinnt seine vorbildhafte Darstellung in jener Frau Claudine, die sich nach schwerster Lebensenttäuschung in die Katzenmühle zurückgezogen hat, wo das Wasser über das zerbrochene Mühlrad tropft. „Wir sind wenige gegen eine Million, wir verteidigen ein kleines Reich gegen eine ganze wilde Welt; aber wir glauben an den Sieg, und mehr ist nicht nötig, um ihn zu gewinnen", so die Lebensdevise der Frau Claudine. Aber freilich weiß Wilhelm Raabe und betont es sehr nachdrücklich, daß zwar im deutschen Lande überall die Katzenmühle liegen kann, daß aber der germanische Genius „überall ein Drittel seiner Kraft aus dem Philistertum zieht und von dem alten Riesen, dem Gedanken, mit welchem er ringt, in den Lüften schwebend erdrückt wird, wenn es ihm nicht gelingt, zur rechten Zeit wieder den Boden, aus dem er erwuchs, zu berühren. Da wandeln die Sonntagskinder anderer Völker, wie sie heißen mögen: Shakespeare, Milton, Byron; Dante, Ariost, Tasso; Rabelais, Corneille, Molière; sie säen nicht, sie spinnen nicht und sind doch herrlicher gekleidet als Salomo in aller seiner Pracht; in dem Lande aber zwischen den Vogesen und der Weichsel herrscht ein ewiger Werkeltag, dampft es immerfort wie frischgepflügter Acker und trägt jeder Bliß, der aus den fruchtbaren Schwaden aufwärts schlägt, einen Erdgeruch an sich, welchen die Götter uns endlich, endlich gesegnen mögen."

In der großen Rede Leonhard Hagebuchers vor dem immer ver-
blüffter werdenden und zu ernster Selbstprüfung verführten Hörerkreise
der hochfürstlichen Residenz klingt aus einem durch alle Höllen menschlicher Qual und einsamer Verlassenheit tränengefüllten Herzensquell dennoch ein Bekenntnis zum ungeheuren Lobgesange der Schöpfung auf.
Dieser Ruf aus der Höhe soll an keiner Stelle und zu keiner Stunde
„ein sinnloses oder gar widerliches Rauschen" sein. Der Redner rühmt
als vorbildhaft den Menschen, „der aus jeder Not und jeder Verdunke-
lung die Hand aufrecken kann mit dem Schrei: Ich lebe, denn das
Ganze lebt über mir und um mich!" Dieses realistische Bekenntnis zum
Leben, von dem Raabe und sein Geschlecht überhaupt gelebt haben,
erweist spät noch einmal den Einfluß des Philosophen, den Raabe, wie
einst Gottfried Keller, heißhungrig genoß, Ludwig Feuerbachs. Der in
„Abu Telfan" so inbrünstig, ja dithyrambisch verkündete Preis des
Lebens ist feuerbachsches Gut, wie es im Sinne Feuerbachs ist, wenn
die Wahrheit auch bei Raabe „nie mit Dekorationen auf die Welt gekommen, nie im Glanze eines Thrones' unter Pauken und Trompeten,
sondern stets im Dunkel der Verborgenheit unter Tränen und Seufzen
geboren worden ist". Aber schon kreuzt sich Feuerbachs Ideengehalt mit
demjenigen Arthur Schopenhauers, der gerade gegen das Ende der sechziger Jahre emporstieg; „der Weltoptimismus fängt an ein Loch zu
kriegen", schreibt bald danach Jakob Burckhardt einem Freunde und
meint damit den auch von Raabe immer wieder abgewehrten Ober-
flächenoptimismus des Zeitalters. Schon in den „Leuten aus dem Walde"
spricht der Sternforscher Heinrich Ulex einmal von Schopenhauer, aber
erst der „Schüdderump", das dritte Werk der aus der Hungerpfarre zu
Grunzenow über Bumsdorf und Nippenburg nach Krodebeck am Harze
führenden Trilogie zeigt die Auseinandersetzung mit dem Philosophen
des Pessimismus. Der „Schüdderump" erweist gleich im Anfang deutlich, über die realistische Darstellung hinaus, die Bestrebung zur großen
Symbolisierung des Lebens. In einem hellen, lustigen norddeutschen
Städtchen findet der Dichter auf der Durchreise einen zweirädrigen
Karren, eben den Schüdderump, aus dem Jahre 1615, auf dem man einst
die Pestleichen zur Grube fuhr, und der Totengräber, dessen Herkunft
aus dem „Hamlet" mit Absicht deutlich gemacht wird, erklärt dem Beschauer kichernd die Vorrichtung. Und dann erst setzt die Erzählung
ein, die im Gegensatze zu der absichtlich unbestimmten Schauplatzwahl
in „Abu Telfan" ausdrücklich an den Harz, nach Dorf und Hof Krodebeck im Nordteile des Gebirges, verlegt wird. Die Natur und das Leben
dieses von der Sage geschmückten, von der Dichtung oft besungenen
deutschen Mittelgebirges spielen ihre Rolle mit, und mit dem Packen
einer zu Raabes unvergeßlichen, einsamen und lebensweisen Frauengestalten gehörigen Holzwarenhändlerin kommt immer wieder so etwas
wie der Ruch des Gebirges und ein Stück vom Kleinleben des Bergvolks
ins Tal hinunter. Der Parallelismus der Vorgänge umfaßt hier fünf
alte, geprüfte Menschen, von denen nur zwei dem normalen Leben mit

Handfestigkeit standhalten — und diesen Angehörigen ältester und alternder Generationen fällt die Erziehung der Mittelgestalt des Buches zu. Wiederum wirkt es mit ungezwungener Symbolhaftigkeit, daß mit dem Rauhreif der herbstlichen Landschaft die schön herangeblühte, allen ins Herz gewachsene Antonie, das Kind einer verlorenen Mutter, von ihrem der Dorfschaft entlaufenen und nun auf krummen Wegen zu Adel, Wohlstand und Einfluß gelangten Großvater abgeholt und in die seidene Umwelt einer im Lebensgrunde brüchigen Wiener Gesellschaftssphäre versetzt wird. Hans Unwirrsch erringt sein bescheidenes, vom Lichtschleier verklärtes Lebensglück, an gefährlichen Bruchstellen vorüber, aus einer gewissen Tumbheit und dem mitgegebenen Vater- und Muttererbe heraus. Leonhard Hagebucher, ganz anders und schwerer geprüft, entwindet sich den ihm neu eröffneten Armen eines heimischen Philisteriums mit der Hilfsstellung eines goethefesten, höchst originellen Vetters und ist sich dabei der tragenden Kraft einer sozusagen philiströsen, aber nicht ins Enge gebannten Mitgabe bewußt. Antonie Häußler aber reibt sich in innerstem Widerstande gegen die Sphäre des zweifelhaften großväterlichen Armeelieferanten auf und stirbt dennoch, während der Dichter das Rütteln des Schüdderumps noch einmal heraufbeschwört, als Überwinderin, zum Lebensausgange geleitet durch einen scheinbar lebensfremden uralten Mitkämpfer der Freiheitskriege, der durch sein reines Wesen den Bewohnern des Lauenhofes zu Krodebeck wie den mit ergreifender Plastik gezeichneten Insassen des Armenhauses das Leben verklärt.

Mit grauenhafter Klarheit zeigt im „Schüdderump" Raabe den Sieg der Kanaille in der Welt. Schopenhauers Lehre kommt zu ihrem pessimistischen Schluß, weil der Mensch aus dem Willen lebt und dieser Wille niemalen zum Glücke führen kann. Darum setzt er gegen den Willen das Leiden, das alle Schmerzen der Menschheit, selbst ohne Begehren, auf sich nimmt. Dies ist der Fall von Antonie Häußler. Sie widerstrebt nicht dem Übel, sondern läßt ihren Willen fallen und stirbt — wie eine Königin. Im Kampfe mit dem ungeheuern Widerspruch der Welt wird hier nicht wie am Schlusse des „Faust" das Evangelium sozialer Arbeit für eine befreite Menschheit gefunden, sondern, die hier den letzten Augenblick als höchsten genießt, überwindet die Welt lediglich in dem Bewußtsein eines höheren Rechts, frei durchgehend durch die irdische Gemeinheit um sie her. So erhebt sich am Ausgange der Trilogie, die der Dichter, auf den Beginn zurückweisend, zum Endstück eines langen, mühseligen Weges stempelt, aus dem Druck und der Niedertracht des Gemeinen die ringende Seele, die das Beste auf dieser Welt, trotz dieser Welt gelernt hat, und geht frei und unberührt aus dem zerbrochenen Leibe zum Himmel ein. Dieser Abschluß setzt dem Pessimismus, der von Raabe im Anblick einer das Laster belohnenden Welt gerechtfertigt wird, eine Weltanschauung entgegen, die mit glanzlosem Idealismus die Menschheit weiterführt und sie das Dasein erst wirklich leben lehrt.

Die Trilogie wird eingekränzt durch zwei Novellenbände „Deutscher Mondschein" und „Der Regenbogen", denen als letzte Novellensammlung 1879 die „Krähenfelder Geschichten" folgten. Diese Novellen der Reife erweisen nach ihrer geschichtlichen Einstimmung wie nach ihrer schlüssigen psychologischen Gründung die Weite des von dem Dichter nun umfangenen Gebietes. Das lodernde, in ganz starken Strichen in Schwarz und Weiß gehaltene Bild der „Schwarzen Galeere" stellt die in der Düsternis der flandrischen Schelde vor Antwerpen kämpfenden Geusen und ihre spanischen Gegner so heraus, daß wir ihr wie von einem Fackellicht getroffenes schicksalsschweres Tun in der knappen Fassung des atemraubenden, von Trommelwirbel und Kampfgeschrei umdröhnten Berichtes alsbald begreifen. „Else von der Tanne", „Höxter und Corvey" und „Der Marsch nach Hause" führen in das blutige siebzehnte Jahrhundert, die beiden letzten in den Ausklang der säkularen Kämpfe. Mit einem Humor, der sich in seiner Gelassenheit keinen kennzeichnenden Zug entgehen läßt und dadurch über die beiden anderen Novellen zeit- und weltbildhaft hinausschreitet, vermittelt „Der Marsch nach Hause" die rundliche Gestalt eines im Völkerkampfe von den Weibern am Bodensee eingebrachten Schweden, den der Heerruf aus väterländischen Hörnern abermals zum Kampfe nach Norden in das Gemetzel von Fehrbellin entführt — bis dann der enttäuschte Graukopf gerade unter dem vollen Eindruck der immer wiederkehrenden Raserei Bellonas an Herd und Wiege bei der behaglichen schwäbischen Wirtin zurückkehrt.

Unmittelbar hinter die krause, durch eigene wunderliche Erlebnisse geweckte, die Luft des Wiener Praters atmende Geschichte von den „Keltischen Knochen" setzt Raabe die historische Erzählung „Sankt Thomas" mit ihrer sengenden Sonne, Gegenbild zu der in durchweichendem Strichregen spielenden, als Icherzählung vorgetragenen österreichischen Anekdote.

Als kleines Seitenstück zur Französischen Revolution fügt Raabe eine Novelle zusammen, die man, ohne sie herabzusetzen, ebensogut ein Kunststück wie ein Kunstwerk nennen kann, „Die Gänse von Bützow". Hier läßt er ein wahres barockes Höllenspiel erstehen, ein vergnügliches Seitenstück zu Fritz Reuters „Dörchläuchting", dem wiederum in bewußter Gegenstellung die nicht minder humorerfüllte Geschichte aus dem Kopenhagen des achtzehnten Jahrhunderts „Gedelöcke" beigegeben war.

Die Krähenfelder, genauer bezeichnet: die Bauern vom Krähenfelde. waren eine braunschweigische Gemeinschaft anspruchsloser, mit einem verschwiegenen Humor gesegneter Männer. Unter ihnen stand L u d - w i g H ä n s e l m a n n (1834—1904) Raabe am nächsten. Der Schüler Johann Gustav Droysens, der spätere Leiter des vaterstädtischen Archivs, hat in dem Novellenbande „Unter dem Löwenstein" im Chronikenstile ungemein echt eingestimmte geschichtliche Werkstücke gebracht, unter denen „Hans Dilien, der Türmer" besondere Hervorhebung verdient. Neben Hänselmann saß C a r l S c h u l t e s (1822—1904), ein Bayer,

der die Inntaler Geschichten „Gambskroß und Enzian" und die Erzählungen aus seiner Heimat „Blau-Weiß" verfaßte. Als sozusagen den
ganzen Strauß umwindende Schleife machte Raabe seinen lieben Krähenfeldern das Schlußbild „Vom alten Proteus" zum Geschenk. Vergeblich
arbeiten Symbolsuche und der Glaube, daß immer etwas Apartes hinter
den Dingen stecken müsse, an dieser tollen Posse herum. Aus ihr leuchtet
jedoch ein echtes Raabewort heraus, das dem Sinne gemäß auch manches
andre seiner Werke krönen könnte: „Unsere tägliche Selbsttäuschung
gib uns heute!" Man mag es auch als Überwindung Schopenhauers
ausdeuten.

Neben und nach den Krähenfeldern scharte sich um Raabe der
wetterfeste und antiphiliströse Kreis der Kleiderseller, ihm gehörten
auch Ludwig Hänselmann und Ernst Andolt zu. Der poetische Herold
dieses häufig auf dem Weghause Lessingschen Gedenkens zwischen den
beiden Hauptstädten des Braunschweiger Landes versammelten losen
Bundes war W i l h e l m B r a n d e s (1852—1928), der die kultur-
und lebensgeschichtlich wunderbar abgerundeten Erinnerungen „Vor
fünfzig Jahren in einem braunschweigischen Forsthause" dargebracht
hat. Dieser feinste Kenner und schlüssige Darsteller von Raabes Lebenswerk betont einmal, für Raabe wären die Juden „ein unlösliches Stück
unseres Volkes und Schützlinge seiner Muse" gewesen. In zwei Novellen
legt Raabe solche Auffassung besonders an den Tag. In der von unentrinnbarer Stimmungsgewalt erfüllten „Holunderblüte" beschwört er
uralte Schicksalsmacht weltgeschichtlichen Leidens und die ganze, aus dem
alten Judenfriedhofe zu Prag emporschimmernde Romantik. In den
immer wieder unvergeßlich emporquellenden Erinnerungen eines Berliner
Arztes wird dies Gedenken zu tragisch im Untergrunde des Bewußtseins
verhafteter Wirklichkeit. In der „Frau Salome" gibt Raabe ein Gegenbild, er schafft mit dieser letzten seiner jüdischen Gestalten ein Frauenwesen, das vom Ichor, dem Blute der Götter, eine Gabe empfangen und
in seiner Empfänglichkeit für suchendes Menschentum und künstlerische
Abseitigkeit etwas vom Stamme der Rahel Varnhagen zu eigen hat.

Dem bald nach Raabes Rückkehr nach Braunschweig neuerstandenen
Reiche galt Wilhelm Raabes Erzählung von „Des Reiches Krone". Sie
zeugt zugleich dafür, wieviel und wie wenig für diesen Dichter eine
geschichtliche Quelle bedeutet. Umriß und Führung dieser in das
Nürnberg des fünfzehnten Jahrhunderts verlegten Novelle stammen
aus einem Werke des Johannes ab, Indigena, und für die Burg
Karlstein war Siegfried Kappers Schilderung die Vorlage. Raabe
aber wies in dem mit vollem künstlerischen Bedacht gewählten
Stile des im Jahre 1453 schreibenden vorgeblichen Erzählers über
den geschichtlichen Gehalt hinaus in ein Nationales und ein Jenseitiges, wovon seine Quellen nichts wußten. Die ganze Süße eines
Jugendfrühlings, die volle Tragik eines zu schwerer Versehrung vollendeten Schicksals, die heilige Weltüberwindung eines Frauenherzens,
die Schwermut des einsamen alten Erzählers — das alles floß mit einer

Schicksalsdeutung zusammen, die im Widerschein eben verrauschter
Kämpfe fragte: „Des Deutschen Reiches Krone liegt noch in Nürnberg,
— wer wird sie wieder zu Ehren bringen in der Welt ". Und im Mittelgrunde gestaltete er das Bild einer Frau, die den Namen einer Siechen-
mutter mitten im Elende wie einen Kranz aufgehoben und wie eine
Krone bis an ihren Tod getragen hat.

Die Novellen bergen ein im Frankfurt des Bundestages spie-
lendes Capriccio von lösender Heiterkeit, worin alle Geister dieser, von
der Zeil bis nach Sachsenhausen unter dem Geläute der Pfingstglocken
durchwanderten Stadt zu bunter Kränzung aufleben, der junge Goethe
ebenso wie der früh gealterte Schopenhauer, der Struwwelpeterhoff-
mann und der Gesandte in der Eschenheimer Gasse, Otto von Bismarck.

Wilhelm Raabe gehörte zu den ersten Mitgliedern des Deutschen
Nationalvereins Bennigsenscher Observanz. Als treuer Zeuge vergangener Kämpfe brachte der Dichter dem neuen Reich eine doppelte Erinnerung an die Zeiten hoffnungsvoller Erwartung und immer wiederkehrender Enttäuschung. In dem humoristischen Meisterstücke „Der
Dräumling" gestaltet er die im noch zerklüfteten deutschen Raume ein-
hellig begangene Feier von Schillers hundertstem Geburtstage zu einer
Festfolge aus, in der innerhalb eines kleinen Gemeinwesens die Feier
zwar mit philiströsen Schnurrpfeifereien begangen wird, dennoch aber
der unüberhörbare nationale Herzschlag selbst den nörglig Widerstrebenden in die Ohren dröhnt. Das Gegenstück zu diesem in ein sumpf-
gekränztes Nest verlegten Feierbilde sind „Gutmanns Reisen", einer der
merkwürdigsten Geschichtsromane unseres Schrifttums.   Das Buch
schildert (begonnen unmittelbar nach Bismarcks Abgang) die Einreise
von Vater und Sohn Gutmann zur Generalversammlung des Nationalvereins nach Coburg im Jahre 1860 und bringt, getreu nach den steno-
graphischen Niederschriften, Reden von Johannes Miquel und Hermann
Schulze-Delitzsch unter dem Präsidium von Rudolf von Bennigsen. Aber
diese Kleinstaatler mit der schwarz-rot-goldenen Schleife im Knopfloch,
diese Philister aus dem Hause des deutschen Michels sind in aller Drolligkeit, die auch die Romanfiguren des toten Jean Paul wie die lebende
Gestalt Friedrich Rückerts zu erhöhendem Bilde zu gebrauchen weiß,
unter dem Schleier einer Lebensbehaglichkeit von der „blutigen Not und
dem lächerlichen Jammer" des Vaterlandes erfüllt, und der tiefe Ernst
ihrer Bestrebung verklärt das ganze Buch. Man könnte sich den Kreis
der Kleiderseller ohne weiteres in die Coburger Reithalle versetzt denken,
in der Raabe damals Wolfenbüttel vertrat.

Diesen Büchern geschichtlicher Vorbereitung ließ Wilhelm Raabe
nun Werke 'aus der neuen Gegenwart folgen. In ihnen kommt neben
der Genugtuung über das erreichte nationale Ziel auch bereits in der
seit der „Chronik" verfolgten Spur eine zu dichterischer Innerlichkeit
gesteigerte Kritik aus liebendem Herzen zu Worte. Der „Deutsche Adel"
führt einen Teilhaber dieses, von keinem Diplom erteilten Titels noch

in die Kämpfe des eben beendeten Krieges. Über dem „Meister Autor",
der die Geschichte versunkener Gärten umschließt, liegt schon eine Stimmung der Sorge um die Bewahrnis unverjährter heimischer Erden-
winkel. Zu ganz anderer kritischer Haltung bekennt sich Raabe in dem
humoristischen Musterstücke „Horacker", das eine völlige Schulmeister-
und Pastorenepopöe, zugleich in bündiger Gewichtsverteilung eine solche
der Ehegesponsen bringt. Hier wird in dem Mikrokosmos einer Kleinstadt und eines von ihr durch einen Wald getrennten Dorfes eine ergötzliche Geschichte mit sehr ernster Untermalung erzählt; in sie tönt die
neue Parole der Schneidigkeit hinein:

> Stramm, stramm, stramm;
> Alles über einen Kamm —

und sie wird von allen diesen alten Burschen wie vom Dichter selbst
abgetan. Mit nicht minderer humoristischer Fülle ist der Stuttgart und
Cannstatt abbildende „Christoph Pechlin" durchgebildet, neben dessen
liebenswürdig-burschikose Gestalt das ostpreußische verknurrte Original
des Regierungsrats Wurmigel tritt.

Nach dem Vollgesetze des entwicklungsgeschichtlichen Parallelismus
verfährt Wilhelm Raabe wiederum in den „Alten Nestern". Mit äußerst
subtiler Einrahmung werden hier fünf zusammen aufgewachsene Jugendgenossen durch ein wechselvolles Leben geleitet, das vom Strande der
Weser nach Amerika und in die nun immer rascher wachsende Reichshauptstadt führt. Dabei klingt der Dank für den treuen Eckart Karl
Lebrecht Immermann lebhaft empor. In seiner Gefolgschaft wird Indivi-
duelles zum Typischen gestaltet und auf dem Boden alter Nester ein
neues deutsches Leben gezimmert, das schwächlicher Resignation ebenso
fremd ist wie scheinwichtigem Krimskrams einer nationlosen Zivilisation.
Gleich danach vollendete Raabe im „Horn von Wanza" das einläßliche
Bild einer über schweren Lebensgang zu einem humoristischen Dennoch
durchgedrungenen Frauengestalt, die ohne Rang und Amt ihre Gemeinde
beherrscht und dem jüngeren Geschlechte so zum Vorbilde wird wie der
Bruder Fabian in dem tragisch überglänzten Roman „Fabian und
Sebastian".

Immer wieder, von der „Chronik" bis in den „Schüdderump" und
noch in der ergreifende Herzverstörung nachbildenden Novelle „Im
Siegeskranze", hat Raabe das Gedenken an die Freiheitskriege und die
ihnen folgende Zeit geweckt. In die Erinnerung an andere Kämpfe, die
unglücklich endenden um Schleswig-Holstein bei Idstedt, führt „Im alten
Eisen" zurück und kontrastiert das berlinische Volk der neuen Kaiserstadt mit eindrucksvoll malender, bis auf den Dialekt treuer Gegenständlichkeit zu den aus fernen Breiten dem Mahlstrome der Großstadt zugeführten Menschen. Stets aufs Neue bewährt sich reife Menschheit als
Fürsorgerin und Vorbild noch unflügger Jugend, so auch in den kernigen Berliner Gestalten von unter rauher Schale verborgenem Liebesanteil
in „Villa Schönow". Diese Erzählung malt in einer tapfer zupackenden

Frauengestalt das humoristische Gegenbild zu der Rittmeisterswitwe aus dem „Horn von Wanza".

Zweimal in seinen Spätwerken kehrt Raabe noch im geschichtlichen Bezirke ein. Im „Odfeld" trägt er eine Historie aus dem Siebenjährigen Kriege vor, wundervoll eingestimmt durch einen Zug von Raben, der sich am wolkenschweren, trüben Abend auf das, dem Kinde Raabe so wohl vertraute Odfeld niedersetzt — Vortakt zu all der Drangsal und blutigen Not, die sich alsbald um die Klosterschule von Amelungsborn zusammenballt. In „Hastenbeck" führt der Dichter in die gleiche Zeit, unter ausdrücklicher Erinnerung an das Odfeld, zurück und, wie er in jenem Buche die Gestalt eines immer Übersehenen zum vorbildhaften Bezwinger greuelvoller Not gestaltet hat, so wird in „Hastenbeck" eine Frau von humoristischer Gehaltenheit und manchmal dämonischer Größe zur Walterin über scheinbar verzweifelten Geschicken. Und nicht der Schüdderump, sondern Gottes Wunderwagen rollt in dieser letzten geschichtlichen Erzählung durch die wirre Welt und bringt die auf ihm einherfahren zum Ziele.

„Prinzessin Fisch" und „Pfisters Mühle" sind beide aus der Stimmung der so vieles aus dem Wege räumenden Gründerjahre geflossen, beide mit einem Abschluß, der über solche Zeiterscheinungen genau im Sinne des „Hungerpastors" und schon der „Leute aus dem Walde" in eine trotzdem anderen Mächten vorbehaltene Zukunft deutet. Die gleiche tapfere Lebenshaltung verklärt die Vorgänge im „Kloster Lugau", durch welche die Tränensaat des siebziger Krieges schimmert. Wohl die eigentümlichste unter Raabes Spätschöpfungen ist der „Stopfkuchen". Im Anfange seiner schriftstellerischen Laufbahn hat Raabe einmal gesagt: „Wenn man bedenkt, was für wunderliche Geschichten in dieser Welt tagtäglich geschehen, so muß man sich sehr wundern, daß es immerfort Leute gegeben hat und noch gibt, welche sich abmühten und abmühen, selbst seltsame Abenteuer zu erfinden und sie ihren leichtgläubigen Nebenmenschen durch Schrift und Wort für Wahrheit aufzubinden. Die Leute, die solches tun, verfallen denn auch meistens — wenn sie ihr leichtfertig Handwerk nicht ins große treiben und was man nennt große Dichter werden — der Mißachtung als Flausenmacher und Windbeutel, und alle Vernünftigen und Verständigen, die sich durch ein ehrlich Handwerk ernähren, als wie Prediger, Leinweber und Juristen, Bürstenbinder, Ärzte, Schneider, Schuster und dergleichen, blicken mit mitleidiger Geringschätzung auf sie herab, und das mit Recht!" Im Sinne solches Ausspruches möchte man die Geschichte von dem einst der Universität entlaufenen Studenten, der sich auf der Roten Schanze zum Herrn gemacht und dort mit der früh erwählten Eheliebsten mehr erlebt und geleistet hat, als der nach Afrika ausgewanderte erfolgreiche Jugendfreund, auf den eigenen Aufstieg zum Dichterwerke deuten. Auch dieser hatte Raabe sehr abseits vom normal durch Examina eingegrenzten Wege geführt — aber mit seinem Stopfkuchen, dieser humoristischen

Gestalt von höchstem Rang, durfte er sich des endlichen Erfolges auf
s e i n e r Roten Schanze freuen.

Die Rettung junger, am Rande des Abgrundes stehender Menschen
aus innerer und äußerer Not hatte „Villa Schönow" und „Im alten
Eisen" durchklungen. Das Erwachen einer menschenwarmen Natur aus
scheinbarer Verkalkung hatte dem „Laren" die Farbe gegeben, mit dem
Raabe zu dem jugendlich umfangenen journalistischen Aspekt der „Kinder von Finkenrode" zurückgekehrt war. In „Pfisters Mühle" ward zugleich mit dem Thema des Zusammenpralls alter und neuer Zeiten das
Versinken eines Künstlers durchgestaltet, der nur den Fluch der Kunst
besitzt. Im „Alten Eisen" aber schwang vernehmlich das Problem aller
Probleme mit: „Des Menschen Sohn, der da durch die Blätter der Evan-
gelien geht, nimmt einen mit sich auf seinem Wege, man mag wollen
oder nicht." In den 1884 hervorgetretenen „Unruhigen Gästen" wird
nun dies höchste Problem zum Richtung gebenden Leitseil. Zwei Sphären
religiösen Erlebens stellt Raabe nebeneinander, Prudens, den asketischen
Gebirgspfarrer, dem von Christi Lehre wohl die Buße, aber noch nicht
die Gnade, wohl die Sünde, aber noch nicht die Erlösung aufgegangen
sind, und Phöbe, die Schulschwester des Idiotenheims Schmerzhausen,
die mit Recht den Namen der Botin Pauli aus dem Römerbriefe trägt.
Mit leichtem Tritt, als ob die Gräser sich vor ihr neigten, geht sie durch
das Gebirge, in das gemiedene Typhushaus und erfaßt den aus dem
Säkulum, der Welt, emporgestiegenen Freund des Bruders mit ihrer aus
schlichtestem Gewande strahlenden Glorie. Sie vermag es auch, eine
angstvoll durch den Zusammenbruch behüteten Wohlstandes in der Apo-
theke zum Wilden Mann (die eine Krähenfelder Geschichte vorführt)
verstörte weibliche Seele nicht sowohl zu trösten, als ihr den trotz allem
süßen Kern des Lebens zu weisen. Zuletzt aber ist Phöbe Hanemeyer,
über all die unruhigen Gäste des Erdenlebens hinaus, im Geiste bei
ihren Kindern in Schmerzhausen, „und eben lächelt sie und spricht leise:
Daß mir keines den Reigen stört; sonst muß ich böse werden!" Die
überwindende Reinheit rechten Christentumes verleiht den Sieg und
schreitet sicher durch das Leben. „Das gibt man sich nicht, das wird
einem gegeben", sagt dazu ein wunderlicher Kommunist mit dem kennzeichnenden Namen Spörenwagen, der zwischen beiden Welten, der des
Säkulums und der des Römerbriefs, mitten inne steht. Zwanzig Jahre
waren verflossen, seit im „Hungerpastor" Hans Unwirrsch mit den
Fischern von Grunzenow unter das Licht von Bethlehem getreten war,
sechzehn, seit in „Des Reiches Krone" die weltüberwindende Liebe das
echte Kleinod, den wahren Stein, nach dem die Weisen suchen, gewann.
Jetzt, da er den Sechzigern entgegenschritt, hatte Wilhelm Raabe aus
dem immer neuen Leben mit dem Manne von Nazareth, in einem Werk,
wo alles, Mensch und Natur, mit der feinsten und zartesten Kontur
gezeichnet war, auch auf diesem Pfade die letzte Höhe erreicht. Wohl
fand er oben das Kreuz, aber nicht, wie der dezidierte Nichtchrist Theodor Storm als ein Bild der Unversöhnlichkeit, sondern als das Sinnbild

jener Gotteskraft, die der Entsender der biblischen Phöbe preist und aufrichtet gegen die Weisheit der Weisen und der Verständigen Verstand.

Die reife Sicherheit, mit der Raabe im siebenten Jahrzehnt von Werk zu Werk schritt, schien einer Steigerung nicht mehr fähig zu sein — da gab er als vorletztes Buch bei seinen Lebzeiten die „Akten des Vogelsangs" heraus — und wir finden ihn auf einem neuen Gipfel. Auch hier waltet das zuletzt im „Alten Eisen" befolgte Gesetz der biographischen Parallele, aber indem hier ein hochgestiegener Beamter das Leben des nach jähem Aufglühen verloschenen Jugendgenossen darstellt, klärt er sich die eigene Frühzeit und schlingt das einst von Schönheit strahlende Bild der Kindheitskameradin des dem Umbau der Stadt zum Opfer gefallenen Vogelsangs perlenhaft durch die Schmuckkette seiner Erzählung. Wohl tropfen diese Kleinodien scheinbar in einen Abgrund; da aber der Jugendfreund sich aufgibt, strömt von seiner Gestalt ein Licht her, das über dem zwischen Aktendeckel gehefteten Bericht dem bürgerlichen Dasein des Schreibers eine erhöhende Verklärung leiht. Bezeichnenderweise führt Raabe in diesem Spätwerk letzter Reife dahin, von wannen er in der „Chronik" den Aufstieg nahm, nach Berlin. Und nicht minder bezeichnend ist die Beziehung dieses Werkes zu Goethe. Der genialische Velten Andres hat durch ein Lebensmotto aus Goethes frühen Versen sein Leben gegen das eigene heiße Herz verbarrikadieren wollen:

Sei gefühllos!
Ein leicht bewegtes Herz
Ist ein elend Gut
Auf der wankenden Erde.

Das Ausgangsportal aber kränzen Verse aus Goethes Essex-Epilog:

Hier ist der Abschluß! Alles ist getan
Und nichts kann mehr geschehen! Das Land, das Meer,
Das Reich, die Kirche, das Gericht, das Heer,
Sie sind verschwunden. Alles ist nicht mehr!

Weit vordem, in „Abu Telfan", hatte Raabe Goethe zum Wegweiser aufgerufen: „Vierzig Bände Weltruhms, zweiundachtzig Lebensjahre und nur vier Wochen ungetrübtes Glück oder besser eigentliches Behagen; — welch ein Trost für uns alle dieser alte Knabe in seiner Fürstengrube zu Weimar ist." Wie sehr Raabe die Tragik auch in dem Leben eines so oft als glücklichsten der Dichter gepriesenen Künstlers erfüllte, erhellt aus dieser Einstellung in jenem Werke erster voller Meisterschaft. Dies kongeniale Verständnis tritt gerade in der Anrufung Goethes über dem eigentlich tragischen unter Raabes Spätwerken deutlich noch einmal hervor. Der scheinbare Olympier und der scheinbare Eigenbrötler, der Geheimrat mit dem Stern auf dem Überrock und der Kleiderseller vom Weghause reichen sich als zwei aus dem gleichen Bronnen schöpfende Meister unserer Sprache und unseres Lebens über ein Jahrhundert hinweg die Hand.

Die Hand Wilhelm Raabes weigerte sich, trotz freundschaftlichen Zudrängens, dem Fragment „Altershausen" den Schlußpunkt zu setzen. Das posthum hervorgetretene Werk bringt in der Erinnerung eines Siebzigjährigen noch einmal Süße und Reiz einer Jugend in der Umrahmung des alten Deutschlands der Göttinger Sieben empor und erhebt, mit verhaltener Stimme erzählt, ein Abschiedserlebnis zum Bilde einer herzensfesten Resignation, die ihr Bescheiden aus dem Sieg der Liebe über die dunklen Mächte des Lebens schöpft.

Noch einmal stellen wir den großen Schweizer und den großen Niedersachsen nebeneinander, die beide in stolzer Selbständigkeit, über Jungdeutschtum und Romantik mit behutsamer Hand hinweggreifend, das Erbe Goethes und der Klassik angetreten und als Bürger einer sehr anderen Zeit zu neuer dichterischer Vollendung geführt haben. Söhne eines realistischen Zeitalters haben Gottfried Keller und Wilhelm Raabe den Ausgangspunkt am gleichen philosophischen Quell erwählend, den Pfad zu einer Lebensdarstellung gefunden, die sich bei aller Verschiedenheit ihrer Persönlichkeiten zum schlußgerechten Bilde deutscher Menschheit sammelt. Der große Schweizer beschließt seine Lebensarbeit mit einem aus bürgerlicher Verantwortung geschöpften Warnbilde — der große Niedersachse, durch ein anderes Tor nationaler Deutung eingeschritten, wirkte am Ende seines Lebens wie ein Mahner des neuen Geschlechtes an die ewigen Mächte einer immer wieder zu letzten Erschütterungen aufgerufenen Volkheit.

Keller und Raabe empfingen gleichzeitig, unerkannt aneinander vorbeistreifend, die Pendelschwingung, die ihr dichterisches Uhrwerk in Bewegung setzte als zugewanderte Gäste der preußischen Hauptstadt. Jetzt grüßt das Erzbild des Schöpfers des „Grünen Heinrich" in der Halle des Züricher Kantonrathauses das steinerne Monument des Vogelsang-Dichters über dem Lennetal zu Eschershausen.

Fünftes Buch

SEITENWEGE DES REALISMUS

1. Geweitete Zeitdarstellung

Die Revolution von 1848 hatte weder in ihrer parlamentarisch eingegrenzten Bemühung noch in ihrer gewaltsamen Aufbäumung gegen das Bestehende ihr Ziel erreicht. Erst drei glückhaft geführte Kriege hatten drei der deutschen Schicksalsprobleme gelöst. Storms Heimatland Schleswig-Holstein war deutschem Bezirke eingegliedert, Österreich von der Mitbestimmung über die anderen deutschen Staaten ausgeschlossen, das um Elsaß-Lothringen vergrößerte Reich unter erblicher preußischer Kaiserwürde geeinigt. Durch eine Revolution von oben war das preußische Königreich zu einem zusammenhängenden Ganzen geworden, das fast zwei Dritteile der Gesamtfläche des Reiches umfaßte. Der preußische Ministerpräsident Fürst Otto Bismarck hatte endlich nach gemeinsam errungenen glorreichen Kriegserfolgen das Werk der Einung vollbracht, und zumal die einstigen Mitglieder der Erbkaiserpartei des großen Parlaments empfanden ihn und den greisen Kaiser Wilhelm als die Vollstrecker ihrer politischen Ziele. Das deutsche Wirtschaftsleben erwuchs nach der kurzen Unterbrechung durch die Krise der Gründerjahre zu immer größerer Dehnung im Inneren und zur Entfaltung durch Ausfuhrsteigerung und den immer wachsenden Schiffsbau der Nord- und Ostseehäfen. Ein Kreis erlauchter Gelehrter verklärte das Bild einer in den weiteren Verhältnissen zu erhöhtem Wohlstande aufsteigenden bürgerlichen Gesellschaft. Leopold Ranke, Ernst Curtius, Theodor Mommsen, Hermann Helmholtz, Rudolph Virchow, Robert Bunsen, Franz Neumann, Kuno Fischer durften sich neben Anderen wohl als Fortführer der Tradition der Brüder Humboldt fühlen. Dennoch war die glückhafte Zeit des jungen Reichsbaus auch bereits von Kämpfen erfüllt, die nicht immer ohne Erbitterung auszufechten waren. Bismarck hatte wohl das Allgemeine gleiche Wahlrecht in schicksalsschwangerer Stunde in die Wagschale geworfen. Aber die in der Paulskirche bezeugte Sehnsucht nach einer volkstümlichen Ausgestaltung der parlamentarischen Mitregierung ward nicht erfüllt. Wünschte die noch im Schatten der demokratischen Bewegung seit der Juli-Revolution kämpfende Linke erweiterte Volksrechte und Einfluß auf die Bildung der Regierungen im Reich und den Ländern, so reckte sich hinter solchem, in anderen Reichen längst erfülltem Begehren schon die von Ferdinand Lassalle entflammte, dann durch Karl Marx und Friedrich Engels vorgetriebene Arbeiter-

bewegung auf. Die Bildung einer neuen katholischen Partei, gegen die
der neue Reichskanzler alsbald in Verkennung der Eigenkraft der Römischen Kirche eine über jedes brauchbare Ziel hinausstoßende Bewegung
entfachte, brachte in das Bild der neuen Reichsgenossenschaft abermals
einen schicksalhaften Zug.

Auch in das Werk Raabes klangen, so im „Horacker", die Glocken
von 1870 hinein. Aber über das historische Begebnis der Vergangenheit zum Bedürfnis und zur Forderung des neuen politischen Tages vor-
zuschreiten, das lag außerhalb seiner Reichweite und mochte nur in
symbolhaften Hinweise zur manchmal selbst gutgeschulten Raabelesern
nicht gleich vernehmlichen Hindeutung kommen.

F r i e d r i c h S p i e l h a g e n (1829—1911) aus Magdeburg hat
die bestimmenden Eindrücke seiner Jugend in Stralsund und an der
pommerschen Küste empfangen, sie kehren in dichterischer Fassung noch
in Nebenwerken, wie „Als die Schwalbe sang", wieder. Den reifenden
und gereiften Mann hat dann die immer mehr zum Mittelpunkte des
politischen Lebens angewachsene, zum Vorort des neuen Reiches gewordene Hauptstadt festgehalten. Die Männer, zu deren Füßen der junge
Raabe in Coburg saß, haben auch den jungen Spielhagen tief beeindruckt, sein Lebensausweis „Finder und Erfinder" und die Sammlung
„Am Wege" bezeugen es. Aber auch ohne solche selbstbiographische
Kündung eröffnen Spielhagens Hauptwerke allesamt den Einblick in die
Werkstatt eines Erzählers, der sich den politischen Problemen einer Zeit
unabgelenkt hingibt, die eine deutsche Entwicklung von dem Sturmjahre
1848 bis nach Bismarcks Abgang und zum Eintritt in die Weltpolitik
umspannt. Nach mehreren feingezeichneten Novellen, unter denen „Auf
der Düne" bereits glücklich die Küstenlandschaft des Ostmeeres darbot,
gelangte Friedrich Spielhagen mit dem Roman „Problematische Naturen"
von 1860 auf sein eigentliches Feld und gewann einen leidenschaftlich
hingegebenen Hörerkreis. Unverkennbar bog er hier in die Spuren
Karl Gutzkows ein. In Goethes „Sprüchen in Prosa" heißt es einmal:
„Es gibt problematische Naturen, die keiner Lage gewachsen sind, in
der sie sich befinden, und denen keine genug tut." Dies Wort nahm
Spielhagen zum Leitseil, mit dem er die Handlung aneinanderband;
und wie sollten sich problematische Naturen nicht in einer Zeit zu folgen-
schwerem Zusammenstoße begegnen, die so zur Umgestaltung des Lebens
ausschritt, wie die Epoche vor den ganz Preußen und halb Europa durch-
schüttelnden Umwälzungen des Jahres 1848? Eine jungdeutsche Erbschaft trat in diesem ersten Romane hervor, der hell in, hell gemalte
Jüngling, dem die Mädchenherzen von selbst zufliegen. Ihr Urbild ist
der Prinz Egon in den „Rittern vom Geiste", ihm ist Oswald Stein, der
Held der „Problematischen Naturen", bis zu einem gewissen Grade
nachgebildet. Aber jene erstmals von Goethe angewandte und in ihrer
Bedeutung geklärte Bezeichnung trifft außer auf Oswald noch auf eine
ganze Reihe von Männern und Frauen der von Spielhagen geschilderten
Lebenskreise zu. Auch das ist bezeichnend, daß der Dichter die wesent-

lichsten unter seinen problematischen Gestalten aus der Küstenlandschaft
nach Berlin führt; sie werden aus dem mit dichterischer Hingebung geschilderten Dünen- und Waldbereiche, aus der kleinen Hafenstadt
magnetisch zu dem Hebel gezogen, der das Tor einer anderen Zukunft
aufsprengen soll.　So führt die Fortsetzung des Romans „Durch Nacht
zum Licht" folgerichtig im Sinne der problematischen Naturen auf der
einen, der problematischen Verhältnisse auf der anderen Seite zum
Barrikadenkampf in Berlin, bei dem Oswald den Tod findet.

Gewisse Züge jungdeutscher Artung tauchen auch sonst in Spielhagens Romanerstling immer wieder auf, insbesondere kommt Geburt
aus illegitimer oder heimlicher Verbindung zu schicksalhafter Verknüpfung, wie das bei Gutzkow, Fanny Lewald und anderen Autoren zu Tage
trat, deren bestimmende Lebenseindrücke zu früherer Zeit empfangen
wurden. Die nachhaltige Wirkung des Werkes beruht weniger auf der
zum Teil exzentrischen Handlungsführung, als auf der dem neuen Geschlechte als warnendes Erbe verkündeten, unausweichlich zur revolutionären Erhebung führenden Übereinstimmung. Von den Dichtern der Zeit
gehörten Gustav Freytag und Friedrich Notter als liberale Vertreter dem
ersten Reichstage des neu erstandenen Bundesstaates an, Friedrich Wilhelm Weber vertrat dort in dem Saale an der Leipziger Straße (dem
alten Hause der Familie Mendelssohn) das Zentrum, Jean Baptista von
Schweitzer, als Nachfolger Lassalles, die Sozialdemokratie, Joseph Guerber die elsässische Opposition. — Friedrich Spielhagen war außerhalb
des Parlaments der eigentliche Vertreter einer demokratischen Gesinnung, die mit den Worten einer unverkennbar die Einstellung des Dichters selbst zeichnenden Person seines Romans eine allgemeine menschliche Solidarität fordert.

Auch „Die von Hohenstein" bringen deutsche Menschenbilder, deren
Geschick unausweichlich dem Strudel der Revolution entgegenströmt. In
diesem Roman tritt als eine sich hinter den bürgerlichen Emanzipations-
bestrebungen aufreckende neue Bewegung bereits der Sozialismus hervor.　In dem Roman „In Reih und Glied" vermittelt Spielhagen ein
mit lebhaften Zügen ausgestaltetes Bild aus der Düsternis ihres Geschickes in hellere Zukunft spähenden Welt des Proletariats. Hier biegt
er in die Linie ein, die einst Robert Eduard Prutz verfolgte, er
hat aber gemäß der deutschen und allgemeinen Entwicklung eine weitere
Schau vor sich. „Das Engelchen" war 1851 erschienen, „In Reih und
Glied" kam 1866 heraus. Der Dichter hat nie verleugnet, daß
seinem Leo Gutmann in diesem umfänglichen Roman Ferdinand
Lassalle als Vorbild gedient hat, jener eben im Duell gefallene Begründer einer deutschen Arbeiterbewegung, den Heinrich von Treitschke als
einen der drei genialsten deutschen Agitatoren bezeichnet. Spielhagen
hat Lassalle noch kennengelernt und ihn in einem späteren Werke un-
verhüllt in knappem Umriß vorgeführt. Hier, in „In Reih und Glied",
erleben wir das Heranwachsen des Knaben innerhalb einer noch patri-
archalisch eingegrenzten ländlichen Umgebung, in die aber bereits in der

Person eines Lehrers die neue Bewegung hineinschreitet. Die Gespielen der Kindheit, sehr unterschiedlich durchkomponiert, geleiten seinen Aufstieg oder kreuzen ihn. Seltsame familiäre Schickungen fügen es, daß Leo den König für seine Reformideen gewinnen kann. Ein großes Unternehmen in Leos Heimat wird als Muster staatssozialistischer Ökonomie umgeformt. Da, an der Schwelle der Macht, stürzt eine böswillig geplante Intrige den königlichen Günstling, der halb phantastische, halb verschlagene Herrscher entzieht ihm sein Vertrauen, die sozialisierte Fabrik wird von aufgestachelten Mißleiteten zerstört, und der Sozialist von oben fällt als Opfer ehrsüchtiger, verräterischer Mächte im Zweikampf — wie Lassalle.

Der Aspekt, welchen dieser Roman eröffnet, ist viel weiter als derjenige der „Problematischen Naturen". Von einem mit zarten Farben ausgemalten Kindheitsidyll führt die Handlung in die Hauptstadt, zum Herrscher und seiner Umgebung, in die Kreise des Schwertadels ebenso wie in die des Finanzadels, und hinter und unter allem Werden und Wesen der deutlich als eine neue Epoche gekennzeichneten deutschen Lebensstunde grollt halb unterirdisch die dröhnende Melodie eines neuen sozialen Zeitalters. Auch hier kommt in einem verwandten Jugendgefährten des eigentlichen Helden Spielhagens über ein Parteibuch hinausreichendes Bekenntnis zu einer menschlichen Gemeinschaft mit für alle gleichen Chancen und gleichen Rechten zum Ausdruck.

Typisch wiederholt sich bei Friedrich Spielhagen die Versetzung auf dem Lande, in klar übersehbaren Verhältnissen geborener Menschen in die von vielfältigen Strebungen erfüllte Großstadt, als welche regelmäßig Berlin erscheint. Dies ist auch die Führung in „Hammer und Amboß". Mit besonderer Einfühlung wird hier die Gestalt Georg Hartwigs in die pommersche Küstenlandschaft hineinkomponiert. Über die sehr echt und klar gezeichnete kleinstädtische Umwelt, ihr Hafenleben und die schön veranschaulichten Gefilde der Insel Rügen ist zwar ein echter Lebensschau nicht immer standhaltender Hauch der Romantisierung gebreitet — dennoch ist der Reiz dieser Jugendbilder außerordentlich stark, und der Fortgang des Romans in Berlin enttäuscht um so weniger, als der Verfasser hier seine Lehre von Hammer und Amboß ganz unpolitisch zu einer Theorie eines neuen Verhältnisses zwischen dem Fabrikherrn und seinen Arbeitern ausweitet.

Vielleicht wirkte „Hammer und Amboß" im Gegensatze zu den früheren Romanen so harmonisch, weil Spielhagen hier den Stil gefunden hatte, der nach seinen Betrachtungen „Zur Theorie und Technik des Romans" die zuständige Form für diese Kategorie erzählender Prosa sein sollte, nämlich den Ich-Roman. Ohne auf dies, von Spielhagen im Fortgange seiner Entwicklung selbst nicht immer befolgte Gesetz einzugehen, muß die lebenswarme und nicht durch ad usum delphini eingefügte rednerische Abschweifungen unterbrochene Führung dieses Werkes hervorgehoben werden. In den früheren Dichtungen nehmen solche die Handlung nicht weiterleitenden, sondern die Meinung des Dichters zu den politischen Tagesfragen aussprechenden Reden einen breiten Raum ein. Man hat manchmal das Gefühl, als ob diese zeitgeschichtlichen Betrachtungen den Erzählungen unorganisch aufgepfropft worden wären. Allerdings war die Zeitspanne, innerhalb deren Spielhagen zu diesen Werken ausholte, in Preußen von den Erregungen des Konfliktes zwischen der Regierung König Wilhelms und seines neuen Ministerpräsidenten Bismarck und der Mehrheit des Abgeordnetenhauses erfüllt, und dieser verbitternde Streit um die Militärreorganisation mochte ein so ausgesprochen agitatorisches Temperament wie das seine auch im Roman zu einer unverhüllten Aussprache locken.

Wiederum von der Ostseeküste nach Berlin führt die 1876 erschienene „Sturmflut". Soeben war die Welle der Gründerjahre über das Reich und besonders dessen Hauptstadt dahingegangen und hatte den Wohlstand oder Scheinwohlstand vieler Existenzen in ihrem Soge fortgespült. Spielhagen brachte nun die Schilderung eines auf schwindelhaften Unterlagen errichteten Unternehmens, dessen Katastrophe gerade in ein prunkvolles Fest des Hauptgründers hineinfällt — eben nachdem Eduard Lasker seine Anklagerede gegen den Gründerschwindel gehalten hatte. Mit dem unholden Hauche, der die emporgelobten Börsenpapiere jäh wertlos machte, zugleich bricht über die Ostsee und die hinter ihr liegende Tiefebene ein von einem Seefahrtkundigen der Dichtung im Anfang prophezeiter Sturm herein, der sich zu vernichtender Gewalt steigert. Diese doppelte Sturmflut malt Spielhagen mit den eindringlichsten Mitteln. Wie man das Pfeifen des Windes durch die Berliner Wilhelmstraße vernimmt, so wird man von Stunde zu Stunde in die vom Brausen des Sturmes, dem Pralle der andringenden Flut, dem Gekreisch der Möwen und den Hilfssignalen auf See befindlicher Schiffe erfüllte Welt des Küstenrandes gerufen. In solcher atemraubender, das Leben mit zitternder Hand dennoch getreu nachzeichnender Darstellung verschlägt es wenig, daß dem Schicksale der durch diese Katastrophen hindurchgeschleusten oder in ihnen ihr Ende findenden Menschen aus romantischjungdeutschem Requisitenvorrat zwei Italiener gesellt sind, Vater und unehelicher Sohn, die nach ärgster Missetat in der Sturmflut ein grauenhaftes Ende finden. Hier erweist sich am deutlichsten seine literarische Herkunft vom Jungen Deutschland zugleich mit seinem Hineinragen in eine andere, realistische Epoche: Über die Unwahrscheinlichkeit und Haltlosigkeit einzelner Gestalten und Episoden zwingt die Darstellung der doppelten Sturmflut in ihrer körnigen Lebenstreue den Leser in ihren Bann.

Mit dem Roman „Platt Land" kehrt Spielhagen wiederum in die heimische Landschaft und in die Zeit ein, da sich die Geschicke von 1848 vorbereiteten. Der griechische Freiheitskampf kommt hier in einem Hellenen zu Worte. Sehr viel weiter gespannt war das Zeitbild in „Was will das werden?" In diesem Ich-Roman berichtet die Mittelgestalt wie George Hartwig von ihrem Aufwachsen in der kleinen Küstenstadt und spart das liebenswürdige Detail nicht. Schon durch den

Hintergrund der „Sturmflut" war die Erscheinung Bismarcks geschritten und wurde in charakteristischer Weise durch eine andere Erscheinung ausgedeutet, die ein sehr schnittiges Bildchen des großen Kanzlergegners Eduard Windthorst darstellte. In „Was will das werden?" lugt wiederum das Antlitz des allbestimmenden preußischen Staatsmannes durch die Blätter, ohne daß er in den Kreis träte. Die seit dem Ende der siebziger Jahre aufkommende und immer verstärkte antisemitische Stimmung findet hier ihre zeitgeschichtliche Darstellung. Die in dem Lassalle-Roman aufbrodelnde Sehnsucht der arbeitenden Massen nach anderer gesellschaftlicher Schichtung wird auch hier wie in dem späteren „Sonntagskind" mit hoffnungsvoller Aussicht geschildert. Bei weitem pessimistischer ist das im „Neuen Pharao" eröffnete, aus dem Vergleiche zwischen den Generationen vor und nach 1848 fließende Zukunftsbild.

Nach dem Deutsche über das Weltmeer geleitenden kleinen Roman „Deutsche Pioniere" und dem gleichfalls geschichtlich eingestimmten „Noblesse oblige" fand sich Friedrich Spielhagen wieder zu Stoffen aus der Gegenwart zurück. Der Roman „Stumme des Himmels", in dem auf zeitgerechte Anspielungen im Allgemeinen verzichtet wird, bringt die runde Darstellung einer reizvollen Frauengestalt und ihres Liebesgeschicks, das sich an der mit großer Feinheit verbildlichten Nordseeküste anspinnt und dann aus einem inneren Muß zur Katastrophe führt. Unter des Dichters Novellen steht die schön gerundete „Quisisana" obenan.

In dem schon an der Wende zum neuen Jahrhundert hervorgetretenen Roman „Opfer" spielt neben der sozialistischen auch die christlich-soziale Bewegung eine Rolle. Der Roman hängt durch einige seiner Gestalten mit einem wesentlichen Alterswerke Spielhagens, „Freigeboren", zusammen. Hier legt er in einem von einer Frau erzählten Ich-Roman gewissermaßen von seinem politischen Streben noch einmal Rechenschaft ab. Die Heldin dieses Buches wird (nach einer stark romantisierten Jugendgeschichte) aus einer westfälischen Kleinstadt nach Berlin versetzt, das ihr ebenso als der gemäße Lebensplatz erscheint, wie einst dem jungen Spielhagen. Und in dem Salon der geistreichen Frau, hinter der das Bild von Lina Duncker vorschimmert, geben sich die liberalen und demokratischen Führer der Konfliktszeit immer wieder ein Stelldichein. Obwohl wir nur die Anfangsbuchstaben ihrer Namen erfahren, werden die Gestalten in Habitus und Rede durchaus deutlich. Da treten Leopold von Hoverbeck, Max von Forckenbeck, Franz Ziegler, Karl Twesten, Heinrich Bernhard Oppenheim, Eduard Lasker und Wilhelm Löbe-Calbe, einst Vizepräsident in der Paulskirche, auf, und noch einmal werden die leidenschaftlichen Kämpfe der Konfliktszeit und der nach den Erfolgen der preußischen Politik erfolgte Gesinnungswandel beschworen. Auch die Persönlichkeit Berthold Auerbachs kommt zu Worte und neben ihr in einer charakteristischen Unterhaltung die sehr andere Ferdinand Lassalles. Und wieder steht Bismarcks Wesenheit im Hintergrunde und schattet in diese Memorabilien einer entscheidenden Epoche hinein.

21*

Das Gesamtwerk Friedrich Spielhagens empfängt seine bestimmende
Note in der Darstellung des deutschen und besonders des Berliner Lebens
innerhalb einer wandlungsreichen Zeit. Widmanns „Tannhäuser",
Heyses „Kinder der Welt", Raabes „Chronik der Sperlingsgasse" und
seine „Leute aus dem Walde" hatten von anderem Ausgangspunkte her
berlinisches Leben dargeboten; Spielhagen lenkte im Rückgriff auf den
Zeitroman Gutzkows zu einer abweichenden, aber auch ihrerseits einflußreichen und sehr berlinischen Darstellung der Zeitprobleme hinüber.

A d o l f W i l b r a n d t (1837—1911) aus Rostock, Sohn des namhaften, einst wegen angeblichen Hochverrats verfolgten und entamteten
Philosophen Christian Wilbrandt, gehörte jung in Berlin zu dem Kreise
des Kuglerschen Hauses und siedelte dann im Gefolge Heyses nach München über. Der erfolgreiche Dramatiker, nationale Publizist und Redakteur der für die Einigung Deutschlands kämpfenden „Süddeutschen
Zeitung" wandte sich im Roman immer stärker den Problemen der Zeitgeschichte zu. Die „Novellen aus der Heimat" entbehren noch dieses
zeitlichen Einstromes; unter ihnen ragt besonders „Der Lotsenkomman-
deur" durch feste Umzeichnung hervor, die sich in dem Roman „Ein
Mecklenburger" vor breiterem Hintergrunde wiederholt. In „Fridolins
heimlicher Ehe" bringt Wilbrandt ein humoristisch auf den Tunnel-
genossen F r i e d r i c h E g g e r s (1819—1872) zu deutendes Bild,
einen liebenswerten Förderer junger Talente, den einflußreichen Redakteur des „Deutschen Kunstblatts". Die Technik der eigentlichen Zeitromane Adolf Wilbrandts weicht von derjenigen Friedrich Spielhagens
bedeutsam ab. Wilbrandt umfängt gewöhnlich eine Gestalt seiner Gegenwart und schafft zu ihr ein mit den gleichen ideellen Zügen ausgestattetes Seitenbild, bei dem porträtähnliche Züge manchmal stark hervortreten. In den „Rothenburgern" gibt er mit liebenswürdigem Umriß
eine Darstellung der ohne ärztliches Studium immer wieder erreichten
Kurerfolge des Weltruf genießenden Orthopäden Friedrich von Hessing.
In „Hildegard Mahlmann" wird das Bildnis einer einfachen Dorffrau
vergegenwärtigt, die zur gefeierten Dichterin wird; hier nutzt Wilbrandt
die Gestalt der Ostpreußin Johanna Ambrosius, deren Gedichte einst
Aufsehen erregten. Im „Franz" ist Moriz von Egidy das Urbild, jener
sächsische Reiteroffizier, den seine Haltung zur christlichen Offenbarung,
in den „Ernsten Gedanken" verkündet, aus der militärischen Laufbahn
warf und zur sozialen Reform hinführte. Die „Osterinsel", in die
Strandwelt der Ostsee eingebettet, steht in gewisser Verwandtschaft zu
Adolph Widmanns Romanwerk; der hier den Mittelpfeiler bildende,
sich ins Übermenschentum reckende Helmut Adler ist jedoch bereits ein
von einem Bürger anderer Zeiten aufgenommenes Bildnis Friedrich
Nietzsches. Wilbrandts farbenreichster Roman ist der „Hermann
Ifinger". Da entwirft er ein lebhaftes Gemälde des Münchner Künstlerlebens und verpflanzt die Hauptgestalten dann nach Wien (wo er einst
das Hofburgtheater leitete) und in die reizvoll geschilderte Umgebung
der österreichischen Kaiserstadt. Die zeitgeschichtliche Einstellung ist auf

den Widerspruch gegen eine rohe naturalistische, die seelischen Bezüge hintansetzende Kunst ausgerichtet. Die im „Ifinger" auftretenden Gestalten werden bis zur Porträtähnlichkeit deutlich, so Hans Makart, Franz Lenbach und die Gräfin Dönhoff, die spätere Fürstin Bülow. Im „Meister Amor" schuf Wilbrandt ein liebenswürdiges, ganz von jugendlichem Hauche durchseeltes Romanbild aus seiner engeren Heimat, zugleich ein Gemälde junger Adepten der Kunst. In der „Familie Roland" gab er spät noch einmal ein Lebensbild aus der Stadt, von der her er zum Werke auszog und die er in Erinnerungen „Aus der Werdezeit" mit viel Detail ausmalte. Den feinfühligen Biographieen und Charakteristiken Friedrich Hölderlins und Fritz Reuters gesellte Adolf Wilbrandt die Lebensgeschichte von J o h a n n e s K u g l e r (1840—1873), des zu schwerer Krankheit bestimmten, vorzeitig vollendeten Sohnes von Franz Kugler und Frau Clara. Die ungewöhnliche Begabung dieses Dichtersohnes und Dichterenkels tritt in der der Biographie beigefügten hinterlassenen Novelle „Im Fegefeuer" in ihrer leidenschaftlichen Führung voll heraus.

A u g u s t N i e m a n n (1839—1919) aus Hannover streift an die zeitgerechte Romandarstellung Friedrich Spielhagens an, seine Betrachtungsweise erfolgt jedoch von einem anderen Augenpunkte her. Die bedeutendste Gabe in seinem umfangreich nach verschiedenen Seiten ausschreitenden Werke ist der in Berlin spielende Roman „Bakchen und Thyrsosträger". Er ist aus den Stimmungen der Gründerzeit geboren, bringt scharf profilierte Bilder der Berliner Gesellschaft, wobei auch die Judenfrage gestreift wird, ist aber im Gegensatze zu Spielhagen durchaus kritisch gegen die liberale und demokratische Lehre gestimmt. Auch „Die Grafen von Altenschwerdt", „Eulen und Krebse" und das „Maskenspiel des Lebens" verfolgen bei einläßlicher Gesellschaftsschilderung die gleiche Linie.

Zeitkritik von dem Standpunkte Arthur Schopenhauers her klang in dem Romanwerk von W i l h e l m v o n G w i n n e r (1825—1917), dem Biographen des Philosophen, empor. „Diana und Endymion" reicht noch in Schopenhauers Lebenszeit zurück; Gwinner schrieb unter dem Hehlnamen N a t a l i s V i k t o r.

Eine völlig einzige Erscheinung innerhalb des deutschen Realismus war das nach einer reichen Lebensarbeit aus ästhetischem Gebiete hervorgetretene Werk von F r i e d r i c h T h e o d o r V i s c h e r (1807 bis 1887): „Auch Einer. Eine Reisebekanntschaft". Wenn man die vom nun durchgebildeten Romanstil des Realismus weit abweichende Komposition dieses Buches kopfschüttelnd auf sich wirken läßt, begreift sich alsbald der hymnische Anruf, den Friedrich Theodor Vischer innerhalb seiner sparsamen Lyrik an Jean Paul richtete. Wie der mit den Anfangsbuchstaben A. E. unsterblich gewordene Held des Buches seine Menschen- und Tierliebe und sein Feingefühl für künstlerische Werte hinter einem

Kauzentum versteckt, welches die wahre Erkenntnis des Innen erschwert, — so bringt Vischer, der doch um dichterische Kategorien Bescheid weiß, absichtlich die Teile des Ganzen so durcheinander, daß der Leser verblüfft wird. Und dies war just die Absicht des Dichters, der dann am Schlusse den folgsamen Genießer doch von der inneren Zusammengehörigkeit der Teilstücke wohl zu überzeugen weiß. Und wiederum erinnern wir uns an Jean Paul, wenn der Erzähler plötzlich von dem ihm nur flüchtig auf der Reise bekannt Gewordenen ein Paket erhält, darin sich „Der Besuch. Eine Pfahldorfgeschichte von A. E." birgt. Und A. E. kann es sich nicht versagen, im Kreise der Pfahlhirten ein Lied des Barden Guffrud Kullur singen zu lassen — eine kleine Huldigung für den nicht weit vom vorgeblichen Schauplatze der Pfahldorffunde ansässigen Gottfried Keller.

Das Zeit- und Weltbild, welches der Roman in ganz allmählicher, oft aufgehaltener Entwicklung darbietet, ist trotz der sonderbaren Fügung von bezwingender Echtheit. Und ein nicht nur die Oberfläche kräuselnder Humor spinnt den Leser allgemach ein. Wenn er durch eine neue, überraschende Wendung des Reisewagens, in den Vischer ihn geladen hat, unsanft von einer Ecke in die andere geworfen wird, weiß Vischer-A.-E. ihn alsbald wieder zurechtzusetzen. Der neue Bekannte des Verfassers, dessen Tagebuch der eingeschalteten Novelle folgt, ist von einem Gefühl für das Maß der dichterischen Dinge erfüllt, die ihn etwa zu der metrischen Deutung der Goethischen Zeile:

Es stürzt der Fels und über ihn die Flut

hinleitet. Erst durch dies Gespräch lernt der Angeredete die Bedeutung der in der Mitte des Verses angebrachten Zäsur begreifen. Die Feinfühligkeit dieses A. E., dessen wahren Namen wir erst in der Mitte des Buches erfahren, ist auf der anderen Seite so verletzlich, daß er lebenslänglich unter der Tücke des Objekts leidet, einer Böswilligkeit, die Albert Einhart mit immer neuen Beispielen belegt. Nur freilich wäre man bei dem zu dem Genusse dieses Werkes gehörigen fortwährenden Stellungswechsel versucht, dem Verfasser und seinem Helden ein wenig Tücke des Subjekts vorzuwerfen — wenn nicht unter dieser Schicht eines bewußten Kauzentums eine scheue Menschenliebe und jener versteckte Humor walteten. Alle Elemente von Vischers Natur treten hier an den Tag, die Beseelung der „Lyrischen Gänge" ebenso wie die scharfsinnige Gliederung der „Kritischen Gänge", die richterliche Haltung der „Epigramme aus Baden-Baden" und die geistvolle Drolligkeit der unter dem Hehlnamen S c h a r t e n m e y e r dargebrachten Kriegsgesänge. Im Rahmen des poetischen Realismus ist A. E. ein unübersehbares Kleinod, und es dünkt uns von symbolischer Bedeutung, daß in den sechziger Jahren Auerbach, Vischer, der Auerbach die Grabrede hielt, Raabe und Jensen unter den gleichen Gestirnen in Stuttgart ihr Wesen trieben.

2. Der archäologische Roman

Der tiefgehende Stilwandel der Prosadichtung von der Romantik über eine von Zeittendenzen erfüllte, anspielungsreiche Darstellung hinweg zu einer körnigen Lebenstreue hatte zumal im geschichtlichen Roman und der geschichtlichen Novelle reiche Früchte getragen. Die sehnsuchtsvolle Romantisierung des Mittelalters hatte eine Anzahl in ihrer reizvollen Formung lockender Werke hervorgebracht, von denen jedoch die eigenartigsten zum Teil Bruchstücke blieben. Die neue historische Schule, dem Meister Leopold Ranke nachstrebend, hat weit über die Fachwissenschaft hinaus so auf das politische Schrifttum wie auf die Literatur nachhaltigen Einfluß ausgeübt. Das Werk Walter Scotts sahen wir in der Romantik und erst recht in der Nachromantik als erweckendes Vorbild lebendig. Dazu kam die Erbschaft der romantischen Novelle; Tieck, Hoffmann, Arnim, Hauff, Hagen, vor allem Kleist wirkten mit einer unverblaßten Mächtigkeit, die ihnen in bezug auf den Realismus wohl die Kennmarke als Vorläufer zuteilen mochte. Der je nach der Artung seiner Schöpfer verschiedene Geschichtsroman der Alexis, Freytag, Scheffel, François, Raabe, um nur diese zu nennen, hatte jene lebenstreue Klarsicht eines neuen nüchternen Zeitalters, die sich auf Höhepunkten dichterischer Darstellung und Einstimmung zu unverblendbarer Innenschau erhob. Cabanis und Markus König, die Herzogin Hadwig, das Fräulein von Reckenburg und der Schulmeister Noah Buchius vom Odfelde stehen im gleichen dichterischen Ringe.

Eine parallele, freilich nach Charakter und Temperament auch mannigfach abweichende Entwickelung hatte auch außerhalb des deutschen Raumes eingesetzt. In Frankreich erreichte der Geschichtsroman in dem Werke Prosper Merimées und in Gustave Flauberts „Salambo" eine eigenartige Vollendung. Charles Dickens gab in der „Geschichte zweier Städte" einen der ergreifendsten historischen Romane der Weltliteratur mit grandioser Zeichnung und Deutung der französischen Revolution; neben diesem Meisterstück wirken die geschichtlichen Romane von George Eliot und Benjamin Disraeli ein wenig blaß. Magdalena Thoresen bezwang das norwegische Bauernleben auch in seiner geschichtlichen Überlieferung. Karl Frederik Ridderstad machte die schwedische Vergangenheit lebendig. In Rußland schuf Sergej Aksakow in seiner „Familienchronik" schlüssige Bilder der Vorzeit. In Italien brachten Giovanni Rosini, Massimo d'Azeglio neben anderen Geschichtsromane dar. Spanische Geschicke in der napoleonischen Zeit führte Perez Galdos vor. In Ungarn gestaltete Nikolaus Josika im Roman die Vergangenheit der Heimat. Diese Entwickelung setzt fast überall gleichzeitig ein, in ihrem Gefolge dringt im literarischen Aspekt Europas mannigfach ein etwas abgeblaßter Bildungsroman durch, der sich die reichen Ergebnisse der neuen Forschertätigkeit zu eigen macht. Fühlbar war dieser Romankunst anzumerken, daß sie bis zu einem gewissen Grade dem Bildungsbedürfnis einer Bevölkerung diente, innerhalb deren, zumal in Deutschland, Lesen und Schreiben nicht mehr geheimnisvolle Künste waren und das Schulwesen sich in unablässiger Dehnung befand. Freilich hatte schon Joseph Viktor von Scheffel seinen „Ekkehard" mit einer historischen Notizenfracht beladen, die sich bei diesem klar durchkomponierten Werke als überflüssig erwies. Der die realistische Lebenstreue nun vielfach verdünnende neue Roman wollte, über die geschichtliche Einstimmung hinausschreitend, die echte Färbung mannigfach durch Belege unterstützen. Die Beweislast für die Wahrheit des Erzählten hatte im Roman des poetischen Realismus der Dichter allein zu tragen — im archäologischen Roman ging sie vielfach auf das Nebenwerk über. In England ward Edward Lytton Bulwer im Gefolge Walter Scotts mit seinen Romanen aus römischer Vergangenheit aufgetreten, ihm folgte in weiterem zeitlichem Abstande Charles Kingsley. In Frankreich erschienen nach Flaubert und Merimée Erckmann-Chatrian und Victor Cherbuliez. Ein besonderes Kennzeichen dieses neuen Bildungsromans war es, daß er oft entweder von Anspielungen aus der Gegenwart des Verfassers durchsetzt war oder sogar gleichnishaft zeitliche Probleme unorganisch dem Rahmen einordnete.

R o b e r t H a m e r l i n g (1830—1889) hat in zwei großen epischen Dichtungen historisch-religiöse Probleme umrungen. Im „Ahasver in Rom" läßt er den Ewigen Juden in das von Nero beherrschte Rom einziehen, verkörpert aber in dem Schuster von Jerusalem zugleich den entwurzelten Kain. Im „König von Sion" bringt Hamerling ein Bild der westfälischen Wiedertäufer. Nach der schwülen Farbenpracht dieser Epen würde man in Hamerlings einzigem Prosaroman „Aspasia" ein lebhaft bewegtes Gemälde klassischen Griechentums erwarten. Der Vortrag ist aber von ermüdender Trockenheit, und die Essenz attischen Wesens und Wirkens wird nicht emporgeholt.

Aus einem völlig anderen Temperament heraus schrieb der ursprünglich dem Münchner Dichterkreise zugehörige F e l i x D a h n (1834 bis 1912). Felix Dahn war Professor der deutschen Rechtsgeschichte, wie denn diese neue Romankunst vornehmlich von Professoren gepflegt wurde (auch Charles Kingsley war Universitätsprofessor und der auf die Heroenverklärung höchst einflußreiche, noch in die Goethezeit hinein ragende Thomas Carlyle Rektor der Universität Edinburg). Dahn erweiterte sein Schaffensgebiet jedoch und bot in den „Königen der Germanen" und in anderen rein historischen Schriften lebhaft ausgestaltete Bilder, zumal aus der Zeit der Völkerwanderung. Diese Ausrichtung, sowohl seiner wissenschaftlichen Studien wie seiner beschwingten Ballade, gab auch seinen Romanen das Vorzeichen. Unter ihnen war „Ein Kampf um Rom", 1876 erschienen und dem Verfasser der „Sittengeschichte Roms", Ludwig Friedländer, gewidmet, von der bedeutendsten Wirkung. Dahn gibt hier aus dem Lieblingsgebiet seiner Studien eine Geschichte des Unterganges der Goten, von dem eben der Vollendung zuschreitenden Theoderich, über dessen Tochter Amalaswintha und Totila hinweg bis zu dem letzten ihrer Könige, Teja, den der

Sang der überlebenden Kampfgenossen ins Grab geleitet. Die ver-
bindende Mittelgestalt des umfangreichen Werkes ist frei erfunden.
Dieser Cethegus ist von dem Streben nach einer neuen Weltherrschaft
Roms erfüllt, das er den Goten wie den Oströmern entreißen will. In
merkwürdiger Weise treten in diesem von den abenteuerlichsten Kreu-
zungen bewegten Romanwerk Züge zu Tage, denen wir auf anderem
geschichtlichem Boden in jungdeutscher Fassung, etwa in den „Rittern
vom Geiste", begegnet sind; und auch die Erinnerung an die Sensations-
romane zeitgenössischer Franzosen ist nicht abzuweisen. Dennoch fesselt
die mit eingeborenem Theaterblut zu immer neuen Überraschungen führende Handlung — Dahn war der Sohn eines berühmten Schauspieler-
paares —, und die leidenschaftliche Haltung vermochte besonders jugendliche Leser mitzureißen. Es gibt für diese noch langhin andauernde
Wirkung des „Kampfes um Rom" zwei charakteristische Belege. Arno
Holz sagte in seinem „Buche der Zeit" dem, was er Epigonenpoesie benannte, heftigen Kampf an, nahm aber diesen Roman ausdrücklich von
der allgemeinen Verurteilung aus, und Gerhart Hauptmann ließ in „Vor
Sonnenaufgang" den offenbar die Anschauung des Dichters vertretenden
Sprecher gleichfalls Dahns Werk als vorbildhaft rühmen.

Dem „Kampf um Rom" sandte Felix Dahn eine Gruppe von „Kleinen
Romanen aus der Völkerwanderung" nach. Unter ihnen sind diejenigen
hervorzuheben, die einen humoristischen Schimmer haben, wie „Bissula"
und „Die schlimmen Nonnen von Poitiers". In anderen, hymnisch gesteigerten Werken von manchmal seltsam verfugter Sprache ließ Dahn
germanisches Weistum aus noch entlegenerer Vorzeit emporleuchten.
„Odhins Trost", „Sind Götter?", „Odhins Rache" versetzen in die Luft
der Edda. Mit seiner Gattin T h e r e s e D a h n (geb. Freiin von
Droste-Hülshoff, 1845—1929) vereinte sich der Dichter zu dem die
germanischen Götter- und Heldensagen darbringenden Werke „Walhall"
und zu einer dichterischen Schilderung Karls des Großen und seiner
Paladine. Von liebenswürdigem Reiz sind die kleinen Erzählungen Dahns
„Meine wälschen Ahnen". Unter seinen vielbändigen Erinnerungen
wiegt der um die Gründung des neuen Reiches gruppierte vierte Band
besonders schwer.

Der Berliner G e o r g E b e r s (1837—1898) war wie Dahn ein
erfolgreicher Forscher auf seinem Gebiete, er hat in Ägypten ein alt-
ägyptisches Handbuch der Medizin entdeckt und herausgegeben, das
nach ihm als Papyrus Ebers bezeichnet wird. Als Frucht seines Aufenthaltes im Lande der Pharaonen und zugleich seiner gelehrten Tätigkeit
erschien der Roman „Eine ägyptische Königstochter". Das Werk war
mit wissenschaftlichen Anmerkungen in für den archäologischen Roman
charakteristischer Weise überfrachtet, bot aber in geschicktem Aufbau
die Darstellung historischer Kämpfe aus dem sechsten Jahrhundert vor
Christi Geburt mit viel reizvollem Detail. Wenn man sich die im deutschen Romangehege waltenden und wider einander streitenden Stilunter-
schiede vergegenwärtigen will, so lese man nach diesem oder einem an-

deren ägyptischen Romane von Georg Ebers den „Kampf um die Cheops-pyramide" von Max Eyth; man wird dabei inne werden, wieviel freilich verdünnte Romantik in den Romanen von Ebers (wie in denen von Dahn) zu finden ist, und ermessen, zu welch anderer und härterer Aus-sprache die eigentlich realistische Kunstübung seither vorgedrungen war.

In der „Uarda" ging Ebers zeitlich noch weiter in die ägyptische Geschichte bis zu Ramses zurück. Sehr viel vertiefter jedoch war die Darstellung in dem Roman „Homo sum". Hier schilderte Georg Ebers das seit dem dritten Jahrhundert in Ägypten heimisch werdende Ein-siedlertum der christlichen Anachoreten, die sich nach dem Vorbilde Johannes des Täufers im Nilreiche von der Welt zurückzogen und ein Leben frommer Beschaulichkeit führten. Die Fremdartigkeit dieses unter neuem Gebote stehende Lebens innerhalb einer andersgläubigen Umwelt wird eindringlich veranschaulicht und von der Farbenpracht anderer, im gleichen Bezirke heimischer Romane bedeutsam abgehoben. Den Serapis-Dienst in Memphis gestaltet der Roman „Die Schwestern", in ihm spielt auch der Homerdeuter Aristarchos eine Rolle. In die Römerzeit führt die „Kleopatra". „Der Kaiser" schildert das Geschick des Römischen Imperators Hadrian und des im Nilbett untergegangenen Antinous. Die Tragik, der Nachfolger eines Größeren zu sein, durch-klingt den Roman „Josua". Eine merkwürdige, an die Stoffwahl der Romantiker anklingende Dichtung bringt die Novelle „Eine Frage"; sie ist die Ausdeutung eines Gemäldes aus der Römerzeit, das der englische Maler Alma Tadema geschaffen hatte.

H e i n r i c h S t e i n h a u s e n (1836—1917) hat in einem Büch-lein „Memphis in Leipzig" behaglichen Spott über den Leipziger Ägypto-logen und Romandichter Georg Ebers dargetan, insbesondere gewisse Figuren aufs Korn genommen, die unter der fremden Gewandung zeit-genössische Züge nicht verbergen konnten. Der märkische Pfarrer Stein-hausen, der sich mit seinem Bruder, dem großen Maler Wilhelm Stein-hausen, zu dem Werke „Die Geschichte von der Geburt unseres Herrn" vereinigte, hat dann in einem Roman aus dem vierzehnten Jahrhundert ein fein gefügtes Gegenbild zu Scheffels „Ekkehard" geschaffen. Der Vorwurf dieser „Irmela" gemahnt auch an „Aquis submersus" von Theodor Storm — das Bekenntnis einer nicht zur Vereinigung be-stimmten Neigung eines Mönches wird mit einer ausgesprochen christ-lichen Haltung vorgetragen, die sich zur Entsagung hinfindende Her-zensbezwingung ist mit einer verhaltenen Schwermut ausgemalt.

Georg Ebers wandte sich in späteren Jahren geschichtlichen Stoffen zu, die der Gegenwart näher lagen. So brachte er in der „Frau Bürger-meisterin", die den Kampf der Leydener gegen die Spanier vom Jahre 1574 schildert, und in dem Roman „Im blauen Hecht" Bilder aus dem Mittelalter.

Im „Kaiser" hatte Ebers das Bild des Antinous dargebracht, dem zu Ehren der Kaiser Hadrian in Oberägypten Antinoopolis erbaute. Der gleichen Gestalt, in Verbindung mit ihrem kaiserlichen Herrn, galt Paul

Heyses Drama „Hadrian". Denselben Stoff ergriff der berühmte Kirchenhistoriker A d o l f H a u s r a t h (1837—1909), dessen Hehlname als Dichter G e o r g e T a y l o r war. Auch mit der „Klytia" hat er sich im Altertume angesiedelt. Ins Mittelalter führte seine Erzählung „Die Albigenserin", mit der er einen einst von Nikolaus Lenau episch behandelten Stoff neu umrankte. Von eigenartiger Formung sind Taylors Novellen „Unter dem Katalpenbaum". Der Roman „Pater Maternus" führt wie die wissenschaftlichen Werke des Heidelberger Professors, in die Zeit der religiösen Umwälzungen auf deutschen Boden. Hausrath hat auch ein liebenswürdiges Bild Treitschkes gezeichnet.

E r n s t E c k s t e i n (1845—1900) behandelte in Romanen aus der römischen Geschichte mit breitem Strich und manchmal gewagter psychologischer Gründung Stoffe von sensationeller Artung. Sein „Prusias" führte in die Epoche der Römerkämpfe mit den Karthagern. In den „Claudiern" und dem „Nero" brachte Eckstein lebhafte, oft krasse Bilder aus den Christenverfolgungen der Kaiser und auf der anderen Seite von den römischen Sklavenaufständen. Die Erforschung der römischen Geschichte und ihre Darstellung, vor allem durch Mommsen, wie die von Ludwig Friedländer erbrachte Sittengeschichte regten weithin auch zu Romandarstellungen an. Eckstein hat nachmals in Romanen aus der Gegenwart eine stärkere Beseelung erreicht, insbesondere die „Familie Hartwig" ist ein einläßliches Bild aus einem zum Verfall bestimmten Bürgerhause. Weite Verbreitung fand Ernst Ecksteins behagliche Schulhumoreske „Der Besuch im Karzer".

Nur mit einem Werke hat Heyses Vetter, der Berliner A l f r e d D o v e (1844—1916) dichterische Frucht dargebracht. Der Historiker und Lieblingsschüler Leopold Rankes gab in seinem Roman „Caracosa" ein fesselndes Bild aus der Zeit der Hohenstaufen. Es ist für Dove charakteristisch, daß er, der unter Gustav Freytag die Zeitschrift „Im neuen Reich" redigierte, den gleichen Kaiser als eine der tragenden Gestalten herausarbeitete, den Freytag in den „Brüdern vom deutschen Hause" dargestellt hatte.

A d o l f G l a s e r (1829—1916) hatte als Jüngling in Mainz einem um Eduard Duller geschaarten Kreise angehört und war später in Berlin im Tunnel über der Spree zu Gaste gewesen. Der langjährige erste Redakteur von Westermanns Monatsheften hat in seinem Roman „Wulfhilde" ein Herzenserlebnis aus dem dreizehnten Jahrhundert geschildert. Sehr viel lebhafter bewegt sich die Handlung in dem Roman „Cordula"; hier stellt Adolf Glaser das Wiedertäuferdrama dar, das Robert Hamerling im „König von Sion" episch behandelt hat. Am bekanntesten wurde Glaser durch seinen Roman „Schlißwang"; das Werk spielt im neunten Jahrhundert und hat einen Dichter bäuerlicher Herkunft zum Helden, den Glaser zum Verfasser des „Heliand" macht. Indem er sich zur Höhe dieser Evangelienharmonie erhebt, wird der Dichter zum Künder des neuen Glaubens innerhalb seines Volkes. Den von Adolph Stahr vergeblich umrungenen neapolitanischen Volkshelden Masaniello

stellte Glaser in breiter historischer Entfaltung in dem nach ihm benannten Romane dar. Neben Romanen aus der Gegenwart schuf Glaser.
wie Taylor Lenauschen Spuren folgend, einen „Savonarola". Seinen
vortrefflichen Übersetzungen holländischen Schrifttums gesellte er die
kulturgeschichtlichen Novellen „Aus dem achtzehnten Jahrhundert". Nach
seinen römischen Romanen schrieb Ernst Eckstein den „Bildschnitzer
von Weilburg". Der Held dieses Buches wird in den vielbewegten
Strudel des großen Bauernaufstandes hineingezogen, und das Geschick
will es, daß er zum Führer der Aufständischen in und um Friedberg
erkoren wird. In diesem Roman erweist Eckstein eine Kraft der Kon-
zentration, die seinen Romanen aus der Römerzeit fremd ist. In die
gleiche Epoche der Bauernkriege geleitet J u l i u s W o l f f (1834 bis
1910), Verfasser vieler Sänge nach dem Vorbilde Scheffels, in dem
Roman „Das schwarze Weib". Hier, wie in dem in Quedlinburg spielenden „Raubgrafen" oder in dem im Lüneburger Mittelalter angesiedelten „Sülfmeister" gelangt Wolff jedoch nicht zu einer Darstellung,
die den rechten Duft der Geschichte mit sich bringt und um die geschilderten Gestalten zu legen weiß.

A u g u s t S c h n e e g a n s hat seinen Elsässer Erzählungen einen
Roman „Kallia Kypris" nachgesandt, in dem er die Expedition des
Alkibiades gegen Syrakus darstellte. Der Bühnenhistoriker R u d o l f
G e n é e (1824—1914) schrieb den Geschichtsroman „Marienburg".
H e n r i e t t e v o n B i s s i n g (geb. Krohn, 1798—1879) brachte
ein Bild aus der Geschichte Schleswig-Holsteins mit ihrem Roman
„Rainer Widderik und die Dithmarschen im Jahre 1500". Spätlinge
unter den Verfassern archäologischer Romane waren E d m u n d
F r i e d e m a n n (geb. 1847) und Theodor Birt. Friedemann brachte
einen „Catilina" mit brennender Aussicht römischen Lebens. T h e o -
d o r B i r t (1852—1933), der auch unter dem Hehlnamen B e a t u s
R h e n a n u s schreibende gelehrte Verfasser der plastisch gearbeiteten
„Römischen Charakterköpfe", hat neben „Modernen Novellen" einen
Roman aus dem Leben Alexanders des Großen „Roxane" geschaffen und
in dem „Menedem, der Ungläubige" in die Zeit des Urchristentums
zurückgegriffen. Das Werk spielt in Kleinasien am Marmarameer um
das Jahr 100 und bringt ein Bild frühchristlicher Gemeinden und ihrer
Gegenspieler.

Eine völlig andere Lebensauffassung spricht aus den Romanen des
Österreichers G u i d o v o n L i s t (1848—1919), sie bilden einen
Sonderfall des archäologischen Romans. Sowohl in dem Roman „Pi-
para" wie in den „Alraunen-Mähren", ganz besonders aber in dem
großen Romane „Carnuntum", zielt List auf die Neu- oder Wieder-
gründung einer ario-germanischen Religion, die ihre Beseelung aus dem
Geheimnis der Runenschrift empfängt. Die Ausgrabungen in Nieder-
österreich bei Petronell, welche die Trümmer des altrömischen Carnuntum bloßlegten, boten List den Anlaß zu solchen, vielfach in Mysterien-
auslegung mündenden Darstellungen. Der Philosoph H e i n r i c h v o n

S c h o e l e r (1850—1917) schuf Romane, in deren Mittelpunkt die oft umrungenen Tiberius auf Capri und Rafael von Urbino standen. Der gebürtige Livländer widmete dann seiner neuen Heimat Nürnberg den kulturgeschichtlichen Roman „Geist, werde frei!".

J u l i u s R o d e n b e r g (1831—1914) aus der Grafschaft Schaumburg hat sein Prosawerk mit Reiseschilderungen begonnen; unter ihnen ist die Irland darstellende „Insel der Heiligen" wegen ihrer Einfühlung in die Natur und Geschichte des damals deutschen Weltwanderern noch sehr fremden Eilands besonders hervorzuheben. Von Rodenbergs frühen Romanen führt „Die neue Sündflut" von London während der Französischen Revolution nach Paris und endet mit der Rettung einer für das Schafott Bestimmten an die schützende englische Küste. Seine Stellung als Geschichtsroman erweist das Werk besonders auf seinem Scheitelpunkte: da stellt Rodenberg Jubel, Schaulust und revolutionäre Stimmung des Tages dar, an dem unter strahlendem Sommerhimmel die Gebeine Voltaires im Pariser Pantheon beigesetzt wurden. Zu solchen Hochgefilden führt der Roman „Von Gottes Gnaden" nicht. Hier wird in manchmal ermüdender Breite die Zeit der Englischen Revolution bis zum Tode des Lord-Protektors gegeben. Die Erscheinung Cromwells wird mit breiten Strichen ausgemalt und zuweilen unorganisch in den Vordergrund geschoben.

Rodenberg ist dann zu anderem Werke vorgedrungen. Nachdem er sich als Herausgeber des „Deutschen Magazins" und des gemeinsam mit E r n s t D o h m (1819—1883) redigierten „Salons" geschult hatte, rief er in Verbindung mit den Verlagsbuchhändlern E l w i n P a e t e l (1847—1907) und H e r m a n n P a e t e l (1837—1906) die „Deutsche Rundschau" ins Leben. Diese Zeitschrift wurde im neuen Reich langhin die Vertreterin der höchsten geistigen Haltung und der besten deutschen Überlieferungen. Sie scharte die bedeutendsten Gelehrten als Mitarbeiter um sich und ward zugleich das Sprachrohr der Meister der Novelle wie des Essays. Storm, Keller, Heyse, Meyer, Hillebrand, Herman Grimm, Gildemeister führten einen Zug von Gestaltern hohen Ranges.

Der archäologische Roman hatte in seiner Entfaltung sehr weit ausgegriffen, er hatte die zu immer neuen Ergebnissen führenden Forschungsarbeiten der Historiker, Kirchenhistoriker, Ethnologen, Geographen reichlich ausgenutzt und war mit solcher Darstellung sicherlich einem Bedüfnis weiter Leserkreise entgegengekommen. Freilich war das so ausgemalte Bild der eigenen deutschen wie der fremden Vergangenheit gegenüber der nun zur Meisterung voller Lebenstreue gediehenen Darstellung des eigentlichen Realismus ein wenig blaß und vielfach durch Bezüge auf die Gegenwart versetzt. Das von Adolf Stern so geistreich dargestellte Verhältnis von Brennstoff und Feuer war nicht immer richtig abgewogen. Befeuernd wirkte sich gerade auf dies Schaffensgebiet die Hochstimmung über die endliche Vollendung des Reichsbaus aus.

In einem frühen Tagebuchblatt schreibt Leopold Ranke einmal: „Die Historie wird immer umgeschrieben. Jede Zeit und ihre hauptsächliche Richtung macht sie sich zu eigen und trägt ihre Gedanken darauf über." Die Wahrheit dieser Beobachtung wird sowohl durch die Entwicklung des Zeitromans bestätigt wie durch diejenige des Geschichtsromans nach den das deutsche Leben umgestaltenden drei Kriegen und ihren politischen Ergebnissen. Auch von den Fragen, deren Beantwortung die Neugründung erheischte, klang im Roman der Zeit vieles an, auch wenn er wirklich oder vorgeblich in längst vergangene Epochen zurückwies.

Leopold von Ranke wurde an die Spitze der durch den bayrischen König Maximilian ins Leben gerufenen Historischen Kommission berufen, die sich seit 1858 der Erforschung deutscher Vorzeit widmete. Wie auf die geschichtliche Vergangenheit so besann sich das Zeitalter auch auf das literarische Erbe. Im Jahre des großen Schillerfestes 1859 ward nicht nur die zur Unterstützung in Not geratener Dichter und ihrer Hinterlassenen bestimmte Schillerstiftung gegründet, König Wilhelm von Preußen, damals noch Regent, stiftete auch den alle drei Jahre einem deutschen Dramatiker zu verleihenden Schillerpreis. Goethes überschattete Enkel vermachten letztwillig den unermeßlichen Nachlaß ihres Großvaters der Fürsorge ihrer Landesherrin, der Großherzogin Sophie, einer geborenen Prinzessin der Niederlande, an. Die Fürstin errichtete in Weimar das Goethe-Schiller-Archiv, dem auch der Nachlaß des zweiten großen Bürgers Weimars mit anderem dichterischem Gute anvertraut wurde. Sein erster Direktor wurde E r i c h S c h m i d t (1853—1913). Schmidts Lehrer, Wilhelm Scherer, betreute mit einem ganzen Stabe von Mitarbeitern, zu denen auch Herman Grimm trat, eine monumentale Ausgabe von Goethes Werken, Briefen und Tagebüchern. Im Jahre 1885 ward die Goethe-Gesellschaft begründet, die eine Mittelstelle aller mit Goethe verknüpften literarischen Forschung sein sollte und Jahr um Jahr nicht nur die sogenannte Sophien-Ausgabe der Werke betreute, sondern auch regelmäßig Schriften aus dem klassischen Bezirke und ein Goethe-Jahrbuch veröffentlichte. Ihr erster Präsident wurde Eduard Simson, der einst dem Parlamente der Paulskirche vorgesessen und der Feier von Goethes achtzigstem Geburtstage zu Weimar beigewohnt hatte. Schon im Jahre 1864 war gleichfalls mit Weimar als Vorort die Deutsche Shakespeare-Gesellschaft errichtet worden, der 1865 eine Deutsche Dante-Gesellschaft folgte. In Wien schloß sich alsbald nach Franz Grillparzers Tode die Grillparzer-Gesellschaft zusammen, die einen an deutsche Dramatiker zu verleihenden Grillparzerpreis aussetzte. Die philologische Forschung widmete sich je mehr und mehr, vor allem unter dem Einfluß des nach Berlin berufenen und dann früh vollendeten Wilhelm Scherers, der Ergründung und Darstellung der neueren, auch bereits der zeitgenössischen Dichtung. Hermann Hettners Literaturgeschichte des achtzehnten Jahrhunderts (neben der deutschen die französische und englische Entwicklung behandelnd) bewahrte ihren klassischen Rang, Karl

Goedeke schuf den „Grundriß zur Geschichte der deutschen Dichtung", genialische Außenseiter wie Karl Hillebrand, Herman Grimm, Otto Gildemeister, Wilhelm Dilthey, Heinrich von Treitschke übten auch auf das literarische Urteil bedeutenden Einfluß aus. Wie sehr die Dichter der Zeit selbst auf die literarische Geschmacksbildung einwirkten, ward an den Beispielen Gustav Freytags, Paul Heyses, Karl Frenzels, Alfred Doves, um nur diese zu nennen, bereits hervorgehoben.

3. Humoristischer Realismus

Im schlesischen Raume hatte die Romantik in dem Werke Eichendorffs unvergängliche Blüten getrieben. Als Walter des bürgerlichen Romans hatte Gustav Freytag von der Romantik über gelegentliche jungdeutsche Anklänge zum Gesetze der Lebenstreue hingefunden. Derselbe Gustav Freytag hat einmal seine Landsleute nach Art und Unart, nach Dialekt und Gemüt, nach Temperament und unausweichlicher dichterischer Anlage heiter charakterisiert. Den Anlaß zu solcher Stilübung, die sich selbst nicht verschont, boten die Schlesischen Gedichte, die ein älterer Landsmann Gustav Freytags zu neuer mundartlicher Sammlung vereint hatte. Dies war der 1797 in Breslau geborene C a r l v o n H o l t e i (gest. 1880). Und in dieser kleinen Vorlesung über den Schlesier kommt die innewohnende Liebenswürdigkeit des besprochenen einstigen Mitbürgers voll zum Ausdruck. Carl von Holtei gehörte zu den meistgespielten Bühnendichtern, der sich auch als Theaterleiter und Regisseur wie als trefflicher Vorleser bewährte. Von seinen Dramen ist „Lorbeerbaum und Bettelstab" leider jetzt von den Bühnen verschwunden; diese Tragödie bot Friedrich Haase wie Friedrich Mitterwurzer Gelegenheit zu ergreifenden Darstellungen. Holteis erster großer Roman „Die Vagabunden" ist eins der buntesten und zugleich unterhaltendsten Werke unserer gesamten Literatur. Das Buch des vielgereisten Mannes führt durch ganz Deutschland, von der Kurischen Nehrung bis über den Rhein, nach Paris und Italien und vermittelt überall getreue Bilder der Landschaft und der Menschen, unter denen auch Ludwig Devrient und Niccolo Paganini mit eindrucksvoller Silhouette vorgeführt werden. Und diese beiden werden nicht etwa arabeskenhaft verbraucht, sondern in lebendige Beziehung zu dem Helden des Romans gesetzt, dem außerehelichen Korbmacherjungen Anton Hahn, der wie im Märchen schließlich zum Eigentümer des Gutsbezirkes aufsteigt, von wo er einst als verwaister Bursche in die Fremde wanderte. Das Geschick und eine von der ihm unbekannten Mutter vererbte musikalische Begabung führen ihn zu immer neuen Begegnungen mit fahrendem Volke auf allen Stufen solcher Betätigung, vom glanzvollen Zirkus in der Hauptstadt bis zum Wachsfigurenkabinett auf der Leipziger Messe, zur Menagerie, zu Liliputanern, zu als Trommler abgerichteten Hasen. All dies aber wird mit einer humoristischen Behaglichkeit vorgetragen, die immer wieder den Punkt auf das I zu setzen weiß und doch

den feingezogenen Faden der Lebensgeschichte des Helden niemals aus
den geschickten Fingern verliert. Selbst Nebenfiguren werden in deutlichen
Umrissen vergegenwärtigt und mit einem bühnengerechten Striche aus
der Kulisse gerückt. Die Abhebung des Dorfidylls, das den Eingang
eröffnet und den Ausgang krönt, von dem vielfachen Hin und Her des
Vagabundentums macht durch den Gegensatz die Erzählung noch reizvoller. Mit einem in dieser seltsamen Vielfalt um so liebens-
werteren Takte wird sogar ein ganz flüchtiger Blick des gerade durch
den Hund des Aubry aus dem Bühnenamte vertriebenen Goethe aufgefangen, bei dem Holtei als Freund August Goethes oft in Weimar
weilte.

Es will schon etwas heißen, wenn zwei so entgegengesetzte Naturen
wie Friedrich Hebbel und Gustav Freytag diesem Romane Holteis
Liebeserklärungen machten.

Holteis zweiter Roman „Christian Lammfell" bringt ein breites Zeitbild aus Schlesien und umfaßt eine Spanne im Geschick zweier Familien
vom Ende des Siebenjährigen Krieges bis zum Schicksalsjahre 1848.
Die Hauptgestalt ist ein durch trübe Jugenderfahrungen zum Eintritt in
den geistlichen Stand veranlaßter Jüngling, der sich allgemach zu einer
hilfsbereiten innersten, heiligenden Resignation von beseelter Frommheit
steigert. Aber auch hier treten humoristische Züge beherrschend hervor
und schleifen Kanten der Erzählung ab, so daß jenes Behagen entsteht,
welches mit dem Bilde Holteis unlöslich verbunden ist. In dem „Letzten
Komödianten" führt Holtei zu der Stoffwahl der „Vagabunden" einigermaßen zurück, auch indem er mit dem tragischen Geschick seines Helden
zeitgeschichtliche Bilder verknüpft wie dasjenige Karl Lebrecht Immermanns, den wir als Leiter des Düsseldorfer Theaters erleben. Unter den
späteren Romanen Holteis, so im „Schneider" und in den „Esels-
fressern", ist bei viel fesselnden Details eine gewisse Ermüdung zu
spüren. Sehr aufschlußreich ist Holteis selbstbiographische Darstellung
„Vierzig Jahre", auch sein buntes „Simmelsammelsurium" bringt ergötzliche Beobachtungen.

Friedrich Wilhelm Hackländer (1816—1877) hat
wie Holtei ein Leben geführt, das ihn durch kaleidoskopische Bilder-
flucht einhertrieb. Der Rheinländer, in dem wir vielleicht das Urbild
des Sumpfmalers Häseler aus Raabes „Dräumling" zu erblicken haben,
war Soldat, Kaufmann, reiste in die Ostwelt, sah sich in Stuttgart als
Hofbau- und Gartendirektor im königlichen Dienste und gab, entlassen,
mit Hoefer die „Hausblätter" und später „Über Land und Meer" heraus. Er gehörte mit Hoefer und Raabe der Künstler- und Dichtergesell-
schaft „Das Bergwerk" an. Seine ersten Erzählungen brachten allesamt
in derber humoristischer Formung Skizzen aus dem Soldatenleben im
Frieden und im Kriege, sehr anschaulich und ohne Schärfe. Er schloß
diese Reihe nach langer Pause mit der gedehnteren Erzählung „Der
letzte Bombardier" ab. Diese Darstellungen haben einen gewissen zeitgeschichtlichen Wert, sie vergegenwärtigen das Soldatenleben einer durch

die spätere preußische Militärreorganisation überholten Zeit, wie sie etwa auch in Ernst Wicherts Erzählung „Der älteste Hauptmann" und seinem Lebensausweis „Richter und Dichter" geschildert ist. Aus seinen kaufmännischen Erfahrungen gestaltete Hackländer das breitere Romanbild „Handel und Wandel". Sehr viel ernsteren Problemen wandte sich der Autor in dem Roman „Europäisches Sklavenleben" zu; da gab er ein um die Hofbühne eines deutschen Staates gerundetes Bild, das von den Majestäten bis zu den Lampenputzern reicht, aber seine eigentliche Resonanz in den Geschicken der aus dem Zwange der Armut zum Dienste im Ballett genötigten und vielfach mißbrauchten Mädchen hervorklingen läßt. Diesen ernsten Vorgängen ist eine gewisse humoristische Haltung zu eigen, die in den „Namenlosen Geschichten" und im „Künstlerroman" hervortritt. Die Flottheit der Zeichnung hat die Leserschaft vielfach über Brüchigkeiten in der Charakteristik liebenswürdig hinweggetragen.

Merkwürdigerweise ist A d o l f v o n W i n t e r f e l d (1824 bis 1889), der in tiefstem Elend gestorben ist, heute völlig vergessen. Dabei war er, ein Nachkomme des friderizianischen Heerführers, ein Tausendsassa von komischen Einfällen, die heute noch ihrer Wirkung sicher sein dürften. Seine schon auf dem Titelblatt als komisch bezeichneten Romane bieten vielfach wie Hackländers erste Schriften Bilder aus dem militärischen Leben einer frühen Epoche. Wenn Winterfeld drastische Erlebnisse aus seiner einstigen Garnison Pasewalk unter leichter Verhüllung des Namens wiedergibt, so bringt er manchmal eine unwiderstehliche Situationskomik hervor, die sich an einzelnen, sicher herausgegriffenen Momenten wie mit Klimmzügen in eine Höhe des Lachens erhebt. In dem Roman „Schwarze Menschenbrüder" läßt Winterfeld einen märkischen Gutsbesitzer und seinen Ortspfarrer zur Erholung nach Helgoland reisen. In Hamburg geraten sie bei eiligem Abmarsch auf das eben die Anker lichtende Schiff, erfahren aber auf hoher See, daß dies Fahrzeug an der Insel gar nicht anlegt, sondern unmittelbar nach Amerika fährt. Ein Seesturm bringt den Dampfer zum Kentern und verschlägt die beiden Deutschen an die afrikanische Küste, und nun entwickeln sich die drolligsten Situationen, bis nach Jahren die Heimkehr glückt, wo die unerwarteten Kömmlinge bereits ihre Gattinnen in Trauergewändern als verlassene Witwen vorfinden. Auch Winterfelds Romane aus Berlin, so „Onkel Sündenbock", sind von bezwingender Komik. Sein gehaltvollstes Werk ist der in Pommern spielende Roman „Groß-Busekow"; er behandelt die Zeit vom unglücklichen Kriege bis zu den Freiheitskriegen und gibt in lebhaftem Tempo echte Bilder aus dem ländlichen Leben der Zeit und gelungene Spiegelungen der fremden Besetzung. Winterfelds Bruder, A l b e r t v o n W i n t e r - f e l d (1832—1906), schrieb den Roman „Ein Versprechen" und verband sich mit A l f r e d v o n W o l z o g e n (1823—1883), dem Sohne von Karl Augusts Stabschef, zu mehreren dramatischen Werken. Wolzogen als Nachfolger von Putlitz, Intendant in Schwerin, hat neben kunsthistorischen Werken (er war der Schwiegersohn Schinkels) liebenswürdige, humoristische Novellen verfaßt.

In erregten Tagen spielt das humoristische Kleinwerk mit seinen mehr oder weniger harmlosen Spitzen eine besondere Rolle. Die Berliner Volksstimmung fand nach Adolph Glaßbrenners volkstümlicher Skizzierung vertrauter Gestalten in dem 1848 begründeten Witzblatt „Kladderadatsch" ihren zeitgemäßen Ausdruck, sowohl in den stachligen und ernsten Versen von Ernst Dohm, von Rudolph Löwenstein (1819—1891) und dem Vater der Berliner Posse David Kalisch (1820—1872) wie in der zielgerechten Prosa einer unmißverständlichen Satire. Kein Geringerer als der philologische Altmeister August Boeckh verglich schon 1850 im Kolleg den „Kladderadatsch" mit den Komödien des Aristophanes, wobei dem Berliner Witzblatt ein sehr hoher Rang eingeräumt wurde. Einzelne Gestalten, so Müller und Schulze oder der ewige Quartaner Karlchen Mießnick, wurden innerhalb und außerhalb Berlins geradezu volkstümlich. Vordem hatte Moritz Gottlieb Saphir (1795—1858) mit seinen übeln Wortverrenkungen und trivialen Anspielungen ein Publikum gefunden, das ihm auch außerhalb seiner ungarischen Heimat nur zu willig folgte. Wir verstehen heute kaum, daß ein so anspruchsvoller Beurteiler wie Friedrich Hebbel für diese „Spezialität" ein Wort der Anerkennung fand. Freilich aber hat Saphir das Verdienst, den Tunnel über der Spree ins Leben gerufen zu haben, der auch mit dem Kreise des „Kladderadatsch" in naher Beziehung stand. Den Gestalten des von dem Verleger Albert Hofmann (1818—1880) mitbegründeten Blattes gesellte der Hamburger Julius Stettenheim (1831—1916) den Kriegskorrespondenten Wippchen, der von seiner Stube her weltgeschichtliche Feldzüge ohne Bosheit, aber mit spaßiger Ungeniertheit begleitet, wobei der Verlegervorschuß nie vergessen wird. Stettenheim folgte Siegmund Haber (1835—1895) mit der im Berliner „Ulk" immer wieder auftretenden Konfektionöse Paula Erbswurst am Hausvoigteiplatz links. Ein durchaus unpolitisches Gegenstück zum „Kladderadatsch" waren die von dem Holzschneider Kaspar Braun (1807—1877) mit Friedrich Schneider (1815—1864) in München ins Leben gerufenen „Fliegenden Blätter", zu deren Mitarbeitern auch Wilhelm Busch und noch Detlev von Liliencron gehörten. Dies Wochenblatt brachte auch knappe humoristische Erzählungen von Franz Bonn (1830—1894), oft unter dem Hehlnamen von Miris. Bonn hat auch Jugendschriften und mit Julius Grosse das Drama „Das Haus Turnhill" geschrieben.

Seitenstücke zu den Gestalten dieser Witzblätter schuf in einer langen Reihe oft dargestellter Lustspiele der Leipziger Roderich Benedix (1811—1873). „Bildern aus dem Schauspielerleben" gesellte er den humoristischen Roman „Die Landstreicher".

E. T. A. Hoffmann hatte Berlin mit absonderlichen Gestalten seiner Phantasie bevölkert, er nötigte diesen Geschöpfen aus einer Traumwelt den Umgang mit wirklichen Menschen seiner Gegenwart von Fleisch

und Bein auf und gewann dadurch humoristische Wirkung. In Ludwig
Tiecks Novellen kamen heitere Akzente selten rein heraus, aber bei
Arnim drang eine märkische Drastik bereits zur Oberfläche, die sich in
Kleists ungemein pointierten Anekdoten unvergeßlich dartat. Die Her-
kunft der ausgesprochen berlinischen, von der Redensart zum dauer-
haften humorvollen Kleingebilde aufsteigenden Skizze aus diesem
Stammbaum ist leicht nachzuweisen, wie auch in der süddeutschen Ent-
wicklung etwa das Vorbild von Aurbachers „Volksbüchlein" und Poccis
Marionettenkunst für die Entwicklung wirksam war. Der große Humor,
der in Weltbezogenheit und Weltüberlegenheit zur Lebenshaltung ge-
deiht, hatte binnen des Realismus, etwa in Raabe, Freytag, Reuter,
Vischer und nicht nur in diesen Meistern, eine vordem unbegangene
Höhe erreicht. Auch was als Münze von geringerem Goldwert darge-
boten und oft mit dem Tage wieder verausgabt wurde, trug doch den
Stempel einer lebenstreuen Prägung.

4. Der Unterhaltungsroman des realistischen Zeitalters

Unterhalb des klassischen Humanismus hatte sich eine breite Roman-
literatur angesiedelt, aus der ein echtes Talent zu ernstem Werke emporsteigen mochte. Auch das romantische Credo hatte eine vulgäre Strömung
zu vorübergehend wirkungsvoller Darbietung ausgenutzt, und bei der
immer breiter strömenden Erzählerflut war auch der nachromantische
und jungdeutsche Zeitraum von Werken erfüllt, die zu der Oberstimme
der deutschen Schicksalsmelodie die nicht immer taktfeste Begleitung
spielten.

Noch in geistiger Verbindung mit Strebungen des Jungen Deutschlands stand der Pommer G u s t a v v o n S t r u e n s e e (1803—1875),
der auch als liberaler Politiker dem Preußischen Landtage angehörte.
Seine unter dem Hehlnamen G u s t a v v o m S e e veröffentlichten
flüssigen Romane bieten Zeitbilder, so „Die Egoisten". In „Vor
fünfzig Jahren" ließ er ein Bild schlesischer Vergangenheit erscheinen,
nachdem ihn seine amtliche Laufbahn in diese Provinz versetzt hatte.
Die „Blätter im Winde" haben novellistischen Reiz. B e r n d v o n
G u s e c k (G u s t a v v o n B e r n e c k, 1803—1871) hat einer
Verdeutschung von Dantes „Göttlicher Komödie" eine lange Reihe von
Romanen, zum großen Teil von geschichtlicher Färbung, nachgesandt.

Sehr umfangreich war das Werk des aus dem Braunschweigischen
stammenden F r i e d r i c h F r i e d r i c h (1828—1890). Friedrich,
der sich besonderer Verdienste um die schriftstellerische Standesorgani-
sation erwarb, hat lange zu den am meisten gelesenen Unterhaltungs-
schriftstellern gehört. In Novellensammlungen wie „Wider das Gesetz"
faßt er sich enger zusammen. Lange hat er die Leipziger „Illustrierte
Zeitung" geleitet. P h i l i p p G a l e n (K a r l L a n g e 1813—1899)
hat den spannenden Roman „Die Irren von St. James" wohl unter

22*

Nutzung seiner ärztlichen Erfahrungen geschrieben; unter seinen übrigen Werken ist der anschauliche Küstenroman „Der Strandvogt von Jasmund" hervorzuheben. Eine eigentümliche, jedoch nicht immer zu gleichmäßigem Flusse gelangte Begabung war J o h a n n e s N o r d - m a n n (1820—1888). Unter seinen novellistischen Schöpfungen sind die „Frühlingsnächte in Salamanca" erwähnenswert. Der Theolog A u g u s t E b r a r d (1818—1888) fügte seinen kirchengeschichtlichen Arbeiten (unter dem Hehlnamen G o t t f r i e d F l a m m b e r g) den Roman „Einer ist euer Meister" hinzu, der aus der gleichen evangelisch-reformierten Geisteshaltung erwachsen ist. E r n s t P a s q u é (1821 bis 1892) hat neben bühnengeschichtlichen Werken und Novellenbänden den kulturhistorischen Roman „Der Karlsberg" verfaßt. Der Biograph Scheffels und treffliche Darsteller des Jungen Deutschlands J o h a n n e s P r ö l ß (1853—1911) heimste auch eine reiche Novellenernte ein. Eine Fülle leicht ausgepinselter Erzählungen aus Thüringen brachte A u g u s t T r i n i u s (1851—1919) dar. Außerordentlich umfangreich war das Werk von H a n s W a c h e n h u s e n (1822—1898). Der sehr lebensvolle Kriegsberichterstatter aus allen seit dem Krimkriege geführten Feldzügen hat neben scharfen Skizzen aus Paris Romane aus der deutschen Gesellschaft geschrieben, so „Die Gräfin von der Nadel" und „Was die Straße verschlingt". — Wachenhusen grenzt an die Schaffensart Hackländers an. Der Kleiderseller O t t o E l s t e r (1852 bis 1922) war ein Spezialist der Heeresgeschichte. Zu zahlreichen Romanen aus seiner Zeit hat er auch historische Bilder gesellt, so den Maria-Stuart-Roman „Im Kampf um Schottlands Krone" oder den „Pförtnerssohn von St. Veit". In dem Roman „Giganten und Zwerge" gab Otto Elster ein liebenswürdiges Bild aus seiner und Wilhelm Raabes Braunschweiger Heimatlandschaft um die Mitte des vorigen Jahrhunderts. Ähnliche Pfade wie Elster beschritt der aus Theresienstadt in Böhmen gebürtige A n t o n O h o r n (1846—1924). Sein erzählerisches Werk umfaßt unter anderem eine Novelle über Hans Sachs, die Klostergeschichten „Im Zölibat", einen Roman über den Wasunger Krieg und das scharf gegen den Römischen Stuhl ausgerichtete Romanwerk „Das neue Dogma", das in späteren Auflagen den kennzeichnenden Titel „Los von Rom" führte.

Eine ungewöhnliche Begabung offenbarte Ohorns Landsgenossin O s s i p S c h u b i n (A l o i s i a K i r s c h n e r 1854—1934), die sogar in die „Deutsche Rundschau" Eingang fand. Sie schilderte in brennenden Farben das Leben der österreichischen Gesellschaft, übersteigerte sich aber im Gange ihrer Entwicklung. In Werken wie „O du mein Österreich" oder „Woher tönt dieser Mißklang durch die Welt?" lebt sich ein völlig überreiztes Gemüt aus, unwillkürlich empfindet man Ossip Schubin als ein weibliches Gegenstück zu Richard Voß. Ihr ist H e r m i o n e v o n P r e u s c h e n - T e l l m a n n (1857—1919) anzuschließen. Auch M i t e K r e m n i t z (geb. von Bardeleben, 1852 bis 1916) ist von nervösen Zügen nicht frei; am sachlichsten sind ihre rumänischen Skizzen, denen sie auch Märchen aus dem gleichen Bezirk anschloß. Unter ihren Romanen seien „Die Getäuschten" und „Ist das das Leben?" hervorgehoben, unter ihren Novellen die eigenartige Erzählung „Das Geheimnis der Weiche B. M.". Mit Carmen Sylva hat sich Mite Kremnitz zu mehreren Werken unter dem gemeinsamen Pseudonym D i t o u n d I d e m verbunden, wie sie auch eine Biographie der Rumänischen Königin und ihrer Mutter, der Fürstin zu Wied, schrieb.

Ungewöhnlich groß war in diesem Zeitraum die Anzahl der Offiziere, die sich im Roman, der Novelle, der Skizze versuchten. Der hervorragende Militärschriftsteller A l b e r t   v o n   B o g u s l a w s k i (1834 bis 1905) hat mehrere Romane, unter denen die berlinische „Hermine Lüdeking" hervorzuheben ist, und die Novellen „Aus bewegten Zeiten" verfaßt. K a r l   T a n e r a (1849—1904) brachte nach den „Erinnerungen eines Ordonnanzoffiziers", die seine Erlebnisse im Deutsch-Französischen Kriege schilderten, Erzählungen aus Altbayern und Romane aus Indien, Brasilien und Japan, alle in geschickter Formung. K a r l   T h e o d o r   S c h u l t z (1835—1900) folgte ihm mit Erzählungen aus dem Offiziersleben. A r t h u r   Z a p p (1852—1925) hat in einem ungeheuer umfangreichen Werk mehrfach das Thema der Offiziersehe behandelt. E r n s t   A l e x   C l a u s e n (der auch unter dem Hehlnamen C l a u s   Z e h r e n schrieb, 1861—1912) gab in dem Roman „Die Brüder" sein aufs knappste zusammengedrängtes Lebensbild. F r i e d r i c h   F r e i h e r r   v o n   D i n c k l a g e - C a m p e (1839—1918) hat sich vielfach in Erinnerungswerken an Kriegs- und Friedenszeiten ergangen. Die Novellensammlung „Aus der Mappe eines Veteranen" bringt Lebensbilder aus solcher Umwelt, die Sammlung „Laternen brennen" auch Bilder aus Berlin. Die bedeutendste Erscheinung aus diesem Bezirk ist G e r h a r d t   v o n   A m y n t o r (D a - g o b e r t   v o n   G e r h a r d t, 1831—1910). Sein Familienroman „Die Gisellis" ist anschaulich gestaltet, von noch stärkerer Einfühlung zeugt sein Roman „Gerke Suteminne". Reizvoll sind Amyntors „Hypochondrische Plaudereien". In dem Roman „Frauenlob" gab er aus dem dreizehnten und vierzehnten Jahrhundert ein Kulturbild aus Mainz, wo er noch in bundestäglichen Zeiten in Garnison stand. Das gedehnte „Skizzenbuch meines Lebens" bringt ohne aufzutragen anschauliche Bilder mit kulturkritischer Haltung. Das Bild eines unglücklichen Leutnantslebens bringt der beste Roman von A d d a   v o n   G e r s - d o r f f (geb. von Knobloch, geb. 1854) „Ein schlechter Mensch".

E. J u n c k e r (E l s e   S c h m i e d e n, geb. Kobert, 1841—1905) stand in ihren Romanen fühlbar unter dem Einflusse der Schopenhauerschen Philosophie. Ihr „Schleier der Maja" wie die „Lebensrätsel" sind gut gefügte Arbeiten, auch die Novellen „Im Zenith" sind beachtenswert. Ein feines Talent war S o p h i e   J u n g h a n s (1845 bis 1907). „Die Erbin wider Willen" ist eine schlüssig erzählte Novelle; die Schulung an der Art Wilhelm Riehls verrät die eindrucksvolle Erzählung von geschichtlicher Einstimmung „Unter der Ehrenpforte"

M. von Eschen (Mathilde von Eschstruth, 1839 bis 1929) hat Romane von religiöser Ausrichtung und einer Amyntor verwandten Haltung gegen eine materialistische Lebensausdeutung geschaffen, so „Wandlungen einer Seele" und „Das Lied von der Loreley". Neben ihr ist E. Hartner (E. von Twordowska, 1845 bis 1892), besonders mit dem Roman „Ein Jugendleben" hervorzuheben. Marie zur Megede (Marie Hartog, geb. zur Megede, 1855 bis 1930) schrieb die einheitlich eingestimmten „Grauen Geschichten", Anna Pongracz (1849—1905) die ebenso anschaulichen Novellen „Vom Wege". Golo Raimund (Berta Frederich, geb. Hayn, gest. 1884) brachte eine Fülle leicht erzählter Novellen und den Familienroman „Durch zwei Menschenalter". Die in Frankfurt ansässige Elisabeth Mentzel (geb. Schippel, 1848—1914) hat wertvolle Beiträge zur Geschichte der Mainstadt und zum Goethekreise dargebracht, dazu eine Ernte von zumeist in und um Frankfurt spielenden Novellen. Die an Börne gerichteten Briefe seiner Frankfurter Freundin gab sie heraus. Margarete Pochhammer (geb. Cauer, 1852 bis 1926) gab das Familienbild „Die Geschichte der Eltern". Clotilde von Schwartzkoppen (geb. von François, 1830 bis 1910) sammelte gute Novellen ein und schuf die Biographie jenes Heerführers Carl von François, mit dem ihre Base Louise von François lange als seine Pflegerin ihr Leben geteilt hat. Antonie Spielhagen (1865—1910), Friedrichs Tochter, schrieb unter dem Hehlnamen Paul Kobran gehaltvolle Novellen und den Roman „Der Kampf ums Glück".

Berlin war seither aus der preußischen Hauptstadt die des Reiches geworden. Die diesen sich immer gewaltiger dehnenden Stadtkörper und seine Bevölkerung durchwaltenden Probleme fanden ihre Darstellung auf allen Stufen der Talenttonleiter. Das Vorbild Friedrich Spielhagens ward mannigfach wirksam, und das neue Geschlecht versteckte nicht mehr ängstlich den Namen Berlins hinter der Bezeichnung als Hauptstadt oder Residenz, wie es noch etwa Gutzkow getan hatte, sondern verörtlichte seine Berliner Bilder in deutlich gezeichneten Bezirken. Friedrich Dernburg (1833—1911), nationalliberaler Abgeordneter und Redakteur der „Nationalzeitung", fügte in seinem Roman „Der Oberstolze" ein bewegtes Bild aus der Um- und Unterwelt der Stadt zusammen. In seinen reizvollen „Berliner Geschichten" schuf er in dem Journalisten Schliephacke einen Typus des neuen Berlins, den später Friedrich Mitterwurzer anschaulich auf die Bühne stellte, als Dernburg und Zabel aus der Erzählung das Lustspiel „Verfehlter Beruf" gemacht hatten.

Viel weiter war die Resonanz von Paul Lindau (1839—1919). Der aus Magdeburg gebürtige, in Berlin aufgewachsene genoß zeitweilig in der Hauptstadt eine vielbeneidete und vielumstrittene Stellung von hohem literarischen Einfluß. 1872 begründete er die Wochenschrift „Die Gegenwart", für die er Dichter wie Geibel, Groth, Lingg, Fontane, auch

Rosenkranz und Hettner als Mitarbeiter gewann; als Redakteur arbeitete an der „Gegenwart" unter Lindau Otto von Leixner, der nachmals die „Deutsche Romanzeitung" des Verlages Otto Janke leitete. Fünf Jahre später rief Lindau die Monatsschrift „Nord und Süd" ins Leben. Mit seinen zuerst im „Salon" veröffentlichten „Harmlosen Briefen eines deutschen Kleinstädters" und den „Literarischen Rücksichtslosigkeiten", die dilettantische Übersetzungskunst und andere Literatursünden spitzig anprangerten, begann Lindau seine von Gottfried Keller sympathisch begrüßte Laufbahn. In der Folge schuf der erfolgreiche Autor leicht wiegender Bühnenstücke einen Zyklus von Romanen, dazu bestimmt, das Leben der nunmehrigen Kaiserstadt in Höhen und Tiefen darzustellen. „Der Zug nach dem Westen" bringt Bilder aus einer Gesellschaftsschicht, die neben dem für die Dehnung Berlins typischen Streben über den Tiergarten hinaus (eine kleine Parallele zu dem Westward ho! der Nordamerikaner) den Zug zu den Höhen der Gesellschaft verbildlicht. In dem „Armen Mädchen" stieg Lindau in eine andere Lebensschicht hinab und gab als Gegenbild Szenen aus der Welt der Not und Armut, die wiederum nach oben drängt. Der dritte Roman, „Spitzen", umfaßt die ganze Stufenleiter von der im vornehmsten Teile der Stadt angesessenen Hof- und Adelswelt bis zu der perdutta gente einer lichtscheuen Welt des Verbrechens. Die in Paris genossene feuilletonische Schulung kam Lindau bei der Fassung dieser Romane zu gute, ohne daß aber die tiefere Problematik emporgeholt wurde. Schwerflüssiger, aber in der Charakteristik fester umrissen ist die Novelle „Herr und Frau Bewer". In der Novelle „Toggenburg" scheint das Bild Christian Friedrich Scherenbergs, des einstigen Tunnellieblings, durch die Welt des Tiergartens vor dem Brandenburger Tore. Ein vergnügliches Gegenstück dazu ist die Novelle „Die Liebe im Dativ". Die Fortsetzung von Lindaus liebenswürdig schildernden Erinnerungen über den zweiten Band hinaus verhinderte sein Ableben.

F r i t z   M a u t h n e r (1849—1923) hat mit dem in seiner böhmischen Heimat spielenden, sehr echten Lebensbilde „Vom armen Franischko" begonnen, dem er die das Deutschtum vom Tschechentume abhebende Novelle „Der letzte Deutsche vom Blatna" nachsandte. Dann schuf der Theaterkritiker des „Berliner Tageblatts" seinerseits einen Zyklus Berliner Romane, die allesamt im Westen der Stadt, dem späteren Alten Westen, spielten. Unter den drei so vereinigten Werken ist „Die Fanfare" am lebendigsten, sie bringt den Trommlerangriff auf die Hauptstadt, den eine neue Zeitung unternimmt. Im „Neuen Ahasver" tritt die seit dem Ende der siebziger Jahre ansteigende Welle des vor allem durch Bernhard Förster anschwemmenden Antisemitismus entstellend in den Kreislauf des hauptstädtischen Lebens. Die tragikomische Geschichte „Der Pegasus" steht in naher Verwandtschaft zu der satirischen Abwandlung „Schmock oder die literarische Carriere der Gegenwart". Der „Fanfare" ist der viel spätere Roman „Die bunte Reihe" verwandt. Die eigentliche philosophische Lebensausrichtung Mauthners,

wie sie sich in seinen bedeutenden Werken zur Kritik der Sprache ausdrückt, kam in dem merkwürdigen Berliner Romane „Kraft" an den
Tag; in diesem Werk wird das Recht des Menschen, sich unter Umständen über das Recht des Staates und der Sitte hinwegzusetzen, an
einem verhängnisvollen Falle sehr eindringlich dargestellt. Mit zwei
Romanen ist Fritz Mauthner dann in eine völlig andere Welt eingekehrt.
In der „Hypatia" gab er ein von dem Vorgänger Kingsley sehr abweichendes Bild der alexandrinischen Philosphin, in der „Xanthippe"
überraschte er durch eine völlige satirische Umdeutung des von der
Gattin des Sokrates bisdann bewahrten Bildes. Seine satirische Anlage
kam auch in den „Aturenbriefen" zum Ausdruck, viel stärker und mit
einem belohnten Hange zu liebenswürdiger Parodie in dem Büchlein
„Nach berühmten Mustern", worin er Auerbach, Bodenstedt, Scheffel
und andere stilsicher in abgekürztem Verfahren portraitierte. Sehr viel
ernsthafter sind die „Totengespräche", in denen er den nun vollendeten
Bismarck in den Kreis der Himmlischen eintreten läßt.

O t t o L e i x n e r v o n G r ü n b e r g (1847—1907) aus Saar in
Mähren war wie Mauthner kulturkritisch gestimmt; seine „Randbemer-
kungen eines Einsiedlers" und seine „Sozialen Briefe aus Berlin" geben
davon Zeugnis. Von eigenartiger Führung waren Leixners Novellen, so
„Der Frack Amors" und „Der Stipendiat des Freiherrn von Erck". Der
Roman „Das Apostelchen" ist von einem anmutigen Humor erfüllt. Sein
letztes Werk, die „Fußnoten zu Texten des Tages" bog wieder in die
Spur einer ernsten und satirischen Kulturkritik ein.

T h e o p h i l Z o l l i n g (1849—1901), Lindaus Nachfolger als
Herausgeber der „Gegenwart", brachte den berlinischen Roman „Der
Klatsch" mit scharf gezeichneten Typen der Gesellschaft dar und spiegelte
in der „Frau Minne" die künstlerische Welt der Hauptstadt. In der
„Million" führte Zolling in das Getriebe des Geldmarktes, wie es sich
tagtäglich an der Berliner Börse offenbarte, und schnitt auch Zustands-
bilder aus dem industriellen Leben der Stadt heraus. Immer profilierte
er scharf seine Gestalten. Das parlamentarische und politische Leben
versuchte der nach Bismarcks Entamtung erschienene Roman „Bismarcks
Nachfolger" zu meistern. Der Ostpreuße E u g e n Z a b e l (1851 bis
1924), lange neben Frenzel Bühnenkritiker der „Nationalzeitung", um
die Einführung russischer Dichtung in Deutschland verdient, gab in der
Novellenreihe „Der Stammtisch" Bilder aus Berlin und in „Rrr . . .,
Geschichte eines Konsonanten" Erinnerungen aus einer früheren, geistig
belebten Geselligkeit der Hauptstadt.

Wie Fritz Mauthner übte H a n s S c h l i e p m a n n (1856—1929),
seines Zeichens Architekt, Kritik an manchen Zuständen im neuen Berlin,
freilich manchmal von einem anderen Standpunkte her. Sein Roman
„Von seligen Herzen" ist gleich den Novellen, die Schliepmann als „Absonderliche Geschichten" zusammenfaßte, von einer eigenständigen Betrachtung der Dinge erfüllt, die sich auch in dem Bekenntnisbuch „Die
Wenigen und die Vielen" äußert.

Die einstige Reichshauptstadt Wien mit ihrer altgefestigten Theatertradition stand nun in immer schärferem Wettbewerbe mit den sich gemäß dem Wachstum der Stadt vermehrenden Berliner Bühnen. Das Hofburgtheater hatten nacheinander die drei Dichter Heinrich Laube, Franz von Dingelstedt und Adolf Wilbrandt geleitet. Wie sehr diese Kunststätte und überhaupt das Theater einen der Herzpunkte des Wiener Lebens bildete, davon legte auch der Wiener Roman schlüssiges Zeugnis ab. Der führende Bühnenkritiker war langhin F r i e d r i c h U h l (1825—1906); seine Romane, „Die Theaterprinzessin", „Das Haus Fragstein", „Die Botschafterin", „Farbenrausch", stellen gefällige Bilder aus dem gegenüber dem Berliner Zeitmaß behaglicher ausschreitenden Leben der österreichischen Hauptstadt dar. Sie werden vielfach um Dinge der Kunst gruppiert, wie denn Makarts Gestalt (wie bei Wilbrandt) einmal in ihrer einst das Wiener Leben beherrschenden Mächtigkeit hervortritt. L e o W o l f r a m (F e r d i n a n d P r a n t n e r, 1817—1871) schilderte in „Dissolving views" oder in den „Verlorenen Seelen" anschaulich die Wiener Gesellschaft. Mit einer elegischen, dem Wien der alten, engen Gassen innerhalb der neuen Ringstraße zugeneigten Liebe stellte F r i e d r i c h S c h l ö g l (1821—1892) in „Wiener Blut" und „Wiener Luft" die Heimat dar. Er erzählte auch Historien von Wiener Weinkellern und gab „Wienerisches" in bunter Skizzenfülle. H u g o W i t t m a n n (1839—1923) brachte „Erlebtes und Fabuliertes" aus Wien und als „Musikalische Momente" Erzählungen und Erinnerungen. V i n c e n z C h i a v a z z i (1847—1916) schuf in seiner „Frau Sopherl", einem „Weibe von Stand", das heißt Stand auf dem Wiener Naschmarkt, eine volkstümlich gewordene (dann auch dramatisierte) Gestalt. Der aus Ungarn stammende L u d w i g H e v e s i (1843—1910) gab humoristische Erzählungen aus dem Wiener Leben, erreichte jedoch nicht die Wirkung von O t t o k a r T a n n - B e r g l e r (H a n s B e r g l e r, 1859—1912), der mit seinem Herrn Pomeisl und anderen Wiener Spaßettln fast so populär wurde wie Chiavazzi. Die flotte Skizze galt überhaupt in Wien, der eigentlichen Heimat des großen und kleinen Feuilletons, mehr als in Berlin und fand rasche, belachte Aufnahme, die der Belebung hinter der Rampe zustrebte. So hat E d u -a r d P ö t z l (1851—1914) den Herrn von Nigerl für eine ganze Weile dem lachlustigen Volke der Wienerstadt zugeeignet und in einer Fülle von Skizzen „Aus dem Engeren" oder „Hoch vom Kahlenberge" Schlagworte der Stunde geprägt. Die Brüder F r a n z v o n S c h ö n t h a n, E d l e r v o n P e r n w a l d (1849—1913) und P a u l v o n S c h o n -t h a n (1853—1905) sind vor allem als Verfasser der heute noch wirksamen Posse „Der Raub der Sabinerinnen" bekannt geworden. Beide Brüder haben sich in humoristischen Erzählungen ergangen, Franz hat den Roman „Der General" aus der Wiener Sphäre beigesteuert, Paul den Roman „Stickluft" und „Geschichten aus der großen und kleinen Welt".

Den Wiener A r t h u r   G u n d a c c a r   F r e i h e r r   v o n   S u t t -
n e r (1850—1902) führte das Geschick als Sekretär Alfred Nobels nach
dem Kaukasus; seine Romane, so „Schamyl" und „Die Tscherkessen",
bieten anschauliche Bilder aus dieser fernen Welt, die er auch in „Kau-
kasischen Novellen" schilderte. Der Steiermärker F r a n z   v o n   K ö -
n i g s b r u n - S c h a u p (1857—1916) versuchte sich mit den „Bogu-
milen" an einem Roman aus Österreich und schuf die Novellen „Das
heilige Blau". Ein wenig in die Spur E. T. A. Hoffmanns lenkte er mit
dem „Ewigen Juden in Monte Carlo" ein.

Das Bild des Wiener Schrifttums würde seiner für diese Epoche bezeichnendsten Gestalt entbehren, wenn man nicht L u d w i g   S p e i d e l
(1830—1906) in den Mittelpunkt rückte. Als Nachfolger Friedrich
Uhls, der die „Wiener Zeitung" leitete, gab er in der „Neuen Freien
Presse" die Stichworte für die Wertung von Bühnenwerken und ihrer
Darstellung an der geliebten Hofbühne und gab sie in einer Form, die
immer wieder diese kritische Tätigkeit in den dichterischen Rang erhob.
Speidel schreibt einmal den unvergeßlichen Satz: „Voltaires Sprache besitzt die köstliche Geschmacklosigkeit frischen Quellwassers". Oder er
sagt über Eduard von Bauernfeld: „In ihm hat sich Wien einen Schnabel
wachsen lassen". Die siebziger und achtziger Jahre des neunzehnten
Jahrhunderts waren bei schwacher und wesentlich epigonischer drama-
tischer Produktion eine Zeit ungewöhnlich hochstehender Bühnenkritik.
Theodor Fontane, Karl Frenzel, Paul Lindau, Fritz Mauthner, Paul
Schlenther, Otto Brahm, Eugen Zabel in Berlin, Emil Krause in Königsberg, Adolf Stern in Dresden, Heinrich Bulthaupt in Bremen, Karl von
Perfall in Köln, F e d o r   M a m r o t h (1851—1907) in Frankfurt am
Main, der auch „Unter der Schellenkappe" reizvolle Novellen darbrachte,
Hugo Wittmann und Theodor Herzl, der Schöpfer des Zionismus, in
Wien selbst, bilden eine kritische Schar, die auf die Urteilsbildung nicht
nur für die dramatische Kunst von hohem Einflusse war. Das Bild Ludwig Speidels, des in Wien eingebürgerten Schwaben, rundet das literarische Panorama Wiens und führt innerhalb des kritischen Metiers auf
eine neue Höhe.

5. F a m i l i e n b l a t t r e a l i s m u s

Wilhelm Hauff hatte auf die immer wachsende Bedeutung der Leihbibliotheken ernsthaft und mit verhaltener Ironie hingewiesen. Als eine
neue Erscheinung bürgerte sich die sogenannte Mappe ein. Sie enthielt
eine Anzahl von neuen Heften der zu immer weiterer Verbreitung gelangten Familienblätter und wurde an bestimmten Tagen vom Kolpor-
teur abgeholt, um dann den Benutzer zu wechseln. Zu der immer noch
im Vordergrunde stehenden „Gartenlaube" und dem „Daheim" hatten
sich die „Deutsche Romanzeitung" Otto Jankes, das „Neue Blatt"
Albert Henry Paynes, „Schorers Familienblatt" und „Vom Fels zum
Meer", die „Deutsche Romanbibliothek" gesellt, von kurzlebigeren Zeit-

schriften, wie der „Deutschen Illustrierten Zeitung" und dem „Humoristischen Deutschland" ganz abgesehen. Die Andacht zum wirklichen,
sich immer vielfacher verästelnden Leben, wie sie der Realismus an den
Tag gebracht hatte, kam in dieser literarischen Atmosphäre nicht zu
freiem Ausdruck, sondern blieb in läßlicher Detailschilderung stecken
und verniedlichte die Konflikte mit einer oft sentimentalisierenden Verfärbung. Die erfolgreichste Romanautorin dieses Bezirkes war E. M a r -
l i t t (E u g e n i e J o h n, 1825—1887). Sie wußte das eng umzirkte
Dasein thüringischer Kleinstädte ihrer Heimat liebenswürdig nachzu-
bilden und eine Handlung von manchmal hohem Spannungsreize aufzu-
bauen. In dem „Geheimnis der alten Mamsell" gelang ihr auch die Darstellung einzelner Charaktere bis zu schlüssiger Vergegenwärtigung.
Sehr geschickt hat Rudolf Gottschall als immer wiederkehrenden Grundgehalt der Marlittschen Lebensdarstellungen die beiden einfachen Vorwürfe ihrer Werke herausgehoben: Aschenbrödel, aber nicht mehr in der
ursprünglichen Unbefangenheit des Volksmärchens, und die Jane Eyre
der Currer Bell. Wie ein Mädchen von einfacher Art und Herkunft den
reichen und glänzenden, hochgestellten Mann gewinnt, ohne kokette
Gefallsucht — das ist das immer wiederholte Thema. Die Ausrichtung
dieser Romane, etwa auch der „Goldelse", prangert den überheblichen
Bürgerstolz reicher, angesessener Geschlechter an und erhebt demgegenüber die in der Beschränkung glückliche Armut. Vortrefflich weiß
E. Marlitt zuweilen lauschige Winkel am Rennsteig auszumalen wie
innerhalb ihrer Thüringer Erzählungen in „Amtmanns Magd".

Am nächsten steht ihr W. H e i m b u r g (B e r t h a B e h r e n s,
1850—1912), sie hat auch den Roman „Eulenhaus", den die Vor-
gängerin abgebrochen zurückließ, vollendet. Auch W. Heimburg gefällt
sich in der Ausmalung kleinstädtischer Umgebungen wie in der „Familie
Lorenz". Von Haus aus kräftiger begabt ist E. W e r n e r (E l i s a -
b e t h B u e r s t e n b i n d e r, 1838—1918), bei ihr taucht, in ihrem
besten Werk, „Sankt Michael", die alte jungdeutsche Gestalt des Neben-
sprossen auf, der die echtbürtigen aus dem Sattel hebt, und wird recht
geschickt mit einigen Lichtern dargestellt. D o r i s F r e i i n v o n
S p ä t t g e n (D o r i s v o n S c h e l i h a, geb. Gräfin Matuschka,
Freiin von Spättgen, 1847—1925) hat Erzählungen aus dem Offiziersleben, den Roman aus dem deutsch-amerikanischen Leben „William"
und eine große Anzahl von Novellen gebracht. M a r i e B e r n h a r d
(1852—1937) steht an Erfindungsgabe hinter den vier Anderen zurück
und bleibt auch, wenn sie sich einmal in ihrer ostpreußischen Heimat
ansiedelt, wie in „Heimatluft" oder im „Forstmeister Reichardt", unbe-
stimmt und ohne wirklichen Ortston.

Wilhelmine von Hillern hat die schriftstellerische Begabung von ihrer
Mutter C h a r l o t t e B i r c h - P f e i f f e r (1800—1868) geerbt;
diese erfolgreiche Dramatikerin, die Romane von Victor Hugo, Berthold
Auerbach, George Sand und anderen Autoren mit geschickter Mache
erfolgreich ins Bühnenbild zerrte, schrieb auch eine Reihe von Novellen.

Wilhelmine von Hillern (1836—1916) hat ein anderes Gebiet als die Marlitt und ihre Nachfolgerinnen angebaut. Ihre Werke spielen zumeist in der Bergwelt des deutschen Südens und Tirols, auch in Oberammergau. Sie stellte sich von Anfang an unter das Zeichen Berthold Auerbachs, hat aber mit ihm doch nur die äußere Stoffwahl gemein; denn sie überspitzt ihre Handlungen und reckt die Menschen gewaltsam aus. Das erwies gleich ihr berühmter, noch nach fünfzig Jahren verfilmter Erstling „Die Geier-Wally". Der Passionsroman „Am Kreuz" bringt eine anläßliche Darstellung der Passionsspiele von Oberammergau, jedoch auch mit nervöser Übersteigerung. Die gleichen Züge trägt der in das Mittelalter führende Roman „Und sie kommt doch". In der dritten Generation hat Charlotte Birch-Pfeiffers Enkelin Hermine Diemer (geb. von Hillern, 1859—1924) die Überlieferung fortgesetzt und, wie die Mutter, über die Oberammergauer Passionsspiele berichtet, dazu neben epischen Dichtungen die Novellen „Um Eid und Ehre" gefügt.

Gehaltvoller und schlichter war der Vortrag von Bianca Bobertag (1856—1900), etwa in ihrem Roman „Die Kentaurin". Auch Elise Polko (geb. Vogel, 1823—1899) sammelte sich in ihren „Musikalischen Märchen" und ihrer Novellensammlung „Genzianen" zu lebendig andeutendem Vortrage. Klarissa Lohde (Klarissa Boetticher, geb. Leyden, 1836—1915) schrieb den in Griechenland spielenden Roman „Auf klassischem Boden" und die gleichfalls in Hellas angesiedelte Novelle „Ein Frühling in Athen". Neben zahlreichen Romanen aus der Gegenwart gab sie den historischen Roman „Zwischen Vater und Sohn" und brachte die Lebenserinnerungen ihres Bruders, des Mediziners Ernst von Leyden heraus. Die drei Ostpreußinnen Agnes Gräfin von Klinckowstroem (1850—1909), Adelheid Weber (geb. Brüß, 1851—1923) und Philipp Wengerhoff (Clara Wenghofer, geb. Schön, 1862—1915) haben ein umfängliches Romanwerk ohne tiefere Bedeutung dargebracht. Bedeutsamer war die zurückhaltende Erzählerkunst von Franziska von Kapff-Essenther (verehel. Blumenreich, 1849—1899) aus Böhmen. Neben ihren Romanen schrieb sie die novellistisch geformten „Wiener Sittenbilder". Emma Vely (Emma Simon, geb. Couvely, 1848—1934) und Sara Hutzler (1853—1893), die Gattin des großen Schauspielers Joseph Kainz, sind noch in diesem Zusammenhang zu nennen. Eufemia von Ballestrem (von Adlersfeld, geb. Gräfin Ballestrem, 1854—1941) hat zahlreichen Romanen und Novellen hübsch erzählte militärische Humoresken nachgesandt. Romane und Novellen, vornehmlich aus dem soldatischen Leben, gab Adda von Liliencron (geb. Freiin von Wrangel, 1844—1913).

Im Rahmen dieses Pseudorealismus gewann eine Zeit lang Nataly von Eschstruth (verehel. Freifrau von Knobelsdorff-Brenkenhoff, geb. 1860) hohen Ruhm, der nun völlig verblaßt ist. Ihre Romane waren aus dem Blickwinkel des sich nach den Höhen der Gesellschaft und des sogenannten high life sehnenden Backfisches geschrieben. Den meisten Erfolg hatten „Gänseliesel" und „Polnisch Blut".

Schon in eine andere Zeit ragt E. G r ä f i n S a l b u r g (E d i t h F r e i f r a u v o n K r i e g - H o c h f e l d e n, geb. Gräfin Salburg-Falkenstein, 1868—1942) hinein. In ihrer Übersteigerung gemahnt sie an die ihr landsmännisch verbundene Ossip Schubin. Ihr Lieblingsgebiet ist der österreichische Hochadel und die von ihm beherrschte Gesellschaft. Während der eigentliche Familienblattrealismus jeder politischen Tendenz entbehrte, ist E. von Salburg scharf völkisch und antisemitisch ausgerichtet, aber die Bilder ihrer Neigung, wie ihrer Abneigung werden häufig durch Manier verfälscht. Merkenswert ist, daß sie einen Roman über den Kolonialpionier Carl Peters geschrieben hat, dessen Gestalt manchmal in geschichtlicher Wirklichkeit zuweilen in durchsichtiger Verhüllung, auch die Phantasie anderer Autoren gereizt hat.

6. D e r K r i m i n a l r o m a n u n d d e r h i s t o r i s c h e S e n s a t i o n s r o m a n

Stoffen von kriminellem Gepräge sind wir im Romangefüge immer wieder begegnet, nicht nur in den Anfängen Heinrich Zschokkes und in der Darstellung des Schinderhannes durch Ignaz Arnold, sondern auch bei so erlauchten Geistern wie Schiller, Kleist und Annette Droste. Freilich drückte auf solcher Höhe die Wahl des Stoffes lediglich die Teilnahme am rein menschlichen Gehalte, am seelischen Ineinander aus, wie denn Schiller seinen „Verbrecher aus verlorener Ehre" mit folgenden Worten einführte: „In der ganzen Geschichte des Menschen ist kein Kapitel unterrichtender für Herz und Geist, als die Annalen seiner Verirrung. Bei jedem großen Verbrechen war eine verhältnismäßig große Kraft in Bewegung. Wenn sich das geheime Spiel der Begehrungskraft bei dem matteren Licht gewöhnlicher Affekte versteckt, so wird es im Zustand gewaltsamer Leidenschaft desto hervorspringender, kollossalischer, lauter; der feinere Menschenforscher, welcher weiß, wie viel man auf die Mechanik der gewöhnlichen Willensfreiheit eigentlich rechnen darf und wie weit es erlaubt ist, analogisch zu schließen, wird manche Erfahrung aus diesem Gebiete in seine Seelenlehre übertragen und für das sittliche Leben verarbeiten! Für Schillers Teilnahme an diesen Problemen zeugt auch die Herausgabe der Strafrechtsfälle aus der Sammlung des Grafen François Gayot de Pitaval, der Hitzig und Alexis eine noch wirksamere Sammlung als „Vetter Pitaval" in zahlreichen Bänden nachsandten.

Die Nachfolge hat sich an solche zur Tiefe lotende Spürkraft nicht immer gehalten, und sowohl bei Gutzkow wie bei Prutz und Spielhagen, begegnen wir neben einläßlicher Menschendarstellung aus solchem Bezirke einer sich ins Grelle reckenden Übersteigerung. Der langhin erfolgreichste Verfasser von Krimialgeschichten in Roman- oder Novellenform war ein bedeutender Jurist, der einst der Deutschen Nationalversammlung und dem Rumpfparlament angehörige hohe richterliche Beamte J o d o k u s D o n a t u s H u b e r t u s T e m m e (1798 bis 1881). Der aus Westfalen Gebürtige hat dem Memelgau, in dem er längere Zeit als Staatsanwalt amtete, lebhaft schildernde Geschichten in einem merkwürdig abrupten Stile abgewonnen, vor allem aber eine außerordentliche Fülle von Kriminalerzählungen dargebracht, die von überzeugender Kenntnis sowohl der juristischen Handhabung wie der sich vor solchem Richtertische offenbarenden Welt erfüllt sind. Nach ihm ward E w a l d A u g u s t K ö n i g (1833—1888) der erfolgreichste Schriftsteller auf diesem Gebiet. A d o l f S t r e c k f u ß (geb. 1823) hat unter anderem den Roman „Sliko" geschrieben, in dem eine auch sonst im Kriminalroman wiederkehrende Erscheinung vergegenwärtigt wird, der Verbrecher, der den Armen schont und ihm beispringt, indessen er den Hartherzigen auf seine Weise bestraft. Auch der um die Bühnengeschichte reich verdiente F e o d o r W e h l (Feodor zu Wehlen, 1821—1890) hat eine Anzahl von Kriminalnovellen geschrieben.

H a n s B l u m (1841—1910) hat neben der Lebensgeschichte seines Vaters Robert Blum und historischen Romanen auch aus seiner juristischen Praxis geschöpfte Geschichten von Verbrechen und deren Sühne erzählt. Als seltenes Beispiel einer weiblichen Verfasserin von Kriminalromanen sei E r n s t v o n W a l d o w (L o d o i s k a v o n B l u m, 1842—1927) mit ihrem „Gläsernen Pantoffel" verzeichnet. Der Herausgeber Friedrich Gerstäckers D i e t r i c h T h e d e n (1857 bis 1909), ein Holsteiner, hat neben dem heimischen Romane „Der Advokatenbauer" sowohl in der Erzählung „Ein Verteidiger" wie in dem „Menschenhasser" und in kürzeren Kriminalgeschichten eine feinere Naht gesponnen. Nach dem Vorbilde Temmes mühten sich Juristen an solchen Stoffen, so E r i c h W u l f f e n (geb. 1862) mit der „Kraft des Michael Argobast" und anderen fesselnden Darstellungen. Wulffen hat auch ein Werk über Shakespeares Große Verbrecher und über Gerhart Hauptmanns Dramen unter kriminalistischen Gesichtspunkten verfaßt.

Das Interesse der Schriftsteller wie der Leser wandte sich allgemach von der Seite der Verbrecher mehr den Aufdeckern geheimnisvoller Untaten zu. Hier wirkte, auch in Deutschland, besonders Edgar Allan Poe, zumal mit seiner Erzählung vom Doppelmord in der Rue Morgue, und vielleicht noch mehr der Engländer Conan Doyle. Wie Poe einem Dilettanten in dem einen, wie in anderen Fällen die der Polizei nicht gelungene Aufdeckung vorbehält, so muß bei Doyle der seltsame Amateurdetektiv Sherlock Holmes alle Rätsel lösen und tut dies mit einem den Leser fesselnden Wechsel der Methode. Doyle hat in deutschem Bezirke einen sehr liebenswürdigen und heiteren Nachfolger von manchmal überraschender Einfallsfülle in dem Wiener B a l d u i n G r o l l e r (1848 bis 1916) gefunden. Sein Detektiv Dagobert Trostler ist ein Amateur-Detektiv von hohen Graden, und ihm gelingen überraschende Aufdeckungen von Verbrechen und Vergehen, wobei Groller stets ein Wiener Bürgerhaus und die anmutige Geselligkeit Wiens zum Ausgangspunkte nimmt.

Auf den Kriminalroman in Deutschland war das Beispiel von Alexander Dumas von nachhaltigem Einfluß. Seine wohl von keinem zeitgenössischen Autor übertroffene Fruchtbarkeit lebte sich in einer überwältigenden Fülle von mit leichter Hand geschriebenen Romanen aus, von denen die farbenvollsten ihr Publikum in der ganzen lesenden Welt besaßen. Insbesondere „Der Graf von Monte Christo" mit seiner atemraubenden Anspannung zu immer neuen überraschenden Wendungen hin fand allenthalben die willigste Bewunderung, wie denn Wilhelm Raabe noch in späten Werken zu solcher Jugendliebe zurückkehrte. Auch Victor Hugos phantastisch um die Fialen des alten Gotteshauses geisternder „Glöckner von Notre Dame" wirkte außerhalb des französischen Bezirks. Wenn sich der Kriminalroman oft an wirkliche Vorgänge knüpfte, so war der Schritt von dem, was die Zeitung in ihren vermischten Notizen über Vorfälle des Tages brachte, zu den politischen Berichten nicht sehr weit, und diese wurden gleichfalls, und nun nicht unter einer mehr oder minder durchsichtigen Verhüllung, zum Stoffe romanhafter Darstellung. Luise Mühlbach hatte in langweiligen Klitterungen eine unerhörte Stofffülle bis in ihre Tage hinein zu bezwingen versucht. Mit viel größerem Geschick und humoristischer Ausdeutung bot E d u a r d M a r i a O e t t i n g e r (1808—1872) aus Breslau Zeitbilder von zuweilen noch romantischer Färbung. So brachte er ein Bildnis des entthronten Jerôme Napoleon mit einer Fülle von reizvollen Details, die er seiner umfänglichen bibliographischen Tätigkeit verdankte. Viel weitere Wirkung übte der unter George Hesekiel im Stabe der „Kreuzzeitung" beschäftigte H e r m a n n G o e d s c h e (1815—1876). Theodor Fontane hat in seinen Erinnerungen „Von Zwanzig bis Dreißig" ein amüsantes Bildnis des Mannes gezeichnet. Goedsche schrieb seine Romane unter dem Hehlnamen S i r J o h n R e t c l i f f e. Gemäß diesem britischen Pseudonym setzte er bei allzu unglaubhaften Darstellungen unter die Seite eine Fußnote: „Siehe englische Parlamentsakten". Kaum daß der Krimkrieg durch den Pariser Frieden abgeschlossen worden war, erschien Retcliffes großer Roman „Sebastopol", und wiederum alsbald nach dem unglücklichen Ende des Kaisers Maximilian „Puebla oder die Franzosen in Mexiko". Goedsche hatte sich eine große Kenntnis der Zeitgeschichte erworben und fesselte die Leser durch eine Bilderfülle, die das tägliche Zeitungsfutter mit manchmal brennenden Farben zu einer phantastischen Höhe erhob. Dabei ließ er die Staatsmänner, Fürsten und Politiker ebenso wie ihre Gegenspieler selbst zu Worte kommen, ohne daß er dabei die Parlamentsakten dazu bemüht hätte. Wie in den Werken von Alexander Dumas Vater und Eugène Sue veränderte sich der Schauplatz der Ereignisse fortwährend, ein Kunstgriff, der das gern hinter die Kulissen gierende Lesepublikum noch stärker an den Erzähler fesselte.

Goedsche gehörte zu den unlauteren Persönlichkeiten, welche gegen den Volksmann Benedikt Waldeck jenes „Bubenstück, angefertigt, einen Mann zu verderben" ausheckten. Er hat noch viel später posthum eine verhängnisvolle politische Wirkung gehabt; in seinem Roman „Biarritz" ward ein antisemitisches Kapitel zu der Hetze ausgenutzt, die mit den angeblichen Protokollen der „Weisen von Zion" betrieben wurde.

In Gödsches Fußtapfen trat O s k a r M e d i n g (1829—1903) aus Königsberg, der sich des Pseudonyms G r e g o r S a m a r o w und mehrerer anderer Hehlnamen bediente. Der einstige Regierungsrat im Dienste des Königs Georg von Hannover begann mit den vielbändigen Romanen „Um Szepter und Kronen" und „Europäische Minen und Gegenminen". In ihnen stellte er die Ereignisse der sechziger und der ersten siebziger Jahre dar und ließ die Könige von Preußen und Hannover wie Napoleon den Dritten, Manteuffel und Bismarck auftreten und reden, wie er bei den Ereignissen in und um Hannover auch seine eigene Rolle hervorhob. Berühmt und parodiert wurde sein in der Heidelberger Welt der feudalen Corps spielender Roman „Die Saxoborussen". In der unübersehbaren Fülle seiner Schriften hat Meding Stoffe aus der russischen, italienischen, türkischen Zeitgeschichte verarbeitet und in Romanen auch in die polnische und italienische Geschichte ausgegriffen. Während die Romane Medings längst versunken sind, tauchen diejenigen Gödsches mit dem lockenden englischen Namen immer wieder einmal auf. Das große Vorbild Eugène Sues ist mit ihnen dahingegangen. Während der alte Dumas seine Lebenskraft noch immer an den Tag legt, obwohl Ferdinand Kürnberger in einem noch heute lesenswerten Feuilleton ihn, der während der Entscheidungen von 1870 starb, als den Verkünder einer überholten Vergangenheit zu erneuter Wirkung nicht berufen glaubte. Dumas berühmtester Roman wurde in allen Weltsprachen mit übel erdachten Fortsetzungen versehen; in Deutschland hat sich O s k a r M ü t z e l b u r g an solcher Fortführung des „Grafen von Monte Christo" versucht.

7. Die Jugenderzählung

Seit den Tagen Christian Felix Weißes und seines „Kinderfreundes" und Joachim Heinrich Campes war in ununterbrochenem Flusse eine jugendlichen Lesern besonders zugetane und angepaßte Literatur im Schwange gewesen. An Campes „Robinson" hatte in Holzminden der junge Wilhelm Raabe noch lesen gelernt, wie in Swinemünde der junge Theodor Fontane am „Brandenburgischen Kinderfreunde" die geheimnisvollen Künste des Buchstabierens zuerst übte. Die Märchen von Karl August Musäus lagen in den Schubfächern der Kinder. Dann aber hatte vollends die Romantik der jugendlichen Welt eine schier unermeßliche Gabenfülle geboten. Was die Märchensammlung der Brüder Grimm für ihre und die künftigen Generationen bedeutete, ist schwer auszusagen, und neben diesen unvergänglichen Geschenken an Alter und Jugend wirkten die Kunstmärchen Wilhelm Hauffs und Ernst Moritz Arndts, während Hauffs Landsmann Gustav Schwab die Sagen des klassischen Altertums wie die Deutschen Volksbücher in jugendtümlicher Fassung darbrachte. Ludwig Bechstein hat die Grimmsche Märchenernte gemehrt. In L u d w i g R i c h t e r (1803—1884) erstand der kongeniale Künstler, der den deutschen Märchenschatz bebilderte und mit seiner Lebenswärme die Einprägung des Erzählten in die kindliche Phantasie nachdrücklich unterstützte. Seine „Lebenserinnerungen eines deutschen Malers" sind ein klassisches poesiedurchklungenes Werk. Der Hamburger Otto Speckter machte durch seine Zeichnungen zu den Fabeln von W i l h e l m H e y (1789—1854) diese knappen Versbilder erst ganz volkstümlich. Robert Reinicks und August Kopischs Gestaltungen in Vers und Prosa lebten weiter, und Reinicks von ihm selbst bebildertes A-B-C-Buch fand ebenso willige junge Leser wie die von Pocci bebilderten Kinderlieder von F r i e d r i c h W i l h e l m G ü l l (1812 bis 1879). Mit unverminderter Stärke wirkten immer noch, auch auf die Jugend, mit dem und jenem seiner schlichten Werkstücke Matthias Claudius und in seinem Gefolge Johann Peter Hebel. Mitten im stürmischen Anlauf des politischen Liedes hatte sich H e i n r i c h H o f f m a n n v o n F a l l e r s l e b e n (1798—1874) zu behaglichem Kinderschnack gesammelt, und derselbe Rudolph Löwenstein, der im „Kladderadatsch" manch spitzen Pfeil verschoß, wußte, wie einst Chamisso, dem Kinde die Vogelwelt poetisch zu deuten. Ein anderer H e i n r i c h H o f f m a n n (1809—1894) gab vorlesenden Eltern und A-B-C-Schützen das in alle Weltsprachen übertragene, kindhaft illustrierte Buch vom Struwwelpeter in die Hände.

Die realistische Entwicklung griff auch auf das Jugendschrifttum über. So machten sich besonnene Pädagogen, insbesondere die Verwalter von Schülerbüchereien, alsbald an die Arbeit einer Sichtung des allmählich ungemessen zuströmenden Stoffes. Nach Otto Frick, dem Lehrer Ernst von Wildenbruchs, hat der Historiker Georg Ellendt diesem Fache der Literatur seine Teilnahme geschenkt und in einem Musterkataloge für Schülerbibliotheken weit über das von ihm geleitete Friedrichs-Kollegium in Königsberg hinaus gewirkt. In seiner Nachfolge und mit weitem Rundblick auf eine immer vielfältigere Entwicklung haben dann die um Alfred Lichtwark gescharten Hamburger Volksschullehrer, voran Hinrich Wolgast und Hermann L. Köster, für ein jugendtümliches Schrifttum gekämpft, wobei sie leider die jugendliche Lust am Abenteuer und seinen Spannungsreizen nicht richtig einschätzten. Es gilt in einem bestimmten Umfange auch heute noch ein Wort des alten Raabe aus seinem vorletzten vollendeten Werke: „Und wenn sich alle Schulmeister der Welt auf den Kopf stellen, oder vielmehr fest hinsetzen aufs Katheder, sie erobern die Welt zwischen dem sechzehnten und zwanzigsten Lebensjahre doch nicht durch moralisch, ethisch und politisch gereinigte Anthologien . . . . Der Spiegel behält sein Recht; aber nicht die Rute dahinter . . . ." Und unmittelbar davor wird Alexander Dumas der Vater genannt, mit dessen „Drei Musketieren" lebhafte Jugend die Welt erobern will.

Fast durch ein volles Jahrhundert ist die Hamburgerin E l i s e
A v e r d i c k (1808—1907) gegangen, und die schlicht vorgetragenen,
immer wie von einem Streicheln über die Köpfchen der Zuhörer begleiteten Erzählungen der Diakonissenmutter aus dem hansestädtischen
Bezirke haben ihre Wirkung nicht verloren. In den fünf Bändchen
„Kinderleben" wird das Leben der Familie Meiler vorgeführt, die im
Winter ihr Stadthaus bewohnt, im Sommer an den Stadtrand ins Wandsbecker Gehölz, Claudiusschen Angedenkens, zieht und ihre Kinder zu
hilfsbereiten Menschen von innerster christlicher Haltung bildet. Das
Weihnachtsfest und der Lämmermarkt finden im Rahmen dieser echt
kindertümlichen Lebensberichte ihre zuständliche Darstellung, und auch
die Wiedergabe trüber, die kindlichen Herzen beschwerender Ereignisse
entbehrt jeder falschen Sentimentalität. Karl und Marie, Roland und
Elisabeth, Lottchen und ihre Kinder gewinnen heute, in einer nun seit
hundert Jahren völlig verwandelten Welt, nahezu einen historischen
Schimmer, der ihre Gestalten umgoldet.

Ward das Lebenswerk von Elise Averdieck vor allem Hamburger
Kindern zu eigen, so errang G u s t a v N i e r i t z (1795—1876) eine
sich über ganz Deutschland dehnende Geltung. Der Dresdner Schuldirektor wirkte durch seinen „Volkskalender" und zahlreiche, zumeist
der Geschichte entnommene spannende Erzählungen weithin. In einer
lebhaften Vortragsart wußte er etwa die Hussiten vor Naumburg oder
merkwürdige Dinge aus der russischen Vergangenheit eindrucksvoll zu
erzählen. Am geschlossensten wirkte Nieritz, wenn er Bilder aus der
Nähe entwarf, so in der Geschichte vom Paukendoktor, worin er ein
Schlagbild aus der sächsischen Hauptstadt brachte. Der gleichfalls in
Dresden heimisch gewordene Bernburger F r a n z H o f f m a n n (1814
bis 1882) erreichte in seiner sehr viel flacheren Produktion nicht die
jugendliche Gemüter zwingende Kraft volkstümlicher Nieritzscher Schilderung, übte aber vor allem durch seinen „Deutschen Jugendfreund" eine
erhebliche Wirkung aus.

P a u l i n e S c h a n z (geb. Leich, 1828—1913) hat mit in der
Dämmerstunde erzählten Märchen begonnen und weiterhin eine Fülle
von Geschichten für Mädchen geschrieben. In späteren Tagen verband
sie sich zu solchem Werk mit ihrer Tochter Frida. Pauline Schanz hat
auch den berühmten Roman von Bernardin de Saint-Pierre „Paul et
Virginie", eine noch im Rousseauschen Naturgefühl verankerte Erzählung, ins Deutsche übersetzt und bot die von einer lebenstreueren Anschauung durchseelten Geschichten der Amerikanerin Louisa M. Alcott,
der Freundin Emersons, in deutscher Übertragung dar. Sagen und Volksmärchen sammelte Paulinens Gatte U l i S c h a n z (1828—1902), Märchen erzählte H e r m a n n K l e t k e (1813—1886), Chefredakteur der
Vossischen Zeitung.

Der Lyriker Wilhelm Osterwald (1820—1887) gab der Jugend „Erzählungen aus der alten deutschen Welt" von körnigem Aufriß, so eine treffliche Nacherzählung des „Parzival" und fügte eine anschauliche Ausdeutung der griechischen Sagen in mehreren Bänden hinzu. Der Verlagsbuchhändler Otto Spamer schrieb unter dem Hehlnamen Franz Otto Jugendschriften; unter ihnen ist vornehmlich „Das Tabakskollegium und die Welt des Zopfes" mit einer reizvollen Darstellung Friedrich Wilhelms des Ersten und des Berlin seiner Zeit zu nennen.

Zu Jugendromanen dehnen sich häufig die Schriften von Brigitte Augusti (1839—1912). Sie mühte sich, der Jugend die kulturhistorischen Zusammenhänge aufzuhellen, so in der Erzählung „Im Banne der Freien Reichsstadt". Ähnliche Pfade schlug Oskar Höcker (1840—1894) ein, indem er lebhafte Bilder aus der deutschen Vergangenheit gab, die er wie Brigitte Augusti zyklisch verband. Bei weitem mächtiger war die Darstellungskraft von August Niemann; er hat in dem südafrikanischen Jugendroman „Pieter Maritz", zumal aber in dem „Flibustierbuch" lebhaft bewegte Bilder gestaltet. In diesem Werk läßt er einen jungen Deutschen unter die um 1800 in Westindien ihr Wesen treibenden Seeräuber geraten und weiß durch eine lebensvolle Darstellung jenes fremdartige Unwesen in seinem Sturmdrange zu meistern.

In vollem Gegensatze zu solcher ins Exotische schweifenden Phantasie stellte A. Stein (Margarethe Wulff) in ihren „52 Sonntagen" ein höchst liebenswürdiges Tagebuch dreier Kinder zusammen, dem sogar die Ehre ward, von Theodor Hosemann reizvoll bebildert zu werden.

Ein ungemein umfangreiches Werk erbrachte der sachliche Erzähler Ferdinand Schmidt (1816—1890), er hat es in einer vielbändigen „Jugendbibliothek" gesammelt. Der aus dem Kreise des jungen Hebbel stammende Eduard Alberti (1827—1898) schuf biedere Jugendschriften. Der frühere Schauspieler und spätere Direktor des Berline Zeughauses George Hiltl (1826—1878) nutzte sein amtliches Wirken zu besonders der Kriegsgeschichte geltenden Schriften, so zu einem Buche über Derfflinger und seine Dragoner.

Voll zarter Töne sind die Geschichten und Märchen von Anna Klie (verehel. Schultz, 1858—1913). Neben Skizzen aus alten Gassen Braunschweigs gab sie das holde Märchenbuch „Goldene Flügel" und bot humorvolle Gaben im „Verstaubten Großonkel" und anderen Erzählungen. Verwandt in ihrer humoristischen Art ist ihr die Königsbergerin Käthe van Beeker (1863—1917). Sophie Wörishöffer (geb. Andresen, 1838—1890), eine Base Detlev von Liliencrons, hat in ihren Jugendgeschichten besonders das Seeleben dargestellt, so in „Onnen Visser, dem Schmugglersohn von Norderney". Sie berührt sich in dieser Stoffwahl mit dem gleichfalls an der Nordseeküste heimischen Friedrich J. Pajeken (1855—1920), der eine Fülle von Berichten aus Nord- und Südamerika zusammenträgt. In die gleiche Ferne schweifen die außerordentlich zahlreichen Bücher von K a r l M a y (1842 bis 1912). Er hat auch zu den in Nord- und Südamerika spielenden Jugenderzählungen solche aus dem Lande des afrikanischen Mahdi und aus arabischen Bezirken gefügt. Um die Lebensgiltigkeit und den Wert seiner Schriften ging einst ein heißer Meinungsstreit, nachdem einzelne von Mays Gestalten sich als Typen abenteuerlicher Begegnung bei vielen Jugendlichen eingebürgert hatten. Die Vorwürfe gegen die ethische Haltung Mays gehen sicherlich fehl. Aber diese oft allzu weitschweifigen Erzählungen pausen im Grunde nur Umrisse durch, welche James Fenimore Cooper längst, auch er im Gefolge Walter Scotts, mit anschaulicher Zuneigung und oft mit dichterischer Wärme der Jugend seiner amerikanischen Heimat und anderer Reiche geschenkt hatte.

Die Jugendschriften von Ottilie Wildermuth und Viktor Blüthgen sind in einem andern Zusammenhange zu betrachten. In der christlichen Haltung mit der Schwäbin verwandt war I s a b e l l a B r a u n (1815 bis 1886), die besonders Dorfgeschichten und Naturbilder für die Jugend dargebracht hat. Auch die innige geistliche Liederdichterin E l e o n o r e F ü r s t i n R e u ß (geb. Gräfin zu Stolberg, 1835 bis 1903) hat liebenswerte Erzählungen für junge Mädchen geschrieben.

Ein ungewöhnlich umfangreiches Jugendwerk vollbrachte T o n y S c h u m a c h e r (geb. von Baur-Breitenfeld, 1848—1913). Sie führte sowohl mit „Spaziergängen im Alltagsleben" wie mit anderen Erzählungen vielfach in ihre württembergische Heimat und hat, als Großnichte Justinus Kerners, die schwäbische Tradition an ihrem Teile liebenswert fortgesetzt. Die Achtzigjährige hat ihren Lebenserinnerungen „Was mein einst war" den heiteren Bericht über die Entstehung ihrer Puppensammlung nachgesandt. In einer ausgesprochen süddeutschen Überlieferung bewegte sich auch A g n e s S a p p e r (geb. Brater, 1852—1929) in ihrem vom Jugendtümlichen zu lebenstreuer Romanform aufsteigendem Werke. Ohne Verkindlichung, aber mit echtem Kindertone gab Agnes Sapper in „Gretchen Reinwald" die Erlebnisse eines Schulmädchens und führte vor allem in dem um die Familie Pfäffling geschlossenen Rahmen ein höchst reizvolles und aussichtsreiches Bild eines ungewöhnlich geist- und humorbelebten Hauses vor. Diesen Schriften ließ Agnes Sapper die innerst bewegte Lebensdarstellung ihrer Mutter Pauline, der Witwe des bedeutenden Publizisten C a r l B r a t e r (1819—1869) folgen, der in der „Süddeutschen Zeitung" für liberale Ziele und die deutsche Einheit gekämpft hatte. Aus warmer familiärer Neigung sind die „Märchen einer Großmutter" und andere Jugendschriften von E m m a W u t t k e - B i l l e r (1833—1913) geflossen.

T h e k l a v o n G u m p e r t (1810—1897), die Gattin Franz von Schobers, hat Jahrzehnte hindurch das „Töchter-Album" herausgegeben, das viele wertvolle Beiträge, nicht nur erzählerischer Art, brachte. In dem zweiten ihrer Jahrbücher „Herzblättchens Zeitvertreib" kam in manchen Erzählungen schon die Unterströmung dieser Jugendliteratur zur Geltung, die ein Gegenbild zu der einstigen Pseudoromantik ist:

eine Empfindsamkeit und falsche Herablassung zu scheinbar kindlicher
Vorstellungswelt — sie geistert in zahllosen Pseudodichtungen von Verfassern und Verfasserinnen, die in diesem Rahmen nicht nennenswert
sind. Der Kampf gegen Schund und Schmuß in der Literatur richtete
sich gerade gegen die Abwässer der Backfischen und Jünglingen zu
kredenzenden Schöpfungen aus trübem Quell. Mit der an der Hintertür
abgegebenen, in zahllose Hefte zerlegten Sensationsmache dürftiger Romanfabrikanten seßte die Bewegung auch gegen solches Pseudoschrift-
tum ein. In dieser Abwehr gingen evangelische und katholische Organi-
sationen mit der von liberalen Führern begründeten Gesellschaft für
Volksbildung und einem durch Otto von Leixner und den Historiker
Richard Sternfeld geleiteten Volksbunde zusammen, sie führte später
auch zu gesetzgeberischen Maßnahmen, die freilich einer echten Wir-
kungskraft entbehrten.

Als positive Abwehr gegen solch verflachende und schädliche Mache
wurden im Reiche mehrfach billige Bücherreihen mit bestem deutschem
Erzählergut herausgegeben, wobei die Hamburger Volksschullehrer bei-
spielhaft vorangingen, und auch die Sammlungen der Verlage Spemann,
Reclam, Meyer, Engelhorn, Hendel trugen das ihre zur Reinigung des
Literaturmarktes bei. Unter den der Jugend zugeeigneten Jahrbüchern
stand die „Deutsche Jugend" von Julius Lohmeyer obenan. Hier sichtete
eine dichterische Kraft die Spreu vom Weizen.

Bis zu welcher Höhe im Zeitalter des Realismus die Jugendschrift-
stellerei ansteigen konnte, lehrt das Lebenswerk von J o h a n n a
S p y r i (1827—1901). Die Tochter der Dichterin M a r g a r e t h a
H e u ß e r (geb. Schweizer, 1797—1876) gewann ihrer Schweizer
Heimat eine Fülle von einprägsamen Bildern ab. Ohne daß eine erzieherische Tendenz irgendwo unkünstlerisch hervorträte, weiß Johanna Spyri
in ihren „Geschichten für Kinder und für solche, welche Kinder lieb-
haben" ihre jugendlichen Leser durch echte Anschauung und warme
Lebensdarstellung zu fesseln. Einzelne ihrer Gestalten, so die von der
Kindheit zur Reife geleitete „Heidi", prägen sich unvergeßlich ein. Dazu
umhegt die Freundin Conrad Ferdinand Meyers ihre Menschen mit dem
vollen Reize der schweizerischen Umwelt, innerhalb des Gefüges
realistischer Kunstübung. Sie ist im Rhonetal ebenso zu Hause wie im
Gletscherbereich und der dem Südhange der Alpen vorgelagerten Seen-
welt wie „Am Silser- und Gardasee".

Einen zweiten Gipfel im Jugendschrifttum erklomm am Gegenpole
deutschen Lebens der Ostpreuße K a r l W i t t (1815—1891). Der
einst unter der Reaktion wegen demokratischer Betätigung Entamtete war
lange der geliebten Lehrtätigkeit entzogen. Bis in ihre spätesten Tage er-
innerten sich ergraute Männer von Ruf und Rang mit höchster Dankbarkeit der Stunden, da Witt nachmittags beglückt lauschenden Schülern aus
dem Gedächtnis Geschichten alter Zeiten vortrug. Den „Robinson" und
den „Reineke Fuchs" brachte er in höchst eindrucksvoller Weise den
Hörern nahe. Drei Bücher sind als Denkmäler solcher Stunden erhalten

geblieben, die „Griechischen Götter- und Heldengeschichten", „Der Tro-
janische Krieg und die Heimkehr des Odysseus" und eine Neufassung
der „Anabasis" des Xenophon: „Die Tapferen Zehntausend. Eine
Kriegsgeschichte aus dem Altertum". Dies leßte, nachmals von Max
Slevogt illustrierte Werk ist ein Meisterstück der Darstellung, ganz auf
jugendliche Erkenntnis abgestellt, ohne Spur von absichtlicher Lehrhaftigkeit, mit lebhafter Wiedergabe des Details, und gerade so einprägsam und in seiner Dichtigkeit immer wieder erlebbar — wie es die
Jugenderzählung im Zeitalter eines neuen Anbruchs verdient.

8. Erzähler mit christlich-konfessioneller Ausrichtung

Die Romantik hatte mit ihrer Rückbesinnung auf die deutsche Vergangenheit und ihrer universalistischen Tendenz zugleich eine neue Hinwendung zur Erfassung des christlichen Glaubensinhalts erbracht. Bis
zu der Mystik Taulers und Jacob Böhmes zurückschreitend ergriff sie
das hohe Gut einer beseelten Frömmigkeit. Es fand zumal in katholischer
Formung seinen erzählerischen und dramatischen wie lyrischen Ausdruck; von einem ausgesprochen evangelischen Standpunkte her hatte
Friedrich Daniel Schleiermacher in die Deutung einer innerst bewegten
Zeit eingegriffen, und spät noch hatte Friedrich Rückert in einer
schlichten Evangelienharmonie an die Frohe Botschaft des Johannes anknüpfend sein Bekenntnis zur Offenbarung abgelegt. Der Strom des
Pietismus war unterirdisch, jedoch selbst in manchen Werken Goethes
wohl spürbar auch fürderhin als wirksame Macht in die Dichtung erflossen. Die jungdeutsche Epoche hatte die Säkularisierung des Schrifttums, zumal im Zeichen der neuen Evangeliendeutung durch David
Friedrich Strauß fortgeseßt — die Union von Lutheranern und Refor-
mierten in der Altpreußischen Landeskirche war der Romantik leßtes
sichtbares Werk, des jungen Bismarcks Bekehrung durch die pommerschen Pietisten ihre leßte große persönliche Heilstat. Innerhalb des
Realismus war der oft mit radikaler Kritik durchfochtene Streit um das
geoffenbarte Wort und seine Auslegung durch den Zudrang anderer Probleme in den Hintergrund gerückt worden; aber die mächtigen Gestalten
der Annette von Droste auf katholischer und Jeremias Gotthelfs auf
evangelischer Seite standen mit währender Kraft im neuen dichterischen
Bezirk. Die Weltfrömmigkeit Paul Heyses holte doch in der „Thekla"
zur ergreifenden Gestaltung eines frühchristlichen Stoffes aus, sie war
gleich der des Freundes Gottfried Keller nicht auf jungdeutsche Polemik
eingestellt; das kirchenkritische Bekenntnis Friedrich Theodor Vischers
mündete in ein inbrünstiges, dem Tenor der Bergpredigt verwandtes
Zeugnis einer scheuen Menschenliebe, und über Raabes Spätwerk war
das Kreuz errichtet. Gleichzeitig hatte der musikalische Spätvollender
der Romantik, Richard Wagner, den Gral zum Quellpunkte eines dramatischen Spieles gemacht, das dichterische Erbteil des Mittelalters mit

überkommenem Glaubensgute in merkwürdiger Verbindung einte. Die
Darstellung religiöser Innen- und Außenkämpfe, die einen wesentlichen
Teil des Werkes von Gustav Freytag, Willibald Alexis, Wilhelm Heinrich
Riehl erfüllte, drang auch in Erzählungen zum Lichte, die innerhalb oder
am Rande des Realismus Gaben von betont christlicher Haltung, manch-
mal mit einer apologetischen Zielsetzung, darbrachten.

   F r i e d r i c h A u g u s t F e d d e r s e n (1838—1908), ein christ-
lich-sozialer Schleswiger Pfarrer, sammelte sich nach Zeit- und Streit-
gedichten zu schlichten „Erzählungen eines Dorfpredigers". Ein weiterhin ausgreifendes Werk schuf sein Amtgenosse K a r l H e i n r i c h
C a s p a r i (1815—1861); seine, erst nach dem Tode des Verfassers
gesammelt herausgegebenen Volkserzählungen sind von lebendiger Kraft
und Gestaltung. Als dritter ist ihnen O t t o G l a u b r e c h t (R u d o l f
O e s e r, 1807—1859) zu gesellen, der Geschichten aus seinem Dorf-
pfarrerleben von klarer Menschenführung darbrachte. Weit über diese
schlichten Erzähler hinaus drang M a r i e N a t h u s i u s (geb. Scheele,
1817—1857), ein Mitglied der uns bereits im jungdeutschen Raume
begegneten Familie. Sie verfocht im Gegensatze gegen radikale Kritik
die Rückkehr zum alten Kirchenglauben, und der pietistische Einschlag
ihrer Werke ist nicht zu verkennen und gibt ihnen eine besondere Färbung. Selbst aus einem Pfarrhause stammend, dann dem konservativen
Politiker Philipp von Nathusius ehelich verbunden, hat sie für dessen
„Volksblatt für Stadt und Land" anschauliche Erzählungen, vor allem
aus dem Dorfleben, gegeben. Im Laufe ihrer Entwicklung gewann Marie
Nathusius eine herbere Gestaltungskraft, die sich in der Novelle „Elisabeth" oder der „Alten Jungfer" offenbarte. Vornehmlich gelang ihr die
Bildung älterer, behaglicher Gestalten von stiller, vornehmer Frömmig-
keit. Ihr Meisterstück war das „Tagebuch eines armen Fräuleins".
Hier umriß sie einen scheinbar alltäglichen Lebenslauf mit der feinsten
Federführung. Die Seelenergründung dieses knappen Romans ist durch
eine sehr weibliche, aber garnicht weichliche Zuneigung gekennzeichnet.
Dieses arme Fräulein lebt über alle Gaben eines Familienblattrealismus
hinweg ein immer noch unvergängliches Dasein.

   O t t i l i e W i l d e r m u t h (geb. Rooschütz, 1817—1877), noch
zum Kreise Justinus Kerners und der anderen schwäbischen Dichter ge-
hörig, hatte in ihrem Schaffen gleich Marie Nathusius einen Zug zum
Pietismus, der in einer sehr schlichten, unaufdringlichen Frömmigkeit
zum Ausdruck kam. Ihre „Bilder und Geschichten aus Schwaben" sind
von sachlicher Anschaulichkeit und von einem Humor erfüllt, dem man
eine behagliche Mütterlichkeit anmerkt. Selbst der sehr selten lachende
Uhland hatte an der Erzählkunst der Tübinger Nachbarin seine Freude.
Ihre Höhe erreicht diese launige Formung in den „Schwäbischen Pfarr-
häusern". Da brachte Ottilie Wildermuth in einem wohlgerundeten Ge-
schichtenkranz die Bildnisse von sehr verschiedenen Geistlichen und
ihren Ehehälften und wußte die Art und die häusliche Zuständlichkeit
eines jeden treffsicher darzustellen, die des weltabgewandten Sinnierers

wie die des rasch zugreifenden Menschenfischers. In der Erzählung „Zur Dämmerstunde" suchte die lebenssichere Schriftstellerin charakteristische Bilder aus Württemberg zu formen; auch die „Lebensrätsel" gehören hierher. In freundlichen Genrebildern aus noch verkehrsschwacher Zeit, da zwei von einander entfernt wohnende geistliche Hirtinnen ihre Korrespondenz durch Botenweiber und Bettler führten, lebt sich diese Herzensheiterkeit aus. Die gleichen Züge einer behaglichen Zuversicht und eines sicheren Einblicks ins Alltagsleben tragen Ottilie Wildermuths Schriften für die Jugend, die auch in Norddeutschland weite Verbreitung fanden. Eine Gesamtausgabe ihrer Werke und den Briefwechsel mit Justinus Kerner gab ihre Tochter A d e l h e i d W i l d e r m u t h (1848 bis 1932) heraus, sie führte auch in den anspruchslosen Geschichten „Wollt ihr's hören?" das Jugendwerk der Mutter fort. Ihre Schwester A g n e s W i l l m s (1844—1931) schrieb Novellen aus dem gleichen Blickwinkel wie die Mutter, so die Erzählung „Das Recht ohne Gott", und folgte auch in Jugendschriften dem mütterlichen Vorbild. Aus norddeutschem Bezirk ist die schlichte Erzählerin M a r g a r e t e v o n O e r t z e n (geb. von Plüskow, 1854—1934) mit ihrer betont evangelischen Haltung hier anzuschließen.

Eine der liebenswürdigsten Erscheinungen im evangelischen Kirchenraume war E m i l F r o m m e l (1828—1896). Wie er als Geistlicher von innerstem Auftrage auch durch die künstlerisch abgeschliffene Form seiner Predigt wirkte, so gab er in seinen Volksschriften Lebensbilder von einer selbstverständlichen Gotteskindschaft und einem wärmenden Humor. Eine völlig andersartige Persönlichkeit spricht aus den Werken von S a m u e l K e l l e r (1856—1924), der das Pseudonym E r n s t S c h r i l l gebrauchte. Keller verleugnet nie den Volkskommissar, der auf bestimmte Wirkung ausgeht, die seinem erzählerischen Mühen nicht versagt war.

Noch ein erlauchter Name aus dem Bereiche der Inneren Mission gehört hierher, F r i e d r i c h v o n B o d e l s c h w i n g h (1831 bis 1910). Der Gründer von Bethel und Hoffnungstal, eine der großartigsten Persönlichkeiten der deutschen Evangelischen Kirche, hat seinen knappen Mußestunden den beseelten Novellenband „Aus der Schmelzhütte" abgewonnen — er zeugt für die gleiche Denkart wie Bodelschwinghs gesegnetes Werk überhaupt.

Auf der katholischen Seite steht die urkräftige Gestalt von A l b a n S t o l z (1808—1883) in naher Verwandtschaft zu dem unter Umständen sehr streitbaren norddeutschen Theologen. Der Süddeutsche gab durch Jahrzehnte den „Kalender für Zeit und Ewigkeit" heraus. In ihm fand seine Gabe der volkstümlichen Aussprache ihren den Herzpunkt treffenden Ausdruck. In seinem „A-B-C für große Leute" überrascht Stolz durch eine äußerst originelle Ausdrucksfülle, die freilich angriffsweise über das Ziel hinausschießt. Von gleicher Eigenart ist Stolzens „Mixtur gegen Todesangst". In seinem Kalender hat er in manchem Betracht das Werk seines Landsmanns Hebel fortgeführt.

Dem Freiburger Professor folgt der Luxemburger Jesuit, der die „Stimmen aus Maria Laach" redigierte, J o s e p h S p i l l m a n n (1842—1905). Neben zahlreichen Reiseschilderungen hat Spillmann geschichtliche Berichte und Bilder aus seiner Gegenwart gegeben. In den „Koreanischen Brüdern" und im „Zuge nach Nicaragua" verfolgte seine anschauliche Plaudergabe Missionsunternehmen seines Ordens, wie er auch die Versuche zur Christianisierung Japans und Chinas zum Gegenstande seiner Erzählungen wählte.

Der Biograph Clemens Brentanos J o h a n n e s B a p t i s t a D i e l (1843—1876) schrieb ebenfalls volkstümliche Novellen.

Ein sehr umfangreiches, erzählerisches Werk vollbrachte C o n r a d v o n B o l a n d e n (J o s e f B i s c h o f f, 1828—1920). Während des Kulturkampfes hat der streitbare Rheinpfälzer in leidenschaftlichen Romanen Bilder der Zeit und der Vergangenheit entworfen. Als von der Tribüne des Reichstages das Bismarckwort fiel: „Nach Canossa gehen wir nicht!", deutete Bolanden in seinem historischen Romane „Canossa" auf einstige Behauptung der Kirche im Widerstreit gegen weltliche Gewalt. In satirischen Bildern malte er die scheinbaren „Reichsfeinde" und gab ein tragikomisches Gemälde von „Pharisäern und Saducäern" im Spiegel einer zu neuer Einordnung der Bekenntnisse rufenden Epoche. In einer Fülle von Aufzeichnungen begleitete er die deutsche Geschichte von den Tagen Karls des Großen her über die Kreuzzüge hinweg bis in seine Tage.

Die Westfälin H e d w i g D r a n s f e l d (1871—1925) hat in leidenschaftlichen lyrischen Gedichten die Not des Proletariats mit manchmal seherischer Inbrunst gestaltet. Ihre Erzählungen, so „Theo Westerholt", sind zum Teil von der Zugehörigkeit zum Lande der Roten Erde geprägt. Aus den aller Redseligkeit fremden Darbietungen der Führerin der katholischen Frauenbewegung und Herausgeberin der „Christlichen Frau" spricht eine Zuneigung, die sich unter das Kreuz schmiegt.

F e r d i n a n d e F r e i i n v o n B r a c k e l (1835—1905) betont in ihren Romanen unaufdringlich und mit liebender Hingebung ihr katholisches Bekenntnis. In dem Roman „Vom alten Stamm" bringt sie Bilder aus westfälisch-katholischem Umkreise. In der „Daniella" versucht sie sich im Nachhall des Kulturkampfes an einer Gestaltung des die Zeit bewegenden Widerstreits zwischen der Kirche und ihren vom politischen Felde her zum Kampfe ausholenden Gegnern. Mit einem echt weiblichen Herzenstakt gibt jedoch Ferdinande von Brackel auch der einläßlich dargestellten Gegenseite ihr Recht.

M. H e r b e r t (T h e r e s e K e i t e r, geb. Kellner, 1859—1925) hat neben geschichtlichen Romanen und Novellen als „Lebensausschnitte" Erzählungen aus dem Volksleben dargebracht. Zu Novellen aus der Oberpfalz fügte sie Bilder aus der Renaissance, durch die Michel Angelo und Vittoria Colonna schreiten. Ihr durch die eigenartig dargestellte Umwelt wirksamster Roman blieb „Die Schicksalsstadt", in dem M. Herbert das an die Donau gelehnte Regensburg mit seinen Türmen und

Gassen lebendig machte. Von der gleichen katholischen Tendenz ist J o s e p h i n e G r a u (1852—1920) beseelt. Ihren Novellen „Nach dreißig Jahren" sandte sie den Roman „Das Lob des Kreuzes" nach, worin sie die Stille des Klosterlebens verherrlichte. Das Thema des Zweikampfes hatte Ernst Wichert vom demokratischen Standpunkte her kritisch im Roman behandelt, in der „Alten Universität" von Wilhelm Raabe bildete es den Kern der Schicksalsführung. Das gleiche Problem gab A n n a F r e i i n v o n L i l i e n (1841—1920) Gelegenheit zur Bezeugung einer Abwehr vom christlichen Standpunkte her in dem Roman „Duell und Ehre". Sie schrieb ferner Novellen aus Westfalen, wie A m a r a G e o r g e (M a t h i l d e K a u f m a n n, geb. Binder, 1835 bis 1907) Erzählungen aus rheinischen Gebreiten schuf; diese gehörte der einflußreichen Bonner Künstlerfamilie Kaufmann zu und hat mit Georg Friedrich Daumer, der vom Protestanten zum frommen katholischen Bekenner wurde, die Legendensammlung „Mythoterpe" herausgegeben.

A l i n d a J a k o b y (M a r i a K r u g, geb. Bläser, 1855—1929) hat die Gräfin Ida Hahn-Hahn biographisch dargestellt und zu Märchen und Jugendschriften, Gedichten und dramatischen Legenden Erzählungen aus dem Rheinlande gefügt. K a r l D o m a n i g (1851—1913) belebte in novellistischen, der Überlieferung getreu folgenden Bildern das Gedächtnis an männlich bewährte Vorfahren aus den Tiroler Kämpfen im napoleonischen Zeitalter. Der im Böhmerwalde heimische A n t o n S c h o t t (geb. 1866) hat in anschaulichen Erzählungen, so im „Hüttenmeister" oder in den „Himmelreichern", Darstellungen aus der heimatlichen Welt von etwas lebhafter Haltung gebracht. In Romanform hat er die Erinnerung an die drangvolle Schwedenzeit binnen des Dreißigjährigen Krieges festgehalten. Ein Spätling dieser Entwicklung war M a r g a r e t e W i n d t h o r s t (geb. 1884), eine Nichte des großen Zentrumführers; sie gab nach Erzählungen aus Westfalen den eigenartigen Roman „Der Basilisk".

Für alle diesen katholischen Schriftsteller war ihr Glauben kein Gegenstand einer umdeutenden oder anzweifelnden Erörterung; sie alle fühlten sich im Schoße ihrer Kirche völlig geborgen. Anders steht es um die bedeutendste Schöpferin auf diesem Gebiete, die Wienerin E m i l M a r r i o t (E m i l i e M a t a j a, geb. 1855). Gleich in ihrem ersten Roman „Der geistliche Tod" ergriff Emil Marriot das heikle Thema der Liebe eines zum Priester geweihten Mannes zu einem Mädchen und verteilt die seelischen Gewichte mit einer herben Feinfühligkeit, jedoch so, daß dem gläubig katholischen Bekenntnisse kein Eintrag geschah. Zur gleichen Innen- und Außensicht des in solcher Umwelt immer wiederkehrenden Problems führten neben anderen Themen von gleicher Färbung die Novellen „Mit der Tonsur". Über diesen Umkreis hinaus hat Emil Marriot auch seelische Konflikte anderer Art behandelt, etwa die Frage, ob ein Arzt unter Umständen eine hoffnungslos Kranke vom Leben erlösen dürfte. Es ist lohnend, diese Novelle „Menschlichkeit" mit Adolf Sterns in ganz andere Stimmung getauchtem „Paten des Todes" und mit einem späteren knappen Meisterstück, Jakob Julius Davids „Digitalis", zu vergleichen. Emil Marriot hat außerdem Tiergeschichten von der gleichen klaren Beobachtungsfähigkeit geschrieben.

9. Das jüdische Familienbild

Das Zeitalter des klassischen Humanismus hatte die Oberschicht der deutschen Judenheit deutscher Bildung zugeführt, längst bevor durch die großen Staatsreformen im Beginne des neunzehnten Jahrhunderts eine förmliche Einbürgerung durch die sogenannte Emanzipation erfolgte. Die große Reform, auf das Gemeindeleben, den Unterricht, die Sprache gleich wirksam, knüpfte sich vor allem an die Persönlichkeit Moses Mendelssohns. Der Umschwung von dem abgeschlossenen jüdischen Leben zu freier Betätigung innerhalb der umwaltenden christlichen Gemeinschaft war auch dort von einer schicksalhaften, den gesamten Lebensstil wandelnden Bedeutung, wo eine Abschließung der Bekenner des Judentums im Ghetto nicht bestanden hatte. Wir sahen innerhalb der Romantik nicht wenige Juden von dichterischem oder wissenschaftlichem Range den Übertritt zu einer der christlichen Kirchen vollziehen, darunter bezeichnenderweise die Nachkommenschaft des Vaters der Reform. Als großes, seine Zeit überdauerndes Zeugnis des klassischen Humanismus stand Lessings letztes Drama, vor dem nachfolgenden Geschlechte, es verkündete nach Heinrich von Treitschkes Wort „jenes Glaubensbekenntnis deutscher Aufklärung, dessen heitere Milde anderen Völkern erst nach den Stürmen der Revolution verständlich wurde".

Im Gefüge des Realismus bot die Darstellung jüdischen Lebens zugleich eine neue Problematik. Die Eröffnung der Zugänge ins Allgemeine und dem gegenüber die noch am Überkommenen hangende Gewohnheit, das neue Verhältnis zur Umwelt lösten inneren und äußeren Widerstreit aus, der mannigfach zur schriftstellerischen Formung drängte. Es war im Zusammenhange der deutschen Geistesgeschichte nur natürlich, daß sich Grillparzer ebenso wie Hebbel, Otto Ludwig, Karl Gutzkow, Friedrich Albert Dulk Stoffen aus der jüdischen Vergangenheit zuwandten. Im Roman und der Novelle tastete sich die Gestaltung, die sich im Drama an große geschichtliche Stoffe rankte, erst langsam zu lebenstreuer Verbildlichung heran. Berthold Auerbachs „Dichter und Kaufmann" war gleich Fanny Lewalds „Jenny" noch ein halbreifer Versuch, von beträchtlicherer Bedeutung war bereits Auerbachs „Spinoza". Siegfried Kappers „Prager Ghottosagen" wurden bereits genannt. Heinrich Laubes „Ruben" war ein flächiges Bild geblieben, Julius Rodenbergs jüdische Gestalten in seinem Cromwell-Roman wirkten nicht recht überzeugend. Mit realistischer Gegenständlichkeit hatte Gustav Freytag jüdische Umwelt gezeichnet, und Friedrich Spielhagen hatte in mehreren Romanen, zum Teil mit zeitgeschichtlicher Färbung, zuletzt eindrucksvoll in „Frei geboren", jüdische Charaktere gegeben. Am echtesten

hatte Wilhelm Raabe sowohl Tragik wie Problematik dieser zwischen
Einst und Jetzt gestellten Menschen geschildert. Diese sich innerhalb einer Familie abspielende Kehrtwendung vom Alten zum Neuen
gibt vielfach den Ober- oder doch den Unterton in den Romanen und
Novellen aus dem jüdischen Leben an.

Noch in die jungdeutsche Epoche gehört Heines Vetter H e r m a n n
S c h i f f (1801—1867), ein in mannigfachen Künsten dilettierender
Mann. Als Schriftsteller stand er unter dem Einflusse von E. T. A. Hoff-
mann. Sein komischer Roman „Schief-Levinche mit seiner Kalle" ist
ein drastisches Genrebild aus der Luft des Ghettos. Schon einer anderen
Zeit gehört S a l o m o n H e r m a n n M o s e n t h a l (später Ritter von
Mosenthal, 1821—1870) aus Kassel, ein Schüler Dingelstedts, mit
seinen „Erzählungen aus dem Jüdischen Familienleben" an. Sie bringen
Darstellungen aus altväterischer, kleinstädtischer Umwelt.

Viel weiter griff L e o p o l d K o m p e r t (1822—1886) aus. Der
Landsmann und Freund Moritz Hartmanns erzählte in einem lebenstreuen
Stil als erster „Geschichten aus dem Ghetto". Er zeichnete sowohl die
jüdischen wie die christlichen Gestalten mit sicherem Stift in die Welt der
Moldau-Ebene ein und wußte die aus der Glaubensverschiedenheit
quellenden Konflikte mit behutsamer Hand ohne schönrednerischen Auftrag darzustellen. Aus den „Geschichten einer Gasse" spricht dieselbe
verhalten wehmütige Stimmung, die Raabes „Holunderblüte" durchweht.
In naher, nicht nur örtlicher Verwandtschaft zu Komperts Erzählkunst
steht diejenige von S a l o m o n K o h n (1825—1904). Er hat aus
dem Leben böhmischer Juden den Roman „Gabriel" dargebracht, besonders aber in seinen „Prager Ghettobildern" einen Humor an den Tag
gelegt, der die einfachen Geschicke dieser unter besonderem Gesetze
stehenden Menschen liebenswürdig umrankt. Auch die jüdischen Lebens-
geschichten von A a r o n B e r n s t e i n (1812—1884) aus Danzig
haben eine humoristische Färbung mit einem leicht ironischen Ton. Der
Chefredakteur der „Berliner Volkszeitung", der sich als Verfasser natur-
wissenschaftlicher Volksbücher bewährte, zeichnete in „Vögele der
Maggid" und „Mendel Gibbor" zwei Typen jüdischen Lebens von großer
Eindringlichkeit. Der zum Kreise Hebbels gehörige Österreicher E d u -
a r d K u l k e (1831—1897) hat das Leben jüdischer Familien in seinem
heimischen Umkreise geschildert.

In den weiten Bezirken, die sich zwischen dem Weichselbogen und
der unteren Donau bis zum Schwarzen Meere dehnen, saß noch ein der
europäischen Kultur fernes, altgläubiges, den Gebräuchen der Väter ur-
verbundenes Judentum, eingesprengt in eine andersgläubige, zumeist
slavische Umgebung. In diese seltsame Welt führte ein außerhalb des
Judentums stehender Schriftsteller L e o p o l d v o n S a c h e r - M a -
s o c h (1836—1895) aus Lemberg. In scharf umrissenen Novellen bot
er Bilder aus diesem Leben dar, so im „Kapitulanten". Was L u d w i g
A u g u s t F r a n k l v o n H o c h w a r t (1810—1894) flächig, in der
böhmisch-jüdischen Geschichte vom Primator (dem Sachwalter der Juden-

heit gegenüber den Behörden), vorgetragen hatte, ward bei Sacher-Masoch zu lebendig geführter Charakteristik. Den höchsten Rang nahm unter seinen „Jüdischen und Galizischen Geschichten" der „Don Juan von Kolomea" ein. In dem „Vermächtnis Kains", einer umfangreichen Novellensammlung, wußte Sacher-Masoch die eigentümliche Aura der einförmigen Ebene Galiziens zwingend darzustellen und mit sicher geformten jüdischen Gestalten zu bevölkern. Späterhin ist er einer Neigung zu Perversitäten erlegen, deren schriftstellerische Vorführung unterhalb eines ernsthaften literarischen Niveaus rangieren.

K a r l E m i l F r a n z o s (1848—1904), in einem podolischen Flecken geboren, kam über Wien nach Berlin, wo er die besonders jüngeren Talenten offene Monatsschrift „Deutsche Dichtung" herausgab. Franzos erfand für die sich dem Bezirke deutscher Kultur vorlagernden, von Ostvölkern bewohnten Gebreite die Bezeichnung Halb-Asien und erging sich in der Schöpfung mannigfacher, zur Novellenform ausschreitender Kulturbilder aus diesem Gebiete, wo die Stämme und die Bekenntnisse sich oft in hartem Zusammenstoße begegnen. Oft stellte er das herbe Geschick unterdrückter Schichten dar und eröffnete dabei Einblicke in eine bisdann dem Westen fremde Dichtung, etwa in die kleinrussische Literatur. In seiner ersten Novellensammlung „Die Juden von Barnow" leben in grellen Bildern Unterdrückung und Glaubenshaß ebenso wie die Zwistigkeiten innerhalb des Judentums zwischen den Bekennern der reinen Lehre und solchen, die zu freierer Aussicht vorstoßen. Genrebilder wie in „Leib Weihnachtskuchen und sein Kind" werden sicher umrissen. In der „Judith Trachtenberg" zeichnete Franzos ein ergreifendes Frauenbild, im „Kampf ums Recht", der seine Gestalten bis in die Hofburg geleitet, ein östliches Seitenbild zu dem Probleme, das in Kleists „Kohlhaas" empordringt. Franzos betont leidenschaftlich den Vorrang der deutschen Kultur, der als Erbin des klassischen Humanismus auch an den Völkerschaften der Ostwelt und im besonderen an den Juden noch eine große Aufgabe gestellt ist. In diesem Betrachte ist sein hinterlassenes Werk, der Roman „Der Pojaz" bezeichnend; er schildert den Aufstieg eines künstlerisch veranlagten jungen Juden, der gegen alle Widerstände seiner Umgebung sich zu deutscher Kultur und künstlerischer Betätigung durchringt, aber im Augenblick der Erfüllung ein Opfer früher Entbehrungen wird.

Sechstes Buch

SPÄT- UND KLEINREALISMUS

1. Norddeutscher Spätrealismus

Im Tunnel über der Spree hatte Romandichtung nicht für voll gegolten; Dichten hieß vorerst und vorzüglich: der Verskunst Meister sein. Erging sich ein Mitglied in Prosa, so kam es zur Novelle, deren gerade von dieser Runde ausstrahlende Entwicklung zur Meisterschaft bereits geschildert ward. Aus dem engeren Tunnelkreis ist denn auch nur ein Roman von Bedeutung, Adolph Widmanns „Tannhäuser", hervorgegangen. Theodor Fontane (1819—1898), einmal mit der Würde des Angebeteten Hauptes bekleidet, hatte im Sonntagsverein mit seinen „Preußischen Helden" und dann mit dem „Archibald Douglas" Ruhm geerntet und die im engeren Kreise gewonnene Stellung im Gesamtbau des literarischen Lebens mit Büchern aus England und vor allem den „Wanderungen durch die Mark Brandenburg" befestigt. Diese Wanderungen waren weit über den Begriff von Reisefeuilletons hinaus, den Fontane einmal für sie in Anspruch nahm, eine unbefangen dargebrachte, mit plauderhaftem Sprachtone belebte, niemals schematische Abwandlung von auf Fahrten und Gängen durch die Heimat aufgesammelten Einblicken. Der Anekdotenfreund und Balladendichter war unter einem schwermütigen Gesamteindruck von Natur und Geschichte zur Idee seines Buches gekommen und blieb solchen Stimmungen hingegeben. Der Nachdruck des Erzählten liegt, aufs Ganze gesehen, da, wo Geschichte spricht oder lebend gemacht werden kann. Unsystematisch und ohne Rücksicht auf Vollständigkeit gab Fontane nur charakteristische Ausschnitte und schuf aus engerem Bezirke ein Seitenstück zu Gustav Freytags „Bildern aus der deutschen Vergangenheit". Nun aber, den Fünfzigern nahe, sammelte sich der Dichter, der in niemals recht belohnter Liebesmüh die drei Einigungskriege in alle gleichzeitigen und gleichartigen Werke übertreffender Darstellung geschildert hatte, zum Roman, und 1878 erschien nach dem Vorabdruck im „Daheim": „Vor dem Sturm. Roman aus dem Winter 1812 auf 13". Wenn Fontane in einem Geleitbrief an seinen Verleger Wilhelm Hertz (1822—1901) „heiteres, wenns sein kann, geistvolles Geplauder, wie es hierlande üblich ist" als Hauptsache an dem Buche betrachtet, so hat Fontane diese Vornahme reichlich erfüllt, der Hugenottensprößling hatte ein gut Teil französischer Grazie geerbt. Er erzählt nicht Begebnisse aus dem ungestümen Schwunge der Freiheitskriege selbst, sondern aus den Monaten der Vorbereitung und verlegt die Handlung in den Osten der Mark, wofern er sie nicht in Berlin spielen läßt. Das Gesetz, nach dem der von Fontane bewunderte Walter Scott seine Geschichtsromane schrieb, ist auch für den Märker giltig: die großen historischen Gestalten schreiten durch den Hintergrund, vor welchem die Träger der Handlung ihren gewiesenen Platz haben. Aber das überwaltende vaterländische Geschehen spiegelt sich nicht nur in den Vordergrundsfiguren, sondern selbst in solchen Erscheinungen, die nur schlagbildhaft zu scheinbar nebensächlicher Wirkung gelangen. Die Handlung kristallisiert sich um das adlige Haus der Vitzewitz auf Hohenvietz. Der leidenschaftliche Grundherr reißt Standesgenossen, Bürger, Bauern mit zu einem Anschlag auf die in Frankfurt versammelte französische Macht. Das Unternehmen mißglückt, es kostet dem Sohn die Freiheit, und des Sohnes Enthaftung bringt dem Neffen, dem Geliebten der Tochter, den Tod. Dies den Kern der Romanhandlung bildende Geschehnis ist von einer Fülle von Einzelzügen umrankt, die sich innerhalb des umgrenzenden Rahmens zu einem Vollbilde der schicksalschwangeren Zeit zusammenfügen. Die Unredensartlichkeit (um ein echt Fontanisches Wort zu gebrauchen), welche in den „Wanderungen" ihre statt hatte, ist hier, trotz manchmal breiter Schilderung, mit einer bewußten Einsparung so durchgeführt, daß die dauernden Züge jeder Gestalt lebensvoll hervortreten. Das gilt nicht nur von dem alten, absichtlich ohne weibliche Folie belassenen Vitzewitz, sondern diese schlußgerechte, vom kleinsten Zuge her zum Gesamtbilde aufsteigende Charakteristik bewährt sich ebenso an den unvergeßlichen „Chargen", wie dem General Bamme und der „Halbhexe" Hoppenmarieken, geschweige denn an den alten und jungen Frauenbildern der Dichtung, deren innnerste Verschiedenheit manchmal nur in Haltung und dem Untertone der Plauderei ihren Ausdruck findet. Dabei ist die Aussicht auf das Zeitbild so umfassend, daß wir völlig in die Atmosphäre der sich vorbereitenden Wendezeit eingesponnen werden. Die märkische Art der Romantik rückt ebenso ins Blickfeld wie der königliche Hof durch den Vater des Prinzen Louis Ferdinand zu Worte kommt. Das Berliner Bürgertum im Punschlokal auf dem Windmühlenberge vor dem Prenzlauer Tore hat seine Rolle im preußischen Drama zu spielen oder doch ihr Stichwort gleichermaßen zu geben wie die Bauern am Weißbiertisch von Hohenvietz. Fontane ist sich immer bewußt, daß auch in Zeiten höchster Anspannung der Alltag stets noch ein Stück gewohnter Straße weitergeht, als ob es keine Weltgeschichte gäbe — und gerade so erweitert er die Bilderfolge, bei scheinbarer Verengung in Einzelheiten zum Weltbilde. Der Autor war sich schon im Entwurfe darüber klar, daß man zwischen Vorder-, Mittel- und Hintergrundfiguren scheiden müsse und verleiht jeder von ihnen ein sie kennzeichnendes Gepräge. Die Fülle und Vielfalt der Gestalten macht diesen denkwürdigen Erstling eines auf anderem Felde längst zur Meisterschaft Gereiften im Gesamteindruck unvergeßlich.

In einer einzigartigen Deutung steigen hinter den Gestalten von „Vor dem Sturm" zwei geschichtliche Bilder auf, die gewissermaßen Folien zu zwei wesentlichen Handlungsträgern darstellen: Friedrich der Große und sein auf Rheinsberg vollendeter Bruder Heinrich. Diese Ausrichtung auf einen geschichtlichen Hintergrund verleiht dem Roman eine besondere Ausschau und verbindet ihn, der die Menschen vor neue Entscheidungen stellt, organisch mit der schicksalsschweren Vergangenheit ihres Landes. Es kommt jedoch für die innere Schwingung der Dichtung noch eine Mitgabe hinzu: der Balladenmeister Theodor Fontane verleugnet das, was er gerne sein Metier nennt, nirgends; wie er in einem (nach dem Vorbilde des Tunnels gebildeten) Kreise den atemlos lauschenden Hörern eine Seydlitz-Ballade vortragen läßt, so gibt Fontane an die Handlung besonders bewegender Stelle gerundete Bilder, durch welche die balladische Einstimmung schimmert, so bei der Fahrt des jungen Vitzewitz zur heimatlichen Weihnachtsfeier, so bei dem nächtlichen Überfall auf Frankfurt.

Noch Eines war in diesem, den deutschen Realismus zu einer neuen Entfaltung führenden Werke umschlossen, und Fontane gestand, daß er es bei wiederholter Lesung zu seiner Überraschung darin gefunden hätte: „Die Welt dürstet nach Wiederherstellung des Idealen. Jeder kann es jeden Tag hören. Und es ist ernst gemeint. Da kommt nun d i e s e s Buch, das dem in tausend Herzen lebendigen Gefühl Ausdruck leiht. Hätte ich es g e w o l l t, hätte ich auch nur einen Tropfen fromme T e n d e n z hineingetan, so wäre es tot, wie alles Zurechtgemachte. Aber es steckt in dem Buche ganz gegen mein Wissen und Willen . . . die alten Götter leben noch. Unsinn. Das Christentum ist nicht tot. Es steckt uns unvertilgbar im Geblüt, und wir haben uns nur darauf zu besinnen. Jeder, der sich prüft, wird einen Rest davon in sich entdecken. Und diese Reste müssen Keime zu neuem Leben werden". Diese Worte, noch im nachzitternden Rausche der Gründerzeit, im Beginn der mechanisierten Epoche deutschen Lebens niedergeschrieben, enthüllen einen positiven Keim der Dichtung, wie er dem bloßen Zeitroman nicht eignete. Die innerste Führung von „Vor dem Sturm" richtet sich stracks gegen das sich vermessende Selbstgefühl einer neuen Zeit und gegen eine materialistische Welterklärung, deren Überwindung der Dichter noch auf ihrer Höhe ahnend vorwegnimmt.

In einem Werke, dessen Schwergewicht dem so spät zu neuer Form gereiften Dichter selbst erst nach der Vollendung zum Bewußtsein kam, hatte der jung-alte Schöpfer zudem eine Anmut bewiesen, die auf dem Felde des historischen Romans noch keine Seitenstücke hatte. Fontane war es beschieden mit dem, was er ohne abschätzigen Beigeschmack als Plauderhaftigkeit bezeichnete, den Stil, den Alexis für seine märkischen Romane verwandte, zu einer dem Nachfolger eigentümlichen Bildung aufzulockern. Der Wanderer durch die Mark hatte mit belohnter Liebesmüh einen Gipfel erstiegen, von dem er zu anderem Werke ausschreiten mochte.

Zweimal noch hat Theodor Fontane geschichtliche Stoffe ergriffen. Nach dem weitumspannenden Roman grenzte er sich in „Grete Minde" zur Novelle ein und schuf nach einer altmärkischen Chronik die leidvolle Historie von der Ratsherrntochter zu Tangermünde, deren unheilvolle Sendung das furchtbare Brandunglück über die einstige kaiserliche Residenz am Elbufer verhängte. Was Ludolf Parisius aktenmäßig zu vermelden wußte, wird von dem anderen Märker in einem bezwingenden Tone dargebracht, der nun nicht balladisch gefärbt ist, sondern immer aufs neue thematisch durch das Auf und Ab der Handlung die schlichten Motive von Volksliedern ertönen läßt. Hier zuerst tritt eine in hohem Maße nervöse weibliche Gestalt auf, die trotz reizbarem Wesen innerhalb kleinstädtischer Nüchternheit ein Stück Poesie verkörpert. Wohl hatte das mannigfach belebende Genre von „Vor dem Sturm" in dieser den reinsten Novellenstil durchbildenden Erzählung keinen Anspruch auf Entfaltung; dafür ist die innere Geschlossenheit des Lebensberichtes von Grete Minde im engsten Ringe unüberhörbar, und die erschütternde Kraft, die der Freund Paul Heyse der Novelle beimaß, eröffnete den Ausblick zu Gebilden einer künftigen Meisterschaft.

Im „Schach von Wuthenow" gab Fontane ein ergänzendes Seitenbild zu „Vor dem Sturm". In jenem Roman hatte er dem neuen, lauten Erfolg anbetenden Nationalismus ein Bild reiner Vaterlandsgesinnung vorgehalten. Seither war der Zusammenhang mit dem alten, großen Humanismus weiter verloren gegangen, materialistische Welterklärung, rechnerische Geldgesinnung und ein grundloser, leerer Kulturoptimismus reckten das Haupt. Schon hatte Friedrich Nietzsche in der ersten „Unzeitgemäßen" die unfreiwillig-komische Straußsche Selbstverherrlichung des bildungsstolzen Philisteriums grausam gezüchtigt. Da erhob aus diesem Buche Fontanes die Geschichte ihre Warnung und mahnte an das Gesetz der eitelen Befangenheit, dem Schach zum Opfer fiel. Mit besonderer Stilkraft übt Fontane hier das bereits in dem großen ersten Roman oft gebrauchte Kunstmittel der Durchbildung lebenswichtiger Sinndeutungen im Brief oder im Gespräch, und er weiß, zumal auch in Unterhaltungen während der Fahrt oder zu Pferde, den besonderen Rhythmus solcher Wechselreden zu gestalten.

Nachdem der epische Durchbruch bei Fontane erfolgt war, riß der Faden der späten, frischen Entwicklung nicht mehr ab. Gewissermaßen als Zwischenspiel schenkte er Erzählungen, die man gleich dem „Schach" auf den gemeinsamen Nenner bringen könnte, daß sie allesamt die Ewigkeit und Unwandelbarkeit des Gesetzes dartun. In der dem „Schach" zunächst folgenden „Ellernklipp" spricht ein alter Schäfer, ein „Erweckter", diese auf das Ziel nicht nur der einen Handlung deutenden Worte als sicher verhängte, unabdingbare Wahrheit aus. „Ellernklipp", das im Harz verörtlicht ist, „Unterm Birnbaum", das im Oderbruch spielt, und „Quitt", das vom Riesengebirge nach Amerika führt, handeln alle drei von schwerer Schuld, die nach lebenslänglicher Bedrückung ihre Sühne findet. Ihnen fehlt freilich das Leichte, Volkstümliche der „Grete

Minde" und in ihnen richten sich die Spannung und Neigung des Lesers
trotz reicher Belebung im Detail vor allem auf den interessanten Fall.

In „Vor dem Sturm" wie im „Schach" hatte Fontane Bilder aus
Berlin geboten, die niemals nur nebensächlich eingefügte Schlaglichter
waren, sondern die Handlung unablösbar fortführen halfen. Wenn in
dem Roman von 1812 auf 1813 Fichte im Kolleg vorgeführt war, so
stand diese Episode ebenso in dem inneren Ringe der Handlung wie die
Mohnpielen-Gesellschaft bei Frau Hulen in der Klosterstraße — immer
gehören solche scheinbaren Ausbiegungen zur schlußgerechten Fügung
des Gesamtbildes. Die Wanderung durch die Mark mündete nun innerhalb der späten dichterischen Prosa Fontanes in Berlin. Selbst wenn er
wie in „Unwiederbringlich" den Schauplatz sehr stimmungsecht an der
schleswig-holsteinischen Ostseeküste wählt und seine Gestalten alsdann
nach Kopenhagen geleitet, so eignet diesen Dänen etwas ausgesprochen
Berlinisches, ja Märkisches. Neben diesem Roman, der herrnhutische
Gottseligkeit und weltfreudige Glanzneigung in tragischer Verzwistung
zeigt, hat Fontane nur im „Grafen Petöfy" seine Gestalten ganz in einen
fernen Rahmen gestellt, aber wie er diesem in Österreich und Ungarn
spielenden Romane eine lebensvolle Erinnerung an das Swinemünde
seiner Kindheit einfügte, so strebte er immer stärker zur Eingrenzung in
die Umwelt, der er nun seit so langer Zeit zugehörte und die seine französischen Vorfahren einst gastlich aufgenommen hatte. Mit der „L'Adul-
tera" eröffnete Fontane eine Reihe von Romanen aus dem Berlin seiner
Gegenwart. Seine Personen sind an keine Standesgrenze gebunden; sie
leben im Kreise des Hofes wie des Offizierkorps, sie stammen aus dem
Adel und dem wohlsituierten Bürgertum oder bringen sich als Klein-
bürger und Handwerker schlecht und recht durch; nur der neue Industrie-
arbeiter wird noch nicht einbezogen. Immer wieder bringt er Berliner
Persönlichkeiten ins Bild oder doch ins Gespräch. Dabei wird eine
völlige Topographie Berlins entwickelt; Fontanes Realismus gewann
Dichtigkeit und Nähe auch aus der Tatsache, daß er seine Menschen in
kontrollierbarer Umgebung ansiedelte und sie häufig mit geschichtlich
nachweisbaren Personen zusammenführte. Das „anregende, heitere,
wenn es sein kann, geistvolle Geplauder, wie es hierlandes üblich
ist", das sich Fontane vor dem ersten Romane zur künstlerischen
Richtschnur genommen hatte, stand nun als Wesenszug seiner neuen
Kunst obenan und wurde immer verfeinert. Eine graphische Fest-
legung des Raumverhältnisses zwischen Darstellung und Selbstdarstellung in Gespräch und Brief würde von Werk zu Werk den Vorrang
der Unterhaltung, gleich dem Fortschritt von direkter zu indirekter
Charakteristik beweisen, wie denn Fontane ein Briefschreiber höchsten
Ranges war. Er hat unter seinen Altersgenossen nur drei in der Anmut
ihres Stiles und der Grazie des Ausdrucks gleichstehende Epistolo-
graphen, Paul Heyse, Kurd von Schlözer und Otto von Bismarck, den
Kanzler, dessen Wesen Fontanes Briefe in Bewunderung und manchmal
schärfster Kritik bewußt werden ließen. Durch den Hintergrund mehr

als einer der Berliner Romane schreitet die gewaltige Gestalt des
Reichsgründers, zuweilen durch eine Figur der Fronde im Hohlspiegel
aufgefangen.

Die Verbindung von Größe und Genre in „Vor dem Sturm" verdiente
die auszeichnende Färbung — es war die List der Idee, daß vom Autor
unvermerkt eine Tendenz die Romanhandlung überwaltet hatte. Im
Gegensatze zu Fontanes dichterischer Einstellung hatte Karl Gutzkow,
noch durchaus jungdeutsch ausgerichtet, in das Gerüst seiner „Ritter
vom Geiste" die Stützbalken einer zeitverwandten und zukunftdeutenden
Tendenz eingezogen, und Friedrich Spielhagen folgte diesem Berliner in
seinen berlinischen Romanen aus einer späteren Entwicklung heraus.
Auch Heyses „Kinder der Welt", so weit ihr stilistischer Abstand von
Gutzkow und Spielhagen auch war, hatten eine, freilich nicht unmittelbar
vom Zeitleben her kommende Ausrichtung zu bestimmtem weltanschaulichen Ziel. Der späte Fontane passierte nach seinen belohnten Wanderungen durch die Mark Brandenburg endlich durch das Brandenburger
Tor in die Hauptstadt ein und setzte unverblendbar wie immer das
Wanderwerk auf einem neuen Höhenwege fort. Als Kind und Jüngling
hatte er noch den Ausbau Berlins durch seinen Neuruppiner Landsmann
Schinkel erlebt, dann die Revolution von 1848 heißen Herzens journalistisch begleitet und war bei dem Aufstiege der preußischen Hauptstadt zu der des Reiches der Sprecher, der jedesmal die einziehenden
Sieger grüßte. Dies neue Berliner Werk war gewissermaßen eine Fort-
führung der einer großen und stürmischen Vergangenheit zugewandten
Arbeit von Willibald Alexis, den Fontane liebevoll charakterisiert hat.
Aber wie Fontane in dem ersten Roman den Stil von Alexis auflockerte,
so gruppierte er die Menschen Berlins seiner Zeit zwanglos zu einem
Miteinander, das nun über das zeitgeschichtliche Bild hinaus zu lebens-
treuer Deutung ins Allgemein-Menschliche aufwuchs. Als Fontane seinen
Roman „Irrungen, Wirrungen" in der Vossischen Zeitung abdrucken
ließ, fragte deren Eigentümer den Redakteur P a u l S c h l e n t h e r
(1854—1916) unwirsch, wann denn wohl diese Hurengeschichte zu
Ende ginge. Aber gerade in dieser Darstellung eines typisch berlinischen
„Verhältnisses" bewährte sich die Grazie einer Kunst, die aus der Lesung
eines Liebesbriefes mit mangelhafter Orthographie eine umreißende
Charakteristik der Schreiberin gewann. Mit einer manchmal nur zu
deutenden Schlagworten strebenden, manchmal, je nach dem Sprecher,
behaglichen Unterhaltlichkeit führt Fontane seine Menschen zusammen,
sei es am Berliner Hafenplatz am Tische der Cécile von St. Arnaud, sei
es beim Berliner Blau-Fabrikanten am Ostrande der Stadt in „Frau
Jenny Treibel" oder in dem gleichen Roman bei dem Oberlehrerkränz-
chen im Hause des Professors Willibald Schmidt. Ob das Gespräch über
Bismarck, über eine Reichstagswahl oder über Schliemann geht — immer
ist es aufs feinste pointiert und jedem Redner und jeder Rednerin eignet
eine charakteristische Haltung. Diese Romane erreichen immer ihre besondere Note durch das Genrehafte. Mit einer Technik ohnegleichen

sind diese Gesellschaftsbilder ausgezeichnet. Wie Adel und Bürgertum im neuen Kaiserreich aussahen, das kam erst hier bündig und mit einer Zuneigung zum Ausdruck, die den Menschen nicht nur durch die erhellten Straßen geleitet, sondern überall, in der gräflichen Kutscherstube wie auf der Sittenpolizei, aber auch am Hofe, in der Umgebung des Alten Kaisers, in der beengten Wohnung der Majorswitwe von Poggenpuhl wie im Parkett des Königlichen Schauspielhauses Bescheid weiß, wo der Dichter lange Zeit das kritische Amt übte.

Was Paul Lindau, Mauthner, Zolling nicht gelang, was sich Spielhagen durch Einkeilung von zeitproblematischen Erörterungen und Übersteigerungen gelegentlich verdarb, war in diesen Romanen absichtslos bezwungen: im Bilde berlinischer Menschheit eine Lebenstreue, die dem Betrachter der Äußerlichkeiten ebenso einleuchten mochte, wie einem allein dem Innen zugewandten Blicke.

Eine höchst bezeichnende Wandlung zeigt sich innerhalb dieser Romanreihe. In „Irrungen Wirrungen", in „Stine", in „Frau Jenny Treibel" fügen sich die Menschen dem Herkommen, und nur in „Stine" kostet solcher Verzicht auf ein Lebensglück dem zur Entsagung Gezwungenen das Leben. In dem aus der Mark nach dem reizvoll ausgemalten Kessin-Swinemünde und dann nach Berlin führenden Roman „Effi Briest" vollzieht Fontane einen Stellungswechsel. Was in dieser mit Achtsamkeit auf den letzten Ton und einem verschwiegenen Mitschwingen zarter Empfindung vorgetragenen Geschichte sich abspielt, das liegt genau so auf der Linie unanfechtbarer Raison wie die Vorgänge der anderen Romane. Hier aber wird der Durchstoß zur menschlichen Freiheit über das Gesetz der Konvention versucht. Effis Gatte kommt nicht darüber hinweg, daß er genau nach dem Ehrenkodex den einstigen Freund seiner Frau, hinter der die Vergangenheit längst versunken war, im Zweikampf erschossen hat. Der Vollstrecker der Tat spricht sich angesichts einer von Fontane mit allem halb kindlichen Reize begnadeten Frauengestalt, der es noch nicht gegeben war, sich eines Ehebruches zu rühmen und durch die Doppelnis konventioneller Gedankenlosigkeit und feudaler Ehrbegriffe vernichtet wird, das Gericht.

Fontane hat an die Stelle des Zeitromans eine Darstellung gesetzt, die man richtig nur als Sphärenroman werten kann. Hier, in „Effi Briest", steigt er aus der Sphäre zu freier Aussicht auf, wie die künstlerische Fügung dieses Romans in ihrer schlußgerechten Staffelung besonders vollendet war — der Umschlag der Quantität in die Qualität.

Den berlinischen Romanen präludierte Theodor Fontane durch zwei Bücher, von denen zumal das erste vollen dichterischen Klang hat. Er war auf einer Studienfahrt zu seinem dritten Kriegswerke in das Land der Jungfrau von Orléans gekommen, hatte der Versuchung zur Weiterfahrt nicht widerstehen können und war in französische Kriegsgefangenschaft geraten, aus der ihn nach Monaten Bismarck befreite. Ohne daß er den tödlichen Ernst seiner Lage beschönigte, legte er in dem Bande „Kriegsgefangen. Erlebtes 1870" in der Darstellung so seltsamen Ge-

schickes wieder die große schriftstellerische Doppelgabe an den Tag: die
Fähigkeit, im Gegenwärtigen das Vergangene zu sehen, und den Sinn
für das Genrehafte der Menschen und Dinge. In dem auf der zweiten
Kriegsfahrt empfangenen Buche „Aus den Tagen der Okkupation" wußte
er Persönliches und Geschichtliches mit einer früher nicht erreichten Vollkommenheit zu einen, von der gemeinsamen Fahrt mit Friedrich Theodor
Vischer in Feindesland und einer stummen Begegnung mit dem jüngeren
Dumas bis zum Wiedersehn mit dem seinen Zug führenden Leutnants-
sohn und einem nachdenklichen Blicke vom Münsterturm auf das wieder-
gewonnene Elsaß. Der früh vollendete Sohn G e o r g e   F o n t a n e
(1851—1887) hat in nach seinem Tode veröffentlichten Feldzugs-
berichten eine dem Vater verwandte Anlage erwiesen.

Auch die drei Werke, in denen Fontane von seinem Leben und seinen
Lebensfreunden Kunde gab, sind trotz ihrer höchst eigenwilligen Formung
Zeugnisse seines Dichtertums. Überall begegnet uns die nun ohne einen
Zwang zu komponierender Einheit zu immer neuen überraschenden und
einschmeichelnden Wendungen führende Freude am anekdotischen Genre-
bilde, sowohl in der den Tunnel in die Mitte rückenden Arbeit „Christian
Friedrich Scherenberg und das literarische Berlin. Von 1840—1860"
wie in dem schmalen Bande „Meine Kinderjahre" und der im Todes-
jahre erschienenen Fortsetzung „Von Zwanzig bis Dreißig". Der den
„Kinderjahren" verliehene Untertitel „Autobiographischer Roman", soll
nur den Wunsch ausdrücken, „nicht von einzelnen aus jener Zeit her
vielleicht noch Lebenden auf die Echtheitsfrage hin interpelliert zu
werden". Eine bis zur novellistischen Rundung im einzelnen dichterisch-
menschlich gesteigerte Selbstrechtfertigung und Selbstbekennung lag
nicht in Fontanes Plan, er nahm sich dazu auch nicht wichtig genug. Aber
indem der „Bummelton" der Tunnelzeit hier eine gerechtfertigte Auferstehung aus einem Mischgefühl von Dankbarkeit und stiller Wehmut
beging, tauchte zum letzten Male der berlinische Realismus des Tunnels
in seiner humoristischen Überglänzung in dem Werke Fontanes empor.

Erst nach des Dichters Tode — er folgte dem Bismarck des Sachsen-
waldgedichtes nach wenigen Wochen — trat in Buchform der Roman
„Der Stechlin" hervor. Unwillkürlich drängt sich der Vergleich mit dem
an der Pforte stehenden Romanwerke „Vor dem Sturm" auf, schon
wegen der gleichmäßigen Breite, mit der dort und hier Lebenszustände
auf einem märkischen Adelssitz und in Berlin geschildert werden und
wegen des in den beiden Büchern zur Einkleidung benutzten Wande-
rungstils. Die Ähnlichkeit geht sogar noch weiter, indem Fontane gewisse Charaktere des ersten Romans in höherer Vollendung oder bedeutsamer Wandlung als neue Lebensbilder hinstellt. In dem Major Dubslav
von Stechlin zeichnet Fontane noch einmal sein eigenes Altersbild etwa
so, wie er sich selbst erschien, wenn er den Versuch machte, sich unter
Abzug des dichterischen Elementes auf die letzten menschlichen Linien zu
bringen. Die keiner Verjüngung bedürftige Plauderhaftigkeit hat der
unalternd Alternde bis zur Vollendung durchgehalten und zugleich ein

reiches Stimmungsbild aus den Tagen nach Bismarcks Entamtung dargeboten, das leise Deutungen einer innerpolitischen und weltpolitischen
Zukunft enthält — sie gewinnen heute einen wehmütigen Aspekt.

„Von Zwanzig bis Dreißig" war zuerst in der „Deutschen Rundschau" hervorgetreten. Ihr Herausgeber J u l i u s R o d e n b e r g fand
sich in den siebziger Jahren zu einem realistischen Stile hin, der sich
in den „Grandidiers" zuerst bewährte. Rodenberg stellte eine Familie
hugenottischer Herkunft in das mit treuer Einläßlichkeit geschilderte
Berlin der sechziger Jahre und ließ die große Entscheidung des Krieges
von 1870/71 auch über dem Geschick des Hauses Grandidier bestimmend
walten. Gerade die Eigenart des nur aus der Kolonie stammenden und
leichte französische Züge tragenden Familienhauptes ist sicher umzeichnet; und von besonderer Feinheit ist die sinnvolle Ausrichtung der
Handlung auf Schlüters große Denkmalsschöpfung des Wohltäters der
Hugenotten auf der Langen Brücke. Mit den „Bildern aus dem Berliner
Leben" erbrachte der nun in der Hauptstadt voll Eingelebte eine Art Ergänzung von Fontanes „Wanderungen" und wußte die mannigfache Abtönung berlinischer Lebensart in geschichtlicher Versenkung bis zu
novellistischer Rundung zu steigern. Den Abschluß bildete ein in die
Geschichte zurückdeutender Spaziergang über die Via triumphalis der
Linden.

Als eine Studie aus dem alten Berlin gab Rodenberg die Novelle
„Herrn Schellbogens Abenteuer", das Erlebnis eines Berliner Klein-
bürgers, knapp und klar im Umriß, zum Greifen deutlich in der früheren
Sandwüste unterhalb des Kreuzberges verörtlicht. Eindrucksvoller ist die
Erzählung „Klostermanns Grundstück", ein wehmütig-liebevolles Seiten-
bildchen zu Spielhagens „Sturmflut". Die Gründerzeit hat einen im
engen Gassengewirr der Innenstadt wohnenden Stadtsekretär zu Speku-
lationen verleitet, die den sauer verdienten Sparpfennig aufzehren. Aus
der Verstörung, welche die Ehe der Kinderlosen zu gefährdender
Fremdheit erkalten läßt, ringt sich der durch den Schlag Betäubte wieder
empor — statt des durch die Fehlspekulation zum Luftschlosse gewordenen Grundstücks hat er für die Frau und sich auf dem neuen
Friedhofe der Stadt Klostermanns Grundstück erworben — Stille nach
dem Sturm. Das in jedem Zuge echte Lebensbild ist von der gleichen
Wehmut erfüllt wie Rodenbergs Abschiedsgabe, die dichterisch durchklungenen Erinnerungen „Aus der Kindheit".

In den gleichen Jahren, da Fontane einen neuen Pfad einschlug, betrat auch R u d o l f L i n d a u (1829—1910) eine zu anderen Zielen
führende Bahn. Der aus Gardelegen in der Altmark Stammende, von
Frankreich, wo er Hauslehrer war, nach Japan Verschlagene und dort
als einer der ersten deutschen Pioniere als Konsul und Zeitungsheraus-
geber Tätige hatte sich manigfach in französischer und englischer Schrift-
stellerei versucht — erst die Rückkehr nach Europa während des Krieges
1870/71 und die Entbietung in den Reichsdienst durch Bismarck leitete

Rudolf Lindau, den älteren Bruder Paul Lindaus, vor die Schmiede, die ihm das rechte dichterische Werkzeug hämmerte.

Der Schriftsteller brachte dem deutschen Realismus eine besondere Mitgabe, ihm eignet von seinen dichterischen Anfängen her eine ausgesprochen weltmännische Haltung, der jedoch alle Blasiertheit fern ist. Wohl eröffneten seine Novellen aus Japan den Ausblick auf ein bisdann dem Deutschen fremdes Gefilde, aber mit schlichter Linienführung werden diese oft zu straffer Spannung geballten Lebensausschnitte aus fremder Welt vermittelt. Die verschiedensten Schauplätze von drei Erdteilen finden in Lindaus Werk ihre Darstellung, sie werden uns jedoch ohne Prätension gezeigt; dem Vielerfahrenen ist dies bunte Leben ebenso natürlich wie Otto Ludwig sein Thüringen oder Theodor Storm sein Schleswig. Lindau, der Novellist, liebt die Seelen, in denen noch irgendwo „Unland" ist, wo noch nicht alles den von der Sitte, britisch gesprochen vom cant, gestempelten Ausdruck findet. Er sucht nach dem menschlichen Gehalt und findet diesen kräftiger in solchen Naturen, in denen noch ein unverwischter Instinkt zwischen den beherrschten Gebärden des gemeinläufigen Lebens wohnt. Der japanische Edelmann, der reisende Fremde überfällt und ermordet, ist gewiß ein Verbrecher, aber er hat sich nicht bereichern wollen, er hat in blindem nationalen Haß gegen Eindringlinge gehandelt, hat für sein Volk zu fechten gewähnt, und deshalb dürfen wir nicht ohne Ergriffenheit seinem hymnischen Abschiedsliede lauschen. Alle jene jungen Europäer und Nordamerikaner, die sich selbst Pioniere der Zivilisation im fernen Osten nennen, reizt es, den heilen Leib in Gefahr zu bringen, das Leben unter chinesischen Rebellen zu wagen, um nicht nur mit reichem Verdienst, sondern auch mit dem ruhigen Bewußtsein männlich bestandener Gefahren heimzukehren. Unter den in Japan spielenden Novellen ist „Die kleine Welt" ein Meisterstück.

In dem lose gebündelten Zyklus „Die Reisegefährten" tauchen aus lebhaft vorgetragenen Erinnerungen einer bunten, zu langer Überfahrt vereinten Gesellschaft gewaltsame Geschehnisse auf. Die gleichen Züge einer Weltbetrachtung tragen Lindaus Romane aus der europäischen Gesellschaft. Auch hier bringt er am liebsten schlichte Menschen, die „bis zum Ende" — seine Lieblingswendung — durchhalten. Das Bild der Pariser Gesellschaft unter dem zweiten Kaiserreich wird ebenso ohne verklärenden Auftrag, mit sicherer Lebensbeobachtung gezeichnet wie das Treiben in der englischen Hauptstadt und auf Herrensitzen britischer Aristokratie im viktorianischen Zeitalter. Der Generalnenner einer treuen Lebensbeobachtung eint Bilder einer bewegten Gesellschaft in dem zwischen den britischen Inseln und denen des Marmarameeres spielenden Roman „Der Fanar und Mayfair" oder in dem sehr einläßlich geformten Pariser Roman „Gute Gesellschaft". Mit der gleichen Seelenkunde werden die zu tragischem Ausgange führenden, bis zu innerster Verstörung geleitenden Erlebnisse in den Romanen „Zwei Seelen" und „Der Gast" gesteigert.

Scheinbar ist der Lindau, der einem langen dienstlichen Aufenthalte am Goldenen Horn die „Türkischen Geschichten" und die „Erzählungen eines Effendi" abgewann, ein anderer als der Erzähler von Japan, China, Frankreich und den britischen Inseln. Dennoch erweisen sich die bestimmenden Züge seiner Persönlichkeit auch in diesen mit märchenhafter Behaglichkeit wie beim Rauchgewölk einer Nargileh vorgetragenen Geschichten.

Die „Erzählungen eines Effendi" streben stärker als die „Türkischen Geschichten" zu novellistischer Form; insbesondere der Bericht über „Hattidja, die Ruferin zum Streit", ein Bild aus der Welt der Beduinen von biblischem Reize, prägt sich in Gebärde und sparsamem Wortklange unvergeßlich ein.

Rudolf Lindau hat zu den Novellen aus dem fernen Osten das weite Aussichten gewährende Reisebuch „Aus China und Japan" gefügt und später „Zwei Reisen in der Türkei" dargestellt. Die Umwelt des Bosporus ließ den im Alter auf Helgoland Angesiedelten, an dessen Erwerb für Deutschland er amtlich beteiligt war, nicht los, und als späte Frucht erschien der Roman „Ein glückliches Volk". Mit feinster Schattierung werden die armenischen und türkischen Gestalten gegeneinander geführt, und die gehaltene, sich auf ihr Eigen besinnende Kraft der schlichten Persönlichkeit bewährt sich auch nach einer Abirrung in verstrickende Liebesbande mitten im Bruche einer wirren Umwälzung „bis zum Ende". Hier kommt viel liebenswerte Detailmalerei zur Bildung, aber gerade in dieser Entfaltung, die eine lange Reihe realer Menschenbilder vor den Leser hinstellt, wird die historische Schickung, unter der die Erlebnisse des Werkes verlaufen, deutlich — dies Stück Volkspsychologie gibt diesem historischen Roman aus zeitlicher Nähe sein besonderes Schwergewicht.

Im Beginn von Rudolf Lindaus Schriftstellerlaufbahn stand die Novelle „Die kleine Welt"; in einer ergreifenden Spätnovelle von selbstbiographischem Anklang „Ein ganzes Leben" führte er das alte Thema mit anderer Kadenz noch einmal durch. Seine Helden, die unter heißer tropischer Sonne wohnenden wie die in der Heimat eingekehrten, wissen den kalten Abgrund, der sich unter ihren Füßen birgt; aber sie fahren, sie arbeiten, sie tun ihre Pflicht — bis zum Ende.

Ernst Wichert hatte seine „Litauischen Geschichten" aus dem Leben einer nicht im umwohnenden Deutschtum aufgegangenen Bevölkerung genommen. Aus dem unter russischer Herrschaft stehenden Nachbarlande schöpfte der aus Mitau stammende T h e o d o r   H e r m a n n   P a n t e n i u s (1843—1915). Der Redakteur des „Daheim" und der 1886 begründeten Velhagen und Klasingschen Monatshefte stellte unter der Aufschrift „Im Gottesländchen" Novellen aus dem Kurland zusammen, denen er eine zweite Sammlung kurländischer Geschichten nachsandte. Die Gestalten des sein Deutschtum ungebrochen bewahrenden Landadels wie die des städtischen Bürgertums und zumal diejenigen der hartköpfigen und in ihrem Kreise herrscherhaften Pfarrherren treten lebensvoll hervor. Die Umrißzeichnung dieses Erzählers hat immer eine sehr bestimmte Griffelführung und geht nicht auf bequeme Abrundung aus, so in dem Roman „Das rote Gold". Wie bei so vielen aus diesen Ostseeprovinzen gebürtigen Männern lebt sich auch in der Kunst von Pantenius eine leidenschaftliche Liebe zum Deutschtum aus, dessen Träger sich im Widerstreite der Nationalitäten zu bewähren haben. Seine dichterische Höhe erreichte Pantenius im historischen Roman. In „Die von Kelles" bot er ein Bild aus der livländischen Geschichte des sechzehnten Jahrhunderts. Da dringt über die Grenzen des Landes die Kunde von Luthers Werk, und alle ohnehin auf diesem Boden wirksamen Gegensätze bäumen sich zu einem drang- und sturmvollen Mit- und Gegeneinander. Die manchmal in derber Holzschnittmanier gezeichneten Geistlichen und die ihrer Scholle bis zum letzten treuen Grundbesitzer, die wohl beim Weine das Trumpfas mit der Faust auf den Tisch schmettern — das alles lebt in einem sehr echt gebildeten Rahmen. Im gleichen sechzehnten Jahrhundert hat sich der Rigaer A l e x a n d e r A n d r e a s (A l e x a n d e r A n d r e a s B a b e n d i e c k, gest. 1902) mit seiner Erzählung „Munkenbek" angesiedelt. Von eigentümlichen Reiz ist seine Geschichte aus dem russischen Polizeileben „Feuer!"; die Handlung ist ganz dünn, aber die kleinstädtischen Zustände in einer übel verwalteten Gemeinde werden mit so viel humoristischer Kleinmalerei ausgestrichelt, daß man von dieser engen Welt völlig eingesponnen wird. Als dritter Balte gehört in den Raum eines späten Realismus C a r l W o r m s (geb. 1857). Die nationalen Kämpfe zwischen Deutschen und Letten bringt er in einem lebendigen Zeitmaß zum Vortrag, so in dem Novellenbande „Aus roter Dämmerung".

A d a l b e r t M e i n h a r d t (M a r i e H i r s c h, 1848—1911) hat die Welt des hamburgischen Patriziats dargestellt, jenes Milieu, aus dem die königlichen Kaufleute hervorgegangen sind. Sie selbst ist in der Luft eines an Traditionen reichen Hauses an der Alster heimisch. Die gedämpften Töne, in denen dies Leben geht, stehen ihr zu Gebote. Am besten gelingen ihr alte Familienhäupter, Großmutter und Großvater, denen ein liebenswürdiger, lavendelduftender Humor mitgegeben wird. Gern, so in „Frau Hellfrieds Winterpost", schreibt sie Romane in Briefen, deren Stil sich jeweils nach dem Absender wandelt, und dies ist bezeichnend. Denn diese Form des Austausches erfordert kein Hart-auf-Hart starrer Köpfe, keine schroffe Gegenüberstellung heißer Leidenschaften. Bis der Brief geschrieben, geschlossen, abgesandt, empfangen, geöffnet, gelesen ist, vergeht Zeit, Zeit zur Überlegung. Und so schlagen die Konflikte nicht brandrot in die Höhe, sondern sie glimmen fort, bis sie erlöschen — so oder so, in Schuld, die nicht brutal, in Glück, das nicht lichterloh ist. In ihrem Mütter-Briefroman „Heinz Kirchner" gibt die im Jahre 1892 Hamburg verheerende Cholera-Epidemie den düsteren Hintergrund, aus dem die Personen leidend oder handelnd hervortreten. Diese große Notzeit waltete über der sich an der Niederelbe entfaltenden Dichtung. Die auf der Insel

Fehmarn geborene, im Hamburger Staatsgebiete ansässige C h a r l o t t e
N i e s e (1854—1935) hat in einem hansestädtisches Kleinbürgertum
echt spiegelnden Roman „Licht und Schatten" Geschicke gezeigt, über
denen das große Schrecknis von Ansteckung und Krankheit die
Schwingen breitet. In ihrer Novellenfolge „Aus dänischer Zeit" erzählt
sie im Märchenton von altväterischem, schmuckvollen Hausrat und ihren
längst vom Rasen gedeckten Besitzern. Es ist eine Storm-Stimmung
in diesen Blättern. Ein Stück derben Hamburgertums gibt der Roman
„Die Klabunkerstraße". Mit sehr zarter Hand malte Charlotte Niese
im „Menschenfrühling" ein junges Mädchen bis zur Entfaltung, sie
erreicht bei schlichter Linienführung gespannte Teilnahme an einfachen
Schicksalen, die von einem Scheine helleren und reineren Lebens umgoldet sind. Auch für Heranreifende hat Charlotte Niese Erzählungen
geschrieben, die ohne falsche Herablassung die natürliche Sprache der
Jugend reden wie „Die braune Marenz" oder „Aus dem Jugendland".
Die Dichterin hat im Laufe ihrer Entwicklung auch geschichtliche Stoffe
mit Glück ergriffen. So bringt „Minette von Söhlenthal" die Erlebnisse
eines holsteinischen Edelfräuleins, das in Kopenhagen Hofdame wird
und im Dienste der Königin Karoline Mathilde die Tragödie Struen-
sees mitzitternd erlebt. Mit schärfer skizzierendem Stifte ist „Das Tagebuch der Ottony von Kelchberg" geformt, darin wiederum eine Frau
aus Schleswig-Holstein von ihren sie auf das wilde Meer der französischen Revolution führenden Geschicken berichtet. Charlotte Nieses
Meisterleistung ist der Emigrantenroman „Vergangenheit". Das Zeitalter der großen Umwälzung, die auch das „Tagebuch" behandelt,
wirft in dieser Erzählung eine Anzahl von französischen Aristokraten
nach Altona, und die Gräfin Stephanie von Genlis, selbst Romanschrift-
stellerin, wird zum mit zeitgerechter Echtheit gestellten Mittelpunkte der
Handlung, in die Deutsche und Franzosen verwickelt sind und sich
wesenhaft von einander absetzen.

Diesen beiden Schriftstellerinnen ist aus hamburgischem Bereich noch
M a t h i l d e M a n n (geb. Scheven, 1859—1925) anzuschließen. Sie
war eine feinfühlige Übersetzerin, hat in gewählter Sprache Jens Peter
Jacobsen, Sophus Bauditz, Henrik Pontoppidan und andere Nordländer
übertragen. Nach einer neuen Verdeutschung von Andersens Märchen
hat Mathilde Mann deutschen Lesern als großes Angebinde Selma Lagerlöf zuerst zugeführt.

G e r t r u d F r a n k e - S c h i e v e l b e i n (1851—1914) hat in
Romanen wie „Die Hungersteine" und zumal im „Unkenteich" eine
lebendige Darstellungskraft, besonders an weiblichen Gestalten, bewährt.
Ihre Novellen sind fein gefügte Charakterstudien von manchmal wehmütigem Reiz.

Der um die deutsche Stilkunst reich verdiente Literaturhistoriker
E d u a r d E n g e l (1851—1936) hat einige Novellen von realistischer
Haltung geschrieben, unter denen das ergreifende Lebensbild „Ausge-
wiesen" ist.

2. Österreichischer Spätrealismus

Bei Franz Grillparzer wurde einst ein kleiner Beamter eingeführt, der des großen Dichters Urteil über ein mitgebrachtes Drama erbitten wollte. Der Konzipient, der dies historische Bühnenstück verfaßt hatte, hieß Johann Anzengruber. Sein in schweren Lebensnöten endlich zur Wirkung aufgestiegener Sohn L u d w i g A n z e n g r u b e r (1839 bis 1889) verbindet die eigentümliche Tradition der Wiener Bühne mit dem neuen Lebensgefühle des Realismus. Die Spielfreude des Barocks war neben der hohen Tragödie Grillparzers in den Zauberpossen Ferdinand Raimunds zu eigentümlicher Entfaltung gediehen und hatte in den mit satirischen Spritzern versetzten Dramen Johann Nepomuk Nestroys eine sehr wienerische Nachfolge gefunden. Diese österreichische Leichtigkeit, die die manchmal bis zum Couplet gesteigerte, oft improvisierte musikalische Einlage braucht, hat Anzengruber ins Bild bäuerlicher Wirklichkeit gestellt, die sich der Gestaltung von weltanschaulichen Konflikten nicht versagt. Die Dichtigkeit der Lebenseinstimmung im „Vierten Gebot" wirkte auf das jüngere Dichtergeschlecht mit besonderer Stärke. Diese jedem Eindruck offene Sinneswelt lebt sich auch mit nachhaltiger Kraft in Anzengrubers (der früher den Hehlnamen L. G r u b e r gebrauchte) Romanen aus. Im „Schandfleck" stellte er in mächtigem Aufriß ein Bauernanwesen dar, das dank der bezwingenden Persönlichkeit eines unehelichen Kindes vor dem Verfall bewahrt wird. Die gewaltsamen Vorfälle dieser ins Tragische gereckten, sich dann zum Heile wendenden Dorfgeschichte sind mit sicheren Strichen gegeben. Nicht minder einläßlich ist im „Bernsteinhof" der Aufstieg eines in Armut geborenen Mädchens zur Herrin des ansehnlichsten Bauerngehöftes ihrer Alpenheimat dargestellt, die dem widerstrebenden Schwiegervater abgezwungene Heirat mit dem Sohn, die allmähliche Gewinnung der Herrschaft über den Hof, die endlich den Vater zu ihrem Verbündeten macht. Die epische Fülle der an Gotthelf gemahnenden, ihn aber in der fugenlosen Darbietung wohl noch überragenden Schilderung dieses gedehnten Hofbildes eint sich mit der schlußgerechten Seelenergründung der um dies Besitztum waltenden Menschen. Anzengruber hat auch den seit Hebel zumal durch Zschokke und Auerbach genützten Kalenderstil in volkstümlicher und selbständiger Art fortgeführt und in den „Dorfgängen" verwandte Gaben dargeboten. Die in manchen Dramen betonte Ausrichtung gegen geistliche Volksbevormundung gibt einzelnen dieser Erzählungen die besondere Färbung, andere deuten kriminelle Stoffe aus, und immer wieder schafft Anzengruber Gestalten von der Art des „Gottüberlegenen Jacob", darin alle Motive des Volksschwanks, wie sie vorzeiten schon unbeholfener Hans Sachs meisterte, in neuer Wendung auferstehen.

M a r i e F r e i f r a u v o n E b n e r - E s c h e n b a c h (geb. Gräfin Dubsky, 1830—1916) ist in bestimmtem Sinne das österreichische Gegenbild zu Theodor Fontane. Auch sie kommt spät nach dramatischen

Versuchen auf ihr eigentliches Erzählerfeld (ihre ersten Novellen erschienen im Jahre 1875), auch sie, die aus der Landschaft stammende, wird in der Hauptstadt ihres Reiches heimisch, in der sie als erste Frau den auch Fontane verliehenen Grad des Ehrendoktors empfängt. Ihr Werk birgt die ganze Lebensfülle einer Epoche. Wie die Nachwelt das preußische und zumal das Berliner Wesen bis zum Ende des Jahrhunderts am vollendetsten in Fontanes Spiegelung nacherleben wird, so dringt das vielfältige Wesen der österreichisch-ungarischen Monarchie, zum mindesten das ihrer Westhälfte, in dem Werke dieser adeligen Frau empor. Wie Fontane fast mit Bismarck zugleich dahinging, stirbt Marie von Ebner-Eschenbach im gleichen Jahre mit dem Kaiser Franz Joseph, dessen Geburtsjahr auch das ihre war — sie hat an ihrem Teile die Schicksalslast der Monarchie mitgetragen, deren Glanz und Größe sich alsbald nach ihrem und ihres Herrschers Tode zum Ende neigten.

Freilich besteht ein bezeichnender Unterschied zwischen diesen beiden Lebensdarstellern, deren Werk graphisch gezeichnet in seinen Verzweigungen den mitteleuropäischen Raum mit einem Flechtwerk überspannen und Ausläufer nach Norden und Süden haben würde. Fontanes gefühlsmäßige und dementsprechend stilistische Ausrichtung wies ihn in seinem balladischen Aufschwunge wie in seiner späten Hinfindung zum Roman auf die nordische Spur. Hatte ihn ehedem Walter Scotts Sammlung schottischen Balladengutes zur Versform entflammt, so wirkte das Vorbild des Meisters von Abbotsford auch auf die Formung seines ersten Romanes nachdrücklich ein. Marie von Ebner-Eschenbach aber empfing entscheidende Anregungen als erste von der Kunst eines Russen, der das Stauwehr östlichen Einstroms auf die Literaturen des Westens emporzog, Iwan Turgenjews. Die Verdeutschungen Puschkins und Lermontows durch den zum Münchner Dichterkreise zählenden Friedrich Bodenstedt waren nur als fesselnde Darbietungen einer fremdartigen Kunst gewertet worden; die Übertragungen Turgenjews, wie sie Claire von Glümer, Eugen Zabel und andere formten, waren weithin ausschlaggebend. Dies war um so nachhaltiger, als der Russe der erste Dichter war, der auf politische Entscheidungen in seiner Heimat durch sein Werk Einfluß geübt hatte. Der Zar Alexander der Zweite hatte dem Dichter sagen lassen, daß das auch in Deutschland und Österreich vielgelesene „Tagebuch eines Jägers" auf den kaiserlichen Entschluß zur Aufhebung der Leibeigenschaft den Anstoß gegeben habe. Nun war politische Tendenz dieser großen Gestalterin ganz fern; aber ihre Kunst war tief von den humanistischen Idealen des achtzehnten Jahrhunderts durchdrungen. Wie Anastasius Grün empfand auch sie „Theresens Blick und Josephs Hand" als lebendige Mächte. Das Leitwort auf dem Titelblatte von Wilhelm Raabes „Hungerpastor": „Nicht mitzuhassen, mitzulieben bin ich da", könnte auch eine Gesamtausgabe von Schriften der Österreicherin einbegleiten.

Überraschend ist die Fülle der Gesichter, die sich in ihrem Werke offenbart. Mähren, Polen, polnische Juden gehen mit den Deutschen durcheinander, entsprechend der Umwelt, aus der Marie von Ebner-Eschenbach vor allem ihre „Dorf- und Schloßgeschichten" wählte. Gewiß bleibt die Schilderung ohne letzte Worte für den österreichischen Völkerkampf, in den die Dichterin besorgten Herzens hineinhorcht. Was sie etwa den Lehrer im „Gemeindekind" darüber sagen läßt, ist den bei ihren Lebzeiten immer schärfer zugespitzten Kampfparolen ganz fern; es steht unter dem Zeichen jenes bereits als Nota constitutiva hervorgehobenen Humanismus, dem in der Donaumonarchie auch ein Stück Josephinismus innewohnt. Die Wirkung solcher Lebensberichte, die mit herber Sachlichkeit gegeben werden, ist trotz der durch den Stoff gebotenen Färbung rein deutsch, weil der Grundgehalt dieser Kunst durchaus deutsch ist, spröde, zuweilen eckig. Wichtiger als die völkischen sind Marie von Ebner-Eschenbach Kämpfe allgemein menschlicher Art. So erzählt sie in dem Roman „Lotti, die Uhrmacherin" die Herzensgeschichte eines von dem Verlobten verlassenen Wiener jungen Mädchens, das seinerseits das innere Band niemals zerreißen kann und den einzigen, ihrem Herzen teuern Besitz, die alte Uhrensammlung, unbedenklich für den einst Geliebten opfert. Dann aber freilich hat sie sich mit dieser Hingabe ganz gelöst und findet nun ein wirkliches, stilles Glück. Mit epischer Dichtigkeit ist diese wie andere Erzählungen gefügt. Die Heldinnen der Marie von Ebner-Eschenbach vergessen nicht. Maria Dornach in „Unsühnbar" kann den einer halb unbewußten Leidenschaft des Augenblicks entsprungenen Fehltritt nicht begraben, offenbart ihn nach dem jähen Tode des Gatten, den sie doch einzig und wirklich geliebt hat, und sühnt die Sünde in furchtbarer Härte gegen sich selbst ,bis zum letzten — wie manche Gestalten Flauberts, Turgenjews, Rudolf Lindaus. Ein sehr nahcliegender Vergleich dieses Romans mit Theodor Fontanes „Effi Briest" würde ein seltsames Bild ergeben: Beide führen die Problematik des ergriffenen Stoffes bis zu letzten entscheidenden Zügen durch. Aber der Mann findet in einer milden Altersgelassenheit zu einer anderen Schlußaussicht, als die so viel spröder zur Darstellung ansetzende Frau.

In dem Priesterromane „Glaubenslos" wird wiederum mit schonungsloser Bloßlegung ein zermürbender Seelenkampf geschildert, aber es kommt nicht zu tragischem Ende. Gern greift Marie von Ebner-Eschenbach, auch darin Turgenjew verwandt, sozial tiefer nach unten. So hat sie in ihrem Roman „Das Gemeindekind" den Lebensgang eines Menschen aus der Hefe des Volkes beschrieben; der Sohn eines Hingerichteten und einer Zuchthäuslerin lebt als das Prügelkind der ganzen Ortschaft im mährischen Dorfe, nur die Liebe zu der Schwester hält diesen Wenzel Pawlik aufrecht. Was man ihm andichtet, vergrößert er mit dem grimmigen Behagen des selbstgerechten Ausgestoßenen und findet sich erst langsam, langsam allem Haß und aller Verachtung gegenüber zu aufbauendem Menschentume zurück. Der widerwillig Geachtete darf schließlich wagen, selbst die verfehmte Mutter in sein endlich vollendetes Haus zu führen. In diesem Roman von grausamer Mißhand-

lung einer Kinderseele und sich allgemach herrscherhaft bändigender
Selbsterziehung geht kein Zug daneben; das mit festem Strich umrissene
Bild des gequälten Knaben wird ebenso scharf geprägt, wie die Dörfler
mit ausdrucksvoller Lebendigkeit grundiert sind. Es gibt zu diesem
Werke einer ohne Verfärbung dargestellten Erziehung durch ein hartes
Leben und durch eigene Willenskraft wenige gleich gewichtige Gegen-
stücke in unserem gesamten Schrifttum.

Für die kinderlose Frau ist das Kind ein geliebter Gegenstand der
Aufmerksamkeit. „Wer in Gegenwart von Kindern spottet oder lügt,
begeht ein todeswürdiges Verbrechen", sagt sie in einem ihrer fein ge-
schliffenen Aphorismen. In der Novelle „Rittmeister Brand" öffnen
Kindermund und Kinderschicksal das Herz eines alternden Mannes und
führen zwei durch seine Schuld getrennte Lebensläufe wieder zusammen.
Dies wird mit einer verhaltenen Wehmut vorgetragen, neben der die
Geschichte „Das Schädliche" aus einer andern Seelenlage herrührt. Ein
junges Leben geht erbarmungslos zugrunde, weil aus der ererbten Anlage nur Böses sich fortpflanzt.

Die Tierfreundin Marie von Ebner-Eschenbach vertieft sich mit Vorliebe in das Seelenleben ihrer „stummen Brüder", ihre beiden mit
äußerster Knappheit gefügten Erzählungen „Crambambuli" und „Die
Spitzin" schildern ergreifende Tierschicksale. Das Bild des Hundes, der
zwischen seiner Treue zum alten und zum neuen Herrn qualvoll hin- und
hergerissen wird, vergißt sich nicht. In der zweiten Geschichte schleppt
eine totwundgeschlagene Mutter ihr Junges in ihrer verzweifelten Hilflosigkeit zu dem Mörder, dem bösen Gemeindejungen, einem Gegenstück
zu Wenzel Pawlick. Daß eine Kreatur seine Hilfe anruft, erweckt in
der Seele des sonst nur gequälten Kindes die scheinbar erloschene göttliche Flamme. Um das ihm anvertraute kleine Geschöpf am Leben zu
erhalten, bettelt er um Milch und zwingt sich zum ersten Male dafür
ein „bitte" ab. Die Dichterin greift selten über den Umkreis Österreichs
hinaus wie in dem Roman „Agave", in dem sie mit sicheren Strichen
ein Künstlergeschick aus der Renaissance gezeichnet hat. Besonders fein
vergegenwärtigt sie darin die mitspielenden Maler jener Zeit, Masaccio
und Masolino. Das Schicksal der alten, verarmten Edelfrau, die mit dem
Künstler hungert und wandert, offenbart wieder jenen Hang zu den
Enterbten und Übersehenen, der in den Werken Mariens von Ebner-
Eschenbach stets aufs neue hervortritt.

Wie Härte Weichheit wird, zeigt in einer ihrer ersten Dorf- und
Schloßgeschichten der Arzt Nathanael Rosenzweig im „Der Kreisphysi-
kus", der das Mitleid nicht kennt, nur den Erwerb liebt und die Menschen um sich her ganz als Fremde ansieht, bis ein Erlebnis ihn wandelt
und er fast wider Willen zum Helfer eines Verfolgten und dann aus dem
Eigensüchtigen zum Wohltäter wird. Rätselhafte Naturen wie den
Bauernführer Jacob Szela baut die geniale Menschenbildnerin im Stile
einer Chronik vor uns auf. Allem, was sich bloß äußeren Glanz gibt,
ohne daß ihm der innere Gehalt entspräche, zumal auch unter ihren

Standesgenossen, sagt sie scharf und entschieden ab, so in mancher Komtessengeschichte, wie in „Komtesse Muschi", oder in der grellen Erzählung von historischer Einstellung „Er laßt die Hand küssen", wo ein Leibeigener auf Befehl der Herrin während der Aufführung eines Schäferspieles zu Tode geprügelt wird. Die wirkliche Liebesleere einer scheinbar glücklichen Ehe, der die Frau nach fünfundzwanzig Jahren zum Kopfschütteln der ganzen Familie durch freiwilligen Tod entrinnt, gibt sie im „Täglichen Leben" als ein mitangeschautes Erlebnis.

Die Wurzel solcher Kunst ist tiefes Mitleid. Ihr Wort „Nicht was wir erleben — wie wir empfinden, was wir erleben, das macht unser Schicksal aus", führt ganz in diese Kunst hinein. So mitleidend weiß sie den Humor selten recht zu gebrauchen. Auf den berühmten „Freiherren von Gemperlein" liegt ein quälender Druck, den die Erzählerin wider ihre eigene Natur humoristisch ausdeuten will. Eher gelingt ihr das in dem „Muff", der Geschichte vom Mißerfolge einer beabsichtigten Wohltat. Aber ganz sie selbst ist sie doch erst wieder, wenn sie die Gegensätze sich hart auf hart begegnen läßt wie in der knappen Gesprächserzählung „Die Totenwacht", wo ein fast verjährtes Elend sich an der Bahre noch einmal emporringt und die Worte aus den Herzen heraus wie Schwerter gegeneinande klirren.

So entsteht ein Gesamtbild mit mehr starken als weichen Zügen, spröd, aber fraulich in seiner Neigung zum Schwachen und Unterdrückten. Scheinidealismus lebt in ihrer Dichtung ebenso wenig wie selbstgefällige Großtuerei, aufgeblasene Selbstbespiegelung, pseudomoderne Ich-Kultur, die in der Novelle „Bertram Vogelweid" gestaltet wird. Aber auch Pessimismus findet, wie der Roman „Glaubenslos" vor allem lehrt, bei Marie von Ebner-Eschenbach keine statt. Kraft, Gewissen, Tat heißt es bei ihr wie bei der ihr über die Ferne hin befreundeten Louise von François. Mit der Weite ihres Gesichtskreises, der Zielkraft ihrer Schöpfungen, der Lebenstreue ihrer Bildkunst ist sie die Meisterin eines Spätrealismus von ausgesprochen österreichischer Prägung. Was sie vor den anderen Spätrealisten ihrer Heimat heraushebt, wird vielleicht mit ihrem Worte offenbar: „Die Kinderlose hat die meisten Kinder".

Der Lebensgefährte Mariens von Ebner - Eschenbach M o r i t z F r e i h e r r v o n E b n e r - E s c h e n b a c h (1815—1898), ein gelehrter Offizier, der bis zum Feldmarschalleutnant aufstieg, hat zu seinen militärwissenschaftlichen Werken zwei Wiener Geschichten von humoristischer Gelassenheit gefügt, unter denen „Hypnosis perennus" ebenso anschaulich erzählt ist wie das „Wunder des Heiligen Sebastian".

Nicht nur durch eine lebenslängliche persönliche Verbundenheit, sondern durch die Nähe seines in der gleichen Landschaft erwachsenen Werkes steht F e r d i n a n d v o n S a a r (1833—1906) neben der österreichischer Aristokratie entsprossenen Landsgenossin. Beide haben um den Lorbeer des dramatischen Dichters umsonst gerungen, beide haben als Meister der künstlerischen Prosa ein bleibendes Werk vollbracht. Freilich fügte Saar dem Schatze seiner Novellen aus Österreich noch eine volle lyrische Ernte hinzu, während uns von Marie Ebner-Eschenbach nur ein knapp gefügtes Versbild, das vom „Kleinen Liede", als lyrischer Besitz verblieb. Die wunderbare Abschiedsstimmung von Saars „Wiener Elegien" greift heute in völlig gewandelter Zeit als Harfenklang vom Donauufer und Wiener Walde her erschütternd an die Herzen. Die Mehrzahl seiner Novellen ist von einer so großen Schwermut durchhaucht, daß man sie füglich als frühe Vorausnahme tragischen Sturzes deuten könnte. Freilich scheidet sich Saar von Marie von Ebner-Eschenbach, Fontane und Rudolf Lindau, dem er sonst mannigfach verwandt ist, durch seinen dichterisch und poetisch einbekannten Pessimismus, der in einer Huldigung für Schopenhauer hymnischen Ausdruck findet.

Von allen Novellen Ferdinand von Saars haftet in der nachkostenden Erinnerung die dichte Einstimmung. Der Norddeutsche Theodor Storm, der Däne Jens Peter Jacobsen, der Franzose Guy de Maupassant, der Russe Iwan Turgenjew sind seine nächsten Verwandten als Präger und Träger solcher zu letzten Schwingungen geleitenden Stimmungskunst, und wie auf die andere große österreichische Realistin, so hat der Russe unter ihnen auf Ferdinand von Saar spürbar eingewirkt. Das für die Auffassung des österreichischen Lebens entscheidende geschichtliche Ereignis ist ihm die Niederlage von 1866. Die schwere Wehmut, die über seiner Novellistik liegt, wird durch das vaterländische Schicksal vertieft. Die Technik der Novellen ist oft nach dem Vorbilde des „Armen Spielmanns" von Grillparzer gestaltet: sie sind fast alle Ich-Novellen. Der Dichter schließt Bekanntschaften mit Priestern und Landsleuten, Offizieren und ausgedienten Beamten und vernimmt ihre Geschichte oder er gibt ein Tagebuch wieder, das ihm zu Händen gekommen ist. Gleich Saars erste Novelle „Innocens" läßt einen Priester sein einfaches Schicksal erzählen, das mit Entsagung ein stilles, resigniertes Glück geworden ist. Der Hintergrund ist hier eine Zitadelle auf einem Felsenhügel über Prag. „Marianne" gibt ein tragisch ausklingendes Liebesidyll aus Döbling, in dem es kaum zu mehr kommt, als zu einem kurzen Geständnis und einem einzigen Kuß, und das mit dem Tode der rasch Geliebten und eigentlich nie Gewonnenen schließt. Im „Haus Reichegg" haben wir dann den Typus, der später ähnlich auftaucht: der Dichter trifft in einem Krankenhause die Oberin, eine Tochter eines gewesenen Staatsrats, und nun zieht in lebendigster Erinnerung ein Erlebnis vorbei, das den als Manövergast einquartierten jungen Offizier den Anfang einer Tragödie in dem Hause des Staatsrats und später nach Jahren ihr Ende erblicken ließ. Die volle Meisterschaft erreichte der einst dem Heere angehörige Dichter mit der Novelle „Vae victis". Hier ist das ganz persönliche Schicksal dreier Menschen völlig in das Wesen Österreichs nach den italienischen Niederlagen von 1859 hineinverwoben. Der nach dem Frieden von Villafranca nicht ohne leisen inneren Bruch in die Hauptstadt zurückgekehrte, bis dahin nur an Erfolg gewöhnte, vortreffliche General sieht seine jüngere, kühle Frau an das neue Österreich, an einen liberalen Kammerredner hinübergleiten, er belauscht unabsichtlich ein Gespräch der Frau mit dem jungen Politiker und muß hören, wie aus dem weiblichen Munde das Urteil fällt: „es ist aus mit ihm". Da entzieht er sich allem, der Verabschiedung und der Ehescheidung, durch Selbstmord. Die tragische Novelle schließt mit dem Abbilde des sichtlich im Innern geschädigten scheinbaren Siegers, der nach kurzer, von Fehlschlägen verfolgter Ministerschaft als unbeachteter Privatmann endet. Das Leben innerhalb der österreichischen Reichshälfte wird in mannigfacher Facettierung aufgefangen. „Tambi" zeigt einen Dichter, dem in der Treibhausluft des Wiener Literaturlebens nach dem ersten Buche nichts mehr gelingt, der nun Schreiber in einem Neste ist und, nachdem ihm mit seinem Hunde Tambi das letzte geliebte und liebende Geschöpf verloren gegangen ist, seinem Leben ein Ende macht. „Leutnant Burda" schildert die tragische Verstrickung eines in halbem Größenwahne lebenden bürgerlichen Offiziers, der an eigene adlige Abkunft und an die Liebe einer Prinzessin zu sich glaubt und schließlich in einem selbst provoziertem Duell fällt. „Seligmann Hirsch", eine Meisterzeichnung, gibt einen kulturlosen, nach Wien eingewanderten Juden aus der Ostwelt, der in dem Hause seines reich gewordenen Sohnes keine Statt mehr findet und, in die Ferne verbannt, durch Selbstmord endet; die Enkelin aber von weiland Seligmann Hirsch tanzt als Baronesse in den Salons der Wiener Gesellschaft. In „Ginevra", der schönsten Liebesnovelle Saars, lebt die reine, zarte Hingebung eines wundervollen, jungen Geschöpfes an einen Offizier, der seiner Verlobten in den Armen einer polnischen Gräfin, der Frau seines Vorgesetzten untreu wird, und, als er die cinst Geliebte wiedersieht, zu tiefst empfindet, daß er sein Glück verscherzt hat. Frühling einer kleinen Stadt in Böhmen, in einem kleinen Häuschen mit spärlichem Garten, Frühling zweier junger Herzen und Resignation eines Altgewordenen: dies ist Saars eigentliches Seitenstück zu jener Turgenjewschen Novelle „Frühlingswogen". Die gleichzeitige „Geschichte eines Wiener Kindes" klingt ganz wie ein Kapitel aus Memoiren des Schriftstellers Ferdinand von Saar: ein Mädchen, das nach rasch und unbesorgt genossenen Jugendtagen in eine bürgerliche Ehe tritt, dieser mit einem Liebhaber entflieht und nun im Elend ein merkwürdiges Buch schreibt. Als der Dichter der wieder reich gewordenen nochmals begegnet, ist sie körperlich völlig gebrochen, eine tief enttäuschte Frau in den Händen eines rohen Mannes, die durch Morphium ihrem Leben ein Ende macht. In völlig paralleler Haltung bildet Saar in „Schloß Kostenitz" ein verwandtes Seitenstück zu „Haus Reichegg" — hier geht die Frau an dem bloßen Ansturm einer frechen Begierde zu Grunde.

Diese Novellen aus Österreich tragen als gemeinsame Züge tragische Erlebnisse, sie enden mit Ausnahme einer einzigen Geschichte in trüber Schickung. Alles ist gebunden an Licht und Luft, an Berg und Flur, an Häuser und Städte Österreichs, dessen Dasein Ferdinand von Saar ganz mitlebte. Die Natur des Wiener Waldes, der mährischen Gebreite, der böhmischen Fluß- und Gebirgsstädte, vor allem die Stadt Wien mit ihren engen Stiegenhäusern und ihren ländlichen Vororten, ihrer hohen und niedern Gesellinkeit, den Donauufern und Ausflugszielen wird mit voller Lebendigkeit ausgemalt. Immer bewahrt Saar die etwas zugeknöpfte Haltung des älteren Offiziers und gewinnt so einen großen Abstand zu den Dingen.

Den vierzehn „Novellen aus Österreich" hat der Autor noch eine Reihe von Spätgaben nachgesandt. Charakteristischerweise setzt er im „Herbstreigen" wieder mit einem Worte Schopenhauers ein. In diesen letzten Erzählungen ist die Einspinnung nicht mehr so dicht, die Betrachtung gilt mehr dem interessanten Fall. Das Gesamtwerk aber vollbringt eine getreue Ausdeutung des österreichischen Lebens, eine von stark lyrischem Hauche umseelte Ergänzung zu dem im Aufriß ebenso sicheren, in der Komposition weiter ausgreifenden, aber spröderen Kunst der Frau von Ebner-Eschenbach.

Drei ehemalige Kameraden aus der Armee Franz Josephs stehen neben Ferdinand von Saar im Gehege des späten Realismus. Bei ihm klingt niemals ein jugendheller Ton aus der Leutnantszeit empor. C a r l B a r o n T o r r e s a n i v o n L a n z e n f e l d (1846—1907) erzählt demgegenüber lebhafte „Schwarzgelbe Reitergeschichten". „Die Juckerkomtesse" ist ein flott vorgetragener Roman mit vielen humoristischen Lichtern. In die Stoffwelt Saars lenkt Torresani mit dem Roman „Steirische Schlösser" in freilich ganz anderem Temperament ein. In den Novellen „Aus drei Weltstädten" bringt er auch Bilder aus Wien. F r i e d r i c h M a r x (1830—1905), als Dramatiker den Münchnern verwandt, hat eine Reihe Novellen zusammengefügt, von denen „Zwischen zwei Kriegen" Probleme aus der soldatischen Vergangenheit schöpfen. Unter den früheren Kameraden stand nur S t e p h a n M i l o w (v o n M i l l e n k o v i c h, 1836—1915) Ferdinand von Saar nahe. Von gleicher Wesensart sind seine Elegien. Milows Novellen, unter denen „Arnold Frank" wegen des belebten Vortrages hervorzuheben ist, bringen Bilder aus Österreich, die das Werk des Freundes bescheiden ergänzen.

Die Brücke zu Anzengruber schlägt ein etwas jüngerer Schriftsteller, der auf seltsam gebahnten Wegen zum Werke aufstieg, P e t e r R o s e g g e r (1843—1918). Er hatte wie Eckermann und Fallmerayer als Viehhüter begonnen; der Kleinbauernsohn wurde später Schneiderlehrling und der eifrige Leser kam wie von selbst zu einer Erzählkunst, die in der Unreife ihres Ausdrucks doch schon ungewöhnliche Begabung verriet. Der Chefredakteur der „Grazer Tagespost" A d a l b e r t V i k t o r S v o b o d a (1828—1902), selbst ein nachdenklicher Betrachter „Idealer Lebensziele", erwarb sich das Verdienst, dem Autodidakten zu freierer Betätigung zu verhelfen. In den „Schriften des Waldschulmeisters" brachte Rosegger eine Fülle von Gestalten aus echter Beobachtung des mit allen Säften aufgefangenen Lebens der Bergheimat. Er verschönerte nichts und gab wie Gotthelf Vollbilder aus einem mit andächtiger Treue erfaßten Volkstum. Im „Gottsucher" gestaltete Rosegger ein ergreifendes Innenbild, das er in das fünfzehnte Jahrhundert versetzte. In dem Dorfroman „Jakob der Letzte" führte er die Zustände einer Dorfgemeinde vor, in die der Kapitalismus Herkommen und Väterbrauch vernichtend eindringt; ein spätes südliches Gegenbild zu „Engelchen" von Robert Prutz. Seine echt epische Freude an menschlichem Tun überstrahlt von der schlichtesten Hantierung bis zum Künden der höchsten Gebote das Leben und Weben seiner Geschöpfe mit einem unvergeßlich aufhellenden Schimmer. So gelang ihm in dem „Peter Mayr, der Wirt an der Mahr" ein Geschichtsroman von mächtiger Haltung, in dem er ohne Verfärbung die Freiheitskämpfe um Tirol lebendig machte. Er stieg von der knapp und sicher erzählten Dorfschnurre zu Problemen des Glaubens auf, und fand dann freilich zu einer Form, in der sich reine Erzählerlust nicht mehr frei entfaltete. Seine volkserzieherische, selbstgestellte Aufgabe aber erfüllte Rosegger ohne jedes Beimaß bloßer Didaktik, nur durch Gestaltung menschlicher Wesensart in festen Umrissen. Auf die mütterliche Kraft der Scholle, die den mit ihr Verbundenen trägt und nährt, hat er oft, so noch in dem Roman „Erdsegen", vorbildhaft hingewiesen und in seiner Zeitschrift „Heimgarten" als liebenswerter Gefährte seiner Leser gewaltet. Die Volkstümlichkeit dieses österreichischen Erzählers aus der Steiermark ging weit über die Grenzen seiner Heimat hinaus, die Naivität des einstigen Bauernschneiders wandelte sich in der Entwicklung des Dichters zu einer Weltoffenheit, die auf ihrem Felde der aristokratischen Vorurteilslosigkeit Marie von Ebner-Eschenbachs bei durchaus anderer Ausdrucksfülle nicht nachstand.

Roseggers Sohn H a n s L u d w i g R o s e g g e r (1880—1929) hat die Herausgabe des „Heimgartens" fortgesetzt und neben Romanen und Novellen mannigfache Erinnerungswerke an den Vater geschrieben. Der tapfere Vorkämpfer des österreichischen Deutschtums K a r l P r ö l l (1840—1910) hat in dem Skizzenbande „Moderner Totentanz" Bilder von männlicher Haltung gezeichnet.

3. Schweizerischer Spätrealismus

Rudolf Lindau war innerhalb des Realismus ein Träger weltmännischen Wesens, das ihn von Erzählern verwandter Führung abhob. In einer ähnlichen Sonderstellung befindet sich C o n r a d F e r d i n a n d M e y e r (1825—1898) gegenüber den das schweizerische Wesen sonst repräsentierenden Gestaltern, unter denen Gotthelf und Keller voranstehen. Conrad Ferdinand Meyer ist die Bewegung unter Männern erlesenen Ranges selbstverständlich. Keller, Raabe, Freytag kann man sich auf der Bürgerbank im Ratskeller neben Hans Sachs beim Bechersturze vorstellen — Meyer würde dann neben den patrizischen Stadtvätern Hieronymus Holzschuher und Willibald Pirckheimer im gestrickten

Wams an der Ehrentafel sitzen. Aber diese Eigenart deutet nur auf den Blickwinkel, unter dem der Dichter seiner Natur gemäß Menschen und Dinge betrachtet. Ein anderes ist bei weitem wesentlicher: Conrad Ferdinand Meyer eignet die Fähigkeit zu einem Mitleben vergangener Zeiten in einem schier unvergleichlichen Maß. Es gibt ein Gedicht von ihm, das ein athenisches Gastmahl beschreibt; darin heißt es:

> Da mit Sokrates die Freunde tranken
> Und die Häupter auf die Polster sanken,
> Kam ein Jüngling, kann ich mich entsinnen,
> Mit zwei schlanken Flötenbläserinnen.

Dies „kann ich mich entsinnen" zeigt mit schlichten Worten den Grad der Hingegebenheit des Poeten an sein Phantasiebild. Der Dichter war nicht von Gläsern und Feldblumensträußen umgeben, er trank aus Kelchen und hängte Kränze in sein Haus wie der alternde Goethe, wann er, dem Augenblicke Dauer zu verleihen, ein neues Bildwerk, das ihm zugekommen, in eine Rosengirlande schloß. Mit solchen Anlagen hängt es zusammen, daß Meyers Lyrik weniger musikalisch als in hohem Grade malerisch ist. Er faßt auch in seinen Erzählungen die Umwelt mit dem Auge des Malers auf; er trachtet nach einer stilgerechten Einstimmung, die der Farbengebung Anselm Feuerbachs ähnelt.

Von den beiden Romanen Meyers versetzt uns der „Jürg Jenatsch" in das siebzehnte Jahrhundert mit seinen, die Schweiz aufwühlenden religiösen Kämpfen. Die im seelischen Zwielichte gehaltene Gestalt des Helden, der, evangelischer Pfarrer, zum Katholizismus hinüberwechselt, wird von der das Menschliche überwachsenden Natur des zerklüfteten Alpenwalles umgeben. In der Stunde aber, da die Geliebte ihn erschlägt, auf daß er nicht in unrein rächende Mörderhände falle, umgibt der Dichter Spieler und Gegenspieler mit der wunderbar ausgemalten Pracht eines Maskenballes auf dem Rathause in Chur. Der zweite Roman „Der Heilige" hat eine lyrische Vorgeschichte. In einem Gedichte von unvergeßlich einprägsamem Tonfall erzählt Meyer, wie eine Sarazenin „mit zwei Worten" vom Gestade Palästinas her auf das Schiff, dann nach London und in das Haus des Geliebten, des Pilgrims Gilbert Becket, gelangt. Aus dieser Ehe ist Thomas Becket hervorgegangen, Heinrichs des Zweiten Kanzler, den eine Königslaune zum Erzbischof von Canterbury macht. Aus dem Weltkinde aber wird ein Kirchenfürst, der den Namen des Heiligen durch strenge Selbstzucht und Kirchenzucht verdient. Seltsam verschlingen sich die Rachsucht Beckets, dem der König die auf einsamem Schlosse verborgene Tochter verführt hat, mit dem als neuen Lebensinhalt gewonnenen Hange zur Askese. Weil der als Verräter aus England Verbannte sich seinem Herrscher, der von ihm nicht loskommt, versöhnen soll, kehrt der Heilige, zu innerst aufgewühlt, zurück. Der Tod durch einen Überfall normannischer Reiter ist für Becket Erlösung, Befreiung von einer Schicksalslast, wie sich auch der König durch diesen Gewaltsstreich von einem Stachel löst, der sich seinem Herzen einbohrte.

Die beiden Romane sind mit anschaulichem Detail erfüllt und von einer epischen Dichtigkeit, die sich selbst im kleinsten Punkte sammelt. Dennoch vollendet sich Conrad Ferdinand Meyers Prosadichtung erst im Rahmen der Novelle. Die diesem Dichter eigene Fähigkeit einer Selbstversetzung in vergangene Jahrhunderte, als ob er Zeitgenosse abgelebter Geschicke wäre, befähigt ihn in einzigartiger Weise zum Vortrage durch den Mund einer geschichtlichen Persönlichkeit. Wir sitzen mit dem Hofstaat des Cangrande in der halberhellten Halle des Palastes zu Verona. In das Dämmerlicht schreitet die ragende Gestalt Dantes ein, und nun trägt dieser Dichter die Geschichte von der Hochzeit des Mönches vor, die er einer Grabschrift zu Padua enträtselt hat. In Dantes Vaterstadt Florenz sind um den großen Mediceer Cosimo die zu geistreicher Gesellligkeit entbotenen Hofleute versammelt, und ihnen erzählt Poggio Bracciolini, der Verfasser der Facetien, die Mär von dem „Paulus im Nonnenkloster", wie ihm die Handschrift einer Komödie des alten Römers und einer Schweizer Dirne den Liebsten eingebracht hat.

Stets von neuem kehrt Conrad Ferdinand Meyer im Umkreise der italienischen Renaissance ein. In ihr findet er Gestalten, die den grandiosen Schatten menschlicher Erhabenheit mit Dantes Profil auf die kunstgeschmückte Wand werfen oder auch neben schalkhaft-satirischen Zügen die sich bis zum letzten versteigende Grausamkeit einer in Liebe und Haß bedenkenlosen Zeit offenbaren. Ein solches, mit minutiöser Kunst gearbeitetes Schreckensbild bietet die „Angela Borgia" am Hofe von Ferrara, der als Gegenspielerin die auch von Ferdinand Gregorovius einläßlich geschilderte Lukrezia beigegeben wird. Von einer Gewalt, die man dramatisch zu nennen versucht ist, lebt „Die Versuchung des Pescara", in der der große Feldherr, der Gatte der Vittoria Colonna, der an ihn herantretenden Lockung zum Verrat widersteht. Jede Szene dieser Novelle ist mit Spannung geladen, die uns kaum entlassen hat, um uns von anderem Punkte her aufs neue zu ergreifen.

Wie in einer Anzahl seiner historischen Gedichte, so wechseln auch die Novellen vom italienischen zum französischen Boden hinüber. Der Schweizer Calvinist läßt im „Amulett" den Schreiber des großen Admirals Coligny einen unheimlichen Ausschnitt aus der Bartholomäusnacht vortragen, verwandt dem malerischen Berichte von Paul Delaroche. Ein anderer Franzose aus der Umgebung des Sonnenkönigs ezählt in den „Leiden eines Knaben" von dem jammervollen Ende eines künstlerisch veranlagten Kindes, das im Jesuitenkolleg nach harter Behandlung stirbt. Ein ganz anderes Jugendbild entwirft der Dichter in dem tragisch endenden Spiel aus dem Dreißigjährigen Kriego „Gustav Adolfs Page". Dieser Page aus Nürnberger Patriziertum ist in Wahrheit ein Mädchen, das dem Könige unerkannt dient. Ihre Liebe besiegelt sie im Tode.

In Meyers Gedichten ist eine Abteilung überschrieben „Frech und Fromm". Sie enthält neben tragischen Balladen auch Gaben eines verhaltenen Humors. Während in seinem Novellenwerk aus dem Bereiche der Renaissance nur einmal humoristische Einstimmung emporquillt, da nämlich, wo Poggio uns von seiner Reise zum Konstanzer Konzil und der Überlistung der Äbtissin hören läßt. Völlig in eine humoristische Beleuchtung gerückt ist jedoch „Der Schuß von der Kanzel", in dem ein Teilhaber der Jenatsch-Handlung eine heitere Rolle spielt. Diese Novelle ist von Anbeginn in eine Stimmung behaglicher Schalkhaftigkeit getaucht, die sich mit sich selbst vergnügt und an den Schwächen der anderen ihre mehr scherzhafte als boshafte Lust hat.

Die schweizerische Freude am Substantiellen, die wir Meyer schon in anderem Zusammenhange äußern hörten, kommt in dieser mit heiterem Umblick in eine lachende Heimatwelt versetzten Geschichte voll zum Ausdruck; aber die glaubhafte Verbindung mit der Welt der Renaissance oder der Hugenottenkämpfe ist nicht minder stark und erfüllt das Gesetz des poetischen Realismus mit einer Folgerichtigkeit, die völlig den programmatischen Worten entspricht, mit denen der andere große Züricher Dichter sein Bekenntnis zur Lebenstreue ablegte.

A d o l f   F r e y (1855—1920) hat die Erzählungen seines Vaters Jakob Frey noch einmal herausgegeben und als Literaturhistoriker insbesondere schweizerische Dichter und Dichtung dargestellt. Sein einziger Roman, „Die Jungfer von Wattenwil", zeigt nüchtern heimatliches Leben. Von viel intensiverer Bewegung und epischer Geschlossenheit sind die Werke eines anderen Schweizers, W a l t h e r   S i e g f r i e d (1858—1938). Der Roman „Tino Moralt, Kampf und Ende eines Künstlers" führt den häufig verarbeiteten Stoff der Entwicklung eines zu tragischem Sturze bestimmten Künstlertums mit einer die letzten Tiefen ausmessenden Energie vor. Richard M. Meyer hat sicherlich recht, wenn er in dem Helden dieses großangelegten Werkes die Gestalt des im Emmenthal geborenen Malers und Bildhauers Karl Stauffer-Bern durchschimmern sieht, der einst zu den um Fontane gescharten Berliner Kreise der Zwanglosen gehörte und nach Einkerkerung und einem Aufenthalte in einer Irrenanstalt jammervoll zu Grunde ging. Siegfried ist die Darstellung der zum Bewußtsein erweckten Künstlerkraft ebenso gelungen, wie er die bis zu innerster Verstörungen führenden Wahnvorstellungen mit erschütternder Hingebung zu vergegenwärtigen weiß. Siegfrieds zweiter Roman „Fermont" entbehrt der Geschlossenheit, die das erste Werk auszeichnete. Charakteristische Bilder aus der Schweiz hat er sowohl in den Novellen „Ein Wohltäter" und „Die Fremde" als auch in den Erzählungen „Um der Heimat willen" und „Gritli Brunnenmeister" gegeben. Vortrefflich hat Siegfried die Atmosphäre von Paris vor dem ersten Weltkriege dargestellt; er hat jene Tage als Neutraler durchlebt, dessen Sympathien auf deutscher Seite waren.

I s a b e l l a   K a i s e r (1866—1925) aus Beckenried hat wie Conrad Ferdinand Meyer erst nach Werken in französischer Sprache zum deutschen Wesen hingefunden. Auch sie zeichnet gern mit scharfer Umreißung Menschen, in deren seelischen Gebaren noch Unland ist, so in dem Novellenbande „Wenn die Sonne untergeht". In der „Friedenssucherin" kommt ihre sich dem Höchsten anschmiegende Andacht rein

zum Ausdruck. Wie Johanna Spyri war auch S i l v i a A n d r e a (J o -
h a n n a G a r b a l d - G r e d i g, geb. 1840), eine Graubündnerin,
Conrad Ferdinand Meyer verbunden. Sie erzählte in der Novelle „Violanta Prevosti" aus der Vergangenheit ihrer Heimat.

J o s e f V i k t o r W i d m a n n (1842—1911), in Mähren daheim,
aber früh in der Schweiz eingebürgert und lange als Redakteur des
„Berner Bundes" der maßgebende Kritiker des Landes, hat die Höhe
seines Schaffens in eigenwillig geformten Dichtungen erreicht, unter
denen „Der Heilige und die Tiere" und die von barockem Humor erfüllte „Maikäferkomödie" obenansteht, die eigentlich Maikäfertragi-
komödie heißen müßte. Seine Bücher über Fahrten und Wanderungen in
der Schweiz wie aus Italien bis zum Südrande der Halbinsel spiegeln
Natur und Menschenart dichterisch wieder. Widmann wußte fremde
Volkheit in charakteristischen Ausschnitten wiederzugeben und wählte
dafür seltsam gesteigerte Darstellungen wie in dem „Redakteur" oder
in der Novelle „Als Mädchen", die beide spanisches Kolorit tragen. In
der „Patrizierin" bot er ein geschlossenes Bild aus der schweizerischen
Bundeshauptstadt. In der meisterlichen Novelle „Ein Doppelleben"
brachte Widmann das heikle Problem einer in zwei Weltteilen an zwei
häuslichen Herden heimischen Ehe geschmackvoll mit überraschender
Schlußansicht. Es nimmt nicht wunder, daß Widmann rasch den Zugang
zu der Kunst eines Dichters fand, der als einsame Erscheinung im Ringe
seiner Zeit steht: C a r l S p i t t e l e r (1854—1924). Neben Widmann hat der der gleichen Generation zugehörige Friedrich Niezsche
früh dieser Dichterstimme gelauscht, die sich zunächst F e l i x T a n -
d e m nannte. Der aus Liestal im Kanton Baselland stammende Dichter
schuf neben dem herkömmlichen Stile gänzlich abgewandten Balladen
die Prosadichtung „Prometheus und Epimetheus". Den Stoff von
Goethes „Pandora" wandelte Spitteler in diesem als Gleichnis bezeichneten, im Rahmen der deutschen Entwicklung völlig einsamen Werke zu
sehr anderem Ausblick ab. Der Gott der Welt stellt das heroische Brüder-
paar durch seinen Engel vor die Wahl zwischen irdischem Glücke und
den Gaben, welche allein die Herrin-Seele verleiht. Epimetheus wählt
das Erdenspielzeug, sein Glaube an alles, was auf -heit und -keit endet,
muß schließlich den Tand einer blanken Welt dem Affen einer Gaukler-
bande überlassen. Prometheus aber, der die Krone zurückgewiesen hat,
empfängt von der Himmelstochter Pandora die Gabe des seelenvollen
Leidens; seine Heimat findet der der Wesenheit zustrebende Künstler
in dem Land Allerseelen. Im Alter hat Carl Spitteler diese einst nur
wenigen Erlauchten vertraut gewordene Dichtung hymnischer Prosa in
epische Versform gegossen: „Prometheus der Dulder" ist in oft fälsch-
lich Alexandriner benannten gereimten Trimetern verfaßt, die Spitteler
in seinen Balladen „Extramundana" angewandt hatte. Auch über der
zweiten Fassung leuchtet ein den ersten Gesängen des Zarathustra verwandter Sprachglanz, hymnisch gesteigerte, unvergeßbar gefühlte Bilder:
jezt eben das Maderaner Tal am Nebenfluß der schäumenden Reuß,

und nun sagenhafte Götterlandschaft, Titanenreich, olympisch über-
wölbter Heldenschauplatz. In solche Grenzbezirke zwischen Irdischem
und Heroenhimmel geleitet auch der „Olympische Frühling", in dem
sich eine Wiedergeburt des deutschen Epos ankündigte.

Spitteler hat einmal gesagt, Prosa bedeute einen Verzicht. Nichts-
destoweniger sind seine mit unvergleichlicher Kunst geformten späteren
Prosadichtungen von der gleichen Rückführung auf die letzten Linien
bei Abgeschlossenheit der Form und Aufgeschlossenheit des Wesens,
Gaben einer sehr abseitigen, aber im Gefüge des Realismus unübersehbaren Haltung. Die „Imago" gemahnt in ihrer wiederum gleichnis-
haften Durchbildung an gewisse Werkstücke der Romantik. Obwohl die
Bildhaftigkeit der Vorgänge nicht immer deutlich wird, leitet eine
Spittelers Epik verwandte seltsame Umdeutung zu belohnten Ausblicken. Auch das Idyll „Gustav" birgt romantische Töne; aber hier
bewegt sich Spitteler auf gewachsenem Boden. Das Gleiche gilt von der
knapp vorgetragenen Geschichte „Friedli, der Kolderi" und ebenso von
der Erzählung „Die Mädchenfeinde". Der Dichter offenbart eine liebenswerte Kenntnis kindlicher Herzen, indem er die kleinen Kadetten Gerold
und Hansli in ihrer knabenhaften Tapsigkeit aufmarschieren läßt. In
dem als „Darstellung" bezeichneten Romane „Conrad, der Leutnant"
glaubte Spitteler eine neue Form dichterischer Prosa gefunden zu haben;
er wollte von Stunde zu Stunde einen an eine Persönlichkeit gehefteten
vollen Tageslauf ohne Abschweifung in Nebendinge darbieten. Gewiß
ist solche in das engste gebannte Kunstübung das Gegenteil von Fontanes
aufgelockertem Stile, der weniger ins Plauderhafte entgleitet, als daß
er in das kennzeichnend Plauderhafte ausmündet. Dennoch bleibt der
Künstler auch hier, in dieser durch psychologische Erhellung bedeutsamen, sich zum Romane dehnenden Erzählung dem Gesetze des Realismus treu.

Wie Josef Viktor Widmann die Gegend „Jenseits des Gotthard"
geschildert hat, so bot Spitteler in einem Buche eine dichterisch beschwingte Schilderung der den mitteleuropäischen Norden vom Süden
trennenden Landschaft. In seinen „Lachenden Wahrheiten" stellte er
über das eigene Schaffen und das, was Fontane das „literarische Metier"
nennen würde, Erwägungen an, die trotz dem Titel zu sehr ernster Problematik geleiten und in geistvoller Formung sehr nachdenkliche,
kritische Schlagbilder von dauerhafter Bedeutung bergen.

4. Kleinrealismus

Der Tunnel über der Spree ging nach Jahrzehnten einer über Berlin
und weiterhin ausstrahlenden Gabenfülle zur Rüste. Es ist reizvoll, in
den Briefen und Erinnerungswerken Fontanes, Heyses, Storms, Bernhard von Lepels sowie auch in denen Otto Roquettes, Adolf Wilbrandts,
E r n s t Z i e l s (1841—1921), Heinrich Seidels die Spur der Mitglieder des Sonntagsvereines zu verfolgen.

Im Tunnel saßen mit gleichem Rechte Dichter, Schriftsteller und bildende Künstler wie der Mitherausgeber und charaktervolle Illustrator des Jahrbuchs „Argo" Theodor Hosemann. Paul Heyse hat in sein Fontane gewidmetes lyrisches Tunnelbild Adolf Menzel als besonders kennzeichnende Erscheinung angeführt. Daneben fanden als „Klassiker" selbst unproduktive Kunstfreunde ihren Platz. Solcher Zusammensetzung erfreute sich der Allgemeine Deutsche Reimverein, dessen Herkunft aus dem Tunnelkreise mit seiner scheulosen Kritik deutlich ist. Das Haupt dieser Runde war der Chemiker E m i l J a c o b s e n (gest. 1911), ein Danziger. Er hat unter dem Hehlnamen H u n o l d M ü l l e r v o n d e r H a v e l den Aeolsharfen-Almanach namens des Reimvereins herausgegeben und den Wappenspruch dafür geschmiedet: „Reimen muß die Nationalbeschäftigung der deutschen Nation werden". Schon aus dieser Devise erhellt, daß diese sehr moselselige, in Tegel oder einer Kneipe der Berliner Innenstadt seßhafte Gesellschaft das dichterische Handwerk vor allem zur Karrikierung von Schwulst oder Dilettantismus ausübte. Der literarische Stammbaum wies auf Adolph Glaßbrenner und den urberlinischen Possendichter Louis Angely zurück. Abseits solcher Versübung aber gedieh dem Poeten des heiter beseelten Kreises eine humoristische Lebensschau, die sich im Dasein des Alltags, zumal Berlins, zurechtzufinden wußte und dem realistischen Gefüge einen neuen Ton zubrachte. Auch der Reimverein bestand nicht nur aus Dichtern. Neben Emil Frommel, Rudolf Genée und Theodor Hermann Pantenius saßen der Philosoph Adolf Lasson und der Pädagog Stephan Waetzoldt mit am Tisch.

J u l i u s L o h m e y e r (1835—1903) hat zwanzig Jahre lang das vortreffliche Jahrbuch „Deutsche Jugend" herausgegeben. Es kennzeichnet vielleicht am besten die zurückhaltende Art des Mannes, der ein hilfsbereiter Betreuer junger Talente war, daß er eine Sammlung seiner Novellen „Die Bescheidenen" nannte. Er hat gegen Ende seines Lebens mit Alexander Duncker die „Deutsche Monatsschrift" herausgegeben und war ein reger Beiträger des „Kladderadatsch". Diese, aus dem Jahre 1848 stammende echt berlinische Zeitschrift wurde nun vom Reimvereine her durch den Danziger Landsmann Jacobsens, J o h a n n e s T r o j a n (1837—1915) geleitet, während vordem der Tunnelbruder Rudolph Löwenstein in der Redaktion saß. Ging Trojan völlig in den Spuren des Aeolsharfen-Almanachs als er mit amüsanter Wortverschlingung die besonders sauern Weine eines Jahres besang, so war er zugleich ein charmanter Kleinkünstler der Prosa, dessen „Wuotrower Königsschießen" wegon ihrei drolligen Munterkeit hervorzuheben sind. Sogar der Schilderung seiner Inhaftierung „Zwei Monate Festung" wußte der wegen angeblicher Majestätsbeleidigung verurteilte, durch und durch nationale Mann noch ein wehmütig humoristisches Behagen abzugewinnen. Der eifrige Spaziergänger, der jede Vogelart und jede Pflanze bestimmen konnte, veröffentlichte regelmäßig unter dem Striche der „Nationalzeitung" die knapp umzeichneten „Berliner Bilder" und stellte

Streifzüge am Ontariosee unter der Aufschrift „Auf der andern Seite"
zusammen. Der allwöchentliche Beobachter des politischen Lebens im
Hohlspiegel des „Kladderadatsch" hat auch mit E g o n H u g o S t r a ß -
b u r g e r (geb. 1877) gemeinsam reizvolle Erzählungen „für die
Kleinen" verfaßt; an M a x F r i e d l a e n d e r (1853—1915) vererbte
er nach dem Rückzuge auf Haus Ilion in Warnemünde die Nachfolger-
schaft an seiner Zeitschrift.

Als auswärtiges Mitglied gehörte zum Reimverein Hans Hoffmann.
Zwischen der Kunst dieses Pommern und derjenigen des Mecklenburgers
H e i n r i c h S e i d e l (1842—1906) lassen sich gewisse Verbindungs-
linien ziehen, die in das gemeinsame Heimatgebiet der norddeutschen
Fluß- und Seenlandschaft führen — nur wußte Seidel seiner Grenzen
gewiß sich auf das ihm gemäße Idyll einzuschränken. Er hat noch im
Tunnel über der Spree, in den ihn der Landsmann Friedrich Eggers
einführte, Preis auf Preis davongetragen, lange bevor der Sonntagsverein unter dem letzten Angebeteten Haupte O s c a r R o l o f f (1840
bis 1911) einschlief. Seidel war Meister in den auch von Trojan ange-
wandten Schüttelreimen für den Aeolsharfen-Almanach.

Heinrich Seidel, der Sohn Heinrich Alexander Seidels, war seines
Zeichens Ingenieur und hat die schöne, nun zerstörte Halle des Anhalter
Bahnhofs zu Berlin erbaut. In seinen Dichtungen lebt nichts von dem
Sausen der rastlosen Zeit, von Maschinentechnik und Feueressen. Seidels
ins Kleinste verliebter Ingenieur Leberecht Hühnchen wirkt in manchem
Betrachte wie ein Abkömmling der vergnüglichen Schulmeistergestalten
aus Wilhelm Raabes „Horacker"; aber Hühnchens Wohnen am Rande
Berlins gibt diesem Idyll und seiner Umrankung durch fröhliche Menschen die besondere Färbung. Eine Weinlese auf dem bescheidenen
Steglitzer Gartengrundstück, deren ganzer Ertrag fünfzehn Trauben und
einundzwanzig Nüsse sind, wird nebst dem Komposthaufen so ohne ein
zuviel oder zuwenig, ohne ein ironisches Darüberstehn geschildert, daß
der Ingenieur, der sonst in Montagehallen arbeitet, in all seiner An-
spruchslosigkeit und Herzenseinfalt zu einer gerade in der Großstadt unübersehbaren Gestalt wird. Gewiß öffnet sich in dieser wie mit zarten
Pastellfarben zeichnenden Kunst nur eine kleine Welt, aber sie schwebt
nicht in der Luft, sondern ist in die große als lebendiger Bestandteil
eingebettet.

In einer langen Reihe von Vorstadtgeschichten hat Heinrich Seidel
diesen Stoffkreis erweitert. Dabei gelingen ihm so ergreifende Bilder
wie jener alte Daniel Siebenstern, der sich schon bei Lebzeiten auf einem
als letzte Ruhestatt großer Dichter und Komponisten berühmten Berliner
Friedhofe das eigene Mausoleum baut. In schmuckloser Führung hat
dann Heinrich Seidel die Geschichte seines eigenen Lebens „Von Perlin
nach Berlin" erzählt und darin Porträts der liebenswerten Eltern und
Vorfahren gegeben — zur besonderen Freude eines so anspruchsvollen Lesers wie Theodor Fontane. Bei diesem Untertauchen in die
Jugendheimat, bei der der Vogel- und Pflanzenkundige immer wieder

einkehrte, schuf er noch ein Seitenstück zu seiner Selbstbiographie, die „Abenteuer des Reinhard Flemming zu Wasser und zu Lande". In einem sachlich zeichnenden Deutsch mit leisem, lyrischem Untertone, gab er da aus dem Behagen einer lebhaften Erinnerung ein zum Greifen deutliches, von heiteren Schlaglichtern überglänztes Bild einer mit besten Kräften ausgestatteten Jugend in Dorf und Kleinstadt. Seidels Gestalten aus der Heimat, denen er einfache Märchen gesellte, haben ebenso echte Kontur wie die in der Großstadt Verwurzelten, denen er die „Musik der armen Leute" vorspielen läßt.

Einen anderen Berliner Typus bildete der Holsteiner J u l i u s S t i n d e (1841—1905) nach. Der einst in Hamburg tätige Naturforscher hatte für die hansestädtischen Vorstadtbühnen Lokalpossen geschrieben; auf den Berliner Boden verpflanzt komponierte er aus Briefen, die zuerst in Arthur Levysohns „Deutsche Montagszeitung" erschienen, das Bild der Frau Wilhelmine Buchholz in der Landsberger Straße jenseits des Alexanderplatzes. Wenn Leberecht Hühnchen sein Behagen noch abseits des drangvollen großstädtischen Tages zu gewinnen wußte, so schwamm die Spießbürgerin aus dem Nordosten des Gemeinwesens immer mit dem Strome. An der Echtheit dieses Bildes aus dem so nicht mehr vorhandenen, wohlhabenden Mittelstand ist nicht zu zweifeln. Zu den Lesern der Buchholzschen Memoiren gehörte auch Bismarck, der seiner Neigung für die Familie Buchholz in einem Brief an den Verfasser wohlwollenden Ausdruck gab. Des Reichskanzlers Vortragender Rat, der einstige Mitherausgeber der „Grenzboten" J u l i u s v o n E c k a r d t (1836—1908) hat demgegenüber in einem geistvollen Aufsatze der „Deutschen Rundschau" mit Grauen die Perspektive einer geistigen Welt gezeichnet, in der die Buchholzens maßgebend wären. Dennoch — ganz abgesehen davon, daß es Stinde nicht so gemeint hatte — ist die Lebenswahrheit der Zeichnung unverkennbar. Die Buchholzens sind behäbiges, mundfertiges, gutmütiges, manchmal komisch-sentimentales Bürgertum, das Stinde auch nach dem Süden, gen Italien und Konstantinopel, begleitet. Die naive Fragelust seiner Frau Wilhelmine gemahnt ein wenig an die bildungsbeflissene Frau Jeannette Groterjahn Reuters in der „Reis nah Konstantinopel".

Stinde hat dann in einer Reihe von Bänden Wilhelmine Buchholz selbst von ihrem Leben bis in das Jahr der großen Berliner Ausstellung von 1896 berichten lassen. Unwillkürlich drängt sich der Vergleich mit einer anderen berlinischen Gestalt, die ihr Dichter als bourgeoisen Typus gemodelt hat, auf, mit der Frau Jenny Treibel Theodor Fontanes. Aus anderer erzählerischer Höhenlage gewachsen ist die Gestalt der schreibseligen Frau Wilhelmine nicht minder typisch für das hauptstädtische Leben jener Jahrzehnte, die bei Stine freilich nicht mit innewohnender Zeitkritik abgehandelt werden. Von einer sehr viel verhalteneren Lebensschau zeugen Stindes andere Berliner Romane. In „Pienchens Brautfahrt" wird ein Mädchenschicksal umrissen, im „Liedermacher" das nicht alltägliche Geschick eines Künstlers dargestellt, dem sich die Lebenserfüllung versagen muß. In „Martinhagen" bringt Stinde ein Bild aus seiner Heimat. Auf dem gleichen Felde war seine Schwester C o n r a - d i n e S t i n d e (1856—1925) mit ihren Erzählungen „Glücksklee" zu Hause.

Zum Reimverein gehörte auch V i c t o r B l ü t h g e n (1844 bis 1920), der gleich Seidel im Kindermunde fortlebende anmutige Gedichte gereimt hat. „Gedankengängen eines Junggesellen" von nachdenklicher Beschaulichkeit gesellte er liebenswürdige Novellen und die fesselnde Jugenderzählung „Teresita, die Zwergin". Unter seinen Werken sind „Aus gährender Zeit", ein Bild aus den revolutionären Tagen von 1848, und der anschauliche Roman „Der Preuße" hervorzuheben, unter den Novellen „Die schwarze Kaschka", deren Stoff er später zu einer Opern- dichtung wandelte. Zu einer Aussicht in umrätselte Welten führten „Die Spiritisten" (später „Dunkle Mächte" betitelt). Er folgte auf diesen Seitenwegen seiner Gattin C l a r a B l ü t h g e n (geb. Kilburger, Hehlname früher C. E y s e l l - K i l b u r g e r, 1856—1934), die mehrfach solche Stoffe in Roman und Novelle behandelte. Zu gemein- samem Werke einte sich das Paar in den Novellen „Hand in Hand".

*   *   *

E r n s t J o h a n n G r o t h (1859—1937) erzählt mit dem Humor eines kinderlieben Schulmannes ebenso wie der Pädagoge W i l h e l m M ü n c h (1843—1912) in den „Allerlei Gestalten". H e i n r i c h S t e i n h a u s e n, der Schöpfer der „Irmela", trägt „Die neue Bizarde" und „Heinrich Zwiesels Ängste" mit verhaltener Heiterkeit vor. Von einer behaglichen zeitkritischen Ironie ist die seltsam gefügte Geschichte „Herr Moffs kauft sein Buch" erfüllt, sie gemahnt an Karl Weitbrechts „Phaläna". In düsterschwerem Tonfall erzählt Heinrich Steinhausen die Mär vom „Gevatter Tod". Seine „Meletemata ecclesiastica" führen zu den letzten inneren Entscheidungen von einem über den Tag hinaus- schauenden Standpunkte her.

J u l i u s R. H a a r h a u s (1867—1947) plaudert wie Charlotte Niese eine Emigrantengeschichte von dem „Marquis von Marigny". Ein ganz eigenartiges Werk ist der Tierroman „Die rote Exzellenz", in dem der Biograph Goethes die Stoffwelt von Reineke dem Fuchs abwandelt. Neben das Dorfidyll vom „Weidgerechten Pastor" stellte der Autor die rheinischen Novellen aus geistlicher Vergangenheit „Unter dem Krumm- stab". Er hat auch Wanderungen durch Rom geschildert, die überall selbständige Beobachtung verraten.

L u i s e A n t o n i e W e i n z i e r l (1835—1915) hat knappe historische Erzählungen von vaterländischer Wärme wie „Die Herrin von Orla" geschrieben; die Österreicherin ist als Übersetzerin der George Sand hervorgetreten. M a r i e v o n O l f e r s (1826—1923), eine Enkelin Friedrich August von Stägemanns hat neben entzückend be- bilderten Kinderbüchern eine Reihe sehr zarter Novellen geschenkt. In

ihrer anmutigen Lebensbetrachtung erinnert sie an H a n s   A r n o l d
(B a b e t t e   v o n   B ü l o w , geb. Eberty, 1850—1927). Hans Arnold
eignet ein Humor von liebenswürdiger Harmlosigkeit, der die berlinische
Abkunft in seiner Knappsprachigkeit nicht verleugnen kann; so ist sie
die rechte Erbin ihres Vaters F e l i x   E b e r t y (1812—1884), des
Verfassers der „Jugenderinnerungen eines alten Berliners" und Bio-
graphen Walter Scotts. Sie hat in dem Buche „Aus der Kinderzeit"
Berliner Interieurs reizvoll skizziert.

Zu den Schriftstellern des Kleinrealismus gehört der Physiker E m i l
B u d d e (1842—1921), der unter die Schöpfer von Nebenwerken der
Prosa zu rechnen ist. Der Mitleiter der Siemenswerke hat nach den
satirischen Briefen „Staunemayers römische Kunstfahrten", einer fröhlichen Ergänzung zu den Wanderungen von Haarhaus, ähnliche Reise-
berichte aus Palästina gefügt. Sein bleibendes Werk sind jedoch die
dichterisch durchklungenen „Naturwissenschaftlichen Plaudereien", in
denen er dem Laien die Welt des Drehstroms und des Mikroskops
eröffnet.

F r i t z   A n d e r s (M a x   A l l i h n , 1841—1910) gestaltet in
seinen „Skizzen aus unserem heutigen Volksleben" und in dem Roman
„Doktor Duttmüller und sein Freund" troß etwas schwerfälligem Flusse
anschauliche, humorbelebte Bilder.

Der Volkslieder- und Runenforscher R o c h u s   F r e i h e r r   v o n
L i l i e n c r o n (1820—1912) erweist in späten Tagen sein musikalisches Mitleben in zwei anmutigen Novellen: „Wie man in Amwald
Musik macht" und „Die siebente Todsünde". Unter der Aufschrift
„Frohe Jugendtage" hat er helle Lebenserinnerungen gegeben. Ein vergessener Novellist von eigenartigem Stil war R o b e r t   K o h l r a u s c h .
In dem Bande „Wie Maler Vincenz Romanisch lernte" seien die Erzählungen „Ein ungebildeter Mensch" und „Das Bild des Herrn Bertram"
hervorgehoben.

Nur mit einem Werke, das jedoch die Zeiten überdauert, ist R u -
d o l f   R e i c h e n a u (1817—1879) hervorgetreten. Der Schüler von
Eduard Simson und Karl Rosenkranz gehörte zu der reichen Generation,
die vor 1848 in der Königsberger Schule aufwuchs. Der dann in Berlin
eingelebte Hagestolz hat in einer seltenen Weise inniges deutsches Familienleben in den Skizzen „Aus unseren vier Wänden" gezeigt. Zumal
die Szenen aus dem Kinderleben sind mit einer Liebe gezeichnet, die
sich ohne Verkindlichung eine rechte Andacht zu den Kleinen bewahrt.
Es ist überall der „Onkel", der aus diesen Blättern spricht und die auf-
wachsende Jugend um sich her nachdenklich und liebevoll betrachtet.
Dieser wortsparsame Schriftsteller hat die feinsten Ohren für Kinder-
laute, die feinsten Augen für kindliches Tun und das feinste Herz für
Kindesfreude und Schmerz.

E r n s t   M u e l l e n b a c h (1862—1901) steht Julius R. Haarhaus in dessen Anfängen nahe; auch er hat rheinische Geschichten aus
alter Zeit erzählt und im „Schußengelchen" das Leben in Köln zu Be-

ginn des neunzehnten Jahrhunderts in einen geschichtlich treuen Rahmen
hineingepaßt. Der Roman „Aus der Rumpelkiste" ist von gleichem
Humor erfüllt wie die Novellen, deren Eingangsstück „Waldmann und
Zampa" heißt. Ein Zeugnis, daß für eine das Schwere umgoldende
Dichterlaune auch innerhalb aufwühlender Volksgeschicke Platz ist, gibt
die Novelle „Franz Friedrich Ferdinand", ein kleines Juwel aus den
erregten Tagen von 1848.

5. Nebenformen der Prosa im realistischen Raum

Der Realismus hatte in seinem Gefüge den vollen Ertrag der zur
Gründung des neuen Reiches führenden Politik König Wilhelms und
Bismarcks eingebracht; auch in nicht dem Zeitgeschehen verhafteten
Darstellungen war einer in der Enge der zersplissenen Vergangenheit
gebannten Generation die Aussicht ins Freie eröffnet worden. Was in
der Dichtung der neuen Lebenstreue an den Tag trat, wurde von Stil-
meistern, die sich einer dichtungnahen Prosa bedienten, gedeutet, kritisch
umrankt, oft mit belohntem Weltblick verwandten oder unverwandten
Strömungen des Auslandes kundig verglichen. Noch in die Welt von
1848 hinein ragt K a r l B r a u n - W i e s b a d e n (1822—1893), zuerst liberaler Führer in der nassauischen Kammer, dann nach der Einverleibung seiner Heimat in den preußischen Staat im Reichstag und
Landtag. In seinen vielbändigen „Bildern aus der deutschen Kleinstaaterei" zeichnete er ohne Bosheit in einer unbesorgten Sprache frische,
zum Teil sehr ergötzliche Bilder aus einer Zeit, die bei dem raschen Flusse
der Entwicklung des Jahrhunderts, unter immer neuen Schöpfungen der
Technik, schnell der Vergessenheit anheimfiel. Es war noch die Epoche
des Biedermeiers, in welche Braun zurückführte, wie sie etwa aus
Muellenbachs „Franz Friedrich Ferdinand" oder aus mancher Novelle
von Wilhelm Heinrich Riehl mit gleicher Kadenz emportönte.

Sehr viel weiter war das Darstellungsgebiet von K a r l H i l l e -
b r a n d (1829—1884), der als Student an der badischen Revolution
teilgenommen hatte, der Gefangenschaft entflohen, dann in Paris Heines
Sekretär, Professor an einer französischen Lehranstalt geworden war und
sein Leben in Florenz beschloß. Nicht, daß Hillebrand in vier Sprachen
zu dem Publikum von vier Nationen mit ebenmäßiger Vollendung
reden konnte, bildet das Auszeichnende seiner Erscheinung, sondern
vielmehr seine Fähigkeit, die Kulturen von vier Völkern in ihren höchsten
Auswirkungen und dennoch immer mit deutschem Gefühlsgehalt zu begreifen und in einer niemals schwerflüssigen, gerundeten, jeden Augenblick am Leben geprüften Form darzustellen. Er besaß die für den
großen Schriftsteller unerläßliche Witterung für Talent und, was viel
mehr bedeutet, für Persönlichkeit. Hillebrand wußte das Kleinleben
der französischen Provinz seiner Exiljahre ebenso einläßlich einzufangen
wie er Rahel Varnhagen mit feinem Stifte zeichnete. Seine Sammlung
„Zeiten, Völker und Menschen", wohl das bedeutendste Lebenswerk

eines Deutschen in essayistischer Form war seiner Wirkung auf die Folgezeit sicher. Er hat es durch die „Zwölf Briefe eines ästhetischen Ketzers" ergänzt, in denen er einen fehlgeleiteten Geschichtssinn ergötzlich widerlegt.

Hillebrands Freund L u d w i g B a m b e r g e r (1823—1899) hat von ihm gesagt: „Er gehörte zu den Menschen, von denen die Robinsonade des reifen Lebens sich träumend ausmalt, wie schön es wäre, sie einem Konvikt auserlesener Freunde einzuverleiben, mit denen man ein beschauliches Dasein führen könnte". Bamberger wurzelte noch in den Anschauungen von 1848, mußte gleich dem Freunde fliehen und ward später von Bismarck, über den er in französischer Sprache einen großen Essay schrieb, zum Frankfurter Friedensvertrag und zur Begründung der Reichsbank hinzugezogen. Die Nähe zu Hillebrand entspricht auch der schriftstellerischen Grazie, mit der Bamberger die Feder führt, ob es sich um Erinnerungen aus dem Schicksalsjahr oder um Probleme der Währung handelt. So hat er den einst mit George Forster von Mainz nach Paris entsandten, vergessenen Adam Lux auf seinen merkwürdigen Wegen verfolgt und mit voller Bildkunst ausgezeichnet. Er hat Friedrich Kapp und Eduard Lasker in ihrer Wesenheit charakterisiert und den Herzpunkt ebenso getroffen wie in fremdem Bezirke mit einem Essay über Ernest Renan.

Als dritter gehört neben diese beiden großen Essayisten ein Lebensfreund Paul Heyses, der gleich ihm im Tunnel saß und zu einem Übersetzer von klassischer Geltung ward, O t t o G i l d e m e i s t e r (1823 bis 1902). Wann der Bürgermeister von Bremen über Höflichkeit und Reichtum, über praktisches Christentum oder den Kampf um die Fremdworte spricht, immer erhebt sich dies Plaudern zu einprägsamen Sätzen und zu plastischer Vorstellung. Dabei stehen Gildemeister aus einer allen diesen Essayisten gehörigen, weitgespannten Bildung Belege und Ausführungen zu Gebote, die nicht als Füllsel, sondern als organische Eingliederung in den eigentlichen Gedankengang verwendet werden.

Der Balte V i c t o r H e h n (1813—1890) ist keinem Schema einzufügen. Er hat den Weg des Salzes durch die Kultur verfolgt und in der Beobachtung des Überganges von Kulturpflanzen und Haustieren von Asien nach Europa mit Glück ganz neue wissenschaftliche Methoden eröffnet. In fast dramatischer Vorführung hat er in seinen „Gedanken über Goethe" den Gestaltenreichtum des Dichters nochmals verbildlicht, indem er ihn ungezwungen mit biblischen und griechischen Figuren gleichnishaft verband. Seine Biographie Goethes schuf Hehn als „Literaturgeschichte im Kleinen" auf 150 Seiten, in denen er oft einseitig, oft treffend nicht Goethes Leben, nicht Goethes Werk, sondern sein Verhältnis zum Publikum oder vielmehr das Verhältnis des Publikums zu ihm bis in seine, Hehns, Gegenwart untersuchte.

All diesen bedeutenden, am Rande der Dichtung angesiedelten Schriftstellern eignete noch als gemeinsame innere Grundlage der unerschöpfliche Kulturschatz unseres klassischen Humanismus, sie alle erscheinen über die Romantik hinweg geradezu als dessen unmittelbare Erben. Wie stark dieser gemeinsame große Besiß über die engen Berufsgrenzen hinüberwirkt, beweist das Werk eines der Nachfolger Helmuth Moltkes, C o l m a r v o n d e r G o l t z (1848—1916). Der jugendlich empfangene Roman „Angeline" bezeugt noch nicht die Höhe der gewonnenen Ausdrucksmittel; erst der „Ausflug nach Makedonien" und vor allem die „Anatolischen Ausflüge" künden in ihrer Nähe zu Moltkes Wanderbüchern die gleiche lebendige Schau und die gleiche Kunst der Vergegenwärtigung.

A l e x a n d e r F r e i h e r r v o n W a r s b e r g (1836—1889), ein österreichischer Diplomat, fand gleichfalls im Banne des mittelländischen Meeres den Aufstieg zu landschaftlichen Darstellungen von dichterischer Beseelung, die an das Vorbild Fallmerayers erinnern. Seine „Odysseeischen Landschaften" und seine „Homerischen Landschaften" wurden aus einer tiefen Zuneigung zur antiken Welt mit eindringlicher Kraft gestaltet. Wenn Warsberg Ithaka und Korfu schildert, steigen diese von unvergangenem Edelgute der Poesie umwobenen Eilande in neuer, künstlerisch lebendiger Belichtung empor. Eine verwandte Natur ist A l e x a n d e r v o n V i l l e r s (1812—1880), dessen Fabeln und Märchen im Stile der Münchner Schule einer schärferen Profilierung entbehren. Sein künstlerischer Rang beruht auf den nach seinem Tode erschienenen „Briefen eines Unbekannten"; in ihnen redet ein feinfühliger Geist, der auf jede Berührung mit der Landschaft wie der Kunst aus blutwarmer Selbständigkeit eingeht.

Ein dritter Diplomat der Doppelmonarchie, A l e x a n d e r G r a f v o n H ü b n e r (1811—1892) hatte historischen Werken ein feines, weltkundiges Buch „Spaziergang um die Welt" nachgesandt. Aus demselben Kreise amtlichen Wirkens erschienen zuerst in Rodenbergs „Deutscher Rundschau" M a x v o n B r a n d t's (1835—1920) mannigfache Erinnerungswerke aus China und Japan. Der Verfasser wird gelegentlich in Rudolf Lindaus Novellen aus Japan als Mithandelnder eingeführt.

Zu den Meistern des Essays von humanistischer Beseelung gehört eine im süddeutschen und katholischen Bereich vorbildhaft wirkende Erscheinung, F r a n z X a v e r K r a u s (1840—1901). Wie er durch die unter den Füßen der Rompilger sich dehnenden Welt der römischen Katakomben sicher führt, so verrät er in Werken über Dante und Cavour und in Essays jene Meisterschaft, die die Benußung wissenschaftlicher Hilfsmittel unterdrückt und eine leichte stilistische Behandlung an den Tag legt. Am weitesten wirkte unter diesen Schrifstellern ein Mann, der seine poetische Begabung in zwei Gedichtbänden verriet, bevor er zum Essay und zur Geschichtsbetrachtung gelangte, H e i n r i c h v o n T r e i t s c h k e (1834—1896). Innerhalb seiner „Historischen und politischen Aufsäße" erwies er seine Aufgeschlossenheit für deutsche Dichtung in Arbeiten über Uhland und Keller, Hebbel und Otto Ludwig. Schließlich sammelte er sich zu dem durch frühen Hingang unvollendet gebliebenen Werke seiner „Deutschen Geschichte im Neunzehnten Jahrhundert", die bei aller ihrer Einseitigkit der Auffassung zu den stolzesten Denkmälern deutscher Sprachkunst und Darstellungskraft gehört; sie wahrt im Aufblick zu Wilhelm von Humboldt das klassische Erbe.

Dem Realismus verdanken wir auf dem bescheideneren Gebiete der Tagesschriftstellerei Gaben, die den Bau der neuen Lebenstreue gefällig umrankten. Drei Männner aus der Weichselniederung sind hier vor allem zu nennen. E r n s t K o s s a k (1814—1880) erfüllte in seinen „Berliner Federzeichnungen", einem Seitenstück zu Daniel Spitzers „Wiener Spaziergängen", das Berliner Leben mit behaglichem Humor. Mit leichter Selbstironie trug er sein „Wanderbuch eines literarischen Handwerksburschen" zusammen.

Neben Theodor Fontane gehörte zum Redaktionsstabe der Vossischen Zeitung der Danziger L u d w i g P i e t s c h (1824—1911). Als Schüler seines Landsmannes Friedrich Meyerheim hatte er zuerst den Zeichenstift gehandhabt und war dann Journalist geworden. Seinen Kunstberichten und Gesellschaftsbildern folgte das in einem ungelenken Stile dennoch sehr anschauliche und inhaltreiche Werk „Wie ich Schriftsteller geworden bin", das er durch „Erinnerungen aus jungen und alten Tagen" ergänzte. Er war mit Turgenjew befreundet und hat von dessen Leben in Deutschland erzählt. Wie Pietsch eine Wallfahrt nach dem durch deutsche Forscher ausgegrabenen Olympia schilderte, so pflegte F r i t z W e r n i c k (1823—1891) das Gedenken an diese Kunststätte und umriß Städtebilder aus allen europäischen Landen.

Den drei Ostdeutschen sei noch in A l e x a n d e r M e y e r (1832 bis 1908) ein Berliner gesellt. Seine Skizzen erschienen zumeist in der von T h e o d o r B a r t h (1849—1909) herausgegebenen Wochenschrift „Die Nation", die auch Mommsen, Kapp, Gildemeister, Bamberger, Georg von Bunsen zu ihren Mitarbeitern zählte. Unter dem Titel „Aus guter alter Zeit" waren Skizzen aus einem Berlin eingesammelt, das in der raschen Dehnung der Hauptstadt zur Weltstadt immer mehr versank und sich erst einem nachspürenden Blicke in seiner Eigenart erschloß.

Siebentes Buch

DAS JÜNGSTE DEUTSCHLAND

1. Naturalismus und ihm verwandte Strömungen

Die große Entwicklung des silbernen Zeitalters der deutschen Dichtung war in ihrer Entfaltung eines mannigfach gewandelten Realismus dem deutschen Volke als eine im Grunde einheitliche Bewegung nicht so ins Bewußtsein getreten wie etwa die Romantik oder das Junge Deutschland. Freilich wirkten die Schöpfer des neuen lebenstreuen Stiles nicht in einer zu gemeinsamem Ziele programmatisch vorstoßenden Schar. Die von den Meistern des neuen Zeitmaßes festgehaltene Verbindung zu der großen Überlieferung der Vergangenheit trat nicht mit zwingender Macht hervor. Der Rückblick erweist eine stolze Ausbreitung, die die ganze Menschheit und alle Formen der Dichtung umfaßt und mit dem Ideal treuer Schilderung durchdringt. Insbesondere innerhalb der Prosadichtung war binnen eines Menschenalters Wirklichkeit geworden, was Immermann vorgedeutet hatte. Die neue Kunst hatte es vermocht, einen Längsschnitt durch das deutsche Leben von seinen geschichtlichen Wurzeln bis in die Gegenwart ihrer Schöpfer episch zu füllen. Dabei wies diese Kunst vielfach zugleich hinauf bis in die Gipfel der Zukunft. Der Roman des klassischen Humanismus hatte seine Menschen in einen idealen Raum gestellt, den die Romantik bei eigener universalistischer Ausrichtung zu phantastischem Fernblick ausweitete. Die jungdeutsche von vordringenden Erregungen durchschüttelte Bewegung stieß unter dem Vorzeichen einer halbschlächtigen politischen Entwicklung zumeist ins Leere. Im Zeitalter einer technischen Entfaltung und nationalen Erfüllung hatte demgegenüber der Realismus, vor allem im erzählerischen Raume, die Wirklichkeit zu meistern gewußt und dabei das humanistische klassische Erbe voll gewahrt. Die deutsche Kunst dieser Jahrzehnte brauchte den Vergleich mit derjenigen anderer Nationen, denen eine glückhaftere, politische Entwicklung geschenkt ward, nirgends zu scheuen, so dankbar sich dies aufnahmefähigste aller Völker auch der Anregung etwa von Walter Scott oder Charles Dickens bewußt war. Daß auch in der Vergangenheit die leichte Halbkunst sich in der Gunst des Publikums vor die Werke der echtbürtigen Joviskinder schob, mochte der Kenner aus dem Buche entnehmen, darin Erich Schmidts Schüler und Nachfolger am Goethe-Schiller-Archiv, J u l i u s W a h l e (1861—1938), die Geschichte der Weimarer Hoftheaters unter Goethes Leitung aufzeichnete; er wäre dann gewahr geworden, wie sehr auch die Kunst Ifflands und Kotzebues in der Gunst der Hörerscharen diejenige Schillers und Goethes überwog. Das Theater wurde nach 1870 von ausländischen Autoren zweiten oder gar dritten Ranges überfremdet. Ebenso verdrängte das Mittelmäßige der leichten Liederfracht von Julius Wolff und Rudolf Baumbach, der Familienblattrealismus und eine der urwüchsigen Berliner Posse ferne Schwankliteratur die große Kunst der Zeit und der jüngsten Vergangenheit. Das Drama Friedrich Hebbels und Otto Ludwigs, von Georg Büchner ganz zu schweigen, fand auf den Bühnen kaum noch Heimstatt, Grillparzer trat in den Schatten, Immermann ward vergessen, und während die Frühwerke Wilhelm Raabes, die er selbst als Werke vor seiner Geburt bezeichnete, viele Leser fanden, braucht das hohe Meisterbuch vom Schüdderump fünfundzwanzig Jahre bis zur zweiten Auflage. Theodor Fontanes „Vor dem Sturm" ging ohne nachhallenden Klang vorüber; dieser Roman erschien am Ende eines Jahrzehnts, das seit 1870 die „Letzte Reckenburgerin" der Louise von François, die „Kinder der Welt" von Paul Heyse, den „Jürg Jenatsch" von Conrad Ferdinand Meyer, Theodor Storms „Aquis submersus", Anzengrubers „Schandfleck", den zweiten Band der „Leute von Seldwyla" und Friedrich Theodor Vischers „Auch Einer" gebracht hatte — also eine Ernte deutscher Kunst von außerordentlicher Spannweite. Als Eduard Engel 1882 in Paris von Emile Zola nach dem Stande der deutschen Literatur gefragt wurde, gab er dem Franzosen die Antwort: „Wir haben den größten Erzähler der Neuzeit: Keller; den größten Dramatiker: Anzengruber; den größten Lyriker: Meyer; den größten Kritiker: Vischer" — worüber Zola sich totlachen wollte. Einem jüngeren Geschlechte aber stellte sich der literarische Aspekt Deutschlands nur von einer Seite her dar, an welcher der Meisterschliff nicht hervortrat; die Kritik einer neuen, um 1860 geborenen Generation hing sich an das, was lauten Erfolg hatte, und ward sich dessen nicht bewußt, was längst in der Stille zu dauerndem Leben gereift war. Während auf der einen Seite die Überflüssigkeit und Schädlichkeit des fortgesetzten Importes mittelmäßiger ausländischer Werke angeprangert wurde, ward auf der andern Seite auf große Erscheinungen des Auslandes als vorbildhaft hingewiesen. Das von J o s e p h L e h m a n n ins Leben gerufene „Magazin für die Literatur des In- und Auslandes" führte unter der Leitung Eduard Engels diesen Kampf um eine Befreiung des literarischen Lebens von fremdem Mittelgute, wechselte aber unter der Leitung von O t t o N e u - m a n n - H o f e r (aus Tilsit, geb. 1857) alsbald zu einer Ausrichtung hinüber, die dem Antriebe zu einer Erneuerung des künstlerischen Lebens die Bahn freigab. Zwei Westfalen, die Brüder H e i n r i c h H a r t (1855—1906) und J u l i u s H a r t (1859—1930) forderten in den 1882 erschienenen Heften ihrer „Kritischen Waffengänge", denen gleichgerichtete „Deutsche Monatsblätter" vorausgegangen waren, eine Dichtung, die den Realismus ins Kosmische weitern sollte. Ihnen wie dem ganzen jungen Geschlechte tat die nach den Einigungskriegen wirkende

Literatur nicht genug. Insbesondere richtete sich solche leidenschaftliche Kritik gegen die Zeitromane Spielhagens, aber auch gegen die reine Form Paul Heyses und im ganzen gegen eine Lebensauffassung, die den bürgerlichen Stil des deutschen Daseins scheinbar verklärte — wie sehr die Entwicklung seit der Mitte des Jahrhunderts zur Bezwingung des Lebens fortgeschritten war, wollte das junge Geschlecht so wenig wahrhaben, wie noch jede neue Generation die vorige mit jugendlich auftrotzender Ungerechtigkeit in die Ecke zu verweisen versucht hat. Am weitesten ging in seiner Verurteilung K a r l B l e i b t r e u (1859 bis 1928); in der 1887 erschienenen Streitschrift „Revolution der Literatur" forderte er wie gleichzeitig der Lyriker Karl Henckell eine völlige Erneuerung dichterischen Lebens, wobei die Paradigmen der angeblichen Unkunst nie aus dem wirklichen Vorrate deutscher Poesie, sondern aus schwächlichen Darbringungen zweiten oder dritten Ranges entnommen wurden. Bleibtreu fand Keller und Storm „bei weitem überschätzt", warf Heyse zu den Toten, verschwieg Wilhelm Raabe und nannte Fontanes Namen überhaupt nicht; er pries zwar Willibald Alexis als den „genialsten deutschen Romandichter", hatte aber für den Verfasser von „Vor dem Sturm" kein Wort der Erwähnung. Gegenüber der abwehrenden Haltung Heyses, Raabes, Wilbrandts bekannte sich Theodor Fontane zu einer läßlicheren Auffassung dieses Sturmes und Dranges, der freilich nicht die volle Glut einer vor hundert Jahren aufgeschwelten Bewegung innehatte. Aber der feinhörige Lauscher in das Leben schrieb zur gleichen Zeit an den sechzigjährigen Heyse: „Mitunter wird mir doch bange; sie überspannen den Bogen und geraten, neben manchem Anderen, besonders dadurch ins Ridiküle, daß sie den Gedanken, es käme nun eine ganz neue Zeit, vor der alles Zurückliegende völlig nichtig dastehe, bis zur fixen Idee ausbilden. Mich darüber zu ärgern oder auch nur groß zu wundern, fällt mir nicht mehr ein, ich schweige bloß".

Bei allen ihren Ausschreitungen, Ungerechtigkeiten und mangelhafter Kenntnis entspringenden Überheblichkeiten war dennoch in dieser neuen Bewegung ein Grundklang spürbar, dessen Tonentfaltung sich wohl zu symphonischer Kadenz verstärken mochte. So verschiedene Hörer des Tageslärms wie der einsame Deichwanderer Detlev von Liliencron und der im Schwarzen Ferkel zu Berlin mit August Strindberg, Carl Ludwig Schleich und Franz Oppenheimer pokulierende Richard Dehmel empfanden wohl die zuspitzende Übertreibung und vernahmen dennoch den zur Zukunft weisenden Unterton. Es handelte sich bei dieser Bewegung viel weniger um eine bloße literarische Umwälzung, als um eine große Schwenkung zur Gewinnung eines anderen Lebensstils. Die Spätromane Fontanes lagen der nun verkündeten neuen Kunst ganz fern, aber antibourgeoise Tendenz der „Frau Jenny Treibel" und die vorurteilslose Darstellung vom Cant der Gesellschaft gemiedener Verhältnisse in „Irrungen Wirrungen" und „Stine" entsprach einem Zuge der Zeit. Die tragischen Jahre einer deutschen Wende hatten mit dem jammervollen Ende Kaiser Friedrichs eine ganze Generation aus der Geschichtsfolge nationalen Lebens gelöscht. Während der Riesenschatten des entamteten Bismarck sich über das deutsche Leben reckte, fand sich die Arbeiterbewegung, von der Fessel des Sozialistengesetzes gelöst, im Volksleben an einem nun erst recht unübersehhbaren Platze. Die sozialpolitischen Bemühungen des jungen Kaisers fanden in der Literatur ihre Entsprechung. Neben den sozialen und sozialistischen Strebungen, wie sie außerhalb der Sozialdemokratie durch Adolph Wagner, Adolph Stöcker, Moriz von Egidy und Friedrich Naumann vertreten wurden, regten sich in der neuen Jugend schon imperialistische Strömungen — es war die Zeit, da Carl Peters zum Entsatze von Emin Pascha nach Ostafrika eindrang und Caprivi unter Rudolf Lindaus Mitwirkung Helgoland als Stützpunkt für die Deutsche Flotte erwarb. Richard Dehmel hat, nach einem Menschenalter zurückblickend, in einer großartigen Vision geschildert, wie der greise Bewohner des Sachsenwaldes von dem Reeder Albert Ballin im Hamburger Hafen zu einem den Namen des Reichsgründers tragenden Riesenschiffe geleitet ward und im Anblick des seine Vorstellung weit überragenden Dampferkolosses in Tränen ausbrach. In das Durch- und Miteinander solcher neuer Stimmungen deutschen Lebens gesellte sich der Einfluß von F r i e d r i c h   N i e t z s c h e (1844—1900). Der hymnische Klang seiner Gedichte fiel der Jugend weniger ins Ohr als seine Forderungen an das Leben, seine heroisch-tragische Lebensbejahung, sein Aufbäumen gegen die „Herdentiermoral" und sein Drang zum Übermenschen, der Verantwortlichkeit im Namen des Lebens übt.

Mächtiger als dieser Deutsche wirkten jedoch ausländische Gestalter auf das deutsche Schrifttum und gerade auch auf die deutsche Erzählung. Während sich die Jugend von dem feuilletonistischen Thesenstück und Salondrama der Franzosen und einiger deutscher Nachahmer abwandte, kam aus nordischem Bezirk zuerst das Drama Björnstjerne Björnsons, dann mit weit größerer Wucht dasjenige Henrik Ibsens. Das Werk des Franzosen Emile Zola wollte das Gesetz der Vererbungslehre Charles Darwins in einer Kette von Erzählungen darstellen und schöpfte aus dieser alle Seiten des Volkslebens überspannenden Romanreihe die Lehre eines experimentellen Naturalismus. Er führte mit einer über den Realismus Balzacs weit hinausgehenden Eindringlichkeit in die einzelnen Zustände und Kreise hinein, wie er in der „Bestie im Menschen" die Lokomotive dämonisierte und im „Germinal" das Leben des Bergmannes mit entschlossenen Schnitt von aller Romantik entblößte, die bei Novalis aus der Tiefe des Stollens emporgedrungen war. Es ist lehrreich, die Urteile zweier feiner Kenner zeitgenössischer Literatur über den großen Franzosen zu vergleichen. Fontane bestreitet, daß Unsittlichkeit oder auch nur Frivolität in Zolas Werk zu spüren wäre, nennt es aber durchaus niedrig in Gesamtanschauung von Leben und Kunst. „So ist das Leben nicht, und wenn es so wäre, so müßte der verklärende Schönheitschleier dafür geschaffen werden. Aber dies ‚erst schaffen' ist

gar nicht nötig; die Schönheit ist da, man muß nur ein Auge dafür
haben oder es wenigstens nicht absichtlich verschließen". Hermann
Oeser schreibt: „Eben lese ich Zola — Band um Band; ehrlicher Zola,
gräßliche Welt, ehrliche, gräßliche Bücher. Ich kenne inhaltlich Schlim-
meres, aber er ist ein Darsteller des Schlimmen, wie ich keinen kenne:
Jurist, Anatom und da und dort ein wenig Dichter. Übrigens ein Mann
für Pfarrer, die wissen wollen, wie wenig Christentum in der Christenheit vorhanden ist".

Enthüllte Zola die ganze Breite und Weite des französischen Lebens,
so beschränkte sich Guy de Maupassant auf die Entschleierung charakte-
ristischer Volkseigentümlichkeiten, vermochte aber durch seine Kunst
und sein mitfühlendes Herz für alles, was ungeschützt leidet, jede seiner
scheinbaren Skizzen zu einem unvergeßlichen Menetekel zu gestalten.
Der Stimmungskünstler Maupassant steht in gewisser Verwandtschaft mit
Iwan Turgenjew. Der gab von seinem Sterbebette her in ergreifenden
Worten das Szepter der russischen Dichtung an den Mann, der einst in
Berthold Auerbachs Arbeitszimmer gedrungen war, den Grafen Leo
Tolstoi.

Während vom Westen her der Verfasser der Romanreihe des Hauses
Rougon-Macquart mit seiner scheulosen Darstellung der Ministerhotels,
nächtlicher Vergnügungsstätten, Warenhäuser und Markthallen von Paris
und religiöser Ekstase Dünger für eine neue Kunstübung gewann,
strahlte von Osten her, noch durch ein gewisses Dämmern verhüllt, das
Licht einer sehr anderen Persönlichkeit zur europäischen Mitte hinüber.
Ihrer Natur nach wären beide berufen gewesen, eine ganz entgegengesetzte Wirkung auszuüben. Man erkennt die Grundverschiedenheit der
Charaktere und der durch diese bestimmte Darstellung vielleicht am
ehesten aus zwei das gleiche Thema behandelnden Werken. Zola hat im
„Zusammenbruch" die Niederlage des Zweiten Kaiserreichs gegenüber
Preußen mit allen ihren in die Enge von Sedan gepreßten Schrecken
verbildlicht. Tolstoi hat in „Krieg und Frieden" die Heimsuchung Rußlands durch Napoleon dichterisch geformt. Während aber der Franzose
im Verfolge seiner sozialkritischen Absicht und seiner Vererbungs-
tendenz ein Bild hoffnungslosen Grauens malte, zeigte der Russe, wie
die stumme Heldenhaftigkeit einer dumpfen, sich innerst bewußten Volkheit mit Riesenarmen den eingedrungenen Feind vernichtet. Die Fernsicht in die russische Weite war Tolstoi nicht minder zu eigen als die
Einsicht in die Herzkammer seiner Nation; er hatte sie schon vordem in
den Berichten aus dem Kaukasus und den Kämpfen des Krimkrieges,
an denen er selbst teilgenommen hatte, bewährt und legte solche psychologische Feinhörigkeit noch weit bezwingender in dem Roman „Anna
Karenina" an den Tag. Man versteht es, daß der große Seelenkünder
Iwan Turgenjew neidlos vor solcher Offenbarung eines vaterländischen
Geistes zurücktrat. Trotzdem bewegte die Kunst des jüngeren Lands-
manns in einer Epoche umwühlender Erregungen ein neues Geschlecht.
Neben diesen beiden großen Slaven war Fedor Dostojewski, der am

Gegenpole russischer Weltauffassung seinen Standort wählte, mit seiner bohrenden Psychologie gleichfalls von nachhaltigem Einfluß auf das europäische Schrifttum. Hatte sich Tolstoi je mehr und mehr von der ästhetischen Kultur einer entgotteten Gegenwart zu urchristlicher Bekenntnisfreudigkeit heimgefunden, deren ergreifendes Zeugnis seine Volkserzählungen und der Roman „Auferstehung" waren, so wandte Dostojewski, der Dichter der Ausgestoßenen und Erniedrigten, sich voller Haß von dem verdorbenen und verderbenden Westeuropa ab und das Antlitz des russischen Menschen dem Osten und einer weitausgreifenden politischen Zielsetzung zu.

Neben diesen bedeutenden Norwegern, Franzosen und Russen haben auf die deutsche Lyrik der Zeit die Franzosen Paul Verlaine und Pierre Charles Baudelaire eingewirkt, auf die Erzählerkunst der in manchem Storm und Saar verwandte Däne Jens Peter Jacobsen; der Schwede August Strindberg trat erst wesentlich später hervor.

Die Brüder Hart waren gleich den im Berliner Verein „Durch" verbundenen jungen Schriftstellern und Kritikern zwar rechte Programmatiker einer neuen Kunst, ohne jedoch selbst zu schöpferischen Gestaltungen ausholen zu können. Ein hoher Enthusiasmus, dessen tief enttäuschende Verwirklichung unserem Geschlechte zu erleben beschieden ist, spricht aus dem niemals zur Vollendung gediehenen „Liede der Menschheit" von Heinrich Hart, das in der Fügung an den von den Brüdern als vorbildhaft empfundenen epischen Stil des Grafen Schack gemahnt. Ihre deutschen und italienischen Novellen bringen keinen neuen Ton — im Gegensatze zu ihrer manchmal aus raunender Tiefe schöpfenden Lyrik. Am längsten hat die einträchtigen, auch als gescheite Kritiker an der „Täglichen Rundschau" tätigen Brüder ein Nebenwerk überlebt, der „Deutsche Literaturkalender" den nachmals J o s e p h K ü r s c h n e r (1853—1902), dann H e i n r i c h K l e n z (1860 bis 1925) und seit 1903 G e r h a r d L ü d t k e (1875—1944) herausgab.

Die Brüder Hart begründeten eine zweite neue Zeitschrift, die „Berliner Monatshefte für Literatur, Kritik und Theater", die freilich nur eine ganz kurze Lebensdauer hatte; auch der von dem Philosophen Constantin Brunner und Otto Ernst ins Leben gerufene Hamburger „Zuschauer" kam über zwei Jahrgänge nicht hinaus. Nachhaltigeren Einfluß gewannen die von Michael Georg Conrad redigierte Münchener Zeitschrift „Die Gesellschaft" und die in Berlin begründete „Freie Bühne für modernes Leben", umsomehr als diese Zeitschrift mit der gleichnamigen Theatergründung in enger Beziehung stand. Die „Freie Bühne" wurde von dem Schrerorschüler O t t o B r a h m (1856—1912) und Wilhelm Bölsche im Verlage von S. F i s c h e r (1854—1934) redigiert und nahm später den Namen „Die neue Rundschau" an. Auch die allenthalben begründeten Freien Literarischen Gesellschaften suchten sich in das neu aussprießende geistige Leben einzuschalten; die Spuren dieser Bemühungen und Anläufe zu einer Erneuerung künstlerischer

Darbietungen vom Podium oder vom Druckheft her spiegeln sich in den Romanen der Zeit.

Der Wogengang der deutschen Romanproduktion war im Laufe des Jahrhunderts außerordentlich gestiegen. Zu den alten Familienblättern waren neue, manchmal nur von landschaftlicher Geltung und Wirkung getreten, vor allem aber hatte sich bei rascher technischer Entwicklung, die immer mehr Gemeinden zu Großstädten anwachsen ließ, das Zeitungswesen im Reiche vervielfacht. Neben die alten Blätter von ausgesprochener politischer Haltung schob sich die sogenannte Generalanzeigerpresse, die zumeist einen Standpunkt außerhalb des Parteilebens einzunehmen wußte. Ihr Begründer war der Verleger A u g u s t S c h e r l (1849—1921), der mit dem „Berliner Lokalanzeiger" die neue Grundform vorbildete. Die Vervollkommnung der photographischen Technik führte zu einer Umwandlung der bisdann gängigen illustrierten Zeitschriften. An die Stelle von Zeichnungen trat das Kamerabild. Diese wöchentlich erscheinenden Blätter, deren neuen Typus wiederum August Scherl mit der „Woche" einführte, folgten den Ereignissen mit einer Geschwindigkeit, die ihren Vorgängerinnen gemangelt hatte. All diese Zeitungen und Zeitschriften brachten Romane und Novellen. Die kritische Sichtung dieser anschwellenden Flut ward von Jahrzehnt zu Jahrzehnt schwieriger. Nach dem „Magazin", das um die Jahrhundertwende einging, gewann der von F e r d i n a n d A v e n a r i u s (1856—1923) in Dresden begründete „Kunstwart" wesentlichen Einfluß, ihm trat das von C a r l M u t h 1867—1944) geleitete „Hochland" zur Seite, das von einem weitherzigen katholischen Standpunkte her die Kunstwelt musterte. Einen engeren, nur das Schrifttum, freilich auch das ausländische, betrachtenden Raum umfaßte das 1898 von J o s e f E t t · l i n g e r (1869—1912) begründete „Literarische Echo", das später „Die Literatur" benannt wurde. Während die „Gegenwart" in ihrer Bedeutung als kritisches Organ zurücktrat, gewann M a x i m i l i a n H a r d e n (1861—1927) mit seiner „Zukunft" seit 1892 weithin Gehör. Otto Neumann-Hofer wußte in der 1893 begründeten „Romanwelt" ältere und jüngere Schriftsteller, auch des Auslandes, in den gleichen Heften zu vereinen, während Joseph Kürschner in der Zeitschrift „Aus fremden Zungen" nur fremdsprachige Autoren übertragen ließ.

Emile Zola hatte sich zu einer Kunstform bekannt, die jeden Eindruck des äußeren Lebens wie jede Schwingung des Innenlebens nachfühlte und nachzeichnete. Über den Realismus einer in ganz Mitteleuropa zur Lebensdarstellung gelangten Erzählergeneration hinaus sollte solche Kunst vor keiner menschlichen Offenbarung zurückschrecken und das Leben in seiner herben Wirklichkeit bis zu den letzten Folgerungen verkünden. Ohne theoretische Unterbauung stiegen die großen Russen zu einer Dichtung auf, die in weitem Aufriß und manchmal ungefügem Lebensgehalt dem gleichen Innengesetze folgte. In seltsamer Gegensetzlichkeit einte sich einer zu künftiger Größe ausschauenden Haltung, die wir zumal in den leidenschaftlichen Bekenntnissen der

Brüder Hart hervortreten sahen, eine Stimmung der Dekadenz; sie tönte aus den Versen Baudelaires wie aus „Niels Lyhne" von Jacobsen empor, wie auch Dostojewskis Romane zu derartigen Zielen führen mochten. Das Schlagwort Naturalismus reichte nicht aus, um den Charakter der kurz vor der Jahrhundertwende allenthalben einsetzenden Neuschöpfung genügend zu umschreiben. Die neue Kunst mühte sich über den Realismus hinaus auf jeden Eindruck zu reagieren, sie erstrebte einen Stil, für welchen nur das Wort I m p r e s s i o n i s m u s die kennzeichnende Note sein konnte. Der Historiker Karl Lamprecht hat dafür das deutsche Wort Reizsamkeit geprägt. Auf lyrischem Gebiete kam solche dichterische Schau früh in den dithyrambisch gesteigerten Versen Friedrich Nietzsches, den „Adjutantenritten" Detlev von Liliencrons, der hintergründig grollenden Verskunst Richard Dehmels bezwingend an den Tag.

Der Liliencron eng verbundene Schleswiger H e r m a n n H e i - b e r g (1840—1910), lange Zeit in Berlin Direktor der „Norddeutschen Allgemeinen Zeitung", gehörte zu den ersten, die von den neuen Stil- gesetzen beeindruckt wurden. In den geistvollen „Plaudereien mit der Herzogin von Seeland" brachte er liebenswürdige Einzelbilder. Seine bedeutendste Leistung war der in seiner Heimat spielende Roman „Apotheker Heinrich" mit der Zeichnung eines brutalen Egoisten; hier bog er ein wenig in die Bahn ein, die Zola mit seiner „Therese Raquin" gewiesen hatte, wußte jedoch sehr selbständig das kleinstädtische „Milieu" — dies Schlagwort kam zu jener Zeit erst in Gebrauch — sicher und einläßlich auszumalen. Sein Berliner Roman „Dunst aus der Tiefe" brachte in naturalistischer Steigerung Szenen aus der Hauptstadt, die verglichen mit Friedrich Dernburgs „Oberstolzem" eine intensivere Lebensdarstellung aufwiesen. Heibergs spätere Entwicklung hat ihn oft von dem vorgezeichneten Weg entführt, in „Schulter an Schulter" oder den Novellen „Norddeutsche Menschen" gab er jedoch scharf profilierten Lebensbildern, zumal aus kleinstädtischer Enge einen feinen humo- ristischen Klang. Die von ihm geleitete Zeitschrift „Niedersachsen" widmete sich besonders der im nordwestlichen Küstenraume heimischen Kunst.

Völlig an das naturalistische Dogma hingegeben erschien der Heraus- geber der „Gesellschaft" M i c h a e l G e o r g C o n r a d (1846 bis 1927), der sich die literarischen Sporen in Paris verdiente. Der leiden- schaftliche Anhänger Zolas, der auch seine Erinnerungen „Von Zola bis Hauptmann" überschrieb, hat nach novellistischen Studien aus Paris, so den Novellen „Lutetias Töchter", in Romanen aus München das Leben kraß geschildert. „Was die Isar rauscht" und die Fortsetzung dieser Romanfolge „Die klugen Jungfrauen" kommen in ihrer der epischen Ruhe vollkommen entbehrenden Drastik über im einzelnen schlagende Charakteristiken nicht hinaus und vermögen trotz mancher Einsprengsel frischen Humors die Münchener Gesellschaft nicht zu gestalten. In dem Roman „Majestät" versuchte Conrad den unglücklichen König Ludwig den Zweiten, im „Herrgott am Grenzstein" heimische fränkische Landschaft zu zeichnen.

Schier unübersehbar in der Vielfalt dichterischer Formen ist das Schaffen von K a r l   B l e i b t r e u , aber nie vermochte er die Linien in Roman und Novelle straff zu führen. Die Gestalten seiner hauptstädtischen Novellen „Schlechte Gesellschaft" blieben ohne festen Umriß, und in dem Roman „Größenwahn" wurden völlig unorganisch Themen des Literaturlebens abgehandelt. In dem 1906 erschienenen Romane „Geist" brachte Bleibtreu ein Panorama der Übergangszeit, die einst seine Kampfschrift einleitete, indem er die einzelnen Mitkämpfer und Gegner unter leicht erkennbaren Hehlnamen, nicht immer ohne Gehässigkeit, ihre Rolle im Treiben des Jüngsten Deutschlands spielen ließ. Von bleibender Bedeutung sind einzelne Kriegsschilderungen des Schriftstellers, der insofern ein rechter Abkömmling des Schlachtenmalers Georg Bleibtreu war; insbesondere die Darstellung aus der Schlacht von Sedan „Dies irae" ist mit bezwingender Kraft gestaltet, die Bleibtreus anderen Werken fehlt.

Der gebürtige Schotte J o h n   H e n r y   M a c k a y (1864—1933) hat seine Londoner „Die Anarchisten" völlig in die Stimmung einer zu neuen politischen und sozialen Zielen strebenden Übergangswelt getaucht; in diesem Werk begegnet uns die Erinnerung an den Philosophen Max Stirner, dessen Theorien einstmals im Kreise der „Berliner Freien" von erheblichem Einflusse waren.

M a x K r e t z e r (1857—1941) stand dem von Stirner verkündeten äußersten Individualismus seiner ganzen Naturanlage nach schroff entgegen. Der gebürtige Posener, seines Zeichens Fabrikarbeiter, war in der Reichshauptstadt zum Romanwerke gediehen und hatte in den „Betrogenen" und den „Verkommenen" grelle Bilder aus der Welt des großstädtischen Proletariats geschaffen, welche die Zustandschilderungen von Robert Eduard Prutz und Otto Ruppius in einem weit größeren Rahmen mit verstärkter Kadenz zu Tage brachten, ohne jedoch den erzählerischen Rang der frühen Vorgänger zu erreichen. Erst im „Meister Timpe" gewann Kretzer, sicherlich durch den Naturalismus Zolas beeinflußt, eine sichere Gestaltungskraft. „Großvater, Vater und Sohn Timpe bildeten in ihren Anschauungen den Typus dreier Generationen. Der dreiundachtzigjährige Greis vertrat eine längst vergangene Epoche: jene Zeit nach den Befreiungskriegen, wo nach langer Schmach das Handwerk wieder zu Ehren gekommen war und die deutsche Sitte aufs Neue zu herrschen begann . . . Johannes Timpe hatte in den Märztagen Barrikaden bauen helfen. Er war gleichsam das revoltierende Element, das den Bürger als vornehmste Stütze des Staates direkt hinter den Thron stellte und die Privilegien des Handwerks gewahrt wissen wollte. Sein Sohn vertrat die neue Generation der beginnenden Gründerjahre, die nur danach trachtete, auf leichte Art Geld zu erwerben und die Gewohnheiten des schlichten Bürgertums dem Moloch des Genusses zu opfern!". Diese Einstellung weist deutlich auf das Vorbild des Franzosen hin, der in einer Familie die Erbschichtung der sozialen Generationen bloßlegte; die von Friedrich Spielhagen und Julius Rodenberg entworfenen Bilder aus der Gründerzeit wurden von Kretzer aus einem jüngeren Zeitbewußtsein heraus ins Grelle gesteigert. Im Rahmen des sich rasch dehnenden Berlins wird der Untergang einer Handwerkerfamilie, bei dem freilich nicht nur die grundstürzende soziale Wandlung, sondern auch abgefeimte Geldgier mitwirken, bis zum katastrophalen Ende vorgeführt. Die Wendung gegen eine bourgeoise Lebensauffassung, wie sie Fontanes „Jenny Treibel" vertritt, wird bei Kretzer wie bei Conrad zur Ausrichtung gegen das Bürgertum als solches; nach der sicheren Lebensdeutung des Realismus kam hier ein agitatorisches Element ins Spiel, das freilich auf anderer Ebene schon in Spielhagens Werk mit bürgerlicher Zielsetzung hervorgetreten war. Die gleiche Betrachtung des Lebens aus einem Blickwinkel, der nur die Aussicht auf einen Ausschnitt des deutschen Daseins freigab, erweisen auch seine späteren Romane, so der „Holzhändler" oder der „Millionenbauer". In allen Schriften dieses Autors mischen sich Züge von lebenswahrer Beobachtung mit Unwahrscheinlichkeiten und blaß geformten, mehr erlesenen als erlebten Darstellungen. Zu ergreifender Wirkung im einzelnen gelangte der Verfasser in dem Roman „Das Gesicht Christi". Die Gestalt des Heilandes, die dem Sarge eines ärmsten Kindes durch die Gassen des Nordens folgt und die zuerst in der Abenddämmerung die Kinder erkennen, wird so in den unfestlichen und grausamen Alltag des Berliner Proletariats hineingestellt, wie ihn derzeit Fritz von Uhde als Tischgenossen der Armen gemalt hat.

Conrad Alberti (Conrad Sittenfeld, 1862—1918) brachte in Berliner Romanen, das Bild Zolas immer vor Augen, grobe Effekte; seine Fortsetzung von Gustav Freytags „Soll und Haben", „Schröter und Compagnie" betitelt, verlegte den Sitz der Handlung nach Berlin, lenkte jedoch Freytags körnigen Realismus in eine Sphäre sensationeller Börsenumtriebe ab.

Hans Land (Hugo Landsberger, 1861—1936) behandelte im „Neuen Gott" das gleiche Thema wie Friedrich Spielhagen in „Opfer": ein junger Edelmann findet den Weg zur Sozialdemokratie und endet tragisch. Diese Problematik, die Einkehr von Kindern bürgerlicher Schicht in die revolutionäre Sphäre eines aus dem Dunkel ins Helle drängenden Sozialismus, bewegte die Herzen dieses jüngeren Geschlechtes, wie sie den Theologen Paul Göhre von der Kanzel in die Fabrik und alsdann in das Lager August Bebels und Wilhelm Liebknechts trieb. Auch Felix Hollaender (1867—1931) ließ in seinem Roman „Jesus und Judas" einen jungen Menschen aus bürgerlicher Welt zur sozialistischen Bewegung stoßen und dann, von Lebensnot zu politischem Verrate gedrängt, zugrunde gehen. Mit äußerster Zuspitzung zeichnete Hollaender im „Sturmwind im Westen" dekadente Börsen- und Bankmenschen des Berliner Westens mit scharfen Strichen. Nicht ohne Humor wurden in „Salomons Schwiegertochter" andere Familienbilder umrissen. In dem Roman „Traum und Tag" erfüllte

Hollaender seine unter dem Hang des Riesengebirges gelegene schlesische Heimat mit zarter Beseelung. Sein bestes Werk, „Der Weg des Thomas Truck" schilderte diese Generation, die von dem Sturm verschiendenster Kräfte und Wirkungen hin- und hergerissen wurde. Alles, was die Jugend jener Jahre um 1890 bewegte, vom Sozialismus bis zu Egidy und der auch in Deutschland auftauchenden Heilsarmee, ward hier noch einmal vorgeführt; in der Gemeinschaft des „Nachtlichts", zu der im damaligen Berlin mannigfache Seitenstücke existierten, vereinte sich eine Reihe schwankender Typen. Der innerste Zielpunkt der Dichtung offenbarte sich in einer Hinwendung zu einem undogmatischen christlichen Bekenntnis, über dem spürbar die Lehre Tolstois waltete.

In dem Roman „Adam Mensch" des früh vollendeten H e r m a n n C o n r a d i (1862—1890) kamen Gedanken aus der Welt Friedrich Nietzsches zum Ausdruck, freilich nicht in dem großen Sinne einer dionysischen Wiedergeburt, sondern in einer von unbeherrschten Eindrücken hinundher geworfenen Natur. In dem zweiten Roman Conradis „Phrasen" nimmt der Held Heinrich Spalding ausdrücklich Nietzsche als den Philosophen der Zukunft für seinen Nihilismus in Anspruch. Anderwärts verkündete Conradi ein national-imperialistisches Programm.

In jener Zeit erschien eine Broschüre „Die Zukunft der deutschen Literatur", worin der Herausgeber K u r t   G r o t t e w i t z (K u r t P f ü t z e , 1866—1905) Äußerungen über die vermeintliche künftige Entwicklung des deutschen Schrifttums sammelte. Ein festes Programm hatte bei der Vielstrebigkeit der zerklüfteten Zeit nur das Schriftstellerpaar, das sich unter dem Hehlnamen B j a r n e   P.   H o l m s e n barg, der Ostpreuße A r n o   H o l z (1863—1929) und der Thüringer J o h a n n e s   S c h l a f (1862—1941). Arno Holz hatte mit herrischer Bestimmtheit in seinem „Buche der Zeit" ausgesprochen, was diese Jugend verlangte:

> Denn süß klingt mir die Melodie,
> Aus diesen zukunftsschwangeren Tönen;
> Die Hämmer senken sich und dröhnen:
> Schau her, auch dies ist Poesie!

Und ein andermal hatte Holz ausgerufen:

> Kein rückwärts schauender Prophet,
> Geblendet durch unfaßliche Idole,
> Modern sei der Poet,
> Modern vom Scheitel bis zur Sohle!

Holz faßte sein naturalistisches Bekenntnis in den Satz: „Die Kunst hat die Tendenz, wider die Natur zu sein; sie wird dies nach Maßgabe ihrer jeweiligen Reproduktionsbedingungen und deren Handhabung". Als Musterstücke solcher neuer Lebensdarstellung veröffentlichte Bjarne P. Holmsen 1889 die novellistischen Skizzen „Papa Hamlet". Hier war, unter einem nordischen Deckschilde, ein minutiöser Naturalismus an den

Tag gebracht, der sich keine Beobachtung entgehen ließ, aber sich auch nicht zu irgendeiner Übersicht erhob. Diese Skizzen muteten wie der Extrakt einer neuen Theorie an, ohne wirklichkeitsnahe Geltung zu gewinnen. Die in einem nördlichen Vororte Berlins wohnenden Verfasser wirkten mit der neuen, theoretisch errechneten Praxis auf einen in Friedrichshagen an der Müggel lebenden Künstlerkreis so stark, daß der jugendliche Vormann dieser Runde, Gerhart Hauptmann, sein erstes Drama dem skandinavisch verkleideten Dichterpaare widmete. Was gegen und über diesen konsequenten Naturalismus zu sagen war, hat Theodor Fontane im Jahre 1890 nach der Aufführung der „Familie Selicke" von Holz und Schlaf auf der Freien Bühne in einer berühmt gewordenen Kritik ausgesprochen: „Hier haben wir eigentliches Neuland. Hier scheiden sich die Wege, hier trennt sich Alt und Neu". Aus dieser vorsichtig wägenden Beurteilung des „modernen Realismus" mit seiner „traurigen Tendenz nach dem Traurigen" spricht das unumwundene Bekenntnis des von Fontane früh erkannten ersten Erfüllers der impressionistischen Lyrik, Detlev von Liliencron:

> Ein echter Dichter, den Gott erkoren,
> Ist immer als Naturalist geboren.
> Doch wird er ein roher Bursche bleiben,
> Wenn ihm Natur nicht tat verschreiben
> Zwei Gaben aus ihrem Zauberland:
> Humor und die feinste Künstlerhand. —

Arno Holz ist dann zu anderen dramatischen und zu sehr eigenständigen, immer neu geformten Verswerken vorgedrungen, hinter denen seine frühe Lyrik erst wieder langsam zur Geltung kam. Johannes Schlaf hat „In Dingsda" kleinstädtische Enge sicher skizziert. Alle vom Naturalismus verliehenen Ausdrucksmittel verwandte er in „Jesus und Mirjam" für die Bekehrung von Mirjam-Maria-Magdalena und ihre innere Erhebung zu Christus im Bilde eines Tanzsaals, darin die biblischen Gestalten nebeneinander gestellt werden. In einer Romanreihe „Das dritte Reich", „Die Suchenden" und „Peter Boies Freite" gab der Dichter ein religiöses Bekenntnis zu einem Pantheismus, der sich zu neuer ethischer Weltdeutung erhebt. Dabei gelangen ihm in den „Suchenden," anschauliche Bilder des Hamburger Hafentreibens und nachschwingende Umzeichnungen der norddeutschen Küstenlandschaft. Im „Prinzen" kam spät noch einmal die Thesis und Antithesis der Jahre des einstigen Berliner Sturmes und Dranges von Niederschönhausen-Friedrichshagen mit einer gewissen Wehmut zu Worte.

Adalbert von Hanstein (1861—1904) hat aus eigenster Anschauung heraus die Welt des „Jüngsten Deutschland" rückblickend vom Jahre 1900 geschildert. Seine Romane, die der naturalistischen Linienführung entbehren, sind wie die mit Humor gestalteten „Aktien des Glücks" Nebenarbeiten seiner literarhistorischen Schriften und seiner Dramen. Eine schwächliche Nachbildung Maupassantscher Anregungen in berlinischem Rahmen bot H e i n z T o v o t e (1864—1945); dagegen wußte O t t o E r i c h H a r t l e b e n (1864—1905) seine erotischen Schwänke graziös vorzutragen, so die „Geschichte vom abgerissenen Knopf" oder die kleinstädtische Erzählung „Vom gastfreien Pastor", bei der freilich, wie manchmal bei ihm, Bierulk zutage trat.

Zu dem Friedrichshagener Kreise gehörten auch der Mitherausgeber der „Freien Bühne" Wilhelm Bölsche und der Begründer der „Freien Volksbühne" Bruno Wille. W i l h e l m B ö l s c h e (1861—1939) hat als Schüler und Deuter Ernst Haeckels seine naturwissenschaftlichen Schriften mit monistischem Geist durchdrungen und seine entwicklungsgeschichtlichen Erkenntnisse auf die poetische Welt übertragen. Sein Roman „Die Mittagsgöttin" birgt ein höchst anschauliches, gleichermaßen mit dem Auge des Dichters wie dem des Naturforschers geschautes Bild der Spreewaldlandschaft, die Bölsche im Anschluß an Fontanes Wanderungen erst für die Dichtung entdeckt hat. Innerhalb der sicher geführten Handlung hat die Auseinandersetzung mit dem Spiritismus spannenden Reiz. B r u n o W i l l e (1860—1928) hat sich gleichfalls zu einem Monismus bekannt, den er als Prediger einer Freien Gemeinde auch rednerisch in der Hauptstadt verkündete und als „Faustischen Monismus" theoretisch darlegte. In seinen „Offenbarungen eines Wacholderbaums" brachte er in Romanform lyrisch eingestimmte Gedanken über Grenzen und Grenzenlosigkeit des Lebens. Nach langer Pause gestaltete er in dem Roman „Die Abendburg" Schickungen und Verhängnis eines Goldmachers aus dem Dreißigjährigen Kriege ganz im Stile der Zeit; dabei berührte er die Welt des „Simplizius Simplizissimus" und gemahnt an Stoffe der Romantik und Wilhelm Raabes. Fehlschläge und die Last verlorener Jahre lassen den Helden, der sein Geschick selbst erzählt, endlich im Frieden der Abendburg zu einsamer, weiser Lebensbeschauung reifen.

Bis zur Groteske steigerte den naturalistischen Ausdruck O s k a r P a n i z z a (1863—1921); seine „Dämmerungsstücke" und sein „Tagebuch eines Hundes" zeigen schon Spuren der geistigen Auflösung, der Panizza erlag.

Eine merkwürdige Abwandlung des archäologischen Romans mit naturalistischer Prägung gab W i l h e l m W a l l o t h (1854—1932). In dem „Kaiser Tiberius" entwarf er ein sowohl von der allgemeinen geschichtlichen Auffassung wie von der „Rettung" durch Adolph Stahr sehr abweichendes Bild dieses Imperators. Im „Gladiator" führte Walloth in das Treiben der Welthauptstadt Rom mit jener Einläßlichkeit, mit der die Kunst der Zeit das Pariser oder Berliner Leben meistern wollte. Verwandte Pfade schlug O s k a r L i n k e (1854—1928) ein. Milesischen Märchen gesellte er Erzählungen aus Flußtälern am Abhange des Olymps und des Pindos, griff den Antinoüsstoff wieder auf und legte in dem Roman „Das Leben Jesu" sein Glaubensbekenntnis ab, dem kirchliche Dogmatik fernlag. Es ist für die naturalistische Bewegung bezeichnend, daß die Heilandsgestalt, die auch in der neuen impressionistischen Malerei als schöpferischer Vorwurf umrungen wird, im literarischen Raum bei Kretzer wie bei Hollaender und Linke durch den Vorder- oder Hintergrund schreitet.

Johannes von Wildenrath (1846—1909) ist noch ein Spätling unter den Verfassern archäologischer Romane; sein „Zöllner von Klausen" gibt ein Gemälde aus dem Bauernkriege mit vielen scharfen Zügen, ganz in die soziale Auffassung getaucht, welche dieser Zeit eines neuen Anbruchs eigen war.

Noch viel stärker drang das neue Lebensgefühl in Wolfgang Kirchbach (1857—1906) hervor. Der in London Geborene erwies in dem Roman „Kinder des Reiches" einen gewissen Weltblick, der von naturalistischer Verengung fortstrebte. Merkwürdigerweise wurde gerade dieses Werk von ausgesprochen nationaler Haltung als besonders belastendes Zeugnis der neuen Richtung vom Regierungstische her im Reichstage angegriffen. „Das Leben auf der Walze" brachte einen neuen Stoff in die Scheuer, eine Menschenwelt, die arbeitslos oder arbeitsuchend die Landstraßen bevölkert und ihre eigene Sprache hat. Es ist jene herumirrende Schicht, der Friedrich von Bodelschwingh in seinem großen Lebenswerk Heimstätten zu schaffen suchte. In seiner Novellensammlung „Wintergespinst" hat Moritz Heimann (1868—1925) mit ungemein sachlich-kühler Haltung die Schauer solcher perdutta gente innerhalb einer ländlichen Einsamkeit bewußt werden lassen. Flächiger hat dann der Berliner Hans Ostwald (1873—1940) Ausgestoßene der Großstadt im Wanderstrome der Chausseen geschildert und die Tippelschicksen und Pennbrüder vorgeführt, die in anderer Höhenlage die soziale Anklagelyrik rhythmisch gestaltete. Diese Teilnahme am Schicksal der untersten Volksschichten, derjenigen, die hinter dem sogenannten Vierten Stande heimatlos einhertrotteten, war gemeinsamer Besitz der neuen Kunst.

Das von dem Paare Holz-Schlaf verkündete naturalistische Credo hat Gerhart Hauptmann (1862—1946) aufs stärkste beeindruckt. Der Weberenkel findet den Weg zur naturalistischen Belichtung der Erzählung in der novellistischen Studie von 1887 „Bahnwärter Thiel". Sie bettet die Begebnisse in rostbraune Säulenhallen des märkischen Hochwaldes bezwingend ein und zeigt wie nachmals dramatisch der „Fuhrmann Henschel" einen Menschen, der etwas in sich trägt, „wodurch er alles Böse, was ihm angetan wurde, reichlich mit Gutem aufgewogen erhielt". Jener Studie hat Hauptmann bezeichnend genug im Rahmen einer zu neuem Christusbilde vordringenden Zeit die Skizze „Der Apostel" beigegeben. Dieser Sendling fühlt sich berufen, das „heilige Kleinodwort: „Weltfriede" zu predigen; leise mischen sich in die aus der Seele kommenden Aposteltriebe die Anzeichen religiösen Wahns. Hier berührte sich Gerhart Hauptmanns erster, im Jahre 1910 erschienener Roman „Der Narr in Christo Emanuel Quint" mit jenem Vorläufer. Der Dichter läßt uns in einer leisen Unklarheit darüber, wie

weit Emanuel Quints Narrheit als etwas Krankhaftes aufzufassen sei. Als
voreheliches Kind einer Tischlersfrau, in der Jugend schlecht behandelt
und einzig durch das Neue Testament getröstet, fühlt sich Quint eines
Tages gedrungen, auf dem Marktplatze einer kleinen schlesischen Stadt
öffentlich zur Buße zu rufen, weil das Himmelreich nahe herbeigekommen
sei. Er gibt den Behörden, geistlichen und weltlichen, Ärgernis, und
schon heften sich sektirerisch veranlagte kleine Leute an seine Schritte
und werden die eifrigen Apostel des sich einsam im Gebirge Ver-
bergenden. Ein Herrnhuter Bruder (Hauptmann war selbst herrn-
hutischer Herkunft) hat, von Quints reinem Wesen hingerissen, an ihm
im Fluß die Taufe der Wiedertäufer vollzogen und den Hochgestimmten
damit bis an die Grenze des inneren Wunders gebracht. Er kommt durch
seine Reden ins Gefängnis, erträumt dort den Besuch des Heilandes und
erlebt eine „mystische Hochzeit", die seine naturhafte Inbrunst zu einem
Bewußtsein überirdischer Sendung steigert. In Breslau umdrängt den
Eigner einer Herberge des Trostes eine Bekennerschar, die von den
untersten Tiefen der Gesellschaft bis in deren höchste Höhen reicht.
Wiederum unter falschem Verdachte gefangen irrt Quint nach seiner Entlassung quer durch ganz Deutschland. Keine Tür tut sich ihm auf, weil
er vor jeder beim bettelnden Anklopfen auf die Frage: Wer ist da,
antwortet: Christus! Bei Hirten nahe Andermatt am Gotthard lebt er
eine Weile und wird schließlich im Schnee des Passes erfroren aufgefunden.

Während der Charakter Quints, des Narren in Christo, manchmal
geradezu mit ärztlicher Kühle seziert wird, vermag Hauptmann doch über
den seltsamen Lebensweg ein fahles Licht zu breiten, das hier dem
Dichter geboten erscheint. Eine Aureole fällt von Quints ergreifender
Gestalt auf alles, was ihn umgibt, und den Seelenzustand der an Geld
und Geist Armen, denen jenes Christuswort aus der Bergpredigt gilt,
wird hier in frommen Mitgefühl offenbart. Der tiefere Sinn dieses im
Tone einer Chronik vorgetragenen Werkes läßt sich leichter ahnen, wenn
sich dem ganz einsam gewordenen Narren, dem Hauptmann den Vornamen Emanuel: ‚Gott mit uns' gibt, ohne seine Schuld jede menschliche
Hilfe verschließt. Da steigt die mahnende Frage herauf, ob nicht viele
sich gut dünkende Christen den Fluch der Verdamnis auf sich geladen
hätten, wenn der scheinbare Erdennarr in Wahrheit Christus gewesen wäre.

Kurz vordem hatte Hauptmann im „Griechischen Frühling" über
seine Fahrt nach Hellas berichtet. Das Werk war weder Reisebeschreibung noch Dichtung, sondern eine Sammlung von Eindrücken, die ein
deutscher Dichter in dieser Gefühlslage unmittelbar empfängt; in dieser
Gefühlslage soll heißen: vom ersten Schritt auf das schwankende Brett
ganz unter der Vorempfindung eines mythischen Rausches und vom
ersten Schritt auf den griechischen Boden ganz in dieses Rausches Bann.
Ihm leben und weben Götter und Halbgötter im delphischen Bezirk, in
Olympia, auf der Akropolis, überall. Während das Griechenland der
Gegenwart seinem Gesichtskreise völlig entschwindet, trachtet Haupt-

mann zur seelischen Verbindung mit der Welt Homers, der großen Tragödiendichter, des Phidias.

Aus der Welt, auf die Schillers Götter Griechenlands schauen, führte in eine mit allen Wundern der neuen Technik ausgestattete Gegenwart alsdann der Roman „Atlantis". In ihm werden weniger die behandelnden Menschen als das Grauen der großen Einsamkeiten des Meeres und alle feinen und kleinen Züge des Schiffbruches eindrucksvoll herausgehoben. Eine andere Katastrophe auf märkischem Schauplatz brachte in knappster Fassung die Eisnovelle „Fasching".

Nach einer langen epischen Pause sammelte sich Hauptmann zu einem Werke, darin sein früher Naturalismus sich zu einem Naturkult und einer sonderlichen Naturmystik steigerte. Der Weg, der vom „Bahnwärter Thiel" zum „Ketzer von Soana" führt, geleitet von der Herbheit einer knapp mit jedem Worte rechtenden Aussprache zu einem seelisch gesättigten, an Anschauung und Gefühl randvollen Vortrage. Der Wechsel von den Kiefern der märkischen Heide zu den paradiesischen Gefilden am Luganer See hinüber bedeutet zugleich einen Stilwechsel, der jedoch keine Minderung an einläßlicher Seelendeutung mit sich bringt. Ein junger, frommer, reiner Priester wird durch ein tief aufwühlendes Erlebnis von der Gewalt des Eros gepackt und wird zum Hirten, zum Ketzer von Soana. Der einst die Messe zelebrierte, hütet nun vor dem Anger am Steinhause unter dem Gipfel des Monte Generoso die Ziegen, und dem Heimkehrenden trägt die Frau, um derenwillen er die Kutte ließ, auf dem schönen Haupte, das Töchterlein an der Hand, den Krug zum Tische. Hauptmann erhebt dieses Erlebnis in eine Höhe, da „der Platz des Todes nicht auszumitteln ist". Und in diese noch irgendwie dem Heidentume verknüpfte und dennoch nicht unfromme Welt rauscht der Wasserfall von Soana hinein, der Bergquell plätschert über den Rand des tausendjährigen, friesgeschmückten Sarkophages, darinnen die Bäuerinnen waschen. Lorbeer- und Buchendickicht bewegen sich im Sommerwind, und darüber spinnt sich „Das Maschennetz der Vogelstimmen, das verweht und zerreißt und wie mit eilig fliegenden, unermüdlichen Weberschiffchen immer wieder verbunden wird".

Neben den beiden, scheinbar an entgegengesetzten Polen stehenden Werken von Narren und vom Ketzer bedeutet der eine merkwürdige „Verirrung" im Sinne von Schillers Ausführung über kriminelle Stoffe behandelnde Roman „Phantom" wenig, und „Die Insel der großen Mutter" läßt in ihrer ironischen Phantastik die seltsame Welt eines an die „Insel Felsenburg" gemahnenden Stoffkreises nicht recht lebendig werden. Eine Rückkehr zum naturalistischen Stile vollzog Hauptmann in der abenteuerreichen Novelle „Wanda". Das „Buch der Leidenschaft" und der Roman „Im Wirbel der Berufung" gehören wie „Das Abenteuer meiner Jugend" alle in einen selbstbiographischen Kranz, innnerhalb dessen reine novellistische Form nicht gelingt. Eine burleske Schnurre ist „Die Spitzhacke", einige Novellen sind Nebenwerke später Entwicklung.

In einer Fragment gebliebenen Dichtung, die der Hauptmannforscher
C. F. W. B e h l (W i l h e l m B e h l, geb. 1889) herausgegeben hat,
kehrte Hauptmann noch einmal zu dem Stoffe des „Narren in Christo"
zurück. Motive, die in dem Drama „Und Pippa tanzt" emportauchen
und sich dort um den Geheimnisträger Wann bewegen, werden in diesem
„Christophorus" aufgenommen. Die einst von der Romantik umrätselte
Gestalt Jacob Böhmes wird in dieser Richtung mächtig, deren letter
Einklang in Hauptmanns Worten umhegt ist: „Baue um ein letztes Geheimnis herum, ob es nun der Gral sei oder etwas anderes! Wir drehen
uns alle um ein zentrales Geheimnis".

M a x H a l b e (1865—1943), neben Hauptmann zu ersten Bühnen-
erfolgen aufgestiegen, hat in der ungemein scharf geschauten Dorfnovelle „Frau Meseck" ein naturalistisches Lebensbild von krasser
Gegenständlichkeit dargebracht. Der aus der Weichselniederung stammende Dichter hat dann mit der „Tat des Dietrich Stobäus" ein
Werk geschaffen, das trotz einem von landschaftlichen Stimmungen
erfüllten Naturalismus gespenstische Erscheinungen und in einer nur
in Gedanken verübten Untat romantische Urelemente in die Gegenwart beschwört. Das gleiche Motiv eines Gedankenmordes geistert
durch die Novelle „Die Auferstehungsnacht des Doktors Adalbert",
in der die durch Jahrhunderte verfolgbare Goldmacherei auftaucht.
Der später in München angesiedelte Dichter hat dann die bewegte
Romanhandlung der „Io" an den Starnberger See und in die im Roman
oft emporgeholte Welt des Künstlertreibens in Schwabing verlegt. Die
Novellen „Der Ring des Lebens" zeugen von dem gleichen romantischen
Anhauche wie manche seiner späteren Dramen. Wie sehr er sich seiner
Heimatlandschaft verbunden fühlte, lehrt seine Selbstbiographie „Scholle
und Schicksal", der er unter der Aufschrift „Jahrhundertwende" ein
über die Anbruchjahre einer neuen Dichtung aufschlußreiches Erinne-
rungswerk folgen ließ.

Im Gefolge Gerhart Hauptmanns stieg G e o r g H i r s c h f e l d
(geb. 1873, gest. im 2. Weltkrieg) zum ersten dramatischen Erfolge
empor. Nach dem noch unreifen „Dämon Kleist", einem sehr jugendlichen Probestück, bot er in den Novellen „Der verschlossene Garten"
verfeinerte Gaben einer zarten Kunst. In der „Belowschen Ecke" gab
er ein gut beobachtetes Bild aus dem Berliner Bürgerleben.

Viel später als Gerhart Hauptmann, Halbe, Hirschfeld gewann C a r l
H a u p t m a n n (1858—1921) Gehör. Der Dramatiker, der seine Gestalten unter dem Kamme der Riesenberge, immer mit einem Ausblick
zur Höhe, ansiedelte, versinnbildlichte seine Höhensehnsucht zuerst in
den Skizzen „Sonnenwanderer", lyrisch durchwirkten, zwischen Traum
und Wirklichkeit waltenden Gespinsten. Es war darin eine Kunst der
Miniatur, und der Dichter charakterisierte ein nächstes Werk selbst mit
solcher Aufschrift. Da rundete er mit der feinen Intimität altmeister-
licher Holzschnitte Bilder landläufigen Lebens, welche die strichechte
Aufzeichnung mit einer zarten Gloriole umgab. In den „Bradlerkindern"

des Sammelbandes „Aus Hütten am Hange" werden die Gegensätze von stillem Frieden und stummem Verbrechen mit zwingender Verhaltenheit in die dem Sturme und dem Schneetreiben anheimgegebene Bergwelt unter der Koppe hineingestellt. Wesentlich ist in Carl Hauptmanns Linienführung, je weiter seine Entwicklung vorschreitet, das Innenlicht, das über die scheinbar allein Geltung fordernde Außenwelt durchstrahlend seine Macht bewährt. Diese Fügung tritt in den „Einfältigen" hervor und wird in dem Roman „Mathilde" vollendet, der den Untertitel führt „Zeichnungen aus dem Leben einer armen Frau". Die Vorgänge, die hier erzählt werden, sind so einfach, ja so durchschnittsmäßig, wie sie sich im Leben der allermeisten Fabrikmädchen abspielen. Aber der naturalistische Ausdruck wird durch Hauptmanns Einstellung auf das Seelenhafte gewandelt. Er dringt so tief in den Kern dieser Frauennatur, daß wir bei ihrem schlechtem Wege durch Schmutz und Jammer das richtige Empfinden für den Takt ihres Herzens behalten. Die Sieghaftigkeit dieser Arbeiterin läßt uns das Auferstehungswunder in dem Osterhymnus ihres Freundes miterleben, dessen Schlußworte wie zu ihr gesprochen sind: „Weinet nicht! Suchet nimmer den Lebenden unter den Toten".

Die gleiche innere Bewegung erreichte Hauptmann in dem Roman „Einhart der Lächler"; was in den „Miniaturen" knapp gefügt war, ward hier in breiterer Entfaltung verwoben, die aus irdischer Wirklichkeit die Aussicht in ewiges Traumland freigibt. Der Roman „Ismael Friedmann" zeichnete einen Juden von besonderer Feinfühligkeit und brachte in einem barocken Rahmen Menschen zwiespältiger Deutung. Vielleicht erweist keine Gegenüberstellung so Gaben und Grenzen des neuen Stils wie ein Vergleich der erzählenden Kunst der Brüder Hauptmann mit derjenigen der älteren schlesischen Geschlechter. Von der Beseelung, die der Landsmann Joseph von Eichendorff in „Ahnung und Gegenwart" seinen Gestalten mitgab, führt eine Verbindung zu den raunenden Halbtönen sowohl des „Quint" als auch der „Mathilde". Aber von der sicher der Fülle des Daseins zugewandten Kunst Carl von Holteis und Gustav Freytags ist ein weiter Weg zu der der beiden jüngeren Schlesier.

Für den Abstand des Hauptmannschen Stiles von dem der realistischen Meister genügt die Kennmarke „Auflockerung" nicht. Hier wird das epische Wort lyrisch verinnerlicht und so die Welt unter den Hängen der Sudeten und an der Breite des Oderstromes neu versinnlicht.

Von der Bühne her gewann für kurze Zeit P h i l i p p L a n g - m a n n (1862—1931) Geltung. Seine Novellen „Verflogene Rufe" sind wie die Erzählungen aus dem Arbeiterleben und der Roman „Leben und Musik" Zeugnisse naturalistischen Stils, der seine Urbilder in der mährischen Umwelt findet.

K a r l S c h ö n h e r r (1869—1943) hat als Dramatiker die naturalistische Art am längsten durchgehalten; sie tritt auch in seiner sehr knapp gefügten Prosa wie in „Allerhand Kreuzköpf" aus Tirol hervor. Aus österreichischem Bezirk ist hier vor allem als Deuter jeder neuen von ihm empfänglich aufgenommenen Zeitströmung H e r m a n n B a h r (1863—1934) aus Linz zu nennen. In mannigfaltigster Facettierung stellt er die Phasen der seit 1890 sich wandelnden Ausdrucksarten dar. Sein Roman „Die gute Schule" spielt in Paris, wo er über den Naturalismus Zolas schon hinwegschreitend, den Symbolismus einer jüngeren Generation durstig empfängt und in Novellen „Fin de siècle" ins Deutsche überträgt. Der Roman „Theater" gibt noch nicht den vollen Durchblick. Zu einem solchen sammelte sich Hermann Bahr erst in einem großen Romanzyklus, der das ganze österreichische Leben umfassen sollte. Mit bemerkenswerter Einsicht in die Psychologie einer Schauspielerin und eines eben zur Pubertät erwachenden Jünglings ist in der „Rahl" ein grotesker Fall einer frühen Leidenschaft behandelt, die nur eine einzige Erfüllung erfährt. Von zwingender Kraft ist eine Szene im Burgtheater, hinter der die Schatten großer Künstler aufsteigen . Die übrigen Romane des (unvollendeten) Zyklus „Drut", „O Mensch", „Himmelfahrt", spiegeln in scharfer, manchmal satirischer Weise die österreichische Gesellschaft. Diese an wirkliche sensationelle Vorgänge geknüpfte Darstellung ist von einem leidenschaftlichen österreichischen Nationalgefühl beseelt, wie es sich in dem Sammelbande „Schwarzgelb" kundtut. Bahrs Essays sind in ihrer eigenwilligen Formung klug, anregend und lehrreich; seine „Dalmatinische Reise" bringt wie die Fahrtberichte aus Rußland überraschende und geistvolle Einblicke.

Die Sublimierung des Stils, die wir zuerst bei Fontane fanden, scheidet von seinen landsmännischen Vorgängern auch den Wiener A r t h u r S c h n i t z l e r (1862—1931), der in seinen besten Werken eine seelendeutende sich tief in seine Menschen einfühlende Liebe zugrunde legt. Insbesondere gelang ihm dies in einigen der unter dem Titel „Die Frau des Weisen" vereinten Novellen und im „Sterben". Der knapp gefaßte Roman „Frau Bertha Garlan" hinterläßt eine schwebende Verzichtsstimmung. Der Dramatiker Schnitzler hat in der Novelle „Leutnant Gustl" eine Szene geschaffen, in der allein der Held das Wort führt und wir mit ihm bis zum lösenden Ende durch die Nacht taumeln. Man wird bei dieser kapriziösen Formwahl an die Romantik erinnert. Sein Roman „Der Weg ins Freie" verknüpft wenig organisch ein zartes Liebesverhältnis mit einer weitläufigen Auseinandersetzung über die Judenfrage in österreichischer Beleuchtung. Die Phantasie führt den Dichter oft seltsame Pfade, man empfindet zuweilen wie in der Novelle „Fräulein Else", daß hier ein dramatischer Vorwurf nicht rein nach dem Gesetze der Erzählung gestaltet wurde.

Eine Schnitzler verwandte Natur ist T h a d d ä u s R i t t n e r (1873 bis 1922). Nach mehreren feinen Novellen hat er den Großstadtroman „Das Zimmer des Wartens" mit ausgesprochen märchenhaft-wienerischem Hauche erfüllt. Sein letztes Werk, „Geister in der Stadt", hebt die Schwerkraft der Dinge auf und versetzt sie in die Phantastik eines erträumten Lebens.

M a x   B u r k h a r d   (1854—1912), einer der Nachfolger Wilbrandts in der Leitung des Hofburgtheaters, schrieb eine Reihe von sicher geschauten Wiener Romanen. Wenn Hermann Bahr in der „Rahl" ein einmaliges Pubertätserlebnis schilderte und Schnitzler in „Frau Beate und ihr Sohn" mit seltsamer Gefühlsverbindung in die gleiche Bahn lenkte, so formte Burkhard im „Gottfried Wunderlich" einen geistlicher Erziehung überantworteten jungen Menschen, der endlich den Weg ins Freie findet. Der Jurist Burkhard gestaltete das Problem der Sühne durch Hinrichtung oder Verschickung in einem aus der sicheren Lebensbeobachtung vielfach wegschweifenden Romane „Die Insel der Seeligen".

Noch völlig dem Naturalismus hingegeben erscheint J o s e f   R u e d e r e r (1861—1915). Sein Roman „Ein Verrückter" gibt mit krasser Gegenständlichkeit das Schicksal eines Lehrers, den die ihn vorgeordnete Geistlichkeit zu verzweifeltem Ende treibt. Von der gleichen, sich zuweilen übersteigernden naturalistischen Eindringlichkeit zeugen die als „Tragikomödien" bezeichneten Novellen aus der bayrischen Welt. In das naturalistische Lager gehört auch A n n a   C r o i s s a n t - R u s t (1860—1940); sie hat aber im Gegensatz zu Ruederer die volle Mitgabe eines Humors, der sich auch außerhalb der pfälzerischen Heimat in Österreich in den Skizzen „Aus unseres Herrgotts Tiergarten" zurechtfindet. In dem Roman „Der Felsenbrunner Hof" versenkte sie sich in das Kleinleben und den Widerstreit zwischen altgewohnter Wirtschaft und dem jäh herangerückten Zeit- und Arbeitsmaß der neuen Industriewelt. Am liebsten tastete Anna Croissant-Rust jeden Winkel eines kleinen Umkreises ab, holte Wirkungen aus allen Ecken und zeichnete bis in die kleinste Gebärde Menschen von nicht alltäglicher Art in alltäglicher Umgebung ab, so im „Winkelquartett". Bis zur Gestaltung des Tragikomischen ging dies Verfahren in der pfälzischen Erzählung „Pimpernellche". Nicht so scharf umrissen, aber mit mehr verhaltenem Humor erzählte B e n n o   R ü t t e n a u e r (1855—1940) seine Geschichten „Aus der Landschaft von Hinterwinkel" und den Roman „Alexander Schmälzle". Seinen „Unmodernen Geschichten", die einen bewußt engen Rahmen liebenswürdig ausfüllen, sandte er farbige geschichtliche Romane und Novellen nach, so „Die Enkelin der Liselotte" und den „Pfeifer von Niklashausen". Der Lyriker H a n s   B e t h g e (1876—1946) hat den Roman „Annabella" und Novellen von exotischem Kolorit geschaffen. Der Danziger P a u l   S c h e e r b a r t (1863 bis 1915) hatte wenig von der künstlerischen Durchbildung, die E. T. A. Hoffmanns Meisterstücke zeigen. In Romanen wie „Tarub, Dagdads berühmte Köchin" oder dem Asteroidenroman „Lesabéndio" oder dem ‚Damonroman' „Das graue Tuch und zehn Prozent Weiß" wirkt die Phantastik in ihrer Verbindung mit Erlebnissen des Tages ein mühsames Dasein, und, während Hartlebens Schnurren uns amüsieren, vermag Scheerbarts ein wenig zwangvolle Ulkstimmung nicht mitzureißen, geschweige denn, daß sie uns in freie Höhen entführte. Sehr anders steht es um die wohl merkwürdigste Erscheinung des Jüngsten Deutschlands,

um Peter Hille (1854—1904), der zum Kreise der Brüder Hart
und der kurzlebigen „Neuen Gemeinschaft" gehörte, die sich zu einer
mehr religiösen als literarischen Erneuerung in dem nahen Berliner Vororte Nikolassee sammelte. Hille war ein liebenswerter Träumer, ein
liebevoller Hanshabenichts, der oft genug unter einem Baume des Tiergartens übernachtete und stets die Taschen voll abgerissener Papiere
trug, auf denen Verse von einem sich rasch verflüchtigenden,
zarten Klange standen. Sein Bild geht durch die Korrespondenz Liliencrons, den er früh erkannte und besuchte, es tritt deutlich in einer Figur
des Holzschen Dramas „Die Sozialaristokraten" hervor und ward am
ergreifendsten in einem schwermütigen Gedichte des Ostpreußen A. K. T.
Tielo (Kurt Mickoleit, 1874—1911) eingebracht. Hilles
Werk ist durchaus aphoristisch, aber zuweilen deuten diese Lebensfragmente mit dichterischer Spürkraft in die Mitte des Daseins. Sein einziger
Roman „Die Hassenburg" ist nur ein Ansatz zu einer wirklichen Schöpfung. Sein Ende entsprach diesem abseits bürgerlicher Eingrenzung geführten Dichterleben: Hille wurde in einer Frühjahrsnacht blutüber-
strömt, schwer verwundet auf dem Bahnhofe des Berliner Vororts
Zehlendorf gefunden, einen Glückwunsch zu Liliencrons sechzigstem
Geburtstage zerknüllt in der Tasche, und starb, ins Krankenhaus gebracht,
nach der Schilderung seiner Biographin Else Lasker-Schüler wie ein
Heiliger.

Eine Abart abseitigen Zigeunertums offenbarte sich in Peter
Altenberg (Richard Engländer, 1859—1919) aus Wien.
Seine Heimat war das oft in den Romanen der Kaiserstadt an der Donau,
sogar bei Adalbert Stifter beschriebene Kaffeehaus, und seine Rand-
bemerkungen zum Leben gewinnen keine geschlossene Form. Der Typus
des Raunzers, in der Luft der österreichischen Hauptstadt, der Stätte
Nestroys, von jeher daheim, kommt in Altenberg zu einer merkwürdigen
Vervollkommnung, wenn er das an ihm vorüberziehende Leben mit
Glossen, die „der Tag ihm zuträgt", begleitet und mit einem Snobismus,
der sich über sich selber und die anderen amüsiert, betrachtet. Die
elegische Abschiedsstimmung Ferdinand von Saars wandelt sich in der
gewollten, die Hörer umschmeichelnden Blasiertheit Altenbergs zum
Sterbeliede einer Stadt, deren Geschick aus glanzvoller, lebensheiterer
Vergangenheit einem jähen Ende zuneigte.

Im gleichen Wiener Umkreise schuf Theodor Hertzka (1845
bis 1924) den Roman „Freiland". Er erschien 1890 im Zeichen neuer
sozialer Kämpfe um eine Bodenreform.

Die in ihrer Haltung nicht sichere, den festen Boden noch nicht
findende Berliner Gesellschaft schilderte Jeannot Emil Freiherr
von Grotthuß (1865—1920) in seinen Romanen „Der Segen der
Sünde" und bei weitem charakteristischer in den „Halben". Der gebürtige Balte setzte solche Zeitkritik in seiner Zeitschrift „Der Türmer"
fort. Die gleiche Umwelt gestaltete Johannes Richard zur
Megede (1864—1906) in seinem ersten Roman „Unter Zigeunern".

In der Folge hat Megede, der lange die Zeitschrift „Über Land und
Meer" redigierte, immer mit etwas nervöser Zuspiķung leidenschaftliche
Romane geschrieben, unter denen die im ostpreußischen Raume ver-
örtlichten troķ mancher Übersteigerung voll gesammelter Stimmung sind.
Dies gilt insbesondere von dem an den samländischen Strand führenden
„Blinkfeuer von Brüsterort" und der in die Pregellandschaft eingebetteten
„Modeste". Eine geistvolle und eigenartige Rahmenerzählung ist „Der
Überkater"; dieser Roman folgt den Spuren E. T. A. Hoffmanns. Ein
Megede verwandtes Temperament ist O s c a r M y s i n g (1867 bis
1933), der früher unter dem Hehlnamen O t t o M o r a schrieb. Unter
Mysings Romanen ist das in Leipzig spielende Zeitbild „Überreif" her-
vorzuheben, weil es die Wendejahre um 1890 gut herausbringt.

Wie Hermann Bahr war auch der Schlesier O t t o J u l i u s B i e r -
b a u m (1865—1910) ein Instrument, das jede Zeitschwingung wieder-
tönte. In den drei Bänden seines „Modernen Musenalmanachs" von 1891
bis 1894 sammelte er Dichtung der Zeit, die von den Meistern der
neuen Malerei gekränzt ward. Er gründete mit A l f r e d W a l t e r
v o n H e y m e l (1878—1914), dem Verfasser der romantischen Erzählung „Ungestüm", und mit R u d o l f A l e x a n d e r S c h r ö d e r
(geb. 1878), dem späteren Spender seelenvoller Lyrik, die Zeitschrift
„Die Insel". Bierbaums „Studentenbeichten" sind flott erzählte naturalistische Skizzen. „Die Freiersfahrten und Freiersmeinungen des
weiberfeindlichen Herrn Pankrazius Graunzer" sind gleich der
„Schlangendame" und den Künstlergeschichten, deren erste „Kaktus"
heißt, Zeugnisse einer unbesorgten Laune, die sich zuweilen einer studentischen Kneipstimmung hingibt. Otto Erich Hartleben hat ähnliche
Stoffe aus verwandtem Gefühl, jedoch in geschmackvollerer Sprache ge-
meistert. Arno Holz hatte in den „Sozialaristokraten" ein Schriftsteller-
drama aus der Frühwelt des Naturalismus gegeben, und Ernst von
Wolzogen war ihm mit der Komödie „Das Lumpengesindel" darin gefolgt; nun brachte Bierbaum in dem tragikomischen Roman „Stilpe" ein
Panorama aller die künstlerische Jugend eines neuen Anbruchs bewegenden Strebungen. Anregungen, die Bierbaum aus Henri Murgers
„Scènes de la vie de Bohème" empfangen hatte, wurden hier in einer
deutschen Umwelt ausgestaltet. Über die sonst bei Bierbaum gelegentlich hervortretende Neigung zum Bierulk führt der Bericht vom Lebenslauf Stilpes weit hinaus, der den nach Erfolg lechzenden von der Schul-
bank bis in die Todesstunde als Possenreiter eines Variétés geleitet. Auch
die krassen, grotesken Betrachtungen dieses Romans schließen sich zu
der Erkenntnis einer von abirrenden Trieben bewegten Zeit zusammen;
und es gelingt Bierbaum innerhalb der verworrenen Lebenslinien den
tragischen Unterton eines nicht zur Fruchtfolge ausersehenen geistigen
Treibens mit einer Sicherheit herauszubringen, die den Schlußpunkt an
die rechte Stelle seķt. Nebenbei bringt der „Stilpe" auch den Einfall
eines literarischen Kabarettes, aus dem später das rasch versunkene
Überbrettl hervorging — Bierbaum hat für diese Kleinkunst „Brettl-

lieder" eingesammelt. Der zweite große Roman Bierbaums „Prinz
Kuckuck. Leben, Taten, Meinungen und Höllenfahrt eines Wollüstlings"
ist im Gegensatz gegen den ersten ohne zeitbildlich-typische Bedeutung
und bleibt im Peinlich-Erotischen stecken. Erst in den „Wunderbaren
Geschichten" lenkte Bierbaum wieder in die Bahn seiner frühen Novellistik ein.

Geistreich und vergnüglich waren der „Wolkenkukucksheimer Deka-
merone" und die „Geschichten aus Sachsen-Siebenindien" des rasch vergessenen E d u a r d A l y (1854—1901). Eine selbständige Straße
bahnte sich innerhalb der naturalistischen Bewegung der weltgereiste
T h e o d o r D u i m c h e n (1853—1908). Er erblickte den verhängnisvollen Wandel der sozialen Zustände der alten wie der neuen
Welt vor allem in der Übergewalt der Trusts, und die meisten seiner
späteren Romane nach der eine reizvolle Mädchennatur schildernden
„Jantje Verbrügge" bargen eine Kampfstellung gegen diese Mächte, die
nach Duimchens Ansicht sich immer stärker zur Weltbeherrschung rüsteten.
In seinem Roman „Bruch" tritt diese Einstellung bedeutsam hervor.
Sehr einsichtsreiche Erkenntnisse geben seine Erzählungen von der Kari-
bischen Inselwelt, insbesondere der Roman „Cuba insurrecta". Sein
soziales Bekenntnis enthält die eigentümlich zwischen Parteiprogramm
und vorahnender Schau vermittelnde Dichtung „Monarchen und Mam-
monarchen", die von leidenschaftlicher Feindseligkeit gegen John Rocke-
feller erfüllt ist, in dem der Autor den Typus des die freie Wirtschaft
verknechtenden Trustmagnaten erblickte.

Eine verwandte Stimmung des Menschen, der in einer Übergangszeit neue Ziele sucht, spricht aus den Werken des Bremers G e r h a r d
O u c k a m a K n o o p (1861—1913). Wie Duimchen zur über-
seeischen Ferne strebte, führte Knoop sein Geschick nach Moskau und
gab ihm die Aussicht von der Empore des deutschen Außenhandels in
andere Welten frei. Hatte der Dichter vordem in den „Dekadenten" ein
treffendes Zeitbild gebracht, so geleitete er in „Sebald Soekers Pilger-
fahrt" und „Sebald Soekers Vollendung" auf der Linie des gedehnten
Entwicklungsromans einen Amerikaner über die Stufen eines wechselvollen Lebens. Die nachdenkliche Skepsis Knoops durchzieht auch seine
anderen Arbeiten, zumal den „Hermann Osleb", und wir folgen den
oft eigenwilligen, abseits vom breiten Pfade liegenden Ideenverbindungen
mit Aufmerksamkeit. In der „Nadeshda Bachini" zeigt Knoop die
russische Welt und kehrt in den „Hochmögenden" in heimatlichen Umkreis zurück. Der „Verfalltag" spiegelt in dem Getriebe des zweiten
französischen Kaiserreichs wiederum einen geistigen und politischen
Umbruch, der des Verfassers eigentliches Thema bildet. Die Eigenart,
das Seelenleben der Mitmenschen in seinen Grenzen und Gegebenheiten
aufzuspüren, erweist auch der Roman „Aus den Papieren des Freiherrn
von Skarpl". Der nun in München Seßhafte komponierte in dem Roman
„Unter König Max" bayrische Vergangenheit und bekannte sich in
seinem letzten Buche „Das A und das O" zu der Wanderung eines Gott-

suchers, der sich nach langer Irrfahrt endlich, wie gewisse Gestalten Wilhelm Raabes in der Stille zu dem Herrn über alle Dinge hinfindet.

Bei so verschiedenen Meistern des neuen Stils wie Carl Hauptmann auf der einen, Ouckama Knoop auf der andern Seite offenbart sich das Kennwort Impressionismus als die schlüssige Bezeichnung der neuen Kunst, deren Abgrenzung von einem rein naturalistischen Stile Liliencron, früh seines Weges sicher, vorgezeichnet hatte. Er, D e t l e v F r e i h e r r v o n L i l i e n c r o n (1844—1909), hatte den „Adjutantenritten", die am Eingangstore der neuen Lyrik standen, alsbald in Prosa „Eine Sommerschlacht" nachgesandt. Das letzte Stück dieses Bandes, das dem Buche den Namen gab, entfaltete auf wenigen Seiten schlagend das Bild einer zum Siege stürmenden Kompagnie. Das Wirbeln der Trommeln, die Formierung eines Karrees, der wütende Aufeinanderprall der Regimenter, das Hinzischen der Granaten über die im reifen Weizenfelde angetretenen Männer — das alles war hier wie in den diesem Erstling nachfolgenden Novellen mit zwingender Gewalt aus einem Guß geformt. Das Erlebnis der Feldzüge von 1866 und 1870 war hier mit minutiöser Beobachtung und aus der Fülle der Anschauung zum Kunstwerk gediehen. Den wirklichen Typus der Kriegsnovelle hat erst Liliencron mit derselben Sicherheit in die Scheuer gebracht, mit der er das gleiche Thema lyrisch bewältigte. In Jagdstücken aus der schleswig-holsteinischen Heimat gab Liliencron ebenso einläßlich das Kleinleben in einem Knick auf der blühenden Heide, wie er das Lärmen zankender Schwarzdrosseln feinhörig an den Tag brachte oder ein Erlebnis wortsparamer Menschen aus engem Gebiet zu vergegenwärtigen wußte. In den später erschienenen Romanen war bei allzu rascher Führung der Handlung die Darstellung der Natur und der Menschengebärde oft von der gleichen dichten Fügung.

Zwischen solche Kriegs- und Friedensnovellen schob Liliencron das merkwürdige Eigenbild vom „Mäcen", einem reichen, herzensgütigen Schloßherrn, einem Freund der Bedrängten und vor allem auch bedrängter Dichter, ein Abbild dessen, wozu der schon am „Poggfred" Schaffende sich unter dem Drucke der Not emporträumte. In einziger Weise sind in diesen Roman Dichtertage eingeflochten, an denen Keller und Meyer oder junge Zeitgenossen mit ihren Versen bei dem Schloßherrn zu Gaste sind wie in „Breide Hummelsbüttel". In mancher Novelle, die den reisigen Jäger zeigt, wird bei Liliencron die Anregung durch das Vorbild Turgenjews, dessen Spuren und Gestalt schon der junge Leutnant in Baden-Baden ehrfürchtig gefolgt war, deutlich.

Kurz vor seiner Vollendung schuf Liliencron den Roman „Leben und Lüge", dessen Kadenz bewußt auf eine Parallele zu Goethes „Dichtung und Wahrheit" abgestellt war. Er hatte seinen Prolog zu Shakespeares „König Lear" mit den Worten geschlossen:

Des Schicksals Wahrheit ist des Lebens Lüge,

und diese Zeile im „Poggfred" wiederholt. Die scheinbare Lüge des
Lebens, das uns fortwährend mit falschen Vorspiegelungen betrügt, das
uns, aller Selbstzucht zum Trotz, oft genug in die Irre führt, ist im
Grunde die Wahrheit des Schicksals, die wir am Schluß rückschauend
erkennen — dann ordnet sich der Wirrwarr des Scheins zur Klarheit
des Seins. Aus solcher Erkenntnis erfloß diese biographische Romandarstellung, in der überall des Dichters eigenes Antlitz erst hinter
einem Schleier auftaucht. Wiederum wie im „Mäcen" wird der Held
dieses Romans zum Herrn eines unermeßlichen Vermögens und übt,
spät selbst zum Dichter geworden, klügste Wohltätigkeit. Die unvergessene Welt des Krieges dringt in Tagebuchaufzeichnungen eisern
empor, die Beglückung an der Heimatlandschaft überglänzt stets aufs
neue die Einbürgerung in den engsten Bezirk, aus dem heraus Einkehr
im geschichtlich verklärtem Süden statthat. Die metaphysische Vergeltung für alle Not, die der Schloßherr von Poggfred zu erleiden hatte,
ward hier noch einmal und in der gehaltensten Form vorgeführt. Und
am letzten Abend vor dem Abschiede von zwei Jugendfreunden klingt
das Bekenntnis eines lebenslänglichen Gottsuchers empor, der endlich
durch den Schnee seinem Stern, dem Aldebaran, zugeht und im Geheimnis einer den Sinnen unerschließbaren Ferne verschwindet — Bürger
einer geahnten Welt, in die das einst verlassene Gestirn ihn mit der
Kraft des Magneten emporzieht. Der geistesverwandte Verehrer Friedrich Nietzsches, dem der Dichter in seinem epischen Hauptwerke hymnisch
huldigte, war in seinem Abschiedswerk, nach einem Leben, das aus
Schlacht und Kampf endlich zum Frieden gekommen war, in das Geheimnis eingekehrt.

Liliencron befand sich an der Pforte der neuen, impressionistischen
Lyrik — auch seine Prosa, vor allem in den Kriegsnovellen, verrät den
neuen Anbruch. Der Ostpreuße H e r m a n n S u d e r m a n n (1857 bis
1928) stand aus einer veränderten sozialen Haltung heraus am Beginn
des neue Stoffkreise erfassenden Dramas. Der überwältigende Erfolg
des Schauspiels „Die Ehre" brachte auch seinen vorangegangenen Prosadichtungen das Verständnis der Leserschaft. Die Novellen „Im Zwielicht"
sind noch etwas nach Maupassantschen Muster gearbeitete Skizzen aus
der Berliner Welt, in die der Redakteur der kleinen liberalen Wochenschrift „Das Reichsblatt" aus der fernsten Ecke Altpreußens her verschlagen worden war. Aber in der Gestaltung gerade des Lebens in
diesem entlegenen Winkel am Memelstrom erreichte Sudermann früh
die Meisterschaft. Sein im Jahre 1887 erschienener Roman „Frau
Sorge" gab in der ganzen Kargheit der litauischen Ebene ein sich unter
schwerem Geschick ins Reine rettendes Menschenleben. Paul Meyhöfer,
die Mittelgestalt des Romans, wird in seiner lautlosen inneren Vollendung klar und fein gedeutet, und er wie die Seinen leben nicht nur
in äußerlicher Beziehung zur Heimat, zu ihrem Himmel und ihrer Erde,
sie stehen klar, fest geschaut und fest gegeben, in einer unverwechsel-
baren Umwelt. Die Kämpfe im engen und unerfreulichen Kreise des

Elternhauses und der Nachbarschaft bis zur Erlösung durch die Liebe sind allgemeiner, immer wiederkehrender Erlebnis- und dichterischer Gestaltungsstoff. In der „Frau Sorge" sind sie bei aller menschlichen Gemeingiltigkeit zugleich einmalig ostpreußisch, wie ihre Einbettung unverwischbar heimatlich bleibt. Mit dieser Herbheit auf der einen und mit dieser Ungeschlachtheit auf der andern Seite konnten die Dinge nur in dieser Umgebung verlaufen, diesem Boden war der Dichter dieser Menschen und Vorgänge urtümlich verwachsen und zu eigen. Die Strichzeichnung der die Handlung tragenden Gestalten und der sie umwesenden herben Natur war über das realistische Vorbild hinaus zu einer Dichtigkeit gesteigert, die den Durchgang durch die Ökonomie des Naturalismus verriet, ohne jedoch in einer wie immer errechneten Fassung des neuen Dogmas stecken zu bleiben.

Es erschien im Laufe von Sudermanns Aufstieg nur natürlich, daß der hingegebene Darsteller gegenwärtiger Geschicke sich rückwärts zu einer Vorzeit tastete, die im Gedächtnis einer nicht vom Wirbel großstädtischer Entfaltung bewegten Volkheit noch unablöslich haftete. In dem Roman „Der Katzensteg" schuf er ein wiederum auf örtlich engsten Umkreis zusammengedrängtes Werk aus der ostpreußischen Franzosenzeit. Auch hier ward Sudermann zum Mitschöpfer eines neuen Stils: er zuerst gab geschichtlicher Romanschilderung den Einschlag neuzeitlicher, durch die Entwicklung seiner Knaben- und Jünglingsjahre geschärfter sozialen Mitempfindung. Nachdem er den festlichen Einzug der Freiwilligen Jäger und der verbündeten Kosaken nach den Freiheitskriegen dargestellt hatte, brachte er den Einmarsch derer, die „kein anderes Kapital als ihr nacktes Leben besessen hatten, um es dem Vaterland anheimzugeben. Ein Schall wie von geborstenen Trompeten ging vor ihnen her — träge Staubwolken schleppten sich hinterdrein. Nicht hoch und herrlich, wie die Phantasie der Heimgebliebenen sie sich ausgemalt, ein Strahlendiadem über dem Haupte, den wallenden Mantel gleich einer Toga um den stolzen Leib geschlagen, stumpf und dumpf wie abgetriebene Gäule, von Ungeziefer strotzend, die Bärte von Staub und Schweiß zusammengeklebt, so kehrten sie heim. — Hier einer, der, bleich und abgezehrt wie ein Schwindsüchtiger, nur mühsam einen Fuß vor den andern schob, dort einer, der vertiert und gierig in die Runde blickte, den Widerschein von Brand und Blut im trüben Flackern des Auges, die knotigen Fäuste noch immer von Mordlust zusammengekrampft. Nur hier und da leuchtete der reine Glanz hochherziger Güte aus tränenerfülltem Auge, nur hie und da falteten über dem Kolben sich zwei Hände dankbar zum Gebet . . .".

Der neue Ton dieser Schilderung, etwa im Vergleiche mit der Darstellung gleicher Vorgänge bei Alexis oder in Freytags „Ahnen", war unüberhörbar.

Der Dramatiker, der inzwischen mit der „Heimat" einen von keinem deutschen Dramatiker wieder erreichten Welterfolg erzwang, mußte das Geschick einer widerwärtigen Verkennung und Verzerrung seines

Wesens und Werkes durch eine ihm abgeneigte Presse erdulden. Solche dummdreiste Bemühung konnte zwar den Bühnengang Sudermannscher Gestalten hemmen — die Wirkung seines erzählerischen Werkes vertiefte sich bei jedem neuen Ansatze. In dem kleinen Kabinettsstück „Jolanthes Hochzeit" strichelte er einen ostpreußischen Junkercharakter mit einer Freude an urwüchsigem Humor, der sich der Drastik in dieser Lage nicht versagen darf, erfrischend aus. In den „Geschwistern" wurden zwei psychologisch verwickelte Fälle verhängnisvoller Neigung in straffer Fassung entwirrt. In einem weit größeren Rahmen zeichnete Sudermann in „Es war" ein junkerliches Freundespaar innerhalb einer mit großen und kleinen Zügen in ihrer landschaftlichen Verhaftung treu getroffenen Umwelt. In dem Roman „Das Hohe Lied" war bei fleißiger Durcharbeitung im einzelnen eine gewisse Ermüdung zu spüren; das geschilderte Frauenschicksal führte nicht zu dem Ziel, das der Autor nach der Grundlage des Buches hatte erwarten lassen. Sicher trat er erst wieder, als er mit den „Litauischen Geschichten" nach Haus zurückkehrte. Diese vier Erzählungen aus der engsten Heimat des Dichters, sind in jedem Zuge lebensnah und von dichtester Geschlossenheit. Bei der Ziehung der großen Linien, in die Sudermann diese Naturkinder eingrenzte, die formaler Bildung fern uraltem Volkstume zugehören und in Liebe und Haß unbeherrscht vom christlichen Sittengesetz nicht oder nur flüchtig gestreift waren, ging kein Strich fehl. Es war nicht nur die gleiche Landschaft, sondern es waren sogar die gleichen menschlichen Probleme, die Ernst Wichert ein halbes Jahrhundert vordem umrissen hatte. Aber Suderman traf aus seinem leidenschaftlicheren, zwiespältigen, dramatisch heißeren Temperament Umwelt und Leben mit tieferer Eindringlichkeit. Fahrten auf Haff und Memelstrom, das Treiben in Hof und Dorf, heiße Arbeit auf dem zu neuer Siedlung bestellten Moor und das Grauen der Überschwemmung — das alles war hier mit gegenständlicher Sicherheit und der Blutwärme dichterischer Zusammenschau gegeben. Diese litauischen Männer und Frauen sind nicht als Schulbeispiel oder völkerkundliche Studie zu betrachten, sondern als Wesen, deren Leben, Volkstum und Heimat die ihnen gemäße Färbung haben. Hier war nach der sozialen Unterbauung des historischen Romans im „Katzensteg" eine nahezu mythische Verklammerung heimatlicher Gebreite und Menschen erreicht.

Das „Bilderbuch meiner Jugend" führte zunächst in die gleichen Bezirke und brachte mit einer Offenheit, die sich selbst nicht schont, den schweren Aufstieg bis zum ersten, sehr bescheidenen journalistischen Erfolge. Zum letzten Mal kam Sudermann mit dem Roman „Der tolle Professor" in die Heimat zurück. Ein unter den Amtsgenossen zur Abseitigkeit verurteilter junger Gelehrter, dessen philosophisches Bekenntnis ihm schließlich die Waffe zum Selbstmorde in die Hand drückt, ward in eine ihn mißkennende akademische Gesellschaft hineingestellt, aus der zuweilen Auswege in eine niedere Kneipensphäre führen. Sehr eigenartig wandelte ein Gelehrter durch den Hintergrund dieser Geschichte, in dessen Zügen unschwer die Gestalt des greisen Karl Rosenkranz zu erkennen war.

Alle seine Gaben psychologischer Erhellung kamen in Sudermanns, zugleich ein Lebens- und Liebesbekenntnis umfangendem Roman „Die Frau des Steffen Tromholt" eben vor seinem Abschiede zur Geltung. Auch in diesem sich zur Rechenschaft eines Lebens steigerndem Werke, das am samländischen Strande anhebt und die Weltverstörung des ersten Weltkrieges wiedergibt, gelang dem Dichter noch einmal die Schöpfung eines mit aller Zartheit und Kraft gemodelten Weibtums von währendem Reize. Die Schlagkraft eines gebürtigen Dramatikers ward hier zu einer erzählerischen Führung von höchstem Range eingeschmolzen, die sich in der Beobachtung des tatsächlichen Lebens keinen Zug entgehen ließ.

Vor dem Naturalismus gereift, mit ihm zum Erfolge geschritten, hat Sudermann von Ostpreußen her einer neuen, leidenschaftlichen Erfassung von Heimat und Volkstum die Bahn gebrochen; die Dauer seines epischen Lebenswerkes ist in seiner eigenen Schwerkraft begründet.

2. Abklingender Naturalismus

Jede neue literarische Bewegung spült in ihrem Wellengange auch zu Ufern hinüber, deren Anrainer sich zunächst noch gar nicht dessen bewußt werden, daß sie von einem neuen Stilgefühl ergriffen sind. M a r - g a r e t h e v o n B ü l o w (1860—1884) offenbart in ihren wenigen hinterlassenen Werken (sie ertrank bei der Rettung eines Knaben aus dem Rummelsburger See) eine leidenschaftliche Sucht zur Menschenerfassung im Eigentlichsten. In der „Chronik derer von Riffelshausen" gab sie Bilder aus dem Leben eines thüringischen Adelsgeschlechts mit der echten Erzählerfreude, die etwas verspricht — man fühlt sich manchmal an „Frau Erdmuthens Zwillinge" der Louise von François erinnert. Am bedeutendsten ist der Pfarrerroman „Jonas Briccius", in dem Margarethe von Bülow einen harten und selbstgerechten Geistlichen zu verstehender Menschenliebe erzieht. Die starre Folgerichtigkeit, die verstandesmäßig immer recht hat und sich doch durch ihre Lieblosigkeit ins Unrecht setzt, führt den Handelnden und die ins Unglück, welche er in seinen Lebenskreis zieht — erst die innerliche Offenbarung reiner Menschenliebe leitet Briccius auf die Bahnen des Heilands und zur wirklich gesegneten Tat. Der Berliner Protestantin ist die rheinische Katholikin A n n a F r e i i n v o n K r a n e (1853—1924), eine hilfreiche Freundin Liliencrons, mannigfach verwandt, auch in der religiösen Ausdeutung ihres Werkes. Neben ihren Legenden und dem Roman „Das Schweigen Christi" steckt die „Leidensbraut", in der sie an das Lager der stigmatisierten Nonne Anna Katharina Emmerich führt, deren Gesichte Clemens Brentano einst belauscht und aufgezeichnet hatte.

Der junge Reiteroffizier W i l h e l m v o n P o l e n z (1861—1903) war von dem jüngstdeutschen Sturm und Drang ebenso hingenommen wie von den sozialen Verheißungen, welche die Botschaft des Alten

Kaisers verkündigte und die der jung auf den Thron gelangte Nachfolger noch übertrumpfen wollte. Der erste Roman „Bühne" zeigt schon ganz den sozial empfindenden Menschen, der das Proletariat studiert, einen Mann von innerst religiösem Anteil, und die Schlußaussicht weist über alle Zeitenwirrnis zu den ewigen Mächten einer das christliche Erbe hütenden Erziehung. In dem großen Roman „Der Pfarrer von Breitendorf" bringt Polenz einen jungen Geistlichen, der lockende Aussichten auf eine große städtische Laufbahn ausgeschlagen hat, um in der Welt eines Dorfes gleichgiltige Seelen der Kirche und dem Glauben zu gewinnen. Bei solcher Bemühung aber irrt dieser Bekenner selbst vom Glauben der Kirche ab zu einem unkirchlichen oder doch unkonfessionellen Christentum, einem Christentum der freien Luft. Da er das in den „verklauselierten Lehren der Professionstheologie" nicht findet, zieht er den Pfarrerrock aus, um Volkslehrer zu werden. Das Moriz von Egidy gewidmete Buch wird von dem Licht Leo Tolstois überhellt.

Dennoch wäre es falsch, Polenz mit seinem Breitendorfer Pfarrer ganz gleichzusetzen; er stellte ihm in einer holden Mädchengestalt die Tochter eines erklärten Atheisten gegenüber, die zu einem ganz positiven, kirchlichen und dabei durchaus lebensvollen Christentume gelangt. Im Fortgange seines Schaffens breitet er menschliche Zustände aus, darin er ganz der Sohn der naturalistischen Bewegung keine Ausnahmenaturen, sondern guten, aber feinfühligen Durchschnitt vergegenwärtigt und an solchen Beispielen Klassen, Stände, Entwicklungen zeigt. Der „Büttner-Bauer", ein mächtig an das Leben auf der Scholle hingegebenes Werk, bietet doch eine andere Aussicht als der Roman Gustav Freytags, der gleichfalls die Lösung des Landsmanns vom ihm anvertrauten Boden wiedergibt. Freytag schreibt aus dem Gesichtswinkel eines städtischen Bürgers — Polenz aus der Herzenstiefe eines geborenen und überzeugten Landedelmanns, der aus verantwortungsbewußten Sozialempfinden heraus nicht genug harte Worte für den brutalen Klassenegoismus vieler seiner politisch geeinten Standesgenossen finden konnte. Es ist dieselbe Neigung zum ältesten aller Berufe, da „Adam grub und Eva spann", die Polenz diese Lösung von dem Erbtum gewachsenen Bodens als tragisch erscheinen läßt. Der Selbstmord des ganz einsam gewordenen Büttner-Bauern im Frühling, angesichts der eben sich frisch begrünenden Felder, endet eine durch schurkische Gegenkräfte bewirkte Tragödie. Gerade, daß dieser Bauer kein heldischer Charakter, sondern mit allen Vorzügen und allen Fehlern seines Standes ein ganz individueller Vertreter des reinen Typus ist, macht sein Geschick zu einer über den Einzelfall hinausdeutenden, nicht nur dieser Zeit zugehörigen Katastrophe. Bringt der Schluß in seiner realistischen Bündigkeit, die hart auf hart setzt, einen den ganzen Roman durchleuchtenden Rückstrahl, so führt der „Grabenhäger" ohne die Stärke des „Büttner-Bauern" in einer aller Drastik abgewandten, feiner gemodelten Sprache einen großen landwirtschaftlichen Betrieb vor, dessen Herr durch nimmermüde Arbeit die lange vernachlässigte und überschuldete väterliche Flur aus innerster Verpflichtung sich neu zu eigen macht. Dabei wird im Miteinander der Arbeit am Boden wieder die Losung ernster Verantwortlichkeit für die Mithelfer bei diesem Tun nicht nur in den Vordergrund des Bewußtseins gerückt, sondern als tragendes Motiv durchgehalten. Die selbstverständliche Hingebung an das bäuerliche Werk, wie sie Jeremias Gotthelf, Nachfolge heischend, gezeigt hatte, lebt sich in den ihrem Boden fest verhafteten Menschen des Landwirts von Polenz aus. In den am Rande seines Schaffens stehenden Dorfgeschichten wird solches Geschick lebendig, und die Abseite des Gutsbetriebes, das Leben armer Sachsengänger, ersteht aus der Neigung zu den Ärmsten, dem neuen Vorzeichen dieser Generation. Von solcher sozialen Ausrichtung frei ist die mit vollendeter Plastik umschriebene Novelle „Wald", in der zwei Menschen in das lautlose Werden einer riesigen Forst eingesponnen werden.

Nicht mit der gleichen Sicherheit bewegt sich Wilhelm von Polenz auf dem Boden der Stadt. Der Frauenroman „Thekla Lüdekind" bringt zu der Titelheldin nicht die dichterisch ebenbürtigen Gegenspieler. Der Roman „Wurzellocker" gestaltet einen Dichtertypus, bei dem, wie Fontane sagen würde, das Moralische aus dem ästhetischen Fonds bestritten wird. Das Dresdener Literaturtreiben findet sich in gleichzeitigen Romanen von Grotthuß, Megede und Knoop. Hier gewinnt der Autor eine positive Aussicht, wie der unvollendet hinterlassene Roman „Glückliche Menschen" im Sinne der früheren, großen Landromane sich aufs neue zur mütterlichen Erde hinwendet.

Die bindenden Mächte des Christentums, zu denen sich Wilhelm von Polenz bekennt, überhöhen das ganze Werk des P r i n z e n E m i l v o n S c h ö n a i c h - C a r o l a t h (1852—1908). Seine sparsame Novellenkunst ist zum Teil nur unrhythmische Umschreibung balladischer Stoffe. Ein brennendes Gefühl sozialer Verpflichtung tönt aus der knappen Novelle „Bürgerlicher Tod" hervor. Völlig naturalistisch ist die Darstellung einer Kriegsszene in der „Kiesgrube". Da bricht „über den willenlosen Scharen, die ein Herrscherwort in den Krieg, ein Befehlsruf in den Tod sendet, erdenwärts, gleich einem Henkerschwert, ein breiter, fast gleißender Strahl. Es ist die apokalyptische Verbildlichung des Gesetzes, daß ohne Blutvergießen es keine Vergebung der Lebensschuld, ohne Brandopfer keine Versöhnung, keine Wiedergeburt gibt. Doch jener Strahl verändert sich plötzlich, wird glänzender, breiter. Aus nachtverschleiertem Grunde, auf hohem Stamm hebt sich ein Kreuz, wächst heran über die Wolkenschatten, streckt seine bleichen, leuchtenden Arme weit über Himmel und Erde".

Die von Joseph Viktor Widmann betonte Beziehungslosigkeit Jesu zum Tiere hat auch Carolath innerst ergriffen; er verbildlicht sie in der mit ganz naturalistischen Mitteln vorgetragenen Dorfgeschichte „Der Heiland der Tiere". Dem jungen Tiroler Bauern läßt das Leiden der Tiere keine Ruhe, und des Pfarrers Belehrung, es sei eben kein Gnadenblut für die Kreatur geflossen, stillt den Schmerz des Fragers nicht. Schließlich kommt der wegen seiner hingebenden Tierliebe Verlachte und Miß-

achtete zu dem ekstatischen Vorsaß, selbst für die Tiere zu sterben, und
schlägt sich, auf schwer zugänglichem Alpengrat, der ganzen Gemeinde
sichtbar, selbst ans Kreuz. Die Bergschwalben schießen durch die
Sommerluft und umkreisen mit süßzirpendem Laute das Haupt des Ver-
blutenden, indeß, von den Feinden des Märtyrers angelegt, Feuer in das
Dorf fällt und mit seinem Anwesen die ganze Dorfgemarkung verzehrt;
die Tiere aber sind mit den Menschen hinauf zum hochliegenden Kirchhof geflüchtet, „sie stehen zusammengeschart in breiter Masse, schnau-
bend und brüllend recken sie die Köpfe zur finsteren Wand empor, wo
ihr Mittler verblutend hängt. Es ist, als hätten sie sich zusammen-
gefunden zu einer leßten großen, geheimnisvollen Trauerfeier für ihren
verstorbenen König".

Ernst von Wildenbruch (1845—1909), ein Enkel des
Prinzen Louis Ferdinand von Preußen, war ein Beiträger der „Modernen
Dichtercharaktere" gewesen und hatte unter der Ägide der Brüder Hart
dramatische Arbeiten zuerst in deren Zeitschrift veröffentlicht. Der mit
Liliencron gleichaltrige Dichter teilte mit diesem die Sehnsucht nach einer
Auffrischung des literarischen Lebens, hatte aber gleich dem Holsteiner
als Angehöriger der Zwischengeneration ein Gefühl für die Übertreibungen
des sich manchmal absurd gebärdenden Mostes der Jüngeren. Wildenbruchs Erzählungen verraten überall den zu einer raschen Wirkung ausholenden Dramatiker, manchmal den Theatraliker. In der „Schwester-
seele" schildert er einen jungen Dichter, der von den juristischen
Kollegen bespöttelt seiner Einsamkeit dramatische Werke abgewinnt und
mit ihnen schließlich weit über seinen Berufskreis hinaus Geltung gewinnt. Unverkennbar ist hier ein Selbstbildnis eingespannt, das von
einer sicheren Beobachtung zeugt. Die Nebengestalten aus märkisch-
mittelstädtischer Enge werden mit Humor eingeführt, der auch in den
meist in Berlin spielenden, sehr drastischen Novellen „Lachendes Land"
an den Tag tritt.

In anderen Romanen, so in „Eifernde Liebe", kommt der Tragödiendichter dem Erzähler allzusehr ins Gehege. Wenn Wildenbruch sich in
engerem Rahmen faßt, gelingt ihm die schlüssig eingegrenzte Darstellung. In der „Franceska von Rimini", der Geschichte einer Leidenschaft,
führen enge gesellschaftliche Verhältnisse unausweichlich zu einem tragisch bewegenden Ende. Mit einer an Legenden gemahnenden, ihm
sonst fremden Zurückhaltung erzählt Wildenbruch in „Claudias Garten",
verwandt etwa der Linienführung von Heyses „Thekla", Begebnisse
seelischer Einkehr in göttliche Offenbarung. Am reinsten entfaltete sich
die Erzählergabe des Dichters, der auch dramatisch in „Heinrich und
Heinrichs Geschlecht" dem Kinde sein Recht gab, in den novellistischen
Darstellungen unverstandener, falscher Erziehung überantworteter Knaben. Deshalb sind „Das edle Blut", „Kindertränen", „Vizemama" das
Jugendbild vom Goldenen Horn „Archambauld" die währenden Werke
seiner Prosa.

Alexander Baron von Roberts (1845—1896) schrieb anschauliche Romane aus dem Soldatenleben, unter denen der am Rhein verörtlichte Unteroffiziersroman „Die schöne Helena" die stärkste Profilierung aufweist. Mit strenger zeitkritischer Einstellung beobachtete Franz Adam Beyerlein (1871—1949) in „Jena oder Sedan" ein Artillerieregiment in einer Fülle von Einzelzügen unter Hervorhebung der im Heere vereinten und nicht geeinten soziologischen Schichten. Der Roman „Ein Winterlager" bot ein sachlich-historisches Bild aus den Feldzügen Friedrichs des Großen und „Stirb und werde!" deutete das so oft umrungene Problem des Arztes aus, der schuldlos-schuldig eine Fehlbehandlung unternimmt. Mit verwandten, vom Naturalismus noch genährten Stilmitteln hat Wilhelm Hegeler (1870—1943) im „Pastor Klinghammer" und im „Ingenieur Horstmann" Lebensbilder von sehr scharfer, man ist versucht, zu sagen: bohrender Psychologie geschrieben. Ein Vergleich des neuen Ingenieur-Romans von Hegeler mit Max Eyths gleichfalls um ein technisches Meisterwerk gebildeter Novelle zeigt wie in der Nuß die Abwandlung vom Realismus zu einem mit neuen Mitteln arbeitenden Stil. In dem Roman „Flammen" brachte Hegeler als zartes Gegenstück zu den ersten herben Gestalten eine ihrer Sendung gewisse Frauennatur; in diesem, in akademischen Kreisen spielenden Roman tritt eine im geistigen Leben Deutschlands langhin unübersehbare Erscheinung in sehr durchsichtiger Verhüllung auf, der einst im Kultusministerium allmächtige Ministerialdirektor Friedrich Althoff, der mit gleicher Deutlichkeit auch in Sudermanns „Toller Professor" erscheint. Hegeler hat dann im „Ärgernis" ein satirisches, um ein Denkmal gruppiertes Schlagbild aus dem Spießertum einer rheinischen Mittelstadt und in „Nellys Millionen" ein märchenhaftes Idyll gezeichnet. Liebenswürdig reizvoll ist das aus Oldenburger Jugenderinnerungen gespeiste Werk „Sonnige Tage". Der Roman „Pietro der Korsar und die Jüdin Cheirinca" bedeutet durch ein Stück italienischer Brigantenromantik eine merkwürdige Ausbiegung in eine ferne mittelalterliche Welt.

Kurt Martens (1870—1946) legte eine Hegeler und Beyerlein in ihren Anfängen verwandte Begabung in seinem „Roman aus der Dekadence" an den Tag. In seinem Werk, so auch in dem Roman „Vollendung", zeigt sich deutlich die Beeinflussung durch Nietzsche.

Es ist kein soziologischer Zufall, daß in dieser Epoche eines neuen Stiles der Adel so stark wie in der Romantik vertreten ist: aus Nachbargebieten der Literatur wären August von Pettenkofen, Leo von König, Fritz von Uhde, Konrad von Kardorff, Ulrich von Wilamowitz-Möllendorff, der Übersetzer Friedrich von Oppeln-Bronikowski (1873–1935) zu nennen. Georg Freiherr von Ompteda (1863—1931) gehörte dem gleichen sächsischen Reiterregiment an, das Moriz von Egidy befehligte und in dem Fritz von Uhde diente; Ompteda hat sehr anders als etwa Beyerlein in liebevoller Vertiefung „Unser Regiment" in allen seinen Schichtungen gezeichnet. Auch Omptedas erster noch unter dem Hehlnamen Georg Egestorff veröffentlichter Roman spielt in seinem Kameradenkreise, aus dem sich der Held von einer sein Bewußtsein drückenden Schuld getrieben löst. Als bezeichnende Episode der Zeit steht ein Gespräch über den mächtigen Eindruck von Hermann Sudermanns „Ehre" in mitten der Erzählung. Der Roman „Drohnen" brachte ein naturalistisches Bild aus der Berliner Welt, die Megede in seinem Zigeunerroman dargestellt hatte. In einer langen Reihe von novellistischen Skizzen, die das Beispiel Tovotes weit hinter sich ließen, erwies der Sprachkünstler seine Schulung an der Kunst des Franzosen Guy de Maupassant, dessen prosaisches Gesamtwerk er kongenial ins Deutsche übertrug. Auf seine eigentliche Bahn gelangte er mit dem Roman-Zyklus „Deutscher Adel um 1900". In dem ersten Band dieser Reihe formte er den Leutnant Sylvester von Geyer, der die Tragik eines dürftigen, nur auf Pflicht gestellten Offizierdaseins in straffer Selbstzucht auskostet und nach eben geschlossenem Herzensbunde mit der Schwester eines Kameraden früh dahingeht. Der alte Friedrich Spielhagen mußte bekennen, daß ihm beim Lesen dieses kargen, in ein vortrefflich geschautes Milieu gebetteten Lebenslaufes Tränen gekommen sind. Die beiden anderen Teile malten den Adel um die Wende des neunzehnten Jahrhunderts, alle Typen von dem greisen, loyalen Minister des alten Kaisers ohne Standes- oder Stellungsdünkel bis zum Landwirt von altem, derbem Schlage. Der Rennleutnant, der in Amerika die letzte Zuflucht sucht, wird ebenso deutlich wie der arme Linieninfanterist, der gleich Sylvester von Geyer nur Dienst und Arbeit kennt und die gräfliche Diakonissin, die vermögenslos christlichen Liebesdienst übt. Der frisch geadelte Sohn eines industriellen Hauses tritt neben den Großkaufmann, den man einst, weil er nicht gut tat, übers Meer sandte und der drüben arbeiten und erwerben lernte. Fontanes Adelsbildern werden in der „Cäcilie von Sarryn", mit der die Sammlung schließt, aus einem jüngeren Temperamente offenbar. Voll seelenkundlicher in eine knappe Form gebannter Eindringlichkeit sind Omptedas in Dresden spielende Romane durchgeführt wie der „Zeremonienmeister", in dem die späte Leidenschaft eines alten Mannes zu einem jungen Mädchen mit vornehmer Beherrschung überwunden wird. In dem Roman „Heimat des Herzens" endet die Ehe zwischen einem Deutschen und einer Französin mit innerem Bruche. Der Schriftsteller kennt die verbindenden und trennenden Kräfte des gesellschaftlichen Lebens in der Zeit des noch auf der Höhe stehenden Reiches und weiß sie zu nutzen. So zeigt der Roman „Droesigl" den Aufstieg eines bürgerlichen, ehrgeizigen, aber diesen Ehrgeiz hinter vollendetem Takte bergenden Industriesprößlings in den Adel; die märkische Landwelt wird ebenso scharf umrissen wie die Erlebnisse im Rahmen berlinischer Gesellschaft.

„Minne" ist in einer sonst vom Dichter nicht verwandten kahlen und sehr naturalistischen Technik abgefaßt. Der Humor, der das entzückend heitere Idyll von den „Sieben Gernopps" umwaltete, von denen sechs mit überraschender Geschwindigkeit im Ehehafen landen, fehlte in der „Minne". Um so bezwingender und mit einer manchmal märchenhaft einspinnenden Behaglichkeit drang diese humoristische Stimmung in dem Roman „Ernst der Dritte" an den Tag, darin Ompteda in einem deutschen Mittelstaate alle Lichter einer liebenswürdigen Neigung um die Person des aus einer Nebenlinie jäh zum Throne erhobenen Herrschers spielen ließ. Der Geschichtsroman „Es ist Zeit" führte in die Kämpfe des Tiroler Volkes gegen Napoleon. In leidenschaftlicher Liebe zur Alpenwelt sucht der Held im „Excelsior" nicht Rekorde im Bergsteigersport, sondern er findet die Schau von einer die enge Erdenwelt überragenden Höhe. Unter der Aufschrift „Sonntagskind" hat Ompteda seine Jugend geschildert. Von verwandtem Klang ist die „Fröhliche Woche mit Freunden" des Balladenmeisters B o r r i e s F r e i h e r r n v o n M ü n c h h a u s e n (1875—1945).

E r n s t F r e i h e r r v o n W o l z o g e n (1855—1934), ein Sohn Alfreds von Wolzogen, hat am Rande des Naturalismus die Junkergeschichte „Ecce Ego! Erst komme ich" und den Roman „Die Entgleisten" angesiedelt. Er wollte in einer Reihe von Romanen Typen des deutschen Adels darstellen; doch ist nur die „Kühle Blonde" zu schärferem Umriß der Berliner Umwelt vom Reichskanzlerpalais bis zum Nachtcafé gediehen. Wolzogens köstlicher Humor und damit seine eigentliche Begabung, die seinen Büchern Dauer verleiht, offenbarte sich in der „Gloriahose", „Geschichten von lieben, süßen Mädeln" und anderen Erzählungen. Der Musikantenroman „Der Kraftmayr" brachte ein um Franz Lißt gruppiertes musikalisches Weimar und Berlin, wo die nachmals dramatisierten „Kinder der Exzellenz" in Moabit beheimatet sind.

Zu einer sehr scharfen sozial- und religiös-kritischen Haltung holte F r i e d r i c h W e r n e r v a n O e s t é r e n (geb. 1874) aus. Sein Roman „Christus, nicht Jesus" brandmarkte eine einseitig auf Kirchenzucht gestellte Erziehung in einem jesuitischen Internat und bekannte sich demgegenüber zu einem an das Geheimnis echter Heilandsnachfolge führenden Glauben. Auf völlig anderem Gebiete heimisch erwies sich Oestéren in dem humoristischen kleinen Roman aus der österreichischen Gesellschaft „Die Exzellenzen". In die halbasiatische Welt von Karl Emil Franzos führte sein Bauernroman „Marie mit Musik". Der Redakteur der Kölnischen Zeitung K a r l F r e i h e r r v o n P e r f a l l (1851—1924) belustigte seine Leser mit humoristischen Erzählungen aus seiner Heimat; in „Münchener Bilderbogen" profilierte er überscharf Konflikte, die sich aus der Auflockerung ehelichen Lebens in einer Übergangszeit ergeben. Er gelangte dabei zu Übersteigerungen, so in dem zu breiten bayrischen Roman „Verlorenes Eden — heiliger Gral" oder dem „Schicksal der Agathe Rottenau". Der rasch vergessene Schleswiger H e r m a n n H o r n (1875—1928) schrieb gern von Menschen am Meere und auf dem Meere, so in den Romanen „Meere und Matrosen" und „Die Mannschaft des Aeolus". Seine eigenartige Darstellungskraft für geheimnisvolle Vorgänge innerhalb scheinbar gesicherten Lebens trat in seinem letzten Werke „Die Dämonen und das blaue Band" besonders hervor.

Der früh dramatisch erfolgreiche M a x D r e y e r (1862—1944) wandte sich erst in späteren Jahren der Epik zu. Sein Roman „Ohm Peter", ganz in die winddurchtobte Natur einer Dorfgemeinde auf Rügen gestellt, brachte in einer nordisch herben Wendung das gleiche Problem wie der „Zeremonienmeister" von Ompteda, die Liebe eines alternden Mannes zu einer jungen Frau, und die zur Entsagung führende Lösung gewinnt durch die herbe Inselwelt ihren besonderen Charakter. Die den Konflikt begleitenden Personen sind mit humoristischer Gelassenheit gezeichnet. Dreyer ist dann auf epischem Felde geblieben und hat in den Novellen „Strand" dem Ostmeere ergreifend schicksalhafte Sprache verliehen. „Der deutsche Morgen" steht in naher Verwandtschaft zu Hans Hoffmanns Roman aus den Freiheitskriegen, aber Dreyers Temperament besitzt eine weit stärkere dramatische Kraft.

Der Königsberger C a r l B u l c k e (1875—1936) gedieh am gleichen Ostseestrande wie Dreyer zu einer völlig anderen Entwicklung, wie sie ihm als jungem Dichter vorausgesagt worden war. Er verleugnet nirgends den Lyriker. „Die Reise nach Italien" ist voller Entzücken des südlichen Landes, doch von einem im Unterbewußtsein bangenden Gefühl nach der Jugendheimat erfüllt. In „Irmelin Rose" schuf der Dichter eine bezaubernde Frau, deren Herzinnigkeit uns ahnen läßt, daß der Schöpfer einer eigenen Liebe ein Denkmal setzt. „Das Tagebuch der Susanne Oevelgönne" berichtete aus Hamburg, wo Bulcke lange im Kreise um Liliencron, den Prinzen Emil Schönaich-Carolath und Dehmel zu Hause war. Mit satirischem Einschlag führte er in dem Roman „Schwarz-Weiß-Hellgrün" in die Welt studentischer Corps, deren Brüder bekannte Staatsmänner wurden. Seine Weltkenntnisse bekundete er in dem sehr merkwürdigen Roman „Arme Betty", der trotz absichtlich gehäufter Unwahrscheinlichkeiten durch die Heiterkeit einer liebenswürdigen Ironie fesselte.

Ein verwandtes Temperament eignet dem Kölner F r a n z S e r - v a e s (geb. 1862). Die oft dargestellte Welt eines Kunstzigeunertums ersteht in dem Roman „Gärungen". In dem Buche „Wien" notierte er in leicht ironischen Briefen an eine Berliner Freundin seine Erlebnisse und Erfahrungen in der Hauptstadt Österreichs, aus der auch die Novellen „Wenn der Traum zerrinnt" anmutig erzählten. Ganz im Stil der Zeit kam in „Michael de Ruyters Witwerjahre" ein Mensch mit dem Leben nicht zu recht und geriet dabei in das Gestrüpp zwischen Tragik und Komik.

Im Lebenskreise Detlev von Liliencrons lebten auch J a k o b L ö w e n b e r g (1856—1929) und Maximilian Fuhrmann. Löwenbergs soziales Mitempfinden an dem Hamburg der Choleraepidemie äußert sich ergreifend in der Erzählung „In Gängen und Höfen", einem Seitenstück zu den Büchern von Adalbert Meinhardt und Charlotte Niese.

In dem Roman „Aus zwei Quellen" gab er ein gleichermaßen deutsches und jüdisches Bekenntnis mit selbstbiographischem Einschlag, in den Novellen „Der gelbe Fleck" Abbilder einer seelischen Entartung, die in eine von dem Dichter nicht mehr erlebte Zukunft vordeuten. Das gleiche Thema behandelt des früh verstorbenen L u d w i g   J a k o b o w s k i' s (1868—1900) „Werther der Jude". In den schlagkräftigen Satiren des Holsteiners M a x i m i l i a n   F u h r m a n n (1862—1916), neben denen anschauliche Jugendschriften stehen, waltet ein unbesorgter Humor, so in „Die Hölle im Pferdestall".

Auf merkwürdigen Pfaden gelangte der aus dem Schwarzwald stammende, in Amerika lebende Fabrikarbeiter H u g o   B e r t s c h (geb. 1851) zur dichterischen Aussprache. Er sandte dem ihm nur dem Namen nach bekannten Adolf Wilbrandt sein erstes Buch ein, das dieser Dichter verdientermaßen alsbald zum Druck beförderte. Der Roman „Die Geschwister" machte schlichte Geschicke handarbeitenden Volkes lebendig. Die zweite Arbeit von Bertsch „Bob, der Sonderling" zeugte von einer ungewöhnlichen Darstellungskraft, zumal in der Ausdeutung der besonderen seelischen Einstellung eines Mannes, der sich fremder Umwelt erst anpassen muß. Ein merkwürdiges Pendant zum Werk von Bertsch sind die „Denkwürdigkeiten und Erinnerungen" des Arbeiters K a r l F i s c h e r aus Grünberg (1841—1906).

Noch mit der naturalistischen Bewegung kam H a n n s   H e i n z E w e r s (1871—1943) empor, der gleich Ernst von Wolzogen die kurzlebige Mode der Brettlkunst mitmachte. Sein literarischer Stammbaum weist auf gewisse Abirrungen der Romantik und zugleich auf Edgar Allan Poe zurück, dessen Werk lange nach seinem Tode in Europa an Wirkung nur immer gewann. Die Spezialität von Ewers liegt in einem mehr künstlich gesteigerten als seelisch erklommenen Rausch. In den Sammlungen „Das Grauen" und „Die Besessenen" häufen sich die grellen Effekte. Die Hypnose wird zu romanhafter Wandlung genutzt — wir sind ihr schon bei Clara Blüthgen begegnet und treffen sie samt dem Spiritismus auch in sehr verfeinerter Form in den Erzählungen von G e o r g   v o n   d e r   G a b e l e n t z (1868—1940). Zumal in den Novellen „Geschehen aus einer andern Welt" wird das, was Heyse oder Haushofer nur andeuteten, aus einer zu neuen Formulierungen vordringenden Phantasiewelt beschworen.

Während H e r m a n n   F r i e d r i c h s (1854—1911) mit seinen Novellen noch im vollen naturalistischen Banne stand, suchte C ä s a r F l a i s c h l e n (1864—1920) früh einen Auslug in eine von keiner Theorie bedrängte Kunstübung. Sein Roman „Jost Seyfried", kurz nach der Jahrhundertwende erschienen, ist in manchem der schwäbischen Heimat als der Stätte immer erneuter religiöser Auseinandersetzungen verpflichtet. Das liebenswerte Werk erhebt sich nicht zur geschlossenen Form, bringt aber in Briefen und Tagebuchblättern einen Durchblick zu einer Lebenserhöhung von echtem dichterischen Range.

3. Die Durchsetzung der weiblichen Persönlichkeit

Seit dem Tag, da Schleiermacher im „Athenäum" den Frauen zu-
gerufen hatte: „Laß dich gelüsten nach der Männer Bildung, Kunst,
Weisheit und Ehre!" war der Kampf um diese so umzeichnete Gleich-
stellung im Schwange. Der Hingegebenheit von Fanny Lewald und Malwida von Meysenbug und ihrer Altersgenossinen an solche Ziele ward
im Gefüge der Romandichtung gedacht. In ununterbrochener Folge ward
das von Luise Otto-Peters und ihrer Landsmännin Auguste Schmidt begonnene Werk der Neuerziehung und Weiterbildung fortgesetzt. Aber
was der Allgemeine Deutsche Frauenverein wollte und vertrat, bedurfte
nun in den achtziger und neunziger Jahren des neunzehnten Jahrhunderts
einer Erweiterung und Vertiefung. Die immer größere Zahl unver-
mählter Frauen in den oberen, mit dem Manne arbeitender in den
unteren Ständen, der Bildungsdrang eines größer und reicher werdenden
Volkes brachten täglich neue Forderungen. Es entwickelte sich innerhalb
des Frauenkreises der gebildeten Schichten ein Kampf zwischen Radikalismus und besonnener Reform, in dem sich schließlich die ruhig
Weiterstrebenden mit großer Rührigkeit tätig durchsetzten und Schritt für
Schritt den Frauen neue Geltung und neue Berufe eroberten. Als publi-
zistische Vorkämpferinnen wirkte auf radikalerem Flügel M i n n a
C a u e r (geb. Schelle, 1841—1922) mit ihrer Zeitschrift „Die Frauen-
bewegung". H e l e n e L a n g e (1848—1930), die Herausgeberin der
„Frau", setzte sich erfolgreich für eine nachhaltigere und dem weiblichen
Schicksalsanteil entsprechende Frauenbildung ein und vereinte sich in
diesem Streben mit H e n r i e t t e B r e y m a n n - S c h r a d e r (1827
bis 1899), einer Nichte des Pädagogen Friedrich Fröbel, deren Pläne
bei der Kronprinzessin Viktoria Unterstützung fanden. Von all diesen
Kämpfen erzählt die nach 1880 beherrschend ins deutsche Leben tretende
Frauenliteratur.

Einem älteren Geschlechte war H e d w i g D o h m (geb. Schlee,
1833—1919) zuzuzählen, die Gattin Ernst Dohms. Noch im Alter hat
sie warm wie die Jüngste für das Recht der Frau geschrieben, so in
Romanform in „Sibilla Dalmar" oder in „Christa Ruland", immer geistvoll, aber nicht mit rechter Plastik und mit nervösem Temperament. Mit
der Absicht der weitesten Wirkung trat B e r t h a v o n S u t t n e r (geb.
Gräfin Kinsky, 1843—1914) hervor. Nach einer Reihe von Romanen
und Novellen, unter denen „Daniela Dormes" als Umzeichnung einer
edlen Frauenseele gerühmt sei, schrieb die Arthur Gundaccar von
Suttner vermählte und mit ihm bei Alfred Nobel im Kaukasus lebende
Schriftstellerin „Die Waffen nieder!". Dieses Buch war in manchem
künstlerisch ungelenk, aber von einem so leidenschaftlichen Temperament
getragen, daß seine Untiefen mit Recht völlig übersehen wurden. Mit
allen Mitteln der Schilderung, der Predigt, des Aufrufes kämpfte Bertha
von Suttner gegen den Krieg ebenso wie gegen den bewaffneten Frieden.

In der seltsamen Bekenntnisschrift mischen sich romanhafte Erzählungen, Aktenstücke, Gespräche mit geschichtlichen Personen, Aufsätze bunt mit-einander, und alles dies gipfelt in der Darstellung des immer wieder über die Völkerwelt verhängten Blutvergießens, dessen sinnlose Ent-setzlichkeit in glühenden Farben in das Gewissen der Menschheit ein-gebrannt wird. Der Eindruck des Romans, der auf der scheulosen Ehr-lichkeit der Meinung und dem durchschlagenden Muttergefühle beruhte, war in ganz Europa gewaltig — es wirkt wie ein Symbol, daß die tapfere Lebensbezwingerin, der verdientermaßen der Friedensnobelpreis zuteil ward, unmittelbar vor dem ersten Weltkriege dahinging.

Für das, was man wohl übertreibend die ‚Neue Frau‘ genannt hat, fand als eine der ersten I l s e F r a p a n (I l s e L e v i e n, 1852 bis 1908), eine aus französischer Familie stammende hamburgische Volks-schullehrerin, die dichterische Form. Sie begann mit Skizzen aus dem Hamburger Leben, bescheidenen Darstellungen aus den engen Gassen der Altstadt und den im Sommer grün belaubten Terrassen. Für diese ganze Generation ist es ein bezeichnender Vorgang, daß die Verfasserin des Buches „Wir Frauen haben kein Vaterland“ das Glück der Immatriku-lation als Studentin wie eine Lebenserhöhung empfängt. Ilse Frapan hat später die Welt des Zürichers Studentenlebens (in Deutschland durften Frauen zu jener Zeit noch nicht akademische Bürgerinnen werden) in dem Roman „Die Betrogenen“ mit sicherem Blick für die revolutionäre Stimmung und die internationale Kameradschaftlichkeit dieses oft ent-behrungsvollen Lebens wiedergegeben. Sie erreichte jedoch die Meister-schaft erst, als sie mit größeren Mitteln, aber dem alten Sinn für das Wesentliche auf den Boden der Heimat, zum alten Gebiet der Hamburger Novelle zurückkehrte. In den beiden Bänden „Zwischen Elbe und Alster“ und „Zu Wasser und zu Lande“ schenkte sie reife Gaben einer älter gewordenen, aber durchaus von den Quellen ihrer Jugend ge-tränkten Kunst. Besonders die lebensvolle Geschichte „Altmodische Leute“ bedarf in ihrer heiteren Schlüssigkeit der Hervorhebung. Ilse Frapan, die ihrem Gatten, dem Armenier Akunian, nach dem Kaukasus gefolgt war, hat in dem Bande „Schreie“ ein novellistisches Bild aus dem Naphtagebiet, „Die verfluchte Stelle“, dargeboten, das auch rein völker-kundlich in unserem Schrifttum wenige Seitenstücke hat. Der Roman „Arbeit“ brachte noch einmal die Sehnsucht nach einer höheren Ent-wicklung, auch für die Frau, in einem manchmal wunderlichen, aber doch herzbewegenden Tone zum Ausdruck, und es bleibt in dem unge-wöhnlichen Werke echt weiblich, wie am Schluß eine über weite Länder greifende Liebe das stürmische Herz einer tapferen Frau und Ärztin zu ruhigerer Barmherzigkeit leitet. Von der Glückszeit ihres Lebens hat die Verfasserin in Erinnerungen an ihren Lehrer Friedrich Theodor Vischer berichtet; die unheilbar Erkrankte beendete ihr Leben freiwillig wie Ferdinand von Saar.

G a b r i e l e R e u t e r (1859—1941) gab dem Frauengefühl jener Zeit am stärksten Ausdruck: ihr Roman „Aus guter Familie“ wirkte wie ein Programm. Es handelt sich in dem Buch um ein junges Mädchen aus höherer Beamtenfamilie, das mehr schlecht als recht nach der üblichen Art erzogen wird und dabei innerlich, zu einem Teil auch äußerlich zu Grunde geht. Was die feine Jugendarbeit „Gunhild Kersten" angedeutet hatte, führte die Dichterin hier durch: die Leidensgeschichte eines durchschnittlich begabten, aber sehnsüchtig in die Welt schauenden Geschöpfes, dem ein nicht mehr brauchbarer Traditionsbegriff Zukunft und Leben beschränkt. An allem wird nur genippt, Bildung nur als oberflächlicher Schliff mitgegeben, das Recht der eigenen Meinung noch so versagt, wie es Malvida von Meysenbug bitter beklagt hat, und ein Dasein herangebildet, das zwecklos und ohne Befriedigung verlaufen muß, wenn nicht rasch die Ehe erreicht wird, für die allein diese Erziehung eine, freilich recht mangelhafte Vorbildung ist. „Sie, Agathe, war mit frischen Kräften und jungen Säften angeschmiedet worden an Existenzen, die schon Blüte und Frucht getragen hatten und nur noch in Erinnerung an die Zeit ihrer Wirkungshöhe lebten. Und mit den Erinnerungen, die sie eigentlich gar nichts angingen — mit den Errungenschaften der vorigen Generation hatte sie sich begnügen sollen". Was selbstverständlich klingt, sollte durch ein grelles Beispiel dargestellt werden: „Etwas Werdendes, ein Kind — oder ein Werk — meinetwegen ein Wahn, jedenfalls etwas, das Erwartung erregt und Freude verspricht, mit dem man der Zukunft etwas zu schenken hofft — das braucht der Mensch, und das braucht darum auch die Frau".

Ihre Kraft, die allgemein weiblichen Empfindungen auszusprechen, war noch nicht zu voller Entfaltung gediehen; die mitreißende Liebesstärke aber verlieh auch dem, was hier tendenziös erschien, einen fortwirkenden Lebenshauch. In „Frau Bürgelin und ihre Söhne" hat sie das Thema von Kellers Frau Regel Amrain abgewandelt und dann im „Tränenhaus" echte Dichtung gegeben. Eine platte, gemeine, ja widrige Umwelt aus einem weiblichen Herzen heraus so zu schildern, daß nichts verkleinert und nichts verfälscht, sondern alles gesagt und doch alles zu einem höheren Sinne gesagt wird — das ist die Kunst dieses Buches. In dem Schicksal einer außerehelichen Mutter, die für sich und ihr Kind das Leben noch einmal erkämpft, wird nichts umgangen, aber es ist ausgerichtet auf den Menschen, der durch Druck und Schmutz hindurch seine unsterbliche Seele in Reinheit und ins Licht retten will, und weil er will, auch retten kann.

Hatte Gabriele Reuters von gewohnter Sitte abweichende Anschauung anfangs befremdet, so geriet die Schreibweise von Maria Janitschek (geb. Tölk, 1859—1927) unter dem Vorzeichen weiblicher Selbstbehauptung oft geradezu ins Krampfhafte hinein. Die zusammenhängende Novellenreihe „Pfadsucher" zeigt in „Il pensioroso" eine zweifellos vorhandene Begabung, besonders in dem Jungen, der den liebevoll entbehrenden Geistlichen inmitten der Sünder verhungern sieht. Aber unmittelbar daneben stehen Oberflächlichkeiten ohne jeden Sinn. Ähnlich geht es dieser allzuschnell werkenden und deshalb immer unfertigen Natur in dem Roman „Stückwerk" und in ihren Novellen, in denen sich wie in „Aus Aphroditens Garten" eine übererregte Sinnlichkeit ausspricht.

Die dichterische Eigenart von H e l e n e B ö h l a u (verehel. al Raschid-Bey, 1859—1940) stammt aus der Zeit eines neuerwachten Selbstbewußtseins der Frau, wenn auch ihre ersten Gaben scheinbar weit davon abliegen. Sie hat mit Novellen von schöner Rundung und warmer Beseelung begonnen, in denen es an Humor nicht fehlt; als besonders kennzeichnend für die junge Schriftstellerin sei „Der schöne Valentin" hervorgehoben. Ganz leise erst deutete der Roman „Herzenswahn" auf das in der neuen Zeit die Frau am stärksten bewegende Problem hin, indem ein fremdartig zwischen den Schwestern aufwachsendes junges Mädchen durch jugendverständige Altersweisheit aus verengenden Schranken zum vollen Leben geführt wird. Die Dichterin, Tochter eines Weimarer Patrizierhauses, erzählt mit Charme ihre reizenden „Ratsmädelgeschichten", da Goethe alt und Schillers Ernst jung war und jede Ratsfamilie ihren Garten vor der Stadt hatte. Dabei werden auch tragische Geschicke innerhalb einer mit allen lebensvollen Zügen ausgestatteten Welt emporgeholt. Wie scharf Helene Böhlau in diesem Rahmen ihrer Wahl zu sichten weiß, lehrt der zwischen Weimar und Jena verörtlichte Roman „Verspielte Leute", eine bündig und mit zuweilen spitiger Ironie erzählte Geschichte aus philiströsem Großbürgertum, in dessen Bezirk unverstandene und unverständliche Leidenschaft schicksalhaft hineinschlägt — ohne den Lebenstrott der Verspielten in andere Gangart wandeln zu können. Der Roman „In frischem Wasser" brachte den Ansat zur Schaffung einer Künstlerfigur, gelangte aber noch nicht zu lebendiger Anschaulichkeit; von eigenartiger Belichtung war in diesem Roman die szenische Ausmalung der Vorgänge an den Süßen Wassern von Konstantinopel. Erst im „Rangierbahnhof" erreichte die Dichterin die volle Höhe ihres Schaffens. Ein junges Mädchen, vom leidenschaftlichen Willen zur Kunst beseelt, gleitet in die Ehe mit einem Künstler hinüber, der gerade Mann genug ist, sie zu lieben, aber nicht feinfühlig genug, einzusehen, daß diese Frau in das sture Eheideal, das ihm vorschwebt, nie hineinpaßt. So leben sie nebeneinander, der gutmütige und etwas plumpe Mann und der verflatterte, edle Vogel, den er sich gefangen hat und der im Käfig nicht wesen kann — bis dann die innere Einheit mit dem andern, dem wahrhaften Künstler, der die Gleichartige in Olly voll erkennt, sie in der Gemeinschaft des Geistes bis ans Ende weiterträgt. In einer dichterischen Sicht, welche das Symbol nicht mißbraucht, ist der von den Fenstern ewig ratternde und lichtbliende Rangierbahnhof zum deutenden Hintergrunde der Handlung geworden.

Der pflanzenhaft unbewußt reifenden Künstlerin dieses Werkes steht in „Halbtier" eine Frau gegenüber, die sich gegen die der Frau von bestimmten Männern einzig eingeräumte Minderstellung auflehnt und daraus die letten Folgerungen zieht. Die Bitterkeit, welche in den „Verspielten Leuten" zuweilen als natürliche Reaktion gegen ein sattes Spießertum Geltung hatte, ward im „Halbtier" kraß übersteigert.

Sehr viel deutlicher in ihre alte Schaffensrichtung hinein, jetzt aber von der Höhe eines in Schmerzen gereiften Lebens, wies Helene Böhlaus großer Roman „Isebies", den wir nach einem beigegebenen Bilde und manchen bewußten Andeutungen zum guten Teil als selbstbiographisch auffassen dürfen. Was schon im „Herzenswahn" vorklang, im „Rangier- bahnhof" in andere Umwelt gestellt war, tritt hier in den Mittelpunkt: die Fremdheit eines künstlerisch veranlagten Menschen innerhalb einer spießbürgerlichen Familie, die ihn nicht versteht. Eine Lebenswende reißt Isebies aus der Gemeinschaft in ein anderes Geschick, in dem sie die höchste Befriedigung findet. Überall ist die Lebenstreue erreicht, im heimischen Umkreise wie am Bosporus und die in dem sehr nervösen „Haus zur Flamme" gesuchte Ausdrucksweise ist hier wieder zu natur- hafter Frische gelockert. An die frühen „Ratsmädelsgeschichten" hat dann Helene Böhlau noch zwei heitere und liebenswürdige Romane aus dem Goethekreise angeschlossen: „Die leichtsinnige Eheliebste" und „Die kleine Goethemutter". Der erste behandelt das Geschick der Frau Amalie von Werthern, die sich gleich dem Siebenkäs im Jahre 1785 tot- sagte, eine Puppe an ihrer statt begraben ließ und dann dem Freiherrn August von Einsiedel nach Afrika folgte — ein ergötzliches Schelmen- stück, dessen Abschluß in einer zweiten Ehe nicht nur Weimar in amü- sierte Aufregung versetzte.

Mannigfache Typen der neuen Frau hat K l a u s R i t t l a n d (E l i s a b e t h H e i n r o t h, geb. Rindfleisch, 1861—1920) ge- zeichnet. In dem Roman „Auf neuen Wegen" stellt sie die Frau des Berufslebens und eine nur der Sinnenlust hingegebene Mitschwester ein- ander gegenüber. Am reinsten entfalten sich ihre Gaben im Gesellschafts- roman von größerer Weite. So enthalten „Frau Irmgards Ent- täuschungen" fein gezeichnete Familien aus kleinstädtischen aka- demischen Verhältnissen. Insbesondere die Hauptfigur der Mutter, deren Töchter ganz anderen Zielen zustreben, als sie sie ihnen zudachte, ist trefflich gelungen.

Die proletarisches Schicksal in herben Versen gestaltende A d a C h r i s t e n (C h r i s t i n e v o n B r e d e n, geb. Friderik, 1844 bis 1901) hat ihr soziales Bekenntnis auch in Novellen und dem Roman „Jungfrau Mutter" abgelegt.

C l a r a V i e b i g (die Frau des Verlagsbuchhändlers Fritz Theodor Cohn, geb. 1860), erreichte in ihrem Roman „Das Tägliche Brot" die epische Dichtigkeit, die ihr in ihren ersten Büchern, den „Rheinlands- töchtern" und den „Dilettanten des Lebens", noch versagt war. Ähnlich wie Gerhart Hauptmann Schlesier nach Berlin und in die Berliner Vor- orte führt und aus dem Vorgange der Anpassung dramatische Wirkungen gewinnt, läßt die aus dem Rheinland stammende Dichterin das derbe Landmädchen von der Warthe in Berlin langsam unter der Last ge- drückter Arbeit heimisch werden und schließlich mit ererbter bäurischer

Sicherheit Mann und eigenen Herd erobern. Grau in Grau verläuft die Erzählung, ohne Höhepunkte, ja bewußt ohne rechte Steigerung, aber mit außerordentlicher Gegenständlichkeit im Kleinen. Später hat Clara Viebig die Menschen dieser Erzählung in „Eine Handvoll Erde" mit einer Aussicht auf die von Adolf Damaschke begründete Bodenreform zu neuer kleinbürgerlicher Lebensgestaltung geführt. In dem Roman „Die vor den Toren" zeigt sie, wie Bauern ihre naturhafte Sicherheit unter dem Einfluß der immer näherrückenden Großstadt allmählich verlieren und sich die harthändigen und schwerfüßigen Bewohner des Dorfes Tempelhof (einst die Stätte der Romane von Gutzkow und Alexis) langsam, langsam von der Scholle lösen und aus ihrer gewohnten Umgebung herausstreben. Ganz verständlich werden diese Siedler am Rande der Großstadt erst durch das Tempelhofer Feld, dessen eigene Existenz in Sonne und Schatten in die seiner Bewohner mit der gleichen Kunst eingesponnen wird, die die in anderem Zusammenhange zu betrachtenden Eifelbilder auszeichnet. Mit einer gewissen Neigung zu symbolhafter Aussprache verdeutlicht „Das Eisen im Feuer" die Entfaltung Berlins Ring um Ring binnen eines knappen Menschenalters, immer gebunden an unscheinbare Verhältnisse und an Menschen in ihrer Alltäglichkeit, die bei individueller Durchbildung zugleich als Vertreter sozialer Schichten ihre erzählerische Geltung haben.

Der Weg, der L i l y B r a u n (geb. von Kretschmann, 1865—1916) unter die um neue Ziele kämpfenden Frauen führte, war weit. Er fand seinen literarischen Ausgangspunkt im Umkreise des Goethehauses, dem die von Jérôme Napoleon stammende Großmutter Jenny von Gustedt, geb. von Pappenheim, nahegestanden hatte. Aus deren Erinnerungsschätzen komponierte die Enkelin das reiche Werk „Im Schatten der Titanen". Den Schritt vom Humanismus zum Sozialismus vollbrachte Lily Braun in den „Memoiren einer Sozialistin", die sicherlich ihren Titel auch der Gegenbildlichkeit zu dem Buche Malwida von Meysenbug danken und eine Stilmischung zwischen Selbstbiographie und Schlüsselroman sind. Neben Personen der Zeitgeschichte wie Kaiser Wilhelm dem Zweiten oder August Bebel treten andere, so Lily Brauns erster Gatte Georg von Gizycki oder Werner Sombart, unter leichter Verhüllung hervor. Trotz solcher künstlerischen Schlacken gewinnt das für die Wendejahre des Jahrhunderts bezeichnende Bekenntnis seinen Rang durch die Wärme der sozialen und sozialistischen Mitempfindung. Dem innerhalb des Schaffens von Lily Braun fremdartig wirkenden „Liebesbriefen der Marquise" folgte der Roman „Der Lebenssucher". Er mutet wie ein Vorklang zu dem Bande an, der in nachgelassenen Schriften Zeugnis ablegt von dem im Weltkriege blutjung gefallenen Sohne O t t o B r a u n (1897—1918).

L o u A n d r e a s - S a l o m é (1861—1937) berichtet in ihren Erzählungen „Ruth" und „Aus fremder Seele" von inneren Glaubenskämpfen, die mit einer sehr nervösen Haltung durchgefochten werden. Auf den von ihr geschilderten Menschen ruht ein schmerzlich vornehmer

Zug zu ungewissen Zielen — man begreift, daß die Schriftstellerin von Ibsen und Nietzsche beeinflußt wurde: sie hat beiden eigene Schriften gewidmet. Eine zweite Deutschrussin A d i n e G e m b e r g (geb. von Baker, 1860—1902) hat in dem Roman „Aufzeichnungen einer Diakonissin" den Seelenzustand einer ohne Neigung in diesen Beruf hineingeratenen Frau gestaltet, die jedem Liebeswerben ohne innere Antwort gegenübersteht und schließlich an ihrem eigenen Anteilmangel stirbt. Trotz der Schwächen in der Form erschüttert diese Arbeit wie ihr späterer Roman „Des Gesetzes Erfüllung". Dem neuen Typus der mit dem Manne im wissenschaftlichen Leben gemeinsam aufsteigenden Frau widmete A n s e l m a H e i n e (1855—1930) die Novelle „Ein Wettlauf" innerhalb ihrer Sammlung „Auf der Schwelle"; hier ward das Streben zu neuer geistiger Arbeit mit dem Urtriebe des Ewig-Weiblichen verflochten. Die seltsame Seelenverfassung eines jungen Mädchens, auf dem das Erbteil des Wahnsinns ruht, ward in der Novelle „Bis ins dritte und vierte Glied" behandelt. Während ein Novellenkranz „Aus Suomiland" mit echter Farbengebung Menschen und Dinge in Finnland schildert, versetzt die überraschend gefügte, im Paris der Weltausstellung spielende Novelle „Die Erscheinung" in ein völlig anderes Milieu.

L e o n o r e F r e i (L e o n o r e R e i c h e, geb. Frei, geb. 1862) ergriff einen sehr eigenartigen Stoff in dem Roman „Das leuchtende Reich"; ein Jüngling, der durch seine Mutter eine verhängnisvolle Erbschaft hellenischen Wesens empfangen hat, steigert sich nach dem Ehebruch der Mutter in ein Orestesbewußtsein hinein, aus dem er den Ausweg, nicht zum Muttermorde, sondern zum Selbstmorde findet. Die Verfasserin hat später im „Neuen Gott" in großem Aufriß den Helden und Propheten Moses gegeben, den um dieselbe Zeit Carl Hauptmann und Ernst Lissauer dramatisch gestalteten.

G e o r g M u n k (P a u l a B u b e r, geb. 1877), führt nach einläßlichen Tiroler Erzählungen „Die unechten Kinder Adams" in dem Roman „Irregang" zu letzten Tiefen weiblicher Verstrickung. Hier durchsteht ein junges Mädchen, das aus dem Elternhause verstoßen einer Kupplerin verfällt, das ihr beschiedene Schicksal mit einer Reinheit, die der Dichterin völlig zu glauben ist. E l s e J e r u s a l e m (geb. Kotanyi, geb. 1877) unternahm nach mehreren Novellen einen Schritt in gleiche Umwelt mit ihrem Roman „Der heilige Skarabäus". Sie fügte hier zu den vielen Milieuromanen der Zeit mit einer durchaus nervösen Begabung den untersten und furchtbarsten aller Lebenskreise: den der gewerbsmäßigen Dirne. Dabei schilderte Else Jerusalem ähnlich wie Georg Munk die Entwicklung eines Mädchens, das sich in dieser Umgebung kraft seines väterlichen Bauernerbtums und durch die Begegnung mit einem hilfreichen Manne zuerst äußerlich, dann innerlich dem Schmutz entzieht. Trotz minderer Plastik im Einzelnen ist diese aus der Tiefe nach einem Lichte rufende Welt aus einer von Mitleiden erfüllten Frauenseele heraus ganz lebendig geworden — auch sie war unter das

neue Gesetz zu stellen, das sich nach dem Geheiß von Goethes Mahadöh
der verlorenen Kinder anzunehmen hatte.

Die Bewegung zu neuem Lebensinhalt für die Frau hatte auch ein
religiöses Vorzeichen. G e r t r u d P r e l l w i t z (1869—1941) hatte
in ihrem mit gläubiger Phantasie erfüllten Buch „Der religiöse Mensch
und die moderne Geistesentwicklung" die Persönlichkeit des Heilands
innerhalb des Lebensraums der Gegenwart wegweisend dargestellt. In
ihrer Romankunst zeichnete Gertrud Prellwitz jugendliche Naturen, die
nach dem rechten Lichte hungern. Das Bild in der „Drude" war in
seiner Dehnung noch zu flächig, erst in dem Roman „Treue" gelang
Gertrud Prellwitz ganz eine in den Gefilden der Kunst heimische, mit
höherer Begnadung beliehene Mädchenseele. Von verwandter Thematik,
aber von stärkerer Profilierung mit Spannung im einzelnen ist die Epik
der A d e l i n e G r ä f i n z u R a n t z a u (1867—1927). In dem sehr
merkwürdigen Roman „Ein unmöglicher Mensch" tritt ein leidenschaftliches Temperament zutage, das soziale Gesinnung und religiöse Grund-
empfindung durchglüht. Das starke und leuchtende Gefühl einer Herzens-
christin, die keine Einräumungen an Unsitte, Mode, Bequemlichkeit
macht, wird in der Heldin lebendiges Menschentum. In dem Buch „Der
Dritte" tritt das Soziale ganz zurück, dennoch ist der Zusammenhang
mit dem ersten Werke durch die aus innerer Wahrhaftigkeit lebende
Mittelgestalt gewahrt: beiden eignet ein Glanz aus ewigen Fernen.

Zu letzter Inbrunst steigert sich das Christusbekenntnis in katholischer
Schau in G e r t r u d v o n L e F o r t (geb. 1876), die hymnisch die
Verstörung der Gezeiten deutet. Im Roman „Das Schweißtuch der Ve-
ronika" ist die Luft des antiken und christlichen Roms, in der eine
geistige Entscheidung heranwächst, lebensvoll spürbar. Die Geschichte
des päpstlichen Schismas aus dem Jahre 1130 wird in „Der Papst aus
dem Ghetto" mit seinen Gewissensnöten und Kämpfen dichterisch kraft-
voll vorgetragen.

Schlichter an das Bibelwort hingegeben erscheint die Erzählkunst
von H e l e n e C h r i s t a l l e r (geb. Heyer, geb. 1872). Sie hat Novellen aus dem Schwarzwalde und die gehaltvolle Erzählung „Das blaue
Haus" vorgetragen, und das Leben und Schaffen Albert Schweitzers gestaltet. H i l d e g a r d v o n H i p p e l (verehel. Tiessen, 1877—1937)
hat in dem Roman „Der unbekannte Gott" ein ergreifendes Bild aus
der ostpreußischen Nachfolge des Bekenners Julius Rupp gezeichnet und
im „Raubbau" das Thema im Lichte einer bedrängten Gegenwart weitergeführt. Die religiöse Sehnsucht von L u i s e A l g e n s t a e d t (geb.
1861) setzte sich ein seltsames Ziel. Die Christin stellte in dem Novellenkreise „Die große Sehnsucht" jüdische Menschheit dar, die dem durch
Theodor Herzl aufgepflanzten Panier der Sehnsucht nach Zion zustrebt.
In dem Roman „Frei zum Dienst" gab sie ein Gegenbild zu dem Dia-
konissenroman von Adine Gemberg; der Unbefriedigung dort steht die
innere Befriedigung hier entgegen. Auch C l a r a v o n S y d o w (geb.
1854) in ihrem Roman „Einsamkeiten" sucht den Aufschwung zu einer

Erhöhung des Lebens, wie solcher Drang die Werke der E m m y v o n
E g i d y (geb. 1872) durchzittert, der Tochter des religiösen Refor-
mators. Unter ihren Romanen von häufig lyrischem Tone sind „Ilse
Bleiders" und „Im Moderschlößchen" hervorzuheben. Wesentlich an das
Problem der Erziehung gebunden erscheint L a u r a F r o s t (geb. Lem-
mel, 1851—1924) sowohl in ihrem Roman „Im Wechsel des Lebens"
als auch in den Novellen „Über den Tag hinaus". Sie hat neben dem
Buche für Mütter „Aus unsern vier Wänden", eine Biographie der Jo-
hanna Schopenhauer geschrieben. Eine andere Ostpreußin, A g n e s
H a r d e r (1864—1939), hat nach dem Berliner Pensionsroman „Im
Kaleidoskop" in dem Roman „Tönerne Füße" mißbrauchte Weiblich-
keit, die schließlich sich dem Manne versagt, gezeichnet und sich in der
„Heiligen Riza" mit dem Liebesproblem sehr ernsthaft auseinander-
gesetzt. Einen hellen Humor bewährte die Verfasserin der Jugenderzählung „Engelchen und Bengelchen" in der zwischen Berlin und
Schwetzingen pendelnden Erzählung „Der blonde Schopf und seine
Freier". Eine dritte Ostpreußin, C l a r a S u d e r m a n n (geb. Schulz,
1861—1924) hat mit sicherem Blick in der Sammlung „An geöffneter
Tür" Novellen und in dem Roman „Die Siegerin" ein fesselndes Frauenbild gegeben. L u i s e W e s t k i r c h (1858—1941) erzählt in dem
anheimelnden Tone Claire von Glümers in sozialen Romanen und Novellen aus dem Leben der arbeitenden Klassen, so in der „Basis der
Pyramide". Schon einer jüngeren Generation gehören Angela Langer
und Eva Lotting an. A n g e l a L a n g e r (1886—1916), eine früh
vollendete Wienerin, legt in dem Roman „Der Klausenhof" eine Probe
ungewöhnlicher Darstellungskraft ab. E v a L o t t i n g (geb. 1881) hat
nach dem ersten Romane „Nervosität", der über skizzenhaftes Genre
nicht hinauskam, in der derb humoristischen Erzählung „Das bockige
Alma" ein trotz mancher überstehenden Kanten und Ecken echtes Unter-
haltungsbuch geschaffen. Einen bemerkenswerten literarischen Weg hat
H a n s v o n K a h l e n b e r g (H e l e n e K e ß l e r , geb. von Mon-
bart, geb. 1870) zurückgelegt. In ihrem Roman „Der Fremde" fabelt
ein schwäbischer Handwerker von wirren Lehren eines Urchristentums
mit einer Verbrämung durch moderne Schlagworte und endet in einer
Anstalt für Geisteskranke, wo ihn ein anderer Irrer ans Kreuz schlägt.
Die Gestaltung lag jedoch der Hingabe fern, aus der heraus damals das
Christuserlebnis sonst seine Belichtung im Zeitlichen empfing. Von einer
scharfen, jede Zurückhaltung scheuenden satirischen Überbeizung war
die Novelle „Nixchen" erfüllt, ein Seitenstück zu dem Roman des Franzosen Marcel Prévost „Les demivierges". Die späteren Romane von
Hans von Kahlenberg schließen sich ohne tiefere Not diesem Tone an
wie die „Familie von Barchwitz" mit ihren satirischen Ausfällen gegen
Adelsüberhebung und „Die starke Frau von Gernheim".

Mit vorurteilslosem Blick, der die Schwächen der Gesellschaft wohl
kennt, aber sie unter Umständen nur belächelt, sah M a r i e v o n
B u n s e n (1862—1941) in die Berliner Welt. Die Tochter des liberalen

Parlamentariers und Enkelin des berühmten Diplomaten legte dem Roman „Gegen den Strom" persönliche Eindrücke aus der Berliner Gesellschaft zugrunde, die sie durch verschiedene Erinnerungsbücher bereicherte. In einem Kranze kleiner Novellen flocht sie jüdische und neureich amerikanische Typen lebendig zusammen. Ihr ähnlich, aber in der Ausmalung farbenvoller und an Erfindung reicher erscheint E m m i L e w a l d (geb. Jansen, 1866—1946). Von noch flächiger Gestaltung erhob sie sich in Novellen wie „Cunctator" zu eindringlicher, wärmender Darstellung, die sich in der „Sylvia" und im „Hausbrot des Lebens" zu bündiger Schilderung weiblicher Charaktere entfaltet. Der Roman „Heinrich von Gristede" brachte eine in der Oldenburger Landschaft seltsam aus der Tiefe zur Höhe aufsteigende Natur mit ihren Gegenspielern; im „Büro Wahn" erstand mit feinem Strich das Bild einer durch Krieg und Inflation geschleusten Jugend. Aus dem gleichen nordwestdeutschen Bezirk erwuchs das Schaffen von B e r n h a r d i n e S c h u l z e - S m i d t (1846—1920), der Tochter des großen bremischen Bürgermeisters. In ihrem umfangreichen Werke, das auch reizvolle Jugendschriften umfaßt, sind die schlicht erzählten Hausgeschichten aus Bremen von besonderer Schwerkraft, so „Demoiselle Engel" mit ihrer geschichtlichen Einstimmung. Die große Begabung von J u l i a n e K a r w a t h (1877—1931) kam nach großem Einsatz im „Schlesischen Fräulein" und dem „Erlebnis des Erasmus Luckhardt" nicht zur Ausreifung, aber der Persönlichkeit der Annette von Droste wurde sie voll gerecht.

Die Lehre Darwins hatte die Arbeiten der beiden Ostpreußen Alexander Jung und Wilhelm Jordan in Ablehnung und Zustimmung durchdringen helfen. Nun kam auch die weibliche Linienführung zu der neuen, über Darwin hinauslangenden monistischen Welterklärung. M a r i e E u g e n i e d e l l e G r a z i e (1864—1931) formte nach Novellen, die österreichische und ungarische Gefilde wiederspiegeln, in dem zu Rom spielenden Roman „Heilige und Menschen" eine Frau, die sich einer eingeengten Erziehung entzieht. Innerhalb dieser Befreiung, die dieser neuen Emanzipation eine besondere Schattierung einbringt, gab die Schriftstellerin die ewige Stadt in ihrer päpstlichen und weltlichen Ausrichtung. In dies übersteigerte Portrait stellte sie die Gestalt Ernst Haeckels hinein — so durchschreitet diese Frauendichtung auf einer anderen Ebene deutschen Lebens die Problemreihe, welche sich ihren romantischen und jungdeutschen Vorgängerinnen noch ohne die Vielfalt einer späteren Entwicklung eröffnete.

4. H e i m a t k u n s t

Der Realismus hatte ein neues Verhältnis zur Landschaft der nächsten Nähe gefunden und mit belohntem Innenblicke lebenstreue Bilder deutscher Menschheit geschaffen. Alsdann erzog der Naturalismus zu einer Schau, die sich keinen Zug der Umwelt entgehen lassen wollte.

Der Einfluß der nun wieder in den Vordergrund des literarischen Bewußtseins getretenen großen Realisten verband sich mit dem neuen
Stilgefühl einer Kunst, die das Besondere der deutschen Stämme und
Landschaften in seiner Abwandlung zu umgreifen strebte. Die Heimat
selbst ward der eigentliche Gegenstand der Erzählung, wobei häufig die
Absicht deutlich wurde, literarischen Heimatschutz zu treiben, zu zeigen,
wie altländliches, altbäuerliches, durch Stand und Herkommen ein-
gegrenztes Leben einer neu herandrängenden Gegenwart nicht stand-
hielt. Aber die Heimaterzählung blieb bei so einfachen Vorwürfen
und der abwehrenden Gebärde nicht stehen, sondern stieg zu neuen
Formen und Aussichten empor. Sie hielt sich dabei naturgemäß vielfach an Kämpfe und Vorgänge, die nur innerhalb der dargestellten Verhältnisse möglich waren — es sind die Gletscher- und Deichkonflikte, die
sich da immer wiederholen. In ihren Meistern ward dann die Heimatkunst wieder große Kunst von ganz allgemein-menschlichem Gehalte mit
vertiefter örtlicher Färbung und geschichtlichem Einblick, wie die schwedische Dichterin Selma Lagerlöf sie im Auslande zur Höhe führte.

Wir sahen Hermann Sudermann vorbildhaft den ostpreußischen
Raum mit einer Anrankung an die Bedingungen seiner Natur und
Volkheit wiedergeben, welche über die einläßliche Gestaltung von
Fanny Lewalds oder Ernst Wicherts ostpreußischen Lebensbildern in
einer durch den Naturalismus geschärften Anschauung weit hinausreichte.
In den gleichen Umkreis stellte C l a r a N a s t aus Insterburg (geb.
Seyffert, geb. 1866) ihre Menschen, so in den Novellen „Litauisch
Blut". Ein Gegenbild zu der manchmal ins Romantische abgleitenden
Clara Nast bietet F r i e d a J u n g (verehel. Brauer, 1865—1929) in
den anmutigen Erzählungen „Maienregen-Gottessegen". P a u l B l o c k
(1862—1934) trug im „Graumönch von Königsberg" eine alte Stadt-
geschichte vom Pregelufer vor. P a u l W i c h e r t (1868—1930) gab
in seiner „Befreiung" einen ostpreußischen Roman um Yorck und die
Bewegung von 1813.

A d o l f P e t r e n z (1873—1915) zeichnete mit einer stets den
entscheidenden Punkt treffenden Sicherheit Skizzen aus der ostpreußischen Hauptstadt, die nach seinem Hingange im Weltkrieg unter der
Aufschrift „Kamerad Petrenz" eingesammelt wurden. E u g e n R e i -
c h e l (1853—1916), bekannt zumal durch sein Mühen um die rechte
Einordnung seines Landsmannes Gottsched, gab in dem Roman „Brüder
und Schwestern" Geschautes vom Strande und in der „Ahnenreihe"
ein seltsames Gemälde aus seiner Vaterstadt Königsberg. Seine
Schwester E d e l a R ü s t (E m m a R e i c h e l, 1857—1931) entwarf
in dem Roman „Die Baronsche" ein prächtig heiteres Konterfei aus
dem Samlande. Sehr umfänglich war das Werk des aus Masuren gebürtigen R i c h a r d S k o w r o n n e k (1862—1932), er führte aber
in seinen dem ostpreußischen Leben im masurischen Winkel abgewonnenen Romanen die Handlung in einem gewissen Galopp zu Ende und

machte es sich dadurch zu leicht. Am besten führen wohl „Der Bruchhof" und „Der rote Kersien" in die Welt ostpreußischen Adels und Bauerntums ein, in welche bereits die sozialistische Bewegung hineinspielt. Auch der Bruder F r i t z S k o w r o n n e k (1858—1939) hat „Masurische Dorfgeschichten" von anschaulicher Haltung verfaßt. H e i n r i c h I l g e n s t e i n (geb. 1875, gest. im 2. Weltkrieg) schuf den Familienroman aus Memel „Die beiden Hartungs". G e o r g T h r a n (1874—1931) hat neben anderen heimatlichen Gaben in „Anker und Kette" unter dem Hehlnamen G e o r g H o l s t e i n einen bewegten Roman aus dem Königsberger Hafen- und Handelsleben geboten. K a t a r i n a B o t s k y schildert in der Novelle „Sommer und Herbst" stimmungsvoll den Strand und seine Bewohner und im „Trinker" scharf profilierte Typen und Charaktere. Mit ihrem „Hanneken", einem am Memelstrome spielenden Jugendroman, legte die Lyrikerin J o h a n n a W o l f f (geb. Kielich, 1858—1943) ein lebendiges Zeugnis ostpreußischer Naturhaftigkeit ab. Zu einer sehr eigenartigen, vertieften geschichtlichen Schau sammelte sich die lyrische Meisterin A g n e s M i e g e l (geb. 1879) in den „Geschichten aus Altpreußen", darin sie preußische Vorzeit und die Geschichte des Ordens mit einem herben, balladisch gesteigerten Realismus vorbrachte. Ihre Erzählungen „Gang in die Dämmerung" und das Leben ihres Vaters in seinem novellistischen Umriß haben einen lyrisch aufgelockerten, völlig königsbergisch anmutenden Tonfall. Gleichermaßen aus einem reichen Schatze familiärer Erinnerungen wie manchmal Agnes Miegel schöpfte D o r a E l e o n o r e B e h r e n d (geb. 1877); ihr Roman „Das Haus Tartinen und sein Ende" brachte Königsberg und Landsitze des alten Ordenslandes dem Leser nahe.

Im Weichselraume erwuchs neben Max Halbe, der im „Strom" Hochwassergewalt dramatisch vorführte, die Erzählerin E l i s a b e t h S i e w e r t (1867—1930) zu einem höchst eigenartigen, aus volklicher Tiefe geschöpftem Rhythmus. In „Der Sumbuddawald" meinen wir geheimnisvolles Raunen der sprießenden und verwesenden Natur deutlich zu vernehmen. Die Einsicht in die sozialen Abstufungen des Landlebens offenbarten die Novellen „Das Gesinde". Der Roman „Lipskis Sohn" verfolgt wie sein Vorgänger „Bajowo" Eigentümlichkeiten der Menschen in ihrer abseitigen Haltung und einen von dem Klima der Landschaft besonders geprägten Lebensstil. M a r i e G e r b r a n d t (1861 bis 1939) und E l i s a b e t h G n a d e (geb. 1863) überlieferten zum Teil mit humoristischer Belichtung Geschichten aus Westpreußen. Ein sehr einläßliches Bild aus der Weichselniederung, das schon in die Nachkriegszeit fällt, fügte H a n s v o n H ü l s e n (geb. 1890) mit dem Roman „Güldenboden". Mit dem „Schatz im Acker", später umgearbeitet unter der Aufschrift „Die drei Papen", gab er einen märkischen Roman aus Fontanes Jugendzeit. Zur ostpreußischen Heimatkunst hat der Verfasser dieses Werkes, H e i n r i c h S p i e r o (1876—1947) den Roman „Verschworene der Zukunft", die Erzählungen „Adalbert Kalweit" und „Das Manuskript" und die Novellenreihe „Gebundene" beigesteuert. Sein selbstbiographisches Werk „Schicksal und Anteil" führt in die Königsberger Umwelt einer nun fernen Zeit.

Die Posener Landschaft war der Schauplatz nationaler Kämpfe, die in der Erzählung ihren Niederschlag fanden. M a r i a n n e M e w i s (geb. 1856) zeigte im „Großen Pan" aus dieser umkämpften Mark, einen Großgrundbesitzer mit viel falschem Übermenschentum, aber auch notwendigem Herrscherwillen. Er vereinigt ein weites Landgebiet in deutschen Händen — denen es nach seinem Tode rasch wieder entgleitet. Mit feineren Nerven und stärkeren Sinnen gestaltete C l a r a V i e b i g dieselbe Umwelt. Als Enkelin eines Mannes, der für Posen in der Paulskirche gesessen hatte, fand sie sich in ihrem Roman „Das schlafende Heer" vortrefflich in der Natur dieses östlichen Flachlandes zurecht, verstand das Durcheinander der Deutschen und Polen zu entwirren und zeichnete mit Sicherheit die Ansiedler und die polnischen Arbeiter. In einem zweiten Buch polnischer Umgebung „Absolvo te" gab die Schriftstellerin die Geschichte einer Frau, die zur Verbrecherin an ihrem Manne wird, aber dabei in brünstiger katholischer Gläubigkeit lebt — den Zwiespalt des Problems dichterisch zu überwinden, ist Clara Viebig nicht gelungen. Das jüdische Leben in den Klein- und Großstädten des Posener Landes umriß treffsicher A l f r e d K n o b l o c h (1859 bis 1916) in seinem Roman „Gläserne Wände". Der Elbinger J u l i u s L e w i n (geb. 1862) schuf durch „Das Lächeln des Herrn von Golubice-Golubicki" ein sehr amüsantes Buch.

F e d o r S o m m e r (1864—1930) hat volkstümliche Geschichten aus Schlesien geschrieben. In dem Roman „Die Fremden" werden wir Zeugen von der völligen Umgestaltung einer Dorfgemeinde durch die Überflutung mit Sommer- und Wintergästen; „Die Schwenckfelder" behandeln die schlesische Vergangenheit des sechzehnten Jahrhunderts und das langsame Vordringen der Reformation in Ostdeutschland. P a u l K e l l e r (1873—1932) ist ein liebenswürdiger Erzähler, der in den „Ferien vom Ich" eine gelöste Stimmung hervorbringt und im „Letzten Märchen" eine lyrische Idylle dichtet. Während „Der Sohn der Hagar" ein Problem des Alten Testamentes in die Umwelt schlesischer Dorfmenschen mit Glück und mit humoristischer Kadenz überträgt, bringt „Die alte Krone" die heimatliche Stammesgeschichte und sagenhafte Überlieferungen aus wendischer Vorzeit mit romantischem Einschlag an den Tag. Der Herausgeber der „Bergstadt" hat im „Königlichen Seminartheater" das eigene Leben und im „Grünlein" die Zeit des ersten Weltkrieges gefällig dargestellt. P a u l B a r s c h (1860—1931) fesselt in seinem Roman „Von Einem, der auszog", einem schlesischen Heimatbuch, durch die bunte Gegenständlichkeit eines Wanderlebens in Stadt und Land und zumal durch die Naturschilderungen — ein stark lyrisch beseeltes Gegenstück zu Kirchbachs „Leben auf der Walze". E w a l d

Gerhard Seeliger (geb. 1877) faßt geschichtlich eingestellte Novellen aus der schlesischen Heimat in einem Zyklus zusammen. In dem Roman „Der Schrecken der Völker" sieht er — außerhalb der Heimatkunst — eine zukünftige Entwicklung voraus; in dieser vor dem ersten Weltkriege erschienenen Schrift ist in merkwürdiger Weise die Atombombe vorgeahnt. August Friedrich Krause (geb. 1872) hat in den „Sonnensuchern" schlesisches Landvolk sicher nachgebildet, das Philo von Walde (Johannes Reinelt, 1858 bis 1906) in seinen Erzählungen mit mundartlichem Klange vorführte. Der Volkskundeforscher und Biograph Jacob Böhmes Will-Erich Peuckert (geb. 1895) hat in Erzählungen Rechenschaft vom schlesischen Leben seiner Zeit und der Vorzeit abgelegt und dem Nikolaus Kopernikus einen Roman gewidmet. Er hat auch Sagen und Märchen eingesammelt und die Werke Carl Hauptmanns zu neuer Ausgabe vereint. Im oberschlesischen Raume ist Moritz von Reichenbach (Valeska Gräfin Bethusy-Huc, geb. von Reiswitz, 1849 bis 1926) zu Hause; sie hat in Romanen und Novellen Landsitze des Adels wie Dorfhütten verlebendigt. Hans Christoph Kaergel (1889—1946) schuf den Roman „Atem der Berge" und kräftig gezeichnete novellistische Bilder. Mit erstaunlicher Einfühlung belichtete F. Hugin (Feodora, Prinzessin zu Schleswig-Holstein, 1874—1910) in „Hahn Berta" die Geschicke eines schlesischen Dorfmädchens mit innerer Symbolik. Hier waltete eine dem Innenblicke Carl Hauptmanns verwandte Kunst, die sich etwa in der Wiedergabe eines abgebrannten Waldes unter grauem Himmel äußert. Lyrisch beseelt war auch die Weise von Fritz Walter Bischoff (geb. 1896) in dem Roman „Das Alter".

Ein sehr lebendiges und heiteres Bild aus Pommern schuf die aus dem Bismarckschen Kreise stammende Elisabeth von Oertzen-Dorow (geb. Thadden, geb. 1860) in dem Roman „Sie und ihre Kinder" und anderen Erzählungen und Skizzen aus dem Landleben im unteren Oderbezirke. Der aus dem Rheinlande stammende Hermann Modersohn (1858—1932) fand zum Teil unter dem Hehlnamen H. Birkenfeld in der Novelle „Mutter Ortlands Kinder" und der Erzählung „Auf der alten Scholle" anschauliche Stoffe seiner neuen pommerschen Heimat. In der Novellensammlung „Nivellierarbeit der Zeit" von Ina Rex (Alwina Hinrichsen, 1848—1909) von der Insel Rügen fallen Fischer auf den kleinen pommerschen Halbinseln einer abflachenden Zeitströmung zum Opfer. Der Greifswalder Georg Engel (1866—1931) stellte in dem Roman „Die Last" einen Mann so zwischen zwei Schwestern, wie es Sudermann in einer Novelle „Geschwister" getan hatte. Auf seine eigentliche Bahn kam Engel mit dem Roman „Hann Klüth, der Philosoph", einer in die behagliche Kleinwelt am Strande komponierten Fischergeschichte, aus der eine John Brinckman verwandte Gestalt eines schwadronierenden Lotsen beherrschend hervorragt. In novellistischer Form schildert der Verfasser in den

„Leuten von Moorluke" und den Erzählungen „Erlebtes und Er-
träumtes" das Dorfleben an der pommerschen Küste, das sich in dem
Roman „Die verirrte Magd" zu tragischen Verstrickungen steigerte.
Auch hier umranken humoristisch gefaßte Nebenfiguren die Hauptperson.
Der alte Eulenspiegelstoff wurde von Engel in dem Roman „Uhlen-
spiegel" in eigenartiger Weise neu gefaßt. J o h a n n e s H ö f f n e r
(1868—1929) vereinigte unter der Aufschrift „Aus tiefer Not" Novellen von geschichtlichem Wert aus der Reformationszeit. Er bediente
sich hinterpommerscher Mundart in dem Roman „n'beten pommersch
Ird". Für seine Art bleibt am meisten bezeichnend der Roman „Gideon,
der Arzt", darin er in den Geschicken von Vater und Sohn eine aus
christlicher Verpflichtung fließende, tragisch endende Darstellung der
Judenfrage gab.

Im benachbarten Mecklenburg kam die von Fritz Reuter herrührende
Überlieferung vielfach zur Geltung, insbesondere in den plattdeutschen
Erzählungen von F e l i x S t i l l f r i e d (A d o l f B r a n d t, 1851
bis 1910). Noch in die Zeit des jungen Reuters, in die sehr bewegte
Welt unbesorgten junkerlichen Lebens, führte K a r l T r o t s c h e
(1862—1920) mit dem Roman „Söhne der Scholle". Trotsche hatte
vordem unter dem Decknamen K a r l S c h w e r i n die kräftig zeichnenden Novellen „Wilde Rosen und Eichenbrüche" veröffentlicht. C a r l
B e y e r (1847—1923) hat sich in der Kultur- und Kirchengeschichte
der Heimat bewegt, auf die ihn sein geistliches Amt hinwies. Seine
beste Arbeit ist der Roman aus der Franzosenzeit „Pascholl!"; daneben
sei die Erzählung aus der Reformationszeit „Die Nonnen von Dobber-
tin" hervorgehoben — dieses verweltlichte Damenkloster war die
Lebensstätte der Fontanefreundin Mathilde von Rohr. Mit bündigem
Humor gab J o h a n n e s G i l l h o f (1861—1930), der Herausgeber
der „Mecklenburgischen Monatshefte", sein Lebensbild „Jürn Jakob
Swehn, der Amerikafahrer", dem er „Bilder aus dem Dorfleben" vorausgesandt hatte. In niederdeutscher Sprachfügung erzählte M a r -
g a r e t e N e r e s e - W i e t h o l t z (M a r g a r e t e B e t t a c, geb.
Wietholtz, 1869—1916) „Ut ollen Tiden!". Weiter holte der Dramatiker
H a n s F r a n c k (geb. 1879) aus. In seinen Kurzgeschichten „Tota-
liter aliter" traf er stets ins Schwarze, in dem Roman „Die richtige
Mutter" und der „Reise in die Ewigkeit" behandelte er vom Heimatboden aufsteigend Probleme der Erziehung und Menschenführung. In
F r i e d r i c h G r i e s e (geb. 1890) erhob sich diese Heimatkunst zu
einer körnigen Darstellung von manchmal bezwingendem lyrischem Anhauch. „Das Dorf der Mädchen" bot präludierend in einer sehr besonderen Chronikform Lebensbilder von überdurchschnittlicher Kraft.
Die Novelle „Die Prinzessin von Grabow" und der „Saatgang" gaben in
sehr eigenwilliger und gleichermaßen eindringlicher Art eine Landschaft
und eine Volkheit wieder, die durch das Erlebnis eines Weltkriegs erschüttert, den ihnen gemäßen Ort im Innen und Außen suchen und
finden.

Wilhelm Bölsche hatte zuerst die hart vor den Toren Berlins un-
berührte Land- und Dorfschaft des Spreewalds in seiner abseitigen Natur
entdeckt; Max Bittrich (geb. 1867) verfolgte diese Spur, auf die
auch Paul Keller mit seinem Roman von der Krone einlenkte, in
„Spreewaldgeschichten".

*   *   *

Das immer noch ansteigende Wachstum Berlins, das im Laufe der
Entwicklung allmählich Nachbarstädte und Nachbargemeinden in sich
aufsog, ließ in der aus dem ganzen Reiche zuströmenden Bevölkerung
erst langsam ein Gefühl innerer Zugehörigkeit emporkeimen, das für
die verschwiegenen Schönheiten des Stadtbildes ebenso den Blick gewann, wie es das tägliche und nächtliche Treiben belauschte und dem
Berliner ‚auf das Maul' sah. Nach der flächigen Gestaltung Berliner
Zustände im Roman von Paul Lindau, Mauthner, Zolling gewann nun
das realistisch aufgelockerte Werk Theodor Fontanes Nachfolge. E r n s t
H e i l b o r n (1867—1938) nach Ettlinger Herausgeber des „Literarischen Echos" karrikierte in dem Roman „Josua Kersten" einen Schriftsteller, der den ganzen Kursus eines großstädtischen Stilrichtertums
durchschmarotzt. Gerade bei den heiteren Stellen ist die Schulung an
Fontane eben so wenig zu verkennen wie in der „Steilen Stufe", die
einen zur Resignation Gereiften in die gleiche berlinische Umwelt versetzt. In dem symbolisch märchenhaften Legendenbuche „Die kupferne
Stadt" führt uns der Philosoph Heilborn in den Kern Berlins und
erzählt uns wundersame Geschichten, während Glockenklang der alten
Marienkirche oder Mondenschein uns begleiten. In denselben Gassen
fühlt sich H e i n r i c h W o l f g a n g S e i d e l (1876—1945) zu
Hause. Der Sohn Heinrich Seidels führte im „Vergitterten Fenster"
seine Gestalten ganz und gar durch die wohlbekannten Straßen der
Riesenstadt, an deren Rande der Vater seinen Leberecht Hühnchen angesiedelt hatte; aber der Sohn wußte seine Menschen mit einer romantisch anhauchenden Wehmut zu umwesen, die selbst in humoristisch aufgefangenen Filmszenen das Gesetz eines realistischen Gefüges festzuhalten
imstande war. Noch eigenartiger war die Einbettung eines berlinischen
Lebenslaufes in das Märchenhafte innerhalb des Romans „George
Palmerstone". Er nimmt seinen Ausgangspunkt vom alten Berlin, da
die erste Eisenbahnlinie eröffnet ward und wenige Jahre danach die
Flintenkugeln gegen die Barrikaden von 1848 prallten. Die Lebensechtheit wurde durch eine Aussprache von liebenswerter Genrehaftigkeit
unterstrichen. Der spätere Roman „Krüsemann" gemahnte in seiner
barocken Führung an gewisse berlinische Drastiken E. T. A. Hoffmanns.
Unter Seidels Novellen ist „Der Mann im Alang" wegen ihres unge-
meinen Stimmungsgehaltes hervorzuheben. Von bestrickendem Zauber
ist „Der Enkel", darin das tragische Schicksal von Goethes Enkel Wolfgang gegeben wird.

„Das Tägliche Brot" wie die anderen Berliner Romane von C l a r a
V i e b i g wiesen einen herben naturalistischen Einschlag auf, welcher
den berlinischen Auftakt Max Kreßers zu stärkerer epischer und künstlerischer Bindung ausschwingen ließ. „Das Eisen im Feuer" wirkte durch
die rasche Entwicklung der Hauptstadt fast schon wie eine historische
Erzählung, so auch der Jugendroman des Malers H a n n s F e c h n e r
(1860—1931) „Spreehanns". A d e l e G e r h a r d (geb. 1868) hat
mit dem Roman „Die Geschichte der Antonie van Heese" begonnen, in
dem im Stile der frühen Werke von Clara Viebig das neue Frauen-
bildnis herausgearbeitet wurde. In der „Familie Vanderhouten" berichtete die Verfasserin aus der Zeit, ehe Berlin sich zur Weltstadt
dehnte; aus gleicher Atmosphäre stammt der Roman „Am alten Graben".

V i k t o r v o n K o h l e n e g g (1872—1940) ist mit seinen Romanen so mit der „Melusine" gern in der alten, um Spittelmarkt und
Nikolai-Kirche sich breitenden Stadt eingekehrt. Er schilderte den Wirbel
der Großstadt wie kleinstädtische Enge mit einem schwebenden Ton;
am eigenartigsten wußte er eben zum Leben reifende Jugend darzustellen.

F e l i x P h i l i p p i (1851—1921) gestaltete in den Romanen
„Cornelie Arendt" und „Lotte Hagedorn" das Berlin seiner Jugendzeit
und fügte unter der Aufschrift „Alt-Berlin" reizvolle Erinnerungen zusammen, die in der gleichen Zeit wie Spielhagens „Frei geboren" spielen.
R u d o l f P r e s b e r (1868—1935), ein Spezialist der humoristischen
Plauderei, ergößte sich und uns durch „Die bunte Kuh", in der haupt-
städtischer Literaturbetrieb mit sehr komischen Ausblicken in allerhand
modische Verkehrtheiten glossiert wird. Durch ihren sprudelnden Witz
wirken „Die Hexe von Endor" und die „Witwe von Ephesus". H a n n s
B r e n n e r t (1870—1942) gab in den „Berlinischen Rhapsodien" ge-
schmeidige Skizzen, die sich öfters zur Novelle weiteten. Liebenswürdige
Kleinbilder aus dem Berliner Alltag zeichnete gleich Brennert M a n u e l
S c h n i t z e r (geb. 1861); die Käte seiner munteren Erzählungen ist
ein verjüngtes Seitenstück zu der Wilhelmine Buchholß von Julius Stinde.

Als rechter Schüler Fontanes bewährte sich der Elbinger P a u l
F e c h t e r (geb. 1880). Er kennt sich in allen Bezirken der Stadt aus,
führt in den Frisiersalon wie zum Boxkampf in den Sportpalast und
bringt berlinische Menschen in ihrer Plauderhaftigkeit ins rechte Fahrwasser, so in der „Kletterstange" wie im „Ruck im Fahrstuhl". Ein besonders berlinisches Bild bietet der „Herr Ober", eine späte, von ganz
neuen Eindrücken gespeiste Folge der einstigen Romankunst von Luise
Otto-Peters. Fechter hat seiner Heimat den Jugendroman „Das wartende
Land" geschenkt. Durch das tägliche und nächtliche Berlin führte F r e d
H i l d e n b r a n d t (geb. 1892). Zumal der Roman „Gwendolin stürzt
sich ins Leben" läßt mit sehr fröhlicher Kadenz die Fülle der Gesichte
wie im Wirbel Revue passieren. A l i c e B e r e n d (geb. 1878, gest.
im 2. Weltkrieg) ist eine amüsante Formerin des Berliner Lebens von
wohlmeinender Menschenkunde, die bei ironischer Blickrichtung immer

eine Hülle wärmender Neigung über ihre Gestalten zu breiten weiß. Der unverhofft aus dürftigem Kleinbürgertum durch Erbschaft zum Millionär gewordene Sebastian Wenzel ist ein mit sparsamsten Striche durchgebildetes Kabinettstück. Der Aufstieg von Frau Hempels Tochter aus der Kellerwohnung des väterlichen Portiers zur Gräfin wirkt so glaubhaft in seiner Schalkhaftigkeit, daß dieses Begebnis aus einem scheinbaren Wunderlande doch völlig berlinische Zuständlichkeit gewinnt, wie auch die Familie des Sargfabrikanten Bomberling ganz organisch in die Welt des Berliner Westens hineinkomponiert ist. Da Alice Berend Meisterin der knappen Fassung ist, erscheint ihr Warenhausroman „Spreemann und Compagnie" gegenüber seinen Vorgängern zu sehr gedehnt.

Die Schau auf Berlin richtete sich nach dem Bilde Theodor Fontanes. G e o r g   H e r m a n n   '(G e o r g   H e r m a n   B o r c h a r d t (geb. 1871, gest. im 2. Weltkrieg) gehört in die unmittelbare Nachfolge dessen, der die preußische Hauptstadt von der Franzosenzeit bis nach Bismarcks Abgang geschildert hat. Fontane hatte die Menschen seines ersten Romans in das Berlin Fichtes und des Prinzen Louis Ferdinand hineingestellt und war im „Schach" innerhalb dieses Milieus geblieben. Dann aber setzte er erst in der Bismarckzeit wieder ein. Das Zwischenreich des Biedermeiers vor der großen Entfaltung Berlins ward nun das erzählerische Gebiet Georg Hermanns. In dem Doppelroman „Jettchen Gebert" und „Henriette Jacoby" zeichnete er die noch im Schmucke der Kolonnaden prangende und vom Klang des Glockenspieles durchtönte Innenstadt liebenswert aus und komponierte mit Beschaulichkeit eine jüdische Familie um eine zu tragischem Ende bestimmte, sehr zart angelegte Frauengestalt herum. Dabei brachte er zugleich den Konflikt zweier jüdischer Geschlechter, von denen die eine dem deutschen Leben noch nicht eingebürgert war, zum Austrag. Eine schöne noch vom Geiste Schinkels durchstrahlte gemächlichere Zeit lebte in diesen Romanen auf, denen Hermann in dem „Heinrich Schön junior" ein Seitenbild aus dem mit gleicher Verliebtheit gesehenen Potsdam gesellte. In die schärferen sozialen Auseinandersetzungen der Gegenwart führte „Kubinke", der ihn in Schilderungen einer unterhalb des Bürgertums lebenden Schicht auf der Spur von Clara Viebig zeigte. Hermanns spätere Berliner Romane entbehren ein wenig der sicheren Hand, die jene Erstlinge auszeichnete; aber die „Nacht des Doktor Herzfeld", von einer Kaffeehausunterhaltung am Kurfürstendamm ausgehend, ist ein seltsam gedankenreiches Stück belebter Gesprächsführung. In verwandtem Tone gestaltete M a r t i n   B e r a d t (1881—1949) sein Familienbild „Eheleute". Eine jüngere Entwicklung berlinischer Darstellung wies J o - s e f   M a r i a   F r a n k '(geb. 1895) auf. Nach seinem gehaltvollen Reisebuch „Erwanderte Geschichte — Die Straße der Reliquien" brachte ein „Berliner Capriccio" drollige Anspielungen auf hauptstädtische Bibliomanen, in dem Roman „Keine Angst vor morgen" wird das Berlin einer neuen Generation vielstimmig zu Gehör gebracht. Der Dramatiker

Wolfgang Goetz (geb. 1885) gruppierte im „Gralswunder" menschen- und berlinkundig ein fesselndes Bild um die Welt des Films.

Helene von Nostitz (geb. von Beneckendorff und von Hindenburg, 1878—1941) plaudert aufschlußreich über Berlin und Potsdam und veröffentlichte Gespräche mit Rodin. Lili Du Bois-Reymond (geb.1864), eine Tochter Sebastian Hensels, begann ihr Schaffen mit dem lose aufgebauten Roman „Das Haus Gerboth"; in der „Insel im Sturm", einem im Potsdamer Gebiete verörtlichten, überraschend reichen und humorvollen Buch prangerte sie mit Anmut gewisse modische Geckereien und den Kunstsnobismus an. Leicht verhüllt ist im Hintergrunde die Gestalt des Malers Karl Hagemeister eingeflochten. Von gleichem Frohmut sind die Novellen der Dichterin „Die Lebensformel" erfüllt. Aus ihrer Feder stammt eine lebensechte Biographie von Max Eyth. Die Erzählerkunst der Heloise von Beaulieu (geb. 1876) ist verwandt.

Das sächsische Land fand eine Darstellerin in Helene von Nostiß, die in dem aufschlußreichen Werke „Festliches Dresden" die Stadt Augusts des Starken vergegenwärtigte, den gleichzeitig der große Kunsthistoriker Cornelius Gurlitt in ein gerechteres historisches Licht rückte. Max Geißler (geb. 1868) machte in „Am Sonnenwirbel" Menschen und Landschaft des Erzgebirges glaubhaft und führte mit den „Hütten im Hochland" in die sächsisch-böhmischen Grenzgebiete. Hier wie in Romanen aus anderer Umwelt beseelte er in farbiger Auszeichnung das Naturleben. „Das Moordorf" schilderte besonders anschaulich erfolgreiche Kämpfe mit sprödem Boden am Unterlaufe der Weser. Kurt Arnold Findeisen (geb. 1883) schenkte der sächsischen Heimat Novellen, so „Der Tod und das Tödlein", „Volksliedgeschichten" und eine Lebensbeschreibung Johann Gottfried Seumes. Den Tondichter Robert Schumann stellte er in die Zwickauer Umwelt und das Treiben der Davidsbündler zu Leipzig hinein. Findeisen entwickelte sich später zu einem Spezialisten des Musikerromans und machte Bach, Brahms und Johann Strauß mit viel musikalischer Hingebung lebendig. Das Elbsandsteingebirge, von Ludwig Richter unvergeßlich gezeichnet, skizzierte novellistisch Friedrich Wilhelm Schindler (1866—1910), der in den „Dorfleuten" sich Gebiete erschloß, die Max Maria von Weber einst mit dem Auge des Technikers gesehen hatte. Auf der Scheide zwischen Sachsen und Böhmen siedelte der bei Eger gebürtige Hans Nicolaus Krauß (1861—1906) die Menschen in seinen Erzählungen „Im Waldwinkel" und „Der Förster von Konradsreuth" an.

Die aus der Mark stammende, dann in Rudolstadt ansässige Martha Renate Fischer (1851—1925) hat Thüringen unter liebevoller Eindringung in das Volksleben verbildlicht. Die dem gleichen Boden verhaftete große Kunst Otto Ludwigs hat bei ihren Geschichten, unter denen „Auf dem Wege zum Paradies" die schönste ist, fühlbar Pate gestanden. Die Naturschilderung ist schlicht und lyrisch, die Führung oft glücklich humoristisch. Volkstümlicher im Tonfall ist

C l a r a H ä c k e r (verehel. Gorges, geb. 1862) in ihren „Thüringer Spinnstubengeschichten". Nach Helene Böhlau hat L e o n h a r d S c h r i c k e l (1876—1931) „Altweimarer Geschichten" und den Roman „Haberlands Fahrt ins Glück" aus seiner Heimat geschöpft. Sehr geschickt hat H e i n r i c h L i l i e n f e i n (geb. 1879) Weimar als die „Geisterstadt" romanhaft gebildet.

* * *

An den mecklenburgischen Raum grenzt das stammverwandte lübische Gebiet. Aus ihm hat O t t o A n t h e s (geb. 1867) „Lübische Geschichten" dargebracht. J u l i u s H a v e m a n n (1866—1932) hat die scharf eingegrenzten geschichtlichen Novellen „Perücke und Zopf" und den schwerblütigen Roman aus der Zeit der Freiheitskriege „Der Ruf des Lebens" geschaffen. Die Epoche des Schmalkaldischen Krieges schilderte der Roman „Pilger durch die Nacht". Die Schickungen eines Bauernhofes in der Lübecker Mark sind Gegenstand der Handlung in dem Roman „Högesund" von W i l h e l m C o n r a d G o m o l l (geb. 1877).

Im Gefüge des Realismus hatte die Nordmark Schleswig-Holstein sich mit einer schöpferischen Gabenfülle von oft neuartigem Reize als Dichterstätte erwiesen. Die von Theodor Storm herwirkende Tradition war nicht verblaßt, und Detlev von Liliencron hatte sie in einer durch den Naturalismus in manchem gewandelten Form fortgeführt.

In der Nachfolge von Claus Groth erstand nun ein Erzähler hohen Ranges in niederdeutscher Sprache mit J o h a n n H i n r i c h F e h r s (1838—1916). Neben vortrefflichen kleineren Stücken umspannte er in dem Roman „Maren", die gerade für Schleswig-Holstein schicksalhaften Jahre von 1848 bis 1851 in scharfer Profilierung der Menschen und lyrisch beseelter Landschaft. Unter den Novellen sind „Allerhand slag Lüd" wegen ihrer heiterer Fülle besonders hervorzuheben. Den Kämpfen der gleichen Zeit galt der Roman von A d o l f B a r t e l s (1862—1945) „Dietrich Sebrandt". Derselbe Literaturhistoriker befaßte sich vorher in den „Dithmarschen" mit Kämpfen des fünfzehnten Jahrhunderts. Besonders ausdrucksvoll sind die von Liliencron gerühmten holsteinischen Gestalten und Geschichten „Schwarzbrotesser" von I v e n K r u s e (1865—1926), denen die Erzählungen „Zum stillen Unverhofften" folgten. Ihm verwandt war der Maler A d o l f H o l m (1858—1923), der Autor der sehr lustigen „Holsteinischen Gewächse" und des Romanes „Rugnbarg". Die zahlreichen Bücher von F r i e d r i c h J a c o b s e n (1853—1919) haben noch nicht den vollen heimatlichen Durchblick; unter ihnen sei „Im Weltwinkel" hervorgehoben. Zu voller Gestaltung von Landschaft und Menschen erhob sich jedoch H e l e n e V o i g t - D i e d e r i c h s (geb. 1875). In ihren kleineren Erzählungen, wie „Schleswig-Holsteinische Landleute" und „Nur ein Gleichnis", tragen herbverschlossene Menschen ein auferlegtes

Schicksal stumm und lassen sich in ihre Innenwelt nicht hineinsehn. Hauch und Erddunst der Landschaft werden ganz lebendig, und in dem Roman „Dreiviertel Stund vor Tag" verbinden sich Land und Leute zu unlöslicher Einheit. Alle um diese Karen lebenden Menschen werden doppelt gespiegelt: in ihrem alltäglichen Gehaben und dann so, wie Karens Augen sie in sich aufnehmen. Schalkhaften Humor erweisen die anspruchslosen Wiedergaben beobachteten Kinderlebens „Aus Kinderland". Das Frauenbild der „Regine Vosgerau" ist von innerem Lichte durchseelt. O t t o m a r E n k i n g (1867—1945) hat seinen historischen Roman „Claus Jesup" der Hansa gewidmet — die letzte Geschlossenheit erreichte er jedoch erst mit seinen Romanen aus dem Leben schleswig-holsteinischer Familien. Seine Kunst intimer Darstellung eng umgrenzter Verhältnisse ist der Art des Dänen Sophus Baudiß verwandt — auch der Einfluß Wilhelm Raabes ist in Enkings Werk spürbar. Enking bildet gern kleinstädtische Originale von fröhlicher Gehaltenheit, so in der „Familie P. C. Behm" oder in dem mit Wehmut durchtränkten Roman „Ach ja in Altenhagen".

In nordfriesischer Mundart erging sich A l b r e c h t J o h a n n s e n (geb. 1888) in seinen Erzählungen „Ut frasche Torpe". Sein Namensvetter A l b e r t J o h a n n s e n (1850—1909) schildert nach den Novellen „Aus Heide und Moor" in dem Roman „Die Wildnis" eindringlich eine Siedlung landfremder Zigeuner in Schleswig.

T i m m K r ö g e r ¦(1844—1918) ward durch Liliencron in die Literatur eingeführt, der mit zwei Sätzen den Reiz der Kunst dieses spät gereiften Dichters umrissen hat: „Die wolkenschwere Melancholie Schleswig-Holsteins, die mit so tiefem Humor vereinigt sein kann, liegt über seinen Dichtungen. Und eine feine, nicht aufdringliche Philosophie und Weltanschauung glimmt wie Feuer unter der Asche". Kröger bewegt sich innerhalb der ländlichen Welt des holsteinischen Bauerntums als ein Herzenskünder, der diesen wortsparsamen Menschen von altväterischer Haltung ihr Innen wohl abzulesen weiß, indes er das äußere Gehaben mit sicherer Kunst ausstrichelt. Er hört aus dem Klange der Dreschflegel auf der Tenne die verborgene Melodie heraus, die den stillen Arbeitsmenschen selbst nicht zum Bewußtsein kommt. „Die Wohnung des Glücks" ist nicht die Behausung einer märchenhaften Erfüllung, sondern die von Pflicht und herzhaftem Leben eingehegte Stätte sich bescheidender Tätigkeit, die einen engen Kreis ausfüllt.

Die weiteste Wirkung von dieser Randprovinz deutschen Lebens her über das ganze Vaterland und darüber hinaus (Selma Lagerlöf hat sich nachdrücklich zu ihm bekannt) übte G u s t a v F r e n s s e n (1863 bis 1944) aus. In all seinen Büchern schlägt die See gegen die Deiche, brüllt der Sturm über die berglose Ebene, scheint die Sonne auf wogende Saat, fährt Mannsvolk auf langen Wegen in die Kleinstadt oder südlich zum großen Hamburg hinunter, lebt der freie Bauer, ein Herr auf Eigenem oder der gedrückte Häusler und Tagelöhner, der dem schmalen Stück Land geringen Ertrag abgewinnt. Immer tauchen aus dem Borne ungebrochenen Volkstums ringende Menschen voll höheren Dranges und weitgesteckter, oft unbewußter Ziele empor, von denen dann ein lichter Schein auf andere fällt. Immer wissen sie sich zugleich der Vergangenheit verbunden, immer gehen ihre Gedanken zurück.

Frenssens erster Roman, „Die Sandgräfin" erwies auf mancher Seite die Abhängigkeit von seinen Vorbildern; von Gustav Freytag bis zu Friedrich Spielhagen und Alphonse Daudet waren Anregungen in diesem Erstling zu spüren, dessen Verfasser wie ein künftiger unbesorgter Unterhaltungsschriftsteller erscheinen mochte. Schon das zweite Werk „Die drei Getreuen" und erst recht das dritte, „Jörn Uhl", zeigten Gustav Frenssen auf anderen Bahnen. Nun verstand er in bewußt homerischer Art, seine Gestalten alte Sagen und Mären wieder lebendig machen zu lassen, und rückte seine Menschen so naturhaft in die Umwelt von Marsch und Geest hinein, wie die der „Frau Sorge" als aus dem litauischen Winkel Ostpreußens herrührend erkennbar sind. So gelangen Frenssen im „Jörn Uhl" die unverwischbar im Gedächtnis haftenden Gestalten der lange nachleuchtenden Lena Tarn oder des alten Uhl.

Die Romanhandlung bei Frenssen ist oft von der größten Einfachheit. Typisch gewinnt im „Dummhans" der arme Sohn eines Zuchthäuslers die Prinzessin, als welche hier die Erbin des reichen Hofes eingeführt wird, und im „Klaus Hinrich Baas" wird der Feldarbeitersohn aus dem Strohdachhause am Geestrand auf ganz glaubhafte Weise zum Hamburger Großkaufmann. Jedoch — und das ist mit grausamer Echtheit geschildert — er verliert sich, prahlerisch, bauernschlau und selbstsicher, an das Hochgefühl des eigenen äußeren Erfolges, ihm entgleitet der Maßstab für innere Lebenswerte, und erst in letzter Stunde wird ihm die eigene Leere klar. Hier liegt der Punkt, wo Frenssen menschlich und künstlerisch mit unbarmherziger Selbstkritik einsetzte, von da ab tönte er das seelische Register seiner Geschöpfe noch voller, menschlicher, wirklichkeitstreuer ab.

Hinter den älteren Dichtungen Frenssens steht der Deutsch-französische Krieg, und im „Jörn Uhl" läßt er uns durch Jörn und mitkämpfende Landsleute die Schlacht von Gravelotte mit dem vollen Nachdruck großen und furchtbaren Geschehens erleben. In „Peter Moors Fahrt nach Südwest" berichtet ein Freiwilliger vom Hererofeldzuge; hier hält der Dichter sich ganz zurück und erreicht gerade darum voll den gewollten Eindruck, wie er in dem „Untergang der Anna Hollmann" die Gewalt des Meeres deutlich zu machen wußte. Diese frühe Einstellung kam den Werken zugute, in denen Frenssen das mit dem Jahre 1914 hereinbrechende Volksschicksal zu formen unternahm. In dem ungefügen Bismarck-Epos klang die Weltwende in einer sehr selbständigen Erfassung scheinbar längst festgewordener geschichtlicher Dinge beherrschend vor — hier erwies Frenssen die Schulung an Friedrich Naumanns Durchblick historischer Zusammenhänge. Von den beiden dem ersten Weltkriege gewidmeten Werken ist der Roman „Die Brüder" trotz weiterem Schauplatz das engere, das andere, der „Pastor

von Poggsee", trotz räumlicher Beschränkung das in der Schau viel
weitere. Die „Brüder", in ihrem Ausgangspunkt vom Bauernhofe am
Deich so typisch wie lange kein Frenssensches Werk wirken gerade dadurch so stark, daß diesen Menschen der Krieg wie ein Wolf über den
Hals kommt. Alle bei Frenssen erneuten dichterischen Motive, bis zum
Starrsinn gehende Eigenbrödelei, aus dem Volksgrunde aufatmende
Gottsucherschaft, wie sie zumal sein merkwürdiger Jesus - Roman
„Hilligenlei" zeigt, unbefriedigtes Weibtum, erfahren durch dies riesen-
hafte Volksgeschick ihre Überhöhung, und zugleich wächst die Heimat-
verkettung zu jener bewußten Heimatliebe, die dem Feinde zu wehren
hat, zum vaterländischen Strome, der alle Binnengrenzen fortschwemmt.
Immer gehen wir ganz sicher auf den aus seelischer Voraussetzung
weiterführenden Einzelwegen und verfolgen mit der gleichen Gewißheit
unbeirrten Schreitens ihre Einmündung in den gewiesenen Weg unseres
Volkes. Vom Mobilmachungsgewimmel des Hamburger Hauptbahnhofs,
vom Leben auf dem Wachtschiff der Jadebucht und aus der Skagerrak-
schlacht, die nun nach Gravelotte und Südwest die dritte große und
glänzende Probe Frenssenscher Schilderung bewegtester Welt ist, führen
gerade, von keiner außerkünstlerischen Absicht gezogene Pfade in den
umzirkten Raum der Heimat zurück; er bleibt hier Ausgangspunkt und
Urgrund allen Werdens. Der „Pastor von Poggsee" aber, nach Krieg
und Umsturz geschaffen, leitet, indem er kein Bild von Schlacht und
Etappe und von der Revolution, nur die ins Land verfliegenden Spritzer
bewahrt, doch so hoch hinaus, daß wir den Sinn deutschen und menschlichen Aufstieges und Falles ahnen. Wilhelm Raabe hat nach dem „Jörn
Uhl" gesagt, Frenssen habe mit seinem Kalbe gepflügt; das traf auf
jenes Werk nur sehr bedingt zu, in dem das Vorbild von Sudermanns
„Frau Sorge" viel mächtiger anklang. Viel nachdrücklicher könnte man
das Pastorenbuch so kennzeichnen, das nicht nur in der Aufschrift an
den „Hungerpastor" mahnt. Auch Adam Barfoot geht Wege, die Hans
Unwirrsch gegangen ist, und sowohl sein Verhältnis zur zünftigen
Hochschultheologie, wie seine jugendliche, nie abebbende Lust, sich
fremde Not auf die Schultern zu laden, erinnern mehr als einmal an
jenen. Aber der Dichter und sein Held kennen sich: Was Klaus Hinrich
Baas eben noch am Ende, ehe es zu spät wird, einsieht, empfindet Adam
Barfoot früh, und es macht ihn doppelt liebenswert und erhöht sein
Menschentum, daß er um sich weiß und sich zu rechter Stunde sogar
über sich selber lustig machen kann. Sein Jesusbegriff ist noch der aus
„Hilligenlei" bekannte naturalistisch-diesseitige — aber Barfoot stellt
in gewiß seltsam anmutender Verkettung Goethe daneben, und einzelne
Vorgänge des Werkes wie der Ritt zur Hochzeit verraten durchaus die
Schulung an „Dichtung und Wahrheit". Das von Barfoot verkündete vater-
ländische Ideal wurzelt zu einem Teil wiederum in Friedrich Naumann,
dessen Name hier dankbar genannt wird, und das auf dem Höhepunkte
des Werkes als etwas Erarbeitetes ausgesprochene Bekenntnis zum neuen
Staate von 1919 erklingt aus einer anhänglichen Liebe zum Ererbten

und vorurteilsloser Mitarbeit am Neuen, zugleich als ein Stück Enträtselung des Grausamen, das uns umgab und umgibt. So hat es Frenssen,
der in „Lütte Witt" ergreifend den Ruhrkampf zeichnete, vermocht, in
einem gleichermaßen aus heimatlicher Fülle und Verstrickung in einen
Weltsturz geschöpftem Werke Bild und Sinnbild unseres eigenen Geschicks emporzugestalten.

Aus Dithmarschen stammten die tragisch geendeten Erzählerinnen
D o r a S t a a c k (1855—1911) und C l a u d i n e S t a a c k (1859
bis 1911), deren aus heimatlicher Einstimmung fließende Novellen
Timm Kröger einführte. H a n s F e r d i n a n d G e r h a r d (1868 bis
1930) läßt die Landschaft der Ostküste vor uns erstehen und sammelt
sich in dem Roman „In der Jodutenstraße" zu harmlos-leichter Darstellung im engen Lebenskreise. W i l h e l m L o b s i e n (1872—1948)
schuf Erzählungen aus der schleswig-holsteinischen Heimat und anschauliche Jugendschriften. In weiter gestecktem Rahmen enthielten die Romane „Im Lande der Jugend" und „Im Lande der Leidenschaft" von
T r a u g o t t T a m m (geb. 1860) selbstbiographischen Aufriß und
weltkundige Zeitkritik. T h u s n e l d a K u h l (verehel. Petersen, geb.
1872) verarbeitete in „Harro Harring" und dem Familienporträt „Um
Ellwurth" geschichtliche Erinnerungen. Eine verwandte Begabung erwies M a r g a r e t e B o i e (1880—1946) in ihrem Roman „Eleonore
Christine und Corfitz Ulfeldt".

Die deutsche Dichtung war in Hamburg nach einer langen literarischen Stille um die Jahrhundertwende zu einem Höhepunkt gediehen.
Hier empfing und umfing Liliencron sein kunterbuntes Epos „Poggfred", hier klang der rhapsodische Rhythmus von Richard Dehmels
„Hafenfeier". Der dritte große, im Umkreise der Handelsstadt angesiedelte Lyriker, G u s t a v F a l k e (1853— 1916) stellte neben seine
zu neuem Tone gefügten Gedichte das Hamburger Leben in einem Prosaausdruck, der anfänglich, so in „Aus dem Durchschnitt" und in dem
breiten Romane „Landen und Stranden", den Durchgang durch die
naturalistische Schulung nicht verleugnete. Erst in späteren Werken gelangte der Schöpfer einer sehr melodischen epischen Neufassung des
Märchens vom Gestiefelten Kater zu einer wirklich Höhen und Tiefen
auskostenden Darstellung, die dem stark romantischen „Mann im Nebel"
noch nicht eignete. „Die Kinder aus Ohlsens Gang" spiegelten mit
schalkhafter Geste kleine Schicksale aus dem am Hafen heimischen
Kleinbürgertum sehr glücklich wieder; der Dichter bettete diese aus der
Dürftigkeit ins Licht strebende Jugend in die zu neuen Aussichten führende evangelisch-soziale Bewegung ein. Auch hier wird Friedrich Naumanns Ideengehalt mächtig, wie zugleich die durch Alfred Lichtwark
begründete künstlerische Erziehung der Jugend bewegend mitspricht.
Neben Jugendschriften, unter denen „Drei gute Kameraden" ein Seitenstück zu „Ohlsens Gang" bildeten, und den Kabinettsstückchen humoristischer Kleinkunst aus schleswig-holsteinischer Dorfwelt „Dörten" und
„Lütt Anna" gebührt die Krone unter Falkes psychologischen Novellen

der Dichtung „Der Spanier". Hier hat sein Prosastil jene Tiefe verhaltener Leidenschaft erreicht, den seine Lyrik von jeher besaß. Das gilt
in noch höherem Maße von der „Stadt mit den goldenen Türmen". In
einer köstlichen Ruheseligkeit geht der Fluß dieses autobiographischen
Romans dahin. Eine Erfassung des Alltags eint sich mit ungesuchter
künstlerischer Gestaltung, die den geborenen Dichter von dem bloßen Erzähler unterscheidet.

Otto Ernst (Otto Ernst Schmidt, 1862—1926) stand gleich
Falke in dem Kreise um Alfred Lichtwark und förderte dessen erziehe-
risches Werk durch Vortäge und Essays. Nach den anschaulichen
„Karthäuser-Geschichten" gewann Otto Ernst seinen eigenen Stil in
warmherzigen Plaudereien, die ohne Bosheit mit einem behaglichen
Lebensausblick das Auf und Ab bürgerlicher Lebenskunst verklärten,
so im „Frohen Farbenspiel" und den „Brüdern vom geruhigen Leben".
Ernst's bestes Buch ist seine Lebensbeschreibung „Asmus Sempers
Jugendland", das in zwei Folgen weitergeführt wurde; das Dorf und
die Wiese, der Knick und der Schafstall, die Arbeitsstube des Vaters
und die Schulstube werden in dieser am Elbstrom verbrachten Kindheit
voll lebendig und durch die Mitgabe eines manchmal durch Tränen
lächelnden Humors überhöht. Ein liebenswertes heiteres Kinderporträt
von echtem niederdeutschen Klange schuf der Verfasser in seiner
„Appelschnut". Mit der gleichen Einfühlung hat er Holger Drachmanns
dänische Schiffergeschichten als „Hamborger Schippergeschichten" ins
Plattdeutsche übertragen.

In Niederdeutsch waren die novellistischen Skizzen des früh vollendeten Dramatikers Fritz Stavenhagen (1876—1906) „Grau
und Golden" geschrieben. Sie zeigten Menschen und Schicksale aus dem
Hamburger Hafenleben in der gleichen Vollendung wie seine Dramen.
Zu breiter ausladenden epischen Schöpfungen drang Wilhelm
Poeck (1866—1933) vor. Sein plattdeutscher Roman „In de Ellern-
bucht" ist von trefflicher Anschaulichkeit niederdeutscher Menschheit
und bringt die Natur der niederelbischen Landschaft voll heraus. Poeck
hat dann den lustigen Seeroman „Der Kriminalkutter" und den Hallig-
Roman „Robinsonland" verfaßt, dessen Stoffwelt die stürmende Kraft
Biernaҭkis milder abwandelt; seine mundartlichen Märchen und spannenden Jugenderzählungen wurden viel gelesen. Besinnlicher ist der
plattdeutsche Vortrag von Ludwig Hinrichsen (geb. 1872). Die
Meisterschaft in diesem niederdeutschen Erzählerstile erreichte Gorch
Fock (Hans Kinau, 1880—1916). Dieser Fischerssohn von der
hamburgischen Insel Finkenwärder hat in dem Roman „Seefahrt ist Not"
die Geschichte einer eingeborenen Neigung zum gefahrvollen Handwerke
des Seemanns mit einer sparsamen Sprachfügung erzählt, die stets den
rechten Ausdruck für den fruchtbaren Moment zu gewinnen weiß. Die
Gewalt des Sturmes und die zum Kampfe mit diesen Urmächten aus-
fahrende, wagemutige Kühnheit, die sich der Gefahr mit Selbstverständ-
lichkeit entgegenstellt, werden bezwingend deutlich. Gorch Fock hat in

den „Hamburger Janmooten" und in den „Fahrensleuten" aus dem
Schifferleben lebhaft bewegt erzählt. Von drastischem Reiz ist die
Geschichte von „Hein Godenwind, dem Admirol von Moskitonien". Auch
Gorch Focks Bruder R u d o l f K i n a u (geb. 1887) hat das Seeleben
in „Frische Fracht" skizziert; der dritte Bruder J a k o b K i n a u
(geb. 1884) hat die gute Lebensgeschichte des Ältesten überliefert.

W e r n e r v o n d e r S c h u l e n b u r g (geb. 1881), Herausgeber
und Biograph Jacob Burckhardts und der Zeitschrift „Italien", hat
in einer weltkundigen und anschaulichen Romanreihe von drei Bänden
dem Hamburger Leben jener Zeit Dauer verliehen. In weiterem Aufriß
als Adalbert Meinhardt brachte Schulenburg das Dasein patrizischer
Kreise am Ufer der Elbe und Alster. Hier lebte nach dem in beschrän-
kender Enge von Falke liebenswert aufgefaßten Kleinbürgertum der
Hansestadt die Welt der königlichen Kaufleute und des über die See
schauenden Außenhandels auf, wie sie von Lübeck her Ida Boy-Ed in
ihrem Roman „Ein königlicher Kaufmann" verbildlicht hatte. Insbesondere in dem „Thomas Dingstäde", der die Reihe abschloß, schuf
Schulenburg ein geschlossenes Lebensbild, das nun nach der gewaltigen
Umwälzung historischen Rang behauptet.

C a r l M ü l l e r - R a s t a t t (1861—1931) ging in seinem Hölder-
lin-Roman „In die Nacht" der tiefen Tragik dieses Dichters nach und
ließ dem stark umwölkten das heitere Konterfei „Felix treibt so durch
das Leben" folgen.

Zu einer bemerkenswerten Schöpfung sammelte sich E r n s t E i l e r s
(1865—1917). Der blinde Dichter wußte in dem Roman „Haus Eller-
brook" hamburgische Menschen naturhaft mit allem Drum und Dran
einläßlich zu schildern. In einem Buche, das halb Roman, halb eine
Folge von Erinnerungen war, „Sofiens Ruh", schenkte S o f i e J a n s e n
(geb. Schloßmann, 1862—1942) eine besondere Gabe, die Geschichte
einer Enttäuschung, in der Städter mit dem Landleben nicht zurecht
kommen; dies wird mit einem breit und behaglich quillenden Humor
bester niederdeutscher Art vorgetragen, und die Natur des Sachsenwaldes
spielt mit. Auch der zweite Roman von Sofie Jansen, „Friede Wend",
ist mit mütterlicher Freude ausgesponnen. A d o l p h W i t t m a a c k 's
(geb. 1878) Romane „Butenbrink" und „Konsul Möllers Erben" sind
im hamburgischen Milieu verwurzelt; weiter hinaus strebt der Roman
„Ozean". E m i l F r i t h j o f K u l l b e r g (geb. 1877) aus Cuxhaven
gab im „Springtanz" eigentümliches nordisches Bauernleben wieder.
Nachmals wandte er sich in dem an das Kaufmannsleben gebundenen
Roman „Ludwig Bösenberg und Sohn" dem hamburgischen Innenkreise
zu. Der Roman „Hinrich Dultz und Söhne" liegt auf der gleichen Linie.

Ganz für sich stehen drei hamburgische Schriftsteller, die nicht zuerst der Erzählerdrang zur Feder geifen ließ. G e o r g A s m u s s e n
(1856—1933) hat seine Romane als Führer des Guttempler-Ordens um
das Gebot der Enthaltsamkeit vom Alkohol gruppiert; die „Wegsucher"
bedeuten auch abseits der Tendenz etwas. Mit der gleichen Zielsetzung

erreichte H e r m a n n M. P o p e r t (1871—1932) durch seinen fes-
selnd erzählten „Helmuth Harringa" sehr weite Wirkung über Deutsch-
land hinaus. G e o r g e B o n n e (geb. 1859), der Arzt, kämpft für die
Reinhaltung der deutschen Gewässer und um Volksgesundung durch
Siedelung in dem Roman „Im Kampf um die Ideale" und anderen zeit-
kritischen Erzählungen. Nicht als Dichter, aber in höchster künstlerischer
Ausdrucksfülle hat A l f r e d L i c h t w a r k (1862—1914), dessen
Wirksamkeit wir schon begegneten, Hamburg und den niedersächsischen
Bezirk nach seinen geschichtlichen Gegebenheiten, dem Klima seiner
Volksart und seiner deutschen verpflichtenden Aufgabe geschildert.
Neben ihm wären als Erzieher zum Kunstverständnis und zur Sammler-
freude J u s t u s B r i n c k m a n n (1843 — 1915), G u s t a v
S c h i e f l e r (1857—1932) und A b y W a r b u r g (1866—1929)
zu nennen. Ein schönes Seitenstück zu dem Werke des Kunsthallen-
direktors Lichtwark bildet Gustav Falkes Roman „Die Stadt mit den
goldenen Türmen". Dieser Lebensausweis des Lübeckers, der dann zum
Poeta laureatus Hamburgs ward, setzt der Dichterstätte, welche die
Hansestadt nun geworden war, ein lyrisch durchseeltes, von dankbarer
Zuneigung errichtetes Denkmal.

Die dritte Hansestadt, Bremen, hat W i l h e l m S c h a r r e l -
m a n n (geb. 1875) unter anderem in dem sehr vergnüglichen Roman
„Piddl Hundertmark" dargestellt; in dem Roman einer deutschen Gasse
„In der Pickbalge" brachte er die Volksart an der Niederweser zum
Ausdruck. Die „Katen in Teufelsmoor" führten in eine Landschaft, wie
sie die Worpsweder Maler gebildet haben; Max Geißler hat einen verwandten Stoff aus gleichem Bezirk umrungen. Scharrelmann hat auch
wie Frenssen in seinem „Jesus der Jüngling" eine neue Deutung des
Heilandsbildes versucht. Der Bruder H e i n r i c h S c h a r r e l m a n n
(1871—1940) hat sich als Jugendschriftsteller betätigt. Ein sehr merkwürdiges Werk aus bremischem Umkreise ist der Roman „Melchior"
von J o s e f K a s t e i n (geb. 1890). Hier tauchen noch einmal alle
die Probleme empor, welche die Jugend um 1890 bewegten.

Aus dem Oldenburger Lande hat neben Bernhardine Schulze-Smidt
und Emmi Lewald M a r t i n B ü c k i n g (geb. 1868) in Novellen und
Wanderbüchern berichtet.

In dem sich südlich erstreckenden Heidegebiet hat der aus Uelzen
gebürtige K a r l S ö h l e (geb. 1861) entscheidende Eindrücke empfangen, die in seinen „Musikantengeschichten" an den Tag treten. In
der besinnlichen Heiterkeit ist das zweite Werk „Musikanten und Sonderlinge" dem ersten verwandt. „Bach in Arnstadt" ist ein fein durch-
komponiertes, musikalisch geführtes Charakterbild. In gleichem Maße
war D i e t r i c h S p e c k m a n n (1872—1938) der weiten, baumlosen, heidekrautbewachsenen Ebene pflichtig. Alle seine Romane sind
von einer schlichten, erwärmenden Lebenstreue erfüllt. Der in lebhaftem
Erzählerzeitmaß ablaufende „Heidehof Lohe" setzt noch mit dem betonten Generationswechsel zwischen altwelfischer Königstreue und dem

neuen preußischen Staatsgefühl ein. Der Autor brachte humorvollumrissene Dorfgenossen, wie er sie sonntags unter seiner Kanzel sah. Gleichfalls an die Eigenart der Landschaft hingegeben, aber nicht so volkstümlich im Ausdruck erscheint F e l i c i t a s R o s e (1862—1938) mit ihren Heideromanen. Die reichste Ernte aus diesem Bezirke hat H e r m a n n L ö n s (1866—1914) eingebracht. Seine Kunst ist nicht so einfach auf einen Nenner zu bringen. Zuvörderst erschien er vor allem als ein auf das Letzte lauschender Beobachter von Tier und Pflanze. In den drei Farbbüchern, dem Grünen Buche der Jagd, dem Braunen Buch der Heide und dem Goldenen Buch der liebenden Zueignung strahlt eine Innigkeit der Versenkung in die sorgsam von mitatmender Seele aufgenommenen, unverwischbaren Eindrücke empor. Der Jäger auf dem Anstande, der immer mit gespannten Sinnen Hineinlauschende brachte einen Werkschatz von unvergleichlich feinfühligen Beobachtungen in die Scheuer; sie eröffneten einen Blick ins Große und Kleine, der dem Fluge eines Falters mit derselben hingebenden Andacht folgte wie dem Verhoffen eines flüchtigen Rehs. Diese unsystematische und aus einem Gefühle letzter Verbundenheit fließende Zueignung hatte kaum Vorgänger in der deutschen Literatur, denn Adalbert Stifter war seiner ganzen Anlage gemäß bei ähnlicher Naturnähe doch stärker auf eine Betrachtung eingestellt, die zu resignierter Einsammlung von Lebenseindrücken ausschritt; und die ausländischen Dichter gleicher Ausrichtung wie Seton Thompson und Svend Fleuron erreichten nicht die Dichtigkeit der Darstellung von Hermann Löns. Er hat in diesem Betracht einige zeitgenössische Verwandte: F r i t z B r o n s a r t v o n S c h e l - l e n d o r f (1868—1918), ein Hannoveraner, ließ die afrikanische Tierwelt in Novellen plastisch entstehen, der Schlesier H a n s K a b o t h (1866—1928) schilderte unter der Aufschrift „Reiner" das Leben eines Kreuzfuchses und gruppierte den Roman aus dem Forst „Das grüne Haus" um seine Tierwelt. Am weitesten griff der aus Sachsen stammende E g o n v o n K a p h e r r (1877—1935) aus. Wie nachmals mit unvergeßlichem Strich der Engländer Jack London sein „Wolfsblut", komponierte Kapherr den Roman „Rotwolf" um einen Hund und sammelte im asiatischen Walde Stoff und Gehalt zu „Murf Tatzelbrumm", dem Roman eines Bären, ein. Endlich wäre mit seinen Jagdskizzen und Tiergeschichten aus aller Welt F r i t z B l e y (1853—1931) zu nennen.

Hermann Löns war jedoch weit davon entfernt, ein Spezialist beseelter Heidenatur und ihrer stummen Bewohner zu werden. In seinen Romanen stellte er die Leute dieser niedersächsischen Landschaft, wie er sie erlebt und erwandert hatte, schlüssig dar. Im „Letzten Hansbur" und in „Dahinten in der Heide" gab er sicher geschaute Menschen norddeutscher Haltung. In nahezu dramatischem Aufbau berichtete er in dem dritten Roman „Der Wehrwolf" mit knapper Einzelcharakteristik, wie in dem Dreißigjährigen Kriege sich diese harthändigen Bauern unter entschlossener Führung zusammentun, um der Bestialität der

Kämpfe ihr und der Ihren Leben abzugewinnen. In die Vielspältigkeit und Problematik der Natur von Hermann Löns gewährt der Roman „Das zweite Gesicht", einen ergreifenden Einblick — hier versagt sich dem Dichter im Wirbel der Leidenschaften jener Trost der Stillung, den ihm sonst die Versenkung in das geheimnisvolle Dasein der Natur und sein Mitleben in ihr geschenkt hatte.

Die in manchem verwandte Landschaft der Bauernwelt des braunschweigischen und hannoverschen Landes fand ihren sehr volkstümlichen Darsteller in H e i n r i c h S o h n r e y (1859—1943), der mit seiner Zeitschrift „Das Land" und anderen publizistischen Unternehmungen erheblichen Einfluß auf die ländliche Volksbildung ausübte. Der Solling, auch der Schauplatz mancher Erzählung Wilhelm Raabes, lebt in Sohnreys Romanen lebendig auf. Schlicht berichtete er von den „Leuten aus der Lindenhütte" und in „Fridesinchens Lebenslauf" steht echte Weiblichkeit vor uns. Der dann in Berlin heimisch Gewordene schuf die nachdenkliche, in ihrer knappen Form bedeutsame Natur „Grete Lenz" und stieg in dem Spätroman „Wulf Alke" gleichfalls vom heimatlichen Boden zu Problemen eines Künstlerlebens auf.

Die Romane von E m m a F l ü g e l (früherer Hehlname E r n s t D a h l m a n n, 1852—1912) besonders die „Imme" enthalten mit behaglichem Humor Erlebnisse in den Dörfern und Spinnstuben des Vorharzes. Mit ihr ist der Novellist W i l h e l m S c h a e r (geb. 1866)˙ zu nennen. Die Erzählungen aus dem nordwestdeutschen Heide- und Waldgebiet von N a t h a n a e l J ü n g e r (J o h a n n R u m p, geb. 1871), unter denen „Hof Bokels Ende" erwähnt sei, sind unwesentlich.

Im westfälischen Raume wirkte das Beispiel von Hermann Landois weithin. Sein bedeutendster Nachfolger in niederdeutscher Formung war F e r d i n a n d K r ü g e r (1843—1915). Er hat neben Novellen in den Romanen „Rugge Wiäge" und „Hempelmanns Smiede" liebenswerte Menschen gestaltet. Aus einem jüngeren Temperament stieß C l a r a R a t z k a (verehel. Wendler, 1872—1928) zu neuer Problematik vor. Sie zeichnete in „Familie Brake" und in den „Dunkeln Ellerbroks" westfälische Familien mit scharfen Strichen und oft humoristischer Belichtung. Auf einem ganz anderen Volksgebiete machte sie sich mit dem in Litauen spielenden Roman „Urte Kalwies" heimisch, wie denn dieser ostpreußische Landesteil nach Wichert, Goldammer, Sudermann, Clara Nast auch dramatisch durch Rolf Lauckner seine Gestaltung erfuhr. Die währenden Kräfte westfälischen Lebens machte H e r m a n n W e t t e (1857—1918) in seinem Roman „Krauskopf" in einer weitgespannten Darstellung anschaulich. Hier ringt sich bei höchst einläßlicher Gestaltung der Umwelt ein junger Mensch aus eng konfessioneller katholischer Gläubigkeit zu einer freieren Haltung von christlichem Ernste durch. Der Verfasser westfälischer Gedichte und Operndichter hat alsdann im „Spökenkieker" aus seinen Erfahrungen im ärztlichen Berufe einen Trunksüchtigen geschaffen, der zu einer reineren

Lebensdeutung genest. Die heimische Weise des an die Volksart hingegebenen Westfalen verleugnet sich hier so wenig wie in Wettes letztem Roman „Jost Knost", der seinen Helden aus der Neuen Welt auf den Heimathof zurückführt, dem nun seine Lebensarbeit gelten soll. Die Novellen „Wunderliche Heilige" bergen anschauliche Bilder aus der Heimat — Wette machte es sich nur immer etwas schwer und gelangte erst allmählich in den rechten erzählerischen Fluß.

A u g u s t i n   W i b b e l t (geb. 1862) hat kräftige Erzählungen in westfälischer Mundart verfaßt, seine Bedeutung beruht jedoch mehr auf den knappen Skizzen, mit denen er etwa im „Trostbüchlein vom Tode" über die Düsternis des Lebens den milden Schein einer höheren Verkündigung breitete.

Im Wuppertal ist C l a r a   H o r a t h (verehel. Rommel, geb. 1873) daheim. Sie gab jedoch ihr Bestes nicht in den Barmer Geschichten „Im Wuppertal", sondern in einer Erzählung aus ihrer zweiten Heimat, der Bretagne: „Das Lied des Meeres". Nicht nur die seltsame Verfassung der abgelegenen zwei Inseln zieht an, sondern die aller Schönfärberei und aller bloß kulturgeschichtlichen Ausmalung ferne Wiedergabe des Zusammenstoßes von altem Heidentum und liebeerfülltem Christentum. Ihr Landsmann W a l t h e r   S c h u l t e   v o m   B r ü h l (1858—1921) hat das Bergische Land und in der „Kottenprinzeß" die seltsam von einzelnen gewerbfleißigen Höfen und Weilern durchsetzte Landschaft gemodelt. Der Roman „Die Revoluzer" war ein bewegliches und heiteres Gegenstück aus dem Jahre 1848 zu dem im gleichen Umkreise spielenden tragischen Roman „Aus gärender Zeit" von Victor Blüthgen. Einem Voltaire-Brevier gesellte Schulte den Roman „Der Meister", der sich den einen Vater der Französischen Revolution zum Helden setzte. In den Erzählungen „Urväterzeit" führte er in die westdeutsche Vergangenheit, die der Roman aus den Freiheitskriegen „Sachsenschädel" im westfälischen Raume nahebringt. Schulte vom Brühl hat eine Biographie Otto Müllers, des allzusehr vergessenen Verfassers literarhistorischer Romane, geschrieben. Erzählungen in westfälischem Platt hat der Biograph Ferdinand Freiligraths L u d w i g S c h r ö d e r (1863—1934) verfaßt.

Zu einer Sprachfügung, welche die balladische Meisterschaft nicht verleugnen kann und will, stieg L u l u   v o n   S t r a u ß   u n d   T o rn e y (verehel. Diederichs, geb.1873) empor. Ihre Geschichten aus dem Weserlande „Bauernstolz" zeichnen herbe Gestalten kräftig aus, in dem Roman „Aus Bauernstamm" kann ein Dorfsohn in städtischem Rahmen und in dem geistlichem Berufe keine neue innere und äußere Beheimatung finden. In ihren Erzählungen „Der Hof am Brink" und „Das Meerminneke" gelangte die Dichterin zu einer Höhe, der sie seither treu geblieben ist. Im „Hof am Brink" bot sie in knappster Fassung ein Erlebnis aus dem Dreißigjährigen Kriege mit einer in ihrer spröden Herbheit bezwingenden Frauengestalt. Im „Meerminneke" überraschte sie durch Fülle der Anschauung auf geringem Raume in den zur Refor

mation führenden niederländischen Kämpfen. Am sichersten fand sie
sich unter dem Volk ihrer Heimat zurecht und fügte die lastenden Geschicke solcher schwer beweglichen Landleute zur Franzosenzeit langsam
zusammen, so in „Auge um Auge" in dem Bande „Sieger und Besiegte".
Diese schmallippigen, wortkargen Menschen, entschlußschwer, aber zäh,
erscheinen wie aus dem Boden herausgewachsen und ordnen sich zu
breiten Zustandsgemälden in dem Roman „Judas", der ein verschlagenes
Flämmchen der Französischen Revolution in seinem raschen Verlodern
auf diesem Bauernboden zeigt. Wie in „Meerminneke" kommt der religiöse Antrieb im „Lucifer" in bedeutendem Aufriß zu seinem Rechte.
Die Dichtung bringt den Kreuzzug gegen die Stedinger im dreizehnten
Jahrhundert und läßt einen geistlichen Bauernsprossen sich in dramatischer Steigerung ob dieser Meintat vom Christentume abwenden. Im
„Jüngsten Tag" hat die Autorin stilsicher den Aufruhr von 1535 zu
Münster und die Hungersnot dieses Jahres herausgebracht. Nach dem
„Judas", in dem in echter geschichtlicher Verbrämung Menschen des
achtzehnten Jahrhunderts aus dem lippischen Ländchen stehen, hat die
Dichterin in ungewöhnlich tiefschürfender Weise das Leben ihres Groß-
vaters Viktor von Strauß und Torney gedeutet.

*   *   *

Wir nähern uns dem Rheine. In das Gebiet seiner Mündungsarme
führte bereits eine Novelle von Lulu von Strauß und Torney. J o s e p h
v o n L a u f f (1855—1933) hat oft und gern von Landschaft und
Volkstum am Niederrhein erzählt. In Romanen wie „Pittje Pittjewitt"
oder „Die Tanzmamsell" gab er gezwungen humoristischen Tons Art
und Wesen bürgerlichen Lebens in den Städten am Strom wieder, so
in „Frau Aleit" mit schroffer Ausrichtung gegen geistliche Herrschafts-
ansprüche über die Seelen. Zuweilen romantisiert er noch im Stile der
von ihm früher gepflegten Versepik. F r i t z Z i l c k e n (1846—1917)
hat sich mehr niederrheinischer Novellistik zugeneigt als E m i l
K a i s e r (1868—1916), der in dem Roman „Karneval" die große
Volksbelustigung der Kölner scharf geißelte. Weit darüber hinaus streben die an innerer Beseelung reichen Lebensbilder von W i l h e l m
S c h m i d t b o n n (geb. 1876). Seine Novellen „Uferleute" machen
die flache Landschaft am breit strömenden Flusse ebenso deutlich wie
die Eigenart der Anrainer, denen der Kampf gegen die Mechanisierung
des an den Strom verhafteten Lebens obliegt. Auch hier wird in veränderter Zeit das gleiche Thema abgewandelt, dessen Fraglichkeit wir
von Immermann und Prutz bis zu Kretzer und Polenz begegneten. Aus
der gleichen sozialen Einstellung ist der Roman „Denkmal eines jungen
Lastträgers" geboren. Der Wuppertaler W a l t h e r Z i e r s c h (1874
bis 1943) stellte sich in seinem „Zwei Brüder" in die gleiche Umwelt,
die Clara Horath in geschichtlichem Rückblick umfangen hatte. Ein sehr
eigenartiges Buch ist der in seinen späteren Wohnsitz München versetzte

Roman „Pschorr-Bräu A. G.“, eine ausgesprochen münchnerische Entwickelungen heiter behandelnde Historie. Dennoch kann man weder
ihn noch seinen Landsmann R u d o l f H e r z o g (1869—1943)
eigentlich unter die Heimatkünstler rechnen, sie sind in ihren Anfängen
dem Reiz und Klima der Landschaft nicht so hingegeben wie etwa
Schmidtbonn. Erst in den „Wiskottens“ wuchs Herzog zu einer gegenständlichen Aussprache über die im Wuppertal vereinten gewerbe-
fleißigen Städte und vervollkommnete diese in seinem an ernstem
Wesensgefüge reichstem Werke „Kornelius Vanderwelts Gefährtin“.
„Die Stoltenkamps und ihre Frauen“ behandeln unter leichter Verhüllung den Aufstieg des Hauses Krupp. Weiter hinaus führte
Herzog mit dem Roman „Hanseaten“, der jedoch das wirkliche
Wesen hamburgischer königlicher Kaufleute romantischer übersteigerte,
der Darstellung durch Schulenburg nicht vergleichbar. „Das große Heim-
weh“ brachte Naturbilder aus Amerika von bestrickendem Zauber, gelangte aber zu keinem freien Blick, weil wie bei Kürnberger eine nicht
schlüssig unterbaute Tendenz die Anlage verfärbte.

Vollgewichtig waren die Gaben des gleichfalls aus dem Wuppertale
stammenden verdienten Verlegers W i l h e l m L a n g e w i e s c h e
(1866—1934). Seine Erinnerungen „Jugend und Heimat“ sind dichterisch durchklungen, „Wolfs, Geschichten um ein Bürgerhaus“ künden
von den napoleonischen Tagen bis nach Errichtung des neuen Kaiser-
reiches das Wesen einer emsigen Stadt am Niederrhein mit allen seinen
feinen Zügen. Dabei bettet Langewiesche diesen Ausschnitt in eine
deutsche Gesamtschau ein, ohne den erwählten Stoff einzuengen. In dem
Buche waltet noch der volle Humor des Biedermeiers. H e i n r i c h
Z e r k a u l e n (geb. 1892) aus Bonn hat mit Erzählungen wie „Allerhand Käuze“ und dem Roman „Musik auf dem Rhein“ begonnen.
Sein wesentlichstes Werk ist der Geschichtsroman aus der Zeit Augusts
des Starken „Rautenkranz und Schwerter“.

Unter den Gebirgen, welche den Stromlauf des Rheines kränzen, ist
die Eifel mit ihren weiten Maaren und ihren kahlen Kuppen von einer
besonders lockenden Eigenart. Die aus Trier stammende C l a r a
V i e b i g hat sie als beherrschenden, Leben und Tod bestimmenden
Mittelpunkt häufig umrungen. In knapp umzeichneten Novellen, „Kinder der Eifel“ und „Naturgewalten“, machte sie die Schwere und den
freudlosen Ernst dieser Einsamkeit lebendig und belauschte aufs feinste
Sprache und Art ihrer Menschen. Hier brach noch einmal das Vorbild
Zolas durch, dessen vielleicht folgerichtigste deutsche Schülerin sie war,
wenn sie in dem Roman „Das Weiberdorf“ alles auf das eine Gefühl
gieriger Sinnenentbehrung stellte. Freilich drückte hier noch bewußte
Satire auf den gegenständlichen Humor und ließ deshalb angesichts
einer vollendeten Technik kein Gefühl der Wärme aufkommen, wie es
ihr Eifelroman „Das Kreuz im Venn“ weckt. In diesem Roman wachsen
die starken, ja klobigen Gestalten des Dorfes im Gebirge manchmal bis
zu dem Eindruck Milletscher Feldbauern empor, die sich gegen den glut-

heißen Sommerhimmel scharf abheben. In ihm wird die Echternacher
Springprozession mit ihrem Zwang zu dramatischen, ganz glaub-
haftem Leben erweckt. Wenigstens als sicherer Ausgangspunkt dient das
Venn mit seinen weltabgeschiedenen, gespenstig spukhaften Gedächtnis-
kreuzen in dem Roman „Einer Mutter Sohn", dessen Vorwurf, Blutkind
und Wahlkind, sonst freilich nicht rein durchgeführt, sondern ins Zu-
fällige umgebogen wird. Aus der Lebensenge des armen Gebirges in
die Daseinsfülle der Stromebene führte Clara Viebig in dem weitgespannten Werk „Die Wacht am Rhein". Wieder sprechen Blut und
Heimat gewichtig mit, wenn das Leben einer Familie aufgebaut wird,
in der altpreußisch - karge und rheinisch - heitere Bestandteile sich
mischen. Der eigene Ton der noch kleinstädtischen Kunststadt Düsseldorf erfüllt das Ganze und gibt den Erlebnissen, die mehr als ein halbes
Jahrhundert Familien-, Stadt- und Landesgeschichte umfassen, die besondere Einheit. Wenn „Vom Müllerhannes" dem Eifeldasein der Gegenwart galt, so brachte „Unter dem Freiheitsbaum" die Tage, da die
Wogen der französischen Umwälzung ins deutsche Gebiet schlugen —
Heinrich König und Lulu von Strauß waren auf derselben Spur
gegangen.

    E m m i   E l e r t (geb. Freiin von Eelking, 1864—1927) hat sich
in ihrem Roman „Auf vulkanischer Erde" dem gleichen Stoffkreis zugewandt wie Clara Viebig in ihren Eifelbüchern. Auch ihre Menschen
bäumen sich gegen klerikale Herrschsucht auf. In der „Grundmühle"
und der „Heimat Landstraße" kehrt Emmi Elert wieder in das Gebiet
der kargen Venn-Landschaft zurück. N a n n y   L a m b r e c h t (1868
bis 1942) hat aus diesem Teile ihrer rheinischen Heimat und vom Leben
der preußischen Wallonen in Malmedy erzählt, so in der „Statuendame",
die das Wesen dieser gemischtsprachigen Bevölkerung gut herausbrachte.
In ihrem Hunsrückroman „Armsünderin" wußte sie die Erdgebunden-
heit der am Herkommen hangenden Bevölkerung schlüssig darzustellen
— das Thema der Verbindung leidenschaftlicher Sinnlichkeit mit inbrünstiger Frömmigkeit liegt ihr nahe; nur kennt sie zuweilen kein
Maß in der naturalistischen Ausmalung und gelangt da bis zu quälender
Wiederholung. Die „Suchenden", die Bewohner des Zwergstaates Neu-
tral-Moresnet, haben etwas gewaltsam Aufgetriebenes, wodurch die
Harmonie der Landschaftsschilderung gestört wird. J a k o b   K n e i p
(geb. 1881) erzielte mit seinem in jeder Faser getreuen Hunsrückroman
„Hampit der Jäger" reine, humoristische Wirkung. Er gehörte zu dem
von Richard Dehmel patronisierten Kreise der Vierteljahrsschrift „Quadriga", der unter dem Schatten des herannahenden ersten Weltkrieges,
zu einer neuen Dichtung von einem beseelten Arbeitsrhythmus ausschritt. Diese Dichtergruppe strebte über die katholische Tendenzlitera-
tur mancher ihrer Konfessionsbrüder hinauszudringen. Kneip stellte in
den Mittelpunkt seines rheinische und katholische Jugend schildernden
Romans „Porta Nigra" dies große trierische Wahrzeichen einstiger

Römerherrschaft und ließ dem umfänglichen Werke die schön gerundeten Novellen „Bergweihnacht" aus der liebend umfangenen Heimat folgen.

Das oberrheinische Gebiet ist das dichterische Stammland des Coblenzers H e r m a n n S t e g e m a n n (geb. 1870), der die Geschichte des ersten Weltkrieges und das Werk „Der Kampf um den Rhein" verfaßt hat. „Das Ende des Grafen Krall" und „Die Herren von Höhr" sind geschichtliche Bildungsromane, im Rheintal verörtlicht, mit weitem Ausblick in eine Epoche, welche gerade dies Gebiet für den Einstrom revolutionären Geistes über die Grenze freigab. In eine nähere Vergangenheit führten „Die Krafft von Illzach"; sie berichten im Schicksale einer elsässischen Familie die Wende von 1870, in manchem ein Gegenstück zu Emile Zolas „La débacle". Die bedrohliche Randstellung dieser zwischen zwei Nationen eingeschalteten Menschen ward in ihrer durch den Ablauf der Geschichte bedingten Problematik mit allen tragischen Akzenten bewiesen. Im „Daniel Junt" und zumal im „Thomas Ringwald" zeigte der Verfasser Bürger, die mit gelassener Haltung in freiem Dienste für das Gemeinwohl aufgehen. Der „Gefesselte Strom" bildete im Angesicht des Rheines geschickt die Anlage eines großen technischen Werkes dichterisch nach, wie es in anderem Tonfall Max Eyth und Wilhelm Hegeler getan hatten. Stegemann führte in dem Roman „Die als Opfer fallen" in eine elsässische Stadt, wie er in dem Roman aus den Entscheidungstagen von 1870 in jene Breiten geleitet hatte, die Goethes „Dichtung und Wahrheit" unvergeßlich gebildet hat. Mitten in diese Vogesen - Landschaft versetzte F r i e d r i c h L i e n - h a r d (1865—1929) seinen „Oberlin". Er vertiefte darin das Gedenken an die segensreiche Lebensarbeit des in seinen Werken noch heute lebendigen Pfarrers vom Steintal. Das Auftreten von Friederike Brion dient nicht einer literarhistorischen Spielerei, sondern gehört organisch zum Ganzen. Wie in diesem aus der Zeit des Humanismus geschöpften Vorwurfe trachtete Lienhard in seinen beschwingten „Wasgaufahrten" nach einer Aussöhnung zwischen den im Elsaß vereinten Volkschaften. In seinen „Wegen nach Weimar" versuchte er das klassische Erbe ehrfürchtig zu wahren und neu zu beleben. Von blasserer Farbe ist „Der Spielmann". Der Roman „Westmark" nahm wehmütig Abschied von dem wieder verlorenen Elsaß, aus dem die „Jugendjahre" Kindheitserinnerungen lebendig machten. In die gleiche Umwelt elsässischer Städte leitete uns A r t h u r B a b i l o t t e (1887 bis 1916). Nach der auf engen Raum verörtlichten „Kleinstadt" brachte er „Im Schatten des Korsen" ein Geschichtsgemälde und in „André Picards Bekehrung" ein Bild aus der kargen Atmosphäre des Vogesenkamms. In den „Stillen Helden" und anderen Erzählungen ward bereits das Kriegserlebnis gestaltet. M a r i e H a r t (Marie Kurt, geb. Hartmann, 1856—1924) war eine sorgsame Erzählerin im elsässischen Dialekt. T r u d e B r u n s (1880—1931) formte Romane in elsässischer Mundart und schrieb anschauliche Jugendbücher, unter denen „Die Doktorskinder" von echter Kindertümlichkeit sind. B e r n d I s e -

m a n n (geb. 1881) erzählte in seinen gehaltvollen „Lothringer No-
vellen" aus der benachbarten Landschaft und in der „Kehrseite der
Medaille" eine echte Familiengeschichte aus dem Elsaß. Das „Gehöft
in den Vogesen" war in die nun wieder zum Schauplaße schwerer
Kämpfe gewordene Umwelt sicher eingebettet. L i e s b e t D i l l
(L i e s b e t h v o n D r i g a l s k i , geb. 1877) erwählte den Lothringer
Raum und die Saarlandschaft. In der „Kleinen Stadt" gab sie mit satirischem Unterton das „Tagebuch eines jungen Mannes ohne Herz". Die
„Lothringer Novellen" galten dem Leben und Treiben aus kleinstädtischer Gesellschaft, der „Tag in Nancy" führt bunte Szenen aus
dieser geschichtlich bewegten Stätte vor. „Der Grenzpfahl" brachte
charakteristische Erlebnisse nach der Entscheidung des ersten Weltkrieges. In anderen Romanen wie „Eine von zu Vielen" und „Virago"
tönte das Bekenntnis zum Erwerb einer neuen Stellung für das weibliche
Geschlecht hindurch.

A l f r e d B o c k (1859—1932) hat das hessische Volksleben einläßlich geschildert, manchmal noch mit stark naturalistischen Strichen.
Er kam dabei in den „Parisern" zu dem eigenartigen Problem, daß
hessische Landsleute, die zeitweise um des Brotes willen in die französische Hauptstadt abgewandert sind, nun erst wieder im Alten heimisch
werden müssen. In der „Pflastermeisterin" und dem „Kuppelhof"
führte Bock die hessischen Bauern mit einem nichts verschönernden
Farbstriche vor, dem humoristische Lichter aufgeseßt waren.

Neben Alfred Bock ist als Erzähler aus dem hessischen Volksleben
der Fuldaer V a l e n t i n T r a u d t (geb. 1864) zu nennen. Aus einem
lebendigen Muttergefühl schrieb die aus Wißenhausen an der Werra
stammende L o t t e G u b a l k e (1856—1934) ihre Novellen und den
schalkhaften Roman „Die Bilsteiner". W i l h e l m H o l z a m e r
(1870—1907), ein durch Gustav Falke stark angeregter Lyriker,
brachte in seinem Roman „Peter Nockler, Geschichte eines Schneiders"
ein ungewöhnlich beseeltes, heimatlich getöntes Seitenstück zu den mannigfachen Bildnissen aus beruflicher Enge in einem gegen den Naturalismus aufgelockerten Stile; in der gleichen Tonart ist „Der heilige
Sebastian" verfaßt. Weiter griff der Landsmann Wilhelm Heinrich
Riehls F r i t z P h i l i p p i (1869—1932) aus. Nach den Erzählungen
aus dem Westerwalde „Von der Erde und vom Menschen" gab er, der
lange als Zuchthauspfarrer amtiert hatte, in den Geschichten „Auf der
Insel" notvolle Schicksale, die er in dem Roman „Pfarrer Hirsekorns
Zuchthausbrüder" überhöhte. Der Odenwald ist das Schaffensgebiet von
A d a m K a r r i l l o n (1853—1944). In seinem Roman „Michael Hely"
steigt das Volkstum dieser Landschaft mit allen Säften empor und ist
in einen quillenden Humor eingetaucht. Die späteren Romane Kar-
rillons aus dem gleichen Bezirke sind nicht mehr so schlüssig; die Selbstbiographie „Erlebnisse eines Erdenbummlers" berichtet mit burschi-
kosem Behagen von einem nicht nur auf glatter Bahn verlaufenen
Schicksalsweg. Aus dem gleichen Odenwalde schuf P h i l i p p B u x -

b a u m (1843—1918) den Roman „Der Moosbauer" und die Bilder aus dem Volksleben „Bauernbrot". C h r i s t o p h R u t h s (1851 bis 1922) hat in den „Buben von Hockenrod" das Bauernleben im Odenwalde und in „Hertha Ruland" aus dem gleichen Umkreise ein heitres Lebenskonterfei gezeichnet.

In besonderem Maße lockte die Schwarzwaldlandschaft, nachdem einst Berthold Auerbach von dieser Ecke her der Dorfgeschichte die Bahn gebrochen und Joseph Scheffels Kunst gleichfalls Leser aus allen Gauen in dem Lande um den Feldberg und am Bodensee heimisch gemacht hatte. P a u l i n e W o e r n e r (P a u l i n e K r o n e, geb. 1859) gab ihr Bestes in den um den Kaiserstuhl gruppierten Erzählungen „Heimlich stille Welt", M a r g a r e t h e v o n O e r t z e n (verehel. Fünfgeld, geb.1868) in den Novellen „Aus einsamen Thälern". Von einem reifen, mütterlichen Humor ist alles erfüllt, was H e r m i n e V i l l i n g e r (1849—1917) geschrieben hat. Sie besitzt Sinn für das Kleinleben, zumal des Kindes, und für das Idyll im Dorf, wie sie in „Schwarzwaldgeschichten" bewies.

A u g u s t e S u p p e r (geb. 1867) hat sich von der leichten Dorfgeschichte zur straff zusammengehaltenen Novelle erzogen. Bei großer Sicherheit in der Durchdringung der bäuerlichen Wesensart brachte sie nun ihre Menschen in engen Zusammenhang mit Göttlichem und Irdischem, und das gab ihren Erzählungen, so im „Holunderduft", einen neuen, nachschwingenden Klang. Das schwäbische Pfarrhaus, das Ottilie Wildermuth in knappen Skizzen festgehalten hatte, umschließt die Personen von Auguste Suppers Entwicklungsroman „Lehrzeit"; hier gewinnt eine ehrfürchtige Frömmigkeit den inneren Sieg. „Gottfried Fabers Weg" erzählt von einem abseitigen Leben, da Auguste Supper oft Schickungen verfolgt, die von der schnurgeraden Bahn abführen. Sie weiß im „Herrensohn" abgelebte Zeiten mit echtem Kolorit wiederzugeben, auch die Mundart wird von der Pforzheimerin gern zur Untermalung gebraucht.

Die Württembergerin A n n a S c h i e b e r (1867—1945) erwies sich in einem ihrer ersten Werke, dem Roman „Alle guten Geister", als eine Fortführerin der besten Traditionen des Realismus. Bei voller Anschaulichkeit der zuständlichen Erdenheimat richtete sie fühlbar an Wilhelm Raabe geschult ihre Gestalten über das alltäglich Irdische hinauslangend aus. Die gleiche Tönung zeigte der Roman „Ludwig Fugeler". Sie hat daneben erfreuliche Kindergeschichten, darunter „Das Bimberlein", geschaffen, und dann besonders in den „Gesprächen mit Martina" ihrer tiefen Sehnsucht zu rechter Gotteskindschaft Worte verliehen — hierin eine echte Tochter des schwäbischen Stammes aus der Nachbarschaft der großen und innigen Heilandskünder Blumhardt. Ihre Lebensfreundin M a r i e C a u e r (geb. 1861) schrieb in ähnlicher Gesinnung, von dem Geheimnis der Offenbarung innig berührt, die Erzählungen „Lebensschüler".

Wilhelm Schussen (Wilhelm Frick, geb. 1874) hat in seinem ersten Roman „Vinzenz Faulhaber" den Lebenslauf eines Dorfjungen in einer an das Vorbild des Eulenspiegels gemahnenden, lustigen Weise dargestellt. Das seltsame Buch „Ein neuer Schelmenroman und ein halber" vertieft und ergänzt die Gedanken des vorangegangenen. Völlig in die württembergische Eigenwelt ist der Dorfroman „Medard Romboldt" eingegrenzt, der von der Schalkhaftigkeit früherer Schöpfungen zu einer Bezwingung spröder schwäbischer Gestalten vorschreitet, wie es in anderer Zeit und in einem minder gelockerten Stile Hermann Kurz getan hatte. Schussens Weg geht in dem Roman „Ein guter Stolperer" zu überraschenden Zielen, aber man folgt dem humoristischen Führer im „Verliebten Eremiten" auch zu tragischer Lösung. Im „Aufruhr um Rika" bleibt er ein überlegener Belächler menschlicher Schwächen.

Albert Geiger (1866—1915) hat im „Roman Werners Jugend" ein Lebensbild aus Baden entworfen. Eine verwandte Natur ist Otto Frommel (geb. 1871), ein Neffe des Theologen Emil Frommel. Er gesellte dem Märchen „Der Silberfisch" den von feiner seelischer Spürsamkeit zeugenden Pfarrerroman „Theobald Hüglin". Der Offenburger Anton Fendrich (geb. 1868) hat die zum Teil selbstbiographischen, das badische Leben einständlich schildernden Romane „Emil Himmelheber" und „Was ist des Deutschen Vaterland?" verfaßt. In der zweiten Geschichte werden die schicksalsschweren Wochen behandelt, die das badische Land nach den Kämpfen von 1866 auf die preußische Seite führten. Dabei berichtete Fendrich ebenso über den Großherzog Friedrich, wie er, der einstige Führer der badischen Sozialdemokratie, eine Geschichte der Aufstandsbewegung im Lande von 1848 bis 1849 geschrieben hat. Neben Bismarck und dem Großherzog tritt in einer Episode des Romans Karl Marx auf.

Ludwig Finckh (geb. 1876) aus Reutlingen hat in „Rapunzel" und „Seekönig und Graspfeiffer" Idyllen von ausgesprochen schwäbischer Eigenart geschaffen. Die mit behaglichem Humor vorgetragene „Reise nach Tripstrill" ist ein bescheidenes Gegenstück zu dem Werke des früheren Schwaben Max Eyth — nur gelangt der Held dieses Romans seiner verliebten Sehnsucht folgend aus der fernen Welt wieder in die enge Umfriedung der Heimat am Bodensee, den Finckh dann häufig dichterisch beleuchtet hat. Die späteren Romane Finckhs wie „Der Bodenseher" entbehren der eigentlichen epischen Dichtigkeit und verwischen die Kontur der Gestalten. Der ausgesprochene Gegensatz zu Finckh war in seiner Knorrigkeit und unabgeschliffenen Eckigkeit Heinrich Hansjakob (1837—1916). Seine schier unübersehbare Lebensarbeit ist wie diejenige Jeremias Gotthelfs mit der getreuen Übung seines geistlichen Amtes eng verbunden. Seine häufig nach Urbildern aus den Tälern des Schwarzwaldes geformten Erzählungen sind von einer urwüchsigen Kraft und betrachten vor allem das bäuerliche Leben in der sehr geliebten Heimat mit scharfem kritischen

Auge. In allen spiegelt sich die sicher beobachtende Persönlichkeit des Verfassers, immer weitet sich dem demokratisch empfindenden Schriftsteller die Familie zum Volke. Ganz unvermerkt runden sich die kunstlos aber mit volkserzieherischer Absicht dargebrachten Gaben zu dichterischer Einheit, so in den „Erzbauern" oder in den „Wilden Kirschen". Aus den Tagen des Kulturkampfes, die dem streitbaren späteren Stadtpfarrer von Freiburg Freiheitsstrafen eintrugen, berichten die Erinnerungen „Auf der Festung" und „Im Gefängnis". Bedeutend sind Hansjakobs Reisebeschreibungen aus Frankreich, Italien, Österreich, den Niederlanden, der Schweiz. Der starke Charakter dieses katholischen Priesters in seiner Gegnerschaft gegen den Hochkapitalismus, in seiner Verteidigungsstellung für ein ungebrochenes Volkstum beherrscht alles. Hansjakob stammt aus dem gleichen Schwarzwaldwinkel wie Hans Thoma. Die Zueignung zum alemannischen Volkstum wohnt beiden inne, aber die humoristische Erdenschwere bannt den Schriftsteller an die Gestaltung im Bezirke des Nächsten — den Maler erhob sie zu über das Alltägliche hinausführenden Gebilden.

Den Meister Hans Thoma hat, wie andere Maler des badischen Landes H e r m a n n   E r i s   B u s s e (1891—1947) dargestellt. Seine „Alemannischen Geschichten" sind fein umzeichnete Novellen. Der dreiteilige Roman „Bauernadel" bringt Gestalten mit großem Umriß heraus, deren Lebenskreis sich zu einer großbäuerlichen Epopöe weitet. Man mag sagen, daß Busses Kunst die Oberstimme zu der im Enganschaulichen verharrenden, bärbeißigen Tonart Hansjakobs anschlägt. In dem „Erdgeist" gestaltete Busse mit eigentümlicher Kadenz eine Sage vom Oberrhein, wie er in den „Leuten von Burgstellen" ein Liebesdrama aus den gleichen Gebreiten zeichnete. Der Herausgeber der „Badischen Heimat" hat sich mannigfache Verdienste um die Erforschung des Landes erworben.

Das fränkische Gebiet hat H a n s   R a i t h e l (1864—1939) in „Dorfgeschichten" und in dem breit erzählten Dorfroman „Annamaig" abgebildet; J o h a n n   G e o r g   S e e g e r (1867—1921) hat die gleiche Umwelt in dem Roman „Kilian Kötzler" eingefangen. In der Romanreihe „Die neue Zeit" von L u   V o l b e h r geb. Scharrer, (geb. 1871) wächst ihre Vaterstadt Nürnberg aus den alten gebundenen Verhältnissen in die Offenheit weltweiten Verkehrs; in der Mitte steht der Bürgermeister, unter dem die erste deutsche Eisenbahn gebaut wurde.

L u d w i g   T h o m a (1867—1921) ist wohl der echteste Vertreter des bayrischen Stammes im deutschen Schrifttum, im Tonfall völlig unverkennbar als Sohn dieser Landschaft, eigenbrödlerisch, mit allen Gaben einer scharf pointierenden Kritik ausgerüstet, die er auch als Leiter der Zeitschrift „Simplizissimus" unter dem Hehlnamen P e t e r S c h l e m i h l an den Tag legte. Seine Bauerngeschichten „Agricola" und „Hochzeit" sind sicher gestaltete, etwas nüchterne Lebensbilder. In dem Bauernroman „Andreas Vöst" ward in einem Kampf um das Recht, wie in Thomas Dramen bürokratische Engstirnigkeit im satirischen Hohlspiegel aufgefangen. Die gleiche Bezwingung des echten Volkstons bewährte der zu tragischen Verstrickungen führende Roman „Der Wittiber". Im „Ruepp" gab er ein mit leichteren Strichen gezeichnetes Gegenbild. Immer war die Treffsicherheit in Gebärde und Aussprache vollkommen, diese Bauern lebten bis zum Greifen deutlich, und es bedurfte nicht erst des „Briefwechsels eines bayrischen Abgeordneten", um auch den Leser aus anderen Gegenden von der schminkelosen Färbung der von Thoma vorgeführten Menschen zu überzeugen. Merkwürdig war nur, daß er, der in seinen „Erinnerungen" liebevoll bei den Menschen seiner Jugendheimat verweilt, die Gestalten seiner Romane und kürzeren Erzählungen mit einer kalten Sachlichkeit abbildet, der wohl kein Zug entgeht, die aber ein Gefühl wärmender Nähe nicht aufkommen läßt. Nur in der heiteren Geschichte von dem durch Reklame angeprahlten Markte Altaich klingt ein hellerer Ton empor, hier fühlt man, wie Thoma sich mit sich selbst vergnügt hat. In seinen anderen Bauernromanen ist er in manchem geradezu das Gegenstück zu Josef Ruederer, bei dem durch die schroff naturalistische Formung immer wieder ein leidenschaftliches Aufbäumen durchbricht. Von einer beinahe zwanghaften inneren Teilnahmslosigkeit sind auch die „Lausbubengeschichten" und die um „Tante Frieda" gruppierten erzählenden Skizzen, während „Assessor Karlchen" und „Das Aquarium" in ihrer den fruchtbaren satirischen Moment treffenden Drastik eine heiter gelöste Stimmung verraten.

Thoma zur Seite stand im „Simplizissimus" der geistreiche Spötter H a n s   E r i c h   B l a i c h (1873—1947), der unter den Hehlnamen D r.   O w g l a ß und R a t a t ö s k r schrieb. Seine Erzählungen „Hinter den sieben Schwaben her" und „Damals" sind knappe, scharf profilierte Gaben von bayrischem Klang. Er hat Rabelais übersetzt.

Ein dritter aus diesem Kreise war G e o r g   Q u e r i (1879—1919), den Thoma knapp skizziert hat. „Die Schnurren des Rochus Mang" und das Büchlein „Von kleinen Leuten und hohen Obrigkeiten" zeigen Wege, die aus städtischer Enge in freie Luft führen. Queri hat auch mit Thoma das „Bayernbuch" herausgegeben.

Mit dem „Simplizissimus" gleichzeitig wurde in München von G e o r g   H i r t h (1841—1916) die Zeitschrift „Die Jugend" gegründet; sie hielt im Gegensatze zu jenem, von A l b e r t   L a n g e n (1869—1909) gegründeten Blatte die Verbindung zum älteren Münchnertum aufrecht, wie sie Hefte der Huldigung für Paul Heyse und Hermann Lingg herausbrachte. Der Redakteur der „Jugend" F r i t z v o n   O s t i n i (1861—1927) hat Werke über zeitgenössische Maler und im „Buch der Torheit" wie in den „Armen Seelen" heitere Bildchen mit einer gewissen burschikosen Ausgelassenheit verfaßt.

Ludwig Thoma und sein Jagdgenosse L u d w i g   G a n g h o f e r (1855—1920) waren engste Landsleute und Freunde, ihr Schaffen zeigt aber keine Ähnlichkeit. Der spröden Lebenswiedergabe von Thoma steht das Werk Ganghofers mit noch stark romantischen Zügen gegenüber. In dem „Dorfapostel" mit seinen sicher gestalteten Bauernfiguren tritt diese Verschiedenheit noch nicht so hervor wie in dem aus dem Mittelalter geschöpften „Klosterjäger". Ganghofer, dessen erster Roman mit dem „Herrgottschnitzer von Ammergau" ins bayrische Hochland führte, gewann dieser Bergwelt stets neue Motive ab. In „Schloß Hubertus" gestaltete er geradezu eine Tragödie der Jagd, bis sowohl der waidgerechte Jäger als auch der gesetzlose Wildschütze den Pirschgang in die Ewigkeit antreten müssen. Sehr geschickt verband Ganghofer in der „Fackeljungfrau" sagenhafte Überlieferung des Gebirgstals mit dem gegenwärtigen Leben. „Das Schweigen im Walde" erbrachte den Beweis, daß der Autor auch der stummen Kreatur lauschend zu folgen weiß. In anspruchsloser Weise erzählte er von seinem Wesen und Werk im „Lebenslauf eines Optimisten".

Der schwerblütige Lyriker G e o r g   F r e i h e r r   v o n   D y h e r r n (1848—1878) hat gleich Ganghofer und Wilhelmine von Hillern das Tal von Oberammergau novellistisch dargestellt. Sehr flächig war die ungemein vielfältige Erzählkunst von A r t h u r   A c h l e i t n e r (1858—1927), der außer Bayern Tirol, die Steiermark, die Tauern, die kroatischen Berge in Novellen schilderte. A n t o n   F r e i h e r r   v o n   P e r f a l l (1853—1912) hat nach den Skizzen „Waidmannsjahr" Jägererzählungen aus dem bayrischen Hochland, „Jagdteufel" und „Jägerblut", durchweg mit Anschaulichkeit und Spannung vorgetragen. „Der Bauer vom Wald" ist eine knappe Dorfgeschichte, „Münchner Kindl" ein Roman aus der bayrischen Hauptstadt von weltkundiger Beobachtungsgabe. Perfall hat auch Romane in bayrischer Mundart geschrieben wie den „Wurmstich". M a x   G r a d (M a r i a B e r n t h s e n, 1864—1927) hat mit dem „Lattenhofer Sepp" eingesetzt und blieb mit dem Roman „Der Heigirgl" auf der gleichen Linie. In der Erzählung „Die Andere" überschattet eine unbekannte Dritte, die einst den Eltern zum Verhängnis ward, das Geschick einer ihr nachartenden Tochter dieses Paares. Die geheimnisvolle Bindung an das fremde Leben wird psychisch ausgedeutet und die Beladung der jungen Seele, die sich erst langsam freikämpft, glaubhaft gemacht. L e n a C h r i s t (1881—1920) hat „Lausdirndlgeschichten" und den Dorfroman „Mathias Bichler" lebenstreu gezeichnet. M a r i a   C o n r a d - R a m l o (1850—1921), die Gattin von Michael Georg Conrad, hat Dorfgeschichten aus den bayrischen Alpen gegeben. Ihr folgte H e l e n e R a f f (1865—1942), der wir auch ein Buch über Paul Heyse zu danken haben. Schon einer neuen Entwicklung gehört O s k a r M a r i a G r a f (geb. 1894) an. Seine Verwandtschaft mit der hinter der „Quadriga" gescharten Arbeiterdichtung ist unverkennbar. In einem ungefügen Stil schrieb er aus dem Erleben einer gedrückten Jugend das Bauernstammbuch „Wir sind Gefangene". „Die Chronik von Flechting" porträtierte dörfische Menschheit im Lande um den Starnberger See

Volkstümliche Kalendergeschichten und der Roman „Bolwieser" waren Gaben einer Kunst, die aus dem wirren Erlebnis der Zeit nach dem ersten Weltkriege ein neues Verhältnis zur Umwelt suchte.

Eine Sonderstellung im bayrischen Raume nimmt W i l h e l m W e i g a n d (geb. 1862) ein. In dem Roman „Die Frankenthaler" gab er ein ungewöhnliches Bild aus bürgerlich-kleinstädtischer Enge. Seine Novellen „Der Musikantenstreik" sind von verhaltener Ironie. „Die ewige Scholle" bedeutet ein Bekenntnis zur Heimatkunst. Von einer überlegenen Heiterkeit ist das Romanskerzo „Venus in Kümmelburg" erfüllt. Weigand hat die Essays Montaignes übertragen und neben der Biographie dieses Franzosen diejenige Stendhals geschaffen und die Briefe von Villers neu herausgegeben — er steht, auch als Lyriker, weit über seinem Ruf.

Sowohl Ganghofer wie Dyherrn führten in ihren Novellen und Romanen ins benachbarte Tirol.

R u d o l f G r e i n z (1866—1942) brachte nach heiteren Tiroler Geschichten wie dem „Goldenen Kegelspiel", in der „Stadt am Inn" die Tiroler Hauptstadt und legte um sie in dem Roman „Der Garten Gottes" eine Darstellung der Alpenwelt. Der Bruder H u g o G r e i n z (geb. 1873) hat in „Tirol anno neun" das Gedächtnis an Andreas Hofer und seine Genossen beschworen. Ein guter Erzähler aus dem Tiroler Landleben war A n t o n R e n k (1871—1906). Noch mit dem Münchener Kreise hing der Rheinländer R i c h a r d B r e d e n b r ü c k e r (1848—1931) zusammen, der sich völlig in Tirol heimisch machte. In dem Roman „Die tote Kohle" stellte er das Leben im Süden dieser Landschaft dar. In seinen Schriften spiegelt sich die Welt der Bauern und wandernden Volkes in lebhafter Bewegung. Als Erzähler im Tiroler Dialekt ist H a n s S c h r o z z - F i e c h t l (geb. 1867) hervorzuheben, neben ihm die Darstellerin aus tirolischer Vergangenheit M a r i e v o n B u o l (geb. 1861).

Der Münzforscher K a r l D o m a n i g (1851—1913) hat neben volkstümlichen Novellen aus Tirol in den „Kronenwirtsleuten in Hall" die Kämpfe der napoleonischen Zeit geschildert. H e n r i e t t e S c h r o t t - P e l z e l (geb. 1877) hat in ihrem Pfarrerroman „Jakob Brunner" ein schlichtes, in allem Landschaftlichem besonders echtes Konterfei geschaffen. H e i n r i c h v o n S c h u l l e r n (geb. 1865) hat aus dem sinkenden Mittelalter den Roman „Kleinod Tirol" und die Novellen „Berggenossen" gestaltet.

Der Berufsgenosse des Innsbrucker Arztes Schullern H a n s v o n H o f f e n s t h a l (1877—1914) lebte und webte völlig in der verzaubernden Atmosphäre seiner schönen Vaterstadt Bozen; die Problematik seiner Schöpfungen reicht jedoch über die im allgemeinen von der Heimatkunst ergriffenen Stoffe weit hinaus. Sein erster Roman „Maria-Himmelfahrt" brachte in tiefer Einfühlung jugendliche Menschen aus diesem, im Vorfelde des Rittens gelegenen Weiler über Bozen, welcher

der Geburtsort des Dichters war. Im „Dritten Licht" stellte er einen
feinnervigen Genießer dieser schon voll den Hauch des Südens atmenden
Schönheit in die mit allen Schwingungen ausgezeichnete Welt um den
Waltherplatz der Stadt Bozen und unter dem Rosengarten hinein. Die
behutsame Hand eines feinfühligen Arztes formte in dem Roman „Lori
Graff" sehr zart das Schicksal einer liebenswerten Frau, deren Leben
durch eine vor der Ehe empfangene Krankheit des Gatten zerstört wird.
Erschütternd ist das Los der schuldlos-schuldig zugrunde gehenden Kellnerin „Moj". Hoffensthals Romane geben über den Schicksalskreis der
dargestellten Personen hinaus ein nach den Umwälzungen der Weltkriege so nicht mehr vorhandenes österreichisches Bürgertum wieder.
Der Dichter hat aus seiner Bozener Heimat in H u b e r t M u m e l t e r
(geb. 1896) einen Nachfolger gefunden, der in „Oswalt und Sabine"
das Leben am Hange des Rittens lebendig erhellt.

In der gleichen Umwelt hat sich der aus Oberschlesien gebürtige
R i c h a r d H u l d s c h i n e r (1872—1931) niedergelassen. Ihm
stiegen in der „Stillen Stadt" aus der Bozener Atmosphäre düstere
Bilder einer herben, religiöse Gegensätze emportreibenden Vergangenheit auf. Nur „Das adlige Schützenfest" ist von einer gelassenen Heiterkeit erfüllt, die sich dem Zauber der an den Eisack gelehnten Stadt voll
hingibt. Mit den Mitteln des Naturalismus wird in der „Nachtmahr"
der düstere Weg einer Bauernfrau verfolgt, die in ihrer seelischen Ver-
störtheit zur Mörderin an dem ihr verhaßt gewordenen Manne wird, ein
südliches Seitenstück zu dem Posener Roman „Absolvo te" von
Clara Viebig.

Im benachbarten Kärnten läßt J o s e f F r i e d r i c h P e r k o n i g
(geb. 1890) seiner Phantasie freien Spielraum und bildet gern die am
Ausgang des ersten Weltkrieges geführten Kämpfe um diese Landschaft
nach. Seine Novelle „Dorf am Acker" ist von einer außerordentlich
starken Natureinstimmung erfüllt. Perkonig hat Franz Schubert novellistisch dargestellt.

In der Steiermark erwuchs W i l h e l m F i s c h e r (1846—1932)
zu einem Poeten von erlesener Kunst. Seine ersten Arbeiten „Die Mediceer und andere Novellen" haben noch keinen eigenen Ton in ihrer
Wiedergabe von Motiven aus der Renaissance, auch in den Erzählungen
„Unter altem Himmel" bildete er noch seine Gestalten mit einer gewissen
Kühle nach. Erst in den „Grazer Novellen" erreichte er eine nun an
die Heimat hingegebene Meisterschaft. Die vier Novellen führen aus
der Zeit der Minnesänger bis in die Gegenwart und sind besonders
glücklich in der Darstellung unbefangener Jugend, die auch der „Lebens-
morgen" liebenswert an den Tag brachte. Der heiße Atem südlicher
Städte vergoldet diese Grazer Novellen — man ist versucht, an Grillparzers Epigramm auf den Sommerhauch der Wienerstadt zu denken.
Das feine Gespinst, mit dem er Graz umfängt, hüllt auch Fischers bedeutendste Schöpfung „Die Freude am Licht" ein. Wenn der Held

dieses Romans im Schloß seiner ihm unbekannten mütterlichen Ahnen das Zimmer seines ihm gleichfalls fremden Vaters, Jahrzehnte nach diesem, bewohnt und so in eine Schicksalsverflechtung hinüberträumt, so trägt die Bewegung des Herzens, die all diesem Geschehen den wahren Gehalt gibt, den seltsamen Stoff in eine Höhe mitatmender Empfindung. „In geheimnisvoller Wandlung", heißt es da einmal, „erscheint das Nachbild manchmal als Vorbild"; und ohne mystisch zu werden, lebt solche Art der Gestaltung, die mit schwebendsten Konturen arbeitet, in diesem Buche der Freude am Licht. Den Reiz der Stadt Graz und auch Überlieferungen ihrer Geschichte hat Fischer in Novellen wie „Alltagszauber" gestaltet, im „Sonnenopfer" auch ein Bild gegeben, das den Zudrang neuen Gewerbslebens althergebrachtem Handwerk gegenüber darstellt — ein Thema, das wir auf den verschiedensten Stufen deutscher Romandichtung abgewandelt fanden.

Mit ganz anderem Temperament hat R u d o l f H a n s B a r t s c h (geb. 1873) seine Vaterstadt Graz lebendig gemacht. Die „Zwölf aus der Steiermark" waren das rauschende Bekenntnis einer Jugend, die mit einer inneren Musik ihren Weg sucht und sich innerhalb der noch unzerrissenen aufrechten Doppelmonarchie mit ihrer Völkermischung ganz heimisch fühlt. Hier tönt noch in jugendlichem Schwunge die Melodie auf, welche alternd Grillparzer und Saar anschlugen. Von den nationalen Kämpfen im Raume der Steiermark berichtet dann bereits der wiederum das Heimatbild in lichter Kontur darbietende Roman „Das deutsche Leid". „Vom sterbenden Rokoko" waren gleich den „Bittersüßen Liebesgeschichten" von einläßlicher Darstellungskraft erfüllt und, soweit das achtzehnte Jahrhundert vorgeführt ward, von echter Zeiteinstimmung. Während der Roman einer Bühnenkünstlerin „Elisabeth Kött" in der Profilierung nicht überzeugte, gewann das Porträt, das der Verfasser in dem Roman „Schwammerl" von Franz Schubert entwarf, in seiner wehmütigen Liebenswürdigkeit eine feste Form.

H a n s F r a u n g r u b e r (1863—1933) schrieb fesselnde „Ausseer Geschichten"; H a n s G r a s b e r g e r (1836—1898) ist vor allem steirischer Mundartlyriker, gab aber auch heimatliche Novellen.

Eine ungewöhnliche, zu seltsamer Höhe führende Leistung war der erste Roman von P a u l a G r o g g e r (geb. 1892), „Das Grimmingtor", im Stile einer Chronik ganz in heimatliche Überlieferung gebettet und mit einer von innen gespeisten Bewegung vorgetragen. Die legendäre Schau, mit der Paula Grogger das Leben betrachtet, hat sie in Spielen und in der Erzählung „Der Lobenstock" von neuem bewiesen.

In Wien begegneten sich zwei fortwirkende Traditionen. E m i l E r t l (1860—1935) gab die schicksalhafte und oft gehemmte Entfaltung österreichischen Volkstums im Laufe eines Jahrhunderts — was Ferdinand von Saar in novellistischer Form versucht hatte — in breiterem Aufriß wieder. In dem vierteiligen Roman „Ein Volk an der Arbeit" lebten die das Wesen der deutschen Reichshälfte bestimmenden Strömungen und in „Die Leute vom blauen Guguckshaus" war Erzherzog

Carl während der Franzosenzeit die Hoffnung des Landes, „Freiheit, die ich meine" galt dem Umschwunge von 1848. „Auf der Wegwacht" enthielt im Rahmen einer verzweigten Familie die über Österreich und Deutschland entscheidenden Tage von 1866 und die diesen folgende neue Einstellung innerhalb Europas, „Im Haus zum Seidenbaum" schloß mit der Umwälzung durch den Weltkrieg und den Sturz der Dynastie das Werk ab. Ertl gemahnt durch einen Ton verhaltener Lyrik an das Vorbild Ferdinand von Saars. Die gleiche Stimmung atmet der Roman einer früh zu poetischer Sendung vordringenden Jugend „Anselm Gabesam" von J o s e p h A u g u s t L u x (geb. 1871). O t t o H a a s e r (1876—1944), der außerdem eine „Weltgeschichte der Literatur" und historische Novellen verfaßte, weckte in seinem Roman „Alt-Wien" Sehnsucht nach einer bunteren Vergangenheit. Die Schulung an Saar verleugnet auch A l f r e d v o n B e r g e r (1853 bis 1912) nicht, der noch spät zur Leitung des Hofburgtheaters berufen wurde. Seine Novellen „Semmelweis" und „Hofrat Eysenhardt" sind etwas spröde; gelöster gab er sich in dem „Buch der Heimat", das von liebevollem Gedenken an den Kaiserhof, das Burgtheater und den Wiener Wald erfüllt ist. Wie sehr immer noch die Bühne im Vordergrunde des Wiener Lebens steht, erweist auch das Werk von F e l i x S a l t e n (1869—1945), der tragische Künstlerroman „Olga Frohgemuth" geleitet in diese, auch von Hermann Bahr durchforschte Bühnenumwelt. Verwandt im Ton sind die Novellen „Künstlerfrauen". Die Wiener Oberschicht bietet der Roman „Die klingende Schelle" — ein Gegenstück dazu ist neben anderen Schriften von K a r l A d o l p h (1869—1939) der Roman „Haus Nummer 37" mit seiner getreuen Einfühlung in das österreichische Arbeiterleben. Die Erinnerung an Hermann Bahr taucht auch sonst mannigfach in den Romanen und Novellen der österreichischen Hauptstadt empor. Wie der Vorgänger so brachte C a r l C o n t e S c a p i n e l l i (geb. 1876) in seinen „Phäaken" deutliche Anspielungen auf mithandelnde Personen vom Parkett der Politik. F e l i x D ö r m a n n (F e l i x B i e d e r - m a n n, 1870—1928) schuf „Sentimentale Novellen" und in dem „Köstlichen Rudi" eine echte Wiener Type. Zu sozial-kritischer Haltung gelangte R a o u l A u e r n h e i m e r (1876—1947) in dem Roman „Das Kapital". Eine andere Seite des sozialen Lebens durchleuchtete S t e f a n G r o ß m a n n (1875—1936) in dem düster endenden Buche „Die Partei"; er hatte vordem ein reiches Novellenwerk aus Wien gegeben.

Mit sehr viel mehr Erdenschwere als diese eingeborenen oder rasch in Wien eingelobten Schriftsteller war J a k o b J u l i u s D a v i d (1859—1906) behaftet. Der aus der mährischen Landschaft Stammende hatte mit Erzählungen aus seiner Heimat begonnen, unter denen „Das Höferecht" trotz mancher brüchiger Charakteristik bereits die Stimmungen und Belastungen bäuerlicher Menschen echt wiedergab. Freier und in der Kennzeichnung treffender erwies sich David in den Novellen

„Die Wiedergeborenen" und vor allem in der Sammlung „Frühschein";
der Hexenrichter selbst wird in das Grauenhafte hineingerissen, lernt
allmählich „Menschliches menschlich verstehen" und flieht dem Frühschein eines neuen Tages nach dem dreißigjährigen Kriege entgegen.
Der in Wien nach schweren Jahren zur Ruhe Gekommene schuf dann
den großen und herben Roman „Der Übergang". Dies Werk steht durch
seine furchtbare Härte in der Nähe von Anzengrubers „Viertes Gebot".
Den Übergang eines Wiener Stadtteils, in Sonderheit den der Adam-
Mayer-Gasse aus alter in neue Zeit verflicht David mit dem Niedergang
der Familie, der sie ihren Namen dankt. Wie dieser vom Straßenschild
gelöscht und ein anderer hingesetzt wird, so gehen Vater, Sohn und eine
Tochter der Mayerschen Familie in Schuld und Haltlosigkeit zugrunde,
um einem neuen Geschlecht mit anderem Namen Platz zu machen. Mit
etwas leichteren Akzenten, aber auch mit resignierter Aussicht zeigte der
Roman „Am Wege sterben" das Werden, Empor- und Hinabsteigen
einiger junger Hörer der Wiener Universität, denen ein Arbeiter-
vorort dürftige Heimat wird. Wie Bahr, Berger, Salten und der Schöpfer
des Zionismus T h e o d o r H e r z l (1860—1904) war David ein
stilreiner und kenntnisreicher, immer nach Wahrheit strebender Essayist, der seine Beobachtungen des Wiener Lebens in sicherer Entfaltung von Menschen und Landschaft niederlegte.

Sein Landsmann K a r l H a n s S t r o b l aus Mähren (1877 bis
1946) lebte und webte in den Romanen „Die Vaclavbude" und „Der
Schipkapaß" (der zweite empfing später die Aufschrift „Die Flamänder
von Prag") in dem von jugendlicher Laune übersprudelnden studentischen Milieu der böhmischen Hauptstadt.

In seinem „Eleagabal Kuperus" verließ Strobl den Heimatboden;
in phantastischer Weise streiten sich da zwei Menschen um das Schicksal
der zum Untergange bestimmten Erdenmenschheit. In diesem, 1910
erschienenen Werke spukt bereits die Schickung des Weltkrieges in freilich überlasteter Steigerung vor wie schon einige Jahre vordem F e r -
d i n a n d G r a u t h o f f (1871—1935) in dem Buche „Seestern 1906"
einen künftigen Weltkrieg vorausahnte, obwohl er von später überholten politischen Voraussetzungen ausging und an die Schrecknisse der
Wirklichkeit nicht heranreichte. Strobl kehrte mit dem „Wirtshaus zum
König Przemysl" auf den heimischen Boden zurück, verweilte in dem
Roman „Die Fackel des Hus" in böhmischer Vorzeit und umspannte
nach dem Weltkriege in dem wehmütigen Werk „Prag, Schicksal, Gestalt und Seele einer Stadt" ein weites Rund. Sehr aufschlußreich ist
der Vergleich des von Strobl in einem umfänglichen Buch gestalteten
Bismarck mit den Auffassungen Anton Fendrichs, Walter Bloems
oder dem Epos Gustav Frenssens.

R u d o l f H a a s (1877—1943) macht in „Matthias Triebl" und
„Triebl, der Wanderer", denen sich die Novellen „Triebl - Streiche"
anschließen, das gemächliche Kleinleben des Deutschtums im böh-

mischen Raum lebendig. Der Roman „Egerländer", den Schöpfungen von Hans Nicolaus Krauß benachbart, berichtete sachlich aus diesem Landstrich. Aus böhmischen Kleinstädten erzählte A u g u s t e H a u s c h n e r (1851—1924) in dem Roman „Zwischen den Zeiten". In der „Familie Lowositz" zeigte sie in den Schicksalen einer mittleren jüdischen Familie das national zersetzte Prag, zumal sein Studententum. H a n s W a t z l i k (1879—1948) gab in der „Leturner Hütte" sehr einläßliche Bilder, die er in dem Roman „Der Teufel wildert" humoristisch ergänzte. Ein gleichfalls auf den Ton gelöster Heiterkeit gestimmtes Capriccio war die Novelle „Die romantische Reise des Herrn Carl Maria von Weber".

Die Weite des einst unter der Habsburger Krone geeinten Landes ermißt sich an der Fülle des in die Romane der Landeskinder eingeströmten Lebensgehalts. Friedrich Werner van Oesterens Roman „Ein Kriegsurlaub" spielt in Südtirol, und die Romane von R o b e r t M i c h e l (geb. 1876) erzählten von dem gleichfalls einst von Wien her beherrschten Dalmatien, dessen Zauber auch Hermann Bahr in seinem Reisebericht Ausdruck gegeben hatte. „Die Häuser an der Dzamija" spiegelten lyrisch getönt die Landschaft und eine den Herzpunkt treffende Menschenliebe, wie sie auch aus Michels „Briefen eines Hauptmanns an seinen Sohn" spricht. Von einer eigenständigen und gläubigen Bewegung wird Michels Roman „Jesus im Böhmerwald" getragen. A l f r e d M a d e r n o (geb. 1886) aus Marburg an der Drau erreicht mit seinen Büchern aus Dalmatien wie „Scirocco" nicht die Darstellungskraft Michels.

Die Novellenkunst des O t t o v o n L e i t g e b (geb. 1860, gest. im 2. Weltkrieg) aus Pola umkränzt den adriatischen Küstenstrich der einstigen Monarchie. P a u l Z i f f e r e r (1879—1929) war ein Novellist von geschmeidigem Ton und sehr österreichischer Haltung.

Die große Wanderung deutscher Menschheit nach dem Osten der Monarchie hat A d a m M ü l l e r -G u t t e n b r u n n (1852—1923) in einem Zyklus dargestellt. „Der große Schwabenzug" erzählt mit geschichtlicher Treue und in einem Tone herzlicher Neigung von der Umsiedlung Deutscher in das Banat, aus dem der Dichter selbst stammte. „Barmherziger Kaiser!" und „Joseph der Deutsche" führen das Thema schlüssig weiter, dabei gestaltete der Verfasser zugleich das in manchem tragische Bild des Habsburgers der Aufklärung. Er hat das Banat noch in mehreren Romanen, so in den „Glocken der Heimat", mit volkstümlichem Tone geschildert; immer wieder tritt sein Bekenntnis zum Deutschtum beherrschend heraus, das auch die „Deutschen Sorgen in Ungarn" an den Tag legen. Aus seiner zweiten Heimat Wien schöpfte Müller-Guttenbrunn Stoffe für Novellen und „Altwiener Wanderungen".

Innerhalb des von den Siebenbürger Sachsen besiedelten ungarischen Raumes machte nach Michael Albert A d o l f M e s c h e n - d ö r f e r (geb. 1877) in „Leonore" und „Die Stadt im Osten" die

Eigenständigkeit dieses Lebens in der Zerstreuung anschaulich. A n n a
S c h u l l e r u s (geb. 1869) erzählte in der Mundart der Landschaft
„Himwih". Aus der Zips trug A r t h u r W e b e r (1888—1929) weh-
mütig „Einsame und Verkannte" vor.

Der aus Kronstadt gebürtige H e i n r i c h   Z i l l i c h (geb. 1898)
hat seine Vaterstadt und die Siebenbürgische Heimat in dem Bande
„Flausen und Flunkereien" abkonterfeit. In dem Novellenbande „Sturz
aus der Kindheit" sammelte er sich zu körniger Darstellung. „Zwischen
Grenzen und Zeiten" führte mit innerster Anteilnahme in die für die
Siebenbürger umwälzenden Ereignisse des Weltkrieges mitten hinein.
Den gleichen Weg beschritt der Roman „Der Weizenstrauß".

In eine andere Welt deutscher Diaspora führt das Schrifttum der
Ostseeprovinzen. V i k t o r   v o n   A n d r e j a n o f f (1857—1895)
brachte charmante „Lettische Märchen" dar. Die Romane „Der Mensch
lebt nicht vom Brot allein" und „Das Kreuz im Warndt" von M i a
M u n i e r - W r o b l e w s k a (geb. 1882) besitzen in ihrer weiblichen
Einfügung in diese unter besonderem Vorzeichen lebende Welt heute
bereits den Rang von historischen Dokumenten. H e l e n e   v o n
H o e r s c h e l m a n n (geb. Erdmann, 1874—1934) aus Dorpat plaudert in der Sammlung „Versunkenes" sehr anschaulich aus Livland.
F r a n c e s   K ü l p e (geb. James, geb. 1862, gest. im 2. Weltkrieg)
gehört noch als eine aus der Ferne Mitstreitende zur neuen Frauenbewegung. Ihr Roman „Mutterschaft" wie ihre anderen Erzählungen
legen um die handelnden und leidenden Personen den Rahmen der besonderen Verhältnisse nationaler Zerklüftung.

*

*   *

Die Schweiz, niemals ein eigentliches Randgebiet deutschen Lebens,
sondern trotz ihrer nationalen Selbständigkeit und Besonderheit immer
geistig der gemeindeutschen Strömung zugehörig, wofern sie ihr nicht
den Lauf vorzeichnete, hatte binnen des Realismus einen Hochgrat er-
klommen und wahrte gerade in der Vergegenwärtigung ihres Eigen-
lebens eine Tradition, die sich auf Hegner und Gotthelf, Keller und
Meyer, und nicht nur auf diese, berufen durfte. J a k o b   B o ß h a r t
(1862—1924) hat dörfisches Leben knapp eingegrenzt und mit erziehe-
rischer Wärme umhegt, ohne diese pädagogische Absicht merken zu
lassen. „Erdscholle" und „Opfer" seien als besonders charakteristisch
genannt. A d o l f   V ö g t l i n (geb. 1861) war in seinem Realismus
herber als Boßhart. Sein in der Anlage an Kellers Vorbild erinnernder
Roman „Heinrich Manesses Abenteuer und Schicksale" ist von lebendiger Heiterkeit erfüllt, besonders liebenswürdig sind die „Pfarrherrn-
Geschichten". M e i n h a r d   L i e n e r t (1865—1933) schrieb schweizerische Erzählungen, Krippenspiele und seine Kindheitserinnerungen,
die alle ein gemüts- und blutwarmer Ton auszeichnet. Der bedeutendste
Erzähler im Schweizer Dialekt ist R u d o l f   v o n   T a v e l (1866 bis

1934); sein wesentlichstes Werk ist in Berner Mundart der Roman „Meister und Ritter". Carl Albrecht Bernoulli (geb. 1868) stellte in seinem hochdeutschen *Roman „Der Sonderbündler" den Sonderbundskrieg in den Mittelpunkt, der in der Schweiz den Bewegungen von 1848 präludierte und auf Gottfried Kellers Geschichts- und Staatsauffassung von hohem Einfluß war. Von leichterer Haltung ist „Ull, der zu frühe Führer". Eine sehr feine Feder führt Hugo Marti (geb. 1893). Der Baseler wird mit einer erstaunlichen Einfühlungskraft einer völlig anderen Landschaft gerecht, indem er im „Haus am Haff" eine mit spürsamen Sinnen gefügte Erzählung aus dem Moorbruch nahe dem Kurischen Haff vortrug. Der vortreffliche Feuilletonist Fritz Marti (1866—1914) dichtete die betont schweizerischen ganz in Lyrik getauchten Novellen „Sonnenglauben" und die dem Züricher Leben zugewandte Erzählung „Die Stadt". Der Biograph Gottfried Kellers Emil Ermatinger (geb. 1873) hat in dem Bande „Weggenossen" Novellen aus der Schweiz von kräftigem Umriß geschaffen. Eine ungewöhnliche Begabung für abseitige Probleme erwies Lisa Wenger (geb. 1858) in ihrem Roman „Die Wunderdoktorin" und besonders in ihren Novellen aus dem Tessin.

Nachdem Jakob Christoph Heer (1859—1925) anschauliche und viel gelesene Reisebücher über den Engadin, den Bodensee und andere Schweizer Landschaften gegeben hatte, erfüllte er mit stark romantischem Einschlage in seinem Roman „An Heiligen Wassern" den schon von Eyth und Stegemann umrungenen Wunsch nach einem die Gletschergefahren verhütenden Schutzwerk. In den „Heiligen Wassern" gelingt dem Ingenieur nicht nur die Abwehr, sondern auch die Nutzbarmachung der Gletscher. Seine innige Neigung zu einer gleichgesinnten Frau ist als zweites Motiv der spannenden Romanhandlung verwoben, und die heiße Heimatliebe des Dichters formt in den hinreißenden Schilderungen der Gebirgs- und Gletscherwelt den passenden Rahmen. So konnte der große Erfolg dieses Erstlingsromans nicht ausbleiben; er wurde von dem nach drei Jahren erscheinenden „König der Bernina" noch überboten. In diesem Roman eröffnet eidgenössischer Bürgerfleiß einem Landesteil von karger Lebensführung die Aussicht in ertragreichere Zukunft. Christlich-soziale Bestrebungen von Schweizer Pastoren bilden den Inhalt von „Felix Notvest", unter deren Einfluß der Titelheld, ein Pfarrer, sein Amt aufgibt und seine ganze Kraft für Arbeiter einsetzt. Er hatte im Beginn seiner dichterischen Laufbahn „Im Ballon" von Luftfahrten eines Flugkapitäns berichtet und verweilte in dem Roman „Der Wetterwart" bei diesen Fragen — vor ihm hatte Adalbert Stifter sich in den „Studien" zu ähnlicher Höhenschau aufgeschwungen. Dem gleichen Thema galten „Die Luftfahrten des Herrn Walther Meiß". „Der Joggeli" ist ein autobiographischer Entwickelungsroman.

Hermann Kurz, zum Unterschiede von dem schwäbischen Genossen Heyses der Schweizer genannt, (1880—1933) hat in den „Guten

von Gutenberg" und in dem Roman „Sie tanzen Ringel-Ringel-Reihn"
in lebensvoller, sehr schlichter Art schweizerisches Leben gezeichnet.
Goswina von Berlepsch (1845—1916), eine in der Schweiz
eingelebte Thüringerin, hat in kraftvollen Novellen wie in der Sammlung „An Sonnengeländen" die Alpenwelt und besonders Züricher Menschen und Begebenheiten gestaltet. Auch der aus dem Rheinland stammende Victor Hardung (1861—1919) hat nach Märchen und
Legenden in dem Roman „Die Brokatstadt" die eigentümlichen und
zum Teil altständischen Verhältnisse von St. Gallen in selbständiger Auffassung geschildert. Maria Waser (geb. Krebs, 1878—1939) schuf
den Familienroman in bedeutender Auffassung. „Die Geschichte der
Anna Waser", ihr erschütterndes Schicksal am Ende ihres Daseins nach
einem glückerfüllten Leben und die Haltung, in der sie es erträgt, geht
jedem Leser tief zu Herzen. Ein gleicher Mentor ist ihr „Sinnbild des
Lebens". Sie ist die Biographin Joseph Viktor Widmanns und Ferdinand Hodlers.

Heinrich Federer (1866—1928) hat in einer Reihe humoristisch belebter Romane wie „Jungfer Therese" und „Spitzbube über
Spitzbube" die Schweiz realistisch charakterisiert. Die „Lachweiler Geschichten", mit denen er begann, erwiesen noch keine Eigenart. In
„Berge und Menschen" stellte der Verfasser uns die entstehende äußere
und innere Umwälzung durch das Eindringen neuzeitlicher Technik in
altbäuerliches Wesen vor Augen, ein Thema, das ein Jahrhundert hindurch sehr verschiedene Stilwandlung erfahren hat. Der Darsteller des
Heiligen Franz von Assisi erhob sich auf den Spuren Conrad Ferdinand
Meyers zu geschichtlichen Novellen von besonderer Eindringlichkeit und
farbiger Echtheit in den knappen Meisterstücken „Sisto e Sesto" und
„Das letzte Stündlein des Papstes", in denen die Gestalt des Heiligen
emportaucht. Der Bauer Alfred Huggenberger (geb. 1867)
erzählte in „Die Bauern vom Steig" und „Die Frauen von Siebenacker"
anschaulich aus dem Schweizer Landleben. Er gemahnt in manchem an
den bäuerlichem Wesen ganz hingegebenen Franz Michael Felder. Ein
weiteres Gebiet steckte sich Johannes Jegerlehner (1871 bis
1937) in seiner „Petronella" ab. Er hat auch Märchen geschrieben. Paul
Ilg (geb. 1875) hat im „Landstörzer" einen vom Schweizer Boden
aufsteigenden, zu fernen Aussichten führenden Bildungsroman geschaffen, der bei einer gewissen stoßweisen Entwickelung durch seine
lyrische Beschwingung fesselt. „Die Brüder Moor" zeichnen sich durch
anschauliche Charakterisierung der Personen aus.

Jeremias Gotthelf hatte mit volkserzieherischer Absicht vor dem
Niedergang bäuerlichen Wesens gewarnt. Mit jugendlicherem Zudrange
modelte Felix Moeschlin (geb. 1882) in seinen „Königs-
schmieds" den gleichen Stoff mit einer Fülle verschieden gehaltener Gestalten. Von sicherer Zuständlichkeit in menschlicher und örtlicher Kontur
ist der „Amerika-Johann". Ein gewandter Redner in der Mundart ist
der Novellist Josef Reinhart (geb. 1875). Robert Faesi

(geb. 1883) hat in der Novelle „Das poetische Zürich" in den Rahmen der Vergangenheit dieser geistigen Hauptstadt der Eidgenossenschaft sowohl die Gestalt des alten Bodmer als auch die des jungen Pestalozzi mit feinem Strich eingefügt. Daß der Verfasser auch auf anderem Felde sicherging, bewies die Novelle „Der König von St. Pélagie" aus der Französischen Revolution. Voll munterer Heiterkeit ist das Idyll „Füsilier Wipf", das Faesi, der der Eigenart Spittelers feinfühlig gerecht wurde, als einen selbständigen Fortbildner Kellerscher Überlieferung erweist. Unter den Novellisten vom Züricher See sei noch R o b e r t J a k o b L a n g (geb. 1889) genannt, der auch die „Neue Schweizer Bibliothek" herausgibt.

J a k o b S c h a f f n e r (1875—1944) hat in seinen „Irrfahrten" mit gleicher warmer Anschaulichkeit das Leben in der schweizerischen Grenzstadt Basel geschildert, wie er das Schusterhandwerk mit seiner Kundschaft umfaßt. In den unter der Aufschrift „Die Laterne" vereinten Novellen gibt er sich liebevoll dem Gegenständlichen aus engerem Kreise hin. Der Roman, zu dem sich Schaffner dann sammelte, ist ein Seitenstück zum „Leben auf der Walze" von Kirchbach, dieser „Hans Himmelhoch" ist ein Sinnierer, der sich mit den Wanderschuhen zugleich ein wenig den Seelenrost abzulaufen vermag. Aber erst im „Konrad Pilater" zwingt Schaffner diesem Stoffe das Höchste ab; aus dem Genrehaften kommt er zu einer runden Menschendarstellung, innerhalb deren ein die Drastik nicht scheuender Humor erblüht. Dabei grüßt sein Schuhmacher Konrad, ohne daß diese Paten genannt werden, Jakob Böhme und den Vater des Hungerpastors als Handwerksgenossen. Nach Thüringen führt „Der Bote Gottes" in geschichtliche Ferne: hier sammelt ein aus der Schweiz stammender Lehrer nach dem Dreißigjährigen Kriege die Bewohnerschaft eines brandzerstörten Dorfes samt versprengten Fremden und hält sie zu frischer Aufbauarbeit innerhalb grausenhafter Zerstörung an. Dieser Bote Gottes ist von seinem hohen Auftrage so erfüllt, daß er nach Vollendung des Werkes schweigsam ins Unbekannte entschwindet. Im „Dechanten von Gottesbüren" und in der „Weisheit der Liebe" stellt der Verfasser einen Mann zwischen zwei Frauen — das erste Buch endet trostlos-tragisch, das zweite übersteigert die Geschehnisse durch eine wohl symbolistisch zu nennende, eigenartige und spitzfindige Seelenkunde. Wie in seinen Anfängen hat Schaffner auch später Novellen schön gerundet und psychologisch vertieft.

A l b e r t S t e f f e n (geb. 1884) erlebte nach Jugendjahren in der Heimat den ersten Weltkrieg in München und fand den Anschluß an die anthroposophische Bewegung Rudolf Steiners. Die in seinen Büchern mit psychologischem Spürsinn aufgezeigten Probleme erwachsen aus diesem mythischen Glauben und dokumentieren die Überwindung des Materialismus durch die sittliche Kraft des reinen Menschen. „Ott, Alois und Werelsche", „Der rechte Liebhaber des Schicksals" und „Sucher nach sich selbst" variieren das Thema der Rettung durch den

Geist helfender Liebe. Bereits in seinem ersten Roman „Die Welt in
Ingoldau" erwies sich M e i n r a d I n g l i n (geb. 1893) trotz einer
noch zu breiten und flächigen Anlage als ein guter Beobachter aller
seelischen Regungen der Einwohner eines kleinen Städtchens. In dem
„Grand Hotel Excelsior" formte er das Aufbäumen des selbständigen
Geistes gegen die Allmacht des mechanischen Organismus mit dichterisch
überzeugender Kraft. E r n s t Z a h n (geb. 1867) ist deutschen Lesern
zuerst durch Rodenbergs „Deutsche Rundschau" vertraut geworden, die
Kellers und Meyers späten Meisterwerken die Druckstätte bot. Seine
Jugendheimat waren der Gotthardtpaß und das Maderaner Thal, die
Schluchten, welche die Reuß durchströmt. In diese Umwelt, wo dem
kargen Boden mühsam die Frucht abzugewinnen ist, hat Zahn seinen
ersten historischen Roman „Erni Behaim" hineingestellt.

Wie Jeremias Gotthelf auf das Elend der „meisterlosen" Knechte
hinweist und ihnen seinen Uli gegenüberstellt, so zeigt Zahn mehr als
einmal den Untergang haltloser Menschen. In der Violanta Zureich des
Novellenbandes „Schattenhalb" steigt eine Frau aus verkommenem Hause
in eine lichtere Welt auf. Mit feiner seelenkundiger Spürkraft zeichnet
er knapp die aus der Vergangenheit sich emporreckende Mahnung. Die
musterhafte Wirtin und Mutter hatte sich in unbewachter Stunde dem
geilen Bruder ihres Mannes hingegeben — da er wieder auftaucht und
mit Ansprüchen droht, stößt sie ihn vom Gebirgsgrat in den Tod und
hält über sich eine Art Gericht, das ihr Bild bei Mann und Kindern
nicht entstellen kann. Mit symbolischer Geltung stellt der Autor das
Standbild des Reformators Zwingli in die „Verena Stadler" hinein, in
der wiederum eine Frau zur Lebensmeisterin wird. In einer sehr keu-
schen Novelle, „Keine Brücke", malt er ein Ehegeschick, darin ohne
Schuld zwei Menschen aus zwei geschiedenen Sphären sich nach dem
ersten rauschhaften Miteinander auseinanderleben; der zart organisierte
Mann schwindet wie ein Licht, dem die Nahrung fehlt, dahin, ohne daß
die Gefährtin in ihrer robusten Daseinsgelassenheit den Grund dieses
von einer seelischen Versehrung bewirkten Hingangs ahnt — ein Fall
schuldlos-schuldiger Verstrickung. In der „Clari-Marie" zeichnete er
den Konflikt zwischen einer starren, ganz in sich und der Tradition
beruhenden Vergangenheit und einer neuen blühenden Gegenwart,
zwischen denen es, wie in jener Novelle „keine Brücke" gibt. Mit allen
gesetzlichen und ungesetzlichen Mitteln, die aber doch aus einem starken
und ehrlichen Charakter entspringen, wehrt sich diese Hebamme, Ärztin
und Beraterin eines ganzen Bergdorfes oben am Abhang gegen die neue
Zeit und will ihr Dorf vor dieser bewahren, bis der junge Arzt, ihr
Neffe, mit seiner stillen und ganzen Kunst da eingreift, wo ihre ebenso
stille, halbe, ländliche nicht mehr ausreicht. Heldisch bleibt sie doch
wie Marianne Denier in „Die da kommen und gehen", deren Gerechtigkeit freilich die wahre ist, während die der Clari-Marie nicht immer
von Selbstgerechtigkeit fern bleibt. Das tragische Erlebnis dieser Frau
ist vergleichbar dem des Pfarrers in „Einsamkeit", nur daß dieser an

dem Beharrungsvermögen der Welt um ihn scheitert, in die er mit dem ganzen heißen, von jugendlichem Erlöserdrang erfüllten Eifer eintritt. Fahle Schatten breiten sich über die Naturen, die „schattenhalb" wohnen oder erst im Tode des Firnwinds reinigende Kraft verspüren. Der lichte Widerschein der Höhen aber, der die Schatten überwindet, liegt im vollen Glanze auf der Gestalt Lukas Hochstrassers in „Lukas Hochstrassers Haus". Da sehen wir den Mann, dessen Statur noch einmal die hünenhaften Helden der frühesten Zahnschen Schriften zurückruft, eben Witwer geworden, in bäuerlicher Weise den Kindern sein Erbe übergeben. Er muß das Werk Faden für Faden wieder aufnehmen, da die Söhne haltlos auseinanderstreben, er muß, die noch zu retten sind, wieder einsammeln, die Toten begraben, durch ihre Schuld zersprengtes Glück heilen und führt das alles mit der gerechten Kraft eines hellen, festen Menschen durch. Selbst eines jungen Weibes Liebe wird dem Alternden noch ungesucht zuteil, und mit der sonnigen Ruhe seiner vollen, über ihnen allen waltenden Männlichkeit nimmt er dies Gottesgeschenk nicht an. Diese Gestalt bleibt in ihrer großen Umgebung unter den Schneehäuptern und am Bergsee, über den das Leben der Stadt zu Heil und Unheil seine Boten schickt.

War in den „Frauen von Tanno" durch das Bluterproblem ein abseitiges Motiv zutage gekommen, so enthielt „Nacht" in ihrem nur aus dem inneren Licht gespeisten Leben einer Blinden ein schlüssiges Seelengemälde, das in „Lotte Eßlingers Wille und Weg" und „Jonas Truttmann" mit der gleichen Gründlichkeit vertieft wurde. In diesem Betrachte ist ein Vergleich von Ernst Wicherts littauischer Geschichte „Mutter und Tochter" mit Ernst Zahns „Frau Sixta" tief bezeichnend. Wicherts Urte, von der Ausstrahlung christlicher Sittengesetze unberührt, bleibt sich selbst treu, als die Tochter mordet und den Schauder des diese liebenden Gatten nicht begreift; bei Zahn gibt seine Heldin aus eigenem Überwinderwillen den Mann an die Tochter. Die gehaltene Fassung einer pflichtvoll über dem Alltage waltenden Lebensreife und -meisterung verklärt sein Werk auch in der „Blancheflur", einer glühenden Liebesgeschichte von völlig romantischer Einstellung. Die Weite des Raumes, den Zahn auf der Höhe seiner reifen Kunst umfaßte, erweist der Roman „Tochter Dodais" mit seinen tragischen biblischen Gestalten. Der Nachdruck ruht nicht auf dem Geschichtlichen an sich, sondern auf zeitgerechter Schilderung der Heimat und ihrer Bewohner: Urner Volk vor einem halben Jahrtausend. Die Natur ist kaum verändert; der murmelnde Alpbach strudelt im gleichen Bett. Die verschiedenen Stufen, die im Gefolge des Realismus die durch den Naturalismus zu neuer Anschauung erzogene Heimatkunst erreicht, lassen sich vielleicht nicht klarer in ihrem Aufstieg deuten als im Schrifttume Ernst Zahns. Über die Schilderung von Brauchtum und Herkommen einer Landschaft erheben sich Konflikte, die nur in dieser Umwelt, unter den besonderen Bedingungen von Luft und Licht, Sitte und Leben einzelner Landschaften ausgefochten werden können. Auf der höchsten

Stufe steht der Mensch als Mensch im Vordergrunde; er ist die Hauptsache, wie er für uns der Erde Mittelpunkt ist. Nun sind die Konflikte
allgemein menschliche, mögen sie tragisch oder humoristisch ablaufen;
nur die besondere Färbung, die angeschmiegte Lebenstreue gehören der
Heimat an; sie versetzen diese Menschen in einen umgrenzten Kreis, dem
wir sie als ganz zugehörig empfinden. So hat diese Heimatkunst, deren
vornehmste Meister über den eigenen Bezirk in die Ferne der Welt und
der Phantasie auszuschreiten vermochten, aus dem ganzen Gebreite
zwischen den die Nordküsten bespülenden Meeren, dem Alpenwall, den
Grenzmarken des Westens und der Diaspora des Ostens eine Ernte eingeheimst, aus der gerade nach den das deutsche Schicksal erschütternden
Katastrophen des letzten Menschenalters die Zukunft aus einer schmerz-
voll umrungenen Vergangenheit zu schöpfen haben wird.

5. Neuromantik

Der Kunst des Naturalismus hatte Arno Holz Wahlspruch und Programm gegeben. Wie skeptisch selbst ein so vorurteilsloser Betrachter
wie Theodor Fontane der neuen Bewegung gegenüberstand, haben wir
gesehen. Auf die sich hinter dem neuen literarischen Stile bergende,
ihn beschwingende soziale Anschauung ward bereits hingewiesen. Dem
naturalistischen Drama und Roman entsprach eine neue Ausrichtung der
Malerei und Graphik, die sich des Lebens der Dürftigen und Übersehenen annahm. Wie Gerhart Hauptmann das Weberelend des Eulengebirges dramatisch schilderte, Hermann Sudermann die Rückkehr der
Proletarier von 1815 im Roman darbrachte, so stellte Fritz von Uhde
seinen Christus in die Hütte des Tagelöhners, und in der Kunst von
Käthe Kollwitz erreichte solche Menschendarstellung ärmster Mütterlichkeit ihre bezwingende Höhe. Der Rückstoß gegen eine so einseitig
eingestellte Lebensbetrachtung erfolgte, ehe die Bewegung auch nur auf
dem Höhepunkte angekommen war. In schroffer Abkehr vom Prinzip
des Naturalismus, mit ausdrücklicher Hinwendung zu einer symbolischen
und pathetischen Schau begann unter Stefan Georges Führung schon im
Jahre 1890 der Kreis der „Blätter für die Kunst" seine dichterische
Arbeit. In der Malerei wurden symbolische Motive versucht. Sowohl
Hauptmann wie Sudermann schritten zur Dramatisierung romantischer
Stoffe in einem naturalistischer Formung fremden Tonfall vor. Im
Jahre 1889 waren „Papa Hamlet" von Holz und Schlaf und der
„Katzensteg" Sudermanns erschienen, 1892 brachte Hauptmann den
„Bahnwärter Thiel" — in dem gleichen Jahre erschienen „Die Erinne-
rungen von Ludolf Ursleu dem Jüngeren" von R i c a r d a H u c h
(1864—1947). Über diesem Lebensbericht schattet das Schrecknis der
Choleraepidemie zu Hamburg. Adalbert Meinhardt, Charlotte Niese,
Jakob Löwenberg hatten, jeder nach seiner Art, diese Schickung im
Roman mit realistischer Hingebung gestaltet. Ricarda Huch erhob diese
Menschen in eine andere, dem Zudrange des Tages abgewandte Atmo-

sphäre. In einer nordischen Stadt zieht ein müdes Geschlecht, in dem ganz zuletzt noch einmal starke Leidenschaften emporsteigen, ohne zum Glücke zu geleiten, an uns vorüber. Diese fremdartig feinen Patrizier von uraltem Blut, schön in jeder Bewegung, unwirklich im gemeinen Sinn, erfüllen ihr Schicksal. Man wird vor ihrer Erscheinung an Dehmels Wort aus der „Lebensmesse" erinnert; „die dem Schicksal gewachsen sind". Selbst wo diese Menschen den Alltag erleben, empfinden sie ihn mit feineren Sinnen. Wir glauben sie nicht in der deutschen Handelsstadt, wir sehen sie vielmehr in einem romantischen Gemeinwesen und fühlen uns an Klänge der ältesten Romantik, zumal an Novalis, erinnert. Dennoch vermag die Kunst der Dichterin uns die Leidenschaft von Ezard und Galeide und ihr Gegenspiel, die rasch aufblühende Liebe zwischen einem Südländer und derselben schönsten Frau als wirkende Herzensmacht darzustellen. Wir wissen von vornherein, daß dies alles tragisch enden wird, und leben dennoch Glücksbewußtsein und Glückshoffnung mit. Wir sind geneigt, mit dem Erzähler der Erinnerungen, den eben nur ein Hauch der Leidenschaft, aber nicht die ganze Leidenschaft selbst trifft, zu seinem Bericht zu sagen: „so waren die Verhältnisse unseres Lebens, daß, wie wir eben noch im Frieden wie Kinder miteinander geplaudert hatten, ein Wort, ein Hauch plötzlich den ganzen Wust von Argwohn und Qual in Bewegung bringen konnte, daß er verheerend auf uns hereinzubrechen drohte." In solchen Lebensausbrüchen wird die Erinnerung, nicht nur an Novalis, sondern auch an Hölderlin und Diotima wach. Über das Geschehen recken sich in stummer Winternacht vor dem Erzähler die ganz von ihrer Liebe gepackten Menschen, „hoch aufgereckt und majestätisch, wie etwa ein Steuermann auf einem untergehenden Schiffe, der die verschlingenden Wellen herankommen sieht und unerschüttert auf seinem Platze ausharrt." Inmitten aller sich zusammenballender Düsternis empfinden wir wiederum mit Ludolf Ursleu selbst: „so ist die Freude geartet, daß sie nur minutenlang bei den Menschen verweilt; aber wie sie jede Handvoll Erdenstaub, den ihr seeliger Finger berührt, in Gold und Purpur verwandelt, so gibt sie diesen Minuten den Wert und Gehalt von Stunden und Tagen, so daß man oft wähnt, man habe sich jahrlang gefreut und einen Tag lang getrauert, wenn es in Wirklichkeit gerade umgekehrt gewesen ist oder schlimmer."

Die Dichterin deutet in solchen Worten des vorgeblichen Berichters selbst auf die märchenhafte Unwirklichkeit des Erzählten, das nun doch in einem höheren Sinne eine volle künstlerische Wahrhaftigkeit empfängt. Der schön geschlossene Aufbau dieses ersten, einen neuen Anbruch, nicht nur für Ricarda Huch bedeutenden Romans wiederholt sich in den Lebensskizzen „Aus der Triumphgasse". Mit einem Traumbilde setzen die qualvollen Geschicke der untersten Schicht einer italienischen Stadt ein und führten zwischen Menschen, in denen etwas Ungewöhnliches webt, deren fast alltägliche Erlebnisse durch die Seelen, die sie tragen, eine Art Adel haben.

Während „Vita somnium breve" in anderer Wendung die Thematik des „Ursleu" wieder aufnimmt, ist „Von den Königen und der
Krone" in eine abseitige Welt am Adriatischen Meere gebannt. Menschen von fürstlichem Blut, Sprößlinge eines längst entthronten Herr-
scherhauses scheinen zunächst in einem schier unentwirrbaren Knäuel
buntester Ereignisse hängen zu bleiben; aber was wüst, ohne Zuammen-
hang, wie eine sinnlose Folge halbverständlicher Träume erschien, wächst
unter der führenden Hand zu schimmerndem Leben auf, einem Leben,
das dem Treiben und der Art gemeiner Menschen fern ist und von einem
Glanze vergangener Sage und einem Hauch verwehter Poesie über-
gossen wird.

Auf einen ganz anderen wirklichen Boden trat Ricarda Huch mit der
Brieferzählung „Der letzte Sommer". Da kommt ein junger Angehöriger der russischen Revolutionspartei als Privatschreiber auf das
Landgut des Gouverneurs, der in einer Gerichtsverhandlung gegen andere gefangene Hochschüler den Vorsitz führt. Des Entsandten Auftrag ist, den verhaßten Mann aus dem Leben zu schaffen. Der
junge Revolutionär umstrickt alle, den Sohn wie die Töchter, aber
auch ihn selbst umfängt es mit feinen Fäden, ihn ergreift das
innige Familienleben, zumal die Liebe der Gouverneurin zu ihrem
Manne und das ganze gütige, väterliche Wesen des im Dienste strengen
Beamten. Aber der Auftrag muß und wird mit allem Raffinement erfüllt. Die Kinder sind verreist; wir lesen den letzten Brief, den der
Vater an sie schreibt, während seine Frau hinter ihm steht, und der bei
dem ersten Buchstaben seines Namens abbricht, weil, wie wir wissen,
der Druck auf dies Zeichen der Schreibmaschine das in ihr verborgene
Höllenwerk auslöst. Nichts von den tieferen Untergründen der Revolution und ihrer Gegnerschaft wird gegeben, nur eine in blassen Herbst-
farben gemalte, lyrisch durchleuchtete und mit Absicht nirgends vertiefte Charakterisik — letzter Ausklang eines Glückes, das sich innerhalb
gärender politischer Kämpfe nicht behaupten darf.

Diese in sich geschlossene Erzählung steht ganz für sich innerhalb
der Werke, die Ricarda Huch seither auf anderen Bahnen geschaffen
hat. Die Dichterin hat in zwei durch die Kennzeichnung der Menschen
und Künstler höchst eindrucksvollen Büchern „Blütezeit und Verfall der
Romantik" ein weitgespanntes literarhistorisches Wissen bewährt, dem
sich überall dichterische Einfühlung verband. Auch auf dem Gebiet der
allgemeinen Geschichte hat sie selbständige und eigenartige, der Dichtung noch näher stehende Bücher geschrieben, „Das Risorgimento" und
„Das Leben des Grafen Federigo Confalonieri". Das erste enthält sieben
Bildnisse aus der Zeit der gewaltsam erstickten oberitalienischen Bewegung zur Losreißung von Österreich, Menschen, die viel verschwie-
gener als spätere Kämpfer handeln mußten, mehr heldische Dulder als
handelnde Helden. Die Darstellung erscheint fast leidenschaftslos, und
doch liegt in den ruhig aneinandergereihten Sätzen die ganze unterdrückte Leidenschaft der Jahre, wir fühlen den beherrschten Pulsschlag

der Männer, die ein erbärmlicher Henker so lange einsperrte, bis die
Festungshaft, deren kleinste Schritte er selbst regelte, Leib oder Geist
gebrochen hatte. Der Lebenslauf des Grafen Confalonieri ist vollends
von größter Schönheit in seinen Abmessungen, geschrieben in einem
klaren, geschichtlichen Stil, der auf jeder Seite die Dichterin verrät. Wir
meinen, Gebärde und Miene, jeden Blick des jungen, blühenden und des
alten, welken Grafen zu sehen; dieser uns fast fremde italienische Politiker wird uns eine vertraute Erscheinung, tritt neben die Figuren, die
uns Ricarda Huch früher rein aus ihrer Phantasie geschenkt hat.

Einen beherrschenden Träger des ganzen italienischen Freiheits-
kampfes, den in der jungdeutschen Zeit oft dargestellten Garibaldi, hat
Ricarda Huch in den „Geschichten von Garibaldi" verbildlicht. Der
Untertertitel Roman, den die einzelnen Bände tragen, weckt Erwar-
tungen, welche die Verfasserin selbst auf das rechte Maß zurückführt,
indem sie im Obertitel von „Geschichten von Garibaldi" spricht; denn
es handelt sich um lose verbundene Erzählungen, innerhalb deren es
nicht leicht ist, den Faden der Ereignisse festzuhalten. Dennoch zieht
uns der starke romantische Impressionismus, mit dem hier Glied an
Glied gereiht wird, ganz in seine Kreise. Wenn der Priester Ugo Bassi
in einem Traum eine edle Frau, das leidende Italien, nach dem Retter
rufen gehört hat und auf den dritten Ruf eine Stimme antwortet:
„Ich!" — so sind wir geheimnisvoll eingestimmt auf die Lösung des
Traumrätsels. Bassi erwartete die Stimme des neuen Papstes zu hören
und ist enttäuscht, als er diesen zum ersten Male reden hört. Mit Entzücken erkennt er in Garibaldis Stimme diejenige der Traumerschei-
nung. Solche geheimnisschwere Ausdeutung folgt einander immer
wieder. In gleicher dichterischer Weise beseelte Ricarda Huch Wallenstein und den Freiherrn von Stein und ließ in der Beschreibung von
Städtebildern und der Bewegung von 1848 Darbietungen deutscher Vergangenheit zu neuem Leben erstehen.

In dem dreibändigen Buche „Der große Krieg in Deutschland" führte
sie nicht wie einst Friedrich Schiller in genetischer oder pragmatischer
Art das schicksalhafte Geschehen mit dem ganzen Auftriebe der widereinander handelnden Mächte und Konfessionsparteien vor; sie lenkte
alsbald mitten in die Kämpfe hinein und gab nacheinander Ausschnitte
aus den sich über ganz Deutschland und Mitteleuropa hinziehenden
Schlachten. Wie in seiner balladischen Sprachgewalt Detlev von Liliencron mit Szenen aus der Winterschlacht von 1871 den Siegespreis
trommelwirbelnd empordröhnen ließ, wie Richard Dehmel in eine düster-
schwere Ballade das über dem russischen Feldzuge Napoleons waltende
Sturzbild zu bannen wußte — so brachte, mit ihren Stilmitteln einer
scheinbar nüchternen, doch zu schwingendem Ausdrucke beseelten Prosa
Ricarda Huch das von Grenze zu Grenze lastende deutsche Schicksal
in seinem die Ernte von Generationen zerstampfenden dämonischen
Gange zu gültigem Ausdruck. Immer erhebt Ricarda Huch innerhalb
rein sachlicher Schilderung das Lebensgefühl ihrer Gestalten zu schwe-

bender Höhe — Mitgabe ihrer in frühen und späten Dichtungen aus erfülltem Herzen gespeisten lyrischen Anlagen. Die Braunschweigerin ist in der Schweiz unter der geistigen Patenschaft von Keller und Meyer herangereift. Wir empfinden die Schulung an dem großen Wiederbeleber der Geschichte Conrad Ferdinand in dem Aspekte, zu dem Ricarda Huch nun freilich in i h r e m Stile gelangte; und wir begegnen in ihren schönen Mären „Mondreigen von Schlaraffis" und „Seifenblasen" der Ausstrahlung Gottfried Kellers und seiner Legenden. Seltsam steht zwischen den Romanen die Kriminalgeschichte „Der Fall Deruga". Und dankbar hat Ricarda Huch Jugenderinnerungen aus der Schweiz dargebracht.

Ihr Bruder R u d o l f H u c h (1862—1944) ist zuerst mit scharf beobachtenden Randglossen zur Zeitbewegung hervorgetreten und hat in dem Buch „Mehr Goethe" ein vom damaligen Naturalismus zum klassischen Humanismus zurückweisendes Credo gegeben. Er hat Romane von scharfer Lebensbeobachtung, so „Die Familie Hellmann" und „Die beiden Ritterhelm", geschrieben, in denen barocker Humor sich auslebt. „Der tolle Halberstädter" ist eine lebhaft und anschauliche geschichtliche Novelle. In den „Rübenstädtern" gab Huch ein humoristisches Kleinstadtidyll. Völlig romantisch sind „Brinkmayers Abenteuer", eine Eulenspiegelei von überraschender Führung. Auch das „Spiel am Ufer" ergeht sich in romantischem Bezirk.

Der dritte Dichter aus diesem Stamme, F r i e d r i c h H u c h (1873—1913) erschien zunächst in manchem Rudolf verwandt, insbesondere in der gelösten Heiterkeit seines Romans „Peter Michel", bei dem wir Motive von Jean Paul vorfinden. In den „Geschwistern" stellte Friedrich Huch Menschen von einer über dem Alltag erhobenen Lebenshaltung dar, die ihr eigentliches Wesen in eine lockende Traumwelt ruft, wie denn Huch „Träume" in sorgsamem Aufriß verzeichnet hat. Ganz im Fahrwasser der „Geschwister" und ihrer Fortsetzung, der „Wandlungen", lag der musikalische Roman „Enzio". Hier findet ein innerst unsicher gewordener Künstler keinen andern Ausweg als den freiwilligen Tod. „Pitt und Fox, die Liebeswege der Brüder Sintrup" lenken wieder zu dem „Peter Michel" zurück, übertreffen ihn aber in der Durchführung der beiden tragenden Charaktere bei weitem. Die beiden Brüder werden mit einer verhaltenen Ironie geschildert, die zwischen den Leser und die Darstellung eine gewisse Entfernung legt, aber trotz aller Kühle dieser Betrachtungsart eine außerordentlich scharfe und fröhliche Profilierung der Gestalten freigibt. Auf dem anderen äußersten Wagebalken im Werke Friedrich Huchs steht der tragische Roman „Mao", darin ein zu künstlerischem Aufschwung berufener Knabe in die Leere eines unerfüllten Daseins sich zu Grunde lebt.

Der vierte Angehörige dieser Künstlerfamilie, F e l i x H u c h (geb. 1880) hat in zwei Romanen von romantischem Klange und musikalischer Resonanz den jungen Beethoven und „Beethovens Vollendung" dargestellt.

Auf den gemeinsamen braunschweigischen Heimatboden führte Friedrich Huchs unvollendet nachgelassener Roman „Karl Wilhelm Ferdinand", mit dem dieser Enkel Friedrich Gerstäckers zugleich in den Lebenskreis eintrat, den die Schöpfungen Wilhelm Raabes ausgemessen haben.

In der lyrischen Sprache Ricarda Huch verwandt erscheint I r e n e F o r b e s - M o s s e (geb. Gräfin Flemming, 1864—1947), eine Enkelin Achims und Bettinas von Arnim. Ihre Novellen „Das werbende Herz" sind von dem Tone durchklungen, der als ererbte Melodie vom Rheine her dieser Familie eignet.

T o n i S c h w a b e (geb. 1877) brachte in der „Hochzeit der Esther Franzenius", besonders aber in dem Roman „Die Stadt mit lichten Türmen" romantische Elemente zum Ansatz. Sie hat dann in mehreren Schriften Goethes Leben dargestellt und besonders in „Der Ausbruch ins Grenzenlose" eine festere Haltung gewonnen. Die „Malergeschichten" und die „Geschichten vom Sande" von B e a t e B o n u s (geb. Jeep, geb. 1865) wirken durch ihre Zartheit.

Als einen Nachfahren der Romantik trieb M a x D a u t h e n d e y (1867—1918) eine Unrast nach dem Norden, dann nach Südamerika und Griechenland, und überallher erntete seine sehr persönliche Lyrik volle, zuweilen absonderliche Frachten. Sein erster Roman „Josa Gerth" ist noch nicht zum Kunstwerk gediehene Lebensrechenschaft aus nordischem Umkreis. In dem zweiten, bei weitem gedehnteren Buche „Raubmenschen" gelangen die Abenteuer unter der heißen Sonne Mexikos niemals zu künstlerischer Geschlossenheit, sondern werden verschwemmt. Die ungewöhnlichen, lyrisch überströmten Erzählergaben Dauthendeys erheben sich bis zu einem magischen Tonfall in den asiatischer Welt abgewonnenen Erzählungen „Lingam" und den „Acht Gesichtern am Biwasee". Hier lebt in einem fremdartigen Rahmen eine Kunst, die mit behutsamer Fügung die Fäden von Herzensbewegungen ebenso zart bloßlegt, wie sie den Zauber ferner Landschaft vergegenwärtigt. Dauthendeys Schwester E l i s a b e t h D a u t h e n d e y (gest. 1947) folgte der gleichen romantischen Spur; die anmutigste ihrer Novellen ist „Die schöne Mauvaine". Ihre schweifende Phantasie hat das geheimnisvoll raunende Märchen „Akeleis Reise in den goldenen Schuhen" gesponnen.

Durchaus im romantischen Strome bewegte sich H e r b e r t E u l e n b u r g (1876—1949) mit dem Roman „Katinka, die Fliege". Dieses Insekt hat nach dem Beispiel des Gestiefelten Katers der Vorganger die Aufgabe, menschliches Erleben kritisch zu begleiten. Der Dramatiker Eulenberg erweist sich in den „Sonderbaren Geschichten". Der Roman „Schubert und die Frauen" bringt psychologisch klar eine nicht zum Ziele gelangende Künstlerneigung, der die Phantasie immer wieder vorausläuft. Die „Schattenbilder", in denen Eulenberg gewissermaßen eine Walhalla errichtet, sind von sehr unterschiedlicher Bedeutung, manche mit lebendigem Ton nach dem wahren Umriß gefügt, andere ohne die letzte Einfühlung.

Ernst Hardt (1876—1947) hat mit der Novelle „An den Toren des Lebens" eine romantische Erzählung geschaffen; sein Vortrag ist hier wie in anderen Novellen von einer gedämpften Schwermut. Zu so strengem Stil drang Norbert Jacques (geb. 1880) aus Luxemburg erst allmählich vor. Sein erster Roman von einer Weltfahrt „Funchal" entbehrt zuchtvoller Formung, erst in „Piraths Insel" gelangte er zu einer geschlossenen Darstellung, die mit Mitteln und Requisiten der Neuzeit das alte Thema von Robinson wieder aufnimmt. „Siebenschmerz" gab Jacques ein Stück Heimat aus diesem zwischen Deutschland und Frankreich gebetteten eigenartigen Kleinstaat; über „Das Luxemburgische und sein Schrifttum" hat der Dichter, Literarhistoriker und Minister Nikolaus Welter (geb. 1871) in den Erinnerungen „Im Dienste" berichtet.

Franz Karl Ginzkey (geb. 1871) hat in „Jakobus und die Frauen" ein liebenswürdig-romantisches Quodlibet eines jungmilitärischen Milieus gestaltet, dem der einstige Kamerad Ferdinand von Saar im Gegensatze zum Nachfolger nur tragische Töne abgewann. Alsdann hat der Dichter Erzählungen von geheimnisvoller Kraft zusammengeschlossen, in denen er die „Magie des Schicksals" abwandelte. In vollendeten Novellen von lyrischem Klange hat er das Antlitz der Stadt Salzburg umschmeichelt, die durch Max Reinhardt zu einer Stätte erlesener künstlerischer Darbietungen geworden war. Im „Kater Ypsilion" gab er ein phantastisches Denkspiel und führte in der Stadt des Meisters Mozarts „Unsterbliche Sendung" vor.

Hatten vordem nordische und osteuropäische Dichter starken Einfluß auf das deutsche Schrifttum ausgeübt, so begann nun im Zeichen einer jungen Romantik eine neue romantische Kunst Wirkung zu üben. Zwei in ihrer Psychotechnik sehr entgegengesetzte Dichter wurden in ihrer gleichermaßen einem naturalistischem Lebensstile abgewandten Wesen empfänglich aufgenommen: der Italiener Gabriele d'Annunzio, der durch die überragende Kunst der Eleonora Duse auf deutschen Bühnen mit seinen grell herausgestellten Typen mächtig ward und der französisch schreibende Vlame Maurice Maeterlinck mit seiner hauchenden und andeutenden, die Gestalten eben nur in ihrem seelischen Umriß vernehmbar machenden dramatischen Darbietungen.

Bei dem Wiener Oskar Maurus Fontana (geb. 1889) bricht mit allen Zeichen äußerster Phantastik in dem Roman „Die Insel Elephantine" die Gewalt eines Sandsturms über die aufs äußerste erregten Menschen im Nilraum herein. Was Max Eyth mit den sicheren Mitteln des Realismus ausgedeutet hatte, ward hier in einer an E. T. A. Hoffmann mahnenden Art übersteigert. Emil Lucka (geb. 1877) ergriff den von Ernst Hardt dramatisch aufgenommenen Tristanstoff in seiner „Isolde Weißhand". Nach einprägsamen Novellen und den zur

Enträtselung des Lebens auf Dostojewskijs Spuren führenden „Grenzen der Seele" schrieb Lucka den die Gestalt Anton Bruckners umwaltenden, musikalischen Roman „Das Brausen der Berge", während gleichzeitig E r n s t   L i s s a u e r (1882—1937) den Tondichter hymnisch verklärte. Lissauers „Glück in Österreich" ist in seiner zärtlich durchhauchten Prosa eine wehmütige Abschiedsgabe dankbarer Erinnerung.

Ein Künstlerroman von romantischer Fügung und sehr eigenartigem Bau sind „Die drei Gemälde des Lips Tullian" von dem Bremer F r i t z R a s s o w (1882—1916).

Im Gegensatz zum Naturalismus baute die nach dem neuen Sturm und Drang zum Wort gekommene Generation die Brücken zu einem großen geistigen Erbtume wieder auf. Wir sahen solche belohnte Liebesmüh im Werke von Ricarda Huch. A l b r e c h t   S c h a e f f e r (geb. 1885) hat auf den Pfaden unserer großen klassischen Dichtung die Schicksale des Odysseus wie der attischen Welt in verjüngtem Rhythmus gemodelt. In seiner Romanführung erscheint er als ein Erbe der Romantik, der als Sohn einer neuen Zeit das Überkommene selbständig weiterbildet. Schon die Fassung seines ersten Romans „Josef Montfort" in neun Erzählungen ist ganz im Stile der nach Möglichkeit vom gewohnten Pfade abbiegenden Vorläufer. Der Held dieses Romans irrt von Aufregung zu Aufregung, ist aber selber gegen jeden, auch den grausamsten Lebenseindruck verhärtet. Die neun Geschichten (sie führen wie Dauthendeys Werk weit über Europa hinaus) werden entweder von dem gegen jedes Schrecknis gepanzerten Helden selbst oder von seinem chinesischen Diener Li erzählt — ein neuerlicher Rückgriff zu der Technik, welche in den „Lebensansichten des Katers Murr" zwei Schreiber von zwiespältiger Art abwechselnd berichten ließ. Das Motiv ist uns in nahem Abstande bei Johannes Richard zur Megede begegnet. Wie bei ihm und bei manchen anderen ist in Schaeffers „Montfort" auch ein Einstrom von der das Gruseln weckenden Art Edgar Allan Poes oder Nikolai Gogols zu spüren. Der Roman „Gudula oder die Dauer des Daseins" birgt die Geschichte eines Fürstenkindes, das von einem jungen Künstler der einsamen Väterburg entführt wird; und diese zarte Prinzessin vermag sich in der Liebe zu einer sieghaften Überwindung der Lebensschwere zu steigern, welche der Dichtung einen verklärenden und übersinnlichen Schimmer verleiht.

Albrecht Schaeffer brachte nach diesen einer zeitlosen Phantasie verhafteten Büchern in dem Roman „Elli oder Sieben Treppen" aus der Gegenwart des Alltags den Fall eines anmutigen Mädchens in eine Tiefe, aus der es keine Rettung mehr gibt. Die Erzählung war in das sicher getroffene Milieu Berlins eingebettet, und die tragische Wirkung erfloß aus dem Verhältnis der Heldin zur Umwelt: sie vollendet ihr leidvolles Geschick, ohne sich seiner Tragik bewußt zu werden. Der „Helianth" aber brachte nach der präzisen Gegenständlichkeit der „Elli" zwei Menschen, deren Wesensart Schaeffer ausdrücklich an das Klima der norddeutschen Tiefebene knüpft. Hier kehrte der Dichter, bei durchaus romantischer Einstimmung, zu dem Bildungsroman des klassischen Humanismus zurück.

Paul Zech (1881—1946) war völlig von der unter Tage frönenden Menschheit hingenommen und schilderte in seinen Novellen eindringlich dieses Revier. Dabei versuchte der Verfasser Aussicht aus diesen Gehegen in eine kosmische Höhe zu gewinnen. Zu gleichem Aufschwung aus der grauen Eintönigkeit der immer wachsenden, ihre Bewohner dem Erdenboden entfremdenden Städte erhob sich Arnim T. Wegner (geb. 1886) in seinen Gedichten in Prosa, die die moderne Großstadt metaphysisch deuten. Wie der frühvollendete Lyriker Georg Heym in Versen von eigenwilligem Klange so fing Wegner Größe und Grenze, äußeren Lebensrhythmus und innere Herzensfremdheit der Stadt in Prosa.

Ricarda Huch hatte die patrizischen Bewohner einer nordischen Großstadt im Schatten einer Epidemie unter das Gesetz einer höheren Wahrheit gestellt, die auch das scheinbar Fremdartige als ein Lebendiges legitimiert. Im Fortgange einer sich technisch überstürzenden Entwicklung erhoben sich die Gebilde der immer stärker zur Herrschaft wachsenden Städte und die Hammer- und Walzwerke der Industrie über die realistische Zeichnung hinaus ins Sinnbildhafte. Einst hatte Chamisso in seinem Schlemihl-Märchen die Siebenmeilenstiefel als Symbol seiner Weltumsegelung ausgewiesen. Wo er den Botanischen Garten der Universität Berlin gehütet hatte, erstreckten sich nun kahle Straßenzeilen, und die Stadtbahn erschütterte die Mauern der Arbeitsstätten einer immer größeren Industrie. Nach dem Realismus und dem Naturalismus gewann ein junges Geschlecht in seiner Sehnsucht nach neuer, das scheinbar entleerte Heute füllenden Lebensdeutung, die zwar den einstigen Theorien der Romantik ganz fern lagen, die Bindung an die bewegenden Kräfte der Vorzeit.

In spitzigen Grotesken ergoß Gustav Meyrink (1868—1932) seinen Spott über ein Bürgertum, das sich von dieser oft sehr witzigen Satire nicht getroffen zu fühlen brauchte, weil sie am wesentlichen vorüberging. In seinem „Golem" belebte er unter dem geheimnisvollen Wahrzeichen altjüdischen Sagenkreises eine Gestalt des Prager Ghettos und schuf um diese herum ein Miteinander phantastischer Erscheinungen, das diesen flächig angelegten Marionetten eine Traumwirklichkeit zwischen Tag und Nacht verlieh. Freilich wird hier, wie erst recht in seinen späteren Büchern trotz bedeutendem Einsatz die Sammlung durch Überfrachtung mit theoretischen Gedankenspielen von den entscheidenden Werten abgelenkt. In der Folge ist Meyrink in ein Sensationsbedürfnis abgeglitten, das schon in seinen frühen Schriften vorspukt. Ein unschädlicher Nachfolger dieser Phantastik ist Alexander Moriz Frey (geb. 1881), der in dem Roman „Solneman, der Unsichtbare" in der Nachfolge E. T. A. Hoffmanns mit verhältnismäßig harmlosem Spott ein satirisches Innenbild geschaffen hat.

Alfons Paquet (1881—1943) hat nach Dichtungen im Stile des nun zu Einfluß gediehenen Amerikaners Walt Whitman mit „Erzählungen an Bord", Erlebnisse von einer asiatischen Reise erbracht. Mit der gleichen Beseelung erleidet im „Kamerad Fleming" ein Deutscher innerhalb einer aufgerührten Menge zu Paris ein Schicksal, das in manchem an das Ende des ebenso ideal gesinnten George Forster gemahnt. Es ist bezeichnend, wenn Paquet eins seiner Werke „Städte, Landschaften und ewige Bewegung" nennt — denn er ist immer auf dem Marsche und versucht, den Sinn der russischen Revolution wie das Schicksal des Rheines aus einer Anschauung zu bezwingen, die sich endlich in das Quäkertum birgt, dessen Vorkämpfer er dramatisch dargestellt hat. In „Prophezeihungen" führte der Dichter eine von grundverschiedenen Menschen geleitete und befeuerte, kommunistische Gesellschaft vor. Aus allen Arbeiten Paquets spricht ein leidenschaftliches Mitgefühl mit den über die Menschheit zu dieser Zeitwende verhängten Leiden und eine tief spürende, immer nach dem Herzpunkte suchende Seelenerkundung.

Willy Seidel (1887—1934), ein Enkel von Heinrich Alexander, hat mit dem „Sang der Sakije" wie Fontana die im Nilreich gegeneinander streitenden Kreise verlebendigt, ohne das eigentliche menschliche Thema des Aufstieges eines Knaben aus der Hefe in die Höhe aus dem Auge zu verlieren. Wie Paquet treibt es auch Seidel in die Ferne und Fremde. Hatte Seidels Vetter Heinrich Wolfgang im „Mann im Alang" Java geschildert, so gestaltete Willy Seidel mit gleicher Sicherheit im „Buschhahn" ein Erlebnis von der Südseeinsel Samoa und aus Nordamerika den „Neuen Daniel" schon unter dem Geschicke des Krieges. Der „Gott im Treibhaus" gehört zu den Utopien, etwa verwandt dem „Eleagabal Kuperus" von Karl Hans Strobl. In der „Magischen Laterne des Herrn Zinkeisen" verfolgt Seidel die Spur seines Oheims Heinrich Seidel. Durch die Blätter der vergnüglichen Erzählung „Jossa und die Junggesellen" lugen unverkennbar die wohlgetroffenen Porträts des Hoffmannsforschers Carl Georg von Maaßen und des zum Kreise um Stefan George gehörigen Dichters Karl Wolfskehl.

Aus den Eindrücken einer früheren Generation skizzierte Jeanne Berta Semmig (geb. 1867) ihre Geburtsstadt Orléans und zugleich die Wundererscheinung der Jungfrau Johanna in „Die Stadt der Erinnerung".

Agnes Günther (geb. Bräuning, 1863—1911) hat in dem Roman „Die Heilige und ihr Narr", der hart vor dem ersten Weltkriege einen großen Leserkreis fesselte, mit einer glücklichen Naturumzeichnung und einer innigen religiösen Hingebung ein Liebesdrama auf Motiven erbaut, die im Volksmärchen emporklingen. Die verhängnisvolle Mitwirkung der bösen Stiefmutter bringt die katastrophale Lösung. Es ist leicht, die Linien zu ziehen, welche dies Werk einer der harten Wirklichkeit abgewandten Phantasie mit Stoffwahl und erzählerischem Zugriff von Eugenie Marlitt verbinden; aber eine schwebende Höhe verleiht diesem, erst nach dem Tode der Verfasserin erschienenen Buch einen über den Familienblattrealismus hinausreichenden Rang.

Hans Brandenburg (geb. 1885) hat in dem Roman einer Jugend „Erich Westenkott" ein lyrisch-romantisches Lebensbild gezeichnet und im „Schicksalsreigen" von Liebe und Ehe geplaudert. In dem Roman „Das Zaubernetz" steht der junge Romantiker Eichendorff im Mittelpunkt. Seine innige, in Laienpredigten an den Tag gelegte Naturliebe ist dem Stil von Hans Heinrich Ehrler (geb. 1872) nächstverwandt, dessen „Briefe vom Land" ein Hymnus an die Natur sind, in die ein der Großstadt verhafteter Mensch flüchtet. Wie in einer echten Entdeckungsreise überrascht Ehrler von Satz zu Satz in seiner „Fahrt nach Berlin". Die Verwandtschaft mit Wilhelm Schussen tritt in den Werken dieses Schwaben deutlich hervor, wenn er im „Hof des Patrizierhauses" einkehrt.

Der Dramatiker Konrad Falke (Karl Frey, geb. 1880) hat in dem Roman „Der Kinderkreuzzug" eine seltsame Vergangenheit legendenhaft ausgeschmückt. Von einer zunächst etwas gewaltsamen Romantisierung, die sich erst allgemach zu gehaltenem Ausdruck findet, zeugen die Bücher von Robert Walter (geb. 1883), zumal „Der Stein der Narren".

Gedämpft romantisch klingt es aus den Novellen des Herausgebers der Cottaschen Jubiläumsausgabe von Goethes Werken Eduard von der Hellen (1863—1927) „Höhere Kindschaft". Stärker ist der Atem in der „Feuersäule" von Leonie Meyerhof-Hildeck (1860—1933), in der ihr als Urbild des Helden Max Stirner vorschwebte, der einst im jungdeutschen Zeitalter durch die Romane geisterte. Aus einem gleichfalls nervösen, aber viel jugendlicheren Temperament heraus schrieb Mechthild Lichnowsky (geb. Gräfin Arco, geb. 1879). Ihre Novelle „Der Stimmer" ist ein musikalisches Presto, darin ein vergeblich um den Kranz der Kunst ringender Musiker die Leere verständnisloser Mitwelt über sich ergehen lassen muß. Auch „Der Lauf der Asdur" ist musikalisch gefüllt, „Das rosa Haus" eine romantische Novelle, „Das Rendezvous im Zoo" ein heiter gelöstes und skizziertes Begebnis. Die Prosagaben des Pragers Hugo Salus (1866—1929) erweisen den Lyriker der „Harfe Gottes" als einen Neuromantiker, der in die geheimnisvolle Welt des böhmischen Ghettos einkehrt.

Die naturalistische Bewegung war gerade in ihrem sozialen Auftriebe eine Bewegung der Jugend gewesen. Im Fortgang hatte sich der Naturalismus, wie wir sahen, zu einer besonders nahen Erfassung von Heimat und Volkstum erzogen. Die nun erblühte romantische Schau brachte dem deutschen Nachwuchs ein neues Weltbild. Der im Jahre 1897 von Achim von Winterfeld und Karl Fischer in Steglitz bei Berlin gegründete Wandervogel scharte alsbald über ganz Deutschland greifend eine Jugend um sich, die wandert, das Volkslied, volksmäßige Musik, offene gegenseitige Aussprache pflegt und ein innigeres Verhältnis zur Heimat zu gewinnen strebte. Die Tagung der Freideutschen Jugend auf dem Hohen Meißner bei Kassel im Jahre 1913 krönte diese einem Hochziele zustrebenden Mühen. Ferdinand Avenarius und der Verleger Eugen Diederichs (1867—1930) standen als Wahrer der Überlieferung und Führer zum Neuen im Mittelpunkte der Bewegung. Die Jugend sang neben altem wiederbelebten Liederschatze die Verse von Herman Löns, sie fand auch in den Brüdern vom Großen Sohle im Braunschweiger Lande den Weg zu Wilhelm Raabe. Die gleiche Sehnsucht nach einem neuen Verhältnis zur Natur und nach Einfügung der Kunst in einen organischen Rahmen führte Ernst Wachler (1871—1945) zur Begründung des Bergtheaters in Thale am Harz, der ersten deutschen Freilichtbühne seit den Tagen, da Goethes Liederspiele am Ufer der Ilm dargestellt wurden. Mit Wachler wäre noch sein schlesischer Landsmann Eberhard König (geb. 1871) zu nennen. Beide haben Geschichtsromane geschrieben, Wachler ist der Verfasser der formvollendeten Novelle „Der verzauberte Musikant". Von König wurde die Hauptgestalt des „Thodel von Wallmoden" bei jugendlichen Lesern besonders volkstümlich; sein Roman „Fridolin Einsam" war ein männlich sicheres Lebensbekenntnis von schlichtem Umriß.

Eine nachhaltige Wirkung auf die Jugend übte Waldemar Bonsels (geb. 1881) mit seinen Tiergeschichten. Er war gleich Paquet weit in die Welt gefahren und hatte in der „Indienfahrt" davon berichtet. Nun gab er in der „Biene Maja" ein Märchen von zarter Einstimmung und traumhafter Entrückung. Im „Himmelsvolk" hatten neben einem Elf als Kernpunkt die Blumen ihre verpflichtende Aufgabe. An die einstige Höhe deutscher Romantik gemahnen die dunklen Romane von Bonsels, unter denen „Wartalun" am schwersten wiegt. Überall atmet eine hingegebene Freude an der Natur, zumal die Stimmung, die über dem schweigenden Wachstum des Waldes und dem Mitleben seiner geflügelten Bewohner gebreitet ist, gibt der Dichter gefühlvoll wieder.

Manfred Kyber (1880—1933) hat Tiergeschichten erzählt, die trotz sachlichem Aufbau alsbald einen echten Novellenton gewinnen. Kyber, der auch Märchen geschaffen hat, bewegt sich unter seinen Gestalten aus dem Tierreiche wie unter Freunden und verbindet Mensch und Tier zu einer brüderlichen Einheit. Der aus Ungarn stammende Otto Alscher (geb. 1880) bringt in seinen Tiernovellen gerade die Fremdheit der Tierwelt heraus, die zwischen uns und das frei schweifende Tier eine nicht überbrückbare Trennung legt. Alscher hat auch Novellen aus dem Leben der Zigeuner geschaffen. Den Roman um einen Elch und einen Bauern „Kilgo und Kilgen" schrieb Curt Strohmeyer (geb. 1905), der in „Koschtan-tau" des letzten Wildstiers gedachte. Ein ganz anderes Naturgebiet erwählte sich Friedrich Schnack (geb. 1888). Er dichtete das Leben der Schmetter-

linge und wußte die Nachtfalter ebenso treu vorzuführen, wie er im
„Kleinen Buch der Meereswunder" Muscheln und Schnecken in Gottes
Tiergarten einfügte. Seine anderen Schöpfungen, der Roman „Klick
und der Goldschatz" und „Cornelia und die Heilkräuter" oder „Der
glückselige Gärtner", sind von der gleichen innigen Naturverbundenheit
und einem feinen Verständnis für die Kinderseele erfüllt. Der Bruder
A n t o n S c h n a c k (geb. 1892) ist dem Älteren mit Idyllen gefolgt
und hat sich in den „Begegnungen am Abend" als ein sicherer Erzähler gezeigt.

H o r s t W o l f r a m G e i ß l e r (geb. 1893) brachte es in dem
von Überraschung zu Überraschung führenden, heiter gelösten Roman
„Weiß man denn, wohin man fährt?" fertig, Menschen des heutigen
Tages in eine zeitlose Ferne einzuspinnen. Berlin und die südfranzö-
sische Küste werden durch den Kraftwagen nicht nur symbolisch verbunden. Glücklich gelungen ist die Geschichte eines leichten Lebens:
„Der liebe Augustin"; der Verfasser bettet dies Charakterbild mit behaglicher Herzlichkeit an den Bodensee und verflicht die politischen
Wirren und den Besitzwechsel rheinbündischer Territorien so geschickt
mit den Erlebnissen seines Helden, daß diese historische Bedeutung
gewinnen. In dem „Menuett im Park" aber ergeht sich Geißler völlig
im romantischen Bezirk, und es gelingt ihm die Einspinnung des Lesers
in eine mit musikalischem Gefühl verdichtete Stimmung. Man wäre
geneigt, W i l h e l m S p e y e r (geb. 1887) wegen seines kapriziösen
Romans der Unwahrscheinlichkeiten „Charlott etwas verrückt" noch zur
Neuromantik zu rechnen; „Das fürstliche Haus Herrfurth" und „Frau
von Hanka" zeigen jedoch eine Führung zu anderer Problematik, deren
Stil noch auf den Naturalismus zurückweist. Im „Kampf der Tertia"
gestaltete Speyer einen burlesken Jugendroman aus dem Schulleben, der
in der „Goldenen Horde" nicht mit der gleichen Schlüssigkeit fortgeführt wurde. Als ganz unromantisches Gegenstück zu diesen Romanen
wie zu Hans Hoffmanns „Gymnasium zu Stolpenburg" sei der sicher
gezeichnete Erziehungsroman von W a l t e r H a r l a n (1867—1931)
genannt, der über theoretische Schulreformideen hinaus der Problematik
dieses jugendlichen Kreises gerecht wird.

*   *   *

Wenn man rückblickend zwei äußerste Pole romantischer Erneuerung nebeneinander halten will, so bietet sich ein solcher Gegensatz in
den Schriften zweier fast gleichaltriger Verfasser dar. M a x J u n g -
n i c k e l (geb. 1890) gab in Skizzen, die zuweilen wie abgepflückt
ausschauten, Ausschnitte aus Feld und Wald — seine späteren, größeren
Arbeiten haben nicht mehr den Reiz der Anfänge. G e r t r u d F a u t h
(1886—1930) beschwor in dem Roman „Die Leute von Hadborn"
einen nordischen Mythos das Gedenken an Fouqués „Zauberring" und
verstärkte den raunenden Klang der Romantik noch aus der Empfindung

einer anderen Generation. Sie hat auch Jörg Wickrams Werk liebevoll herausgegeben und Defoes „Robinson" geschmackvoll übertragen.

Das durchaus unprogrammatische Bekenntnis zu einer neuen Romantik und der Nachhall, den solche Kunst alsbald weckte, führte auch auf wissenschaftlichem Felde zu einer stärkeren Besinnung auf das in jener Epoche vor und nach den Freiheitskriegen eingebrachte unvergängliche Gut. Uhland, Eichendorff, Heine, Hauff waren immer ihrer Leser sicher gewesen. Nun wurden auch Brentano und Bettina, Wackenroder und Fouqué, Novalis und Schenkendorf neu dargeboten. Der Lebenskreis Achims von Arnim ward einläßlich dargestellt, das Werk E. T. A. Hoffmanns wie dasjenige Heinrich von Kleists zum Gegenstande belohnter Liebesmüh und Aufhellung von verschiedenem Einsatze her. Auch die theoretischen Meister der Romantik und die romantischen Frauen, denen Ricarda Huch in ihrem literarhistorischen Werke die Wesenheit abgelesen hatte, wurden auf die Giltigkeit ihrer Lehren für eine neue Gegenwart überprüft und so eine in ihren Wirkungen noch keineswegs erschöpfte Vergangenheit reicher ausgemalt. Während eine junge Schar bewegter Menschen auf dem Ith-Gebirge noch bei Lebzeiten des Dichters einen Raabeturm errichtete, hielt Erich Schmidt die Weiherede vor dem in Frankfurt an der Oder enthüllten ersten Denkmale Heinrich von Kleists.

Achtes Buch

PROBLEME DES NEUEN JAHRHUNDERTS

1. Der neue biographische und historische Roman

Die große Entwickelung des Realismus im Silbernen Zeitalter hatte eine reiche Blüte des geschichtlichen Romans und der geschichtlichen Novelle erbracht, dann hatte der archäologische Roman, zum Teil unter Abflachung der gewonnenen Höhe, räumlich und zeitlich weiter ausgegriffen. Die naturalistische Bewegung hatte sich zunächst auf den Standpunkt des Jetzt und Hier gestellt und nichts Anderes als die gegenwärtigste Gegenwart gelten lassen. Mit dem nun immer stärker werdenden Einfluß Friedrich Nietzsches kam auch die tiefe Skepsis zur Geltung, die der Philosoph dem „Maskenkleide der monumentalen Historie" entgegenbrachte. Trotzdem ging auch der Weg des jungen Geschlechtes alsbald in eine Vergangenheit zurück, aus der die neue Generation wie noch jede vor ihr Deutungen einer Zukunft zu gewinnen hoffen durfte. Gerhart Hauptmanns Weberdrama war ja ein Stück preußischer Geschichte in der Tonart hingegangener Zeiten, und gar Hermann Sudermanns „Katzensteg" war ein historischer Roman, der im ostpreußischen Raume zu einer bündigen sozialen Volksdarstellung von neuem Klange ausschritt.

Etwas von dieser, keinem Geschichtsbuche abzulesenden, frischen Anschauung lebt in der hinreißenden, ganz durchseelten Erzählung „Friede auf Erden" des Badeners Adolf Schmitthenner (1854—1907). Der Ausklang des Dreißigjährigen Krieges dringt aus den wenigen Seiten auf uns ein, ungläubiges Staunen, fassungslose Hingebung an das Unerwartete, Verwunderung der im Kriege geborenen Kinder, denen das Wort Friede völlig fremd ist. Ein heiteres Gegenstück dazu ist die Novelle „Tilly in Nöten". „Das deutsche Herz" führt in volkstümlicher Sprache und mit starker Spannung den Untergang des Geschlechtes derer von Hirschhorn vor. Die Zeichnung des Neckartals ist von ebenso naturhaftem Zauber wie in den Werken, die Schmitthenner seiner Gegenwart entnahm. Insbesondere in dem Roman „Leonie", der tragischen Geschichte einer Mutter wird die Natur mit Innigkeit betrachtet. Schmitthenner bringt das Profil einer Landschaft, einer Waldecke oder eines Bergabhanges auch in seiner größten Novelle „Ein Michel Angelo" so heraus, daß sie eindringlicher wirken als die Menschen.

Der Franke A u g u s t S p e r l (1862—1926) geht noch auf den Spuren Gustav Freytags, wenn er in dem Roman „Richiza" vor dem Hintergrund der ersten Kreuzzüge die Handlung abrollen läßt. In den „Söhnen des Herrn Budiwoj" versetzt sich der Poet in die Tage Rudolfs von Habsburg, jene Epoche des böhmischen Landes, die für Grillparzers Trauerspiel und Stifters „Witiko" den Rahmen abgegeben hatte. Die Höhe seines Stils erreichte er in „Hans Georg Portner" aus den ersten Jahren des Dreißigjährigen Krieges; in ungekünstelter Anpassung an Zeit und Ort läßt er seine Menschen in echtem Tone sprechen. Behaglicher und mit einem väterlichen Humor gab Sperl in der „Fahrt nach der alten Urkunde" Erinnerungen aus altem Geschlechte in der Spiegelung durch jüngere Nachfahren. Minder sicher in der Gestaltung der Menschen als in der Einstimmung der Umwelt war W i l h e l m A r m i n i u s (1861—1917). Am geschlossensten wirkte die novellistische Darstellung des „Hegereiters von Rothenburg". Die „Wartburgkronen" spielen in der Zeit der Minnesänger, „Yorcks Offiziere" während der Erhebung vor den Freiheitskriegen. In zwei Romanen aus dem Schulleben, „Stietz-Kandidat" und „Die neue Laterne", vergnügt der Lehrer Arminius sich und uns und unterhält uns mit den Gymnasialreformen.

H e r m a n n A n d e r s K r ü g e r (1871—1945) setzte der von den besten Kräften des Pietismus genährten Arbeit der Böhmischen Brüder ein Denkmal in seinem herrnhutischen Bubenroman „Gottfried Kämpfer", einem biographischen Lebensbild von währender Bedeutung. Im Rahmen einer Schullaufbahn, die bis zur Abgangsprüfung führt, werden die Charaktere der um Gottfried Kämpfer gescharten Mitschüler und die Erzieher in ihrem Wesen und ihrem Einfluß auf den Helden dichterisch kenntlich. In dem zweiten Buch aus diesem Lebenskreise, „Kaspar Krumbholtz", wird der aus der Einengung in Herrnhut hinausstrebende Kaspar in die Ferne geführt und gelangt zu einem Ziele, das ihm eine Tätigkeit als Erzieher in anderem Sinne, als dem seiner Jugend, eröffnet. In seiner „Jugendrechenschaft" „Sohn und Vater" hat Krüger ein gleichfalls auf Erziehung und Selbsterziehung ausgerichtetes Lebensbild von manchmal tragischem Klange dargeboten. In die Jugendkonflikte des Schullebens eingeweiht, aber in katholischer statt protestantischer Ausrichtung sind die beiden Romane von K a r l B o r r o m ä u s H e i n r i c h (geb. 1884) „Karl Asenkofer" und „Karl Asenkofers Flucht und Zuflucht". Der Bayer setzte mit der gleichen, mitten in das Jugendleben führenden, unbesorgten Frische ein, wie der Balte Krüger.

W i l h e l m S c h a e f e r (geb. 1868), der geschmackvolle Redakteur der Zeitschrift: „Die Rheinlande", hat die einst nur beiläufig vorgetragene Anekdote zu seiner eigentlichen Kunstform gemacht. Anders als Hebel und Kleist stellte er jeden dieser sehr knapp pointierten Berichte auf ein Allgemeines ab. Schaefer führte, von seiner rheinischen Heimat ausgehend, mit diesen Kurzgeschichten durch den Ablauf der Jahrhunderte. Stärker beseelt waren die „Rheinsagen". Aber erst in

„Karl Stauffers Lebensgang" kam Schaefer zu einem bündigen Stil.
Während Walther Siegfried das Geschick des unseligen Künstlers hinter
Schleiern geborgen hatte, stellte Schaefer den zu großer Leistung und
maßlosem Unglück bestimmten, dämonisch getriebenen Maler mit ge-
schichtlicher Treue und einer die verhängnisvolle Knüpfung dieses
Schicksals sicher mitfühlenden Hingebung dar. Diese Wiedergabe eines
tragischen Lebens war zugleich ein Bekenntnis zu dem „Ernst, den keine
Mühe bleichet", das Inventarium einer Seele, die im Streite zwischen
Wollen und Ohnmacht zu grunde geht.

Im „Lebenstag eines Menschenfreundes" schuf Wilhelm Schaefer
eine Biographie von Pestalozzi mit der dankbaren Liebe zu dem vor-
bildlichen Manne, die ihm gemäß war. Eine durch bürokratisches Unverständnis unheilvolle und tragische Verstrickung stellte Schaefer in
dem „Hauptmann von Köpenick" dar, dessen Gewaltsstreich einst weit
über Berlin hinaus das Gelächter und die Teilnahme der Welt auf sich
zog. In den „Dreizehn Büchern der deutschen Seele" versuchte Schaefer
mit tiefer Versenkung den Ablauf unserer Geschichte von innen her zu
deuten. Mit „Winckelmanns Ende" und „Goethes Elternhaus" lenkte
Schaefer nach Jahrzehnten in die Spuren Otto Müllers ein, der einst
den literarhistorischen Roman zum Ansatz gebracht hatte und denen
auch Hans Brandenburg mit seiner Darstellung Eichendorffs folgte. In
anderen Büchern einer läßlichen Laune, so dem Roman „Der Fabrikant
Anton Beilharz und das Theresle", gab Schaefer einem rheinischen Humor freien Lauf.

Unter den historischen Novellen aus der Schweizer Geschichte von
E m a n u e l S t i c k e l b e r g e r (geb. 1884) verdient der tragische
Bericht aus dem fünfzehnten Jahrhundert „Hans Waldmanns letzte
Tage" besondere Hervorhebung. Stickelberger überhöhte sein Werk
durch den großen Roman, in dem er das Leben des noch heute Weltbild
und Frömmigkeit der Schweiz beherrschenden Reformators Huldreich
Zwingli wirksam aufbaute. Er sandte diesem Werke das „Heldenbuch
der Reformation" und den Holbeinroman „Der Mann mit den zwei
Seelen" nach. C h r i s t i n e H o l s t e i n (M a r g a r e t e J ä h n e,
1883—1939) stellte den Sänger unserer innigsten Kirchenlieder Paul
Gerhardt in ihrem Roman über den Mittelpunkt ihres „Baumeister
Gottes". Der Wiener O t t o S t o e ß l (geb. 1875) führte in seiner
Novelle „Die Erweckte in Königsberg" mit einer spürsamen Psycho-
logie in die von den Pfarrern Johann Wilhelm Ebel und Johann Her-
mann Diestel geleitete sogenannte Bewegung der Mucker, die einst der
Engländer William Hepworth Dixon als gastlicher Beobachter der ost-
preußischen Krönungsstadt nachgebildet und von der Fanny Lewald
Zeugnis abgelegt hatte.

Ein sehr umfangreiches geschichtliches Romanwerk hat G e o r g
B ü n a u (B a r t h o l o m ä u s H a n f t m a n n, geb. 1862) vollbracht. Seine Erzählungen spiegeln deutsches Leben vom hohen Mittel-

alter her. Der Roman „Florian Geyer" sei neben den geschichtlichen
Novellen „Als Herr Walther im Land war" hervorgehoben. Aus Bü-
naus Nachbarschaft stammte der im 1. Weltkriege gefallene W a l t e r
F l e x (1887—1917). Seinen Novellenkreis „Zwölf Bismarcks" von
sehr verschiedener Artung, verbindet ein durchgehender, märkischer
Zug adliger Lebensverpflichtung. Sehr eindrucksvoll ist die Zeichnung
von „Wallensteins Antlitz" in den Novellen und tief ergreifend das
keiner ästhetischen Kategorie einzuordnende Erlebnis aus dem Kriege
„Der Wanderer zwischen beiden Welten".

K l a r a H o f e r (K l a r a H ö f f n e r, geb. 1875) hat in ihrem
Roman „Alles Leben ist Raub" Friedrich Hebbel wesentlich aus den
eigenen Aufzeichnungen des Dichters gestaltet, in „Bruder Martinus"
zeichnete sie den jungen Luther. Hier war die Gattin Johannes Höffners
der Entwickelung gefolgt, die sich von neuem zum literarhistorischen
Roman wendete. Ihre „Sonja Kowalewska" gab ein Stück Geistesgeschichte, der Dostojewskij eingefügt war. W a l t e r v o n M o l o
(geb. 1880) war nach grellen Romanen aus dem Wiener Leben mit
einem vierteiligen Schillerroman hervorgetreten, in dem vor allem die
Sturm- und Drangperiode zu giltigem Ausdrucke kam.

Molo, dessen Bruder H a n s H a r t (H a n s K a r l v o n M o l o,
geb. 1878) unter anderen Wiener Romanen die reizvolle „Liebesmusik"
veröffentlichte, hat in dramatischem Ablauf den großen König als „Fri-
dericus" inmitten seines zum Kampfe schreitenden Heeres gestellt, der
jugendlichen Königin Luise ein literarisches Denkmal gesetzt und in der
in knappsten Sätzen silhouettenhaft vorbeihuschenden Folge „Das Volk
wacht auf" die zur Entscheidung drängende Zeit vor dem Ausbruch von
1813 gebildet, deren gewitterschwüles Grollen wir zuvor durch fast
hundert Jahre stets aufs neue im Roman vernahmen. Auch Molo hat
wie Klara Hofer im „Mensch Luther" den jungen Kämpfer geschildert,
der von seiner ärmlichen Gaststube in Worms her scheulos vor Kaiser
und Reich tritt. Mit zwingender Gegenständlichkeit wußte Walter von
Molo in dem Roman „Ein Deuscher ohne Deuschland" das tragische
Bild Friedrich Lists zu zeichnen und diese große, von der Zeit mißver-
standene Persönlichkeit von dem nichtigen und nichtswürdigen Genre
eines engstirnig-bürokratischen Staates abzuheben. Zu einem Roman
über den Prinzen Eugen fügte Molo in dem Zyklus „Im ewigen Licht"
die seltsame Gestalt des Bobenmatz, eines in der Großstadt stets zu
rechter Zeit auftauchenden hilfreichen Geistes, der märchenhaft in das
Leben der gehetzten Berliner eingreift und den staunenden Seelen ein
Gefühl der über den Alltag hinausreichenden Wesenheit einzuflößen
weiß. Es schwingt hier eine zauberhafte, aber mit allen technischen
Mitteln arbeitende Einbettung in ein schon vom Kraftwagen und dem
Fernsprecher bedientes Leben, in dessen Umwelt hundert Jahre zuvor
Hoffmann unbesorgt den Teufel und Hauff mit diesem den Ewigen Juden
stellen mochte; Molo hat doch, auch unter elektrischem Lichte, die Ein-
stimmung zwischen Tag und Traum halten können, die ein so aus der

Realität heraustretender Stoff zu seiner Glaubhaftmachung erfordert. R i c h a r d   v o n   S c h a u k a l (1874—1942) hat um E. T. A. Hoffmann die Novelle vom Kapellmeister Kreisler gestaltet und sehr mondän und vergnüglich „Ideen und Meinungen des wienerischen Herrn Andreas von Balthesser ausgedeutet.

Wie Molo bildete auch F r a n z   A d a m   B e y e r l e i n den großen preußischen König im geschichtlichen Roman und schloß seine Trilogie mit dem einst das Berliner Leben aufrührenden Rechtsfall des Müllers Arnold. Stärker und romantischer beleuchtete P a u l S c h u l z e - B e r g h o f (geb. 1873) in der „Königskerze" und der „Schönen Sabine" den jungen Fritz, sehr selbständig formte J o c h e m K l e p p e r (1903—1941) in „Der Vater" Friedrich Wilhelm den Ersten. R u d o l f   H e u b n e r (geb. 1867) schuf nach künstlerisch bossierten Novellen aus Venedig gleichfalls einen Preußenroman mit dem „Wunder des alten Fritz" und bildete E. T. A. Hoffmann als „Verhexten Genius" im Roman nach. Neben den großen König stellte E c k a r t   v o n   N a s o (geb. 1888) einen Reiterroman über jenen Seydlitz, den eine Ballade Fontanes unsterblich gemacht hatte. Derselbe Schriftsteller schenkte uns in „Moltke, Mensch und Feldherr" den Lebensroman des großen Schweigers und zeichnete mit tiefem psychologischem Spürsinn in „Die Begegnung" ein eindrucksvolles Konterfei der Königin Luise bei der Zusammenkunft mit Napoleon in Tilsit. E m i l H a d i n a (geb. 1885) mit dem Storm-Roman „Die graue Stadt, die lichten Frauen" und dessen Fortführung „Kampf mit dem Schatten" folgte Molo auf den Spuren des literarhistorischen Romans. Er erfaßte die tragische Gestalt Gottfried August Bürgers in den „Dämonen der Tiefe" mit der glücklichen Gefühlsstärke wie dessen Gegenpart, den jugendlichen Goethe, in „Friedericke erzählt". P a u l   F r i e d r i c h (geb. 1877) stellte Christian Dietrich Grabbe im Roman dar, A l b e r t   P e t e r s e n (geb. 1883) den jungen Perthes und die Hamburger Schauspieler Friedrich Ludwig Schröder und Charlotte Ackermann, denen Otto Müller sich genaht hatte.

W i l l   V e s p e r (geb. 1882) stellte einem Roman um den jungen Luther einen Ulrich von Hutten zur Seite, dessen „Letzte Tage" C. F. Meyer in einem Epos in dichterischer Verklärung und höchster Vollendung unüberbietbar besungen hatte. W a l t e r   H a r i c h (1888 bis 1931) hatte mit dem phantastischen Roman „Die Pest in Tulemont" eine über eine große Hafenstadt verhängte Epidemie gezeichnet, die schließlich zum Untergange des Gemeinwesens und seiner Bewohner führt. In die Spur des literarhistorischen Romans lenkte der Biograph Jean Pauls mit der Novelle „Jean Paul in Heidelberg". Neben den Napoleon-Roman „Der Mann aus dem Chaos" und einem über den Freiherrn vom Stein stellte R o b e r t   H o h l b a u m (geb. 1886) in den „Pfingsten von Weimar" eine Bilderfolge aus der klassischen Zeit. Die „Unsterblichen" sind knapp gefaßte Momentaufnahmen aus der Literaturgeschichte, die wirklich den entscheidenden Punkt treffen.

A l b e r t   v o n   T r e n t i n i   (1878—1933), ein Südtiroler, schildert in „Deutsche Braut" nachdrücklich die Natur- und Menschenart am Hange des Brenners. Er hat in dem Buch „Goethe, der Roman von seiner Erweckung" ein lebhaftes und in manchen Zügen zu neuer Belichtung führendes Goethebild entworfen. Die geschlossenste Leistung im literarhistorischen Roman danken wir F r i e d r i c h   S c h r e y - v o g l (geb. 1899) in seinem der Größe und Tragik Franz Grillparzers gewidmeten Werk. Was Ferdinand Kürnberger als die Lebensmaske des großen Österreichers gezeigt hatte, ward hier in einem biographischen Roman zusammengeschlossen. Eine amüsante Abwandlung des literarhistorischen Romans bildet „Das war Münchhausen" von C a r l H a e n s e l (geb. 1889).

Das Gesetz, das die Meister des Realismus zur Geschichte entführt hatte, stand auch über dem Wirken der neuen Generation. Am weitesten zurück lenkte A u g u s t e   G r o n e r (1850—1929) mit ihrem phantastischen Roman „Menetekel" in die Vergangenheit des Zweistromlandes. Ihre Vorstudien im Kriminalroman kamen dem Spannungsreize dieser Erzählung zugute, die den geschichtlichen Gehalt durch eine Babylon durchdringende Phantasie erhöhte. L o t h a r   S c h r e y e r (geb. 1886) bildete mit einem nur Tupfen setzenden Impressionismus in dem Roman „Der Falkenschrei" den Hohenstaufen Friedrich des Zweiten, der von Immermann dramatisch, in Freytags „Ahnen" erzählerisch charakterisiert worden war. Dem Leben und Wirken der Kaiserin Konstanze und der Kaiserin Theophano spürte H e n r y   B e n r a t h (Albert H. Rausch) (1881—1949) feinfühlig nach, der in „Paris" Augenblicksbilder des urwüchsigen Volkslebens an der Seine mit Charme einfängt.

M a x   B r o d (geb. 1884) hat dem in seiner Art einzigen Prager Milieu verhaftet sowohl die Romantik des Stadtschicksals als auch ihren Einfluß auf ein junges Geschlecht novellistisch umrungen. Sein Roman „Arnold Beer, das Schicksal eines Juden" nimmt eine Thematik wieder auf, die wir bei Jakobowski und Löwenberg fanden, bringt jedoch viel stärker die den seelischen Voraussetzungen und ererbtem Schicksal entsprechenden Züge heraus. Von hier aus ging Brod den Weg zum Geschichtsroman. In „Reubeni, Fürst der Juden" gab er ein Schwärmerbild aus dem sechzehnten Jahrhundert. In dem weit bedeutenderen Roman „Tycho de Brahes Weg zu Gott" gestaltete der Autor innerhalb der mit allen Säften emporsteigenden Umwelt der böhmischen Hauptstadt den mehr seelischen als sachlichen Wettstreit zwischen den beiden großen Forschern Tycho de Brahe und Kepler.

Die Völkerwanderung, die Hermann Lingg in einer epischen Versfügung von großem Umfang anlegte und durchführte, schuf O t t o G m e l i n (1886—1940) in dem Roman „Das neue Reich" nach. Sein Stil ist reich an balladischen Akzenten. So wirkt sein Friedrich der Zweite in dem Roman „Das Angesicht des Kaisers" als ein anderer Regent und Mensch als der Schreyers, und die Saga der Hohenstaufen

wird in der Novelle „Konradin reitet" weitergeführt. E r w i n G u i d o
K o l b e n h e y e r (geb. 1878) hat in dem Roman „Amor dei" sich den
gleichen Helden erwählt wie einst Berthold Auerbach Benediktus Spinoza. Er hat jedoch neben den Philosophen einer nicht im orthodoxen
Sinne waltenden Gottgläubigkeit das nicht minder ergreifende Bild des
Meisters Rembrandt gestellt und beide mit der vollen Lebensdichtigkeit
niederländischen Wesens des siebzehnten Jahrhunderts umgeben. In eine
noch etwas frühere Zeit führt „Meister Joachim Pausewang", ein Handwerker, der im Ich-Roman selbst aussagt, wie er auf dem Schuster-
schemel den Pechdraht führend, das Freidurchgehn und die rechte Bahn
zur Gotteskindschaft gefunden hat. Alsdann sammelte sich Kolbenheyer
zu seinem gewaltigen Werke über den neuerdings von der medizinischen
Wissenschaft ernstlich umrungenen Forscher und Arzt des sechzehnten
Jahrhunderts. In einer zum Höchsten einstimmenden Führung läßt der
Dichter vor der Entfaltung der Handlung den Mönch Martin Luther
am Zellenfenster belauschen „in der Stunde, in der seines Lebens Tiefe
erschöpft war", und da er Worte des Paulus in die Nacht ruft. Dann
erst bringt Kolbenheyer Szene für Szene, von Höhepunkt zu Höhepunkt
schreitend, mit nie erlahmender Erzähler- und höchster Phantasiekraft
das drei Bände füllende Geschehen: eine vom Mittelalter zu neuem
Aufbruch rüstende Welt in der Fülle ihrer Gestalten und mitten inne
das Leben, Wirken und Ausgreifen des Schweizer Arztes, Naturforschers
und Theosophen Paracelsus Philippus Theophrastus von Hohenheim;
das einzelne Menschenschicksal in der Gewalt der Weltmühle, das sich
in großgeartetem Erfassen, in Heil und Unheil bis an das glückhafte
Ende durchsetzt. Der „Karlsbader Novelle" gesellte er den musikalischen
Roman „Das Lächeln der Penaten", darin er unter lächelnder Abwehr
eines rasch aburteilenden Snobismus im großstädtischen Musikleben
Kunstgesetze neu deutete. In der religiösen Aussprache dem Paracelsus-
Werke verwandt erscheint eins der eigenartigsten Bücher der Zeit, ein
Lebensbekenntnis von dichterischem Range, das „Leben Jesu in Pa-
lästina, Schlesien und anderswo" von J o s e p h W i t t i g (geb. 1879).
Hier wird eigenes Leben mit der Offenbarung des Ewigen seltsam ein-
drucksvoll verflochten, und Wittigs Erzählungen „Das verlorene Vater-
unser" treten ergänzend neben diese neuen Wege suchender Frömmigkeit.

    Wittig hat nach schwerem Innenkampfe die katholische Kirche ver-
lassen, H a n s R o s e l i e b (geb. 1884) bekannte sich in dem Roman
„Die Fackelträger" zu dem ererbten Bekenntnis des Münsterlandes. Er
gedachte ergreifend seines Landsmannes Peter Hille und stellte das Geschick des Korsenkönigs Theodor Neuhof in dem Roman „Der Aben-
teurer im Purpur" dar. Einst hatte Vulpius denselben Stoff ohne Glück
zu bilden versucht.

    In gleicher inbrünstig katholischer Hingebung wie Roselieb erfloß
das Schaffen von L e o W e i s m a n t e l (geb. 1888). Nach liebenswürdigen, oft zwischen nachdenklichem Ernst und kindhaftem Scherz

pendelnden Puppenspielen und der Geschichte vom Fähnlein der Käuze schuf Weismantel im Angesicht der Passionsspiele von Oberammergau den Roman „Gnade über Oberammergau". Er bezeugte eine innerste Erfassung der Künstler Tilmann Riemenschneider und Meister Veit Stoß und ihrer Zeit. In einer Trilogie rief die übermächtige Darstellung des Gekreuzigten durch den Meister Mathis Nithart Grünewald in einer Zeit letzter Verstörung zu neuer andächtiger Anbetung. In dreifacher Stufung gab der Dichter zunächst „Das Totenliebespaar", dann den „Bunten Rock der Welt", endlich „Die höllische Trinität" und umschrieb so das Werk dieses Malers, den die Forschung und Deutung vielfältig zu umringen trachtete. Die ehrfürchtige Hingabe, mit der einst die Frommheit der Väter an den Denkmälern der Gottesverehrung werkte, verklärte Weismantel in dem Schicksalsbuch „Bauvolk am Dom". Daneben erzählte er die Novelle von den „Erben der lockeren Jeann'ette" in einem heiter gelösten Ton, der auch die Romane „Das Jahr von Sparbrod" und „Die Leute von Sparbrod" auszeichnet.

In eine andere geschichtliche Ferne führte V a l e r i a n T o r n i u s (geb. 1883) mit seinem Buch über Iwan den Schrecklichen. G ü n t h e r B i r k e n f e l d (geb. 1901) brachte einen Roman vom Kaiser Augustus und entwirrte klug und geschickt mit sicherem Striche das Erfinderschicksal Johannes Gutenbergs in der „Schwarzen Kunst". Birkenfeld bewährte sich auch als geschmackvoller Übertrager von Mark Twain und von John Erskine, den auch H e l e n e M e y e r - F r a n c k (1873 bis 1947) verdeutschte.

E r n s t S c h m i t t (geb. 1879) baute das deutsche Geschick um das Jahr 1848 zyklisch auf. Der gebürtige Hesse machte „Das tolle Jahr" mit den um die Paulskirche gescharten Gestalten besonders lebendig.

W a l t e r B l o e m (geb. 1868) hatte das Leben deutscher Corpsstudenten mehrfach in leichtem Aufriß geschildert und ihnen den zu ernsten Problemen vorstoßenden Roman „Brüderlichkeit" nachgesandt, in dem er sein männliches Bekenntnis zur Judenfrage gab. Gleichzeitig behandelte H e i n r i c h S i e m e r (geb. 1886) in dem Roman „Juda und die Anderen" das gleiche Thema. Bloem führt in einem das Leben einer studentischen Verbindung erschütternden Falle die kameradschaftliche Zusammengehörigkeit alter Kommilitonen über die scheinbaren rassischen Grenzen hinweg zu deutscher Einung ganz im Sinne des ererbten klassischen Humanismus. Die Trilogie „Das Eiserne Jahr", „Volk wider Volk" und „Die Schmiede der Zukunft" galt der Vollendung des der Deutschen Nationalversammlung in der Paulskirche mißglückten Reichsbaus. Sie fesselte durch sehr lebhafte Schilderungen der Kämpfe nach dem Juli 1870, vom Tage der abgebrochenen Audienz Benedettis bei König Wilhelm in Ems bis nach der Kaiser-Proklamation zu Versailles und des Feldzugslebens wie durch genrehafte Szenen aus dem Hauptquartier und dem Reichstag, in denen der greise Herrscher, der Kronprinz, der Kanzler, ebenso wie der Bayernkönig Ludwig, Simson, Delbrück und das Landwehrvolk deutlich wurden. Hervorzuheben wäre, wie gerade vom Standpunkte eines leidenschaftlichen Deutschtums her das vaterländische Wirken des großen Gegenspielers Léon Gambetta ritterlich anerkannt wird. Die gleiche historische Gerechtigkeit atmet auch der die elsässische Geschicke jener Zeit umreißende Roman „Das verlorene Vaterland". Walter Bloem hat die Frucht einer Weltreise im „Weltgesicht" eingeheimst und das Leben George Washingtons in dem „Sohn seines Landes" anschaulich gemacht. Aus berlinischer Vorzeit wurden im „Faust in Monbijou" um Friedrich Wilhelm den Dritten seine Söhne, Friedrich Wilhelm und Wilhelm, Elise Radziwill, der alte Zelter und der Herzog Karl von Mecklenburg, der die Mephistorolle spielte, gruppiert.

E h m   W e l k (geb. 1884) hat in „Der hohe Befehl" ein fesselndes Geschichtsbild entworfen, nachdem er sich vorher schon in der „Lebensuhr des Gottfried Grambauer" als besinnlicher Betrachter eines einfachen Lebens und in den „Heiden von Kummerow" als heiterer Plauderer einer harmlosen Kinderwelt bewährt hatte. A n t o n   G a b e l e (geb. 1890) schloß Erzählungen um den von Kolbenheyer dargestellten Paracelsus.

Zu einer seltenen Vereinigung geschichtlicher Einfügung und religiöser Vertiefung gedieh E n r i c a   F r e i i n   v o n   H a n d e l - M a z - z e t t i (geb. 1871). Sie erwies den starken Einfluß der naturalistischen Strömung in ihrem ersten Roman, nachdem sie wie ihre große Landsmännin Marie von Ebner-Eschenbach Schauspiele und Novellen vorangeschickt hatte. „Meinrad Helmpergers denkwürdiges Jahr" ist die Geschichte eines englischen Atheisten, Mac Endoll, und seines Sohnes zu Beginn des 18. Jahrhunderts, der dem katholischen Glauben zugeführt werden soll. Mit religiöser Starrheit erreicht der harte Abt nichts, der frommen Zartheit eines liebe- und glaubenerfüllten Mönches erst gelingt die Umwandlung des Knaben aus einem straffen Protestanten in einen überzeugten Katholiken. Der Niedergang der Erzählung beginnt mit der Gewaltsbekehrung des Vaters, die solange von zelotisch protestantischen Richtern unter furchtbaren Torturen fortgesetzt wird, bis der Delinquent zwar nicht abschwört, aber doch „einen Strahl heiliger Empfindung" empfängt; es bleibt verschleiert, ob durch Gesinnungswechsel oder Todesnähe. Diesem Bekehrungsroman eignet der Fehler der Tendenz trotz hohem dichterischen Schaffen.

In ihrer zweiten großen Dichtung „Jesse und Maria" enthüllte Enrica von Handel mit der ganzen Gerechtigkeit des geborenen Dichters den Kern ihres Schaffens. Da kämpfen in zwei Menschen zwei Welten miteinander. Der protestantische Ritter Jesse will der Gegenreformation den Boden abgraben und das Volk der Donaulande wieder evangelisch machen. Gegen seinen Eingriff in den Glauben ihrer Familie wehrt sich die fromm katholische Maria, und ihre Anzeige und eigene Heißblütigkeit führen Jesse auf das Schafott. Aber während der einst so Ungebär-

dige in Gott gefaßt zum Blutgerüst schreitet, liegt seine Glaubens-
gegnerin in qualvollem Gebet um sein Leben vor dem Altar der
schmerzenreichen Muttergottes. Ohne allen Kleinkram wird das landschaftliche und geschichtliche Bild nach dem Dreißigjährigen Kriege
gegeben, und um Jesse und Maria wogt eine Fülle anderer, treu gezeichneter Gestalten. Mit der gleichen Einbettung in die historisch geschaute Umwelt und mit demselben Blick für die schmerzlichsten
Glaubenskämpfe ist die „Arme Margaret" geschaffen, darin einer Protestantin, die nicht abschwören will, rohes Reitervolk ins Haus gelegt
wird; sie flieht vor dem Führer, der sich an ihr vergreifen will, mit
ihrem Säugling ins größte Elend, bittet aber für den Ritter, als er nach
dem strengen Gesetz den Tod erleiden muß, auf den nun für ihn selbst
der Schimmer einer versöhnenden Liebe fällt.

G r e t h e A u e r (verehel. Güterbock, 1871—1943) hat nach den
heiteren, oft bis zur Novelle gedehnten „Marokkanischen Erzählungen"
den geschichtlichen Roman „Bruchstücke aus den Memoiren des Che-
valiers von Roquesant" mit scharf geschauten Porträts aus dem Zeitalter Ludwigs des Vierzehnten geschaffen. Frieshaft wie dies Werk
geht das Prosaepos von H e r m a n n G r a e d e n e r (geb. 1878)
„Utz Urbach" an uns vorüber. Der Dichter bringt da eindrucksvolle
Vorgänge aus dem Bauernkriege des sechzehnten Jahrhunderts, der die
Phantasie der Dramatiker wie der Erzähler immer wieder beschäftigte.

Ein Werk von ungewöhnlicher Weite und einer erzählerischen
Energie, die ihres Gleichen sucht, vollbrachte E d u a r d S t u c k e n
(1865—1936) in dem historischen Roman „Die weißen Götter". Wolfgang Kirchbach wie Gerhart Hauptmann hatten sich dramatisch an der
Gestalt des mexikanischen Aztekenkaisers Montezuma versucht — erst
Stucken gelang es, die Tragik des Unterganges einer bis dahin in sich
ruhenden Kultur und die verruchte Gewaltsamkeit einer fremden Eroberung dichterisch zu bezwingen. Wie der Bau eines Staatswesens und
mit ihm die Weltanschauung eines an starre Glaubensformeln gebundenen Volkes vor dem frevlen Stoße abenteuerlicher Hidalgos zusammen-
stürzt, wie ein altüberkommener Glaube diese Kömmlinge noch gar für
die prophetisch vorverkündeten Weißen Götter hält — das alles wird
bis zur qualvollsten Enttäuschung samt den diesem scheinbar blühenden
Gemeinwesen innewohnenden Mängeln mit einer subtilen Kunst dargestellt, die dem Äußeren einer fremdartigen Kulturepoche ebenso
gerecht wird wie sie die verästelten seelischen Antriebe mit feiner Psychologie erfaßt. Es wird schwer sein, ein Seitenstück zu dieser historischen
Romandarstellung von größtem Zuschnitt zu finden.

Stucken hat später in dem Roman „Im Schatten Shakespeares" die
englische Welt unter dem Sohne der Maria Stuart mit der gleichen,
keinen Fehlweg einschlagenden Dichtigkeit gebildet wie in dem ersten
Roman das Wesen des Sonnenreiches. Mit seinem dritten Buche,
„Larion", betrat Stucken zum ersten und letzten Male den Boden seiner

Moskauer Heimat — er stammte wie Knoop aus den Kreisen deutsch-russischer Kaufherrnschaft der russischen Hauptstadt. In diesem Werk, dem eine Nähe zu Dostojewskij abzumerken ist, ruft eine religiöse Dumpfheit den Gegenzug einer ekstatischen Gewaltsamkeit hervor.

Nach einem großen lyrischen Beginn und Erzählungen von romantischer Färbung sammelte sich I n a S e i d e l (geb. 1885), wie Ricarda Huch einem ganzen Dichtergeschlechte angehörig, zu dem überall mit treffender Psychologie durchwobenen historischen Roman von dem tragischem Leben George Forsters „Das Labyrinth". Die Gewichtsverteilung des Stoffes versäumte weder die Umwelt im gewählten Exil der Universität Wilna noch das erregte, durch die Französische Revolution umgetriebene Mainz und stellte auch, nach dem Beispiel Heinrich Königs Therese Heyne und Ludwig Ferdinand Huber mit scharfem Strich heraus. In dem „Wunschkind" kam über den geschichtlichen Anteil hinaus aus der gleichen Mainzer Umwelt eine mütterliche Seelenkunde herzanfassend an den Tag. Von einer rührenden Zartheit zeugte die Erzählung „Renée und Rainer", in deren holdem Klang sich das Bildhafte zu einem Urbildhaften erhob. Ihre Novellen, darunter „Der Tod einer Frau" und „Die Fürstin reitet" zeigen eine unmittelbare Wiedergabe der Geschichte und sind dabei in dem geheimnisvollen Ton einer Legende erzählt, der einen großen Teil ihrer suggestiven Kraft ausmacht.

Gustav Freytag hatte einst in seinen „Ahnen" den Versuch gemacht, ein deutsches Geschlecht durch die Jahrhunderte der vaterländischen Geschichte auf allen ihren Stufen zu geleiten. In dem Stil einer durch andere Schickungen geprüften Zeit vollbrachte Ina Seidel in ihrem „Lennacker" das Gleiche. Ihr „Buch einer Heimkehr" bot den geistesgeschichtlichen Aufbau des deutschen Lebens von dem Auftreten Martin Luthers bis zu den Erschütterungen des ersten Weltkrieges. Das deutsche Pfarrhaus, das von Lessing bis zu Nietzsche der deutschen Geistigkeit immer neue Frucht getragen hatte und in dessen Bezirk auch diese Dichterin heimisch war, gab für die immer im echten Tone der Zeit einherschreitenden Menschen einen aus Traum und Tag gewebten Rahmen. Von dem Einsatze her, der einen ersten Zugehörigen des Geschlechtes der Lennacker aus dem umfriedeten Gehege der römischen Kirche in die recht verstandene Freiheit eines Christenmenschen nach Luthers Vorbilde ruft, setzt sich die theologische Spannung in einem die dogmatische Aussprache mit dramatischer Sprengkraft lebendig füllenden Lodern durch. Wir stehen mit Ina Seidel an einem Haltepunkte deutscher Geistesentscheidung, wenn nach der Schlacht bei Saalfeld ein Mitkämpfer des Prinzen Louis Ferdinand in Thüringen den Namen Eines nennt, der „aus Deutschlands innerstem Herzen hervorgewachsen und wieder dorthin zurückgesunken, als ein von heiligen Kräften strahlender Edelstein ewig ruht" — den Namen: Novalis. Und eben vor dem Eindringen des Feindes, der dem Sprecher die Verwundung einträgt, wird dann nach dem Gedenken an

Schiller nicht nur der Name Goethe genannt, sondern mitten im aufwühlenden Ansturm des ungeheuerlichen Umschwungs der Schlacht von Jena spricht der Leutnant Lennacker: „Diese haben unter uns geweilt, flüchtig wie Boten, die sich nicht länger aufhalten durften, als es ihre Sendung erforderte. Er — dauert. Er ist wie die Erde — die Zeiten gehen über ihn hin, wie über sie". Die Zwölf Nächte führen den aus dem Felde heimgekehrten letzten Sprossen zu einer Vergangenheit zurück, die von dem großen Bauernkriege zur Lutherzeit bis in die Tage geht, da die Botschaft Leo Tolstois von Osten her in die Studierstube des Berliner Pfarrers hinüberklang. Es ist nicht stilwidrig, wenn die Dichterin Ina Seidel innerhalb einer Sammlung von charakteristischen Typen, von denen jede individuell gezeichnet ist, im Anklang an drastische Bildungen Heinrich Seidels einen kleinlich an das nur äußerlich begriffene Bekenntniswort geklammerten Missionar eine Meerkatze aus Semmelteig nennt.

Die Gottinnigkeit, die aus den Gedichten von Ina Seidel tönt und die in der „Karfreitagslegende" ihre Gipfelung erreicht, spricht auch aus der Anlage dieses großen Werkes. Hervorgehoben seien daneben die Märchen des „Wunderbaren Geißleinbuches" und die Autobiographie „Meine Kindheit und Jugend". Bei einer trotz oder wegen ihrer einfachen Form und Sprache sehr einprägsamen Bildhaftigkeit behauptet sich Ina Seidel als Deuterin von Geschick und Geschichte unter den Lebenden vom höchsten Rang.

Nicht von ungefähr werden hier zwei Dichter angeschlossen, deren Schöpfungen füglich auch im Bezirke der neuen Romantik ihren Platz finden könnten. H u g o v o n H o f m a n n s t h a l (1874—1929) hat gerade in Anrankung an jenen Novalis, dessen Ina Seidel in einer schicksalhaften Szene gedenkt, seine zarte Dichtung „Die Frau ohne Schatten" geformt, in der die Gaben seiner aus dem österreichischen Barock stammenden und diesen Stil in gewissem Sinne vollendenden Kunst in holder Tönung zum Erklingen kommen. Der Roman „Andreas oder die Vereinigten" ist ein Fragment geblieben, er zeigt jedoch in seiner Abschiedsstimmung und der gen Süden ausgerichteten Haltung wesentliche Züge dieses für eine nun schon ferne Wiener Vergangenheit tief kennzeichnenden Dichters.

R a i n e r M a r i a R i l k e (1875—1926) hat in den „Geschichten vom lieben Gott" Legenden einer von Gotteskindschaft lebenden Sehnsucht geschaffen. Von anderem Klang sind die italienischen Novellen Rilkes. Ein Werk der Selbstbefreiung sind „Die Aufzeichnungen des Malte Laurids Brigge", in Paris verörtlicht, naturalistisch durchformt und dann zu mystischer Entrückung gesteigert. Der Dichter, der sich im „Marienleben" zu einem Bekenntnis innerster Andacht sammelte, hat in der „Weise von Liebe und Tod des Cornets Christoph Rilke" in einer Fassung von gespartem Rhythmus einen Jüngling gezeichnet, der die Waffen durch das kriegsversehrte Land trägt und mit einem

Rosenblatt auf dem Herzen im Gefecht fällt. Innerhalb einer Jugend, die heute noch zu dem Bilde Rilkes aufschaut, erscheint diese nahezu volkstümlich gewordene Ballade in Prosa wie ein Symbol für den zu früh heimgegangenen Dichter.

2. Die verjüngte Tradition des Realismus und der großen Novelle

Paul Heyse hatte mit Hermann Kurz den Deutschen Novellenschatz gesammelt. Wir sahen, wie innerhalb der realistischen Entwickelung die von den Münchnern ausgehende Anregung zur geschlossenen Form weit über den Kreis der Symposien und Krokodile hinaus Anstoß und Vorbild ward. I s o l d e   K u r z (1853—1944), die Tochter von Hermann Kurz und einer poetisch begabten Mutter, setzte da an, wo ihr Vater das Werk vorzeitig aus der Hand hatte legen müssen. Ihr, die alsbald zur Novelle kam, war jedoch das Gesetz des Falken früh gemäß und zu eigen. Die Schulung an Heyse erwies sie auch in ihrer Neigung zum italienischen Leben. — Isolde Kurz fand ihre zweite Heimat in Florenz und hat so ausschließlich wie kein anderer deutscher Dichter von ihrer Bedeutung Italien ergriffen und sich für ihre Kunst zugeeignet. In ganz groß hingestrichenen Zügen malte sie zweimal „Die Stadt des Lebens“, zuerst in Schilderungen aus der Renaissance vor allem die Mediceer, später in „Florentinischen Erinnerungen“ das Florenz ihrer Zeit mit den deutschen Florentinern von Karl Stauffer-Bern und Arnold Böcklin bis zu Karl Hillebrand und Adolf Hildebrand. Diese Erinnerungen und Erlebnisse aber wurden zu reiner Dichtung. In den „Italienischen Erzählungen“ haben es der Dichterin die der Natur noch näherstehenden Kinder des Südlands und ihre Leidenschaften angetan. Da ist die unglückliche Pensa, die eine überwältigende Liebe aus der Unbefangenheit eines kindlichen Zustandes halb unbewußt in den Tod treibt. Oder Aberglaube und Glücksgier, die sich um das Terno, die Dreizahl des Lottos, bis zu Verbrechen und Tod verflechten wie in den „Glücksnummern“. In der Novelle „Unsere Carlotta“ ist auch die Hauptgestalt ein völliges Kind des Volkes, ohne jede äußere Bildung, ein Stück Natur mit der schweren Beweglichkeit eines schönen großen Tieres. Sie wird ganz aus dem Naturdrange heraus zur Rächerin mit dem Mordstahl an dem, der sie betrogen hat, und geht nach dem Freispruch der heißblütigen Geschworenen als eine unheimliche Erscheinung durch die Welt. Alle diese Menschen leben bei äußerlicher, anerzogener Kultfrömmigkeit in einem seelischen Dämmerzustande, der jeden Spuk und Aberglauben als etwas Natürliches aufzunehmen bereit ist. Auch als etwas Natürliches nehmen die Italiener der großen und grausamen Vergangenheit die Schicksale der Zeit auf sich und treten in den „Florentiner Novellen“ mit dem vollen Hall der Renaissance und in ihrer ganzen Farbe vor uns hin. Der Glanz Italiens liegt freilich in nicht geringerer Stärke auch auf den Novellen, die verfeinerte und schwächere, fremde Menschen zwischen Pinien und Orangen zeigen, wie den deutschen Sonderling Baron Tempe in Rom. Selten ist Venedig im strahlenden Glanz seiner schönsten Stunden wunderbarer aufgefangen worden als in der Novelle „Genesung", wo es sich in den durstigen Augen eines totkranken deutschen Jünglings spiegelt, der hier in wenigen Stunden das Vorgefühl von allem hohen Glück und in diesem Vorgefühl friedlichen Tod findet. In den „Nächten von Fondi" gab Isolde Kurz märchenhafte Dichtungen von plastischer Rundung, wiederum aus den Tagen der großen Renaissance. Erst spät fand sie mit den Erzählungen „Von dazumal" zu lebendigen Schilderungen aus ihrer schwäbischen Jugendheimat.

Mit einer sich jedes überflüssige Wort sparenden, aber keine deutende Silbe verschweigenden psychologischen Fügung erzählte Isolde Kurz die im Zeichen der Löwensonne spielende „Geschichte von Liebe und Tod, Solleone" mit ihrem geheimnisvoll unter dem Glutgestirn waltenden Verhängnis, das dem deutschen Gast der heißen Stunde das künftige Leben überschattet. Die gleiche biologisch-mikroskopische Eindringlichkeit erwiesen „Der Despot" und „Der Caliban". In dem ersten setzt ein dichterisch veranlagter Mensch im Bewußtsein seiner künstlerischen Sendung alles an alles, aber er kann in stummer Tragik unter dem schützenden Liebesdache einer Frau nicht zum Ziele gelangen. Im zweiten Roman straft der früh zur Mannheit gereifte Geist eines von der Natur grotesk geschaffnen Knaben den Körper Lügen und führt den Jüngling zu heldischem Ende. War die starke Spannungskraft des unter leichter Hülle den selbstbiographischen Gehalt bergende Roman „Vanadis" ganz gegen die sonstige Art der Dichterin durch seine Breite geschwächt, so konzentrierte sie das Lebensbild ihres Vaters wie das der Mutter und der dichterisch begabten Brüder E d g a r K u r z (1853 bis 1904) und Alfred Kurz in bündig knappen Darstellungen.

Mit der gleichen zarten und sicheren Kontur wie Isolde Kurz zeichnete im Gefolge Paul Heyses W i l h e l m S p e c k (1861—1925) seine Gestalten aus. Diesen Dichter, dem schwere frühzeitige Erkrankung nur die Darbringung weniger, innerst verklärter Gaben erlaubte, riefen Neigung und eine von dem heiteren Temperament der Isolde Kurz weit abstechende christliche Lebensbetrachtung zur Durchleuchtung von Charakteren, die vom gebahnten Pfade seitwärts in schwere Verstrickung geraten sind, aber durch Offenbarung ewigen Lichtes aus ihr hinaus finden. In den „Flüchtlingen" kam die innere Läuterung schuldhafter Menschen noch nicht voll zum Ausdruck — in den „Zwei Seelen" ward die Selbstbefreiung eines schuldig Gewordenen zu tiefst ergreifend vorgeführt. „Es rinnen stille Wasser, Tropfen auf Tropfen fällt nieder, und jeder erfüllt seinen Zweck. Aber sie rinnen so leise und in solcher Verborgenheit, daß der, auf dessen Seele sie fallen, es kaum merkt, wie sich rings um ihn her das Erdreich löst." Dieses leise erlösende Fließen in den Herzen eines in unrechte Hände geratenen, zweimal zum Verbrecher gewordenen Mannes läßt uns Speck miterleben. Von der gleichen Innigkeit ist die Novelle „Ursula" beseelt, in der sich ein Mädchen aus versehrender innerer Not ins Helle rettet. Der „Joggeli" ist ein liebenswertes Idyll aus Specks hessischer Heimat, mit einem Gefühl von innerer Zugehörigkeit aufgezeichnet.

Georg Reicke (1863—1923) hat sich, ehe er noch die Feder zum Werke ansetzte, zu Paul Heyse bekannt, dessen Spuren der spätere Berliner Bürgermeister, der Sohn des berühmten Kantforschers Rudolf Reicke, früh auf dem Boden der Reichshauptstadt nachging. Der reine und schöne Tonfall der Verse des „Winterfrühlings", mit denen Reicke spät debütierte, umwest auch die Gestalten seines Romans „Im Spinnenwinkel" und diejenigen des „Grünen Huhns", ob er sie an den samländischen Strand, in die Enge einer ostpreußischen Kleinstadt am Frischen Haff oder in die weitere Umwelt von Berlin oder Paris führt. In dem „Spinnenwinkel" weist das vorgesetzte Schopenhauersche Motto auf dies „durchweg zweideutige" Leben hin — ein noch im Beamtenkleide steckender werdender Dichter und die reizvolle Gegenspielerin bringen diese innere Zwiespältigkeit voll heraus. Es ist eine seelische Schwingungen behutsam nachzeichnende Kunst, die sich zumal der Linienführung weiblicher Figuren anzuschmiegen weiß. Ein Stück lebendiger ostpreußischer Heimatkunst kündet der Roman „Der eigene Ton" mit einer Verklärung der nun verlorenen Königsberger Heimat. In der Nachfolge Paul Heyses erwies Georg Reicke seine Schmeidigung des Verses in der Novelle „Woge und Wind". Auf der gleichen Linie schritt Emil Ludwig (1882—1948) mit der Versnovelle „Tom und Sylvester". Reickes Tochter Ilse von Hülsen (geb. 1893), neben Gertrud Bäumer Herausgeberin der „Frau", ist auf den Pfaden des Vaters mit ihrem Roman „Weg der Ima Carus" weitergewandelt und hat in der Geschichte einer Familie „Treue und Freundschaft" dem Vater wie dem Großvater ein Denkmal gesetzt, das Baustein zu Baustein einer dankbaren Rückerinnerung fügt.

Im ostpreußischen Raume erwuchs eine Begabung, die sich erst sehr spät zum Werke fand. William von Simpson (1881—1945) schuf in seinem Roman „Die Barrings" ein Lebensbild eines im Pregeltale angesessenen großen Landwirts, dessen Vorbild weit über den Heimatbezirk hinausreicht. Die deutschen Zustände der Epoche von den Attentaten auf den Alten Kaiser bis nach Bismarcks Entlassung werden in diesem bei aller Weite zu geschlossenem Bilde strebenden Werk sicher erfaßt und die tragenden Gestalten der Zeitgeschichte, Bismarck voran, nicht arabeskenhaft verbraucht. Die Schulung an Fontane tritt in selbständiger Weiterführung bedeutsam hervor. Die landschaftliche Tönung und die ungesuchte Verbindung der im Vordergrunde stehenden Persönlichkeiten mit den Trägern des Zeitgeschicks, vor allem mit Bismarck, erhebt dies Werk in einen besonderen Rang, dessen Höhenlage die Fortsetzung „Der Enkel" nicht zu wahren vermag.

Carl Busse (1872—1918) hat in den „Schülern von Polajewo"

kleinstädtische Enge, die durch die Umwelt des Posener Landes eine eigne Färbung erhält, novellistisch gestaltet. Die manchmal ins Tragische abgleitenden Erlebnisse von Schülern und Lehrern gewinnen ein besonderes Profil, wenn man sie neben die in rein deutschen Gegenden verörtlichten Novellen von Hans Hoffmann im „Gymnasium zu Stolpenburg" stellt. Noch deutlicher tritt das Halbschlächtige der Landschaft in den unter dem Titel „Im polnischen Wind" zusammengeschlossenen Erzählungen hervor. Hier werden Vorgänge berichtet, die so nur auf diesem Boden, den eine völkisch und bekenntnismäßig geteilte Bevölkerung einnimmt, zum Ablauf kommen können. Auch in der „Flugbeute" werden Begegnungen aus Neigung und Fremdheit sicher gestaltet. Busses Bruder G e o r g   B u s s e - P a l m a (1876—1915) hat seinen beseelten Dichtungen gut gelungene Novellen angefügt, unter denen die „Abendfalter" wegen ihres zarten Klanges hervorgehoben seien.

Aus der westpreußischen Nachbarschaft Busses stammte O s k a r L o e r k e (1884—1941). Der Lyriker verfaßte Novellen voller lebendiger Phantasie und zeichnete eine im Weichsellande zu Grunde gehende bäuerliche Familie im „Oger" mit sicherem Strich.

Der Maler und Schriftsteller R o b e r t   W a l s e r (geb. 1878) hat Seelen jugendlicher Menschen in den einem Schulleben entnommenen eigenartigen Büchern „Fritz Kochers Aufsätze", „Jacob von Gunten" und „Die Geschwister Tanner" zu ergründen gesucht. Weitaus seine beste Leistung sind die kleinen Geschichten, die er anspruchslos mit natürlicher Heiterkeit hinplaudert und denen man mit Freuden zuhört. Die Novellen „Lebensfragmente" von L u d w i g   F u l d a (1862—1943) gehören in die Münchener Nachfolge.

Der Wiener P a u l   B u s s o n (1873—1924) hat die dem eigentümlichen balladischen Einakter „Ruhmlose Helden" verwandten historischen Novellen „Arme Gespenster" geschaffen. Der Roman „Die Wiedergeburt des Melchior Dronte" hat eine ausgesprochen wienerische Haltung. Neben den rechtswissenschaftlichen Schriften des ostpreußischen Juristen K o n r a d   C o s a c k (1855—1933) sind die Novellen, besonders „Burg Hoym", hervorzuheben. E m a n u e l   v o n   B o d m a n (1874—1946) hat die Erzählungen „Das hohe Seil" am Bodensee beheimatet. Der Dramatiker W i l h e l m   v o n   S c h o l z (geb. 1874) hat in dem Roman „Perpetua" in dem seltsamen Lebensabriß der Schwestern Breitenschnitt ein reiches Geschichtsbild von psychologischer Unterbauung gegeben. Die Schwestern sehen sich einander so zum Verwechseln ähnlich, daß sich die eine opfern kann und als Hexe verbrannt wird, während die andere als Äbtissin ihr „heiliges" Leben beschließt. Die Atmosphäre von Augsburg am Ausgang des Mittelalters dringt lebendig empor, und der letzte Ritter, Kaiser Max, schreitet sinngebend durch das Buch, das wie dasjenige Bodmans die Schulung an dem Stil der Münchner nicht verleugnet. In ähnlicher von mystischem Glaubenseifer erfüllter Atmosphäre steht das zweite epische Hauptwerk des Dichters, der „Weg nach Ilock". Die grausamen Ketzerverfolgungen in Breslau durch den italienischen Mönch Capistran um 1452 geben den Hintergrund für die hohe Kunst seelischer Durchleuchtung, die Wilhelm von Scholz auch hier bewährt. Dichterisch durchklungen sind seine Landschaftsschilderungen, glückliche Verbindungen von Natur und Kultur, wie „Bodensee", „Städte und Schlösser" und „Erinnerungen einer Jugend, Berlin und Bodensee". E l i s a b e t h v o n H e y k i n g (geb. Gräfin Flemming, 1861—1925), eine Schwester von Irene Forbes-Mosse, gehört ihrer Anlage nach in diesen Kreis. Ihr Werk „Briefe, die ihn nicht erreichten" deutet in manchem auf die leidenschaftliche Fügung der Briefbücher der Großmutter Bettina zurück. Elisabeth von Heyking bringt Ton und Lebensfülle einer anderen Zeit herauf; die Briefe einer sich langsam ihrer Liebe bewußt werdenden Frau sind an einen Mann gerichtet, der die Belagerung der Botschaften in Peking durch die Chinesen aushalten muß und sein Leben ohne die ihm zugedachte Erfüllung in der Fremde verliert. Diese Episteln sind in einem graziös eleganten Gesellschaftston sehr weitläufig geschrieben, so daß, wenn eine von ihnen auf ihrer weiten Fahrt von Europa nach China in falsche Hände geraten wäre, der Leser nur den Brief einer vornehmen Diplomatenfrau vor Augen gehabt hätte. Der richtige Empfänger aber, den die Briefe nie erreichen sollten, hätte diese kühlen Geheimzeichen mit dem Schlüssel seiner Liebe dechiffriert und hätte die wiederholte Anrede „Freund" in das glutende „Geliebter" übersetzt. Im gleichen hohen Stil wendet sich der „Tag Anderer" nach Nordamerika, im „Tschun" kehrt Elisabeth von Heyking auf den chinesischen Boden wieder zurück. In der Weltläufigkeit ihr verwandt ist I d a B o y - E d (1852—1928). Aus ihren zahlreichen Arbeiten ward bereits der Roman „Ein königlicher Kaufmann" hervorgehoben, die gleiche Umwelt behandeln die „Geschichten aus der Hansestadt". In Novellen von engster Knappheit und großer Blickschärfe nahm die Dichterin eine sozialkritische Haltung ein, so in der „Großen Stimme" oder in den „Brosamen" und bewies eine sichere Menschen- und Klassen-Beurteilung. Ohne eigentliche frauenrechtlerische Tendenz wird die Frau in ihrer eigenständigen Naturhaftigkeit, in ihrem sicheren Weibtum gezeichnet. Von besonderer psychologischer Eindringlichkeit ist der Mütterroman „Sieben Schwerter", leichter, aber in der seelischen Ausgestaltung nicht minder treffend das dem Marineleben entnommene „Heimkehrfieber". Ida Boy-Ed hat mit ungewöhnlicher seelischer Feinfühligkeit Charlotte von Kalb und „Das Martyrium der Charlotte von Stein" ergreifend und mit dem Takte einer wissenden Frau und sich einfühlenden Schwester geschildert, ohne Christiane Vulpius irgendetwas von ihrem Liebesreiz zu rauben.

Die aus Franken stammende S o p h i e H o e c h s t e t t e r (1878 bis 1943) hat die charmanten „Fränkischen Novellen" mit blutwarmer Heimatliebe erfüllt. Nach dem etwas gestaltlosen Roman „Sehnsucht, Schönheit, Dämmerung" wagte sie sich mit dem „Kinde von Europa" nur mit halbem Erfolge an den Stoff des Caspar Hauser, wie einst Gußkow in den „Söhnen Pestalozzis". Die Autorin beschrieb das Leben der Königin Luise und des Prinzen Louis Ferdinand im Roman.

Die Dramatikerin J u l i a n e K a y (E r n a B a u m a n n, geb. 1899) schrieb die Prosaschriften „Silhouetten in Farben" und das „Abenteuer im Sommer" in einem Ton, der aufhorchen ließ.

Auf einem besonderen Blatt unserer Literaturgeschichte steht H e r - m a n n O e s e r (1849—1912). Seine längeren und kurzen Erzählungen, seine Novellen, Lebensbilder, Aufsäße und Briefe, ja selbst sein „Handbuch aus deutscher Dichtung und Prosa" haben bei verschiedenem Inhalt alle die gleiche Erkenntnis: „Ich glaube an das Nicht-Irdische in Jesus Christus; wäre ich ein Theologe, so würde ich sagen — an seine Gottheit" und „Gottes Gnade ist seine Mitarbeit an unserm Willen". Die Titel seiner Bücher geben die Quintessenz seines Gedankengutes: „Vom Tage, vom heute gewesenen Tage", „Stille Leute", „Wenn Zeit wie Ewigkeit" u. a. Die Sprache, in der er schrieb, vermochte nach Georg Reickes Wort: „das Tagtägliche zum Gegensaß des All-täglichen hinaufzuheben". Nicht nur wegen des zwischen ihnen geführten, an lebensgültiger Frucht reichen Briefwechsels gehört D o r a S c h l a t t e r (geb. Schlatter, 1855—1915) hierher; sie verschweigt in ihrer verhaltenen Erzählerfreude die Nöte des Lebens nicht, aber sie läßt in einer sinnvollen Durchformung ein Licht von oben her über den Erdenjammer leuchten.

Eine Vollendung erfuhr der Stil der ihren Stammbaum auf die Romantik zurückführenden Novelle der Münchner in der Kunst von R u - d o l f G. B i n d i n g (1867—1941), der erst spät nach Bewährung als Übersetzer zu eigenem Werke gedieh. Es ist hier anzumerken, daß wie in der Romantik um die leßte Jahrhundertwende der künstlerische Auftrieb sich wieder in ganzen Familien offenbarte. Wie damals die Schlegel, Kleist, Tieck, Varnhagen, Hißig und die Brentanos, so rüsteten nun die Familien der Kurz, Huch, Seidel, Reicke ihr Werkzeug. Auch Rudolf G. Binding war ein Erbe, er war der Sohn eines großen Juristen, der über sein Fach hinaus zu leidenschaftlicher Klärung der Probleme vorstieß. Nach „Legenden der Zeit", die die Menschen ins Geheimnisvolle ausdeuteten, schuf der Verfasser innerhalb der Sammlung „Die Geige" eine zaubervolle Novelle, in die wie bei Ricarda Huch und manchen Vorgängern noch das Schrecknis der Hamburger Cholerazeit hinüberschattete. Der tragisch überhauchte „Opfergang" birgt eine Lösung, die das im Angesicht der Iphigenie gesprochene Bekenntnis Goethes zu reiner Menschlichkeit verklärt. In der Novelle „Unsterblichkeit" erhebt der Dichter unter dem Eindruck des Krieges seine Menschen in eine an geheimste Seelenverflechtungen hingegebene Atmosphäre. Die Anmut eines gelösten Stiles lebt in der „Moselfahrt aus Liebeskummer" und in der heiter betonten „Reitvorschrift für eine Geliebte". „Erlebtes Leben" legt eine eindringliche Rechenschaft über ein reiches Dasein

ab und umreißt unvergeßlich das Portrait des Vaters im Purpur des
Jubiläumsrektors der Universität Leipzig, zugleich im Abschieds-
schimmer der letzten Jahre des Reichsglanzes. Das bedeutende Tage-
buch „Aus dem Kriege" gewinnt durch die schonungslose Offenheit des
Selbstbekenntnisses einen besonderen Rang, dessen Höhe die „Rufe und
Reden" behaupten.

Der den Rhythmus der Großstadt in seltsamer Formung komponie-
rende Lyriker E r n s t   S c h u r (1876—1912) hat in dem Buche der
dreizehn Erzählungen erquickende Bilder von der Anmut der Ostwelt
gegeben. Der große Menschendarsteller F r i e d r i c h   K a y ß l e r
(1874—1945) führt in den „Sagen aus Mijnhejm" und in dem Märchen „Tepe" reine Dichtung zur Transzendenz einer Höhenschau. Zu
ähnlicher seelischer Entfaltung geleiten die Phantasien über den Sinn
des Lebens, welche der bedeutende Arzt C a r l   L u d w i g   S c h l e i c h
(1859—1922) unter der Aufschrift „Es läuten die Glocken" vereinte.
Aus derselben Weltbetrachtung erwuchs die Selbstbiographie „Besonnte
Vergangenheit" des mit Dehmel und Strindberg eng befreundeten
Mannes, dessen Prosa den heimlichen Dichter offenbart. Wie selbstverständlich steigen die in ihrer gegen die Mechanisierung der Zeit gerichteten Schriften von W a l t h e r   R a t h e n a u (1867—1922), den
der Mord aus seiner Lebensarbeit um den Abbau der Friedensbedin-
gungen von Versailles riß, zum Überirdischen auf. Rathenaus Essay-
bände „Impressionen" und „Reflexionen" sind sehr kluge Äußerungen,
in manchem den großen schriftstellerischen Leistungen der Generation
der Gildemeister und Hillebrand vergleichbar. Dichterischen Klang hat
das Werk von F r i e d r i c h   N a u m a n n (1860—1919). Ob er,
den wir vordem in diesen Blättern mehrfach begegneten, über Industrie-
ausstellungen, über das Tempelhofer Feld oder über Bismarck und Lagarde schreibt — immer modelt er den Rohstoff oder die menschlichen
Wesen zu lebendigem Eindruck und verschmelzt das Sachliche durch die
innere Beziehung zum gesamten Volksleben und die herausquellende
soziale Empfindung zu einer höheren Einheit. Aus verwandter Schau
schrieb F r i t z   S c h u m a c h e r (geb. 1869), der große Architekt,
dem Hamburg sein neues, inneres Stadtbild dankt, seine kulturkritischen
Arbeiten; sie führen die Linie, auf der Alfred Lichtwark vordrang, weiter.
Schumacher hat Märchen „Vom Baume der Erkenntnis" und ein
poetisches „Lesebuch für Baumeister" gegeben. Von der Baukunst her
gewann auch K a r l   S c h e f f l e r (geb. 1869) die Meisterung einer
tief schürfenden produktiven Kritik, die sich auf allen Gebieten zu einer
phrasenlosen Sachlichkeit bekennt und innerhalb technischer Umwälzungen das Erbe einer unverschütteten Vergangenheit lebendig erhält.
Die Tradition des großen Essays blieb über einen neuen Wogengang der
Zeit hinweg so lebendig, wie aus dem Silbernen Zeitalter her die reine
Form über den Naturalismus hinweg selbständige Nachfolge erntete.

3. Weltschau des deutschen Romans

Als Gustav Freytag die Feder noch im Hochgefühl der Tage von
Sedan und Versailles zu seinen „Ahnen" ansetzte, meinte er, einen
Gipfel erstiegen zu haben, auf dem die Träume und oft tragisch belohnten Strebungen von Generationen Deutscher Wirklichkeit geworden
waren. Eine stets wachsende Volkszahl trägt in dem neuen Reichsbau
trotz mancher Rückschläge in einem durch technische Fortschritte beschwingten Lebensrhythmus, bei steigender Volksbildung und ver-
mehrtem Wohlstand den deutschen Einfluß über die Grenzen in die Welt.
Wohl war die Atmosphäre voller Spannung. Die neue Verfassung wich
von den Wünschen der liberalen Führer in wesentlichen Punkten ab und
war auf die Vormacht Preußens und die Persönlichkeit zugeschnitten,
welche die preußische Politik mit weltgeschichtlichem Erfolge seit dem
Jahre 1862 geleitet hatte: Otto von Bismarck, den wir durch den Vorder-
und Hintergrund so mancher Romane schreiten sahen. Unüberhörbar
drang bereits der Tritt der immer stärkeren Arbeiter - Bataillone
durch das Gehämmer des die Absatzmärkte der Welt mit deutscher Aus-
fuhrware und das wohlhäbige Bürgertum mit den Erzeugnissen der neuen
Technik versorgenden Gewerbes hindurch. In der für die Jahrzehnte nach
dem Siege in drei Kriegen repräsentativen Zeitschrift, Rodenbergs
„Deutsche Rundschau", kam jene gehobene Stimmung in den Beiträgen
der Dichter, Schriftsteller und Gelehrten zu werbendem Ausdrucke und
Richard Fleischers „Deutsche Revue" und Paul Lindaus „Gegenwart"
und „Nord und Süd" wandelten auf verwandten Bahnen. Hingegen wies
Guido Weiß in seiner „Zukunft" und nach ihm Theodor Barth in der
„Nation" auf die unerfüllten Forderungen der an die Ideen von 1848
gläubigen Politiker hin, und mit härterer Opposition drängten die im
Gefolge von Lassalle, Marx und Engels gescharten Massen ins Licht,
denen Georg Herwegh den durch Hans von Bülow vertonten Kampfruf
in den Mund gelegt hatte. Bei Wilhelm Raabe kamen diese Spannungen,
damals noch von wenigen gehört, bereits zum Ausdruck, wie sie durch
die Schriften von Constantin Frantz und Paul de Lagarde, besonders
aber durch die nur in engem Kreise wirksamen, innerst bewegten An-
rufe von Karl Christian Planck und in seinem „Deutschen Testament"
schwangen. Mit der durch die neue Machtstellung des Reiches gewährten
Sicherheit schickte sich Deutschland bei einer bedrohlichen Landflucht
und unorganisch wachsender Verstädterung an, die Weltmärkte durch
eine gesteigerte friedliche Arbeit zu gewinnen und gegenüber der britischen, französischen, russischen Weltdehnung in bescheidenem Rahmen
Kolonien in Besitz zu nehmen. Von diesen Ansätzen und Vollbringungen
redet der Roman der Zeit — auf die nunmehr unübersehbare Entfaltung,
die nur die Betrachtung hervorragend charakteristischer Typen gestattet,
ward bereits hingewiesen.

Ein Seitenstück zu dem Pfarrerroman von Wilhelm von Polenz schuf
nach mehreren Büchern von minderer psychologischer Vertiefung

Artur Brausewetter (1864—1946) mit dem in den Kernpunkt geistlicher Innenkämpfe führenden Roman „Stirb und werde". Zu verwandten seelischen Konflikten aus christlicher Zueignung gelangte Walther Nithack-Stahn (1866—1942) mit dem Roman „Der Mittler".

Das Verhältnis zur Jugend und ihre Leitung ward auch in solchen Romanen umrungen. Eindrucksvoll hatten Walter Harlan wie Hermann Anders Krüger Innen- und Außenkämpfe eingezwängter Jugend dargestellt, die Ernst von Wildenbruch zu tragischer Ausschau geleitete. Von entgegengesetzten Standpunkten her behandelten zwei adlige Schriftsteller militärischer Frühbildung unterworfene Kadetten. Paul von Szczepànski (1855—1924) verklärte nach Erzählungen aus „Neu-Berlin" in seinen „Spartanerjünglingen" die Erziehung im Corps. Bei Ludwig von Ploetz (1867—1947) endete ein Dasein aus dem gleichen Kreise wie jenes der Wildenbruchschen Jugend tragisch. Hans Eschelbach (geb. 1868) gab mit humoristischem Behagen der Kinderseele ihr menschliches Anrecht in dem Schulroman „Die beiden Merks". Von eigener, schwerer Jugend berichtet Karl Bröger (1886 bis 1944) in „Der Held im Schatten", dem er das Heimatbuch „Nürnberg, der Roman einer Stadt" nachsandte. Voller Poesie ist die Selbstbiographie des Sternforschers Bruno H. Bürgel (1875—1948) „Vom Arbeiter zum Astronomen". Wir nehmen lebhaften Anteil an dem herben Schicksal eines Autodidakten, der sich aus den dürftigsten großstädtischen Verhältnissen emporarbeitete. Bürgel hat sich mit dem naturwissenschaftlichen Märchen „Die seltsamen Geschichten des Dr. Ulebuhle" einen großen und dankbaren Leserkreis geschaffen.

Conrad Telmann (Zitelmann, 1854—1909) war in seinen Anfängen der pommerschen Heimat verhaftet, jedoch siedelte er seinen lebensvollsten Roman „Unter den Dolomiten" im Alpengebiet an und zeugte von einem Bekenntnis zu einem kirchenfreien Liberalismus. Ein weitgespanntes Familienbild von geistesgeschichtlicher Bedeutung erbrachte Dora Duncker (1855—1916), die Tochter Alexander Dunckers, in ihrem Berliner Buchhändlerroman „Das Haus Duncker", dem sie Novellen und Skizzen aus Berlin anfügte. Vom märkischen und Berliner Boden her entfaltete sich auch die vielfältige Erzählergabe der Brüder Zobeltitz. Hanns von Zobeltitz (1853—1918), Herausgeber des „Daheim" und von „Velhagen & Klasings Monatsheften", stellte in dem Roman „Arbeit" den Aufstieg eines begabten Berliner Arbeitersohnes aus den dürftigsten Verhälnissen zum Fabrikherrn dar und verfolgte zugleich das gewaltige Wachsen Berlins seit dem Schicksalsjahre 1848 bis über die Jahrhundertwende hinaus. Der Roman „Sieg" führte mit zuständlicher Sicherheit in die Kämpfe von 1870/1871, an denen Zobeltitz teilgenommen hatte. Dieses Buch wie „Auf märkischer Erde" gehören zu der Heimatkunst, die Hanns von Zobeltitz im „Alten auf Topper" mit liebenswürdigen Jugenderinnerungen durchflocht. Sein

jüngerer Bruder, der unermüdliche Weltfahrer F e d o r v o n Z o b e l -
t i t z (1857—1934) umschrieb nach dem Roman aus der Mark „Der
gemordete Wald" einen weiteren Kreis. „Das Geschlecht der Schelme"
zeigte ihn als sicheren Beobachter des Lebens in Amerika, und „Der
Herd in der Fremde" gab ferne Zonen echt wieder. In der „Papiernen
Macht" gestaltete Zobeltitz mit schärferem Blick als einst Mauthner den
Aufstieg einer neuen Berliner Tageszeitung. Seine Schalkhaftigkeit sprach
aus dem „Heiratsjahr", dem „Backfischkasten" und seinem letzten
märkischen Roman „Vier von den Quitzows". Der begeisterte Biblio-
phile Fedor von Zobeltitz kann es sich nicht versagen, seine bücherkund-
lichen Neigungen in seine Romane (so auch in den letzten) zu über-
pflanzen. Er hat mit dem Literarhistoriker G e o r g W i t k o w s k i
(1863—1939) die „Zeitschrift für Bücherfreunde" begründet und herausgegeben.

Ein den märkischen Brüdern verwandtes Talent besitzt P a u l O s k a r
H ö c k e r (1865—1943), der nach Hanns von Zobeltitz die Monatshefte des Verlages Velhagen & Klasing betreute. Er hat in dem heiteren
Bismarck-Roman „Die reizendste Frau — außer Johanna" die sorgen-
freien Tage in Biarritz vor des Gesandten Berufung zum Minister dargestellt. Im gleichen Stil plauderte er in der „Jungen Exzellenz" oder
in der „Verbotenen Frucht" aus der Obersphäre der Gesellschaft. W i l -
h e l m M e y e r - F ö r s t e r (1862—1934) pflegte den Sportroman.
Nach der gegen Gregor Samarow gerichteten Satire „Die Saxo-Saxonen"
gab er in „Heidenstamm" und besonders in „Süderssen" und „Lene S"
Schnappschüsse vom Rennsport. Einen Welterfolg erzielte er mit dem
gut beobachteten Roman aus einem Duodez-Fürstentum „Karl Heinrich";
eine Liebesepisode dieses Fürstenkindes hat der Verfasser zu einem
Bühnenstück „Alt-Heidelberg" verarbeitet, das über die Bretter aller
deutschen Theater ging. Seine Gattin E l s b e t h M e y e r - F ö r s t e r
(geb. Blasche, 1868—1902) hat in ihren Novellen und in dem Roman
„Junge Menschen" das Jugendproblem umrungen.

In der Weltläufigkeit Fedor von Zobeltitz vergleichbar ist R u d o l f
S t r a t z (1864—1943), nur ist sein Schaffen viel ungleichmäßiger.
Seine besten Gaben entfaltete der alte Soldat in zwei Büchern aus dem
Offiziersleben, „Du Schwert an meiner Linken" und „Seine englische
Frau". Hier geht er überall sicher. „Der weiße Tod" beherrscht die
Alpen; vor allem aber gelang es Stratz, der von deutschen Kolonisten in
Südrußland stammte, in „Gib mir die Hand" die seltsam gemischte
Umwelt des Hafenlebens von Odessa dem Leser nahe zu bringen. Durch
einen seiner Romane schreitet der Kolonialpionier Carl Peters hin-
durch, dessen B a l d e r O l d e n (1882—1949) in dem Roman „Ich bin
Ich" gedachte. Die Erste, die dichterisch aus den durch Bismarcks
Politik für Deutschland gewonnenen Kolonien berichtete, war F r i e d a
v o n B ü l o w (1857—1909), die Schwester Margaretes. Die ganze
bunte Welt unter Afrikas Sonne baut sie aus diesem, der deutschen Er-

zählung bisdann fremden Bereich in dem „Konsul", in „Ludwig von
Rosen", im „Tropenkoller" vor uns auf. Sie zeigte das Leben der Weißen unter jenem heißen Himmel und das unbelohnte Heldentum der
von der Heimat her bürokratisch gehemmten Vorkämpfer des Deutschtums und als Folgen der Verkennung Verbitterung und gebrochene Tatkraft auf dem neuen heißen Boden. Eine Nachfolgerin fand Frieda von
Bülow in O r l a H o l m (D o r r i t Z ü r n geb. Strohal, geb. 1882).
Sie erzählte aus den Kolonien wie L e n e H a a s e ; diese hatte sich
von unbesorgter, grobkörniger Satire in „Raggys Fahrt nach Südwest"
zu feinerer Darstellung „Im Bluffland" entwickelt. Wie Elisabeth von
Heyking, so gab K a t h a r i n a Z i t e l m a n n (1844—1926), die
Schwester von Conrad Telmann, in ihrem Roman „Vor den großen
Mauern" ein Bild aus den chinesischen Wirren jener Zeit; „Ein Adoptiv-
kind" führte nach Japan. Einläßliche Romane aus Italien, zumal vom
Gardasee, schrieb E l C o r r e i (E l l a T h o m a ß - C o r r e ï,
geb. 1877).   .
    Mit sehr scharfen Strichen zeichnete O l g a W o h l b r ü c k -
W e n d l a n d (1867—1933) in dem „Goldenen Bett" und in dem
„Kleinen Glück" Berliner Leben.
    M a r i e D i e r s (geb. Binde, geb. 1867) gab in dem Roman
„Unsere Mutter" ein ergreifendes Lebensbild und fügte Erzählungen in
einer niederdeutsch getönten Sprache hinzu. M a r i e L u i s e B e c k e r ,
Wolfgang Kirchbachs Witwe, (geb. 1877) gehört mit dem „Grünen
Unterrock" und dem „Verschleuderten Erbe" noch in die Kampfzeit um
neue Geltung der Frau. Aus ähnlicher Gesinnung stammte der knapp-
gefaßte Roman um ein jugendliches Mädchenschicksal „Maria Baumann"
von C h a r l o t t e K n o e c k e l (geb. 1881), die verwandt mit der
Problematik von Adine Gemberg „Schwester Gertrud" aus dem Leben
weiblicher Barmherzigkeit darbrachte. Der Verleger K o r f i z H o l m
(1872—1942) gab in dem Lebensroman „Thomas Kerkoven" ein geschlossenes, humorgesegnetes Stück von menschenkundigem Umriß, das
er durch die heiteren Erlebnisse eines Verlegers „Ich — kleingeschrie-
ben" ergänzte. Nachdenkliche Frauenromane, die behutsam die Freuden
und Sorgen der Mutter und Frau behandeln, schuf H e r t h a v o n
G e b h a r d t (geb. 1896) in „Das Kind aus Saal IV" und in den Novellen „Das singende Knöchlein". Ihre geschmackvollen Jugendschriften
wie „Der heimliche Bund" und „Brigittes Kameraden" wecken in empfänglichen Kindergemütern lebendigen Widerhall.
    C a r r y B r a c h v o g e l (geb. Hellmann, 1864—1927) schrieb
über die Marquise von Pompadour und die Große Katharina sowie den
phantastischen Roman „Die große Pagode" und die Novellen „Der
Kampf um den Mann". Ein eigenartiges Talent erwies F r i e d e H.
K r a z e (1870—1936) mit dem Roman „Die Freiheit des Kolja Iwa-
now" und mit dem „Land im Schatten". Leichter machte es sich S o -
p h i e K l o e r s z (geb. Keßler, 1866—1927) mit ihren Jugendbüchern.

Stimmungsvoll war ihre Geschichte von der Insel Sylt „Die silberne Orgel". Sachlich erzählte J o s e p h i n e G r ä f i n S c h w e r i n (1836 bis 1927) mit leichter ostpreußischer Tönung.

Schön geschlossene Novellen schuf F e l i x S p e i d e l (geb. 1875) in dem Bande „Hindurch mit Freuden". Trotz ungemeiner Schärfe und geradezu befremdender Kälte verstieg sich G r ä f i n L u c i e U x - k u l l (1861—1926) bei guter Beobachtung im einzelnen in den „Wegen des Freiherrn von Wolfsburg" zu gelegentlicher Romantisierung. Ihre Novellen sind knapp. Auch A n n e m a r i e v o n N a t h u s i u s (1875 bis 1926), eine Enkelin von Philipp und Marie von Nathusius schwenkt in eine nicht immer glaubhafte Romantik ab. Ihr Roman „Der stolze Lumpenkram" leidet an dem Mangel sorgfältiger Durcharbeitung. In der Umwelt preußischer Erinnerungen verweilte sie in dem Roman „Rheinsberg". Die Estländerin U r s u l a Z ö g e v o n M a n - t e u f f e l (verehel. von Trebra, 1850—1910) schuf den gehaltvollen Familienroman „Am langen See" und andere Erzählungen aus ihrer Heimat, so den Roman „Sybold von Eck". Die fruchttragende Er- findungsgabe von L u d w i g W o l f f (geb. 1876) baute in seinem besten Roman „Die vier letzten Dinge" geschickt das auch von norwe- gischen und französischen Schriftstellern behandelte Schicksal der großen Schauspielerin Eve Lavallière auf. K u r t M ü n z e r (geb. 1879) brachte im „Weg nach Zion" und den „Kindern der Stadt" Bilder von zum Teil kraß naturalistischem Eindrucke aus einem ausge- sprochen jüdischen Bezirke. Wenn auch weniger sinnlich und krank- haft erotisch, so doch stark in naturalistischem Fahrwasser bewegte sich H e n r i e t t e R i e m a n n (geb. 1889) in ihrem Münchner Künstler- roman „Pierrot im Schnee" — hier war der tiefe Wandel zu erkennen, der das Münchnertum des Heysischen „Paradieses" von einer dem neuen Jahrhundert pflichtigen Nachfolge scheidet. Wie ein an das Erbe klas- sischer Zeit hingegebener Adept wirkt demgegenüber Schillers Urenkel A l e x a n d e r F r e i h e r r v o n G l e i c h e n - R u ß w u r m (1865 bis 1947) mit seinem Roman „Saisonschluß" und den Novellen „Im grünen Salon". Er hat griechische und römische Dichtungen formge- recht übertragen. Nach Übersetzungen schwedisch-finnischer Romane schilderte G ü n t h e r T h a e r (geb. 1897) im „Volk der Wälder" anschaulich Land und Leute aus Finnland, von denen uns Selma Heine novellistisch Kunde gegeben hatte. In dem „Glück durch Sibylle" von A s c a n K l é e G o b e r t (geb. 1894) geistert eine noch von keinem Hauch einer harten Zeit angerührte Kindheit; die „Geschichten aus der Schublade" galten einem im hamburgischen Erbe verwurzelten Leben. Der namhafte Alpenforscher T h e o d o r W u n d t (1858—1929) sammelte sich auch zu Romanen, unter denen der Hochgebirgs-Roman „Matterhorn" mit seinem tragischen Ausgange am lebensvollsten ist.

Frauenschicksale mannigfacher Art umrang A n n a B e h n i s c h - K a p p s t e i n (geb. 1870) am einläßlichsten in ihren Novellen „Das klingende Fließ". Tragische Schickungen, zumal das Elend äußeren, erzwungenen Glanzes in armen Offiziersfamilien beleuchtete mit ergreifender weiblicher Hilflosigkeit H e l e n e v o n M ü h l a u (H e d - w i g v o n M ü h l e n f e l s, 1874—1923) in den Romanen „Sie sind gewandert hin und her" und „Nach dem dritten Kinde". Der Münchener H e r m a n n K e s s e r (geb. 1880) versuchte sich im „Lukas Langkofler" mit Glück an einer Geschichte aus der Bartholomäusnacht. Die „Stunde des Martin Jochner" war völlig in das Dasein an der Tagespresse eingebettet und in seiner nervösen, sensationslüsternen Art ein Gegenstück zu Wilhelm Raabes „Die Kinder von Finkenrode" aus dem gleichen Journalistenkreise einer anderen Zeit hervorgegangen. Ihm verwandt ist der Berliner H e i n r i c h E d u a r d J a c o b (geb. 1889), der in den Novellen „Das Flötenkonzert der Vernunft" in einer Tupfenmanier bis zu Napoleon auf St. Helena zurückgeleitet.

Zu einem ungewöhnlich mannigfaltigen Schaffen holte der Rheinländer J o s e f P o n t e n (1883—1940) in seinem Erstlingswerk „Siebenquellen" aus. Durch einen kothurnhohen Stil und die stelzige Sprache zerstört er den Eindruck dieser schlichten Heimkehrergeschichte. Sehr viel reiner entfalteten sich Pontens Gaben in dem „Babylonischen Turm", darin er einige dem Ibsenschen „Baumeister Solneß" verwandte Gedankengänge mit einem großgefügten Symbolismus ausbaute. Nur wird das Thema in die Geschichte einer großstädtischen Familie umgewandelt und zu einem wirklich schicksalhaften Riesenbau gestaltet. In diesem Meisterwerk, an dem der Autor über sechs Jahre arbeitete, deckt sich die elementare Sprachgewalt mit der des Inhalts. Doch nicht nur die eindringlichen, erschütternden Töne stehen jetzt Ponten zu Gebote, mit bewundernswerter Sicherheit weiß er Form und Sprache jedem Wandel der Geschehnisse anzupassen und wo es not tut als mystisch raunende Begleitung unterzuordnen. Immer fruchtbarer und vielfältiger wird des Dichters Werk. Zwölf seiner reifsten Novellen aus den Jahren 1918—25 sammelt er zu einem Bande, der große Verbreitung findet. Oft sind es künstlerische Probleme, die er in hinreißendem Schwunge gestaltet, oft Landschaftserzählungen wie „Der Meister", „Frau im Süden", „Der Gletscher" oder Führungen in einer meisterlichen Sprache und höchsten Sicht, so das „Europäische Reisebuch", „Griechische Landschaften" oder „Der Urwald". Ein früherer Roman „Die Studenten von Lyon" (1927) geben uns in einer ungemein reichen historischen Stilisierung Einsicht in die durch Calvin und seine Reformation entfesselten Kämpfe in Frankreich. Der Zyklus „Volk auf dem Wege" sollte eine zehnbändige Historie der Landnahme deutscher Siedler werden, die vom achtzehnten Jahrhundert her dem Rufe der Großen Katharina aus ihren süddeutschen Stammlanden folgten und dort zu neuer deutscher Lebensentfaltung gediehen.

Das Thema des „Schneiders von Ulm" mit glückhaftem Ausgange behandelte L e o n h a r d A d e l t (1881—1945) in seinem Roman „Der

Flieger", noch bevor Orville Wright zum ersten Mal in die Lüfte stieg. Adelt ist diesem Vorwurf in anderen Novellen treu geblieben. Zu paralleler Fernzündung kam es bei dem Hamburger E m i l   S a n d t (1864 bis 1938) im „Weltkrieg in den Lüften". L u d w i g   W i n d e r (geb. 1889) überpflanzte die Gründung einer Zeitung und den Niederbruch dieses Unternehmens in den Roman „Die rasende Rotationsmaschine". Mit humoristischem Akzent schuf C u r t   W e s s e (geb. 1884) Romane wie „Das goldene Seil" und „Marguerita und der Preuße". Ein sehr weites Ziel steckte sich der Königsberger O t t o   P i e t s c h (geb. 1874). Er führte auf abenteuerlichen Wegen einen Namenlosen, der seinen Vater nicht gekannt und die Mutter nie gesehen hatte, einen ostpreußischen Pferdejungen, in dem Roman „Das Gewissen der Welt" zu einer Stellung in Amerika, die über nächste politische Ziele hinaus in idealem Kampfe die Reinheit der Entschließung zum Frieden mit der Macht eines weltumspannenden Nachrichtendienstes zu wahren sucht. Wie in Gerhart Hauptmanns „Atlantis", sind wir Zeugen des Untergangs der Titanic, und die von dem Dänen Johannes V. Jensen im „Rad" vorgeführten revolutionären Ereignisse Chicagos werfen ihre Schatten.

Der Roman von Otto Pietsch holt in manchem Betrachte zu einer Utopie aus, wie wir deren im jungdeutschen Zeitalter und in den Mitteljahren des neunzehnten Jahrhunderts emportauchen sahen — an Adolph Widmanns und Alexander Jungs geistvolle und gedankenschwere Werke sei nur erinnert. Zu einer anderen Transzendenz der überschnell wachsenden Weltstädte gelangte in eigenartiger Führung der früh vollendete F r a n z   H e r w i g (1880—1931). In seinem sozialen Roman „Die Eingeengten" strebt eine Jugend unter dem Andrange der Großstadt, sich ins Licht zu retten. Von dieser Pforte her stieg Herwig in der Berliner Legende „Sankt Sebastian vom Wedding" zu einer Reales und Überirdisches in merkwürdiger Überhöhung bindenden Form empor.

Zu einem eigenen Stil von religiösem Schwergewicht und gedankenreicher Phantasie kam in jungen Jahren der in London geborene M a r - t i n   B e h e i m - S c h w a r z b a c h (geb. 1900). Die Erzählungen „Das verschlossene Land" und „Die Runen Gottes" zeugen von seiner Fabulierkunst und Vielseitigkeit. Im zweiten Buch mischt er Märchen, Fabeln, Erdachtes und Gelesenes noch mehr Gehörtes und Erlebtes bunt durcheinander, im Märchenerzählerton und in der beschwörenden Weise eines Zauberers, leise wie aus Muttermund und dröhnend bramarbasierend ziehen diese Geschichten an uns vorbei. Alle wirken jung und wie die Ouvertüre zu einem reichen, vollen Schaffen. Darin täuschen sie nicht; „Die Michaelskinder", die Lüneburger Dorfkinder, die sich vom Erzengel Michael zu erlösendem Werk gerufen fühlen und nun im Kreuzzug nach Süden, ihrem Führer entgegen ziehen, um alle miteinander im Schnee ihr frühes Ende zu finden, sind mit letzter Einfühlung in die Kinderseelen fromm und männlich gestaltet. Aus der Fülle seines

Schaffens sei auf den Roman „Der Gläubiger" hingewiesen, der von
sozialem Elend und von Schuld und Sühne erzählt und durch Läuterung
der Schuldigen ein harmonisches Ende erhält. „Irmelin Rose" und die
im Tropenmeere spielende Novelle „Das Inselmädchen" sind zarte Erzählungen des Wieners R o b e r t   M ü l l e r (1887—1923). Sein
Landsmann R o b e r t   N e u m a n n (geb. 1897) überhöhte mit den
geballten Schrecknissen der „Sintflut" die mit grellen Mitteln aus-
gedeutete mythische Verstörung der „Pest von Lianora". Einen historischen Roman aus der Metternichzeit von eigenartiger Seelendeutung
schenkte W a l t e r   R o e l mit dem in Modena spielenden „Krieg im
Schloß". A l f r e d   N e u m a n n's (geb. 1895) „Teufel" drang mit
unbarmherziger Schärfe und zuweilen übersteigerter Drastik in die Zeit
Ludwigs des Elften von Frankreich und Karl des Kühnen ein. Er stellte
im „König Haber" einen am Hofe von Karlsruhe einflußreichen Bankier
und in den „Rebellen" die italienischen Carbonari in den Mittelpunkt
der Handlung. Der jüdischen Vergangenheit gedachte L i o n   F e u c h t -
w a n g e r (geb. 1884) in den Romanen „Der jüdische Krieg" und
„Jud Süß"; in dem letzten unterscheidet sich seine Auffassung wesentlich von der Wilhelm Hauffs betreffs der Persönlichkeit des einstigen
württembergischen Hoffaktors. Margarete Maultasch, die Schwiegertochter des oft dramatisch besungenen Ludwigs von Bayern, die Herrin
von Tirol, ist die Heldin von der „Häßlichen Herzogin". T h e a v o n
H a r b o u (verehel. Lang, geb. 1888) schrieb gute Unterhaltungsromane
wie „Die Flucht der Beate Hoyermann", „Adrian Drost und sein Land",
„Metropolis".

Gute Hausmannskost in Romanform, die oft über dem Durchschnitt
steht, geben A n n a   E l i s a b e t   W e i r a u c h (geb. 1887) in den
Romanen „Gläserne Welt" und „Haus in der Veenestraat", und V i c k y
B a u m (geb. 1888), die einen verklärenden Humor in dem hübschen
Roman „Hell am Frauensee" ausweist. L u d w i g   v o n   W o h l
(geb. 1903) gewährte in „Punks kommt aus Amerika" seiner heiteren
Laune freien Spielraum.

Die Erziehung durch den Realismus des Silbernen Zeitalters kam
überall auch dieser leichteren Gattung zugute. Es ist schwer begreiflich,
wie bei dieser Höhenlage des deutschen Romans die außerordentlich
umfangreiche Produktion von H e d w i g   C o u r t h s - M a h l e r
(geb. 1867) lange Zeit hindurch eine Leserwelt fesseln konnte, obwohl
innerhalb dieser Darbietungen weder die rechte Lebensspiegelung noch
auch nur der Reiz einer Spannung geboten wurde.

4. Vom Impressionismus zum Expressionismus

Eine geistesgeschichtliche Darstellung kann sich nicht darauf beschränken, die Literatur des Zeitraums in ihrer Entfaltung zu umzeichnen
— sie muß auch der Urteilsbildung, wie sie sich im Wandel der Generationen ausdrückt, nachgehen und versuchen, solche, oft tief an die

Wurzeln des Volksgefühls greifende Wandlung auf ihre letzten Antriebe
zurückzuführen. Im Gange durch die Geschichte des deutschen Romans
haben wir die wechselnde Einstellung zu der Dichtung der Zeitalter verfolgen können. Die sehr verschiedene Haltung zum Werke Jean Pauls
war für das Antlitz mehr als einer Geschlechterfolge ebenso charakteristisch, wie im Urteil einer unter neuen Zeichen aufgewachsenen Generation der Zeitroman Friedrich Spielhagens hinter die zu höherem
Ziele deutende Kunst Wilhelm Raabes zurücktrat. Die einen weiten
Wirkungskreis durchschreitende, des Vollmaßes entbehrende Kunst des
archäologischen Romans mußte im Bewußtsein der Folgezeit zu einer bescheideneren Wertung gelangen. Dem Literarhistoriker bleibt die Aufgabe, auch aus Nebenströmungen und Abbiegungen vom scheinbar ge-
setzten Verlaufe die für das Gesamtbild der deutschen Entwicklung bezeichnenden Züge herauszuheben. Im Hinblick auf die Gegenwart und
ihre dem Zeitgenossen noch nicht voll deutbare Ausdrucksmöglichkeit
erfordert solche wissenschaftliche Einstellung eine Vorsicht der Beurteilung und in der Gewichtsverteilung. Schon eine nahe Zukunft vermag,
wie der Verlauf der Geistesgeschichte zeigt, zu Schwankungen zu führen,
nach deren Ausbalanzierung sich die Dinge wieder, scheinbar wie von
selbst, ins Rechte rücken. Bei der immer stärkeren Verflechtung der
europäischen Literaturen, zu denen nun auch das amerikanische Schrifttum beitragspendend hinzutritt, bedarf eine solche Vorsicht in der
Gruppierung keiner besonderen Begründung. Nicht von ungefähr ist
gerade der Hinweis auf angelsächsische Dichtungen erfolgt. Die seltsam
gesteigerte Romankunst des Engländers polnisch - jüdischer Herkunft
Joseph Conrad hat mit ihrer Naturandacht und ihrem plastisch bildenden
Menschenblick in Deutschland ebenso gewirkt wie auf ihrem ganz anderen Felde die zu einem neuen Lebensrhythmus ausschwingende Hymnik
des von innerster Demokratie erfüllten Amerikaners Walt Whitman.
Stand an der Wiege des deutschen Naturalismus zur Linken die Paten-
gestalt Emile Zolas, zur Rechten mit der Macht seines ungefügen Werkes
Leo Tolstoi, so drang nun im heimischen Bezirke wie in der Weltspiege-
lung eine neue Schau zu Tage.
      Das Schlagwort Expressionismus drückt den Stilwandel nur unvoll-
kommen aus. Der Naturalismus hatte als Erzieher zur Einkehr in der
nächsten Nähe gewirkt und in der Erschließung von Volk und Heimat
reiche Frucht getragen. In der lyrischen Kunst Friedrich Nietzsches wie
in der Detlevs von Liliencron stellten wir die Weitung eines engen
Naturalismus zum Impressionismus fest. Nun wollte sich die dem
naturalistischen Geschlechte nachwachsende Generation mit einer getreuen Nachbildung der Wirklichkeit nicht begnügen, sie ging auf die
Einstimmung einer inneren Beseelung aus. Damit war etwas ausgesprochen, was zu jeder Kunst gehört, und Karl Lamprechts Begriffs-
bestimmung der Reizsamkeit würde auch für diese neue Richtung genügen, wenn ihr nicht ein besonderes dynamisches Element beigemischt
wäre. Während auf der einen Seite der Expressionismus zu einer seeli-

schen Verfeinerung strebt, welche die äußere Wirklichkeitstreue als Nebensächlichkeit aus dem Reich der Dichtung verweist, arbeitet er sich zu einer aktiven Haltung durch.

Auf dem Übergang vom Naturalismus zu einer verfeinerten und dem Innen zugewandten Kunst steht am Ausgang des konsequenten Naturalismus T h o m a s M a n n (geb. 1875). Seine „Buddenbrooks" erschienen ein Jahr nach dem „Weiberdorf" der Clara Viebig im Jahre 1901. Der aus einer patrizischen Lübecker Familie Stammende hatte in zwei Novellenbänden vordem eine sehr präzis umrissene Menschendarstellung geboten. Unter diesen Novellen ist der „Tonio Kröger" als ein Selbstbekenntnis von schwebendem Rhythmus und einer leisen Melancholie hervorzuheben. Die scheinbare Unbeteiligtheit, bei dem tragisch endenden Liebesabenteuer des „kleinen Herrn Friedemann" ist von einer Wehmut überhaucht, die das Begegnis innerhalb einer mondänen Welt in eine Abschiedsstimmung einbettet. Der „Kleiderschrank" ist von einer Phantasie des Spukes erfüllt, die ihren Platz unter den Erzählungen der Serapionsbrüder finden könnte. Dann aber schuf Thomas Mann in den „Buddenbrooks" eine breit angelegte Geschlechterchronik von vier Generationen, die mit einer jeden kleinsten Zug nachbildenden Einläßlichkeit mit der In- und Umwelt der Hansestadt Lübeck verwachsen ist. Gewiß ist die Herkunft dieser Schreibweise aus dem Naturalismus unverkennbar — aber die Abstellung auf den jeweiligen Ausdruck ist von einer Treffsicherheit, die kaum ihres Gleichen findet.

Keiner unter den jüngeren Erzählern hat die besondere Art dieses skeptischen Realismus so hoch hinaufgeführt wie Thomas Mann. Alles: Farbe, Geruch und unwägbare Schwingungen werden mit letzter Einfühlung gegeben, und dennoch bleibt bei aller Subtilität der Schilderung ein Etwas, daß wir an deren Wirklichkeit ebenso wenig recht glauben wie der Dichter selbst. Es ist doch nicht jene erzählerische Lust am Realen, wie sie Keller und Raabe, wie sie Storm und der Fontane von „Vor dem Sturm" hat; dieser meisterliche Mannsche Stil führt überall an eine Grenze, hinter der nichts mehr liegt. Seine Gestalten sind, wenn er sie und uns entläßt, nicht fertig wie Levin von Vitzewitz, wie Heinrich Lee oder wie die Personen der Raabischen und Stormschen Erzählungen — sie sind nur am Ende, auch wenn sie noch leben. Es ist äußerst bezeichnend, daß Manns an Problematik reichstes Werk „Der Zauberberg" durch einen deus ex machina, den Krieg, abgebrochen wird. Die erstaunliche Echtheit in allen Einzelheiten, insbesondere der Gesprächsführung zugegeben, fehlt doch dieser Kunst jener dem klassischen Realismus eigene, durch Gottfried Keller bezeugte Drang zum goldenen Überfluß der Welt, des sich immer neu gebärenden Lebens, und so entsteht eine Spezialität, stilistisch vom höchsten Rang, aber letztlich doch das Ziel eines eigenwilligen Seitenwegs, hinter dem sich keine Pforte in eine wesenhafte Zukunft öffnet. Trotzdem hat Thomas Mann die Gestalten der „Buddenbrooks" in das deutsche Bewußtsein so einge-

bürgert, wie vordem nur die Mitspieler eines anderen Handlungshauses
ihr Weiterleben über den Wechsel der Generationen hinaus erwiesen
haben. Die Silhouette der Inhaber der Firma Buddenbrook, ihrer Familie, ja, nur am Rande mithandelnder Stadtbewohner oder genrehafter
Personen vom Senat wie vom Volke der Hafenarbeiter prägt sich unvergeßlich ein. Unwillkürlich stellen wir die Gestalten aus „Soll und Haben"
neben die Bewohner des Hauses in der Lübecker Mengstraße. Gewiß
stehen wir am Ausgange der „Buddenbrooks" vor einem Nichts, das wir
etwa mit den lapidaren Schlußworten von Goethes Epilog zum „Essex"
umschreiben könnten, Sätzen, die auch Wilhelm Raabe seinen tragisch
endenden „Akten des Vogelsang" als Leitwort mitgab.

> „Hier ist der Abschluß! Alles ist getan,
> Und nichts mehr kann geschehn! Das Land, das Meer,
> Das Reich, die Kirche, das Gericht, das Heer
> Sie sind verschwunden — alles ist nicht mehr!

Wir empfinden in dieser Gleichung das neue Vorzeichen der Kunst
der großen Russen, die bei Fontane noch nicht, auf Mann aber sehr
stark gewirkt haben.

Die Skepsis eines sich in gewissem Sinne immer als Außenseiter
fühlenden Künstlers, der unbewußt und dann bewußt anderen Zielen zustrebt, war, wie im „Tonio Kröger" in dieser Schöpfung von ungewöhnlicher Bedeutung geborgen. Dennoch war hier wie in späteren Schriften
das Gefühl der sicheren Zugehörigkeit zum deutschen Bürgertume mit
dieser Kritik gepaart — es liegt eine tief verhaltene Ironie darin, daß
dieser in seiner Herkunft wurzelnde Dichter sich von ihr distanziert, um
mit magnetischer Anziehungskraft doch stets aufs neue zum Standorte
der Väter zurückgezogen zu werden. Noch in der liebenswürdigen Novelle „Unordnung und frühes Leid" erscheint dies bürgerliche Bewußtsein als ein reizvoller Gegensatz gegen eine dem Herkommen entfremdete,
das Alter ein wenig belächelnde junge Welt.

Gewissermaßen als eine Gedankenfolge zum „Tonio Kröger" und
zu seiner eigenen unabdingbaren Bürgerlichkeit hat Thomas Mann im
„Tristan" das Bild eines Schriftstellers gefügt, das nun von einem anderen Blickpunkte her einer gleichen Skepsis verfällt. In der „Königlichen Hoheit" hat er einen ähnlichen Dichtertypus als Nebenfigur unaufdringlich ironisiert. Der Reiz dieser in einem vorgeblichen deutschen
Großherzogtume spielenden Begebnisse beruht auf der Märchenhaftigkeit
der Vorgänge. Das Aschenbrödel, der Prinz mit dem verkümmerten
Arm, gewinnt den Thron und die Hand der amerikanischen Millionen-
erbin, und alles dies wird in eine Sphäre heiterer Betrachtung gehoben.

Eine erschütternde Erzählung von psychologischer Eindringlichkeit
schuf Thomas Mann in der Novelle „Der Tod in Venedig". Der Zauber
der durch die noch verschwiegene Cholera versehrten Lagunenstadt (die
verwandte Färbung ähnlicher Motive durch Ricarda Huch und Rudolf
G. Binding überschattet in unheimlicher Vordeutung auch hier das euro-

päische Geschick) überwältigt einen deutschen Dichter und zwingt ihn, der sich des Maßes seiner Gaben bewußt war, unter dem Anhauche einer Leidenschaft zu einem schönen Knaben in den Tod; aber diese Lösung und Erlösung wird dem Alternden nicht wie in jener Novelle von Isolde Kurz als Verklärung im Strahlenglanze der einzigen Stadt, sondern in einer bis zum Letzten gesteigerten Inbrunst zu teil. Hier erreicht die sprachliche Verfeinerung Manns ihren Höhepunkt, und die sonst, so in den bruchstückhaften „Bekenntnissen des Hochstaplers Felix Krull" hervortretende Ironie ist getilgt.

Der „Zauberberg" ist ein gar seltsamer Bildungsroman unserer Literatur. Ein durchschnittlicher junger Mensch aus einer Buddenbrook-Umwelt, die aber nicht mehr diejenige nach 1870, sondern die vor 1914 ist, gelangt in ein Sanatorium der Alpen und bürgert sich, unter der hinnehmenden Atmosphäre dieser Lebens- und Sterbensstätte, dort vollkommen ein, bis ihn der Weltkrieg wieder in die Ebene entführt. Was dort oben an diesem Hans Castorp vorübergeht, ist ein mit Mannscher Ironie gewürztes Durcheinander. Er läßt die tiefen Geschiedenheiten des zu neuem Aufbruche gerüsteten Zeitalters als ein innerlich Unbeteiligter an sich vorübergleiten und muß in den Gestalten eines liberalen Italieners, der das Erbe der von Ricarda Huch beschriebenen Empörer des Risorgimento auf den Zauberberg hinaufbringt, ebenso über sich ergehen lassen, wie die zu terroristischen Gewaltsamkeiten ausschreitenden Zukunftsvorstellungen des aus dem Ghetto stammenden Ostsohnes, denen als Dritter ein Niederländer aus kolonialem Umkreise gesellt wird. Indem Thomas Mann seine Handlung in einer Sphäre ansiedelt, die ihren Menschen den Verzicht auf ein Leben unter normalen Verhältnissen auferlegt, schafft er sich durch diese Heraushebung aus dem Gewohnten die Möglichkeit, seine Gestalten dem Leben und dem Tode in einer besonderen Haltung gegenüberzustellen; dies gibt der ständigen Gesprächsführung den charakteristischen Tenor und erbringt die Aussicht auf die unterhalb des Zauberberges herangrollende Katastrophe.

Es ist lehrreich, diese in ein Klima der Höhe und Ferne versetzte Lebensspiegelung mit dem Werke von Oswald Spengler „Der Untergang des Abendlandes" zu vergleichen. Der Denker kommt in seiner Morphologie der Geschichte zu einem amoralischen Cäsarentum und steigert sich zu dem in seiner nackten Brutalität furchtbaren Schluß: „Das einzige Wort im Neuen Testament, das Rasse hat, ist der Ausspruch des Pilatus: Was ist Wahrheit?". Demgegenüber bekennt sich der Dichter im „Zauberberg" wie vordem in den „Betrachtungen eines Unpolitischen" zu einer bürgerlichen Haltung, die das liberale und humanistische Erbe zwischen dem Rationalismus des Italieners und dem mystisch gesteigerten Terrorismus des Halbasiaten mit einem bewußten Konservatismus wahrt. Wie sehr der dem Terror des Dritten Reiches Entwichene und von ihm Geächtete den Anschluß an die edelste Überlieferung des Humanismus fand, lehrt der Roman einer liebenden Rückbesinnung „Lotte in Weimar", den Thomas Mann den Erzählungen aus dem Hause des Erzvaters Jakob nachsandte.

Viel stärker expressionistische Züge weist das Werk seines Bruders H e i n r i c h M a n n (1871—1950) auf, dessen erster großer Roman „Im Schlaraffenland" an Stelle der ironischen, aber doch irgendwie in seine Gestalten verliebten Betrachtung Thomas' Karrikaturen gewisser Kreise Berlins bringt. Sehr deutlich wird in diesem Roman die Patenschaft Guy de Maupassants — „Bel-ami", wenn auch bei Wertung der beiden Werke die Waage auf seiten des Deutschen in die Höhe schnellen würde. Wenn schon hier, in einem mit krasser Sinn- und Sachlichkeit geschilderten Milieu der Gegenwart, romantische Töne emportauchen, so ist dies erst recht der Fall in den drei unter dem Titel „Die Göttinnen" zusammengefaßten Romanen der Herzogin von Assy. Diese märchenhafte, entthronte Herzogin von der dalmatinischen Küste geht durch eine Flucht von Liebesabenteuern und revolutionären Umtrieben. Wir bewegen uns mit dieser Fürstin und ihrer halb dalmatinischen, halb italienischen Umgebung gewissermaßen in einer Welt, die sich von der Renaissance die Kostüme geborgt hat, sie aber an einzelnen Höhepunkten romantisch übersteigert. Heinrich Mann selbst spricht von einer „hysterischen" Renaissance und hat im Hinblick auf seinen Roman recht damit. Das Vorbild Gabriele d'Annunzios erscheint wirksam wie es auch in dem Roman „Zwischen den Rassen" und selbst in dem Münchener Bande „Die Jagd nach Liebe" durchschimmert. Sehr viel sachlicher wurde der Dichter in der Novellen-Sammlung „Flöten und Dolche". In der in Lübeck spielenden, mit allen Mitteln einer drastischen Phantasie gearbeiteten Groteske „Professor Unrath" brachte Mann ein Werk von menschlicher Bosheit und Niedertracht, das jedoch durch die kalte Teilnahmslosigkeit an den Vorgängen das Gefühl wirklicher Lebensechtheit nicht aufkommen läßt. Um so stärker ist diese in dem Roman „Die kleine Stadt" gelungen. Einer Schauspielertruppe, deren Aufführungen von dem Priester Tadder und seinen frommen Gemeindekindern verhindert werden sollen, gelingt es durch den Advokaten Belotti, ihr Ziel zu erreichen. Nun spinnen sich die Abenteuer der Truppenmitglieder mit den Italienerinnen an und enden mit Mord und Selbstmord. Dann wandte sich Heinrich Mann einem Zyklus der deutschen Epoche zu, an deren Ende der Weltkrieg hereinbrach. Im „Untertan" zeichnete er mit sozialkritischer Schärfe ohnegleichen den rücksichtslos über alle inneren Hemmungen und äußeren Widerstände brutal hinwegschreitenden, zu Geltung und Reichtum strebenden Erfolgsanbeter. Im Aufbau sehr schlüssig, bekundet diese in vielen Einzelheiten glänzende Schilderung eine Gesinnung, durch die die reine Linie der Erzählung zu polemischer Überfrachtung abbiegt. Unwillkürlich drängt sich der Vergleich mit dem Werke von Thomas Mann auf, dessen gleichfalls unverkennbar sozialkritische Haltung überall in künstlerische Bändigung eingeschmolzen ist. Freilich sind wir heute, nach den Erlebnissen des Dritten Reiches rückblickend geneigt, vieles unter einem anderen Gesichtswinkel zu betrachten und geben dem Kritiker da Recht, wo wir dem Künstler bei seiner Überreckung der Menschen und Dinge nicht folgen können. Dies trifft weniger auf den „Untertan" als auf die Fortsetzung „Die Armen" zu, in der der Mann des skrupellos errungenen Erfolges wiederum über den Armen triumphiert. Hinter dem dritten Teil der Reihe, „Der Kopf", schieben sich deutlich Erscheinungen der Zeitgeschichte vor. Eine stilistisch sehr abweichende Vortragsart birgt der Roman „Eugénie oder die Bürgerzeit"; hier kehrt der Verfasser auf den Boden der Heimat zurück und entwirft innerhalb einer den im „Untertan" herrschenden Strömungen noch fernen Zeit ein beinahe biedermeierisch anmutendes Bild. Die Romantik, die in einer schwülen Untermalung die älteren Dichtungen Heinrich Manns kennzeichnet, setzt sich noch in dem Roman „Mutter Maria" fort.

F r a n k W e d e k i n d (1864—1918) beschreitet als Dramatiker den Weg vom Naturalismus zum Expressionismus. Auch seine wenigen erzählenden Gaben wie „Die Fürstin Russalka" mit ihrem grotesken Aspekt stehen im Vorhofe einer neuen Kunst. In ihrer Eigenwilligkeit und der Wahl des Standortes abseits vom allgemeinen Wege erinnert F r a n z i s k a G r ä f i n z u R e v e n t l o w (1871—1918) an Wedekind. Nach der Lebensgeschichte „Ellen Olestjerne" plauderte sie in vergnüglichen Amouresken „Von Paul zu Pedro" und karikierte in „Herrn Dames Aufzeichnungen oder Begebenheiten aus einem merkwürdigen Stadtteil" sehr hübsch Schnörkeleien aus dem Künstlertreiben Münchens in ähnlicher Linie wie Willy Seidels humoristische Berichte aus der gleichen Umwelt. Im „Geldkomplex" ironisierte sie mit geistreichem Spott die im neuen Jahrhundert zu großer Geltung gelangte Psychoanalyse.

Eine sehr zarte Begabung entwickelte der Danteforscher H e r m a n n H e f e l e (geb. 1885) in den Novellen „Die Entsagenden" und „Die Reise". G r a f E d u a r d v o n K e y s e r l i n g (1855—1918) befindet sich in seinen Anfängen mit dem Roman „Rosa Herz" im naturalistischen Fahrwasser. In „Beate und Mareile" und „Dumala" macht er anstatt naturalistischer Zuständlichkeit die Essenz der Dinge lebendig und rückte seine Gestalten in eine eigene Sphäre abschiednehmender Traumstimmung. Menschen von einer selbstverständlichen Kultur wachsen in Keyserlings Erzählungen empor, unter denen „Abendliche Häuser" besonders bezeichnend sind, und der junge Nachwuchs aus gepflegten Herkommen steht unter dem gleichen inneren Gesetz, vor dem es kein Ausweichen gibt.

Nach dem Roman „Wir alten Familien" zerlegte B e r n h a r d v o n B u r g d o r f f (B e r n h a r d v o n H i n d e n b u r g, 1859 bis 1932) in „Romanstoff wird gesucht" eine Erzählung nach expressionistischer Manier in ihre Elemente, um sie alsdann überraschend wieder zu bündigem Ausdruck zusammenzufügen. Es war die Technik, die gleichzeitig der Italiener Luigi Pirandello in „Sechs Personen suchen einen Autor" dramatisch verwendete.

Der ausdrucksvollen Gebärdensprache Eduard Keyserlings ähnlich ist die betonter Sachlichkeit völlig abgewandte Diktion von O t t o G y s a e (1877—1947). Auch wo Gysae, wie in der „Bilanz der Terborgs", sich scheinbar auf dem Boden bürgerlicher Nähe bewegt, rückt er durch eine alsbald erfolgende Erhöhung ins Symbolische die Handlung in eine Sphäre, da die Dinge ihr herkömmliches Schwergewicht verlieren. In „Edele Prangen" und der „Silbernen Tänzerin" prägen sich Situationen ein, die mit einem Aufwande von Farbenglast die Ecken und Kanten des Lebens überrieseln — bis dann der entscheidende Moment sich aus der Eindrucksfülle löst.

J a k o b W a s s e r m a n n (1873—1934) brachte in den „Juden von Zirndorf" einen Roman von einer seltsamen Doppelnis der Fügung. Das Vorspiel deutete mit der Erscheinung des im siebzehnten Jahrhundert die Judenheit entflammenden Pseudomessias Sabbatai Zwi, den nachmals Josef Kastein im Roman dargestellt hat, auf die Schicksalslast des Ghettos; die eigentliche Handlung verläuft in halb traumhafter Wirrnis, in die auch ein Bild des unseligen Bayernkönigs Ludwig hineingestellt ist. Langsam schritt der Autor in „Alexander in Babylon" zu einer immer noch übererregten, aber in ihrer Großflächigkeit bannenden schwermütigen Schilderung fort. Im „Moloch" und den „Masken Erwin Reiners" erkältet die Abstandnahme des Dichters, der sich in seiner „Kunst der Erzählung" mit den Problemen der Epik auseinandersetzte und in einer Kette von Novellen endlich zu einer reinen Form aufstieg. Der „Goldene Spiegel" umfaßt in einer Rahmenerzählung, darin Einkehrer in einem Landhause um den Spiegel der Liebesgöttin streiten, eine Reihe schön gesteigerter und den „Falken" findender Berichte, denen Wassermann den „Mann von vierzig Jahren" im Bilde Goethes nachsandte.

Die Geschlossenheit der Form, welche diese Novellen und die in ihrer symbolischen Anlage nicht so schlüssige „Geschichte der jungen Renate Fuchs" auszeichnet, erreichte Wassermann in dem Roman „Caspar Hauser oder die Trägheit des Herzens". Das Erwachen des kaum der Sprache kundigen Findlings in einer ihm plötzlich offenbarten Welt von völlig neuen Maßen, wurde mit tiefer Einfühlung psychologisch erhellt; die fränkische Umwelt war mit geschichtlichem Blick voll ausgezeichnet und die für das Schicksal des armen Unbekannten, dessen Wesen einst ganz Europa beschäftigte, wichtigen Persönlichkeiten, zumal der große Anselm Feuerbach, sicher umrissen. Wenn der „Caspar Hauser" in seiner Ausrichtung das Antlitz eines geschichtlichen Romans gewann, so steigerte der Dichter in dem seelisch nicht minder feinfühligen Musikerroman „Das Gänsemännchen" die Vorgänge um den Brunnen zu Nürnberg in eine romantische Höhe. Die Tragik eines Künstlerschicksals wird gestaltet: Gottfried August Bürger schiebt sich in seiner Verstörung

vor den gleich leidenschaftlichen Ringer um die Vollendung eines
Künstlertums. Ein helles Gegenstück zu diesen beiden tragischen Ab-
läufen ist der in Würzburg verörtlichte „Aufruhr um den Junker Ernst".
ein Novellenkranz von lächelnder Grazie nach dem Muster des „Goldenen Spiegels". Nach dem Weltkriege eröffnet der „Christian Wahn-
schaffe" eine Romanreihe, die sich in den Büchern des „Wendekreises"
fortsetzt. Die Vielfalt der in diesen Büchern angerührten Themen ist
kaum übersehbar und soll ein Sinnbild der Verstörung sein, die der
Weltkrieg zur Folge hatte. Wir werden innerhalb dieser, zu immer
neuer Ausschau führenden Romane in dem Wien des Ringtheaterbrandes
ebenso daheim (oder vielmehr wir werden an solcher Station nur vorbei-
gelenkt) wie im Ansbach des achtzehnten Jahrhunderts oder mit Wahn-
schaffe in Amerika oder im Weltkriege. Inmitten dieser Bilderjagd
steht dann die knapp und rein umzeichnete Novelle aus der russischen
Revolution „Lukardis" mit ihrem nachschwingenden Hall. Eine leidenschaftliche Kritik der Bedingungen, unter denen Europa lebt und in den
Erschütterungen des Weltkrieges gebebt hat, erfüllt diese Darstellungen
— hält man aber die Gestalten dieser Folge neben diejenigen des
„Hauser" oder des „Gänsemännchens", so erbringt der Vergleich unwillkürlich ein seltsames Ergebnis: während wir mit den Figuren der
beiden früheren Schriften warm geworden sind, läßt die absichtsvolle
Distanz, welche Wassermann zwischen sich und die späteren Personen
gelegt hat, auch zwischen dem Dichter und dem Leser einen Abstand
erstehen, über den kein fester Steg eines zuneigenden Gefühles hinüber-
führt. Sehr viel stärker war die innere Beteiligung des Verfassers, obwohl sie sich im Vortrag zu einer absichtlichen Objektivierung zwang,
im „Fall Maurizius" spürbar. Die Gegenüberstellung der Charaktere,
der zu Unrecht auf Lebenszeit ins Zuchthaus gesperrte angebliche Mörder,
der Oberstaatsanwalt, der die Anklage geführt hat, dessen Sohn, der
die Aufdeckung des Fehlspruches durchsetzen will — all dies und der
ganze, nur halbhell heraustretende Dämmer anderer Gestalten wird mit
einer im Letzten sicheren Seelenkunde dargeboten.

Das ergreifende Bekenntnisbuch „Mein Weg als Deutscher und Jude"
gehört zu den wesentlichen Äußerungen der Kulturkritik der Gegenwart.

Bei Carl Hauptmann waren in den Spätwerken unverkennbar expressionistische Züge vorhanden; sehr deutlich treten sie in dem Schrifttum
des gleichfalls in Schlesien heimischen H e r m a n n S t e h r (1864 bis
1940) hervor. Die seelische Feinspürigkeit, mit der Carl Hauptmann
in der „Mathilde" seinen Gestalten folgt, wird hier noch überhöht und
die Aussicht in eine Ferne des nur Ahnbaren gewonnen. In der „Leonore
Griebel" schuf Stehr ein deutsches Gegenstück zu dem französischen
Eheroman „Madame Bovary" von Gustave Flaubert. Hier und in dem
gleichfalls eine Ehewirrnis schilderndem Drama „Meta Konegen" kam
das, was über den Tag hinausreicht, nicht voll zur Geltung, hier bewegte
sich Stehr noch in naturalistischem Gefälle und deutete Hauptgestalten

wie Nebenspieler einläßlich aus. In den „Drei Nächten" mit ihren
Lebensgeständnissen und im „Begrabenen Gott" war bei einer gewissen
Romantisierung der Durchstoß in eine befreiende Höhe schon fühlbar.
Im „Heiligen Hof" entfernte sich Stehr von seinem Heimatboden und
versetzte seine Menschen in eine niederrheinische Umwelt. Hier gelang
ihm eine dichterische Vision, die über den Alltag hinaus mit einer sym-
bolischen Stromkraft die Konflikte des Irdischen zu einer überirdischen
Vollendung erhob. Dabei gemahnt der Ton innerhalb von seltsam ge-
steigerten Geschehnissen an die gefaßte Haltung von Legendenerzählern.
Die gleiche schwermütige Lebensdeutung, die nach dem Gesetze von
Goethes „Geheimnissen" sich selbst und das Leben überwindet, spricht
aus den Romanen „Peter Brindeisener" und dem „Geigenmacher".

E m i l S t r a u ß (geb. 1866) läßt in „Freund Hein" einen Schüler,
den Vater und Erzieher auf eine falsche Bahn zwingen, aus dem Leben
gehen, da er keine Möglichkeit sieht, seiner eingeborenen musikalischen
Anlage zu folgen — über die eifernden Auseinandersetzungen zur Schul-
reform stößt hier wie in den Kindertragödien von Wildenbruch, Harlan,
Ploetz und anderen ein Zeitalter zu neuen Lebensformen vor. Emil Strauß
ist im „Engelwirt" in seiner schwäbischen Heimat eingekehrt und führte
von dort seine Alemannen nach Brasilien in die tropische Natur wie in
den „Menschenwegen". Von höchster Zartheit sind Novellen wie „Der
Schleier". In „Der Spiegel" gibt sich eine Lebensrückschau über
das eigene Dasein und das der Vorfahren Rechenschaft.

F r a n z W e r f e l (1890—1945) hat in dem „Roman der Oper
Verdi" die Tragödie eines großen Tondichters erlebt, der sich von einem
Größeren überwunden glaubt, wodurch nicht seine Bewunderung für
Wagners Kunst, aber seine eigene Schaffenskraft leidet. Die Szene, da
Verdi trotz aller Hemmungen endlich den Entschluß faßt, Richard Wagner
aufzusuchen, und den Palazzo Vendramin just wenige Minuten vor dem
Tode des anderen Meisters betritt, ist erschütternd dramatisch. Nach
dieser tragischen Steigerung — Verdi vernichtet die Partitur seines
letzten Werkes — wirken Werfels spätere Erzählungen, insbesondere
„Der Abituriententag" wie seine „magische Trilogie" „Der Spiegel-
mensch" durch eine zwanghafte Neigung zu überspitzter Gestaltung, nicht
mit der früheren Lebendigkeit. Erst in den „Geschwistern von Neapel"
erreichte er wieder die epische Höhe. In diesem, wiederum sehr musikalischen Einsatz gab er mit ganzer Kraft der berauschenden südländi-
schen Atmosphäre in jedem Zuge echte Menschen, die ihrer Gegenwart
fremd in einem Lebensringe von eigener Umschließung daheim sind und
wie auf einer Insel inmitten ihrer Umwelt zu einer durch die Musik
erhöhten Steigerung des Lebens gelangen.

Der Brünner E r n s t W e i ß (1884—1941) hat mit einem Roman
aus dem Wiener Leben „Die Galeere" begonnen, der sehr musikalisch
durchklungen ist. In den „Tiere in Ketten" gestaltete er das Geschick
einer Dirne, das jedoch aller kriminalistischen Absichtlichkeit entbehrt

und sich zu reiner künstlerischer Gestaltung erhebt. Seiner dem Alten Testament entnommenen Dichung „Daniel", gesellte Weiß den Roman um Honoré de Balzac „Männer in der Nacht". Von expressionistischem Bann ist die Novelle „Die Feuerprobe". Ein Musterstück neuer Sachlichkeit ist die Erzählung „Die Verwandlung" von F r a n z K a f k a (1883—1924). Die Metamorphose eines Handlungsreisenden in ein die Wand bekriechendes Ungeziefer wird mit letzter Scheußlichkeit vorgeführt, die an grauenhafte Spukvorgänge aus der Romantik erinnert, aber in ihren Mitteln durch naturalistische Einfühlung noch stärker wirkt. Der nachgelassene Roman „Der Prozeß" erbringt eine Verhandlung vor einem Gerichtshof einer nach eigenem Gesetz urteilenden Phantasie. Bis zu den äußersten Konsequenzen einer plastisch-naturalistischen Haltung führte C u r t C o r r i n t h (geb. 1894) im „Potsdamer Platz" und der Szene „Götzendämmerung". Der Insterburger A l f r e d B r u s t (1891—1934) belebte nach eigenartigen dramatischen Bekenntnissen in dem Roman „Die verlorene Erde" die mythischen Volkskräfte der Pruzzen aus dem samländischen Raum. Wie dieser Roman sich in das Metaphysische erhob, so stieg auch G u s t a v S a c k (1885—1916) in „Ein verbummelter Student" und „Ein Namenloser" in einer leidenden und leidenschaftlichen Lebensbezwingung zu einer Deutung von selb· ständiger Auffassung empor, die auch G e o r g B r i t t i n g (geb. 1891) in seinem Roman „Lebenslauf eines dicken Mannes, der Hamlet hieß" bewährte. Von gleicher Eindringlichkeit war der Roman „Der Anfang" von H a n n s J o h s t (geb. 1890). An Kafkas Verzerrungen aus dem Alltag gemahnen die Gesichte von G o t t f r i e d B e n n (geb. 1886) in den „Gehirnen" und die an das Hafenleben gebundenen erregten Szenen in dem Roman „Tinser" und in „Godekes Knecht" des Hamburgers H a n s L e i p (geb. 1893). Was Gorch Fock mit Dichteraugen und -ohren darstellte, deutet Hans Leip visionär aus und bringt es im „Nigger auf Scharhörn", komödienhaft mit aufgesetzten Lichtern zum Blinkern. Eine verwandte Begabung legte der Hamburger L u d w i g T ü g e l (geb. 1889) mit dem Roman „Sankt Blehk oder die große Veränderung" an den Tag.

In dem Roman „Ararat" von A r n o l d U l i t z (geb. 1888) fügen sich Menschen in einem von keinem Hauche der Zivilisation getroffenen Waldgebiet zu neuer Bindung zusammen, eine Abwandlung des ewigen Robinsonstoffes. Eine gleiche Sehnsucht nach einer Auffrischung des Lebens spricht vernehmlich aus dem nordisch getönten Roman „Barbaren" und mit tragischen Akzenten aus dem Lebensbericht der „Christine Munck". Im „Aufruhr der Kinder" gestaltete Ulitz bedauernswerte Schicksale einer hilflos ausgelieferten Jugend.

In geistiger Übereinstimmung zu Heinrich Mann steht C a r l S t e r n h e i m (1878—1942) mit seinen Novellen, in denen das Bürgertum mit einer nicht zu überbietenden Schärfe, immer von der gleichen Schauseite her, mit einer eiskalten Haltung dargestellt wird.

Sternheim wendet das Instrument der Sprache, etwa in der „Chronik
von des 20. Jahrhunderts Beginn" in einem ganz besonderen Sinne an,
der dem üblichen Sprachgebrauche fern ist und auf diese Weise, zum
Beispiel durch Fortlassung der Artikel, überraschende Wirkungen erzielt.
Das immer wiederkehrende Thema ist eine einseitige und lieblose Ver-
höhnung der bürgerlichen Welt. So merkwürdig es im Hinblick auf
diesen „aktivistisch" zum Vorstoße gegen ein angebliches Spießertum
ausholenden Schriftsteller klingen mag — es stecken doch Elemente einer
romantisierenden Laune in diesen von aufgeschwellter Wortkunst bewegten Erzählungen, die in ihrem grotesken Ablauf scheinbar das Gesetz
einer bürgerlichen Lebensdeutung verleugnen und doch den Angegrif-
fenen im Grunde nur amüsieren, ohne ihn wirklich mit jener letzten Eindringlichkeit des großen Realismus anzurühren. Geschlossener und bei
aller ironischen Färbung sehr viel ernsthafter auf das „wirkliche Deutschland" zielend gibt sich O s k a r A. H. S c h m i t z (1873—1931),
nicht nur in den Essays „Das rätselhafte Deutschland", sondern auch in
seinem Roman „Bürgerliche Bohème" und dem eines Staatsmannes „Melusine". In „Lothar oder der Untergang einer Kindheit" brachte Schmitz
Verwirrungen eine Pubertätszeit, durch die eine mißhandelte jugendliche
Seele zu Grunde geht. Von verwandter Kadenz ist der Roman „Die Verwirrungen des Zöglings Törleß" des Österreichers R o b e r t M u s i l
(1880—1942), der in seiner vivisezierenden Art besonders unangenehm
wirkt. S t e f a n Z w e i g aus Wien (1881—1945) sah in den Novellen „Erstes Erlebnis" mit den liebevollen Augen eines Vaters oder
Arztes die zu früh erwachten Gefühle geschlechtlicher Liebe und versuchte sie auf den rechten Weg zu weisen. In den Erzählungen „Amok"
und „Verwirrung der Gefühle" brachte Zweig Proben einer schön ge-
bauten Prosa und gestaltete in „Triumph und Tragik des Erasmus von
Rotterdam" das Leben dieses Weisen wie er Charles Dickens in einem
Essay sicher darzustellen wußte. Die Entstehung von Goethes „Marien-
bader Elegie" hat er in einer ergreifenden Novelle geschildert. Sein
Landsmann F e l i x B r a u n (geb. 1880) gab in dem Roman „Agnes
Altkirchner" ein wehmütiges Bild der noch im Abschiedsglanze ruhenden
Wienerstadt vor den das Reich umwälzenden Schickungen. Der Lyriker,
der er von Haus aus war, versuchte sich in den legendären Erzählungen
„Laterna Magica" und strebte in dem Roman „Die Taten des Herakles"
eine symbolische Sinngebung an. Ein dritter Österreicher, M a x M e l l
(geb. 1882) gab nach der Versnovelle „Die Osterfeier" legendenhaft
ansprechende Erzählungen.

R i c h a r d D e h m e l (1863—1920) hat, wie wir bereits sahen,
durch die selbständig das Leben herausfordernde innere Vorbildlichkeit
sehr stark auf das nachwachsende Geschlecht gewirkt; seine wenigen
Prosadichtungen bleiben als ein Nebenwerk seiner Persönlichkeit.
In der zum Hymnus aufsteigenden Form von Walther Heymanns „Hoch-
düne" und Siegfrieds von der Trenck „Leuchtern um die Sonne" tritt

solche Anrankung an Dehmels Innenrhythmus bedeutsam hervor. W a l t h e r   H e y m a n n (1882—1915) hat in der Novelle „Das Tempelwunder" mit sparsamen Mitteln die Botschaft von der Geburt Johannes des Täufers und dem Wunder der Verstummung und Begnadung seines Vaters verkündet. S i e g f r i e d   v o n   d e r   T r e n c k (geb. 1882) gab in dem Roman einer Jugend „Der Stier und die Krone" ein durchaus expressionistisches Lebensbild. Aus dem um Dehmel gescharten Kreise der „Quadriga" stieg W i l h e l m   V e r s h o f e n (geb. 1878) empor. Der Roman „Der Fenriswolf" dieses Beiträgers der „Werkleute auf Haus Nyland" bestand nur aus Depeschen, Geschäftsbriefen, Zeitungsnachrichten; daß er damit eine Übung des Christian Ludwig Hakens aus dem achtzehnten Jahrhundert aufnahm, ward ihm und den Zeitgenossen sicherlich nicht bewußt. Aus dem Kreise der Werkleute ist auch J o s e f   W i n c k l e r (geb. 1881) hervorgegangen, der im „Chilastischen Pilgerzug" die Zeit symbolisch deutete und neben einem Roman über den an der Weser heimisch gewesenen „Doktor Eisenbart" seine Leser mit der auf westfälischen Erinnerungen beruhenden Münchhausiade vom „Tollen Bomberg" sehr erheiterte. Zwei Humoristen von eigenem Profil seien hier angefügt. S t e f a n   v o n   K o t z e (1869 bis 1909) hat scharf und treffend Australien und die Südseeinseln skizziert. Noch knapper in der Fassung und sicher pointiert waren die Anekdoten von A l e x a n d e r   R o d a   R o d a (R o s e n f e l d, 1872 bis 1943).

Durchaus jenseits einer naturalistischen Technik steht bei einer überwältigenden Fülle von Eindrücken aus dem ganzen Weltall C a s i m i r   E d s c h m i d (geb. 1890). In einer historischen Schau, die man dem epischen Schaffen von Hermann Lingg als Charakterisierung einer anderen Zeit gegenüberstellen mag, hat Edschmid im „Südreich" den für den wandernden Germanen großen Zauber des Mittelmeers ebenso versinnbildlicht wie er in Büchern einer innersten Neigung das italienische Leben in dichterischem Aufschwunge bis in die sagenhafte Urzeit zurückgreifend verdeutlichte. In den „Achatnen Kugeln" führte seine Phantasie über eine Fülle von Eindrücken jeder Art zu überraschenden Ausblicken. Eine gewisse Verwandtschaft mit Alfons Paquet ist nicht abzuweisen — Edschmid ist aber im Zeitmaß erregter, in der Farbigkeit bestrickender.

Im Ringe des Expressionismus stehen auch zwei aus Elsaß-Lothringen stammende Dichter. O t t o   F l a k e (geb. 1882) hat im „Freitagskind" einen nachdenklichen Jugendroman aufgebaut, dem man die französische Nachbarschaft anmerkt. Der Roman „Schritt für Schritt" steht in Parallele mit den mannigfachen Darstellungen vom Erwachen des Eros. Flake hat dann gleichnishaft in das Berliner Leben gegriffen; in „Horns Ring" macht der Besitz eines Ringes einen Mann unsichtbar — man fühlt die Verbindung zur Romantik. Später ist der Verfasser auf den Heimatboden zurückgekehrt und hat mit humoristischer Gelassenheit aus

dem Grenzlande erzählt, so „Die Monthivermädchen". René Schik-
kele (1883—1940) wirkt im Aufbau seines Werkes minder streng
als Flake; „Der Fremde" wird anmutig mit einem Rankwerk verbrämt.
In „Benkal der Frauentröster" ersah Schickele ein Jahr vor dem ersten
Weltkriege die kriegsträchtige Zukunft deutlich voraus. Die Novelle
„Trimpopp und Manasse" und der in Paris spielende Roman „Meine
Freundin Lo" erweisen die Sicherheit, mit der sich dieser Dichter in
beiden Lebenssphären, der deutschen und der französischen, bewegt.
Wenn er in „Maria Capponi" Venedig mit aller seiner Farbigkeit wie
Thomas Mann und Werfel umfangen hat, so kehrte er im „Blick auf
die Vogesen", und zumal in dem „Erben vom Rhein", der an den
„Krafft von Illzach" erinnert, mit Glück auf den Boden der umkämpften
Heimat zurück.

Aus einem anderen deutschen Grenzland stammt der Balte W a l t h e r
v o n H o l l a n d e r (geb. 1892). In seltsam gefügten Bildern, gelegentlich mit romantischen Anklängen, welche die Fremdheit der
Geschicke zu untermalen bestimmt sind, brachte er in „Zehn Jahre, zehn
Tage" das zur Katastrophe führende Gegeneinander menschlicher Wesen,
deren Gehalt und Gestalt er in dem Novellenkranz „Schicksale ge-
bündelt" sicher und schlüssig durchbildete, wie er im „Fiebernden Haus"
mit fast filmhafter Technik das aufgeregte Durcheinander einer in ein
Berliner Wohnhaus eingezwängten Menschheit mit zugreifender Deutlichkeit in den Romanrahmen spannte.

Nahe der Kunst seines Prager Landsmannes Max Brod steht P a u l
L e p p i n (1878—1943). In seinem „Severins Gang in die Finsternis"
lebt die seltsame Atmosphäre der böhmischen Hauptstadt auf, deren
schwermütigen Tonfall wir in der Vergangenheit bei Karl Herloßsohn
und Moritz Hartmann, später bei Auguste Hauschner und anderen an
der Moldau heimischen Schilderern fanden. Weiter griff der in Buda-
pest geborene A r t h u r H o l i t s c h e r (geb. 1869, gest. im 2. Weltkrieg) aus. Sein „Bruder Wurm" gab ein in Schweden verörtlichtes
Bekenntnis zu einer über die Grenzen waltenden menschlichen Allver-
bundenheit. „Es geschah in Moskau" deutete den Wandel der russischen
Verhältnisse aus, wie denn in der „Lebensgeschichte eines Rebellen" des
Autors aktivistisches Bekenntnis an den Tag drang. Auf den Spuren
Theodor Herzls berichtete er über eine Reise durch das jüdische
Palästina.

F r i e d r i c h F r e i h e r r v o n G a g e r n (1882—1947), ein
österreichischer Nachkomme des ersten Präsidenten der Paulskirchenversammlung, erweist sich in dem großen Roman aus dem Leben einer
Gebirgsgemeinde von höchst einläßlicher Haltung und sehr musikalischer
Fügung, „Die Wundmale", als ein Erbe Ludwig Anzengrubers. Mit
seelischer Behutsamkeit sind die führende Hauptgestalt und die in der
Nachfolge des großen Vorgängers gemeißelten dörfischen Originale selbständig geformt. In dem „Geisterbuch" hat Gagern okkulte Geschichten

vorgetragen und ein Ahnenbuch des Abendlandes unter der Aufschrift „Schwerter und Spindeln" symbolhaft zusammengefügt. Mit E g o n v o n K a p h e r r hat er gemeinsam den Tierroman „Kolk der Rabe" verfaßt.

E r n s t P e n z o l d t (geb. 1892) zeigte seine humorgesegnete Begabung in der „Powenzbande" und in dem Roman „Die Leute aus der Mohrenapotheke".

Der Würzburger Landsmann Maximilian Dauthendeys L e o n h a r d F r a n k (geb. 1882) weicht in dem Schülerroman „Räuberbande" in seiner Leichtigkeit, die jugendliche Abenteuerlust zu nehmen von der Problematik Walter Harlans oder Hermann Anders Krügers ab — dagegen wird man an die Jugendbücher Wilhelm Speyers erinnert. Im „Ochsenfurther Männerquartett" führte der Verfasser mit süddeutsch liebenswürdiger Gelassenheit den gleichen Kreis, älter geworden, in anderem Lichte zusammen. Zu tragischer Aussicht kam er in der „Ursache", in der ein früherer Schüler seinen Lehrer ermordet und in dem zu schwerer seelischer Verstrickung führenden novellistischen Begebnis „Karl und Anna", darin das Thema von „Enoch Arden" eine seltsame Fortspinnung aus dem Geschick heimkehrender Krieger fand. In dem Roman „Bruder und Schwester" ward das Problem der Geschwisterliebe zu einer Lösung gebracht, wie sie fast gleichzeitig Frank Thieß fand.

Der blinde Musiker und Dichter O s k a r B a u m (1883—1941) legte gleich Ernst Eilers in dem autobiographischen zu tiefst erschütternden „Uferdasein" ein Geständnis ab und rührte im „Leben im Dunkeln" und in der „Schrift, die nicht log" mit äußerster Zartheit an des ewig Geheime. Der Mähre E r n s t L o t h a r (geb. 1890) führte im „Hellseher" in ein Gebiet der okkulten Psychologie, verwandt der Spürsamkeit, die Georg Walther Groddeck zu neuer Problematik lockte.

A d a m K u c k h o f f (1887—1943) machte in der Novelle „Scherry" einen Clown von ungewöhnlicher musikalischer Veranlagung, der mit dem vorgeblichen Rechte einer zwingenden Persönlichkeit einen anderen aus seiner Bahn drängen will, zum Träger der Handlung. In dem Roman „Der Deutsche von Bayencourt" stellte Kuckhoff, der Schriftleiter der „Tat", das Frankreich der Vorkriegszeit in seiner verschiedenen Schichtung durch einen bezeichnenden Vertreter und damit zugleich die bürgerliche Gesellschaft jener Jahre vor dem ersten Weltkriege in Europa dar.

Der Badener H e r m a n n B u r t e (Strübe, geb. 1879) schrieb den leidenschaftlich kritischen Roman „Wiltfeber, der ewig Deutsche", ein Buch der Aufbäumung gegen all das, was einst Carl Spitteler mit den gemeinplätzlichen Endungen Heit und Keit gleichnishaft abzuwehren suchte. Von einem skurrilen Humor war die Novelle „Der besiegte Lurch" erfüllt. Die gleiche barocke Fügung erwiesen die Novellen „Die zehn Schornsteine" des Norddeutschen A d o l p h K ö s t e r (1883 bis 1930). Der besonnene Sozialist Köster legte in dem einläßlich schildernden Roman „Die bange Nacht" ein Lebensbekenntnis ab, dessen Zielrichtung er als Abstimmungskommissar in Schleswig-Holstein und Reichsminister des Innern zu lebendiger Haltung zu bringen wußte. Vom ärztlichen Ansatzpunkte her schuf G e o r g W a l t e r G r o d d e c k (1866 –1934) seinen Roman „Das Kind der Erde" und verfolgte die psychoanalytische Linie weiter im „Seelensucher".

Von der symbolischen Lebensbetrachtung und überlegenden Heiterkeit Kösters lebt viel in den Dichtungen des Richard Dehmel freundschaftlich verbundenen Organistensohnes K u r t K l u g e (1886—1940). E. T. A. Hoffmanns Grabstein trägt die Inschrift: Ausgezeichnet im Amte, als Dichter, als Maler, als Musiker. In einer Parallele für Kluge wäre zu erweitern: als Erzgießer, als Bildhauer, als Gelehrter und vor allem als unendlich gütiger, vorbildhafter Menschenfreund. In der Universalität seines Könnens widmete er sich zuerst der Erzgießerei, gründete sich schon in jungen Jahren in seiner Geburtsstadt Leipzig eine eigene Gießwerkstatt, wo er neben künstlerischen Arbeiten wissenschaftliche Metallforschungen tätigte, über die er richtungweisende, gelehrte Bücher schrieb. Nach dem ersten Weltkrieg, in dem er bei Langemarck schwer verwundet wurde, kam er an die Akademie für bildende Künste nach Berlin, und erst 1934 gab er verhältnismäßig spät seinen ersten Roman „Der Glockengießer Christoph Mahr" heraus. Er zeigte darin den Titelhelden, der seinen geliebten, doch unzeitgemäßen Künstlerberuf niederlegen und Ziegelbrenner werden muß, um materiell bestehen zu können. Seine allmähliche Vervollkommnung in der neuen Arbeit erschließt ihm eine wachsende Liebe zu ihr. Hat er als Glockengießer dem Steingebilde der Kirche Stimme geben dürfen, die Menschen zu Gott zu rufen, so schafft er ihnen jetzt die Möglichkeit, sich ein irdisches Obdach zu bauen. Mahr versöhnt sich schließlich restlos mit seiner Tätigkeit und erkennt, daß viel weniger der Beruf als solcher, denn das Verhältnis des Schaffenden zu ihm Arbeitsfreude und Daseinsgenuß bestimmen. Auf diese Weise erarbeitet er sich bei entlasteter Seele ein volles, währendes Lebensglück. — Diese Dichtung erspäht in wirklichkeitstreuer Beobachtung die Menschen in ihrer Zugehörigkeit zu Stand und Beruf und gibt jedem Einzelnen seine persönliche, nur ihm eigene Sprache und Gebärde.

Noch im gleichen Jahre kommt der Roman „Die silberne Windfahne" und drei Jahre darauf „Das Flügelhaus" heraus. Beide Bücher arbeitete Kluge um, verband sie mit drei neugeschriebenen Teilen: „Die Gäste", „Die Echostube" und „Die weiten Wege" und ließ sie 1938 unter dem Titel „Der Herr Kortüm" erscheinen. Dieses zusammenhängende, breit ausgespannte Romanwerk beginnt mit den Worten:

„»Da scheint ein Weg zu gehen«, sagte Klaus Schart. Er wollte nach Besenroda hinunter.

Klaus sah prüfend die Geröllgasse hinab, die sich zwischen den Tannenstämmen und Fingerhutstauden durchwand: Nein! Wieder nur ein ausgetrocknetes Wasserbett. Ich muß doch endlich einmal abbiegen! Ratlos sah er um sich. Nirgends ein Wegweiser.

Aber da hinten kommt jemand. Gott sei Dank, ein lebendiger Mensch in dieser Waldwildnis . . . merkwürdig, dachte Klaus. Langsam kam der Mensch auf ihn zu: ein älterer wohlbeleibter Mann mit einer Papiertüte in der Hand, in schwarzem städtischem Rock, in gestreiften Bügelhosen — mitten im Hochwald . . .

»Verzeihung«, sagte er, »wo geht die Straße da hin?«

Der dicke Herr im schwarzen Rock schnaufte und sah eine Weile prüfend auf Klaus hinunter. Dann legte er den Kopf schief, kratzte sich langsam in den weißen Bartstoppeln und sprach mit einem Blick aus den Augenwinkeln: »Nach Taschkent, mein Herr.«

»Nach — wie? Nach — ich meinte nämlich, Entschuldigung: wo der Weg herkommt?«

»Von da her« — er zeigte über eine einzelne hohe Tanne in die Ferne — »von der Biskaya, wissen Sie? Ja.« Der alte Herr hob die Augenbrauen hoch und sah weit über Klaus Scharts Kopf in den unbewölkten Oktoberhimmel in der Luft und nickte: »Via alta. Jawohl. Die Hohe Straße« und schritt seinen Weg weiter.

Klaus stand da und sah betreten den glatten, aber unten etwas ausgefranzten Hosen nach: Ob die große Perle in seinem Halstuch echt war . . . Allmächtiger, wer war denn das?

Schritt für Schritt ging der Mann dahin, als ob er mit seiner Perle und mit seinem schwarzen Rock hierher gehörte — mitten zwischen die Farnkräuter und Tannenzapfen.«

Wer nicht weiß, daß dies Kurt Kluge geschrieben hat, würde vielleicht bei Wilhelm Raabe suchen, um dann mit Vergnügen zu vergleichen, wieviel Gemeinsames diese beiden großen Schriftsteller haben: Weisheit und Geduld mit ihren Menschenbrüdern, Lebensmut, Tatkraft und nie versiegenden Humor, nirgends originalische Pose und überall originelle Ansprache ganzer Menschen und endlich die Liebe zur Heimat. Mit dem Atem vollen Lebens und einer für immer festgehaltenen Jugenderinnerung tritt bei Raabe das Weserland, bei Kluge „sein" Thüringen, das für ihn im Mittelpunkt der Erde liegt, immer dann in Erscheinung, wenn die letzten Tiefen des Gefühls ausgelotet werden. — In dem Herrn Kortüm hat Kluge seinen großen Stil gefunden und die Meisterschaft erreicht. Es ist erst sein zweites Buch, wenn man von den kürzeren Prosa- und den dramatischen Werken absieht; aber es ist auch zugleich sein zweitletztes. Was ein tragisches Geschick dem Dichter durch seinen plötzlichen, frühen Tod nimmt, scheint es ihm durch überraschende Formvollendung, durch Sprachreichtum und immer neu strömende Phantasie schenken zu wollen.

Die Handlung im Kortüm ist gradlinig und einfach; es fehlt jede romanhafte Verwicklung und jedes Abschweifen zu breiten Schilderungen. Wir lernen Herrn Kortüm erst am Ende seines Lebens, etwa

im letzten Jahrzehnt, kennen und glauben ihn doch von jeher gekannt
zu haben. Wir erfahren nichts von seiner Ehe und fühlen, daß er
mit der Frau sehr glücklich gelebt haben muß, durch die Art, wie er
ihr Sterbliches auf seinem „Privatfriedhof" mitten unter den hohen
Tannen in die Erde seiner Wahlheimat bettet und jeden Mittag die
Vögel zum Dank für ihren Gesang an ihrem Grabe mit Leckerbissen
füttert. Alles an diesem Manne ist Ursprung und ungekünstelt: Securus adversus homines — securus adversus deos. Unbefangen gegen
Menschen — unbefangen gegen Gott. Von Gott hören wir nicht viel in
diesem Roman, desto mehr von Menschen. Menschen aller Art, aller
Stände und aller Charaktere, Menschen jeden Alters, mit und ohne Religion, mit und ohne Bildung — ihm ist das einerlei. Er trifft eine ganz
andere Unterscheidung: Kann ich — Kortüm — ihnen in dieser „Lause-
welt" helfen? Kann ich ihnen „das bißchen Freude" bringen, daß „ihr
verlassen Herz" zum Überwinden, zum Weiterleben braucht. Beant-
wortet sich ihm diese Frage mit einem Ja, dann ist er ungebeten auf
dem Platz. So hat er den kränklichen Dichter und Orgelspieler Wingen
in sein Gasthaus genomen, damit er sich in der freien Bergluft und bei
guter Pflege erhole. »Kortüm braucht einen Gast. Einen wirklichen Gast.
Nicht einen, der bezahlte, sondern der die Kunst verstand, Gast
zu sein«. Ein kranker Körper, in dem eine kranke Seele wohnt, kann
sich nicht mehr aufraffen, die Kraft reicht nur noch, ein letztesmal an
die geliebte Orgel zu gehen und sich selbst zu Tode zu spielen. Nach
dem Begräbnis Wingens »trauerte Herr Kortüm vorläufig nicht. Er
befleißigte sich keineswegs der üblichen leidtragenden Gebärden. Besen.
roda und Umgebung konnte ihre Mißbilligung nicht unterdrücken
angesichts dieser Gefühllosigkeit: „Da habt Ihr'n, wie er wirklich ist!"
Sie hatten ihn nicht, wie sie ihn nie gehabt hatten: Kortüm
mußte handeln, um leben zu können. Und er hatte zu handeln begonnen!
Weitsichtig und planvoll!«
    Nach wenigen Tagen ist die Witwe Lotte Wingen Wirtschafterin bei
ihm, sie und ihre beiden Kinder sind versorgt. „Sie stand früh auf,
kam spät ins Bett, und nach drei Tagen kündigten zwei Mädchen, ein
Stiefelputzer und ein Kellner; sie hätten keine Lust, unter Polizeiaufsicht
zu stehen, bemerkten sie bei dem Abschied." — Das war Kortüms
Art, den Menschen weiterzuhelfen. — Die Einwohner von Besenroda, Eltern und Kinder, heimarbeiten Tag für Tag mit großem
Fleiß und bringen es doch zu nichts, nicht einmal zum Sattessen.
Der Weltverbesserer Kortüm denkt angestrengt darüber nach, wie es
möglich sein würde, den Fremdenverkehr zu heben. Dem Lehrer Klaus
Schart schweben Umzüge oder Volksfeste vor, Kortüm entscheidet: „Es
muß Theater gespielt werden. Schauspieler und Gäste bringen Geld."
Aber woher das Stück nehmen? Wer wird spielen? Wo wird gespielt
werden? Und der Weg hinauf, im Winter ist er sozusagen unpassierbar!
Die Widerstände reizen die Tatkraft und verdoppeln die Phantasie.
Klaus Stark verspricht das Schauspiel und die Akteure herbeizuschaffen.

Woraufhin weiß er selber nicht. Kortüm stellt sein Schottenhaus, seinen Gasthof mit dem großen Saal zur Verfügung, nur die Wegsorgen bleiben. Wer bringt die Leute vom Besenrodaer Bahnhof hinauf zum Schottenhaus? „Die Esel!", sagt Kortüm. Das Komitee sieht verdutzt drein und versteht nicht. Kortüm ist daran gewöhnt, nicht verstanden zu werden, weil er schneller handelt, als andere denken können. »Herrn Kortüms weitere Darlegungen erwiesen tatsächlich die Ausführbarkeit; ja, die verblüfften Komiteemitglieder erfuhren, daß der Eselverkehr Besenroda—Schottenhaus—Esperstedt und zurück bereits gegründet war! Die sechs Tiere würden in der nächsten Zeit in Besenroda ankommen. —« Und alles fügte sich Glied an Glied zum lückenlosen Erfolg. Am Abend guckten sich die Stadtleute die Komödianten an, und am Tage rutschten sie wie Besessene die Schneebahnen im Wald hinunter, ‚Kortümgeld' war ein ganz neues Wort im oberen Ilmtale. Vom Schottenhaus rieselten nach allen Seiten schmale, feine Geldrinnsale in die Täler hinunter und verschwanden in den Taschen der Einwohner. Der Volksmund sprach wahr: Herr Kortüm hatte dieses Geld gezeugt. — Der Holzhacker Mämpel nickte: „Weißte, Herr Kortüm hat's doch in sich, verdammig nochämal. Der wird schöne verdient haben. Die schippen doch's Geld bloß so. Als ich meins holte, hatte er lauter solche kleine Rollen aufm Tische stehn, immer eine neben der anderen." — Alle buchten Kortümgeld. Der Dichter: Tantiemen. Der Porzellanfabrikant: Erlös für Andenken an Esperstedt sowie für porzellanene Ausrüstungsgegenstände der Fremdenzimmer. Der Apotheker: Kortümgeld für Fremdenbetten, Fremdenkammern, Fremdenappartements, dazu für Arznei und Verbandstoffe, Essenzen und Magenliköre. Maskenmacher: Girlanden, Fahnen, Transparente. Schuldiener: Handreichungen aller Art. Schlachter Hiebrich: Rostbratwürste. Alle buchten Kortümgeld: Schauspieler, Thermometermacher, Chorsänger, Musikanten, Glasbläser, die Wasserpumper der Feuerwehr, Lichthändler, Raketenmacher, die Reichspost, die Reichsbahn, der Eselverkehr, das Elektrizitätswerk, Bäcker, Schneider, Schuster, Stellmacher — alle!

Auch Herr Kortüm buchte, bei ihm lief ja alle Arbeit zusammen, bevor sich das Geld zerstreute. Er zählte zusammen und sah das Resultat längere Zeit an, sollte er sich geirrt haben? Er prüfte noch einmal. Er, der Besitzer des Schottenhauses, der alles bedacht und gemacht hatte, er wurde sich darüber klar, daß er n i c h t s verdient hatte an diesem Festspiel. Allerdings eines gewonnen: — das Herz der jungen, schönen, berühmten Schauspielerin Konstanze Schröter. Er hatte sich nicht darum bemüht, wie sollte der alternde Mann wohl auch! Dieses Herz, um das jeder noch geworben hatte, wer die wunderbare, holde Frau sah, ihm war es zugefallen wie der wärmende Sonnenstrahl, ganz ohne sein Zutun. — — »Es ging sich schön auf dem Schnee, der schmerzlindernd wie ein dicker Teppich zwischen den Sohlen des alten Mannes und dem steinigten Pfade lag. Vor ihm ging eine Frau. „Sieh da, Konstanze

Schröter", murmelte Herr Kortüm. Diese gebrechliche zarte Menschen-
blume in der Schneewildnis war ein Labsal für seine alten Augen. „Ah,
Herr Kortüm!" Konstanze sah verwundert den festlichen Rock in dieser
Winterlandschaft. „Ich bummele nur ein wenig herum!" sagte sie.
Herr Kortüm öffnete seine Tüte. „Sehen Sie? Krumen. Ich füttere die
Vögel jeden Mittag auf meinem Privatfriedhof. Ich will eben hin."
„Kann ich ein Stück mitkommen?" — „Aber liebe, gnädige Frau" —
Herr Kortüm schritt federnd neben ihr aus. „Gehen Sie lieber
hier" — er wiegte sich in den Hüften — „bitte Vorsicht, eine Schnee-
wehe. Darf ich Ihnen meinen Arm geben? Die Schmelze vereist so
schnell. Ja. Wir sind ziemlich hoch hier." — Herr Kortüm kehrte
mit Tannenreisig eine Stelle von Schnee frei. Schon schwirrten die ersten
Vögel herab, traten hin und her und sahen Herrn Kortüm an. „Sie
haben gar keine Angst vor Ihnen, gnädige Frau." — „Ich sehe ja auch
so gutartig aus." — Herr Kortüm kratzte sich wieder in seinen Bartstoppeln: „Ja — woran soll das eine Drossel merken?" — „Wo's nicht
einmal ein Mann merkt!" lachte Konstanze. „Oh! der merkt's — das
heißt . . ." Herr Kortüm zog die Augenbrauen ganz hoch, er trat dicht
an die Schauspielerin heran und hob den Zeigefinger: „Es gehört ein
Blick dazu und viel Erleben. Im Alter haben das manche Leute: allerdings ist's dann zu spät." — „Hier bleibe ich", sagte Konstanze
leise. — „Es wird uns eine Freude und eine Ehre sein", antwortete
Herr Kortüm — zugleich im Namen Thüringens. „Ich meine, den Ur-
laub verbringe ich hier. Zehn Tage habe ich noch, wenn das Festspiel
vorbei ist."« —
So begann die Freundschaft zwischen Konstanze Schröter und Herrn
Kortüm, und erst mit seinem scheinbaren Tode endete sie, soweit eine
an Friedrich Joachim Kortüm entbrannte Freundschaft erlöschen kann.
Wir wissen nichts Sicheres über sein Sterben, wir erfahren nur, daß
alle, die sein Bett umstehen: eine Arztfrau, sein treuer Diener George,
sein Freund Monig ihn für tot erklären. Als aber endlich zwei Ärzte
kommen, die vorher unerreichbar waren, finden sie weder Herrn Kortüm, noch den Diener, der zuletzt allein bei ihm geblieben war. Der von
Monig besorgte Sarg bleibt leer und muß zurückgeschickt werden. Der
von Herrn Kortüm selbst bis in die Einzelheiten beschriebene Grabstein:
‚Ein Meter fünfzig hoch. Ganz glatt. Keine Verzierung. Bloß Inschrift:
Hier ruht Joachim Kortüm.' Auch kein Datum bezeugt Unwahrheit,
kann aber nicht zurückgenommen werden: „weil auf Bestellung mit In
schrift versehen." Er wechselt seinen Standort, die Lüge bleibt immer
die Gleiche. — — — Nun haben Fama und Legende Raum und Zeit,
Kortümgeschichten ins Unendliche zu vermehren. Eines aber ist die ab-
solute Wahrheit: Der Astronom Dr. Windhebel, treuer Gast und Verehrer Herrn Kortüms, suchte bisher vergeblich nach einem Planetoiden,
dem er schon lange auf der Spur war. Nun nach dem irdischen Vergehen
des Gastwirts vom Lohberghaus hatte er den Stern endlich gesichtet und
gab ihm den Namen: Kortüm.

1940, drei Monate vor dem Ableben des Verfassers, erschien der letzte Roman Kurt Kluges: „Die Zaubergeige". Hatte er im Herrn Kortüm den vorbildhaften Vertreter wahren Menschentums gestaltet und ein greises Leben zur Verklärung gebracht, so dichtete er jetzt das Hohelied der Musik und der Jugend. „Das Alter ist weise und klug, die Jugend aber heilig", sagt Grillparzer. Kluge waren beide Mundarten geläufig; er wußte, daß nur eine helle, junge Stimme dem Liede von der Sankt Ildewig, der Kranichstedter Heiligen gerecht werden konnte und wählte die Geige zur Begleitung, wie er im Herrn Kortüm den Dominantenakkord aus der Orgel erbrausen ließ.

Jedes Kranichstedter Kind wußte, daß die Ildewig seit vielen Jahrhunderten die Spielleute schützte, hätte sie dies nicht getan, so gäbe es an St. Marien auch kein Denk- und Dankrelief für sie. Beim letzten großen Kirchenbrand hatte die Heilige nun ihren lieblichen Kopf verloren, der ihr jetzt zum tausendsten Jahresfest der Stadt ersetzt werden sollte. Da war es kein Wunder, daß der Andreas, der zweite Geiger im Quartettverein, auch kopflos wurde und dem Archivrat Mittelzwey, Vorsitzender des Vereins, als er nicht aufhörte, den unschuldigen Andreas auf gemeinste Weise zu beleidigen, einfach seine Geige auf dem enormen Schädel zertrümmerte.

Das war ein schwerer Schicksalschlag, den sich der Geiger da selbst zugefügt hatte, nun hatte er keine Stellung und keine Geige mehr. Er fühlte sich äußerst trostbedürftig. Was sollte mit ihm werden? Erst einmal fuhr er mit dem nächsen Zug nach Leipzig, wo ihn jederzeit in der „Grotte", einem Nachtlokal, für ein abendfüllendes Klavierspiel ein reichliches Essen und die bildhübsche Hasel, die Kellnerin, erwartete. Andreas zog es aber mit einer weit heißeren Leidenschaft zu einer anderen Geliebten, die ständig das Ziel seiner Sehnsucht war, der Lichtblick seines armseligen Lebens. Sie lag wie Schneewittchen in einem Glassarg auf rotem Sammet und wartete auf ihren Prinzen, der sie erlösen würde. Er, der Andreas, war dieser Prinz, das sagte ihm sein unbeirrbares Gefühl. So ging er am nächsten Spätnachmittag in den Museumssaal und eilte zu dem Glaskasten, an dem „Antonius Stradivarius, Geigenbauer in Cremona, 1692" stand. Da war sie, die einmal im Arm zu haben und ihr Stimme zu verleihen, Andreas Jahre seines Lebens gegeben hätte. Es war schon spät, der Museumsdiener beobachtete den letzten Besucher sehr scharf, weil er schließen wollte. Nun ging er, die Klingel zu holen und so den scheinbar hypnotisierten jungen Mann zu erwecken und zum Fortgehen zu bewegen. Als er wiederkam, war der Platz vor der Stradivari leer; daß der Bewunderer der Geige, den der Diener von seinen vielen Besuchen gut kannte, einen Sessel im Nebensaal gefunden hatte und dort schlief, konnte der Wächter nicht wissen. — — — Wie sich dann das Wunder seiner lieben Schutzheiligen vollzog, der Andreas in den Himmel kam, er dort Beethoven und Mozart, Bach und Schubert und Brahms traf und hernach aufwachte und seine Göttin in seinem Geigenkasten fand; wie er mit ihr unter das Volk ging, in Kranichstedt und drumherum durch ihren himmlischen Klang Kranke gesund, Unglückliche froh, Arme reich machte, wie er sich in seiner verzweifelnden Glückseligkeit vor dem Morgen graute, an dem er sich von seiner Geliebten trennen wollte und mußte und sich dann mit ihr im Gewandthause in Leipzig bejubelt und bewundert wiederfindet, das kann nur einer dem Leser in seinem Märchenton wiedergegeben: Kurt Kluge.

In dem Capriccio „Die Ausgrabung der Venus" bewegte sich der Dichter in einem Fahrwasser überlegener humoristischer Darstellung, die sich mit sich selbst vergnügt.

Von verwandter Fügung war „Die verlorene Miniatur" von E r i c h K a e s t n e r (geb. 1899), der auch eigenartige Kinderromane wie „Emil und die Detektive" dargebracht hat. „Fabian, die Geschichte eines Moralisten" ist eine einzige Anklage gegen die zersetzenden gesellschaftlichen und moralischen Zustände in den Jahren zwischen den beiden Weltkriegen, in denen die giftige Saat politischer Propaganda so rasch aufgehen konnte. Der Verfasser sucht seine Geschichte durch ironische Erklärungen in Aphorismenform ins Überzeitliche zu sublimieren und so im Stil wie durch die moralische Handlung des Menschen Fabian, der bei der Rettung eines Kindes ertrank, die Elemente des Bösen zu überwinden.

Der bedeutende Essayist R u d o l f K a ß n e r (geb. 1873) hat in „Mythen der Seele" Gleichnisse selbständig geformt, die er in den Gesprächen „Der Gottmensch" überhöhte und neben russischen Dichtern den über die französischen Grenzen hinaus wirksamen André Gide übertragen.

O t t o B r ü e s (geb. 1897) steht den Werkleuten auf Haus Nyland nahe und erinnert im „Jupp Brand" und dem „Walfisch im Rhein" in ihrer heimatlichen Tönung an Jakob Kneip. Der aus dem Baltikum stammende F r a n k T h i e ß (geb. 1890) steigerte sich im „Tod von Falern" zu einem Gleichnis des Weltkrieges von grauenhafter Eindringlichkeit. In den „Verdammten" weicht er der gebotenen tragischen Lösung einer Liebe zwischen Geschwistern in seltsamer Weise aus. Der große italienische Sänger Enrico Caruso steht im Mittelpunkt des nach dem früh Vollendeten benannten Romane — in den „Geschwistern von Neapel" hatte Franz Werfel in einer symbolhaften Szene zu der Ruhestätte dieses Künstlers geführt. Die vollendeten Novellen „Der Kampf mit dem Engel" und „Narren" präludieren dem Roman „Frauenraub", über dem tragische Verstrickung waltet. In „Briefen an Zeitgenossen" deutete Thieß unter der Aufschrift „Das Gesicht des Jahrhunderts" die zu neuen Entscheidungen rüstende Epoche.

H a n s G r i m m (geb. 1875), lange in Südafrika ansässig, dokumentierte sich in „Gang durch den Sand" als der Dichter eines Landes, darin sich der europäische Mensch ob ihrer uneingegrenzten Maßlosigkeit verliert. Das Grauen, das den von Heinrich Wolfgang Seidel ge-

552 Achtes Buch: Probleme des neuen Jahrhunderts

schilderten Mann im Alang überfällt, liegt auf der grenzenlosen Weite dieser baumlosen Ebene, in der das gepreßte Herz aus einer letzten Vereinsamung nach menschlicher Nähe lechzt. Im „Ölsucher von Duala" und zumal in der „Olewagen-Sage" wird die Landschaft dieses weiten Raumes, auf dem die Menschen nicht wie in Europa sich herkömmlicher Ordnung fügen, in ganz großem Strich lebendig. In dem Roman „Volk ohne Raum" gab Grimm dann ein weitgespanntes Bild aus dem südafrikanischen Leben, das über den Weltkrieg hinweg in die Heimat zurückführt. Troß der Einsprengung politischer Betrachtungen, wie sie nachmals in den Bekenntnissen „Der Schriftsteller und die Zeit" an den Tag traten, ist dies Buch von einer Dichtigkeit der Stimmung und großer Anschaulichkeit der Personen und Situationen erfüllt.

*   *   *

B e r n h a r d   K e l l e r m a n n (geb. 1870) begann mit Romanen von romantischem Ton und lyrischem Inhalt. In „Yester und Li" bedeutet die Handlung wenig, die Stimmung alles. Noch im „Meer", einem Roman von der Küste der Bretagne, ist die Mächtigkeit der seltsamen Natur so gesteigert, daß vor ihrem Eindruck und Ausdruck das Menschliche verschwindet. In der von einem Höhepunkt zum anderen schreitenden technischen Phantasiebildung „Der Tunnel" schweigen die lyrischen Töne. Diese Utopie von atemberaubendem Schrittmaß eröffnet nicht ohne Satire auf das Leben in und um New York eine technische Zukunft, die unterhalb der Ozeanflut die Erdteile verbindet, bevor solche Höhensteuerung oberhalb der Erdkruste möglich war. Nach solcher zu Fernzielen schweifenden Phantasie ist Kellermann in seine Zeit eingekehrt und hat in den „Brüdern Schellenberg" und in „Georg Wendlandts Umkehr" den deutschen Umkreis gestaltet. Wie er früh einen „Spaziergang in Japan" geschildert hat, so weilte er mit der Erzählung „Jangtszekiang" auf östlichem Boden.

Eine sehr aparte Darstellungsart hat A n n e t t e K o l b (geb. 1875, gest. nach 1944), und ihre halbfranzösische Abkunft verleugnet sich in ihrem Stile nicht. Die Menschen ihres „Exemplars" haften im Gedächtnis grade ob ihrer eigenwilligen Bildung. In dem Münchner Roman „Daphne Herbst" erbrachte Annette Kolb ein Bild aus den Jahren vor dem Kriege, das durch die scharfe Profilierung der Gesellschaft und die Feinheit der weiblichen Beobachtung heute nahezu historischen Schimmer hat.

Richard Dehmel schrieb an H a n s C a r o s s a (geb. 1878), als er dessen Gedicht „Die Flucht" empfangen hatte, er habe daraus die siegreiche Rückkehr zur menschlichen Pflicht, „Sieg und Begnadung den Willigen, Verdammnis und Niederlage den Widerwilligen" entnommen — und „das Erbarmen mit der ohnmächtigen Qual der Geschöpfe". Diese

Hingebung einer nicht an ein dogmatisch begrenztes Glaubensbekenntnis
gebundenen Frömmigkeit erfüllt das ganze Werk Carossas.

>   „Wir hören nicht, wie Gottes Weise summt —
>   Wir schaudern nur, wenn sie verstummt —"

Solche in die letzte Kammer führende Einstimmung hallt aus dem Werke
dieses Dichters, der außer gefühl- und formvollendeten Gedichten verschiedene Autobiographien schrieb. „Letzte Blätter eines Vagabunden" enthalten die Aufzeichnungen eines jungen Arztes, der im Versagen der
Heilung und dem Tod gegenüber eigenes Verschulden sieht und darum
sein Leben endet. Oft mag die empfindsame Seele des Arztes Carossa
unter gleichem Selbstvorwurf gelitten haben, ihr gab „ein Gott zu sagen,
was sie leidet". „Eine Kindheit" und „Verwandlungen einer Jugend"
erzählen von den ersten Glücksjahren auf dem Dorfe, der Schulzeit, den
Problemen des Gymnasiasten. Sein „Rumänisches Tagebuch", das er
später „Tagebuch im Kriege" nannte, bringt, was der Titel angibt. Und
so geht es weiter durch „Führung und Geleit" im Untertitel „Lebens-
gedenkbuch" bis zu den „Geheimnissen des reifen Lebens". Alles
was seit seiner Geburt das Schicksal über Deutschland und Hans
Carossa persönlich gebracht hat, ist durch das Herz und den Verstand des Dichters gegangen, in den Tagebüchern ergänzt, erhöht und
sozusagen von Schlacken gereinigt worden und kehrt in edler, bildreicher,
vollendeter Sprache zum Leser zurück. Die Reihe der Aufzeichnungen
wird von dem Roman „Der Arzt Gion" unterbrochen, der nun in anderer
Form von dem Verfasser und seiner medizinischen Lebensführung
berichtet.

Paul Steinmüller (1870—1940) deutete mit den „Rhapsodien des Lebens" und mit den „Sieben Legenden vor der Einkehr"
jugendlichen Herzen Wege aus dem Chaos einer verstörten Zeit, am
tiefschürfendsten in dem Roman „Der Richter der letzten Kammer".
Eine wiederum anders gewendete andächtige Lebensüberschau spricht
aus dem Werke der Ruth Schaumann (verehel. Fuchs, geb. 1899).
Die Malerin und graphische Künstlerin, die ihre Werke zum Teil selbst
bebildert und der Jugend liebenswerte Gaben darbietet, hat in der Geschichte einer Kindheit „Amei" ein holdseliges Jugendbild geboten, das
in der Märchennovelle „Ave von Rebenhagen" und im „Singenden
Fisch" Fortführungen im gleichen Stile fand. Unter den Romanen, zu
denen Ruth Schaumann sich sammelte, sind zumal „Die Silberdistel"
und „Der Hirte im Schönen Busch" von der gleichen ins Lichte strebenden Höhensehnsucht erfüllt. Die Linie, auf der einst Gertrud Prellwitz und Adeline zu Rantzau vorangingen, fand in dem Werke dieser
Dichterin eine beschwingte Fortführung.

In merkwürdiger Spirale ist das Werk von Werner Bergen-
gruen (geb. 1892) emporgestiegen. Der gebürtige Balte, der russische
Dichtungen formgerecht übertrug, hat in dem „Großen Alkahest" die
Geschichte der Ostseeprovinzen im achtzehnten Jahrhundert tragisch nach-

gebildet. In dem „Baedeker des Herzens", dessen Titel in „Badekur des
Herzens" umgeändert werden mußte, plauderte der Verfasser als liebenswürdiger Reiseführer, der nach einer Zeit der Umwälzungen mit Heiterkeit und gelassener Fassung zum Genusse des uns Verbliebenen einlud.
Die Gestalt Karls des Kühnen, die gleichzeitig in anderer Betonung
Alfred Neumann bildete, ward die Mittelachse eines sehr lebendigen,
historischen Romans. In der Erzählung „Der Großtyrann und das Gericht" eröffnete Bergengruen in strenger Stilisierung von großem Gefüge
eine überraschende Schlußaussicht und einen verästelten psychologischen
Durchblick. Die dichterische Reife erreichte der inzwischen zu inner-
lichster Lyrik Emporgestiegene in der Kette von Erzählungen „Die
Schnur um den Hals"; hier ward jedes der seltsamen Begebnisse, immer
an geheime Spannungen rührend mit novellistischer Dichtigkeit durchseelt. In dem großen Berliner Roman „Am Himmel wie auf Erden"
schuf Bergengruen dann ein breites, in jedem Zuge echtes Bild aus der
preußischen Hauptstadt des sechzehnten Jahrhunderts. Die Stimmung
eines abergläubisch erwarteten Weltunterganges wird in dieser, das Detail liebenswürdig ausmalenden Historie eindringlich festgehalten. Das
Berlin Joachims des Ersten ersteht zu einer Lebendigkeit, die das Werk
von Willibald Alexis vom Blickpunkte einer neuen Zeit her ergänzt.

Dem Balten seien Begabungen der gleichen Altersklasse von frischem
Ton angeschlossen.

Manfred Hausmann (geb. 1898), in Worpswede angesessen,
hat in behaglich vorgetragenen, musikalisch durchklungenen Erzählungen
von Jugend und Jugendtorheit berichtet, so in „Salut gen Himmel", dem
anmutigen „Abel mit der Mundharmonika" und der kapriziösen „Kleinen
Liebe zu Amerika". Die erste Erzählung „Lampioon küßt Birken und
junge Mädchen" erinnert troß dem düsteren Hintergrunde eines Mordes
an die idyllische Stimmung von Eichendorffs Taugenichts. Der in Ober-
bayern lebende Richard Billinger (geb. 1893) hat nach eigenartigen Dramen im „Leben aus Gottes Hand" im Umkreise des ober-
deutschen Bauerntums eine ungewöhnlich herbe Schöpferkraft erwiesen.
Mit ihm ist der Bayer Gottfried Kölwel (geb. 1889) mit seinen
Erzählungen „Volk auf alter Erde" und dem Roman „Der vertriebene
Pan" zu nennen.

Nach dem vollen, selbstgefundenen Geseße des Expressionismus schuf
Alfred Döblin (geb. 1878). Der Roman „Die drei Sprünge des
Wang-lun" stroßt von einer Strich für Strich gesteigerten Ausdrucksfülle. Die Buntheit der Vorgänge um den barhäuptigen, zu einer rest-
losen Bruderliebe rufenden chinesischen Helden ist in ihrer Sicherheit,
den treffenden Ausdruck zu finden, unvergleichlich. Nach dem Novellen-
kranze „Die Lobensteiner reisen nach Böhmen" kämpft in dem Berliner
Roman „Wadzeks Kampf mit der Dampfturbine" ein kleiner Fabrikant
gegen den Großbetrieb der Neuzeit. Was in der Frühwelt des Naturalismus Max Kreßer mit den Stilversuchen einer anderen Zeit zu be-

wältigen gesucht hatte, ward hier mit einer sehr kühlen seelischen Haltung unter neuem Vorzeichen wieder aufgenommen. Im „Wallenstein" war nicht Schillers Held die tragende Erscheinung, sondern Ferdinand II, der Deutsche Kaiser jenes Krieges, dessen Umwelt Döblin anders ausdeutete als vordem Ricarda Huch. In der Eiswelt Grönlands entrollte der Dichter der „Berge, Meere und Giganten" ein phantastisches Zukunftsbild, das alles Menschliche umwest und mit Fängen von geheimer Klammerung die Seelen in den Bann zieht. Am reinsten tritt Döblins Stil in dem Roman „Berlin Alexanderplaz" hervor. Alle Erbtümer des Naturalismus tauchen expressionistisch ausgetupft in der Geschichte des lange um einer Untat willen gefänglich eingezogenen Franz Biberkopf herauf, dessen Heimat der große Plaz ist, der den Osten Berlins vom Westen scheidet.

Nur am Rande des Expressionismus steht T h e o d o r   D ä u b l e r (1876—1934) mit seinen Novellen „Der unheimliche Graf" und „Der Werwolf". Der Dichter, der Griechenland mit einer innersten Neigung zu den auch an seinem Christenhimmel lebendigen Göttern des Olymp umfing, hat die Helden seines Romans „L'Africana" an die Küste des von ihm geliebten Mittelmeeres beschworen. Sein leztes, Bruchstück gebliebenes erzählendes Werk stellte den gleichen Can Grande von Verona dar, den Conrad Ferdinand Meyer herrscherhaft als Gegenspieler Dantes gebildet hatte.

H e r m a n n   H e s s e (geb. 1877) empfing nach Paul Heyse, Gerhart Hauptmann, Carl Spitteler, Thomas Mann als fünfter Deutscher nach dem zweiten Weltkriege den Nobelpreis für Literatur. Der Sohn des Schwabenlandes, das Deutschland seit Wieland eine lange Reihe erzählender Meister beschert hat, bewährte die nachdenkliche Schwabenart in den „Hinterlassenen Schriften und Gedichten Hermann Lauschners". Die Allgewalt und unvergleichliche Schönheit des Alpenlandes steht in schicksalsschwangerer Verbundenheit mit „Peter Camenzind", und als er am Leben und seinen Enttäuschungen zusammenbricht, ist es diese ihn umgebende Natur, die ihn gesunden läßt und in die Heimat zum immer verärgerten, grämelnden Vater zurückführt. Nicht mit der schmunzelnden Heiterkeit Kellers erzählt Hermann Hesse, sondern mehr mit dem verhaltenen Humor von Wilhelm Raabe oder Kurt Kluge. Die gleiche Tönung erwiesen Hesses ungemein musikalisch gefügte Novellen, wenn sie auch noch nicht die lezte Form gefunden hatten, die Kellers Weise unvergeßlich macht. Erst in den Geschichten aus dem Leben des scheinbaren Landstreichers Knulp bedient sich der Dichter der schlichtesten Mittel der Lebensdeutung. Dem „Peter Camenzind" war die autobiographische Erzählung aus dem Knabenleben „Unterm Rad" gefolgt, die als eine neue Spiegelung des Schülerdaseins in den württembergischen Seminaren dichterische Vorgänger im Werke Max Eyths hat. Ein zweites Selbstbekenntnis war die „Gertrud". Hier und in der „Roßhalde" pulste die gleiche psychologische Spürkraft, die vormals der Entwickelung vereinsamter Jugendlicher und den nicht zur Einung bestimmten Ehen galt. Mit dem „Demian", den der Verfasser unter dem Hehlnamen Sinclair veröffentlichte, kehrte er zu den meist umrungenen Problemen der Jugendseele zurück. Hier wie in „Klingsors letztem Sommer" ringt ein neues Weltgefühl mit der Verstörung der Gegenwart. Am nächsten berührt sich Hesse mit dem Expressionismus im „Steppenwolf", wo er den Ich-Roman mit einer in seelischen Querschlägen einhergehenden Erzählung von den zwei Seelen, deren eine der Unterwelt gehört, jäh unterbricht.

Am äußersten Gegenpol des expressionistischen Credos steht P a u l E r n s t (1866—1933). Er hatte in dem Roman „Der schmale Weg zum Glück" noch im Gefolge des Naturalismus ein ergreifendes soziales Bekenntnis abgelegt. Dann hat er sich mit Wilhelm von Scholz und dem Dramatiker und Literarhistoriker S a m u e l L u b l i n s k i (1868 bis 1910) zur Fügung eines neuen, strengen Klassizismus vereinigt. Eine Rückwendung zu der jugendlich vertretenen Auffassung barg der Roman „Der Schatz im Morgenbrotsthal". Die Schulung in altitalienischen Novellen, die Paul Ernst neu herausgab, bezeigen seine eigenen späteren Erzählungen aus dem Süden, die durchaus denen der Münchner ähneln, ohne jedoch deren leidenschaftliche Farbigkeit zu erreichen. Ein großer Versuch der Lebens- und Geschichtsdeutung war das „Kaiserbuch". In dem „Zusammenbruch des Idealismus" möchte ein echter Dichter über den Stilwandel der Generationen hinaustrachtend das klassische Erbe in einer seiner Zeit gemäßen Form wahren. In dieser Wendung gegen den Expressionismus und zurück zum Humanismus steht R u d o l f B o r - c h a r d t (1877—1945) in seiner sparsamen Prosakunst Paul Ernst nahe. Der Novellenkreis „Das hoffnungslose Geschlecht" bediente sich einer der literarischen Theorie abgewandten Form. Borchardts Bekenntnis zu Dante dagegen verbindet ihn mit einer Reihe von dichtenden Genossen verschiedener Art, auch solchen, deren Stil von dem seinen weitab liegt.

Von dieser bewußten Bändigung der Form scheidet sich die spielerische Ausdrucksart von K l a b u n d (A l f r e d H e n s c h k e, 1890 bis 1928), wie sie sich etwa in den Romanen „Bracke" und „Borgia" dartut; sie überrecken in ungefüger Zielsetzung Menschen und Dinge. Die Knappheit einer Sprache, die ihre Ausdrucksmittel wie Bauklötze nebeneinanderstellt, läßt keinen wirklichen Durchblick frei, und so hält man im „Pjotr" Werkstücke ohne bindenden Zusammenschluß in der Hand.

5. D e r e r s t e W e l t k r i e g und die aus ihm erflossenen Probleme

Die seit der Begründung des Deutschen Reiches im Jahre 1871 verflossene Periode hat auf europäischem Boden nur eine kriegerische Verwicklung innerhalb des nun abgelaufenen neunzehnten Jahrhunderts erlebt, den Russisch-Türkischen Krieg auf dem Balkan. Die Spannungen der europäischen Atmosphäre waren jedoch durch die unvernarbte Wunde am Leibe Frankreichs, durch die unermeßliche koloniale Dehnung der alten Weltmächte, denen das Reich nur die zu einer Welthandelsbeherrschung ausschreitende Kraft entgegenstellen mochte, stärker geworden. Bei stets steigender Volksvermehrung und zahlreichen technischen Erfindungen entfaltete sich die deutsche Schiffahrt über die Weltmeere, und es mag ein Zeugnis dieser Entwicklung sein, wenn ein das Hafenbild von Singapore betrachtender Engländer bei dem Anblick der die Überzahl bildenden Schiffe mit der schwarz-weiß-roten Flagge glaubte, in einem deutschen Hafen zu sein. Die Altmeister Paul Heyse und Wilhelm Raabe starben in sicherem Vorgefühl eines sich alsbald entzündenden Weltkrieges. F r i t z R e c k - M a l l e c z e w e n (1884—1945) hatte in seiner „Dame aus New York", einem Roman von weiter Bilderfülle, den Ausbruch eines Weltkrieges an den Aufstand der Völker Ostasiens geknüpft. Seine Voraussage traf so wenig ein wie diejenige Ferdinand Grautoffs im „Seestern 1906". Der Weltkrieg entstand vielmehr auf dem Gelände, das Stefan von Kotze das Europäische Hinterhaus genannt hatte, da, wo die auf dem Berliner Kongreß von 1878 nicht gelösten Konflikte fortschwelten — auf dem Balkan. Serbien und Österreich-Ungarn gerieten wegen der Ermordung des Erzherzogs Franz Ferdinand in eine zur Waffenentscheidung drängende Gegenstellung, und an dem Leitseil der österreichischen Politik ward das Deutsche Reich mit in das Verderben hineingezogen. Von dem Augusttage, da dieser Krieg begann, zählt im Leben der die Erde bewohnenden Nationen wie im Dasein jedes Einzelnen eine neue, völlig veränderte Epoche des Lebens. Mit der Setzung neuer Grenzen im Gefolge des ersten und nun gar des zweiten Weltkrieges, mit der Errichtung und dem Wiederheimfall neuer Staaten, mit der Entthronung von jahrhundertalten Dynastien, mit den Verheerungen der Inflation und Deflation, vor allem mit der unsagbaren Vernichtung von Menschenleben und Menschenglück hat sich die Atmosphäre in einer Art gewandelt, die auch ein abgründiger Pessimismus nicht zu prophezeien gewagt hätte. Unter dieses Zeichen ist das Leben der Generationen des neuen Jahrhunderts gestellt, und eine Deutung der über die Welt verhängten Schickung zu wagen, erscheint vor diesem Meere der Leiden und dieser immer neuen Fülle der nationalen und individuellen Schicksalsumwälzungen in hohem Maße gewagt, wofern man sich nicht bequemer Schlagworte bedienen will. Goethes Mahnung bei der Betrachtung der Natur:

> Nichts ist drinnen, nichts ist draußen;
> Denn was innen, das ist außen,

gilt auch der Erkenntnis der weltgeschichtlichen Zusammenhänge, in denen unser Geschlecht verhaftet ist, und deren dem irdischen Auge entzogenes Gesetz sich vielleicht dereinst ehrfürchtiger Hingebung entschleiern mag.

Die Ernte des ersten Weltkrieges an Romanen und Novellen war ungeheuer und ist zum größten Teile mit dem Tage versunken. Erst das sich nach den Sommerwochen einer Hochstimmung durchsetzende Gefühl einer in alles Leben greifenden herben Entscheidung ließ Raum für eine Besinnung auf über den täglichen Heeresbericht hinauslangende Ziele. Der militärische Niederbruch und eine jäh aufflackernde Revolution bot dann als eine sich neu darbietende Stoffwelt dem älteren, wie dem nachwachsenden jüngeren Geschlechte den Anlaß zur Durchbildung der Probleme unter den verschiedensten religiösen, politischen, metaphysischen Aussichten. Der in die Mitte der Kämpfe am Nordrande und in das neue Werden nach der Niederlage führenden Dichtungen Gustav Frenssens wurde bereits im Zusammenhange seines Gesamtwerkes gedacht. Die Zahl der Kriegsromane, die sich lediglich in einer tendenziösen Schwarz-weiß-Malerei ergehen, ist groß, ihr Werden und ihre rasch vergangene Wirkung liegt so außerhalb des Rahmens der geistesgeschichtlichen Entwicklung, wie die Unterströmung des klassischen Humanismus und später die Pseudoromantik lediglich als Zeitzeugnisse neben den wirklichen Abbildern gelebten Lebens zu verzeichnen waren. Unsere Betrachtung vermag nur das herauszuheben, was in einer bis an die Wurzeln greifenden erschütternden Bewegung über den Tag und die Stunde hinaus Geltung gewonnen und verdient hat.

Der Wiener K a r l   R o s n e r (geb. 1873) schuf Romane aus der österreichischen Hauptstadt und dem Münchener Leben, so die „Silberne Glocke". In der „Beichte des Herrn Moritz von Cleven" erwies er seinen Sinn für geschichtliche Darstellung. Sein Roman „Der König" stellt die letzten Tage vor dem entscheidenden Umschwunge des Krieges im Westen dar und rückt mit psychologischer Eindringlichkeit die Gestalt Kaiser Wilhelm des Zweiten, des letzten Trägers der Reichshoheit, in den Mittelpunkt. Von einem anderen Standorte her sah W e r n e r   v o n   d e r   S c h u l e n b u r g (geb. 1881) in den „Jesuiten des Königs" die letzten Stunden des Krieges. Zu einer mythischen Erhöhung des Kriegserlebnisses steigerte sich der Dramatiker F r i t z   v o n   U n r u h (geb. 1885) in seiner hymnischen Prosadichtung „Opfergang". Unter den mitten in die Kämpfe hineinführenden Romanen steht obenan „Der Hauptmann" von A r - m i n   S t e i n a r t   (F r i e d r i c h   L o o f s, 1886—1930). Diese Erzählung aus dem Schützengrabenkriege in ihrer prunklosen Darstellung einer durch die Gemeinsamkeit eines stummen Heldentums geeinten Mannschaft prägt sich unvergeßlich ein. Auch in dem „Hauptmann Latour" von K a r l   F e d e r n (1868—1942) lebt solche aus soldatischer Hingebung sprossende Kraft, die sich schlicht aus W a l t e r   B l o e m s „Frontsoldaten" in einer im Westen zum Vormarsch antretenden Kompagnie auftut. Die Verhältnisse im Osten zeichnete W i l h e l m   F r i e d r i c h   W r o o s t (geb. 1889) im „Russenkopf" einfach, aber gerade in der Schlichtheit des Vortrages eindrucksvoll. F r i e d r i c h   F r e k s a (1882—1944) hatte in seinem Roman „Erwin Bernsteins theatralische Sendung" ein Panorama gegeben, das unter leichter Verhüllung das Auf und Ab berlinischer Bühnengeschicke darstellte, wobei die Gestalt Max Reinhardts durchschimmerte. In dem Roman „Gottes

Wiederkehr" wirbelt er fünf Freunde während des Krieges auf verschiedene Schauplätze und macht die große Wandlung der Stimmungen und Charaktere durch den Einbruch des Völkerkampfes anschaulich — ein freilich durch den Verlauf des Krieges widerlegtes Ergebnis. Mit einer Erhöhung ins Märchenhafte gestaltete H e r m a n n A n d e r s K r ü g e r (1871—1945) in den „Sieben Räudeln" in das neue Geschick verflochtene Genossen. Der Novellenkranz „Barmherzigkeit" ergänzte dies Kriegsbild wie J a k o b W a s s e r m a n n in dem Roman „Olivia oder die unsichtbare Lampe" in die Seele einer Krankenschwester hineinleuchtete. Während „Der Hof in Flandern" von G e o r g v o n O m p t e d a eine lange in deutschen Händen befindliche Etappe schilderte, führten die Skizzen von O s k a r W ö h r l e (1890—1945) „Das Bumserbuch" und „Soldatenblut" und diejenigen von K a r l B r ö g e r „Der Held im Schatten" mitten in die Kämpfe hinein und gaben in ihrer Sachlichkeit mit volkhaftem Tone Erlebnisse von einer gewissen Drastik. Die Novellen des dichtenden Arbeiters A l f o n s P e t z o l d (1882—1923) „Von meiner Straße" bringen auch das Kriegserlebnis des an die Entbehrungen der leidenden Großstadt Gebannten mit realistischer Treue.

Von der Skizze zu breitem Bilde stieg in einer überall dichten Schilderung L u d w i g R e n n (Hehlname für Vieth von Golssenau, geb. 1889) in dem Werke „Krieg" auf, und E r i c h M a r i a R e - m a r q u e (geb. 1898) schildert in dem Roman „Im Westen nichts Neues" den Alltag einer verhängten und verhängnisvollen Zeit aus dem Gesichtswinkel des einfachen Soldaten, der das unerbittliche Geschick ohnmächtig über sich ergehen lassen muß. Zu einer dichterischen Gestaltung von hohem Range erhob sich der Ostpreuße A x e l L ü b b e (geb. 1880) mit dem durch die Kriegsaufwühlung gemodelten Roman „Gottes Geheimnis über meine Hütte" und der Erzählung „Ein preußischer Offizier", beide von einem geheimnisvoll raunenden Klange, aber beide noch nicht von einer selbsterlittenen Lebenserforschung im Sturme der Schicksalswaltungen ausgerichtet. In der Novelle „Der Kainsgrund" hat Lübbe das Thema von Zacharias Werners „Vierundzwanzigsten Februar" in selbständiger Formung novellistisch durchgeführt. H a n s F r i e d r i c h B l u n c k (geb. 1888) griff unter den durch den Krieg aufgerührten Problemen die Stellung der Vlamen innerhalb des belgischen Raumes in der Erzählung „Volkswende" auf. Er ergänzte damit gewissermaßen seine Romane aus dem Leben deutscher Siedler in Südamerika „Die Weibsmühle" und „Land der Vulkane". In seltsamer Fügung hat er dann das Sagengut der niederelbischen Landschaft in Dichtungen aus der Vorgeschichte und in den romantischen Büchern von „Hein Hoyer", „Berend Fock" und „Stelling Rotkinnsohn" zu neuem Leben erweckt.

H e i n r i c h L i l i e n f e i n hatte noch im Beginn des Jahrhunderts die Dekadenz im „Modernus" so geschildert, wie wir ihr in der Frühzeit des Naturalismus öfter begegneten. Sein anmutiges und

wehmütiges Bild der Geisterstadt Weimar ward als eine besondere Gabe
der Zueignung des Schwaben zur neuen Heimat bereits verzeichnet. Der
Dramatiker Lilienfein führte in dem Kriegerroman „Die feurige Wolke"
an die Stätte innerster christlicher Hingebung, nach Bad Boll, zu der
Gottinnigkeit Blumhardts. Aus dieser Stimmung ist „Der Gotteskranke"
von A l f r e d   F a n k h a u s e r \(geb. 1890), einem Schweizer, ge-
boren, und auch die Novellen von E r n s t   Z a h n „Einmal muß wieder
Friede werden" erflossen aus der gleichen seelischen Haltung.

Das tragische Geschick enttäuschter Heimkehrer veranschaulicht
H e i n z   H i n z e l m a n n (geb. 1889) in dem Roman „Der Freund
und die Frau des Kriegsblinden Hinckeldey", und E r n s t   S c h m i t t
in den in Hessen spielenden „Heimkehrern", wie L e o n h a r d F r a n k
in „Karl und Anna" dies Problem abgewandelt hatte. Satirisch und revolutionär ist „Die große Phrase" von R u d o l f   J e r e m i a s
K r e u t z (R u d o l f K r i s c h, geb. 1876), der die scharf gezeich-
neten Novellen aus der Inflation „Menschen im Schutt" nachsandte.
K u r t   A r a m (H a n s   F i s c h e r, 1869—1934) erzählte lebhaft
von dem Schicksal der nach dem plötzlichen Kriegsausbruche in russische
Gefangenschaft nach Sibirien verschleppten „Männer im Feuerofen".
In gehaltener Form spiegelte P a u l   A l v e r d e s (geb. 1897) in den
Novellen „Reinhold oder die Verwandelten" die Erlebnisse dieser Jahre.
K a r l   B e n n o   v o n   M e c h o w (geb. 1897) schuf den eigenartigen
Reiterroman „Das Abenteuer". Aus einer österreichischen Stadt be-
richtete mit spitziger Kritik der einläßliche, aber schwerfällige Roman
„Politeia" von F r i e d r i c h   F ü r s t   W r e d e (geb. 1870). Mit
jugendlichem Temperament und hoher Anschaulichkeit gab H e i n z
S t e g u w e i t (geb. 1897) in dem Roman „Der Jüngling im Feuerofen" seine Kriegserfahrungen. Nach solchem Einsatz hat er in karne-
valistischer Ausgelassenheit geschmackvolle Erzählungen gefügt. B r u n o
B r e h m (geb. 1892), der in „Das gelbe Ahornblatt" einen Lebensablauf
in Kurzerzählungen feinsinnig ausdeutete, gedachte in „Apis und Este"
in geschicktem Aufriß der zum Ausbruch des Weltkrieges führenden Ereignisse in und um Belgrad und Sarajewo. Die Fortführung zur Trilogie in „Das war das Ende" und „Weder Kaiser noch König" bot zwar
zeitgeschichtlich unterbaute Bilder, erhob sich aber nicht mehr zu so
schlüssiger Darstellung. Das Erleben des Krieges durch ganz jugendliche
Seelen fing E r n s t   G l a e s e r (geb. 1902) im „Jahrgang 1902" auf.

F r a n z   W e r f e l hat in „Barbara oder die Frömmigkeit" einen
Österreicher durch den vollen Lauf des Krieges gesteuert und das Geschick dieses Leutnants wider Willen bis über die österreichische Katastrophe hinausgebracht, freilich ohne daß die volle Erschütterung des
tragischen Falles an den Tag tritt. Die antimilitaristische Haltung dieses
Werkes eignet auch dem im Osten spielenden Kriegsroman von einseitiger Deutung „Der Streit um den Sergeanten Grischa" von A r n o l d
Z w e i g (geb. 1887), der vorher die sehr zarten „Novellen um Claudia"

gedichtet hatte. Den Aufstandsversuch von Matrosen der Kaiserlichen Marine im Jahre 1917, die Vorboten des Umsturzes von 1918,
behandelte T h e o d o r P l i e v i e r (geb. 1892) in dem Roman „Des
Kaisers Kulis“. In die Berliner Umsturztage führte B e r n h a r d
K e l l e r m a n n im „Neunten November“ in einer Darstellung von
manchmal peitschendem Klange. Mit weiblicher Einfühlung hat C l a r a
V i e b i g in den „Töchtern der Hekuba“ das gleiche Geschick im berlinischen Rahmen verbildlicht. Vom Erlebnis des Krieges stieg auch
W a l t h e r E i d l i t z (geb. 1892) zum Roman auf. Nach dem in-
brünstigen Moses-Mysterium „Kampf im Zwielicht“ leitete er in dem
„Zodiak“ und im „Licht der Welt“ von dem Ostrande des Völkerkrieges
zwischen Griechen und Türken bis über den Ozean nach Nordamerika
und suchte dort in einem seltsamen Zusammenschlusse von Menschen
mit eigenartiger Schicksalslast den Sinn des Weltgeschehens zu ergründen.

Dichterisch durchklungen ist das im Kriege empfangene „Rumänische
Tagebuch“ von H a n s C a r o s s a wie die „Flandrische Etappe“ von
A l f r e d R i c h a r d M e y e r (geb. 1882). Ein Geständnis tiefer
Enttäuschung ist das Kriegstagebuch „Zwischen Volk und Menschheit“
von R i c h a r d D e h m e l. Unter der Aufschrift „Der Mensch ist
gut“ hat L e o n h a r d F r a n k in einer hymnisch gesteigerten Sprache
von den Leiden des Krieges gezeugt und aus dieser über die Menschheit
verhängten Qual sich gegen eine Politik gewaltsamer Mittel aufgelehnt.
Frank führt seine Empörer gegen das Menschengemetzel in fünf Bildern
vor, die mit letzter Eindringlichkeit den Jammer und die Not einer Zeit
künden, vor der das Grauen der apokalyptischen Reiter den Weg zum
Abgrunde öffnet.

Am Rande der Weltverstörung hat sich C a r l B u s s e mit seiner
liebenswerten Sammlung „Winkelglück“ angesiedelt und in einem an
Leberecht Hühnchen gemahnenden Tone erwiesen, wie selbst in Tagen
der höchsten Leiden das Idyll noch sein bescheidenes Recht wahrt. Die
tiefste, an manchen Stellen zu balladischem Tone ausschwingende Darstellung des Weltkrieges von deutscher Seite her, noch über Walter
Bloems „Der Weltbrand“ hinaus, hat W e r n e r B e u m e l b u r g
(geb. 1899) mit dem Werke „Sperrfeuer um Deutschland“ gegeben,
nachdem ihm einzelne Bilder aus dem Kriege im Westen von knapper
Fassung gelungen waren.

Die volle dichterische Ernte des Krieges hat E r n s t W i e c h e r t
(geb. 1887) eingebracht. Der in dem masurischen Winkel Ostpreußens
geborene hat in dem „Wald“ eine über Menschenleid und Menschen-
furcht dahinrauschende Naturgewalt gebildet, an die der dieser Forst
hingegebene Erdenwanderer mit allen Schicksalsfäden geknüpft ist. Im
„Totenwolf“ eignet einem völlig dem Kriege zugehörigen Menschen
nichts mehr außerhalb des Kampfes, und er weiß wie selbstverständlich
alles an alles zu setzen: fremd in einer Heimstatt, die nicht zu jeder
Minute vom Tode umwirkt ist. Im „Knecht Gottes Andreas Nyland“

erhöht Wiechert im Symbol das Erlebnis des Krieges, das er in der
„Kleinen Passion" und dem „Jedermann" mit sehr inniger Heimgebung
an die Jugendumwelt auf den Boden eines schmerzvollen Lebens nieder-
zog, nachdem er vordem eine Schau aus der Höhe dargebracht hatte.
Mit einer letzten seelenkundigen Eindringlichkeit weiß der Dichter die
Schicksalsmacht zu deuten, die über Alter und Jugend ein neues Mal
aufrichtet und den Weg eines bisdann scheinbar unverbrüchlichen Friedens zu einer vom Vernichtungsfeuer umgewühlten Ferne hinlenkt.
Zwischen solchen Gesichten aus dem Reiche der Zerstörung stehen vollendete Zeugen einer novellistischen Kunst, wie sie der „Silberne Wagen"
umfaßt, jedes Schicksal in einen sparsam umgrenzten Rahmen gefügt,
der sich in der „Hirtennovelle" zu einer idyllischen Fernsicht von lyrischem Reize weitet. Wie sich diese Dichtung der Kinderseele zu öffnen
weiß, lehrt der Roman „Die Magd des Jürgen Doscocil", der von dem
Atem der masurischen Landschaft durchtränkt ist. Von dieser Verbundenheit mit der Väterflur zeugen die ganz Dichtung gewordene Selbstbiographie „Wälder und Menschen" und die Romane „Die Majorin" und
„Das einsame Leben". Diese beiden Werke sind Denkmäler eines
schlichten Bekennermutes zu einer Zeit, da freie Gesinnung und Meinung nicht geduldet wurde. In der „Majorin" stellt der Verfasser die
nationalsozialistische These der bildenden Kraft des Fronterlebnisses in
ihrer moralischen Minderwertigkeit bloß. Auch im „Einsamen Leben"
wird in feiner Ironie die Überheblichkeit der ersten Nachkriegsjugend
angeprangert, für die der Ausgang des Krieges nur aus einem Versagen
der vorigen Generation entstand. Der Vertreter dieser mit sich selbst
unzufriedenen Frontkämpfer, Thomas von Orla, von persönlichem Mut
erfüllt, der einst als Korvettenkapitän im Kampf um die Flagge von
meuternden Matrosen ins Meer gestürzt wurde, findet das ersehnte frohe
Herz in der Resignation, die durchaus keine Flucht vor dem Leben darstellt. In täglicher einfacher Arbeit als Fischer in einem großen Guts-
bezirk bringt er in einer zerrissenen, von Äußerlichkeiten und dem lär-
menden Auftrumpfen einer neuen Jugend vollen Zeit den Beweis: „Ein
Geduldiger ist besser denn ein Starker". In diesem einsamen Kampfe
hilft ihm die zarte kindliche Liebe eines in inniger Harmonie von Natur,
Geist und Tradition ruhenden Kindes, die langsam zur Jungfrau erblüht,
und die selbstverständliche menschliche Verbundenheit mit einem Burschen, der ihm einst das Leben rettete, ein schönes Beispiel für die
einzige wahre Lösung der „sozialen Frage". Selbst wenn Wiechert mit
sehr wenigen Worten in der Gabe „Von den treuen Begleitern" nichts
weiter will, als uns den geliebten Matthias Claudius wieder ans Herz
legen, so vollbringt er dies mit einer erwärmenden Innigkeit. Wir haben
die Stimme dieses aufrechten Mannes tröstlich in den Zeitläuften vernommen, die nach einer neuen Umwälzung einen zweiten Weltkrieg
heraufführten. Unter diesem Zeichen, dessen Fanale noch glühen, steht
das Geschick unserer Generation und die Erschütterung einer über den
europäischen Umkreis weit hinausreichenden Weltkatastrophe.

In der Zeit zwischen den Weltkriegen klang die Ahnung neuer Schicksalswende, bangend oder lockend, vernehmlich empor. In dem Roman „Die Geächteten" von E r n s t v o n S a l o m o n (geb. 1902) trat die Welt, aus der die Mörder Walther Rathenaus hervorgingen, ans Licht. A r n o l t B r o n n e n (geb. 1895) stellte in dem Roman „O. S." die Freikorpskämpfe um den oberschlesischen Raum dar und wies deutlich die Verbindungslinie auf, die den Nationalsozialismus mit jenen der jungen Demokratie feindlichen Kräften verband. In dem unter dem Hehlnamen A. H. S c h e l l e - N o e t z e l veröffentlichten Roman Bronnens „Kampf im Äther" kam die Wendung zum Umsturz in dem Kampf um den Berliner Rundfunk klar zum Ausdruck. „Volk im Fieber" von J o s e f M a r i a F r a n k lenkte warnend die Aufmerksamkeit auf die Vorgänge in einer kleinstädtischen Gemeinde.

F e l i x R i e m k a s t e n (geb. 1894) prangerte in dem Roman „Der Bonze" ähnliche politische Erscheinungen an. Von der Verstörung durch die Inflation und ihren Folgen hatte P a u l F e c h t e r schon in dem Berliner Bürgerbild „Der Ruck im Fahrstuhl" Zeugnis gegeben — nun schilderte H a n s F a l l a d a (R u d o l f D i t z e n, 1893 bis 1946) in „Kleiner Mann, was nun?" und „Wer einmal aus dem Blechnapf frißt", auch in „Kleiner Mann, Großer Mann — alles vertauscht" eine sinkende Schicht, in der die nationalsozialistische Agitation ihre seelischen Raubzüge zu ungehemmter Wirkung steigerte, über deren Ausmaß L i o n F e u c h t w a n g e r in dem ungefügen Roman „Erfolg" seine klagende Stimme erhob.

Als bedeutsamste Mahnung von hohem erzählerischen Range ist das Werk von E r i k R e g e r (H e r m a n n D a n n e n b e r g e r, geb. 1893) hervorzuheben. Seiner rheinischen Heimat hat er mit dem „Schiffer im Strom" ein tief erfülltes Denkmal gesetzt. In der „Union der festen Hand" ergreifen die kapitalistischen Mächte skrupellos Besitz von einem schwachen Staat, dessen Gefüge sie für ihre egoistischen Ziele so aushöhlen, wie wir es in dem zum Abgrund führenden Verhängnis erleben mußten.

Als Gegenbild einer seelischen Umstellung mag der Roman von M a x R e n é H e s s e „Partenau" gelten, der die neue Wehrmacht in einem männlichen Beispiele vorführt. B r u n o F r a n k (1887—1945) brachte in der „Politischen Novelle" zwei für Europa wesentliche Politiker; hinter leichter Hülle waren die beiden Hingemordeten, Walther Rathenau und Aristide Briand zu erkennen.

Wie eine Verklärung der alten selbstgesetzten Aufgabe des deutschen Idealismus wirkten die Schriften des G r a f e n H e r m a n n K e y s e r - l i n g (1880—1946). Insbesondere sein „Reisetagebuch eines Philosophen" zeigte die Spannweite einer Daseinsbetrachtung, die nach der Erschütterung des ersten Weltkrieges sich alsbald wieder zu ihrem deutenden Werke findet.

Mit der Machtergreifung Adolf Hitlers kam das Verderben über das

Reich und die Welt. Thomas Mann, Fritz von Unruh, Franz Werfel, Oskar Maria Graf, Albrecht Schaeffer, Alfred Neumann, Ludwig Renn, Annette Kolb gingen nach Nordamerika, Paul Zech nach Argentinien, Karl Federn nach Dänemark, S a m m y G r o n e m a n n (1875—1941), der in „Tohuwabohu" ein scharfes jüdisches Familienbild mit zionistischer Aussicht geschaffen hatte, nach Italien, Wilhelm Speyer nach Holland.   Adam Kuckhof, Fritz Reck-Malleczewen, Georg Hermann fielen dem nationalsozialistischen Terror zum Opfer, Ernst Heilborn starb im Polizeigefängnis, R u d o l f P e c h e l (geb. 1882), der Nachfolger Julius Rodenbergs als Herausgeber der „Deutschen Rundschau", schmachtete gleich Ernst Wiechert lange im Konzentrationslager. Jakob Wassermann, Ludwig Fulda, Ernst Weiß, Stefan Zweig, Jochen Klepper wichen durch Freitod der Verfolgung aus. Was die Schriftsteller, denen das Ausland in den Jahren der Flucht eine Heimstätte bot, dort geschaffen haben, wird deutschen Lesern erst langsam bekannt. Von den ersten gewaltsamen Maßnahmen des neuen Regimes berichtete L i o n F e u c h t w a n g e r in „Die Geschwister Oppenheim". Es wird noch lange dauern, bis sich der rechte Deuter eines Geschickes findet, zu dem die Weltgeschichte in ihrem Ablaufe kein Seitenstück kennt.

Wie das Dritte Reich alle geistigen Traditionen der Deutschen verleugnete, so entsprach auch seine literarische Ausbeute der geistigen Dürftigkeit des Verkünders der neuen Epoche in „Mein Kampf". Was H a n s Z ö b e r l e i n (geb. 1895) in dem „Befehl des Gewissens" schrieb, war nur ein dünner Aufguß sogenannter nationalsozialistischer „Weltanschauung". Zwei der Bewegung zugehörige Schriftsteller gelangten zu einer dichterischen Form: E r w i n E r i c h D w i n g e r (geb. 1898) zeugte in dem „Sibirischen Tagebuch" in einer Trilogie von den Schickungen der letzten Jahre des ersten Weltkrieges und dem Grauen der Kämpfe versprengter Scharen in den Weiten Asiens. In dem Roman „Auf halbem Wege" kam er zu falschem Ansatz, da ihm hier für den Putsch des Generallandschaftsdirektors Wolfgang Kapp die sichere Anschauung fehlte, und nur das Bild des Generalobersten Hans von Seeckt trat recht heraus. E r n s t J ü n g e r (geb. 1895) hatte in der Darstellung „In Stahlgewittern" und im „Wäldchen" sehr lebendige Bilder vom Kriege erbracht. In den „Afrikanischen Spielen" hatte er eigenartige Erlebnisse aus der Fremdenlegion bewältigt. Er erschien dem Neuen völlig hingegeben, aber die „Marmorklippen" bringen in ihrer gepflegten Sprache wieder eine Besinnung auf das deutsche Erbe, dessen zeugenden Reichtum die nationalsozialistische Engstirnigkeit zu verleugnen nimmer müde ward.

*   *   *

Die Wanderung durch die deutsche Dichtung, wie sie sich im Roman und der Novelle darstellt, ist zu Ende. Sie führte nach rascher Überwindung und selbständiger Verarbeitung fremder Vorbilder nach dem großen Einsatze Wielands alsbald zur Gipfelung in dem Werke Goethes. Das menschliche und das dichterische Vorbild dieser Ausformung des klassischen Humanismus hat sich über die Jahrzehnte einer romantischen Weltbetrachtung und über eine zu neuen politischen Zielen ausschreitenden Bewegung hin in ihrer Wirksamkeit fortgesetzt. Auch das große Silberne Zeitalter, dessen Höhe mit den Werdejahren des Bismarckreiches zusammenfällt, war in der Schöpfung des neuen realistischen Stiles im rechten Erbe einer immer noch nicht ausgeschöpften Vergangenheit. Die Linien, welche das Schaffen Fontanes und das der Marie von Ebner wie dasjenige Sudermanns oder Thomas Manns mit solcher Vergangenheit verbinden, sind im Ablaufe der geistesgeschichtlichen Darstellung deutlich geworden. Die Nobelstiftung hat alsbald nach dem ruhmlosen Ende des „Dritten Reiches" einen deutschen Dichter mit ihrem Literaturpreise ausgezeichnet. Wir sehen diesen Dichter der Bahn zuschreiten, auf der Goethe seine innerst vertraute Meistergestalt der Pädagogischen Provinz zuführte. Die Lehre von den drei Ehrfurchten, die dort von den Lippen der Weisheit gekündet wird, ist zugleich ein deutsches Bekenntnis zu den Kräften, aus denen Deutschland die Macht einer über seine Grenzen hinauswaltenden Dichtung und Philosophie überkommen hat. Noch ist, auch nach dem nun geborstenen Schall der Drommeten einer scheinbaren nationalen Erhebung, die eine nationale Entwürdigung war, jener Hall wirklichen deutschen Wesens unüberhörbar. In aller Machtlosigkeit und in der Ungewißheit über unser künftiges Schicksal bleibt uns das Erbe jenes Humanismus, wie es in Beethovens Tönen zu Schillers Wort einherrauscht, unverlierbar, — es vor den Völkern der Welt neu zur Geltung zu bringen, wird die deutsche Aufgabe der Zukunft sein.

*

NAMENVERZEICHNIS

1. Personen und Personenkreise

2. Zeitungen, Zeitschriften, Jahrbücher

KÜRSCHNERS DEUTSCHER LITERATUR-KALENDER
1949

REDAKTION DR. FRIEDRICH BERTKAU

Einundfünfzigster Jahrgang

Oktav. IX, 742 Seiten. 1949. Geb. DM 16,—

NACHTRAG

Oktav. VII Seiten, 122 Spalten. 1949. DM 2.80

*

LIZENZEN-HANDBUCH
DEUTSCHER VERLAGE
1949

452 Seiten. 1949. In Halbleinen geb. DM 30.—

Dieses aktuelle, übersichtliche und umfassende Auskunfts-
buch ist der zuverlässige Helfer für Buch-,
Zeitungs- und Zeitschriften-Verlage, Adressen-Verlage,
Redaktionen, Nachrichten-Agenturen, Journalisten,
Annoncen-Expeditionen, Bibliotheken, Behörden usw.

VERLAG WALTER DE GRUYTER & CO. • BERLIN W 35

HANS BÖHM

GOETHE

Grundzüge seines Lebens und Werkes

Mit 8 Bildern. 3. Aufl. IX, 280 Seiten. 1944. DM 4.50

*

KONRAD PFEIFFER

ZUM HÖCHSTEN DASEIN

Goethes Faust im Lichte der Schopenhauerschen Philosophie

Oktav. 109 Seiten. 1949. In Ganzleinen DM 3.80

*

KURT LEVINSTEIN

GOETHES FAUST

UND DIE VOLLENDUNG DES MENSCHEN

Oktav. 132 Seiten. 1948. DM 3.80

*

ERNST GRUMACH

GOETHE UND DIE ANTIKE

Eine Sammlung / Mit einem Nachwort von Wolfgang Schadewaldt

Zwei Bände. Mit 17 Tafeln (davon eine farbig). Gr.-Oktav. Etwa 1000 Seiten.
In Ganzleinen je Band etwa DM 18.—

*

WERNER DANCKERT

GOETHE

Der mythische Urgrund seiner Weltschau

Etwa 600 Seiten. Geb. etwa DM 20.—

*

FRITZ STAHL

WIE SAH GOETHE AUS?

Mit 27 Tafeln. 5. und 6. Tausend. 69 Seiten. 1932.
In Ganzleinen DM 3.50

VERLAG WALTER DE GRUYTER & CO. • BERLIN W 35

38*

WALTHER VON DER VOGELWEIDE

Die Gedichte Walthers von der Vogelweide

Urtext mit Prosaübersetzung von Hans Böhm

293 Seiten. 1944. DM 4,80

*

JEAN-BAPTISTE BECK

DIE MELODIEN DER TROUBADOURS

Nach dem gesamten handschriftlichen Material zum erstenmal bearbeitet und herausgegeben nebst einer Untersuchung über die Entwicklung der Notenschrift (bis um 1250) und das rhythmisch-metrische Prinzip der mittelalterlich-lyrischen Dichtungen, sowie mit Übertragung in moderne Noten der Melodien der Troubadours und Trouvères.

VIII, 202 Seiten. 1908. DM 30,—

*

ULRICH ALTMANN

VOM HEIMLICHEN LEBEN DER SEELE

Eine Einführung in die Frömmigkeit der deutschen Mystik

2., verbesserte Auflage. 152 Seiten. 1939. Geb. 3,—

Wer die Mystik einmal aus warmherziger Anteilnahme kennenlernen will, dem ist hier eine schöne Möglichkeit und Gabe dargeboten.

*

MAX WUNDT

GOETHES WILHELM MEISTER
UND DIE
ENTWICKLUNG DES MODERNEN LEBENSIDEALS

2. Aufl. XV, 509 Seiten. 1932. DM 11,70, geb. DM 13,50

VERLAG WALTER DE GRUYTER & CO. • BERLIN W 35

KARL JASPERS

NIETZSCHE

Einführung in das Verständnis seines Philosophierens

3., unveränderte Auflage. 487 Seiten. 1950. Ganzleinen DM 18,—

DESCARTES UND DIE PHILOSOPHIE

2. Auflage. 104 Seiten. 1948. DM 6,—

DIE GEISTIGE SITUATION DER ZEIT (1931)

Unveränderter Abdruck der im Sommer 1932 bearbeiteten 5. Auflage

(Sammlung Göschen, Band 1000). 232 Seiten. 1949. DM 2,40

*

PHILOSOPHEN-LEXIKON

HANDWÖRTERBUCH DER PHILOSOPHIE NACH PERSONEN

Unter Mitwirkung von Gertrud Jung verfaßt und herausgegeben von

WERNER ZIEGENFUSS

2 Bände. Ganzleinen. Lex.-Oktav. 1400 Seiten. 1949

Band I (A-K). 1949. DM 30,—

Band II (L-Z) erscheint 1950

„... Ein Handwörterbuch der Philosophie nach Personen zu schaffen, beruht nicht auf irgend einer skurrilen Idee, denn ist nicht die Gedankenwelt der Philosophie ‚wesentlich mit den Persönlichkeiten der Philosophen verbunden, von ihren Schöpfern her zu erschließen und von ihnen aus übersehbar und möglichst leicht zugänglich zu machen', wie Werner Ziegenfuß im Vorwort zu seinem Lexikon sagt.

Selbstverständlich sind nicht lediglich die deutschen Philosophen, sondern die hervorragenden Denker aller Nationen in dem Philosophen-Lexikon aufgenommen, so daß nicht nur für Fachleute, sondern für alle an der Philosophie Interessierten ein verständliches, zuverlässiges und bis auf die Gegenwart fortgeführtes Nachschlagewerk geschaffen wurde.

Man darf auf den zweiten Band dieses bedeutenden Lexikons gespannt sein . . .“

(„Saarbrücker Zeitung“, 4. 2. 50)

VERLAG WALTER DE GRUYTER & CO. • BERLIN W 35

WERNER ZIEGENFUSS

LEBENDIGE SOZIOLOGIE

Schriften und Texte
zum Studium der modernen Gesellschaft und der Gesellschaftslehre

„... nichts könnte auf dem an soziologischen Untersuchungen so armen deutschen Büchermarkt willkommener sein . . .“   („Universitas“, Heft 6/1949)

„... Das hierbei verfolgte Vorgehen, in Ergänzung soziologischer Schauweise
gesellschaftliche Strukturen und Abläufe, auch vom Menschen her zu betrachten
und zu beurteilen, verdient ernste Aufmerksamkeit ...“

(„Schmollers Jahrbuch“, 69. Jahrg., 3. Heft)

DIE GENOSSENSCHAFTEN
144 Seiten. 1948. DM 5,50

AUGUSTIN
Christliche Transzendenz in Gesellschaft und Geschichte
180 Seiten. 1948. DM 7,—

LENIN
Soziologie und revolutionäre Aktion im politischen Geschehen
166 Seiten. 1948. DM 6,—

GERHART HAUPTMANN
Dichtung und Gesellschaftsidee der bürgerlichen Humanität
182 Seiten. 1948. DM 7,—

DIE BÜRGERLICHE WELT
240 Seiten. 1949. DM 8,50

VERLAG WALTER DE GRUYTER & CO. ● BERLIN W 35

DEUTSCHER KULTURATLAS

Herausgegeben von

GERHARD LÜDTKE und LUTZ MACKENSEN

5 Bände in Halbleinen-Mappen mit Golddruck

I. Bd.: Vorzeit und Frühzeit. 109 Karten. 1931. DM 25,—
II. Bd.: Vom Ritter zum Patrizier. 129 Karten. 1928/37. DM 29,—
III. Bd.: Vom Humanismus zum Rokoko. 158 Karten. 1928/37. DM 34,—
IV. Bd.: Neuzeit I. 146 Karten. 1938. DM 32,50
V. Bd.: Neuzeit II. 79 Karten. 1938. DM 14,50

Beim Bezug aller 5 Bände erfolgt die Lieferung zum ermäßigten Preis
von DM 112,—

Durch die einzigartige Verbindung von Karte, Bild, graphischer Darstellung und
Legende wird ein Überblick über den Entwicklungsgang der deutschen Geschichte
und Kultur gegeben, wie er in dieser Geschlossenheit und Einprägsamkeit bisher
noch nicht geboten worden ist. — Das Werk leistet hervorragende Dienste
nicht nur dem Fachgelehrten, sondern auch jedem Gebildeten. Als einmaliges
Anschauungsmaterial für Schule und Hochschule unerreicht.

*

RUDOLF MALSCH

GESCHICHTE DER DEUTSCHEN MUSIK

Ihre Formen, ihr Stil und ihre Stellung
im deutschen Geistes- und Kulturleben

Dritte Auflage. Mit 8 Bildtafeln, 5 Partiturseiten sowie zahlreichen
Notenbeispielen und Textabbildungen

Groß-Oktav. VIII, 414 Seiten. 1949. In Ganzleinen gebunden DM 16,—

„... Nicht nur Wissensstoff will das Buch vermitteln, es will vor allem zum
lebendigen Wesen und Wert der Musik in ihren geschichtlichen Erscheinungs-
formen hinführen. Darum gründet der Verfasser seine Darstellung auf die großen
kulturellen Zusammenhänge und erläutert das wesentlich Musikalische an vielen
Notenbeispielen, so daß von jedem der großen Meister und jeder bedeutsamen
Formgattung charakteristische Werke veranschaulicht werden. Das geschieht so
lebendig und klar, auch wird dem Leser durch gut gewählte Bildtafeln und
Abbildungen sowie Literaturangaben so sorgsam weitergeholfen, daß das Buch
nach wie vor das Zeug dazu hat, noch mehr als ein vortreffliches Lehrbuch:
ein rechtes Hausbuch zu sein." („Musica", Heft 9/1949)

*

LUDWIG MISCH

BEETHOVEN-STUDIEN

149 Seiten. 1950. In Ganzleinen etwa DM 6,—

VERLAG WALTER DE GRUYTER & CO. • BERLIN W 35

AUS DER SAMMLUNG GÖSCHEN

Müller, G., Deutsches Dichten und Denken vom Mittelalter zur Neuzeit (1270—1700). 2. Aufl. 1949. 159 S. (Bd. 1086)

Viëtor, K., Deutsches Dichten und Denken. Von der Aufklärung bis zum Realismus (1700—1890). 2. Aufl. 1949. 156 S. (Bd. 1096)

Nestle, W., Geschichte der griechischen Literatur. I. Von den Anfängen bis auf Alexander d. Gr. 2., verb. Aufl. Neudruck. 1950. 144 S. (Bd. 70)

— —, II. Von Alexander d. Gr. bis zum Ausgang der Antike. 2., verbesserte Aufl. 1945. 128 S. (Bd. 557)

Meißner, P., Englische Literaturgeschichte. II. Von der Renaissance bis zur Aufklärung. Durchgesehener Neudruck. 1944. 139 S. (Bd. 1116)

— —, III. Romantik und Victorianismus. Durchgesehener Neudruck. 1944. 150 S. (Bd. 1124)

— —, IV. Das 20. Jahrhundert. Durchgesehener Neudruck. 1944. 157 S. (Bd. 1136)

Vossler, K., Italienische Literaturgeschichte. Unveränderter Nachdruck der 1927 erschienenen 4., durchgesehenen und verbesserten Aufl. 1948. 148 S. (Bd. 125)

Helbok, A., Die Ortsnamen im Deutschen. Mit 6 Karten. Durchgesehener Neudruck. 1944. 126 S. (Bd. 573)

Feist, H., Sprechen und Sprachpflege. Mit 25 Abb. 1938. 107 S. (Bd. 1122)

Schirmer, A., Deutsche Wortkunde. 3. Aufl. 1949. 109 S. (Bd. 929)

Jaspers, K., Die geistige Situation der Zeit (1931). Zweiter unveränderter Abdruck der im Sommer 1932 bearbeiteten 5. Aufl. 1949. 232 S. (Bd. 1000)

Simmel, G., Hauptprobleme der Philosophie. 7., unveränderte Aufl. 1950. In Vorbereitung. (Bd. 500)

Kropp, G., Erkenntnistheorie. I. Allgemeine Grundlegung. 1950. 143 S. (Bd. 807)

Weigert, H., Stilkunde. I. Vorzeit, Antike, Mittelalter. In Vorbereitung.

— —, II. Spätmittelalter. Neuzeit. Mit 84 Abb. Neudruck. 1944. 141 S. (Bd. 781)

Krahe, H., Germanische Sprachwissenschaft. Bd. I. 2. Aufl. 1948. 127 S. (Bd. 238)

— —, Bd. II. 2. Aufl. 1948. 140 S. (Bd. 780)

—, Indogermanische Sprachwissenschaft. 2. Auf. 1948. 134 S. (Bd. 59)

VERLAG WALTER DE GRUYTER & CO. • BERLIN W 35